Schaefer · Towfigh · Gollmer
Desinformation als Methode

Religionswissenschaftliche Texte und Studien

Band 6

Udo Schaefer
Nicola Towfigh
Ulrich Gollmer

Desinformation als Methode
Die Bahā'ismus-Monographie des F. Ficicchia

1995
Georg Olms Verlag
Hildesheim · Zürich · New York

Udo Schaefer
Nicola Towfigh
Ulrich Gollmer

Desinformation als Methode

Die Bahā'ismus-Monographie des F. Ficicchia

1995
Georg Olms Verlag
Hildesheim · Zürich · New York

Die Deutsche Bibliothek - CIP-Einheitsaufnahme

Schaefer, Udo:
Desinformation als Methode : die Bahā'ismus -Monographie des F. Ficicchia / Udo Schaefer ; Nicola Towfigh ; Ulrich Gollmer. - Hildesheim ; Zürich ; New York : Olms, 1995
(Religionswissenschaftliche Texte und Studien ; Bd. 6)
ISBN 3-487-10041-X
NE: Towfigh, Nicola ; Gollmer, Ulrich ; GT

Printed in Germany
Gedruckt auf säurefreiem und alterungsbeständigem Papier
Herstellung: Druckerei Lokay, Reinheim
ISSN 0179-9215
ISBN 3-487-10041-X

»Quod curiositate cognoverunt, superbia amiserunt.«

Augustinus, *Sermones* 151

»Solche Seelen machen Gerades krumm.«

'Abdu'l-Bahā, *Testament* 2:13

»Melius est, ut scandalum oriatur, quam ut veritas relinquatur.«

Papst Gregor der Große, (Hom. VII in Ezechiel, zitiert nach *Migne Patrologiae Cursus Completus Series Latina*, Bd. 76, S. 842)

VORBEMERKUNG

Die Autoren der verschiedenen Teile des Buches sind jeweils in der Kopfzeile angegeben. Es haben verfaßt:

Udo Schaefer: das Vorwort und die Kapitel 1-5
Nicola Towfigh: die Kapitel 8, 9.I und 10.II-IV
Ulrich Gollmer: die Kapitel 6, 7, 9.II, 10.I und 11.

Zur Zitierweise: Aus den Werken Bahā'u'llāhs und 'Abdu'l-Bahās wird nach dem Titel ohne Angabe des Verfassers, teilweise nach dem Kurztitel zitiert. Soweit keine Seitenzahlen angegeben sind, beziehen sich die angegebenen Zahlen auf die Absätze des jeweiligen Werks, die in den neueren Auflagen inzwischen als marginale Randnummern erscheinen. Auch einige häufiger zitierte Werke der Sekundärliteratur erscheinen unter Kurztiteln. Die Transkription der arabischen und persischen Begriffe folgt der in der Bahā'ī-Welt üblichen (vgl. *Bahā'ī World*, 18, Haifa 1986, S. 893 ff.).

An dieser Stelle sei allen herzlich gedankt, die unsere Manuskripte kritisch gelesen und uns wertvolle Ratschläge und bereichernde Anregungen gegeben haben: Ian Semple und Christopher Sprung; und — soweit es einzelne Manuskripte betrifft — Dr. Kamran Ekbal, Dr. Ihsan Halabi, Peter Mühlschlegel und Dr. Friedo Zölzer. Der kritische Dialog war für uns eine unschätzbare Gelegenheit, vieles nochmals zu überdenken und manches, was übersehen worden war, zu berücksichtigen. Wir hoffen, daß sich so Fehler und Einseitigkeiten, die sich bei einer komplexen Materie leicht einstellen, in Grenzen halten.

Wertvolle Hinweise zu persischen und arabischen Quellen verdanken wir Stephen Lambden.

Unser herzlicher Dank gebührt schließlich Sigrun Schaefer. Sie hat für die ersten fünf Kapitel viele Stunden mit Recherchen in Bibliotheken verbracht und sich überdies der mühseligen Arbeit unterzogen, die auf verschiedenen Systemen geschriebenen Manuskripte zu vereinheitlichen und druckfertig zu machen.

Die Verfasser

Von der Übersetzung der bisweilen im Text angeführten lateinischen Zitate wurde abgesehen, weil diese in aller Regel Konkretisierungen des Kontextes und aus diesem verständlich sind. Lediglich die beiden dem Werk als Motto vorangestellten Sentenzen des Augustinus und des Papstes Gregor d. Gr. seien hier wiedergegeben:

> »Was sie durch Wißbegierde gefunden, haben sie durch ihren Hochmut wieder verloren.«

> »Es ist besser, Skandal entsteht, als daß die Wahrheit zu kurz kommt.«

INHALTSVERZEICHNIS

TEIL III: HISTORISCHE FRAGEN

VORWORT

Die *Evangelische Zentralstelle für Weltanschauungsfragen* in Stuttgart veröffentlichte 1981 im hauseigenen Quell-Verlag im Rahmen ihrer Studienbücher Francesco Ficicchias Monographie »*Der Bahā'ismus — Religion der Zukunft? Geschichte, Lehre und Organisation in kritischer Anfrage*«. In seinem Vorwort bescheinigt ihr der Herausgeber, Michael Mildenberger, die »erste authentische und zugleich kritische Darstellung« des Bahā'ī-Glaubens zu sein, die eine spürbare Lücke schließe, denn eine »umfassende kritische Darstellung« fehle seit Jahrzehnten. Er attestiert dieser Arbeit die Qualität eines »religionswissenschaftlichen Standardwerkes«, das auf lange Zeit »kaum eingeholt«[1] werden könne und das »auf lange Zeit hinaus für jeden wegweisend sein wird, der sich mit der Bahā'ī-Religion beschäftigen will«[2].

Indes, was als Wegweisung gedacht, ist zur Karikatur geraten. Für den Bahā'ī nimmt sich sein Glaube in diesem vorgeblich wissenschaftlichen »Standardwerk« aus wie in einem Vexierspiegel: Nahezu alles ist verzeichnet, vergröbert, vieles bis zur Unkenntlichkeit ins Groteske verzerrt. Woran liegt dies?

Das Werk enthält zunächst eine Vielzahl nachweisbarer Falschinformationen, falscher Fakten, die allein schon dem mit der Materie nicht vertrauten Leser ein stark getrübtes, tendenziöses Bild von dieser Religion vermitteln. Weitaus schlimmer aber (und ungleich schwieriger zu entkräften) ist die Fülle gewollter Mißverständnisse, abwegiger Interpretationen, abstruser Schlußfolgerungen und böswilliger Verdrehungen, mit denen der Verfasser es versteht, ein so abstoßendes und häßliches Bild von dieser Religion zu zeichnen, daß der Leser sich alsbald verwundert fragt,

1 S. 13
2 Klappentext

wie so etwas nur Anhang finden und sich über den Erdkreis verbreiten konnte.

Das Werk, mit beträchtlichem Werbeaufwand der Öffentlichkeit vorgestellt, steht heute in praktisch allen Bibliotheken des deutschen Sprachraums. Dank des mächtigen Propagandaapparates der Evangelischen Kirche ist es im deutschen Sprachraum mit Sicherheit das Buch über das Bahā'ītum mit der größten Verbreitung. Von ihm wird das Bild des Bahā'ī-Glaubens in der kritischen Öffentlichkeit wesentlich mitgeprägt.

Schon bei seinem Erscheinen war abzusehen, daß es für die Bahā'ī eine Herausforderung neuer Dimension bedeutet. Disqualifizierte sich ein früherer Angriff auf den Glauben aus dem winzigen Kreis der Dissidenten für den kritischen Leser schon durch die überschießende Emotionalität, die schäumende Polemik und einen aberwitzigen Titel[3], so kommt Ficicchias Darstellung im Gewande seriöser wissenschaftlicher Forschung daher, dem Leser vorgaukelnd, die präsentierten Ergebnisse seien die Frucht eines »umfassenden Quellenstudiums«, einer »selbstkritisch und streng den Maßstäben religionswissenschaftlicher Forschung« verpflichteten Arbeit, wie Michael Mildenberger sie in seiner Eloge präsentiert[4]. In der Tat vermittelt die Lektüre *prima facie* den Eindruck eines kritischen Sachbuches. Der systematische Aufbau, die zahlreichen Fußnoten, die Querverweise, die Zitate aus der wissenschaftlichen Literatur und der Bahā'ī-Primärliteratur, hebräische, altgriechische Begriffe, die persisch-arabischen Basisbegriffe, das Verzeichnis der Transliteration arabischer Worte und der Literaturnachweis erwecken zunächst beim Leser die Vorstellung, hier sei einer am Werke, der, mit dem Instrumentarium religionswissenschaftlicher Methodik vertraut, sorgfältig erarbeitete, abgewogene Erkenntnisse vermittelt und, bei aller kritischen Distanz um Objektivität bemüht, eine fundierte Untersuchung über diese Religion vorlegt. Dies war wohl auch der Grund dafür, daß

---

3 Hermann Zimmer, *Eine Testamentsfälschung wertet die Bahā'ī-Religion ab in den politischen Shoghismus*, Waiblingen-Stuttgart 1971

4 Vorwort, S. 12

das Opus in der wissenschaftlichen Fachpresse ein erstaunlich günstiges Echo fand.[5]

Wie sollte die deutsche Bahā'ī-Gemeinde auf ein solches Werk reagieren? Angriffe auf eine institutionalisierte Religion schaffen heutzutage, wie der *Zentralstelle* zweifellos bewußt und wie nicht zuletzt die Auseinandersetzungen um Drewermann deutlich zeigen, für die jeweils Verantwortlichen eine recht unbequeme Situation. Sie stehen vor einem unausweichlichen Dilemma: Geht man auf solche Angriffe ein und sucht sie zu entkräften, so lautet das Verdikt: »*Qui s'excuse s'accuse!*«[6]. Schweigt man dazu, um fruchtlosen Kontroversen und neuen Angriffen aus dem Weg zu gehen und Streit zu vermeiden, so lautet das Urteil: »*Qui tacet, consentire videtur*«[7]: Was nicht bestritten wird, gilt als zugestanden — ein Rechtsgrundsatz, der das gesamte deutsche Zivilrecht

---

5 Joseph Henninger referiert in der Zeitschrift *Anthropos* (78, 1983, S. 936 ff.) ausführlich über Ficicchias Thesen, übernimmt sie unkritisch und schließt sich »vorbehaltlos« Mildenbergers Urteil an, der Autor habe sich »selbstkritisch und streng den Maßstäben religionswissenschaftlicher Forschung verpflichtet«. Hans-Joachim Klimkeit (*Zeitschrift für Religions- und Geistesgeschichte*, 36. Jg. 1984, S. 93 ff.) lobt die »gründlich gearbeitete Untersuchung« und teilt Michael Mildenbergers Epitheton »religionswissenschaftliches Standardwerk« (S. 94). Olaf Schumann (*Islam* LXII, Heft 1, S. 184 ff.) referiert eingehend über Ficicchias Forschungsergebnisse, macht sich dessen ätzende Kritik teilweise zu eigen und kommt zu der Feststellung, dem Verfasser sei es gelungen, »ein Bild des Bahā'ismus zu zeichnen, das dem Selbstverständnis der Anhänger gerecht wird (*sic!*) und der wissenschaftlichen Beschäftigung mit dieser Religion ein gutes Stück weiterhilft« (S. 186). Er meint, man müsse dem Verfasser »nur dankbar sein, daß er mit diesem Werk eine übersichtliche und fundierte Darstellung dieser ›jüngsten Weltreligion‹ vorlegte« (S. 185). Auch der Bonner Fundamentaltheologe Hans Waldenfels SJ schließt sich Ficicchias Kritik an, übernimmt unbedenklich eine Reihe seiner Vorwürfe und meint, die kritische Zurückweisung dieses Buches werde den Bahā'ī schwerfallen (*Zeitschrift für Missionswissenschaft und Religionswissenschaft*, 1982, S. 237). Waldenfels war es denn auch, der als Herausgeber des bei Herder erschienenen Nachschlagewerks *Lexikon der Religionen* (Freiburg 1987) Ficicchia als »ausgewiesenen Fachmann« (Brief des Herder-Verlags vom 8.5.1991) in der bekannten Manier das Stichwort »Bahā'ismus« schreiben ließ. Günter Lanczkowski nennt das Buch »eine umfassende Darstellung, die als Standardwerk bleibende Bedeutung gewinnen wird« (*Theologische Rundschau*, 48. Jg. 1983, S. 210). Christian Cannuyer beurteilt das Werk »un travail de niveau universitaire, d'une information riche et précise mais très critique« (*Les Bahā'īs — Peuple de la Triple Unité*, S. 165).

6 »*Dum excusare credis, accusas*« (Hieronymus, Ep. quat ad Virg. c. 3).

7 (»*ubi loqui potuit et debuit*«), *Corpus Iuris Canonici*, Decr., Liber sextus 5, 13, 43 (Bonifaz VIII). Vgl. hierzu Detlef Liebs, *Lateinische Rechtsregeln und Rechtssprichwörter*, S. 176 Nr. 80 unter Hinweis auf zahlreiche Bestimmungen des Bürgerlichen Gesetzbuchs und des Handelsgesetzbuchs.

beherrscht. Über die richtige Reaktion gab es in der deutschen Bahā'ī-Gemeinde ein Spektrum unterschiedlicher Meinungen. Letztlich entschied man sich, auf diese für die Reputation des Bahā'ī-Glaubens äußerst abträgliche Publikation nicht zu reagieren.

Dafür gab es gewiß gute Gründe:

Zunächst ist die Machart des Buches gewiß keine Einladung zu einem sachlichen Dialog. Wer sich auf die kritische Aufarbeitung der Inhalte, vor allem aber der Methodik einläßt, gerät unweigerlich in Niederungen, die abschrecken. Vor allem aber ist der Zeitgeist absoluter Diesseitigkeit (und gleichgültiger Indifferenz gegenüber religiösen Unbedingtheitsansprüchen) religiöser Apologetik abhold. In unserer weitgehend durch die abendländische Aufklärung geprägten Welt, in der die Religion seit langem nicht mehr Maß und Mitte unseres Lebens ist, galt es ein Jahrhundert lang als ausgemacht, daß sie allmählich absterben werde. Wenn die Religion kein Thema mehr ist, sind auch religiöse Kontroversen uninteressant.[8] Und wo heute wieder eine Rückbesinnung auf religiöse Erfahrungen und Werte im Gange ist, wo man wieder nach religiöser Sinnstiftung und Orientierung Ausschau hält, ist nicht die institutionalisierte Religion, das etablierte Christentum mit seinen verbindlichen Glaubenswahrheiten, seinem Wahrheitsmonopol, seinen traditionellen Ritualen und seinen Autoritätsträgern im Visier, sondern die neuen, unverbindlichen Heilsangebote.[9] In dem heute vorherrschenden Klima metaphysischer Beliebigkeit, in dem universale Wahrheitsansprüche suspekt geworden sind[10], im Zeitalter der »religiösen Fleckerlteppichnäherei«, der »Pluralisierung der Sinnhorizonte« und »Indivi-

---

8 Schon nach dem Zweiten Weltkrieg stellte Hans-Joachim Schoeps den »*neuen* Tatbestand des *Nichtglaubens*« fest, »der darauf verzichtet, mit den Zeugnissen und Trägern des Glaubens noch Auseinandersetzungen — und seien es polemische — zu haben«, eine Haltung, die sich »zu dem durch die Jahrhunderte bezeugten Heilsgeschehen nicht mehr ungläubig-zweifelnd, sondern eher nichtgläubig-interesselos verhält« (*Jüdisch-christliches Religionsgespräch in neunzehn Jahrhunderten*, S. 154 ff.).

9 vgl. »Wende zum Mythos. Wieviel Mythos braucht der Mensch?«, *Herrenalber Protokolle* 48, Evangelische Akademie Baden (Hrsg.), Karlsruhe 1988; U. Schaefer, *Heilsgeschichte und Paradigmenwechsel*, S. 25 ff.

10 vgl. hierzu Heiner Barz, *Postmoderne Religion* (Jugend und Religion 2), S. 88 ff., S. 115 ff., 136 ff., 247 ff.

dualisierung der Sinnsysteme«[11] werden interreligiöse Auseinandersetzungen als sinnlos, ja als ärgerlich empfunden.

Die Menschen sind heute religiöser Polemiken müde. Der Streit zwischen den Religionen und innerhalb der Konfessionen hat über die Jahrtausende zu Gewalt, Krieg und unsäglichem Leid geführt. Wenn es einen Fortschritt gibt, dann die zunehmende Einsicht, daß die Menschheit nur überleben kann, wenn der Weltfriede gesichert ist, und daß universaler Friede nicht zu haben ist ohne Friede zwischen den Religionen. Eine »der wichtigsten Erscheinungen des 20. Jahrhunderts« nennt Hans Küng das »langsame Erwachen eines globalen ökumenischen Bewußtseins«, den »Beginn eines ernsthaften Dialogs der Weltreligionen«[12] — ein Dialog, der in der »Erklärung zum Weltethos« durch das Parlament der Weltreligionen am 4. September 1993 in Chicago bereits greifbare Gestalt gewonnen hat[13]. In ein solches Klima passen religiöse Kontroversen schlecht.[14] Und einer Religionsgemeinschaft, die die Überwindung eines engstirnigen Dogmatismus, des Religionsstreits[15] und des religiösen Fanatismus[16] auf ihre Fahnen geschrieben hat, deren Stifter sein Volk aufruft, mit den Gläubigen aller Religionen in »herzlicher Verbundenheit und Eintracht«[17], in »Freude und Eintracht«[18], »im Geist des Wohlwollens und der Brüderlichkeit«[19] Gemeinschaft zu pflegen, kann an polemischen Auseinandersetzungen mit den Funktionsträgern anderer Religionen nicht gelegen sein, mahnt doch ʿAbdu'l-Bahā eindringlich, daß der Zweck aller Religion sei, »die Herzen zu vereinigen«, »Liebe und Zuneigung zu stiften« und »Krieg und Streit« zu überwinden[20].

---

11 Thomas Luckmann, *Die unsichtbare Religion*, S. 133 ff.

12 H. Küng, *Christentum und Weltreligionen*, S. 16

13 vgl. Hans Küng/Karl-Josef Kuschel (Hrsg.), *Erklärung zum Weltethos. Die Deklaration des Parlaments der Weltreligionen*, München-Zürich 1993

14 »Dogmatic, sectarian polemic — whether religious or secular in origin — is well and truely anachronistic at this, the dawn of a second millenium of the common era« (N. Ross Reat/Edmund Perry, *A World Theology*, S. 311).

15 »Hader und Zwist um religiöse Unterschiede« (Bahā'u'llāh, *Botschaften* 6:40).

16 »Ein weltverzehrendes Feuer«, eine »verheerende Plage« (Bahā'u'llāh, *Brief an den Sohn des Wolfes* 19).

17 Bahā'u'llāh, *Kitāb-i-Aqdas* 144

18 *Botschaften* 4:10, 12

19 *Botschaften* 7:13

20 »Wenn die Religion zu Abneigung, Haß und Spaltung führt, so ist es besser, ohne

So haben Ficicchias verwegene Thesen ein Jahrzehnt lang unwidersprochen gewirkt. Von kirchlichen Handbüchern bereitwilligst rezipiert und promulgiert[21], sind sie gelegentlich schon in die seriöse Literatur eingesickert[22]. Schon kommt es vor, daß sich staatliche Behörden, wenn sie über Rechtsanträge von Bahā'ī-Räten entscheiden, an ihnen orientieren[23] und dann versuchen, einer Religionsgemeinschaft mit angeblich »radikalen politischen Vor-

---

sie auszukommen; einer solchen Religion den Rücken zu kehren, wäre ein wahrhaft religiöser Akt. Denn es ist klar, daß der Zweck der Arznei die Heilung ist; wenn die Arznei die Krankheit verschlimmert, sollte man sie nicht mehr anwenden« (*Ansprachen* 40:11).

21 vgl. etwa Reller, Horst/Manfred Kießig, *Handbuch Religiöse Gemeinschaften*, S. 628-641

22 vgl. Christian Jäggi, *Zum interreligiösen Dialog zwischen Christentum, Islam und Bahā'ītum*, Frankfurt/M. 1987

23 Aufgeschreckt durch unübersehbare Gefahren, die von einigen Gruppen im breiten Spektrum neuer Heilsangebote ausgehen, reagieren Behörden gegenüber religiösen Gemeinschaften außerhalb des traditionellen Kirchentums verständlicherweise zunehmend skeptisch und informieren sich, ehe sie über Rechtsanträge entscheiden, anhand »kritischer« Literatur. Ein besonders eklatanter Fall zeigt die Folgen, wenn das »Standardwerk« über das Bahā'ītum die Informationsquelle ist:

Ein Antrag des Geistigen Rates der Bahā'ī in Berlin-Steglitz vom 5.1.1988 (Aktenzeichen: Tief II 6), die Aufstellung eines Informationsstandes auf einem öffentlichen Platz zu genehmigen, wurde durch Bescheid des Bezirksamts Berlin-Steglitz vom 25.1.1988 mit folgender Begründung zurückgewiesen: »Nach unserer Erkenntnis können bereits Jugendliche in Ihre Organisation eintreten, ohne Vorkenntnis über den Glauben zu haben. Bei der Werbung von neuen Gläubigen wird zudem häufig nicht auf den umfangreichen Normenkatalog und die anderen Bestimmungen hingewiesen, wie z. B. die Tatsache, daß jedes Mitglied zu unbedingtem Gehorsam verpflichtet ist und öffentliche Kritik sowie Meinungsäußerung verboten sind und mit Ausschluß geahndet wird. Dieser Ausschluß kann bei Familien, deren Angehörige alle Bahā'ī sind, dazu führen, daß im schlimmsten Fall sämtliche Familienbande zerreißen, da es selbst den Angehörigen strengstens untersagt ist, weiter mit dem ›Ausgestoßenen‹ zu verkehren. Zusätzlich zu der Tatsache, daß sich in den oben angeführten Punkten Widersprüche zu der freiheitlich demokratischen Grundordnung Deutschlands ergeben, besteht insbesondere die Gefahr, daß dadurch junge Menschen, nachdem sie Einblicke in die Praxis Ihrer Organisation gewonnen haben, vor der unzumutbaren Alternative stehen, entweder alle Familienbande zu zerreißen oder aber wider ihre eigene Überzeugung Mitglied der Bahā'ī zu bleiben. Eine Verbreitung Ihrer Zielvorstellungen und die Werbung für Ihre Organisation durch die von Ihnen beantragte Sondernutzung widerspricht dem allgemeinen öffentlichen Interesse..., das u.a. auch den Schutz Jugendlicher vor schädigenden Einflüssen gewährleistet wissen will.« Diese unglaubliche Begründung des später aufgehobenen Ablehnungsbescheides, durch welchen die Bahā'ī in die Nähe verfassungsfeindlicher Organisationen gerückt werden, fußt unverkennbar auf Ficicchias Thesen.

stellungen« und »faschistoiden Tendenzen«[24] einen Riegel vorzuschieben.

Damit war die Grenze des Hinnehmbaren überschritten. Wenn solche Fälle Schule machen, wird die deutsche Bahā'ī-Gemeinde in ihrer Religionsausübung unerträglich behindert, und wenn solche Behauptungen erst einmal in die Begründungen amtlicher Entscheidungen eingegangen sind, sind sie mit bloßem Gegenvorbringen kaum noch zu entkräften. Denn — und dies gilt gerade auch für Ficicchias »Standardwerk« und seine lexikalischen Beiträge — »in der bloßen Tatsache der schriftlichen Fixierung« liegt, wie Hans-Georg Gadamer formuliert, »ein Autoritätsmoment von besonderem Gewicht«: »Geschriebenes hat die Handgreiflichkeit des Aufzeigbaren und ist wie ein Beweisstück. Es bedarf einer besonders kritischen Anstrengung, sich von dem zugunsten des Geschriebenen gehegten Vorurteil freizumachen und auch hier, wie bei aller mündlichen Behauptung, zwischen Meinung und Wahrheit zu unterscheiden.«[25] Solange also die Bahā'ī nicht auf Geschriebenes, nicht auf Literatur verweisen können, in der die entstellenden und diffamierenden Angriffe im einzelnen argumentativ aufgearbeitet und subtil widerlegt werden, wird sich jedermann der Schluß aufdrängen, daß einer Religionsgemeinschaft, die zu solchen Anwürfen schweigt und sich nicht zur Wehr setzt, offenbar schlüssige und vorweisbare Gründe nicht zur Verfügung stehen. Die etablierten Kirchen können es sich leisten, Angriffe zu ignorieren und auf das Urteil des kritischen Lesers zu vertrauen.[26] Eine Religionsgemeinschaft, deren Geschichte und Lehre noch relativ wenig erforscht und die der breiten Leserschaft weitgehend unbekannt ist, kann dies nicht.

Die vorliegende Entgegnung ist also ein Akt der Notwehr. Es geht nicht darum, der *Evangelischen Zentralstelle*, die für Ficicchias Werk die Mitverantwortung trägt, den Fehdehandschuh hin-

---

24 Ficicchia, »Der Bahā'ismus — ungewisse Zukunft der Zukunftsreligion« in: *Materialdienst*, 38. Jg. 5/16, S. 238

25 *Hermeneutik I*, S. 277

26 Immerhin haben Anfang 1993 25 Kirchenhistoriker Karl-Heinz Deschners gesamtes Oeuvre kritisch analysiert. Ihre Beiträge sind in einem Sammelband im Herder-Verlag erschienen: Hans Reinhard Seeliger (Hrsg.), *Kriminalisierung des Christentums? Karl-Heinz Deschners Kirchengeschichte auf dem Prüfstand*, Freiburg 1993.

zuwerfen. Doch kann auch nicht erwartet werden, daß eine Glaubensgemeinschaft, die in Deutschland eine kleine Gemeinde darstellt und deren Lage als »kognitive Minderheit« ohnehin recht unbequem und gefährdet ist, um des lieben Friedens willen auf Dauer zu existenzbedrohenden Vorwürfen in Demut schweigt, mit denen sie eine auf ihr Wahrheitsmonopol bedachte kirchliche Stelle überzieht.

Etwas zu behaupten ist eine Sache, etwas zu widerlegen eine andere. Behauptungen sind leicht in die Welt gesetzt und allemal kürzer als der Versuch, sie zu entkräften, vor allem dann, wenn sie mit Unwerturteilen amalgamiert sind. Eine enzyklopädische Entgegnung zu allem, was Ficicchia falsch oder verzerrt dargestellt hat, ist weder beabsichtigt noch möglich noch notwendig[27], tut doch die detaillierte Aufarbeitung des inkriminierten Buches dem Verfasser ohnehin zu viel Ehre an — von der Gefahr, daß die endlosen, doch unvermeidlichen Richtigstellungen den Leser ermüden, ganz zu schweigen.[28] Als Erbauungslektüre ist die vorliegende Abhandlung gewiß nicht gedacht, sondern als ein Sachbuch, in welchem zurechtgerückt und geradegebogen wird, was Ficicchia »krumm« gemacht hat und was sich nun schon seit mehr als einem Jahrzehnt »wie eine ewige Krankheit« forterbt[29] und das Ansehen des Bahā'ī-Glaubens im deutschen Sprachraum verdunkelt.

Allein schon die gravierenden sachlichen Fehler, die diesem »derzeit besten Kenner des *Bahā'ismus*« unterlaufen sind, haben ihn als ernst zu nehmenden Autor disqualifiziert. Angesichts seiner emotionalen Aufgeladenheit wird es sich auch nicht vermeiden lassen, seine sachliche Qualifikation, seine besondere Interessenlage und seine Motivation unter die Lupe zu nehmen, weil sie

27 Daß der eine oder andere Punkt hier nicht abgehandelt wird, sollte darum nicht zu dem voreiligen Schluß verführen, alles, was nicht ausdrücklich bestritten wird, sei zugestanden.

28 Der Leser wird gelegentlich auch Überschneidungen begegnen. Sie sind, wenn mehrere Autoren einen sehr komplexen Gegenstand bearbeiten, kaum zu vermeiden. Die einzelnen Sachfragen sollen in sich verständlich dargestellt werden, doch kann man nicht sicher sein, daß bestimmte im Kontext benötigte Fakten und Argumente, denen der Leser früher schon begegnet ist, ihm noch in Erinnerung sind. Durch Querverweise wurde versucht, die Transparenz der verschiedenen Beiträge zu erhöhen.

29 *Faust*, 1. Teil, Studierzimmer, Mephistopheles

aufschlußreich sind für seine Methodik, insbesondere für seinen willkürlichen Umgang mit den Quellen.

Noch ein Wort zum Stil. Eine Entgegnung ist notwendigerweise mitgeprägt von der Vorlage: Sie bestimmt die sachlogischen Strukturen der Kritik. Werden in einer vorgeblich wissenschaftlichen Abhandlung die heiligsten Güter einer Religion — der Stifter, die Lehre und die Gemeinde — einer ätzenden, oftmals zynischen Kritik unterzogen, verunglimpft und diffamiert, so versagt die Devise »*suaviter in modo, fortiter in re*!«, so ist mit zarten Andeutungen, mit »Worten sanft wie Milch«[30], nichts mehr auszurichten. Eine Lüge muß eine »Lüge« genannt werden können, eine Manipulation eine »Manipulation«. Eine deutliche Sprache ist vonnöten, keine lauwarme, lendenlahme Rede. Wer ein solches (Mach-)Werk in die Welt setzt, sollte sich über Polemik nicht beklagen. Daß das Niveau dieses Buches jeden, der sich damit kritisch befaßt, unweigerlich zwingt, sich in solche Niederungen herabzubegeben, bedauern die Verfasser dieser Entgegnung selbst am meisten.

Man mag diese Entgegnung geringschätzig als »Polemik«[31] oder »Apologetik« abtun, vielleicht darauf spekulierend, daß dieser Begriff »negativ besetzt«[32], ja geradezu »stigmatisiert« ist[33]. Der Sache nach ist Apologetik — die inhaltlich-theologische Begründung des eigenen Glaubens, die argumentative Auseinandersetzung mit anderen Positionen, die Verteidigung gegen polemische Angriffe und ausgeklügelte Verzeichnungen — in allen Re-

30 *Botschaften* 11:31; 9:20

31 Sie gilt gemeinhin als unfein, doch gelegentlich, wenn es einem Werk allzu sehr an Seriosität gebricht und eine Demontage unerläßlich ist, kommt man — *difficile est satiram non scribere*! — ohne sie nicht aus, wie Gernot Rotters Werk *Allahs Plagiator* (Heidelberg 1992) anschaulich zeigt, in welchem er die Werke des »intimsten Kenners Arabiens« auseinandernimmt. Den seinem Werk vorangestellten Leitspruch hätte man für die Demontage des »ausgewiesenen Fachmannes« und »vorzüglichen Kenners des Bahā'ismus« und seines »auf lange Zeit wegweisenden«, »kaum einholbaren religionswissenschaftlichen Standardwerkes« unbesehen übernehmen können: »*Allen selbsternannten Experten, Sachbuchautoren und Feindbildproduzenten zur inneren Einkehr.*«

32 Hans-Jörg Hemminger, Vorwort zu »Begegnung und Auseinandersetzung. Apologetik in der Arbeit der EZW« (*Impulse* Nr. 39, IX-1994)

33 Gottfried Küenzlen, »Kirche und die geistigen Strömungen der Zeit«, S. 14. In der katholischen Theologie wird die Aufgabe der Apologetik heute von der Fundamentaltheologie geleistet.

ligionen für die Selbstfindung und Selbstbehauptung ein unerläßlicher Prozeß gewesen. Aus der dialogischen Apologetik entstand die christliche Theologie. Es ist nicht einzusehen, warum bei den Kirchen zweitausend Jahre Apologetik gut ist[34], bei den Bahā'ī aber suspekt sein soll.

Vielleicht, daß diese Entgegnung der *Evangelischen Zentralstelle* doch Anlaß sein wird zur selbstkritischen Reflexion; vielleicht, daß sie überdenkt, ob sie mit der Herausgabe dieses Werkes der Wahrheit einen Dienst getan hat und ob es zu verantworten ist, ein solches Werk weiter zu verlegen. Doch vorerst sieht es nicht so aus, daß sie zu dem von ihr ernannten Experten in Sachen Bahā'ismus auf Distanz ginge, hat sie ihm doch erst unlängst wieder die Spalten ihres *Materialdienstes* für eine Buchrezension[35] eröffnet, in welcher er seine Desinformation fortsetzen und einige seiner haltlosen, abgestandenen Thesen aufwärmen durfte.

---

34 Das Hohelied christlicher Apologetik wird auch heute noch angestimmt (vgl. die von der EZW herausgegebene Schrift *Begegnung und Auseinandersetzung*).

35 In ihr (erschienen in der Ausgabe 3/95, S. 89 ff.) attestiert Ficicchia dem an der Universität Graz lehrenden Religionswissenschaftler Manfred Hutter, mit seiner Veröffentlichung (*Die Bahā'ī. Geschichte und Lehre einer nachislamischen Weltreligion*, Marburg 1994) sei es ihm »gelungen, eine konzise, doch ausgesprochen informative, präzise und auch wissenschaftlichen Ansprüchen vollauf genügende Darstellung dieser Neuzeitreligion vorzulegen« (!).

TEIL I

METHODISCHES

1. KAPITEL

EINLEITUNG

I. Grenzen religionswissenschaftlicher Erkenntnis

Ziel aller wissenschaftlichen Forschung ist die Wahrheitserkenntnis, doch ist die Religion ein Gegenstand, der nur zum Teil wissenschaftlicher Forschung zugänglich ist. Zum Wahrheitskern, zum Wesensgeheimnis einer Religion kann wissenschaftliche Erkenntnis nicht vordringen. Es gibt keine wissenschaftlichen Kriterien für den Wahrheitsanspruch einer Religion; er ist weder wissenschaftlich zu beweisen noch zu widerlegen. Die Religionswissenschaft kann ihren Gegenstand nur historisch, phänomenologisch, soziologisch erforschen und darstellen. Sie ist ihrem Wesen nach deskriptiv, narrativ, komparativ. Wo sie zu normativen Aussagen gelangt, wo sie kritisch bewertet, ist sie notwendigerweise an ihren Voraussetzungen[1], an ihren subjektiven, nicht hinterfragbaren Wertmaßstäben oder gar an dogmatischen Positionen orientiert und hört auf, im strengen Sinne Wissenschaft zu sein. Wie sehr gerade im Bereich der Religionswissenschaft die »Struktur des Verstehens«[2], der Standort des Forschers, seine subjektive Einstellung zum Gegenstand seiner Untersuchung, sein von seinen religiösen Grundanschauungen geprägtes Vorverständnis und seine uneingestandenen Intentionen und Interessen seine Forschungsergebnisse beeinflussen, habe ich schon mehrfach dargestellt.[3] Die Vorstellung einer »vom Standort des Erkennenden abgelösten Wahrheit« in den Geisteswissenschaften nennt Gadamer »ein Phantom«, das im Namen der Wissenschaft »zu zerstören« sei.[4]

---

1 »Jede Aussage hat Voraussetzungen, die sie nicht mehr aussagt. Nur wer diese Voraussetzungen mitdenkt, kann die Wahrheit einer Aussage wirklich ermessen« (H.-G. Gadamer, »Was ist Wahrheit? «, in: *Hermeneutik II*, S. 52).

2 H.-G. Gadamer, *Hermeneutik I*, S. 270

3 vgl. *Die mißverstandene Religion*, S. 69 ff.; *Heilsgeschichte*, S. 91 ff.

4 »Wahrheit in den Geisteswissenschaften«, in: *Hermeneutik II*, S. 40. Gadamer nennt als Beispiel die politische Geschichtsschreibung, bei der das Urteil über das gleiche historische Ereignis je nach dem vaterländischen Interesse von Forschern verschie-

Die *Evangelische Zentralstelle* publiziert eine Fülle hochinteressanten, gut recherchierten Informationsmaterials[5] zum Zeitgeist und zum religiösen Leben der Gegenwart, doch steht sie damit nicht im Dienste der Wissenschaft, sondern der kirchlichen Lehrverkündigung, der Apologetik: Sie betreibt, wie Gottfried Küenzlen zutreffend formuliert, »das Geschäft kirchlich bestallter Apologeten«[6]. In ihren Deutungen, Analysen und kritischen Wertungen ist sie eindeutig interessengeleitet. Wenn sie außerkirchliche Phänomene kritisch darstellt, verfolgt sie letztlich keine wissenschaftlichen, sondern apologetische, seelsorgerische Zwecke. Das von der *Zentralstelle* aufbereitete Material dient letztlich der Aufklärung und Warnung des Kirchenvolkes vor konkurrierenden Heilsansprüchen. Das ist ein ganz und gar legitimer Zweck — nur wissenschaftliche Aufklärung nenne man das nicht. Warum sollte sich auch ein kirchliches Organ der bloßen Wissenschaft halber mit einer anderen Religion befassen und der Öffentlichkeit eine umfangreiche Abhandlung darüber vorlegen?

Michael Mildenberger hat auch erfreulich offen eingeräumt, daß die Kirche in der Beurteilung konkurrierender Wahrheitsansprüche »Partei« ist: »Es wäre unbillig, wollte man von den Kirchen die Distanz und Objektivität verlangen, die die Wissenschaft für sich in Anspruch nimmt. Die Kirchen argumentieren aus einer eigenen Position heraus. Sie sind Partei und müssen es auch bleiben. Anders können sie der religiösen Wahrheit, für die sie stehen, nicht treu bleiben und ihre orientierende Funktion nicht mehr wahrnehmen.«[7]

Wenn die *Zentralstelle* eine Monographie über das Bahā'ītum »in kritischer Anfrage« publiziert, sollte man sehen, daß allein schon das bestehende »Konkurrenzverhältnis«, die Interessenlage und der Zweck der Publikation zur Vorsicht mahnen.[8] Die von einer wissenschaftlichen Darstellung zu fordernde, strenge wissen-

---

dener Nationalität sehr unterschiedlich ausfällt — »nicht aus der Berechnung der Wirkung, sondern aus innerer Zugehörigkeit, die den Standpunkt vorgibt« (*a. a. O.*, S. 42).

5 Umso mehr fällt Ficicchias hochgelobtes »Standardwerk« aus dem Rahmen.

6 »Kirche und die geistigen Strömungen der Zeit«, S. 14

7 »Die religiöse Szene. Kirchliche Apologetik als Sündenbock«, in: *Evangelische Kommentare*, 1982 Heft 4, S. 191

8 Ein Gedanke, der den Rezensenten merkwürdigerweise nicht aufgegangen ist.

schaftliche Methodik, Unvoreingenommenheit, Sachlichkeit und Objektivität stehen zumindest in einem starken Spannungsverhältnis zur unbestreitbaren apologetischen Zielsetzung und zur eingeräumten Parteilichkeit. Die legitime kritisch-theologische Bewertung außerkirchlicher Phänomene bezieht ihre Kriterien selbstverständlich aus dogmatischen Positionen der orthodoxen Kirchenlehre. *Sub specie* der auch heute noch geltenden[9] cyprianischen Formel »*Extra ecclesiam salus non est*« muß jeder nachbiblische Anspruch auf Gottesoffenbarung dem Verdikt verfallen, religiöse Usurpation zu sein. Von daher erhalten die dargestellten religiösen Phänomene unweigerlich eine andere Deutung als für den, der sie mit den Augen des Glaubens betrachtet. Wieso eine solche, immer wieder mit dem Etikett »kritisch« versehene Darstellung den Vorzug verdient vor Selbstdarstellungen aus gläubiger Hand, ist nicht einzusehen. Zunächst ist eines so wenig »Wissenschaft« wie das andere. Beide Darstellungen müssen sich danach beurteilen lassen, ob sie in ihrer Methode wissenschaftlich sind oder nicht.

II. »Kritische Literatur«

Selbstverständlich wird eine Darstellung von außen immer anders ausfallen als eine solche von innen. Der Außenstehende sieht die Dinge notwendigerweise mit anderen Augen als der, der um das Geheimnis einer Religion weiß.[10] Darstellungen christlicher Heilsgestalten (Jesus, Paulus) und christlicher Lehre aus der Feder jüdischer Denker — etwa Moses Mendelsohn[11], Salomon Ludwig Steinheim[12], Hans-Joachim Schoeps oder der Zeitgenossen Pinchas Lapide, Schalom Ben-Chorin — vermitteln eine an-

---

9 vgl. *Katechismus der katholischen Kirche* Nr. 846

10 Martin Buber hat diese Erkenntnis so formuliert: »Das Geheimnis des anderen ist innen in ihm und kann nicht von außen her wahrgenommen werden. Kein Mensch außerhalb von Israel weiß um das Geheimnis Israels. Und kein Mensch außerhalb der Christenheit weiß um das Geheimnis der Christenheit. Aber nichtwissend können sie einander im Geheimnis anerkennen« (*Die Stunde und die Erkenntnis*, S. 155).

11 1729 — 1786

12 1789 — 1866

dere Sicht, als christliche Selbstzeugnisse. Sind diese Deutungen nun objektiver, richtiger, nur weil sie gegenüber der offiziellen Kirchenlehre »kritisch« sind und zu einem anderen Verständnis gelangen? Dann wäre Goethes Urteil über die Kirchengeschichte[13], Karl-Heinz Deschners[14] Verdammungsurteil über das Christentum[15], Eugen Drewermanns tiefenpsychologische Aufarbeitung der Kirchengeschichte[16] und Uta Ranke-Heinemanns aufklärerischer Rundumschlag gegen Bibel und Kirche[17], nur weil sie »kritisch« sind, *eo ipso* allen Selbstzeugnissen christlichen Glaubens an Richtigkeit und Zuverlässigkeit überlegen. Ich bin ganz sicher, daß die *Evangelische Zentralstelle* diesen Schluß nicht zieht.

Die frühere »kritische« Literatur über das Bahā'ītum im deutschen (und auch im englischen[18]) Sprachraum stammte ausnahmslos aus der Feder christlicher Theologen und verfolgte dezidiert Eigeninteressen, nämlich eingestandenermaßen den Zweck, der Mission der Bahā'ī in der abendländischen Welt entgegenzutreten. Hermann Römer, der — selbst des Arabischen und Persischen nicht mächtig — seine Erkenntnisse im wesentlichen den Arbeiten des britischen Orientalisten E. G. Browne verdankt[19],

---

13 »Glaubt nicht, daß ich fasele, daß ich dichte;
Seht hin und findet mir andre Gestalt!
Es ist die ganze Kirchengeschichte
Mischmasch von Irrtum und Gewalt«
(Zahme Xenien IX., zitiert nach *Goethes Gedichte in zeitlicher Folge,* S. 1121).

14 Nach dem Urteil des Wiener Philosophen Wolfgang Stegmüller ist dieser Exkatholik immerhin der »bedeutendste Kirchenkritiker dieses Jahrhunderts«.

15 *Abermals krähte der Hahn. Eine kritische Kirchengeschichte von den Anfängen bis zu Pius XII.*, Stuttgart 1962; *Kriminalgeschichte des Christentums*, Bd. 1 Reinbek 1986, Bd. 2 Reinbek 1988, Bd. 3 Reinbek 1990 , Bd. 4 Reinbek 1994

16 E. Drewermann, *Tiefenpsychologie und Exegese*, Olten 1984; ders., *Strukturen des Bösen*, Paderborn 1988; ders., *Kleriker — Psychogramm eines Ideals*, München 1991

17 *Nein und Amen. Anleitung zum Glaubenszweifel*, Hamburg 1992

18 J. R. Richards (*The Religion of the Bahā'īs*, London 1934) war Missionar der Anglikanischen Kirche in Syrien, später Bischof in Wales. William McElwee Miller (*Bahā'īsm*, New York 1931; ders., *The Bahā'ī Faith: Its History and Teachings*, South Pasadena/Cal., 1974) war Missionar der Presbyterianischen Kirche im Iran. Eine gründliche Analyse der Werke Millers gibt Douglas Martin, »The Missionary as Historian«, in: *Bahā'ī Studies. A Publication of the Association for Bahā'ī Studies*, Bd. 4, 1977, S. 1-29.

19 *Die Bābī-Behā'ī* (Potsdam 1911, Diss.), Vorwort. Die theologische Dissertation ist angesichts des damaligen Standes der wissenschaftlichen Forschung eine gründliche, erstaunlich kenntnisreiche Studie. Doch sind Römers Ergebnisse, vor allem

räumt erfreulich offen den apologetisch-missionarischen Zweck seiner Forschung ein: »Meine Arbeit ist dem praktischen Bedürfnis entsprungen, der Propaganda der Behā'ī in Deutschland zu begegnen ... Zugleich soll die Arbeit der christlichen Mission an der mohammedanischen Welt dienen.«[20] Gerhard Rosenkranz, dem das Verdienst gebührt, den unabhängigen Charakter des Bahā'ītums als Offenbarungsreligion, als »prophetische Religion«, erkannt und herausgestellt zu haben[21], lehnt sich in seiner Kritik wiederum stark an Römer an und nennt als einen der Gründe, die ihn als christlichen Theologen diese Arbeit verfassen ließ, die Gelegenheit, »sich auf die Besonderheit der christlichen Botschaft zu besinnen«[22]. Die »Einzigartigkeit des Christenglaubens« hat er im abschließenden »theologischen Urteil« nochmals deutlich herausgestellt und dem neuen Heilsanspruch kritisch entgegengehalten.[23] Diese Art von Literatur dient der theologischen Apologetik, der christlichen Eigenprofilierung. Das mindert ihren wissenschaftlichen Erkenntniswert.

Daß das Selbstverständnis einer Religion der unabdingbare Orientierungspunkt für jegliche Darstellung aus nichtgläubiger Hand zu sein hat, daß eine Religion sich in einem Porträt wieder-

seine Bewertungen und Urteile, nicht nur durch seine eingestandenen Eigeninteressen stark getrübt, sondern vor allem durch seine starke, kritiklose Anlehnung an E. G. Browne. Dieser Gelehrte hat sich zweifellos um die Erforschung des Bābismus große Verdienste erworben. Die Bahā'ī verdanken ihm, dem einzigen Europäer von Bedeutung, der Bahā'u'llāh begegnete, den eindrucksvollen Bericht über seine Audienz in ʿAkkā (*A Traveller's Narrative*, Bd. II, S. XXXIX-XL). Doch standen Brownes Forschungen ganz im Banne seiner subjektiven Überzeugung, daß nicht Bahā'u'llāh, sondern dessen Widersacher Mīrzā Yaḥyā (Ṣubḥ-i-Azal) der legitime Prätendent in der Nachfolgeschaft des Bāb war (vgl. Hasan Balyuzi, *Edward Granville Browne and the Bahā'ī Faith*, London 1970 und den Beitrag von N. Towfigh, Kap. 9, I). Römer hat sich Brownes Irrtümer und Fehlurteile zu eigen gemacht. Mit seinem Urteil, die Bahā'ī-Religion sei »ihrer Bestimmung nach ein Derwischorden und nur dank ihrer Verschwisterung mit der modernen Kulturbewegung bis zur Unkenntlichkeit moderner gekleidet als ihre blutsverwandten, alten Schwestern« (S. 175-176), steht er allein. Zu Römer siehe U. Gollmer, Kap. 9, II.

20 *a. a. O.*, Vorwort

21 *Die Bahā'ī*, S. 7. In seinem im Zusammenhang mit den damaligen Verfolgungen der Bahā'ī in der Türkei erstatteten Gutachten vom 3.10.1971 attestierte Rosenkranz dem Bahā'ītum, daß es keine islamische Sekte ist, sondern »die religionsphänomenologischen Merkmale einer Weltreligion« aufweist (vgl. U. Schaefer, *Sekte oder Offenbarungsreligion?*, S. 28).

22 *Die Bahā'ī*, S. 7

23 *Die Bahā'ī*, S. 59

erkennen muß[24], gilt heute als methodologische Selbstverständlichkeit[25]: Der kanadische Religionswissenschaftler Wilfred Cantwell Smith hat die Regel aufgestellt, daß keine Aussage über eine andere Religion gültig sei, »solange sie nicht von den Anhängern dieser Religion anerkannt wird«[26]. Unter Bezugnahme auf Smith und Raimondo Panikkar nennt es Leonard Swidler die »Goldene Regel« des interreligiösen Dialogs, daß »die interpretierte Seite in der Lage sein muß, sich in der Interpretation wiederzuerkennen«[27], und Karl Ernst Nipkow spricht von der »berühmten hermeneutischen Regel, daß die fremde Tradition möglichst so zu präsentieren ist, daß ihre Vertreter sie als ihre eigene Deutung annehmen können«[28]. Kurt Hutten hat sich in seinem Sektenbuch[29] ursprünglich darum bemüht, die Bahā'ī-Religion in Geschichte und Lehre ihrem Selbstverständnis gemäß darzustellen, wenn auch der Abschnitt über die Ordnung der Gemeinde[30] von Anfang an sachliche Fehler aufwies, tendenziös und teilweise unsachlich in der Kritik war. Der Vorzug seiner Darstellung war, daß er sein entschiedenes theologisches »Nein« methodisch sauber unter einer besonderen Rubrik[31] formuliert hat. Doch leider hat er dann von Auflage zu Auflage dem Protest einer Handvoll Dissidenten gegen den Prozeß der Verrechtlichung der Gemeinde — von ihm »Konfessionalisierung« und »Verkirchlichung« genannt[32] — immer

---

24 vgl. Hans Küng, *Christentum und Weltreligionen* (»Zum Dialog«), S. 17

25 vgl. Hans-Joachim Schoeps, *Jüdisch-christliches Religionsgespräch*, S. 148

26 *On Understanding Islam*, S. 282 ff.

27 »Interreligious and Interideological Dialogue: The Matrix for all Systematic Reflection Today«, S. 44

28 »Oikumene«, in: Johannes Lähnemann (Hrsg.), *Das Wiedererwachen der Religionen*, S. 180

29 *Seher, Grübler, Enthusiasten. Sekten und religiöse Sondergemeinschaften der Gegenwart*, Stuttgart [1]1950, [12]1982

30 vgl. 10. Aufl., S. 303 ff.

31 »Christus — ein Vorläufer Bahā'u'llāhs?« (10. Aufl.) S. 311 ff.

32 Daß ein Mann der Kirche diese Begriffe in negativ-kritischer Konnotation verwendet, überrascht. Beide Begriffe sind jedoch fehl am Platz. Zur Formulierung von Bekenntnissen (»*confessiones*«), die die Spaltung der abendländischen Christenheit begleiteten, ist es im Bahā'ītum gerade nicht gekommen. Fixierte Glaubensformulierungen, formelhafte, den Glauben einengende Definitionen (*professiones fidei*) hat es nie gegeben. Die Verrechtlichung, nämlich die Entfaltung der vom Stifter explizit vorgesehenen Gemeindestrukturen, ist keine »Konfessionalisierung«. Auch eine »Verkirchlichung« ist dieser Prozeß nicht, weil — von terminologischen Bedenken, diesen christozentrischen Begriff auf nichtchristliche Glaubensgemeinschaften anzuwenden, einmal abgesehen — die organisierte Bahā'ī-Gemeinde keine sa-

mehr Raum, immer größeres Gewicht gegeben und sich schließlich diese Sicht völlig zu eigen gemacht. In der posthum veröffentlichten zwölften Auflage hat H. D. Reimer die gesamte Darstellung Huttens überarbeitet und mit kritischen Kommentierungen versehen, für die das inzwischen erschienene »verdienstvolle Werk«[33] Ficicchias Pate gestanden hat, der als »vorzüglicher Kenner des *Bahā'ismus*«[34] sogar den abschließenden Abschnitt schreiben durfte.

Hier zeigt sich schon deutlich die Methodik: Nicht mehr das christlich-theologische Urteil, dessen Relativität sich jedem einsichtigen Leser ohne weiteres aufdrängt, nicht mehr der christliche Superioritätsstandpunkt, der heute vielen suspekt geworden ist, ist die Speerspitze, sondern die Urteile von Dissidenten, und sei ihre Zahl noch so gering und ihre Wirkungsgeschichte noch so folgenlos. Das Bahā'ītum wird nun sozusagen von innen her erledigt: Interne Widersacher, kirchenrechtlich gesprochen die Häretiker und Schismatiker, sind gleichsam die Zeugen dafür, daß Selbstdarstellungen des Bahā'ītums nur verklärte Fassaden beschreiben, hagiographisch und ohne Erkenntniswert sind. Wer leugnet, was er zuvor bekannt hatte, der Renegat, ist nun der Kronzeuge gegen die Sache, von der er sich wieder abgewandt hat: Er ist der Kenner, der allen überlegen ist, der mehr Bescheid weiß als jeder andere. Diese Methode bietet für den verfolgten Zweck Vorteile, denn der Leser ist im allgemeinen geneigt, kritischen Urteilen ehemaliger »Insider« größeren Beweiswert beizumessen als Selbstdarstellungen oder christlich-theologischen Kritiken. Die Veröffentlichung des Ficicchia-Buches war die konsequente Fortführung des eingeschlagenen Weges.

---

kramentale Gnadenanstalt ist: Sakramente, einen objektiven Gnadenschatz, über den Priester objektiv verfügen und die Wesensmerkmal, konstitutiver Bestandteil eines jeden Kirchentums sind, kennt die Bahā'ī-Gemeinde nicht (vgl. unten S. 127 ff.; meine Dissertation *Grundlagen der "Verwaltungsordnung" der Bahā'ī*, S. 82-85; meine Schrift *Sekte oder Offenbarungsreligion?* S. 5 und U. Gollmer, *Gottesreich*, Kap. 11.1; 11.2.3). Hutten folgt hier offenbar einem im neueren soziologischen Schrifttum gebrauchten deskriptiven Kirchenbegriff, der unter Eliminierung seiner konstitutiven, spezifisch christlichen Merkmale jede institutionalisierte Religion als »Kirche« bezeichnet.

33 Hutten, *a. a. O.*, S. 800

34 Hutten, *a. a. O.*, S. 827

Die Methode mag erfolgreich sein — eine andere Frage ist, ob sie vom »Geist der Versöhnung, der Demut und der Begegnung«, vom Geist »der Liebe und der Gerechtigkeit«[35] getragen ist, der verbal immer wieder von kirchlichen Institutionen beschworen wird. Der *Ökumenische Rat der Kirchen* hat 1977 in Genf und 1979 in Kingston/Jamaica »*Leitlinien*« für den Umgang der Kirchen mit den Menschen anderer Religionen erlassen, in denen unter Abkehr von der traditionellen kirchlichen Haltung die Kirchen aufgerufen werden, sich nicht von kirchlichem »Triumphalismus«, von »Herablassung gegenüber unseren Mitmenschen«[36], »aggressiver christlicher Militanz«[37], von »Vorurteilen und Klischees«[38] leiten zu lassen. Der Dialog[39] mit den Angehörigen der

35 für den Kurt Hutten in seinem Vorwort zur 8. Auflage seines Werkes so schöne Worte gefunden hat: »Es gehört zur Eigenart der christlichen Wahrheit, daß ihre Beweiskraft von der Liebe abhängt, die sie zu erwecken vermag. Ein wesentlicher Bestandteil der Liebe ist die Gerechtigkeit in der Beurteilung anderer Lehren.« Sein Urteil, daß, wer Andersgläubigen »unsachlich und feindselig begegnet«, »kein Zeuge der Wahrheit« ist, sondern diese »diskreditiert«, verdient vorbehaltlosen Beifall (Zitate nach *Seher, Grübler, Enthusiasten*, Vorwort zur 12. Aufl., S. 15).

36 Teil I B 14

37 Teil II C 18

38 Teil III, 4

39 Auch das bei Herder 1987 erschienene, von Hans Waldenfels SJ herausgegebene *Lexikon der Religionen* will erklärtermaßen einen »erstmals versuchten, bewußten Beitrag zum beginnenden Dialog der Religionen« leisten. Unter Hinweis auf das Weltfriedensgebet am 27. Oktober 1986 in Assisi, zu dem Papst Johannes Paul II. die Vertreter der Religionen eingeladen hatte (und bei dem auch Vertreter der Bahā'ī zugegen waren), schreibt Hans Waldenfels: »Zwischen den Religionen auf Frieden und Verständigung hinzuarbeiten und sie dabei zugleich immer neu in Gottes Sendung in diese Welt hineinzurufen, dürfte ein entscheidender Beitrag zum Wohle aller Menschen dieser Erde und ihrer Zukunft sein« (Vorwort zur 1. Aufl., S. VI). Nun paßt es dazu schlecht, wenn unter der stattlichen Zahl renommierter Fachgelehrter, die das Lexikon erstellt haben, den Beitrag über den »Bahā'ismus« ein Autor schreiben darf, der durch keinerlei religionswissenschaftliche Vorbildung ausgewiesen ist, sondern ausschließlich durch seine kurzfristige Zugehörigkeit zu dieser Religionsgemeinschaft, und der das Kunststück fertigbringt, auf knapp eineinhalb Spalten bis auf wenige historische Daten nahezu alles falsch darzustellen (S. 46, 47). Wie tendenziös Ficicchias Beitrag ist, zeigt allein schon die von ihm angegebene Literatur: abgesehen von seinem eigenen Werk, ausschließlich sogenannte »kritische« Literatur aus der Feder christlicher Theologen (Römer, Rosenkranz, Elder/Miller) und das in Fußnote 21 genannte *Handbuch Religiöse Gemeinschaften*, das wiederum seine Kenntnisse von Ficicchias Werk bezieht. Den umfangreichen Beitrag über den »Bahā'ismus« in der renommierten *Theologischen Realenzyklopädie* (*TRE*) hat er entweder nicht gekannt oder mit Bedacht unterschlagen. Wenn mehr als die Hälfte eines Beitrags aus ätzender Kritik besteht und der Verfasser kein einziges authentisches Werk der umfangreichen, in deutscher Sprache erschienenen Primärliteratur und kein einziges Werk der aus der Gemeinde hervorge-

anderen Religionen soll vielmehr vom Geist der Demut, der Bußfertigkeit und der Lauterkeit geführt werden: »Größte Aufmerksamkeit« ist dabei dem »Selbstverständnis« der anderen Glaubensgemeinschaft zu widmen[40]: »Die Dialogpartner sollten die Freiheit haben, ›sich selbst zu definieren‹. Ein sinnvoller Dialog entsteht aus der gegenseitigen Bereitschaft, einander zuzuhören und voneinander zu lernen.«[41] Im Dialog »auf dem Boden des gegenseiti-

---

gangenen Sekundärliteratur aufführt, müßten sich, so sollte man meinen, dem Herausgeber doch Bedenken gegen die Sachlichkeit des Beitrags aufdrängen. Der Herder-Verlag, auf die Hintergründe, die Mängel des Beitrags und auf eine zu erwartende kritische Auseinandersetzung mit Ficicchias Monographie hingewiesen, fand die Kritik »hilfreich« und leitete sie an den Herausgeber weiter, »mit der Bitte zu prüfen, wie daraus Konsequenzen für eine Neuauflage gezogen werden können«. Inzwischen ist der Beitrag in der 1992 erschienenen dritten Auflage unverändert veröffentlicht worden.

Ficicchias Art, das Bahā'ītum herunterzumachen, wird beim Herder-Verlag offenbar geschätzt, denn er durfte auch für das dort erschienene *Lexikon der Sekten, Sondergruppen und Weltanschauungen* ([3]1991, [4]1994) das Stichwort »Bahā'ī« verfassen und darin seine Desinformation über diesen Glauben fortsetzen. Auch dabei hat die Herausgeber nicht im mindesten irritiert, daß die von ihm angegebene Literatur — von meiner Dissertation und zwei Werken Shoghi Effendis abgesehen — ausschließlich aus Werken »kritischer« Autoren, insbesondere aus seiner eigenen Monographie besteht. Zumindest die Mitherausgeberin, Dr. Friederike Valentin, wußte, welchen Fachgelehrten man für dieses Stichwort erkoren hatte. Sie hatte eine vom Pastoralamt der Erzdiözese Wien herausgegebene Informationsschrift über die Bahā'ī (*Bahā'ī: Geschichte — Lehre — Praxis. Dokumentation* 1/81) verfaßt, in der sie Ficicchias Monographie als Steinbruch benutzt und lange Passagen aus diesem Werk in ihre Abhandlung inkorporiert hatte. Der Nationale Geistige Rat der Bahā'ī in Österreich hat daraufhin dem Erzbischof von Wien, Kardinal Dr. Groer, eine 30-seitige Dokumentation (*Gerades krumm gemacht. Der Renegat als Forscher*) übersandt, in der ich einige der gravierendsten Falschinformationen richtiggestellt und auch die Konfliktsituation erwähnt habe, aus der Ficicchias Monographie resultierte. Der Kardinal hat sich in einem Schreiben vom Aschermittwoch 1989 für die Zusendung bedankt: »Ich eile, Ihnen für diese Hilfe zur besseren Erkenntnis Dank zu sagen. Immer wieder müssen wir leider in dieser Welt erfahren, wie ungerecht auch Gläubige Gläubigen begegnen und wie hart die Intoleranz derer ist, die doch von Gott selbst nur Barmherzigkeit erfahren.« Frau Dr. Valentin hat mit Brief des Pastoralamts vom 7.2.1989 dem Nationalen Rat mitgeteilt: »Ich bestätige den Erhalt Ihres Schreibens vom 30.1. mit der Broschüre über die Verfolgung der Bahā'ī im Iran und der umfangreichen Entgegnung von Herrn Dr. Udo Schaefer; bei Durchsicht dieser Materialien habe ich festgestellt, daß die Kritik sich auf verwendete Unterlagen der *Evangelischen Zentralstelle für Weltanschauungsfragen*, die von Herrn Ficicchia stammen und sich somit nur sekundär auf die Broschüre bezieht. Den Hinweis auf die Unkorrektheiten nehme ich ebenfalls zur Kenntnis und werde diese bei einer möglichen Neuauflage (die jedoch derzeit nicht geplant ist) berücksichtigen.« Das alles hat die Herausgeberin nicht davon abgehalten, den »Spezialisten« Ficicchia auf das Stichwort »Bahā'ī« anzusetzen: *Cui bono*?

40 Teil III, 4

41 *a. a. O.*

gen Vertrauens und der Achtung vor der Unantastbarkeit der Identität des anderen«[42], so erfahren wir, »erfüllen die Christen das Gebot: ›Liebe Gott und Deinen Nächsten wie Dich selbst‹«, in ihm sehen sie »einen geeigneten Weg der Erfüllung des Gebotes ›Du sollst kein falsch Zeugnis reden wider Deinen Nächsten‹«[43].

Die *Zentralstelle* hat dankenswerterweise für die Verbreitung dieser hehren Maximen gesorgt, indem sie diese im Rahmen ihrer »*Arbeitstexte*« 1979 publizierte[44], und sie bekennt sich in ihren Veröffentlichungen auch immer wieder zu ihnen[45]. Ob sie sich selbst an ihnen orientiert hat, als sie zwei Jahre später Ficicchias »Standardwerk« editierte und publizierte, sei dem Urteil des Lesers überlassen.[46] Mag sein, daß die *Zentralstelle* in vielem ihrem von ihr ernannten Experten aufgesessen ist und, was die Fakten anbelangt, *bona fide* war, wenn dieser »falsch Zeugnis« redete. Doch die unverkennbare Schlagseite dieses Werkes, die das Bahā'ītum holzschnittartig verfremdet, konnte ihr nicht entgangen sein. Schon die Auswahl des ehemaligen *Insiders*, eines Renegaten[47], spottete dem in den »*Leitlinien*« verkündeten Ethos. Hier wird dem unbedarften Leser besondere Informiertheit, besondere Sachkunde des Autors signalisiert, weil dieser einmal selbst der

---

42 Teil II C 17

43 Teil II 17-18

44 *Leitlinien zum Dialog mit Menschen verschiedener Religionen und Ideologien*, Arbeitstexte Nr. 19/VI 79

45 z. B. Reinhart Hummel, der vor »Vorurteilen und falschen Vorverständnissen« warnt, zu »Fairneß«, »Verständnis und Respekt vor dem Andersdenkenden und -glaubenden« mahnt (»Apologetische Modelle«, S. 9-10), oder Gottfried Küenzlen, der für den interreligiösen Dialog »die sachgerechte Information über den jeweiligen Gehalt und Wahrheitsanspruch« und ein »inneres Verstehen« fordert und vor einer »schnellfertigen Verurteilung« warnt: »... ›Selbsterfundene Karikaturen totschlagen, ist ... ein kindliches Gewerbe‹ (Julius Kaftan, zitiert nach *RGG* 3. Aufl., Bd. I, Sp. 490)« (»Kirche und die geistigen Strömungen der Zeit«, S. 20).

46 Verbal hat sich Michael Mildenberger, der für Ficicchias Machwerk die Verantwortung trägt, zu diesem neuen Geist bekannt, wenn er für die »Achtung vor dem anderen, auch da, wo er als ›Konkurrent‹ auftritt«, eintritt und generell »eine Änderung der inneren Einstellung religiös Andersdenkenden und nichtkirchlichen oder nichtchristlichen Gruppen gegenüber« fordert (»Die religiöse Szene. Kirchliche Apologetik als Sündenbock«, in: *Evangelische Kommentare*, 1982 Heft 4, S. 191), jedoch muß er sich die Anfrage gefallen lassen, ob die Instrumentalisierung eines Renegaten im Interesse kirchlicher Apologetik mit dieser Forderung im Einklang steht.

47 *Nota bene*: Die Apostasie ist in Lehre und Recht der Bahā'ī kein Tatbestand. Der Gläubige kann jederzeit die Gemeinde ohne jegliche Stigmatisierung verlassen (vgl. auch S. 172, Fußnote 393

Gemeinde Bahā'u'llāhs angehörte und von innen mit ihr Bekanntschaft gemacht hat. Doch seit wann macht die bloße (und dazu noch kurze) Mitgliedschaft in einer Gemeinde schon zum Experten, seit wann ersetzt sie die fehlende wissenschaftliche Vorbildung und ein ernst zu nehmendes Fachwissen? Ist etwa jeder Kirchenchrist *eo ipso* Experte in Sachen Christentum?

III. Der Renegat als Forscher

Wie es um das Sachwissen des Autors bestellt ist, wird sich im einzelnen noch zeigen. Nur macht selbst Sachkenntnis allein, diese einmal unterstellt, noch nicht den religionswissenschaftlichen Fachmann. Mehr als bei jedem anderen Gegenstand kommt es bei der Darstellung einer Religion über das Fachwissen hinaus auf die subjektive Haltung des Autors an. Lauterkeit, absolute Unvoreingenommenheit, Sachlichkeit und Objektivität gegenüber dem Gegenstand, den er darstellt, sind unabdingbare Voraussetzung. Gerade daran gebricht es dem Autor in höchstem Maße. Was er zunächst im *Materialdienst*[48] und dann in seinem Buche verfaßt hat, ist geprägt von abgrundtiefem Ressentiment gegenüber der Gemeinde, der er einst angehörte, und eine bösartige Abrechnung mit ihr. Sein verbales Bekenntnis zu Sachlichkeit und Objektivität[49] wird auf jeder Seite seines Buches Lügen gestraft.

Daß die Editoren der *Zentralstelle* diese Problematik nicht erkannt haben, ist auszuschließen, hat doch die Kirche mit Renegaten über die Jahrhunderte hinweg ihre Erfahrungen gemacht. Renegaten sind in aller Regel geprägt von der Konfliktsituation, die sie durchgestanden haben. Greifen sie zur Feder, so neigen sie dazu, mit der Gemeinde, der sie angehörten, abzurechnen. Die schlimmsten Widersacher, die schärfsten Kritiker sind der Kirche aus abgefallenen Theologen erstanden, die bösartigsten Abrechnungen mit der Kirche stammen aus der Feder von Renegaten.[50]

---

48 »Der Baha'ismus — Ungewisse Zukunft der ›Zukunftsreligion‹«, in: *Materialdienst*, 38. Jg. 15/16, 1975

49 *Bahā'ismus*, S. 30

50 etwa der Ex-Jesuit A. Tondi, *Die geheime Macht der Jesuiten*, Leipzig-Jena 1960; ders., *Die Jesuiten. Bekenntnisse und Erinnerungen*, Berlin 1961; ders., *Vatikan*

Ficicchias emotionale Aufgeladenheit, seine überschießende, beißende Kritik, die eifernden Repetitionen bestimmter Behauptungen, die Fülle seiner kursiven Hervorhebungen, seine tendenziöse Semantik können den Verantwortlichen nicht verborgen geblieben sein.[51] Daß man ungeachtet dieser bedenklichen Züge gerade das »innere Engagement des Autors«[52] noch als besonderen Vorzug herausstellte[53] und ihm bescheinigte, er habe sich »selbstkritisch und streng den Maßstäben religionswissenschaftlicher Forschung verpflichtet«[54], daß man sich schließlich dazu verstieg, ein solches Werk als »erste authentische« Darstellung zu präsentieren[55] und damit die gesamte Bahā'ī-Tradition und -Geschichtsschreibung mit einem Schlag als »unauthentisch«, mit anderen Worten als unecht, unzuverlässig und unverbürgt abzutun, verschlägt einem doch die Sprache.

IV. Entstehungsgeschichte des Konflikts

Francesco Ficicchia, Jahrgang 1946, gehörte von 1971 an der Schweizer Bahā'ī-Gemeinde an. Er war damals Buchhalter bei einem Chemie-Konzern in Basel. Eine von ihm 1972 angestrebte Tätigkeit im Bahā'ī-Weltzentrum in Haifa scheiterte an seinen mangelnden Englischkenntnissen. Nach einem vorübergehenden Besuch der »Schule für Sozialarbeit« in Basel war er von November 1973 an in Zürich als Sozialarbeiter tätig. Nach der Lektüre von Hermann Zimmers Buch[56] setzte bei ihm ein Prozeß zunehmender Entfremdung ein, der sich im August 1974 wie mit einem Paukenschlag entlud. In einem von ihm versandten »Offenen Rundbrief« griff Ficicchia die Institutionen des Glaubens heftig

und Neofaschismus, Berlin [5]1959; Joachim Kahl, *Das Elend des Christentums*, Reinbek 1958

51 Erstaunlich, daß dies keinem der Rezensenten aufgefallen ist.

52 Klappentext

53 »Der Autor ist in doppelter Weise für ein solches Werk ausgerüstet. Zum einen war er lange Zeit selbst Mitglied der Bahā'ī-Gemeinschaft, kennt sie wie wenige und war ihren Zielen innerlich zugewandt« (*Bahā'ismus,* Vorwort, S. 12). Die »lange Zeit« waren drei Jahre.

54 *Bahā'ismus,* Klappentext

55 *Bahā'ismus,* Vorwort, S. 12

56 siehe S. 2, Fußnote 3. Zu H. Zimmer eingehend Gollmer, Kap. 11.V.

an. Zimmers Thesen folgend, wonach 'Abdu'l-Bahās *Testament* — mit Bahā'u'llāhs *Kitāb-i-Aqdas* die Charta der Gemeindeordnung Bahā'u'llāhs — eine Fälschung und die darin eingesetzte Institution des »Hütertums« eine Usurpation sei, ging er in seinem Pamphlet mit den Institutionen der Gemeinde Bahā'u'llāhs ins Gericht. Hier finden wir schon wesentliche Vorwürfe, die Ficicchia nur kurze Zeit später in seinem im »*Materialdienst*« der *Evangelischen Zentralstelle* erschienenen Beitrag und dann in seinem Buch verbreitet hat. Nach einer Korrespondenz mit dem Bahā'ī-Weltzentrum in Haifa, mehrfachen Gesprächen mit Beauftragten der Institutionen und einem weiteren, von ihm versandten Rundbrief ähnlichen Inhalts erklärte Ficicchia schließlich Ende November 1974 seinen Austritt aus der Bahā'ī-Gemeinde. Kurz darauf wurde er wegen seiner fortgesetzten subversiven Aktivitäten von den zuständigen Organen gemäß dem geltenden Recht exkommuniziert.

Anfang 1975 brachte er seine Vorwürfe in einem Leserbrief an eine Züricher Tageszeitung in die breite Öffentlichkeit.[57] Bereits in der August-Ausgabe 1975 des »*Materialdienst*« erschien sein Beitrag »*Der Bahā'ismus — ungewisse Zukunft der ›Zukunftsreligion‹*«, eine pamphletistische, anmaßende Verurteilung des Bahā'ītums, die sozusagen die Vorübung zu seinem 1981 erschienenen Werk war.

Überraschenderweise wandte sich Ficicchia Anfang 1975 nochmals an das Bahā'ī-Weltzentrum. In seinem Brief vom 10. Februar versichert er, daß ihn, den »derzeit vielleicht größten Feind der Bahā'ī-Administration«, zwar keine Gefühle der Reue bewegten, daß er sich jedoch noch immer »im Geiste der Sache Bahā'u'llāhs verbunden fühle«. Er habe, so beteuert er, niemals wesentliche Offenbarungsgehalte der Lehre Bahā'u'llāhs angezweifelt, sein Widerstand richte sich allein »gegen die Intransigenz der administrativen Körperschaften«; die Beweggründe seines Handelns seien »getragen von tiefer Sorge über die Integrität des *Bahā'ismus*«. Er nennt diesen Brief, in dem er abermals die angebliche Testamentsfälschung[58] und die angebliche Verheimli-

57 *Der Zürcher Oberländer*, Ausgabe vom 11. Februar 1975
58 vgl. hierzu U. Gollmer, Kapitel 11

chung des *Kitāb-i-Aqdas*[59] thematisiert, einen »Aufruf zum Dialog«, ein Angebot, »alle hier angeschnittenen Fragen im Geiste gegenseitigen Respektierenwollens zu erörtern«. In weiteren Briefen[60] an das Weltzentrum erklärte Ficicchia, daß er »zurückfinden möchte in den Schoß der Gemeinschaft«. Er versicherte, seine Verbindungen zu den »Bündnisbrechern«[61] seien abgekühlt, räumte ein, seine »harte Kritik am System« möge »teilweise unberechtigt gewesen sein«, bekundete einen »grundlegenden Wandel«, der sich in ihm vollzogen habe, und bat »um Wiederaufnahme in die Gemeinschaft«. Dem Nationalen Geistigen Rat der Schweiz, den er bat, sich beim Bahā'ī-Weltzentrum für ihn zu verwenden, versicherte er[62] seinen inneren Wandel und die Einsicht, daß er der Gemeinde »großen Schaden zugefügt« und »vorschnell gehandelt habe«.

Nach einem Gespräch zwischen Beauftragten des Weltzentrums und Ficicchia[63], das er selbst als »offen und in freundschaftlicher Atmosphäre« verlaufen bezeichnete[64], teilte er dem Weltzentrum mit[65], er habe keine Schwierigkeiten mit der Anerkennung und dem Gehorsam gegenüber den Zentralgestalten der Bahā'ī-Religion. Auch die Stellung Shoghi Effendis könne er respektieren, wenn ihm auch in der Testamentsfrage die letzte Gewißheit fehle. Bei einem nochmaligen Gespräch im November 1977 wurde deutlich, daß Ficicchias Vorbehalte nicht völlig auszuräumen waren. Dieser Prozeß der Wiederannäherung fand seinen jähen Abschluß in einem haßerfüllten Brief[66], in welchem Ficicchia dem Weltzentrum sozusagen den Krieg erklärte. Er nennt die Mitglieder des Universalen Hauses der Gerechtigkeit »Volksverführer und Inbegriff der Falschheit«, »verlogene und falsche Potentaten«, »Oligarchenclique« und widerruft »alle früheren Loyalitätsbekundungen«. Der Brief gipfelt in der Drohung:

59 vgl. meine Ausführungen S. 241 ff.
60 vom 11. Februar, 29. März und 23. Juni 1977
61 zu dem Begriff siehe S. 165 ff., insbesondere Fußnote 380
62 in einem Brief vom 28. Mai 1977
63 am 23. Juni 1977
64 Brief vom 12. Juli 1977
65 Brief vom 12. Juli 1977
66 vom 5. April 1978

»... Ich erkläre, daß Sie mich fortan zum erbitterten Feind haben werden, der Sie, wo immer sich mir die Möglichkeit bietet, mit allen Mitteln bekämpfen wird... Meine endgültige Feindschaft haben Sie sich nun selbst eingehandelt...«[67]

Dieses selbstbekundete Feindverhältnis unseres Autors zum Gegenstand seiner Darstellung läßt alles erwarten, nur keine Sachlichkeit. Die Triebfeder seines Handelns, sein hochgepriesenes »inneres Engagement«, ist nichts anderes als sein ungezügelter Haß.

Daß einer, der sich mit Herz und Seele einer Sache verschrieben hat, sich ihr aus irgendwelchen Gründen wieder entfremdet und ihr schließlich den Rücken kehrt, ist der Lauf der Welt. Doch daß seine ursprüngliche Zuneigung dann in unversöhnlichen Haß umschlägt und er, wie von einem umgekehrten »Damaskuserlebnis« getrieben, nun die Gemeinde, der er einmal angehörte, den Glauben, den er selbst einmal bekannte, unerbittlich verfolgt, alles, was ihm einmel heilig war, einer bösartigen, zynischen Schmähkritik unterzieht und um sich schlägt *comme le diable dans le bénitier*, läßt sich wohl nur noch tiefenpsychologisch erklären. Seine Androhung, er werde die Bahā'ī bei jeder sich bietenden Gelegenheit »mit allen Mitteln bekämpfen«, hat er jedenfalls mit seinem angeblichen Standardwerk und seinen späteren lexikalischen Beiträgen wahr gemacht.

Für seine Rolle als »Religionsforscher«[68] brachte Ficicchia keine akademische, insbesondere keine religionswissenschaftlich-theologische Vorbildung mit. Die Fülle arabischer, persischer, hebräischer, altgriechischer Begriffe und gleich am Anfang das arabische Alphabet mit verschiedenen Transkriptionen, die dem unbefangenen Leser signalisiert, hier sei ein Fachmann der Orientalistik am Werk[69], verdankt Ficicchia mangels Kenntnis dieser

67 Ein Dossier mit Kopien von der gesamten von Ficicchia und mit ihm geführten Korrespondenz liegt mir vor.

68 wie er sich selbst auf S. 313 bezeichnet

69 Diesem Zweck dient wohl auch, wenn er stets nach »*Mufāwaḍāt*« (An-Nūr al-Abhā fī Mufāwaḍāt 'Abdu'l-Bahā, Leiden-London 1901) zitiert, dann aber doch den Text nach der deutschen Ausgabe *Beantwortete Fragen* anführt, weil er des Persischen gar nicht mächtig ist.

Sprachen entweder der Sekundärliteratur oder sachkundigem Rat, wie er sich auch sonst gern mit fremden Formulierungen putzt, ohne diese kenntlich zu machen[70]. Nach eigener Aussage[71] versteht er Italienisch, Spanisch, Portugiesisch. Seine englischen Sprachkenntnisse waren jedenfalls Mitte der 70er Jahre recht bescheiden[72], was ihn jedoch nicht daran hinderte, über Shoghi Effendis englischen Stil ein vernichtendes Urteil zu fällen[73]: *Nota bene*, aufgrund einer deutschen — zugegebenermaßen schwachen, wenig transparenten — Übersetzung! Sicher hat er als Autor den Namen, das Material und in vieler Hinsicht die ätzende Diktion geliefert, doch daß die theologischen Sachbearbeiter der *Zentralstelle* editorisch starken Einfluß ausgeübt haben, kann allein schon wegen seiner mangelnden Vorbildung nicht zweifelhaft sein.

---

70 z. B. die Formulierung, die Religion sei »eine alle Aspekte des Menschseins umgreifende und in Anspruch nehmende Ordnungsmacht« (S. 387), ist wörtlich meinem Essay *»Bahá'í sein«* ²1979 S. 11 entnommen. Die gesamte von ihm S. 446 angegebene religionswissenschaftliche Literatur ist in ihrem Ensemble in meiner Dissertation zu finden, darunter entlegene Werke, die heute kaum noch jemand kennt wie die von Adam, Hagen und Schoeps. Auf Seite 327 vermerkt Ficicchia in Fußnote 36: »Die Katholische Kirche beansprucht für ihr Gesetzbuch (CIC) keine unfehlbare Autorität. Vgl. A. Hagen, *Prinzipien des katholischen Kirchenrechts*, S. 161.« Das hat er wörtlich aus meiner Dissertation (S. 79, Fußnote 257) »abgekupfert«, wo sich die selbe Formulierung mit der gleichen Quellenangabe findet. Der Abschnitt über das Gesetzesverständnis (S. 217) kam mir bei der Lektüre so bekannt vor — kein Wunder, hat er ihn doch mit geringfügigen Umstellungen meiner Schrift *»Antwort an einen Theologen«* S. 82, Fußnote 146, entnommen: Die selben Schriftzitate, die selben Quellenangaben, selbst 'Abdu'l-Bahás inzwischen längst in deutscher Sprache vorliegende Schrift *Das Geheimnis göttlicher Kultur* (Hofheim 1973) zitiert er (wie ich dies in meiner 1970 erschienenen Schrift getan hatte) nach dem englischen Titel *»Mysterious Forces of Civilisation«*. Auch das in diesem Abschnitt vorkommende Zitat von Hermann Cohen aus dessen Werk *Die Religion der Vernunft aus den Quellen des Judentums* zitiert er, wie ich dies in Fußnote 146 getan habe, nicht nach dem Original, sondern nach H.-J. Schoeps, *Jüdisch-christliches Religionsgespräch in neunzehn Jahrhunderten*, S. 50. Alles Zufälle? Meine Schrift, aus der er das alles abgeschrieben hat, hat er nicht einmal in seinem Literaturverzeichnis aufgeführt, geschweige denn in einer Fußnote vermerkt.

71 Brief vom 8. März 1972

72 Die Korrespondenz mit dem Weltzentrum führte er in deutscher Sprache, die vorerwähnten Gespräche mußten wegen eines englisch-sprachigen Teilnehmers gedolmetscht werden.

73 *Bahá'ismus*, S. 306 ff. Er nennt ihn »langatmig«, »schwer verständlich«, »überheblich« (S. 28) und spricht von »hemdsärmeligen Kraftmeiereien«, »Verschwommenheit«, »die Realität verkennende Selbsteinschätzung« (S. 306).

2. KAPITEL

ZU FICICCHIAS METHODIK

Ficicchias Unternehmen, das Bahā'ītum »kritisch« darzustellen, es zu demaskieren, kommt eine in unserer Gesellschaft heute vorherrschende Grundstimmung entgegen: In einer Welt, deren Werttafeln zerbrochen, deren Ideale zerbröselt, deren Idole von ihren Podesten gestürzt und deren utopische Hoffnungen kläglich gescheitert sind, in einer Welt, wo der Mensch nur noch in seiner Destruktivität gesehen (und auch in der Kunst dargestellt) wird, wo seine niederen Züge, sein Haß, seine Gier, seine Grausamkeit im Visier sind und seinen Adel und seine hohe Bestimmung verdunkeln, wo er nur noch als »Untier«[1] erscheint, ist eine Gemeinschaft mit hohen Ansprüchen und hehren Zielen wie die Bahā'ī verdächtig. So etwas, denkt der skeptische Zeitgenosse, kann es doch gar nicht geben, und greift freudig zu »kritischer« Literatur, die eine Innenansicht jenseits verklärter Fassaden verheißt, bei der die unbestreitbar lichtvolle Seite — die Botschaft von der allumfassenden Menschenliebe, von der Einheit des Menschengeschlechts, vom universalen, ewigen Frieden, vom messianischen Gottesreich auf Erden — konterkariert wird mit den häßlichen, abstoßenden Zügen des willkürlichen Umgangs mit der Wahrheit, persönlicher Machtansprüche, geistiger Unfreiheit, manipulativer Fremdbestimmung, politischer Weltherrschaftsgelüste und einer den Geist tötenden, omnipräsenten und omnipotenten organisatorischen Zwangsjacke, die dieser Gemeinschaft angeblich das Gepräge gibt. Der Enthüllungsjournalismus hat heutzutage auch auf dem Gebiet der Religionsgeschichte Konjunktur[2], und Ficicchias

---

1 vgl. Ulrich Horstmanns zynische Schrift *Das Untier. Konturen einer Philosophie der Menschenflucht*, Edition Suhrkamp, 1985

2 Beispiele: Alfred Worm (*Jesus Christus. Die Wahrheit über den ›wahren‹ Menschen*, Wien 1992), der Jesus einen »Superstar« und »Hippie« nennt und die Evangelisten gnadenlos der Fälschung und des manipulativen Umgangs mit der Wahrheit bezichtigt; oder der Bestseller der britischen Journalisten Michael Baigent und Richard Leigh *Verschlußsache Jesus. Die Qumranrollen und die Wahrheit über das frühe Christentum* (München 1991), die dem Vatikan, insbesondere dem Kurienkardinal Ratzinger, den Vorwurf machen, durch Kabalen verhindert zu haben, daß die zweitausend Jahre alten Fragmente veröffentlicht werden. Beide Beiträge sind wissenschaftlich wertlos. Die von der Presse zu Forschern ernannten Autoren Bai-

Buch ist eine Art »Enthüllung«. Er gibt vor, dem Leser ein ungeschminktes Bild des Bahā'ītums zu vermitteln, darzustellen, wie es *wirklich* ist — ein Bild, das bei ihm zur Fratze gerät. Dabei steht seine Methode im Dienste des obersten Zwecks seiner Abhandlung: das Bahā'ītum unglaubwürdig zu machen. Nichts bleibt vor seiner zynischen Kritik verschont, nicht die Gestalten der Stifter, nicht die Lehre und die ethischen Prinzipien.

I. Opportunismus als oberstes Prinzip des Bahā'ītums?

Wie alle Offenbarungsreligionen, in deren Tradition das Bahā'ītum steht, erhebt es einen Wahrheitsanspruch.[3] Es verkündet höchste sittliche Prinzipien und ruft die Menschheit auf den »*Geraden Pfad*«[4]. Nichts ist diesem Anspruch abträglicher als der von Ficicchia erhobene Vorwurf, das Bahā'ītum sei geprägt von einem »Hang zum *Opportunismus*«[5] — ein Vorwurf, der geradezu leitmotivisch das ganze Buch durchzieht[6]: Von der Behauptung der »*Geschichtsklitterung*«[7] durch »*nachträgliche Konstruktionen*«[8] gemäß der »Zahlenspekulation der Bābī«[9], der Behauptung

gent und Leigh sind — so der jüdische Gelehrte Shemaryahu Talmon — »inkompetent«, da keiner von beiden »hebräische Buchstaben zu lesen« vermag (S. Talmon, »Streit um die Rollen von Qumran«, in: *zur debatte. Themen der Katholischen Akademie in Bayern*, 22. Jg. September/Oktober 1992, S. 2).

3 Näheres S. 208 ff.

4 *aṣ-ṣirāṭu'l-mustaqīm*, vgl. *Qur'ān* 1:6. Im Islam synonym für die Religion schlechthin, der »gerade« und somit kürzeste Weg zum Paradies. *Ṣirāt* ist in den Traditionen zugleich endzeitlicher Begriff. In der Offenbarung Bahā'u'llāhs häufig gebraucht (vgl. z. B. *Botschaften* 4:8,13; 5:17; 6:11; 8:3, 34, 42, 70; 11:15, 25; *Kitāb-i-Aqdas* 14, 186 u. a.), bezeichnet der Gerade Pfad Bahā'u'llāh selbst, aber auch seine Gesetze und Gebote und den von ihm geschlossenen Bund. Der Begriff findet sich auch in den indischen Religionen: »Magga«, der »Rechte Pfad« (*Anguttara Nikaya* III, 72), das auch mit der »Gerade Pfad« (*Itivuttaka*, Sutta 62) übersetzt wird. »Magga« ist auch identisch mit dem Edlen Achtfältigen Pfad (*Digha Nikaya* VIII, Kassapa-Sīhanāda Sutta 165:13; vgl. auch H. Saddhatissa, *Buddhist Ethics*, S. 69 ff.).

5 *Bahā'ismus,* S. 259 (Hervorhebung durch F.)

6 vgl. *Bahā'ismus,* S. 109, 129, 151, 160, 180, 251, 253, 258, 259, 271, 288, 293, 323, 399, 404, 405, 406, 407 ff., 420, 425, 430 *Materialdienst*, S. 238, 239

7 *Bahā'ismus,* S. 109 (Hervorhebung durch F.)

8 *Bahā'ismus,* S. 110 (Hervorhebung durch F.)

9 *Bahā'ismus,* S. 129

von »*Schriftmanipulationen, Auslassungen und Textänderungen*«, wenn bestimmte Stellen »dem Zeitgeist nicht (mehr) entsprechen« oder wenn sie »der Gloriole der eigenen Religion Abbruch tun könnten«[10], bis hin zu dem gebetsmühlenartig wiederkehrenden Vorwurf, das Gesetz werde »an die Moderne angepaßt«[11] und erscheine »in einem völlig neuen, *opportunistischen Gewand,* das mit dem ursprünglich Gesagten wenig mehr gemein hat«[12], der Text des *Kitāb-i-Aqdas* werde den Gläubigen »unterschlagen«[13], »aus propagandistischen Gründen« nicht vollständig publiziert[14]. Ficicchia behauptet allen Ernstes, 'Abdu'l-Bahā habe das Gesetz Bahā'u'llāhs dissimuliert, um in der Mission nicht auf Widerstand zu stoßen[15], wie überhaupt die »Missionspropaganda« es verstehe, »unter geflissentlicher *Vorenthaltung* der *religiösen Vorschriften*« und unter Verschweigung der religiösen Inhalte »den Bahā'ismus als eine Art sozial ethische ›Überreligion‹ ... zu präsentieren«[16] und den Konvertiten nur über die Teile der Lehre zu informieren, »die nicht der *generellen Verheimlichung* unterliegen«[17]. Vieles werde »aus opportunistischen Erwägungen nicht mehr im ursprünglichen Wortsinn gewahrt«[18]. In diesem Zusammenhang spricht Ficicchia von »apologetischen und propagandistischen Eskapaden seitens der Leitung der Gemeinschaft«[19]. Selbst Lehraussagen Bahā'u'llāhs wie die Hochschätzung des Königtums[20] und sein vielfältig eingeschärftes Gebot des Gehorsams gegenüber der Obrigkeit[21] werden von ihm als »*opportunistische Erwägungen*« denunziert, als Glaubenspositionen, die nur vorläufig vertreten werden[22]. Auch die unwahre Behauptung, die gesetzliche Erbfolge des *Kitāb-i-Aqdas* werde heute »aus missions-

10 *Bahā'ismus,* S. 180, Hervorhebung durch F.
11 *Bahā'ismus,* S. 258/59
12 *Bahā'ismus,* S. 259
13 *Bahā'ismus,* S. 26, 430
14 *Bahā'ismus,* S. 251
15 *Bahā'ismus,* S. 293
16 *Bahā'ismus,* S. 404, Hervorhebung durch F.
17 *Bahā'ismus,* S. 405, Hervorhebung durch F.
18 *Bahā'ismus,* S. 420
19 *Bahā'ismus,* S. 325
20 Näheres S. 57 ff.; siehe auch U. Gollmer, Kap. 6.I.2.
21 *Brief an den Sohn des Wolfes* 143; *Ährenlese* 115:3; *Testament* 1:28
22 *Bahā'ismus,* S. 399 (Hervorhebung durch F.)

strategischen Überlegungen« liberaler gehandhabt[23], läuft auf den Vorwurf des Opportunismus hinaus. Noch in den Eheschlüssen iranischer Bahā'ī in der Diaspora mit Einheimischen wittert er opportunistische Motive: Mit ihnen sichern sie sich »die Nationalität oder doch die Bleibe in ihrem Gastland«[24] — ein schnödes Urteil, das zeigt, wes Geistes Kind er ist.

Opportunismus ist eine Haltung und ein Handeln, das nicht von klaren, übergeordneten, universal gültigen, sittlichen Prinzipien bestimmt ist, sondern sich ausschließlich nach der Gunst des Augenblicks richtet und am eigenen Vorteil orientiert. Opportunismus, gleichbedeutend mit Charakterlosigkeit, ist schon in der Politik verpönt — bei einer Religion, die sich als Trägerin und Verkünderin höchster ethischer Prinzipien sieht, ist dieser Vorwurf schlechterdings vernichtend, weil eine Religion, deren höchste Maximen Prinzipienlosigkeit und Unaufrichtigkeit sind, eine Perversion ihrer selbst ist.

II. Ficicchias Blickwinkel

Orientierungspunkt, methodischer Ausgangspunkt ist Ficicchia nicht das Selbstverständnis, die Selbstinterpretation der von ihm dargestellten Religion, sondern — von der Historie über die Lehrinhalte bis hin zur Entfaltung der Rechtsstrukturen der Gemeinde — das Urteil ihrer Dissidenten und ihrer externen, zumeist kirchlichen Kritiker. Sein »umfassendes Studium der Quellen«[25] bestand denn auch im wesentlichen darin, daß er die von dem britischen Orientalisten E. G. Browne gesammelten und publizierten und durch Hermann Römers Monographie dem deutschen Leserpublikum zugänglich gemachten Berichte und Chroniken der Dissidenten[26], der »Bundesbrecher«[27], zusammengetragen und daraus

23 *Bahā'ismus,* S. 160. Vgl. hierzu meine Ausführungen S. 285 ff.
24 *Bahā'ismus,* S. 407
25 *Bahā'ismus,* Vorwort S. 12
26 der sogenannten »Azalī«, der Anhänger des Ṣubḥ-i-Azal, des vom Bāb als Oberhaupt der Bābī-Gemeinde eingesetzten Halbbruders Bahā'u'llāhs, Mīrzā Yaḥyā, der sich gegen Bahā'u'llāhs Anspruch, der vom Bāb verheißene, endzeitliche Gottesbote (*Man yuẓhiruhu'llāh*) zu sein, auflehnte und diesen Anspruch dann selbst erhob.
27 zum Begriff »Bundesbrecher« vgl. S. 171 ff., Fußnote 380.

unter konsequenter Eliminierung aller darin enthaltenen positiven Zeugnisse eine »kritische« Geschichte des Bahā'ī-Glaubens destilliert hat. Dabei wird immer wieder seine monokulare Sicht deutlich: Selbst noch so entlegene, unbedeutende Gelegenheitsbeiträge aus der Anfangszeit des Bahā'ītums, dürftige, wissenschaftlich wertlose Publikationen schlechterdings inkompetenter Verfasser[28] führt er auf und beruft sich auf sie, wenn sie Kritisches vermelden, während er darin enthaltene positive Zeugnisse geflissentlich ignoriert. Die Primärschriften des Glaubens zitiert er meist nur dann, wenn er meint, damit seine Attacken beweisen zu können oder wenn sie ihm als Alibi für seine nicht vorhandene Objektivität dienlich sind, wie etwa die von ihm am Ende des Buches[29] beifällig zitierten Verse Bahā'u'llāhs[30], die den Leser, nach all dem, was er zuvor über Bahā'u'llāh und die von ihm gestiftete Religion erfahren hat, verblüffen müssen. Die gesamte aus der Gemeinde hervorgegangene Sekundärliteratur über den Glauben hält er für unwissenschaftlich und straft sie weitgehend mit Verachtung, wenn er sie nicht gerade für seine Zwecke ausbeuten kann.[31]

Ficicchia hat eine Obsession: Er vermag in der Bahā'ī-Geschichte nur »Ungereimtheiten, Fälschungen, interne Querelen, Machtkämpfe und usurpatorische Ansprüche«[32] zu erkennen: »Die Geschichte des Bābismus/Bahā'ismus ist eine solche des ständigen Kampfes um die religiöse Vormachtstellung, der per-

---

28 wie etwa der von ihm auf S. 197 zitierte Rasmussen (vgl. hierzu meine Ausführungen S. 61 ff.)

29 *Bahā'ismus,* S. 431

30 »Der ist wirklich ein Mensch, der sich heute dem Dienst am ganzen Menschengeschlecht hingibt... Selig und glücklich ist, wer sich erhebt, dem Wohl aller Völker und Geschlechter der Erde zu dienen... Es rühme sich nicht, wer sein Vaterland liebt, sondern wer die ganze Welt liebt. Die Erde ist nur *ein* Land, und alle Menschen sind seine Bürger« (*Ährenlese* 117 [= *Botschaften* 11:13]). Ficicchia, dem es entgangen war, daß 1980 die dritte, revidierte Auflage der »*Ährenlese*« erschienen ist, zitiert nach der alten Übersetzung.

31 Wie meine 1957 erschienene, von ihm für seine Zwecke ausgeschlachtete Dissertation. Ich erscheine bei ihm sozusagen als Kronzeuge für alles, was er aus meiner Arbeit herausliest.

32 Brief vom 20.5.1991 an einen Bahā'ī. Ganz ähnlich urteilt Karlheinz Deschner über die Geschichte der alten Kirche: »Fälschung, Verdummung, Ausbeutung, Vernichtung« — so der Untertitel von Band 3 seiner »*Kriminalgeschichte des Christentums*« (Reinbek 1990).

sönlichen Machtstreitigkeiten, Intrigen und Gewalttaten.«[33] Wir haben hier das (bei religionskritischen Abhandlungen nicht unbekannte) Phänomen einer *idée fixe*, wurde doch auch die Geschichte des Christentums schon ausschließlich als Geschichte des Verrats oder als Kriminalgeschichte dargestellt.[34]

Nun ist unbestreitbar, daß »die Annalen des Bahā'ī-Glaubens durch unsäglich beschämende Taten«[35] befleckt wurden, begangen von solchen, die sich, nach Führerschaft trachtend, gegen Bahā'-u'llāh und 'Abdu'l-Bahā aufgelehnt haben. Daß in 'Akkā selbst Anhänger Bahā'u'llāhs Azalī[36] erschlugen, um sich deren Machenschaften zu erwehren[37], war die größte Heimsuchung, die Bahā'u'llāh je zu ertragen hatte. Der Tatbestand wurde nie bestritten, von Bahā'u'llāh selbst aufgedeckt und verurteilt.[38] Die Heilsgeschichte ist die Geschichte des Heils, das von Gott kommt, sie ist aber auch die Geschichte des sündigen Menschen, der — Judas Ischariot ist ein Beispiel — auch im Brennpunkt der Offenbarung wirkt, wie geschrieben steht: »Es ist unmöglich, daß nicht Ärgernisse kommen: Weh aber dem, durch welchen sie kommen!«[39]

Das »Ärgernis«[40] ist, zumindest in den prophetischen Religionen der semitischen Tradition, ein urreligiöses Phänomen. Ärger-

---

33 *Bahā'ismus,* S. 288

34 vgl. Karlheinz Deschner, *Abermals krähte der Hahn*, Stuttgart 1962; ders., *Kriminalgeschichte des Christentums*, bislang Bd. 1 Reinbek 1986, Bd. 2 1988; Bd. 3 1990

35 Shoghi Effendi, *Gott geht vorüber*, S. 187

36 Anhänger des Mīrzā Yaḥyā, genannt Ṣubḥ-i-Azal.

37 vgl. *Gott geht vorüber*, S. 215 ff.; A. Taherzadeh, *Die Offenbarung Bahā'u'llāhs*, Bd. 3, S.281 ff.; Hasan Balyuzi, *Bahā'u'llāh*, S. 317 ff. Hierzu N. Towfigh, Kap. 10.V.2.

38 In einem kurz nach diesem Geschehnis offenbarten Sendbrief klagt er: »Wollten Wir davon sprechen, was Uns befiel, so würden die Himmel zerreißen und die Berge zerbersten« (vgl. *Qur'ān* 19:90). Und an anderer Stelle: »Meine Gefangenschaft bekümmert Mich nicht, was Mich bekümmert, ist das Verhalten derer, die Mich lieben, die den Anspruch erheben, Mir anzugehören, und begehen, was Mein Herz und Meine Feder weinen läßt« (zit. nach *Gott geht vorüber*, S. 216; vgl. auch *Ährenlese* 60:1). In dem aus dieser Zeit stammenden *Qad-Iḥtaraqa'l-Mukhliṣūn* heißt es: »Bahā ertrinkt im Meer der Drangsal... Reglos liegt das Meer der Gnade durch das, was Menschenhand beging« (zitiert nach *Gebete* 238:26, 33).

39 Luk. 17:1; Matth. 18:17

40 Das griechische Wort »*skandalon*« bedeutet eigentlich das Stellholz einer Falle, dann Falle oder Hemmung, übertragen das, was Anlaß zum Straucheln und Stürzen wird (*LThK* I:337).

nisse sind zunächst einmal heilsgeschichtliche Verfügungen Gottes, an denen die zum Glauben berufenen Menschen straucheln können[41], dann aber auch das Wirken von Gläubigen, die den Glauben von innen her zersetzen, durch Verräter wie Judas[42], »falsche Lehrer«[43], die »den Weg der Wahrheit verlästern«[44] und andere zum Abfall verführen[45]. Das Ärgernis, ein Prüfstein für den Glauben, ist im Kontext mit dem Grundsatz der »Scheidung und Unterscheidung«[46] zu sehen, den Bahā'u'llāh als ein der Offenbarung Gottes immanentes Prinzip erklärt hat, das auch »in den vergangenen Sendungen wirksam war«[47]: »Seit unvordenklicher Zeit bis in alle Ewigkeit« hat der Allmächtige seine Diener geprüft, »auf daß sich Licht von Finsternis scheide, Wahrheit von Trug, Recht von Unrecht, Führung von Irrtum, Glück von Elend und Rosen von Dornen.«[48] Auch im Qur'ān finden wir den Gedanken: »Wähnen die Menschen, sie würden in Ruhe gelassen, wenn sie nur sagen: ›Wir glauben‹, und würden nicht auf die Probe gestellt?... Also wird Gott gewiß die kennen, die wahrhaftig sind.«[49] Im Hinblick auf die Änderung der *qibla* durch den Propheten Muḥammad[50] offenbarte Bahā'u'llāh: »Wahrlich, was so die Men-

41 Das Ärgernis begegnet uns in der Berufung des Mose, der einen Menschen erschlagen hatte, zum Propheten (vgl. 2. Mos. 2:11-12; Apg. 7:24; *Qur'ān* 20:40; 26:19; 28:15; *Kitāb-i-Īqān* 58-59), in der Jungfrauengeburt Jesu (vgl. Matth. 1:18-25; Luk. 1:26-28; *Qur'ān* 19:16-28; *Kitāb-i-Īqān* 60-61), im »unmessianischen Messias«, der nicht der glorreichen Gestalt entsprach, die die Juden erwartet hatten: im Messias am Kreuz (vgl. 5. Mos. 21:23; 1. Kor. 1:23; Gal. 3:13; 5:11) und in der Änderung der *qibla* (Gebetsrichtung) von Jerusalem nach Mekka, die zum Abfall vieler führte und nach dem Zeugnis des Qur'ān nur darum erfolgte, »um den zu erkennen, der dem Propheten folgt und den, der vor ihm wegläuft« (2:143; *Kitāb-i-Īqān* 56). In der *Bhagavad Gītā* erlebt Arjuna geistige Qualen, weil der Offenbarer ihm aufträgt, gegen die eigenen Verwandten eine blutige Schlacht zu führen, an deren Sinn und Berechtigung er zweifelt (I, 28 ff.).

42 Matth. 26:14 ff.; Joh. 6:70; siehe hierzu *Briefe und Botschaften* 141:2-3; 185:4

43 2. Petr. 2:1

44 2. Petr. 2:2

45 Mark. 9:42

46 Der Grundsatz, wonach »die im Geiste Reinen und im Herzen Losgelösten vermöge ihrer eigenen, angeborenen Kräfte zu den Küsten des Größten Meeres aufsteigen« sollen, damit so »die Gottesfürchtigen von den Eigensinnigen unterschieden werden« (*Ährenlese* 29:2-3; vgl. *Kitāb-i-Īqān* 9, 54-57, 82, 90, 119, 284; *Gebete und Meditationen* 184:1).

47 *Ährenlese* 29:4

48 *Kitāb-i-Īqān* 9

49 29:2-3

50 vgl. Fußnote 41

schenherzen mit Bestürzung erfüllt, geschieht nur, um jede Seele am Prüfstein Gottes zu prüfen, damit so die Echten erkannt und von den Falschen unterschieden werden.«[51]

In allen Religionen haben wir das Phänomen, daß Menschen, die zum Glauben gefunden haben, aus unterschiedlichen Gründen — aus Irrtum, oft aber aus selbstsüchtigen Motiven wie Besserwisserei, Geltungssucht, Egozentrik und Machtgier — in der Herde Gottes zu Fermenten der Spaltung wurden und Unheil bewirkten.[52] Die von ihnen ausgehende Gefahr ist in den heiligen Schriften anschaulich dargestellt:

Schon in den Reden Buddhas werden die Unheilstifter genannt, die die Gemeinde von innen unterminieren und ihre Spaltung bewirken. Über sie heißt es: »Dem Abgrund verfallen, der Hölle verfallen für ein Weltalter ist der Spalter der Gemeinde (*Sangha*). An Parteien sich erfreuend, in unheiliger Lehre lebend, fällt er ab von der Sicherheit. Nachdem er die einträchtige Gemeinde gespalten hat, wird er ein Weltalter lang in der Hölle gepeinigt.«[53] In der Aufzählung der »rettungslos Verlorenen« und »der Hölle Verfallenen« erscheint neben dem Mutter- und Vatermörder »der Entzweier der Jüngerschaft«[54].

Im Qur'ān trägt die 63. Sure den Titel »*al-munāfiqūn*«: »Die Heuchler«[55]. Es sind diejenigen, »in deren Herzen Krankheit ist«[56], »die vorgeben zu glauben«[57], in Wirklichkeit aber »lügen«[58], die »mit ihrem Mund sprechen, was nicht in ihrem Herzen ist«[59], die »glauben und hernach ungläubig werden, dann wieder glauben, dann abermals ungläubig werden und noch zunehmen im Unglauben«[60] und dann »die Menschen vom Pfade Gottes abspenstig machen«[61], die »Gott und die Gläubigen betrügen möchten«[62], die die

---

51 *Kitāb-i-Īqān* 56
52 Zur Bewahrung der Einheit der Gemeinde siehe S. 169 ff.
53 *Itivuttaka* 18. Sutta
54 *Anguttara Nikayo* 129
55 Von ihnen ist im Qur'ān an 28 weiteren Stellen die Rede.
56 8:49; 5:52; 2:10
57 4:61; 63:1
58 63:1
59 3:167
60 4:138-143; 63:3
61 63:1-2; 58:16; 4:49
62 2:9

Gläubigen mit »Falschmeldungen« beunruhigen[63], die »den Bund Gottes, nachdem er geschlossen ward, brechen und zerschneiden, was Gott befohlen hat zu verbinden, und auf Erden Unheil stiften«[64], die »(die Menschen) vom Weg Gottes abtrünnig machen und ihn sich krumm wünschen«[65], werden »Gottes Fluch und eine schlimme Wohnstatt erhalten«[66]: »Gottes Zorn komme über sie.«[67] Sie sind »die wahren Feinde«[68], die Unheilstifter auf Erden[69], sie sind »ein Greuel«[70], vor Gott »verflucht«[71] und nehmen »ein schlimmes Ende«[72]. Häufig werden die ***munāfiqūn*** zusammen mit den Ungläubigen (*al-kāfirūn*) genannt. Ihnen, den Frevlern (*al-fāsiqūn*)[73] und den Unterdrückern (*aẓ-ẓalimūn* [74]) ist allesamt das Feuer der Hölle verheißen[75], den Heuchlern der »unterste Grund des Höllenfeuers«[76]: »Ihre Werke sind wertlos«[77], »Gott wird ihnen nicht vergeben«[78].

Die Kirchengeschichte ist reich an Zeugnissen der Spaltung, und das Neue Testament voll der Warnungen vor »falschen Aposteln, hinterlistigen Arbeitern, die sich als Apostel Christi tarnen«[79], vor »Dienern«, die sich »als Prediger der Gerechtigkeit verstellen«[80], vor Lehrern, »die euch verwirren und das Evangelium Christi verkehren wollen«[81], vor »falschen Brüdern«, die sich in die Gemeinde »eingeschlichen«[82], vor »falschen Lehrern«[83], die

---

63 33:60
64 13:25; 2:27
65 7:45; 11:19
66 13:25
67 7:45
68 63:4
69 2:11-12
70 9:95
71 33:61; 48:6
72 48:6
73 »Die Heuchler sind die wahren Frevler« (9:67; 11:68).
74 5:45
75 »Ihre Heimstätte ist die Hölle« (9:17; 9:95; 4:138,140).
76 4:145
77 5:53
78 63:6
79 2. Kor. 11:13
80 2. Kor. 11:15
81 Gal. 1:7
82 Gal. 2:4
83 2. Petr. 2:1

»neben eingeschlichen« sind[84], um die Gemeinde zu »verführen«[85]. Die Verdammungsurteile über die »ruchlosen Leute«[86], die den Gottesglauben, nachdem sie ihn angenommen, verderben, sind hart[87]. Das Urteil im 2. Petrusbrief gilt analog auch für *Ficicchia apostata*: »Sie lästern, was sie nicht verstehen... Sie haben den geraden Pfad verlassen und sind in die Irre gegangen... Es wäre ihnen besser, sie hätten den Weg der Gerechtigkeit nicht erkannt, als daß sie sich, nachdem sie ihn erkannt haben, von dem ihnen überlieferten heiligen Gebot wieder abwenden.«[88]

Auch diese Form des Ärgernisses liegt nach dem Zeugnis des Neuen Testaments in der göttlichen Providenz: »Denn es müssen Abspaltungen unter euch sein, auf daß die Bewährten unter euch offenbar werden.«[89] Der Kirchenvater Augustinus sah in der Häresie geradezu eine göttliche Vorkehrung, damit die Christen nicht auf der Schrift einschlafen, eine Gelegenheit zur Klärung des katholischen Glaubens, weil der Glaube »von der leidenschaftlichen

84 Jud. 4

85 2. Petr. 3:17

86 2. Petr. 3:17

87 Sie erscheinen als »unvernünftige Tiere, die von Natur dazu geboren sind, daß sie gefangen und geschlachtet werden« (2. Petr. 2:12), als »Brunnen ohne Wasser und Wolken, vom Windwirbel umgetrieben, welchen behalten ist eine dunkle Finsternis in Ewigkeit« (2. Petr. 2:17), als »unfruchtbare Bäume, zweimal erstorben und ausgewurzelt, wilde Wellen des Meeres, die ihre eigene Schande ausschäumen, irre Sterne, welchen behalten ist das Dunkel der Finsternis in Ewigkeit«: »Diese sind es, die da Trennungen machen« (Jud. 12-13, 19). Im Hinblick auf diese Verführer und Verderber der Religion Gottes zitiert das Neue Testament das Sprichwort: »Der Hund frißt wieder, was er gespien hat; die Sau wälzt sich nach der Schwemme wieder im Kot« (2. Petr. 2:22). Daneben nimmt sich ʻAbdu'l-Bahās Urteil über die Bundesbrecher, das Ficicchia anprangert (»vulgäre Auslassungen«, »rüde Sprache« [S. 284], »rüde Verdammungsurteile« [S. 290]), als nachgerade milde aus. Das von Ficicchia auf Seite 284 angegebene Zitat findet sich übrigens so nicht in ʻAbdu'l-Bahās *Testament*. Es handelt sich ganz offensichtlich um eine Kollage, wobei nicht auszumachen ist, woher Ficicchia den Großteil der von ihm in Anführungszeichen gesetzten Bezeichnungen genommen hat. Im *Testament* findet sich lediglich der Satz: »O Gott ...Du siehst diesen unterdrückten Diener in den Krallen wilder Löwen, reißender Wölfe, blutdürstiger Bestien« (1:10). Wenn Jesus den Verräter Judas einen »Teufel« nennt (Joh. 6:70) und im Qur'ān des Propheten Onkel und Erzfeind ʻAbd al ʻUzzā als »Abu Lahab« (= »Vater der Hölle«, 111:1-3) erscheint, und wenn man zudem noch die katastrophale Situation kennt, in der ʻAbdu'l-Bahā dies geschrieben hat (vgl. Taherzadeh, *The Covenant*, S. 148-207), ist sein hartes Urteil weder ungewöhnlich noch unverständlich. Zum Sprachstil des *Testaments* eingehend U. Gollmer, Kap. 11.VI.

88 2. Petr. 2:12, 15, 21

89 1. Kor. 11:19

Ruhelosigkeit der Häretiker angefochten, zum Zweck der Verteidigung sorgsamer erwogen, klarer erfaßt und nachdenklicher verkündet« wird und weil so »die vom Gegner aufgerührten Fragen eine Gelegenheit zum Lernen« werden.[90] Auch im Schrifttum Bahā'u'llāhs hat diese von Hegel erkannte Dialektik, daß der Sinn des Negativen auch das Positive sein kann, ihren Niederschlag gefunden: »Denn in Deinem Reich muß es schlechterdings die Buchstaben der Verneinung geben, wie weit sie auch immer von den heiligen Düften Deiner Erkenntnis entfernt seien, ... denn so werden die Worte, die Dich bestätigen, erhöht werden.«[91] In Wirklichkeit ist die »Verneinung«, der »Spott der Unwissenden«[92], das »Öl, das die Flamme dieser Lampe nährt«[93], führt sie doch letztlich dazu, »daß Gottes Wort erhöht und seine Zeichen und Beweise weithin verbreitet werden«[94]. Auch Shoghi Effendi sieht im »Sturm des Unheils, den Abtrünnige oder solche auslösen, die treue Vertreter unserer Sache zu sein beanspruchen«, ein »Glück im Unglück«: »Statt den Glauben zu untergraben, stärken solche Angriffe von innen oder außen seine Grundlagen und fachen seine Flamme an«.[95]

Wo viel Licht ist, ist bekanntlich auch viel Schatten. Der Kontrast von Licht und Schatten, von Ruhm und Treue, von Schande und Verrat[96] in der Familie Bahā'u'llāhs ist das tragische Geschick, das Bahā'u'llāh zu tragen und das die junge Gemeinde zu bestehen hatte.[97] Es ist das *Skandalon* im Bahā'ī-Glauben, das

---

90 *De Civitate Dei,* Buch XVI (*Gottesstaat*, Bd. II, S. 432)

91 *Gebete und Meditationen* 184:3. Zu den »Buchstaben der Verneinung« vgl. auch Bāb, *Persischer Bayān* 2:5. Hierzu auch E. G. Browne, »A Summery of the Persian Bayān«, in: M. Momen (Hrsg.), *Selections from the Writings of E. G. Browne*, S. 329.

92 *Briefe und Botschaften* 195:3

93 *Ährenlese* 29:5

94 *Briefe und Botschaften* 195:2; *The Promulgation of Universal Peace*, S. 428 ff.

95 *Weltordnung*, S. 32

96 vgl. Adib Taherzadeh, *The Covenant*, S. 125

97 Es waren Mīrzā Yaḥyā, Bahā'u'llāhs Halbbruder, und Mīrzā Muḥammad-'Alī, 'Abdu'l-Bahās Halbbruder, die sich gegen den Gottesbund, gegen die gottverordnete Autorität auflehnten und zu Kristallisationspunkten des Aufruhrs, des »Bundesbruchs« (siehe hierzu S. 165 ff.), wurden. Gerade die familiäre Nähe der beiden zur Stiftergestalt Bahā'u'llāh war Herausforderung und Prüfung zugleich: Einer der ihren beanspruchte plötzlich göttliche Autorität. Warum sollte gerade er den Vorrang haben, warum gerade ihm die Auszeichnung zuteil geworden sein? Die Religionsgeschichte zeigt auch sonst, daß den Propheten die schlimmsten Widersacher oft

schon der Bāb in seinem ersten Offenbarungswerk, dem *Qayyūmu'l Asmā'*[98], seinem Kommentar zur *Sūratu Yūsuf*[99], angekündigt hatte, worin er die Geschichte von Joseph und seinen Brüdern allegorisch auf die Leiden deutete, die der »wahre Joseph«, der von ihm angekündigte Gottesbote, »von der Hand eines Mannes zu erdulden haben werde, der zugleich sein Erzfeind und sein leiblicher Bruder« war[100]. Der Verrat, der Bundesbruch[101], hat sich in der Familie 'Abdu'l-Bahās und Shoghi Effendis fortgesetzt und Erschütterungen, schwerste Krisen, »wie sie keine frühere Religion erfahren mußte«[102], in der jungen Gemeinde ausgelöst. Es gab Parteiungen, doch blieb dank der Institution des Bundes, der »festen Burg der Sache Gottes«[103], und dank der rechtlichen Vorkehrungen gegen die Bundesbrecher[104] (zu denen auch Ficicchia zählt) die Einheit der Gemeinde bis heute unversehrt, weil es nicht zu konkurrierenden Gemeindebildungen kam: »Die Verräter an der Sache Gottes, die Lauen und Verzagten unter ihren Anhängern, welkten dahin und fielen wie dürre Blätter ab, ohne daß sie ... die Gemeinde zu gefährden vermochten.«[105] Im übrigen haben

---

aus der eigenen Familie erstehen. Bekanntlich gilt der Prophet »in seinem Vaterland und in seinem Hause« am wenigsten (Matth. 13:57; Mark. 6:4; auch Jesu Brüder glaubten nicht an ihn [Joh. 7:5]). Allzu menschliche Eigenschaften wie verletzte Eitelkeit, Neid und Mißgunst oder gar das Streben nach Führerschaft sind die Motive für die Ablehnung. Devadatta, ein Vetter Buddhas, versuchte die Gemeinde (*Sangha*) zu spalten und trachtete Buddha nach dem Leben, indem er einen wilden Elefanten auf ihn hetzte (*Buddha. Die Lehre des Erhabenen*, Vorwort S. 11). Devadatta, der »als weise galt, der als ein Selbsterweckter auserwählt war« und »leuchtend dastand durch Ruhm«, wurde von »üblem Begehren« und durch »üblen Umgang übermannt und geistig eingenommen«, weshalb er »unrettbar, für ein Weltalter dem Abgrund verfallen, der Hölle verfallen« ist (*Itivuttaka*, Sutta 89). Kain und Abel, Joseph und seine Brüder, Abu Lahab (*Qur'ān* 111:1) sind weitere Beispiele.

98 vgl. Todd Lawson, »L'Éternel de Noms«, in: *Encyclopédie Philosophique Universelle*, Bd. III.1, S. 1916 ff.

99 *Qur'ān*, Sure 12. Nicht die Joseph-Sure ist — wie Ficicchia (*Bahā'ismus*, S. 49) schreibt — das »Buch des Trostes«, das nach shī'itischer Überlieferung der Erzengel Gabriel der Tochter des Propheten, Fāṭima, überbrachte und das am Jüngsten Tag enthüllt wird, sondern die von Bahā'u'llāh offenbarten »*Kalimāt-i-Maknūnih*«, die »*Verborgenen Worte*«. Derselbe Irrtum findet sich auch bei Rainer Flasche, »Die Bahā'ī-Religion«, S. 89.

100 Shoghi Effendi, *Gott geht vorüber*, S.25

101 Zum Begriff vgl. S. 165 ff.

102 Shoghi Effendi, *Gott geht vorüber*, S. 462

103 'Abdu'l-Bahā, *Sendschreiben zum Göttlichen Plan* 8:8; *Testament* 1:1; 1:10; 1:17

104 siehe hierzu S. 165 ff.

105 Shoghi Effendi, *Weltordnung*, S. 284

die von Ficicchia vermeldeten »Spaltungen«[106] nicht den Charakter des Schismas. Ein »Schisma« liegt nicht vor, wenn eine Abspaltung nur ephemere Bedeutung hatte, weil es zu einer konkurrierenden Gemeindebildung nicht gekommen ist.[107] Daß eine Gemeinde am Rande ausfranst, weil einzelne sich gegen die Ordnung auflehnen, wird sich angesichts der »Gebrochenheit« des Menschen[108] (welche die christlichen Theologen doch immer besonders hervorkehren) nie vermeiden lassen. Ein Verlust der Einheit, eine »tatsächliche Zersplitterung des Bahā'ismus«[109], kann darin nicht gesehen werden.[110]

Nicht, daß Ficicchia über diese »Krisen«[111] informiert und dabei die Schandtaten berichtet, die die junge Gemeinde als eine Katastrophe erlebt hat, ist zu kritisieren — die tragischen Aspekte werden in der aus der Gemeinde hervorgegangenen Literatur[112] eingehend dargestellt[113] —, sondern der willkürliche, selektive Umgang mit den Quellen. Ohne plausible Gründe dafür nennen zu können, warum die Berichte der winzigen Schar von Aufrührern gegen den Gottesbund zuverlässiger und richtiger sein sollen als die Chroniken der Bahā'ī, macht er sie zur Grundlage seiner Darstellung und denunziert die gesamten Werke anerkannter Bahā'ī-Historiker. Dabei fährt er schweres Geschütz auf: Immer wieder spricht er von »Geschichtsklitterung«[114] und einer »die Tatsachen *verfälschenden Geschichtsschreibung*«[115] und nennt die gesamte Bahā'ī-Überlieferung »unzuverlässig«[116], »kompromittiert«[117], »re-

---

106 S. 29, 289, 331; *Materialdienst*, S. 239

107 Wie man auch in der Kirche nicht jedesmal von einem Kirchenschisma spricht, wenn ein Kirchenglied den kirchlichen Straftatbestand des »Schisma« erfüllt hat.

108 siehe hierzu S. 192, Fußnote 522

109 *Bahā'ismus,* S. 331, Fußnote 49

110 vgl. hierzu U. Gollmer, Kap. 11 vor I, 11.II, 11.X

111 Shoghi Effendi, *Gott geht vorüber*, S. XXIV

112 vgl. Shoghi Effendi, *Gott geht vorüber*, S. 215 ff.; Adib Taherzadeh, *Die Offenbarung Bahā'u'llāhs*, Bd. 3, S. 281 ff.; Hasan Balyuzi, *Bahā'u'llāh*, S. 317-332; Adib Taherzadeh, *The Covenant of Bahā'u'llāh*, S. 60 ff., 125 ff., 164 ff., 193 ff., 245 ff., 322 ff.

113 Was Ficicchia nicht hindert zu bemerken: »Was die Historiographie der Bahā'ī hingegen nicht oder nur am Rande erwähnt, sind die *Meuchelmorde*...« (*Bahā'ismus*, S. 185 [Hervorhebung durch F.]).

114 *Bahā'ismus*, S. 24, 101, 109, 124, 180

115 *Bahā'ismus*, S. 101, 66/67 (Hervorhebung durch F.)

116 *Bahā'ismus*, S. 124, 127

117 *Bahā'ismus*, S. 253, 127 (unter Zitierung Römers)

tuschiert und gefälscht«[118]. Selbstzeugnisse des Bahā'ī-Glaubens tut er arrogant als irrelevante »propagandistische Eigenwerbung«, »Eigenpropaganda«[119], ab.

Neu ist diese Methode nicht. Wer mit der »kritischen« Literatur zur Bahā'ī-Geschichte vertraut ist, hat ein *déjà-vu!*-Erlebnis: So haben früher schon christliche Theologen die Geschichte des Bahā'ī-Glaubens zu kompromittieren versucht. Pfarrer Römer hat die Historie ganz aus der Perspektive des Ṣubḥ-i-Azal und seiner Gefolgsleute dargestellt und die davon abweichende Geschichtsschreibung der Bahā'ī als »gefälscht«, »die Tatsachen vergewaltigend«[120], abqualifiziert. Auch der Missionar William Miller folgt in seiner Monographie[121] und in seiner »Einführung« zu dem von ihm übersetzten und herausgegebenen *Kitāb-i-Aqdas*[122] dieser Linie[123]. Douglas Martin[124] hat sich mit dieser Methodik eingehend auseinandergesetzt, und Hasan Balyuzi[125] hat Brownes Berichte über die Geschichte des Bābismus und seine Bewertung des Konflikts zwischen Bahā'u'llāh und Ṣubḥ-i-Azal, auf der Ficicchias Geschichtsschreibung ausschließlich beruht, gründlich analysiert. Von einer wissenschaftlichen Ansprüchen genügenden Monographie, von einem wegen seiner Sachkenntnis hochgepriesenen Autor sollte man erwarten, daß er sich mit Literatur auseinandersetzt, die die von ihm zugrunde gelegten historischen Fakten und Bewertungen analytisch aufarbeitet und in ihrer Fragwürdigkeit und tendenziösen Verkehrtheit entlarvt. Den Beitrag von Douglas Martin hat er möglicherweise gar nicht gekannt. Daß er bei seinem »umfassenden Quellenstudium«[126] selektiv verfuhr und sich vor allem an »kritische« Autoren hält, daß er die Bahā'ī-

118 *Bahā'ismus*, S. 180

119 So nennt er in einem Brief (20.5.1991) den Beitrag des Yale-Historikers Firuz Kazemzadeh in der *Encyclopaedia Britannica* (15th ed. 1974, Stichwort: »Bahā'ī Faith«).

120 *Die Bābī-Behā'ī*, S. 68

121 *The Bahā'ī Faith: Its History and Teachings*, South Pasadena 1974

122 *Al-Kitāb al-Aqdas or the Most Holy Book by Mīrzā Hussein 'Alī Bahā'u'llāh*, translated from the original Arabic and edited by Earl E. Elder and William McE. Miller. Published by the *Royal Asiatic Society*, London 1961

123 während Gerhard Rosenkranz (*Die Bahā'ī*, 1949) trotz seiner Anlehnung an Römer im wesentlichen der Bahā'ī-Historiographie folgt.

124 »The Missionary as Historian«, in: *Bahā'ī Studies*, Bd. 4/1978

125 *Edward Granville Browne and the Bahā'ī Faith*, London 1970

126 *Bahā'ismus*, Vorwort, S. 12

Sekundärliteratur, wenn er sie nicht gerade für seine Zwecke ausschlachten kann, geflissentlich übersieht[127], zeigt die Tatsache, daß er das in seinem Literaturverzeichnis[128] aufgeführte, ihm somit bekannte Werk Hasan Balyuzis, in welchem E. G. Brownes Verdienste, aber auch seine Irrtümer eingehend dargestellt und gewürdigt werden, nicht einmal in einer Fußnote erwähnt. Dem Leser wird der Inhalt dieses grundlegenden Werkes unterschlagen, weil er dem Verfasser nicht in den Kram paßte: Der Leser hätte sonst erfahren, daß die von Ficicchia benutzten Quellen, Browne und Römer (der gleichfalls auf Browne fußt), dubios, zumindest umstritten sind. So verfährt ein Autor, der selbst keine Gelegenheit[129] ausläßt, die historische Überlieferung der Bahā'ī als manipuliert, retuschiert und gefälscht zu denunzieren, und der das Standardwerk über die Geschichte des ersten Jahrhunderts der Bahā'ī-Religion, Shoghi Effendis »*God Passes by*«[130], als ein »abstruses und enthusiastisches Hohelied auf den Bahā'ismus«[131] heruntermacht, ohne zu erkennen, daß das Werk sich keineswegs in der Darstellung der historischen Ereignisse des ersten Jahrhunderts erschöpft, sondern zu einem guten Teil narrative Theologie[132] ist.

Gewiß: Der große britische Orientalist E. G. Browne war fasziniert von der Gestalt des Bāb und der Geschichte seiner prophetischen Religion und sah in Ṣubḥ-i-Azal den legitimen Nachfolger und geistigen Erben des Bāb, während er in Bahā'u'llāhs prophetischem Anspruch eine Neuerung sah. Aus dieser Einschätzung und auch aus politischen Gründen[133] resultiert seine kritische Haltung gegenüber Bahā'u'llāh, seine Vorbehalte gegen die Bahā'ī-Historiographie und seine prinzipielle Bevorzugung der Azalī-Chroniken. Seine gesamten Forschungsergebnisse sind

127 Mein 1978 in erster Auflage erschienenes Buch *Der Bahā'ī in der modernen Welt. Strukturen eines neuen Glaubens* (^{2}1981), die umfangreichste Veröffentlichung über den Bahā'ī-Glauben im deutschen Sprachraum, erscheint bei ihm noch nicht einmal im Literaturverzeichnis.

128 *Bahā'ismus*, S. 444

129 *Bahā'ismus*, S. 24, 109, 127, 180, 253

130 deutsche Ausgabe: *Gott geht vorüber*, Frankfurt 1954

131 *Bahā'ismus*, S. 306

132 vgl. hierzu U. Gollmer, *Gottesreich*, Kap. 11.1.2 und unten Kap. 7

133 vgl. hierzu U. Gollmer, Kapitel 6.II.4; N. Towfigh, Kap. 9.I.3

davon geprägt.[134] Doch wann war jemals in der Religionsgeschichte das Urteil eines Außenstehenden, eines Historikers, der, im Bannkreis der Geschehnisse »von der Parteien Gunst und Haß verwirrt«[135], die von ihm erlebten oder ihm vermittelten Fakten bewertet, das Kriterium für die Wahrheit eines prophetischen Anspruchs? Es liegt nicht in der Kompetenz des Religionsforschers, des Orientalisten, des Historikers, religiöse Wahrheitsansprüche zu bestätigen oder zu verwerfen.[136] Die Wirklichkeit der Offenbarung ist eben nicht nur das äußere, registrierbare Geschehen, sie ist letztlich determiniert durch ein inneres Geschehen, ohne welches die äußere Wirklichkeit »eine Anhäufung von Sinnlosigkeit und Zufall wäre: Oft aber vermag der Historiker umso weniger, je genauer er ist, diesen inneren Kern der Wirklichkeit zu erfassen«[137].

Die Geschichte hat das Urteil gesprochen: Bahā'u'llāh wurde nach Palästina, in das Land der messianischen Verheißung, verbannt, Ṣubḥ-i-Azal nach Zypern[138]. Die von Bahā'u'llāh gestiftete Religion hat sich hundert Jahre nach seinem Hinscheiden über den Erdkreis verbreitet[139], Millionen von Anhängern ist seine Gestalt und seine Botschaft Mitte und Maß ihres Lebens, während Ṣubḥ-i-Azal, auf Zypern gestorben und als Muslim begraben[140],

134 Sein Vorwort zu dem von ihm herausgegebenen Werk *The Tārīkh-i-Jadīd or New History of Mīrzā 'Alī Muḥammad the Bab*, by Mīrzā Huseyn of Hamādan, translated from the Persian, with an introduction, Cambridge University Press 1892, aus dem Ficicchia häufig zitiert, zeigt, daß sein Urteil ganz auf den Berichten und Veröffentlichungen der Gefolgsleute des Ṣubḥ-i-Azal beruht (vgl. H. Balyuzi, *Edward Granville Browne and the Bahā'ī Faith*, S. 62 ff., 104; Kent Beveridge, »Professor Edward Granville Browne«, in: *Bahā'ī-Briefe*, Heft 51 (April 1986), S. 169-182). Zur Quellenlage vgl. N. Towfigh, Kap. 8.

135 Schiller, Prolog zu Wallensteins Lager

136 Tacitus sah im Christentum einen »verderblichen Aberglauben« (*Annales* XV,44), doch was besagt dieses Urteil für die Wahrheit dieser Religion?

137 Schalom Ben-Chorin, *Paulus*, S. 8

138 die »Teufelsinsel« (»*jazīrat-ash-shayṭān*«), wie Zypern bei den Arabern und bei den osmanischen Türken genannt wurde; vgl. Riaz K. Ghadimi, *An Arabic Persian Dictionary of Selected Words*, Toronto: Toronto University Press, ^{2}1988, S. 608.

139 Ausweislich *Encyclopaedia Britannica. Book of the Year 1991* (S. 299) ist sie nach dem Christentum die geographisch am weitesten verbreitete Weltreligion.

140 Nach einem Bericht seines Sohnes Riḍvān-'Alī, der sich nach seiner Konversion zum Christentum »Konstantin der Perser« nannte, wurde der als Muslim geltende Ṣubḥ-i-Azal, weil keine Bābī zu finden waren, vom Imām der Muslim-Gemeinde von Famagusta beerdigt (E. G. Browne, *Materials for the Study of the Bābī Reli-*

eine Fußnote der Geschichte geblieben ist: Professor Browne bestätigt, daß »fast alle Bābī Bahā'ī sind« und daß die Zahl der Azalī schon damals sehr gering war: »Von hundert Bābī sind wahrscheinlich nicht mehr als drei oder vier Azalī, alle anderen haben Bahā'u'llāh als endgültige, vollkommene Manifestation der Wahrheit angenommen.«[141] An anderer Stelle berichtet Browne: »Unter den vielen Bābī, die ich in Persien kennenlernte, traf ich nur sechs Azalī.«[142] Doch solche Fakten haben für unseren Forscher, für den es ausgemacht ist, daß das Urteil der Geschichte ein Fehlurteil war, keine Relevanz.

III. Ficicchias Porträt der Stiftergestalten

1. Der Bāb

Eine Religion wird unglaubwürdig, wenn ihr Stifter unglaubwürdig ist. Also erscheint der Bāb Ficicchia als ein Prophet, dessen »Charakterbild in der Geschichte« schwankt[143], der offenbar selbst nicht gewußt hat, wer er ist und was er will. Einmal erhob er, »von seinen fanatisierten Anhängern getrieben«[144], selbst den Anspruch auf die »Mahdī-Würde«[145]; dann, angeblich 1846, zog er diesen Anspruch wieder zurück[146], später hat er diesen Würdetitel angeblich seinem Jünger Quddūs übertragen[147], schließlich war er wieder geneigt, den Titel Ṣubḥ-i-Azal zu verleihen[148]. Eigentlich hat er selbst sich nie als *Mahdī* verstanden, sondern wurde ungewollt in diese Rolle gedrängt.[149] Schließlich aber hat er im Bayān

---

gion, S. 322/323; Moojan Momen, »The Cyprus Exiles«, in: *Bahā'ī Studies Bulletin*, Bd. 5:3 — 6:1, June 1991, S. 84 ff.).

141 »Bābīism«, in: *Religious Systems of the World*, ^{8}1905, S. 333-353 (reprint in Moojan Momen [Hrsg.], *Selections from the Writings of E. G. Browne on the Bābī and Bahā'ī Religions*, S. 425).

142 »The Bābīs of Persia«, in: *J.R.A.S.* Bd. XXI (New Series Part III [July 1889]), S. 518

143 Schiller, Prolog zu Wallensteins Lager

144 *Bahā'ismus*, S. 36

145 *Bahā'ismus*, S. 20, 36

146 *Bahā'ismus*, S. 21, 270

147 *Bahā'ismus*, S. 92; *Materialdienst*, S. 228

148 *Bahā'ismus*, S. 93

149 *Bahā'ismus*, S. 93

den Anspruch, der *Mahdī* zu sein, wieder preisgegeben und ihn endgültig auf die Zukunft verlegt, auf den von ihm verheißenen »*Man yuẓhiruhu'llāh*«[150]. Als der Druck der Repression wuchs, hielt sich der Bāb — folgt man Ficicchia — »in Reserve« und überließ anderen das Feld, sogar seinen Kommentar zur *Sūratu Yūsuf*, den *Qayyūmu'l-Asmā'*, zog er zurück.[151] Überhaupt war er sich über seine Rolle »im unklaren«[152]. Ein Prophet, der wie ein Rohr im Winde schwankt, ein »*Cunctator*«, der sich über seine eigene Rolle im unklaren ist, wird zur lächerlichen Figur und verdient keinen Glauben. Was davon zu halten ist, wird an anderer Stelle dargestellt.[153]

2. Bahā'u'llāh

So wie in vergangenen Jahrhunderten der Prophet Muḥammad in der abendländischen Literatur als Betrüger und Scharlatan, als ein Ausbund von Grausamkeit und Verschlagenheit, als »Lügenprophet«, »Antichrist« oder Epileptiker[154] dargestellt wurde[155], so erscheint Bahā'u'llāh bei Ficicchia als ein durchsetzungsfähiger, »ambitiöser«[156] Machtmensch macchiavellistischen Zuschnitts, der durch »ein ausgesprochen starkes Selbstbewußtsein«[157], durch »selbstherrliches Auftreten«[158], durch schlaue Taktik[159], durch einen durchtriebenen Opportunismus[160] und Zynismus[161] geprägt war, der seinen Anspruch auf politische Führung nie aufgegeben

---

150 *Bahā'ismus*, S. 93 (»Der, den Gott offenbaren wird«).
151 *Bahā'ismus*, S. 68 ff.
152 *Bahā'ismus*, S. 95
153 vgl. U. Gollmer Kap. 10.I
154 So schon Johannes Damascenus (gest. 750) und so noch 1966 der katholische Theologe A. Spindeler in der vom Erzbischöflichen Ordinariat Hildesheim herausgegebenen *Katholische Glaubenskorrespondenz*, Heft 1.
155 vgl. z. B. Frants Buhl in seiner Muḥammad-Biographie, S. 139, 155, 356 ff.; zum Ganzen vgl. U. Schaefer, *The Light Shineth in Darkness*, S. 135 ff.; *Heilsgeschichte*, S. 64 ff.
156 *Bahā'ismus*, S. 96
157 *Bahā'ismus*, S. 179, 307, 128
158 *Bahā'ismus*, S. 128
159 *Bahā'ismus*, S. 271
160 *Bahā'ismus*, S. 129
161 *Bahā'ismus*, S. 129

hat[162] und bei der Durchsetzung seiner Ziele in der Auswahl seiner Mittel keineswegs zimperlich war und selbst vor Mordtaten nicht zurückschreckte[163]. Soweit er die Meuchelmorde an den Azalīs nicht selbst anordnete, hat er sie zumindest so lange geschehen lassen, »wie seine eigene Position noch nicht vollends gefestigt war«[164]. Bahā'u'llāh soll sogar selbst den Befehl gegeben haben, den vom Bāb ausgezeichneten Mīrzā Assadu'llāh, genannt »Dayyān«, zu erschlagen.[165] Der Leser erfährt, daß nach dem Azalī-Bericht des »*Hasht Bihisht*«[166], dessen Zuverlässigkeit für Ficicchia außer Frage steht[167], Bahā'u'llāh Ṣubḥ-i-Azal vergifteten Reis vorgesetzt[168] und noch in Edirne einen der vier nach 'Akkā verbannten Azalīs vergiftet habe[169]. Ein angeblicher Mordbefehl Bahā'u'llāhs erscheint als »nicht aus der Luft gegriffen«[170]. In diesem Kontext bemerkt Ficicchia, nach der Bahā'ī-Lehre sei ein Prophet »selbst dann noch, wenn er eine Mordtat verübt hat, vor Gott wohlgefällig«[171] — eine infame Verleumdung[172], die ganz of-

---

162 *Bahā'ismus*, S. 270

163 *Bahā'ismus*, S. 141

164 *Bahā'ismus*, S. 186. Das alles hat Ficicchia aus Römers Dissertation (*Die Bābī-Behā'ī*, S. 137) zusammengetragen, der seine Kenntnisse wiederum von Browne bezieht, während dieser es oftmals offenläßt, welche der beiden Chroniken die Geschichte zutreffend darstellt, die der Bahā'ī oder die der Azalī.

165 *Bahā'ismus*, S. 111/112. In Wirklichkeit war Dayyān, ein Gefolgsmann Bahā'u'llāhs, auf Anstiften Ṣubḥ-i-Azals, der seinen Einfluß fürchtete, ermordet worden (vgl. *Brief an den Sohn des Wolfes* 253; *Gott geht vorüber*, S. 141; Taherzadeh, *The Covenant*, S. 73 ff. und N. Towfigh, Kap. 10.V.1).

166 von E. G. Browne veröffentlicht in seiner Übersetzung von 'Abdu'l-Bahās *Maqālah-'i shakhsi-i sayyāh kih dar qaziyah-'i Bab nivishtah ast*: *A Traveller's Narrative*, Cambridge 1891 (reprint 1978), Note W. Das Werk *A Traveller's Narrative* erschien ohne die Kommentierung Brownes 1980 im Bahā'ī Publishing Trust, Wilmette/Ill.

167 *Bahā'ismus*, S. 127, 185 ff.

168 *Bahā'ismus*, S. 141

169 *Bahā'ismus*, S. 143

170 *Bahā'ismus*, S. 186, Fußnote 142

171 *Bahā'ismus*, S. 186

172 Zum Beweis für diese unerhörte Behauptung beruft sich Ficicchia auf zwei Quellen: Zunächst auf einen Bericht E. G. Brownes (*A Traveller's Narrative*, S. 372), demzufolge ihm ein Bābī in Shīrāz die Meinung kundgetan habe, ein Prophet müsse einen Feind der Religion beseitigen, so wie ein Arzt ein brandiges Glied entferne. Die Richtigkeit dieses Berichts unterstellt, war dies das persönliche, unmaßgebliche Urteil eines Anhängers, das im offenbarten Schrifttum nicht nur keine Stütze findet, sondern vielen Schriftstellen widerspricht (vgl. *Brief an den Sohn des Wolfes* 127-128; A. Taherzadeh, *Die Offenbarung Bahā'u'llāhs*, Bd. 1, S. 329). Die zweite Quelle ist ein Diskurs 'Abdu'l-Bahās über die prophetische Berufung des Mose und

fensichtlich die behauptete Verantwortlichkeit Bahā'u'llāhs für begangene Gewalttaten dogmatisch unterfüttern soll, um so ihre Glaubwürdigkeit zu erhöhen. Beim Leser soll der Eindruck entstehen, nach der Bahā'ī-Lehre seien diese Untaten gerechtfertigt, ja ein Gott wohlgefälliges Werk — eine abgefeimte Methode, Bahā'u'llāh ins moralische Abseits zu stellen und seine Lehre zu diskreditieren.

Auch sonst hat Ficicchia an der Gestalt Bahā'u'llāh nur Kritisches zu vermerken. So behauptet er, Bahā'u'llāh hebe sich in seiner »Lebenshaltung« »grundlegend ab von der früherer Religionsstifter, die ihr Lebensideal im rein Geistigen und im Verzicht auf äußeren Ruhm und Besitz erblickten«[173]. Während der Bāb »die Unbill seiner weitaus strengeren Haft und schließlich sein Martyrium mit Gelassenheit ertrug«, preise Bahā'u'llāh bei »jeder Gelegenheit die eigene Gloriole«, beklage er »die ihm zugefügte Ungerechtigkeit«[174] und rufe er »alle Welt um seine Befreiung und Hilfeleistung« an[175]. Seine Verbannung nach Konstantinopel, »dem

---

sein Offenbarungswerk an der Menschheit (*Beantwortete Fragen* Kapitel 5), in welchem er darstellt, wie Gott einen Menschen, der stotterte, der, als Mörder verrufen, sich verbergen mußte und darum ein Hirtenleben führte, zum Amte des Propheten erkoren hat. Die Stelle, auf die Ficicchia sich bezieht, lautet: »Mose hatte, um eine Gewalttat zu verhindern, einen Ägypter erschlagen und war unter dem Volk als Mörder verrufen, zumal der Getötete dem herrschenden Volk angehörte« (*Beantwortete Fragen* 5:7). Nichts anderes sagen auch die Berichte der Bibel (2. Mos. 2:11-12; Apg. 7:24) und des *Qur'ān* (20:40; 26:19 ff; 28:15), auf die 'Abdu'l-Bahā sich offensichtlich bezieht (vgl. auch *Kitāb-i-Īqān* 58). Sie lassen klar erkennen, daß Mose, der bei einem Streit zwischen einem Juden und einem Ägypter dem angegriffenen Juden zu Hilfe eilte und den Ägypter erschlug, keinen »Mord« begangen hat. Wenn die Tat, juristisch betrachtet, nicht schon unter dem Gesichtspunkt der Notwehr (Nothilfe) gerechtfertigt war, so lag nach heutigem Rechtsverständnis allenfalls ein Notwehrexzeß vor, was Mose gleichwohl bei den Ägyptern den Ruf eines Mörders einbrachte und Fahndungsmaßnahmen auslöste. 'Abdu'l-Bahās Aussage will nichts anderes, als Gottes Wege deutlich machen, der einen Menschen trotz seiner scheinbaren Unzulänglichkeiten und eines scheinbaren Makels zum Propheten beruft. Wie schon in anderem Zusammenhang ausgeführt (vgl. S. 35), war der Makel, einen Menschen getötet zu haben, für Moses Prophetentum ein *Skandalon* (*Kitāb-i-Īqān* 58-62). Die Schriftstelle dahin umzuinterpretieren, Mordtaten seien nach 'Abdu'l-Bahā *ad maiorem Dei gloriam* vor Gott wohlgefällig, ist infam. Den Wortlaut des Textes, aus dem Ficicchia seine abwegigen Deduktionen herleitet, erfährt der Leser nicht, so daß dieser mangels Kontrollmöglichkeit annehmen muß, 'Abdu'l-Bahā habe in der angegebenen Quelle so etwas gelehrt. Zu diesem Thema vgl. auch N. Towfigh, Kap. 10.V.2 d,e,h.

173 *Bahā'ismus*, S. 307

174 *Bahā'ismus*, S. 174

175 *Bahā'ismus*, S. 104

damals wichtigsten Zentrum der islamischen Welt«, war nach Ficicchia in Wirklichkeit eine verlockende »Einladung«[176]. Die Bahā'ī-Chroniken, die berichten, daß Bahā'u'llāh vierzig Jahre ein Gefangener und Verbannter war, entbehren nach Ficicchia »jeder Grundlage«[177], schließlich lebte Bahā'u'llāh auf »feudalen Landsitzen«[178], zuletzt sogar in einem »Palast«[179]. Bahā'u'llāh, der »mit der Abfassung von heiligen ›Versen‹ (*āyāt*)« dem Vorbild seines Bruders Ṣubḥ-i-Azal folgte[180] (!), der »alte Irrtümer der islamischen Theologen teilt«[181], schöpft in seinen »prätentiösen Schriften«[182] nicht »ausschließlich aus eigenen Quellen«, sondern nimmt »geflissentlich einfließendes Gedankengut der Neuzeit in sich auf, um es sodann als ›eigene‹ Errungenschaft und Erkenntnis wieder von sich zu geben«[183]. Das heißt im Klartext: Er schmückt sich mit fremden Federn. Belege und Beispiele erfahren wir von Ficicchia, wie so oft, keine. Die Gegenposition wird verschwiegen, eine argumentative Auseinandersetzung mit ihr unterbleibt. Es bleibt bei der pauschalen Verurteilung. Die Offenbarung wird so als eine *pia fraus* entlarvt.[184]

---

176 *Bahā'ismus*, S. 123

177 *Bahā'ismus*, S. 145, Fußnote 21

178 *Bahā'ismus*, S. 184

179 *Bahā'ismus*, S. 145. Daß Bahā'u'llāh nach seiner mehr als zweijährigen, leidvollen Einkerkerung in der Zitadelle von ʿAkkā und entbehrungsreichen Jahren im Haus von ʿUdi Khammār während der letzten Lebensjahre außerhalb von ʿAkkā auf einem Landsitz (*Mazraʿih*) und schließlich in einem »Herrenhaus« (*Bahjī*) lebte, ändert nichts an der Tatsache, daß er bis zum Ende seines Lebens ein Verbannter war.

180 *Bahā'ismus*, S. 114

181 *Bahā'ismus*, S. 173-174

182 *Bahā'ismus*, S. 128. Was heißt hier »prätentiös«? Wie alle Religionsstifter vor ihm, spricht Bahā'u'llāh mit göttlicher Autorität. Diesem Anspruch kann der Mensch mit Glauben oder Unglauben begegnen. Eine Offenbarung anmaßend zu nennen, in einem prophetischen Anspruch ein übersteigertes Selbstbewußtsein zu sehen (vgl. *Bahā'ismus*, S. 179, 307, 128), ist ein Glaubensurteil und keine wissenschaftliche Aussage, weil, wie schon dargestellt (S. 13 ff.), die Wahrheitsfrage nicht Gegenstand religionswissenschaftlicher Erkenntnis ist.

183 *Bahā'ismus*, S. 175, Fußnote 111

184 Auch die Soziallehre des Bāb und Bahā'u'llāhs, insbesondere die rechtliche Gleichstellung der Geschlechter, sind nach Ficicchia »keine originelle Schöpfung der Neuzeitreligion« (*Bahā'ismus*, S. 259; S. 90, Fußnote 25). Nun ist, wer nicht an die Offenbarung glaubt, geneigt, in ihr ein eklektisches, synkretistisches Konstrukt, eine gewaltsame Synthese heterogener Elemente zu sehen. Auch der Theologe Peter Meinhold (*Die Religionen der Gegenwart*, S. 338) spricht vom »kompilatorischen Charakter« der Bahā'ī-Religion. Man hat diesen Vorwurf allen Religionen gemacht. So findet Goldziher (*Vorlesungen über den Islam*, S. 40), daß der Eklektizismus »an der Wiege des Islam stand«. Den Qur'ān nennt er gar »eine eklektische Kom-

Aufschlußreich für Ficicchias Methode ist auch sein wertender Bericht über die Berufung Bahā'u'llāhs zu seinem prophetischen Amt im *Siyāh-Chāl*. Wohlgemerkt, es handelt sich hier um ein inneres, mystisches Ereignis, über das wir ausschließlich durch Bahā'u'llāhs Selbstzeugnis unterrichtet sind. Eine andere, unmittelbare Quelle kann es der Natur dieses Geschehens nach nicht geben. Ein Historiker vermag allenfalls die Auswirkungen zu beschreiben, das Ereignis selbst bleibt ihm verborgen. Aber Ficicchia macht sich nicht die Mühe, nach solchen sekundären historischen Spuren zu suchen. Er befindet schlicht, diese »Erleuchtung« sei »umstritten«[185]; es sei »nicht auszuschließen (!), daß es sich hier um eine *nachträgliche, künstliche Konstruktion* der Bahā'ī bzw. ihres Propheten selbst handelt«[186]. So schreibt er denn auch an anderer Stelle: »Erst 1853, neun Jahre nach Bābs Proklamation, will er im Kerker zu Ṭihrān seine mystische Erleuchtung erlangt haben.«[187] Bahā'u'llāhs Selbstzeugnis über dieses Geschehen im »*Brief an den Sohn des Wolfes*«[188], von Ficicchia sogar in einer Fußnote abgedruckt[189], wird so zur Lüge erklärt.

---

position religiöser Vorstellungen«: »Sein Stifter verkündet nicht neue Ideen. Den Gedanken über das Verhältnis des Menschen zum Übersinnlichen und Unendlichen hat er keine neuen Bereicherungen gebracht« (*a. a. O.*, S. 3). Ganz ähnlich haben Orientalisten wie Tor Andrae (*Mohamed — Sein Leben, sein Glaube*, S. 8), Karl Vollers (*Archiv für Religionswissenschaft*, XII, 1909, S. 27), Richard Hartmann (*Preußisches Jahrbuch*, CXLIII, 1911, S. 92), C. H. Becker (*Islamstudien*, I, S. 389) geurteilt. Aber auch dem Christentum hat man unter Hinweis auf Parallelen im rabbinischen Schrifttum, im Buddhismus, Brahmanismus, Zoroastrismus, der hellenistischen Philosophie, der Stoa, der Mysterienkulte, eine eklektizistische, synkretistische Geburt vorgeworfen: »Nichts ist neu, nur die Anordnung« (William J. Durant, *Caesar und Christus*, S. 644). Diese Betrachtungsweise habe ich früher schon kritisch beleuchtet (vgl. *Die mißverstandene Religion*, S. 65-74; *Heilsgeschichte*, S. 94 ff.). Sie ist schlechterdings unangemessen und unwissenschaftlich, denn daß eine Rezeption tatsächlich stattgefunden hat, können die Religionsforscher ebenso wenig beweisen wie die Gläubigen ihren Glauben an den Offenbarungscharakter der empfangenen Botschaft.

185 Bei wem, verrät er nicht. Daß Ṣubḥ-i-Azal und seine Gefolgsleute an diese mystische Berufung nicht glaubten, versteht sich von selbst. Die vage Formulierung »umstritten« läßt den Leser im unklaren, ob dieses Geschehen auch unter den Bahā'ī-Gläubigen umstritten ist.

186 *Bahā'ismus*, S. 95

187 *Bahā'ismus*, S. 109

188 35 ff.

189 *Bahā'ismus*, S. 125, Fußnote 33

Aber damit nicht genug: Auch das *Riḍvān*-Geschehen[190], Bahā'u'llāhs Kundgabe seines »Messiasgeheimnisses«[191], seine Eröffnung an einige seiner engsten Gefährten, der vom Bāb Verheißene zu sein, am Vorabend seiner Deportation nach Konstantinopel im Garten »*Riḍvān*«[192], wird von Ficicchia als eine »*nachträgliche künstliche Konstruktion*«[193] bezeichnet. Er sieht sich darin bestärkt, daß Shoghi Effendi die Spärlichkeit der Berichte über die genauen Begleitumstände »gestehe« (!) und einräume, daß dieses Ereignis in ein Dunkel gehüllt ist, »das späte Historiker nur schwer werden durchdringen können«[194]. Während er die Bahā'ī-Chroniken als lückenhaft, widersprüchlich und wenig zuverlässig abtut[195], beruft er sich in Zitiergemeinschaft mit Römer auf E. G. Browne[196], der die Auffassung vertrat, 'Abdu'l-Bahā müsse »wissentlich und vorsätzlich die Manifestation des Bahā zurückdatiert haben«[197]. Bahā'u'llāh, der auf das Geschehen im Garten *Riḍvān* immer wieder Bezug nimmt[198], hat sich laut Ficicchia »die Zahlenspekulation der Bābī in *opportunistischer Manier*

---

190 vgl. hierzu Stephen Lambden, »Some Notes on Bahā'u'llāh's Gradually Evolving Claims of the Adrianople/Edirne Period«, in: *Bahā'ī Studies Bulletin*, Bd. 5:3-6:1 (June 1991), S. 75 ff., insbesondere S. 81 ff. (»The Riḍvān-Declaration«).

191 vgl. Wilhelm Wrede, *Das Messiasgeheimnis in den Evangelien* (Göttingen, ^{2}1913), der die langsame Entfaltung des Messiasanspruchs Jesu erforscht hat: Jesus hat bis zu seinem Einzug in Jerusalem diesen Anspruch nur in Andeutungen erhoben und andere gehindert, ihn publik zu machen (Matth. 16:20; 17:9; Mark. 8:30; 9:9; Luk. 9:21). Parallelen hierzu finden sich beim prophetischen Anspruch Muḥammads. Siehe auch Gollmer, Kap. 10.I, Fußnote 83.

192 22. April — 3. Mai 1863. Im Jahr 1863 fiel das Neujahrsfest (*Naw-Rūz)* auf den 22. März, so daß die Riḍvān-Zeit vom 22. April bis 3. Mai währte. Normalerweise fällt *Naw-Rūz* auf den 21. März, so daß sie am 21. März beginnt und am 2. Mai endet.

193 *Bahā'ismus*, S. 125 (Hervorhebung durch F.)

194 *Gott geht vorüber*, S. 174

195 *Bahā'ismus*, S. 109, 123, 124

196 *Bahā'ismus*, S. 125. An dieser Stelle zeigt sich das »Strickmuster« von Ficicchias Argumentation: Er zitiert eingehend Römer und stellt dann fest: »Der Standpunkt Römers deckt sich mit dem Professor Brownes, der hierzu bemerkt ›(...)‹.« Damit vermittelt Ficicchia beim unkritischen Leser den Eindruck, daß hier zwei Forscher unabhängig zum gleichen Ergebnis gelangt seien, während in Wirklichkeit Römer, der weder des Persischen noch des Arabischen mächtig war, ganz auf Browne fußt und dessen Urteil übernommen hat.

197 *J.R.A.S.* 1892 (April), S. 306

198 z. B. *Kitāb-i-Aqdas* 75; *Lawḥu'r-Riḍvān* (= *Ährenlese* 14); vor allem aber in der am Tag des Geschehens im Garten Riḍvān offenbarten *Sūratu'ṣ-Ṣabr*. Zum Ganzen eingehend N. Towfigh, Kap. 10.II.3.

zu eigen« gemacht[199], »um so innerhalb des Neuner/Neunzehner-Schemas zu verbleiben«[200] und das *Riḍvān*-Ereignis *ex post* in das Jahr 1863 zurückdatiert, um so in Übereinstimmung mit dem vom Bāb gegebenen Hinweis auf das Jahr neunzehn zu bleiben[201]. Ficicchia zitiert zustimmend Römer[202], der die Deklaration von Ba<u>gh</u>dād als eine »Geschichtskonstruktion ad maiorem gloriam des Bahā'u'llāh« bezeichnet[203]. Das »*Riḍvān*-Fest«, von den Bahā'ī alljährlich zum Gedenken an dieses Geschehen gefeiert, der größte Festtag im Bahā'ī-Kalender, wird bei Ficicchia ebenso zum »fragwürdigen Ereignis«[204], wie Bahā'u'llāhs mystische

---

199 *Bahā'ismus*, S. 129 (Hervorhebung durch F.), 109

200 *Bahā'ismus*, S. 110

201 *Bahā'ismus*, S. 125 ff.

202 *Die Bābī-Behā'ī*, S. 75

203 *Bahā'ismus*, S. 124

204 *Bahā'ismus*, S. 126. Hier zeigt sich einmal mehr, daß zum »Religionsforscher« (*Bahā'ismus*, S. 313) mehr gehört, als unter Ausblendung aller Selbstzeugnisse kritische Urteile außenstehender Chronisten zu sammeln und sie unkritisch als unbestreitbare Wahrheit zu präsentieren. Wer sich ohne zulängliche Vorbildung auf dieses Parkett wagt, sollte zumindest mit der Methodik dieser Wissenschaft und ihren theoretischen Grundlagen vertraut sein. Wenn es auf diesem Gebiet einen Fortschritt gibt, dann die Erkenntnis, »daß geschichtliche Wirkung nur von geschichtlicher Wirklichkeit ausgehen kann und es unsachlich ist, ein Ereignis — zumal ein heiliges — anders erklären zu wollen, als es sich selber erklärt« (H.-J. Schoeps, *Jüdisch-christliches Religionsgespräch*, S. 148). So ist es unsachlich, Pauli Damaskuserlebnis oder das im Qur'ān bezeugte Offenbarungsgeschehen des Propheten Muḥammad als halluzinatorische Selbsttäuschung von Epileptikern abzutun, wie dies in der Vergangenheit vielfach geschah (so etwa Frants Buhl, der den Psychiater für zuständig erklärt [*Das Leben Muhammeds*, S. 139]). Die jüdischen Denker Schalom Ben-Chorin und Hans-Joachim Schoeps haben in ihren Paulus-Monographien die Vision des Paulus von Damaskus als Realität genommen: »Nur ein Banause könnte übersehen, daß Paulus durch sein Damaskus-Erlebnis in eine Wachheit, Überwachheit versetzt wurde, die ihm für den ganzen Rest seines Lebens Kräfte zuwachsen ließ, die geradezu einmalig sind. Dieser schwache Mensch, offenbar krank, wird nun zu Leistungen befähigt, die später ganze Organisationen nicht mehr bewältigen können. Nur ein Philister kann da noch von Halluzination sprechen. Wirklichkeit ist, was wirkt. Daß das Damaskus-Erlebnis in Paulus durch ihn gewirkt hat, kann nicht bestritten werden« (Ben Chorin, *Paulus*, S. 18). H.-J. Schoeps schreibt: »Wer verstehen will, was im Leben des Apostels hier geschehen ist, und welche Folgen das Geschehen für sein Leben gehabt hat, muß den *Realgehalt* dieser Begegnung, wie Briefe und Acta sie bezeugen, schon im vollen Umfang voraussetzen.« Schoeps unterscheidet zwischen der religionsgeschichtlichen Betrachtungsweise und der theologischen. Für den christlichen Theologen ist Paulus dem erschienenen und wiederauferstandenen Sohn Gottes begegnet, während vom Religionswissenschaftler nur erwartet wird, »daß er den Glauben des Paulus an den erschienenen Sohn Gottes, als das faktische Ergebnis seiner Begegnung mit dem gekreuzigten und erhöhten Jesus aus Nazareth, anerkennt. Er soll also dem Paulus seinen Glauben glauben« (*Paulus*, S. 47/48). Mit seinem Urteil, welches Bahā'u'-

Berufung zu seinem Prophetenamt. Bahā'u'llāh wird so zu einem Propheten, der die Geschichte verfälscht, der lügt und täuscht.

Nun kann man durchaus die unterschiedlichen Positionen der Bahā'ī und der Azalī gegenüberstellen und nach historischer Evidenz, logischen, psychologischen, soziologischen und ideologiekritischen Kriterien untersuchen. Ficicchia tut aber nichts von alledem. Statt dessen »weiß« er von Anfang an ganz genau, daß Bahā'u'llāh der Usurpator war, der Ṣubḥ-i-Azal seinen Rang streitig machte und durch seine persönlichen Machtansprüche die Spaltung der Bābī-Gemeinde verursachte.[205] Folgt man Ficicchia, so hatte Bahā'u'llāh anfänglich »die Oberherrschaft« seines Bruders »voll anerkannt«[206], ja, er hatte sogar dessen Ruf, von den Bergen Suleimaniyyas, wohin er sich »verärgert«[207] (!) zurückgezogen hatte, wieder nach Baghdād zurückzukehren, Folge geleistet. Allen Ernstes meint Ficicchia, Bahā'u'llāh habe dies ja selbst eingeräumt, denn im *Kitāb-i-Īqān* berichte er von der »Stunde«, »da aus der mystischen Quelle der Ruf an Uns die Rückkehr befahl, dorthin, woher Wir gekommen waren«[208]. Die »mystische Quelle«: nach Ficicchia war sie nichts anderes als Ṣubḥ-i-Azal. Für diese abwegige, geradezu abenteuerliche Interpretation gibt er nicht den Schimmer einer Erklärung oder eines Beweises.[209] Daß letztlich der »Usurpator« erfolgreich war, daß die überwältigende Mehrheit der Bābī-Gemeinde zu Bahā'u'llāh überging und nur wenige zu Ṣubḥ-i-Azal hielten, ist nach Ficicchia darauf zurückzuführen, daß Bahā'u'llāh der Entschlossenere, Gewandtere war[210], daß er dem jüngeren Bruder »an Erfahrung und Entschlos-

llāhs mystische Berufung und die Offenbarung seines Messiasgeheimnisses zu Baghdād schlechterdings zur Fälschung und Lüge erklärt, hat sich Ficicchia decouvriert. Sein Urteil ist unsachlich und unseriös.

205 *Bahā'ismus*, S. 18, 290

206 *Bahā'ismus*, S. 113. In Wirklichkeit hat Bahā'u'llāh Mīrzā Yaḥyā so lange als Oberhaupt der Bābī-Gemeinde respektiert, als er selbst seinen Anspruch, der vom Bāb Verheißene zu sein, noch nicht erhoben hatte.

207 *Bahā'ismus* S. 112. Über die Gründe seiner zwei Jahre währenden Zurückgezogenheit in den Bergen Kurdistans berichtet Bahā'u'llāh im *Kitāb-i-Īqān* (279); vgl. auch Shoghi Effendi, *Gott geht vorüber*, S. 133 ff.; Hasan Balyuzi, *Bahā'u'llāh*, S. 115 ff. Diese Gründe eine »Verärgerung« zu nennen, ist eine Trivialisierung, die freilich Methode hat.

208 *Kitāb-i-Īqān* 279

209 Näheres hierzu N. Towfigh, Kap. 10.II.2.

210 *Materialdienst*, S. 229

senheit einfach weit überlegen« war[211], daß er der »Konsequentere« war, »was zur allmählichen Verdrängung Ṣubḥ-i-Azals und schließlich zum Supremat seines älteren Halbbruders... führte«[212], und Bahā'u'llāh mit »seinem Anspruch, der *Man yuẓhiruhu'llāh* zu sein, der Messiassehnsucht der Masse der Gläubigen weit mehr entgegen[kam] als der stille und bedachte Ṣubḥ-i-Azal, der sich mit solchen Ansprüchen zurückhielt«[213].

Die Verzeichnung der prophetischen Gestalt Bahā'u'llāhs setzt sich fort in der Darstellung seines Selbstzeugnisses. Zwar erwähnt Ficicchia, daß in der Bahā'ī-Prophetologie der Gedanke der Inkarnation Gottes im Offenbarer (*ḥulūl*) »entschieden abgelehnt«[214] wird. Dabei zitiert er zutreffend (ohne Quellenangabe!) aus der *Sūrat at-Tawḥīd* und verweist überdies auf eine Passage im *Kitāb-i-Īqān*[215]. Beide Texte lassen keinen Zweifel daran, daß der Begriff der »Manifestation Gottes« jede Inkarnation und somit auch jede Identifikation des Propheten mit Gott ausschließt. Doch schon im nächsten Atemzug beruft sich Ficicchia auf einen Vers in der *Sūratu'l-Haykal* zum Beweis dafür, daß gleichwohl »eine personelle Gleichsetzung mit der Gottheit« vorliege, »wenn Bahā'u'llāh sich *mit Gott selbst identifiziert*«. Wie abwegig dies ist, wird später ausgeführt[216].

Auch dieser frivole Umgang mit einem heiligen Text frei nach der Devise:

> »Im Auslegen seid frisch und munter!
> Legt ihr's nicht aus, so legt was unter«[217]

ist aufschlußreich für die ganze Machart von Ficicchias »Standardwerk«. Wie ein Text im Glauben der Gemeinde verstanden wird, schert ihn nicht im geringsten. Er allein, der dank seiner dreijährigen Gemeindezugehörigkeit als ein »vorzüglicher Kenner

---

211 *Bahā'ismus*, S. 96
212 *Bahā'ismus*, S. 105
213 *Bahā'ismus*, S. 96
214 *Bahā'ismus*, S. 213
215 Abschnitte 192-199
216 siehe S. 195 ff.
217 J. W. Goethe, »Zahme Xenien«, II. Buch (*Gedichte in zeitlicher Folge*, S. 953)

des Bahā'ismus«[218] präsentiert wird, weiß, wie eine Schriftstelle auszulegen ist. So erfährt der Leser immer wieder, wie Ficicchia die von ihm zitierten Schriftstellen interpretiert und versteht, anstatt, wie sie in der Glaubenstradition der Gemeinde verstanden werden. Eine solche Darstellung widerspricht nicht nur den »*Leitlinien*« des Ökumenischen Rates der Kirchen über den Umgang mit anderen Religionen[219], wonach der Dialog »auf dem Boden der Achtung vor der Unantastbarkeit der Identität des anderen«[220] zu führen ist, eine solche Methode ist auch schlechterdings unwissenschaftlich. Wer sich über eine Religion orientieren will, will selbstverständlich erfahren, was den Glauben der Gemeinde ausmacht und nicht, wie der Verfasser einer Monographie die Schriftzeugnisse interpretiert. Der Begriff »Hermeneutik«[221] ist Ficicchia offenbar noch nicht begegnet. Daß jede Schriftstelle nur im Kontext anderer, einschlägiger Texte zu verstehen ist und daß bei einer hermeneutischen Auslegung sich scheinbare Widersprüche zwischen verschiedenen Texten auflösen können, müßte doch einem »Religionsforscher«[222] eine Selbstverständlichkeit sein. Doch Ficicchia kommt es nicht auf ein »Verstehen« an, sondern darauf, angebliche Widersprüche aufzuzeigen, vermeintliche Irrtümer zu entlarven und so den Offenbarungscharakter dieser Texte *ad absurdum* zu führen — eine Haltung, die schon im Qur'ān verurteilt wird.[223]

Als »Mahdiprätendent«, wie bei Ficicchia immer wieder zu lesen[224], ist Bahā'u'llāh nie aufgetreten. Eine Schriftquelle für diese

---

218 Kurt Hutten, *Seher, Grübler, Enthusiasten* (12. Aufl.), S. 827

219 vgl. S. 20

220 Teil II C 17

221 vgl. hierzu Dann J. May, »A Preliminary Survey of Hermeneutical Principles within the Bahā'ī Writings«, in: *The Journal of Bahā'ī Studies*, Bd. 1 Nr. 3, S. 39-55.

222 *Bahā'ismus* S. 313

223 »Er ist es, der das Buch herabgesandt hat; darin sind Verse von offenkundiger Bedeutung — sie sind die Grundlage des Buches — und andere, die verschiedener Deutung fähig sind. Die aber, in deren Herzen Verderbnis wohnt, folgen jenen, die verschiedener Deutung fähig sind, weil sie Zwiespalt suchen und Deutelei« (3:7). Vgl. hierzu auch *Kitāb-i-Īqān* 284.

224 »Bahā'u'llāh, der bei seinem Auftritt nun seinerseits erklärt, der verheißene Mahdī zu sein ...« (S. 270), ferner S. 21, 95, 117, 132, 212; *Materialdienst*, S. 230; *Lexikon der Sekten*, Sp. 100. Ebenso Reinhart Hummel, Stichwort »Bahā'ī«, in: *Taschenlexikon Religion und Theologie* (*TRT*) Bd. 1, S. 136. Siehe dazu U. Gollmer, »Zur Darstellung der Bahā'ī-Religion in neueren theologischen Lexika«, in: *Bahā'ī-Briefe*, Nr. 47, S. 29, sowie seine Ausführungen Kap. 6.I.1 und Kap. 10.I.1 .

Behauptung gibt Ficicchia nicht an. Es gibt auch keine. Nirgendwo im Schrifttum Bahā'u'llāhs taucht der Begriff »*Mahdī*« auf.[225] Daß Ficicchia ihn ständig herumschleppt, zeigt einmal mehr, wie sehr er im Schlepptau von Römer steht und wie wenig Gewicht er auf Bahā'u'llāhs Selbstzeugnisse legt. Aus ihnen zitiert er nur dann, wenn es ihm opportun erscheint. Selbst eine Passage aus der »*Sūratu'l-Mulūk*« zitiert er[226] nach Römer[227] und nicht nach dem veröffentlichten Primärtext. Entweder wußte er nicht, daß die »*Sūratu'l-Mulūk*« in der Anthologie »*Ährenlese aus den Schriften Bahā'u'llāhs*« in authentischer Übertragung vorliegt[228], oder er zieht es vor, nach Sekundärquellen zu zitieren, weil er den veröffentlichten Primärquellen mißtraut.

Bahā'u'llāh als eine rückständige, altorientalischem Geist verpflichtete Gestalt zu porträtieren, dient wohl auch die mokante Bemerkung, Regierungen könne Bahā'u'llāh sich »nur als Monarchien vorstellen«[229], und die Information, nach der »*Sūratu'l-Mulūk*« seien die »Höfe« die »Repräsentanten der Gottheit«[230]. Er sieht hier »die altorientalische Verehrung der Könige als irdische Erscheinung der Gottheit« am Werke[231] und eine schlaue »Taktik« Bahā'u'llāhs, mit der er die Regenten für die von ihm angestrebte »*theokratische Weltherrschaft*«[232] einspannen wollte.

Nur ist in der *Sūratu'l-Mulūk* und auch sonst im Schrifttum Bahā'u'llāhs nirgendwo von den »Höfen« die Rede, geschweige denn, daß diese gar als »Repräsentanten Gottes« erscheinen. Adressaten Bahā'u'llāhs sind die Herrscher[233], die zu seiner Zeit

---

225 Bahā'u'llāh erhob den Anspruch, der vom Bāb angekündigte »*Man yuẓhiruhu'llāh*« (»der, den Gott offenbaren wird«) zu sein und mit seinem Kommen alle Verheißungen der vergangenen Prophetie, insbesondere die von der Wiederkunft Christi und die eschatologischen Erwartungen im Islam (damit auch die Mahdī-Erwartungen im Volksislam) zu erfüllen. Der Bāb ist der Qā'im, Bahā'u'llāh der Qayyūm (hierzu Kamran Ekbal, »Irtibāt-i 'aqā'id-i bābiyya bā 'aqā'id-i shaykhiyya«, in: Khushi-ha 3 (1991), Landegg Akademie, S. 17-42). Siehe auch U. Gollmer, Kap. 6.I.1 und 10.I.1.

226 *Bahā'ismus* S. 135

227 *Die Bābī-Behā'ī*, S. 101

228 Die von ihm zitierte Passage findet sich in 118:3.

229 *Bahā'ismus* S. 161, 134. Ficicchia hat dies wörtlich von Römer (S. 100) übernommen, ohne ihn als Quelle anzugeben.

230 *Bahā'ismus* S. 134, Fußnote 27

231 *Bahā'ismus* S. 134, Fußnote 27

232 *Bahā'ismus* S. 271 (Hervorhebung durch F.)

233 vgl. *Ährenlese* 110; 113:9; 114:1,6,13,16,19,20; 115:3; 116:1,2; 118:1; 119:1-2

weitgehend Monarchen waren. Bahā'u'llāhs Hochschätzung des Königtums (bei aller kritischen Distanz zu den Monarchen seiner Zeit) und sein Konzept weltlicher Herrschaft[234] mag einem gefallen oder nicht — es als bloße »Taktik«, als opportunistische Geste zu denunzieren, einzig um beim Griff nach der »theokratischen Weltherrschaft«[235] die Regenten für sich einzuspannen, ist ein arges Stück. Und wenn Ficicchia wahrheitswidrig die »Höfe« (und nicht die Herrscher) als »Repräsentanten Gottes« erscheinen läßt, so ist dies bei diesem Verfasser gewiß keine Nachlässigkeit, kein *lapsus linguae,* sondern Taktik: ein semantischer Trick im Interesse seiner tendenziösen Darstellung. Gilt die Monarchie heute gewiß nicht als zeitgemäß, so assoziiert der Leser mit »Höfen« eben nicht das Abstraktum der monarchisch-demokratischen Herrschaftsform, die Bahā'u'llāh legitimiert, sondern die konkreten Auswüchse, die nach geschichtlicher Erfahrung die Monarchie in Mißkredit gebracht haben: überzogene äußere Repräsentanz, Prunk, ein aufwendiger, oft dekadenter Lebensstil, Hofschranzen, Intrigen, Korruption, Nepotismus und dergleichen mehr. Für Ficicchias böse Absicht spricht auch der Umstand, daß bei Römer, auf den er sich immer wieder beruft und den er oft auch ausschlachtet, ohne dies kenntlich zu machen, zutreffend nachzulesen ist: »Die Könige werden in dieser Sūre von Behā wie schon vom Bāb als Repräsentanten der Gottheit auf Erden dargestellt.«[236] Zu der Behauptung, die Bahā'ī hätten »bekanntlich« (!) während der persischen Revolution für die royalistische Sache Partei ergriffen und mit dem Thron konspiriert[237], um für sich Vorteile herauszuschinden, um die 'Abdu'l-Bahā »gefeilscht« habe[238], sei auf Gollmers Ausführungen[239] verwiesen.

Die böse Absicht Ficicchias entlarvt sich einmal mehr bei der Charakterisierung von Bahā'u'llāhs Antagonisten, Mīrzā Yaḥyā

234 Näheres hierzu bei U. Gollmer, Kapitel 6.I.3-4; 6.II.1-4 und 6.III.

235 Ein ständig wiederkehrendes, demagogisches Schlagwort, mit dem Ficicchia Bahā'u'llāhs Entwurf einer neuen Weltordnung anprangert (vgl. *Bahā'ismus* S. 36, 119, 270, 271, 321, 380, 390, 393, 399, 415, 429). Zu diesem Thema siehe U. Gollmer, Kapitel 6, sowie dessen Dissertation »*Gottesreich und Weltgestaltung. Grundlegung einer politischen Theologie im Bahā'ītum* (in Vorbereitung).

236 *Die Bābī-Behā'ī*, S. 101

237 *Bahā'ismus* S. 394/395, 272

238 *Bahā'ismus* S. 273, Fußnote 46

239 Kapitel 6, insbesondere 6.II.2

(Ṣubḥ-i-Azal), der Ficicchias ausgesprochene Sympathie findet. Sein ganzes Bestreben ist, ihn, der »von der bahāistischen Geschichtsschreibung« herabgewürdigt wurde[240], zu einer kontrastierenden Lichtgestalt zu stilisieren, in der der Bāb angeblich den »Verheißenen« erblickt[241] hat. Mīrzā Yaḥyā erscheint so als eine überaus liebenswerte, sympathische, geradezu heiligmäßige Gestalt, als »ein stiller, in sich gekehrter Knabe, der sich ganz dem metaphysischen Studium hingab«[242], »ein zu mystischer Verzükkung neigender, introvertierter Jüngling«[243], ein »mystisch veranlagter«, »verinnerlichter Charakter«[244], innerlich wesensgleich mit dem Bāb (!)[245], »still und bedacht«[246], der, dem Beispiel des Bāb folgend, »sich immer mehr zurückzog und sich ganz dem Leben eines Heiligen der Ṣūfī-Mystik hingab«[247]. Die Gedichte der Qurratu'l 'Ayn[248] »drangen tief in das Gemüt des empfindsamen Jünglings ein und veranlaßten ihn, heilige Verse (*āyāt*) zu verfassen«[249].

An keiner Stelle setzt sich Ficicchia ernsthaft mit dem Bild Mīrzā Yaḥyās, mit den Bahā'ī-Historikern und deren Quellen auseinander.[250] An einer differenzierenden Darstellung der Gestalt Ṣubḥ-i-Azals ist ihm nicht gelegen. Selbst eine intrigante Gestalt wie Siyyid Muḥammad-Iṣfāhānī, der »Versucher«[251] und böse Geist Yaḥyās, von Shoghi Effendi der »Antichrist der Bahā'ī-Offenbarung« genannt[252], findet noch Ficicchias Sympathie: Er imponiert ihm durch seine Konsequenz und seine Treue gegenüber Ṣubḥ-i-Azal[253]. Die Botschaft, die Ficicchia hier vermittelt: Die eigentliche Lichtgestalt Yaḥyā wurde von dem machtbesesse-

240 *Bahā'ismus* S. 184, 101, Fußnote 33
241 *Bahā'ismus* S. 101
242 *Bahā'ismus* S. 97
243 *Bahā'ismus* S. 20; *Materialdienst*, S. 229
244 *Bahā'ismus* S. 98
245 *Bahā'ismus* S. 98
246 *Bahā'ismus*, S. 96
247 *Bahā'ismus*, S. 111
248 eine namhafte Dichterin, die einzige Frau unter den achtzehn Jüngern des Bāb
249 *Bahā'ismus*, S. 99
250 vgl. hierzu N. Towfigh, Kap. 10.III, IV
251 *Kitāb-i-Aqdas* 182
252 *Gott geht vorüber*, S. 187; vgl. auch S. 127, 186 ff.
253 *Bahā'ismus*, S. 130

nen, durchsetzungsfähigen Bruder seiner angestammten Rechte beraubt: Das heißt die Geschichte auf den Kopf stellen.

IV. Das Porträt ʻAbdu'l-Bahās

Auch ʻAbdu'l-Bahā erscheint in merkwürdig getrübtem Lichte: Als eine »*gottähnliche, allwissende Größe*«[254], die Anteil an der »prophetischen Natur« hat[255], als eine Figur, die auf ihrer »prophetischen Größe«[256] bestand und sich den mit ihr getriebenen »exaltierten *Personenkult*« gern gefallen ließ[257]. Nach Ficicchia steht ʻAbdu'l-Bahās Gestalt »weitaus mehr im Vordergrund als die seines Vaters und Religionsstifters«[258]. Als Vertreter der »progressiven Richtung«, dem »Mīrzā Muḥammad-ʻAlī und sein konservativer Anhang« schließlich unterlagen[259], verstand es ʻAbdu'l-Bahā, die Bahā'ī-Lehre dem abendländischen Denken »anzupassen«[260] und »christliches Gedankengut in den Bahā'ismus hineinzutragen«[261], so daß »das islamische und insbesondere das shīʻitische und *sufisch-theosophische Erbe* weitgehend verdrängt« wurde und den westlichen Bahā'ī bis heute »größtenteils *unbekannt* geblieben«[262] ist. Auf die Propagierung des »vom Propheten gestifteten Religionsgesetzes« hat ʻAbdu'l-Bahā aus opportunistischen Gründen »verzichtet«, weil er »ahnte ... , daß die Gesetze des *Kitāb al-Aqdas* im Westen auf erheblichen Widerstand stoßen würden und der Glaubensverbreitung im Abendland nicht gerade einträglich wären«[263]. Folgt man Ficicchia, so hat ʻAbdu'l-Bahā den Kern des neuen Bundes, das Gesetz, dissimuliert, so daß »aus der normativen Observanzreligion allmählich eine nach allen Seiten hin offene ›Bewegung‹, eine Art ›Überreligion‹« wurde, die dann, in »dieser neuen Verkleidung« in den »abendländischen

254 *Bahā'ismus*, S. 197 (Hervorhebung durch F.)
255 *Bahā'ismus*, S. 192
256 *Bahā'ismus*, S. 278
257 *Bahā'ismus*, S. 198
258 *Bahā'ismus*, S. 198
259 *Bahā'ismus*, S. 196
260 *Bahā'ismus*, S. 198
261 *Bahā'ismus*, S. 203
262 *Bahā'ismus*, S. 204 (Hervorhebung durch F.)
263 *Bahā'ismus*, S. 293

Kulturkreis getragen«, dort »eine glückliche Verbindung mit den Idealen des Humanismus und der christlichen Individualethik« erfahren hat.[264]

Wie soll man in diesem der Lehre und den Fakten Hohn sprechenden Porträt die Gestalt 'Abdu'l-Bahās und sein Wirken wiedererkennen? Weder hat 'Abdu'l-Bahā sich als gottähnliche, allwissende Gestalt gesehen noch jemals auf »prophetische Größe« gepocht, wie dies schon sein von ihm angenommener Titel, 'Abdu'l-Bahā: »Diener Bahās«, zeigt.

Nun gab es zu 'Abdu'l-Bahās Lebzeiten einzelne Gläubige, die ihm die selbe Stufe beilegten wie Bahā'u'llāh, die in ihm eine Manifestation Gottes und die »Wiederkehr Christi« sahen. Dieser Grenzüberschreitung ist 'Abdu'l-Bahā selbst entschieden entgegengetreten.[265] Shoghi Effendi hat in einem für jede Bahā'ī-Theologie grundlegenden Lehrbrief[266] ein ganzes Kapitel der Stufe und Stellung 'Abdu'l-Bahās gewidmet und diese im Lichte seiner Selbstzeugnisse eingehend dargestellt. Doch Ficicchia hat diese kategorischen Aussagen genauso geflissentlich ignoriert wie Hasan Balyuzis umfangreiche Monographie über Leben und Wirken 'Abdu'l-Bahās[267], die nicht einmal in seinem Literaturverzeichnis zu finden ist. Myron H. Phelps, ein amerikanischer Rechtsanwalt buddhistischen Glaubens[268], der 'Abdu'l-Bahā 1902 in 'Akkā besucht hatte und von ihm tief beeindruckt war, hat der Nachwelt eine höchst beeindruckende Schilderung seiner Gestalt und seiner Lebensumstände vermittelt[269]. Ficicchia hat sich mehrfach auf dieses Werk berufen[270], vom Inhalt verrät er dem Leser kein Wort.

---

264 *Bahā'ismus,* S. 293

265 »Niemand glaube, 'Abdu'l-Bahā sei die Wiederkunft Christi... Er ist die Manifestation der Dienstbarkeit, ... der Ausleger des Buches« (*Tablets of 'Abdu'l-Bahā,* Bd. 3, S. 433/34); »meine Stufe ist die Stufe des Dienstes... Ich bin der Ausleger des Wortes Gottes« (zitiert nach Shoghi Effendi, *Weltordnung,* S. 193; siehe auch S. 203).

266 »Die Sendung Bahā'u'llāhs«, in: *Weltordnung,* S. 190 ff.

267 *'Abdu'l-Bahā. The Center of the Covenant of Bahā'u'llāh,* London 1971; deutsche Ausgabe: *'Abdu'l-Bahā. Der Mittelpunkt des Bündnisses Bahā'u'llāhs,* Bd. 1, Hofheim 1983, Bd. 2, Hofheim 1984

268 Ficicchias Angabe (S. 201), er sei Bahā'ī gewesen, ist unzutreffend.

269 *Life and Teachings of Abbas Effendi,* New York/London, ^{2}1912; Neuauflage unter dem Titel *The Master in 'Akkā,* revised and annotated with a new Foreword by Marzieh Gail, Los Angeles 1985

270 *Bahā'ismus,* S. 187, 198, 201

Statt dessen orientiert er sich bei kirchlichen Missionsblättern[271] des vorigen Jahrhunderts oder bei entlegenen Beiträgen inkompetenter Autoren.[272] Seine Behauptung, ʻAbdu'l-Bahā sei zu einer »gottähnlichen, allwissenden Größe« geworden, folgert Ficicchia aus einem Zitat Shoghi Effendis[273], in welchem dieser in einer Sequenz von Attributen ʻAbdu'l-Bahās einmalige Stellung als »Mittelpunkt des Bundes« kennzeichnet. Das bei Ficicchia nachzulesende Zitat gibt indessen für seine Behauptung absolut nichts her. Keines der Attribute geht über die ʻAbdu'l-Bahā verliehene Stufe und Stellung hinaus, keines macht ihn zu einer gottähnlichen Gestalt.

Darum hat unser Verfasser flugs noch zwei Fußnoten angebracht[274], in denen er zur Untermauerung seiner These auf Beiträge des Nervenarztes E. Rasmussen und des christlichen Missionars Stileman[275] verweist, wohl darauf vertrauend, daß kaum ein Leser diese entlegenen Aufsätze heraussuchen wird. Schaut man bei diesen Quellen nach, so erkennt man, daß sie für Ficicchias Behauptungen schlechterdings nichts hergeben. Rasmussen, der im Phänomen der Religion nur das Resultat geistiger Erkrankungen sieht und ohne jegliche Quellenangabe auf sieben Seiten über »die neue Religion« orientiert[276], behauptet, »in den heiligen

271 z. B. *Church Missionary Intelligencer* (*Bahā'ismus*, S. 198)

272 z. B. Emil Rasmussen (*Bahā'ismus*, S. 197)

273 *Gott geht vorüber*, S. 278

274 *Bahā'ismus*, S. 197 Fußnote 18 und S. 198 Fußnote 19

275 »The followers of Behā in Persia«, in: *Church Missionary Intelligencer* (Bd. XLIX, 1898 S. 645 ff.). Der Beitrag über diese »seltsame Sekte« ist überhaupt nur insofern aufschlußreich, als man daraus erfährt, wie Bahā'ī in Iṣfahān damals im Dialog mit christlichen Theologen über Aussagen des Neuen Testaments der herkömmlichen, buchstäblichen Interpretation eine allegorische Deutung entgegensetzten (ganz ähnlich wie die Christen bei der Interpretation des AT gegenüber den Juden seit jeher verfahren). Im übrigen zollt der Missionar der Freundlichkeit und Brüderlichkeit der Bahā'ī hohe Anerkennung. Bahā'u'llāhs Gebot zitierend »Verkehrt mit den Anhängern aller Religionen in herzlicher Verbundenheit und Eintracht« (*Kitāb-i-Aqdas* 144; *Botschaften* 3:5; 4:10; 7:13) bestätigt er, daß — soweit die Christen betroffen sind — die Bahā'ī sich daran halten. Ficicchia findet das nicht der Erwähnung wert, wie er auch sonst alle positiven Zeugnisse herausfiltert.

276 »Der Bahā'ismus«, in: *Zeitschrift für Religionspsychologie*, Bd. I, S. 382 ff. Wie schon in seiner Schrift über »*Jesus*« vertritt er dezidiert die Überzeugung, daß »ein Mensch, der sein ganzes Leben auf einer fixen Idee aufbaut, er sei ein göttliches Wesen oder Werkzeug, unter irgendeiner Form der Geisteskrankheit leidet« (S. 385). Einen Teil der »religiösen Bahnbrecher« hält er für Epileptiker, andere für Hysteriker oder Paranoiker. Daß der Bāb und Bahā'u'llāh »sogar sehr typische

Schriften der Bahā'īsten« werde »aus jüdischen, christlichen und mohammedanischen Weissagungen heraus bewiesen, daß 'Abdu'l-Bahā der Sohn Gottes ist..., der wiedergekehrte Christus«[277]. Dies genügt Ficicchia. Die ihm selbst zugänglichen »heiligen Schriften der Bahā'īsten«, die ein anderes Bild vermitteln, hat er nicht konsultiert. Stileman gibt die frühe, durch Shoghi Effendis Klarstellung beendete Diskussion in der jungen Gemeinde, zu der 'Abdu'l-Bahās Selbstzeugnisse noch nicht überallhin gelangt waren, klar wieder, wenn er schreibt: »Einige Bahā'ī bestehen darauf, daß er nicht nur Mensch, sondern wie Behā eine göttliche Manifestation sei. Andere vertreten die Auffassung, er sei keineswegs göttlich, und verweisen auf dessen eigene Worte, wonach er nichts als ein Diener Behās sei. Die letzteren glauben auch, daß es vor Ablauf von tausend Jahren keine weitere Manifestation Gottes geben werde.«[278] Die letztere Auffassung beruft sich zu Recht auf 'Abdu'l-Bahās Selbstzeugnisse und auf das Zeugnis des *Kitāb-i-Aqdas*[279]. Was Ficicchia hier als offizielle Lehrmeinung präsentiert, ist eine in der frühen Gemeinde vertretene Minoritätsmeinung, für die es keine Schriftbasis gab und die nach der dogmatischen Klärung auch nicht mehr vertreten wurde.[280]

Auch hier gewinnt man wieder Einblicke in Ficicchias Methodik: Beiträge von Kritikern, und seien sie noch so obskur und

---

Paranoiker sind, könnte leicht dokumentiert werden« (*a. a. O.*). Ihre Lehren nennt er »verrückte Ideen«, neben denen »Goldkörner liegen, die sie aus dem Zeitgeist aufgelesen«. Bei 'Abdu'l-Bahā konzediert er allerdings, es sei zweifelhaft, »ob dieser Mann als geistesgestört zu betrachten ist« (S. 388). Merkwürdigerweise endet der abstruse Beitrag, aus dem wir unter anderem erfahren, daß der Gedanke von der »unsterblichen Seele« eine »merkwürdige, mythologische Spukgestalt« sei (S. 386), mit der Feststellung, daß »dieses Kleeblatt« (Bāb, Bahā'u'llāh und 'Abdu'l-Bahā) wohl »eine Quelle der Erleuchtung für diejenigen« sein wird, die »ihre Lebensanschauung auf Erfahrung, Wirklichkeit und Verständnis aufbauen wollen« (S. 389).

277 Emil Rasmussen, *a. a. O.*, S. 385

278 *Church Missionary Intelligencer*, S. 645

279 Vers 37

280 Dazu eingehend Peter Smith, »The American Bahā'ī Community, 1894-1917: A Preliminary Survey«, in: Moojan Momen (Hrsg.), *Studies in Bābī and Bahā'ī History*, Bd. 1, S. 100 ff.; siehe auch Richard Hollinger, »Ibrahim George Kheiralla and the Bahā'ī Faith in America«, in: Juan R. Cole/Moojan Momen (Hrsg.), *Studies in Bābī and Bahā'ī History*, Bd. 2, S. 121; Philipp R. Smith, »What was a Bahā'ī? Concerns of British Bahā'īs, 1900-1920«, in: Moojan Momen (Hrsg.), *Studies in the Bābī and Bahā'ī Religions*, Bd. 5, S. 232 ff.; Robert H. Stockman, *The Bahā'ī Faith in America. Origins 1892-1900*, Bd. 1, S. 81 ff., 136, 152, 163, 168, 191.

wissenschaftlich indiskutabel, vereinzelt vertretene, aber längst überwundene Glaubenspositionen, haben für ihn allemal mehr Gewicht als 'Abdu'l-Bahās Selbstzeugnisse, Shoghi Effendis autoritative Lehraussagen und der »katholische«[281] Glaube der Gemeinde, der *consensus in docendo et credendo*. Im übrigen hat Ficicchia nirgends verraten, wann und bei welcher Gelegenheit 'Abdu'l-Bahā je auf seine »prophetische Größe« gepocht hätte.

Der Vorwurf, 'Abdu'l-Bahā habe sich zum Gegenstand eines »exaltierten Personenkults« machen lassen, wiegt in unserer Gesellschaft angesichts einschlägiger historischer Erfahrungen in der Hitlerdiktatur und unter der Herrschaft des Kommunismus schwer. Auch hier keine überprüfbaren Fakten, sondern ein abqualifizierendes Werturteil, das der kritische Leser mangels weiterer Information nicht hinterfragen kann. Was steht dahinter?

Daß 'Abdu'l-Bahā eine herausragende Gestalt der Religionsgeschichte war, ist unter Religionswissenschaftlern unbestritten. Alle, die ihm begegneten, beeindruckte er tief. Selbst Edward G. Browne, der, wie schon erwähnt und wie noch darzustellen sein wird[282], der Position der Azalī zugeneigt war, hat der Größe 'Abdu'l-Bahās Tribut gezollt[283]. Ein in der *Egyptian Gazette* vom

281 im Sinne von »*Quod ubique, quod semper, quod ab omnibus creditum est*« (Vincenz von Lerinum, *Commonitorium*, 215, zitiert nach Mirbt, *Quellen*, Bd. 1, Nr. 432, S. 203).

282 vgl. N. Towfigh, Kap. 9.I

283 »Selten habe ich jemand gesehen, dessen Erscheinung einen stärkeren Eindruck auf mich gemacht hätte ... Die spätere Unterhaltung mit ihm diente nur dazu, die Hochachtung noch zu steigern, die der erste Eindruck in mir hervorgerufen hatte. Selbst unter dem beredten, gewandten und klugen Menschenschlag, dem er angehört, wird man, so glaube ich, kaum jemanden finden, der beredter und argumentierfreudiger wäre, der anschaulicher erklären könnte, der mit den heiligen Schriften der Juden, Christen und Mohammedaner inniger vertraut wäre als er. Diese Eigenschaften, verbunden mit einer zugleich majestätischen und gütigen Haltung, ließen in mir die Frage verstummen, wie denn sein großer Einfluß und die Hochachtung zu erklären seien, die ihm auch außerhalb des Kreises der Anhänger seines Vaters entgegengebracht wurde. Die Größe dieses Mannes und seine Macht waren für jeden unzweifelhaft, der ihn je gesehen hatte« (*A Traveller's Narrative*, Bd. II, S. XXXVI). Ficicchias selektiver, willkürlicher Umgang mit den Quellen zeigt sich auch hier. Er zitiert E. G. Browne stets da, wo dieser Kritisches anmerkt. Von Passagen, in denen Browne seine Bewunderung für Bahā'u'llāh und 'Abdu'l-Bahā zum Ausdruck bringt, nimmt Ficicchia keine Notiz. Auch den höchst eindrucksvollen Bericht Brownes über seine Begegnung mit Bahā'u'llāh 1890 in Bahjī (*A Traveller's Narrative*, Bd. II, S. XXXIX-XL; vgl. N. Towfigh, Kap. 10.V.2 e) hat er dem Leser verschwiegen.

24. September 1913 veröffentlichter Brief des bekannten ungarischen Orientalisten Árminius Vámbéry, der ʻAbdu'l-Bahā 1913 in Budapest begegnet war, ist eine Hommage auf ʻAbdu'l-Bahā, die in dem Bekenntnis gipfelt: »Ich vergehe vor Bewunderung.«[284] Lord Lamington, Gouverneur der ehemals britisch-indischen Provinzen in Bengalen, Bombay und Madras, der ʻAbdu'l-Bahā 1919 in Haifa begegnet war, schrieb über ihn: »Niemals gab es ein überzeugenderes Beispiel eines Menschen, dessen ganzer Wunsch es war, daß die Menschen in Frieden und Eintracht miteinander leben und einander lieben sollten, indem sie die ihnen innewohnenden göttlichen Eigenschaften anerkennen.«[285] Die Reisen ʻAbdu'l-Bahās 1912 in die Vereinigten Staaten und seine dortigen Auftritte in Kirchen, Synagogen und Universitäten, über deren Einzelheiten uns eine Fülle von Zeitungsberichten unterrichten, sind Zeugnisse dafür, welch überwältigenden Eindruck ʻAbdu'l-Bahā auf die Menschen machte und welche Bewunderung und Verehrung man ihm entgegenbrachte. Ein unitarischer Geistlicher hat ein ganzes Buch seinen vielfältigen Begegnungen mit ʻAbdu'l-Bahā gewidmet[286], auf das unser Religionsforscher bei seinem umfangreichen Quellenstudium offenbar ebenso wenig gestoßen ist wie auf Lady Blomfields *The Chosen Highway*[287].

Vielleicht die eindrucksvollste Demonstration der Liebe und Bewunderung, welche ʻAbdu'l-Bahā entgegengebracht wurde, war sein Begräbnis, bei dem die Exponenten der Politik und die geistlichen Würdenträger dreier Religionen seinem Sarg folgten: Der Hochkommissar von Palästina, Gouverneure, das diplomatische Korps, die Oberhäupter der muslimischen Gemeinden, an der Spitze der Mufti, Geistliche der römischen, griechischen und anglikanischen Kirche und der jüdischen Gemeinden, die Notablen des Landes und eine ungeheure Menge derer, die ihn verehrten und liebten. Die Ansprachen des Mufti, des Bischofs der

---

284 zitiert nach H. Balyuzi, *ʻAbdu'l-Bahā*, dt. Ausgabe Bd. 1, S. 29

285 zitiert nach H. Balyuzi, *a. a. O.*, S. 29

286 Howard Colby Yves, *Portals to Freedom*, Oxford ²1974

287 1940, repr. Wilmette/Ill. 1975. Weitere Literatur: *ʻAbdu'l-Bahā in Canada*, Toronto 1962; *ʻAbdu'l-Bahā in Edinburgh*, London 1963; *ʻAbdu'l-Bahā in London. Adresses and Notes of Conversations*, Chicago 1921 (²1982); Werner Gollmer, *Mein Herz ist bei euch. ʻAbdu'l-Bahā in Deutschland*, Hofheim 1988; *ʻAbdu'l-Bahā in Wien* (18. bis 25. April 1913), Wien 1988

griechisch-katholischen Kirche, von islamischen Geistlichen, Schriftstellern, nicht zuletzt die Nachrufe in Tageszeitungen wie *Le Temps*[288], der britischen *Times*[289] sind Zeugnisse einer weltweiten Verehrung.[290] Selbst der vormalige Leiter der *Evangelischen Zentralstelle für Weltanschauungsfragen*, Kurt Hutten, gewiß nicht im Verdacht, dem Bahā'ītum unkritisch gegenüberzustehen, kam nicht umhin zuzugestehen, daß »diese Gestalten[291]... zu den edelsten religiösen Persönlichkeiten« gehören, »welche die Welt im 19. Jahrhundert sah« und daß sie »auf alle, die ihnen begegneten, einen tiefen Eindruck« machten.[292] Das meiste ist für Ficicchia nicht der Erwähnung wert, von all dem erfährt der Leser kaum ein Wort.

In allen Hochreligionen genießen die Stifter und Apostel besondere (sich gelegentlich bis zur Anbetung steigernde) Verehrung. Von Christus abgesehen, sind Maria, die Apostelfürsten Petrus und Paulus, die Apostel, Evangelisten, Kirchenväter (vor allem der heilige Augustinus) und die vielen Heiligen Gegenstand kirchlicher Verehrung und auch des Kultes. Die Gestalt des Buddha wird ebenso verehrt wie im shī'itischen Islam die vierzehn »Unfehlbaren«[293], der Prophet Muḥammad, seine Tochter Fāṭima und die zwölf Imāme. Niemand ist je auf die absurde Idee gekommen, in dieser urreligiösen Haltung einen »Personenkult« zu sehen, sie also mit einem Begriff abzuwerten, mit dem die Mystifikation politischer Machtträger angeprangert wird. Daß die Bahā'ī eine Gestalt wie 'Abdu'l-Bahā, die sich außerhalb der Gemeinde der öffentlichen und interreligiösen Anerkennung und Bewunderung erfreute, lieben und verehren, daß sein Todestag ein Gedenktag ist und sein Porträt in den Wohnungen vieler Bahā'ī

288 19. Dezember 1921
289 30. November 1921
290 vgl. hierzu H. Balyuzi, *'Abdu'l-Bahā*, Bd. 2, S. 661 ff.
291 Bāb, Bahā'u'llāh und 'Abdu'l-Bahā
292 *Seher, Grübler, Enthusiasten* (10. Aufl.), S. 296/297. Die posthum erschienene, stark geänderte 12. Auflage enthält zwar auch dieses Zugeständnis, entwertet es aber zugleich durch den Hinweis auf »die zahlreichen persönlichen Machtansprüche, ätzenden Intrigen, Gewalttaten und internen Querelen, die die frühe Geschichte der Bahā'ī kennzeichnet« (S. 804). Ficicchia, der bei dieser Auflage selbst Hand anlegen durfte, läßt grüßen!
293 pers.: *tschahār-dah ma'ṣūm* (vgl. Heinz Halm, *Der schiitische Islam*, S. 43)

hängt[294], ist kein Byzantinismus, sondern die urreligiöse Haltung der Verehrung, Huldigung, Hingabe und Ehrfurcht, für die Ficicchia offenbar blind ist.

Auch ein anderes Fehlurteil gilt es zu korrigieren, das Ficicchias Neigung entspringt, historische Fakten in das Prokrustesbett unpassender Raster, in die Kategorien »konservativ-progressiv« zu pressen. Da ʿAbdu'l-Bahā nie eine andere Autorität beanspruchte als die ihm im *Kitāb-i-ʿAhd* verliehene, ist es abwegig, in ihm den Repräsentanten der »progressiven« Richtung zu sehen, oder in Mīrzā Muḥammad-ʿAlī, der sich gegen die von Bahā'u'llāh verfügte Nachfolge auflehnte, den »konservativen« der Kontrahenten[295]: Ein Schismatiker, der er war, ist gerade nicht konservativ. Daß er für seine Angriffe gegen ʿAbdu'l-Bahā dogmatische Gründe ins Feld führte, bedeutet keineswegs, daß es letztlich um diese Gründe ging, wie Ficicchia glauben machen will.[296] Muḥammad-ʿAlī, der sich aus verletzter Eitelkeit und ungezügeltem Geltungsdrang nie mit der Designation ʿAbdu'l-Bahās als Oberhaupt der Gemeinde abgefunden hat, wollte sich selbst des Amtes bemächtigen, das er ʿAbdu'l-Bahā streitig machte. Dabei mußte er, um Anhänger zu finden, theologische Gründe ins Feld führen.

Was Ficicchia über ʿAbdu'l-Bahās Lehrverkündigung vermerkt, ist abwegig. Daß ʿAbdu'l-Bahā sich stets auf sein Publikum einstellte und im Westen die Aspekte der Offenbarung Bahā'u'llāhs in den Vordergrund stellte, für die sich im Denken seiner Zuhörer Anknüpfungspunkte fanden, trifft durchaus zu.

294 Dieser Umstand, den Ficicchia (*Bahā'ismus*, S. 198) zum Beweis dafür anführt, daß »die Person ʿAbdu'l-Bahās heutezutage (besonders im Westen) weitaus mehr im Vordergrund steht als die seines Vaters und Religionsstifters«, beweist das genaue Gegenteil. Photographische Aufnahmen des Bāb und Bahā'u'llāhs werden nicht verbreitet und nur bei höchst seltenen Gelegenheiten gezeigt, weil sie »Manifestationen« sind und der Gefahr eines Bilderkultes vorgebeugt werden soll. Gerade weil ʿAbdu'l-Bahā, ungeachtet seines herausragenden Ranges, als »das vollkommene Beispiel der Lehren Bahā'u'llāhs« (Shoghi Effendi, *Weltordnung*, S. 195) nicht die ontologische Stufe der Prophetenschaft innehat, bedarf es dieser Zurückhaltung nicht. Gegen Ficicchias These spricht auch der Umstand, daß ʿAbdu'l-Bahās Todestag kein Feiertag ist wie die Todestage des Bāb und Bahā'u'llāhs, sondern nur ein Gedenktag, der nicht mit Arbeitsruhe verbunden ist.

295 *Bahā'ismus,* S. 196

296 *Bahā'ismus,* S. 194 ff.

ʿAbdu'l-Bahā, von seltener Einfühlungsgabe[297], wollte die, zu denen er sprach, erreichen. Einem westlichen Publikum die mystischen Aspekte der Offenbarung im islamisch-shīʿitischen Kontext zu präsentieren, für die es weder Verständnis noch Interesse hatte, wäre lehrpädagogisch verfehlt gewesen. Auch der Apostel Paulus verfuhr so auf dem Areopag in Athen[298], als er »den Griechen ein Grieche« wurde und sich sogar eines griechischen Dichterwortes bediente[299], und auch nach ihm bewies die junge Christenheit »ihre *Anpassungsfähigkeit*, indem sie aus der Fülle der biblischen Ideen gerade die in den Vordergrund rückte, die der Heilssehnsucht des antiken Menschen entsprachen: den Monotheismus, die Erkenntnis (Gnosis) und die Hoffnung des ewigen Lebens«[300]. Das war und ist kein Opportunismus, keine chamäleonhafte »Anpassung« der Offenbarung an fremdes Denken, wie es auch keine Implantation christlicher Glaubensgüter in die Bahā'ī-Lehre bedeutet, wenn ʿAbdu'l-Bahā christliche Topoi *sub specie* der Bahā'ī-Offenbarung erörterte[301], denn für jedes methodische Nachdenken über die neue Offenbarung, für jede Theologie, stellt sich unausweichlich die »Gretchenfrage«, wie man es mit der vorangegangenen Religion hält. Und daß ʿAbdu'l-Bahā die in der islamischen Kontinuität stehende mystische und theologische Dimension der Offenbarung bei seiner Lehrverkündigung im Westen nicht in den Vordergrund stellte, heißt doch nicht, daß er sie dissimulierte. ʿAbdu'l-Bahā hat nichts anderes getan, als Bahā'u'llāhs Rat befolgt, »das Wort Gottes nach der jeweiligen Aufnahmebereitschaft und Fassungskraft des Hörers mitzuteilen, damit die Menschenkinder aus ihrer Achtlosigkeit erweckt werden und ihr Angesicht auf diesen Horizont richten«[302]. Wie alles menschliche Handeln steht auch die Lehrverkündigung unter dem Gebot der

---

297 »psychologisch einfühlig« (Theodor Loeppert, *Die Fortentwicklung der Bābī-Bahā'ī im Westen*, S. 35)
298 vgl. Apg. 17:22 ff.
299 Apg. 17:28; auch in 1. Kor. 15:33 führt er ein Wort des griechischen Dramatikers Menander an, ohne es freilich als Zitat zu kennzeichnen.
300 *Evangelisches Kirchenlexikon*, Stichwort »Mission«, Sp. 1342
301 Bei den in den »*Beantwortete Fragen*« aufgezeichneten Tischgesprächen in ʿAkkā waren es westliche Pilger, die Fragen zu christlichen Themen stellten.
302 *Botschaften* 17:28

dianoetischen Kardinaltugend *ḥikma*: Klugheit und Weisheit.[303] Aus 'Abdu'l-Bahās Lehrmethode die opportunistische Preisgabe der eigenen Identität herzuleiten, wie Ficicchia dies suggerieren möchte, zeugt zumindest von Unverstand.

Offenbar ist ihm noch nie das Problem der »Inkulturation« begegnet, das in der Tatsache begründet ist, daß die göttliche Offenbarung dem Menschen nur kulturell vermittelt begegnet, daß jede Offenbarung an eine konkrete Geschichte gebunden und mit einer bestimmten Kultur verbunden ist, und daß die frohe Botschaft, das »Evangelium«[304], jeweils in einer Weise vermittelt werden muß, daß sie die Menschen eines anderen Kulturkreises erreicht. Der Apostel Paulus ist das Urbild missionarischer Anpassung[305], und die christliche Mission hat seither stets nach Anknüpfungspunkten in fremden Kulturen Ausschau gehalten und dabei Parallelen (*»equivalent patterns«*) und kulturelle Werte entdeckt, deren evangelische Nähe sie zum Ausgangspunkt für die Lehrverkündigung nahm.[306] Der neue *Katechismus der katholischen Kirche* bekräftigt dies und sagt über die Mission der Kirche, daß sie »nur schrittweise« erfolgen könne: »Sie erfordert einen Vorgang der Inkulturation, durch den das Evangelium in den Kulturen der Völker eingepflanzt wird, und es bleibt ihr nicht erspart, auch Mißerfolge zu erleben.«[307]

Man sollte auch sehen, daß ein kirchliches Organ wenig Anlaß hat, eine andere Glaubensgemeinschaft wegen dieser Inkulturation des Opportunismus zu zeihen, sind doch christliche Theologen bei der notwendigen Vermittlung und Aktualisierung der Botschaft Christi immer wieder der Versuchung erlegen, die Grenze zu überschreiten, diese nach der Façon der jeweils vorherrschen-

---

303 vgl. *Botschaften* 6:52; 7:7,32; 11:41; 13:5; 17:43; *Ährenlese* 163:5; *Brief an den Sohn des Wolfes* 63; *Die Verborgenen Worte*, pers. 34; *Testament* 3:11. Zu *ḥikma* vgl. meinen Beitrag »Ethics« in: *The Bahā'ī Encyclopedia* (X, 5).

304 *Bishārāt*

305 vgl. 1. Kor. 19-23

306 Es ist kaum anzunehmen, daß Reinhart Hummel dem Opportunismus das Wort reden möchte, wenn er schreibt: »Um missionarisch ›gewinnend‹ zu sein, muß sich die Botschaft freilich *anpassen und inkulturieren*« (»Apologetische Modelle«, S. 6). Zum Ganzen: Giancarlo Collet, Stichwort »Inkulturation«, in: Peter Eichler (Hrsg.), *Neues Handbuch theologischer Grundbegriffe*, Bd. 2, S. 394-407; Engelbert Mveng SJ, »Evangelium und Inkulturation«, in: *zur debatte*, 24. Jg. 1, Jan./Febr. 1994, S. 3 ff.

307 Nr. 854

den Philosophie oder politischen Weltanschauung zu interpretieren und dabei Disparates zu assimilieren.[308] Doch dieses Faktum, das die Frage nach der Identität der kirchlichen Verkündigung aufwirft, ist — so erfahren wir von Heinz Zahrnt — das Normalste der Welt: Die Theologie hat »stets eine Gestalt und trägt durch die Zeiten wechselnde Gewänder«[309]. Darum redet sie zu verschiedenen Zeiten »aristotelisch, gnostisch, neuplatonisch, kantianisch, marxistisch, existentialistisch — und eben auch in der Begrifflichkeit von C. G. Jung. Warum denn nicht?«[310] So einfach ist das, wenn man selbst betroffen ist.

'Abdu'l-Bahā als prinzipienlosen Opportunisten erscheinen zu lassen, dient dann noch die aberwitzige These, er habe unter Aufgabe des »von seinem Vater noch so konsequent gestellten Absolutheits- und Ausschließlichkeitsanspruchs«[311] den normativen

308 Die Anfälligkeit christlicher Theologen für die jeweils herrschende Ideologie zeigte sich in der Zeit des Nationalsozialismus, als 1933 sich die Mehrzahl protestantischer Geistlicher zunächst einmal den *Deutschen Christen* anschloß, deren radikale Vertreter sogar die Abschaffung des AT und den Arierparagraphen für die Kirche forderten — eine Entwicklung, der erst die Bekennende Kirche Einhalt gebot. Dieselbe Anfälligkeit zeigte sich auch in den vergangenen Jahrzehnten bei der Rezeption marxistischer Denkansätze und der unkritischen Übernahme marxistischer Interpretationsmuster in der evangelischen Theologie, die »Karl Marx als neuen Aristoteles der Theologie« (Hans Maier, *Kritik der politischen Theologie*, S. 34 und 52) inthronisierte (vgl. hierzu *Der Bahā'ī in der modernen Welt*, S. 39-45). Nikolaus Lobkowicz hat den »angeblich Aufgeklärten unter den Theologen«, die »angestrengt am Busen der Welt« horchen, »wie weit der Weltgeist fortgeschritten ist«, den Vorwurf des Opportunismus gemacht (Nikolaus Lobkowicz/Anselm Hertz, *Am Ende der Religion? Ein Streitgespräch*, S. 36).

309 Eine elegante Formel, mit der man letztlich jeden Identitätsverlust eskamodieren kann. Da stellt sich doch die Frage, ob etwa die »Theologie-nach-dem-Tode-Gottes«, die den Gläubigen zumutete, »atheistisch an Gott zu glauben« (Dorothee Sölle, *Atheistisch an Gott glauben*, Olten 1968; dtv 1994), oder die Feministische Theologie (»Mutter Unser, die Du bist im Himmel«) nur zeitgemäße Gewänder sind, oder eine Abkehr von zentralen Aussagen des christlichen Glaubens.

310 *Gotteswende*, S. 156

311 Auch hier wird deutlich, wie undifferenziert Ficicchia die Dinge darstellt. Der Wahrheitsanspruch, das Wort Gottes, ist immer absolut. Eine offenbarte Religion ohne Absolutheitsanspruch ist eine *contradictio in adiecto* (vgl. *Heilsgeschichte*, S. 59). 'Abdu'l-Bahā hat am absoluten Geltungs- und Gehorsamsanspruch des offenbarten Wortes nie einen Zweifel gelassen. Daß der Glaube heilsnotwendig sei (*Kitāb-i-Aqdas* 1; *Botschaften* 5:4,11-12), entspricht auch jüdischer, christlicher und islamischer Lehre (vgl. *Heilsgeschichte*, S. 107). Der von Ficicchia Bahā'u'llāh unterstellte »Ausschließlichkeitsanspruch«, demzufolge die anderen Religionen kein Weg zum Heil sind, wurde nie erhoben, er hätte dem Offenbarungsbegriff von der »*einen*, unteilbaren Religion Gottes« (Bāb, »Qayyūmu'l-Asmā'«, *Auswahl* 2:24:2; vgl. auch *Kitāb-i-Aqdas* 180) widersprochen (Näheres zu diesem Thema S. 207 ff.).

Charakter der Bahā'ī-Offenbarung dissimuliert und die Religion Gottes in eine »freigeistige«, »nach allen Seiten hin offene ›Bewegung‹ umgestaltet« — eine These, die im selben Atemzug durch die Behauptung konterkariert wird, Shoghi Effendi habe sich nach 'Abdu'l-Bahās Tod von dieser »freigeistigen Gesinnung« abgewandt und die Gemeinde wieder »in die Geschlossenheit der dogmatischen Bindung an das Religionsgesetz«[312] geführt, doch »paradoxerweise auf die Bekanntgabe desselben verzichtet«[313].

Diese von Ficicchia behaupteten Eskapaden beim Umgang mit dem Gesetz Gottes sind unwahr und dienen einzig dem Zweck, beim Leser den Eindruck eines willkürlichen, manipulativen Umgangs mit dem Wort Gottes zu provozieren. Auch hier bleibt Ficicchia jeden Beweis schuldig. In Wirklichkeit hat 'Abdu'l-Bahā bei seinen Ansprachen und Lehrgesprächen im Westen das Religionsgesetz, den *Kitāb-i-Aqdas,* keineswegs verschwiegen, sondern immer wieder darauf Bezug genommen[314] und gelegentlich einzelne Sozialnormen erläutert[315], ohne freilich die Gesetze des *Kitāb-i-Aqdas* im Detail zu erörtern.

Dazu hatte er auch keinen Anlaß. Gottes Offenbarung ist ein alle Aspekte menschlicher Existenz umfassender Orientierungsrahmen. Die Komplexität, der Facettenreichtum der offenbarten Botschaft erschließt sich den heutigen Menschen, die nach Bahā'u'llāhs Zeugnis »schwach und weit entfernt sind von der göttlichen Absicht«[316], erst in einem langsamen Prozeß der Annäherung. Jede Lehrverkündigung muß dem Rechnung tragen, muß auf die Fassungskraft[317] der konkreten Menschen Rücksicht nehmen.

---

312 *Bahā'ismus*, S. 293

313 *Bahā'ismus*, S. 294

314 siehe *The Promulgation of Universal Peace*, S. 217, 435, 454; *Beantwortete Fragen* 12:4; 45:1; 65:1-4

315 vgl. *Ansprachen*, Kap. 44, 46, 50

316 zitiert nach *The Kitāb-i-Aqdas*, Introduction, S. 6

317 Ein allgemeines, der fortschreitenden Gottesoffenbarung immanentes Prinzip: »Ich habe euch noch viel zu sagen; aber ihr könnt es jetzt nicht tragen« (Joh. 16:12). Das »Licht göttlicher Offenbarung« wird den Menschen »im unmittelbaren Verhältnis zu ihrer geistigen Fassungskraft dargereicht« (*Ährenlese* 38; 89:4). Dieses Prinzip behauptet sich auch in der Lehrverkündigung und der Einführung der Gesetze: »In einem Geist der Liebe und Duldsamkeit muß man die Menschheit zum Meere wahren Verstehens führen« (Bahā'u'llāh, zit. nach *The Kitāb-i-Aqdas*, Introduction, S. 6). »Bezwingt die Bollwerke der Menschenherzen mit dem Schwerte der Klugheit und der Rede« (*Brief an den Sohn des Wolfes* 93).

Es widerspricht der Klugheit, die Menschen als erstes mit den Aspekten der Offenbarung zu konfrontieren, die ihre Fassungskraft übersteigen. Darum stehen am Anfang der Lehrverkündigung die allgemeinen Prinzipien, die grundlegenden Lehren über Gott, die Schöpfung, die Offenbarung, die Heilsgeschichte, den Gottesbund, den Menschen und die Menschheit sowie deren Erlösung, ehe der Kern des Gottesbundes, das Gesetz, dargestellt werden kann. Ehe nicht die dogmatischen Voraussetzungen verstanden werden, in denen die göttliche Normsetzung verankert ist, wäre die Darstellung des konkreten Gesetzes verfehlt, was, wenn Ficicchia dies nicht versteht, doch wenigstens den theologischen Editoren einleuchten sollte.

Zudem waren die Normen des *Kitāb-i-Aqdas* zur Zeit ʿAbdu'l-Bahās im Osten nur zum kleinen Teil, im Westen noch gar nicht in Kraft. Ihre Einführung erfolgt nach dem Willen ihres Stifters in einem historischen Prozeß, schrittweise[318], zumal eine Reihe von Vorschriften öffentlich-rechtlichen Charakters eine andere Gesellschaft voraussetzen. Für ʿAbdu'l-Bahā bestand daher auch aus diesem Grunde kein Anlaß, diesen Normenkatalog in den Mittelpunkt seiner Lehrtätigkeit zu stellen.

So zeichnet Ficicchia auch ʿAbdu'l-Bahā als eine Kultfigur von hypertrophem Sendungsbewußtsein, die um eines vordergründigen Missionserfolges willen opportunistisch die heiligsten Prinzipien, die Identität der Lehre Bahā'u'llāhs, preisgibt, die skrupellos das Gottesgesetz dissimuliert und diese Amputation durch die Rezeption fremder Glaubensgüter kompensiert, bis diese Religion dann in dieser »neuen Verkleidung«[319] der »religiösen Freigeisterei«[320] schließlich doch noch Anklang findet.

V. Das Porträt Shoghi Effendis

Mit ungezügeltem Haß verfolgt Ficicchia Shoghi Effendi, dem von ʿAbdu'l-Bahā testamentarisch zur *auctoritas interpretativa*

318 Näheres S. 254 ff.
319 *Bahā'ismus*, S. 293
320 *Bahā'ismus*, S. 187

berufenen »Hüter der Sache Gottes«[321]. Keine Gelegenheit zu gehässigen Ausfällen läßt er ungenutzt. So ist denn auch die Karikatur, die er von ihm zeichnet, besonders bösartig. Für die angebliche Umgestaltung der Bahā'ī Gemeinde in eine »straff aufgebaute und geführte, in sich abgeschlossene Organisation«[322] verantwortlich, erscheint Shoghi Effendi als ein »omnipotenter«[323], »*unnahbarer Autokrat*«[324], ein »unumschränkter Autokrat«[325], als »neuer Papst« und »Oberinquisitor der nunmehr gleichgeschalteten Bahā'īwelt«[326], der, durch eine Testamentsfälschung an die Macht gelangt, »unumschränkte Oberherrschaft über die Gläubigen«[327] ausübte, der sich ausschließlich mit dem organisatorischen Aufbau der Gemeinde »befaßte«[328] und zeitlebens »sein Augenmerk ausschließlich auf die Festigung seiner eigenen Macht« richtete[329], der wie 'Abdu'l-Bahā Gegenstand eines »*exaltierten Personenkultes*«[330] war, der »seinen Untertanen« (!)[331] eine »strenge Führung«[332] angedeihen ließ, der »hart... mit seinen eigenen Landsleuten ins Gericht« ging[333], der mit »eiserner Hand«[334] regierte, »gegen Opponenten mit aller Härte«[335] vorging, der »strenge *Zensurvorschriften, das Verbot der freien Meinungsäußerung*« und vielfache weitere Einschränkungen einführte[336], der den »freien Geist der Ära 'Abdu'l-Bahās dadurch vollends zum Ersticken gebracht und das ursprüngliche Glaubensgut der nunmehr einsetzenden Säkularisierung geopfert«[337], der 'Abdu'l-Bahās vom Geiste religiö-

321 *Valī-Amru'llāh*
322 *Bahā'ismus*, Vorwort, S. 12
323 *Bahā'ismus*, S. 284, *Materialdienst*, S. 226
324 *Bahā'ismus*, S. 304 (Hervorhebung durch Ficicchia)
325 *Lexikon der Sekten*, S. 102
326 »Offener Brief an die Bahā'ī der Schweiz«, August 1974
327 *Bahā'ismus*, S. 294
328 *Materialdienst*, S. 233
329 *Bahā'ismus*, S. 377
330 Der Vorwurf erscheint gleich an drei Stellen, *Bahā'ismus*, S. 302, 309, 342 (Hervorhebung durch F.)
331 *Bahā'ismus*, S. 306
332 *Bahā'ismus*, S. 302
333 *Bahā'ismus*, S. 308
334 *Materialdienst*, S. 233
335 *Bahā'ismus*, S. 305
336 *Bahā'ismus*, S. 302 (Hervorhebung durch F.), 300, 379
337 *Bahā'ismus*, S. 302

ser Toleranz geprägte Anweisungen zum »Mas͟hriqu'l-Ad͟hkār«[338] »wieder zunichte gemacht und in sein Gegenteil umgekehrt«[339] und die von Bahā'u'llāh vorgesehene »Errichtung eines kollektiven Führungssystems[340] absichtlich verhindert«[341] hat. Immer wieder wird der »Rigorismus des Hüters«[342], seine »rigorose Herrschaft«[343], seine »die Realität verkennende Selbsteinschätzung« und sein »schwülstiger«[344], »langatmiger«, »schwerfälliger«, »verschwommener«, »unverständlicher«, »überheblicher Stil«[345], sein »rüder Ton«, sein »harter Wortgebrauch«[346] angeprangert: Dem Leser drängt sich der Eindruck auf: ein Unmensch stand an der Spitze der Bahā'ī-Gemeinde.

Ficicchia steht hier ganz in der Nachfolge seines geistigen Mentors Hermann Zimmer[347], der ein Menschenleben lang Shoghi Effendi mit paranoidem Haß verfolgte. Die meisten in diesem Zusammenhang von Ficicchia aufgestellten »Fakten«[348] werden in den späteren Kapiteln abgehandelt. Auf alle seine Sottisen einzugehen, lohnt sich nicht. Doch einige Punkte seien hier erörtert, weil sie aufschlußreich für Ficicchias verschrobene Optik und seine tendenziöse Methodik sind:

Um die angeblich autokratische Herrschaft Shoghi Effendis zu brandmarken, mokiert sich Ficicchia darüber, daß Shoghi Effendi sich mit den Titeln »Seine Hoheit« oder »Eminenz« habe anreden lassen, Titel, die nicht einmal 'Abdu'l-Bahā für sich in Anspruch genommen habe.[349] Diese Kritik entbehrt indessen jeder Grundlage. Zum einen entspricht es ganz der üblichen Gepflogenheit, wenn im öffentlichen Leben oder im diplomatischen Verkehr Oberhäupter von Religionsgemeinschaften (etwa das Oberhaupt

---

338 Haus der Andacht
339 *Bahā'ismus,* S. 248/249
340 gemeint ist das oberste »Haus der Gerechtigkeit«
341 *Bahā'ismus,* S. 314
342 *Bahā'ismus,* S. 291
343 *Bahā'ismus,* S. 293
344 *Materialdienst,* S. 332; *Bahā'ismus,* S. 308
345 *Bahā'ismus,* S. 28, 306, 308
346 *Bahā'ismus,* S. 308
347 siehe hierzu eingehend U. Gollmer, Kap. 11.V
348 angebliche Testamentsfälschung, autokratische Amtsführung und Omnipotenz des Hüters, Verbot der freien Meinungsäußerung, Zensur, Säkularisierungstendenzen etc.
349 *Bahā'ismus,* S. 304

der Ismaeliten oder der Dalai Lama) in einer besonderen Anrede geehrt werden.[350] Auch 'Abdu'l-Bahā wurde von den britischen Militärgouverneuren in Palästina mit »Eure Exzellenz« angeredet.[351] Zum anderen hat Shoghi Effendi im Verkehr mit den Gläubigen und mit den Bahā'ī-Institutionen sich niemals mit Ehrentiteln geschmückt, geschweige denn je einen solchen Anspruch erhoben. Lehrbriefe an die Gemeinden sind stets mit »Shoghi« unterschrieben, persönliche Briefe waren häufig mit »your true brother Shoghi« unterzeichnet.[352] Die Gläubigen redete Shoghi Effendi im Schriftwechsel an mit »Dearly beloved co-workers«[353], »Beloved of God«[354], »Dearly beloved friends«[355], »friends and fellow-heirs of the grace of Bahā'u'llāh«[356], »best-beloved brothers and sisters in the love of Bahā'u'llāh«[357] u. a.

Obwohl mit hoheitlichen Funktionen, der Lehrgewalt ausgestattet, war sein Umgang mit dem »Volk Gottes« alles andere als selbstherrlich. Daß hier kein finsterer Autokrat über seine »Untertanen«[358] herrschte, sondern der zum »Hirtenamt« berufene Sachwalter der Sache Gottes die »kleine Herde« im Geist der Liebe und der Beratung leitete, wird auf jeder Seite seiner ungeheuren Korrespondenz mit der Bahā'ī-Welt deutlich, die von Anfang an

---

350 Nach dem Kirchenrecht hat der Papst einen Anspruch auf den Titel »Seine Heiligkeit« oder »Heiliger Vater«; die Kardinäle haben Anspruch auf die Anrede »Eminenz«, die Bischöfe, Apostolischen Nuntien und Leitenden Kurialprälaten auf den Titel »*Excellentia reverendissima*« (Hochwürdigste Exzellenz).

351 vgl. H. Balyuzi, *'Abdu'l Bahā*, Bd. 2, S. 605. 1920 wurde er in Würdigung seiner humanitären Arbeit und seiner großen Verdienste zur Linderung von Not und Hunger während des Ersten Weltkriegs von der britischen Krone mit der Verleihung des Titels »Sir« geehrt, von dem er selbst wohl nie Gebrauch machte. Was Ficicchia (*Bahā'ismus*, S. 304, Fußnote 67) schreibt, ist eine Desinformation.

352 In einem Brief vom Mai 1922 an die Bahā'ī-Welt schrieb Shoghi Effendi: »Lassen Sie mich auch meinen Herzenswunsch äußern, daß die Freunde Gottes in allen Landen mich nicht anders sehen mögen als ihren aufrichtigen Bruder, der mit Ihnen im gemeinsamen Dienst an der Heiligen Schwelle des Meisters verbunden ist, und daß Sie mich in Ihren Briefen und Ihrer Anrede stets Shoghi Effendi nennen. Denn nur unter dem Namen, den unser geliebter Meister zu gebrauchen pflegte, möchte ich bekannt sein, ein Name, der von allen Titeln für mein geistiges Wachstum am förderlichsten ist« (*Bahā'ī Administration*, S. 25).

353 *World Order*, S. 3

354 *World Order*, S. 51, 161

355 *a. a. O.*, S. 123

356 *a. a. O.*, S. 161

357 *The Advent of Divine Justice*, S. 1

358 *Bahā'ismus*, S. 306

bis zu seinem Ableben den Geist gemeinsamer Verantwortung, des gemeinsamen Dienstes und der brüderlichen Liebe atmet.[359] Shoghi Effendi hat durch seine Amtsführung den Gläubigen das beste Beispiel dafür gegeben, daß — wie er formulierte — »der Grundton der Sache Gottes nicht diktatorische Gewalt, sondern demütige Gemeinschaft ist, nicht willkürliche Machtausübung, sondern der Geist freier und liebevoller Beratung«[360].

Dem von Ficicchia gezeichneten Bild eines unnahbaren Autokraten widerspricht auch Shoghi Effendis schlichter Lebensstil. Allem Luxus und allem Pomp[361] abhold, führte er ein fast asketisches Leben[362]. Um jeder Art von Personenkult entgegenzuwirken, hat sich Shoghi Effendi von Anfang an verbeten, daß sein Geburtstag gefeiert wurde.[363] Mit aller Deutlichkeit hat er klargestellt, daß die ihm verliehene Lehrautorität ihn keineswegs über das normale Menschsein erhebt und kein Anlaß sein darf für irgendwelche Privilegien: »Zum Hüter des Glaubens zu beten, ihn als Herr und Meister anzureden, als ›Seine Heiligkeit‹ zu bezeichnen, seinen Segen zu suchen, seinen Geburtstag zu feiern oder irgendein Ereignis, das mit seinem Leben verknüpft ist, festlich zu begehen, wäre im Lichte dieser Wahrheit gleichbedeutend mit einem Abweichen von den in unserem geliebten Glauben verankerten Wahrheiten. Die Tatsache, daß dem Hüter die zur Sinnfindung und Interpretation der Worte Bahā'u'llāhs und 'Abdu'l-Bahās er-

---

359 So schreibt Shoghi Effendi in einem Brief aus der Frühzeit seines Amtes (14. November 1923) an die amerikanische Bahā'ī-Gemeinde: »Mitarbeiter im göttlichen Weinberg: Nach meiner notwendig gewordenen, ausgedehnten Abwesenheit ins Heilige Land zurückgekehrt, ist es mein erster, brennender Wunsch, die Bande brüderlicher Liebe und Gemeinschaft zu erneuern und zu stärken, die unsere Herzen in unserem gemeinsamen Dienste an der Heiligen Schwelle verbinden« (*Bahā'ī Administration*, S. 50). Daß Shoghi Effendi in den Bahā'ī nicht seine »Untertanen«, das »Fußvolk« (!), sondern seine Mitarbeiter sah, wird auch aus Wendungen wie »my humble suggestions« (*Bahā'ī Administration*, S. 27) deutlich oder aus seinem immer wieder geäußerten Interesse für die Vorschläge und den Rat der Gläubigen (etwa *Bahā'ī Administration*, S. 33 u. a.).

360 *Bahā'ī Administration*, S. 63.

361 Seine Hochzeit zum Beispiel war von großer Schlichtheit, fast spartanisch, ohne öffentliches Aufheben, im engen Familienkreise (Rūḥīyyih Rabbani, *Die unschätzbare Perle*, S. 243 ff.).

362 Ausgesprochen sparsam, reiste er bei privaten Bahnfahrten im Ausland stets dritter Klasse, speiste er einfach und wohnte, wenn er privat unterwegs war, in einfachen Hotels ohne Komfort (*a. a. O.*, S. 118-119).

363 *The Bahā'ī Newsletter. The Bulletin of the National Spiritual Assembly of the United States and Canada*, Nr. 29, S. 2

forderliche besondere Gewalt verliehen ist, räumt ihm nicht notwendigerweise die gleiche Stufe ein mit denen, deren Worte auszulegen er berufen ist.«[364]

Wie Ficicchia mit den Quellen umgeht, um seinem Porträt einen Schimmer von Glaubwürdigkeit zu verleihen, zeigt sich in folgendem:

Shoghi Effendi sieht in der Bahā'ī-Geschichte drei Epochen: das »Heroische« oder »Apostolische Zeitalter«, das mit dem Tod 'Abdu'l-Bahās beendet war; das »Gestaltende Zeitalter«, das durch die weltweite Entwicklung des Bahā'ī-Glaubens, die Entfaltung einer weltumspannenden Ordnung, die Neuordnung der politischen Welt im »Geringeren Frieden«[365] gekennzeichnet ist; und schließlich das »Goldene Zeitalter«, in welchem die Frucht der Offenbarung Bahā'u'llāhs, der »Größte Friede«, das »Reich Gottes auf Erden«, Wirklichkeit geworden sein werden. Die mittlere Epoche, das »Gestaltende Zeitalter«, nannte er auch — im Gegensatz zum Goldenen — das »Eiserne Zeitalter«[366].

Listig greift Ficicchia dies auf und identifiziert das »Eiserne Zeitalter« mit Shoghi Effendis Amtszeit: »Das ›Eiserne Zeitalter‹ des Šawqī Efendī«, heißt es in einem Untertitel[367], und an anderer Stelle gar unter Berufung auf Shoghi Effendi[368]: »Die strenge Führung des Hüters, von diesem selbst das ›*Eiserne Zeitalter*‹ bezeichnet... «[369], dem Leser, dem in aller Regel die Quellen nicht vorliegen, vorspiegelnd, Shoghi Effendi habe selbst seine eigene Amtszeit mit diesem Epitheton gekennzeichnet. In Wirklichkeit ergibt sich aus dem Kontext des Zitats, auf das sich Ficicchia bezieht, ganz klar, daß das »Eiserne Zeitalter« eine lange Epoche ist, deren Ende heute noch unabsehbar ist und die ihre Bezeichnung aus der Gegenüberstellung zum künftigen »Goldenen Zeitalter« gewinnt. Ficicchia hat so einen Anknüpfungspunkt gewonnen, um

364 *Weltordnung*, S. 217

365 zu diesem Begriff vgl. U. Gollmer, Kap. 6.I.3, sowie *Gottesreich*, Kap. 9.2.1; ders., in: *The Bahā'ī Encyclopedia*, Stichwort: »Political Thought« VI; Stichwort: »Peace«; ders., »Der lange Weg zum Größten Frieden«, in: *Bahā'ī-Briefe*, Heft 50, S. 128 ff., Heft 52, S. 199 ff.

366 *Gott geht vorüber*, S. XXIV und 370

367 *Bahā'ismus*, S. 278

368 *Gott geht vorüber*, S. 370

369 *Bahā'ismus*, S. 302

seiner These von der »strengen Führung«, dem »Rigorismus«, der »eisernen Hand« und der autokratischen Herrschaft Shoghi Effendis einen Hauch von Plausibilität und Wahrscheinlichkeit zu verleihen — ein durchsichtiges Manöver.

Weitere Beispiele für die verantwortungslose, in höchstem Maße suspekte Methodik des Verfassers sind seine immer wieder angestellten Mutmaßungen über historische Abläufe, für die er eingeräumtermaßen keine greifbaren Anhaltspunkte hat, die aber bei der Lektüre unterschwellig das Bild prägen, das er dem Leser zu vermitteln wünscht: daß die offiziellen Darstellungen obskur und unglaubwürdig seien.

Shoghi Effendi, nach dem plötzlichen Tod ʿAbdu'l-Bahās zum »Hüter« berufen, hatte im Frühjahr 1922 Palästina für einige Monate verlassen, um seine durch den Kummer und Schmerz um den Verlust seines geliebten Großvaters und durch die unerwartete Bürde des nun auf ihm ruhenden Amtes schwer angeschlagene Gesundheit in den Bergen des Berner Oberlandes wiederherzustellen und so Kräfte zu sammeln für die vor ihm liegende schwere Aufgabe.[370] Die angegebenen Gründe findet Ficicchia »wenig überzeugend«, weil Shoghi Effendi, wie er meint, auch im Heiligen Land hätte Ruhe und Abgeschiedenheit finden können! Viel »wahrscheinlicher« sei es doch, daß sich Shoghi Effendi in Palästina »heftigem *Widerstand* gegenübergestellt sah, weshalb er sich entschlossen haben dürfte, das Land baldmöglichst wieder zu verlassen«[371]. Ficicchia gründet seine Zweifel an den angegebenen Gründen auf keinerlei Fakten. Weil er in seinem eingefleischten, pathologischen Mißtrauen, seinem »bösen Argwohn«[372] hinter authentischen Berichten stets Manipulationen und Vertuschungen wittert, scheut er sich nicht, den Leser mit vagen Verdächtigungen und haltlosen Mutmaßungen zu informieren.

---

370 vgl. hierzu den Bericht Rūḥīyyih Rabbanis, *Die unschätzbare Perle*, S. 112 ff.; A. Taherzadeh, *The Covenant*, S. 285; L. Bramson-Lerche, »Some Aspects of the Establishment of the Guardianship«, S. 263 ff.; Shoghi Effendi selbst schreibt in bezug auf seine Abwesenheit: »Ich schaue zurück auf die bedauerlichen Umstände der Krankheit und der physischen Erschöpfung, die die ersten Jahre meiner Amtszeit im Dienst an der Sache Gottes begleitet haben« (*Bahā'ī Administration*, S. 51).

371 *Bahā'ismus*, S. 296 (Hervorhebung durch F.)

372 1. Tim. 6:4

Auch sonst begegnen uns immer wieder vage, mutmaßende Formeln ohne jeden Aussagewert, dazu bestimmt, dem Leser Zweifel an der Darstellung der Bahā'ī einzuträufeln, wie: »haben dürfte«[373], »... sein dürfte«[374], »es ist anzunehmen, daß....«[375], »es ist nicht auszuschließen, daß ... «[376]. Hier einige weitere Beispiele:

Im Zusammenhang mit der Konferenz von Bada<u>sh</u>t im Jahr 1848 und dem dort vollzogenen Bruch der Bābī mit der *<u>sh</u>arī'a* schreibt Ficicchia: »Es ist anzunehmen, daß der Meister[377] zumindest einen vermittelnden Standpunkt eingenommen hätte.«[378] Worauf er diese Annahme stützt, verrät er nicht. Dogmatische oder historische Untersuchungen dazu präsentiert er nicht. Es handelt sich um reine Spekulation.

Ein Zitat Shoghi Effendis[379] aus dem *Persischen Bayān*, demzufolge schon der Bāb auf Bahā'u'llāhs Ordnung hingewiesen hat, bezweifelt Ficicchia mit Nachdruck, weil, wie er meint, eine solche Aussage im Widerspruch zu der Tatsache stehe, daß der Bāb nicht Bahā'u'llāh, sondern Ṣubḥ-i-Azal zur Sukzession berufen habe. Auch hier ergeht er sich dreist in Mutmaßungen: »Es ist deshalb anzunehmen, daß das Originalzitat im *Pers. Bayān* nicht den Namen Bahā'u'llāhs, sondern lediglich den vagen Hinweis auf den *Man yuẓhiruhu'llāh* enthält, und auch eine Bezugnahme auf die spätere, noch völlig unbekannte ›Ordnung‹ Bahā'u'llāhs kaum vorhanden sein dürfte«.[380] Doch der von ihm geäußerte Verdacht, Shoghi Effendi habe den Namen »Bahā'u'llāh« in den Text interpoliert, ist leicht zu widerlegen: Im persischen Original[381]

---

373 *Bahā'ismus*, S. 130, 296

374 *Bahā'ismus*, S. 98, 333 (Fußnote 51)

375 *Bahā'ismus*, S. 61, 98, 333 Fußnote 51

376 *Bahā'ismus*, S. 95, 159, Fußnote 68. Auf S. 301 Fußnote 62 lesen wir gleich zweimal: »Es ist somit nicht auszuschließen, daß...« , »Nicht auszuschließen ... ist aber auch, daß ...«.

377 gemeint ist der Bāb

378 *Bahā'ismus*, S. 61

379 *Weltordnung*, S. 210

380 *Bahā'ismus*, S. 333 (Fußnote 51)

381 Das Werk ist im Urtext nie im Druck erschienen. Doch seit seiner Entstehung im Jahr 1848 zirkulierten Abschriften davon im Iran und im Iraq. Der Text, dem ich das Zitat entnehme, ist eine am 15.4.1954 auf Anordnung des Nationalen Geistigen Rates der Bahā'ī im Iran erfolgte photomechanische Vervielfältigung in einer Auflage von fünfzig Exemplaren. Den Text hat mir freundlicherweise Dr. Kamran Ek-

steht der arabische Vers: »*Ṭūbā li-man yanẓuru ilā naẓmi Bahā'i'-llāh wa yashkuru rabbahu.*«[382] Shoghi Effendis Übertragung ist absolut korrekt: »Wohl dem, der seinen Blick auf die Ordnung Bahā'u'llāhs lenkt und seinem Herrn dankt!«

Ist dieser leichtfertig erhobene Fälschungsvorwurf schon unerhört, so hat Ficicchia noch eine Lüge draufgesattelt, nämlich die Behauptung, eine Klärung dieses Sachverhaltes sei nicht möglich, »da die entsprechenden Quellen in den Archiven der Bahā'īführung in Haifa unter Verschluß gehalten werden«[383]. Auch diese Behauptung entbehrt jeder Grundlage. Ficicchia gibt, wie so oft, keine Gründe an, aufgrund welcher Erfahrungen er zu einer solchen Aussage kommt. Er hat niemals beim Weltzentrum um Einsicht in den persischen Urtext nachgesucht, zumal er diesen ohnehin nicht lesen könnte. Aus welchen Gründen sollte man dort diesen Text geheimhalten? Welchen Sinn würde es auch machen, einen Text unter Verschluß zu halten, der seit seiner Entstehung in vielen Abschriften unter den orientalischen Gläubigen zirkulierte? Überdies ist der Text seit fast einem Jahrhundert jedermann in einer europäischen Sprache zugänglich. Der französische Orientalist A.-L.-M. Nicolas hat das Werk ins Französische übertragen.[384] Ficicchia war, wie sein Literaturverzeichnis[385] zeigt, diese Ausgabe durchaus bekannt. Hätte er sich die Mühe gemacht, seinen bösen Verdacht, ehe er ihn in alle Welt verbreitete, zu überprüfen, so hätte er die französische Version des obigen Verses gefunden: »*Heureux celui qui regarde sur l'ordonnance de la Splendeur de Dieu* [386], *et remercie son Dieu.*« [387]

Der aus der Luft gegriffene Vorwurf, das Bahā'ī-Weltzentrum halte diese Quellen unter Verschluß und verhindere so jegliche Klärung, ist ebenso bösartig wie die noch zu erörternde Lüge, es

---

bal zur Verfügung gestellt. Zum Inhalt des Werkes und seiner Bibliographie vgl. Muḥammad Afnan, in: *Encyclopédie Philosophique Universelle*, Bd. III,1 S. 1917-1919.

382 *Bayān* 3:16

383 *Bahā'ismus*, S. 333 (Fußnote 51)

384 *Seyyèd 'Ali Mohammed dit le Bâb. Le Béyan persan*, trad. du Persan par A.-L.-M. Nicolas, Paris: Librairie Paul Geuthner, tome 4, 1911, 1913, 1914

385 *Bahā'ismus*, S. 437

386 »Splendeur de Dieu« = Bahā'u'llāh

387 unité III, porte 16

verheimliche den Gläubigen den Inhalt des *Kitāb-i-Aqdas*.[388] Ficicchias Motivation ist unverkennbar: Der Vorwurf eines willkürlichen Umgangs mit den heiligen Schriften zielt darauf, die oberste, für den gesamten Erdkreis zuständige Institution der Bahā'ī in ein schiefes Licht zu bringen und so die Glaubwürdigkeit des Bahā'ītums insgesamt zu erschüttern. So zeigt auch dieser Vorgang, wie leichtfertig dieser Verfasser eines angeblichen Standardwerkes bei der Hand ist, Fälschungsvorwürfe zu erheben, und wie skrupellos er in der Verfolgung seines Zieles mit der Wahrheit umgeht.

Selbst Bahā'u'llāhs Zeugnis über seine mystische Berufung — für ihn ein »fragwürdiges Ereignis«[389] — zieht er so in Zweifel: »Es ist nicht auszuschließen, daß es sich hier um eine *nachträgliche künstliche Konstruktion* der Bahā'ī bzw. ihres Propheten selbst handelt.«[390] Was ist auf dieser Welt schon auszuschließen? Eine wissenschaftliche Arbeit soll sich auf Fakten gründen, nicht auf Mutmaßungen, sie muß vermitteln, was geschehen ist, nicht, was sich nicht ausschließen läßt.

Weitere Beispiele für die angeblich »streng den Maßstäben religionswissenschaftlicher Forschung verpflichtete«[391] Methodik des Verfassers sind etwa die schöne Formel »scheint... nicht aus der Luft gegriffen«[392], mit der er einen im Azalī-Bericht *Hasht Bihisht* behaupteten Mordbefehl Bahā'u'llāhs[393] für glaubwürdig erklärt, oder die von ihm angestellten, auf keinen Fakten oder Erkenntnissen beruhenden Mutmaßungen, warum Shoghi Effendi ein Leben der »Zurückgezogenheit« geführt habe. Das liest sich so:

> »War es wirklich nur Scheu oder Bescheidenheit, die ihm indes kaum zu entsprechen schien? Oder saßen in Haifa gar andere Leute an den Schalthebeln der Macht, die den jugendlichen und introvertierten Shoghi lediglich vorschoben, um selbst ungehindert

---

388 Näheres hierzu S. 241 ff.
389 *Bahā'ismus*, S. 126
390 *Bahā'ismus*, S. 95, 109/110
391 *Bahā'ismus*, Vorwort S. 12
392 *Bahā'ismus*, S. 186, Fußnote 142
393 *Bahā'ismus*, S. 186. Zu den Mordvorwürfen vgl. N. Towfigh, Kap. 10.V.

> walten zu können? Die Bewahrheitung einer solchen Hypothese steht nach wie vor aus und bleibt einer künftigen Forschung an Ort und Stelle überlassen. Es bestehen aber doch gewisse Indizien, die das Vorhandensein einer anonymen Machtkonzentration im Hintergrund durchaus in den Bereich des Möglichen rücken.« [394]

Möglich ist im Prinzip alles, aber welche »gewisse Indizien« er meint, hat er nicht verraten. Zwei Seiten später räumt er denn auch ein: »Hinweise über Personen, die Šawqī Efendīs Stellung hätten streitig machen können, liegen nicht vor.«[395] Auch die Tatsache, daß Shoghi Effendi kein Testament hinterließ, ist Ficicchia Anlaß zur Behauptung, es gebe Spekulationen über »*eine anonyme Machtkonzentration im Hintergrund*, ... die diesmal den Fortbestand des Hütertums oder den Antritt eines u. U. designierten Nachfolgers möglicherweise [!] zu verhindern trachtete«[396]. Derartige Spekulationen hat es nicht gegeben. Der einzige, der spekuliert, ist Ficicchia. Auch die von ihm behaupteten »Diadochenkämpfe«[397] um die Nachfolge Shoghi Effendis hat es nicht gegeben.[398]

Von ähnlicher Güte sind auch seine Ausführungen zu der Frage, ob es nun Shoghi Effendi selbst oder ob es andere waren, die ʻAbdu'l-Bahās *Testament* gefälscht haben[399], wobei er die Tatsache, daß es gefälscht wurde, einfach als bewiesen voraussetzt:

> »Ist das bekannte Testament ʻAbdu'l-Bahās wirklich eine *Fälschung* des Hüters, oder handelt es sich zu guter Letzt um ein Machwerk einer starken Lobby, die die Errichtung eines obersten *Bait al-ʻadl* verhindern wollte, um selbst ungehindert die Macht ausüben zu können? Hat Šawqī Efendī davon ge-

394 *Bahā'ismus*, S. 304
395 *Bahā'ismus*, S. 306
396 *Bahā'ismus*, S. 316 (Hervorhebung durch F.), S. 304
397 *Bahā'ismus*, S. 316
398 Der Versuch der Usurpation des Hüteramtes durch Mason Remey und seine Exkommunikation war ein Einzelfall.
399 hierzu U. Gollmer, Kap. 11, besonders IV und IX

> wußt, oder wurde er lediglich als ›Hüter‹ und willfähriges Vollzugsorgan einer anonymen Machtgruppe vorgeschoben und mißbraucht? Wir bewegen uns hier auf dem Parkett der Spekulation.«[400]

Wer spekuliert[401], taugt nicht zum Religionshistoriker.

VI. Ficicchias Zerrbild der Gemeinde

Ist die Darstellung der Bahā'ī-Lehre, die eigentlich im Mittelpunkt eines Standardwerkes über eine noch relativ wenig bekannte Religion stehen sollte, eher dürftig, farblos und vielfach fehlerhaft[402] geraten, so kulminiert Ficicchias Abrechnung in der Darstellung der Gemeinde und ihrer Ordnung, für die er noch 1977 anerkennende Worte gefunden hatte[403] und von der er nun ein wahres Horrorgemälde zeichnet. Da er selbst einige Jahre dieser Gemeinde angehörte, ist der unkritische Leser leicht geneigt, sein Verdammungsurteil für bare Münze zu nehmen. So etwas gibt es ja schließlich! In der Tat findet man im breiten Spektrum neureligiöser Heilsangebote[404] viel Schillerndes, das Abscheu erregt:

---

400 *Bahā'ismus*, S. 305 (Hervorhebung durch F.)

401 »Ein Kerl, der spekuliert,
Ist wie ein Tier auf dürrer Heide.
Von einem bösen Geist im Kreis herumgeführt,
Und rings umher liegt schöne, grüne Weide«
(Goethe, *Faust I*, Studierzimmer, Mephistopheles).

402 vgl. S.195 ff.

403 In seinem Brief vom 29. März 1977 an das Bahā'ī-Weltzentrum heißt es: »Das eingehende Studium der administrativen Ordnung der Bahā'ī und der Vergleich mit fremdreligiösen Institutionen hat mir aufgezeigt, daß unser System — bei allen möglichen Mängel [sic] — das geeignetste und am besten durchdachte ist... Ich glaube, daß die Verwaltungsordnung einen soliden Unterbau darstellt, auf dem die Gemeinschaft sich entfalten und vervollkommnen kann. Ich darf mit Genugtuung festhalten, daß mir keine andere religiöse Institution bekannt ist, die hierfür geeignetere Voraussetzungen böte, als die Verwaltungsordnung der Bahā'ī.«

404 Fälschlicherweise »Sekten« genannt. Man spricht besser von »Kulten« (im Englischen »destructive cults«) oder »Jugendreligionen« (vgl. hierzu meine Schrift *Sekte oder Offenbarungsreligion?*, S. 5 ff. und die dort angegebene Literatur; ferner: Reinhart Hummel, *Gurus in Ost und West. Hintergründe, Erfahrungen, Kriterien*, Stuttgart 1984; ders., »Jugendreligionen — Missionierende Gemeinschaften?« in: *Zeitschrift für Mission*, 1981, S. 135-140; Ministerium für Kultus und Sport Ba-

obskure, schwer durchschaubare Strukturen, Abschottung nach außen, Organisationen mit exzessiver Machtausübung, Unterdrückung, Entmündigung und Ausbeutung gläubiger Seelen bis zu deren psychischer Abhängigkeit.

Die Kritik an der Gemeinde und ihren angeblich autoritären, autokratischen Strukturen ist das beherrschende Thema dieses Buches. Sie findet sich schon im Klappentext und im Vorwort des Herausgebers, der das, wie er findet, geringe Wachstum der Gemeinde nicht zuletzt darauf zurückführt, daß aus der »nach allen Seiten offenen weltzugewandten Bahā'ī-Bewegung eine straff aufgebaute und geführte, in sich abgeschlossene Organisation geworden« sei.[405]

Ficicchias Kritik ist leicht zu entkräften, soweit es sich um überprüfbare Fakten handelt. Ihm sind eine Reihe schwerer Fehler unterlaufen, die das Bild von der Gemeinde und ihrer Ordnung entstellen. Um seine These von der Entmündigung des einzelnen Gläubigen zu beweisen, schreckt er auch nicht davor zurück, wider besseres Wissen falsche Behauptungen in die Welt zu setzen. Die Schwierigkeit ist, daß wir in vielen Fällen diffusen Unwerturteilen begegnen, für die, soweit sie nicht an nachweislich falsche Fakten anknüpfen, Ficicchia keine überprüfbaren Tatsachen oder Quellen angibt. Dieses Manko dürfte den Editoren kaum entgangen sein, weshalb sie wohl auch die subjektive Erfahrung des Verfassers so herausgestellt haben, war er doch immerhin »lange Zeit selbst Mitglied« dieser Gemeinde und »kennt sie wie wenige«[406]. So versucht man, ihm eine unanfechtbare, nicht mehr hinterfragbare Autorität zu verleihen, ihn sozusagen zum obersten Richter in Sachen »Bahā'ismus« zu ernennen. Er selbst beruft sich auf seine »selbstgemachten Erfahrungen und Beobachtungen«[407]. Doch ersetzt der Rekurs auf die subjektive Erfahrung nicht den

---

den-Württemberg (Hrsg.), *Bericht über Aufbau und Tätigkeit der sogenannten Jugendsekten*, Stuttgart 1988).

405 *Bahā'ismus*, S. 12. Mildenberger macht sich hier Ficicchias schon im *Materialdienst* 1975 (S. 233) vertretene These zu eigen, denn dort heißt es fast in gleicher Formulierung: »Aus der nach allen Seiten hin offenen ›Bewegung‹ wurde ein starres Gefüge.«

406 *Bahā'ismus*, Vorwort Michael Mildenbergers, S. 12 — ein erstaunliches Urteil!

407 *Bahā'ismus*, S. 30

wissenschaftlichen Nachweis. Das aus seiner Erfahrung[408] als Gemeindemitglied resultierende, subjektive Unwerturteil ist *per se* keine wissenschaftliche Information. Forschungsergebnisse müssen verifizierbar, nachprüfbar sein.

Ficicchias Frontalangriff gegen die Gemeindeordnung[409] richtet sich zunächst gegen ihre rechtlichen Grundlagen. Die historisch gewordene, real existierende Ordnung, so erfahren wir, sei nicht identisch mit der vom Stifter vorgesehenen. Der nach dem Tode ʻAbdu'l-Bahās einsetzende Organisierungsprozeß habe »einen anderen als den vom Propheten vorgezeichneten Weg eingeschlagen«[410]. Zum einen behauptet Ficicchia, die »zentrale Instanz«, die für den gesamten Erdkreis zuständige Leitungskörperschaft[411], finde sich nirgendwo im Kanon der Schriften Bahā'u'llāhs, insbesondere nicht im *Kitāb-i-Aqdas*[412]. Bahā'u'llāh habe keine übergeordnete zentrale Instanz, kein oberstes »Haus der Gerechtigkeit« vorgesehen[413], sondern lediglich die Errichtung der lokalen »Häuser« angeordnet.[414] Erst ʻAbdu'l-Bahā habe den Mangel einer obersten Instanz erkannt und behoben, indem er in seinem »Testament« diese Institution eingesetzt habe, weshalb das Testament und nicht der »ohnehin verdrängte *Kitāb al-Aqdas*« das die Gemeindeordnung konstituierende Dokument sei.[415]

Doch zugleich wird Ficicchia nicht müde, die Echtheit dieses Testaments, das unter allen Schriften der Bahā'ī »oberste Priorität« habe, die »wichtigste Schrift« überhaupt sei und »in seiner Signifikanz eindeutig vor dem *Kitāb al-Aqdas*« stehe[416], in Zweifel zu ziehen[417], es als »umstritten«[418] darzustellen, bis er schließ-

408 Überhaupt stellt sich die Frage, wie einer, der während seiner dreijährigen Gemeindezugehörigkeit niemandem durch besondere Sachkenntnis und Kompetenz aufgefallen ist, so rasch den Durchblick gewinnen konnte, wenn das Bahā'ītum »ein *in sich abgeschlossenes Gefüge*« ist, in das »nicht einmal der Durchschnittsgläubige Einblick erhält« (*Bahā'ismus*, S. 29).

409 englisch »administration«, im deutschen Bahā'ī-Schrifttum meist einengend und wenig glücklich mit »Verwaltungsordnung« übersetzt

410 *Bahā'ismus*, S. 318/319

411 Gemeint ist das *Baytu'l ʻadl al-aʻẓam*, das »Universale Haus der Gerechtigkeit«.

412 *Bahā'ismus*, S. 331, 319

413 *Bahā'ismus*, S. 331

414 *Bahā'ismus*, S. 319, Fußnote 5, S. 356, 372

415 *Bahā'ismus*, S. 331

416 *Bahā'ismus*, S. 282

417 *Bahā'ismus*, S. 282 ff., 324

lich die nur von wenigen Dissidenten behauptete Testamentsfälschung als bewiesene Tatsache hinstellt, wobei er lediglich offenläßt, ob der in diesem Dokument zum »Hüter der Sache Gottes« berufene Shoghi Effendi diese Fälschung selbst ausgeführt habe oder ob sie das »Machwerk einer starken Lobby« war.[419] Ist ʻAbdu'l-Bahās *Testament* eine Fälschung, so haben weder das Hütertum noch das Universale Haus der Gerechtigkeit noch die nationalen »Häuser der Gerechtigkeit« ihre Legitimation in der Schrift. Diese Institutionen wurden, so Ficicchia, in ʻAbdu'l-Bahās Testament »entgegen den Bestimmungen Bahā'u'llāhs«[420] und seiner »bereits festgelegten Nachfolgeregelung«[421] geschaffen. Die einzige, durch eine authentische Schriftgrundlage legitimierte Institution sieht Ficicchia in den lokalen »Häusern der Gerechtigkeit«, deren »Führerrolle«, »Autorität und Funktionsgewalt« durch das Testament eingeschränkt worden sei[422], bestimme doch der »*Kitāb al-Aqdas*..., daß nach dem Tode ʻAbdu'l-Bahās die Leitung der Gemeinschaft von kollektiven Körperschaften (*Buyūt al-ʻadl*) wahrzunehmen sei«[423].

In einem logischen *Salto mortale* beanstandet Ficicchia dann gerade, daß dieses oberste »Haus der Gerechtigkeit« (das es seiner Meinung nach gar nicht geben dürfte) erst zweiundvierzig Jahre nach ʻAbdu'l-Bahās Hinscheiden errichtet wurde und bezichtigt Shoghi Effendi, die Errichtung dieses »kollektiven Führungssystems« sechsunddreißig Jahre lang hintertrieben und die Geschicke der Gemeinde bis zu seinem Lebensende »im Alleingang« geleitet zu haben.[424] Das (nach Ficicchia erst durch das gefälschte *Testament* ʻAbdu'l-Bahās kreierte) Universale Haus der Gerechtigkeit hätte seiner Meinung nach gleich nach ʻAbdu'l-Bahās Tod errichtet werden sollen.[425] Daß er sich mit dieser Kritik in seiner eigenen Argumentation verheddert und seine These von der Testamentsfälschung konterkariert, scheint ihm gar nicht aufgegan-

418 *Bahā'ismus*, S 324, 293 ff.
419 *Bahā'ismus*, S. 305
420 *Bahā'ismus*, S. 280/281
421 *Bahā'ismus*, S. 279
422 *Bahā'ismus*, S. 284, 280, 294
423 *Bahā'ismus*, S. 192
424 *Bahā'ismus*, S. 361, 314, 350
425 *Bahā'ismus*, S. 360

gen zu sein. Für ihn ist die Ordnung solchermaßen »auf unsicherem Fundament gegründet«, darum müsse sie auch, wie er zynisch bemerkt, »durch ständig wiederkehrenden Lobpreis auf ihre Einmaligkeit und Besonderheit«, die er freilich an anderer Stelle konzediert[426], glaubhaft gemacht und legitimiert werden[427].

Über die Gemeindeordnung erfährt der Leser überdies, der Bahā'ismus verfüge über »eine straffe ›unfehlbare‹, weil ›von Gott selbst verordnete‹ hierarchische Führung, dazu bestimmt, alle Religionen und Nationen in sein *theokratisches Einheitssystem* einzufügen«[428]. Die nationalen Körperschaften seien nur »Vollzugsorgane der obersten Legislativgewalt in Haifa«[429]; die dem Hütertum zukommende »Lehrgewalt« sei nach dem Tode Shoghi Effendis »notgedrungen«[430] auf das »Universale Haus der Gerechtigkeit übergegangen«[431] und sei nunmehr, wie in der Katholischen Kirche, Bestandteil der Jurisdiktionsgewalt geworden; damit sei das Universale Haus der Gerechtigkeit zum »einzig autoritativen Lehrorgan«[432] und so zu einer »*Heilsanstalt*«, zu einer »autoritativen ›Kirchenanstalt‹« geworden[433]. In diesem Zusammenhang spricht Ficicchia von der »Lehrgesetzgebung« des Universalen Hauses der Gerechtigkeit[434], durch die das frühere Prinzip der Gewaltentrennung (zwischen »*Lehrgewalt*« und »*Jurisdiktionsgewalt*«[435]) aufgehoben sei[436], und immer wieder von der »Verkirchlichung« der Gemeinde[437]: »So nahm auch im Bahā'ītum eine Organisation die offenbarte Botschaft selbst in die Hand und vermittelt diese nun *ex opere operato* für alle Glaubensgenossen ... Die Organisation wird so zur *Heilsanstalt*.«[438] Dabei versteigt sich Ficicchia zu der Behauptung, die »Verwaltungsordnung« der Bahā'ī beanspruche, die »allein seligmachende, von Gott gestiftete

426 *Bahā'ismus*, S. 422
427 *Bahā'ismus*, S. 332
428 *Bahā'ismus*, S. 28 (Hervorhebung durch Ficicchia)
429 *Bahā'ismus*, S. 391
430 *Bahā'ismus*, S. 364
431 *Bahā'ismus*, S. 367
432 *Bahā'ismus*, S. 368
433 *Bahā'ismus*, S. 368 (Hervorhebung durch F.)
434 *Bahā'ismus*, S. 367
435 (Hervorhebung durch F.); zu den Begriffen vgl. meine Dissertation S. 94 ff.
436 *Bahā'ismus*, S. 366 (Hervorhebung durch F.)
437 *Bahā'ismus*, S. 337, 278, 421
438 *Bahā'ismus*, S. 420, 421 (Hervorhebung durch F.)

Heilsanstalt auf Erden zu sein«[439]. Insgesamt erscheint die Ordnung Bahā'u'llāhs als »antidemokratisch«[440], als »*Absage an die Demokratie*«, die »bereits auf den Stifter des Bahā'ismus« zurückgehe[441], der in den bürgerlichen Freiheitsrechten nur »ein Einfallstor für Aufruhr und Verwirrung erblickte«[442].

Diese grob verzeichnende Darstellung resultiert teils aus der fachlichen Inkompetenz des Verfassers, der vieles gründlich mißverstanden hat, teils aus seiner Arroganz, alles besser zu wissen und besser zu verstehen als alle anderen, vor allem aber aus seiner selbstbekundeten, unerbittlichen Feindschaft gegenüber den Repräsentanten dieser Ordnung, die er »mit allen Mitteln«[443] (!) zu bekämpfen sich vorgenommen hat.

Ist es schon erstaunlich, wie gründlich Ficicchia, dem doch immerhin meine Dissertation[444] vorlag, die rechtlichen Grundlagen und Strukturen der Gemeinde mißverstanden und wie eigenwillig er sie uminterpretiert hat, so ist seine Würdigung der Bahā'ī-Gemeinde und des darin praktizierten Glaubenslebens eine einzige Anklage, die in immer neuen Formulierungen das ganze Buch durchzieht — von der Einleitung bis zum Klappentext —, gipfelnd in dem Vorwurf, die Ordnung Bahā'u'llāhs sei ein »streng reglementiertes, ... wenig transparentes System«[445], ein »*in sich abgeschlossenes Gefüge*, in das nicht einmal der Durchschnittsgläubige Einblick erhält«[446], ein »*autoritäres Machtinstrument*«[447], eine »im Profanen erstarrte *Organisation*«[448], die »die Fehlentwicklung und Pervertierung«[449] der eigenen Grundsätze heraufbeschworen habe, weil sie »mit den Erkenntnissen von Wissenschaft und Vernunft unweigerlich in Widerspruch geraten mußte, je mehr sie auf eigenen *Machtansprüchen* und *Lehr-*

---

439 *Bahā'ismus*, S. 332 (Hervorhebung durch F.)
440 *Bahā'ismus*, S. 339
441 *Bahā'ismus*, S. 340 (Hervorhebung durch F.)
442 *Bahā'ismus*, S. 340, 275, 389. Vgl. hierzu meine Ausführungen S. 235 ff.
443 vgl. seinen auf S. 27 zitierten Brief vom 5. April 1978 an das Bahā'ī-Weltzentrum
444 *Die Grundlagen der ›Verwaltungsordnung‹ der Bahā'ī*, Heidelberg 1957
445 *Bahā'ismus*, S. 28
446 *Bahā'ismus*, S. 29 (Hervorhebung durch F.). Siehe hierzu, S. 84, Fußnote 408.
447 *Bahā'ismus*, S. 414 (Hervorhebung durch F.)
448 *Bahā'ismus*, S. 253 (Hervorhebung durch F.)
449 *Bahā'ismus*, S. 253

entscheidungen (Dogmen) beharrte«[450], eine »*allgegenwärtige*«[451], »alles bestimmende Organisation«[452], in der »alles *geordnet* und *reglementiert*«[453] ist, weil der »*organisatorischen Geschlossenheit* und *dogmatischen Absolutheit* aller Vorrang gebührt, während die selbständige Geistesforschung und freie Religionspraxis verworfen wird«[454].

So zeichnet Ficicchia das Bild einer Gemeinde, in der jeder Ansatz von Eigenständigkeit erstickt, weil der einzelne sich einer anonymen, allmächtigen und repressiven Organisation bedingungslos unterwerfen und ausliefern muß, einer Gemeinde, in der der individuelle Gestaltungsraum im Schraubstock des repressiven Systems auf Null reduziert ist, die aber für alle, »die mit den Problemen des Lebens nicht fertig werden«, ein »festgefügtes Gehäuse« ist, »das sie vor der Bewältigung der Problematik des Lebens bewahrt«[455], einer Gemeinde, in der jeder, der sich ihr anschließt, seinen kritischen Verstand und seine eigenverantwortliche Selbstbestimmung an der Garderobe abgeben und seine Selbstentmündigung betreiben muß; einer Gemeinde, in der keiner mehr zu atmen wagt, weil jeder, der sich zu Wort meldet, »mundtot« gemacht wird[456]; die »in ihren eigenen Reihen jeden kritischen Gedanken oder Neuerungsversuch sogleich mit dem Ausschluß aus der Gemeinschaft beantwortet«[457], in der »abweichende Lehrmeinungen mit entschiedener Konsequenz verfolgt werden«, in der »die *freie Religionspraxis*, die *freie Meinungsäußerung* und *eigene Sinnfindung* der Schrift verworfen« werden und sich der einzelne Gläubige vorbehaltlos »an der Haltung des kollektiven Ganzen und ihrer Organisation zu orientieren« hat.[458]

Oberstes Prinzip dieser Religionsgemeinschaft, so erfahren wir, ist ihr »ausgeprägtes Autoritätsprinzip«[459], der »unbedingte Gehorsam«, die »strenge *Gehorsamspflicht gegenüber der allge-*

---

450 *Bahā'ismus*, S. 253 (Hervorhebung durch F.)
451 *Bahā'ismus*, S. 404 (Hervorhebung durch F.)
452 *Bahā'ismus*, S. 429
453 *Bahā'ismus*, S. 422 (Hervorhebung durch F.)
454 *Bahā'ismus*, S. 426 (Hervorhebung durch F.)
455 *Bahā'ismus*, S. 426
456 *Bahā'ismus*, S. 426
457 *Bahā'ismus*, S. 426
458 *Bahā'ismus*, S. 417 (Hervorhebung durch F.)
459 *Bahā'ismus*, S. 405

genwärtigen Organisation«[460]. Über allem steht die »unbedingte Gehorsamspflicht« gegenüber »zentralistischen Erlassen«[461] der Organisation[462]. Gefordert sind »*Selbstaufgabe und kritiklose Unterordnung* anstelle von Selbstfindung und Eigenverantwortung«[463]: »Der Gläubige ist ja verpflichtet, sich in allem, was er tut, an die Vorschriften von Schrift und Organisation zu halten. So denkt er von selbst, wie die Führung denkt, und er will, was die Führung will. Er ist völlig in ein System eingespannt und wird von diesem vereinnahmt.«[464] Dabei bezweckt »die ständige Schulung nicht die Förderung des eigenen kritischen Verstandes — Kritik ist verpönt, ja verboten —, sondern will ›richtiges‹ Verhalten im Sinne der Organisation andemonstrieren«[465]. Die religiöse Unterweisung, die Katechese, wird bei Ficicchia flugs zur »*ideologischen Schulung*«, die, so erfahren wir, »die selbständige Auseinandersetzung mit den Zeitfragen und Problemen der Gegenwart« verdrängt[466]. In der religiösen Unterweisung der Kinder, die nach Bahā'u'llāhs Gebot »zuerst in den Grundsätzen der Religion« erzogen werden sollen[467], vermag Ficicchia nur ideologische »Schulung« zu sehen[468], einen »*subtilen Zwang in Glaubensdingen*«, der im Widerspruch stehe zu dem verkündeten Grundsatz von der selbständigen Wahrheitssuche[469], ein Prinzip, das sich letztlich »als eine *Illusion*« erweise, »der es an Realitätsbezug gebricht«[470].

Immer wieder ist von »organisatorischen Erlassen«[471], »zentralistischen Erlassen«[472] oder »organisatorischen Befehlen«[473] die

---

460 *Bahā'ismus*, S. 404 (Hervorhebung durch F.)
461 *Materialdienst*, S. 238
462 *Materialdienst*, S. 238
463 *Bahā'ismus*, S. 413/414 (Hervorhebung durch F.); *Materialdienst*, S. 238
464 *Bahā'ismus*, S. 413
465 *Bahā'ismus*, S. 413. Die verunglückte Syntax dieses Satzes ist kein Übertragungsfehler.
466 *Bahā'ismus*, S. 413 (Hervorhebung durch F.)
467 »Schulen sollen die Kinder zuerst in den Grundsätzen der Religion erziehen, so daß Verheißung und Drohung, wie sie in den Büchern Gottes geschrieben stehen, die Kinder von Verbotenem abhalten und mit dem Mantel der Gebote schmücken; aber dies soll in solchem Maße geschehen, daß es die Kinder nicht durch Abgleiten in eifernde, bigotte Unwissenheit schädigt« (*Botschaften* 6:28).
468 *Bahā'ismus*, S. 412, 260
469 *Bahā'ismus*, S. 265 (Hervorhebung durch F.)
470 *Bahā'ismus*, S. 412 (Hervorhebung durch F.), 413
471 *Bahā'ismus*, S. 288, 418, 422

Rede. Die gelebte Religiosität, der rechte Glaube, ist, so weiß Ficicchia, »nicht die genaue Befolgung des ursprünglich geoffenbarten Glaubensguts, sondern nur noch *Annahme und Befolgung organisatorischer Erlasse*«[474]: Wer sie ignoriert, »wird mit dem Bann belegt.«[475] Denn die »Bahā'ī-Führung«[476], die »Leitung«[477], der der einzelne »zu unbedingtem und kritiklosem Gehorsam«[478] verpflichtet ist, »duldet kein Abweichen«[479].

So ist es denn auch kein Wunder, daß die »persönliche Meinungsbildung«[480], die »freie Meinungsäußerung«, vor allem aber jegliche Kritik, absolut verboten sind, wie Ficicchia dies in immer neuen Zusammenhängen dem Leser förmlich einhämmert[481]. Verboten sind in dieser Gemeinde selbstverständlich auch die »*selbstkritische Auseinandersetzung mit der eigenen Lehre*«, »jeder Ansatz der prüfenden Reflexion und die Möglichkeit einer eigenen freien theologischen Forschung«[482], ja selbst jede Schriftexegese[483], alle allegorische Deutung der Schrift[484], jegliche Kommentierung der Schrift[485], vor allem aber des Testaments 'Abdu'l-Bahās[486], jede »individuelle Sinnfindung«[487]: »Der Gläubige hat hierin keine Kompetenz.«[488] Folgt man Ficicchia, so hat schon der Bāb, der selbst die Heiligen Schriften der Vergangenheit allegorisch deutete, die Auslegung seiner Schrift verboten[489], und Bahā'u'llāh ist ihm mit dem kategorischen Verbot jeglicher

---

472 *Materialdienst*, S. 238

473 *Bahā'ismus*, S. 413. Das gleiche Vokabular findet sich in Ficicchias Beiträgen im *Lexikon der Religionen* (S. 42) und im *Lexikon der Sekten* (S. 103).

474 *Bahā'ismus*, S. 422 (Hervorhebung durch F.)

475 *Bahā'ismus*, S. 288

476 *Bahā'ismus*, S. 26, 28, 29, 288, 302, 325, 377, 413, 414, 430; *Lexikon der Sekten*, S. 103

477 *Bahā'ismus*, S. 325

478 *Bahā'ismus*, S. 288

479 *Bahā'ismus*, S. 288

480 *Bahā'ismus*, S. 275, 302

481 *Bahā'ismus*, S. 275, 300, 302, 325, 345, 365, 417, 423 ff.; *Materialdienst*, S. 238, 236

482 *Bahā'ismus*, S. 29 (Hervorhebung durch F.)

483 *Materialdienst*, S. 237

484 *Bahā'ismus*, S. 91, 167, 325, 338, 345, 365 Fußnote 181, 417, 422 ff.

485 *Materialdienst*, S. 232

486 *Bahā'ismus*, S. 305; *Materialdienst*, S. 232

487 *Bahā'ismus*, S. 365 Fußnote 181, S. 345, 417

488 *Bahā'ismus*, S. 341

489 *Bahā'ismus*, S. 87, 90, 91, 167

Schriftexegese darin gefolgt[490]. So bleibt dem Bahā'ī »selbst die individuelle Sinnfindung der Offenbarungsinhalte ... verwehrt, da alles schon gesagt ist und es fürderhin nichts zu sagen gibt«.[491]

Dieses Verbot des kritischen Denkens und der freien Meinungsäußerung ist abgesichert durch »äußerst strenge Zensurvorschriften«[492], durch »das *Verbot der Lektüre gegnerischer Schriften*«[493] und durch das über jedem Bahā'ī hängende Damoklesschwert des stets drohenden, »*rigorosen Ausschlusses*«[494] aus der Gemeinde[495]. In diesen Verboten wie in der »Absage an die Freiheit überhaupt« sieht Ficicchia »Anzeichen einer anlagemäßig vorgeprägten *Stagnation*«[496].

So wird vom Gläubigen »*die totale Unterwerfung unter das eigene System*«[497] verlangt: »Verzicht auf eigene Glaubenseinsicht zugunsten des absoluten Glaubensgehorsams der Autorität gegenüber.«[498] Das bedeutet: »die totale Inbesitznahme des Menschen und die Präfixierung des religiösen und ethischen Handelns durch die alles bestimmende Organisation«[499], die schlechthinnige geistige Entmündigung der Gläubigen durch eine omnipotente, omnipräsente Administration, die »alle mit dem bahā'īstischen Absolutheitsanspruch und Theokratieverständnis nicht konformen Ansichten und Einflüsse ausmerzt« und sich durch »äußerste *Starrheit* der Formen in Lehre, Kultus und Recht« gegen »neue Erkenntnisse und Einsichten« abdichtet.[500]

Die Institutionen der Bahā'ī-Gemeinde erheben somit »einen Herrschaftsanspruch totaler Art — geistig und politisch«[501]. Der geforderte Verzicht auf individuelle Entscheidungsfreiheit und Gestaltbarkeit des eigenen Lebens, die »geforderte Subordination«, die »religiöse und soziale Abhängigkeit« ist nach Ficicchia

490 *Bahā'ismus*, S. 167, 325, 338, 365, 417, 422, 423, 429
491 *Bahā'ismus*, S. 422/423
492 *Bahā'ismus*, S. 379 Fußnote 4, S. 300, 302
493 *Bahā'ismus*, S. 379 Fußnote 4 (Hervorhebung durch F.); *Materialdienst*, S. 237
494 *Bahā'ismus*, S. 302 (Hervorhebung durch F.)
495 *Bahā'ismus*, S. 288, 300, 334
496 *Bahā'ismus*, S. 423 (Hervorhebung durch F.)
497 *Bahā'ismus*, S. 334 (Hervorhebung durch F.)
498 *Bahā'ismus*, S. 428
499 *Bahā'ismus*, S. 428/429
500 *Bahā'ismus*, S. 428 (Hervorhebung durch F.)
501 *Bahā'ismus*, S. 429

so weit gediehen, daß sich die Frage stelle, »ob sich das Bahā'ī-tum je einmal offene und freiheitliche Strukturen wird aneignen können«[502]. Denn die »Absage an die eigene kritische Vernunft« mache »psychisch offen... für ein totalitäres Führungssystem«[503]. Und so hebt Ficicchia den »totalitären Charakter«[504] der Bahā'ī-Gemeinde und ihrer Ordnung und ihre extremistischen Vorstellungen und Ziele[505] in immer neuen Zusammenhängen hervor. In der Bahā'ī-Gemeinde sieht er ein »*autoritäres Machtinstrument*, das sich mit Hilfe von ungedeckten utopischen Zukunftsidealen letztlich selbst herausstellen und an die Spitze einer *Weltregierung* hervorarbeiten will«[506], »ein diktatorisches Herrschaftssystem«, dem er sogar »radikale politische Vorstellungen mit faschistoiden Tendenzen« attestiert[507]. Ja, am Firmament erkennt er auch schon die bereitstehenden »Kader«[508] einer theokratischen Weltherrschaft »*super omnes gentes et omnia regna*«[509], marschbereit im »*uniformen Gleichschritt gemäß von oben verordneter Richtlinien*«[510] für die »vollkommene Machtergreifung«[511], für den avisierten »*zentralistisch regierten, theokratisch ausgerichteten Welteinheitsstaat*«[512], auf dem »Weg zur absoluten Weltherrschaft«[513].

So sieht Ficicchia das Bahā'ītum zur realen Gefahr für die Gesellschaft werden, weil es wie »gewisse säkulare radikale Politgruppierungen« die »individuelle Entscheidungsfreiheit« verwerfe und so »einem diktatorischen Herrschaftssystem Vorschub«[514] leiste. Eine Religionsgemeinschaft, die in den profanen politischen Systemen, in den staatlichen Ordnungen nur einen »Fetisch« se-

---

502 *Bahā'ismus*, S. 427
503 *Bahā'ismus*, S. 414 (Hervorhebung durch F.)
504 *Bahā'ismus*, S. 400, 409
505 *Bahā'ismus*, S. 399, 409
506 *Bahā'ismus*, S. 414 (Hervorhebung durch F.)
507 *Materialdienst*, S. 238. Den Faschismusvorwurf hat er auch schon in seinem »Offenen Brief an die Bahā'ī der Schweiz« vom August 1974 erhoben.
508 *Bahā'ismus*, S. 380
509 *Bahā'ismus*, S. 429
510 *Bahā'ismus*, S. 418 (Hervorhebung durch F.)
511 *Bahā'ismus*, S. 399
512 *Bahā'ismus*, S. 425 (Hervorhebung durch F.), 430
513 *Bahā'ismus*, S. 391; vgl. auch *Lexikon der Sekten*, Sp. 104. Zu diesen Vorwürfen siehe U. Gollmer, Kap. 6.I
514 *Materialdienst*, S. 238

he[515], die auf Umsturz der bestehenden Gesellschaftsordnung aus sei, brauche sich nicht zu wundern, wenn sie »in vielen Staaten wegen ›staatsgefährlicher und umstürzlerischer Umtriebe‹ verboten«[516] sei. Bei der »formal gebotenen Loyalität gegenüber dem Staat« und der »Abstinenz von politischer Betätigung« handle es sich lediglich um »pragmatische Überlegungen, die nur so lange vertreten werden, wie die noch im Wachstum befindliche Gemeinschaft ihre erklärten Ziele nicht zu verwirklichen imstande ist«[517], also um schieren Opportunismus. Ficicchia scheut sich nicht, das im Schrifttum Bahā'u'llāhs und 'Abdu'l-Bahās den Bahā'ī vielfach eingeschärfte Gebot zur Loyalität und Gehorsam gegenüber der Obrigkeit als ein taktisches Täuschungsmanöver hinzustellen, als Ausdruck der im Bahā'ītum angeblich praktizierten *taqīya* [518].

So sind denn auch die Folgen für die Gemeinden, glaubt man Ficicchia, geradezu niederschmetternd: Das private und familiäre Leben der Gläubigen, die durch »Schulung, Mission und Großveranstaltungen« »ständig auf Trab« gehalten sind[519], wird »durch den ständigen Einsatz für den Glauben völlig in den Hintergrund gedrängt«[520], was häufig zu zerrütteten Ehen und Scheidungen führt[521]. Ficicchia spricht von »tiefer Resignation« unter den Gläubigen[522]. Viele ziehen sich von dem »als spröde empfundenen Gemeinschaftsleben« zurück[523]. Viele »Neugläubige« fühlen sich »betrogen, verraten und hintergangen« und treten alsbald wieder aus[524]. Der »Abfall ist recht groß, wird von der Organisation aber

---

515 *Bahā'ismus*, S. 387; *Materialdienst*, S. 238

516 *Bahā'ismus*, S. 393; *Materialdienst*, S. 238. Hier macht sich Ficicchia die Argumentation der klerikalen Verfolger der Bahā'ī im Iran zu eigen.

517 *Materialdienst*, S. 238/239

518 *Materialdienst*, S. 239. Bei der *taqīya* handelt es sich um die im shī'itischen Islam praktizierte Pflicht zur Verleugnung des Glaubens bei Gefahr. Zum Ganzen vgl. die Ausführungen S. 265 ff.

519 *Bahā'ismus*, S. 383

520 *Bahā'ismus*, S. 383

521 *Bahā'ismus*, S. 383

522 *Bahā'ismus*, S. 404

523 *Bahā'ismus*, S. 404

524 *Bahā'ismus*, S. 405

verschwiegen«[525]. Die, die bleiben, tun dies aus »Anpassung«, »Hang nach Kultus und ›Exotik‹« und in der »*Suche nach Führung und Halt in einer straffen Organisation*«[526]. An anderer Stelle erfährt der Leser freilich, daß das Gemeindeleben »geprägt ist von einer vitalen Aktivität«[527] und daß der Bahā'ī in der Gemeinde »angenommen und verstanden« wird: »Man ist unter sich und durchbricht im Zusammensein das beengende Gefühl des Alleinseins mit Ideen und Idealen, die in der fremdgläubigen Umwelt keinen Widerhall finden. In der Gemeinde ist ›Heimat‹ und Halt: dort findet man Trost, dort schöpft man neuen Mut und neue Energie«[528] und so fort. Ganz so öde, wie zuvor beschrieben, ist das Gemeindeleben dann doch wieder nicht.

Eine Gemeinde, die so ist, wie Ficicchia sie zeichnet, braucht sich nicht zu wundern, wenn »*die Entfremdung zur andersgläubigen Umwelt*« sich ständig vergrößert[529] und »die Gefahr von *Renitenz* und *Abspaltung*« zunimmt[530] und wenn die Gläubigen, solchermaßen an die Kandare einer »strengen *Gehorsamspflicht gegenüber der allgegenwärtigen Organisation*«[531] gelegt, zum »interreligiösen Dialog« nicht bereit sind[532], wenn sie ihn als »sinnlos« ansehen[533], ja, »jede konstruktive Arbeit auf ökumenischem oder sozialem Gebiet verweigern«[534]. Allen Ernstes behauptet Ficicchia, die Bahā'ī lehnten »soziale Aufbauarbeit und ökumenische Zusammenarbeit der Religionen« als »unnütze ›Flickschusterei‹« ab[535]. Nicht einmal das Bekenntnis zur »Einheit der Menschheit«, dem erhabenen Ziel der Botschaft Bahā'u'llāhs, hat vor diesem Forscher Bestand. Er sieht darin nur »verbale Verlautbarungen«: »Man hört nichts von sozialen Einsätzen und aktiver Mitarbeit bei (inner)staatlichen oder (über)konfessionellen Aktio-

---

525 *Bahā'ismus*, S. 404. Dazu ist zu bemerken, daß die Zahl der Austritte sich in Grenzen hält und keineswegs verschwiegen wird. Sie wird alljährlich in dem Jahresbericht des Nationalen Geistigen Rates veröffentlicht.
526 *Bahā'ismus*, S. 405 (Hervorhebung durch F.)
527 *Bahā'ismus*, S. 401
528 *Bahā'ismus*, S. 410
529 *Bahā'ismus*, S. 29 (Hervorhebung durch F.)
530 *Bahā'ismus*, S. 29 (Hervorhebung durch F.)
531 *Bahā'ismus*, S. 404 (Hervorhebung durch F.)
532 *Bahā'ismus*, S. 29, 23
533 *Materialdienst*, S. 238
534 *Materialdienst*, S. 238
535 *Bahā'ismus*, S. 391/392

nen«[536], zumal Kontakte »mit weltlichen und religiösen Organisationen« von den Bahā'ī »nicht einmal versucht« werden, »es sei denn, diese lassen sich irgendwie werbewirksam verwerten«[537]. Ficicchia, der von der »weltfremden Abkapselung« der Bahā'ī nach außen spricht, nennt in verklausulierter Rede das Bahā'ītum eine »selbstgenügsame, auf partikulare Sonderinteressen bedachte ›Sekte‹«[538]. Die Mitarbeit der *Bahā'ī International Community* als »Non Governmental Organisation« (NGO) bei den Vereinten Nationen, die das von ihm gezeichnete Bild einer völlig selbstbezogenen, sich nach außen abschottenden Gemeinde Lügen straft, nennt er spöttisch »emsige Propagandaarbeit«[539]: »Die Mitgliedschaft in diesen UN-Gremien hat nur *propagandistischen Wert*, denn von einer aktiven Beteiligung an den Programmen dieser Institutionen ist nichts bekannt.«[540]

VII. Ficicchias Semantik

Entlarvend ist vor allem Ficicchias emotional befrachteter, tendenziöser, demagogischer und oftmals zynischer Sprachgebrauch, der — so sollte man meinen — doch den Rezensenten hätte auffallen müssen. Die Verkündigung der Lehre nennt er mit Vorliebe »emsig«[541]. Obwohl er weiß, daß die Bahā'ī-Gemeinde keine monokratischen Ämter kennt, daß alle Jurisdiktionsgewalt bei demokratisch gewählten Selbstverwaltungskörperschaften ruht, spricht er, wenn er die nationalen Räte[542] oder das Universale Haus der Gerechtigkeit meint, stets von der »Organisation«[543], der »Leitung«[544], der »Führung«[545] oder gar von der »Zentrale«[546], so

536 *Bahā'ismus*, S. 408

537 *Bahā'ismus*, S. 409

538 *Bahā'ismus*, S. 409

539 *Bahā'ismus*, S. 409

540 *Bahā'ismus*, S. 392 (Hervorhebung durch F.)

541 »emsige Propagandaarbeit« (*Bahā'ismus*, S. 409), »der so emsig missionierende... Bahā'ismus« (*Bahā'ismus*, S. 381/82).

542 die Vorläufer der nationalen »Häuser der Gerechtigkeit«

543 *Bahā'ismus*, S. 28, 253, 404, 405, 413, 414, 417, 418, 421, 429; *Materialdienst*, S. 232, 235, 236

544 *Bahā'ismus*, S. 288, 325, 413

einen anonymen, religiösen Machtapparat à la Orwell signalisierend: »*Big Brother is watching you!*«.

Auffällig ist die ausgesprochene Vorliebe für bestimmte schmückende Adjektive, mit deren inflatorischer Verwendung Ficicchia den unbefangenen Leser einstimmt und psychologisch vorbereitet, so daß dieser erst gar nicht auf die Idee kommt, den erhobenen Faschismusvorwurf in Zweifel zu ziehen. Die Attribute »unbedingt«[547], »bedingungslos«[548], »kritiklos«[549], »streng«[550], »äußerst streng«[551], »straff«[552], »starr«[553], »strikt«[554], »rigoros«[555] und »zentralistisch«[556] haben es ihm angetan: Der den Institutionen geschuldete Gehorsam wird bei ihm stets zu einem »unbedingten« oder »bedingungslosen« Gehorsam[557], zu »unbedingtem und kritiklosem Gehorsam gegenüber der Leitung«[558], zu einer »strengen *Gehorsamspflicht gegenüber der allgegenwärtigen Organisation*«[559]. Treue gegenüber dem Gottesbund wird bei ihm zu »*bedingungsloser*«, »kritikloser Treue«[560]. Die Gemeinde ist »straff organisiert«[561], im Besitz einer »straffen Führung«[562], einer »strengen Führung«[563], einer »unfehlbaren Führung«[564], einer »*straff organisierten Hierarchie*«[565], einer »straffen Organisation«[566], einer

---

545 *Bahā'ismus*, S. 28, 29, 246, 288, 302, 323, 325, 377, 413, 414, 430; *Lexikon der Sekten*, S. 103. Von der »Führung« ist der Weg dann nicht mehr weit zum »Führer«!

546 *Materialdienst*, S. 237

547 *Bahā'ismus*, S. 405, Fußnote 52, S. 288

548 *Bahā'ismus*, S. 428

549 *Bahā'ismus*, S. 288, 413, 417

550 *Bahā'ismus*, S. 234, 28, 300, 302, 308, 379, 404, 427, 428

551 *Bahā'ismus*, S. 379, Fußnote 113

552 *Bahā'ismus*, S. 28, 29, 338, 375, 377, 405, 418

553 *Bahā'ismus*, S. 428; *Materialdienst*, S. 233, 239

554 *Bahā'ismus*, S. 346

555 *Bahā'ismus*, S. 251, 291, 293, 302, 411

556 *Bahā'ismus*, S. 390, 398, 400, 425

557 *Bahā'ismus*, S. 405, 428; *Materialdienst*, S. 237; *Lexikon der Sekten*, Sp. 103

558 *Bahā'ismus*, S. 288

559 *Bahā'ismus*, S. 404 (Hervorhebung durch F.)

560 *Materialdienst*, S. 236

561 *Bahā'ismus*, S. 338 (Hervorhebung durch F.)

562 *Bahā'ismus*, S. 28, 29 (Hervorhebung durch F.), 377.

563 *Bahā'ismus*, S. 302

564 *Bahā'ismus*, S. 413; *Lexikon der Sekten*, S. 103

565 *Bahā'ismus*, S. 338 (Hervorhebung durch F.)

»allgegenwärtigen Organisation«[567], eines »streng reglementierten... wenig transparenten Systems«[568], dem sich der Gläubige »bedingungslos unterwirft«[569]. Gefordert ist die *»totale Unterwerfung* unter die Gesetze und Beschlüsse einer straffen Organisation, die jedes selbständige Denken und Handeln der Gläubigen ... als unzureichend verwirft und sich selbst als im Vollbesitz der Wahrheit und des unfehlbaren Wandels [!] präsentiert«[570]. Auch Michael Mildenberger gefällt sich in seinem Vorwort, das Bahā'ītum eine »straff aufgebaute und geführte, in sich abgeschlossene Organisation« zu nennen.[571] Manche Begriffe sind direkt dem »Wörterbuch des Unmenschen« entnommen, so, wenn Ficicchia der »Organisation« ständig vorwirft, sie habe »unliebsame historische Tatbestände und Lehrelemente ausgemerzt«[572], nicht konforme Ansichten und Einflüsse »ausgemerzt«[573] und sogar die »*hemmenden Bestimmungen des Kitāb-i-Aqdas* allesamt ausgemerzt«[574].

Solchermaßen wird beim Leser die Assoziation eines geistlosen, brutalen, kaderartigen Machtapparates provoziert, der mit »zentralistischen«[575], »organisatorischen Erlassen«[576] oder »organisatorischen Befehlen«[577] unbarmherzig regiert, die Gemeinde zum bloßen Adressaten von »Erlassen« macht, von den Gläubigen Kadavergehorsam verlangt und »fast ausschließlich« mit dem »Aufbau und der Festigung der ›administrativen Ordnung‹ und der Durchsetzung ihrer Erlasse«, also mit sich selbst, befaßt ist[578].

Daß bei dieser Semantik nicht der Zufall waltete, sondern eine abgefeimte Methode, zeigt die Fülle immer neuer Formulierun-

---

566 *Bahā'ismus*, S. 375, 379, 405, 418; *Lexikon der Sekten*, Sp. 104. Von einer »straffen Organisation« spricht auch Kurt Hutten, *Seher, Grübler, Enthusiasten* (12. Aufl., S. 824).
567 *Bahā'ismus*, S. 404 (Hervorhebung durch F.)
568 *Bahā'ismus*, S. 28
569 *Bahā'ismus*, S. 428
570 *Bahā'ismus*, S. 375
571 *Bahā'ismus*, S. 12
572 *Bahā'ismus*, S. 325
573 *Bahā'ismus*, S. 428
574 *Bahā'ismus*, S. 258
575 *Materialdienst*, S. 238
576 *Bahā'ismus*, S. 288, 418, 422
577 *Bahā'ismus*, S. 413, 288
578 Ficicchia im *Lexikon der Sekten*, Sp. 104

gen, die dem Verfasser einfallen, wenn er, der den Bahā'ī »verbale Aggressivität«[579] vorwirft, die Bahā'ī-Gemeinde in die Nähe rechtsradikaler, politisch gefährlicher Gruppierungen bringt[580] und sich nicht scheut, Verständnis dafür einzuräumen, daß sie wegen ihrer angeblich umstürzlerischen Absichten »in vielen Staaten verboten ist«[581], wiewohl er weiß, daß die Bahā'ī »grundsätzlich jeder Form von Gewaltanwendung und also auch der Revolution ablehnend« gegenüberstehen[582]:

»Ausgemerzt«[583], »zentralistisch regiert«[584], »zentralistisch dirigiert«[585], *»zentralistischer Einheitsstaat«*[586], »rigorose Herrschaft des Hüters«[587], »*Einheitskurs* des Hüters«[588], »totalitärer Charakter«[589], »totale Inanspruchnahme«[590], »totale Inbesitznahme«[591], *»totale Unterwerfung«*[592], »totalitäres Führungssystem«[593], »streng reglementiertes« System[594], *»autoritäres Machtinstrument«*[595], *»kritiklose Unterordnung«*[596], »Schulung«[597], *»ideologische Schulung«*[598], »ständige Schulung«[599], *»imperialistische Tendenz«*[600], *»Disziplinierung der Massen«*[601], »Bevormundung« der Gläubigen[602], »blinde Gefolgschaft«[603], *»machtpolitische Hintergrün-*

579 *Bahā'ismus*, S. 425
580 *Materialdienst*, S. 238. Siehe hierzu auch S. 6, Fußnote 23
581 *Bahā'ismus*, S. 393; *Materialdienst*, S. 238; hierzu U. Gollmer, Kap. 6.II.5
582 *Bahā'ismus*, S. 275
583 *Bahā'ismus*, S. 258, 325, 428
584 *Bahā'ismus*, S. 398
585 *Bahā'ismus*, S. 390, 393, 425
586 *Bahā'ismus*, S. 389 (Hervorhebung durch F.); *Materialdienst* 3/1995, S. 92
587 *Bahā'ismus*, S. 293
588 *Bahā'ismus*, S. 300 (Hervorhebung durch F.)
589 *Bahā'ismus*, S. 400
590 *Bahā'ismus*, S. 402
591 *Bahā'ismus*, S. 428/429
592 *Bahā'ismus*, S. 375 (Hervorhebung durch F.)
593 *Bahā'ismus*, S. 414
594 *Bahā'ismus*, S. 28
595 *Bahā'ismus*, S. 414 (Hervorhebung durch F.)
596 *Bahā'ismus*, S. 413, 417 (Hervorhebung durch F.)
597 *Bahā'ismus*, S. 412
598 *Bahā'ismus*, S. 413 (Hervorhebung durch F.)
599 *Bahā'ismus*, S. 413, 412
600 *Bahā'ismus*, S. 425 (Hervorhebung durch F.)
601 *Bahā'ismus*, S. 428 (Hervorhebung durch F.)
602 *Bahā'ismus*, S. 425
603 *Bahā'ismus*, S. 428

de«[604], »Durchsetzung des Bahā'ismus«[605], »Durchsetzung der bahā'istischen Theokratie«[606], »Durchsetzung der eigenen Religion«[607], »*Vereinheitlichung im eigenen System, ein Egalitarismus unter der bahā'īstischen Fahne*«[608], Anspruch auf »absolute Weltherrschaft«[609], »der Weg zur absoluten Weltherrschaft«[610], »*radikale politische Vorstellungen*«[611], »extreme Vorstellungen«[612], »extremistische Forderungen«[613], »faschistoide Tendenzen«[614], »*uniformer Gleichschritt gemäß von oben verordneten Richtlinien*«[615], »vollkommene Machtergreifung«[616].

Die Gläubigen, solchermaßen entmündigt und im Würgegriff einer omnipräsenten Administration, erscheinen bei Ficicchia als Shoghi Effendis »Untertanen«[617], als »das gläubige Fußvolk«[618], »das gewöhnliche Fußvolk«[619] oder gar als »das gemeine Fußvolk«[620] — zynischer geht es kaum noch!

Auch sonst wird der unsachliche, manipulierende Sprachgebrauch des Verfassers immer wieder deutlich: Etwa in seiner Formulierung »sagt doch derselbe Schaefer«[621], »Schaefer ... gesteht«[622] oder »Šawqī Efendī gesteht«[623]. In keiner der beiden Stellen, auf die Ficicchia sich bezieht, wird etwas eingeräumt, »gestanden« oder etwa unter dem Druck von Beweisumständen ein Geständnis abgelegt, sondern ein Sachverhalt dargestellt, den Ficicchia glaubt ausschlachten zu können. Die emotionale Schlagseite dieses Forschers zeigt sich auch sonst in abwerten-

604 *Bahā'ismus*, S. 425 (Hervorhebung durch F.)
605 *Bahā'ismus*, S. 22
606 *Bahā'ismus*, S. 424
607 *Bahā'ismus*, S. 425
608 *Bahā'ismus*, S. 393 (Hervorhebung durch F.)
609 *Bahā'ismus*, S. 22, 270, 271, 321, 415, 429
610 *Bahā'ismus*, S. 391
611 *Bahā'ismus*, S. 396 (Hervorhebung durch F.)
612 *Bahā'ismus*, S. 400
613 *Bahā'ismus*, S. 393
614 *Materialdienst*, S. 238
615 *Bahā'ismus*, S. 418 (Hervorhebung durch F.)
616 *Bahā'ismus*, S. 399
617 *Bahā'ismus*, S. 306
618 *Bahā'ismus*, S. 317
619 *Bahā'ismus*, S. 392, Fußnote 31
620 Brief Ficicchias vom 21. Juni 1981 an den Verfasser
621 *Bahā'ismus*, S. 339
622 *Bahā'ismus*, S. 349
623 *Bahā'ismus*, S. 124

den, unsachlichen Formulierungen wie »so orakelte schon Shoghi Effendi«[624] oder »die Bahā'ī lächeln überlegen«[625], und vier Seiten weiter lächeln sie schon wieder überlegen: »Solche Vorwürfe[626] werden von den Bahā'ī mit einem überlegenen Lächeln quittiert.«[627] Mag sein, daß Ficicchia einmal eine solche Erfahrung gemacht hat, doch hat die verallgemeinernde Aussage keinen Erkenntniswert; sie dient nur dazu, die Bahā'ī als arrogante, bornierte Sektierer erscheinen zu lassen.

Doch wenn Ficicchia Gegner Bahā'u'llāhs oder »Bundesbrecher«[628] darstellt oder erwähnt, so stehen ihm die schönsten Attribute zur Verfügung.[629] Ruth White, die sich in den zwanziger Jahren gegen die Rechtsinstitutionen der Gemeinde aufgelehnt und die These von der Testamentsfälschung in die Welt gesetzt hat[630], nennt Ficicchia anerkennend »eine mutige Gegnerin«[631], dagegen eine Gestalt mit großen Meriten wie den vom türkischen Ṣultan nach Famagusta verbannten Mishkīn Qalam[632] einen »Bahā'ī-Spion«[633]. Wie sehr Ficicchia die Sprache als Kampfmittel, als Instrument zur Desinformation benutzt, zeigt seine Erläuterung zu dem Begriff »Bundesbrecher«: Er behauptet, der im Schrifttum benutzte arabische Begriff sei »*najas*« (gemeint ist offenbar *najis*[634]), was Unreinheit, Unrat, bedeutet und womit im shī'itichen Islam alle Ungläubigen (auch Juden und Christen) bezeichnet werden. Ficicchia unterstellt so den Bahā'ī ein menschenverach-

---

624 *Bahā'ismus*, S. 397
625 *Bahā'ismus*, S. 406
626 »Eine selbstgenügsame, auf partikulare Sonderinteressen bedachte ›Sekte‹« zu sein (*Bahā'ismus*, S. 409).
627 *Bahā'ismus*, S. 410
628 Näheres hierzu S. 165 ff.
629 vgl. S. 58 f.
630 vgl. hierzu Shoghi Effendi, *Weltordnung*, S. 17 ff., 23; A. Taherzadeh, *The Covenant*, S. 347 ff.; L. Bramson-Lerche, »Some Aspects of the Establishment of the Guardianship«, S. 269 ff. Siehe auch U. Gollmer, Kap. 11.V
631 *Bahā'ismus*, S. 337, Fußnote 72
632 vgl. A. Taherzadeh, *Die Offenbarung Bahā'u'llāhs*, Bd. 1, S. 46 ff.; M. Momen (Hrsg.), *The Bābī and Bahā'ī Religions*, S. 306
633 *Bahā'ismus*, S. 186
634 zu dem Begriff siehe *SEI*, S. 431 ff.; Hans Wehr, *Arabisches Wörterbuch für die Schriftsprache der Gegenwart*, Arabisch-Deutsch, S. 1249

tendes Vokabular.[635] In Wirklichkeit lautet der arabische Begriff *nāqiḍu'l-mithāq*[636], was wörtlich »Brecher des Bundes« bedeutet.

So wird der wissenschaftliche Charakter des Werkes allein schon durch den manipulierenden, tendenziösen Sprachgebrauch widerlegt. Ficicchia will nicht informieren, er will überreden. Statt nüchterner Aufklärung wird Agitation geboten.

VIII. Die Bahā'ī — weltflüchtige Sektierer, staatsgefährdende Extremisten?

Wie einer, der hoch zu Roß überall Manipulationen am Werke sieht und diese unentwegt anprangert, selbst die Wahrheit verbiegt, soll noch an zwei Beispielen demonstriert werden:

1. Zum Vorwurf der Abkapselung

Wie dargestellt, wirft Ficicchia den Bahā'ī *»weltfremde Abkapselung«*[637] und immer wieder völliges Desinteresse an sozialem Engagement und an einem interreligiösen Dialog vor[638]. In diesem Zusammenhang schreibt er: »Soziale Aufbauarbeit und ökumenische Zusammenarbeit der Religionen werden deshalb als unnütze ›Flickschusterei‹ abgelehnt.«[639] Für das von ihm als Zitat ausgewiesene Wort »Flickschusterei« nennt er als Quelle die Bahā'ī-Informationsschrift *»Umwelt und Weltordnung«*[640]. Das Wort »Flickschusterei« kommt dort tatsächlich vor, jedoch in einem völlig anderen Kontext: Unter Hinweis auf den globalen Charakter der ökologischen Krise wird dargetan, daß mit dem Instrumentarium nationalstaatlicher Politik globale Probleme nicht mehr bewältigt werden können, daß es vielmehr des solidarischen Han-

635 *Bahā'ismus*, S. 287

636 Zur Etymologie des Begriffs siehe S. 171, Fußnote 380

637 *Bahā'ismus*, S. 409 (Hervorhebung durch F.)

638 *Bahā'ismus*, S. 23, 29, 391 ff. 408

639 *Bahā'ismus*, S. 391/392

640 (Hofheim 1975) S. 4. Bei dem von ihm angegebenen Titel handelt es sich offensichtlich um einen Druckfehler. Er heißt: *»Umwelt und Wertordnung«*.

delns aller Völker und einer globalen Ethik[641] bedarf. Hier die Stelle im Kontext:

> »Einheitliches Handeln setzt voraus, daß über die grundlegenden Maßstäbe und Werte Einmütigkeit besteht. Teillösungen führen nicht weiter. Selbst wo sie Not lindern, dürfen sie uns nicht von unserer Aufgabe abhalten: Ein neues, praktikables System von Werten zu suchen und zu finden, das für alle Menschen auf dem ganzen Planeten Gültigkeit haben kann. Alles andere ist Flickschusterei. Wer schafft uns ein neues, den Bedürfnissen unserer Zeit angemessenes, für alle Menschen akzeptables Wertsystem, von dem aus die Uneinigkeit der Völker und ihre Unfähigkeit zum gemeinsamen Handeln überwunden werden kann?«

»Flickschusterei« bezieht sich hier ganz klar auf nationalstaatliche Problemlösungen, auf ein Herumkurieren an den Symptomen, auf »Teillösungen« also, die bestenfalls die Not lindern können. Nirgendwo weit und breit ist hier von »sozialer Aufbauarbeit« oder von der »Zusammenarbeit der Religionen« die Rede. Daß er wußte, was er tat, daß kein Flüchtigkeitsfehler vorliegt, zeigt die Tatsache, daß er drei Seiten vorher zutreffend referiert und dabei dreimal aus der gleichen Schrift[642] korrekt zitiert: »Die theokratische Weltordnung erzwingt geradezu ›die Überwindung des Fetischs der nationalen Souveränität‹.[643] Die Bewältigung der Nation drängt sich im Interesse des Weltfriedens auf, denn ›immer mehr zeigt es sich, daß der Nationalstaat zu einem gefährlichen Anachronismus geworden ist‹[644]. Die politische Einigung der Welt kann erst dann erreicht werden, ›wenn die heilige Kuh nationale

---

641 Eine Einsicht, der Hans Küng ein ganzes Buch gewidmet hat (*Projekt Weltethos*, München ^{2}1990) und die auch der Bericht des *Club of Rome* (Alexander King/ Bertram Schneider, *Die erste globale Revolution. Bericht zur Lage der Welt*, Horizonte-Verlag 1992) vermittelt.

642 Irrtümlich *Umwelt und Weltordnung* genannt, in Wirklichkeit *Umwelt und Wertordnung*

643 Ficicchia zitiert hier aus *Umwelt und Wertordnung*, S. 4

644 *a. a. O.*, S. 4

Souveränität geschlachtet wird‹.[645]«[646] Ficicchias Zitierweise, mit der er den Begriff »Flickschusterei« in einen ganz anderen Kontext stellt, ist eine bewußte Verfälschung, mit der er seine Kritik unter Beweis zu stellen versucht.

Zur Sache selbst ist zu sagen, daß der Vorwurf *»weltfremder Abkapselung«*[647] jeder Grundlage entbehrt. Getreu den Weisungen, die Bahā'u'llāh seinem Volk gegeben hat: »Verkehrt mit den Anhängern aller Religionen im Geiste des Wohlwollens und der Brüderlichkeit«[648], ... »in herzlicher Verbundenheit und Eintracht«[649], hatten die Bahā'ī noch nie Berührungsängste mit Andersgläubigen.[650] Ihre Bemühungen um ein freundschaftliches Verhältnis zu den Vertretern anderer Religionen sind vielfältig und waren nicht selten auch von Erfolg gekrönt. Eine ganze Reihe von Bahā'ī-Gemeinden in Deutschland haben freundschaftliche Bande mit katholischen und evangelischen Christen, mit Muslimen und Juden geknüpft, häufig auch mit Geistlichen dieser Religionen. Es kommt vor, daß Bahā'ī zu interreligiösen Andachten eingeladen werden, daß sie öffentliche Ausstellungen in Pfarrhäusern zeigen dürfen, daß sie in kirchlichen Räumen ihr Neujahrsfest[651] feiern[652].

645 *a. a. O.*, S. 8.

646 *Bahā'ismus*, S. 389 — ein Standpunkt, der wie auch die Forderungen nach einer »globalen Ordnung« auf der Tagung des »Weltparlaments der Religionen« im September 1993 artikuliert wurde (vgl. H. Küng/K.-J. Kuschel [Hrsg.], *Erklärung zum Weltethos*, S. 20, 115 ff.).

647 *Bahā'ismus*, S. 409 (Hervorhebung durch F.)

648 *Botschaften* 3:5; 4:10; 7:13

649 *Kitāb-i-Aqdas* 144. Zum Begriff »verkehren« siehe S. 213, Fußnote 159.

650 Die meisten Bahā'ī lassen ihre Kinder am katholischen oder evangelischen Religionsunterricht teilnehmen, um ihnen so die christliche Lehre zu vermitteln. Aus diesem Grund habe ich, ungeachtet der Kosten, meine Tochter auf ein evangelisches Gymnasium (die *Elisabeth-von-Thadden-Schule* in Heidelberg) geschickt.

651 »*Naw-Rūz*« am 21. März

652 Etwas, was es nach dem *Lutherischen Kirchenamt* gar nicht geben dürfte. In dem von Horst Reller in seinem Auftrag herausgegebenen *Handbuch Religiöse Gemeinschaften* (^{3}1985) ist ein Kapitel dem »Bahā'ismus« gewidmet. Darin heißt es unter der Rubrik »Ratschläge für das praktische Verhalten gegenüber der Gemeinschaft«: »Den Bahā'ī können kirchliche Räume in keinem Fall zur Verfügung gestellt werden« (5.7.12 d). Zu wundern braucht man sich über diese Haltung nicht, denn der Beitrag im »Handbuch« fußt weitgehend auf Ficicchias Monographie.

In einer zunehmend glaubenslos werdenden Welt bemühen sich die Bahā'ī, das gemeinsame geistige Erbe der Menschheit[653] und das, was die Religionen verbindet, zur Grundlage des Dialogs[654] und der Begegnung zu machen. Sie setzen alles daran, den verhängnisvollen Geist des Exklusivismus, der gegenseitigen Abgrenzung und Verdammung, des Dogmatismus und der Rechthaberei, des Fanatismus und der Intoleranz, der so lange in der Geschichte wirkungsmächtig war und so viel Unheil über die Völker gebracht hat, zu überwinden. Aus dem Glauben lebend, daß die historischen Religionen das Corpus der »*einen*, unteilbaren Religion Gottes«[655] repräsentieren, daß sie »aus *einer* Quelle entsprungen« und die »Strahlen *eines* Lichtes« sind[656], sehen sie in dem in den letzten Dezennien in Gang gekommenen Dialog der Weltreligionen einen ersten Schritt zur gegenseitigen Annäherung und zum Frieden unter den Religionen, der wiederum, wie Hans Küng so überzeugend formuliert hat[657] und wie dies auch in der Deklaration des *Parlaments der Weltreligionen* zum Weltethos zum Ausdruck kommt[658], eine unabdingbare Voraussetzung für einen dauerhaften Weltfrieden ist. Ein solcher Dialog, der nicht auf Konversion zielt, sondern auf wechselseitiges Verstehen, wechselseitige Wertschätzung und Wandlung[659] wird von den Bahā'ī geradezu gesucht, weil, wie schon früher ausgeführt[660], die Offenheit für andere religiöse Traditionen das eigene Bewußtsein erweitert und unweigerlich zu einem tieferen Verständnis des eigenen Glaubens führt[661]. Erst in einem Dialog, der von Offenheit, Ehrlichkeit und Verständnis geprägt ist, erst aus einer Begegnung, die

653 vgl. Suheil B. Bushrui, *Retrieving our Spiritual Heritage. A Challenge of our Time. Inaugural Lecture*, University of Maryland 1994
654 Zum interreligiösen Dialog siehe auch S. 212 ff.
655 Bāb, *Auswahl* 2:24:2; vgl. auch *Kitāb-i-Aqdas*: »Dies ist Gottes unveränderlicher Glaube, ewig in der Vergangenheit, ewig in der Zukunft« (Vers 182).
656 *Brief an den Sohn des Wolfes* 18
657 vgl. *Christentum und Weltreligionen*, S. 617 ff.
658 abgedruckt in H. Küng/Karl-Josef Kuschel, *Erklärung zum Weltethos*, S. 15 ff.
659 Leonard Swidler, »A Dialogue on Dialogue«, S. 57; ders. »Interreligious and Interideological Dialogue«, S. 26
660 vgl. *Heilsgeschichte*, S. 130
661 So auch Seena Fazel, »Interreligious Dialogue and the Bahā'ī Faith — Some Preliminary Observations« (in Vorbereitung).

»Verbindendes und Unterscheidendes ehrlich wahrnimmt«[662], kann Vertrauen, Verständigung und die Bereitschaft zur Kooperation zum Wohl der ganzen Menschheit erwachsen.

Daß die Bahā'ī bei diesem Dialog bislang mehr an der Basis als auf der akademischen Ebene in Erscheinung getreten sind, ist hauptsächlich darauf zurückzuführen, daß es ihnen (in dieser frühen Phase ihrer Geschichte nicht verwunderlich!) bislang nur in Ansätzen gelungen ist, ihren Glauben in einer wissenschaftlichen Anforderungen genügenden, reflektorischen Literatur zu präsentieren[663] und daß sie gelegentlich Schwierigkeiten haben, in Fachkreisen als kompetente Gesprächspartner akzeptiert zu werden. Doch haben sie sich seit je darum bemüht, am Dialog der Religionen teilzunehmen:

Seit Jahrzehnten begehen sie jeweils im Januar den sogenannten »Weltreligionstag«, bei dem Vertreter verschiedener Religionen und Bekenntnisse zu einem gemeinsamen Thema sprechen.[664] Wie in vielen anderen Ländern arbeiten die Bahā'ī auch in der Bundesrepublik aktiv bei WCRP[665] und EAWRE[666] mit und bemühen sich, keine Gelegenheit zu interreligiösen Begegnungen oder Dialogen zu versäumen. Beim Festakt anläßlich des hundertsten Jahrestages des Todes Bahā'u'llāhs in der Paulskirche in Frankfurt/M. hielt die Festansprache das Vorstandsmitglied der deutschen Sektion von WCRP, Prof. Dr. theol. Johannes Lähnemann von der Universität Erlangen-Nürnberg.[667] Beim Welt-Gebetstreffen der Religionen für den Frieden am 27. Oktober 1986 in Assisi waren offizielle Vertreter der Bahā'ī ebenso präsent wie bei dem *Weltparlament der Religionen* in Chicago in der Zeit vom 28. Au-

662 J. Lähnemann, »Die Frage nach Gott in einer säkularen Welt und der Dialog der Religionen«, S. 32

663 So auch Seena Fazel, *a. a. O.*

664 Merkwürdig ist, daß die *Evangelische Zentralstelle für Weltanschauungsfragen*, die Ficicchias Buch verlegte, in den 60er und 70er Jahren evangelische Geistliche, die bei diesen »Weltreligionstagen« als Sprecher auftraten, im *Materialdienst* kritisierte und ihnen vorwarf, sie hätten sich von den Bahā'ī für deren Zwecke vereinnahmen lassen.

665 *World Conference on Religions and Peace*

666 Europäische Arbeitsgemeinschaft für Weltreligionen in der Erziehung (Öffentlichkeitsreferent Prof. Dr. Udo Tworuschka)

667 Abgedruckt in: *Gedenkfeier zum Hundertsten Jahrestag des Hinscheidens Bahā'u'llāhs. Eine Dokumentation,* Hofheim 1992.

gust bis 4. September 1993[668]. Auf dem von der Erziehungswissenschaftlischen Fakultät der Universität Erlangen/Nürnberg in der Zeit vom 28. September bis 1. Oktober 1994 veranstalteten »*V. Nürnberger Forum*«, auf dem Theologen und Religionswissenschaftler aus dreizehn Staaten zum Thema »*Das Projekt Weltethos in der Erziehung*« referierten, hatte ich die Ehre, »Bahā'u'llāhs Einheitsparadigma« als Grundlage eines Weltethos vorzustellen.[669]

Der Leser möge selbst urteilen, was von Ficicchias Vorwurf zu halten ist, die Bahā'ī lehnten »jeden interreligiösen Dialog ab«[670] und versuchten, »Kontakte mit religiösen Organisationen« allenfalls dann zu knüpfen, wenn sich diese »werbewirksam verwerten« lassen[671].

Auch die Behauptung, die Bahā'ī hätten nicht das geringste Interesse an sozialer Aufbauarbeit, ist schlicht die Unwahrheit. Es ist hier nicht der Ort, die Fülle der sozialen Projekte, an denen die Bahā'ī in aller Welt arbeiten, vorzustellen. Der Hinweis auf einige Statistiken und veröffentlichte Berichte muß genügen.[672]

Schließlich ist auch Ficicchias mehrfach geäußerte Behauptung, die Aktivitäten der Bahā'ī bei den Vereinten Nationen seien nur »von propagandistischem Wert«, weil von einer aktiven Mitarbeit an den Programmen der Vereinten Nationen »nichts bekannt« sei[673], nur eine Bosheit mehr. Vielleicht war *ihm* nichts bekannt, weil er sich erst gar nicht die Mühe gemacht hat, sich zu informieren. Hätte er dies getan, so hätte er unschwer erfahren können, daß die seit 1948 bei den Vereinten Nationen als »Non-Governmental Organisation« akkreditierte *Bahā'ī International Community* seit 1970 beratenden Status beim Wirtschafts- und Sozialrat der Vereinten Nationen hat und auch bei der UNICEF, der Welt-

---

668 vgl. H. Küng/K.-J. Kuschel (Hrsg.), *Erklärung zum Weltethos*, S. 34, 127, 133

669 Das Referat ist im Tagungsband (Johannes Lähnemann [Hrsg.], ›*Das Projekt Weltethos*‹ *in der Erziehung*, Hamburg 1995) zum Abdruck gekommen.

670 *Bahā'ismus*, S. 29, 23

671 *Bahā'ismus*, S. 409

672 vgl. Uta v. Both, »Entwicklunsprojekte in der Bahā'ī-Weltgemeinde«, in: *Bahā'ī-Briefe*, Heft 53/54 (Dezember 1987), S. 18 ff. Im Jahr 1992 gab es weltweit 21 Landwirtschaftsprojekte, 52 Umweltbewahrungsprojekte, 56 Gesundheitsprojekte, 52 Frauenprojekte, 178 Höhere Schulen, 488 Volksschulen und 280 weitere Erziehungsprojekte (vgl. *The Six-Year-Plan 1986-1992. Summary of its Achievements*, S. 127).

673 *Bahā'ismus*, S. 392, 409

gesundheitsorganisation (WHO) und beim Welt-Umweltprogramm der Vereinten Nationen aktiv mitarbeitet. Die Mitarbeit umfaßt friedensbildende Maßnahmen, Menschenrechte, Erziehung, Gesundheit, Umwelt, die Förderung der Frauenrechte, Verbrechensbekämpfung und anderes mehr. Die Bahā'ī waren auf sämtlichen UNO-Weltkonferenzen vertreten, bei den meisten haben sie zum jeweiligen Thema ein »Statement« abgegeben.[674] Die Internationale Bahā'ī-Gemeinde, die ihr Hauptquartier in New York mit einem Büro in Genf und regionalen Repräsentanten bei den Vereinten Nationen in Addis Abbeba, Bangkok, Nairobi, Rom, Santiago, Wien und auf den Fidschi-Inseln unterhält, bemüht sich, die sich aus Bahā'u'llāhs Offenbarung, insbesondere aus seinem Menschenbild, aus seinen ethischen Forderungen und aus seiner Lehre von der Einheit der Menschheit ergebenden Impulse als Denkanstöße in die Beratungen der Weltorganisationen einzubringen und so zu der Lösung der Weltprobleme beizutragen.[675]

Daß sich diese Arbeit sehen lassen kann, beweist der Umstand, daß in einer von der UNESCO in Auftrag gegebene Studie[676] in Zusammenhang mit der immer dringender werdenden Notwendigkeit einer globalen Ethik[677] die Bahā'ī-Weltgemeinde als ein herausragendes Beispiel dafür genannt wird, wie ein gemeinsames, weltweit praktiziertes Wertsystem, ein neues Ethos, Menschen der verschiedensten Rassen und unterschiedlichster kultureller Prägungen integrieren kann: »Die Praxis dieser Religionsgemeinschaft ist ein überprüfbarer Beleg dafür, daß eine solche praktizierte Gleichwertigkeit aller Menschen an allen Orten der Welt zu keiner kulturellen Verarmung oder Nivellierung führt, sondern ganz im Gegenteil zu einem weit überdurchschnittlichen alltäglichen ›Kulturaustausch‹. Interessanterweise hat sich die Bahā'ī-

674 vgl. S. 314, Fußnote 520

675 Die von *Bahā'ī International Community* in New York herausgegebene, vierteljährlich erscheinende Zeitschrift »*One Country*« berichtet regelmäßig über die vielfältigen Aktivitäten in diesem Bereich wie auch über die von Ficicchia vermißten Sozialprojekte. Eine deutsche Ausgabe, hrsg. vom Nationalen Geistigen Rat der Bahā'ī in Deutschland, erscheint seit Januar 1994 (vgl. auch S. 315, Fußnote 520 sowie S. 329, Fußnote 67; S. 340, Fußnote 125.

676 Ervin Laszlo (Hrsg.), *Rettet die Weltkulturen*, Stuttgart 1993

677 siehe Hans Küng, *Projekt Weltethos*, München ^{2}1990; ferner die »Erklärung des Parlaments der Weltreligionen zum Weltethos« im September 1993 in Chicago.

Weltgemeinschaft gerade die Pflege und Förderung aller Kulturen in besonderer Weise auf die Fahnen geschrieben.«[678]

Daß Ficicchia diese konkrete Arbeit zum Wohl der Menschheit hämisch als »emsige Propagandaarbeit« abtut, zeigt nur, wie abgrundtief sein Ressentiment gegenüber der Gemeinde ist, der er selbst einmal angehörte.

2. Zum Vorwurf der Subversion

Um seine These, der Bahā'ī-Glaube sei wegen seiner »extremistischen Forderungen«[679] staatsgefährdend, zu untermauern, schreibt unser Forscher:

> »Es gibt nur *eine* Menschheit, ergo nur *einen* Staat und *eine* Regierung (= Bahā'ī-Administration). Alle profanen Systeme sind ein ›Fetisch‹ und ›müssen beseitigt werden‹. Das ist auch der Grund, weshalb der Bahā'ismus in vielen Staaten wegen staatsgefährlicher und umstürzlerischer Umtriebe verboten ist.«[680]

Mit dem ersten Satz erweckt Ficicchia den Eindruck, als referiere er objektiv über die Glaubens- und Denkweisen der Bahā'ī. Doch wird in diesem Satz, der in seinem Buch wörtlich wiederkehrt[681], kein Bahā'ī die Lehre Bahā'u'llāhs wiedererkennen. Die von Ficicchia erfundene Konklusion ist einfach dumm und eine schlimme Verballhornung der politischen Zielvorstellungen der Bahā'ī.[682] Wenn Ficicchia im zweiten Satz schreibt: »Alle profanen Systeme sind ein *›Fetisch‹* und *›müssen beseitigt werden‹*«, so macht er durch die Apostrophierung und die kursive Schreibweise dem Leser vor, er zitiere aus dem Bahā'ī-Schrifttum. Auch hier gibt er keine Quellen an. Es gibt auch keine: Nirgendwo ist im Schrifttum gesagt, die profanen Systeme müßten »beseitigt« wer-

---

678 Ervin Laszlo, *Rettet die Weltkulturen*, S. 18
679 *Bahā'ismus*, S. 393
680 *Materialdienst*, S. 238
681 *Bahā'ismus*, S. 393; nur steht hier statt »= Bahā'ī-Administration«: »die die ihre ist«.
682 Zu diesen vgl. U. Gollmer, Kap. 6.I

den. Den Begriff »Fetisch« hat Shoghi Effendi gebraucht, jedoch in anderem Zusammenhang: Er bezeichnet damit den völkerrechtlichen Grundsatz der nationalstaatlichen Souveränität, um die anachronistischen Rechtsstrukturen der Völkerfamilie, die bislang dem von den Bahā'ī angestrebten föderativen Weltgemeinwesen im Wege stehen, zu kennzeichnen. Die Stelle lautet:

> »Welteinheit ist das Ziel, dem eine gequälte Menschheit zustrebt. Der Aufbau von Nationalstaaten ist zu einem Ende gekommen. Die Anarchie, die der nationalstaatlichen Souveränität anhaftet, nähert sich heute einem Höhepunkt. Eine Welt, die zur Reife heranwächst, muß diesen Fetisch aufgeben, die Einheit und Ganzheit der menschlichen Beziehungen erkennen und ein für allemal die rechtlichen Strukturen schaffen, die diesen Leitgrundsatz ihres Daseins am besten zu verkörpern vermögen.«[683]

Nicht die profanen »Herrschaftssysteme müssen beseitigt« werden, sondern der Grundsatz der nationalen Souveränität soll »aufgegeben« werden. Gefordert ist also eine neue politische Philosophie, nicht der gewaltsame Umsturz der Verhältnisse. Ficicchias Zitierweise ist keine Schlamperei (die allein schon seine Qualifikation als Religionsforscher in Frage stellte), sondern sprachliche Falschmünzerei, mit der er den Bahā'ī subversive Absichten unterstellt und die Verbote des Glaubens in einigen Staaten[684] zu legitimieren sucht.

---

683 *Weltordnung*, S. 295/296. Diese vor nahezu sechzig Jahren erhobene Forderung auf Überwindung der nationalstaatlichen Souveränität, verbunden mit einer Forderung nach einer globalen Ordnung, ist heute hochaktuell. Diese Forderungen wurden in einer eindringlichen Rede des Amerikaners Gerald O. Barney, dem Verfasser des Berichtes »*Global 2000*« vor dem *Weltparlament der Religionen* 1993 erhoben (H. Küng/K.-J. Kuschel, *Erklärung zum Weltethos*, S. 114 ff.): »Die Vorstellung von der ›Souveränität‹ der modernen Nationalstaaten ist falsch. Nationen sind nicht unabhängige Einheiten, keiner Macht der Erde unterworfen. Sie alle sind voneinander abhängig.... Nationalstaaten müssen sich deshalb radikal verändern« (*Global 2000 Revisited*, S. 64; vgl. auch Yehezkil Dror, *Ist die Erde noch regierbar?*, München 1995).

684 Die Bahā'ī waren in den Staaten des kommunistischen Herrschaftssystems sowie unter dem Hitlerregime aus ideologischen Gründen verboten. In den meisten islamischen Ländern sind sie aus theologischen Gründen verboten, weil der Anspruch ei-

Dieselbe Methode finden wir dann auch in seinem Buch, wo er schreibt — diesmal unter ausdrücklicher Bezugnahme auf das obige Zitat Shoghi Effendis —: »Šawqī Efendī nannte die bestehenden staatlichen Ordnungen und ihre Gesetzmäßigkeiten einen ›Fetisch‹, der zu beseitigen ist.«[685] Auch hier wird aus dem »Fetisch« der nationalstaatlichen Souveränität, dessen Überwindung Shoghi Effendi gefordert hat, der Fetisch der »bestehenden staatlichen Ordnungen und ihre Gesetzmäßigkeiten«, auch hier folgt der verfälschende, subversive Absichten signalisierende Nachsatz: »der zu beseitigen ist«. Drei Seiten später gibt Ficicchia der Wahrheit die Ehre, wenn er schreibt: »Deshalb nennt Šawqī Efendī die nationalstaatliche Souveränität einen ›Fetisch, der aufgegeben werden muß‹«[686], doch ist wiederum der Kontext[687], in dem der Satz steht, eine böse Verfälschung der politischen Zielvorstellungen der Bahā'ī.

Auch diese beiden Fälle zeigen paradigmatisch, wie Ficicchia durch Uminterpretationen, Übertreibungen, Akzentverschiebungen und schlichte Unwahrheiten den Gegenstand seiner Untersuchung so verbiegt, bis er in die von ihm gezeichnete Karikatur paßt.

---

ner Gottesoffenbarung *nach* Muḥammad in den Augen der islamischen Orthodoxie Häresie und Apostasie ist .

685 *Bahā'ismus*, S. 387

686 *Bahā'ismus*, S. 390

687 Der voranstehende Satz lautet: »In dieser Ordnung hat ein säkulares, demokratisch-parlamentarisches und dazu noch föderatives Gemeinwesen keinen Platz« (S. 390). Näheres hierzu U. Gollmer, Kap. 6.I und 6.II.2.

TEIL II

GEMEINDE UND LEHRE

3. KAPITEL

DAS BILD DER GEMEINDE UND IHRER ORDNUNG

Wie soll man dieses Zerrbild von der Bahā'ī-Gemeinde und ihren Institutionen zurechtrücken, wie geradebiegen, was Ficicchia »krumm« gemacht hat?[1] Da es hier nur darum gehen kann, im vorgegebenen Rahmen Ficicchias von sachlichen Fehlern und abwegigen Interpretationen strotzende Darstellung richtigzustellen, bleibt nichts übrig, als den Leser, der sich zunächst einmal ein Bild davon machen möchte, wie die Gemeinde sich selbst darstellt, auf die einschlägige Literatur über die Ordnung der Gemeinde zu verweisen. Bislang sind, soweit ich sehe, zwei Dissertationen erschienen, die sich aus unterschiedlichen Perspektiven mit der Gemeindeordnung befassen.[2] Eine in Kürze im Druck erscheinende politologische Dissertation[3] wird die Ordnung der Gemeinde Bahā'u'llāhs aufarbeiten und auch die Entwicklung der Ordnungsstrukturen nach dem Tode Shoghi Effendis berücksichtigen.

I. Der Hintergrund: Das protestantische Rechtsverständnis

Was Ficicchia in seinem »Standardwerk« über die Gemeinde und ihre Ordnung vermittelt, ist nahezu in allem falsch. Doch will man verstehen, warum gerade die rechtlich verfaßte Bahā'ī-Gemeinde so sehr im Visier protestantischer Kritik ist, will man die scharfe Kritik richtig einschätzen, mit der schon Kurt Hutten[4] die Rechtsgemeinde der Bahā'ī überzogen hat, will man verstehen, warum er in den wenigen Dissidenten, die sich selbst »freie Bahā'ī«, »liberale Bahā'ī« nannten und für eine rechtsfreie Gemeinde

1 vgl. ʿAbdu'l-Bahā, *Testament* 2:13

2 Udo Schaefer, *Die Grundlagen der ›Verwaltungsordnung‹ der Bahā'ī*, Heidelberg 1957; Kent Beveridge, *Die gesellschaftspolitische Rolle der Bahā'i-Verwaltungsordnung innerhalb der Gemeinschaft der Bahā'ī, unter besonderer Betrachtung der zwei leitenden Institutionen*, Wien 1977

3 Ulrich Gollmer, *Gottesreich und Weltgestaltung. Grundlegung einer politischen Theologie im Bahā'ītum*

4 *Seher, Grübler, Enthusiasten*, 10. Aufl., S. 317 ff., 12. Aufl. S. 810 ff.

eintraten, die legitimen Bewahrer der Urgemeinde erkennt[5], während er in dem Prozeß der Organisierung eine beginnende »Konfessionalisierung«[6], sozusagen den »Sündenfall« der Gemeinde sieht, durch den aus der »frei flutenden Bewegung« ein geisttötender »organisatorischer Apparat« geworden sei[7] — Thesen, die Ficicchias grobschlächtigem Rundumschlag zugrunde liegen —, so sollte man zunächst die theologischen Positionen kennen, aus denen dieses Urteil resultiert: das protestantische Rechtsverständnis.[8]

Im Gegensatz zur katholischen Rechtslehre, nach welcher das Recht als Teil der göttlichen Schöpfungsordnung, als göttliche Stiftung erscheint, sind nach Martin Luther Recht und Staat nur notwendig wegen des Sündenfalls: »*Politia autem ante peccatum nulla fuit.*«[9] In seiner Schrift »*Von der weltlichen Obrigkeit*«, 1523, nannte Luther das Recht ein »Notwerk«, das erforderlich sei, um die Guten in ihrem Dasein vor den Schlechten zu schützen, das aber unnötig wäre, wenn die Welt von lauter Christen bewohnt wäre.[10] So haben nach protestantischer Lehre Recht und Staat nur »eine vorläufige Bedeutung«. Sie sind »ein bestenfalls relativ Gutes«[11] und »letztendlich wesenlos«[12]. Zudem ist, wie der evangelische Theologe Emil Brunner feststellt, das Verhältnis zwischen Gerechtigkeit und Liebe »bei den Reformatoren nicht geklärt«[13] und »eine der folgenreichsten Unklarheiten der reformatorischen Naturrechtslehre«[14]. Die der Rechtsidee zugeordnete weltliche Kardinaltugend der Gerechtigkeit hat in der traditionellen Tugendlehre des Protestantismus »keine oder nur eine sekun-

---

5 *Seher, Grübler, Enthusiasten*, 10. Aufl. S. 318 ff., 12. Aufl. S. 822; Ficicchia, S. 293, 377

6 Zur Kritik an diesem Begriff vgl. S. 18, Fußnote 32

7 *Seher, Grübler, Enthusiasten*, 10. Aufl. S. 219

8 Zu diesem Gegenstand vgl. meine Ausführungen in *Grundlagen*, S. 42 ff.; *The Light Shineth in Darkness*, S. 97 ff.; *Der Bahá'í in der modernen Welt*, S. 373 ff., *Heilsgeschichte*, S. 93 ff.

9 *Werke* (WA) 42, 79

10 *Werke* (WA) 11, 249/250

11 Gustav Radbruch, *Rechtsphilosophie*, S. 188

12 Gustav Radbruch, *Rechtsphilosophie*, S. 191

13 *Gerechtigkeit*, S. 313, Fußnote 5

14 *a. a. O.*, S. 316, Fußnote 19

däre Stellung«[15]. Zwischen Gerechtigkeit und Gnade besteht im Protestantismus ein starkes Spannungsverhältnis und die Neigung, »die Gerechtigkeit im Meer der Gnade aufzulösen«[16].

So ist es denn kein Wunder, daß für den geistlichen Bereich die Distanz zum Recht noch größer ist. Eine der Entstehungsursachen des Protestantismus war der Protest gegen die katholische These von der von Christus gestifteten, somit auf *ius divinum* beruhenden Rechtskirche, den Martin Luther im Jahr 1520 mit der Verbrennung des *Corpus Iuris Canonici* auf dem Marktplatz zu Wittenberg symbolisch und durch seine 1544 veröffentlichte Schrift »*Wider das Bapsttum zu Rom, vom Teuffel gestiftet*«[17] gedanklich zum Ausdruck brachte. Das Kirchenrecht ist nach protestantischer Lehre »*ius humanum*«, eine rein menschliche Veranstaltung.[18] Da das Recht in die Hände der Menschen gelegt und, wie alles Irdische, historisch bedingt ist, kann es auch keine absolut gültige Rechtsgestalt der Kirche geben[19], kann die Kirche jede Rechtsgestalt tragen[20]: »Es gibt ... kein allgemeines Kirchenrecht«[21], keine »vollkommene und also *allgemein*, zu allen Zeiten und an allen Orten für jede christliche Gemeinde verbindliche Rechtsform«[22].

Die protestantische Skepsis gegenüber dem Recht als einer mit dem Geist inkompatiblen Größe kulminierte Ende des vorigen

15 Gustav Radbruch, *Rechtsphilosophie*, S. 329-331. Zutreffend formuliert er: »Für die Menschen untereinander gilt das Gebot der Liebe, für das Verhältnis des Menschen zu Gott die Haltung des Glaubens, für das Verhältnis Gottes zu den Menschen die Verheißung der Gnade« (S. 330).

16 Gustav Radbruch, *Rechtsphilosophie*, S. 332

17 *Werke* (WA) 54, S. 206 ff.

18 Daraus wird auch verständlich, daß im protestantischen Ordnungsdenken Ordnung immer von unten nach oben gedacht wird, während gestiftete Ordnung, eine Ordnung von oben nach unten, großen Vorbehalten begegnet. Eric Hoesli hat in einem in der *Süddeutsche Zeitung* vom 12. Januar 1993 erschienenen Beitrag (»Das protestantische gegen das katholische Europa«) zutreffend ausgeführt: »Aufgrund seiner Geschichte wird der Protestantismus mit der Aufsplitterung von politischer Macht verbunden ... und mit der Ablehnung jeglicher zentralen oder internationalen Instanz ... Von diesen alten Organisationsformen ihrer Kirchen geprägt, lieben die Protestanten das, was sich von unten nach oben aufbaut, verabscheuen das, was von oben nach unten aufgezwungen wird, sowie jedes Wiederaufleben einer zentralen religiösen oder politischen Autorität.«

19 Siegfried Reicke, *Kirchenrecht*, S. 363

20 Holstein, *Kirchenrecht*, S. 228

21 Karl Barth, *Die Ordnung der Gemeinde*, S. 27

22 *a. a. O.*, S. 71

Jahrhunderts in Rudolf Sohms These, die Verrechtlichung der christlichen Gemeinde, der »Geistkirche«[23], die Entstehung des Kirchenrechts sei der »Sündenfall« der Kirche gewesen. Die wahre Kirche, wie Christus sie gewollt hat, ist allein die »Liebeskirche«, deren Wesen allein in der geheimnisvollen gnadenhaften Verbundenheit der Gläubigen mit Christus zu sehen ist, während die hierarchisch verfaßte »Rechtskirche« das ist, was menschliches Sicherheitsbedürfnis aus der Kirche Christi gemacht hat. Von einem rein positivistischen Rechtsverständnis und einem einseitig pneumatisch-charismatischen Kirchenbegriff aus formulierte er: »Das Wesen der Kirche ist geistlich, das Wesen des Rechts ist weltlich«[24], woraus er folgert: »Das Kirchenrecht steht mit dem Wesen der Kirche im Widerspruch.«[25] Die schwärmerische Idee einer rechtsfreien, pneumatischen Gemeinde, einer »pneumatischen Anarchie« oder »Pneumokratie«[26], die Sohm der rechtlich verfaßten Kirche polemisch gegenüberstellte, fand die Zustimmung des Schweizer Theologen Emil Brunner, der gleichfalls in der Rechtskirche *das* große Übel, *das* große »Mißverständnis der Kirche«[27] sah. Daß die ihrem Wesen nach pneumatische Gemeinde Rechtsgestalt angenommen hat, ist nach Sohm ein Werk des aufkommenden »Kleinglaubens«, nach Brunner ein Ersatz der »fehlenden Fülle des Geistes«[28], ein Zeichen für die »Schwächung des messianischen Bewußtseins«: »Was wir brauchen, ist der Heilige Geist.«[29] Sohms Grundüberzeugung ist die Auffassung, daß sich die Welt des Geistlichen niemals mit juristischen Begriffen erfassen lasse, daß religiöse Wahrheit keine rechtliche Struktur annehmen könne, ohne ihr Wesen aufzugeben, denn der Geist Gottes, der das Volk Gottes regiert, »weht, wo er will[30]«[31].

---

23 Für sie gilt nach Sohm das Herrenwort: »Wo zwei oder drei in meinem Namen versammelt sind, da bin ich mitten unter ihnen« (Matth. 18:20).

24 *Kirchenrecht*, Bd. 1, S.1

25 *a. a. O.*, S. 700

26 Eine Kirche, die nur vom Heiligen Geist beherrscht ist (vgl. Matth. 18:20).

27 So der Titel seines 1951 in Stuttgart erschienenen Werkes.

28 *a. a. O.*, S. 58

29 *a. a. O.*, S. 132. Karl Barth hat sich mit diesen Thesen in seinem Werk *Die Ordnung der Gemeinde. Die dogmatische Grundlegung des Kirchenrechts* (München 1955 = Sonderdruck von § 67 seiner *Kirchliche Dogmatik* Bd. IV, 2) auseinandergesetzt.

30 Joh. 3:8

31 *Kirchenrecht*, Bd. 1, S. X. Vgl. hierzu *Grundlagen*, S. 44.

Können diese Thesen für die protestantische Kirchenrechtswissenschaft auch als überwunden gelten, so war doch ihre Wirkungsgeschichte groß. Sie wirken bis zum heutigen Tag unterschwellig in der Kirche weiter und sind in der Religionssoziologie wieder auferstanden. Gustav Mensching, ein stark vom Protestantismus geprägter Religionswissenschaftler, sieht Geist und Form in einem umgekehrt-reziproken Verhältnis stehen: Die Lebendigkeit des Geistes ist durch ein Minimum an rechtlicher Organisation gekennzeichnet.[32] Im Vorhandensein einer rechtlichen Organisation sieht er geradezu ein Kriterium für den Verlust des ursprünglichen Geistes; die Form erscheint als Ersatz für den ausgebliebenen Geist: »Wo der Geist Menschen einigt und leitet, bedarf es keiner organisierten Form, wo aber die Lebendigkeit des Geistes schwindet, da tritt die Notwendigkeit der einenden und leitenden Form zutage.«[33] Auch der Religionssoziologe Joachim Wach sieht in der rechtlichen Organisierung einer religiösen Gemeinschaft eine spirituelle Gefahr für die Unmittelbarkeit des religiösen Erlebens und des geistlichen Eigenlebens.[34]

Von daher ist Huttens Abscheu gegen jede Art von gestifteter Ordnung und seine Kritik an der Gemeindeordnung Bahā'u'llāhs zu verstehen, die einen Grundwiderspruch sichtbar macht: Als evangelischer Theologe auf dem Boden einer rechtlich verfaßten Kirche stehend und wohl wissend, daß »die Kirchengeschichte durchzogen ist von der Spannung zwischen Geist und Institution«[35], kritisiert er den Prozeß der Verrechtlichung einer Gemeinde, der von ihrem Stifter ihre Rechtsgestalt mitgegeben wurde, als »Verkirchlichung«, als Abkehr vom »geistigen Vermächtnis des Propheten«: »Der ›Apparat‹ verdrängte die ›Bewegung‹.«[36]

Die Dissidenten, die sich gegen die unter Shoghi Effendi einsetzende Verrechtlichung der Gemeinde auflehnten[37], stammten allesamt aus dem Umfeld des Protestantismus und waren von des-

32 *Soziologie der Religion*, S. 186
33 *Soziologie der Religion*, S. 186; so auch Joachim Wach, *Religionssoziologie*, S. 169; zum Ganzen vgl. auch *Heilsgeschichte*, S. 93 ff.
34 *Soziologie der Religion*, S. 169
35 H. Zahrnt, *Gotteswende*, S. 129
36 *Seher, Grübler, Enthusiasten* (10. Aufl.), S. 319
37 Näheres bei Loni Bramson-Lerche, »Some Aspects of the Establishment of the Guardianship«, S. 265 ff. Siehe vor allem Gollmer, Kap. 11.II und 11.VIII.

sen Ideen geprägt und mit dem protestantischen (Vor-)Urteil der angeblichen Inkompatibilität von Geist und Recht imprägniert. Bei Ficicchia waren es freilich keine theologischen Überzeugungen, die ihn motivierten, sondern seine geschworene Feindschaft gegen die Institutionen der Gemeinde[38], sein unversöhnlicher Haß, der sich mit den oben skizzierten protestantischen Positionen »glücklich« verband und durch die Herausgabe seines Buches plötzlich den Resonanzboden erhielt, der ihm zuvor fehlte.

Daß der Bahā'ī-Gemeinde das Recht[39] immanent ist, daß ihre Rechtsgestalt kein Abfall von ihrem Wesen, kein Surrogat für den ausgebliebenen Geist ist, sondern ein unabdingbar notwendiges Mittel zur Sicherung »der Einheit des Glaubens, der Bewahrung seiner Identität und zum Schutz seiner Interessen«[40] und daß die Rechtsgemeinde nicht nach Kriterien beurteilt werden darf, die aus einem völlig anderen Umfeld[41] stammen, habe ich in meiner Dissertation dargestellt[42]. Sehr zu Recht fragt Karl Barth die Vertreter einer rechtsfreien Christengemeinde, »wie denn ihre reine Geist- und Liebesgemeinschaft in der *Welt* existieren, den anderen menschlichen Gemeinschaften koexistieren soll«[43] — eine Frage, die ich an die protestantischen Kritiker der rechtlich verfaßten Bahā'ī-Gemeinde weiterreiche: Wie denn sollte sie als »frei flutende Bewegung«[44] in dieser Welt bestehen? Wie hätte die Bahā'ī-Gemeinde wegen der blutigen Verfolgungen und der bis heute andauernden Unterdrückung der iranischen Bahā'ī durch das Regime der Ayatollahs die Weltöffentlichkeit mobilisieren und erreichen können, daß die Vereinten Nationen und zahlreiche nationale Parlamente[45] die Menschenrechtsverletzungen[46] verurteilten und viele Politiker die Stimme erhoben — mit *à la longue* erkennbar

38 siehe S. 27 ff.

39 Das sich aus der Offenbarung Bahā'u'llāhs ableitbare Rechtsverständnis kann hier nicht näher dargestellt werden. Ich verweise auf die einschlägige Literatur (*Grundlagen*, S. 50 ff.; U. Gollmer, *Gottesreich*, Kap. 12; ferner auf meine Beiträge »Ethics«, »Justice« und »Social Teachings« in: *The Bahā'ī Encyclopedia*).

40 Shoghi Effendi, *Weltordnung*, S. 25

41 der Ekklesiologie, der protestantischen Rechtslehre

42 *Grundlagen*, S. 59 ff.

43 *Die Ordnung der Gemeinde*, S. 16/17

44 Kurt Hutten, *Seher, Grübler, Enthusiasten*, 10. Aufl., S. 319 ff.; 12. Aufl. S. 824 ff.

45 u. a. der Deutsche Bundestag, Resolution vom 25. Juni 1981; vgl. *Die Bahā'ī im Iran. Dokumentation*, S. 50-57

46 siehe hierzu S. 269, Fußnote 210; U. Gollmer, Kap. 6.II.5

mäßigendem Einfluß auf die iranischen Machthaber —, wäre sie nicht ein rechtlich strukturierter, mit handlungsfähigen Institutionen ausgestatteter Organismus? Der Geist des Bahā'ī-Glaubens ohne die rechtliche Form, seine humanitären Lehren ohne eine Rechtsgestalt der Gemeinde wäre, wie Shoghi Effendi schreibt, »eine Verstümmelung der Sache Gottes«, die so nicht lebensfähig wäre: »Eine solche Trennung könnte nur zu einer Auflösung in ihre Bestandteile und zum Erlöschen des Glaubens führen.«[47] Wäre die Bahā'ī-Gemeinde nach dem Hinscheiden 'Abdu'l-Bahās »pneumatische Anarchie« geblieben, so gäbe es sie heute längst nicht mehr — was ihre Kritiker wohl kaum bedauerten.

II. Ficicchias Kritik an der Gemeindeordnung und ihren Grundlagen

1. Das Universale Haus der Gerechtigkeit — gar nicht vorgesehen?

Ficicchias Behauptung, Bahā'u'llāh habe den örtlichen Häusern der Gerechtigkeit keine übergeordnete, zentrale Instanz gegeben, die höchste gewählte Institution der Gemeinde, das Universale Haus der Gerechtigkeit, sei in seinem *Kitāb-i-Aqdas* und seinem gesamten Schrifttum nirgends zu finden, sie finde sich erst in 'Abdu'l-Bahās »Testament«[48], ist falsch. Er hat ganz offensichtlich nicht erkannt, daß Bahā'u'llāh die verschiedenen hierarchischen Ebenen des *Baytu'l 'adl* nicht begrifflich unterschieden hat. Der Vers im *Kitāb-i-Aqdas*[49], in welchem Bahā'u'llāh die Errichtung eines *Baytu'l 'adl* in jeder Stadt gebietet, bezieht sich offensichtlich auf die örtliche Ebene. Andere Stellen[50] machen jedoch durch ihre Funktionszuweisungen unverkennbar, daß die Gesamtgemeinde im Visier ist, daß also eine für den gesamten Erdkreis

---

47 *Weltordnung*, S. 19

48 *Bahā'ismus*, S. 319, 331, 356. In seinem früheren Beitrag (»Der Baha'ismus«, in: *Materialdienst* 15/16, 1975, S. 232) wußte er es noch besser: »Diese von Bahā'u'llāh selbst verordnete Körperschaft wurde zu Lebzeiten des ›Hüters‹ nie einberufen.«

49 30

50 *Kitāb-i-Aqdas* 42; *Botschaften* 7:19; 7:30; 8:52; 8:61; 8:78

zuständige Institution vorausgesetzt wird. Vers 42 begründet eine Zuständigkeit des »Hauses der Gerechtigkeit« mit dem Vorbehalt, »sollte es bis dahin in der Welt errichtet sein«. Hier ist unverkennbar, daß nicht das örtliche »Haus« gemeint ist, sondern eine universale Instanz. Die gesetzliche Begrenzung des (von Bahā'u'llāh generell zugelassenen) Zinses ist ebenso *dem* »Haus der Gerechtigkeit« (Singular!) übertragen[51] wie die Festlegung der Strafen für Ehebruch, Sodomie und Diebstahl[52] oder die Ehehindernisse wegen Verwandtschaft[53].

Die Sachlogik weist in dieselbe Richtung wie die grammatikalische Evidenz: Eine supplementäre Gesetzgebung zum göttlichen Gesetz[54] kann nur eine weltweite und keine lokale sein. Wenn es in den *Kalimāt-i-Firdawsīyyih*[55] heißt: »Die Vertrauensleute *des*[56] Hauses der Gerechtigkeit haben über die Angelegenheiten zu beraten, die nicht ausdrücklich im Buche offenbart sind, und zu vollziehen, was sie für gut halten. Gott wird ihnen wahrlich eingeben, was Er will«, so ist auch hier eindeutig von einem »Haus der Gerechtigkeit« die Rede, dem die supplementäre Gesetzgebung anvertraut ist, somit von einem für die Gesamtgemeinde zuständigen, obersten Organ. Selbst Ficicchias Gewährsmann, Hermann Römer, dem er zahlreiche Irrtümer verdankt, spricht von dem »obersten *Baytu'l 'adl*«, das sich auf den »lokalen Kollegien aufbaut«[57]. Der Begriff *Baytu'l 'adl al-a'ẓam* oder *Baytu'l 'adl al-'umūmī*[58] hat 'Abdu'l-Bahā dann zur Unterscheidung eingeführt, doch keineswegs erst durch sein *Testament*[59], sondern lange zuvor[60].

51 *Botschaften* 8:78
52 »Fragen und Antworten«, Nr. 49
53 »Fragen und Antworten«, Nr. 50
54 Ficicchias Behauptung (*Bahā'ismus*, S. 357, Fußnote 149), die unzutreffende Meinung, diese Körperschaft könne auch die Normen des göttlichen Rechts aufheben, sei unter den Bahā'ī weit verbreitet, ist unzutreffend.
55 *Botschaften* 6:29
56 Hervorhebung durch den Verfasser
57 *Die Bābī-Behā'ī*, S. 118
58 allgemeines, »umfassendes Haus der Gerechtigkeit«
59 1:17; 1:25; 2:8; 2:9
60 So sagte er in einer Rede am 2. Dezember 1912 in New York: »A universal, or international, House of Justice shall also be organized. Its rulings shall be in accordance with the commands and teachings of Bahā'u'llāh... This international House of Justice shall be appointed and organized from the Houses of Justice of the whole

2. ʻAbdu'l-Bahās Testament — umstritten?

ʻAbdu'l-Bahās *Testament*[61] ist nicht »umstritten«[62]. Nur eine winzige Zahl westlicher Dissidenten, die — des Arabischen und des Persischen nicht mächtig — aus einer völlig unzulänglichen Schriftkenntnis[63] die Bahā'ī-Gemeinde als eine ätherische, rechtsfreie »Bewegung«, als bloße Plattform für den Dialog der Religionen, als eine ökumenische Bewegung zum Zweck der Vereinigung aller Religionen mißverstanden und sich nach ʻAbdu'l-Bahās Tod gegen den von Bahā'u'llāh vorbestimmten Prozeß der Verrechtlichung der Gemeinschaft, insbesondere gegen das Hütertum, auflehnten, haben den von der Amerikanerin Ruth White[64] erhobenen Fälschungsvorwurf aufgegriffen, um der rechtlich verfaßten Gemeinde die Legitimation zu entziehen.[65]

Man sollte diesen Protest gegen die Form, dem ich in meiner Dissertation einen ganzen Abschnitt gewidmet habe[66], in den richtigen Proportionen sehen. Auch wenn Ficicchia von einem »Widerwillen« gegen die Person Shoghi Effendis und einem »Widerstand aus breiten Teilen der Gläubigen« faselt[67], waren es nur wenige, die sich gegen den Aufbau der Institutionen und gegen

---

world« (*Promulgation*, S. 155). Vgl. ferner *Briefe und Botschaften* 187:2; *Beantwortete Fragen* 45:4. Zum Ganzen siehe U. Gollmer, Kap. 11.III, Fußnoten 44 und 45 sowie *Gottesreich*, Kap. 11.2.1.

61 Ficicchias Behauptung, es stehe bei den Bahā'ī im Rang vor dem »ohnehin verdrängten *Kitāb al-Aqdas*«, es sei »im heutigen Bahā'itum die wichtigste Schrift überhaupt« (*Bahā'ismus*, S. 282, 331), für die er weder Fakten noch Quellen angibt, ist abwegig. Das *Testament* ist mit dem *Kitāb-i-Aqdas* und dem *Kitāb-i-ʻAhd* sozusagen die Verfassungsurkunde der Bahā'ī-Gemeinde, doch steht es unbeschadet dieser Tatsache unter dem Rang der Offenbarungsschriften Bahā'u'llāhs. Nach Shoghi Effendi stehen ʻAbdu'l-Bahās Worte »nicht im gleichen Range mit den Äußerungen Bahā'u'llāhs..., obwohl sie die gleiche Gültigkeit wie jene besitzen« (*Weltordnung*, S. 203). Siehe auch U. Gollmer, Kap. 11.III, Fußnote 126.

62 *Bahā'ismus*, S. 206 Fußnote 35, 293 ff., 324

63 Anfang der zwanziger Jahre dieses Jahrhunderts waren nur sehr wenige Teile der Schrift Bahā'u'llāhs und ʻAbdu'l-Bahās in westliche Sprachen übersetzt.

64 *The Bahai-Religion and its Enemy, the Bahai-Organisation*, Rutland/Vermont 1929. Näheres hierzu vgl. A. Taherzadeh, *The Covenant*, S. 347 ff.; L. Bramson-Lerche, »Some Aspects of the Establishment of the Guardianship«, S. 269 ff.

65 Zur Fälschungsthese siehe U. Gollmer, Kap. 11.I.

66 *Grundlagen*, § 9: »Die Bahā'ī-Lehre und die Problematik der rechtlichen Organisierung religiöser Gemeinschaft«, S. 42-60; vgl. auch A. Taherzadeh, *The Covenant*, S. 343

67 *Bahā'ismus*, S. 297

die Autorität des Hüters auflehnten und schließlich als »Bundesbrecher« ausgeschlossen wurden. Die Publizität, die sie durch Kurt Hutten und Ficicchia erlangt haben, steht in keinem Verhältnis zu ihrer Zahl und ihrer Bedeutung. Ficicchia muß selbst einräumen, daß diese winzige Schar irregeleiteter Dissidenten »nie über eine Handvoll Mitglieder« hinauskam, daß sie »praktisch nur auf dem Papier« bestand und es niemals zu einer konkurrierenden Gemeindebildung gekommen ist.[68] Daß er in ihr gleichwohl ein »Schisma« der Bahā'ī-Gemeinde sieht[69], bleibt eine Ungereimtheit[70].

3. Das Hütertum — eine Diktatur?

Wie sehr es dem Verfasser am Sachverstand gebricht, zeigt seine Behauptung, die Einsetzung des Hütertums in 'Abdu'l-Bahās *Testament* verstoße gegen Bahā'u'llāhs Nachfolgeordnung. Offenbar hat er die grundlegenden Strukturen des Verfassungsrechts der Bahā'ī-Gemeinde, den fundamentalen Grundsatz der Gewaltenteilung[71], nämlich der Trennung zwischen der Jurisdiktionsgewalt

---

68 *Bahā'ismus*, S. 378. Zimmer war »der letzte Mohikaner« (vgl. U. Gollmer, Kap. 11.X, Fußnote 460).

69 *Bahā'ismus*, S. 29, 289, 331 Fußnote 49; *Materialdienst*, S. 239. So auch Rainer Flasche im *Lexikon für Theologie und Kirche* (^{3}1993, Stichwort »Bahā'ī-Religion«), der dem Bahā'ītum gleich drei Schismen attestiert. Dabei verkennt er, daß es weder bei der Auflehnung des Muḥammad-'Alī gegen die Autorität 'Abdu'l-Bahās noch bei dem Kreis der Dissidenten um Ruth White zu konkurrierenden Gemeindebildungen gekommen ist und daß es sich bei dem »Schisma zwischen Bahā'ī und Azalī« im Grunde um konkurrierende prophetische Ansprüche und nicht primär um konkurrierende Gemeindebildungen handelt (hierzu N. Towfigh, Kap. 10, VI ff. und U. Gollmer, Kap. 11.III).

70 Es ist eine Frage des terminologischen Geschmacks, wann man bei einer Religion von einem »Schisma« spricht. Nicht jede spalterische, schismatische Tätigkeit führt zu einem Schisma der Gemeinde. In der Kirche gab es viele Schismatiker, ohne daß es jemandem in den Sinn gekommen wäre, jedesmal, wenn ein Gemeindeglied den kirchenrechtlichen Tatbestand des »Schismas« erfüllte, von einem Schisma der Kirche zu sprechen. Nach herkömmlichem Sprachgebrauch werden nur solche Abspaltungen so bezeichnet, die zu einer konkurrierenden Gemeindebildung führten und zumindest über einen gewissen historischen Zeitraum von Erfolg waren.

71 Eine bloße Gewaltenunterscheidung liegt nicht vor, weil die beiden Gewalten, Jurisdiktionsgewalt (mit Legislative, Judikative und Exekutive) und Lehrgewalt, die autoritative Auslegung, unterschiedlichen, voneinander unabhängigen Organen, den »Zwillingspfeilern« (Shoghi Effendi, *Weltordnung*, S. 211), welche die Ordnung tragen, übertragen ist. Shoghi Effendi bringt diese Unabhängigkeit zum Ausdruck,

einerseits und der Lehrgewalt andererseits, nicht begriffen, obwohl alles in meiner Dissertation[72], die ihm vorlag, nachzulesen ist. Es sei dahingestellt, ob er diese Strukturen nicht versteht oder ob er sie nicht verstehen will.[73]

Die von Bahā'u'llāh eingesetzten, gewählten Körperschaften sind die eine Säule der Ordnung. Bei ihnen ruht alle Jurisdiktionsgewalt, also die klassischen Gewalten Legislative, Judikative und Verwaltung. Die Institution des Hütertums dagegen ist die Fortschreibung des Lehramtes 'Abdu'l-Bahās. Da dem Hüter lediglich die »Lehrgewalt« anvertraut ist und er — von seiner Rolle als »Haupt« des »Universalen Hauses der Gerechtigkeit«[74] abgesehen — keinen Anteil an der Jurisdiktionsgewalt der »Häuser der Gerechtigkeit« hat, ist es irreführend, wenn Ficicchia von »absoluten Vollmachten«[75], einer »Einzelherrschaft«[76], einer »unumschränkten Oberherrschaft über die Gläubigen«[77], vom »omnipotenten und unfehlbaren Haupt der Gemeinschaft«[78], vom »omnipotenten Hüter«[79] spricht, wenn der Theologe Rainer Flasche das Hütertum eine »Ein-Mann-Diktatur« nennt[80] oder Kurt Hutten in seinem Sektenbuch gar formuliert: »Mit alledem räumte das Te-

---

wenn er schreibt: »Keine von beiden Institutionen kann und wird je in das geweihte und festgelegte Gebiet der anderen übergreifen, keine von ihnen versuchen, die besondere, unbestrittene Amtsgewalt zu schmälern, mit der beide von Gott ausgestattet wurden« (*Weltordnung*, S. 215). Der von Montesquieu und Kant entwickelte Gedanke, daß die getrennten Gewalten durch gegenseitige Hemmungen und Beschränkungen im Gleichgewicht zu halten seien (*Balance of powers*), ist mit dieser Gewaltentrennung nicht verbunden. Er paßt schlecht zu einem theokratische Züge tragenden System, in dem alle Souveränität nicht vom Volk der Gläubigen ausgeht, sondern von Gott.

72 *Grundlagen*, S. 94 ff., 100 ff.

73 In seinem Werk erscheine ich mehrfach als Kronzeuge, auch für Aussagen, die ich so nicht gemacht habe. Vieles will er auch einfach nicht zur Kenntnis nehmen, immer wieder neigt er dazu, das, was gesagt wird, umzuinterpretieren. Daß er sich dieser Neigung sehr wohl bewußt ist, geht aus seinem an mich gerichteten Brief vom 21. Januar 1981 hervor. Darin meint er süffisant, meine Dissertation sei für ihn »eine ausgesprochen nützliche Hilfe« gewesen, es sei ihm ein besonderes Anliegen, ihr »in meinem Buch doch noch zu verspäteter Publizität zu verhelfen. Ob Sie insgesamt darüber glücklich sein werden, vermag ich nicht zu beurteilen.«

74 *Testament* 1:25

75 *Materialdienst*, S. 232

76 *Bahā'ismus*, S. 294

77 *Bahā'ismus*, S. 294

78 *Bahā'ismus*, S. 284

79 *Materialdienst*, S. 236

80 *Die Bahā'ī-Religion*, S. 95

stament dem ›Hüter‹ eine diktatorische Gewalt ein... Die frei flutende Bewegung wurde durch einen ›Hüter‹ gefesselt, der mit der Macht des Papstes ausgestattet war.«[81]

Dieser Vergleich ist ebenso erstaunlich wie falsch. Ist dem Theologen Hutten entfallen, daß das kanonische Recht dem Papst *iure divino* die Fülle der kirchlichen Leitungsgewalt[82] einräumt[83], zu der die klassischen Gewalten Legislative, Justiz und Verwaltung sowie auch die Lehrgewalt gehören, daß er darüber hinaus — wie alle Bischöfe — die »Weihegewalt« *(potestas ordinis)* innehat und dazu noch die absolute Souveränität über das Ökumenische Konzil der Weltkirche? Die Gleichsetzung des Hüters mit dem Papst ist abwegig, denn bei ihm ruht von allen diesen Gewalten nur das Lehramt.[84] Warum nennt Hutten dies »diktatorische Gewalt«?[85]

---

81 10. Aufl., S. 318/19

82 Früher »*potestas iurisdictionis*«, nach dem CIC 1983 »*potestas regiminis*«.

83 »... *qui ideo vi muneris sui suprema, plena, immediata et universali in Ecclesia gaudet ordinaria potestate, quam semper libere exercere valet*« (can. 331 CIC). Die hier formulierte päpstliche Vollmacht umfaßt a) die Höchstgewalt — über dem Papst gibt es in der Kirche keine geistliche Vollmacht, b) die Vollgewalt — sie umfaßt alle Bereiche, c) die unmittelbare Gewalt: der Papst ist bei der Ausübung seiner Vollmacht an keine Zwischeninstanz gebunden und d) die universale Gewalt: der Papst hat den Vorrang in der Gesamtkirche und zugleich in allen Teilkirchen (Peter Krämer, *Kirchenrecht* II, S. 100).

84 Ficicchias Behauptung, Shoghi Effendi sei bis zu seinem Tode »Alleinherrscher und als solcher auch Träger der *de iure* ihm nicht zustehenden Jurisdiktionsgewalt« gewesen (*Bahā'ismus*, S. 348 und S. 335, Fußnote 63), ist in dieser Allgemeinheit falsch. Soweit er praktische Entscheidungen in der Gemeindeführung zu treffen hatte und als vorläufige Appellationsinstanz judikative Funktionen ausübte, weil die dafür zuständige Institution noch nicht errichtet war, handelte es sich um vorläufige Kompetenzen mit Ersatzcharakter, worauf ich in meiner Dissertation hingewiesen habe: »Es liegt in der Natur der Sache, daß bei einem sich im Zustand der frühen Entwicklung befindlichen Gemeinwesen die Organe, die bereits vorhanden sind, lebenswichtige Funktionen der zwar vorgezeichneten, aber noch nicht errichteten Institutionen ausüben müssen« (*Grundlagen*, S. 144). So auch U. Gollmer (*Gottesreich*, Kap. 12.1). Die von Shoghi Effendi initiierte Rechtsentwicklung, die von ihm aus der Schrift abgeleiteten, in die Satzung der entscheidungsbefugten Körperschaften eingegangenen Rechtsstrukturen, hat er ausdrücklich als vorläufig bezeichnet und von der Billigung des Universalen Hauses der Gerechtigkeit abhängig gemacht: »... Sobald diese oberste Körperschaft ordnungsgemäß errichtet sein wird, wird sie die Gesamtlage erneut zu beurteilen haben« (*Bahā'ī Administration*, S. 41).

85 Ein Vergleich des Hütertums mit Papsttum, Kalifat und Imāmat findet sich in meiner Dissertation, *Grundlagen*, S. 151 ff.

Die »Führung der Gemeinschaft« ist eben gerade nicht »an eine Einzelperson« übergegangen.[86] Die »Autorität und Funktionsgewalt« der gewählten Körperschaften war durch das Hütertum nicht »weitgehend eingeschränkt«[87], sie war davon überhaupt nicht tangiert, denn nirgendwo hatte Bahā'u'llāh angedeutet, daß die Institution des *Baytu'l 'adl* auch für die Auslegung der Lehre zuständig sein sollte. Wie sollte auch die Einheit der Lehre gewahrt werden, wenn nach Ficicchias Theorie nur die lokalen »Häuser der Gerechtigkeit« vorgesehen und diese dann auch für das Lehramt zuständig gewesen wären? Wie sollten von den in allen Städten vorgesehenen »Häusern der Gerechtigkeit« Lehrentscheidungen getroffen werden? Hier zeigt sich, wie wenig durchdacht und absurd seine Thesen sind.

4. Zur »Lehrgesetzgebung« des Universalen Hauses der Gerechtigkeit

Es verschlägt einem immer wieder die Sprache, wie leichtfertig sich Ficicchia über die Schrift und die offizielle Lehre hinwegsetzt. Seine apodiktische Behauptung, das autoritative Lehramt sei nach Shoghi Effendis Tod auf das Universale Haus der Gerechtigkeit »notgedrungen« übergegangen[88], womit, wie bei der Katholischen Kirche, die Lehrgewalt Bestandteil der Jurisdiktionsgewalt geworden sei, und sein weiterer Schluß, das Prinzip der Gewaltentrennung[89] sei aufgegeben und das Universale Haus der Gerechtigkeit zum »autoritativen Lehrorgan«[90] geworden[91], ist absolut unwahr. Nicht damit zufrieden, zaubert er dann noch wie ein Kaninchen aus dem Zylinder die »Lehrgesetzgebung« des Universalen Hauses der Gerechtigkeit herbei[92], wohl wissend, daß es

86 *Bahā'ismus*, S. 280
87 *Bahā'ismus*, S. 280
88 *Bahā'ismus*, S. 364, 368
89 Hier: Die Trennung der Jurisdiktionsgewalt von der Lehrgewalt; hierzu U. Gollmer, *Gottesreich*, Kap. 11.2.2, 11.2.3 und 12.1.
90 *Bahā'ismus*, S. 368
91 *Bahā'ismus*, S. 366
92 *Bahā'ismus*, S. 367. Der Begriff erscheint gleich mehrfach auf dieser Seite, einmal davon sogar kursiv hervorgehoben.

eine solche nicht einmal zu Lebzeiten des Hüters gegeben hatte — weder der Sache noch dem Begriff nach. Von den Gründen, die ich in meiner Dissertation dafür angeführt habe, warum Lehrentscheidungen des Hüters nicht mit Kathedralentscheidungen des Papstes vergleichbar sind und nicht den Charakter einer Lehrgesetzgebung haben[93], zitiert Ficicchia sogar den Satz: »Den Gläubigen wird nicht befohlen, sondern vermittelt, was zu glauben ist«, doch nur, um diese Begründung als »formaljuristische Spitzfindigkeiten« abzutun, die vom »unliebsamen Gegenstand des Dogmas ablenken« sollen[94]. Daß ich an gleicher Stelle darauf hingewiesen habe, daß nach der Bahā'ī-Lehre der Glaube ein innerer Akt ist, der nicht dekretiert werden kann, daß eine blinde Unterwerfung unter die Autorität eine Vergewaltigung des menschlichen Gewissens und der Menschenwürde wäre[95], interessiert Ficicchia nicht im mindesten.

Das Universale Haus der Gerechtigkeit hat niemals Anspruch auf Autorität im Bereich der Lehre erhoben und immer wieder deutlich gemacht, daß es nach Shoghi Effendis Tod kein autoritatives Lehramt mehr gibt.[96] Ficicchia beruft sich auf die Verfassung dieser Körperschaft[97], wo »dessen Recht auf Ausübung des

---

93 *Grundlagen*, S. 135 ff. Die lehramtlichen Aussagen 'Abdu'l-Bahās und Shoghi Effendis haben den Charakter von Erläuterungen, sie waren niemals Glaubensbekenntnisse, Formeln, in denen die Wahrheit in das unzulängliche Gehäuse einer Glaubensdefinition gesperrt wurde. Über die Problematik solcher Definitionen vgl. H. Küng, *Unfehlbar?*, S. 128 ff., 135 ff.

94 *Bahā'ismus*, S. 344. Ausgerechnet mir macht er diesen Vorwurf, der ich mich mit den Vorbehalten unter den Bahā'ī gegen die Verwendung des Begriffs »Dogma« kritisch auseinandergesetzt habe und nicht zögerte, den dogmatischen Charakter der Bahā'ī-Lehre und der ergangenen Lehrentscheidungen hervorzuheben (*Grundlagen*, S. 133 ff.).

95 *Grundlagen*, S. 135. Auch U. Gollmer hebt unter Hinweis auf Shoghi Effendi (*Weltordnung*, S. 151 ff.) hervor: »Im Bahā'ītum ist der Glaube des Menschen ein innerer Akt, unmittelbar zu Gott; er kann nicht dekretiert werden. Die lehramtlichen Äußerungen des Hüters haben deshalb Erklärungscharakter. Sie zielen nicht auf eine blinde Unterwerfung unter die Autorität des Hüters, sondern auf einen Prozeß wachsender Einsicht in der lebenslangen Auseinandersetzung des Gläubigen mit der Schrift« (*Gottesreich*, Kap. 11.2.2).

96 »... das Universale Haus der Gerechtigkeit wird sich nicht auf die Interpretation der Heiligen Schriften einlassen« (Brief vom 25. Oktober 1984); ferner Briefe vom 9. März 1965 und 27. Mai 1966 (*Wellspring of Guidance*, S. 52, 53, 88); Briefe vom 20. Oktober 1977, 28. Oktober 1991 und Memorandum des Research Department vom 14. Mai 1991.

97 *The Constitution of the Universal House of Justice*, Haifa 1972

Lehramtes ausdrücklich hervorgehoben«[98] werde. In welchem Artikel dies stehen soll, hat er wohlweislich verschwiegen, denn es steht dort nirgendwo.[99]

Es ist müßig, darüber zu spekulieren, warum Ficicchia dies tut. Will er einmal mehr dartun, daß die »Organisation« ihre hehren rechtlichen Prinzipien — hier das Prinzip der Gewaltentrennung — »*in opportunistischer Manier*«[100] über Bord wirft? Vielleicht ist sein falsches Zeugnis im Zusammenhang mit seiner immer wieder aufgetischten These von der angeblichen »Verkirchlichung« der Bahā'ī-Gemeinde[101] zu sehen, seiner Behauptung, die Gemeinde sei zu einer »Kirchenanstalt«[102], zu einer »*Heilsanstalt*«[103] geworden.

5. Die Gemeinde als »Heilsanstalt«?

Auch diese Behauptung ist abwegig und wird durch noch so häufige Wiederholung nicht richtiger. Den Gründen, warum die Bahā'ī-Gemeinde — von terminologischen Bedenken einmal ganz abgesehen — auch sachlich keine »Kirche« und keine »Heilsanstalt« ist, habe ich in meiner Dissertation einen ganzen Abschnitt gewidmet.[104] Unbeschadet der anstaltlichen Züge, die die Bahā'ī-Gemeinde wegen des Vorhandenseins einer autoritativen Lehrinstanz hat[105], ist sie deshalb keine »Kirche«, keine »Heilsanstalt«, weil die konstitutiven Strukturelemente jedes Kirchentums, Wortverwaltung und Sakramentsverwaltung, bei ihr nicht vorlie-

98 *Bahā'ismus*, S. 365, Fußnote 180

99 Im Hinblick auf die *Schrift* enthält die Präambel (*Declaration of Trust*) lediglich folgende Kompetenzen: »Among the powers and duties with which the Universal House of Justice has been invested are: To ensure the preservation of the Sacred Texts and to safeguard their inviolability; to analyse, classify, and coordinate the writings« (*Constitution*, S. 5).

100 *Bahā'ismus*, S. 129 (Hervorhebung durch F.)

101 *Bahā'ismus*, S. 337, 278, 368, 421

102 *Bahā'ismus*, S. 278, 337, 368

103 *Bahā'ismus*, S. 332, 368, 421, 428 (Hervorhebung durch F.)

104 *Grundlagen*, § 15 S. 103-109; vgl. auch *Sekte oder Offenbarungsreligion?*, S. 11 ff.

105 vgl. *Grundlagen*, S. 91-93

gen[106]. Die Bahā'ī-Gemeinde kannte zwar, solange das Lehramt bestand, eine »Wortverwaltung« (oder »Lehrgewalt«), doch keine Sakramentsverwaltung, weil die Religion Bahā'u'llāhs keine Objektivierung der göttlichen Gnade, also keine Sakramente kennt: Die göttliche Gnade wird nicht verwaltet und »gespendet«. Darum kennt die Gemeinde kein Priestertum, dem »in seinshafter und bleibender Weise heilige Gewalten für das sakramentale Wirken«[107] übertragen sind. Die Bahā'ī-Gemeinde kennt insbesondere keine Beichte[108], kein *»forum internum sacramentale«* — der Gewissensbereich ist rechtsfrei[109], der Gnadenbereich dem individuellen Verhältnis des Menschen zu Gott vorbehalten. Eine Heilsvermittlung findet somit nicht statt[110].

Ficicchia, der, wo es ihm in den Kram paßt, aus meiner Dissertation ausgiebig zitiert, hat diese Ausführungen ignoriert und sich so eine Auseinandersetzung mit den aufgezeigten Gründen erspart. Unverfroren deutet er Passagen Shoghi Effendis[111], in denen dieser die religionsgeschichtliche Einmaligkeit und Authentizität der Ordnung Bahā'u'llāhs hervorhebt, um in den angeblichen Anspruch, »die allein seligmachende, von Gott gestiftete *Heilsanstalt* auf Erden«[112] zu sein. Die katholische Formel[113] genügt ihm indessen noch nicht: Er entblödet sich nicht, im Hinblick auf das Lehramt zu behaupten, in der Bahā'ī-Gemeinde nehme eine »Organisation die offenbarte Botschaft selbst in die Hand« und vermittle »diese nun *ex opere operato* objektiv für alle Glaubensgenossen«[114].

»Wenn dem Esel zu wohl ist, so geht er aufs Eis«, sagt das Sprichwort.[115] Ficicchia ist eingebrochen: Die Formel *»ex opere*

---

106 vgl. E. Troeltsch, *Soziallehren*, S. 449; Adam, *Das Wesen des Katholizismus*, S. 292
107 Eichmann-Mörsdorf, *Lehrbuch des Kirchenrechts*, Bd. II, S. 96
108 Sie ist ausdrücklich verboten (vgl. *Kitāb-i-Aqdas* 34; *Botschaften* 3:14).
109 »Gewissen und Überzeugung« nennt 'Abdu'l-Bahā »den Privatbesitz von Herz und Seele«, der den rechtlichen Gewalten entzogen ist: »Seele und Gewissen sind der Kontrolle des Herrn aller Herzen unterworfen, nicht der seiner Diener« (Edward G. Browne [Hrsg.], *A Traveller's Narrative*, S. 165).
110 vgl. auch U. Gollmer, *Gottesreich*, Kap. 6.2; 6.3; 6.4; 11.2.3; 12.1
111 *Weltordnung*, S. 207 ff., 209
112 *Bahā'ismus*, S. 332 (Hervorhebung durch F.)
113 »*Extra ecclesiam nulla salus*«
114 *Bahā'ismus*, S. 420
115 Simrock, *Deutsche Sprichwörter*, Nr. 2159

operato« stammt aus der hochscholastischen Sakramentslehre der Katholischen Kirche und kennzeichnet den Wirkzusammenhang zwischen Sakrament und Gnade als ein *Opus operatum*, weil die mitgeteilte Gnade nicht wegen der Verdienste des Spenders oder Empfängers der Sakramente vermittelt wird: Das *rite* vollzogene Werk der sakramentalen Handlung hat die gnadenvermittelnde Wirkung. Die Formel »*ex opere operato*« bringt die »objektiv-instrumentalursächliche Wirksamkeit der Sakramente« zum Ausdruck.[116] Bei der autoritativen Lehrvermittlung durch das Lehramt macht diese Formel überhaupt keinen Sinn. Die Kirche hat sie auch nie im Zusammenhang mit dem Lehramt verwandt. Der Lapsus entlarvt einmal mehr die mangelnde theologisch-religionswissenschaftliche Kompetenz des Verfassers, wobei es nur zu verwundern ist, daß dieser Irrtum nicht dem Rotstift der Editoren dieses Werkes zum Opfer gefallen ist.

6. Hat Shoghi Effendi die Errichtung des Universalen Hauses der Gerechtigkeit verhindert?

Daß Ficicchia, der sich verbal zum Ideal wissenschaftlicher Objektivität bekennt[117], wenig an sachlicher Information liegt, daß er den Leser überreden will, verrät nicht zuletzt seine Neigung, dem Ansehen des Bahā'ī-Glaubens abträgliche Behauptungen in immer neuen Zusammenhängen zu repetieren, sie durch häufige kursive Hervorhebungen noch zu akzentuieren und so dem Leser regelrecht einzubleuen. So erscheint die aus der Luft gegriffene Behauptung, Shoghi Effendi habe die »Errichtung eines kollektiven Führungssystems« sechsunddreißig Jahre lang zu verhindern gewußt, um »im Alleingang« herrschen zu können, gleich dreimal.[118] Für diese These genügt ihm die bloße Tatsache, daß das Universale Haus der Gerechtigkeit erst nach Shoghi Effendis Tod, im Jahr 1963, errichtet wurde und ein Zitat 'Abdu'l-Bahās, aus welchem er messerscharf schließt, daß diese Körperschaft unmit-

116 vgl. *Lexikon für Theologie und Kirche*, Bd. 7, S. 1184 ff.; Bd. 9, S. 218 ff.
117 *Bahā'ismus*, S. 30
118 *Bahā'ismus*, S. 314, 350, 360/61

telbar nach ʻAbdu'l-Bahās Tod hätte errichtet werden müssen[119]. Liest man die von Ficicchia zitierte Passage im Kontext nach, so sieht man, daß sie dafür nichts hergibt. Im englischen Text heißt es: »After ʻAbdu'l-Bahā, *whenever* the Universal House of Justice is organised, it will ward off differences«[120] — der Zeitpunkt seiner Errichtung bleibt völlig offen. Daß ʻAbdu'l-Bahā ungeachtet der Erwartungen vieler Gläubiger[121] die Zeit für die Errichtung dieser Institution zu seinen Lebzeiten und unmittelbar nach seinem Tod nicht für gekommen hielt, ergibt sich aus einem Bericht seines Chronisten Mīrzā Mahmūd Zarqānī, nach welchem ʻAbdu'l-Bahā, in Sorge über die Machenschaften der Bundesbrecher, sagte: »Wäre die Zeit günstig, so könnte das Haus der Gerechtigkeit ins Leben gerufen werden, das die Sache (Gottes) schützen würde.«[122]

Die Gründe, warum diese oberste Institution erst geraume Zeit nach ʻAbdu'l-Bahās Hinscheiden errichtet werden konnte, liegen auf der Hand. Das Universale Haus der Gerechtigkeit wird nach ʻAbdu'l-Bahās *Testament* von den Mitgliedern aller Nationalen Geistigen Räte gewählt. Als Shoghi Effendi sein Amt antrat, gab es noch keinen einzigen Nationalen Rat. So wie man beim Bau eines Hauses nicht mit dem Dach beginnt, sondern mit dem Fundament, mußten erst die lokalen »Häuser der Gerechtigkeit« — heute noch »Geistige Räte« genannt — gebildet werden, und erst da, wo in einem Staat die örtlichen Institutionen ein hinreichend solides Fundament abgaben, konnte der für die nationale Gemeinde zuständige Nationale Rat gebildet werden. Shoghi Effendi wies schon 1929 darauf hin, daß die Errichtung des Universalen Hauses der Gerechtigkeit zumindest voraussetze, daß die Gemeinden des Iran und der benachbarten Länder unter sowjetischer Herrschaft, wo damals die Majorität der Bahā'ī lebte, Religionsfreiheit (und damit auch das Recht, sich gemäß dem eigenen Recht zu or-

119 *Bahā'ismus*, S. 360

120 zit. nach *Star of the West*, Bd. IV, 23. November 1913, S. 238. Hervorhebung durch den Verfasser.

121 vgl. A. Taherzadeh, *The Covenant*, S. 334; L. Bramson-Lerche, »Some Aspects of the Establishment of the Guardianship«, S. 263.

122 *Kitāb-i-Baday'u'l Āthār*, Bd. 2, S. 250; zitiert nach A. Taherzadeh, *The Covenant*, S. 286

ganisieren und zu wählen) haben.[123] Im übrigen schreibt Shoghi Effendi im Hinblick auf die nationalen Körperschaften: »Erst wenn sie selbst die Gesamtheit der Gläubigen in ihren jeweiligen Ländern voll repräsentieren, erst wenn sie die Geltung und die Erfahrung erworben haben, die sie befähigen, tatkräftig am organischen Leben der Sache Gottes teilzunehmen, können sie an ihre heilige Aufgabe gehen und die geistige Grundlage für die Bildung einer so erhabenen Körperschaft in der Bahā'ī-Welt schaffen.«[124] Diese Voraussetzungen waren 1963 erfüllt, als hundert Jahre nach dem *Riḍvān*-Geschehen das Universale Haus der Gerechtigkeit von fünfundsechzig Nationalen Geistigen Räten erstmals gewählt wurde.[125]

Auch diese Gründe findet Ficicchia »wenig überzeugend«, ohne sich ihnen argumentativ zu stellen. Statt dessen höhnt er: »Widersprüchlich tönt auch der Hinweis auf die noch mangelnde Konsolidierung der organisatorischen Strukturen, werden diese doch sonst in ihrer ›Einzigartigkeit‹ und ›Vollkommenheit‹ als unüberbietbar geschildert.«[126] Doch was hat die »Einzigartigkeit« dieser Ordnung, die Ficicchia an anderer Stelle selbst einräumt[127], und ihre potentielle »Vollkommenheit« mit deren Inswerksetzung zu tun? Die Ordnung fällt ja schließlich nicht vom Himmel, sie muß errichtet und entfaltet werden, und das geschieht in einem langwierigen, schwierigen historischen Prozeß.

7. Zum Thema »Unfehlbarkeit«

Was Ficicchia im Zusammenhang mit den Institutionen der Bahā'ī-Gemeinde über das Charisma der »Unfehlbarkeit« schreibt, ist konfus und falsch, wobei wiederum schwer zu entscheiden ist,

123 *Weltordnung*, S. 21. In den dem Iran benachbarten Ländern der ehemaligen Sowjetunion ist dies erst seit dem Ende des Sowjetimperiums der Fall.

124 *Weltordnung*, S. 22. Hierzu auch L. Bramson-Lerche, »Some Aspects of the Establishment of the Guardianship«, S. 275 ff.

125 *The Bahā'ī World*, Bd. 14, Haifa 1974, S. 427. Heute (1995) gibt es deren 177.

126 *Bahā'ismus*, S. 361

127 »Das ist wohl einmalig in der Religionsgeschichte, daß ein Religionsstifter nicht nur ein geschriebenes Gesetz (*Kitāb al-Aqdas)* hinterläßt, sondern zugleich auch Richtlinien für die spätere organisatorische Gestaltung [also doch!] der Gemeinschaft aufstellt« (*Bahā'ismus*, S. 422).

ob dies aus seinem mangelnden Sachverstand resultiert oder aus seinem Nichtverstehenwollen. Vieles spricht dafür, daß er auch hier die Gegebenheiten verbiegt und uminterpretiert, um so — wohl wissend und darauf spekulierend, wie historisch belastet[128] und wie problematisch dieser Begriff in einer ungläubigen Welt ist[129] — die Züge der von ihm porträtierten Ordnung noch abstoßender zu gestalten. Gebetsmühlenartig ist in seinem Werk von der »unfehlbaren Führung«[130], der »unfehlbaren Organisation«[131], der »unfehlbaren administrativen Ordnung«[132] oder der »›unfehlbaren‹ Hierarchie«[133] zu lesen, und selbst in seinem kurzen Beitrag im »*Lexikon der Religionen*« versäumt er nicht, hervorzuheben: »Der Bahā'ismus besitzt eine straffe, zentralistische Organisation... Ihre Erlasse gelten als Ausfluß des göttlichen Willens und sind unfehlbar«[134], dem Leser einredend, die Bahā'ī reklamierten für die Tätigkeiten ihrer gesamten Administration die Freiheit von Irrtum. Immer wieder hebt Ficicchia hervor: »Die Beschlüsse des Nationalen Geistigen Rates gelten ebenfalls als *unfehlbar*«[135]... »Die Beschlüsse[136] gelten auch hier als unmittelbarer Ausfluß des Willens Gottes und sind somit *unfehlbar.*«[137] Auch sonst spricht er von der »Unfehlbarkeit der nationalen und lokalen Körperschaften«[138] oder gar von der »propagierten Unfehlbarkeit der örtlichen Körperschaften«[139]. Die gleiche Behauptung findet sich auch in seinem Beitrag im *Lexikon der Sekten.*[140]

---

128 Der Begriff ist in der christlichen Theologie höchst umstritten. Nicht wenige Theologen erkennen nicht einmal Christus dieses Charisma zu, weil er sich in der Frage der Parusie offensichtlich geirrt habe.

129 »Unfehlbarkeit ist ein im Zeitalter des *Fallibilismus* obsoleter Anspruch« (Heiner Barz, *Postmoderne Religion*, S. 136).

130 *Bahā'ismus*, S. 28, 161, 413; *Lexikon der Sekten*, Sp. 104

131 *Bahā'ismus*, S. 290, 371, 372, 374, 429. Auf Seite 405 spricht er von der Unfehlbarkeit »des Hüters und der Institutionen« und bringt damit auch zum Ausdruck, daß über das Universale Haus der Gerechtigkeit hinaus die örtlichen und nationalen Körperschaften als unfehlbar gelten.

132 *Bahā'ismus*, S. 393

133 *Bahā'ismus*, S. 429

134 *Lexikon der Religionen*, Stichwort: »Bahā'ismus «, S. 47; *Lexikon der Sekten*, Sp. 104

135 *Bahā'ismus*, S. 371, (Hervorhebung durch F.).

136 gemeint sind hier die der örtlichen Geistigen Räte

137 *Bahā'ismus*, S. 374 (Hervorhebung durch F.)

138 *Bahā'ismus*, S. 372; *Lexikon der Sekten*, Sp. 104

139 *Bahā'ismus*, S. 371, Fußnote 196

140 [3]1991, Sp. 103

Ein so umfassender Anspruch auf Irrtumslosigkeit wäre — würde es ihn geben — in höchstem Maße suspekt, ein Ausdruck von Anmaßung, Überheblichkeit und Realitätsblindheit, ja geradezu von Dummheit. Doch das von Ficicchia vermittelte Bild ist eine völlige Verzeichnung der Gegebenheiten. Es ist hier sicher nicht der Ort, in eine detaillierte, den Rahmen sprengende Darstellung dieses komplexen Themas einzutreten, doch lassen sich Ficicchias Behauptungen nicht widerlegen ohne Darstellung der Grundzüge dieses Systems:

a) Die Schrift unterscheidet zwischen einer wesenhaften und einer durch göttliche Verleihung erworbenen Unfehlbarkeit.[141] Die wesenhafte Unfehlbarkeit gehört zur Natur des Prophetentums, sie ist ausschließliches Kennzeichen der ontologischen Stufe der Manifestationen Gottes, so wie die Sonnenstrahlen der Sonne inhärent sind. Schon nach islamischer Lehre haben alle Propheten dieses Charisma der Unfehlbarkeit. Sie sind »*ma'ṣūm*«, d. h. sündlos, moralisch unfehlbar und von Gott gegen Irrtum gefeit. Bahā'u'llāh hat den Lehrsatz von der »Größten Unfehlbarkeit«[142] im *Kitāb-i-Aqdas*[143] und im Sendbrief *Ishrāqāt*[144] mit provozierender Sprachgewalt formuliert. Er gilt ausschließlich für die »Manifestation Gottes«[145], die aus einem »existentiellen Wissen«[146] die »Wirklichkeit der Dinge« kennt[147]. Wenn Ficicchia (ohne Quellenangabe!) behauptet[148], auch das »Haus der Gerechtigkeit« habe an diesem Charisma der »Größten Unfehlbarkeit« teil, so ist dies schriftwidrig und falsch.

b) »Verliehene Unfehlbarkeit«[149] ruht in der Gemeinde Bahā'u'llāhs ausschließlich auf dem Lehramt 'Abdu'l-Bahās[150] und Shoghi Effendis[151] und auf dem Universalen Haus der Gerechtigkeit. Für beide Institutionen gilt: »Was immer sie entscheiden, ist

141 vgl. *Beantwortete Fragen* 45:2
142 *al-'iṣmatu'l-kubrā*; vgl. auch das Stichwort »'iṣma« in *SEI*, S. 178
143 Vers 47
144 *Botschaften* 8:17 ff.
145 *al-maẓharu'l-ilāhī*
146 *'ilm al-wujudī*
147 *Beantwortete Fragen* 40:6; *Botschaften* 8:17
148 *Bahā'ismus*, S. 161
149 *Beantwortete Fragen* 45:4
150 *Kitāb-i-Aqdas* 122, *Kitāb-i-'Ahd* (= *Botschaften* 15:9)
151 *Testament* 1:17, 3:13

von Gott.«[152] Vom Universalen Haus der Gerechtigkeit ist gesagt, daß Gott es »zum Quell alles Guten gemacht und von allem Irrtum befreit hat«[153] und daß, was immer es entscheidet, »die Wahrheit und Gottes Wille«[154] ist: »Gott wird ihnen wahrlich eingeben, was Er will«[155], lautet die Verheißung. Das Charisma der Irrtumslosigkeit ruht also nicht auf der Gesamtgemeinde (wie bei der katholischen Kirche)[156] und nicht auf der Person (die ihrem Wesen nach Mensch bleibt), sondern auf dem Amt[157] und erfährt von diesem seine sachliche Beschränkung[158].

Im Falle des Hüters erstreckte sich sein Amtscharisma auf den engen Bereich seines Lehramtes[159], also auf die Auslegung der Schrift und den Schutz des Glaubens; außerhalb dieser Funktion war der Hüter ausdrücklich nicht unfehlbar[160], wie er überhaupt

---

152 *Testament* 1:17

153 *Testament* 1:25

154 *Testament* 2:8

155 *Botschaften* 6:29

156 Thomas v. Aquin formuliert: »*Ecclesia generalis non potest errare* « (S. th. Suppl. 25, 1).

157 Die einzelnen Mitglieder des Universalen Hauses der Gerechtigkeit haben daran keinen Anteil.

158 Zur Infallibilität des Papstes (vgl. can. 749 CIC; *Katechismus der katholischen Kirche*, Nr. 891, 2035), die sich auch »auf die einzelnen Gebote des *natürlichen Sittengesetzes* erstreckt« (*Katechismus* Nr. 2036), besteht neben den inhaltlichen Aspekten ein Unterschied in der Legitimation: Die päpstliche Unfehlbarkeit wird legitimiert durch Deduktionen. Der die Lehrgewalt implizierende Jurisdiktionsprimat des Papstes beruht nach kirchlicher Lehre auf der Berufung Petri zum Apostelfürsten (Matth. 16:18; Joh. 1:42; 21:15; Luk. 22:32) und auf der apostolischen Sukzession des Bischofs von Rom im Petrusamt. Die Unfehlbarkeit des päpstlichen Lehramtes wird aus der Zusage des Heiligen Geistes (Matth. 28:30): »Und siehe, ich bin bei euch alle Tage bis an der Welt Ende« und der Verheißung des »Geistes der Wahrheit« (Joh. 14:16 ff.) abgeleitet, durch die die Reinheit und Unverfälschtheit der Glaubensverkündung der Apostel und ihrer Nachfolger für immer verbürgt sei (vgl. Luk. 10:16; zum Ganzen *Lexikon für Theologie und Kirche*, Bd. 10, Sp. 482 ff.) Diese Deduktionen werden von den nichtkatholischen Kirchen bestritten und sind innerhalb der römischen Kirche kontrovers (vgl. Hans Küng, *Unfehlbar?*, S. 53 ff., 62 ff., 87 ff.). Der Begriff »Unfehlbarkeit« im Sinne einer Unfähigkeit, in Irrtum zu fallen, ist in der Schrift nirgendwo zu finden.

Demgegenüber sind die Institutionen des Hütertums und des Universalen Hauses der Gerechtigkeit unmittelbar legitimiert durch die Schrift, Bahá'u'lláhs *Kitáb-i-Aqdas* und 'Abdu'l-Bahás *Testament*. Die Zusage des Charismas der Irrtumsfreiheit ist, wie oben dargestellt, expliziter Bestandteil der Schrift.

159 vgl. *Grundlagen*, S. 138 ff.; U. Gollmer, *Gottesreich*, Kap. 11.2.2.

160 »Die Unfehlbarkeit des Hüters beschränkt sich auf Fragen, die sich direkt auf die Sache Gottes und die Interpretation der Lehre beziehen... Ebenso erheischen alle seine Weisungen, die sich auf den Schutz des Glaubens erstrecken, Gehorsam, da er

über nichts entschied, »was nicht in den Lehren enthalten ist«[161]. Soweit es die Fakten anbelangt, fallen seine historischen Werke nicht in den Bereich des Lehramtes und sind damit auch nicht vom Charisma erfaßt, wohl aber überall da, wo es sich um »narrative Theologie« handelt, »um die Deutung der theologischen Signifikanz historischer Ereignisse«[162].

Darüber, welche Funktionsbereiche des Universalen Hauses der Gerechtigkeit vom Charisma der Unfehlbarkeit getragen sind, enthält die Schrift keine explizite Aussage. In meiner vor dem Tod Shoghi Effendis erschienenen Dissertation habe ich die Frage, ob sich die Irrtumsfreiheit dieser Institution über die gesetzgebende Gewalt hinaus auch auf ihre anderen Funktionen erstreckt, dahingestellt sein lassen, jedoch erkennen lassen, daß ich einer restriktiven Auslegung der Schrift den Vorzug gebe.[163] In der Literatur hat neuerdings Gollmer diese Frage thematisiert.[164] Das Universale Haus der Gerechtigkeit hat sich hierzu bislang noch nicht geäußert. Mit einer offiziellen Verlautbarung dürfte auch kaum zu rechnen sein, da es sich, wie sich noch zeigen wird, hierbei um eine akademische Frage ohne rechtliche Relevanz handelt.

Ich meine, daß in Analogie zur Selbstbeschränkung Shoghi Effendis auch das dem Universalen Haus der Gerechtigkeit verliehene Charisma der Unfehlbarkeit sich nicht auf alle seine Akte erstreckt, sondern nur auf die im *Testament* hervorgehobenen

---

in diesem Bereich unfehlbar ist« (Shoghi Effendi durch seinen Sekretär, Brief vom 17. Oktober 1944 an John Ashton, zitiert nach L. Bramson-Lerche, »Some Aspects of the Establishment of the Guardianship«, S. 257, 284 unter Hinweis auf die dort angegebenen Quellen).

161 Brief Shoghi Effendis vom 29. September 1953

162 L. Bramson-Lerche, *a. a. O.*, S. 258, die darauf hinweist, daß Shoghi Effendi, obwohl er äußerst sorgfältig recherchierte, in seinem Werk *God Passes by* einige unbedeutende Fehler unterlaufen sind (*a. a. O.*, S. 285, Fußnote 20). So auch Robert Stockman: »The same observations are true of 'Abdu'l-Bahā and Shoghi Effendi who quote in formations that appears to be historically inaccurate in their books. Shoghi Effendis's secretary stated the Guardian was not infallible in matters of economic and science and apparently he did not claim infallibility in matters of history (though his historical writing clearly reflects a very high level of precision and accuracy)« (zitiert nach *Abstracts* von Vorträgen, gehalten auf der »Fourth H. M. Arjmand Conference on Scripture«, die in der Zeit vom 4.-6. November 1994 in Nijmegen/Holland stattgefunden hat).

163 *Grundlagen*, S. 174

164 *Gottesreich*, Kap. 12.4.3

Funktionen: auf die Gesetzgebung und auf Entscheidungen zu Fragen, »die kontrovers, unklar oder nicht ausdrücklich im Buche behandelt sind«[165], also auf Fragen von universaler Relevanz.

Für diese einschränkende Deutung spricht zunächst, daß die pneumatische Rechtleitung, die nichtirrende Führung[166], jeweils im Kontext der Schriftstellen verheißen ist, in welchen die Kompetenzen dieser Körperschaft definiert werden und daß dabei stets auf das »Buch« oder den »heiligen Text« rekurriert wird.[167] Das »Buch«, der »heilige Text«, hat universale Geltung. Daraus kann man schließen, daß nur solche Entscheidungen »unfehlbar« sind, die gleichfalls universale Geltung haben, wohingegen Entscheidungen in Einzelfällen ohne diese universale Relevanz nicht vom Charisma erfaßt werden.

Für diese auch von Gollmer vertretene restriktive Interpretation spricht des weiteren, daß die Entscheidungen des Universalen Hauses der Gerechtigkeit keinen Offenbarungscharakter haben. Sie erfolgen nicht durch quasiprophetische Eingebungen, durch Realinspiration (»*quasi per inspirationem*«), sondern in einem rationalen, diskursiven Prozeß, in welchem nach Klärung der in der Schrift vorgegebenen normativen Rahmenbedingungen und aller relevanten Fakten die förmliche Beratung in einen Konsens der Meinungen und schließlich in eine von der Mehrheit getragene oder einstimmige Beschlußfassung mündet.

Unfehlbarkeit ist, wie das Universale Haus der Gerechtigkeit ausdrücklich feststellt[168], keine Allwissenheit. Das verliehene Charisma macht diese Institution, wie früher schon hervorgeho-

---

165 *Testament* 2:9

166 »von allem Irrtum befreit« (*Testament* 1:25)

167 »Die Vertrauensleute des Hauses der Gerechtigkeit haben über die Angelegenheiten zu beraten, die nicht ausdrücklich im Buche offenbart sind, und zu vollziehen, was sie für gut halten. Gott wird ihnen wahrlich eingeben, was Er will« (*Botschaften* 6:29). »Alles ist dieser Körperschaft vorzulegen. Sie erläßt alle Vorschriften und Satzungen, die nicht im klaren heiligen Text zu finden sind. Diese Körperschaft hat alle schwierigen Probleme zu lösen« (*Testament* 1:25) ... »Dem heiligsten Buche muß sich jeder zuwenden, und was darin nicht ausdrücklich verwahrt ist, ist dem Universalen Haus der Gerechtigkeit vorzulegen« (*Testament* 2:8).... »Es obliegt diesen Mitgliedern, ... alle Fragen zu beraten, die kontrovers, unklar oder nicht ausdrücklich im Buche behandelt sind. Was sie entscheiden, hat dieselbe Geltung wie der heilige Text« (2:9).

168 Brief vom 22. August 1977

ben, nicht zu einem »delphischen Orakel«[169], das man anrufen kann, wenn man nicht mehr weiter weiß. Wie jede andere zur Entscheidung berufene Korporation ist auch das Universale Haus der Gerechtigkeit auf Information angewiesen[170], doch ist diese Information ihrer Qualität nach verschieden je nach der Ebene, auf der die Entscheidung gefällt wird.

Auf der exekutiven und judikativen Ebene ist es die Kenntnis der historischen Fakten eines konkreten Falles, auf der legislatorischen Ebene die Vertrautheit mit der zu regelnden Materie. Die für die exekutiven und judikativen Entscheidungen erforderliche Sachinformation erfolgt durch die nachgeordneten Institutionen. Eine unfehlbare Entscheidung würde hier voraussetzen, daß diese Sachunterrichtung in jedem Falle irrtumsfrei erfolgt. Das ist unmöglich. Dafür, daß bei diesen Vorgängen *alle* zur Entscheidung relevanten Tatsachen übermittelt und in ihrer Gewichtung richtig eingeschätzt vorgelegt werden, kann es keine Sicherheit geben. Gibt es keine Sicherheit, dann kann es aber auch keine Gewähr für eine absolute Richtigkeit der auf dieser Ebene zu treffenden Entscheidung geben. Die Richtigkeit der Entscheidung ist hier eine bedingte: sie hängt ab von der Richtigkeit der Informationen über den zu entscheidenden Sachverhalt. Eine bedingte Unfehlbarkeit aber ist eine *»contradictio in adiecto«*. Wenn das Universale Haus der Gerechtigkeit erklärt, daß eine Entscheidung »korrigiert« werden kann, »wenn neue Fakten bekannt werden«[171], so sehe ich darin eine Bestätigung dieser Auffassung.

Anders bei der Gesetzgebung, bei der Setzung genereller abstrakter Normen oder bei Entscheidungen zu einer Einzelfrage von universaler Relevanz.[172] Hier fällt die Entscheidung auf der abstrakten Normebene, hier ist sie unabhängig von einer konkreten Fallgestaltung und der sicheren Feststellung der relevanten

---

169 *Grundlagen*, S. 290

170 »Das Universale Haus der Gerechtigkeit benötigt für seine Entscheidung alle dazu relevanten Fakten« (Brief vom 13. August 1981). »Was die Entscheidungen und Weisungen des Universalen Hauses der Gerechtigkeit und ihr Verhältnis zu den vorgelegten Informationen anbelangt, so liegt es auf der Hand, daß der Inhalt einer Entscheidung oder Weisung von den Informationen beeinflußt ist, auf denen sie basiert« (Brief vom 26. Mai 1993).

171 Briefe vom 13. August 1981 und 22. August 1977

172 Ein Beispiel hierfür war die Entscheidung des Universalen Hauses der Gerechtigkeit über das Ende der Sukzessionsfolge nach dem Tode Shoghi Effendis.

Tatsachen. Auch hier bedarf das Universale Haus der Gerechtigkeit der Informiertheit über alle Aspekte des zu regelnden Gegenstandes und über die rechtsdogmatischen[173] Implikationen der Gesetzgebung, doch ist es hier nicht auf die Klärung historischer Sachverhalte und die stets fehlbare Tatsachenvermittlung der anderen Institutionen angewiesen; hier ist es unabhängig von jeder notwendigerweise fehlbaren Mitwirkung Dritter. Legislative Akte sind kraft göttlichen Beistands vom Irrtum befreit, in ihnen manifestiert sich der göttliche Wille: »Was diese Körperschaft einstimmig oder mit Stimmenmehrheit entscheidet, ist die Wahrheit und Gottes Wille.«[174] Durch dieses Siegel der Irrtumsfreiheit wird das

---

173 Rechtsdogmatik und Gesetzestechnik gehören zu den notwendigen Grundlagen einer jeglichen Gesetzgebung. Diese rechtsdogmatischen Vorarbeiten, die Voraussetzung für die Überschaubarkeit und Verläßlichkeit des gesetzten Rechtes sind, wird von den »Gelehrten«, den »Gebildeten« (vgl. *Kitāb-i-Aqdas* 173; im Urtext *'ulamā'*, von *'ālim*, »der Wissende«, der Kenntnis hat [als göttliches Attribut *al-'ālim*: der Allwissende], *verbum agens: 'ālama*, wissen) zu leisten sein, die »im Mittelpunkt der Gesetzgebung« stehen (vgl. 'Abdu'l-Bahā, *Das Geheimnis göttlicher Kultur*, S. 41), deren Rechtsauffassungen allerdings nur Autorität erlangen, »wenn sie vom Haus der Gerechtigkeit bestätigt worden sind« ('Abdu'l-Bahā, zitiert nach *Wellspring of Guidance*, S. 85). Zum Ganzen siehe auch U. Gollmer, *Gottesreich*, Kap. 11.2.3; 12.4.3 sowie meine Ausführungen S. 276 ff.

174 *Testament* 2:8; 1:17. Die Analogie, die Ficicchia in Anlehnung an H. Römer (*Die Bābī-Behā'ī*, S. 118) zwischen der Infallibilität des Universalen Hauses der Gerechtigkeit und dem islamischen Konsensprinzip, dem *ijma'*, zieht (S. 162, 281), ist wenig überzeugend. Zwar wird in beiden Fällen Infallibilität in Anspruch genommen, doch ist dies schon die einzige Gemeinsamkeit.

Zunächst zum *ijma'*: Während der shī'itische Islam im Imāmat eine autoritative Lehrinstanz besaß (vgl. Moojan Momen, *An Introduction to Shi'ih Islam*, S. 148 ff.), gab es eine solche im sunnitischen Islam nicht — der Kalif war weltlicher Statthalter des Propheten und hatte keine Lehrautorität (siehe *Grundlagen*, S. 151, Fußnote 498 und die dort angegebene Literatur). Doch entwickelte sich im sunnitischen Islam eine Einrichtung, die zur allmählichen autoritativen Klärung dogmatischer Fragen führte. Aus dem von Ibn Mādjā überlieferten Ḥadīth »Mein Volk wird niemals in einem Irrtum übereinstimmen« schloß man *per argumentum e contrario*, daß einem Konsens, dem *ijma'*, über eine Glaubensfrage immer die Wahrheit zugrunde liege. Ein *ijma'* lag vor, wenn die anerkannten Religionsgelehrten einer Zeit, die *mujtahids*, in einer Glaubensfrage übereinstimmten. Was einmal vom *ijma'* entschieden war, galt als Wahrheit und war für alle Zeiten bindend (zum Ganzen vgl. Bergsträsser, *Islamisches Recht,* S. 131 ff.; Goldziher, *Vorlesungen über den Islam*, S. 52 ff.; *SEI*, S. 157).

Folgende Unterschiede bestehen zwischen dem *ijma'* und den vom Charisma der Irrtumslosigkeit getragenen Gesetzgebungsakten des Universalen Hauses der Gerechtigkeit:

a) Der *ijma'* ist weder ein Spruchkörper noch eine zu einem historischen Zeitpunkt erfolgte und proklamierte Entscheidung, sondern die nachträgliche Feststellung,

vom Universalen Haus der Gerechtigkeit gesetzte Recht sakrales Recht, das sich qualitativ von jedem *ius humanum* unterscheidet und in der Hierarchie des Rechts dem *ius divinum* zugerechnet ist.[175]

Rechtlich hat die hier vertretene Auffassung keine Konsequezen, denn der Geltungsanspruch von Einzelfallentscheidungen dieser Körperschaft wird davon nicht berührt. Die Autorität dieser letztinstanzlichen Institution hängt nicht an ihrem besonderen Charisma, sie ist in jedem Falle unanfechtbar[176]: Alle ihre Entscheidungen müssen ohne Wenn und Aber befolgt werden.[177] Darüber hinaus führt die hier vertretene restriktive Interpretation keineswegs zur Konsequenz, daß Einzelfallentscheidungen des Universalen Hauses der Gerechtigkeit *nicht* des göttlichen Beistands teilhaftig wären, denn der generelle Beistand des Heiligen Geistes ist, wie sogleich ausgeführt wird, allen *Häusern der Gerechtigkeit* unter bestimmten Voraussetzungen verheißen. Aus diesen Gründen ist es auch müßig darüber zu spekulieren, welche konkrete Entscheidung dieser Instanz das Siegel der Irrtumsfreiheit trägt und welche nicht.

c) Auch alle anderen entscheidungsbefugten Institutionen, die lokalen und nationalen »Häuser der Gerechtigkeit«, haben die Zusage des göttlichen Beistands, doch nur unter bestimmten, rechtlich niemals verifizierbaren Umständen, die ʻAbdu'l-Bahā beschrieben hat[178]. Das Charisma der Unfehlbarkeit haben sie nicht.

---

daß zu einem bestimmten Zeitpunkt in der Vergangenheit ein *consensus omnium doctorum* vorlag;

b) durch den *ijma'* werden Rechts- und Glaubensfragen autoritativ geklärt. Das *Baytu'l 'adl al-a'ẓam* ist ein Spruchkörper, der gerade nicht in dogmatischen Fragen entscheidet. Es ist ein Gesetzgebungsorgan, das es im Islam nie gab.

c) Dieser Gesetzgebung ist eine Beratung vorgeordnet, während dem *ijma'* keine Beratung aller anerkannten *mujtahids* zugrunde lag, weil es im Islam nie zu einem Konzilswesen gekommen ist. Ein *ijma'* ließ sich immer nur *postero tempore* feststellen.

d) Der *ijma'* erfordert den *consensus omnium*, das Universale Haus der Gerechtigkeit entscheidet nach erfolgter Beratung aufgrund von Mehrheitsentscheidungen.

175 vgl. *Grundlagen*, S. 74 ff. sowie unten S. 276

176 In Abwandlung der bekannten, auf Augustinus zurückgehenden Sentenz könnte man formulieren: »*Haifa locuta, causa finita.*«

177 wie auch U. Gollmer, *Gottesreich*, Kap. 12.4.3, hervorhebt.

178 »Die Hauptererfordernisse derer, die miteinander beraten, sind Reinheit der Motive, strahlender Geist, Loslösung von allem außer Gott, Hingezogensein zu seinen gött-

Die gegenteiligen Behauptungen Ficicchias sind unwahr. Daß die örtlichen und die nationalen Körperschaften daran keinen Anteil haben, zeigt allein schon die Tatsache, daß in deren Statuten und in der Verfassung des Universalen Hauses der Gerechtigkeit[179] ein Rechtsmittelweg vorgesehen ist, der sicherstellt, daß falsche Entscheidungen korrigiert werden. Rechtsmittel wären überflüssig und sinnlos, wären auch die Entscheidungen der örtlichen und nationalen Räte Ausfluß des göttlichen Willens. Daß dieser Instanzenzug der Annahme der Unfehlbarkeit der dem Universalen Haus der Gerechtigkeit unterstehenden lokalen und nationalen Körperschaften widerspricht, hat Ficicchia durchaus gesehen und gleich an zwei Stellen vermerkt.[180] Doch hat ihn dieser Widerspruch nicht in seiner falschen Meinung irritiert: Er ist für ihn ja gerade ein Beweis für die Absurdität des Systems.

Daß er sich mit seiner Meinung selbst im Irrtum befinden könnte, wenn er diesen Institutionen »Unfehlbarkeit« beimißt, weist er weit von sich. Er beruft sich allen Ernstes auf meine Dissertation, wo ausgeführt ist, daß die gewählten Institutionen der Gemeinde gleichsam die »Kanäle« sind für die göttliche Führung, und daß auch den örtlichen und nationalen Körperschaften der Beistand des göttlichen Geistes verheißen ist, freilich unter der Voraussetzung, daß die Beratung im Geiste der Reinheit, Selbst-

---

lichen Düften, Bescheidenheit und Demut vor seinen Geliebten, Geduld und Langmut in Schwierigkeiten, Dienstbarkeit an seiner erhabenen Schwelle. Wenn sie mit gnädigem Beistand diese Eigenschaften erlangen, wird ihnen vom unsichtbaren Reich Bahās der Sieg gewährt« .. »Die erste Bedingung ist vollkommene Liebe und Harmonie unter den Mitgliedern des Rates. Sie sollen völlig frei sein von Entfremdung und in sich selbst die Einheit Gottes offenbaren ... So keine Harmonie im Denken und keine vollkommene Einheit herrschen, wird diese Versammlung sich auflösen und dieser Rat scheitern. Die zweite Bedingung: Sie sollen, wenn sie zusammenkommen, ihr Angesicht dem Königreich der Höhe zuwenden und Hilfe erbitten aus dem Reiche der Herrlichkeit. Sodann sollen sie mit höchster Hingabe, Höflichkeit, Würde, Sorgfalt und Mäßigung ihre Ansicht vortragen. Sie sollen in allem die Wahrheit erforschen und nicht auf ihrer Meinung bestehen; denn Starrsinn und Beharren auf der eigenen Meinung führt schließlich zu Zank und Streit, die Wahrheit aber bleibt verborgen... Wenn sie sich bemühen, diese Bedingungen zu erfüllen, wird ihnen die Gnade des Heiligen Geistes zuteil und der Rat wird zum Mittelpunkt göttlichen Segens« (*Briefe und Botschaften* 43:45; *Bahā'ī Administration*, S. 21/22). 'Abdu'l-Bahā bringt hier somit klar zum Ausdruck, daß die Führung des Heiligen Geistes nur den Beratungen zuteil wird, die unter den von ihm genannten Bedingungen erfolgt sind.

179 *Constitution* Art. VII (The right of review), VIII (Appeals)

180 *Bahā'ismus*, S. 371 Fußnote 196, S. 374

losigkeit und Loslösung erfolgt. Aus den von mir wörtlich wiedergegebenen[181] und somit Ficicchia vorgelegenen Zitaten 'Abdu'l-Bahās[182] wird deutlich, welch hohen sittlichen Forderungen und welchem ungeheuren Maß an Selbstdisziplin die Bahā'ī-Beratung genügen muß, so daß — wie von mir hervorgehoben[183] — die Erfüllung dieser Bedingungen niemals evident gemacht werden kann.

Demgegenüber schreibt Ficicchia: »Während seine[184] Irrtumslosigkeit eine präsumtive, also an keinerlei Voraussetzungen gebundene ist, ist die Unfehlbarkeit der nationalen und lokalen Körperschaften an die Bedingung geknüpft, daß ihre Beratungen ›in einer geistigen Atmosphäre der Reinheit und Selbstlosigkeit‹[185] verlaufen — wobei es indes schwierig sein dürfte, hierfür ein verbindliches Richtmaß zu finden.«[186] Ohne zu merken, daß eine von der Erfüllung höchster sittlicher Forderungen abhängig gemachte Beistandszusage keine Irrtumsfreiheit bedeutet, daß eine bedingte Unfehlbarkeit eine *contradictio in adiecto* ist, setzt er sich über die eindeutigen Schriftaussagen bedenkenlos hinweg. Daß Römer[187], auf den sich Ficicchia ganz offensichtlich stützt, ohne ihn zu zitieren, die Auffassung vertrat, den »lokalen Kollegien« eigne »dieselbe Unfehlbarkeit und Vollmacht«, ist angesichts des damaligen Kenntnisstandes verzeihlich. Römer fußt erklärtermaßen[188] ausschließlich auf Brownes Inhaltsangabe des *Kitāb-i-Aqdas*[189] und »zerstreuten Zitaten bei ihm«, auf Hippolyte Dreyfus[190] und Goldziher[191], also auf Autoren, deren Erkenntnisstand recht begrenzt war. Daß Ficicchia, dem das gesamte in der Zwischenzeit erschienene Quellenmaterial vorlag (insbesondere die Kompilation *Geistige Räte — Häuser der Gerechtigkeit*, Hofheim 1975, in der auf jeder Seite deutlich wird, daß die örtlichen und nationalen

181 *Grundlagen*, S. 162 ff.
182 vgl. oben, Fußnote 178
183 *Grundlagen*, S. 174
184 gemeint ist das Universale Haus der Gerechtigkeit
185 Ficicchia zitiert hier meine Dissertation (*Grundlagen*, S. 123, 174).
186 *Bahā'ismus*, S. 372
187 *Die Bābī-Behā'ī*, S. 118
188 *Die Bābī-Behā'ī*, S. 109
189 *J.R.A.S.*, 1900, S. 354 ff.
190 *Essai sur le Bahā'īsme. Son histoire, sa portée sociale*, Paris ^{1}1909, ^{4}1973
191 *Vorlesungen über den Islam*, Budapest ^{1}1910, Heidelberg ^{2}1925, ^{3}1963

Körperschaften fehlbare Institutionen sind), diese Selbstzeugnisse geflissentlich unbeachtet läßt, kann nur mit seinem abgrundtiefen Ressentiment gegen den Gegenstand seiner »Forschung« erklärt werden. Seine besserwisserische Unverfrorenheit, mit der er immer wieder seine verwegenen Interpretationen als die Bahā'ī-Lehre ausgibt, und seine ärgerliche Sturheit, mit der er sich gegen Vorhalte abdichtet und selbst dann noch auf seinem Fehlurteil insistiert, wenn er von Dritten auf Fehler hingewiesen wird[192], disqualifizieren seine Kompetenz und seine Seriosität.

Wie schamlos er alles verbiegt, zeigen auch seine Ausführungen zur »Unfehlbarkeit des Hüters«. Zutreffend schreibt er unter

---

192 In einem Brief vom 20. März 1991 an einen Bahā'ī, der sich wegen offensichtlicher Fehler in Ficicchias Beitrag im *Lexikon der Sekten* (Stichwort »Bahā'ī«) an den Herder-Verlag gewandt hatte, beharrt er auf der Richtigkeit seiner Darstellung. Wiederum erscheine ich als sein Kronzeuge dafür, daß auch die örtlichen und nationalen Körperschaften unfehlbar seien. Er beruft sich dabei auf folgende Passage meiner Dissertation (*Grundlagen*, S. 41 ff.): »Die Gemeinschaftsordnung der Bahā'ī ist dadurch gekennzeichnet, daß ihre Regeln verbindlich sind. Die Befolgung dieser Normen ist den Gläubigen nicht etwa nur anheimgestellt oder anempfohlen; sie gelten vielmehr autoritativ und ohne Rücksicht auf den Willen der jeweils Betroffenen, sie gelten generell und nicht nur für einen besonderen Fall. Es fehlt diesen Normen weder der Zwang ... noch die Verbindlichkeit, die *opinio necessitatis*: sie werden von den Gliedern der Bahā'ī-Gemeinschaft in der Überzeugung beachtet, daß sie eingehalten werden *müssen*. Daß es sich bei diesen Vorschriften nicht um Konventionalregeln handelt, zeigt sich auch darin, daß sie auf Dauer angelegt sind, und — soweit es sich dabei um göttliche Normen handelt — ... unveränderlich und definitiv sind und von der Gemeinschaft nicht beseitigt werden können. Daraus ist zu folgern, daß diese Normen Rechtsnormen sind.« In diesen Ausführungen bemühe ich mich um den Nachweis, daß es sich bei den die Gemeinde Bahā'u'llāhs statuierenden Normen um Rechtsnormen und nicht um Konventionalregeln handelt. Mit der Frage der Unfehlbarkeit hat das nicht das Geringste zu tun. Am Rechtscharakter dieser Normen würde sich nicht das Geringste ändern, wenn das Lehramt und das Universale Haus der Gerechtigkeit nicht mit diesem Charisma ausgestattet wären. Ficicchia, der offensichtlich den Sinn meiner Ausführungen gar nicht versteht, beruft sich noch auf eine andere Stelle in meiner Dissertation, wo ich die theokratischen Strukturelemente dieser Ordnung darstelle: »Die Verwaltungsordnung hat ... somit theokratischen Charakter: Gott selbst regiert sein Volk; nicht durch ein delphisches Orakel, sondern durch ein offenbartes Buch und durch Rechtsinstitutionen, denen er das Charisma der Irrtumslosigkeit verliehen hat« (*Grundlagen*, S. 92). Gemeint ist hiermit das Hütertum und das Universale Haus der Gerechtigkeit, wie dies von mir im einzelnen dargestellt wird. Unverfroren liest Ficicchia aus dieser Stelle etwas anderes heraus: »Aus dem Text geht hervor, daß damit auch die nationalen und lokalen Körperschaften gemeint sind.« Seine konfusen und rechthaberischen Deduktionen zeigen, wie wenig er der Materie gewachsen und wie wenig er für eine wissenschaftliche Auseinandersetzung ein satisfaktionsfähiger Kontrahent ist.

Berufung auf meine Dissertation[193]: »Da dem Hüter erst mit Antritt seines Amtes die Gnadengabe der Infallibilität zukommt, ist dies keine angeborene, sondern eine verliehene. So ist dem Hüter denn auch keine Unfehlbarkeit des Lebenswandels eigen, d. h. er ist nicht sündlos.«[194] Doch schon im nächsten Satz leitet er aus dem von ihm behaupteten *»exaltierten Hüterkult«*[195] ab, daß man dem Hüter gleichwohl, »den Propheten gleich, eine angeborene Unfehlbarkeit zuzuschreiben scheint«[196]. Was er nun zunächst als »Anschein« behauptet, wird schon auf der nächsten Seite zur bewiesenen Tatsache: Aus einer von ihm zitierten Äußerung ʿAbdu'l-Bahās über die herausragenden geistigen Qualitäten und Fähigkeiten und das künftige Wirken des gerade geborenen Shoghi Effendi folgert Ficicchia flugs: »Was (schon im Kindesalter) vollkommen, unerreicht und vollendet ist, ist schlechthin makellos, also unfehlbar und sündlos. Es kann sich hier also nicht um eine erst bei Amtsantritt verliehene Allwissenheit und Unfehlbarkeit handeln, sondern kurzweg nur um angeborene Eigenschaften.«[197] So dichtet Ficicchia Shoghi Effendi, der nach der Bahā'ī-Lehre in Ausübung des Lehramts im Besitz einer »verliehenen Unfehlbarkeit« ist, eine »angeborene Unfehlbarkeit« an, die obendrein noch Sündlosigkeit umfasse — Eigenschaften, die nach der Lehre Bahā'u'llāhs Wesensmerkmale der Manifestation sind — und setzt, um das Maß voll zu machen, noch das Amtscharisma der Unfehlbarkeit mit »Allwissenheit« gleich, einem Attribut, das allein Gott zusteht.

Selbst damit noch nicht zufrieden, versteigt er sich in seinem Furor schließlich noch zu der Behauptung, die »straffe Organisation« präsentiere »sich selbst als im Vollbesitz der Wahrheit und des unfehlbaren Wandels«[198]. Sündlosigkeit einer Organisation? Zwar gilt schon seit der Antike der Satz: *»Nihil novi sub sole*!«[199], Ben Akibas »Alles schon dagewesen!«, das auch Goethes Vers zugrundeliegt:

---

193 *Grundlagen*, S. 130 ff.
194 *Bahā'ismus*, S. 341/342
195 *Bahā'ismus*, S. 342 (Hervorhebungen durch F.), 302, 309
196 *Bahā'ismus*, S. 342
197 *Bahā'ismus*, S. 343
198 *Bahā'ismus*, S. 375
199 Pred. 1:9

»Wer kann was Dummes, wer was Kluges denken,
Das nicht die Vorwelt schon gedacht?«[200],

doch auf den Gedanken einer kollektiven Sündlosigkeit, auf die Sündlosigkeit einer Korporation, ist noch keiner gekommen. Da hat Ficicchia wirklich Originalität bewiesen!

Wie dem König Midas der Sage alles zu Gold wurde, was er berührte, wird unter den Händen Ficicchias alles verfälscht. Ohne geringste Skrupel setzt er, der dem Leser eingangs sein Bemühen versichert, seine »Ergebnisse und Darstellungen wissenschaftlich zu fundieren«[201], sich über die einschlägigen Schriftstellen[202] hinweg. Er hat sie nicht zitiert, geschweige denn sich mit ihnen auseinandergesetzt. Möglicherweise kennt er sie gar nicht. Doch auch hier gibt er sich mit seinen die Sachverhalte verbiegenden Deduktionen keineswegs zufrieden. Nachdem er allen Zeugnissen der Schrift zuwider die »angeborene Infallibilität« und Sündlosigkeit des Hüters behauptet, sodann unter der Hand die Unfehlbarkeit mit dem nur Gott vorbehaltenen Attribut der »Allwissenheit« gleichsetzt und dann noch allen Ernstes behauptet, die Bahā'ī reklamierten für die Gesamtheit der Institution die »Unfehlbarkeit des Wandels«, also Sündlosigkeit, tischt er zu guter Letzt dem Leser noch die Lüge auf: »In diesem Sinne werden die Bahā'ī über die Person Šawqī Efendī denn auch belehrt.«[203] Hier zeigt sich mit aller Deutlichkeit, was dieser »ausgewiesene Fachmann«[204] meinte, als er in seinem Brief an das Bahā'ī-Weltzentrum[205] drohte, er werde von nun an den Glauben Bahā'u'llāhs, wo immer sich ihm eine Gelegenheit biete, »mit allen Mitteln« bekämpfen.

8. Lehrfreiheit — Lehramt

Wie verschroben Ficicchias Bild von der Gemeinde und ihren Strukturen ist, zeigen auch seine Ausführungen zur allgemeinen

---

200 *Faust*, 2. Teil, 2. Auftritt, Gotisches Zimmer, Mephistopheles
201 *Bahā'ismus*, S. 30
202 *Kitāb-i-Aqdas* 47; *Botschaften* 8:17; *Beantwortete Fragen*, Kap. 45
203 *Bahā'ismus*, S. 343
204 Herder-Verlag, Brief vom 8.5.1991
205 vgl. S. 27

Lehrfreiheit der Gläubigen und der Lehrautorität des Hüters. Was ich dazu in meiner Dissertation[206] geschrieben habe, hält er für »unklar und widersprüchlich«[207], da von einer Lehrfreiheit keine Rede sein könne[208] (wie er mich auch sonst »rabulistischer Spitzfindigkeit«[209], »formaljuristischer Spitzfindigkeiten«[210] und Platitüden[211] zeiht und meiner Dissertation »grundlegende Fehler« attestiert, entspreche sie doch der »opportunistischen Diktion der heutigen Bahā'īführung«[212]). Nur, daß es auch an ihm liegen könnte, auf die Idee kommt er nicht. Dazu fällt mir nur noch Lichtenberg ein: »Wenn ein Buch und ein Kopf zusammenstoßen und es klingt hohl, ist das allemal im Buch?«[213]

Im einzelnen:

a) Ficicchia hat den (von mir geprägten) Begriff der »Lehrgewalt«[214], der die Lehrautorität des Hüters umschreibt und diese der Jurisdiktionsgewalt der gewählten Körperschaften gegenüberstellt, ebenso mißverstanden wie den Begriff der Lehrfreiheit, denn er meint, das eine schließe das andere aus.[215] Wahrscheinlich wurde er Opfer seiner vielfach artikulierten Grundüberzeugung, daß den Bahā'ī jede »eigenständige Sinnfindung« des offenbarten Textes verwehrt[216], jede Schriftexegese verboten sei[217], zumal schon der Bāb[218] und Bahā'u'llāh[219] jede Exegese und Allegorese ihrer Schriften untersagt hätten (was im Grunde auch ein Lehramt ausgeschlossen hätte).

Die früher gelegentlich auch unter den Bahā'ī zu hörende Auffassung, die Auslegung der heiligen Schrift sei verboten, beruht auf einem Mißverständnis, mit dem ich mich schon andernorts

---

206 *Grundlagen*, S. 109 ff
207 *Bahā'ismus*, S. 343, Fußnote 100
208 *Bahā'ismus*, S. 344, Fußnote 108
209 *Bahā'ismus*, S. 345, Fußnote 110
210 *Bahā'ismus*, S. 344
211 *Bahā'ismus*, S. 332
212 *Bahā'ismus*, S. 323, Fußnote 20
213 Georg Christoph Lichtenberg, *Werke*, Aphorismen, S. 166
214 vgl. *Grundlagen*, S. 107 ff.
215 *Bahā'ismus*, S. 344, 345
216 *Bahā'ismus*, S. 338, 345, 365, 417, 426, 428
217 *Bahā'ismus*, S. 29, 91, 338, 345, 365; *Materialdienst*, S. 237
218 *Bahā'ismus*, S. 87, 90 ff., 167
219 *Bahā'ismus*, S. 249, Fußnote 20 unter Zitierung von Rosenkranz, S. 325

befaßt habe.[220] Ich kann hier nichts Besseres tun, als mich selbst zu zitieren:

»Eine Religion ohne Exegese? Dieser Vorstellung liegt ganz offensichtlich ein Mißverständnis darüber zugrunde, was ›Auslegung‹ ist. Exegese ist die methodische Sinnfindung, ohne die das Wort Gottes unanwendbar, sinnlos wäre. Jede Lehrtätigkeit, die über ein reines Zitieren hinausgeht, jede Übertragung in eine andere Sprache, selbst jedes Nachdenken über das offenbarte Wort, die Sinnfindung *in pectore*, ist letztlich Exegese. Ihr Verbot wäre ein Denkverbot, und nichts liefe der Sache Gottes mehr zuwider als die geistige Kastration der Gläubigen. Verboten ist eine Autorität beanspruchende Auslegung. Indem Bahā'u'llāh im *Kitāb-i-Aqdas*[221] und im *Kitāb-i-'Ahd*[222] 'Abdu'l-Bahā die Lehrgewalt übertragen, und indem 'Abdu'l-Bahā Shoghi Effendi zum Ausleger der Schrift testamentarisch bestimmt hat, wurde die *autoritative* Auslegung monopolisiert. Die Einrichtung eines autoritativen Lehramtes impliziert den Ausschluß jeglicher Lehrautorität außerhalb des Amtes. In seinem *Lawḥ-i-Ittiḥād* hat Bahā'u'llāh das Prinzip der Einheit der Gemeinde verkündet: Jeder Gläubige hat denselben Rang, die Scheidung des Volkes in Laien und Kleriker ist aufgehoben, der Stand der Geistlichkeit verboten.[223] Damit gibt es in der Gemeinde Bahā'u'llāhs keinen herausgehobenen Stand der Religionsgelehrten, die, wie die *'Ulamā* im Islam, die Autorität hätten, das religiöse Recht auszulegen. Im übrigen enthält der *Kitāb-i-Aqdas* kein generelles Auslegungsverbot, sondern lediglich das Verbot einer Auslegung, die den ›klaren Sinn ändert‹ und ›das erhabene Wort

220 *Ethische Aspekte des Rauchens*, S. 25/26
221 Vers 122
222 vgl. *Botschaften* 15:7
223 vgl. A. Taherzadeh, *The Revelation of Bahā'u'llāh*, Bd. IV, S. 191 ff.

> Gottes verdreht‹[224] — eigentlich eine Selbstverständlichkeit, weil eine Auslegung wider den ›klaren Sinn‹ weder in der Jurisprudenz[225] noch in der Theologie[226] erlaubt ist, und doch eine Vorschrift, die angesichts geschichtlicher Erfahrungen nur zu berechtigt ist. Der *Kitāb-i-Aqdas* gibt also für die Auslegung eine äußere Grenze, innerhalb derer der Gläubige das Recht auf eine eigene Meinung und die Freiheit hat, diese auch zu äußern, solange er keine Autorität beansprucht.«[227]

Daß ich mit dieser Auffassung keineswegs allein stehe, zeigt eine Verlautbarung des Universalen Hauses der Gerechtigkeit: »In unserem Glauben wird klar unterschieden zwischen der autoritativen Auslegung und der Auslegung und dem Glaubensverständnis, zu dem der Gläubige beim Studium der Lehre gelangt. Während die autoritative Auslegung ausschließlich dem Hüter zusteht, sollte die individuelle Interpretation nach der uns von ihm gegebenen Führung keineswegs unterdrückt werden, ist doch diese Frucht der menschlichen Verstandeskraft einem besseren Verständnis der Lehre nur förderlich. Voraussetzung ist freilich, daß unter den Gläubigen kein Streit entsteht und der einzelne keinen Zweifel darüber aufkommen läßt, daß es sich um seine persönliche Meinung handelt.«[228]

Ficicchias Behauptung, Bahā'u'llāh habe jede Exegese verboten, ist somit falsch. Auch der Bāb hat dies nicht getan. Ficicchia beruft sich[229] zum einen auf seinen Gewährsmann Römer[230], zum

---

224 Der *Kitāb-i-Aqdas* äußert sich zur Frage der Auslegung an zwei verschiedenen Stellen. In Vers 37, in welchem der Anspruch auf unmittelbare Gottesoffenbarung »vor Ablauf eines vollen Jahrtausends« ausgeschlossen wird, wird eine allegorische Umdeutung dieses Verses untersagt: »Wer immer diesen Vers anders als nach seiner klaren Bedeutung auslegt, ist des Geistes Gottes und Seiner Barmherzigkeit, die alles Erschaffene umfaßt, beraubt.« Vers 105 enthält eine generelle hermeneutische Regel: »Wer auslegt, was vom Himmel der Offenbarung herniedergesandt ward, und dessen klaren Sinn verändert, gehört wahrlich zu denen, die das erhabene Wort Gottes verdrehen und zu den Verlorenen im Deutlichen Buche.«

225 vgl. Karl Engisch, *Einführung in das juristische Denken*, S. 85 ff.

226 vgl. *Lexikon für Theologie und Kirche*, Bd. 3, Sp. 1273 ff., Stichwort »Exegese«

227 Zur Meinungsfreiheit siehe S. 157 ff.

228 *Wellspring of Guidance*, S. 88; vgl. Auch *Kitāb-i-Aqdas*, Erläuterung 130

229 *Bahā'ismus*, S. 167

anderen auf den *Arabischen Bayān*[231], jedoch auf beide zu Unrecht. Römer spricht keineswegs von einem generellen Exegeseverbot Bahā'u'llāhs oder des Bāb, sondern nur von einem Verbot allegorischer Deutung im Kontext mit dem Vers des *Kitāb-i-Aqdas* über die zeitliche Mindestgeltungsdauer des göttlichen Gesetzes von tausend Jahren[232], wobei ihm die generelle hermeneutische Regel in Vers 105[233] offenbar nicht bekannt war. Auch bezüglich des Bāb hat Römer kein Exegeseverbot, sondern nur das Verbot allegorischer Interpretation behauptet[234], was freilich so auch nicht zutreffend ist. Die Schriftstelle im *Arabischen Bayān*, die Ficicchia angibt, hat er höchstwahrscheinlich unkritisch von Römer übernommen, der die Versnummer, jedoch nicht den Inhalt des Verses angibt. Die französische Übertragung des Werkes durch Nicolas hat Ficicchia zwar in seinem Literaturverzeichnis aufgeführt, doch wahrscheinlich nicht zu Rate gezogen, sonst hätte er erkennen können, daß der *Bayān* keineswegs ein Exegeseverbot statuiert. Es heißt dort: »*Je n'ai permis à personne de commenter le Béyán, si ce n'est en conformité avec le commentaire que j'en donne.*«[235] Der Bāb hat also wie Bahā'u'llāh im *Kitāb-i-Aqdas* lediglich eine Interpretation seiner Schrift verworfen, die im Widerspruch zu dem stand, was er selbst erklärt hatte. Im übrigen hat er im *Persischen Bayān*[236] für die Kommentierung der von ihm offenbarten Schriften Regeln aufgestellt, die einer Korruption des heiligen Textes durch Übertragungsfehler vorbeugen sollen. Folglich ist die Kommentierung erlaubt.

Auch hier zeigt sich wieder einmal Ficicchias semantische Falschmünzerei: Während Römer von einem Verbot der »allegorischen Deutung des Gesetzes, wie dies auch schon der Bāb (Bay-

---

230 *Die Bābī-Behā'ī*, S. 127
231 II:3
232 *Kitāb-i-Aqdas* 37; siehe hierzu auch S. 275, Fußnote 242
233 vgl. oben, Fußnote 224
234 vgl. *Die Bābī-Behā'ī*, S. 127
235 Der arabische Text (den ich Dr. Badi'ullāh Panahi verdanke) lautet: »*Mā adhantu aḥadan yufassiru illā mā fassartu.*«
236 8:18. Der Text lautet in der französischen Übertragung von Nicolas: »*Celui qui veut commenter une chose de ce qui reste du Point...*«

ān) getan hat«, spricht[237], wird daraus bei Ficicchia ein Verbot jeder »Exegese und Allegorese seiner heiligen Schriften«[238].

Auch das von Ficicchia behauptete Verbot, die Schrift, insbesondere ʻAbdu'l-Bahās *Testament*, zu kommentieren[239], existiert nicht. Er schreibt: »Jede Kommentierung oder Kritisierung des Testaments — wie überhaupt der gesamten Lehrinhalte des Bahā'ismus — wurde den Gläubigen untersagt, und jede auch nur geringste Übertretung sogleich mit dem Bann belegt«[240], doch nennt er weder Details noch Quellen.[241] Wer hat wann jemals die Kommentierung des *Testaments* und des gesamten sonstigen Offenbarungsschrifttums verboten, wo ist dies nachzulesen? Wer wurde »wegen der geringsten Übertretung« mit dem Bann belegt? Darüber schweigt sich unser Autor aus. Nun hat er in seinem Literaturverzeichnis[242] David Hofmans »*A Commentary on the Will of ʻAbdu'l-Bahā*«, Oxford 1955, aufgeführt und aus diesem Werk mehrfach zitiert.[243] Wie denn — hat er nicht bemerkt, daß es dieses Werk, folgt man seiner Ansicht, eigentlich gar nicht geben dürfte? Wie erklärt sich Ficicchia, daß es eine umfangreiche, aus der Gemeinde hervorgegangene Sekundärliteratur über den Glauben gibt, daß zahlreiche Dissertationen erschienen sind[244] — von den vielen Publikationen der *Association for Bahā'ī Studies* im In- und Ausland einmal ganz abgesehen —, die ohne Schriftexegese nie hätten geschrieben werden können? Wie erklärt es sich, daß einzelne, des Arabischen mächtige Gläubige bislang in westlichen Sprachen unveröffentlichte Texte Bahā'u'llāhs ins Englische übertragen und mit teils ausführlichen Kommentaren

237 *Die Bābī-Behā'ī*, S. 127

238 *Bahā'ismus*, S. 167

239 *Bahā'ismus*, S. 300, 305; *Materialdienst*, S. 232

240 *Bahā'ismus*, S. 300

241 Für seine Behauptung, »jede Kommentierung des Testaments wird verboten und dieses zu einem *Treuetest* für den Glauben erklärt« (S. 305. Hervorhebung durch F.), beruft sich Ficicchia auf Aḥmad Sohrab, jedoch ist diese Quelle mangels unzureichender Bibliographie nicht überprüfbar. Vielleicht hat Aḥmad Sohrab, der als Bundesbrecher exkommuniziert wurde (vgl. hierzu A. Taherzadeh, *The Covenant*, S. 343-348), so etwas behauptet — den Tatsachen entspricht es nicht.

242 *Bahā'ismus*, S. 444

243 *Bahā'ismus*, S. 283, 346

244 u. a. Nicola Towfigh, *Schöpfung und Offenbarung aus der Sicht der Bahā'ī-Religion*, Hildesheim 1989. Eine Liste der erschienenen Dissertationen findet sich in *The Bahā'ī World* Bd. XVIII, Haifa 1986, S. 890 ff.

versehen haben?[245] Wer sollte sich mit Ficicchias »Standardwerk« kritisch auseinandersetzen, wenn jedem Gläubigen durch ein Exegeseverbot sozusagen das Hirn amputiert wäre?

Schlimm ist, wie Ficicchia nicht nur falsche Tatsachenbehauptungen in die Welt setzt, sondern wie er diese dann immer noch phantasievoll ausmalt, um den Eindruck zu vermitteln, er referiere ja nur über das, was die Bahā'ī denken und was ihnen von der »Zentrale« gesagt wurde. Ein Beispiel: Dem Vorwurf »selbst die individuelle Sinnfindung der Offenbarungsinhalte bleibt den Bahā'ī verwehrt«, fügt er eilfertig die Begründung hinzu: »da alles schon gesagt ist und es fürderhin nichts mehr zu sagen gibt«[246]. Wo so etwas zu lesen sei und wer so etwas gesagt habe, teilt er dem Leser nicht mit. Es ist nirgendwo zu lesen und ich habe derartigen Unsinn noch nie gehört. Ficicchia hat das trickreich erfunden, kann er doch so sein Werturteil anknüpfen, daß hier bereits

245 So z. B. Stephen Lambden, »A Tablet of Bahā'u'llāh of the late Baghdād Period: Lawḥ-i-Ḥalih, Ḥalih, Ḥalih. Ya Bishārāt« (*Bahā'ī Studies Bulletin* = *BSB* 2:3 [December 1993]), S. 105-112; ders., »A Tablet of Mīrzā Ḥusayn ʻAlī Bahā'u'llāh of the Early ʻIrāq Period, the Lawḥ-i-Kullu'ṭ- Ṭaʻām (Tablet of All Food)«, (*BSB* 3:1 [June 1984], S. 105-112); ders., »The Mysteries of the Call of Moses: Translation and Notes on Part of a Tablet of Bahā'u'llāh adressed to Jināb-i-Khalīl« (*BSB* 4:1 [March 1986], S. 33-79); Moojan Momen, »ʻAbdu'l-Bahā's Commentary on the Islamic Tradition ›I was a Hidden Treasure‹ (*Shar-i-Kuntu Kanzan Makhfiyan*)« (*BSB* 3:4 [December 1985], S. 4-35); Stephen Lambden, »A Tablet of Bahā'u'llāh Commenting on that Verse of the Most Holy Book (*Kitāb-i-Aqdas*) about the Need for an International Language and Script« (*BSB* 4:3-4 [April 1990], S. 28-49); Juan Ricardo Cole, »Bahā'u'llāh's Commentary on the Sūrah of the Sun. Introduction and Provisional Translation« (*BSB* 4:3-4 [April 1990], S. 4-27); Khazeh Fananapazir, »A Tablet of Mīrzā Ḥusayn ʻAlī Bahā'u'llāh to Jamāl-i-Burūjirdī: A Full Provisional Translation« (*BSB* 5:1-2 [Januar 1991], S. 4-12); Juan R. Cole, »Bahā'u'llāh's Sūrah of the Companions. An Early Edirne Tablet of Declaration. Introduction and Provisional Translation« (*BSB* 5:3-6:1 [June 1991], S. 4-74); Stephen Lambden, »The Seven Valleys of Bahā'u'llāh: A Provisional Translation with Occasional Notes« (*BSB* 6:2-3 [February 1992], S. 26-74); Juan R. Cole, »Redating the Sūrah of God (Sūrat Allāh: An Edirne Tablet of 1866 [?]. Provisional Translation Appended« (*BSB* 6:4-7:2 [October 1992], S. 4-17); Khazeh Fananapazir/Stephen Lambden, »Bahā'u'llāh's Tablet to the Physician. Introduction, Provisional Translation and Notes« (*BSB* 6:4-7:2 [October 1992], S. 16-65); Stephen Lambden, »A Further Tablet of Bahā'u'llāh to Fāris the Physician« (*BSB* 7:3-4 [June 1993], S. 22-47); Shahrokh Monjazeb, »The Tablet of Bahā'u'llāh to Queen Victoria (*Lawḥ-i-Malikih*). An Introductionary Note and completed Translation« (*a. a. O.*, S. 421); Shahriar Razavi, »The Tablet of the Seven Questions of Bahā'u'llāh (*Lawḥ-i-Haft Pursisa*). An Introductory Note and Provisional Translation« (*a. a. O.*, S. 48-68).

246 *Bahā'ismus*, S. 422/423

deutliche »Anzeichen einer anlagemäßig vorgeprägten *Stagnation*« und eines »geistigen Stillstands« vorliegen[247].

b) Daß das autoritative Lehramt die allgemeine Lehrfreiheit nicht ausschließt, habe ich in meiner Dissertation dargetan und, um eine größere Tiefenschärfe zu erreichen, das kanonische Recht zum Vergleich herangezogen. Das Urteil darüber, was daran unklar, widersprüchlich und rabulistisch sei, überlasse ich getrost dem sachkundigen Leser.

Ficicchia will nicht akzeptieren, daß es eine allgemeine Lehrfreiheit gibt, weil eine solche nicht in das Bild paßt, das er unentwegt von der Gemeinde vermittelt. Wie sollte auch Lehrfreiheit herrschen, wenn die individuelle Sinnfindung untersagt ist? Wie aber wird die Lehre überhaupt weitergetragen, wenn es keine allgemeine Lehrfreiheit gibt und auch keinen besonderen Stand, dem die Lehrverkündigung anvertraut ist? Was geschieht denn auf den von Ficicchia zynisch angeprangerten »Großveranstaltungen«, mit denen »die Gläubigen ständig auf Trab« gehalten werden[248]? Eigentlich ist jedes Wort zuviel.

c) Die Lehrfreiheit der Gläubigen gründet sich auf den allgemeinen Lehrauftrag, den Bahā'u'llāh seinem Volk gegeben hat. Jeder Gläubige ist aufgerufen, die Botschaft Bahā'u'llāhs weiterzutragen: »Lehret die Sache Gottes, o Volk Bahās, denn Gott hat es jedem zur Pflicht gemacht, Seine Botschaft zu verkünden, und betrachtet dies als das verdienstvollste aller Werke.«[249] Der Anruf, seinen »Nächsten zum Gesetz Gottes, dem Barmherzigen, zu führen«[250], ist an alle Gläubigen ergangen und in vielfältiger Weise in der Schrift verankert.[251] Die Erfüllung dieses Gebots gehört zu den Bundespflichten der Gläubigen[252], den Pflichten, die der Gläubige gegenüber Gott hat und die weder vom Jurisdiktionsbereich der gewählten Körperschaften noch vom Lehramt berührt werden. Der Gläubige bedarf somit weder einer spezifischen Übertragung der Lehrbefugnis wie in der katholischen Kirche (wo

247 *Bahā'ismus*, S. 423 (Hervorhebung durch F.)
248 *Bahā'ismus*, S. 383
249 *Ährenlese* 128:10; 157:1
250 *Ährenlese* 161:2
251 vgl. auch *Botschaften* 2:12, 5:17, 7:5, 10:11, 13:5; *Testament* 3:10-11, 1:21-22; *Ährenlese* 157:2 u. a.
252 So auch U. Gollmer, *Gottesreich*, Kap. 11.2.1.

das Recht und die Pflicht zur Wortverkündigung einer besonderen Sendung, der »*missio canonica*«[253], bedarf) noch kann irgendeine Instanz den Gläubigen von dieser Pflicht entbinden oder ihn von dieser Freiheit ausschließen. Selbst der Entzug der administrativen Rechte wegen gravierender, andauernder Verstöße gegen das Gesetz Bahā'u'llāhs läßt das Recht (und die Pflicht) des Betroffenen, die Lehre zu verkündigen, unberührt.[254] Demgemäß gibt es auch kein Lehrzuchtverfahren mit dem Ziel, den Betroffenen vom Lehren auszuschließen. Die einzige Schutzvorkehrung für die Reinheit der Lehre und die Einheit der Gemeinde ist die Exkommunikation, die indessen als *ultima ratio*[255] nur für den Fall des »Bundesbruchs« angeordnet werden darf.

Bei der Lehrverkündigung hat der Gläubige das unveräußerliche Recht auf eigenes Schriftverständnis. Nach Shoghi Effendi darf »die Freiheit des einzelnen, seine Auffassungen vorzutragen, nicht beschränkt werden, solange er erkennen läßt, daß diese Sicht seine eigene ist... Gott gab dem Menschen den Verstand, daß er ihn gebrauche, nicht, daß er ihn abtöte. Dies heißt allerdings nicht, daß dem offenbarten Wort nicht absolute Autorität zukomme. Wir sollten versuchen, uns möglichst eng an die Autorität [der Schrift] zu halten und unsere Treue zu ihr dadurch beweisen, daß wir, wenn wir unsere Gesichtspunkte vortragen, aus den Werken Bahā'u'llāhs zitieren. Die Autorität des offenbarten Wortes zu verwerfen, ist häretisch, dessen persönliche Interpretation zu unterbinden, ist gleichfalls von Übel. Wir sollten den glücklichen Mittelweg gehen zwischen beiden Extremen.«[256] Ohne diese strikte Orientierung an der Schrift und an der authenti-

---

253 Formuliert in can. 1328 CIC (1917): »*Nemini ministerium praedicationis licet excerpere, nisi a legitimo Superiore missionem receperit, facultate peculiariter data, vel officio collato, cui ex sacris canonibus praedicandi munus inhaereat.*« Im CIC 1983 ist der Begriff der »*missio*« nicht mehr zu finden. Die diesbezügliche Materie ist in den Canones 763-767 CIC geregelt. Auffallend ist dabei die Umkehrung der Rechtslage: Während im früheren CIC niemand Predigtbefugnis hatte, wenn sie ihm nicht ausdrücklich gegeben war, hat nun jeder Geweihte (Bischöfe, Priester, Diakone) Predigtbefugnis, wenn sie ihm nicht ausdrücklich eingeschränkt oder genommen ist.

254 Die einzige Einschränkung ist, daß Gläubige, deren administrative Rechte ruhen, während dieser Zeit von der Gemeinde nicht für öffentliche Lehrveranstaltungen herangezogen werden.

255 vgl. *Grundlagen*, S. 35 ff., 142 ff. sowie unten S. 165 ff.

256 zitiert nach *Principles of Bahā'ī Administration*, S. 24 ff.

schen Auslegung des Lehramtes wäre die Lehre Bahā'u'llāhs der Willkür der Menschen preisgegeben. Doch sollte man sehen, daß nach Bahā'u'llāh »der Sinn des göttlichen Wortes niemals auszuschöpfen ist«[257] (»Wir sprechen ein Wort und meinen damit einundsiebzig Bedeutungen«[258]) und daß die die Kirchengeschichte kennzeichnende Dogmatisierung der Lehre, die formelhafte Definierung und Dekretierung religiöser Wahrheiten der Bahā'ī-Gemeinde fremd ist. In der Gemeinde herrscht deshalb im Rahmen des von der Schrift gedeckten Spektrums sehr wohl Meinungsvielfalt. Daß die prinzipielle Lehrfreiheit »in zahlreichen Fragen zu einer großen Vielfalt von Anschauungen« führt, wird ausdrücklich begrüßt.[259] Ausdrücklich wird gefordert, daß die Bahā'ī-Theologie »nicht auf Kontroversen, wohl aber auf Meinungsvielfalt angelegt sein« soll[260].

Autorität hat demnach der Gläubige bei der Lehrverkündigung nicht, an der *autoritativen* Lehrverkündigung hat er keinen Anteil.[261] Autorität hat nur die Schrift und das Lehramt.[262] Ein Lehramt ist notwendigerweise autoritativ[263] — ohne Autorität wäre es völlig überflüssig[264] —, die autoritative Interpretation des Hüters selbstverständlich verbindlich[265]. Lehramt und Lehrfreiheit sind kein Widerspruch, sie bedingen einander geradezu, denn die Lehrfreiheit ist keine Beliebigkeit, sondern gebundene Freiheit.

---

257 *Ährenlese* 89:1

258 Ḥadīth, zitiert nach *Kitāb-i-Īqān* 283

259 Briefe des Universalen Hauses der Gerechtigkeit vom 20. Oktober 1977 und vom 28. Mai 1991, S. 5. Zum Ganzen auch U. Gollmer, *Gottesreich*, Kap. 11.2.3.

260 Jack MacLean, »Prolegomena to a Bahā'ī Theology«, in: *The Journal of Bahā'ī Studies*, Bd. 5 Nr. 1 (März-Juni 1992), S. 49.

261 Wenn Ficicchia unter Bezugnahme auf meine Ausführungen zu diesem Thema (*Grundlagen*, S. 103) formuliert, »die Gläubigen haben keine Rechte«, so ist dies in dieser Allgemeinheit falsch.

262 Dagegen ist in der katholischen Kirche jede Lehrverkündigung autoritativ: »Wenn der katholische Priester das Wort Gottes verkündet, so predigt nicht ein bloßer Mensch, sondern Christus selbst« (Karl Adam, *Das Wesen des Katholizismus*, S. 33).

263 Was Ficicchia (*Bahā'ismus*, S. 344, Fußnote 108) anscheinend entdeckt zu haben glaubt.

264 Ein Lehramt ohne Autorität wäre ein »Lichtenbergisches Messer« — ein Messer ohne Griff und Klinge!

265 Auch das Lehramt der katholischen Kirche fordert »religiösen Gehorsam des Willens... und des Verstandes« (*Katechismus*, Nr. 892, 87).

Die Loyalität gegenüber der Schrift ist ihre Voraussetzung.[266] Der Lehrfreiheit steht »die Lehrbindung des einzelnen an die Schrift gegenüber. Die Schrift ist und bleibt der verbindliche Bezugsrahmen aller Interpretation«[267].

Daß Ficicchia diese Bindung nicht versteht, wird in seinem Werk deutlich, wenn er immer wieder die »dogmatische Bindung an Bahā'u'llāh«[268], die angebliche *»Dogmatisierung«*[269], die »Propagierung der dogmatischen Absolutheit«[270] anprangert, weil sie die »persönliche religiöse Freiheit«, die »gelebte Religiosität«[271], die »Selbstverantwortung eines jeden einzelnen«[272], die »selbständige Geistesforschung« und »freie Religionspraxis«[273] — was immer er darunter verstehen mag — ausschließe, oder wenn er gar vom »Verzicht auf eigene Glaubenseinsicht zugunsten des absoluten Glaubensgehorsams der Autorität gegenüber«[274] spricht. Religiöser Glaube ist wesensnotwendig unbedingt. Gäbe es keine dogmatische Bindung an die Schrift, dann wäre das Bahā'ītum auch keine Religion. Einer Religionsgemeinschaft die dogmatische Bindung an ihren Stifter vorzuwerfen, zeugt von Unverstand. Doch was eine Religion ist und wie die wahre Gemeinde Bahā'u'llāhs auszusehen hätte, weiß offenbar Ficicchia allein.

9. Zensur?

Was hat es mit den »äußerst strengen Zensurvorschriften«[275] auf sich, die Ficicchia anprangert und mit denen er Assoziationen an

266 »Die Gläubigen sollen wachsam sein, nicht um Haaresbreite von der Lehre abzuweichen. Ihr höchstes Bestreben sollte sein, die Reinheit der Prinzipien, Ziele und Gesetze des Glaubens zu bewahren« (Shoghi Effendi, *The Dawn of a New Day*, S. 61).

267 U. Gollmer, *Gottesreich*, Kap. 11.2.3

268 *Bahā'ismus*, S. 379, 166, 268, 290

269 *Bahā'ismus*, S. 278 (Hervorhebung durch F.), 318, 343, 377, 426

270 *Lexikon der Sekten*, Sp. 104

271 *Bahā'ismus*, S. 290

272 *Bahā'ismus*, S. 377

273 *Bahā'ismus*, S. 417, 29, 288, 300, 345, 413, 426

274 *Bahā'ismus*, S. 428

275 *Bahā'ismus*, S. 379, Fußnote 4, S. 300, 302; *Materialdienst*, S. 231, 232. Ficicchia hätte sich die Frage stellen können, wieso es solcher Vorschriften überhaupt noch

Metternich oder totalitäre Regime provoziert? Alle zur Veröffentlichung bestimmten Schriften aus der Feder von Gläubigen, die den Bahā'ī-Glauben zum Gegenstand haben, sowie alle Übersetzungen aus dem Urtext unterliegen vor der Drucklegung einer Überprüfung. Sowohl die Überprüfung der aus dem Urtext übertragenen Primärliteratur als auch die Überprüfung von Sekundärliteratur über den Glauben geht auf 'Abdu'l-Bahā zurück.[276] Dadurch soll einmal die Authentizität des Urtextes bei der Übertragung gesichert werden[277], zum anderen soll, wie Shoghi Effendi ausführt[278], in der Frühzeit des Glaubens, da die Lehre noch relativ unbekannt ist, verhindert werden, daß falsche Selbstdarstellungen, die vom außenstehenden Leser nicht ohne weiteres erkannt werden können und später nur schwer zu korrigieren sind, das Bild des Glaubens in der Öffentlichkeit trüben. Der Zweck der Überprüfung, bei der kein allzu strenger Maßstab angelegt werden soll[279], ist die Vermeidung von Fehlern und Mißverständnissen. Die Gemeinde soll »ein korrektes Bild von sich bieten und ihre Ziele einer weitgehend skeptischen Öffentlichkeit unverzerrt vermitteln«[280]. Bei diesem Überprüfungsprozeß, der den gewählten Körperschaften obliegt, dürfen — worauf Gollmer zutreffend hinweist — »Interpretationsunterschiede, die im Rahmen des von der Schrift gedeckten Spektrums sind, nicht zur Verweigerung der Druckerlaubnis führen«[281]. Wissenschaftliche Arbeiten (Diplom-

---

bedarf, wenn den Gläubigen ohnehin jede Sinnfindung und jede Meinungsäußerung verboten ist.

276 vgl. 'Abdu'l-Bahā, *Tablets*, Bd. 1, S. 124; Bd. 2, S. 464; Shoghi Effendi, *Bahā'ī Administration*, S. 23

277 Auch in den Kirchen darf niemand ohne Druckerlaubnis Bibelübersetzungen herstellen und publizieren. Nach can. 823-832 CIC dürfen die Bücher der Bibel nur mit kirchlicher Genehmigung erscheinen. Übersetzungen in eine lebende Sprache bedürfen der Approbation durch den Heiligen Stuhl, des »*Imprimatur*«. Anmerkungen müssen der kirchlichen Tradition entsprechen. Verboten sind Katholiken alle von Nichtkatholiken besorgten Übersetzungen, auch solche der Ostkirche (vgl. Mörsdorf, *Lehrbuch des Kirchenrechts*, Bd. II, S. 431 ff.).

278 *Bahā'ī Administration*, S. 23 ff: »Sie haben in dieser Zeit, da die Sache Gottes noch in ihren Kinderschuhen steckt, alle Bahā'ī-Veröffentlichungen und Übersetzungen zu überwachen und generell für eine würdige, akurate Präsentation aller Bahā'ī-Literatur Sorge zu tragen« (*Bahā'ī Administration*, S. 38).

279 vgl. Shoghi Effendi, Brief vom 15. November 1956, zitiert nach Brief des Universalen Hauses der Gerechtigkeit vom 28. Oktober 1991

280 Universales Haus der Gerechtigkeit, in: *Freiheit und Ordnung* 46

281 *Gottesreich*, S. 381

arbeiten, Dissertationen), die nicht durch Publikation der außerakademischen Öffentlichkeit zugänglich gemacht werden, sind ohnehin von der Überprüfung ausgenommen.[282]

Die Überprüfung von Druckwerken hat Shoghi Effendi immer wieder als eine vorläufige Maßnahme bezeichnet[283], die in der Frühzeit des Glaubens notwendig ist.[284] Dabei hat er versichert: »Wenn bestimmte Weisungen des Meisters[285] heute besonders betont und übergewissenhaft befolgt werden, so seien Sie dessen versichert, daß dies nur vorläufige Vorkehrungen sind, die die Sache Gottes schützen und bewahren sollen, solange sie noch in den Kinderschuhen steckt, bis die zarte und kostbare Pflanze dereinst so weit gewachsen ist, daß sie der mangelnden Klugheit der Gläubigen und den Angriffen der Feinde standhält.«[286] Die Überprüfung ist »kein Ausfluß der Lehrbindung wie das *Imprimatur* in der katholischen Kirche«[287], keine »Überwachung des Schrifttums, um verderbliche Schriften von der Gemeinschaft der Gläubigen abzuwehren«[288]. Vor allem dient sie nicht der Unterdrückung von Veröffentlichungen, der Ausschaltung unliebsamer Meinungen, der Gleichschaltung und Monopolisierung des Denkens — Meinungsvielfalt ist erwünscht.

10. Verbotene Bücher?

Auch das von Ficicchia behauptete »*Verbot der Lektüre gegnerischer Schriften*«[289] und »feindlicher Bücher«[290] hat es nie gegeben. Die Bahā'ī-Gemeinde kennt keine Bücherverbote, keinen *Index*

---

282 *Memorandum* der Sekretariatsabteilung des Weltzentrums vom 8. September 1991, abgedruckt in *Bahā'ī Studies Bulletin* 6:4-7:2 (October 1992), S. 125
283 *Weltordnung*, S. 25
284 *Freiheit und Ordnung* 46
285 *Āqā*: Titel 'Abdu'l-Bahās
286 *Bahā'ī Administration*, S. 63. Das Universale Haus der Gerechtigkeit hat sich zur Frage der Überprüfung von Druckwerken in *Freiheit und Ordnung* (42-47) im gleichen Sinne geäußert und die Forderung nach Aufhebung dieser Maßnahme als verfrüht zurückgewiesen.
287 U. Gollmer, *Gottesreich*, Kap. 11.2.3
288 *Lexikon für Theologie und Kirche* 2, 742; vgl. auch Mörsdorf, *Lehrbuch des Kirchenrechts*, Bd. II, S. 432
289 S. 379, Fußnote 4 (Hervorhebung durch F.)
290 *Materialdienst*, S. 237

liberorum prohibitorum. Ficicchia bleibt auch hier den Beweis schuldig. Nicht eine einzige Quelle nennt er, wo dieses Verbot ausgesprochen worden sei. Soweit es die Bundesbrecher[291] anbelangt, so sind sie nach ihrer Exkommunikation aus der Gemeinde zu meiden, »weil sie Gottes heilige Sache völlig zerstören, sein Gesetz auslöschen und alle Mühen der Vergangenheit zunichte machen wollen«[292]. Ein Verbot, ihre Schriften zu lesen, enthält die Schrift nicht. Auch die Institutionen haben ein solches Verbot niemals erlassen, sondern nur die Gläubigen vor der Lektüre dieser Schriften eindringlich gewarnt, weil sie, sofern der Leser nicht über eine profunde Kenntnis der Geschichte und Lehre des Glaubens verfügt, geeignet sind, den Glauben zu unterminieren. Ficicchia selbst wurde über diese Rechtslage durch den Brief des Universalen Hauses der Gerechtigkeit vom 2. Oktober 1974 informiert. Darin heißt es auf Seite 8: »Abschließend möchten wir die Frage beantworten, ob die Gläubigen die Schriften der Bundesbrecher lesen dürfen. Das ist nicht verboten.« Dessen ungeachtet hat er in seinem 1975 erschienenen Beitrag[293] und in seinem sechs Jahre später erschienenen Buch diese Unwahrheit aufgetischt. Von der ihm zuteil gewordenen Auskunft verrät er dem Leser nichts.

11. »Verbot der freien Meinungsäußerung«?

Wie ein *Cantus firmus* durchzieht das ganze Buch die Mär vom Verbot der freien Meinungsäußerung[294] und vom Verbot jeglicher Kritik[295]. Diese angeblichen Verbote sind sozusagen Ficicchias Induktionsbasis für alle seine Anklagen gegen die Gemeinde und ihre institutionelle Ordnung. Träfen diese Vorwürfe wirklich zu, so wäre es fatal, denn eine Gemeinschaft, aus der das heute in allen demokratischen Staatsverfassungen garantierte Menschenrecht auf freie Meinungsäußerung verbannt ist, wäre in der Tat

291 Näheres hierzu S. 165 ff.

292 *Testament* 2:10

293 *Materialdienst*, Heft 15/16, S. 232

294 *Bahā'ismus*, S. 275, 300, 302, 325, 346 Fußnote 113, S. 365, 417, 423, 427; *Materialdienst*, S. 236, 238

295 *Bahā'ismus*, S. 413, 29, 288, 300, 345, 359 ff., 417, 426

abschreckend. Der Beitritt zu einer solchen Gemeinde käme einem Akt der Selbstentmündigung gleich.

Doch auch dieser Vorwurf ist falsch. Die einzigen Quellen, mit denen Ficicchia dem Leser auf all den vielen Seiten dieses Verbot zu beweisen versucht, sind zwei von ihm angeführte Äußerungen ʿAbdu'l-Bahās.[296] Die eine stammt aus einem Sendbrief aus dem Jahr 1912 an die Gemeinde von San Francisco. Darin heißt es: »According to the clear text of the *Kitāb al-Aqdas* and other tablets, the Centre of the Covenant is the remover of all difficulties, for He is the interpreter of the Book. Not one soul has the right to say one word of his own account, or to explain anything or to elucidate the text of the Book, whether in public or private.«[297] Die andere Passage ist aus ʿAbdu'l-Bahās *Testament*: »Niemand hat das Recht, seine Meinung herauszustellen oder seine persönliche Überzeugung auszudrücken. Alle müssen Führung suchen und sich dem Mittelpunkt der heiligen Sache sowie dem Hause der Gerechtigkeit zuwenden.«[298]

Beide Passagen stehen unverkennbar im Zusammenhang mit dem Gottesbund und den im Mittelpunkt dieses Bundes stehenden Institutionen: dem Lehramt und dem Universalen Haus der Gerechtigkeit, beide haben ʿAbdu'l-Bahās Nachfolge im Visier. In dieser Frage soll niemand auf seine Meinung pochen, keiner soll Autorität beanspruchen und so »das Banner des Aufruhrs aufrichten und das Tor zu falschen Deutungen aufstoßen«[299]. Es wird zur Treue gegenüber dem »Mittelpunkt des Bundes« aufgefordert und kein allgemeines Verbot der freien Meinungsäußerung erlassen. Dies wird umso deutlicher, wenn man den persischen Urtext des *Testaments* heranzieht.[300] Für den Begriff »Recht« steht hier das arabische *ḥaqq*[301], das mehr objektiv im Sinne von »Autorität« zu verstehen ist, während bei einem generellen Verbot der freien Meinungsäußerung wohl der Begriff *mujāz* stehen würde.

---

296 *Bahā'ismus*, S. 345, 346
297 *Star of the West*, Bd. VIII, 19. January 1918, S. 223
298 3:13
299 *Testament* 3:13
300 »*nafsī rā ḥaqq-i-ra'y wa iʿtiqād-i-makhṣūṣī na(h), bāyad kull iqtibās az markaz-i-amr va Baitu'l-ʿadl namāyand.*«
301 die Wirklichkeit, die göttliche Wahrheit, das göttliche Recht (vgl. *SEI*, S. 126 ff.)

So wurden diese Texte stets verstanden. Niemand außer Ficicchia hat sie jemals im Sinne eines allgemeinen Verbots der freien Meinungsäußerung interpretiert. In meiner Dissertation ist die Stelle im gesamten Kontext abgedruckt. Die von Ficicchia angeführte Stelle habe ich mit folgender Fußnote versehen: »Dieser Satz bezieht sich nur auf die Nachfolgeregelung.«[302] Dabei habe ich auf David Hofman verwiesen, der in seinem Kommentar zum *Testament*[303] dieselbe Auffassung vertritt. Ohne sich damit auseinanderzusetzen, ohne dafür weitere Gründe zu nennen, hat Ficicchia diese Auffassung brüsk als haltlos beiseite geschoben und darauf beharrt, die Schriftstellen besagten, »daß generell *jede* offene Meinungsäußerung strikt untersagt ist«[304].

Der Leser möge selbst urteilen, wie zwingend Ficicchias Interpretation ist, mit der er auf weiter Flur allein steht. Schon hier stellt sich die Frage, ob es denn die Aufgabe eines Autors ist, der sich als »Religionsforscher«[305] versteht, die Öffentlichkeit darüber zu informieren, wie er selbst eine einschlägige Schriftstelle interpretiert oder ob es nicht seines Amtes wäre, den Leser darüber zu orientieren, wie dieser Text in der Glaubensgemeinschaft verstanden wird und welche Konsequenzen daraus für das Recht der Gemeinde gezogen werden.

Doch Ficicchia hat nicht nur die Fähigkeit, unbeirrbar Texte anders zu verstehen, als sie in der Gemeinde verstanden werden, und aus ihnen das herauszulesen, was ihm für seine Absichten dienlich ist, er hat sich auch geflissentlich über ihm bekannte Quellen hinweggesetzt, welche die freie Meinungsäußerung in der Gemeinde als Recht verbriefen und sie geradezu zur Pflicht erheben. Über die Beratung der Gläubigen in der Gemeinde und in den Räten sagt ʻAbdu'l-Bahā:

> »Ihre Mitglieder sollen so miteinander beraten, daß sich kein Anlaß für Unwille oder Zwietracht ergibt. Dies ist nur erreichbar, wenn jeder in völliger Freiheit seine Meinung äußert und seine Argumente vor-

302 *Grundlagen*, S. 127
303 *Commentary*, S. 26
304 *Bahā'ismus*, S. 346, Fußnote 113 (Hervorhebung durch F.).
305 *Bahā'ismus*, S. 313

> bringt. So jemand widerspricht, soll sich niemand verletzt fühlen, denn erst wenn die Angelegenheiten vollständig erörtert sind, kann sich der richtige Weg zeigen. Der strahlende Funke der Wahrheit erscheint erst nach dem Zusammenprall verschiedener Meinungen ... Die ehrenwerten Mitglieder sollen ihre Gedanken in aller Freiheit aussprechen.«[306]

Dieses Zitat findet sich auf S. 162 und 163 meiner Dissertation. Davor und im unmittelbaren Anschluß daran führe ich aus:

> »Die Gläubigen sind jedoch nicht nur berechtigt, sondern geradezu verpflichtet, ihrer Meinung freien Ausdruck zu verleihen, weil erst aus dem Zusammenklang der verschiedenen Meinungen die Wahrheit gefunden werden kann ... Die Unabhängigkeit des Urteils ist daher ein wesentliches Kennzeichen der Bahā'ī-Beratung ... Die aufgezeigte Beratungsmethode ist nicht beschränkt auf die Tätigkeit der Gläubigen innerhalb der gewählten Institutionen. Die Gläubigen sollen sie auch im täglichen Leben verwirklichen. Auch das Verhältnis der Körperschaften zueinander und zu den Gläubigen soll durch das Prinzip der Beratung bestimmt sein.«[307]

Im Anschluß daran lasse ich noch Shoghi Effendi zu Wort kommen, der das Recht der freien Meinungsäußerung als ein Grundrecht der Bahā'ī bezeichnet: »Wir sollten stets bedenken, daß das unbezweifelbare Recht des einzelnen auf freie Meinungsäußerung ein fundamentaler Rechtsgrundsatz in der Sache Gottes ist. Jeder hat die Freiheit, seinem Gewissen Ausdruck zu verleihen und seine Ansichten vorzutragen.«[308]

Ficicchia kannte diese Äußerungen 'Abdu'l-Bahās und Shoghi Effendis und meine Ausführungen dazu ganz genau, denn er hat

---

306 zitiert nach Shoghi Effendi, *Bahā'ī Administration*, S. 21/22
307 *Grundlagen*, S. 162/163
308 *Bahā'ī Administration*, S. 63

in seinem Buch[309] einen Satz aus meiner Dissertation, der unmittelbar an das vorstehende Zitat Shoghi Effendis anschließt, zitiert. Darüber hinaus war ihm, wie aus seinem Buch ersichtlich[310], der Brief des Universalen Hauses der Gerechtigkeit an ein Mitglied der Schweizer Bahā'ī-Gemeinde vom 23. März 1975 bekannt[311], in welchem unter Hinweis auf Shoghi Effendi[312] das unveräußerliche Recht auf freie Meinungsäußerung hervorgehoben wird. Damit ist bewiesen, daß das von ihm behauptete Verbot der freien Meinungsäußerung nicht nur die Folge einer gewaltsamen Interpretation einer Schriftstelle ist, sondern daß er diese Behauptung wider besseres Wissen aufstellt. Auch hier wird deutlich, was er meint, wenn er, wie in seinem Brief vom 5. April 1978 angekündigt[313], die Bahā'ī »mit allen Mitteln« bekämpfen will.

Die Meinungsfreiheit, die Freiheit der Rede — »ein grundlegendes Prinzip der Sache Gottes«[314] — soll selbstverständlich in eine »Disziplin eingebunden«[315] sein, die Bahā'u'llāh abgesteckt hat: »Menschliche Rede will ihrem Wesen nach Einfluß ausüben und bedarf deshalb des rechten Maßes... Ihr rechtes Maß muß mit Takt und Klugheit gepaart sein.«[316] Die Rede verlangt »ein klares Urteil, denn in der Beschränkung wie im Exzeß kann sie schreckliche Folgen zeitigen«[317]. Darum soll sie beseelt sein von der Haltung »völliger Ergebenheit, Höflichkeit, Würde, Sorgfalt und Mäßigung«[318]. Sie soll am Gemeinwohl orientiert sein, und diese Orientierung »impliziert einen völligen Wandel in den Anforderungen an öffentliche Diskussionen, wie ihn Bahā'u'llāh für eine reife Gesellschaft vorsieht«[319]. Doch *nota bene*: Dies sind Aspekte individueller ethischer Verantwortung, keine Anleitung zu Gruppenzwang oder gar institutioneller Reglementierung.

---

309 *Bahā'ismus*, S. 360
310 *Bahā'ismus*, S. 150
311 *Bahā'ismus*, S. 150, Fußnote 35
312 *Bahā'ī Administration*, S. 63
313 siehe S 24 ff.
314 *Freiheit und Ordnung* 24. Zum Schutz der bürgerlichen Freiheitsrechte siehe auch oben, S. 191 ff.
315 *a. a. O.*
316 *Botschaften* 13:14
317 *Freiheit und Ordnung* 27
318 'Abdu'l-Bahā, zitiert nach *Bahā'ī Administration*, S. 22
319 *Freiheit und Ordnung* 29

12. »Kritikverbot«?

Meinungsfreiheit impliziert selbstverständlich das Recht auf Kritik.[320] Eine Gemeinde, die — wie Ficicchia immer wieder eifernd versichert — jeden kritischen Gedanken aus ihrer Mitte bannt und »sogleich mit dem Ausschluß aus der Gemeinschaft beantwortet«[321], wäre alsbald am Ende: »Das System bedarf der Kritik als ein Element seiner Selbststeuerung.«[322]

Des Menschen Vernunft[323], sein kritischer Verstand, hat in der Schrift Bahā'u'llāhs einen einzigartigen Rang. *'Aql*[324] ist »das größte Zeichen Gottes«[325], »ein Zeichen der Offenbarung«[326], die »vornehmste unter den Gaben, die der Allmächtige den Menschen verliehen hat«[327]. Von dieser Geistesgabe soll der Mensch Gebrauch machen: »Gott hat dem Menschen den Verstand gegeben, daß er ihn gebrauche, nicht daß er ihn abtöte.«[328] Die göttliche Offenbarung hat — wie das Universale Haus der Gerechtigkeit betont — »vom Gebrauch der Vernunft nichts zu fürchten«, denn »je mehr man über sie nachdenkt und in sie eindringt, desto größere Wahrheiten kann man in ihr entdecken«[329]. Es wäre deshalb mehr als verwunderlich, wenn eine Religionsgemeinschaft, in der der kritische Verstand so hoch geschätzt wird, sich selbst gegen Kritik aus den eigenen Reihen abdichtet[330], wie Ficicchia dies dem Leser unentwegt weismachen will[331], in einem Maße, daß nicht nur die kritische Meinungsäußerung verboten sei, sondern schon »jeder

---

320 Zur Funktion der Kritik innerhalb der Gemeinde eingehend U. Gollmer, *Gottesreich*, Kap. 13.2-3

321 *Bahā'ismus*, S. 426

322 U. Gollmer, *Gottesreich*, Kap. 13.2.3

323 Zu ihrer Rolle verweise ich auf meine Ausführungen in: *Die Freiheit und ihre Schranken*, S. 32-52, 59 ff.

324 Verstand, Vernunft, Ratio, Einsicht, Geist, Intellekt, Intelligenz

325 'Abdu'l-Bahā, *Das Geheimnis göttlicher Kultur*, S. 13

326 *Ährenlese* 83:1

327 *Ährenlese* 95:1

328 Shoghi Effendi, zitiert nach *Principles of Bahā'ī Administration*, S. 37

329 Brief vom 1. September 1975

330 »Wie wäre Offenheit, eine Bedingung jeder Beratung, möglich, gäbe es kein kritisches Denken? Wie könnte der einzelne seiner Verantwortung gegenüber dem Glauben nachkommen, stünde ihm nicht die Freiheit zu, seine Gedanken zu äußern?« (Universales Haus der Gerechtigkeit, *Freiheit und Ordnung* 31).

331 *Bahā'ismus*, S. 29, 288, 300, 345, 413, 417, 426

kritische Gedanke (!) ... sogleich mit dem Ausschluß aus der Gemeinschaft beantwortet wird«[332].

Auch diese Behauptung ist eine geflissentliche Verbiegung der die Gemeinde beherrschenden Prinzipien. In Wirklichkeit hat Kritik in der Gemeindeordnung »ihren institutionell definierten Ort«[333]. Zunächst einmal unmittelbar gegenüber den entscheidungsbefugten Institutionen: »Es ist das gute Recht der Bahā'ī, ihre Kritik an ihre Geistigen Räte zu richten.«[334] Es ist aber nicht nur ihr Recht, sondern, wie Shoghi Effendi ausführt, »geradezu die Pflicht« eines Gläubigen, »offen und uneingeschränkt, jedoch mit dem schuldigen Respekt gegenüber der Autorität des Rates, jedweden Vorschlag zu machen und jegliche Kritik zu üben, wenn er nach bestem Wissen und Gewissen davon überzeugt ist, daß gewisse Verhältnisse oder Tendenzen in der Gemeinde der Verbesserung oder Abhilfe bedürfen«[335]. Mit diesem Recht des einzelnen korrespondiert die Pflicht des Rates, »alle ihm so unterbreiteten Ansichten sorgfältig zu erwägen«[336].

Darüber hinaus kann der Gläubige seine Kritik auch »öffentlich kundtun«[337], und zwar auf den verschiedenen Ebenen der Gemeinde- und Wahlversammlungen: Das »Neunzehntagefest«[338], das auch »zahlreiche administrative Funktionen und Bedürfnisse der Gemeinde erfüllt«, ist ein Ort für »offene, konstruktive Kritik und Beratung über die örtlichen Belange der Bahā'ī-Gemein-

---

332 *Bahā'ismus*, S. 426. Wenn Ficicchia mitteilt (*Materialdienst*, S. 233), Aḥmad Sohrab, sei wegen »Kritik« exkommuniziert worden, so trifft dies nicht den Sachverhalt. Er, der die Authentizität des *Testaments* 'Abdu'l-Bahās nie in Zweifel zog, wurde wegen seiner Angriffe auf das Hütertum und seiner spalterischen Tätigkeit als »Bundesbrecher« aus der Gemeinde ausgeschlossen. Er hatte in den von ihm gegründeten Organisationen: »*The New History Society*« und »*The Caravan of East and West*« Anhänger um sich geschart. Letztere hatte — wie Ficicchia zutreffend schreibt — den Charakter eines »weltweiten Korrespondenzclubs«. Sein Versuch, eine Alternativgemeinde zu etablieren, ist kläglich gescheitert. Vgl. hierzu A. Taherzadeh, *The Covenant of Bahā'u'llāh*, S. 344.

333 U. Gollmer, *Gottesreich*, Kap. 13.2.3

334 Shoghi Effendi, zitiert nach *Geistige Räte — Häuser der Gerechtigkeit*, S. 66

335 Brief vom 13. Dezember 1939, zitiert nach *Freiheit und Ordnung* 32

336 Shoghi Effendi, *a. a. O.*

337 *Freiheit und Ordnung* 33

338 Der Bahā'ī-Kalender hat neunzehn Monate zu neunzehn Tagen (und vier Schalttage). Am ersten Tag eines jeden Monats versammelt sich die Gemeinde zu gemeinsamer Andacht, Beratung und einem Mahl.

de«[339]. Daneben ist die Nationaltagung, auf der alljährlich die Delegierten den Nationalen Geistigen Rat innerhalb eines Staates wählen, ein Ort, wo jeder Delegierte vor der versammelten nationalen Gemeinde öffentlich Kritik vortragen und einbringen kann. Shoghi Effendi, der die »freie, unbehinderte Beratung« den »Felsgrund« der Gemeindeordnung nennt[340], schreibt hierzu: »Es ist ein Leitgrundsatz der Verwaltungsordnung, unter keinen Umständen die Freiheit und das Vorrecht der Abgeordneten zu beschränken, ihre Ideen, Empfindungen, Beschwerden und Empfehlungen frei und umfassend zu äußern, solange sie die feststehenden Grundsätze dieser Ordnung nicht mißbrauchen.«[341] Dieses Recht ist in Artikel 13 Abs. III der Satzung des Nationalen Geistigen Rates der Bahā'ī in Deutschland verbrieft, wo es heißt: »Die Abgeordneten haben das Recht, ihre Meinung frei, offen und unabhängig zu äußern. Sie sollen ihr Herz erleichtern und über ihre Hoffnungen und Sorgen freimütig, aber maßvoll und leidenschaftslos sprechen.«

Ficicchia leitet das angebliche Kritikverbot[342], für das er nirgends Quellen nennt, möglicherweise aus dem Obstruktionsverbot ab. Die Mitglieder eines Rates sind zur Loyalität gegenüber einem mit Stimmenmehrheit ergangenen Beschluß verpflichtet und sollen sich dessen enthalten, diesen Beschluß außerhalb des Rates »zu beanstanden oder zu kritisieren«.[343] Diese Regelung will verhindern, daß die Autorität eines Rates durch destruktive Kritik und Obstruktion von innen unterminiert wird, weil sonst »die Ordnung der Sache selbst in Gefahr« geriete und »die Gemeinde von Zwist und Verwirrung beherrscht« werden würde[344]. Geschützt ist also »das Recht des Kritikers, sich zu äußern«, ge-

---

339 *Freiheit und Ordnung* 33

340 Brief vom 18. November 1933 an einen Nationalen Geistigen Rat

341 Brief vom 12. August 1933 an einen Gläubigen, zitiert nach *Die Nationaltagung. Erklärung und Textzusammenstellung der Forschungsabteilung des Universalen Hauses der Gerechtigkeit*, Nr. 15. Der Mißbrauchvorbehalt ist keine willkürliche Beschränkung der Meinungsfreiheit, sondern eine einem jeden Recht immanente Schranke: Jedes Recht kann durch Mißbrauch verwirkt werden, selbst die verfassungsrechtlich garantierten Grundrechte (vgl. Art. 18 GG).

342 *Bahā'ismus*, S.29, 300, 345, 359 ff., 288, 413 ff., 417, 426

343 'Abdu'l-Bahā, zitiert nach *Bahā'ī Administration*, S. 22; *Geistige Räte — Häuser der Gerechtigkeit*, S. 17

344 Shoghi Effendi, zitiert nach *Freiheit und Ordnung* 33

schützt ist aber auch »der vereinigende Geist der Sache Gottes, die Autorität seiner Gesetze und Gebote, denn Autorität ist untrennbar mit Freiheit verbunden«[345]. Die Regelung mag einem mißfallen — daraus ein generelles Kritikverbot abzuleiten, ist unredlich.

Kritik ist jedoch, wie Gollmer zutreffend ausführt, »im Bahā'ī-Kontext kein Wert an sich«, sondern »ein Instrument« zur Korrektur von Entscheidungen oder von faktischen Verhältnissen. Sie soll darum »ihrer polemischen und destabilisierenden Funktion entkleidet werden. Kritik darf nicht zu parteilichen Strukturen führen, sind doch Kampf und Streit in der Schrift ausdrücklich verfemt. Sie soll auch kein Mittel der persönlichen Profilierung, der indirekten Wahlwerbung sein«, sondern »von der aufrichtigen Sorge um das Gemeinwohl« getragen sein[346].

Der Kritiker ist somit zur Verantwortung verpflichtet, die Institutionen zu unbedingter Kritikoffenheit.[347] Die Bahā'ī stehen somit ihren Institutionen nicht in »kritiklosem Gehorsam«[348], in »kritikloser Unterordnung«[349] gegenüber, sondern in kritischer Loyalität: »Loyalität und Gehorsam sind keinesfalls identisch mit blinder Annahme, sie sind ein wesentliches Gegenstück zum freien Gebrauch des kritischen Verstandes, den der Glaube zur Pflicht macht.«[350]

13. Bundesbruch, Exkommunikation

In seinem Bemühen, die Gemeindeordnung Bahā'u'llāhs als ein unbarmherziges, repressives System darzustellen, zieht Ficicchia immer wieder die Aufmerksamkeit des Lesers auf ein Regulativ, das es in unterschiedlichen Formen bei allen rechtlich verfaßten Korporationen, bei allen Religionsgemeinschaften und bis zum heutigen Tag auch bei allen Kirchen gibt: den Ausschluß, die Exkommunikation — wohl wissend und wahrscheinlich darauf spe-

345 *Freiheit und Ordnung* 34
346 *Gottesreich*, Kap. 13.2.3
347 vgl. Shoghi Effendi, *Bahā'ī Administration*, S. 63 ff.
348 *Bahā'ismus*, S. 288
349 *Bahā'ismus*, S. 413 ff., 417
350 Brief des Universalen Hauses der Gerechtigkeit vom 1. September 1975

kulierend, wie wenig Verständnis der Zeitgeist solchen Rechtsvorkehrungen entgegenbringt.[351] Was er in diesem Zusammenhang dem Leser mitteilt, ist eine völlige Verzeichnung der tatsächlichen Verhältnisse. Er versucht ihm einzureden, daß jeder, der auch nur im mindesten von der »Leitung«[352] abweicht, unweigerlich aus der Gemeinde hinauskatapultiert wird: »Wer organisatorische Erlasse ignoriert ..., wird mit dem Bann belegt«[353]; »jede auch nur geringste Übertretung [wird] sogleich mit dem Bann belegt«[354]; »jeder kritische Gedanke oder Neuerungsversuch [wird] sogleich mit dem Ausschluß aus der Gemeinschaft beantwortet«[355]. Die Exkommunikation, denkt der Leser, ist in der Bahā'ī-Gemeinde an der Tagesordnung, ein Eindruck, den Ficicchia noch mit den Adverbien »*rigoros*«[356] oder »sogleich«[357] verstärkt: also ohne Aufschub, ohne langes Federlesen, *stante pede*. Verwunderlich bleibt nur, daß diese Gemeinde überhaupt noch existiert, müßte sie doch durch ihre rigorose Exkommunikationspraxis längst ausgeblutet sein, sich selbst liquidiert haben. Auch hier geht es wieder darum, das von Ficicchia »krumm« Gemachte geradezubiegen:

a) Wo sich Menschen zu Korperationen rechtlich verbinden, gibt es Regeln, die eine kontinuierliche Verbandsschädigung durch illoyale Mitglieder verhindern sollen. Ein Fußballer, der ständig ins eigene Tor schießt, wird die längste Zeit für seinen Verein aufgetreten sein. Ein Politiker, der die Ziele seiner Partei öffentlich diskreditiert und ständig mit der Opposition stimmt, wird dies nicht lange ungestraft tun können. Die meisten Vereinssatzungen, alle Parteisatzungen enthalten Bestimmungen für ein Ausschlußverfahren.

Bei Religionsgemeinschaften ist dies nicht anders. Nirgendwo ist die Gefahr der Fraktionsbildung, der Absonderung, falscher Autoritätsansprüche, des Ärgernisses, des Verrats größer als da,

351 Wie etwa die öffentlichen Reaktionen auf kirchliche Lehrzuchtverfahren deutlich zeigen.
352 *Bahā'ismus*, S. 413
353 *Bahā'ismus*, S. 288
354 *Bahā'ismus*, S. 300, 334
355 *Bahā'ismus*, S. 426
356 *Bahā'ismus*, S. 302 (Hervorhebung durch F.)
357 *Bahā'ismus*, S. 300, 426

wo es um höchste Güter geht, um die Wahrheit.[358] Ohne irgendwelche Vorkehrungen gegen subversive Angriffe von innen auf die Einheit der Lehre und die Einheit der Gläubigen wäre die Gemeinde menschlicher Willkür preisgegeben, schutzlos gegen alle Versuche der Spaltung. Allen Religionen ist der Ausschluß aus der Gemeinde in irgendeiner Form bekannt.[359] Im Judentum wurden Abtrünnige vom Synedrion in Bann getan, aus der Synagoge ausgeschlossen.[360] Die Kirche hat unter Berufung auf die Schrift[361] ein ausgefeiltes Exkommunikationsrecht entwickelt.[362] Sowohl die katholische als auch die protestantische Kirche kennen den Kirchenbann, der — früher in den »großen« und den »kleinen« Kirchenbann unterschieden — von den höchsten Autoritäten, Thomas von Aquin[363] und Martin Luther[364], abgesegnet ist. In beiden Kirchen stand der Bann nicht nur auf schweren kirchlichen Verbrechen wie Häresie[365], Apostasie und Schisma,

358 Zum Thema des »Ärgernisses« vgl. S. 34 f.

359 Religionsgeschichtlich vgl. *LThK*, Bd., 1, S. 1224 ff.

360 vgl. Joh. 9:27; 12:42; 16:2

361 vgl. Matth. 18:15-18; 1. Kor. 5:1-5; Tim. 3:10: »Einen ketzerischen Menschen meide, wenn er einmal und abermals ermahnt ist.«

362 Der Begriff, die verschiedenen Formen und die Wirkungen der Exkommunikation waren in den Canones 2257-2267 CIC (1917) geregelt. Im neuen, 1983 promulgierten *Codex* wurde das Institut der Exkommunikation, den veränderten Verhältnissen Rechnung tragend, gewaltig zusammengestutzt. Die Exkommunikation soll nunmehr nur noch »mit allergrößter Zurückhaltung und nur für schwere Straftaten verhängt werden« (»... *censuras autem, praesertim excommunicationem, ne constituat, nisi maxima cum moderatione et sola delicta graviora*«, can. 1318 CIC), so etwa bei Schisma, Apostasie und Häresie (can. 751, 1364) oder Abtreibung (can. 1398), bei denen sie *ipso iure* eintritt.

363 »Was die Ketzer anbelangt, so haben sie sich einer Sünde schuldig gemacht, die es rechtfertigt, daß sie nicht nur von der Kirche vermittels des Kirchenbannes ausgeschieden, sondern auch durch die Todesstrafe aus dieser Welt entfernt werden ... Wenn also Falschmünzer oder andere Übeltäter rechtmäßigerweise von weltlichen Fürsten sogleich vom Leben zum Tode befördert werden, mit wieviel größerem Recht können Ketzer unmittelbar nach ihrer Überführung wegen Ketzerei nicht nur aus der Kirchengemeinschaft ausgeschlossen, sondern auch billigerweise hingerichtet werden« (S. th. IIa-IIae q. 11, a.3 c, d).

364 »Mit Ketzern braucht man kein langes Federlesen zu machen, man kann sie ungehört [also ohne rechtliches Gehör!] verdammen. Und während sie auf den Scheiterhaufen zugrunde gehen, sollte der Gläubige das Übel an der Wurzel ausrotten und seine Hände in dem Blut der Bischöfe und des Papstes baden, der der Teufel in Verkleidung ist« (*Tischreden* III, 175). Im Calvinismus war der Umgang mit Dissidenten um kein Haar moderater, wie die von Calvin befohlene Verbrennung des Arztes Michel Servet wegen seiner antitrinitarischen Schrift zeigt.

365 Wie rigoros man dabei gegen Christen anderer Konfession vorging, zeigt folgendes Beispiel: Der Hofprediger des Markgrafen von Ansbach war des Calvinismus

sondern auf vielerlei Vergehen wie Schändung des Feiertags, Störung des Gottesdienstes etc.[366]. Auf solchen Vergehen standen im Protestantismus weltliche Strafen, sogar peinliche Leibesstrafen »waren an der Tagesordnung«[367]. Bei dieser Sachlage muß es befremden, daß in einem kirchlich editierten Werk das völlig anders geartete Exkommunikationsrecht der Bahā'ī als »mittelalterliche *Inquisitionspraxis*«[368] denunziert werden darf.

Nun ist nicht zu verkennen, daß mit der Erosion des tradierten Kirchenglaubens[369] die kirchlichen Exkommunikationsvorschriften allmählich obsolet geworden sind. Sie passen nicht mehr in eine Zeit, da in Deutschland alljährlich Hunderttausende die Kirchen verlassen. Je mehr sich der Protestantismus in einen theologischen Pluralismus auffächerte, desto weniger war der Begriff »Häresie« noch bestimmbar. Nähme die protestantische Kirche die traditionelle orthodoxe Kirchenlehre zum Maßstab, so müßte sie heute weite Teile des Kirchenvolkes exkommunizieren: »Wer außer der ›reinen Lehre‹ nichts zulassen will, muß die Mehrheit hinauswerfen. Das wäre der sichere Weg ins Sektierertum.«[370] So

---

überführt worden. In einem Gutachten der lutherischen Universität Tübingen teilten die Theologen mit, Arrest und Verbannung seien für einen Ketzer eine viel zu milde Strafe. Da die Todesstrafe verboten sei, sei lebenslange Festungshaft mit periodischen Bekehrungsversuchen die angemessene Strafe. Falls die Bekehrungsversuche nichts fruchteten, müsse man den Häretiker wie einen Irren behandeln und lebenslänglich einsperren (Ernst Walter Zeeden, *Die Entstehung der Konfessionen*, S. 115).

366 Die feierliche Exkommunikation hat die Form einer Verfluchung: *anathema sit* (vgl. 1. Gal. 1:9; 1. Kor. 16:22). Nach der Mecklenburgischen Konsistorialordnung aus dem Jahr 1570 hatte der Pfarrer den zu Exkommunizierenden im Gottesdienst feierlich dem Teufel zu übergeben »zum Verderben des Fleisches« (1. Kor. 5:5), »Gottes schrecklichen Zorn und Ungnade« auf ihn herabzurufen und zu verkünden, daß »er von der Gemeinschaft aller Heiligen im Himmel und auf Erden ausgeschlossen und abgeschnitten und mit allen Teufeln in der Hölle verflucht und ewiglich verdammt sei«. Den Gemeindemitgliedern war bei schwerer Strafe untersagt, »mit dem Gebannten Umgang zu pflegen« (zitiert nach Ernst Walter Zeeden, *Konfessionsbildung*, S. 163).

367 E. W. Zeeden, *a. a. O.*, S. 164

368 *Bahā'ismus*, S. 337 (Hervorhebung durch F.)

369 Die Kirchen haben »ihr religiöses Monopol verloren. Kirche und Christentum sind eine Wahlmöglichkeit religiösen Verhaltens auf dem Markt der religiösen Möglichkeiten geworden« (Gottfried Küenzlen, »Kirche und die geistigen Strömungen der Zeit«, S. 19). Im übrigen werden zentrale Begriffe christlicher Lehre wie Gnade und Sünde von vielen Kirchenchristen der jüngeren Generation »nicht einmal mehr gewußt« (Heiner Barz, *Postmoderne Religion*, S. 252, 137).

370 Elmar zur Bonsen, »Auf dem Weg in ein neues Heidentum. Sind die traditionellen Kirchen nur noch Auslaufmodelle?«, in: *Süddeutsche Zeitung* vom 5./6. März 1994.

macht man aus der Not eine Tugend: Man entledigt sich elegant all dessen, was man heute als historische Bürde empfindet, und gibt sich tolerant.[371]

Diese Toleranz wird auch von den anderen eingefordert: Gefordert wird im Namen der Toleranz ein unverbindlicher Pluralismus von Lehraussagen und, anstelle einer rechtlich verfaßten Gemeinde, eine pneumatische, »frei flutende Bewegung«, in der alles zur Disposition gestellt ist und jeder tun kann, was ihm beliebt, ein Gebilde, das dann keine eigentliche Identität mehr hat (und mit dem man umso leichter fertig werden kann). Die heutigen, historisch bedingten Anschauungen werden so zur Norm erhoben und der kritisierten Gemeinde ein Wahrheitsbegriff und ein Gemeindebegriff substituiert, die eine Abgrenzung nicht mehr zulassen. Die Möglichkeit der Exkommunikation erscheint so als ein Relikt vormoderner Zeiten.

b) Die Ordnung der Bahā'ī-Gemeinde ist keine ihr durch die äußeren Verhältnisse aufgezwungene Neuerung, sondern integraler Bestandteil des Gottesbundes, den Bahā'u'llāh mit den Gläubigen geschlossen hat. Die Anerkennung dieser Ordnung ist darum »kein Anhängsel, sondern ein unveräußerlicher, von den höchsten Glaubenswahrheiten nicht zu trennender Bestandteil der Bahā'ī-Lehre«[372]. Der (kleinere) Bund dient der Bewahrung der Einheit der Gemeinde[373], er ist darum »die feste Burg«[374], eine »starke

371 Geistliche, welche die kirchliche Lehre öffentlich bezweifeln oder mit ihr sichtbar im Konflikt leben oder kirchlich nicht sanktionierte Lebensformen missionarisch propagieren, riskieren allenfalls ein Lehrzuchtverfahren, aber doch um alles keine Exkommunikation.

372 *Grundlagen*, S. 32

373 Die Religionsgeschichte zeigt, daß in allen Religionen die Spaltung der Gemeinde durch subversive Gemeindemitglieder als schwere Bedrohung empfunden und als schwere Verfehlung geächtet wurde:

Nach der Lehre Buddhas erscheint der Verlust der Einheit der Gemeinde, ihre Spaltung, als das schwerste Vergehen, für welches der Täter bis zum Ende des Weltzeitalters in der Hölle büßt (vgl. die Ausführungen S. 36 ff), weil die Spaltung »zu vieler Menschen Unheil, zu vieler Menschen Unglück, zu vieler Menschen Unsegen, zum Unheil und Unglück für Menschen und Götter« führt: »Ist nun aber, ihr Jünger, die Gemeinde gespalten, so gibt es auch wechselseitige Streitigkeiten, wechselseitige Schmähreden, wechselseitige Beeinträchtigungen, wechselseitige Verstoßungen, und da gelangen auch die Ungeklärten nicht zur Klarheit, und bei manchen unter den Geklärten tritt ein Anderswerden ein« (*Itivuttaka* 18. Sutta). Demgegenüber erscheint die Einheit der Gemeinde als »ein Ereignis«, das »zu vieler Menschen Heil, zu vieler Menschen Glück, zu vieler Menschen Segen, zum Heil und Glück für Götter und Menschen« eintritt: »Ist nun aber, ihr Jünger, die Ge-

Feste der Sache Gottes, der feste Pfeiler der Religion«[375]. Diese Einheit ist ein hohes Gut, ihre Bewahrung ein hohes, legitimes Ziel, denn ihr Verlust bedeutet religiöse Zersplitterung, und diese

---

meinde einträchtig, so gibt es auch keine wechselseitigen Streitereien, keine wechselseitigen Schmähreden, keine wechselseitigen Beeinträchtigungen, keine wechselseitigen Verstoßungen, und da gelangen auch die Ungeklärten zur Klarheit, und bei den Geklärten tritt Festigung ein... Glückbringend ist die Eintracht der Gemeinde und der den Einträchtigen gewährte Beistand; wer an den Einträchtigen sein Wohlgefallen hat und in der Heilsordnung lebt, fällt nicht ab von der Sicherheit. Nachdem er die Gemeinde einträchtig gemacht hat, genießt er ein Weltalter lang im Himmel Freude« (*a. a. O.*, 19. Sutta).

Im Qur'ān ist die Wahrung der Einheit der Gemeinde und die Gefahr, die von den »Heuchlern« (*munāfiqūn*, Näheres siehe S. 36) für den Bestand der *umma* ausgeht, ein häufig wiederkehrendes Motiv. Sie ist ein Gebot, das Gott allen Propheten »auf die Seele gebunden hat«: »Seid standhaft im Gehorsam und spaltet euch nicht« (*Qur'ān* 42:13). Der qur'ānische Jesus hält sich an dieses Gebot, indem er spricht: »Dies ist eure Gemeinschaft, eine einige Gemeinschaft, und ich bin euer Herr. Doch sie sind uneinig untereinander und spalteten sich in Parteien, und jede Partei war froh über das, was sie besaß« (*Qur'ān* 23:52; 21:92). Zum Ganzen vgl. Adel Th. Khoury, *Was sagt der Qur'ān zum heiligen Krieg?*, S. 35 ff.; Heribert Busse, *Die theologischen Beziehungen des Islams zu Judentum und Christentum*, S. 134.

Im hohenpriesterlichen Gebet bittet Christus um die Bewahrung der Einheit der Gemeinde (»auf daß sie eins seien« [Joh. 17:11, 21]). Der Apostel Paulus schärfte der frühen Gemeinde ein: »Lasset nicht Spaltungen unter euch sein, sondern haltet fest aneinander in einem Sinn und in einerlei Meinung« (1. Kor. 1:10). Die Apostelbriefe sind voll der Verdammungsurteile über die, die die Einheit der Gemeinde von innen her bedrohen (siehe S. 36 ff.). Wenn auch der Kirchenrechtler Rudolf Sohm die Einheit der Kirche für überflüssig, ja geradezu für schädlich hielt (vgl. Hans Barion, *Rudolf Sohm und die Grundlegung des Kirchenrechts*, S. 20), und der (protestantische) Religionswissenschaftler Gustav Mensching meinte, daß nicht die Einheit, sondern die Gestaltenfülle den elementaren Strukturbedürfnissen einer Religionsgemeinschaft entspreche, weil sie im religiösen Leben selbst begründet sei (*Soziologie der Religion*, S. 257), so war doch zu allen Zeiten die Einheit des Gottesvolkes für die Kirche, der es heute so schmerzlich an dieser Einheit gebricht, daß zwischen Katholiken und Protestanten nicht einmal eucharistische Tischgemeinschaft besteht, ein Desideratum. Auch im Protestantismus werden Einheit und Universalität als Essentiale der Kirche erkannt. Der Mangel an einer empirischen, sichtbaren Einheit wurde durch den Begriff der »unsichtbaren Kirche« zu beheben versucht (vgl. dazu Holstein, *Kirchenrecht*, S. 125; *Grundlagen*, S. 60). Wenn der Apostel Paulus für sein Ringen um die Einheit der Kirche als des einen Leibes Christi hoch gepriesen wird (vgl. *Evangelisches Kirchenlexikon*, Stichwort »Mission«, Sp. 1341 unter Hinweis auf 1. Kor. 1:13; 10:17), so wird deutlich, daß hier ganz offensichtlich mit zweierlei Maß gemessen wird: Was für die Kirche ein hohes Gut ist — die Einheit des Gottesvolkes —, wird für die Bahā'ī pejorativ umgedeutet in »*Wahrung der organisatorischen Geschlossenheit*« (*Bahā'ismus*, S. 287), »*Geschlossenheit der Organisation*, der sich der einzelne kritiklos unterzuordnen hat« (*Bahā'ismus*, S. 417. Hervorhebungen durch F.; *Lexikon der Sekten*, Stichwort »Bahā'ī«, Sp. 104).

374 *Testament* 1:17

375 'Abdu'l-Bahā, *Sendschreiben zum Göttlichen Plan* 8:8

führt unweigerlich zur Zersplitterung der der Gottesoffenbarung immanenten schöpferischen, gestaltenden Kraft. Darum mahnt Bahā'u'llāh im *Kitāb-i-'Ahd* sein Volk: »Laßt es nicht zu, daß das Mittel der Ordnung[376] zur Quelle der Unordnung gemacht wird, das Werkzeug der Einheit zum Anlaß für Zwietracht.«[377] Bei einer Religionsgemeinschaft, die die geistige und politische Vereinigung der Menschheit auf ihre Fahnen geschrieben hat, wäre ihre eigene Einheit geradezu ihre Achillesferse, gäbe es keine rechtliche Vorkehrung, welche die diese Einheit garantierende Ordnung bewahrt und die Gemeinde vor Spaltung schützt. Der Schutz besteht darin, daß ein Gemeindeglied, das die Axt[378] an den Bund legt, das durch Angriffe auf die gottgegebene Ordnung und ihre Institutionen die Einheit der Gemeinde von innen her bedroht, ausgeschlossen werden kann.

c) Die Exkommunikation im Bahā'ī-Recht unterscheidet sich vom Recht der Kirche sowohl in ihren Voraussetzungen als auch in ihren Wirkungen. Die Exkommunikation ist nur für den Fall des »Bundesbruchs« vorgesehen und hat damit völligen Ausnahmecharakter. Eine Legaldefinition dieses Tatbestands enthält das göttliche Recht nicht, doch wird aus vielen Schriftstellen deutlich, daß nur Exponenten der Subversion[379] und des Aufruhrs »Bundesbrecher«[380] sind. Nach 'Abdu'l-Bahā ist »ein Feind der Sache

---

376 gemeint ist die Religion

377 *Botschaften* 15:12; vgl. auch 15:4

378 vgl. *Testament* 1:5; 3:9

379 Ficicchia hält sich darüber auf, daß ich in meiner Dissertation (*Grundlagen*, S. 35 und 133) den Begriff »subversive Elemente« gebraucht habe. Ich halte diese Wortwahl für zutreffend. »Verbrecherische Schädlinge«, wie Ficicchia dies behauptet (*Bahā'ismus*, S. 336, Fußnote 68) habe ich die Bundesbrecher nicht genannt, sondern lediglich eine Analogie zum damaligen § 42e StGB gezogen, der es ermöglichte, solche, die für die Gesellschaft eine permanente Gefahr sind (»gefährliche Gewohnheitsverbrecher«, so der damalige § 20a), durch die »Sicherungsverwahrung« (heute § 66 StGB) auf Dauer aus der Gesellschaft zu eliminieren.

380 *nāqiḍu'l-mithāq*: »Brecher des Bundes«. Abgeleitet von *naqḍ*: Bruch, Verletzung, Zerstörung, Verstoß; *naqaḍa*: zerstören, brechen, verletzen, übertreten, aufheben. *Nāqiḍ* ist hiervon das Partizip Aktiv, erster Stamm (vgl. Hans Wehr, *Arabisches Wörterbuch*, S. 1306/1307). Zu dem Begriff *naqḍ al-mithāq* (Bundesbruch), der qur'ānischen Ursprungs ist (2:27; 4:155; 5:13; 13:20; 13:25, vgl. Denis MacEoin, in: *EI*, New edition [1993], Bd. VII, S. 921). Es sei hier vermerkt, daß im vorliegenden Text die im deutsch-sprachigen Bahā'ī-Schrifttum üblichen Begriffe »Bündnis«, »Bündnisbruch« und »Bündnisbrecher« aufgegeben und durch die zutreffenden Begriffe »Bund«, »Bundesbruch«, »Bundesbrecher« ersetzt wurden. Die zugrunde liegenden arabischen Begriffe *'ahd* und *mithāq* wurden mit dem Begriff

(Gottes), wer danach trachtet, bei der Auslegung des Wortes Bahā'u'llāhs dessen Bedeutung nach seinen eigenen Wünschen zu färben, eine Anhängerschaft um sich schart, eine besondere Sekte bildet und eine Spaltung in der Sache herbeiführt«[381]. Der Bundesbrecher streut »die Saaten des Zweifels den Menschen ins Herz«[382], verwendet »große Mühe, den Glauben schwacher Seelen zu erschüttern«[383], stiftet »Zwietracht«, bewirkt »Spaltung«[384], ist bestrebt, »Sein Wort zu untergraben«[385], zum »Sprachrohr für den Mittelpunkt des Aufruhrs«[386] zu werden, »Aufruhr im Lande zu entfachen«[387], »unter mancherlei Vorwand die Versammlung des Volkes Bahā zu entzweien«[388] und »Ansprüche zu erheben, für die Gott keine Vollmacht herniedersandte«[389]. Der Bundesbrecher legt die Axt an die Wurzel des »Gesegneten Baumes«[390]. Der Bundesbruch ist ein Tatbestand *sui generis*, der dem kirchenrechtlichen Begriff des Schismas[391], der »Absonderung von der Gemeinde, verursacht durch aufrührerische Elemente«[392], am nächsten kommt.[393]

Covenant ins Englische übertragen, der in der King James Bibel durchweg für das hebräische *b'rith* und das griechische *Diatheke* steht. Im gesamten deutschen theologischen Sprachgebrauch (wie auch bei allen Bibel- und Qur'ān-Übersetzungen) steht »Bund« zur Kennzeichnung des engen Verhältnisses Gottes zu den Menschen, während der Begriff »Bündnis« mehr politische Konnotationen hat (das »Atlantische Bündnis«, »Bündnis 90«, etc.). Die deutsche Übertragung mit »Bündnis« beruht, wie ich meine, auf einem Übersetzungsfehler, der schleunigst bereinigt werden sollte.

381 zitiert nach Esslemont, *Bahā'u'llāh und das neue Zeitalter,* S. 152

382 'Abdu'l-Bahā, *Testament* 1:5, 1:17, 2:7; *Briefe und Botschaften* 185:4

383 *Briefe und Botschaften* 185:2

384 *Testament* 1:20; 2:11; 2:13

385 *Testament* 1:17

386 *Testament* 1:17

387 *Testament* 1:10

388 *Testament* 1:17

389 *Testament* 2:11

390 *Testament* 1:5; 3:9

391 can. 751 CIC

392 *LThK* Bd. 9, S. 404

393 Vergleicht man den Tatbestand des »Bundesbruchs« mit den kirchlichen Straftatbeständen Apostasie, Häresie und Schisma (can. 751, 1364), so wird deutlich, daß die Apostasie niemals unter diesen Tatbestand fällt. Jeder Gläubige hat das Recht, ohne jegliche Stigmatisation aus der Gemeinde Bahā'u'llāhs auszuscheiden, wenn er seinen Glauben verloren hat, denn »selbst Gott zwingt die Seele nicht, geistig zu werden. Der Einsatz des freien menschlichen Willens ist hierzu notwendig« ('Abdu'l-Bahā, zitiert nach Esslemont, *Bahā'u'llāh und das neue Zeitalter,* S. 153). Und Bahā'u'llāh sagt: »Wer immer es wünscht, den lasse von diesem Ratschlag sich

Als Motive der Bundesbrecher nennt die Schrift zumeist »selbstsüchtige Wünsche«[394], »Neid, der die Liebe in Haß umschlagen läßt«[395], »das Verlangen nach Führerschaft«[396], »Ehrgeiz«[397], »das Geltungsbedürfnis, der Machthunger, das ewig-dürstende Selbstwertgefühl«, »Gefühle des Verkanntseins, des Unterschätztseins«, aus denen sich dann »die Besserwisserei, die Selbstsicherheit, der Unfehlbarkeitswahn entwickeln: Es kommt zu blinder Kritik von allem und jedem, was der oder die Führenden beschließen«[398]. ʻAbdu'l-Bahā nennt die Bundesbrecher »Seelen, die des göttlichen Geistes beraubt sind, verloren in Leidenschaft und Selbstsucht, nach Führerschaft dürstend«[399]. Von den Bundesbrechern droht deshalb besondere Gefahr, weil sie ihre böse Absicht meist nicht offen erklären, sondern »heimlich die Saat des Mißtrauens säen«[400], weil sie nach außen »Standhaftigkeit beteuern« und »ihre Festigkeit zeigen«, während sie »im Innern darauf aus sind, die Seelen ins Wanken zu bringen«[401]. Die »Treulosen«, die sich »Tag und Nacht mit all ihrer Kraft mühen, die Grundmauern der Sache Gottes (*amru'llāh*) zu erschüttern« und »Streit und Aufruhr anzuzetteln«, erscheinen äußerlich »als Schafe, inwendig aber sind sie nichts als reißende Wölfe. Mit süßen Worten auf den Lippen sind sie im Herzen ein tödlich Gift«[402]: »Wer hoffärtig ist, wer Zwist und Streit im Schilde führt, wird zweifellos seine böse Absicht nicht offen erklären; er ist

---

wenden, und wer immer es wünscht, den lasse den Pfad zu seinem Herrn erwählen« (*Lawḥ-i-Aḥmad*, zitiert nach *Gebete* 237). Diese Sachlage habe ich bereits in meiner Dissertation (*Grundlagen,* S. 35) dargestellt. Wenn Ficicchia gleichwohl behauptet, die Apostasie werde mit dem Bann belegt (S. 288) und sie sogar noch mit dem Bundesbruch gleichsetzt (S. 290), so ist dies unzutreffend. Der Begriff der Häresie ist bei der weitgehenden Lehr- und Interpretationsfreiheit der Gläubigen fast unbekannt.

394 *Testament* 2:6; *Briefe und Botschaften* 187:3

395 *Briefe und Botschaften* 141:3

396 *Briefe und Botschaften* 185:6

397 *Briefe und Botschaften* 187:1

398 ʻAbdu'l-Bahā am 27. Januar 1919, zitiert nach *Sonne der Wahrheit*, 11. Jg. 1931, S. 9

399 *Briefe und Botschaften* 185:1

400 *Briefe und Botschaften* 185:4

401 *Briefe und Botschaften* 185:4

402 *Briefe und Botschaften* 233:18; vgl. hierzu Tim. 16:18, wo gesagt ist über die, »die da Zerstreuung und Ärgernis ausrichten«, daß sie »durch süße Worte und prächtige Reden die unschuldigen Herzen verführen«.

vielmehr wie unreines Gold: Er wird vielfältige Mittel und mancherlei Vorwände einsetzen, um die Versammlung des Volkes Bahā zu entzweien.«[403] Darum werden die Bundesbrecher auch »Heuchler«[404] genannt, vor deren Angriff die Sache Gottes zu schützen ist: »Solche Menschen machen Gerades krumm und verkehren die Wirkung aller edlen Bestrebungen ins Gegenteil[405] ...Ließe man sie gewähren, so löschten sie in wenigen Tagen die Sache Gottes, Sein Wort ... völlig aus.«[406] Darum sieht das Gesetz Gottes vor, daß sie und alle, die mit ihnen weiter verkehren, »aus der Gemeinde des Volkes Bahā ausgestoßen« werden.[407] Der Exkommunizierte hört damit auf, Glied der Gemeinde zu sein.[408]

Die Erklärung zum Bundesbrecher ist deklaratorisch, der Ausschluß aus der Gemeinde, der im Gegensatz zum kanonischen Recht nicht *ipso facto* eintreten kann, konstitutiv. Die Exkommunikation, ein Akt der Selbstreinigung der Gemeinde, hat die Wirkung, daß die Gläubigen mit dem Exkommunizierten nicht verkehren dürfen. Der Verkehr mit einem solchen ist kraft göttlichen Rechts ein Tatbestand des Bundesbruchs.[409] Die Bundesbrecher sind »zu meiden«[410], »weil sie Gottes heilige Sache völlig zerstören, Sein Gesetz auslöschen und alle Mühen der Vergangenheit zunichte machen wollen«[411]. Die Wiederaufnahme des Exkommunizierten ist möglich und erfolgte, »wann immer die Aufrichtigkeit ihrer Absichten erwiesen war«[412]. Wenn Ficicchia behauptet[413], der Exkommunizierte müsse zuvor ein »öffentliches

---

403 *Testament* 1:17.

404 *»al-munāfiqūn«* (vgl. die Ausführungen auf S. 36).

405 *Testament* 2:14. Zu »krumm« (*'iwaj*) siehe *Qur'ān* 3:99; 7:45,86; 11:19; 14:3

406 *Testament* 2:9

407 *Testament* 1:17, 2:13

408 Über die Unterschiede zum kanonischen Exkommunikationsrecht vgl. meine Dissertation *Grundlagen*, S. 36

409 vgl. *Testament* 2:13

410 Die Unterscheidung des alten, bis 1983 geltenden kanonischen Rechts in einen »toleratus« und einen »vitandus« (can. 2258 CIC mit dem Verbot des bürgerlichen Verkehrs can. 2267; vgl. Klaus Mörsdorf, *Lehrbuch des Kirchenrechts* [[11]1979, Bd. III, S. 393 ff.]), die im neuen Codex aufgegeben wurde, kennt das Bahā'ī-Recht nicht: Der Exkommunizierte ist stets ein »vitandus«, darf aber in seinen bürgerlichen Freiheitsrechten nicht beeinträchtigt werden. (vgl. S. 191 f. und U. Gollmer, Kap. 11, Fußnote 302).

411 *Testament* 2:10; *Briefe und Botschaften* 233:19

412 Rūḥīyyih Rabbānī, *Twenty-five Years of the Guardianship*, S. 21

413 *Bahā'ismus*, S. 337

Schuld- und Reuebekenntnis ablegen«, so ist dies unwahr und dient wohl dem Zweck, Assoziationen mit totalitären Staaten oder inquisitorischen Praktiken zu provozieren. In Wirklichkeit sind öffentliche Reuebekenntnisse der Gemeinde Bahā'u'llāhs fremd. Wenn Bahā'u'llāh schon die Beichte untersagt[414], weil sie »noch nie zu Gottes Vergebung geführt hat und nie dazu führen wird«, und weil »Gott... nicht die Demütigung Seiner Diener«[415] wünscht, um wieviel mehr gilt dies für öffentliche Schuld- und Reuebekenntnisse.

d) Die Exkommunikation[416] ist ein Akt der Selbstbehauptung, und »Selbstbehauptung ist nicht schon *per se* böse«[417]. Keiner Gemeinschaft ist zuzumuten, daß sie ihre Identität auf dem Altar einer falsch verstandenen Toleranz opfert. Die Exkommunikation ist *ultima ratio* in Fällen eklatanter, nach Abmahnung fortgesetzter Verletzung des Bundes. Daß diese Maßnahme schon bei »der geringsten Übertretung«, bei jedem »kritischen Gedanken«[418] erfolge, ist ebenso unwahr wie Ficicchias Behauptung, der Ausschluß erfolge »sogleich«. Ficicchia selbst weiß aufgrund *eigener* Erfahrungen am besten, wie langmütig die Institutionen seinem spalterischen Treiben zusahen, wie lange sie versuchten, ihn von diesem Wege abzubringen[419] und daß seine Exkommunikation erst erfolgte, nachdem er dem Weltzentrum den Fehdehandschuh hingeworfen und sich selbst, nicht ohne Stolz, zum »Bundesbrecher« erklärt hatte. Während der letzten vierzig Jahre sind im deutschsprachigen Raum nur zwei Exkommunikationen erfolgt, eine davon war die Ficicchias. Sein Buch ist wohl der beste Beweis dafür, daß daran kein Weg vorbeiführte.

---

414 *Kitāb-i-Aqdas* 34

415 *Botschaften* 3:14

416 Von ihr zu unterscheiden ist der Entzug der administrativen Rechte, die einzige Sanktion, die gegenwärtig den gewählten Körperschaften in Fällen von Rechtsverletzungen zur Verfügung steht. Er bedeutet den temporären Verlust des aktiven und passiven Wahlrechts, des Rechts, an der administrativen Gemeindeversammlung (Neunzehntagefest) teilzunehmen und für den Fonds zu spenden.

417 Hans Küng am 28. September 1994 auf dem V. Nürnberger Forum

418 *Bahā'ismus*, S. 288, 300, 345, 413, 426

419 In einem als »Offenen Brief« bezeichneten Schreiben an das *Universale Haus der Gerechtigkeit* und den *Nationalen Geistigen Rat der Bahā'ī in der Schweiz* vom 7. Dezember 1974 schreibt er im Hinblick auf seine Exkommunikation: »Den Inquisitoren des Hauses der ›Gerechtigkeit‹ in Haifa scheint dies wohl nicht gerade leicht gefallen zu sein, denn mein Rausschmiß ließ lange auf sich warten.«

14. »Kniffe« und »Planzwang« bei der Mission?

Die »Mission« der Bahā'ī hat Ficicchia besonders übel angeprangert. Er spricht von einer »offensiven Missionspropaganda«[420], von »*imperialistischer Tendenz* der eigenen Mission«[421] mit »*machtpolitischen Hintergründen*«[422], wobei er offenbar zum Ausdruck bringen will, daß hinter der Mission keine andere Absicht steht als der Wille zur Macht, zur »vollkommenen Machtergreifung«[423], zur »Weltherrschaft«[424]. Was ihm vor allem zuwider ist, ist die »Missionsstrategie«[425], nämlich die Tatsache, daß die Bahā'ī-Gemeinde den Lehrauftrag — der Begriff »Mission« ist nicht üblich — methodisch ausführt, daß die Verbreitung der Lehre nach Plan verläuft. Er nennt dies »ein äußerst merkwürdiges Unterfangen: als ließe sich eine Religion auf neun Jahre hinaus *vorausplanen*! Hier wurde ein geistliches Gut gleich einer Handelsware *gemanagt und marktgerecht auf alle Kontinente verteilt*«[426]. Schließlich erfährt der Leser, daß »der so emsig missionierende und große Mittel investierende Bahā'ismus« im Vergleich zum »ohne große Mittel missionierenden Islam« relativ erfolglos sei[427].

Es trifft zu, daß die Ausbreitung der Bahā'ī-Religion methodisch, systematisch geplant verläuft. Der allgemeine Lehrauftrag Bahā'u'llāhs, der denen, die sich für »den Triumph Unseres Glaubens« erheben und »ihr Land verlassen«, den Beistand des Heiligen Geistes verheißen und ihren Dienst als »Fürst aller guten Taten« bezeichnet[428], wurde schon zu Lebzeiten Bahā'u'llāhs systematisch ausgeführt. 'Abdu'l-Bahā hat in einer Serie von Sendschreiben an die amerikanische Bahā'ī-Gemeinde in der Zeit von

---

420 *Bahā'ismus*, S. 18
421 *Bahā'ismus*, S. 425 (Hervorhebung durch F.)
422 *Bahā'ismus*, S. 425
423 *Bahā'ismus*, S. 399
424 *Bahā'ismus*, S. 429
425 *Bahā'ismus*, S. 424, Fußnote 76
426 *Bahā'ismus*, S. 384 (Hervorhebung durch F.)
427 *Bahā'ismus*, S. 381/382. Die Relation der aufgewandten Mittel bei einer ca. eine Milliarde Menschen und eine ganze Staatengemeinschaft mit ihren Ressourcen umfassenden Religion und einer Gemeinde von ca. 5-6 Millionen Gläubigen, der nur freiwillige Spendengelder zur Verfügung stehen, erschließt sich dem Leser ohne weiteren Kommentar.
428 *Ährenlese* 157:1

1917 bis 1918 zur systematischen Erschließung des ganzen Erdkreises für die Lehre Bahā'u'llāhs aufgerufen und eine Fülle konkreter Hinweise für dieses Werk gegeben.[429] In seinem *Testament* ruft er die Gläubigen auf, den Spuren der Jünger Christi zu folgen, die sich »in völliger Loslösung nach nah und fern zerstreuten, nur darauf bedacht, die Völker der Welt unter die göttliche Führung zu rufen«[430]. Shoghi Effendi hat zur Entfaltung des »Göttlichen Plans« 'Abdu'l-Bahās von 1937 an in einer Reihe einander folgender Pläne die weltweite Lehrverkündigung zunächst in Amerika, dann auch in Europa, Afrika und Asien initiiert. Rūḥīyyih Rabbānī gibt ein eindrucksvolles Bild über die Ausbreitung des Glaubens in dieser Zeit.[431] Das Universale Haus der Gerechtigkeit führt die Weltgemeinde mit neuen Plänen auf diesem Wege weiter. Sie ist heute, ungeachtet ihrer relativ kleinen Mitgliederzahl (ca. 5-6 Millionen) nach dem Christentum die geographisch am weitesten verbreitete Religion.[432]

Ficicchias Urteil, hier werde »ein geistiges Gut gleich einer Handelsware *gemanagt und marktgerecht*« verbreitet, richtet sich selbst. Von nichts ist unsere moderne Welt mehr geprägt als von der methodischen Planung der Lebensvorgänge. Alles staatliche Handeln, jegliches private Wirtschaften ist geplant, nur die Verbreitung des Wortes Gottes soll dem Zufall überlassen bleiben, ungeplant verlaufen. Ein »Fachgelehrter«[433] sollte wenigstens die Kirchengeschichte kennen. Die Mission des Christentums war schon in urchristlicher Zeit »Planmission«[434]. Der Apostel Paulus missionierte »systematisch in Brennpunkten des wirtschaftlichen und kulturellen Lebens«. Er hat »von Anfang an jüngere Mitarbeiter geschult und mit selbständigen Aufgaben betraut«[435]. Bis zum heutigen Tag verläuft die christliche Mission, da wo sie geschieht, planmäßig, systematisch und nicht als ungesteuerter Wildwuchs.

---

429 'Abdu'l-Bahā, *Sendschreiben zum Göttlichen Plan*, Hofheim ^{2}1989
430 1:15
431 *Die unschätzbare Perle*, S. 552-620
432 *Encyclopaedia Britannica. Book of the Year 1992*
433 Als solcher ist er in dem von Hans Waldenfels herausgegebenen *Lexikon der Religionen* aufgeführt (S. VII).
434 *Evangelisches Kirchenlexikon*, Stichwort »Mission«, Sp. 1342-44
435 *Evangelisches Kirchenlexikon*, Stichwort »Mission«, Sp. 1339; vgl. Apg. 16:1 ff.; 1. Thess. 2:2 ff.; 2. Tim. 4:10; Titus 1:5 ff.

Papst Gregor XV. hat 1622 für die Mission eine eigene Kardinalskongregation geschaffen[436], welche die Missionsarbeit von nun an unter päpstlicher Leitung generalstabsmäßig plante und ausführte. Entweder ist Ficicchia dies alles nicht bekannt oder er denkt: »*Quod licet Jovi non licet bovi.*«

Zu den »Plänen« der Bahā'ī-Gemeinde sei noch bemerkt, daß die absurde Behauptung Ficicchias, es werde in ihnen »genau festgelegt, wieviele Proselyten innerhalb einer vorgeschriebenen Zeitspanne in je einem Land oder Ort zu gewinnen sind«[437], unwahr ist. Die Pläne enthalten Ziele für die Gemeindebildung und die Eröffnung neuer Territorien. Wie sehr Ficicchia alles immer nur aus der Perspektive seiner möglichen Entartung darzustellen vermag, zeigt seine Behauptung eines »*Planzwanges*«[438] und der Anwendung von »*Kniffen und Machenschaften*«[439]. Mit solchen, dem Ansehen der Gemeinde abträglichen Behauptungen ist in einer Gesellschaft, der (sehr zu Recht!) verkrampfte Proselytenmacherei zuwider ist, leicht Stimmung zu machen. Nun mag es dann und wann einmal Auswüchse gegeben haben, die Ficicchia im Auge hat. Das ist aber weder die Regel noch steht dahinter eine Strategie. Eine Missionsstrategie, die auf »Kniffen und Machenschaften« aufbaute, wäre auf Sand gebaut, sie würde der Klugheit[440] entbehren, die Bahā'u'llāh als Kardinalprinzip bei der Lehrverkündigung herausgestellt hat.[441] Genauso wenig ist die von ihm behauptete unseriöse Praxis, Konvertiten über die Glaubensinhalte und die Notwendigkeit, die angestammte Religion zu verlassen, bewußt uninformiert zu lassen, eine Missionsstrategie. Es wäre töricht, um rasch vorweisbarer Erfolge willen Menschen auf den Pfad Gottes zu drängen[442] und in die Gemeinde aufzuneh-

436 *S. Congregatio de Propaganda Fide*

437 *Bahā'ismus*, S. 424 Fußnote 76, S. 384

438 *Bahā'ismus*, S. 424, Fußnote 76 (Hervorhebung durch F.)

439 *Bahā'ismus*, S. 384 (Hervorhebung durch F.).

440 *ḥikma* umfaßt die dianoetischen Tugenden, Weisheit und Klugheit. Die Klugheit ist keine stets von Eigeninteressen geleitete Schläue, weil sie immer auf das Gute gerichtet ist und Wahrhaftigkeit voraussetzt (Näheres hierzu *The Bahā'ī Encyclopedia*, »*Ethics*« X, 5).

441 *Ährenlese* 163; *Botschaften* 6:52; 7:7; 7:33; 11:31; 11:41; 13:5; 13:41; *Die Verborgenen Worte*, pers. 36; *Testament* 3:11

442 Dies verstieße gegen Bahā'u'llāhs ausdrücklichen Rat: »Die Weisen sind die, die nicht reden, ehe sie Gehör finden, gleich wie der Mundschenk seinen Kelch nicht reicht, ehe er einen Dürstenden trifft« (*Die Verborgenen Worte*, pers. 36). Zur

men, die nicht wissen, worauf sie sich einlassen, und denen die Reue über ihren Schritt auf dem Fuße folgt. Wenn Ficicchia schreibt, »der religiöse Inhalt der Lehre« werde gegenüber Übertrittswilligen zunächst »nach Möglichkeit nicht weiter erwähnt«, sondern »erst nach seinem Übertritt« bekannt gemacht[443], so ist dies absurd. Wenn er schreibt, von ihnen würden keine Kenntnisse des Glaubens verlangt[444], so ist daran nur so viel richtig, als dem, der der Gemeinde beitreten will, kein *examen rigorosum* abverlangt wird, weil man den Glauben eines Menschen ohnedies nicht »prüfen« kann. In den westlichen Ländern haben sich die Konvertiten meist längere Zeit mit dem Glauben gründlich befaßt, bevor sie der Gemeinde beitreten. Ficicchias wiederholte Kritik, den Konvertiten werde der normative Teil des Bahā'ī-Glaubens geflissentlich verschwiegen[445], wird allein schon dadurch widerlegt, daß in Deutschland jeder neugewonnene Gläubige mit einem Fundus an Bahā'ī-Literatur ausgestattet wird, darunter Hermann Grossmanns Schrift *Der Bahā'ī und die Bahā'ī-Gemeinschaft*[446], in der die Normen dargestellt sind, die für den Gläubigen verbindlich sind.

15. »Ganzheitliche Aufgabe des Christenglaubens«?

Der Kirchenaustritt als Voraussetzung der Aufnahme in die Bahā'ī-Gemeinde ist kein kleinkarierter Konfessionalismus, sondern eine logische Konsequenz: Man kann nicht, ohne schizophren zu sein, als Christ an die *künftige* und als Bahā'ī an die *schon geschehene* Wiederkehr Christi in Bahā'u'llāh glauben. Ebenso wenig wie man zugleich Jude, Christ oder Muslim sein kann, wie niemand zugleich zwei Konfessionen derselben Religion, der katholischen und der evangelischen Kirche angehören kann, kann man Bahā'ī sein und zugleich Mitglied einer anderen Religionsgemeinde. Mit Gottes Botschaft konfrontiert, steht der Mensch in

---

rechten Lehrmethodik vgl. U. Schaefer, *Der Bahā'ī in der modernen Welt*, S. 389-394.

443 *Bahā'ismus*, S. 404, 405, 424

444 *Bahā'ismus*, S. 384, 425

445 *Bahā'ismus*, S. 251, 404

446 Hofheim ^{3}1994

der Entscheidung, für die auch heute die Herrenworte gelten: »Wer Vater oder Mutter mehr liebt als mich, ist meiner nicht wert.«[447] »Niemand, der seine Hand an den Pflug legt und zurückblickt, ist tauglich für das Reich Gottes.«[448] Die Lauen werden ausgespien.[449]

Während Ficicchia einerseits (zu Unrecht!) behauptet, die Notwendigkeit des Kirchenaustritts erfahre der Konvertit unseriöserweise erst nach seinem Übertritt, schreibt er an anderer Stelle: »In den im Westen vertriebenen Schrifttum der Bahā'ī ist allgemein von ›Kirchenaustritt‹ die Rede« — also doch! — und fügt die kryptische Bemerkung an: »... wobei aber nicht nur die konfessionelle Loslösung etwa vom Katholizismus oder Protestantismus, sondern die ganzheitliche Aufgabe des Christenglaubens oder einer anderen Religionszugehörigkeit gemeint ist«.[450] Was meint Ficicchia mit der »ganzheitlichen Aufgabe des Christenglaubens«? Die Lossagung von Christus wäre eine Abkehr von dem zentralen Glaubenssatz von der Einheit der Manifestationen. Bahā'u'llāhs Schrift enthält Zeugnisse über Christi Opfertod als kosmisches Ereignis, die seine Gestalt und sein göttliches Wort verherrlichen: »Selig der Mensch, der sich lichtstrahlenden Angesichts Ihm zuwendet!«[451] Shoghi Effendi bezeichnet darum den Glauben der Bahā'ī an Christus als »fest, unerschütterlich und erhaben«: »Es sind nur die Lehren und Glaubensbekenntnisse der Kirche, von denen wir uns lossagen, nicht der Geist des Christentums.«[452] Niemand kann darum Bahā'u'llāh annehmen, ohne zugleich auch Christus als »Manifestation Gottes« anzunehmen. Für manche Juden, die zum Bahā'ītum konvertierten, war dies die größte Hürde. Ficicchias Darstellung, den Bahā'ī werde über den Kirchenaustritt hinaus »die ganzheitliche Aufgabe des Christenglaubens« abverlangt, ist eine perfide Desinformation, mit der er im Ensemble mit anderen unwahren Behauptungen[453] die Bahā'ī

---

447 Matth. 10:37
448 Luk. 9:62
449 Off. 3:15-16
450 *Bahā'ismus*, S. 334, Fußnote 59
451 *Ährenlese* 36:1-3
452 zitiert nach *Principles of Bahā'ī Administration*, S. 30
453 angebliche Attacken auf die christliche Moraltheologie (*Bahā'ismus*, S. 412), Polemik wider andere Religionen (*Bahā'ismus*, S. 425).

als kirchenfeindlich, ja als Feinde der christlichen Religion darzustellen versucht.

16. Die Gemeinde — antidemokratisch, zentralistisch, profanisiert?

Die Gemeindeordnung Bahā'u'llāhs ist nach Ficicchia »antidemokratisch«[454] und »zentralistisch«[455]. Dabei erfährt der Leser, die »*Absage an die Demokratie*« gehe ja bereits »auf den Stifter des Bahā'ismus zurück, der in den persönlichen Freiheiten der Gläubigen und Bürger ein Einfallstor für Aufruhr und Verwirrung erblickte und deshalb die unabdingbare Unterordnung unter sein Gesetz verlangte«[456]. Außerdem habe die Entfaltung dieser Ordnung eine »starke Verlagerung hin zum Profanen gebracht«[457], wie überhaupt diese Ordnung eine »im Profanen erstarrte *Organisation*« sei[458].

Dazu ist folgendes auszuführen:

a) Bahā'u'llāhs kritische Bemerkungen zum Freiheitsverlangen[459] der Menschen im *Kitāb-i-Aqdas*[460], an die Ficicchia sein Urteil anknüpft, werden im folgenden Kapitel[461] im Zusammenhang mit Bahā'u'llāhs Freiheitsbegriff erörtert. Dabei wird sich zeigen, daß Bahā'u'llāh weder die Freiheit des Individuums verworfen hat noch das demokratische Prinzip.

b) Die der Gemeindeordnung Bahā'u'llāhs zugrunde liegenden Strukturprinzipien, die modellhaft sind für seine neue Weltordnung, sind gewiß nicht die der heutigen parlamentarischen Parteiendemokratie. Die Ordnung vereinigt, wie von Shoghi Effendi dargetan[462] und in meiner Dissertation[463] nachzulesen, alle drei

---

454 *Bahā'ismus*, S. 339. Hierzu auch U. Gollmer, Kap. 6.I
455 *Bahā'ismus*, S. 390
456 *Bahā'ismus*, S. 340 (Hervorhebung durch F.), 275
457 *Bahā'ismus*, S. 28, 422
458 *Bahā'ismus*, S. 253 (Hervorhebung durch F.)
459 *Bahā'ismus*, vgl. S. 234, 340, 389
460 Verse 122-125
461 siehe S. 225 ff.
462 *Weltordnung*, S. 219

von Aristoteles dargestellten Herrschaftsformen und ist doch keinem dieser Systeme vergleichbar. »Antidemokratisch«[464] ist diese Ordnung keinesfalls, denn neben den theokratischen Zügen sind gerade die demokratischen Elemente die vorherrschenden[465]. Dazu habe ich in meiner Dissertation geschrieben:

> »In der ›Verwaltungsordnung‹ der Bahā'ī ruht die Jurisdiktionsgewalt ausschließlich bei Körperschaften, die von unten, von den Gläubigen, gewählt werden. Es gilt der Grundsatz der Selbstverwaltung und das Kollegialprinzip, die beide dem kirchlichen, monokratischen Bischofsprinzip völlig entgegengesetzt sind; es gilt das Prinzip der Beratung[466] und nicht das Prinzip des persönlichen Ermessens. Es ist ein unabdingbarer Grundsatz der Verwaltungsordnung der Bahā'ī, daß im Bereich der Jurisdiktion Einzelpersönlichkeiten keinerlei Autorität haben. Dies wird auch im Bahā'ī-Schrifttum an vielen Stellen hervorgehoben: ›Körperschaften und nicht Einzelpersönlichkeiten sind der Felsgrund, auf dem die Ordnung der Gemeinde ruht‹[467]... Die Absage an jede Art von Führerprinzip und die Bevorzugung des Kollegialprinzips findet auch auf dem Missionsfeld keine Durchbrechung: Die ›Pioniere‹ — so werden die Bahā'ī-Missionare genannt — genießen in den

---

463 *Grundlagen*, S. 120 ff. Dort habe ich diese Ordnung als »ein demokratisch verfaßtes, mit monarchisch-aristokratischen Elementen durchwirktes theokratisches System« definiert (S. 123).

464 *Bahā'ismus*, S. 339

465 hierzu U. Gollmer, »Political Thought«, VII, in: *The Bahā'ī Encyclopedia*

466 vgl. hierzu *Grundlagen*, S. 61 ff.; U. Schaefer, *Der Bahā'ī in der modernen Welt*, S. 380-384; U. Gollmer, *Gottesreich*, Kap. 11.2.3 sowie oben, Kap. 6.II.4

467 Shoghi Effendi, zitiert nach *Bahā'ī News*, no. 80, S. 6. Ficicchias Behauptung, das Bahā'ītum habe in den »Händen der Sache Gottes« einen klerikalen Stand, es verfüge über eine besoldete Beamtenschaft mit Spitzenfunktionären, ist unzutreffend. Alle Mitgliedschaften in den gewählten Entscheidungsgremien sind Wahlämter, die bei jeder Wahl zur Verfügung stehen. Auch die Mitglieder des *Universalen Hauses der Gerechtigkeit* beziehen kein festes Gehalt. Das angestellte Personal im Weltzentrum hat Arbeitsverträge auf Zeit. Auch die ernannten Institutionen, die »Hände der Sache Gottes« und die »Berater«, sind reine Ehrenämter ohne heilsvermittelnde Funktionen.

> neugegründeten, sich noch im Zustand der frühen Entwicklung befindlichen Gemeinden keine Vorrechte....[468] Die Verwaltungsordnung hat, soweit es die gewählten Körperschaften anbelangt, weitgehend demokratische Züge. Das demokratische Prinzip ist hier insofern konsequenter durchgeführt als in sonstigen demokratischen Ordnungen, als jeder Gläubige bei der Wahl[469] der Jurisdiktionsträger nicht nur aktiv und passiv wahlfähig ist, sondern auch praktisch gewählt werden kann, weil die Wähler nicht durch Wahlvorschläge, Stimmlisten und die Aufstellung von Kandidaten von vornherein auf bestimmte Personen festgelegt werden können. Das Verbot von Parteibildung und Wahlbeeinflussung dient sowohl dem demokratischen als auch dem theokratischen Prinzip.«[470]

Ficicchia geht auf diese Gründe mit keinem Wort ein und erspart sich so die Auseinandersetzung mit ihnen und jede Begründung für sein gleichwohl aufgestelltes Verdikt »antidemokratisch«. Sein Verweis auf die mangelnde Gewaltentrennung[471] läßt schon deshalb kein solches Urteil zu, weil die *séparation des pouvoirs* ein Wesensmerkmal des sich nach Montesquieu entwickelten Rechtsstaates, nicht aber Wesensmerkmal des demokratischen Prinzips schlechthin ist. Im übrigen ist noch keineswegs ausgemacht, daß die derzeitige Gewaltenkonzentration bei den entscheidungsbefugten Institutionen ein grundlegendes, unwandelbares Ordnungsprinzip ist.[472] Solange die Sache Bahā'u'llāhs noch im frühesten Wachstum, der ersten Entwicklung ist, lassen sich die Implikationen der Schrift noch nicht absehen.[473] Gollmer hat un-

---

468 *Grundlagen*, S. 105/106

469 Zum Wahlrecht vgl. *Grundlagen*, S. 159 ff.; *Der Bahā'ī in der modernen Welt*, S. 377-380; U. Gollmer, *Gottesreich*, Kap. 11.2.2 und oben, Kap. 6.III.3

470 *Grundlagen*, S. 121

471 *Bahā'ismus*, S. 340. Die von den entscheidungsbefugten Instanzen ausgeübte Jurisdiktionsgewalt vereint derzeit die Funktionen der Legislative, Judikative und Exekutive.

472 *Grundlagen*, S. 105

473 *Bahā'ī Administration*, S. 42

ter Hinweis auf zahlreiche Schriftstellen, die eine künftige Gewaltentrennung nahelegen, den vorläufigen Charakter der heutigen Gewaltenkonzentration betont, die in dem Begriff »Jurisdiktionsgewalt«[474] zum Ausdruck kommt.[475]

Auch Ficicchias Berufung[476] auf Shoghi Effendis Feststellung, »die Grundvoraussetzung, die alle Demokratien in ihren Mandaten grundsätzlich vom Volk abhängen läßt«, fehle »in dieser Sendung völlig«, weil die Mandatsträger »nicht verantwortlich sind gegenüber denen, die sie vertreten«[477], gibt nichts für sein Urteil her. Zum einen hat er in diesem Zitat (sicher nicht ohne Bedacht) dem Leser die Einleitung des Satzes vorenthalten: »Die Verwaltungs- und Gesellschaftsordnung des Glaubens Bahā'u'llāhs darf insofern keineswegs als rein demokratisch angesehen werden, als die Grundvoraussetzung...«[478]. »*Rein demokratisch*« ist die Ordnung der Gemeinde zweifellos nicht, aber das macht sie noch nicht »antidemokratisch«. Man sollte dabei nicht übersehen, daß es durchaus auch parlamentarische Demokratien gibt, in denen die Abgeordneten den Wählern im Prinzip nicht verantwortlich sind. In der deutschen Verfassung, dem Grundgesetz[479], heißt es lapidar: »Sie sind Vertreter des ganzen Volkes, an Aufträge und Weisungen nicht gebunden, und nur ihrem Gewissen unterworfen« — eine Bestimmung, die in der Praxis häufig durch den Fraktionszwang der Parteien unterlaufen wird. Shoghi Effendi hatte bei seinem Diktum wohl die Verhältnisse in der britischen Demokratie, eventuell auch basisdemokratische Systeme mit ihrem imperativen Mandat und der permanenten Abwählbarkeit der Mandatsträger im Visier. Darüber hinaus zielt diese Aussage auch auf die Frage der Legitimation des Systems: Die Demokratie basiert auf der Souveränität des Volkes, die Ordnung Bahā'u'llāhs auf der Souveränität Gottes. Es ist darum abwegig, aus diesem Zitat eine »antidemokratische« Struktur herleiten zu wollen. Daß auch die Weltordnung Bahā'u'llāhs keine »Absage an die Demokratie« (vor allem aber keine an den Gedanken des Föderalis-

---

474 Im englischsprachigen Schrifttum meist »jurisdiction«.
475 *Gottesreich*, Kap. 12.1
476 *Bahā'ismus*, S. 340 (Hervorhebung durch F.)
477 *Weltordnung*, S. 220
478 *Weltordnung*, S. 220
479 Art. 38, Abs. I, Satz 2

mus[480]) ist, wie Ficicchia dies allen entgegenstehenden Quellen zum Trotz suggerieren möchte, wird im Zusammenhang mit den politischen Zielvorstellungen der Bahā'ī dargestellt.[481]

c) Auch »zentralistisch« ist die Ordnung Bahā'u'llāhs nicht, sooft Ficicchia dies auch, ohne nähere Gründe anzugeben, wiederholen mag.[482] Die »Häuser der Gerechtigkeit« haben ihre Existenz und Amtsgewalt kraft originären, nicht derivativen Rechts. Sie sind kraft göttlichen Rechts autonome Selbstverwaltungskörperschaften im Rahmen der vorgegebenen Hierarchie. Die Weltgemeinde, das »Volk Bahās«, bedarf einer solchen hierarchischen Ordnung, ohne die sie kein lebendiger, handlungsfähiger Organismus wäre, sondern nur ein atomisierter Haufen autonomer lokaler Gemeinden. Das Eingebundensein in den Gesamtverband degradiert die örtlichen oder nationalen Körperschaften nicht zu »Vollzugsorganen der obersten Legislativgewalt in Ḥaifā«[483], sozusagen zu bloßen Außenstellen des Weltzentrums, wie Ficicchia dies darstellt.[484] Der Zentralismus, ob in der Gemeindehierarchie oder als politische Gestaltungsmaxime, wird im Schrifttum als ein »Übel«[485] abgelehnt, weil er »die Despotie fördert«[486]. Die Überwindung des Zentralismus wird geradezu als »das Erfordernis der Zeit«[487] gesehen. Shoghi Effendi hat immer wieder vor zentralistischen Tendenzen gewarnt, sowohl im Hinblick auf ein künftiges Weltgemeinwesen[488] als auch innerhalb der Gemeinde, und die gewählten Körperschaften aufgerufen, »ein Gleichgewicht zu bewahren, dergestalt, daß die Mißstände der Überkonzentration und der völligen Dezentralisierung vermieden werden«[489], denn der Zentralismus würde auf Dauer zu einer Lähmung der Kräfte an der Basis führen, während die völlige Dezentralisierung »die

480 *Bahā'ismus*, S. 268, 389, 390
481 vgl. U. Gollmer, Kap. 6.I
482 *Bahā'ismus*, S. 390, 398, 400, 425. Hierzu auch U. Gollmer, Kap. 6.I.4
483 *Bahā'ismus*, S. 391
484 Ebenso wenig wie der Diözesanbischof bloßes Vollzugsorgan des ihm übergeordneten Metropolitanbischofs oder der päpstlichen Kurie ist.
485 *Weltordnung*, S. 68
486 'Abdu'l-Bahā, *Promulgation*, S. 197
487 'Abdu'l-Bahā, *Promulgation*, S. 167
488 *Weltordnung*, S. 68, 61
489 *Bahā'ī Administration*, S. 142

Amtsgewalt den Händen der nationalen Vertreter der Gläubigen entgleiten ließe«[490].

Ficicchia hat zumindest eine dieser Warnungen gekannt, denn er zitiert[491] die Schriftstelle[492], behauptet indessen mit der ihm eigenen Chuzpe, Shoghi Effendi habe inzwischen wohl seine Auffassung geändert: Während er damals[493] noch in der nationalen Selbständigkeit der Staaten einen Garanten gegen »die Übel eines übertriebenen Zentralismus« gesehen habe, habe nunmehr ein »föderatives Gemeinwesen« in dieser Ordnung »keinen Platz«[494] mehr, denn in Wirklichkeit strebten die Bahā'ī einen *»zentralistischen Einheitsstaat«*[495], einen »zentralistisch regierten Weltstaat«[496], einen *»zentralistisch regierten, theokratisch ausgerichteten Welteinheitsstaat«*[497] an — eine Behauptung, die jeder Grundlage entbehrt, weil sie im Widerspruch zum gesamten Schrifttum steht.[498]

So bleibt noch hinzuzufügen, daß die immer wieder angeführten zentralistischen oder organisatorischen »Erlasse« und »Befehle«[499], die gar noch an die Stelle des »ursprünglich geoffenbarten Glaubensguts« getreten sind [!] und das Glaubensleben des einzelnen völlig beherrschen[500], eine Erfindung Ficicchias sind. Es gibt keine »Erlasse« — weder der Bezeichnung nach noch in der Sache. Eine für den ganzen Erdkreis zuständige Institution — die »Zentrale«, wie Ficicchia sie zu nennen beliebt —, die den derzeit[501] bestehenden 174 nationalen und fast 20 500 lokalen Körperschaften unentwegt vorschriebe, wie sie zu entscheiden, und den fast 6 Millionen Gläubigen ständig dekretierte, wie sie zu leben haben, wäre ein funktionsunfähiger »Wasserkopf«. Da ist ein-

---

490 Shoghi Effendi, *Bahā'ī Administration*, S. 142
491 *Bahā'ismus*, S. 390, Fußnote 25
492 Brief Shoghi Effendis vom 28. November 1931 (= *Weltordnung*, S. 68)
493 1931
494 *Bahā'ismus*, S. 390
495 *Bahā'ismus*, S. 389 (Hervorhebung durch F.)
496 *Bahā'ismus*, S. 398
497 *Bahā'ismus*, S. 425 (Hervorhebung durch F.)
498 Näheres siehe U. Gollmer, Kapitel 6.I.4.
499 *Bahā'ismus*, S. 288, 413, 418, 422 *Materialdienst*, S. 238; *Lexikon der Sekten*, Sp. 104
500 *Bahā'ismus*, S. 422. Ficicchia spricht von einer »Präfixierung des religiösen und ethischen Handelns durch die alles bestimmende Organisation« (S. 429).
501 Statistische Angaben des Bahā'ī-Weltzentrums vom 11.5.1994

fach die Phantasie mit unserem Forscher durchgegangen — oder sollten ihm einige Seiten aus Orwells »1984« unter die Quellen geraten sein?

Eine andere Sache ist, daß in den zwanziger und dreißiger Jahren, als die zunächst amorphe Gemeinde allmählich ihre Rechtsgestalt anlegte, als die der Offenbarung inhärenten expliziten oder aus ihr ableitbaren Rechtsstrukturen in konkrete Statuten umzusetzen waren, Shoghi Effendi in einer weltweiten Korrespondenz[502] die Weichen dafür stellte, daß die Gemeinde überall auf dem Erdkreis, auf lokaler und nationaler Ebene, organisch, also nach den gleichen Gestaltungsprinzipien geformt wurde — wie anders wäre dies möglich gewesen, wenn nicht durch eine globale Steuerung vom Zentrum her? Erst dann, wenn die notwendige Basis der Gemeinsamkeit der Gemeinden weltweit geschaffen ist, ist eine relative Eigenständigkeit und Vielfalt möglich. Organisches Wachstum heißt Vielfalt aus gemeinsamer Wurzel. Das der Gemeinde Bahā'u'llāhs immanente Gestaltungsprinzip lautet: Soviel Einheit wie notwendig, soviel Vielfalt wie möglich.

d) Was meint Ficicchia mit der »Profanisierung« des Bahā'ītums? Es handelt sich um ein abwertendes, unreflektiertes Schlagwort mehr, denn er hat diesen Vorwurf nirgends näher begründet. Nur aus der Formulierung, »daß auch der Bahā'ismus der *Institutionalisierung* und *Profanisierung* verfiel«[503], läßt sich schließen, daß er in dem Prozeß der Verrechtlichung der Gemeinde die Profanisierung, die »starke Verlagerung hin zum Profanen«[504], sieht. Eine Profanisierung bedeutet wörtlich eine »Entweihung«, eine »Entsakralisierung«[505]. Ficicchia will damit wohl zum Ausdruck bringen, daß das Bahā'ītum durch die Verrechtlichung der Gemeinde seine mystische Dimension, seinen ursprünglich sakralen Gehalt eingebüßt habe und zu einer rein weltlichen Organisation verkommen sei.[506]

---

502 veröffentlicht in *The World Order of Bahā'u'llāh*, Wilmette/Ill., [8]1938; *Bahā'ī Administration*, Wilmette/Ill., [1]1945; *Messages to America*, Wilmette/Ill., 1947

503 *Bahā'ismus*, S. 422

504 *Bahā'ismus*, S. 28

505 von *profanare*: entweihen

506 Ganz ähnlich sieht der evangelische Theologe Rainer Flasche im Bahā'ītum einen Umschlag des »ursprünglich mystisch und theosophisch begründeten Einheitsgedankens ... in reinen Pragmatismus« und eine »vulgär-positivistische Humanitäts-

Hier spiegelt sich das schon erörterte[507], auf dem Boden protestantischer Kirchenlehre entstandene religionssoziologische Vorurteil von der Inkompatibilität von Geist und Recht, von Spiritualität und organisatorischer Form wider. Was Rechtsgestalt annimmt, ist *per se* schon erstarrt, »eine im Profanen erstarrte *Organisation*«[508]. Da stellt sich doch die Frage, ob jede Religionsgemeinde, sobald sie sich in der Welt einzurichten beginnt, auf dem Weg zu ihrer Profanisierung und ob auch die rechtlich verfaßte Kirche eine »erstarrte Organisation« zu nennen ist. Wenn jede Verrechtlichung einer Glaubensgemeinde *eo ipso* eine Profanisierung bedeutet, wie Ficicchia und Flasche dies in ihrem spiritualistischen Vorurteil voraussetzen, dann ist die Kirche schon in der Antike der Profanisierung erlegen, denn sie trägt seit früher Zeit Rechtsgestalt. Dann gilt dieses Verdikt selbstverständlich auch für die protestantischen Kirchen, die von Anfang an rechtlich verfaßt waren.

Kann man — so muß man weiter fragen — einer Gemeinde, der von ihrem Stifter eine Rechtsgestalt mitgegeben wurde und die nun die vorgegebenen Strukturen entfaltet, vorwerfen, sie habe ihre sakrale Bestimmung aufgegeben und sei in einer weltlichen Form erstarrt? Kann man diesen Vorwurf einer Religion machen, die einen so ausgeprägten Weltgestaltungsauftrag hat wie die Gemeinde Bahā'u'llāhs, den Auftrag, diese profane Welt heimzuholen und dem Willen Gottes zu unterstellen? Es bleibt anzumerken, daß die mystische Dimension des Bahā'ītums keine Frage des Rechts ist, sondern der jeweiligen individuellen Beziehung des Gläubigen und der kollektiven der Gemeinde zum Göttlichen. Die mystischen Quellen sind in der Schrift verwahrt[509] — wie sollen sie da verlorengehen?

---

ideologie« am Werke, behauptet er doch, diese Religion habe »nicht nur ihre Identität verloren«, sondern wisse »in weiten Bereichen noch nicht einmal um ihre Herkunft«. Dabei konstatiert er einen »Verlust der ursprünglichen mystischen Religiosität bis hin zu einem teilweisen Verfall in eine rein säkulare Banalphilosophie« (»Die Bahā'ī-Religion zwischen Mystik und Pragmatismus«, S. 94-97). Die Fakten, aus denen er sein vernichtendes Urteil ableitet, teilt er dem Leser nicht mit.

507 vgl. S. 113 ff.

508 *Bahā'ismus*, S. 253 (Hervorhebung durch F.)

509 vgl. z. B. Darius Ma'anī, »Die mystischen Dimensionen des Kitāb-i-Aqdas«, in: Gesellschaft für Bahā'ī Studien (Hrsg.), *Aspekte des Kitāb-i-Aqdas*, S. 193-222

17. Ficicchias (Un-)Werturteil über die Gemeinde

In den voranstehenden Abschnitten wurde versucht aufzuzeigen, wie falsch ein Großteil der Tatsachen ist, an die Ficicchia seine das ganze Buch beherrschenden (Un-)Werturteile anknüpft. Wie aber soll man seinem abwertenden, subjektiven Urteil, seiner oftmals zynischen Kritik an der Gemeinde, der er selbst einmal angehörte, begegnen — etwa dem Vorwurf, die Bahā'ī-Gemeinde sei für die Masse der Gläubigen ein »fertiges Gehäuse«, in welchem alle, »die mit den Problemen des Lebens selbständig nicht fertig werden«, »Schutz und Geborgenheit« finden, ein »Gehäuse«, in welchem sie sich »der aufregenden Auseinandersetzung mit der eigenen Lehre und dem Leben« entziehen können[510]: die Bahā'ī-Gemeinde als Sammelbecken lebensuntüchtiger, gescheiterter Existenzen?[511]

Man kann Ficicchias unsachlicher, bösartig verzerrter Innenansicht der Bahā'ī-Gemeinde und ihren Institutionen als einem autoritären Unterdrückungssystem zunächst einmal nur die Maximen entgegenhalten, denen die Institutionen verpflichtet sind:

Das Entscheidende ist der lebendige Geist, der diese Institutionen beseelt. Ohne ihn sind sie nur eine geistlose Organisation, die nichts bewirkt. Daß die »Ordnung der Gemeinde und ihr institutioneller Aufbau« kein bloßer Selbstzweck, kein »Surrogat für den ausgebliebenen Geist« (Sohm) sind, hat Shoghi Effendi immer wieder betont[512]:

> »Wie alle Religionen Gottes ist der Bahā'ī-Glaube seinem Wesen nach zutiefst mystisch. Die Entwicklung des einzelnen und der Gesellschaft durch den Erwerb von Tugenden und geistigen Kräften ist sein

510 *Bahā'ismus*, S. 426

511 Religionskritiker, allen voran Sigmund Freud, haben der Religion überhaupt vorgeworfen, sie sei das Resultat einer Wunschprojektion, eines infantilen Wunschdenkens bei Erwachsenen, die sich nach der Geborgenheit des Kindes sehnen. Daß Ficicchia in solchen Kategorien denkt, ist seine Sache, daß er diesen Vorwurf, der sich gegen die Religion an sich richtet, in einem von einem kirchlichen Organ herausgegebenen Werk den Bahā'ī machen darf, zeigt, daß hehre Maximen eine Sache sind, sie selbst zu befolgen, eine andere.

512 vgl. *Weltordnung*, S. 9

> Hauptziel. Der Mensch muß zunächst seine Seele nähren, und das beste Mittel dazu ist das Gebet. Gesetze und Institutionen, wie Bahā'u'llāh sie vorsieht, können nur dann ihre Wirkung entfalten, wenn wir unser inneres, geistiges Leben vervollkommnen und verwandeln. Andernfalls wird die Religion zu einer bloßen Organisation degenerieren und zu einer toten Sache werden.«[513]

Gerade Shoghi Effendi, in dem Ficicchia den Hauptverantwortlichen für die angeblich autoritäre Amtsführung der Institutionen sieht, hat in einer Fülle von Wegweisungen den Geist beschworen, der in der Gemeinde und in ihren Institutionen herrschen soll: »Der Geist der Sache Gottes ist ein Geist der Zusammenarbeit, nicht ein Geist der Diktatur.«[514] Die in die Institutionen zum Dienst Berufenen sollen »Gott zuliebe auf die Belange Seiner Diener so achten, wie sie auf ihre eigenen Belange achten«[515]. Sie sollen »wie Hirten«[516] sein und stets bedenken, daß »der Grundton der Sache Gottes nicht diktatorische Gewalt, sondern demütige Gemeinschaft ist, nicht willkürliche Machtausübung, sondern der Geist freier und liebevoller Beratung«[517]: Sie sind berufen, nicht »zu diktieren, sondern zu beraten; und zwar nicht nur miteinander, sondern so viel wie möglich auch mit den Gläubigen, die sie vertreten. Sie sollen sich nicht anders sehen denn als erwählte Werkzeuge für die wirksamste, würdigste Darbietung der Sache Gottes. Niemals sollten sie sich zu der irrigen Meinung verleiten lassen, sie seien die Schmuckstücke im Mittelpunkt der Sache Gottes, den anderen wesenhaft überlegen an Fähigkeit und Verdienst, die alleinigen Förderer göttlicher Lehren und Prinzipien. Mit tiefster Demut sollen sie an ihre Aufgaben herangehen... Zu allen Zeiten sollen sie den Geist der Abgeschlossenheit und den Geruch der Geheimniskrämerei meiden, sich der Anmaßung enthalten und Vorurteile und Leidenschaften allesamt aus ihren Bera-

---

513 Brief vom 8. Dezember 1935 an einen Gläubigen, veröffentlicht in »*Bahā'ī News*«, August 1936, S. 3

514 zitiert nach *Geistige Räte — Häuser der Gerechtigkeit*, S. 27

515 *Kitāb-i-Aqdas* 30

516 zitiert nach *Geistige Räte — Häuser der Gerechtigkeit*, S. 26

517 zitiert nach *Geistige Räte — Häuser der Gerechtigkeit*, S. 25

tungen bannen. Innerhalb der Grenzen kluger Zurückhaltung sollen sie die Gläubigen in ihr Vertrauen ziehen, sie mit ihren Plänen vertraut machen und ihren Rat und ihre Empfehlung suchen«[518]. Die entscheidungsbefugten Institutionen sollen sich in der Kunst der Menschenführung üben, deren erste Voraussetzung die Bereitschaft ist, »sich die Schaffenskraft und den Sachverstand aus den Reihen der Gläubigen nutzbar zu machen«[519].

Wie Shoghi Effendi im Hinblick auf einen Bundesbrecher betonte, rechtfertigen selbst Akte »der Feindseligkeit, der Entfremdung und des Abfalls vom Glauben« es nicht, daß in die in einer freien Gesellschaft anerkannten Bürgerrechte widerrechtlich eingegriffen wird oder daß sie auch nur um ein Jota geschmälert werden«. Eine Abkehr von diesem Grundsatz wäre, so Shoghi Effendi, »ein Rückfall in Vorstellungen und Haltungen vergangener Epochen«, die so erneut »das Feuer der Bigotterie und des blinden Fanatismus in den Herzen der Menschen entfachten«.[520]

Dieser Schutz der Rechte des einzelnen ist garantiert durch die Verfassung des Universalen Hauses der Gerechtigkeit, in deren Präambel (*Declaration of Trust*) die Pflichten und die Verantwortlichkeiten dieser Institution enumeriert sind: »Die Rechte des einzelnen, seine Freiheit und Selbständigkeit zu sichern«, »dafür Sorge zu tragen, daß keine Körperschaft und keine Institution in der Sache Gottes ihre Rechte mißbraucht oder in Ausübung ihrer Vorrechte versagt«, »Repräsentant und Hüter jener göttlichen Gerechtigkeit zu sein, die allein die Sicherheit und die Herrschaft von Recht und Ordnung in der Welt garantiert«[521].

Nun besteht bekanntlich zwischen idealen Grundsätzen und der Wirklichkeit meist eine Lücke. Bei der Gebrochenheit des

518 Shoghi Effendi, zitiert in *Geistige Räte — Häuser der Gerechtigkeit*, S. 25/26
519 Shoghi Effendi, zitiert nach H. Hornby, *Lights of Guidance*, Nr. 61; vgl. auch *Geistige Räte — Häuser der Gerechtigkeit*, S. 26. Es sei hier betont, daß diese Zitate nicht einem einem Image verpflichteten Repräsentationsmaterial entnommen sind, sondern Kompilationen für den praktischen Gebrauch durch die Institutionen und die Gläubigen.
520 Shoghi Effendi, Brief vom Juli 1925 an die Bahā'ī im Iran (aufgrund einer Übersetzung des Research Department of the Universal House of Justice). Der volle Wortlaut des Zitats findet sich in Kap. 11, Fußnote 302.
521 *The Constitution of the Universal House of Justice. Declaration of Trust*, S. 5-6

Menschen[522], der bestenfalls auf dem Weg zu seiner Vervollkommnung ist, niemals aber am Ziel, manifestiert sich das Heilige auf Erden auch immer nur in gebrochener Weise. Der Werdeprozeß der ursprünglich charismatischen Gefolgschaft Bahā'u'llāhs in eine nicht nur durch das Band des Glaubens und der Liebe, sondern auch durch das Recht vereinigte organische, handlungsfähige Weltgemeinde ist, wie bei allem organischen Wachstum, ein langsamer, ungemein schwieriger historischer Prozeß mit vielen Krisen, Brüchen, Rückschlägen und Neuanfängen. Am schwierigsten ist immer die Anfangsphase. Die neuen Gemeinden werden vielfach von Menschen gebildet, die sich irgendwann den Reihen Bahā'u'llāhs angeschlossen haben, aber häufig noch von einer im Umbruch befindlichen Gesellschaft vorgeprägt sind, von Menschen, die ihre Identität als Bahā'ī erst allmählich finden und die ein tieferes Verständnis für die neue Ordnung erst noch gewinnen müssen. Die heutige Bahā'ī-Gemeinde ist keine Widerspiegelung der himmlischen Versammlung, sie ist auf der Pilgerschaft zu diesem Ziel.

Wie schwierig religiöse Existenz in der Diaspora, wie schwierig Gemeindebildung in einer ablehnenden, skeptischen und hyperkritischen Umwelt ist, zeigen die Briefe des Apostels Paulus: Welch kümmerliche Gemeinden waren dies doch, an die er sich in seinen Briefen wandte, wie groß waren ihre Probleme und wie sehr spiegeln diese Gemeinden noch den Geist des »alten Adam«! Und doch sind sie zum Fundament der *ecclesia triumphans* und der abendländischen Kultur geworden. Einer kleinen religiösen Minderheit in einer ganz anders dimensionierten Welt anzugehören, ist keine leichte Sache. Die Bahā'ī haben keinen Klerus und keine beamtete Geistlichkeit, denen die Lehrverkündigung anvertraut wäre, jeder Gläubige muß den Dialog mit der Außenwelt führen, und jeder tut dies, so gut er kann. Manches, was gesagt wird, bedarf unvermeidlich der Korrektur und der selbstkritischen Reflexion. Auch die Institutionen der Gemeinde sind

522 »Der Mensch ward schwach erschaffen«, heißt es im *Qur'ān* (4:28; 8:66). Im Schrifttum Bahā'u'llāhs ist die Sündhaftigkeit des Menschen, seine Schwäche und Undankbarkeit ein häufiges Thema. Die von Augustinus aus dem biblischen Gleichnis vom Sündenfall abgeleitete Erbsündenlehre findet indes keine Anerkennung (vgl. *Beantwortete Fragen* 29:8-9; 30:1-12). Zum Ganzen vgl. meinen Beitrag in *The Bahā'ī Encyclopedia*, Stichwort: »Sin«.

erst auf dem Weg zu ihrer Selbstfindung. Die Kardinaltugenden der Klugheit (*ḥikma*) und Gerechtigkeit (*'adl*), denen sie verpflichtet sind, sind höchste Ziele. Es ist unendlich schwer, klug zu urteilen und gerecht zu entscheiden. Daß die lokalen und nationalen »Häuser der Gerechtigkeit« vorerst diesen Namen noch nicht tragen, sondern sich »Geistige Räte« nennen, bringt ihre Vorläufigkeit deutlich zum Ausdruck.

Mit anderen Worten: Wo gibt es eine menschliche Gemeinschaft ohne Defizite und Mängel? Ein gerechtes Urteil über eine Glaubensgemeinschaft müßte dies alles in Rechnung stellen. Doch selbst wenn man als ehemaliger Insider sich besonders der Defizite der Gemeinde annähme und sie mit dem Vergrößerungsglas betrachtete, erschiene nicht das Zerrbild, das Ficicchia so geflissentlich gezeichnet hat. Lichtenberg sagt scharfsinnig: »Die gefährlichsten Unwahrheiten sind Wahrheiten, mäßig entstellt.«[523] Das berechtigt zu Zuversicht: Ficicchias diffamatorische Kritik ist so dick aufgetragen, so eifernd und geifernd, daß nun, da die Fakten richtiggestellt sind, dem kritischen Leser, der sich informieren (und nicht seine gehegten Vorurteile bestätigt sehen) will, selbst das Urteil zugetraut werden kann, was er im übrigen von diesem Pasquillanten zu halten hat.

523 *Aphorismen* (»Über die Religion«), S. 117. Die gleiche Erkenntnis formuliert Isaac Asimov: »The closer to the truth, the better the lie« (*Foundation's Edge*, S. 248).

4. KAPITEL

FICICCHIAS DARSTELLUNG DER LEHRE

Was Ficicchia zur Bahā'ī-Lehre schreibt, ist vielfach bruchstückhaft, verkürzt, manchmal geradezu versimpelt, so daß hier nur die auffälligsten Fehler aufgegriffen werden sollen:

I. Zum Offenbarungsbegriff

Mißverständlich ist, wenn Ficicchia im Zusammenhang mit der Lehre über die Offenbarung schreibt: »Dabei ist die Offenbarung kein reales Geschehen zwischen Gott und dem Menschen — ein Ereignis, in das Gott selbst eingeht und menschliche Gestalt annimmt. Die Offenbarung ist hier ein *Buch.*«[1] Doch geschieht Offenbarung nur da *realiter*, wo Gott »menschliche Gestalt annimmt«, also inkarniert? Dann wären Judentum und Islam, der Buddhismus und die zarathustrische Religion keine Offenbarungsreligionen, sondern nur das Christentum in seinem kirchlichen Selbstverständnis und bestimmte Formen des Hinduismus.

Auch wenn das Bahā'ītum Buchreligion ist, ist die Offenbarung ein reales Geschehen, denn das Buch ist mit der Person und der Geschichte des Überbringers untrennbar verbunden. Die Manifestation, Bahā'u'llāh, ist für die Bahā'ī das »Wort Gottes«, der *lógos*, das »Buch Gottes«, das »in Form eines menschlichen Tempels« herabgesandt ward[2].

Es ist eine schriftwidrige, unsinnige Verkürzung der Bahā'ī-Prophetologie — der Lehre von den Manifestationen Gottes —, wenn Ficicchia urteilt: »Der Prophet ist somit keine erlösende Heilsgestalt, sondern Empfänger und Übermittler des göttlichen Befehls«[3] und so verschiedene Aspekte des Prophetentums gegeneinander ausspielt. In Wirklichkeit sind alle Manifestationen Gottes erlösende Heilsgestalten, in allen ereignete sich Theophanie: Gottes Einbruch in die Menschenwelt. In Bahā'u'llāh haben

1 *Bahā'ismus*, S. 216
2 Bahā'u'llāh, zitiert nach *Die Verkündigung Bahā'u'llāhs*, S. 93; *Ährenlese* 52:1
3 *Bahā'ismus*, S. 84

sich die eschatologischen Verheißungen der Religionen vom »Tag des Herrn«[4] erfüllt: Der Tag ist angebrochen, da die Menschen »ihrem Herrn begegnen«[5]. Der »Tag Gottes«[6], der »Tag der Tage«[7], der »euch in allen Schriften verheißen ward«[8], der Tag, »da die Menschheit das Angesicht des Verheißenen schauen und seine Stimme hören kann«[9], »da Gottes Gnade alle Dinge durchdrungen und erfüllt hat«[10].

Daß Ficicchia dem Erlösungsgedanken, der im Schrifttum Bahā'u'llāhs ein so häufig wiederkehrendes Thema ist, nie begegnet ist, zeigt, wie oberflächlich seine Kenntnisse vom Gegenstand seiner Forschung doch sind: Bahā'u'llāh ist der »Erlöser«[11] der »Völker und Geschlechter der Erde«[12], in seiner Lehre finden die Menschen »Erlösung in dieser und in der künftigen Welt«[13]. Die soteriologische Dimension seiner Offenbarung kommt in vielen Schriftstellen zum Ausdruck: »Er hat den Kelch des Leidens bis zur Neige geleert, damit alle Völker der Welt immerwährende Freude gewinnen.«[14] Er hat »die Last aller Trübsal getragen, um euch von aller irdischen Verderbnis zu heiligen«[15]. »Er hat in Wahrheit sein Leben als Lösegeld für die Erlösung der Welt dargebracht«[16]... »Wir sind um euretwillen gekommen, und zu eurem Heil tragen Wir die Trübsal der Welt.«[17]

---

4 Amos 5:18; Jes. 2:12
5 *Qur'ān* 2:47; vgl. auch 29:23; 18:111; 13:2; *Kitāb-i-Īqān* 149-152
6 *Ährenlese* 2:7; 5:1; 14:2; 16:1-3; 25: u. a.
7 *Ährenlese* 76:3
8 *Ährenlese* 144:3
9 *Ährenlese* 7:1
10 *Ährenlese* 142:1
11 *Ährenlese* 85:3
12 *Botschaften* 15:14; vgl. auch Shoghi Effendi, *Gott geht vorüber*, S. 104
13 *Ährenlese* 37:3
14 *Ährenlese* 45
15 *Ährenlese* 141:2; vgl. auch 142:2; *Die Verborgenen Worte*, pers. 52; *Botschaften* 2:7; *Gebete und Meditationen* 32:3; 34:1; 48:2; 65:4; 66:7; 86:1; 92:2; 111:2; 116:5; 117:1; 141:1; 180:5
16 *Ährenlese* 146
17 *Botschaften* 2:7

II. Zur Stufe Bahā'u'llāhs

Zum Kern der Bahā'ī-Theologie[18], der Prophetologie, zur Lehre von den »Manifestationen Gottes«[19] erfährt der Leser Widersprüchliches.[20] Aus der Fülle einschlägiger Schriftstellen teilt Ficicchia nur ein Zitat aus der *Sūratu'l-Haykal* mit, und nur, um einen krassen Widerspruch zu suggerieren, der zwischen der Ablehnung der Inkarnationslehre einerseits und der angeblichen Identifikation Bahā'u'llāhs mit Gott bestehe. So bleibt Bahā'u'llāhs Stufe merkwürdig diffus.

Den von Ficicchia behaupteten Widerspruch in den Selbstzeugnissen Bahā'u'llāhs gibt es nicht, er ist von Ficicchia *mala fide* konstruiert. Auszugehen ist von der Aussage, daß Gott sich niemals inkarniert: »Wisse mit Bestimmtheit, daß der Unsichtbare Sein Wesen niemals Fleisch werden läßt und es den Menschen nie enthüllen wird.«[21] Unmißverständlich erklärt Bahā'u'llāh, daß es »kein Band unmittelbaren Umgangs« gibt, das »den einen, wahren Gott an Seine Schöpfung bindet«, »keinerlei Ähnlichkeit zwischen dem Vergänglichen und dem Ewigen, dem Bedingten und dem Absoluten«[22]. Die »Manifestationen Gottes«, die göttlichen Sendboten und damit auch Bahā'u'llāh selbst, sind Geschöpfe Gottes und nicht mit diesem in einer hypostatischen Union identisch — Geschöpfe Gottes, freilich auf einer anderen ontologischen Stufe[23]. Damit ist, wie schon im Qur'ān[24], das christliche Dogma von der heiligen Trinität[25] verworfen.

---

18 Zu diesem Begriff eingehend Jack McLean, »Prolegomena to a Bahā'ī Theology«, in: *The Journal of Bahā'ī Studies*, Bd. 5 Nr. 1, 1992, S. 25-67.

19 *al-maẓharu'l-ilāhī*; vgl. eingehend Juan R. Cole, *The Concept of Manifestation in the Bahā'ī Writings. A Publication of the Association for Bahā'ī Studies*, Ottawa 1982

20 *Bahā'ismus*, S. 212 ff.

21 *Ährenlese* 20

22 *Ährenlese* 27:4

23 vgl. hierzu und zum Drei-Welten-Modell (*'ālam al-ḥaqq, 'ālam al-amr, 'ālam al-khalq*) *Heilsgeschichte*, S. 110 ff.

24 vgl. 5:17; 5:73; 2:116-117; 4:171; 43:82; 112; hierzu Heribert Busse, *Die theologischen Beziehungen des Islams zu Judentum und Christentum*, S. 55 ff.

25 vgl. hierzu Louis Henuzet, »Formation du dogme de la Trinité«, in: *La Pensée Bahā'īe*, Nr. 120, Automne 1993, S. 5 ff.

Nach Bahā'u'llāhs Spiegelgleichnis[26] ist Gott nicht unmittelbar schaubar und Gotteserkenntnis nur möglich im »geheiligten Spiegel« der Manifestation[27]. In ihr begegnet der Mensch Gott: »Wer sie erkennt, hat Gott erkannt. Wer auf ihren Ruf hört, hat auf die Stimme Gottes gehört, und wer die Wahrheit ihrer Offenbarung bezeugt, hat die Wahrheit Gottes selbst bezeugt. Wer sich von ihnen abwendet, hat sich von Gott abgewandt, wer nicht an sie glaubt, hat nicht an Gott geglaubt. Jeder von ihnen ist der Pfad Gottes, der diese Welt mit den Reichen der Höhe verbindet und das Banner Seiner Wahrheit für alle in den Reichen der Erde und des Himmels.«[28] Im Verhältnis zum Menschen ist die Manifestation Gott[29], im Verhältnis zu Gott »geringer als Staub«: »Wenn ich, o Gott, über die Verwandtschaft nachsinne, die mich mit Dir verbindet, so fühle ich mich bewogen, allen erschaffenen Dingen zu verkünden: ›Wahrlich, Ich bin Gott!‹, und wenn ich mein eigenes Selbst betrachte, siehe, so finde ich, daß es geringer als Staub ist.«[30] So und im Sinne der kategorischen Aussage über die Wesensgleichheit der Propheten[31] sind alle Selbstzeugnisse Bahā'u'llāhs zu sehen.[32] So ist auch der von Ficicchia zitierte Vers aus der *Sūratu'l-Haykal* zu verstehen, und nicht im Sinne einer Wesensgleichheit oder Selbstidentifikation Bahā'u'llāhs mit Gott: »Nichts ist in Meinem Tempel zu sehen als Gottes Tempel, nichts ist in Meiner Schönheit zu erblicken als Seine Schönheit... und in Meiner Feder nur Seine Feder, die Mächtige, die Allgepriesene. Nichts ist in Meiner Seele als die Wahrheit, und nichts ist in Mir selbst zu sehen außer Gott.«[33]

Der »Tempel (*haykal*) Gottes« ist Symbol der Manifestation Gottes unter den Menschen, Symbol Bahā'u'llāhs. Dieser »Tem-

---

26 *Kitāb-i-Īqān* 107; 'Abdu'l-Bahā, *Beantwortete Fragen* 54:4

27 *Botschaften* 5:11. Der Begriff »Manifestation« (arab.: *al-maẓharu'l-ilāhī*) ist im Offenbarungsschrifttum *terminus technicus* für die überkommenen Begriffe Prophet (*nabī*) und Bote (*rasūl)*. Vgl. hierzu Nicola Towfigh, *Schöpfung und Offenbarung*, S. 172 ff.; dies., in: *The Bahā'ī Encyclopedia*, Stichwort »Manifestation«.

28 *Ährenlese* 21

29 *Kitāb-i-Īqān* 197

30 Bahā'u'llāh, zitiert nach Shoghi Effendi, *Weltordnung*, S. 172; vgl. auch *Ährenlese* 49; *Brief an den Sohn des Wolfes* 70, 74

31 *Ährenlese* 34:3

32 vgl. *Brief an den Sohn des Wolfes* 70, 74

33 zitiert nach Shoghi Effendi, *Weltordnung*, S. 166

pel« ist zum Spiegel gemacht, Gottes Souveränität zu reflektieren.[34] Auch an anderer Stelle nennt sich Bahā'u'llāh den »Tempel Gottes unter den Menschen«[35], ein bildhafter Begriff, der schon im Johannes-Evangelium für Christus steht[36].

Ungeachtet der Fülle der Selbstzeugnisse wurde Bahā'u'llāh von seinen klerikalen Widersachern[37] der Vorwurf gemacht, er habe sich mit Gott identifiziert. Dem ist Bahā'u'llāh entschieden entgegengetreten: »Einige unter euch haben gesagt: ›Er hat den Anspruch erhoben, Gott zu sein.‹ Bei Gott! Das ist eine schlimme Verleumdung. Ich bin nur ein Diener Gottes, der an Ihn und Seine Zeichen, an Seine Propheten und Seine Engel glaubt.«[38]

Es ist höchst unwahrscheinlich, daß Ficicchia diese Kernaussagen zur Bahā'ī-Theologie nicht gekannt haben sollte, zumal er selbst auf eine einschlägige Stelle im *Kitāb-i-Īqān* hinweist. Warum versucht er dann dem Leser gleichwohl eine »persönliche Gleichsetzung mit der Gottheit« zu suggerieren? Um seiner Kritik am »starken Selbstwertgefühl«[39] und dem »selbstherrlichen Auftreten«[40] Bahā'u'llāhs Substanz zu verleihen? Oder ganz einfach, um die von ihm auf Schritt und Tritt gesehenen Widersprüche aufzuzeigen und so die glasklare Lehre Bahā'u'llāhs vom »verborgenen Gott« zu verdunkeln, der selbst den »frömmsten Mysti-

---

34 Zur *Sūratu'l-Haykal* vgl. A. Taherzadeh, *Die Offenbarung Bahā'u'llāhs*, Bd. 3, S. 169-183

35 *Ährenlese* 146

36 2:19-21; vgl. auch Matth. 26:61; 27:40; Off. 21:22

37 vgl. *Brief an den Sohn des Wolfes* 69

38 *Ährenlese* 113:18. Zur gesamten Thematik sei auf Stephen Lambdens Beitrag »The Sinaitic Mysteries: Notes on Moses/Sinai Motifs in Bābī and Bahā'ī Scripture«, S. 149 ff. verwiesen (in: Moojan Momen [Hrsg.] *Studies in the Bābī & Bahā'ī Religions*, Bd. 5, S. 65-183).

39 *Bahā'ismus*, S. 307, 128, 179. Ficicchias Kritik, die impliziert, daß Bahā'u'llāh mit angemaßter Autorität spricht, ist kein wissenschaftliches Urteil, sondern ein dogmatisches. Statt, wie es religionswissenschaftlicher Methodik entspricht, die Wahrheitsfrage dahingestellt sein zu lassen, macht er sein persönliches Glaubensurteil zum Kriterium seiner Forschungsergebnisse. Dabei verkennt er, daß bei dem prophetischen Anspruch der Religionsstifter die herkömmlichen Maßstäbe versagen, so etwa bei Jesu Worten: »Mir ist gegeben alle Gewalt im Himmel und auf Erden« (Matth. 28:18; vgl. auch 11:27; Luk. 11:31-32). Ficicchia bewegt sich hier auf ähnlichem Niveau und mit gleicher Arroganz wie der Trivialautor Alfred Worm (siehe 2. Kap., Fußnote 2), der in seinem Jesus-Buch urteilt: »Dem ›Johannes-Jesus‹ fehlt es an Güte und Bescheidenheit. Er strotzt vor Selbstsicherheit und Absolutismus« (S. 59/60), »... ein auffälliger, egozentrischer, etwas überzogener Mensch« (S. 144).

40 *Bahā'ismus*, S. 128

kern«, den »Geistesfürsten unter den Menschen«, ja selbst seinen Propheten und Sendboten ewig unzugänglich ist?[41]

III. Zur Gnadenlehre

Auch was wir von Ficicchia über die Gnadenlehre erfahren, entspricht nicht der Bahā'ī-Lehre. Bei der Darstellung des Bundesgedankens formuliert er: »Indem nun Gott mit den Menschen einen Bund schließt, ist er nicht mehr reine Willkür, sondern eine Liebe und Gerechtigkeit bezeugende Macht.«[42] Einige Seiten weiter bringt er diesen Gedanken nochmals zum Ausdruck im Zusammenhang mit dem Gesetz des Fastens. Er zitiert aus dem *Lawḥ-i-Naw-Rūz*[43], wo gesagt ist, daß alle Werke der Annahme Gottes bedürfen:

> »Denn der Menschen Werke hängen alle von Deinem Wohlgefallen ab und sind bedingt durch Dein Geheiß. Solltest Du den, der das Fasten brach, als einen ansehen, der es hielt, so wird ein solcher Mensch zu denen gezählt, die seit aller Ewigkeit das Fasten hielten. Und solltest Du bestimmen, daß einer, der das Fasten hielt, es gebrochen habe, so wird er zu denen gerechnet, die das Gewand Deiner Offenbarung mit Staub beschmutzten und sich weit entfernt haben von den kristallklaren Wassern Deiner Offenbarung«[44]

und bemerkt zutreffend: »Die Annahme des Fastens vor Gott ist reine Gnadensache und bleibt dem Bemühen des Fastenden ent-

---

41 »Zehntausend Propheten, jeder ein Moses, sind auf dem Sinai ihres Suchens wie vom Donner gerührt durch Seine verbietende Stimme: ›Du sollst Mich niemals schauen!‹, während eine Myriade Sendboten, jeder so groß wie Jesus, bestürzt vor ihren himmlischen Thronen stehen bei dem Verbot: ›Mein Wesen sollst du niemals begreifen!‹« (*Ährenlese* 26:3).

42 *Bahā'ismus*, S. 216/217

43 *Naw-Rūz* (= Neujahr), folgt dem Ende des Fastenmonats zur Frühjahrs-Tag- und -Nachtgleiche, ein Fest mit 5000-jähriger Tradition in Persien.

44 *Gebete und Meditationen* 46:3

zogen.«[45] Doch im göttlichen Gnadenakt sieht er die reine Willkür: »Trotz des Bundesgedankens mit den Menschen bricht hier die reine Willkür Gottes wieder durch«.[46]

Dieses Urteil bedarf der Korrektur:

Der »Gott Abrahams, Isaaks und Jakobs«[47], den Bahā'u'llāh verkündet, wird nicht erst in der Zeit, durch den Bundesschluß, »reine Liebe und Gerechtigkeit«. Gott ist nach der Schrift unwandelbar in seinem Wesen, stets bleibt er »der gleiche«[48]. Die höchsten Attribute wie Liebe und Gerechtigkeit sind Gott wesenseigen und entstehen nicht in der Zeit. Die Vorstellung, Gott sei »reine Willkür«, also ein launenhafter Despot, der sich erst durch das Heilsereignis des Urbundesschlusses mit der Menschheit[49] seiner »reinen Willkür« entäußert und zu einem Gott der Liebe und Gerechtigkeit wurde, ist nach der Bahā'ī-Lehre schiere Blasphemie. Sie widerspricht allein schon der Gotteslehre Bahā'u'llāhs: Alles unterliegt dem Wandel, Gott allein ist unwandelbar: »Seit Ewigkeit bist Du allein,... und ewiglich wirst Du der gleiche bleiben.«[50] Hier scheint sich die »vulgäre Auffassung«[51] widerzuspiegeln, wonach der Gott des Alten Testamentes ein Gott »des Zorns und der Rache« sei, der Gott des Islam eine Projektion altorientalischer Despotie, während das Neue Testament den »Gott der Liebe und der Barmherzigkeit« verkünde[52] — eine durchsichtige Konstruktion, um die Überlegenheit der christlichen Gottesvorstellung zu beweisen.[53]

Im *Lawḥ-i-Naw-Rūz* bricht nicht »die reine Willkür Gottes wieder durch«, sondern seine schlechthinnige Souveränität. Wie im Islam ist im Bahā'ītum die vertikale Ausrichtung besonders

---

45 *Bahā'ismus*, S. 241

46 *Bahā'ismus*, S. 242, Fußnote 13

47 2. Mose 3:6; Matth. 22:32; Apg. 3:13; *Qur'ān* 12:38; *Botschaften* 17:122

48 *Gebete und Meditationen* 16:2; 24:3; 27:3

49 vgl. *Qur'ān* 7:172: »*a-lastu bi rabbiqum*« — »Bin ich nicht euer Herr?«

50 *Gebete und Meditationen* 114:4;78:3; 79:2; 163:4

51 Heinz Zahrnt, *Gotteswende*, S. 115

52 Heinz Zahrnt nennt dies eine »unfromme Mär«: »Was Zorn und Liebe Gottes betrifft, stehen die beiden Testamente einander kaum nach« (*Gotteswende*, S. 115).

53 Wenn auch in allen göttlichen Sendungen gewisse Attribute des einen und selben Gottes den jeweiligen Zeiterfordernissen gemäß unterschiedlich akzentuiert worden sind, ist es verfehlt, von dem »Gott des AT«, dem »Gott des NT«, oder dem »Gott des Qur'ān« zu sprechen, wie dies immer wieder geschieht, als ob es nicht immer derselbe Gott wäre.

betont: das Vertrauen auf Gott[54], die Abhängigkeit vom Schöpfer und der Gehorsam ihm gegenüber. Das Verhältnis Gottes zum Menschen wird wie schon im Judentum[55] und im Islam durch die Begriffe »*rabb*« und »*'abd*« — Herr und Knecht — bestimmt[56]. Dem Knecht geziemt es nicht, dem Herrn Vorhalte zu machen[57] oder mit ihm zu rechten, denn »Er erbarmt sich, wessen Er will«[58] — »Er tut, was Er will«[59]... »Er soll nicht befragt werden über Sein Tun.«[60] Derselbe Gedanke findet sich mehrfach im *Kitāb-i-Aqdas*: »Er tut, was Ihm gefällt. Er wählt, und niemand darf Seine Wahl in Frage stellen.«[61] Die vom souveränen göttlichen Willen in höchster Freiheit getroffenen Entscheidungen sind indessen niemals Akte launenhafter Willkür, »sondern Zeugnisse der Wahrheit, der Vernunft und der Gerechtigkeit«[62], die »reine Weisheit in Übereinstimmung mit der Wirklichkeit«[63].

Die von Ficicchia zitierte, theologisch höchst bedeutsame Perikope ist eine eherne Barriere gegen jeden Legalismus, gegen jede rein meritorische Ethik, eine Absage an jeden Gotteszwang. Weder im Sakrament *ex opere operato* noch durch die äußere Erfüllung des göttlichen Gesetzes kann der Mensch über die göttliche Gnade verfügen. Die das Gottes-Knecht-Paradigma zum Ausdruck bringende Schriftstelle macht deutlich, daß dem Menschen

54 *tawakkul*

55 *'ābād* ist die übliche Selbstbezeichnung des Beters vor Gott, dem Herrn (vgl. beispielsweise Ps. 86:2: »Herr, hilf deinem Knecht, der auf dich vertraut«; vgl. auch 1. Sam. 3:19). Lothar Perlitt schreibt hierzu: »Mit dem Wort *'ābād* [wird] die engste Zugehörigkeit zu Gott und das innigste Gott-Verhältnis umschrieben« (»Gebot und Gehorsam im Alten Testament«, in: Wolfgang Böhme [Hrsg.], *Gehorsam — eine Tugend?*, S. 11).

56 In Christus ist »die Beziehung zwischen Herr und Knecht vollkommen verinnerlicht zur Beziehung zwischen Vater und Sohn« (Lothar Perlitt, »Gebot und Gehorsam im Alten Testament«, in: W. Böhme [Hrsg.], *Gehorsam - eine Tugend?*, S. 24).

57 Röm. 9:20

58 Röm. 9:18

59 *Qur'ān* 2:254

60 *Qur'ān* 21:34

61 Vers 7; vgl. auch die Verse 47, 131, 157, 161-162. Der Gedanke ist ein im gesamten Schrifttum Bahā'u'llāhs wiederkehrendes Motiv; vgl. z. B. *Ährenlese* 68:5; 114:18; 129:12; *Botschaften* 5:13; 6:56; 7:40; 8:12; 8:17; 8:19; 12:12; 12:17; 14:14; 17:10. Zum Bundesverständnis vgl. Jack McLean, *Dimensions in Spirituality*, S. 53 ff. Das Verhältnis Gott-Mensch erscheint hier als »Suzerain-Vassal-Relationship«. Auf meine Ausführungen S. 301 sei verwiesen.

62 *Ansprachen* 47:1

63 *Beantwortete Fragen* 45:5

aus dem Gesetzesvollzug keine Ansprüche gegen Gott erwachsen. Sie verweist auf Gottes souveräne Entscheidung: Alle Werke des Menschen sind der göttlichen Annahme bedürftig.[64] Die Gesetzesethik ist eben keine meritorische Ethik mit legalistischem Vollzug, wie dies von der Basis der evangelischen Rechtfertigungslehre den Bahā'ī gelegentlich vorgehalten wird. Eine Einengung der Forderung auf das in den Gesetzen normierte ***debitum legale*** ist eine Verkürzung dessen, was der Mensch schuldet. Denn das Gesetz begnügt sich nicht mit einer buchstäblichen Erfüllung. Es verlangt den Vollzug aus innerer Hingabe. Schon in einer der frühesten Offenbarungswerke sagt Bahā'u'llāh: »Wandle in Meinen Geboten aus Liebe zu Mir.«[65] Und im Buch der Gesetze steht in den eröffnenden Versen wiederum: »Halte Meine Gebote aus Liebe zu Meiner Schönheit.«[66] Ficicchias despektierlicher Vorwurf, das Bahā'ītum sei eine »normative Observanzreligion«[67], eine »strenge *Observanzreligion*«[68], liegt neben der Sache, denn das Glaubensleben erschöpft sich keineswegs in der »Observanz« der Bundespflichten.

Der Gedanke, daß alle Werke des Menschen von Gottes Wohlgefallen abhängen, »gehört zum Wesen Seines Glaubens«[69]. Eine zur Selbstgerechtigkeit führende Gesetzeserfüllung, derer sich der Mensch am Ende gar »rühmt«[70], ist damit ausgeschlossen, weil niemand sich dessen sicher sein kann, ob seine Werke Gott wohlgefällig sind, ob sie von Gott angenommen werden. Der Heilsstatus des Gläubigen bleibt ungesichert[71], »denn niemand weiß, wie sein Ende sein wird: Wie oft hat ein Sünder in der Todesstunde zum Wesenskern des Glaubens gefunden, den unsterblichen Wein getrunken und seinen Flug zur himmlischen Heerschar genommen[72]. Und wie oft hat sich ein ergebener Gläubiger zur Stunde seines Aufstiegs so gewandelt, daß er in das unterste Feuer fiel«[73].

64 *Kitāb-i-Aqdas* 161; *Ährenlese* 135:5
65 *Die Verborgenen Worte*, arab. 38
66 *Kitāb-i-Aqdas* 4
67 *Bahā'ismus*, S. 293
68 *Bahā'ismus*, S. 234, 427 (Hervorhebungen durch F.)
69 *Ährenlese* 135:5
70 Eph. 2:9; 1. Kor. 1:29
71 Näheres U. Gollmer, *Gottesreich*, Kap. 6.4.
72 Ein Beispiel: der Schächer am Kreuz (Luk. 23:42)
73 *Kitāb-i-Iqān* 215

Darum soll der Gläubige demütig sein und »dem Sünder verzeihen und niemals dessen niedrige Stufe verachten«[74]. Der mit Gott im Bund stehende Gläubige, der sich aus ganzen Kräften bemüht, in Gottes Satzungen zu wandeln, lebt aus der Zuversicht auf einen gnädigen Gott.

Davon aber, daß Gottes Gnade und Barmherzigkeit im Schrifttum Bahā'u'llāhs ein zentrales Thema ist, erfährt der Leser aus Ficicchias »Standardwerk« kein Wort. Allein schon die Fülle der Schriftzeugnisse über die Unendlichkeit[75] und Unermeßlichkeit[76] der Gnade Gottes, die »alle Dinge umfaßt«[77] und allen Dingen vorausgeht[78], deren »Glanz auf Gehorsame und Empörer« niederstrahlt[79], deren Milde Gottes Zorn überragt und größer ist als Seine Gerechtigkeit[80], ohne die »die ganze Schöpfung zugrunde ginge und alle im Himmel und auf Erden in reines Nichtsein zurücksänken«[81], straft Ficicchias despotisches Gottesbild, das er dem Leser vermittelt, und sein Verdikt Lügen, im Bahā'ītum komme es nur auf die »Observanz« launenhaft-willkürlich gesetzter Vorschriften an.

IV. Zum Menschenbild[82]

Nach Ficicchia ist die Seele des Menschen »unerschaffener immaterieller Geist«[83], der Mensch »ein prädestiniertes Wesen«[84]. Beides ist falsch:

---

74 *Kitāb-i-Īqān* 215; vgl. auch *Ährenlese* 145

75 *Gebete und Meditationen* 41:3; 180:7

76 *Gebete und Meditationen* 81:5; 91:3; 93:2; 98:3; 101:7; 123:1 u. a.

77 *Qur'ān* 7:157

78 »Wo ist der, welcher von sich sagen kann, er richte seinen Blick auf Dich, doch das Auge Deiner Gnade schaue nicht auf ihn? Ich bezeuge, daß Du Dich Deinen Dienern zuwandtest, ehe sie sich Dir zukehrten, und daß Du ihrer gedachtest, ehe sie Deiner gedachten« (*Gebete und Meditationen* 161:2).

79 *Gebete und Meditationen* 157:1

80 *Gebete und Meditationen* 81:4

81 *Gebete und Meditationen* 58:4

82 Hier geht es nur um einige Korrekturen, nicht um eine Darstellung der anthropologischen Aussagen der Schrift. Zu diesen vgl. meine Ausführungen im Stichwort »Theological Teachings«, in: *The Bahā'ī Encyclopedia* (II, 5); siehe auch meine Beiträge *Ethische Aspekte des Rauchens*, S. 32 ff., S. 40 ff.; und *Die Freiheit und ihre Schranken*, S. 52 ff.; U. Gollmer, *Gottesreich*, Kap. 6.

83 *Bahā'ismus*, S. 220, 228

a) Nach der Lehre Bahā'u'llāhs ist alles außer Gott erschaffen, selbst der *lógos*. Die menschliche Seele ist nicht »unerschaffen«, nicht präexistent, das Jenseits keine Art Seelenbank für ihre Inkarnation auf Erden. Sie »ist erschaffen«[85] und entsteht im Zeugungsakt, im Zeitpunkt der Empfängnis[86]. »Einmal ins Leben gerufen, ist sie unvergänglich: Der Menschengeist hat einen Anfang, doch kein Ende.«[87]

b) Ficicchias Aussage, der Mensch sei ein »prädestiniertes Wesen«, sein Schicksal sei auf der »Verwahrten Tafel des Lebens« aufgezeichnet und »deshalb im Ablauf genau festgelegt«, entspricht nicht der Bahā'ī-Lehre. Der mit »Willensfreiheit, Prädestination, Leid und Glück« überschriebene Abschnitt[88] läßt erkennen, daß Ficicchia die Begriffe nicht verstanden hat. Stellt er zunächst zutreffend fest, daß der Mensch »ein frei und selbst entscheidendes Wesen« ist, so setzt er dann die Willensfreiheit in Beziehung zu der im *Kitāb-i-Aqdas* vom Menschen geforderten Unterwerfung unter das göttliche Gesetz und folgert aus dem geforderten Gesetzesgehorsam, der Bestandteil der Bundespflicht ist: »So hat die Freiheit im System dieser strengen *Observanzreligion* also keinen Platz.«[89] Was aber hat der Glaubensgehorsam, die freiwillige Unterwerfung unter den Willen Gottes, mit der Willensfreiheit zu tun? Die Willensfreiheit ist in der von ihm zitierten Passage überhaupt nicht das Thema, sie wird dort als naturgegeben vorausgesetzt, denn der Gehorsam ist stets ein »freier«; er setzt die Willensfreiheit[90] voraus. Die von Ficicchia angeführte[91] Passage aus dem *Kitāb-i-Aqdas*[92] behandelt die sittliche Wahlfreiheit des Menschen und ihre Grenzen.[93] Aus der Einsicht, daß diese Freiheit keine Willkür ist, sondern Grenzen hat, läßt sich nicht ableiten, daß der Mensch ein »prädestiniertes« Wesen ist.

---

84 *Bahā'ismus*, S. 234
85 *Beantwortete Fragen* 38:3
86 Shoghi Effendi, *The Light of Divine Guidance*, Nr. 697
87 *Beantwortete Fragen* 38:4
88 *Bahā'ismus*, S. 232 ff.
89 *Bahā'ismus*, S. 234
90 Hierzu vgl. *Die Freiheit und ihre Schranken*, S. 18 ff.
91 *Bahā'ismus*, S. 233/234
92 Verse 122-125
93 siehe hierzu S. 225 ff.

Zur Ausbildung einer Prädestinationslehre à la Luther[94], Calvin[95] oder im Sinne der islamischen *jabrīya* oder der orthodox-sunnitischen *ash'arīyyah*[96] ist es in der Bahā'ī-Lehre gerade nicht gekommen. Wenn 'Abdu'l-Bahā darauf verweist, daß das Vorwissen Gottes nicht die Ursache für ein Geschehen ist, daß es nicht »die Gestaltung der Dinge bewirkt«[97], dann ergibt sich daraus genau das Gegenteil dessen, was Ficicchia verstanden hat, nämlich, daß der Mensch nicht durch die göttliche Prädestination vorherbestimmt ist, weder in seinem Heilsschicksal noch im Sinne einer Determiniertheit des irdischen Schicksals. Die Lohnverheißung und Strafandrohung des Gesetzes[98], die starke Akzentuierung der sittlichen Verantwortlichkeit des Menschen beruht auf der Voraussetzung, daß der Mensch sich selbst für oder gegen Gottes Gebot entscheiden kann. Während das Tierreich »im Stoff gefangen ist«, hat Gott den Menschen »mit Freiheit ausgestattet«[99]. Er hat darum »die Kraft zum Guten wie zum Bösen«[100]. Seine Sündhaftigkeit[101] wird nicht als Verhängnis, sondern als persönliche Schuld gewertet. Damit ist jeder Determinismus philosophischer, biologischer oder theologischer Provenienz ausgeschlossen.[102]

Bleibt noch anzumerken, daß die von Ficicchia in Anführungszeichen gesetzte »Verwahrte Tafel des Schicksals« kein Bahā'ī-Terminus ist. Die »Verwahrte Tafel« ist ein qur'ānischer Begriff[103], der im Schrifttum Bahā'u'llāhs häufiger anzutreffen ist.[104] Er identifiziert damit seine Sendung: »Bei Gott! Die Verwahrte Tafel ist erschienen, sie wandelt unter Seinen Dienern und ruft aus: ›Dies ist der Tag, der euch früher in den Büchern verheißen

---

94 vgl. seine Schrift *De servo arbitrio* (1525) WA 18, S. 600-787
95 *Institutio religionis christianae* (1559)
96 Zu den beiden Begriffen vgl. *SEI*, S. 80, Stichwort »*Jabrīya*«.
97 *Beantwortete Fragen* 35:3
98 *Botschaften* 3:25; 8:55; 8:61; 11:6
99 'Abdu'l-Bahā, *Ansprachen* 9:17; 11:6
100 *Ansprachen* 18:3
101 Sie kommt zum Ausdruck im langen täglichen rituellen Gebet, in welchem sich der Gläubige wiederholt als »Sünder« bekennt, dessen »Rücken gebeugt« ist von der Bürde seiner »Sünden« (*Gebete* 3) und in vielen anderen Schriftstellen (»denn unser Herz ist dem Bösen zugeneigt« [*Gebete und Meditationen* 124:2]). Zum Ganzen vgl. meinen Beitrag »Sin« in: *The Bahā'ī Encyclopedia*.
102 Zum Ganzen siehe U. Gollmer, *Gottesreich*, Kap. 6.4.
103 vgl. 85:22: *al-Lawḥ al-Maḥfuẓ*
104 vgl. *Botschaften* 14:2; 17:51: 17:110; 17:126; 17:128

ward.«‹[105] Nach ʿAbdu'l-Bahā ist die »Verwahrte Tafel« mit Bahā'u'llāhs Buch des Bundes (*Kitāb-i-ʿAhd*) identisch.[106] Die von Ficicchia zitierte »Verwahrte Tafel des Schicksals« findet sich nur in *Beantwortete Fragen* und ist Teil der an ʿAbdu'l-Bahā gerichteten Frage, nicht Teil seiner Antwort.[107]

V. Absolutheits- und Ausschließlichkeitsansprüche

Was Ficicchia über den Anspruch des Bahā'ītums und sein dadurch bestimmtes Verhältnis zu den anderen Religionen schreibt, enthält Richtiges, doch Entscheidendes ist durch Überakzentuierung und Simplifizierung so verzeichnet, daß dies nicht unwidersprochen bleiben sollte, zumal er aus seinen Resultaten Ziele ableitet und den Bahā'ī unterstellt, die im Widerspruch zu den ihnen in der Schrift gewiesenen stehen.

Wenn Ficicchia schreibt: »Der Bahā'ismus ist nicht das, für das er gemeinhin gehalten wird: eine überkonfessionelle Glaubensbewegung«[108], so hat er damit unzweifelhaft recht. Es war gerade das Mißverständnis derer, die sich gegen die Verrechtlichung der Gemeinde auflehnten[109], daß sie in Bahā'u'llāhs Offenbarung nur einen Ruf zur Religionsvereinigung, eine Sammlungsbewegung, eine Plattform für den Dialog der Religionen sahen. Auch Kurt Hutten hat dieses Mißverständnis absichtsvoll genährt, als er schrieb, die »Bahā'ī-Bewegung« müsse »eine Gefahr meiden wie die Pest«: sie dürfe »unter keinen Umständen selbst zur ›Konfession‹ werden«[110]. Weil das Bahā'ītum mit »eigenen Lehrsätzen

105 (*Athār* II, 18). *Raḥiq-i-Makhtūm* II, S. 349

106 vgl. Ishrāq Khāvari (Hrsg.), *Raḥīq-i-Makhtūm* (o. O. 1974/75, Bd. II, S. 349).

107 Das Thema der Prädestination ist, soweit ich sehe, nur von U. Gollmer (*Gottesreich*, Kap. 6.4) dargestellt worden, worauf hier verwiesen sei.

108 *Bahā'ismus*, S. 268. An anderer Stelle (*Bahā'ismus*, S. 293) erfahren wir von ihm freilich, daß ʿAbdu'l-Bahā »den Bahā'ismus — unter Hintanstellung der dogmatischen Bestimmungen des *Kitāb al-Aqdas* — als eine ›ökumenische Glaubensbewegung‹« präsentierte, »die sich die Verbrüderung aller Religionen auf die Fahnen geschrieben hat«.

109 vgl. oben, S. 117 f.

110 *Seher, Grübler, Enthusiasten*, S. 319

und Gebräuchen« konkurriert, ist es nach Hutten der »Konfessionalisierung erlegen«[111].

Doch nach dem Zeugnis der Schrift ist Bahā'u'llāhs Offenbarung Gottes Botschaft an die Menschheit. Sie ist »frohe Botschaft«[112], das »Wort der Wahrheit«[113], »der Pfad der Wahrheit«[114], »ein Licht, auf welches kein Dunkel folgt, eine Wahrheit, die kein Irrtum ereilt«[115]. Bahā'u'llāh ist nach seinem Selbstzeugnis der im Evangelium des Johannes[116] verheißene »Geist der Wahrheit«, »gekommen, um euch in alle Wahrheit zu leiten«[117], er ist »Gottes Gerader Pfad unter den Menschen«[118]. Damit erhebt das Bahā'ītum wie alle Offenbarungsreligionen einen Wahrheitsanspruch, der für alle Menschen gilt. Dieser Wahrheitsanspruch ist universal, nicht postmodern-subjektivistisch: »Was wahr ist«, sagt 'Abdu'l-Bahā, »ist wahr für alle; was nicht wahr ist, ist für niemanden wahr.«[119] Wegen dieses absoluten, universalen Geltungs- und Gehorsamsanspruchs ist es durchaus zutreffend, wenn Ficicchia von einem »Absolutheitsanspruch«[120] des Bahā'ītums spricht.[121] Der Anspruch ist unbedingt, ohne Rücktrittsklausel, und läßt den Adressaten zu einer festen, nicht mehr relativierbaren Überzeugung durchdringen, doch korrespondiert mit ihm keine Heilsgewißheit, kein Superioritätsgefühl der Gläubigen. Ein Bahā'ī ist weder *per se* ein besserer Mensch noch hat er vor Gott mehr Rechte als die anderen. Auch für die Gemeinde ergeben sich daraus mehr Pflichten. Die Bahā'ī-Gemeinde ist vor allem *dienende* Gemeinde.

---

111 *a. a. O.*

112 *Bis͟hārāt*; vgl. *Botschaften* 3; 1:4; 2:11; 6:25; 7:6 u.a.

113 *Botschaften* 9:6

114 *Ährenlese* 81

115 *Botschaften* 8:17; 17:45

116 16:13

117 *Botschaften* 2:12; *Ährenlese* 116:1

118 *Kitāb-i-Aqdas* 182; vgl. *Qur'ān* 1:6

119 zitiert nach Esslemont, *Bahā'u'llāh und das neue Zeitalter,* S. 288. Diesen universalistischen Wahrheitsbegriff, der allen Religionen zugrunde liegt, hat Augustinus mehrfach formuliert: »*Quia communis et omnibus veritas. Non est nec mea, nec tua; non est illius, aut illius: omnibus communis est*« (*Enarrationes in Psalmos* LXXV 17 [20]). »*Non habeo quasi privatum meum, nec tu privatum tuum. Veritas nec mea sit propria, nec tua, ut et tua sit et mea*« (*ibid.* CIII, 11 [25]).

120 Näheres hierzu: *Heilsgeschichte*, S. 59 ff. Zur Relativität der Offenbarung ebenda S. 117 ff.

121 *Bahā'ismus*, S. 293, 268, 334, 418; *Materialdienst* 3/1995, S. 92

Doch ist dieser Anspruch zugleich auch ein »Ausschließlichkeitsanspruch«, wie Ficicchia dies jeweils behauptet? Betrachten die Bahā'ī ihren Glauben als »den *einzig wahren* und für das gegenwärtige Zeitalter *allein gültigen*«[122], als »allein gültig und richtig«[123], als »*allein* wahre und gültige Religion Gottes«[124], die »einzig wahre Botschaft«[125]? Sind die früheren Religionen durch die neue Offenbarung »abgetan«[126]?

Die Antwort auf die Frage nach dem Verhältnis des Bahā'ītums zu den historischen Offenbarungsreligionen muß gewiß differenzierter lauten als die zugespitzten, unzulässig simplifizierenden Formulierungen Ficicchias. Die Frage nach ihrem Verhältnis zu den konkurrierenden Religionen stellte sich auch in der Vergangenheit bei allen Religionen. Sie alle stehen in der Kontinuität einer Tradition, die semitisch-vorderasiatischen Religionen ebenso wie die des Ostens. Das Verhältnis zu dieser Tradition und das Verhältnis zu den Religionen, die außerhalb der anerkannten Tradition stehen, ist jeweils aus dem eigenen Offenbarungsbegriff abzuleiten.[127]

Die Lehre von der fortschreitenden, zyklisch wiederkehrenden Gottesoffenbarung[128] und der mystischen Einheit der Religionen ist der theologische Angelpunkt der Bahā'ī-Lehre, das neue theologische Paradigma. Die historischen Offenbarungsreligionen, die Kette der Propheten von Adam bis Bahā'u'llāh, konstituieren die

122 *Bahā'ismus*, S. 393 (Hervorhebung durch F.)

123 *Bahā'ismus*, S. 416, 418 (Hervorhebung durch F.)

124 *Bahā'ismus*, S. 214, 424 (Hervorhebung durch F.)

125 *Bahā'ismus*, S. 423

126 *Bahā'ismus*, S. 21

127 Näheres hierzu: *Heilsgeschichte*, S. 75 ff.; Hans Zirker, *Christentum und Islam*, S. 55 ff., 140

128 »Gott hat Seine Boten herniedergesandt, damit sie auf Mose sund Jesus folgten, und Er wird fortfahren, so zu tun, bis an das ›Ende, das kein Ende hat‹« (*Sūratu'ṣ-Ṣabr*, zit. nach Shoghi Effendi, *Weltordnung*, S. 177; vgl. ferner *Ährenlese* 24; 34:3). Der Gedanke ist auch in der *Bhagavad Gita* (IV:7-8) und im buddhistischen Kanon formuliert: »Und die da früher, in vergangenen Zeiten, Heilige, Vollkommen-Erleuchtete waren, auch diese Erhabenen haben der Jüngergemeinde dieses höchste Ziel richtig gewiesen, genauso wie es nun von mir der Jüngergemeinde richtig gewiesen wird. Und auch die da später, in künftigen Zeiten, Heilige, Vollkommen-Erleuchtete sein werden, auch diese Erhabenen werden der Jüngergemeinde dieses höchste Ziel richtig weisen« (*Majjhima Nikaya* 51, zitiert nach Nyanatiloka, *Das Wort des Buddha*, S. 104).

»*eine*, unteilbare Religion Gottes«[129], den »unveränderlichen Glauben Gottes, ewig in der Vergangenheit, ewig in der Zukunft«[130]. Die Offenbarung Bahā'u'llāhs ist, wie 'Abdu'l-Bahā sagt, »kein neuer Pfad zur Seligkeit«, sondern der »uralte Weg«[131], gereinigt von dem historischen Ballast, den die Religionen auf ihrem langen Weg durch die Geschichte unweigerlich angelegt haben. Sie ist das neue »Buch Gottes«, die »untrügliche Waage«, auf der »alles gewogen«[132], und durch die »Wahrheit vom Irrtum geschieden« wird[133], die wahre Reformation[134], sie ist das Gericht über die Religionen, der im Matthäus-Evangelium angekündigte »Tag der Ernte«[135], wie Bahā'u'llāh dies in seinem Sendbrief an Papst Pius IX. verkündete: »Wahrlich, der Tag der Ernte ist gekommen, und alle Dinge sind voneinander geschieden. Er hat, was Er wollte, in den Gefäßen der Gerechtigkeit verwahrt, und ins Feuer geworfen, was diesem verfallen ist.«[136]

Aus dieser Sicht ergeben sich die Kriterien für die Beurteilung der historischen Religionen. Ihr Wahrheitsanspruch wird anerkannt. Sie sind göttliche Stiftungen, Manifestationen des göttlichen Wortes[137], keineswegs, wie Ficicchia annimmt[138], nur Wahrheitsteilhaben durch den *lógos spermatikós*. Weder sind diese Religionen durch die neue Offenbarung »abgetan« noch in ihrem Wahrheitsanspruch zeitlich beschränkt. Das Zeugnis der Thora, der Evangelien, des Qur'ān bleibt die Wahrheit. Diese Bücher Gottes sind integraler Bestandteil der Schrift im weiteren Sinne[139], alle in ihnen verwahrten Glaubenswahrheiten sind »Facet-

---

129 Bāb, *Auswahl* 2:24:2
130 *Kitāb-i-Aqdas* 182
131 zitiert nach *Sonne der Wahrheit* 1947, Heft 1, S. 1
132 *Kitāb-i-Aqdas* 99, 183
133 *Lawḥ-i-Aḥmad*, in: *Gebete* 237:2
134 vgl. *Heilsgeschichte*, S. 124 ff., 128 ff.
135 13:36
136 *Die Verkündigung Bahā'u'llāhs*, S. 97
137 *kalimah*: das Schöpfungswort. Der Begriff *lógos* ist keineswegs identisch mit *'aql*, der Vernunft, wie Ficicchia angibt (S. 78, 80). *Al-'aqlu'l-awwal,* die Urvernunft, steht nach den Traditionen Muḥammads für das Erste Geschöpf.
138 *Bahā'ismus*, S. 424
139 Selbst aus den Heiligen Schriften mit einer wesentlich gebrocheneren Überlieferung wie der *Bhagavad Gita* oder dem buddhistischen Kanon wird in den Andachtshäusern der Bahā'ī, wo nur das Wort Gottes erklingen soll, gelesen.

ten«[140] einer letzten Wahrheit, welcher der Mensch in ihrer ungeteilten Fülle niemals teilhaftig wird. Nur soweit der Faktor Zeit von Relevanz ist, soweit die Offenbarung dem Wandel der Verhältnisse auf Erden Rechnung trägt und jede Religion ein historisches Gewand trägt, verliert das alte Gesetz seine Gültigkeit. Die »horizontale« Dimension der Offenbarung, der Bereich, der die Gestaltung einer sich stetig wandelnden Welt und die Formen der Anbetung zum Gegenstand hat — Recht und Kult —, ist sozusagen die Variable, während die »vertikale« Dimension, der unveränderliche Kernbereich der Religion Gottes, der »weder Wandel noch Wechsel« unterliegt[141], die Konstante ist[142].

Daraus folgt zunächst, daß die Religionen der Menschheit ernstgenommen werden und Gegenstand höchster Verehrung sind, stammen sie doch alle »aus einer einzigen Quelle«[143], auch wenn sie einen langen Weg hinter sich haben und ihre ursprüngliche Einheit nur für den zu erkennen ist, dessen Blick die Schleier ihrer Mannigfaltigkeit und historischen Bedingtheit durchdringt[144]. Sie sind mit Bahā'u'llāhs Epiphanie weder »abgetan« und »ungültig« geworden noch ist seine Offenbarung die »einzig wahre«, »allein gültige und richtige« Heilslehre.[145] Die Glaubensüberzeugung der Bahā'ī, daß der adamitische Offenbarungszyklus beendet ist, daß Bahā'u'llāh die Verheißungen der Vergangenheit erfüllt und eine neue Weltzeit eröffnet hat, daß bei ihm die Fülle der Wahrheit, die Fülle des Heils zu finden ist, begründet keinen Ausschließlichkeitsanspruch[146] in dem Sinne, daß bei den anderen

---

140 Shoghi Effendi, *Guidance for Today and Tomorrow*, S. 2

141 *Beantwortete Fragen* 11:9

142 vgl. *Heilsgeschichte*, S. 122 ff. Zutreffend urteilt Hans Zirker: »Der Bahā'ismus hebt den religionsgeschichtlichen Topos einer exklusiven Endgültigkeit auf, ohne damit die Möglichkeit eines Absolutheitsanspruchs zu bestreiten« (*Christentum und Islam*, S. 140).

143 *Ährenlese* 132:1

144 vgl. *Die Sieben Täler* 34 ff.

145 Auch Manfred Hutters Formulierung, »daß die Nicht-Bahā'ī-Religionen in der jetzigen Form keinen Platz mehr haben, so daß sie auch verurteilt werden können« (Bahā'ī, S. 46), trifft so nicht zu.

146 Zu dem Ausschließlichkeitsanspruch im Christentum und dem Endgültigkeitsanspruch im Islam siehe die Beiträge von Fazel, Seena/Fananapazir, Khazeh, »A Bahā'ī Approach to the Claim of Exclusivity and Uniqueness in Christianity«, in: *The Journal of Bahā'ī Studies*, Bd. 3, Nr. 2 (1990-1991), S. 15 ff., und »A Bahā'ī Approach to the Claim of Finality in Islam«, in: *The Journal of Bahā'ī Studies*, Bd. 5 Nr. 3 (September-December 1993), S. 17 ff.

Religionen *kein* Heil zu finden sei. Die Heilsnotwendigkeit des Glaubens an den Überbringer der Botschaft[147] ist keine Sonderlehre Bahā'u'llāhs, sie entspricht auch dem Zeugnis der Evangelien und des Qur'ān[148], ja sogar der Lehre des Zarathustra.[149] Gefordert ist der Glaube an alle Manifestationen als Verkörperungen einer gemeinsamen Stufe göttlicher Inspiration: Wer *eine* von ihnen verwirft, hat alle verworfen.[150]

Der im Glaubenssatz von der Einheit der Religionen sich manifestierende theologische Universalismus ist keine bloß theoretische Position, er hat weitreichende praktische Konsequenzen für Recht und Ethik. Auf Absonderung zielende Rechtsnormen, Grundhaltungen und religiöse Praktiken, in denen sich die Abwertung anderer Religionen und die Diskriminierung Andersgläubiger manifestiert, finden in der Offenbarung Bahā'u'llāhs keine Anerkennung. In seinem Schrifttum findet sich

a) die explizite Abrogation[151] des shī'itischen Konzepts der »Unreinheit«[152], wonach alle nichtmuslimischen Völker als »unrein«[153] gelten[154] und zu meiden sind[155],

b) das Verbot der Verfluchung[156] und Schmähung Andersgläubiger, wie dies in manchen Religionen praktiziert wird[157],

---

147 vgl. *Kitāb-i-Aqdas* 1; *Botschaften* 5:4; 5:11-12; *Lawḥ-i-Aḥmad*, in: *Gebete* 237; *Lawḥ-i-Ziyārih*, in: *Gebete und Meditationen* 180:3; *Persischer Bayān* 3:15.

148 57:7; 48:29; Mark. 16:16; Joh. 3:18; 15:6; Matth. 10:32; Luk. 12:8-9

149 »Erfasset doch die Gebote, die der Allweise stiftete, ihr Sterblichen! Seligkeit und Verdammnis — nämlich langdauernde Pein für die Lügenknechte, Segen aber für die Rechtgläubigen« (Gathas, 3. Gesang, Yasna 30:11 [zitiert nach Walther Hinz, »Die Gathas in neuer Übersetzung«, in: *Zarathustra*, S. 171]).

150 »Wer sich von dieser Schönheit wendet, wahrlich, der hat sich auch von den Boten der Vergangenheit abgewandt und ist hoffärtig vor Gott von Ewigkeit zu Ewigkeit« (*Lawḥ-i-Aḥmad*, in: *Gebete* 237:13).

151 *Kitāb-i-Aqdas* 75

152 *najāsāt*

153 *najis*, siehe *SEI*, S. 431 ff.

154 Das Gesetz des *Qur'ān* (9:28), wonach die *mushrikūn* (Götzendiener) als unrein erklärt werden, wird im shī'itischen Recht auf alle Nichtmuslime, auch auf die »Völker des Buches«, Juden und Christen, ausgedehnt. Die körperliche Substanz des Ungläubigen wird im rituellen Sinn für unrein erklärt und unter den Dingen aufgeführt, die in ritueller Hinsicht Unreinheit hervorrufen. Speisen oder Gefäße für Speisen und Getränke werden unrein, sobald sie ein Ungläubiger berührt hat (vgl. I. Goldziher, *Vorlesungen über den Islam*, S. 234 ff. mit weiteren Details; *SEI*, Stichwort »*Najis*«, S. 431 ff.).

155 vgl. *Botschaften* 7:27

156 *la'n*, von *la'ana, yala'an*: verfluchen; davon abgeleitet *mal'ūn*: verflucht (vgl. *Botschaften* 3:26; 4:21; 8:62; 15:2)

c) die Abrogation des Verbots, mit Angehörigen einer anderen Religion die Ehe einzugehen[158].

Die Beseitigung diskriminierender Schranken ist die Voraussetzung für ein Gebot, das Bahā'u'llāh seinem Volk gegeben hat und das in den heiligen Schriften der Menschheit einmalig ist: Mit den Gläubigen aller Religionen »in herzlicher Verbundenheit und Eintracht«, »im Geist des Wohlwollens und der Brüderlichkeit« zu verkehren[159]. Diese Weisung impliziert nicht nur den Widerruf des qur'ānischen Gebots, sich keine Ungläubigen und keine Andersgläubigen zu Freunden zu nehmen[160]: Sie ist auch der Auftrag, in diesem Geiste den Dialog[161] mit den Religionen zu führen, um den Ungeist der Trennung, der Rechthaberei und der Verblendung gegenüber dem Andersgläubigen zu überwinden.[162]

---

157 Das shī'itische Religionsgesetz gebietet das Verfluchen der religiösen Gegner: »Es zu unterlassen, ist Verfehlung gegen die Religion; es ist unerläßlicher Bestandteil ihrer Gebetsformeln« (I. Goldziher, *Vorlesungen über den Islam,* S. 204). Im Hinblick auf die shī'itischen Geistlichen sagt Bahā'u'llāh: »Pausenlos träufeln Verwünschungen von ihren Lippen, und das Wort ›*mal'ūn*‹ mit einem besonders tief aus dem Rachen kommenden 'ayn-Laut auszusprechen, ist ihnen täglich ein Genuß« (*Botschaften* 7:27). Auch der Christenheit war diese Haltung nicht fremd: Altkirchliche Apologeten, Kirchenväter, Päpste, Kirchenlehrer und Reformatoren verfluchten die Juden als die von Gott Verworfenen und Enterbten über die Jahrhunderte. Die antijüdische Akzentuierung der Fürbitte »*pro perfidis iudaeis*« wurde erst 1955 aus der Karfreitag- und Osterliturgie entfernt.

158 vgl. *Kitāb-i-Aqdas* 139; »Fragen und Antworten« 84. Während der *Qur'ān* (5:7) den Muslimen die Ehe mit Frauen jüdischen und christlichen Glaubens gestattet, ist dies nach shī'itischem Recht, das die monotheistischen Andersgläubigen den Götzendienern (*mushrikūn* vgl. *Qur'ān* 2:220) gleichsetzt, verboten. Auch nach katholischem und evangelischem Kirchenrecht steht der Ehe mit einem Nichtchristen ein Ehehindernis entgegen.

159 *Kitāb-i-Aqdas* 144; *Botschaften* 3:5; 4:10; 7:13. Das arabische Verbum *'ashāra, yu'āshiru* ist mit dem Begriff »verkehren« (im Sinne von »mit jemandem Umgang haben«, vgl. Grimm, *Deutsches Wörterbuch* 25:627) nur unzulänglich wiedergegeben. Etymologisch verwandt mit *mu'ashīra* (Sippe, Stamm, nächste Verwandtschaft) und mit *'ashīr* (Gefährte, Genosse, Freund) schwingt bei diesem Begriff eine emotionale Komponente mit im Sinne von »vertrauten Umgang haben«, »Gemeinschaft pflegen« (vgl. Wehr). Der bei der englischen Übertragung verwandte Begriff »consort« kommt dem wesentlich näher.

160 vgl. *Qur'ān* 3:28; 3:118; 5:51

161 Zu diesem Thema siehe meine Ausführungen auf S. 104; ferner Seena Fazel, *Interreligious Dialogue and the Bahā'ī Faith — Some Preliminary Observations* (in Vorbereitung). U. Schaefer, »Bahā'u'llāhs Einheitsparadigma — Grundlage eines Ethos ohne falsche Vereinnahmungen?«, in: J. Lähnemann (Hrsg.), ›*Das Projekt Weltethos*‹ *in der Erziehung*, Hamburg 1995.

162 vgl. *Heilsgeschichte*, S. 72 ff.

Die Aussöhnung der Religionen[163] ist heilsgeschichtliches Ziel, denn sie ist ein Grundstein der »weltweiten Aussöhnung«[164], die Voraussetzung für einen dauerhaften Weltfrieden[165] ist.

Flankierend hierzu sind die Hochschätzung der Tugenden der Duldsamkeit[166] und der Nachsicht[167], die unnachsichtige Brandmarkung des religiösen Fanatismus[168] und die nachdrücklichen Warnungen vor Bekehrungseifer[169], Bigotterie[170], vor nutzlosem theologischem »Wortstreit«[171], »fruchtlosen metaphysischen Haarspaltereien«[172] und »sinnlosen Disputen«[173]. Die Religion, deren Zweck Liebe, Harmonie und Friede unter den Menschen ist[174], darf nicht zu Entfremdung, Zwietracht, Streit, Feindschaft und Haß führen[175].

Gefordert ist also mehr als Toleranz, gefordert ist die liebevolle Zuwendung zu den Gläubigen anderer Religionen »in strahlender Freude«, in »zartem Erbarmen, frei von Haß und Feindseligkeit«[176]. Damit hat Bahā'u'llāh, wie er sagt, »die Tore der Liebe und Einigkeit erschlossen und weit vor den Menschen aufgetan«

---

163 vgl. *Briefe und Botschaften* 223:1

164 *Briefe und Botschaften* 77:1; 13:1; 35:8; 227:2; *Ährenlese* 119:4; *Botschaften* 11:8; 11:23

165 Literatur zu diesem Thema: 'Abdu'l-Bahā, *Der Weltfriedensvertrag. Ein Brief an die Zentralorganisation für einen dauerhaften Frieden.* Mit einem Nachwort von Ulrich Gollmer, Hofheim 1988; ders., *Gedanken des Friedens. Die Reden und Schriften 'Abdu'l-Bahās für eine neue Kultur des Friedens*, Rosenheim 1985; *Weltfriede ist nicht nur möglich, sondern unausweichlich. Eine Botschaft an die Völker der Welt.* Mit einem Vorwort von Ervin Laszlo, Rosenheim ⁵1990; Ulrich Gollmer, in: *The Bahā'ī Encyclopedia*, Stichwort »Peace« (in Vorbereitung); ders., »Der lange Weg zum Größten Frieden«, in: *Bahā'ī-Briefe*, Heft 50 (Oktober 1985), S. 128 ff.; Heft 52 (Dezember 1986), S. 207 ff.; Udo Schaefer, *Der Bahā'ī in der modernen Welt*, S. 217-224.

166 *Botschaften* 4:12; 11:21

167 *Die Verborgenen Worte*, pers. 48; *Botschaften* 17:28; *Ährenlese* 115:4

168 »Eine verheerende Plage«, »ein weltverzehrendes Feuer« (*Brief an den Sohn des Wolfes* 19).

169 *Die Verborgenen Worte*, pers. 36; *Ährenlese* 5:23; 163:5

170 *Botschaften* 6:28

171 *Kitāb-i-Aqdas* 77, 177; *Botschaften* 17:40; *Das Geheimnis göttlicher Kultur*, S. 95

172 *Kitāb-i-Aqdas*, Erläuterung 110

173 *Das Geheimnis göttlicher Kultur*, S. 95

174 vgl. *Botschaften* 11:6; *Ährenlese* 34:5

175 vgl. *Botschaften* 11:15; 4:11; 6:40; 47; *Ährenlese* 156. »Religion ist wie eine Arznei: verschlimmert sie das Leiden, so ist sie sinnlos« ('Abdu'l-Bahā, *Briefe und Botschaften* 227:9; vgl. auch *Ansprachen* 39:1).

176 *Botschaften* 4:11

und alles, was diese geistig trennt, was bei ihnen »Zwietracht und Spaltung« bewirkt, für »ungültig und abgeschafft«[177] erklärt.

Der von Bahā'u'llāh geforderte interreligiöse Dialog ist kein Selbstzweck. Er steht letztlich im Dienst des höchsten Zwecks der Religion, nämlich »das Wohl des Menschengeschlechts zu fördern und den Geist der Liebe und der Verbundenheit unter den Menschen zu pflegen«[178]. Darum ruft Bahā'u'llāh die religiösen Führer und die Herrscher auf, sich für die Neugestaltung der Welt zu erheben, gemeinsam zu beraten und »einer kranken, schwer leidenden Welt das Heilmittel darzureichen, dessen sie bedarf«[179]. Die Bahā'ī sind somit zur Kooperation und zum gemeinsamen Dienst mit den anderen Religionen für das Wohl der Menschheit aufgerufen.

Shoghi Effendi hat die Haltung zu den historischen Religionen präzisiert und deren Einheit und ewige Gültigkeit herausgestellt. Die zentrale Frage, um die es geht, rechtfertigt die Länge des Zitats:

> »Die Offenbarung, deren Quelle und Zentrum Bahā'u'llāh ist, hebt keine der ihr vorangegangenen Religionen auf, sie versucht nicht im geringsten, deren Wesenszüge zu verdrehen oder deren Wert herabzusetzen. Sie distanziert sich von jedem Versuch, Propheten der Vergangenheit zu verkleinern oder die ewigen Wahrheiten ihrer Lehren herabzusetzen.... Unzweideutig, ohne den geringsten Vorbehalt bekennt sie, daß alle gestifteten Religionen göttlich im Ursprung, identisch in ihren Zielen, komplementär in ihrem Auftrag, kontinuierlich in ihrem Zweck und unabdingbar in ihrem Wert für die Menschheit sind[180]... So versucht die Offenbarung Bahā'u'llāhs, die den Anspruch erhebt, der Höhepunkt eines prophetischen Zyklus und die Erfüllung der Verheißung aller Zeiten zu sein, keinesfalls, die hehren ewig-

177 *Botschaften* 7:13
178 *Botschaften* 11:15
179 *Botschaften* 11:14
180 *Weltordnung*, S. 91

> währenden Grundsätze außer Kraft zu setzen, welche den früheren Religionen zugrunde liegen und sie beseelen. Sie bestätigt die allen Religionen verliehene gottgegebene Autorität und erklärt sie als ihre feste, eigentliche Grundlage. Die Bahā'ī-Offenbarung betrachtet sie in keinem anderen Lichte denn als verschiedene Stufen in der ewigen Geschichte und andauernden Entwicklung *einer* göttlichen, unteilbaren Religion, von der sie selbst nur ein abzulösender Teil ist. Sie versucht weder deren göttlichen Ursprung zu verdunkeln noch die anerkannte Größe ihrer gewaltigen Errungenschaften zu verkleinern... Weit entfernt davon, den Umsturz des geistigen Unterbaues der religiösen Systeme in der Welt zu erstreben, ist ihre erklärte, unerschütterliche Absicht, deren Grundlagen zu erweitern, ihre Grundmauern neu aufzurichten, ihre Ziele miteinander in Übereinstimmung zu bringen, ihr Leben neu zu stärken, ihre Einheit zu beweisen, die ursprüngliche Reinheit ihrer Lehren wiederherzustellen, ihre Aufgaben einander zuzuordnen und zur Verwirklichung ihrer höchsten Bestrebungen beizutragen.«[181]

In all dem nur verbale Verlautbarungen, opportunistische Motive zu sehen und die Bahā'ī als extrem »intolerant«[182] darzustellen, ist schon ein arges Stück. Daß Ficicchia sich dann noch zu der Behauptung versteigt, »ein Nebeneinander unterschiedlicher Religionen wird abgelehnt«[183], das Ziel der von »Polemik wider die anderen Religionen« geprägten »bahā'īstischen Mission« sei »die

181 *Weltordnung*, S. 173; vgl. auch *a. a. O.*, S. 237

182 *Bahā'ismus*, S. 277, 416 ff. Merkwürdig nur, daß der Supreme Court of India in einem zivilrechtlichen Urteil, dem schwere Gewalttaten zwischen Hindus und Muslimen zugrunde lagen (ausgelöst durch die Zerstörung der im Jahre 1582 auf einem Hindu-Tempel errichteten Babri-Moschee bei der Stadt Ayodhya), die Bahā'ī-Gemeinde als Beispiel und die Bahā'ī-Lehre als Wegweisung zur Lösung solcher Auseindersetzungen herausgestellt hat: »A neutral perception of the requirement for communal harmony is to be found in the Bahā'ī Faith« (Transferred Case no. 41, 42, 43 and 45 of 1993; Writ Petition no. 20 B, 1993; 186, 1994, S. 91-93 des Urteils).

183 *Lexikon der Sekten*, Sp. 101

Vernichtung aller noch bestehenden Religionen«[184], zeigt, wie blind der Haß ihn gemacht hat.

VI. Betont rationalistisch, wissenschaftsfeindlich und esoterisch zugleich?

Ficicchias Ausführungen zum Thema Rationalismus, Wissenschaft und Esoterik[185] sind so diffus, widersprüchlich und kraus, daß man ihnen zuviel Ehre angediehen ließe, darauf im einzelnen einzugehen. Einerseits bemüht er sich allenthalben, die Lehre Bahā'u'llāhs in die Nähe der abendländischen Aufklärung zu rücken, sie im Schlepptau der »neuzeitlichen Kulturbewegung im Orient«[186] zu sehen, sogar eine »Wesensverwandtschaft mit den Protagonisten der jungtürkischen Revolution« zu behaupten[187], einen »propagandistisch wahre Triumphe feiernden Rationalismus«[188] zu konstatieren, ja das Bahā'ītum unter Berufung auf Goldziher[189] mit »religiöser Freigeisterei« gleichzusetzen[190]. Ein andermal formuliert er: »... gibt sich das Bahā'ītum betont rationalistisch«[191], was wohl im Klartext heißt, es geriere sich nur so, sei es aber nicht.

Andererseits attestiert Ficicchia dem Bahā'ītum eine ausgesprochene Wissenschaftsfeindlichkeit, eine »konfliktive, ja kontroverse Einstellung zur Wissenschaft«[192]. Das im *Kitāb-i-Īqān* zitierte *Ḥadīth*: »Der schlimmste Schleier ist der Schleier des Wissens«[193] muß für seine absurde Behauptung herhalten, Bahā'-u'llāh verwerfe das wissenschaftlich fundierte Wissen, »soweit es

184 *Bahā'ismus*, S. 425 (Hervorhebung durch F.)
185 *Bahā'ismus*, S. 167 ff., 187 ff., 252 ff.
186 *Bahā'ismus*, S. 90, 87, 166, 255. Den Begriff hat er bei Römer aufgelesen (*Die Bābī-Behā'ī*, S. 90, 114, 117, 119, 121, 124).
187 *Bahā'ismus*, S. 252
188 *Bahā'ismus*, S. 253/254
189 Dieser beruft sich wiederum auf das Urteil eines christlichen Missionars in Persien, eines Reverend F. M. Jordan, wonach die Bahā'ī nichts anderes seien »als einfach *irreligious rationalists*« (*Vorlesungen über den Islam*, S. 280 ff.).
190 *Bahā'ismus*, S. 187
191 *Bahā'ismus*, S. 187
192 *Bahā'ismus*, S. 167, Fußnote 89
193 Abschnitt 206

nicht aus der Offenbarung geschöpft wird«[194], weshalb er allen Ernstes erwartet, daß in Zukunft im Bahā'ismus »alle Wissenschaften ausschließlich aus den eigenen Büchern studiert werden müssen, sobald er nur einigermaßen dazu in der Lage sein wird« (!)[195].

Nun haben sich Bahā'u'llāh und 'Abdu'l-Bahā zu Wissenschaft, Religion, Vernunft, Wissen und Bildung in einer Fülle von Zeugnissen geäußert, die ein anderes Bild vermitteln. Die Wissenschaft erscheint gleichrangig mit der Religion, beide sind gleichsam »Flügel«, mit denen sich der Mensch in den Himmel der Erkenntnis aufschwingen kann: »Mit einem Flügel kann man nicht fliegen«, sagt 'Abdu'l-Bahā[196]. Wer nur mit dem »Flügel« der Religion zu fliegen versucht, stürzt in den »Sumpf des Aberglaubens«, wer nur mit dem »Flügel« der Wissenschaft fliegen will, landet im »Morast des Materialismus«[197]. Die Wissenschaften sind »Brücken zur Wirklichkeit«[198], die »unerschütterliche Grundlage dieses neuen... Zeitalters«[199]. Hohe Anerkennung zollt Bahā'u'llāh den »Wissenschaftlern und Handwerkern«, denen »die Völker viel verdanken«[200]: »Der Gelehrte mit umfassendem Wissen und der Weise mit durchdringender Weisheit sind die beiden Augen am Leib der Menschheit.«[201] In seinem politischen Traktat *Risāliy-i-Madaniyyih*[202] geht 'Abdu'l-Bahā mit den zelotischen Reformgegnern im Persien seiner Zeit ins Gericht, die sich gegen »neumodische Methoden« und »die Nachahmung fremder Völker«[203] wandten und sich nachhaltig allen Bemühungen widersetzten, die wissenschaftlichen und technischen Errungenschaften des Westens zu übernehmen. Auch Bahā'u'llāh preist die »technischen Fertigkeiten« und »die Sonne fachlichen Könnens«, die »über dem Horizont des Westens strahlt«, und hält den fortschrittsfeindlichen

194 *Bahā'ismus*, S. 254
195 *Bahā'ismus*, S. 167
196 *Ansprachen* 44:14
197 *Ansprachen* 44:14
198 *Briefe und Botschaften* 72:2
199 *Briefe und Botschaften* 111:1
200 *Botschaften* 5:15
201 *Botschaften* 11:24
202 Bombay 1299/1882, Reprint Hofheim 1984, dt. Ausgabe *Das Geheimnis göttlicher Kultur*, Oberkalbach 1973
203 *Das Geheimnis göttlicher Kultur*, S. 21

Kräften vor: »Man muß gerecht reden und solche Segnungen schätzen.«[204]

Der Erwerb von Bildung und Wissen ist jedermanns religiöse Pflicht[205], denn »Wissen ist ein Schatz für den Menschen, eine Quelle des Ruhmes«[206], die »Ursache menschlichen Fortschritts«[207], während die Unwissenheit als »Wurzel aller schlechten Taten« erscheint[208]. 'Abdu'l-Bahā forderte für das rückständige Persien des 19. Jahrhunderts »die Entfaltung des Bildungswesens, die Entwicklung nützlicher Künste und Wissenschaften, die Förderung von Industrie und Technik«[209] und die Einführung des Schulzwangs[210].

Einige Textstellen sind freilich mit einer Einschränkung versehen: Bahā'u'llāh preist die Wissenschaften, die »den Völkern auf Erden nützen«[211], die »dem Menschen Vorteil bringen, seinen Fortschritt sichern und seinen Rang erhöhen«[212], die »Früchte tragen, der Wohlfahrt und dem Frieden der Menschen dienlich sind«[213], nicht jedoch solche, »die mit Worten beginnen und mit Worten enden«[214]. Worauf zielt dieses Urteil? Nach Shoghi Effendi sind damit öde, scholastische Studien, »theologische Abhandlungen und Kommentare«, »fruchtlose Ausflüge in metaphysische Haarspaltereien« gemeint, die »den menschlichen Geist beschweren, anstatt ihm zur Erkenntnis der Wahrheit zu verhelfen«[215]. Doch gilt dieses Urteil wohl auch für sterile philosophische Studien ohne Erkenntniswert, die nichts zeitigen als »leeren Wortstreit«[216], »sinnlose Haarspaltereien und Dispute«[217], denn Bahā'u'llāh attestiert den »meisten Gelehrten Persiens«, daß sie »ihr

---

204 *Botschaften* 4:22
205 *Botschaften* 5:15; *Briefe und Botschaften* 97:2; *Das Geheimnis göttlicher Kultur*, S. 40
206 *Botschaften* 5:15
207 *Briefe und Botschaften* 11:8
208 *Briefe und Botschaften* 111:1
209 *Das Geheimnis göttlicher Kultur*, S. 23
210 *a. a. O.*, S. 100
211 *Botschaften* 5:15
212 *Botschaften* 11:17
213 *Brief an den Sohn des Wolfes* 32
214 *Botschaften* 5:15; 11:18; *Kitāb-i-Aqdas* 77, 177; *Brief an den Sohn des Wolfes* 32
215 zitiert nach *The Kitāb-i-Aqdas*, Anmerkung 110
216 *Botschaften* 17:40
217 *Das Geheimnis göttlicher Kultur*, S. 95

ganzes Leben dem Studium einer Philosophie widmen, deren Ertrag letztlich nur Worte sind«[218].

Irgendwann, so sollte man meinen, müßte doch dieser »vorzügliche Kenner« des Bahā'ītums bei seinem »umfangreichen Quellenstudium«[219] auf diese Schriftzeugnisse gestoßen sein. Entweder hat er sie nicht gekannt oder er hat sie geflissentlich ignoriert und dem Leser, der aus diesem »Standardwerk« darüber nichts erfährt, vorenthalten, daß Wissenserwerb, »Bildung, der Gebrauch der Vernunft, die Erweiterung des Bewußtseins, die Einsichten in die Wirklichkeiten des Universums...« als die »mächtigsten Pfeiler« und »Stützen des Gottesglaubens«[220] erscheinen — ein Zeugnis, das wohl schlecht zu dem obskurantistischen Bild gepaßt hätte, das Ficicchia dem Leser von dieser Religion vermittelt.

Sein Urteil, das Bahā'ītum sei zutiefst wissenschaftsfeindlich[221], hat Ficicchia an einer einzigen Schriftstelle festgemacht, einem *Ḥadīth*, das Bahā'u'llāh im *Kitāb-i-Īqān* zitiert: »Der schlimmste aller Schleier ist der Schleier des Wissens.«[222] Auch hier gewährt Ficicchia einen Blick in seine »Werkstatt«: Er hat das Zitat aus dem Kontext gerissen und dem Leser vorenthalten, daß hier von bestimmten Wissenschaften, nämlich »Metaphysik, Alchemie und der Naturmagie«[223] und vor allem von der Gelehrsamkeit der Theologen und ihren »eitlen Studien« die Rede ist, die zum Schleier für die Erkenntnis der neuen Offenbarung werden[224], von Wissenschaften also, die nach Bahā'u'llāh »mit Worten beginnen und mit Worten enden«[225]. Aus diesem Urteil unter Ausblendung aller sonstigen einschlägigen Schriftzeugnisse eine generelle Wissenschaftsfeindlichkeit abzuleiten, ist eine bösartige Manipulation. Dieser Vorwurf hindert Ficicchia freilich nicht,

218 *Botschaften* 11:18
219 Michael Mildenberger in seinem Vorwort zu Ficicchia, S. 12
220 *Briefe und Botschaften* 97:1
221 *Bahā'ismus*, S. 167, 254
222 *Kitāb-i-Īqān* 206; vgl. hierzu *Botschaften* 17:40
223 *Kitāb-i-Īqān* 204
224 *Kitāb-i-Īqān* 206
225 siehe oben, Fußnote 214. Auch an anderer Stelle urteilt Bahā'u'llāh über seine theologischen Antagonisten und das von ihnen angehäufte, zum Wahrheitskriterium erhobene Wissen: »Die Sammler nichtigen Wahns verstopfen den Menschen die Ohren und hindern sie, Gottes Stimme zu hören. Schleier menschlicher Bildung und falschen Trugs halten ihre Augen davon ab, das strahlende Licht Seines Antlitzes zu schauen« (*Botschaften* 17:40).

'Abdu'l-Bahā wegen seines Zeugnisses über das Verhältnis von Religion und Wissenschaft[226] aufgeblasen abzukanzeln, er verkenne, daß »das Wesen des Religiösen in einem *Numinosen, Irrationalen* liegt«[227].

Dann wieder entdeckt Ficicchia eine »betont *esoterische Seite* des Bahā'ismus«: »Trotzdem unterscheiden Bahā'u'llāh und die strenggläubigen[228] Bahā'ī einen esoterischen Kreis von Auserwählten, die im Besitz der völligen Wahrheit sind.«[229] Er beruft sich dabei auf einen Vers aus dem *Lawḥ-i-Ḥikmat*, den er wiederum nicht nach der Primärquelle[230] zitiert, sondern nach Goldziher[231]. Doch diesem Vers ist nur zu entnehmen, daß Bahā'u'llāh nicht alles enthüllt hat[232], mit keinem Wort ist darin etwa davon die Rede, daß es einen eingeweihten, innersten Kreis gebe, der mit einer Geheimlehre vertraut sei. Ficicchia, der selbst gerne mutmaßt, hat hier einfach Goldzihers vage Mutmaßungen[233] übernommen, wie dies auch Römer getan hat[234].

Ganz offensichtlich hat Ficicchia den Begriff des »Esoterischen« nicht verstanden. Der Begriff bezeichnet zunächst einmal eine nur Eingeweihten zugängliche Lehre, die Geheimlehre einer Religion oder einer Schule. *Esoterisch* bedeutet, so verstanden, nur den Eingeweihten bekannt, geheim. So wird »Esoterik« heute, im Zeitalter des *New-Age* und des Wiedererwachens der Gnosis (oft mit abwertender Bedeutung) verstanden, und so versteht und

---

226 »Religion und Wissenschaft gehen Hand in Hand; Religion, die im Widerspruch zur Wissenschaft steht, ist nicht die Wahrheit« (*Ansprachen* 40:18). Hier geht es nicht um die Beschreibung eines Seinszustandes, sondern, wie U. Gollmer im Rahmen einer Besprechung des Beitrags von R. Hummel in dem von Erwin Fahlbusch herausgegebenen *Taschenlexikon Religion und Theologie* ausführt, »um ein normatives Programm, das auf zentrale ethische und wissenschaftstheoretische Probleme unserer technischen Zivilisation zielt» (*Bahā'ī-Briefe*, Heft 47 [April 1984] S. 29).

227 *Bahā'ismus*, S. 253 (Hervorhebung durch F.)

228 Wer soll das sein? Welche Kategorien gibt es daneben?

229 *Bahā'ismus*, S. 188

230 *Tablets of Bahā'u'llāh*, Haifa 1978 = *Botschaften* 9:11

231 *Vorlesungen über den Islam*, S. 276

232 Keine der Manifestationen hat alles enthüllt: »Alles, was Ich dir in der Sprache der Macht offenbarte und mit der Feder der Kraft niederschrieb, entspricht deiner Fähigkeit und deinem Verständnis, nicht Meiner Stufe und Meiner Weise« (*Die Verborgenen Worte*, arab. 67; vgl. auch *Ährenlese* 89:2-4; Joh. 16:12).

233 »Er scheint einige Gedanken für die Allerauserwähltesten aufgespart zu haben« (*Vorlesungen über den Islam*, S. 276).

234 *Die Bābī-Behā'ī*, S. 143

gebraucht Ficicchia diesen Begriff. Hier sei festgestellt, daß es im Bahā'ītum weder die von ihm behauptete Geheimlehre noch einen »esoterischen Kreis«[235] von »Allerauserwähltesten« gibt. Im *Kitāb-i-Aqdas* verurteilt Bahā'u'llāh den, der Ansprüche erhebt auf »inneres Wissen und noch tieferes Wissen verborgen darin. Was du besitzest, ist nur Spreu, die Wir dir überlassen haben, wie man Hunden die Knochen überläßt.«[236] Und an anderer Stelle: »Die den Götzen anbeten, den ihre Einbildung schuf, und ihn die innere Wahrheit nennen, zählen in Wahrheit zu den Heiden.«[237]

Daneben hat dieser Begriff aber auch eine andere Konnotation, die Ficicchia offenbar gar nicht kennt: In der Theologie gab es seit je die Vorstellung, daß das Wort Gottes eine äußere (exoterische) und eine innere (esoterische) Bedeutung hat. Diese Unterscheidung, nach der das Wort Gottes über den äußeren Wortlaut, über den offenbaren Sinn hinaus auch eine innere, mystische Bedeutung hat, die sich dem Menschen nur erschließt, wenn er auf dem mystischen Pfade voranschreitet und die Schleier seines Selbstes durchdringt, wenn er frei geworden ist »von Hindernissen und solchen Anspielungen, eitlem Trug und leerem Wahn, die ›weder nähren noch den Hunger stillen‹[238] können«[239], spielte im Islam eine bedeutsame Rolle, besonders in der *Shaykhiyya*, der Schule des Shaykh Aḥmad al-Aḥsai[240]. Wir finden sie im gesamten Schrifttum Bahā'u'llāhs[241]. Häufig begegnen wir in den offenbarten Gebeten der Bitte um göttlichen Beistand, um diese mystischen Wahrheiten, »den Moschusduft verborgener Bedeutungen«[242], zu erkennen: »Hilf mir gnädig, o mein Gott, ... die Schlei-

---

235 *Bahā'ismus*, S. 188
236 Vers 36
237 zitiert nach *The Kitāb-i-Aqdas*, Anmerkung 60
238 *Qur'ān* 88:7
239 *Botschaften* 11:22
240 *bāṭin* (Inneres, verborgen), *ẓāhir* (Äußeres, sichtbar). Vgl. hierzu B. Radke, Stichwort: »*baten*«, in: *EIR*, Bd. 3, S. 895 ff.; *SEI*, Stichwort »*baṭiniya*«, S. 60 ff.; Abbas Amanat, *Resurrection and Renewal*, S. 12, 117-118, 409; Kamran Ekbal, »Das Messianische Chronogramm Muḥammad Shahs aus dem Jahr 1250/1834«, S. 2 ff.
241 vgl. z. B. *Kitāb-i-Īqān* 284; *Die Sieben Täler* 34 ff., 58 ff.; *Botschaften* 6:25, 26; 11:22; ferner in Bahā'u'llāhs Kommentar zur Sure *al-Shams* (*Qur'ān* 91): Juan R. Cole, »Bahā'u'llāh's ›Commentary on the Sūrah of the Sun‹, Introduction and Provisional Translation«, in: *Bahā'ī Studies Bulletin* 4:3-4 (April 1990), S. 4 ff.; *Briefe und Botschaften* 31:13; 118:2; 142:9; 204:2; 219:5.
242 *Gebete und Meditationen* 177:4

er zu zerreißen, die mich hindern, Dich zu erkennen und in das Meer Deines Wissens einzutauchen«[243] ... »Laß ihn Deine wohlbehüteten Geheimnisse erfahren«[244] ... »Gib, daß wir in Deine Geheimnisse eingeweiht werden«[245] ... »Lasse uns vertraut werden mit den Geheimnissen des Lebens«[246], »... auf daß wir Deine Geheimnisse kundtun«[247]... »Laß mich erkennen, was in den Schatzkammern Deiner Erkenntnis verborgen und in den Speichern Deiner Weisheit verwahrt ist.«[248]

Hiervon hat Ficicchia offenbar nichts begriffen, sonst würde er nicht Schriftstellen, die auf die mystische Dimension des Glaubens zielen, mit dem Verdikt »Esoterik« belegen. So etwa, wenn er aus den *Beantworteten Fragen* eine Stelle zitiert, in der ʻAbdu'l-Bahā erklärt, daß alles, was die Manifestation sagt und tut, »reine Weisheit in Übereinstimmung mit der Wirklichkeit« ist, und daß, wer »das verborgene Geheimnis ihrer Gebote und ihres Handelns« nicht versteht, sich dagegen nicht auflehnen soll[249]. Ficicchias Kommentar: »Das *Esoterische* in der Bahā'īlehre kommt auch hier klar zum Ausdruck.«[250] Das ist schlechterdings abwegig. Das Zitat ʻAbdu'l-Bahās besagt nichts anderes, als daß die Gesetze der Offenbarung apodiktisch und nur zum kleineren Teil rational darstellbar sind, daß die Offenbarung die Kategorien des Rationalen übersteigt (wie Ficicchia so gut weiß, wenn er glaubt, ʻAbdu'l-Bahā schulmeisterlich belehren zu müssen[251]) und daß sie gleichwohl Geltung erheischen und befolgt werden müssen. Das ist keine neue Erkenntnis, sondern eine alte Wahrheit. Schon Moses Maimonides wies darauf hin, daß der den Gesetzen der Thora zugrunde liegende Zweck sich nur bei einem kleinen Teil erkennen läßt.[252] Ist das Judentum darum »esoterisch«? Weist Jesu Un-

243 *Gebete und Meditationen* 163:2
244 *Briefe und Botschaften* 19:16
245 *Gebete* 124:1
246 *Gebete* 186:2
247 *Gebete* 65:2
248 *Gebete und Meditationen* 177:10
249 45:6
250 *Bahā'ismus*, S. 233, Fußnote 98 (Hervorhebung durch F.)
251 vgl. *Bahā'ismus*, S. 252/253
252 vgl. *Dalālat al-Ḥā'irīn, Führer der Unschlüssigen*, 31. Kapitel, S. 195 ff. Michael Friedländer schreibt über den Zweck der göttlichen Gesetze: »Wie groß der Anteil ist, den die einzelnen Vorschriften an der Erreichung dieses Zieles [gemeint ist das Glück des Menschen] haben, können wir nicht mit Sicherheit feststellen, weil die

terscheidung zwischen denen »drinnen«, »die das Geheimnis Gottes wissen« und denen »draußen«, »denen alles durch Gleichnisse« widerfährt[253], auf eine Geheimlehre für die »Allerauserwähltesten« hin?

An anderer Stelle hat Ficicchia aus meiner Dissertation[254] zutreffend referiert[255], daß die menschliche Erkenntnisfähigkeit auf dem Gebiet sittlicher Werte limitiert ist, daß die Primärquelle der Ethik die göttliche Offenbarung ist. Das ist ja wohl nicht gerade das, was man einen »wahre Triumphe feiernden Rationalismus«[256] nennen kann. Dann aber wieder sieht Ficicchia die »Tragik Bahā'-u'llāhs« darin begründet, daß dieser »sich einerseits bemühte, Religion und Vernunft miteinander in Einklang zu bringen, andererseits aber ein unverrückbares, weil ›unfehlbares‹ Gesetz schuf, das sich auch dann der Modifikation entzieht, wenn neue (auch wissenschaftlich fundierte) Erkenntnisse dies erheischen«[257]. Gerade dieses Gesetz findet Ficicchia »absonderlich«[258], »abstrus«[259], also das Gegenteil von »betont rationalistisch«[260], wittert er doch auch sonst im Werk Bahā'u'llāhs »altorientalischen« Geist[261], die »Entlehnung altorientalischer Vorstellungen, die selbst der moderne Islam als überholt betrachtet«[262]. Wie das alles zusammenpassen soll, die starke Prägung durch die abendländische Aufklärung, die Nähe zur Freigeisterei, zugleich aber auch die große Nähe zur Esoterik, eine ausgeprägte Wissenschaftsfeindlichkeit[263], und der in der Absage an Freiheit und Demokratie[264] sich manifestierende »altorientalische« Geist der Restauration, versteht wohl nur Ficicchia allein.

Tora bis auf wenige Ausnahmen Grund und Zweck der einzelnen Vorschriften uns vorenthält« (*Die jüdische Religion*, S. 189).

253 Mark. 3:11; vgl. auch 1. Kor. 5:12; Kol. 4:5; 1. Thess. 4:12

254 *Grundlagen*, S. 51 ff.

255 *Bahā'ismus*, S. 320 ff.

256 *Bahā'ismus*, S. 254

257 *Bahā'ismus*, S. 253

258 *Bahā'ismus*, S. 26; *Materialdienst*, S. 236

259 *Bahā'ismus*, S. 430

260 *Bahā'ismus*, S. 187

261 *Bahā'ismus*, S. 135, Fußnote 27

262 *Materialdienst*, S. 236. Konkretisiert hat er diesen Vorwurf nicht.

263 *Bahā'ismus*, S. 167

264 *Bahā'ismus*, S. 233/234, 275, 340, 389/390, 423

Die Bahā'ī-Lehre ist weder »betont *esoterisch*«[265] noch »betont rationalistisch«[266], wie allein schon die theonome Ethik beweist.[267]

VII. Zum Begriff der Freiheit[268]

Aus den kritischen Versen des *Kitāb-i-Aqdas* zum Freiheitsstreben der Menschen[269] folgert Ficicchia, daß »die Freiheit im System dieser strengen *Observanzreligion*« keinen Platz habe[270], daß Bahā'u'llāh »die Gewährung bürgerlicher Freiheiten« mißbillige, weil sie »nur zu Aufruhr und Verwirrung führe«[271]. Ficicchia sieht darin geradezu eine *»Absage an die Demokratie«*, da Bahā'u'llāh die »unabdingbare Unterordnung unter sein Gesetz verlangte«[272].

Auch wenn sich Ficicchia mit dieser Meinung in guter Gesellschaft befindet, nämlich in der des Orientalisten Ignaz Goldziher[273], der die Verse gleichfalls als Verdikt über die politischen Freiheitsrechte mißverstand, so ist diese Interpretation gleichwohl falsch. Hier zeigt es sich ein weiteres Mal, daß eine kurze Mitgliedschaft in der Gemeinde, eine oberflächliche Kenntnis der

265 *Bahā'ismus*, S. 188, 233

266 *Bahā'ismus*, S. 187

267 Hierzu und zur Rolle der Vernunft vgl. *Die Freiheit und ihre Schranken*, S. 38 ff., 45 ff., 58 ff.; vgl. ferner meinen Beitrag »Ethics« (III: On the Epistemology of Moral Values), in: *The Bahā'ī Encyclopedia*.

268 Zum Ganzen verweise ich auf meine Schrift *Die Freiheit und ihre Schranken. Der Begriff der Freiheit in Bahā'u'llāhs Kitāb-i-Aqdas*, Hofheim 1994, wo ich die nachfolgenden Gedanken näher ausgeführt habe.

269 Die Verse (122-124), die Ficicchia im Auge hat, seien hier, um dem Leser ein Urteil zu erlauben, abgedruckt:

»Seht die Kleingeistigkeit der Menschen! Sie verlangen nach dem, was ihnen schadet, und verwerfen, was ihnen nützt... Freiheit muß letzten Endes zu Aufruhr führen, dessen Flammen niemand löschen kann... Dem Menschen ziemt es, daß er sich in Schranken fügt, die ihn vor seiner eigenen Unwissenheit beschützen und vor dem Schaden des Unheilstifters bewahren. Freiheit veranlaßt den Menschen, die Grenzen des Schicklichen zu überschreiten und die Würde seiner Stufe zu verletzen. Sie erniedrigt ihn auf die Ebene tiefster Verderbtheit und Schlechtigkeit.... Wir billigen die Freiheit in gewisser Hinsicht, in anderer verwerfen Wir sie...«

270 *Bahā'ismus*, S. 234 (Hervorhebung durch F.)

271 *Bahā'ismus*, S. 275

272 *Bahā'ismus*, S. 340, 389, 275

273 *Vorlesungen über den Islam*, S. 279

Primärschriften und das Sammeln von Urteilen außenstehender Kritiker, seien sie auch noch so prominent, nicht ausreicht, um den Sinn einer Schriftstelle zu erfassen und diese richtig einzuordnen. Es bedarf schon einer systematischen, analytischen Befragung der gesamten Schrift, einer Hermeneutik aller einschlägigen Zeugnisse Bahā'u'llāhs zum Menschenbild, zur politischen Herrschaft, insbesondere zum Verhältnis von Freiheit und Ordnung und aller anderen Schriftstellen zur Freiheit, wenn man den seiner Offenbarung zugrunde liegenden Freiheitsbegriff erkennen und die von Ficicchia zitierte Passage richtig interpretieren will. Eine sorgfältige Analyse des Schrifttums Bahā'u'llāhs zeigt, daß sein kritisches Urteil über das Freiheitsstreben der Menschen keine Absage an die Freiheit ist und daß er die verfassungsrechtlich garantierten bürgerlichen Freiheitsrechte überhaupt nicht im Visier hat. Inzwischen hat der amerikanische Historiker Juan R. Cole eine Studie[274] vorgelegt, die für Bahā'u'llāhs politische Ordnungsvorstellungen höchst aufschlußreich ist und Goldzihers (und damit auch Ficicchias) Urteil widerlegt.

a) Der im *Kitāb-i-Aqdas* für »Freiheit« stehende Begriff *ḥurriyyah* ist keineswegs ein dem philosophisch abgeklärten abendländischen Freiheitsbegriff entsprechendes Äquivalent. *Ḥurriyyah*[275] hat (und hatte vor allem im Mittleren Osten des neunzehnten Jahrhunderts) neben der Bedeutung von Freiheit auch die Konnotationen von Libertinismus, Sittenlosigkeit, Zügellosigkeit, Freigeisterei[276], ja selbst von Antinomismus oder gar politischem Nihilismus.[277] Bahā'u'llāhs Kritik an der *ḥurriyyah*, (üblicherweise mit *liberté, liberty* übersetzt), gilt dem Libertinismus, nicht den demokratischen Freiheitsrechten und nicht einer gezügelten menschlichen Freiheit.

b) In diesem Zusammenhang sollte man auch sehen, daß die Offenbarung ein geschichtliches Phänomen ist: sie steht in einem historischen Kontext und spiegelt oft auch geschichtliche Vorgänge, geistesgeschichtliche Tendenzen wider und hat nicht selten

274 »Iranian Millenarianism and Democratic Thought in the 19th Century«, in: *International Journal Middle East Studies* 24 (1992), S. 1-26.

275 Näheres zu diesem Begriff vgl. *Die Freiheit und ihre Schranken*, S. 26, Fußnote 86.

276 vgl. Bernard Lewis, *Die politische Sprache des Islam*, S. 182

277 vgl. Cole, *a. a. O.*, S. 215 ff.

aktuelle Bezüge. Wenn man die Passage im *Kitāb-i-Aqdas* über die Freiheit richtig einschätzen will, sollte man berücksichtigen, daß die Französische Revolution, die nicht nur mit den von ihr erkämpften demokratischen Freiheitsrechten in Zusammenhang gebracht wurde, sondern auch mit ihren Exzessen und ihrem Atheismus, erst wenige Jahrzehnte zurücklag, daß der europäische Zeitgeist schon stark vom Nihilismus geprägt war[278], daß die Theoretiker des Anarchismus (Stirner, Proudhon, Bakunin, Netschajew, Kropotkin) Zeitgenossen Bahā'u'llāhs waren, daß damals in Europa anarchistische Zirkel durch Attentate die bestehende Ordnung zu erschüttern versuchten und daß zur Zeit, als der *Kitāb-i-Aqdas* offenbart wurde, in Paris die *commune* herrschte, deren Schrecken überall Abscheu erregten – politische Entwicklungen, die sich im Namen der Freiheit vollzogen, was Wunder, daß sich die Rezeptionsgeschichte des Freiheitsbegriffs auch an diesen negativen Aspekten orientierte und so das Verständnis des zuvor unreflektierten Begriffs *ḥurriyyah* beeinflußte.

c) Gegen Goldzihers Urteil spricht entscheidend, daß Bahā'u'llāh in seinem gesamten Schrifttum, vor allem in seinen Sendschreiben an die Herrscher seiner Zeit, nichts mehr verdammt und angeprangert hat als die Tyrannei der Mächtigen, die Unterdrükkung des Volkes, als alle Formen von Willkürherrschaft, Despotie und Totalitarismus.[279] Schon in einer seiner frühesten Schriften, den *Verborgenen Worten,* findet sich die Warnung an die »Unterdrücker auf Erden« vor einer Herrschaft der Tyrannei[280]. Die »Könige und Herrscher der Welt« sollen, wie es im *Lawḥ-i-Maqṣūd* heißt, »Spiegel des barmherzigen und allmächtigen Gottes sein« und »die Menschheit vor dem Angriff der Tyrannei beschirmen«[281]. Doch in Wirklichkeit sieht Bahā'u'llāh die Gerechtigkeit »von der Geißel des Unrechts gepeinigt«[282], ihr Licht »getrübt«[283], »das Königszelt des Rechts in die Klauen der Tyrannei und der

278 Hierzu Wolfgang Kraus, *Nihilismus heute oder Die Geduld der Weltgeschichte*, Frankfurt 1985
279 vgl. *Botschaften* 7:6; 7:8; 7:24; 8:52; 9:3; 11:6; 11:11; 11:23; u. a.
280 pers. 64
281 *Botschaften* 11:8
282 *Botschaften* 4:23
283 *Botschaften* 8:52; 7:6

Unterdrückung geraten«[284], mit der Folge, daß »die Erde tagtäglich von neuem Unheil heimgesucht und Aufruhr ohnegleichen ausbrechen wird«[285]. Schonungslos hat Bahā'u'llāh den Monarchen seiner Zeit den Spiegel vorgehalten, ihren Hochmut, ihre Unaufrichtigkeit und Ungerechtigkeit, ihren maßlosen Reichtum und ihre Verschwendungssucht angeprangert[286] und sie aufgerufen, mit Gerechtigkeit zu herrschen, die »Rechte der Unterdrückten« zu schützen und die Übeltäter zu strafen[287] — nicht gerade Zeugnisse restaurativer Gesinnung, »altorientalischer Verehrung der Könige«, die Ficicchia[288] bei Bahā'u'llāh am Werke sieht.

Die von Bahā'u'llāh vorausgesagte »Herrschaft der Gerechtigkeit unter den Menschenkindern«[289] ist eine Herrschaft, in der die Macht der Herrschenden durch Recht und Gerechtigkeit gebändigt sein wird. Darum ist *al-'adlu wa'l-inṣāf*[290], die Gerechtigkeit, die Kardinaltugend derer, die Herrschaft ausüben. Daraus erklärt sich auch, warum seine Sympathie der konstitutionellen, demokratisch verfaßten Monarchie gilt, warum er die Verbindung der »Majestät des Königtums, eines der Zeichen Gottes«[291] mit der demokratischen Herrschaftsform befürwortet[292]. Im *Lawḥ-i-Dunyā*[293] und in seinem Sendbrief an Queen Victoria[294] hat er die britische Herrschaftsform, die mit der Monarchie verbundene Volksherrschaft gepriesen, weil durch die parlamentarische Beratung die »Grundmauern des Staates« gestärkt und die Menschenherzen beruhigt werden[295]. Damit hat er zum Ausdruck gebracht, daß er den Verfassungsstaat wünscht, der die Menschenwürde und die Menschenrechte achtet und schützt.[296]

---

284 *Botschaften* 11:11
285 *Botschaften* 11:11
286 vgl. *Ährenlese* 114, 118
287 *Ährenlese* 116:3
288 *Bahā'ismus*, S. 135, Fußnote 27
289 *Botschaften* 11:6
290 Näheres in meinem Beitrag »Justice«, in: *The Bahā'ī Encyclopedia*.
291 *Botschaften* 3:28
292 *Botschaften* 3:28; 7:31; *Brief an den Sohn des Wolfes* 104, 105
293 *Botschaften* 7:31
294 *Brief an den Sohn des Wolfes* 104; vgl. auch *Ährenlese* 119, 120
295 *Brief an den Sohn des Wolfes* 104
296 vgl. hierzu *Briefe und Botschaften* 71:2

Sein Urteil: »Freiheit muß letzten Endes zu Aufruhr führen, dessen Flammen niemand löschen kann«[297] gilt darum nicht, wie Goldziher wähnt und wie Ficicchia glauben machen will, den bürgerlichen Freiheitsrechten des modernen Verfassungsstaats, sondern einer absolut gesetzten Freiheit, die entweder überhaupt keine Schranken anerkennt oder diese willkürlich weit hinausverlegt: einer Freiheit ohne Maß. Nach Cole verwirft Bahā'u'llāh den »antireligiösen Libertinismus«, eine »Freiheit im Sinne von Zügellosigkeit, die zu Aufruhr, Unruhe und Unmoral führt, während er andererseits die positiven Aspekte der Freiheit anerkennt«[298]... »Seine Vorbehalte gegen diese Art von Freiheit resultierten keineswegs, wie Goldziher wohl wähnt, aus einem Glauben an den Absolutismus oder an das Meinungsmonopol irgendeiner Kirche. Die führenden Bahā'ī bestanden – im Gegensatz zu ihrem Zeitgenossen Papst Leo XIII. – auf einer repräsentativen Herrschaftsform und verlangten, daß der Staat alle Religionen gleichberechtigt toleriere.«[299]

d) Bahā'u'llāh billigt die Freiheit des »rechten Maßes« (ein Kardinalwert, dem alles, selbst die höchsten Werte, unterworfen ist[300]: »Wird etwas übertrieben, so erweist es sich als Quell des Unheils«[301]), und sagt von der Freiheit und der Zivilisation: »Wie wohlgefällig verständige Menschen diese auch immer betrachten, ins Übermaß gesteigert, werden sie verderblichen Einfluß auf die Menschen haben.«[302] Es ist die Freiheit ohne Maß, die Zügellosigkeit, von der Bahā'u'llāh sagt, daß sie am Ende »zu Aufruhr führt, dessen Flamme niemand löschen kann«[303].

e) Dies bedeutet die Absage an die Illusion einer herrschaftsfreien Gesellschaft, in welcher der autoritätsfrei Aufgewachsene, nur aus eigener Spontaneität schöpfende Mensch zu seiner wahren Selbstbestimmung gelangt, die Absage an die revolutionäre Anarchie. Verworfen hat Bahā'u'llāh aber auch die Idee einer auf Abschaffung aller Tabus, auf totale Emanzipation von allen tra-

---

297 *Kitāb-i-Aqdas* 123
298 »Iranien Millenarianism and Democratic Thought in the 19th Century«, S. 15
299 *a. a. O.*, S. 16 mit weiteren Quellenangaben
300 *Ährenlese* 163:3
301 *Botschaften* 6:31
302 *Botschaften* 11:19
303 *Kitāb-i-Aqdas* 123 (= *Ährenlese* 159:1)

dierten Verhaltensmustern zielenden Gesellschaft, einer *permissiven* Gesellschaft, in der jeder alles dürfen soll, solange er nur nicht die Rechte anderer verletzt.[304] Der Grundsatz des rechten Maßes (*i'tidāl*[305]) gilt nicht nur für die politische Freiheit, er gilt für das Handeln des Menschen schlechthin. Was aber ist die Freiheit in den Grenzen des rechten Maßes?

f) Die Antwort auf diese Frage führt in die Bahā'ī-Epistemologie. Bahā'u'llāhs Schrifttum vermittelt die fundamentale Erkenntnis, daß die in der Schrift hoch gepriesene[306] Vernunft (*'aql*[307]) gleichwohl limitiert ist und die Schranken der Freiheit nicht mit untrüglicher Sicherheit zu erkennen vermag, daß der Mensch für die Erkenntnis der Werte, die diese Schranken setzen, letztlich auf eine übergeordnete Vernunft angewiesen ist: auf die göttliche Offenbarung. Vom Standpunkt der Religion aus geurteilt, ist es die Hybris des Menschen, seine radikale »Auflehnung, die ihn die Wahrheit und das Gute zurückweisen läßt, um sich zum absoluten Prinzip seiner selbst aufzuwerfen«[308], wenn er glaubt, selbst zu wissen, was Gut und Böse ist, wenn er sein will wie Gott: »*Eritis sicut dii, scientes bonum et malum!*«[309], wo doch die Entscheidung über Gut und Böse nicht dem Menschen, sondern Gott zusteht[310].

Die Einsicht, daß menschliche Rationalität und Erfahrung der Komplexität der Gesellschaft nicht gewachsen ist, daß der Mensch außerstande ist, die Gesellschaft in ihrer Totalität zu durchschauen und zu verstehen, hat moderne Gesellschaftskritiker zu dem Eingeständnis gebracht, daß es Bereiche gibt, die von der menschlichen *ratio* nicht mehr durchdrungen werden. Sie sprechen von einer »beschränkten Rationalität«[311] — eine Erkenntnis,

---

304 Näheres hierzu: *Die Freiheit und ihre Schranken*, S. 30, 35 ff.

305 vgl. hierzu meinen Beitrag »Ethics« (IX, 4), in: *The Bahā'ī Encyclopedia*

306 vgl. *Ährenlese* 83:1; 95:1; *Ansprachen* 11:4; 23:6; 44:15, 25; *Das Geheimnis göttlicher Kultur*, S. 13; *Promulgation*, S. 63 ff., 128, 175 ff., 231, 287, 293, 316, 373 ff.

307 Näheres hierzu in *Die Freiheit und ihre Schranken*, S. 45 ff.; vgl. auch U. Gollmer, *Gottesreich*, Kap. 13.2.2.2.

308 Papst Johannes Paul II., *Veritatis Splendor*, Nr. 86; vgl. auch Nr. 102

309 1. Mos. 3:5

310 vgl. hierzu *Veritatis Splendor* Nr. 35

311 Friedrich Tenbruck, *Zur Kritik der planenden Vernunft*, S. 23 ff.; Helmut Schelsky, *Die Arbeit tun die anderen*, S. 195

der auch die philosophische Einsicht entspricht, daß alles Wissen stets einen provisorischen, hypothetischen Charakter behält und letztlich nicht verifiziert werden kann[312].

Diese Einsicht, daß unsere Erkenntnis »Stückwerk«[313] ist, vermittelt auch die Schrift. Daß der Mensch nicht irrtumsfrei erkennen kann, was Gut und Böse ist, sagt der Qur'ān: »Aber vielleicht verabscheut ihr etwas, was gut für euch ist, und vielleicht liebt ihr etwas, was schlecht für euch ist, und Gott weiß, ihr aber wisset nicht.«[314] Ganz ähnlich heißt es in einem Gebet Bahā'u'llāhs: »Verordne mir das Gute dieser und der zukünftigen Welt und verleihe mir, was mir in allen Deinen Welten nützt, denn ich weiß nicht, was mir nützt oder schadet.«[315] Die Ungesichertheit menschlicher Erkenntnis auf dem Gebiet des Sittlichen kommt auch im *Kitāb-i-Aqdas* im Kontext der Verse über die Freiheit zum Ausdruck, wenn es heißt: »Sie verlangen nach dem, was ihnen schadet, und verwerfen, was ihnen nützt.«[316] Die Angewiesenheit des Menschen auf die Offenbarung, die ihm die sichere Orientierung vermittelt und ihn auf den »Geraden Pfad« leitet, kommt in der Schrift in immer neuen Metaphern zum Ausdruck: So etwa, wenn die Manifestation als »allwissender Arzt« erscheint, der in seiner »unfehlbaren Weisheit« der Menschheit die Diagnose stellt und die Arznei verordnet[317]. Die menschliche Vernunft ist zum Scheitern verurteilt, wenn sie ohne vorgegebenen Maßstab sittliche Werte allgemein verbindlich erkennen soll. Sie ist weder fähig, auf diesem Gebiet diskursiv zu einem *consensus omnium* zu gelangen, noch die von ihr erkannten Werte mit genereller Verbindlichkeit auszustatten, weil der Mensch, aus guten Gründen, seinesgleichen *in moralibus* keine Autorität einräumt. Im übrigen könnte eine rein rationale Ethik nur für die diesseitige

---

312 Karl Popper, *Objektive Erkenntnis*, S. 77 ff.; *Logik der Forschung*, S. 225

313 1. Kor. 13:9

314 2:216; vgl. auch Spr. 14:12; 16:25

315 *Gebete* 20:2; 22:3

316 Vers 122

317 vgl. *Ährenlese* 16:3; 34:6; 106:1-2; 120:3. Die Metapher vom »Arzt« findet sich schon im buddhistischen Kanon. Buddha weiß sich als »weiser Arzt« in die Welt gesandt. Er verordnet die Arznei nach dem Zustand des Patienten (*Majjhima Nikaya* I, 426; Brahmadatto 444; Adhimutto 722; zitiert nach Karl Eugen Neumanns Übertragungen aus dem Pali Kanon, Bd. III, Die Lieder der Mönche und Nonnen, S. 369 und 417; vgl. auch Wilhelm Gundert, »Der Buddhismus«, S. 44).

Welt konzipiert werden, weil die Vernunft von einer künftigen Welt nichts weiß und dem Menschen auch nicht zu sagen vermag, welche Strukturen er auf Erden anlegen muß, um des Heils in der künftigen Welt teilhaftig zu werden.

g) Die Schranken der Freiheit sind darum keineswegs nur die Rechte der anderen[318]; sie liegen vielmehr auch in Strukturen, die durch anthropologische Prämissen — das normative Menschenbild[319] — und durch metaphysische Postulate bestimmt sind. Was die Würde des Menschen ist, entzieht sich letztlich rationaler, wissenschaftlicher Erkenntnis[320], weil sie sich aus der Vorfrage beantwortet, was der Sinn und das Ziel menschlicher Existenz ist. Diese Frage kann nur von der Religion beantwortet werden.

So sind viele Gesetze Bahā'u'llāhs von der Zielsetzung bestimmt, den Menschen davor zu bewahren, daß er Strukturen anlegt, die seiner göttlichen Bestimmung, seiner erhabenen Stufe als »das edelste und vollkommenste Geschöpf«[321], als Gottes Ebenbild[322] und Sachwalter[323], zuwider sind. Darum heißt es im *Kitāb-i-Aqdas*: »Dem Menschen ziemt es, daß er sich in Schranken fügt, die ihn vor seiner eigenen Unwissenheit beschützen und vor dem Schaden des Unheilstifters bewahren. Freiheit veranlaßt den Menschen, die Grenzen des Schicklichen zu überschreiten und die Würde seiner Stufe zu verletzen. Sie erniedrigt ihn auf die Ebene tiefster Verderbtheit und Schlechtigkeit.«[324] Das Gesetz Gottes vermittelt dem Menschen den »Sinn für Ehrbarkeit und Würde«[325], viele seiner Normen konkretisieren die »Grenzen des Schickli-

318 wie Art. 2 des Grundgesetzes dies zum Ausdruck bringt. Dort wird zwar auch das Sittengesetz als Freiheitsschranke genannt, doch — abgesehen von der Schwierigkeit, dessen Inhalte zu bestimmen — wird dieser Begriff in Rechtslehre und Rechtsprechung als »sittliches Bewußtsein der Gesellschaft« interpretiert und damit relativiert (vgl. Maunz/Dürig, *Grundgesetz. Kommentar*, Anm. 16 zu Art. 2 Abs. I).

319 vgl. hierzu das Stichwort »Theological Teachings«, in: *The Bahā'ī Encyclopedia* (II, 5) und *Ethische Aspekte des Rauchens*, S. 32 ff., S. 40 ff.; U. Gollmer, *Gottesreich*, Kap. 6

320 Schopenhauer nannte die »Würde des Menschen« als Basis einer moralischen Gesetzgebung »hohle Redensarten«, »Hirngespinste und Seifenblasen der Schulen«, »eine bloße Verkleidung der theologischen Moral« (*Die beiden Grundprobleme der Ethik*, § 13, S. 185 und 195).

321 *Kitāb-i-Īqān* 110

322 *Die Verborgenen Worte*, arab. 3

323 *Ährenlese* 109:2

324 Vers 123

325 ʿAbdu'l-Bahā, *Das Geheimnis göttlicher Kultur*, S. 88

chen« und die »Würde des Menschen«, die sonst Leerformeln blieben.

Das Gesetz Gottes erschöpft sich somit nicht in seiner Funktion als Rechtsgüterschutz, es ist — jüdisch gesprochen[326] — der »Zaun wider die Sünde«, der »Schutz gegen den bösen Trieb«[327], weil es den Menschen vor Erniedrigung, Verderbtheit und Schlechtigkeit bewahrt: »Wir haben euch wahrlich geboten, euren üblen Leidenschaften und verderbten Wünschen den Befehl zu verweigern und nicht die Grenzen zu überschreiten, die die Feder des Höchsten gesetzt hat, denn diese sind der Lebensodem alles Erschaffenen.«[328]

Gottes souveräner Wille bestimmt die Schranken der Freiheit. Freiheit innerhalb dieser Schranken nennt Bahā'u'llāh die »wahre Freiheit«, die »vollkommene Freiheit«: »Wahre Freiheit besteht in der Unterwerfung des Menschen unter Meine Gebote, so wenig ihr dies auch versteht. Befolgten die Menschen, was Wir aus dem Himmel der Offenbarung auf sie herabsandten, so erlangten sie sicherlich vollkommene Freiheit... Sprich: Die Freiheit, die euch nützt, ist nirgendwo zu finden, außer in vollkommener Dienstbarkeit vor Gott, der ewigen Wahrheit.«[329] Bahā'u'llāh ist gekommen, um die ganze Menschheit zu dieser »wahren Freiheit« zu führen. Er hat »eingewilligt, in Ketten gelegt zu werden, damit die Menschheit aus ihrer Knechtschaft erlöst werde, und hat es hingenommen, zum Gefangenen in dieser mächtigen Festung zu werden, damit die ganze Welt wahre Freiheit gewinne«[330] — ein Zeugnis der soteriologischen Dimension seiner Sendung.

Freiheit ist somit sittliche Selbstbindung an Gottes Weisungen. Die Gebote Gottes werden vom Gläubigen freiwillig vollzogen, und er ist darin nur Gott verantwortlich.[331] Die wahre Freiheit ist paradoxerweise die Freiheit, die aus dem Gehorsam gegenüber dem sich im Gesetz manifestierenden Gotteswillen resultiert, Freiheit in Gottesunterworfenheit. Der Gedanke ist nicht neu.

326 vgl. Hans-Joachim Schoeps, *Jüdisch-christliches Religionsgespräch*, S. 55
327 *Jerusalemer Talmud* (Berakhot 6a)
328 *Kitāb-i-Aqdas* 2
329 *Kitāb-i-Aqdas* 125; vgl. auch *Botschaften* 7:17
330 *Ährenlese* 45; vgl. auch 141:2; 146; *Botschaften* 2:7; *Brief an den Sohn des Wolfes* 89; *Die Verborgenen Worte*, pers. 52; *Gebete und Meditationen* 34:1
331 Nicht, wie Ficicchia glauben machen will, der »Führung«, der »Zentrale«.

Ignatius von Loyola nannte diese Freiheit *libertas oboedientiae*. Der Gehorsam, der zur Freiheit führt, der Gehorsam als Kennzeichen der edlen Seele, kommt auch in Goethes Iphigenie zum Ausdruck:

> »Von Jugend auf hab' ich gelernt gehorchen,
> Erst meinen Eltern und dann einer Gottheit,
> Und folgsam fühl' ich immer meine Seele,
> Am schönsten frei...«[332]

Gehorsam ist freilich ein Begriff, der heute, in einer »Epoche fast uferloser Subjektivität... fast nur noch negative Konnotationen« hat[333] und oft gleichgesetzt wird mit Fremdbestimmung, ein Begriff, der Autorität voraussetzt und selbst von progressiven Theologen abgelehnt[334] wird.[335] Ficicchia, ganz und gar von diesem Zeitgeist geprägt, hat in seinem Werk gerade die Gehorsamsforderungen immer wieder zynisch kritisiert[336] und mit Kritiklosigkeit und Selbstentfremdung gleichgesetzt. Doch ist es für den Verfasser einer Monographie über eine Offenbarungsreligion ein arges Defizit, wenn er nicht weiß, daß der Gehorsam konstitutives Element aller Offenbarungsreligionen ist:

In den *Gāthās*[337] des Propheten Zarathustra erscheint *Sraosha*, die Personifizierung des Gehorsams, als der »allergrößte« der Engel aus dem Lichtkreis Gottes[338].

---

332 *Iphigenie auf Tauris* V, 3

333 Lothar Perlitt, »Gebot und Gehorsam im Alten Testament«, in: Wolfgang Böhme (Hrsg.), *Gehorsam — eine Tugend?*, S. 11

334 Der katholische Theologe Hubert Halbfas hält unter Verweis auf den Gehorsam des Kommandanten des Konzentrationslagers Auschwitz einen Christen, der an die Autorität Gottes glaubt, für eine Gefahr für die Demokratie: »Mit seinen Gebeten übt das Kind einen Gottesglauben ein, der die komplette Verkörperung hierarchischer Herrschaftsautorität darstellt. Beten selbst kann so die Verinnerlichung von Strukturen betreiben, die oft ein Leben lang unfreien Gehorsam und Autoritätsbindungen fördern« (»Gegen die Erziehung zum Gehorsam«, in: *Vorgänge*, 1973, Heft 3, S. 59). Echte und angemaßte Autorität werden hier unkritisch gleichgesetzt. Gleichwohl besitzt der Gehorsamsbegriff in der systematischen Theologie nach wie vor »eine zentrale Bedeutung« (Christian Walther, »Freiheit und Gehorsam — Wie lassen sie sich vereinbaren?«, in: W. Böhme [Hrsg.], *Gehorsam — eine Tugend?*, S. 55).

335 vgl. auch *Der Bahā'ī in der modernen Welt*, S. 235 ff.

336 S. 275, 340, 375; *Materialdienst*, S. 236

337 Yasna 33:5; 43:12

Nach dem Alten Testament besteht im Gehorsam gegenüber dem Gotteswillen das Wesen der Religion. Die Wirksamkeit des Gottesbundes wurzelt in der Gottesfurcht und im Gehorsam gegenüber dem Gesetz.[339]

Jesus selbst hat den Gehorsam exemplarisch vorgelebt: Er vollzieht den Willen des Vaters gehorsam bis in den Tod, er ist der exemplarisch Gehorsame[340], und er fordert von denen, die ihm nachfolgen, die Erfüllung des Gotteswillens als Vorbedingung der Zugehörigkeit zur *Basilea*[341]. Vorbedingung des Heils ist der Gehorsam gegenüber Christus[342], dem Evangelium[343] und der Obrigkeit[344] und das Halten der Gebote[345]. Daß der Mensch »Gott also ganze Hingabe und ganzen Gehorsam, Liebe aus ganzem Herzen und ganzer Seele, mit allen Gedanken und aller Kraft schuldet[346], gehört zum Zentrum der Reich-Gottes-Botschaft Jesu«[347].

Der Gehorsam gegenüber Gott, dem Propheten und dem im Gesetz verkörperten Gotteswillen (*ṭā'ah*) ist im Qur'ān ein zentraler, vom Gottesbund untrennbarer Begriff: »Wer Gott und seinem Gesandten gehorcht und Gott fürchtet und ihn zum Schilde nimmt, solche sind es, die Glückseligkeit erlangen werden.«[348] Der Gehorsam ist geradezu das Wesen der Religion, nennt doch der Qur'ān die Religion Gottes »*Islam*: Unterwerfung unter den Willen Gottes«[349].

---

338 hierzu W. Hinz, *Zarathustra*, S. 102 ff.

339 Spr. 1:33; Ps. 128:1. Siehe auch S. 202, Fußnote 55

340 vgl. Röm. 5:19; Phil. 2:8; Hebr. 5:8-9

341 Matth. 7:21; Luk. 11:28

342 Röm. 6:16; 2. Kor. 10:5 ff.

343 2. Thess. 1:8: Röm. 6:17; 10:16; 2. Kor. 7:15

344 Röm. 13:1-7

345 Joh. 14:15, 21; 15:10; 1. Joh. 2:3-6; 1. Petr. 1:22; Röm. 1:5; 16:26; Hebr. 5:9. Zum Ganzen: *Veritatis Splendor*, Nr. 102; Walter Schmithals, »›Seid gehorsam.‹ Neutestamentliche Überlegungen zum Gehorsam Christi und der Christen«, in: W. Böhme (Hrsg.), *Gehorsam — eine Tugend?*, S. 25 ff.

346 Mark. 12:30

347 Walter Kasper, »Religionsfreiheit als theologisches Problem«, in: Schwartländer, Johannes, *Freiheit der Religion*, S. 211

348 24:52; siehe ferner 3:132; 4:13; 4:59; 4:69; 4:80; 5:7; 24:51; 33:71; 48:17 u. a.

349 Von *aslama*, sich unterwerfen (ohne despotischen Beiklang, im Sinne eines vertrauensvollen Sich-Begebens in die Obhut Gottes). Davon leitet sich auch der Begriff »Muslim« ab, einer, der sich dem Willen Gottes unterworfen hat.

Nach Bahā'u'llāh ist »das Wesen der Religion zu bezeugen, was der Herr offenbarte und zu befolgen, was Er in Seinem mächtigen Buche verordnete«[350]. »Unterwerfung unter Sein Gebot« ist »die Quelle alles Guten«[351]. Den Geboten »dessen zu folgen, der die Sehnsucht der Welt ist«[352], ist eine der beiden den Gottesbund konstituierenden Zwillingspflichten. Im Gehorsamsvollzug wird der Bahā'ī der Freiheit teilhaftig, die sein Heil in dieser und der künftigen Welt verbürgt.[353] Der recht verstandene Gehorsam ist freilich kein blinder, kein Kadavergehorsam, sondern ein *mündiger* Gehorsam, wobei die Mündigkeit keine Relativierung, sondern eine Vertiefung des Gehorsams bedeutet: »Sie verlangt dem Menschen eben mehr ab als bloß blinde Befolgung vorfindlicher Bestimmung, nämlich die Aufbietung aller Kräfte im Bemühen, die Absicht Gottes zu erfassen und ihr gemäß im Kontext der modernen Gesellschaft verantwortlich zu leben.«[354]

---

350 *Botschaften* 10:4
351 *Botschaften* 10:1
352 *Kitāb-i-Aqdas* 1
353 Auf U. Gollmers Ausführungen zu dem Begriff der »ethischen Theokratie« sei verwiesen (*Gottesreich*, Kap. 10.2.1).
354 Heiner Bielefeldt, »Menschenrechte und Menschenrechtsverständnis im Islam«, in: *Europäische Grundrechte-Zeitschrift*, 1990, S. 409

5. KAPITEL

FICICCHIAS DARSTELLUNG DES GESETZES

I. Das Gesetz: eine Provokation

Die Offenbarung Bahā'u'llāhs ist keine bloße Heilslehre, die dem Menschen die metaphysischen Geheimnisse über Gott, die Offenbarung, den Menschen und die Welt erschließt[1], sie ist auch konkrete Lebensordnung. Bahā'u'llāh ist den Bahā'ī nicht nur *redemptor*, er ist auch *legislator*: Er ist »Richter, Erlöser, Vereiniger und Gesetzgeber der ganzen Menschheit«[2]. Der Heilsweg ist für den Gläubigen vorgezeichnet im Gottesbund, und der Kern des Bundes ist das Gesetz, die Gebote und Statuten Gottes: »Wandle in Meinen Gesetzen aus Liebe zu Mir.«[3] Diese Gebote sind nach dem Zeugnis der Schrift »die Lampen Meiner liebevollen Vorsehung«[4], kein »Fluch«[5], kein »Hindernis zu Gott«[6], sondern geradezu »die Schlüssel Meiner Gnade für Meine Geschöpfe«[7]. Für die Erlösung der Gesellschaft sind sie »das höchste Mittel für den Bestand der Ordnung in der Welt und die Sicherheit der Völker«[8], »Wesen und Urquell der Gerechtigkeit«[9], »das unfehlbare Richtmaß der Gerechtigkeit«[10]: »Wer sich von ihnen abwendet, gehört zu den Verworfenen und Toren«, denn sie sind »der Lebensodem alles Erschaffenen«[11].

Diese Lobpreisungen des Gesetzes sind mit der protestantischen Glaubenslehre (mit *sola fide*, *sola gratia,* mit der »Freiheit eines Christenmenschen«, mit dem angeblichen Wesensgegensatz

1 im Prozeß der fortschreitenden Gottesoffenbarung
2 Shoghi Effendi, *Gott geht vorüber*, S. 104
3 *Die Verborgenen Worte*, arab. 38; vgl. auch *Kitāb-i-Aqdas* 4
4 *Kitāb-i-Aqdas* 3
5 Gal. 3:13
6 H. Gogarten, *Die Verkündigung Jesu Christi*, S. 58
7 *Kitāb-i-Aqdas* 3
8 *Kitāb-i-Aqdas* 2
9 *Ährenlese* 88
10 *Ährenlese* 88; vgl. weiter hinten, S. 315
11 *Kitāb-i-Aqdas* 2

von Gesetz und Evangelium[12]) gewiß nicht vereinbar. Eine Kritik von der Basis dieser theologischen Positionen, die legitim wäre, findet sich bei Ficicchia jedoch nicht. Er polemisiert (immerhin in einem von einer kirchlichen Informationsstelle herausgegebenen Buch) gegen Bahā'u'llāhs Gesetzgebung ganz aus der modernistischen Grundhaltung des skeptischen, glaubenslosen Zeitgenossen, dem für religiöse Bindungen oder gar — *horribile dictu!* — Glaubensgehorsam jedes Verständnis fehlt, der absolute Autoritäten ablehnt und »nur noch das eigene Ich als Autorität gelten« läßt nach der Devise: »Das Gesetz bin ich!«[13]

Die westliche Welt ist, sofern sie überhaupt noch in religiösen Kategorien denkt, vom Christentum geprägt. Wenn auch der Katholizismus den einzelnen bis ins Privateste durch eine Fülle normativer Regeln in die Pflicht nahm, so ist das protestantische Christentum ganz von dem Antinomismus des Apostels Paulus geprägt, demzufolge das Gesetz nur eine Episode im göttlichen Heilsplan bis zur Ankunft Christi gewesen sei[14], nur »ein Zuchtmeister auf Christum«[15]: »Denn Christus ist des Gesetzes Ende.«[16] Nach dem gesetzesfreien Evangelium des Paulus ist die im Kreuzestod Christi sich offenbarende, rettende Gnade Gottes der für alle Zeiten und alle Menschen bestimmte Heilsweg.[17] Für den Protestanten ist das christliche Ethos nicht das Leben unter dem Gesetz offenbarter, absolut gesetzter Normen, sondern ganz einfach »das Leben, das gelebt wird im Angesicht der Wirklichkeit Gottes und in der Gemeinschaft mit ihm. Alles weitere folgt daraus, daß wir mit ihm in seiner Liebe zusammen sein dürfen«[18]. Der evangelische Theologe Eberhard Jüngel bekennt sich zur Auffassung, daß »das christliche Ethos keine Orientierung an einer Wertethik kennt«, weil »aus der Wahrheit leben« im Evangelium gleichbedeutend sei mit »in der Liebe existieren«[19]. Eine göttliche

---

12 der nach Hans-Joachim Schoeps »ebenso populär wie falsch ist« (*Jüdisch-christliches Religionsgespräch*, S. 57).
13 Heiner Barz, *Postmoderne Religion*, S. 134
14 Gal. 3:19
15 Gal. 3:23
16 Röm. 10:4
17 vgl. Röm. 3:21-26
18 Rudolf Stählin, in: *Christliche Religion*, S. 81
19 »Wertlose Wahrheit«, in: Carl Schmitt/Eberhard Jüngel/S. Schelz (Hrsg.), *Die Tyrannei der Werte*, S. 5, 47 ff.

Gesetzgebung nach Christus, sei es die im Qur'ān oder die im *Kitāb-i-Aqdas*, erscheint von daher gesehen als ein heilsgeschichtlicher Atavismus.

Für das von den Ideen der europäischen Aufklärung und des Säkularismus geprägte Denken, das sich global durchgesetzt hat und das für solche theologischen Subtilitäten kaum noch etwas übrig hat, ist ein der Sinai-Gesetzgebung[20] gleichkommendes Gottesgesetz mit seinem unbedingten Gehorsamsanspruch, welches der persönlichen Handlungsfreiheit absolute Grenzen setzt, die nicht mehr hinterfragbar sind, eine Provokation. Ein solches Gesetz wird in unserer weitgehend von Wissenschaft und Technik geprägten, glaubenslosen Welt, in der »das individuelle Ich zur letzten Instanz« geworden ist[21], von den meisten als Anachronismus empfunden. Die Friedensutopie der Bahā'ī, ihre kosmopolitischen Ziele, ihr Engagement für den Weltfrieden und die Nöte der Welt finden, bei aller Skepsis, viel Sympathie — selbst bei denen, die sich längst der Religion entfremdet haben. Auf ein konkretes Religionsgesetz hingegen mit seinem kategorischen »Du sollst!« reagieren die meisten verstört.

Wenn auch inzwischen der aufklärerische Elan versiegt ist und viele sich in der Kühle rein rationaler Weltsicht nach Spiritualität und transzendentaler Geborgenheit sehnen, sind sie eher bereit, sich einem neuen Irrationalismus auszuliefern[22], als die ehernen Tafeln Gottes anzuerkennen. Alles, was der aufgeklärten Vernunft bislang als »Obskurantismus« galt, feiert heute fröhliche Urständ, selbst die bizarrsten Psychokulte haben für viele eine seltsame Faszination; doch wenn die Menschen den Gesetzen Gottes begegnen, dann bekritteln sie im Namen der Vernunft Normen, die ihnen fremd erscheinen und nicht ihren Vorstellungen und Wünschen entsprechen.

---

20 »Er ist wahrlich der Sprecher vom Sinai, heute hoch auf dem Thron der Offenbarung sitzend« (*Botschaften* 5:11; vgl. auch 17:60). Über Sinai-Motive in der Offenbarung Bahā'u'llāhs orientiert eingehend der Beitrag Stephen Lambdens, »The Sinaitic Mysteries: Notes on Moses/Sinai Motifs in Bābī and Bahā'ī Scripture«, in: Moojan Momen (Hrsg.), *Studies in the Bābī and Bahā'ī Religions*, Bd. 5, S. 65-143.

21 Heiner Barz, *Postmoderne Religion*, S. 136

22 vgl. *Heilsgeschichte*, S. 28 ff.

Der Grund dafür liegt darin, daß dem heutigen Menschen nichts so viel bedeutet wie seine souveräne Entscheidungsfreiheit, die individuelle Gestaltbarkeit des eigenen Lebens, die Freiheit, selbst zu entscheiden, was er darf und was nicht, seine sittliche Autonomie. Liefern ihm die obskurantistischen Wahrheitsquellen (vermeintlichen) Lebenssinn, Erleuchtung, Bewußtseinserweiterung, so sind sie letztlich doch unverbindlich, sie lassen ihm seine Freiheit. Ihre Botschaft ist es gerade, daß jeder die Wahl hat, was für ihn das Beste ist, daß jeder Weg gleichwertig sei. Diese postmoderne Grundstimmung metaphysischer Beliebigkeit, die völlige Subjektivierung der Wahrheit[23], ist der Grund dafür, daß diese alternativen Heilsangebote unserer Zeit viel leichter einen Anhang finden als eine offenbarte Religion, die den Menschen in die Pflicht nimmt. Wo prinzipiell nur noch Meinungen an die Stelle von klaren Überzeugungen treten, wo jede feste Überzeugung schon als solche, ohne Frage nach dem Inhalt, als anrüchig erscheint, wo das geistige Klima geprägt ist von der »unbedingten Abneigung von allem Unbedingten«[24], von der Devise »Jeder nach seiner Façon!«, »Chacun à son goût!«, »Anything goes!«, ist ein konkretes, apodiktisches Religionsgesetz mit seiner absoluten, nicht mehr hinterfragbaren Verbindlichkeit (heute noch) den meisten Menschen zuwider wie dem Teufel das Weihwasser.

So ist das Buch der Gesetze, der *Kitāb-i-Aqdas*, für den modernen Menschen ganz gewiß eine Provokation.[25] Bahā'u'llāh hat dieses »Ärgernis«, den »Großen Schrecken«[26], vorausgesagt, befand er doch »die meisten Menschen schwach und weit entfernt von der göttlichen Absicht«[27]. Die »furchtsame Erregung, die die Offenbarung dieses Gesetzes in den Herzen der Menschen be-

---

23 vgl. Heiner Barz, *Postmoderne Religion*, S. 134 ff.

24 Hans-Jürgen Verweyen, »Die Magd der Theologie. Was kann der Theologe heute von den Philosophen erwarten?«, Beitrag zur philosophischen Woche der Katholischen Akademie in Bayern (18. — 24. Oktober 1952) in München zu dem Thema »Braucht Glaube denken? Zur Rationalität der Religion«, teilweise abgedruckt in: *zur debatte*, März/April 1993, S. 5 ff.

25 siehe hierzu meinen Beitrag »›The Balance Hath Been Appointed‹: Some Thoughts on the Publication of the *Kitāb-i-Aqdas*«, in: *Bahā'ī Studies Review*, Bd. 3 Nr. 1 (1993), S. 43 ff.

26 *Gebete und Meditationen* 61:2

27 zitiert nach *Inhaltsübersicht und systematische Darstellung*, S. 16

wirkt«, gleicht »dem Schreien des Säuglings, der der Muttermilch entwöhnt wird«[28].

Es bedurfte gewiß keiner großen Geisteskraft, um zu erkennen, daß in einer kritischen, skeptischen Öffentlichkeit eine Kritik der Gesetzgebung Bahā'u'llāhs am ehesten auf fruchtbaren Boden fallen wird. Aus dieser Einsicht hat Ficicchia Bahā'u'llāhs Normsetzung zum Hauptziel seiner Attacken gemacht.

II. Der *Kitāb-i-Aqdas* — verdrängt, dissimuliert?

Was Ficicchia dem Leser über den *Kitāb-i-Aqdas* mitteilt, ist zum größten Teil eine schlimme Verunstaltung des Kernbereichs der Offenbarung, getragen von der unverkennbaren Absicht, Bahā'-u'llāhs frohe Botschaft von der allumfassenden Menschenliebe, von der Erde als der *einen* Heimat der ganzen Menschheit, der er (sehr zur Verblüffung des Lesers) am Ende seines Buches aus durchsichtigen Gründen einen völlig unerwarteten Tribut zollt, zu konterkarieren mit Zügen, die beim unkritischen Leser, der die Machart des Buches nicht durchschaut, jegliche Sympathie für diese Religion und jedes Vertrauen in ihre Repräsentanten zerstören muß.

Folgt man Ficicchia, so ist der *Kitāb-i-Aqdas* ein kunterbuntes Durcheinander von kultischen, organisatorischen und zivilgesetzlichen Vorschriften[29], wobei »theologische Aussagen und Erklärungen ... in den Hintergrund« treten[30], eine Art Handbuch »rigoroser«[31], »abstruser«[32], »absonderlicher«[33], »altorientalischer«[34], »obskurer«[35] Vorschriften, ein »rigoroses Religionsgesetz«[36]. Von

---

28 *Ährenlese* 88
29 *Bahā'ismus*, S. 150
30 *Bahā'ismus*, S. 150
31 *Bahā'ismus*, S. 251
32 *Bahā'ismus*, S. 430
33 *Bahā'ismus*, S. 26; *Materialdienst*, S. 236
34 *Materialdienst*, S. 236
35 *Materialdienst*, S. 236
36 *Bahā'ismus*, S. 251. In seinem Brief an das Bahā'ī-Weltzentrum vom 10. Februar 1977 schrieb er noch: »Dabei sind mir die Gesetze im Buche Aqdas kein Skandalon. Ich lehne sie nicht a priori ab.«

den Norminhalten, die er mitteilt[37], sind eine ganze Reihe deformiert, andere sind glatt erfunden.

Das alles wäre schon schlimm genug, hätte Ficicchia nicht aus dem Umstand, daß von diesem Werk bislang noch keine authentische, von der Gemeinde autorisierte Übersetzung vorlag, eine geradezu verwegene Theorie abgeleitet, die er von der Einleitung[38] bis zur vorletzten Seite seines Werkes[39] in immer neuen Zusammenhängen dem Leser bis zum Überdruß einbleut[40] — wohl in der panischen Furcht, jemand könnte diese Mitteilung überlesen. Sein »*Ceterum censeo*« ist, daß die Bahā'ī-Gemeinde dieses Werk geheim halte, daß der »Organisation« dieses Gesetzbuch »ein Dorn im Auge«[41] sei, und sie es »aus propagandistischen Gründen« nicht vollständig publiziere[42]. Weil man »negative Auswirkungen auf die Missionsarbeit« befürchte, wenn die »zum Teil absonderlichen und insbesondere im westlichen Kulturkreis anstoßenden Gesetze[43] ihres Propheten bekannt werden«[44], speise man die Gläubigen mit einer »dürftigen Auswahl gewisser Gesetzestexte (meist nur stichwortartig)« ab, »während der Rest rundweg *unterschlagen*« werde[45]. Ficicchia weiß genau: »Die Bahā'ī-Organisation schämt sich ihres heiligsten Buches und weiß, daß wohl zu viele Absprünge die Folge wären, würde der vollständige Inhalt bekannt werden.«[46] Das Buch, das »der Missionspropaganda im Westen ohnedies im Wege steht, wird somit als ›unvollständig‹ und ›lückenhaft‹ beiseite gelegt und durch den ›vollkommenen‹

37 *Bahā'ismus*, S. 148 ff.
38 *Bahā'ismus*, S. 25 ff.
39 *Bahā'ismus*, S. 430
40 *Bahā'ismus*, S. 25, 26, 149, 158, 160, 180, 188, 251, 253, 258, 259, 282, 283, 288, 293, 310, 323, 324, 331, 332, 334, 405, 420, 430; *Materialdienst*, S. 236, 237; *Lexikon der Religionen*, S. 47; *Lexikon der Sekten*, S. 101. So auch das vom *Lutherischen Kirchenamt* herausgegebene, ganz auf Ficicchias Monographie basierende *Handbuch Religiöse Gemeinschaften* (^{3}1985) Nr. 5.7.2. In der 12. posthum erschienenen Auflage von Kurt Huttens *Seher, Grübler, Enthusiasten*, an der Ficicchia beteiligt war, findet sich auf S. 808 eine lange Fußnote mit Ficicchias Thesen von der angeblichen Verheimlichung des *Kitāb-i-Aqdas*.
41 *Materialdienst*, S. 236
42 *Bahā'ismus*, S. 251
43 gemeint ist wohl »Anstoß erregenden Gesetze«
44 *Bahā'ismus*, S. 26
45 *Bahā'ismus*, S. 149 (Hervorhebung durch F.), 26; *Materialdienst*, S. 237
46 *Materialdienst*, S. 237

Willen ʻAbdu'l-Bahās geradezu *substituiert*«[47], habe doch schon ʻAbdu'l-Bahā selbst den *Kitāb-i-Aqdas* »hintangestellt«[48] und »auf die allgemeine Bekanntmachung und Anwendung des vom Propheten gestifteten Religionsgesetzes« verzichtet, weil er wohl »ahnte, daß die Gesetze des *Kitāb al-Aqdas* im Westen auf erheblichen Widerstand stoßen würden und der Glaubensverbreitung im Abendland nicht gerade einträglich wären«[49]. Da die »Bahā'ī-führung«[50] um die »Unmöglichkeit der Anwendung der Gesetze Bahā'u'llāhs« wisse, habe sie »auf deren Bekanntgabe bis heute weitgehend verzichtet«[51], was von den Gläubigen, die mit »Platitüden« abgespeist werden, »widerspruchslos hingenommen« werde[52]. »Nicht einmal innerhalb der eigenen Gemeinschaft« könne sich dieses »geflissentlich übergangene«[53] Gesetz behaupten — »geschweige denn in einer weltweiten Theokratie«[54]. Die »geflissentliche *Vorenthaltung der religiösen Vorschriften*«[55] habe dazu geführt, daß der *Kitāb-i-Aqdas* durch das *Testament* ʻAbdu'l-Bahās »*verdrängt*«[56] worden sei, dem »unter allen Schriften der Bahā'ī oberste Priorität zuteil« werde und das »in seiner Signifikanz eindeutig vor dem *Kitāb al-Aqdas*« stehe[57]. Den Gläubigen, denen das Werk »verschwiegen und vorenthalten wird«[58], sei

47 *Bahā'ismus*, S. 283 (Hervorhebung durch F.)
48 *Bahā'ismus*, S. 293
49 *Bahā'ismus*, S. 293
50 *Bahā'ismus*, S. 430
51 *Bahā'ismus*, S. 430
52 *Bahā'ismus*, S. 332
53 *Bahā'ismus*, S. 288
54 *Bahā'ismus*, S. 430
55 *Bahā'ismus*, S. 404 (Hervorhebung durch F.). An anderer Stelle erfährt der Leser, daß den Gläubigen keineswegs nur der *Kitāb-i-Aqdas*, sondern auch »zahlreiche andere Schriften ihres Propheten bis auf den heutigen Tag vorenthalten werden« (S. 332, 122, 180).
56 *Bahā'ismus*, S. 323, 331
57 *Bahā'ismus*, S. 282; vgl. hierzu S. 121, Fußnote 61
58 *Bahā'ismus*, S. 282. Ein historisches Vorbild hierfür gäbe es durchaus: Die Bibel war über Jahrhunderte hinweg für die des Lateinischen unkundigen Laien »unter klerikalem Verschluß«, weil die Kirche vom selbständig lesenden Laien die Gefahr abwenden wollte, daß er durch die Lektüre der heiligen Schrift von ihrer Lehre abkomme. Laien war der Besitz einer Bibelübersetzung bei Strafe der Exkommunikation verboten. Nach der Reformation war der Druck und Besitz von Bibeln in der Volkssprache von der Genehmigung durch die römische Inquisition abhängig (*RGG*, Bd. 1, S. 1224 ff.).

der Inhalt bis heute »weitgehend *unbekannt*«[59] geblieben. Der *Kitāb-i-Aqdas* unterliege, so erfährt der erstaunte Leser, der Geheimhaltung, »der *taqīya*[60], die Bahā'u'llāh offiziell wieder einführte«[61], die im *Kitāb-i-Aqdas* ausdrücklich erlaubt sei[62] und von den Gläubigen auch geübt werde[63].

Diese angebliche Dissimulierungsabsicht sieht Ficicchia auch durch den Umstand bestätigt, daß die »Führung«[64] mit der 1973 erfolgten Veröffentlichung von »*Synopsis and Codification of the Laws and Ordinances of the Kitāb-i-Aqdas. The Most Holy Book*«[65] den Inhalt des Werkes »nur in *fragmentarischer* und teilweise *abgeänderter* Übersetzung«[66], »in mageren, ›gereinigten‹ Auszügen«[67] vermittle. Dieses Werk enthalte nur »eine dürftige Auswahl gewisser Gesetzestexte ..., während der Rest rundweg *unterschlagen* oder dann *modifiziert* und in ›gereinigtem‹ Wortlaut wiedergegeben wird«[68]. Allen Ernstes behauptet Ficicchia, die »Bahā'īführung« habe die »im Abendland *unattraktiven und hemmenden Bestimmungen des Kitāb al-Aqdas* allesamt ausgemerzt und durch solche ersetzt, die der Missionspropaganda und dem Proselytismus zweckdienlich erscheinen«[69]. Zynisch fügt er hinzu, man müsse darin der »Führung«[70] den »entschlossenen Mut zur Neuerung und Anpassung an die Moderne zuerkennen«, doch stimme die Tatsache, »daß die abgeänderten Verordnungen Bahā'u'llāh selbst in den Mund gelegt werden«, bedenklich, da dieser jede Änderung oder Modifikation seiner Gesetze ausgeschlossen habe[71]. Ficicchias Fazit: »So präsentieren sich Offenbarung und

59 *Bahā'ismus*, S. 149, 324 (Hervorhebung durch F.)
60 *Bahā'ismus*, S. 406, 407; *Lexikon der Religionen*, S. 47; *Materialdienst* 3/1995, S. 90
61 *Bahā'ismus*, S. 181
62 *Bahā'ismus*, S. 151, 152, 156
63 *Bahā'ismus*, S. 399, 406, 407, 408; *Materialdienst*, S. 239
64 *Bahā'ismus*, S. 26
65 deutsche Ausgabe: »*Inhaltsübersicht und systematische Darstellung der Gesetze und Gebote des Kitāb-i-Aqdas*«, Hofheim 1987
66 *Bahā'ismus*, S. 180, Fußnote 118 (Hervorhebung durch F.); *Lexikon der Sekten*, Sp. 102
67 *Materialdienst*, S. 237
68 *Bahā'ismus*, S. 149 (Hervorhebung durch F.).
69 *Bahā'ismus*, S. 258 (Hervorhebung durch F.)
70 *Bahā'ismus*, S. 258
71 *Bahā'ismus*, S. 258, 259

Gesetz in einem völlig neuen, *opportunistischen* Gewand, das mit dem ursprünglich Gesagten wenig mehr gemein hat.«[72] Ficicchia hält es für eine Ironie, daß die Bahā'ī ungeachtet der eigenen Schriftretuschen und Interpolationen mit Nachdruck »auf die Authentizität« ihrer Schriften verweisen, während sie den anderen Religionen »Schriftverfälschung« vorwerfen[73].

Auch über die von der »Führung« angegebenen Gründe für die bislang ausgebliebene Veröffentlichung des Werkes wird der Leser informiert: Der Zeitpunkt für die Publikation des Werkes sei »nach offizieller Redart« noch »nicht herangereift«[74], der »vollständige Text soll erst einer späteren Generation zugänglich gemacht werden«[75], da »der Reifezustand der Menschen« Zurückhaltung

---

72 *Bahā'ismus*, S. 259

73 *Bahā'ismus*, S. 259. Wann und wo haben die Bahā'ī jemals anderen Religionen vorgeworfen, ihre heilige Schrift verfälscht zu haben? Ficicchia, der sich selbst attestiert, seine Forschungsergebnisse »wissenschaftlich zu fundieren« (S. 30), gibt auch für diesen Vorwurf keine Quelle an. Es gibt auch keine. Die Bahā'ī haben niemals einen solchen Vorwurf erhoben. Selbst die traditionell-islamische Interpretation des *Qur'ān* (4:48), wonach die Juden ihre Schrift »verfälscht« haben sollen, hat Bahā'u'llāh zurückgewiesen: »Sollte ein Mensch, der an ein Buch glaubt und es für göttlich offenbart hält, dieses verstümmeln?« (*Kitāb-i-Īqān* 94) und erklärt, daß mit dem »Verfälschen der Schrift« eine Interpretation gemeint ist, die den Sinn des Textes nach »eigenen Neigungen und Wünschen auslegt« und verdreht (*Kitāb-i-Īqān* 94). Was Ficicchia möglicherweise meint, ist die Auffassung, daß die heiligen Schriften der Religionen nicht alle von der gleichen Authentizität sind. Manche Religionen wie die zarathustrische, Hinduismus und Buddhismus haben eine ungleich gebrochenere Tradition als die semitischen Religionen. Demgegenüber ist der Qur'ān nach dem Zeugnis des Orientalisten Hammer v. Purgstall »so sicher das Wort Muḥammads, wie die Muslime glauben, daß er das Wort Gottes ist« (zitiert nach W. Muir, *The Life of Mahomet*, S. XXXIII). Die Bahā'ī betrachten den Qur'ān als einziges Buch neben den Schriften des Bāb und Bahā'u'llāhs, »das als absolut authentischer Verwahrungsort des Wortes Gottes angesehen werden kann« (Shoghi Effendi, *Das Kommen göttlicher Gerechtigkeit*, S. 79). Die Bibel ist »nicht *völlig* authentisch« (Shoghi Effendi, zitiert nach *Lights of Guidance*, Nr. 998), wie die moderne Bibelkritik unter Anwendung der historisch-kritischen Methode bestätigt (vgl. *LThK*, Bd. 2, Sp. 363 ff.). Heinz Zahrnt formuliert: »Die Bibel, das Buch zwischen den beiden Deckeln, ist nicht das ›reine Wort Gottes‹.« Sie ist »nicht die Urkunde der Offenbarung Gottes selbst, sondern das Zeugnis des Glaubens von Menschen an Gottes Offenbarung« (*Gotteswende*, S. 116). In Zweifelsfällen, wie etwa bei den unterschiedlichen Berichten über das Opfer Abrahams (vgl. 1. Mos. 22:9 und *Qur'ān* 37:102 ff.), folgen die Bahā'ī dem Qur'ān und der Schrift Bahā'u'llāhs (vgl. *Ährenlese* 22:1, wo Bahā'u'llāh die qur'ānische Version bestätigt). Die Bahā'ī sehen jedoch in der Bibel gleichwohl das Wort Gottes. In privaten und öffentlichen Andachten wird häufig aus ihr gelesen.

74 *Bahā'ismus*, S. 188

75 *Materialdienst*, S. 237

gebiete[76], was »einer Verheimlichung *ad calendas graecas* gleichkommt«[77].

Daß das Werk verheimlicht werde, schließt Ficicchia auch aus dem Umstand, daß »keine arabischen Originaltexte im Umlauf sind«[78] und daß den Bahā'ī der Besitz und die Lektüre der 1961 erschienenen Übersetzung des Werkes durch die »Orientalisten« Earl E. Elder und William Miller[79] — von Haifa angeblich als »christliches Machwerk« bezeichnet — verboten sei[80]. Dabei versäumt er nicht anzumerken, daß die Elder/Miller'sche englische Ausgabe doch eine »präzise Einführung« und »nützliche, den Text begleitende Hinweise« enthalte[81]. Darüber hinaus behauptet Ficicchia, den Gläubigen sei auch verboten, das Werk *»im vollen Wortlaut zu übersetzen und zu verbreiten«*[82]: »Vollständige Übersetzungen oder Teilauszüge in andere Sprachen werden von Ḥaifā aus *verboten.*«[83]

Wie sehr das »Heiligste Buch« des Bahā'ītums seine zentrale Bedeutung eingebüßt habe und in der Versenkung verschwunden sei, will Ficicchia dadurch unterstreichen, daß inzwischen das Werk »als ›lückenhaft‹ und ›unvollständig‹ abgetan« werde[84] und »für Schaefer ... nicht mehr als ein ›Rahmenwerk‹« ist[85]. Diesen von ihm behaupteten Prozeß der »Abkehr vom *Kitāb al-Aqdas*« wertet unser Religionsforscher »als ›Neuerung‹ (*bid'a*) und im theologischen Sinn gar als *häretischen Abfall*«[86].

---

76 *Materialdienst*, S. 237. Auch K. Hutten (*Seher, Grübler, Enthusiasten*, 12. Aufl., S. 808, Fußnote 20) gibt als angeblich offizielle Begründung für die unterlassene Veröffentlichung an, daß »die Menschen noch nicht reif genug sind, den ganzen Wortlaut des Buches zu verstehen«. Eine offizielle Verlautbarung dieses Inhalts hat es nie gegeben.

77 *Bahā'ismus*, S. 188

78 *Bahā'ismus*, S. 149, 26

79 *Al-Kitāb Al-Aqdas or The Most Holy Book by Mīrzā Ḥusayn 'Alī Bahā'u'llāh*, translated from the Original Arabic and edited by Earl E. Elder, Ph. D., D. D. and William McE. Miller, M. A., D. D., published by The Royal Asiatic Society, London 1961

80 *Bahā'ismus*, S. 149, 150, 26; *Lexikon der Religionen*, S. 47. *Lexikon der Sekten*, S. 101, und neuerdings wieder im *Materialdienst* 3/1995, S. 90. So auch Kurt Hutten, *Seher, Grübler, Enthusiasten* (12. Aufl.), S. 808, Fußnote 20.

81 *Bahā'ismus*, S. 26

82 *Bahā'ismus*, S. 253 (Hervorhebung durch F.)

83 *Bahā'ismus*, S. 149 (Hervorhebung durch F.). *Lexikon der Religion*, S. 46

84 *Bahā'ismus*, S. 310, 283

85 *Bahā'ismus*, S. 331, Fußnote 46 (unter Hinweis auf meine Dissertation)

86 *Bahā'ismus*, S. 319 (Hervorhebung durch F.)

III. Probleme der Veröffentlichung

Der Vorwurf ist ungeheuerlich: Eine Religion, die ihr »Heiligstes Buch« unter Verschluß hält und davon nur eine »gereinigte« Version veröffentlicht, in der die unliebsamen, anstößigen Texte »ausgemerzt« und durch andere, »der Mission zweckdienliche« ersetzt sind, die man »dem Stifter in den Mund legt«, wäre — träfe dies zu — in der Weltgeschichte einmalig. Eine solche Religion, die den Anspruch erhebt, der »Pfad der Wahrheit« zu sein, sich aber in Wirklichkeit auf Lug und Trug gründet, die ihre ganze Gefolgschaft hinterhältig täuscht und an der Nase herumführt, hätte jede Glaubwürdigkeit verspielt.

Nun ist Papier bekanntlich geduldig, und üble Verdächtigungen werden meist eher geglaubt als positive Zeugnisse. Woran soll auch der nicht eingeweihte Leser erkennen, daß es sich bei dieser *Chronique scandaleuse* um eine schlimme Verleumdung, um ein regelrechtes Lügengespinst handelt, das unser famoser Forscher ersonnen hat, um die Glaubwürdigkeit der Gemeinde, der er einstmals angehörte, völlig zu zerstören? — zumal das Werk in einem renommierten kirchlichen Verlag erschienen ist, der Seriosität verbürgt! So ist es denn auch kein Wunder, daß in dem vom *Lutherischen Kirchenamt* herausgegebenen *Kirchlichen Handbuch*[87] der Leser eingehend über die »autoritäre und zweckorientierte Handhabung der ›geoffenbarten Wahrheit‹« aufgeklärt und mit dem Urteil entlassen wird, daß diese Religion »schon durch die Verheimlichung der Kitāb al-Aqdas-Texte unglaubwürdig« sei[88] und daß selbst ein Fachgelehrter wie Johann Bürgel in seiner Buchrezension[89] im Hinblick auf die angebliche Verheimlichung des *Kitāb-i-Aqdas* von einer »notorischen Geheimniskrämerei ihrer[90] Führer« spricht.

Welche Bewandtnis hat es mit dem *Kitāb-i-Aqdas*, was ist der Grund, daß dieses das Religionsgesetz enthaltende Werk, dem doch im Schrifttum Bahā'u'llāhs zentrale Bedeutung zukommt und das »Mutterbuch« (*Ummu'l-Kitāb*) genannt wird, so lange

---

87 ^{3}1985

88 *a. a. O.*, S. 631 ff.

89 Zeitschrift *Der Islam*, 1985, S. 186

90 der Gemeinschaft

nicht in einer authentischen Übersetzung in einer westlichen Sprache zugänglich war?

1. Bisherige Veröffentlichungen und Übersetzungen[91]

Von dem von Bahā'u'llāh im Frühsommer 1873[92] offenbarten Werk wurden zunächst, wie bei allen anderen Werken Bahā'u'llāhs, Abschriften angefertigt, die — wie M. Momen angibt — »in großer Zahl«[93] unter den Gläubigen zirkulierten[94], bis es schließlich (als Teil einer größeren Sammlung der Schriften Bahā'u'llāhs) erstmals 1891 in Bombay als Lithographie erschien. Dieselbe Ausgabe erschien nochmals 1896/97 in Bombay im Druck. Weitere authentische Veröffentlichungen des Urtextes erfolgten nach M. Momen[95] in Kairo und Teheran. Der Urtext wurde außerdem noch zweimal von Nicht-Bahā'ī veröffentlicht: Durch Kh. A. Enayat 1931 in Baghdād. Diese im Verlag Māṭba'atu'l-Ādāb — Amīrikānīyyah erschienene Ausgabe enthält einige Abweichungen vom authentischen Text. Ein Abdruck des *Kitāb-i-Aqdas* findet sich außerdem im Anhang zu dem Werk des 'Abdu'r-Razzāq al-Ḥasanī *Al-Bābīyūn wa'l-Bāhā'īyūn*, Sidon 1957.

Der arabische Text ist, entgegen Ficicchia, unter den orientalischen Gläubigen weit verbreitet. Viele persische Bahā'ī haben eine Ausgabe des Werkes, in denen freilich wegen der in islamischen Ländern bestehenden Druckverbote weder das Erscheinungsjahr noch der Ort angegeben sind. Viele Ausgaben sind wohl photomechanische Nachdrucke. Auch unter den Bahā'ī in arabischen Ländern ist, wie ich selbst feststellen konnte, das Werk vorhanden und bekannt. In einem Brief[96] hat das Universale Haus

91 Zum Ganzen vgl. Baharieh Rouhani-Ma'ani, »Das Kitāb-i-Aqdas: Seine Offenbarung und seine Bekanntmachung«, in: Gesellschaft für Bahā'ī-Studien (Hrsg.), *Aspekte des Kitāb-i-Aqdas*, S. 31-50.

92 Nicht, wie Ficicchia (S. 148), William Miller folgend, mitteilt, 1875.

93 »The History of Writing and Transmission of the Kitāb-i-Aqdas«, zitiert nach *Abstracts* der Fourth Arjmand Conference on Scripture, die in der Zeit vom 4.-6. November 1994 in Nijmegen/Holland stattfand.

94 E. G. Browne hatte keine Schwierigkeiten, 1888 im Iran eine Kopie des Werkes zu erhalten.

95 *a. a. O.*

96 vom 11. April 1976

der Gerechtigkeit klargestellt, daß keine Bedenken bestehen, neu gewonnenen Gläubigen, die zuvor Muslime waren, den arabischen Text zur Verfügung zu stellen.

Die erste Übersetzung des Werkes in eine fremde Sprache war die schon 1899 erschienene russische Übersetzung des A. H. Toumanski[97], die von E. G. Browne im *Journal of the Royal Asiatic Society*[98] besprochen wurde. Die Ausgabe enthält auch den kompletten arabischen Urtext und Teile von *Ishrāqāt*[99]. Schon um die Jahrhundertwende gab es eine englische Übersetzung des gesamten Werkes, die ein Bahā'ī libanesischer Herkunft, Anton Haddad, in den USA angefertigt hatte, die jedoch nie im Druck erschien, sondern in maschinenschriftlichen Abschriften unter den Gläubigen zirkulierte[100]. Bereits 1933 haben Adam und Lina Benke das Werk anhand der vorerwähnten russischen Übertragung Toumanskis in die deutsche Sprache übersetzt. Kopien dieser maschinenschriftlichen, nicht im Druck erschienenen Rohübersetzung waren im Besitz einiger deutscher Gläubiger. In einem Brief[101] an Dr. Adelbert Mühlschlegel regte Shoghi Effendi für die Übertragung des *Kitāb-i-Aqdas* in die deutsche Sprache die Einberufung einer Übersetzungskommission durch den deutschen Nationalen Rat an[102], zu der es (wohl wegen des Mangels an kompetenten Arabisten) indessen nie gekommen ist. Die erste authentische Übertra-

---

97 Toumanski, A. H., *Mémoires de l'Academie Impériale des Sciences de St. Pétersbourg,* classe des sciences, historico-philologiques, VIII. série, tome III, St. Pétersbourg, 1899. Der herausragende Bahā'ī-Gelehrte Mīrzā Abu'l Fāḍl-i-Gulpāygānī war Toumanski hierbei behilflich. 'Alī-Akbar Furūtan schreibt hierzu: »Despite his having the assistance of Mīrzā Abu'l Faḍil-i-Gulpāygānī and Āqā Mīrzā Yūsif-i-Rashtī, Tumanski's translation is very litteral and extremely inadequate« (*The Story of my Heart*, S. 66).

98 1900, S. 354-357. Eine Inhaltsbesprechung des *Kitāb-i-Aqdas* durch E. G. Browne — fälschlich unter dem Titel »Lawḥ-i-Aqdas« — findet sich im *J.R.A.S.* (Bd. XXI, new series, Part IV), S. 972-982.

99 vgl. *Botschaften* 8

100 Helen S. Goodall Papers, National Bahā'ī Archives. Loni Bramson-Lerche zitiert nach dieser Ausgabe (»Some Aspects of the Establishment of the Guardianship«, in: M. Momen [Hrsg.], *Studies in the Bābī and Bahā'ī Religions,* Bd. 5, S. 255, 282). Wahrscheinlich bezieht sich Shoghi Effendis Urteil in einem Brief vom 25. August 1927 an einen Nationalen Geistigen Rat (»The Kitāb-i-Aqdas should not be published as the existing translation is most inadequate«) auf diese Übersetzung (zitiert nach einer vom Research Department erarbeiteten Kompilation *Extracts regarding the Publication of the Kitāb-i-Aqdas*).

101 vom 5. März 1935

102 *The Light of Divine Guidance*, S. 70 ff.

gung von Teilen des Werkes in englischer Sprache erfolgte durch Shoghi Effendi. Er hat in einigen Kapiteln[103] der 1939 veröffentlichten Anthologie »*Gleanings from the Writings of Bahā'u'llā h*«[104] und in anderen Publikationen[105] insgesamt etwa ein Drittel des Werkes, in dem sich allerdings das Ritual- und Judizialgesetz Bahā'u'llāhs nicht befindet, der westlichen Öffentlichkeit zugänglich gemacht. Eine weitere englische Übertragung des gesamten Werkes wurde in den USA von Fāḍil-i-Māzindarānī und Marzieh Gail angefertigt[106], die zu den von Shoghi Effendi veröffentlichten Passagen den Rest des Werkes einschließlich dem Anhang »*Fragen und Antworten*« übersetzten. Das nie im Druck erschienene Manuskript zirkulierte in hektographierter Form unter den Gläubigen in den USA und teilweise auch in Europa. Die einzige im Druck erschienene englische Ausgabe des Gesamtwerkes war die von der *Royal Asiatic Society* herausgegebene, 1961 in London erschienene Übertragung von Earl E. Elder und William Miller.[107] Ein Abdruck dieser Übersetzung erschien nochmals in Millers Werk *The Bahā'ī Faith: Its History and Teachings*, South Pasadena 1974.

Allein schon diese Veröffentlichungen zeigen, daß der Versuch, den Inhalt des Werkes geheim zu halten, hätte es ihn je gegeben, ein zum Scheitern verurteiltes Unterfangen gewesen wäre. Zum einen wurde der Urtext auch im Westen (zusammen mit der russischen Übersetzung) publiziert, so daß, wer des Arabischen mächtig ist — eine zunehmende Zahl junger Bahā'ī der westlichen Welt lernt diese Sprache — oder wer Russisch versteht, ohne weiteres Zugang zu diesem Werk hatte. Zum anderen war der in den USA erschienene nicht-authentische englische Text (Māzindarānī/Gail) unter den Bahā'ī verbreitet, und wer sich für

---

103 Kap. 37, 56, 70-72, 98, 105, 155, 159, 165

104 deutsche Ausgabe *Ährenlese aus den Schriften Bahā'u'llāhs*, ³1980

105 *Der verheißene Tag ist gekommen*, S. 66, 71; *Bahā'ī Administration*, S. 21; *Weltordnung*, S. 195

106 *The Kitāb-i-Aqdas and Questions and Answers. Supplementary to the Kitāb-i-Aqdas*, o. J. Offenbar gab es daneben noch andere Übersetzungsversuche ins Englische, denn Shoghi Effendi bemerkt in einem Brief vom 25. Januar 1937: »A few translations of the Aqdas have already been attempted into English, but none of them is sufficiently authoritative to deserve publication... « (zitiert nach *Extracts*, *a. a. O.*).

107 Bibliographie siehe in diesem Kapitel Fußnote 79

die Materie besonders interessierte, hatte sich auch die von Elder /Miller angefertigte Übertragung angeschafft, schließlich war das inzwischen vergriffene Werk ja über den Buchhandel erhältlich. Ich besitze beide Übertragungen seit langem. Die bislang noch nicht authentisch publiziert gewesenen Normen, die Ficicchia so absonderlich findet, waren daher vielen Bahā'ī bekannt.[108]

2. Zur englischen Ausgabe der *Royal Asiatic Society* 1961

Ficicchias Behauptung, das Bahā'ī-Weltzentrum habe es verboten, den Urtext oder die Elder/Miller-Übertragung zu besitzen oder nicht veröffentlichte Teile des Werkes zu übertragen, ist absolut unwahr, von ihm trickreich erfunden. Eine Quelle, wo diese Verbote ausgesprochen sein sollen, gibt er nirgends an. Das einzige Verbot, das es gab, betraf die Publizierung einer selbstgefertigten Übersetzung. Ebenso unwahr ist, daß das Universale Haus der Gerechtigkeit die Elder/Millersche Übertragung ein »christliches Machwerk« genannt habe.[109] Für diese Behauptung gibt Ficicchia einen Brief des Universalen Hauses der Gerechtigkeit an eine Schweizer Bahā'ī vom 23. März 1975 als Quelle an. Doch das von ihm in Anführungszeichen gesetzte Verdikt, mit dem er dem Leser vorgaukelt, daß er zitiere, ist in dem ganzen Brief nicht zu finden. In Wirklichkeit verweist das Bahā'ī-Weltzentrum nur darauf, daß die Erläuterungen, vor allem aber die Einführung und das Vorwort der Übersetzer stark davon beeinflußt sind, daß deren Gewährsleute Bundesbrecher (Azalī) und Gegner des Glaubens waren, daß Miller dem *Nuqṭatu'l-Kāf* große Bedeutung beigemes-

108 Wenn Ficicchia darauf verweist (S. 323, Fußnote 20 und S. 311, Fußnote 79), daß mir der *Kitāb-i-Aqdas* nicht bekannt sei, so trifft dies für die Zeit der Abfassung meiner 1957 erschienenen Dissertation zu, für eine Zeit also, da die beiden englischen Übertragungen noch nicht erschienen waren und der gesamte Text des Werkes nur dem zugänglich war, der den Urtext oder die russische Übersetzung lesen konnte.

109 *Bahā'ismus,* S. 149; so auch *Lexikon der Sekten,* Sp. 102, *Materialdienst* 3/95, S. 90 und Kurt Hutten, *Seher, Grübler, Enthusiasten* (12. Aufl.), S. 808, Fußnote 20. In seinem 1975 veröffentlichten Beitrag (*Materialdienst* 15/16, S. 237) behauptet er — ohne Quellenangabe! —, »Ḥaifā« verschweige die Übersetzung oder beschimpfe sie als »feindliche Fälschungen«.

sen hat, einem Werk, dessen Quellenlage höchst obskur ist[110], daß davon auch die Übersetzung beeinflußt ist und daß diese erkennbar von der Absicht getragen sei, »Bahā'u'llāh zu diskreditieren und den Bahā'ī-Glauben herabzusetzen«[111]. Dazu muß man wissen, daß die beiden Übersetzer nicht, wie Ficicchia behauptet, »kompetente, sprach- und fachkundliche Orientalisten«[112] waren, sondern christliche Missionare der Presbyterianischen Kirche, die, von der weitgehenden Erfolglosigkeit christlicher Mission in muslimischen Ländern frustriert, die prosperierende Bahā'ī-Gemeinde im Iran mit wenig Sympathie betrachteten.

Wer wissen will, wie William Miller gegenüber dem Bahā'ītum eingestellt war, der lese seine beiden Werke[113] und dazu Douglas Martins kritischen Beitrag »*The Missionary as Historian*«[114]. Millers »präzise Einführung«[115] zur englischen Ausgabe des *Kitāb-i-Aqdas* und seine, wie Ficicchia findet, so »nützlichen Hinweise« sind im höchsten Maße tendenziös — kein Wunder, daß sie Ficicchia so gut gefallen! Nach der Motivation, die zu dieser Veröffentlichung führte, braucht man nicht lange zu fragen: Was sollte auch christliche Geistliche veranlassen, sich der mühevollen Aufgabe zu unterziehen, das heilige Buch einer anderen Religion aus dem Urtext zu übersetzen und zu veröffentlichen, wenn nicht mit der Absicht, auf ihre Weise für »Aufklärung« zu sorgen?

Wer daran noch Zweifel hat, der lese Millers Einführung in die Geschichte und Lehre des Bahā'ī-Glaubens, die er seiner Übersetzung vorangestellt hat und die im *Journal of the Royal Asiatic Society* erschienene Rezension des L. T. Elwell-Sutton[116] zu seinem 1974 erschienenen Werk *The Bahā'ī Faith*[117], die mit der Feststellung beginnt: »This is a polemical work, ... an all-out attack on, a merciless tirade against, Bahā'ism, but treated not, as one might expect from the author's credentials (Presbyterian

110 siehe hierzu Hasan Balyuzi, *Edward Granville Browne and the Bahā'ī Faith*, S. 62 ff. und N. Towfigh, Kap. 8.I.1

111 Briefe des Universalen Hauses der Gerechtigkeit vom 14. August 1975 und 23. März 1975

112 *Materialdienst*, 15/16, 1975, S. 237

113 Bibliographie siehe S. 16, Fußnote 18

114 Bibliographie siehe S. 16, Fußnote 18

115 *Bahā'ismus*, S. 26

116 Professor der Orientalistik an der Universität Edinburgh

117 *Its History and Teachings*, South Pasadena, California

missionary in Iran for 40-odd-years), from the Christian, but from the Azalī point of view.«[118] Der Rezensent, der verwundert die Frage stellt, warum Dr. Miller sich als christlicher Geistlicher auf die Seite der Azalī schlägt, gibt die auf der Hand liegende Antwort: »We are bound to conclude that his purpose is to discredit Bahā'ism«, und fügt kritisch an: »But perhaps he ought not at the same time to convey the impression that he has produced an objective study«: »The mere accumulation of facts is no guarantee of impartiality. Hasan Balyuzi's books on Bahā'ism (previously reviewed in these pages) are also full of facts, but they present a picture diametrically opposite to that delineated by Dr. Miller in his absorbing and witty book.«[119]

3. Probleme einer authentischen Übertragung

Die Gründe dafür, daß das gesamte Werk lange nicht erschienen ist, sind vielfältig. Zunächst muß man sehen, daß die Übersetzung der heiligen Texte aus dem persisch-arabischen Urtext ins Englische ein ungemein schwieriges und kräftebindendes Unternehmen ist. Höchste Akribie und Zuverlässigkeit sind dabei unerläßlich, weil fehlerhafte Übertragungen lange Zeit nachteilig wirken. Die Sprache der Bahā'ī-Offenbarung ist die Sprache der spätislamischen Kultur, also einer Ideenwelt, die dem westlichen Leser in der Regel fremd ist, doch weisen die Werke Bahā'u'llāhs und die des Bāb darüber hinaus einen genuin eigenen Sprachstil auf, dessen adäquate Übersetzung in die literarische Sprache eines anderen Kulturkreises schwierig ist. Es war das unschätzbare Verdienst Shoghi Effendis, daß er Werke Bahā'u'llāhs wie *Die Verborgenen Worte*, den *Kitāb-i-Īqān*, den *Brief an den Sohn des Wolfes* und Anthologien wie die *Ährenlese* und die *Gebete und Meditationen* u. a. in meisterhafter Sprache ins Englische übertrug, diese so der Welt außerhalb des islamischen Kulturkreises erschloß und Maßstäbe für künftige Übersetzungen setzte.

Bei der Fülle des Schriftgutes müssen Prioritäten gesetzt werden. Priorität hatten die Werke, die die Welt mit den theolo-

118 *J.R.A.S.*, 1976, 2, S. 158
119 *a. a. O.*

gischen Grundlagen des Glaubens, den sittlichen Prinzipien und den weltimmanenten Zielen der Offenbarung vertraut machten, also Werke, in denen die Lehre über Gott, die Offenbarung, die Propheten, über den Menschen, den Gottesbund, die Erlösung von Mensch und Gesellschaft bis hin zu den Ordnungsstrukturen und zum Weltfrieden Thema ist. Wie schon an anderer Stelle hervorgehoben[120], entspricht es lehrpädagogischer Einsicht, daß zunächst diese Aspekte der Offenbarung den Menschen vermittelt werden, ehe sie mit dem konkreten Gottesgesetz konfrontiert werden. Es wäre töricht und das Pferd am Schwanz gezäumt, umgekehrt zu verfahren und das Gesetz zu präsentieren, ehe dessen dogmatische Verankerung gekannt und verstanden wird.

Hinzu kommt, daß, vom Verfassungsrecht der Gemeinde abgesehen, das von Anfang an in Geltung war und die Strukturen der Gemeinde prägte, ein Großteil der kultischen und rechtlichen Normen noch nicht in Kraft sind. Aus sachlogischen Gründen erfolgt ihre Einführung nicht *ipso iure* mit der Offenbarung des *Kitāb-i-Aqdas*[121], sondern, wie noch dargestellt wird, in einem schrittweisen Prozeß. Rechtsnormen öffentlich-rechtlichen Charakters wie die Strafbestimmungen setzen eine Bahā'ī-Gesellschaft voraus, die es noch nirgendwo gibt. Aus diesem Grund bestand für die Veröffentlichung des gesamten Werkes auch keine besondere Eile.

4. Zum Charakter der göttlichen Gesetzgebung

Der Hauptgrund dafür, daß die komplette Veröffentlichung dieses Werkes auf sich warten ließ, liegt darin, daß es wegen der Eigenart der göttlichen Gesetzgebung, die anderer Art ist als die menschliche, mit einer rein linguistischen Bewältigung des Textes allein nicht getan ist.

Wie alles menschliche Planen und Handeln ist die staatliche Gesetzgebung ein rationaler Prozeß, der in einem rational durchschaubaren, gegliederten Gesetzeswerk resultiert. Die Gesetze sind systematisch gegliedert und entsprechen der Sachlogik der

120 siehe oben, S. 71
121 wie bei der Sinai- oder der qur'ānischen Gesetzgebung

zu behandelnden Materie. Der *Kitāb-i-Aqdas* ist das überhaupt nicht. Er enthält höchst unterschiedliche Inhalte, die zuweilen abrupt wechseln: theologische Lehrstücke, Aufrufe, ethische Appelle, Paränesen, Prophezeiungen, in die Gesetze eingestreut sind, die mit dem Kontext nicht logisch verknüpft sind und die dann den Gegenstand auch keineswegs abschließend regeln.[122] Eine systematische Ordnung ist, was schon im vorigen Jahrhundert dem russischen Gelehrten Jewgeni Eduardovich Bertels aufgefallen war[123], nicht erkennbar. Taherzadeh, der dies anschaulich beschreibt, schreibt hierzu: »Es scheint kein erkennbares Muster dafür zu geben, wie diese beiden Stränge[124] sich miteinander verflechten.«[125] Schon Hermann Römer sprach von einem »bunten Durcheinander« von Vorschriften verschiedener Art[126], Gerhard Rosenkranz nennt den *Kitāb-i-Aqdas* »ein Durcheinander von Anweisungen«[127], und der Orientalist Christian Cannuyer nennt das Werk *»assez désordonné«*: *»Il présente un caractère assez décousu, fait un peu de bric et de broc.«*[128]

Diese Urteile sind unangemessen. Schon früher[129] habe ich darauf hingewiesen, daß die Religionsstifter nie Systematiker waren, und ihre Lehren nicht Lehre im Sinne eines logisch entwikkelten Systems intellektueller Aufklärung sind.[130] Das »Buch Gottes« war niemals eine Art Handbuch der Theologie. Heilige Schriften sind keine Traktate rationaler Aufklärung. Das Wort Gottes ist ganz anderer Art: Es ist emphatische, eruptive, visionäre Rede, eine Art religiöses Urgestein — keine systematisch gegliederte, dürre, blutleere Unterweisung: »Alle göttliche Offenbarung geschieht offenbar eruptiv. Die Propheten verfaßten niemals

---

122 So findet sich beispielsweise das Verbot des Opiums in den Versen 155 und 190, die Pflichtgebete in den Versen 6, 8, 14; die *qibla* in den Versen 6 und 137; die Reinheitsvorschriften in den Versen 46, 74-76, 106; das Verbot des Streitens in den Versen 73, 95, 148, von Mord und Totschlag und der Brandstiftung in den Versen 19 und 62; die fahrlässige Tötung in Vers 188.

123 vgl. Douglas Martin, *The Kitāb-i-Aqdas. Its Place in Bahā'ī Literature*, S. 4

124 gemeint sind Gesetz und metaphysische, mystische Wahrheiten

125 *Die Offenbarung Bahā'u'llāhs*, Bd. 3, S. 329

126 *Die Bābī-Behā'ī*, S. 109

127 *Die Bahā'ī*, S. 32

128 *Les Bahā'īs*, S. 70

129 *Grundlagen*, S. 64; *Die mißverstandene Religion*, S. 60 ff., 62 ff.; *Der Bahā'ī in der modernen Welt*, S. 339 ff.

130 Ficicchia hat dies beifällig aus meiner Dissertation zitiert (*Bahā'ismus*, S. 323).

Abhandlungen. Darum sind im Qur'ān und in unserer Schrift so oft unterschiedliche Gegenstände im selben Kontext behandelt. Es pulsiert sozusagen, darum ist es ›Offenbarung‹.«[131] Das Heilige, wie Rudolf Otto es definierte, ist das »*numinosum, fascinosum et tremendum*«, seinem Wesen nach jenseits des Rationalen und entzieht sich dessen Kategorien. Seit jeher war es die Aufgabe der Menschen, die Gesetze Gottes in systematische Zusammenhänge zu bringen, weil sie anders nicht verstanden und auch nicht angewandt werden können.

Darum sollte es auch nicht verwundern, daß der *Kitāb-i-Aqdas* sich nicht systematisch präsentiert.[132] Selbst die Gesetze der Thora stehen, obwohl von Menschenhand redigiert, nicht in einem logisch zwingenden Kontext. Und beim Qur'ān fällt der elliptische Sprachstil, der abrupte Wechsel der Thematik ebenso auf wie das Fehlen einer sichtbaren Systematik[133], weshalb der Orientalist Francesco Gabrieli ihn »ein dunkles, chaotisches Buch« nannte[134], v. Glasenapp ihn »ungewöhnlich und ermüdend« fand[135], und Goethe konstatierte: »Grenzenlose Tautologien und Wiederholungen bilden den Körper dieses heiligen Buches, das uns, so oft wir

131 Shoghi Effendi, *Unfolding Destiny*, S. 454

132 Wäre er ein systematisches Buch, so hätten dies wohl die selben Theologen, die seine mangelnde Systematik kritisierten, als erste beanstandet.

133 George F. Hourani bringt dies zum Ausdruck, wenn er schreibt: »It is not a book of philosophy or even theology« (*Reason and Tradition in Islamic Ethics*, S. 15). Daß sich hinter dem scheinbar Ungeordneten eine faszinierende Architektur verbirgt, hat sich erst im Zeitalter des Computers herausgestellt. Eine vom ehemaligen Imām der Moschee in Tucson/Arizona, Rashad Khalifa, in Auftrag gegebene Untersuchung des Massachusetts Institute of Technology brachte zutage, daß der Qur'ān völlig auf der Zahl neunzehn aufgebaut ist, die sich in einer unglaublichen Fülle von Daten reflektiert. Khalifa hat die Forschungsergebnisse publiziert (»*al-ḥisābāt al-elektrūnīyyah wa mu'jizat al-Qur'ān al-karīm*« [»The Electronic Computation and the Wonder of the Holy Qur'ān«], Beirut, Dār al-'Ilm li'l-Malāyīn, 1983); ferner »*Quran: Visual Presentation of the Miracle*«, Islamic Productions, Tucson/Arizona 1982), weil er davon überzeugt war, daß diese Architektur, zu der kein Mensch fähig gewesen wäre, den göttlichen Ursprung des Qur'ān beweise. Doch der Autor wurde in der muslimischen Welt, vor allem in Ägypten, heftig angegriffen und als Krypto-Bahā'ī verdächtigt, weil die Zahl neunzehn beim Bāb und bei Bahā'u'llāh neben der Zahl neun eine heilige Zahl ist, auf der z. B. auch der Badī'-Kalender beruht. Khalifa wurde nach einem Bericht der malaysischen Zeitung *News Straits Times* vom 25. Dezember 1992 inzwischen ermordet.

134 »Muhammad und der Islam als weltgeschichtliche Erscheinungen«, in: *Historia Mundi. Handbuch der Weltgeschichte*, Bd. 5, S. 347.

135 *Die nichtchristlichen Religionen*, S. 180

auch daran gehen, immer von neuem anwidert, dann aber anzieht, in Erstaunen setzt und am Ende Verehrung abnötigt.«[136]

Von diesem Urteil wird vielleicht Goethe noch am ehesten der Eigenart dieses Offenbarungsbuches gerecht. Das hinreißende Feuer, der poetische innere Glanz, den die Muslime bei der Rezitation des Qur'ān empfinden, erschließt sich dem auf eine Übersetzung angewiesenen, Distanz wahrenden Leser ebenso wenig wie etwa die »Kunst der Fuge« einem musikalischen Analphabeten.

Das gleiche gilt für die Sprache des *Kitāb-i-Aqdas*, deren Dynamik und Rhythmik, deren verborgene Ästhetik letztlich nur erleben kann, wer mit der arabischen Sprache aufgewachsen ist, ihre Literatur kennt und ihren Geist verspürt.[137] Das Werk ist voll mystischer Anspielungen, die sich bei einer oberflächlichen Lektüre dem Leser nicht erschließen.[138] Bahā'u'llāh möchte den *Kitāb-i-Aqdas* denn auch nicht als bloßes Gesetzbuch, als eine Art Kodex, gewürdigt sehen: »Wähnt nicht, Wir hätten euch nur ein Gesetzbuch offenbart. Nein, Wir haben vielmehr den erlesenen Wein mit den Fingern der Macht und Kraft entsiegelt.«[139]

Die mangelnde Systematik zeigt sich auch darin, daß das Werk kein *numerus clausus* der Gesetze ist. Die Rechtsetzung Bahā'u'llāhs hat darin keinen Abschluß gefunden. Zahlreiche nach dem *Kitāb-i-Aqdas* offenbarte Sendbriefe[140] enthalten Erläuterungen seiner im *Kitāb-i-Aqdas* gegebenen Gesetze und »zusätzliche Weisungen, die Bestimmungen Seines Heiligsten Buches ergän-

---

136 *Gedenkausgabe* Bd. 3, »Epen, West-östlicher Divan, Theatergedichte«, S. 433

137 Zum Sprachstil Bahā'u'llāhs vgl. A. Taherzadeh, *Die Offenbarung Bahā'u'llāhs*, Bd. 1, S. 41 ff.; Bd. 3, S. 275 ff.; Suheil Bushrui, *The Style of the Kitāb-i-Aqdas. Aspects of the Sublime*, Bethesda: University Press of Maryland, 1995.

138 vgl. hierzu Dariush Maani, »Die mystischen Dimensionen des *Kitāb-i-Aqdas*«, in: Gesellschaft für Bahā'ī Studien (Hrsg.), *Aspekte des Kitāb-i-Aqdas*, Hofheim 1995, S. 193-222.

139 Vers 5 (= *Ährenlese* 155:5). Versiegelter, erlesener Wein (*ar-raḥiq al-makhtūm*) ist ein mystischer Begriff des *Qur'ān* (83:25), der die Verzückung der Gott Nahen am Tag der Auferstehung beschreibt und auf den sich Bahā'u'llāh hier bezieht (vgl. auch *Die Freiheit und ihre Schranken*, S. 14, Fußnote 21).

140 arab.: *lawḥ*, Plural: *alwaḥ* bedeutet Tafel, Schreibtafel, Sendschreiben. Der Begriff bezeichnet eine heilige Schrift, die eine Offenbarung enthält. In Anlehnung an die Gesetzestafeln des Moses werden damit vor allem die offenbarten Werke Bahā'u'llāhs gekennzeichnet.

zend«[141]. Dies gilt selbst für das Ritualgesetz: nicht alle kultischen Vorschriften sind im *Kitāb-i-Aqdas* enthalten. So sind die für den *ḥajj*[142] vorgeschriebenen Riten in zwei Suren aufgeführt[143]. Die rituellen täglichen Gebete wurden außerhalb des *Kitāb-i-Aqdas* offenbart.[144] Eine für das Verständnis des *Kitāb-i-Aqdas* unerläßliche Quelle ist dessen Anhang »*Fragen und Antworten*«. Bahā'u'llāh hatte seinem Sekretär, Zaynu'l-Muqarrabīn, einem ehemaligen *mujtahid*[145], gestattet, Fragen zur Gesetzesanwendung zu stellen. Der Katalog dieser Fragen und Bahā'u'llāhs Antworten, die integraler Bestandteil seiner Gesetzgebung sind, war bislang nur auszugsweise veröffentlicht worden[146] und lag auch den Übersetzern Miller und Elder nicht im Urtext vor.

Darüber hinaus haben 'Abdu'l-Bahā und Shoghi Effendi im Rahmen der ihnen verliehenen Lehrgewalt zu zahlreichen Fragen der Gesetzesauslegung Stellung genommen. Diese richtungsweisenden Interpretationen sind für die richtige Einschätzung der Vorschriften des *Kitāb-i-Aqdas* unverzichtbar. Es sollte einleuchten, daß die Veröffentlichung des Werkes ohne Einbeziehung dieser ergänzenden, erklärenden, interpretierenden autoritativen Aussagen und ohne Erläuterungen zu den religiösen, kulturellen und historischen Bezügen dieses Werks, zu den vielfachen Anspielungen Bahā'u'llāhs auf Gesetze und Gebräuche der vorangegangenen Offenbarung, nicht sinnvoll wäre. Die nackte Übersetzung ohne Berücksichtigung all dieser Texte wäre ein Torso, der unweigerlich zu Mißverständnissen führen müßte.

Nun kommt noch eine Eigenart der Gesetzgebung Bahā'u'llāhs hinzu, deren Kenntnis für die richtige Einschätzung seines Gesetzes unerläßlich ist: Anders als im frühen Judentum und im Islam, wo das Volk der Gläubigen zugleich das Staatsvolk war, wo im theokratischen Gemeinwesen das verkündete Gottesgesetz unmit-

---

141 Shoghi Effendi, *Gott geht vorüber*, S. 246. Vgl. hierzu insbesondere *Botschaften aus 'Akkā* (englische Ausgabe *Tablets of Bahā'u'llāh revealed after the Kitāb-i-Aqdas*, Haifa 1978).

142 die Pilgerfahrt zum Haus des Bāb in Shīrāz und zum Haus Bahā'u'llāhs in Baghdād

143 *Sūriy-i-Ḥajj*, vgl. A. Taherzadeh, *Die Offenbarung Bahā'u'llāhs*, Bd. 2, S. 291 ff.; Bd. 1, S. 254 ff.

144 Näheres S. 294 ff.

145 Doktor des islamischen Rechts

146 in: Fāḍil-i-Māzindarānī, *Amr va Khalq*, Bd. 1-4, Teheran 1965-1974

telbare Geltung hatte und die Strukturen der neuen Ordnung prägte, vollzieht sich die Expansion des Bahā'ītums nach einem Paradigma, das Ähnlichkeit mit der Geschichte des Christentums hat. Bahā'u'llāh war während seines gesamten prophetischen Amtes ein Gefangener und Verbannter, der staatlichen Gewalt ausgeliefert. Er war zu aller Zeit bar jeglicher Macht, er war Prophet und nicht zugleich (wie der Prophet Muḥammad) auch Oberhaupt eines staatlichen Gemeinwesens. Die Bahā'ī-Gemeinden waren von Anbeginn Diaspora in einer völlig anders geprägten politischen Welt. Wie beim Christentum vollzieht sich die Ausbreitung des Bahā'ī-Glaubens durch Zellvermehrung in einem langen, sauerteigartigen Prozeß. Diese religionsgeschichtliche Ausgangslage bedingt, daß zahlreiche Normen des Offenbarungsrechts, insbesondere die auf die staatliche Ordnung zielenden Gesetze, erst in einer heute noch nicht absehbaren Zeit Anwendung finden können. Der *Kitāb-i-Aqdas* enthält, wie Shoghi Effendi formulierte, einige Normen, die »in Vorwegnahme eines Zustands der Gesellschaft offenbart wurden, die einst aus den heute herrschenden chaotischen Verhältnissen hervorgehen wird«[147]. Dies gilt besonders für die strafrechtlichen Vorschriften, die ein Gemeinwesen voraussetzen, das schon von den politischen Strukturen der Offenbarung Bahā'u'llāhs geprägt ist.

Diese unterschiedliche Ausgangslage bedingte, daß die Einführung des Gottesgesetzes nicht *ipso iure*, mit der Offenbarung und Verkündigung, sondern schrittweise, in einem historischen Prozeß erfolgt. Die Einführung der Gesetze *peu à peu* geht auf Bahā'u'llāh selbst zurück, der in einem (noch unveröffentlichten) Brief an Zaynu'l Muqarrabīn vom 27. Dhi'l-Qa'dih (= 26. Dezember 1875) bestimmte, daß eine Reihe von Gesetzen erst dann zur Anwendung kommen sollen, wenn die Zeit dafür reif ist.[148] Das Universale Haus der Gerechtigkeit spricht von einem »im göttlichen Ratschluß liegenden Aufschub bei der Offenbarung des Grundgesetzes Gottes für dieses Zeitalter«[149] und zitiert in diesem

147 zitiert nach *Inhaltsübersicht*, Einführung, S. 20

148 Bahā'ī World Centre, *Memorandum* des Research Department vom 21. Januar 1994 (N 78).

149 *Inhaltsübersicht*, Einführung, S. 16

Zusammenhang die bekannte Passage aus *Ährenlese*[150], in der Bahā'u'llāh anhand der Metapher von der aufgehenden Sonne die Fassungskraft des Menschen als den entscheidenden Faktor für das Ausmaß der Offenbarung bezeichnet, die insofern dialogischen Charakter hat. Dies bedeutet, daß die dem Prinzip der fortschreitenden Gottesoffenbarung immanente Dialektik zwischen der Offenbarung und menschlichem Denken[151], die Rücksichtnahme der Offenbarung auf die menschliche Fassungskraft[152], nicht nur in der Kette der aufeinanderfolgenden Offenbarungen waltet, sondern selbst während der Amtszeit des Propheten.

Zutreffend weist A. Taherzadeh darauf hin, wie schwierig es doch sei, die Völker aus ihrer Verhaftung in lang geübte, als selbstverständlich empfundene Gewohnheiten und Lebensordnungen zu lösen und ihnen Gesetze zu bringen, die einen Bruch mit ihrer bisherigen Lebensordnung bedeuten.[153] Dieser notwendige Bruch, den jeder Religionsstifter mit der religiösen Tradition, aus der er stammte, mit deren veralteten, abgenutzten Formen und Institutionen vollzogen hat, um die Religion den Bedürfnissen einer neuen Epoche schöpferisch anzupassen, wurde schon in der Vergangenheit von den Boten Gottes nicht abrupt vollzogen, sondern abgemildert. Der jüdische Religionsphilosoph Moses Maimonides hat dieser Frage ein ganzes Kapitel seines Werkes *Dalālat al-Ḥā'irīn*[154] gewidmet und dargestellt, wie sehr die menschliche Natur sich einem plötzlichen und radikalen Wandel der Lebensordnung widersetzt. Gott, der die Natur des Menschen niemals in mirakelhafter Weise ändert, trägt dem dadurch Rechnung, daß er das angestrebte Ziel nicht unvermittelt dekretiert, sondern auf Umwegen angeht: Die vierzigjährige Wanderschaft des jüdischen Volkes durch die Wüste Sinai diente nach Maimonides der Herauslösung des Volkes aus den bisherigen Ordnungen, Gewohnheiten und Bräuchen. Erst als eine neue Generation herangewachsen war, die die Erfahrungen in Ägypten nicht mehr kannte, führte Moses sie in das gelobte Land. Maimonides sieht darin

150 Kap. 38

151 vgl. hierzu *Heilsgeschichte*, S. 116 ff.

152 »Ich habe euch noch viel zu sagen; aber ihr könnt es jetzt nicht tragen« (Joh. 16:12; *Ährenlese* 38).

153 *Die Offenbarung Bahā'u'llāhs*, Bd. 2, S. 423 ff.

154 *Führer der Unschlüssigen*, 32. Kapitel, S. 197 ff.

auch den Grund dafür, daß nach der göttlichen Weisheit in die Gesetze der Thora durchaus heidnische Gottesdienstformen eingegangen sind, wie die Einrichtung des Tempels, des Opfers, der Altäre und dergleichen, doch mit der strikten Weisung, daß außer dem Gott, der durch Mose sprach, kein anderes Wesen angebetet werden durfte: »So wurden durch Gottes Plan die Spuren des Götzendienstes beseitigt und das wahrhaft große Prinzip unseres Glaubens, die Existenz und Einheit Gottes, fest begründet.«[155]

Aus demselben Grunde hat auch das Gesetz des Qur'ān vielfach altarabisches Heidentum integriert, das nun, in einem ganz anderen Kontext, mit anderem Sinngehalt weiterlebte und ein Mindestmaß an Kontinuität der Lebensordnung bewirkte. Ein Beispiel dafür, wie Gottes Gesetz dem unabdingbar notwendigen Wandel der Tragfähigkeit des Volkes angepaßt wird, ist das Verbot des Genusses berauschender Getränke. Als der Prophet Muḥammad den Arabern den Wein verbot, dem sie im Übermaß zuzusprechen pflegten, führte er dieses für sie einschneidende Verbot schrittweise ein. Die früheste Äußerung im Qur'ān sagt, im Wein und im Spiel liege Schaden und Nutzen für die Menschen, doch der Schaden sei größer als der Nutzen.[156] Später wurde denen, die betrunken waren, die Teilnahme am gemeinschaftlichen Gebet untersagt.[157] Als die Gemeinde schon im Glauben gefestigt war, brandmarkte eine Sure den Wein und das Glücksspiel als »ein Abscheu, ein Greuel, ein Werk Satans« und gebot den Muslimen, sich dessen zu enthalten.[158]

Auch Bahā'u'llāh folgte diesem Prinzip der allmählichen, sanften Einführung seiner Gesetze.[159] Ein Beispiel dafür ist die Einführung der Monogamie. Der explizite Wortlaut verbietet dem Mann mehr als zwei Frauen, versichert jedoch, daß beide Partner Zufriedenheit finden, wenn der Mann sich mit einer Frau begnügt.[160] Eine unbefangene Interpretation des Textes legt nahe,

---

155 Maimonides, *a. a. O.*, 32. Kapitel, S. 201 ff.
156 *Qur'ān* 2:220
157 *Qur'ān* 4:43
158 *Qur'ān* 5:90-92
159 »Er ist durchaus fähig, durch die Macht eines einzigen Wortes die Welt umzustürzen. Da Er jedoch allen Menschen auferlegt hat, Weisheit zu üben, hält Er sich selbst an das Seil der Geduld und des Verzichtes« (*Botschaften* 17:103).
160 *Kitāb-i-Aqdas* 63

daß Bahā'u'llāh, wie schon der Bāb, die Bigamie zuläßt, der Monogamie jedoch den Vorzug gibt. Die Lage wäre vergleichbar mit der qur'ānischen Gesetzgebung, in der dem Mann unter der Bedingung gerechter Behandlung vier Frauen gestattet werden.[161] Diese Bedingung wird jedoch an anderer Stelle im Qur'ān als uneinlösbar bezeichnet.[162] Die frühen islamischen Exegeten haben diese qur'ānische Ehegesetzgebung patriarchalisch interpretiert, indem sie dem Mann von Rechts wegen vier Frauen zugestanden und die vom Propheten intendierte Einehe als Appell an das Gewissen der Gläubigen deuteten. Fromme Muslime, die es dem Propheten in allem recht machen wollten, heirateten deshalb nur eine Frau. Diese durch die Tradition geheiligte Interpretation der islamischen Juristen, die darauf hinausläuft, daß die Polygamie der Legalität entsprach und die intendierte Monogamie in den Bereich der Moralität verwiesen wurde, ist jedoch keineswegs zwingend. Islamische Länder (wie z. B. Tunesien), welche die Polygamie verboten und die Einehe einführten, beriefen sich darauf, daß »das qur'ānische Gebot, zwischen Ehefrauen Gerechtigkeit walten zu lassen, verbunden mit der Erklärung, daß dies unmöglich sei, das Verbot der Polygamie impliziere«[163]. Moderne islamische Frauenrechtlerinnen, die die Abschaffung der Polygamie fordern, folgen dieser Argumentation.[164] Da die Gläubigen der frühen Bahā'ī-Gemeinde durchweg aus Ländern des islamischen Kulturkreises stammten, gab es darunter viele Männer, die mit mehreren Frauen verheiratet waren. Bahā'u'llāh hat deshalb die von ihm intendierte, explizite Einführung der Monogamie aufgeschoben und 'Abdu'l-Bahā überlassen, der nach Bahā'u'llāhs Tod, eine Generation später, klarstellte, daß die *ratio legis* dieses Verses[165] die Einehe sei, weil die Bigamie von einer uneinlösba-

---

161 *Qur'ān* 4:4

162 »Und ihr werdet die Frauen, die ihr zur gleichen Zeit als Ehefrauen habt, nicht wirklich gerecht behandeln können, so sehr ihr auch danach trachten mögt« (*Qur'ān* 4:129).

163 Fazlur Rahman, »Laws and Ethics in Islam«, in: Hovannisian, *Ethics in Islam*, S. 6. Zur Bedeutung der evolutionären Qur'ān-Interpretation für das tunesische Personalstatut vgl. Mohamed Charfi, *Introduction à l'Étude du Droit*, S. 72 ff.

164 vgl. Al-Anisa Nazīra Zainaddin, *Al-fatāh wa'sh-shuyūkh*, Beirut 1348/1929; Rudi Paret, *Zur Frauenfrage in der arabisch-islamischen Welt*, S. 29 ff.

165 *Kitāb-i-Aqdas* 63

ren Bedingung, nämlich der gerechten Behandlung beider Ehefrauen, abhängig gemacht ist[166].

Daß diese Interpretation ʿAbdu'l-Bahās, der dem Sinn und Zweck des Gesetzes zum Durchbruch verhilft, sich im Rahmen seiner Lehrgewalt hält, zeigt die erwähnte Argumentation aufgeklärter islamischer Denker, die aus der analogen Gesetzeslage des Qur'ān den gleichen Schluß gezogen haben. Wem die Interpretation ʿAbdu'l-Bahās nach hermeneutischen Prinzipien als zu kühn erscheint, mag sich damit abfinden, daß man den Durchbruch zum Gesetzeswillen auch als legislatorischen Akt ansehen kann. Daß ʿAbdu'l-Bahā durchaus auch gesetzgeberische Kompetenzen[167] innehatte, beweist sein *Testament*, wo er die Institutionen des Hütertums sowie der »sekundären Häuser der Gerechtigkeit« einsetzte und die Wahlmodalitäten des Universalen Hauses der Gerechtigkeit festsetzte. Ohne ʿAbdu'l-Bahā als Nachfolger, ohne die ihm übertragenen Kompetenzen und ohne seine charismatische Autorität hätte Bahā'u'llāh gewiß so kaum verfahren können.

Diese ungewöhnlichen Strukturen, an die man nicht die Meßlatte des modernen staatlichen Gesetzgebungsverfahren anlegen darf, sondern den biblischen Vers »Meine Gedanken sind nicht eure Gedanken, und eure Wege sind nicht meine Wege, spricht der Herr!«[168], zeugen einmal mehr davon, daß eine unkommentierte Veröffentlichung des Werkes in einer westlichen Sprache oder gar eine Übersetzung durch Außenstehende, die mit diesen Gegebenheiten nicht vertraut sind, nur zu Mißverständnissen führen kann, wie dies denn auch bei der von den Missionaren Elder und Miller besorgten Übertragung der Fall war.

---

166 Ficicchias Formulierung, »die *Bigamie* ist zugelassen, doch wird sie nicht unbedingt empfohlen« (*Bahā'ismus*, S. 156, Hervorhebung durch F.) und seine Mitteilung, »im heutigen Bahā'ītum ist die Mehrehe *de facto* aufgehoben, wahrscheinlich auf Veranlassung ʿAbbās Efendīs, der dagegen eingestellt war und in ihr wohl ein erhebliches Hindernis für die Missionierung des Westens erblickte« (*Bahā'ismus*, S. 157, Fußnote 65), gibt den wirklichen Sachverhalt nicht wieder. ʿAbdu'l-Bahā hatte keineswegs die Autorität, das göttliche Gesetz nach Gutdünken, nach Gründen der Opportunität, zu abrogieren, wie Ficicchia dies auch an anderer Stelle andeutet (*Bahā'ismus*, S. 293).

167 Näheres hierzu in *Grundlagen*, S. 62 ff., 65 ff.; U. Gollmer, Kap. 11.III; ders., *Gottesreich*, Kap. 4.2.4.2 und Kap. 11.2.2.

168 Jes. 55:8

Aus allen diesen Gründen hat schon 'Abdu'l-Bahā für die Übersetzung des Werks eine Expertenkommission gefordert, da die Übersetzung durch einen einzelnen nicht genüge.[169] Shoghi Effendi hatte damit begonnen, »schrittweise, dem Fortschritt der Sache entsprechend, jene Gesetze des *Kitāb-i-Aqdas* einzuführen und anzuwenden, für die nach seinem Urteil die Zeit gekommen war und die nicht in direktem Widerspruch zum staatlichen Recht standen«[170]. Auf seine Veranlassung hat der Nationale Geistige Rat von Ägypten bereits in den 30er Jahren eine Systematik der Bahā'ī-Gesetze des persönlichen Status, also des Ehe-, Scheidungs- und Erbrechts, erstellt.[171] Gegen Ende seines Lebens arbeitete Shoghi Effendi am Entwurf einer systematischen Übersicht über den Inhalt des *Kitāb-i-Aqdas*, die als »notwendiger Auftakt zur Veröffentlichung des heiligsten Buches«[172] gedacht war. Das Universale Haus der Gerechtigkeit vollendete diese Arbeit mit der 1973 erfolgten Veröffentlichung der *Synopsis and Codification of the Laws and Ordinances of the Kitāb-i-Aqdas*.

Die komplette englische Ausgabe des Werkes[173] mit supplementären Texten und Erläuterungen liegt inzwischen vor. Damit ist Ficicchias böse Anschuldigung, das Werk werde geheimgehalten, widerlegt. Daß er aus dem bloßen Umstand, daß bislang noch keine authentische Übersetzung vorlag, die in höchstem Maße rufschädigende Verleumdung ableitete, das Buch werde verheimlicht und unter Verschluß gehalten und daß er diese Verleumdung ohne jeglichen Beweis, auf bloßen Verdacht hin publiziert erhielt, ist ein Skandal. Nicht weniger skandalös ist die Tatsache, daß Ficicchia ungeachtet der 1992 erschienenen authentischen englischen Übertragung des *Kitāb-i-Aqdas* in seinem (geringfügig veränderten) Beitrag in dem 1994 in vierter Auflage erschienenen *Lexikon der Sekten* den Leser immer noch darüber desinformiert, der »Volltext« des Werkes werde den Bahā'ī vorenthalten, weil die darin enthaltenen Bestimmungen ihrer Mission abträglich wä-

---

169 *Tablets of 'Abdu'l-Bahā*, Bd. 2, S. 466
170 *Inhaltsübersicht*, Vorwort, S. 18
171 vgl. *Inhaltsübersicht, a. a. O.*
172 *Inhaltsübersicht*, Vorwort, S. 18
173 Bahā'u'llāh, *The Kitāb-i-Aqdas. The Most Holy Book*, Bahā'ī World Centre, Haifa 1992

ren.[174] Auch der evangelische Theologe Rainer Flasche zeigt sich nicht gerade auf der Höhe der Entwicklung, wenn er in einem 1993 erschienenen Beitrag im Hinblick auf den *Kitāb-i-Aqdas* lapidar feststellt: »In der Sprache Gottes, Arabisch, verfaßt, gilt es als unübersetzbar und ist auch in anderen Sprachen nicht zugänglich.«[175] Im arabischen Urtext war das Werk seit seiner Veröffentlichung[176] allgemein zugänglich. Die St. Petersburger Publikation des Werkes im Urtext und in russischer Übertragung ist in den meisten Universitätsbibliotheken erhältlich. Im übrigen wird eine Neuauflage der vergriffenen Editionen 1995 erfolgen.

IV. Einzelne Sachfragen

1. Die *taqīya* — ein Gesetz Bahā'u'llāhs?

Der von ihm behaupteten Verheimlichung des *Kitāb-i-Aqdas* versucht Ficicchia noch besondere Glaubwürdigkeit dadurch zu verleihen, daß er dem Leser vormacht, diese in höchstem Maße anstößige Manipulation sei durch ein im *Kitāb-i-Aqdas* enthaltenes Gesetz, die *taqīya*, gedeckt und so moralisch legitimiert.[177]

a) Was ist *taqīya*? Es ist das Verhehlen, das Verleugnen des Glaubens im Falle der Verfolgung, bei Lebensgefahr. Diese Institution ist keineswegs, wie Ficicchia behauptet, im Qur'ān »verankert«. Dort finden sich lediglich Verse aus frühester Zeit[178], aus denen die vier sunnitischen Rechtsschulen und auch die shī'itische Rechtslehre im Wege der Rechtsanalogie ein allgemeines Prinzip, die *taqīya*, abgeleitet haben, wobei sich die Rechtsschule der *Shī'a* vor allem auch auf Überlieferungen der Imāme[179] stützt. Die *taqīya* (persisch: *kitmān*) wurde für die *Shī'a* zum besonderen Unterscheidungsmerkmal. Während die sunnitischen Rechtsschu-

174 Sp. 102; ebenso noch 1995 im *Materialdienst* 3/95, S. 90

175 *Lexikon für Theologie und Kirche*, 3. Aufl., Bd. 1, Stichwort »Bahā'ī-Religion« (Sp. 39 ff.)

176 vgl. S. 248 ff.

177 *Bahā'ismus*, S. 151, 405; *Lexikon der Religionen*, S. 47; *Materialdienst*, S. 239

178 16:107; 3:28

179 besonders des sechsten Imām, Ja'far aṣ Ṣādiq (siehe M. Momen, *Shi'ih Islam*, S. 38 ff., 183, 236).

len den Gläubigen das Recht zusprachen, ihren Glauben im Falle von Lebensgefahr zu verbergen, ist es nach shī'itischer Rechtsauslegung sogar eine Pflicht, sich so zu verhalten: Der Gläubige soll ein unnötiges Martyrium vermeiden und sich für die Gemeinde der Gläubigen bewahren.[180]

b) Mit seiner Behauptung, die *taqīya* sei von Bahā'u'llāh offiziell wieder eingeführt worden[181], sie sei im *Kitāb-i-Aqdas* ausdrücklich erlaubt[182] und werde in der Bahā'ī-Gemeinde vielfältig praktiziert[183], hat Ficicchia wieder tief in das Füllhorn seiner Lügen gegriffen.

Es ist hier nicht der Ort, die außerordentlich komplexe Frage der *taqīya* und ihrer Anwendung in der Bābī-Gemeinde und der Bahā'ī-Gemeinde näher darzustellen. Dazu bedarf es noch eingehender Recherchen künftiger Historiker, die auch die bislang unveröffentlichten Texte heranziehen müßten. Wie von Gollmer dargestellt[184], trat der Bāb nicht sogleich mit seinem vollen prophetischen Anspruch an die Öffentlichkeit. Seine Botschaft, die »im Gegensatz zum gesamten shī'itischen Erwartungshorizont stand«[185], war zunächst »kunstvoll verborgen in einem Labyrinth von Metaphern«[186]. Im *Dalā'il al-Sab'a*[187] verbot er seinen Jüngern, seine volle Stufe bekannt zu machen, um Verfolgungen zu vermeiden. Den Bābī war die *taqīya* zunächst nicht verboten.[188] Daß sie häufig nicht geübt wurde, zeigen die blutigen Verfolgungen der Jahre 1848-1852.

Die einzige Stelle im Schrifttum Bahā'u'llāhs, die ich bislang ausfindig machen konnte, in der das Wort *taqīya* überhaupt vorkommt, befindet sich in der Sammlung des Faḍil-i-Māzindarānī, *Amr va Khalq*[189]. Dieser bislang noch nicht übersetzte Text beant-

180 *SEI*, S. 562; 'Allāmah Sayyid Muḥammad Ḥusayn Ṭabāṭabā'ī, *Shi'ite Islam*, S. 223 ff.; Naser Makarem, in: Michael M. J. Fischer, *Iran. From Religious Dispute to Revolution*, S. 68.
181 *Bahā'ismus*, S. 181
182 *Bahā'ismus*, S. 151
183 *Bahā'ismus*, S. 156, 399, 405, 406, 408; *Materialdienst*, S. 239
184 vgl. Kapitel 10,I
185 Abbas Amanat, *Resurrection and Renewal*, S. 201
186 *a. a. O.*
187 vgl. hierzu John Walbridge, in: *Encyclopédie Philosophique Universelle*, Bd. IV.1, S. 1917
188 vgl. *Briefe und Botschaften* 129:8; A. Amanat, *Resurrection*, S. 201
189 4 Bände, Teheran 1965-1974, Reprint Hofheim 1978, Bd. 3, S. 128

wortet eine Anfrage zum Thema *taqīya*, aus der deutlich wird, daß Bahā'u'llāh nach dem Märtyrertod des Badī'[190] die Gläubigen angewiesen hat, ihr Leben nicht ohne Not hinzugeben.[191] Im (in westlichen Sprachen noch unveröffentlichten) Schrifttum 'Abdu'l-Bahās kommt der Begriff *taqīya* gelegentlich vor, doch gebrauchte er ihn nicht im Sinne der Verleugnung des Glaubens, sondern eher im Sinne von *ḥikma*: Klugheit, gesundes Urteil, richtiges Verhalten[192] — eine Tugend, die Bahā'u'llāh gerade im Hinblick auf die Bezeugung des Glaubens besonders eingeschärft hat[193] und die Vorsicht impliziert.

Daß die *taqīya* im *Kitāb-i-Aqdas* ausdrücklich zugelassen und von den Bahā'ī ganz allgemein praktiziert werde, ist absolut unwahr. Im *Kitāb-i-Aqdas* findet sich darüber kein Wort. Ficicchia hat sich wohl auf Römer[194] verlassen, der das behauptet. Doch Römer lag dieses Werk nicht vor. Warum hat Ficicchia, dem doch die (nichtauthentische) englische Ausgabe vorlag, nicht wenigstens die Seitenzahl angegeben, wo sich dieses Gesetz befinden soll? Der Begriff taucht auch in Millers Erläuterungen nirgendwo auf. Ficicchias Behauptung, die *taqīya* werde in der Gemeinde allgemein geübt[195], ist eine Lüge mehr. Die Wahrheit ist, daß die *taqīya* im Sinne der Glaubensverleugnung den Bahā'ī verboten ist. Shoghi Effendi hat eindeutig klargestellt, daß die Bahā'ī ihren Glauben nicht verleugnen dürfen.[196] Die Pflicht zur Wahrhaftig-

---

190 Er war der Überbringer des *Lawḥ-i-Sulṭān* an Nāṣiri'd-Dīn Shāh im Jahr 1869 (vgl. H. Balyuzi, *Bahā'u'llāh. The King of Glory*, S. 293-310; A. Taherzadeh, *Die Offenbarung Bahā'u'llāhs*, Bd. 2, S. 217 ff., 243 ff.).

191 vgl. hierzu A. Taherzadeh, *The Revelation*, Bd. 4, S. 305

192 *Memorandum des Research Department* vom 7. März 1994

193 vgl. *Ährenlese* 163:5

194 *Die Bābī-Behā'ī*, S. 110, 141

195 S. 156, 399, 406, 407 ff.; *Materialdienst*, S. 239; *Herder-Lexikon*, S. 347

196 So ersuchte er in einem Brief vom 26. Oktober 1927 an die persische Bahā'ī-Gemeinde die Gläubigen, bei standesamtlichen Registrierungen und Volkszählungen ihren Glauben nicht zu verleugnen und sich nicht als Muslime, Juden, Christen oder Zarathustrier auszugeben (vgl. Fāḍil-i-Māzindarānī, *Amr va Khalq*, Bd. IV, S. 385/386; weitere Quellen für das Verbot der *taqīya* finden wir bei Abdu'l Hamid Ishraq Khāvarī, *Ganjīnih-i-Hudūd-va-Aḥkām*, S. 456). In der Sammlung der Briefe Shoghi Effendis an die persische Bahā'ī-Gemeinde in der Zeit von 1922 bis 1949 (*Tawqī'āt-i-Mubārakih 1922-1948*, Teheran 1973, Bd. 3) finden sich immer wieder Hinweise auf dieses Verbot (vgl. Briefe vom 21. August 1933, 1. November 1933, 23. April 1934, 1. Februar 1935, 23. Dezember 1935, 16. November 1937).

keit, die geradezu als »Fundament aller Tugenden«[197] erscheint, und die Brandmarkung der Lüge als »übelster aller Charakterzüge«, als »Ursprung des Bösen«[198], läßt nach Shoghi Effendi[199] nicht einmal eine Notlüge zu[200].

Selbst die vielfach eingeschärfte, hochrangige Pflicht zum Gehorsam gegenüber der Obrigkeit darf nicht zur Verleugnung des Glaubens führen. Sie findet da ihre Grenze, wo es um den Kernbereich des Glaubens geht. Gollmer schreibt hierzu: »Der Erhalt der Gemeindestrukturen und die Anwendungen der diesbezüglichen Teile des göttlichen Rechts gehören ausdrücklich *nicht* dazu... Im Ernstfall müssen die Bahā'ī bereit sein, für ihren Glauben zu sterben. Zentral sind die ethischen Grundsätze der Glaubwürdigkeit und Vertrauenswürdigkeit. So mahnt die Schrift die Gläubigen zwar wiederholt zur Klugheit (*ḥikma*), die shī'itische Praxis der *taqīya*, die Leugnung der eigenen Glaubensüberzeugung angesichts von Gefahr, wird jedoch verworfen.«[201] Die von ihm angeführten Quellen sind eindeutig: »In solch reinen Verwaltungsangelegenheiten stehen die Gläubigen unter der strikten Pflicht, den Behörden zu gehorchen.«[202] »Soweit es ihre Verwaltungstätigkeiten anbelangt, müssen die Urteile und die amtlichen Entscheidungen ihrer zuständigen Behörden respektiert und loyal befolgt werden. Doch in Fragen, die die Integrität und das Ansehen des Glaubens Bahā'u'llāhs betreffen und auf einen Widerruf ihres Glaubens und ihrer innersten Überzeugungen hinauslaufen, sind sie ohne zu zögern bereit, ihrer Überzeugung zu folgen und diese mit ihrem Lebensblut zu besiegeln.«[203] Selbst da, wo staatliche Machthaber die freie Religionsausübung der Bahā'ī auf Null reduzieren wie derzeit im Iran, stellen die Bahā'ī, getreu ihren

---

197 'Abdu'l-Bahā, *Tablets*, Bd. 2, S. 459
198 *Beantwortete Fragen* 57:12
199 *Zum wirklichen Leben*, S. 7
200 Einzige Ausnahme: Der Arzt zum Wohl des Patienten. Ganz im Gegensatz zur shī'itischen Haltung, die in einem oft zitierten Ausspruch des Sa'dī zum Ausdruck kommt: »Eine gutgemeinte und beruhigende Lüge ist besser als eine Unheil bringende Wahrheit« (zitiert nach M. J. Fischer, *Iran*, S. 17). Zum Thema »Wahrhaftigkeit« vgl.: »*Vertrauenswürdigkeit — Eine Kardinaltugend der Bahā'ī*, zusammengestellt von der Forschungsabteilung des Universalen Hauses der Gerechtigkeit«, Hofheim 1990; ferner mein Beitrag »Ethics«, in *The Bahā'ī Encyclopedia* (X, 2).
201 vgl. U. Gollmer, *Gottesreich*, Kap. 10.2.2
202 Shoghi Effendi, *The Light of Divine Guidance*, S. 91
203 Shoghi Effendi, *Bahā'ī Administration*, S. 162; vgl. auch S. 122

Grundsätzen, den Gehorsam gegenüber dem Staat über ihre eigenen Interessen[204], doch weigern sie sich, »Befehlen nachzukommen, die einen Glaubenswiderruf... bedeuten oder zur Untreue gegen ihre grundlegenden, gottgegebenen Prinzipien und Vorschriften auffordern«. Sie werden »eher Kerkerhaft, Verbannung und alle Arten von Verfolgung auf sich nehmen, ja sogar den Tod, ... bevor sie dem Diktat der weltlichen Obrigkeit folgen und ihrer Sache abtrünnig werden«[205].

Wäre die *taqīya* ein Gesetz Bahā'u'llāhs und würde sie von den Bahā'ī geübt, wie ließen sich dann die Blutzeugnisse in der Zeit des Bāb und Bahā'u'llāhs, die vielen Märtyrer, erklären, die ihr Leben hätten retten können, hätten sie ihren Glauben verleugnet?[206] Seit der iranischen Revolution bis zum 18. März 1992 sind von den Revolutionsgerichten, oftmals ohne gerichtliches Verfahren, mehr als zweihundert Bahā'ī hingerichtet worden, und noch in jüngster Zeit, am 23. November 1993, haben Revolutionsgerichte von Teheran und Rafsanjan drei Bahā'ī als »*murtadd*«[207] und als »*kuffār-i-ḥarbī*«[208] zum Tod verurteilt[209]. Sie alle hätten ihr Leben retten können und wären sofort auf freien Fuß gesetzt worden, hätten sie dem Ansinnen, ihren Glauben zu verleugnen, Folge geleistet. Und noch immer könnten die Bahā'ī im Iran sich der ständigen Menschenrechtsverletzungen und der umfassenden Unterdrückungsmaßnahmen[210] entziehen, würden sie sich gegen-

---

204 Als der Generalstaatsanwalt der Iranischen Republik, Sayyid Ḥusayn Moussavī-Tabrīzī, durch Erlaß vom 29. August 1983 sämtliche Selbstverwaltungskörperschaften der Bahā'ī im Iran verbot, erklärte der Nationale Geistige Rat der Bahā'ī im Iran durch offenen Brief vom 3. September 1983 (abgedruckt in: Douglas Martin, »The Persecution of the Bahā'īs of Iran 1844-1984«, *Bahā'ī Studies*, Nr. 12/13, Ottawa 1984, S. 82 ff.) unter Protest gegen diese Verletzung der Religionsfreiheit die über 500 örtlichen Geistigen Räte im Iran und sich selbst für aufgelöst.

205 Shoghi Effendi, *Gott geht vorüber*, S. 422

206 vgl. Shoghi Effendi, *Gott geht vorüber*, S. 227, 338 ff., 420 ff.

207 Apostaten, vgl. *SEI*, S. 413 und 475 (*ridda*)

208 nicht geschützte Ungläubige, die sich mit der muslimischen Nation im Krieg befinden

209 *Frankfurter Allgemeine Zeitung* vom 27.1.1994; vgl. auch »Final Report on the Situation of Human Rights in the Islamic Republic of Iran«, prepared by the Special Representative of the Commission on Human Rights, Mr. Reynaldo Galindo Pohl, vom 28. Januar 1993 (E/CN. 4/1993/41) Nr. 10, 34, 223-242, 252-257, 310-311.

210 wie z. B. die willkürliche Verhaftung von Gläubigen, die Verweigerung von Geburtsurkunden, von Reisepässen, Ausreisevisen und Gewerbescheinen, die Verweigerung des Zugangs zu Schulen und Universitäten, zu landwirtschaftlichen Kooperationen, die Entlassung aus dem Staatsdienst mit der Rückforderung aller jemals

über den Behörden als Muslime ausgeben oder, sofern sie als Bahā'ī bekannt sind, öffentlich in den drei größten Tageszeitungen ihrem Glauben abschwören.

Die Verleugnung des Glaubens ist nach der Bahā'ī-Lehre selbst dann sittlich unerlaubt, wenn Lebensgefahr droht. Eine der höchsten Tugenden, der der Bahā'ī verpflichtet ist, ist die Tapferkeit, die Standhaftigkeit (*al-istiqāma*) im Glauben[211], die Bereitschaft, mit der ganzen Person für die Sache Gottes einzustehen und alle Prüfungen, Trübsale und Drangsale auszuhalten[212]: »Steht so unverrückbar fest wie ein Berg in der Sache eures Herrn, des

gezahlten Gehälter, die Einstellung aller Pensionen, die Verweigerung medizinischer Behandlung in Kliniken, die Schließung von Geschäften, die Schließung von Bahā'ī-Friedhöfen und die Beseitigung aller Grabstätten und dergleichen mehr. Wie rechtlos und schutzlos die Bahā'ī im Iran sind, beleuchtet der Umstand, daß die Verletzung eines Bahā'ī weder strafrechtliche noch zivilrechtliche Konsequenzen hat. Zwei Beispiele:

a) Bei einem durch Fahrlässigkeit verursachten Verkehrsunfall war eine Frau zu Tode gekommen, ein Mann verletzt worden. Durch Urteil vom 5.11.1371 (= 25. Januar 1992) hat das zuständige Strafgericht 1, Teheran (Abteilung 143) den für den Unfall verantwortlichen Fahrer, Amīr Ḥusayn Ḥātamī, lediglich wegen Verletzung der Verkehrsbestimmungen zu einer Geldstrafe verurteilt und das Verfahren wegen fahrlässiger Tötung und fahrlässiger Körperverletzung eingestellt. Grund: Beide Opfer des Unfalls waren Bahā'ī. Aus dem gleichen Grund wurde im selben Verfahren die Klage auf Schadensersatz abgewiesen, weil es sich bei dem Opfer um kein schutzwürdiges Leben handele.

b) Das Strafgericht 1 Abt. 4 in Shahr-i Ray hat in der Strafsache gegen Sulayman und Rahman Iynullahi durch Urteil vom 21. September 1993 (Nr. 508-30/6/72) beide Angeklagten, die einen Bahā'ī beraubt und anschließend ermordet hatten, vom Vorwurf des Mordes freigesprochen und die Zahlung des Blutgeldes zurückgewiesen, weil das Opfer »ein Mitglied der irregeleiteten und irreleitenden Sekte des Bahā'ismus war«. Wegen der Rechtslage beruft sich das Urteil auf Dekrete des Imām Khomeini. Die Angeklagten wurden lediglich wegen Störung der öffentlichen Ordnung und Sicherheit zu je achtzehn Monaten Gefängnis unter Anrechnung der erlittenen Untersuchungshaft verurteilt.

Zum Ganzen vgl. den Bericht der Vereinten Nationen (Economic and Social Council E/CN.4/1994/50) vom 2. Februar 1994: Final Report on the Situation of Human Rights in the Islamic Republic of Iran prepared by the Special Representative of the Commission on Human Rights, Mr. Reynaldo Galindo Pohl, Nr. 7, 8, 14, 144-169, 221, 254, 257. Zu den theologischen Gründen der Verfolgung siehe Payam Akhavan, »Implications of Twelver Shi'ih Mihdism on Religious Tolerance: The Case of the Baha'i Minority in the Islamic Republic of Iran«, in: Vogt, Kari/Tore Lindholm (Hrsg.), *Islamic Law Reform. Challenges and Rejoinders*, Scandinavian University Press, 1994.

211 vgl. *Kitāb-i-Īqān* 262; *Kitāb-i-Aqdas* 134; *Ährenlese* 134:1; 161:1; 66:11 u. a. Näheres zu dieser Tugend vgl. *The Bahā'ī Encyclopedia*, Stichwort »Ethics« VIII, 3.

212 vgl. *Die Verborgenen Worte*, arab. 48-51

Mächtigen, des Liebenden.«[213] In meinem Beitrag über die Bahā'ī-Ethik[214] habe ich hierzu ausgeführt:

> »Die höchste Form der Standhaftigkeit ist die Selbstpreisgabe, die Bereitschaft zum Blutzeugnis gemäß dem Gebot, eher das ›Martyrium[215] auf Meinem Pfade‹[216] auf sich zu nehmen und sein Blut ›im Staube auf Meinem Pfad zu vergießen‹[217], als die Sache Gottes zu verleugnen. Im Martyrium wird die religiöse Wahrhaftigkeit und Aufrichtigkeit zur Tat, in ihm findet der Tatbeweis des Lebens für die Echtheit des Glaubens seine letzte Krönung. Die Todesbereitschaft ist so eines der Fundamente des Bahā'ī-Lebens, eindrucksvoll bezeugt durch einhundertfünfzig Jahre blutiger Verfolgung der Bahā'ī im Iran.[218] Doch ist auch hier, wie bei allen Tugenden, das Gebot des ›rechten Maßes‹ zu beachten, damit die hehrste Tugend nicht zur schlimmsten Fehlhaltung verkommt: zum religiösen Fanatismus.«

Heißt es im *Kitāb-i-Īqān* »Er[219] sollte nicht zögern, sein Leben für seinen Geliebten zu opfern«[220], so sollen die Gläubigen doch das Martyrium nicht suchen, sondern ihr ganzes Leben in den Dienst der Sache Gottes und der Verkündung seiner Botschaft stellen. Bahā'u'llāh hat die Gläubigen vielfach aufgefordert, dies mit Klugheit (*ḥikma*) zu tun[221] und auf ihre Sicherheit zu achten. Er mahnt seine Anhänger: »An diesem Tage können Wir weder das Verhalten des Furchtsamen billigen, der seinen Glauben zu ver-

---

213 *Kitāb-i-Aqdas* 183

214 »Ethics« in: *The Bahā'ī Encyclopedia*

215 Das Martyrium ist unzweifelhaft das größte Opfer, das der Mensch Gott darbringen kann, vorausgesetzt, daß es durch Umstände bedingt ist, auf die der Gläubige keinen Einfluß hat. Zum Thema vgl. A. Taherzadeh, *Die Offenbarung Bahā'u'llāhs*, Bd. 2, S. 126 ff.

216 *Die Verborgenen Worte*, arab. 45

217 *Die Verborgenen Worte*, arab. 46, 47, 71; *Kitāb-i-Īqān* 215

218 vgl. *Die Bahā'ī im Iran. Dokumentation der Verfolgung einer religiösen Minderheit*, Hofheim [4]1985

219 der Gottsucher

220 Abschnitt 215

221 *Brief an den Sohn des Wolfes* 93; *Botschaften* 11:31; 17:43

hehlen sucht, noch das Verhalten des sich offen bekennenden Gläubigen gutheißen, der lärmend seine Treue zu dieser Sache bekundet. Beide sollten dem Gebot der Klugheit folgen und mit Eifer danach streben, dem Wohle des Glaubens zu dienen.«[222] Und in den *Verborgenen Worten* finden wir den Rat: »Die Weisen sind die, die nicht reden, ehe sie Gehör finden, gleich wie der Mundschenk den Kelch nicht reicht, ehe er einen Dürstenden trifft.«[223]

c) Aber damit noch nicht genug: Ficicchia behauptet nicht nur wider besseres Wissen, die *taqīya* sei von Bahā'u'llāh eingeführt und im *Kitāb-i-Aqdas* aufgeführt worden — unter der Hand deutet er dieses Institut, das nach der islamischen *sharī'a* dem einzelnen Gläubigen erlaubt, im Falle der Gefahr seinen Glauben zu dissimulieren und, wenn notwendig, zu verleugnen, um in eine Generalklausel, nämlich in die Legitimation der Institutionen zu jeder Art von Unaufrichtigkeit und Täuschung, wenn dies nur zum Zweck der Missionierung und des Machterhaltes als opportun erscheint. Der Bahā'ī Glaube wird so dargestellt als eine Art Untergrundreligion mit wechselnden Inhalten und wechselnden Zielen, weil diese, je nach Bedarf, den jeweiligen Erfordernissen opportunistisch angepaßt werden und sich so ihrer Ortung letztlich entziehen.

Zahlreiche Lehrelemente des Glaubens, wie beispielsweise die gebotene Loyalität gegenüber Staat und Obrigkeit[224], der so eindringlich eingeschärfte Gesetzesgehorsam, das Gebot parteipolitischer Abstinenz sind für Ficicchia nur »*opportunistische*«[225] Positionen, »die wohl so lange vertreten werden, wie die im Wachstum befindliche Gemeinschaft ihre erklärten Ziele noch nicht zu verwirklichen imstande ist. In diesem Zusammenhang ist auch die bahā'istische Handhabung der *taqīya* zu erwähnen, d. h. die Verleugnung oder Verheimlichung des Glaubens und seiner Ziele«(!)[226]. An anderer Stelle nochmals die gleiche begriffliche Falschmünzerei: Die Verheimlichung des Glaubens durch einen Gläubigen im Falle der Gefahr wird hier zur »Verheimlichung des

222 *Ährenlese* 163:5
223 pers. 34
224 *Botschaften* 3:8; 15:5; *Ährenlese* 102; *Brief an den Sohn des Wolfes* 143; *Briefe und Botschaften* 125:28-30; *Testament* 1:28
225 S. 399 (Hervorhebung durch F.)
226 S. 399

religiösen Systems und der politischen Ziele des Bahā'ismus«, die »unter Berufung auf die *taqīya* durchaus legitim« ist — ebenso wie »die Leugnung der Mitgliedschaft des 1979 hingerichteten ehemaligen irānischen Ministerpräsidenten Amīr Abbās Huvaydā«[227]. Die *taqīya*, folgt man Ficicchia, legitimiert die Gemeinde und ihre Institutionen zur Camouflage ihrer Lehren und Ziele, zur chamäleonhaften Anpassung an die Erfordernisse des Tages. Das Bahā'ītum erscheint so konsequent als eine Religion der Unaufrichtigkeit, des Opportunismus, der Täuschung, der Lüge. So bekämpft Ficicchia, wie angedroht, »mit allen Mitteln« den Bahā'ī -Glauben, indem er versucht, ihn zu diskreditieren. Wenn schon keinem der Rezensenten die perfide Uminterpretation der *taqīya* aufgefallen ist, wird man von einem nicht spezifisch vorgebildeten Leser kaum erwarten können, daß er diesen üblen Trick durchschaut.

2. Der *Kitāb-i-Aqdas* — ein lückenhaftes »Rahmenwerk«?

Wenn, wie Ficicchia ausmalt, die »Bahā'ī-Organisation sich ihres heiligsten Buches schämt«[228], wenn ihr dieses Werk »ein Dorn im Auge« ist[229] und es deshalb verheimlicht und »unterschlägt«[230], erscheint es auch als plausibel, daß dieses Werk von der »Führung« allmählich »verdrängt«[231], als »lückenhaft und unvollständig« abgetan[232], ja sogar zu einem bloßen »Rahmenwerk« herabgestuft wird[233], welches als Charta der neuen Ordnung in seinem Rang eindeutig hinter dem *Testament* 'Abdu'l-Bahās rangiert[234]. Auch diese Darstellung Ficicchias ist eine völlige Verzerrung der tat-

227 S. 408, Fußnote 55, sowie *Lexikon der Sekten*, Sp. 101. Ficicchia macht sich hier wieder einmal die Vorwürfe der klerikalen Machthaber im Iran zu eigen, die behauptet haben, Hoveida sei Bahā'ī gewesen. In Wirklichkeit stammte er aus einer Bahā'ī-Familie, gehörte aber selbst nie der Bahā'ī-Gemeinde an, in die man nicht hineingeboren wird.

228 *Materialdienst*, S. 237

229 *Materialdienst*, S. 236

230 *Bahā'ismus*, S. 26, 149, 188, 332; *Materialdienst*, S. 237

231 *Bahā'ismus*, S. 323, 331

232 *Bahā'ismus*, S. 283, 310

233 *Bahā'ismus*, S. 331, Fußnote 46

234 *Bahā'ismus*, S. 282 ff., 310, 323 ff., 331

sächlichen Verhältnisse, ein weiteres Beispiel für seine perfide Methodik. Doch um dies deutlich zu machen, muß man weiter ausholen:

Das von Bahā'u'llāh verkündete Gottesgesetz gilt unveränderbar über einen langen Zeitraum. Rechtsnormen, die so lange in Kraft sein sollen, müssen bei dem steten Wandel der Verhältnisse auf Erden auf einer hohen Abstraktionsebene angesiedelt sein[235], weil ein die konkreten Details regelndes Gesetz wie *halacha* und *sharī'a*[236] bald zu einer erstarrten Rechtskasuistik, zu einer Petrifizierung des Rechts führt:

Die Gesetze des Qur'ān wurden von den islamischen Theologen, die vor allem Juristen waren, auf die konkreten Fallgestaltungen interpretiert und entwickelt. Diese Konkretisierung in frühester Zeit im Wege der Auslegung schuf ein Rechtssystem, die *sharī'a*, die durch das katholische *ijma'*-Prinzip[237] und das »Verschließen des Tors der freien Interpretation«[238] im dritten Jahrhundert ein für allemal die Rechtsfragen klärte. Lag einmal ein *consensus doctorum* vor, so war dieser für alle Zukunft verbindlich.[239] Dieses unwandelbare, starre Rechtssystem der *sharī'a*[240],

235 Dies gilt für das Judizialgesetz, nicht für das Zeremonialgesetz. Die rituellen Vorschriften sind ihrer Natur nach konkret.

236 *shar'*: die Straße zum Wasserplatz. Der klare Pfad, dem zu folgen ist.

237 siehe S. 138, Fußnote 174

238 *bāb al-ijtihād*, vgl. die Erläuterung in: *SEI*, S. 158

239 vgl. *SEI*, Stichwort »*Sharī'a*«, S. 527. »According to the general orthodox Muslim view, everyone is now and has been for centuries bound to what has been authoritatively laid down by his predecessors, no one may any longer consider himself qualified to give a verdict of his own in the field of *fiḳh*, independent of that of an earlier *mujtahid*« (*a. a. O.*, Stichwort »*Taḳlīd*«, S. 563).

240 Sie ist, ähnlich wie das römische Recht, Juristenrecht. Nur ein kleiner Teil der Glaubenspflichten läßt sich unmittelbar aus dem Qur'ān herleiten, neben dem auch die tradierten und anerkannten Prophetenaussprüche (*Ḥadīthe*) — in der *Shī'a* auch die Traditionssammlungen der Imāme — als Rechtsquelle dienen. Überdies sind im sunnitischen Islam *ijma'* (der *consensus doctorum*) und *qiyās* (Analogieschluß, vgl. *SEI*, S. 266) als Quellen des Rechts (*fiqh*) anerkannt. Die *sharī'a* ist also zum weitaus überwiegenden Teil Menschenwerk: Interpretationen des göttlichen Gesetzes durch berufene Juristen, für die wegen des *ijma'*-Prinzips Unfehlbarkeit reklamiert wurde, wobei die Legitimation der Interpreten nirgendwo in der Schrift verankert ist. Die Vorstellung eines *ius humanum*, gesetzt durch legislative Instanzen, erscheint als eine »heidnische Idee. Die Gesetzgebung durch Sterbliche steht im Widerspruch zu den göttlichen Gesetzen« (Mohammed Khahl Zayyen, *Fi Sabil al-Allah* [Rom 1985], S. 22).

Im *shī'itischen* Islam liegen die Verhältnisse anders. Das sunnitische Konsensprinzip ist dadurch entwertet, daß der *ijma'* nur Anwendung findet, wenn er mit der

führte im Laufe der Zeit zur kulturhistorischen Versteinerung des Islam: Die Verhältnisse der Urgemeinde wurden zur Richtschnur für jede politische, soziale und ökonomische Entwicklung, ein Ergebnis, gegen das »innovatorische islamische Denker der Moderne« ankämpfen, welche die kreative Qur'ān-Exegese wieder zu eröffnen versuchen, um »die Übernahme technisch-wissenschaftlicher Errungenschaften aus dem Westen mit dem Wort des Koran in Einklang zu bringen«[241].

Das von Bahā'u'llāh offenbarte Rechtssystem eröffnet andere Wege, um die Gefahr zu bannen, daß das göttliche Recht zu einem starren Rahmen wird, der jede weitere Entwicklung verhindert, daß es nicht zum starren Festhalten an Einsichten führt, die binnen absehbarer Zeit veraltet und durch die gesellschaftliche Entwicklung überholt sind:

Zum einen erfahren die in der Offenbarung gesetzten, als *ius divinum* verstandenen Rechtsnormen ihre spezifische Ausprägung aus dem theologischen Paradigma der fortschreitenden Gottesoffenbarung und der Fixierung einer Mindestgeltungsdauer von tausend Jahren.[242] Im Unterschied zum katholischen *ius divinum* und dem göttlichen Recht im Islam ist das *ius divinum* in der Ba-

---

Meinung des unfehlbaren Imāms übereinstimmt. An die Stelle des *ijma'* tritt die Vernunft (*'aql*). Es gilt das Prinzip selbständiger Rechtsfindung aufgrund rationaler Erwägungen: *ijtihād*. Doch ist hierzu nicht jeder Gläubige berufen, sondern nur, wer durch seine theologischen Studien und seine Gelehrsamkeit zu einem *mujtahid* (»der sich Abmühende«) geworden ist und zu der kleinen Zahl qualifizierter Experten gehört. Den Laien ist der *ijtihād* untersagt, sie haben *taqlīd* (»Nachahmung«) zu üben. Da die *Shī'a* nur vierzehn Personen Unfehlbarkeit zugesteht (dem Propheten, seiner Tochter Fāṭima und den zwölf Imāmen) und alle anderen dem Irrtum unterworfen sind, kann der *mujtahid* sich irren. Irrt er sich, so ist der Gläubige, der ihm folgt, nicht verantwortlich. Widersprechen sich zwei *mujtahids*, so kann der Gläubige sich aussuchen, welchem er folgen will. Verstorbene *mujtahids* genießen keine Autorität mehr. Es gilt der Grundsatz »Tote haben nichts zu sagen« (*lā qaula lilmayyit*). So beruht »auf der Fehlbarkeit einer jeden gefällten Entscheidung ... das ganze System«, das, im Gegensatz zur sunnitischen Rechtstheorie, »im Prinzip unendlich wandlungsfähig und flexibel« ist (Heinz Halm, *Der schiitische Islam*, S. 119; zur ganzen Thematik S. 115-120; zur Umgestaltung des Systems nach der iranischen Revolution S. 160; zu den Rechtsprinzipien der *Uṣūlī*-Schule vgl. M. Momen, *Shi'ih Islam*, S. 223 ff.).

241 Bassam Tibi, *Der Islam und das Problem der kulturellen Bewältigung sozialen Wandels*, S. 55. Dazu zählen neben Tibi vor allem Mohamed Charfi, Ali Morad und Nasr Hamad Abu Said.

242 vgl. *Kitāb-i-Aqdas* 37. Eine solche Bestimmung in einem heiligen Buch ist ein Novum, eine Konsequenz aus dem Offenbarungsbegriff, demzufolge Gottesoffenbarung kein endgültiges, ein für allemal erfolgtes Ereignis ist.

hā'ī-Offenbarung kein unwandelbares, auf Ewigkeit angelegtes Recht.[243] Wie Gollmer zutreffend bemerkt, ist es »kein vollendetes Gebilde mit Ewigkeitscharakter, sondern die situative göttliche Antwort auf die Bedürfnisse des Menschen zu einer bestimmten, abgegrenzten Zeit[244]. Das göttliche Recht ist nicht unmittelbarer Ausdruck eines unwandelbaren göttlichen Willens, sondern entsteht im Zusammenhang von menschlichem Handeln und göttlichem Wollen. Die Freiheit des Menschen als ein zugleich fehlbar und perfektibel geschaffenes Wesen läßt ein unwandelbares Gesetz nicht zu. Der Mensch selbst formt seine Geschichte in Zuwendung und Abkehr vom göttlichen Willen. Das Gesetz soll ihm in diesem Prozeß Wegweiser und Remedium sein; es kann deshalb ebenso wenig statisch sein wie die Geschichte selbst und muß deren immer neue Bedingungen und Herausforderungen sich auf sie einlassend widerspiegeln«[245].

Zum anderen weist die Ordnung Bahā'u'llāhs ein Element auf, das es bislang in der Religionsgeschichte nie gab: einen Gesetzgebungskörper, der — »von allem Irrtum befreit«[246] — mit unanfechtbarer Autorität ausgestattet und berufen ist, das Gottesgesetz im Wege supplementärer Gesetzgebung, die sich selbst wieder abrogieren kann, mit Normen zu ergänzen, die nicht mit dem gleichen Rang, wohl aber mit der gleichen Autorität ausgestattet und ihrer Qualität nach von jedem *ius humanum* unterschieden sind[247]. Die Gesetze, die dieser Gesetzgebungskörper, das Universale Haus der Gerechtigkeit, erläßt, sind Gottes Wille[248] und haben »die selbe Geltung wie der heilige Text«[249].

---

243 vgl. *Grundlagen*, S. 71 ff.

244 Dieser Zeitrahmen ... umfaßt die gesamte heilsgeschichtliche Epoche von einer historischen Offenbarung bis zur folgenden. Die Geltungsdauer aller übrigen Rechtsquellen ist — deren Funktion entsprechend — in aller Regel wesentlich kürzer.

245 *Gottesreich*, Kap. 12.3

246 *Testament* 1:25. Zum Thema »Unfehlbarkeit« vgl. auch meine Ausführungen auf S. 131 ff.

247 Um den kategorialen Unterschied zum *ius humanum*, aber auch zum *ius divinum* zum Ausdruck zu bringen, habe ich den Begriff »mittelbar göttliches Recht« vorgeschlagen (*Grundlagen*, S. 77 ff.).

248 »Was immer sie entscheiden, ist von Gott« (*Testament* 1:17), »Was diese Körperschaft einstimmig oder mit Stimmenmehrheit beschließt, ist die Wahrheit und Gottes Wille (*murād*)« (*Testament* 2:8), »Gott wird ihnen wahrlich eingeben, was Er will« (*Botschaften* 6:29).

249 *Testament* 1:9

Der Unterschied zu den Verhältnissen in der katholischen Kirche[250] und zu den Verhältnissen im Islam[251] ist erheblich. Die Gemeinde Bahā'u'llāhs ist ein Verband von Gleichen. Die Zweiteilung des Volkes der Gläubigen in Klerus und Laien, wie sie uns in der katholischen Kirche[252], aber auch in der islamischen *umma* begegnet, wo die *mujtahids* (die zur Rechtsfindung berufenen Gelehrten) dem großen Heer der *muqallid* gegenüberstehen, die *taqlīd* zu üben, d. h. den Rechtssprüchen der *mujtahid* zu folgen haben[253], ist überwunden. In seinem *Lawḥ-i-Ittiḥād*[254] hat Bahā'u'llāh den Stand der Geistlichkeit für abgeschafft erklärt. Die »Gelehrten in Bahā« (*'ulamā*) werden hoch gepriesen[255], doch haben ihre Rechtsmeinungen keine Verbindlichkeit. Ihre Denkarbeit für die Weiterentwicklung des göttlichen Rechts wird sicher unerläßlich sein[256], doch die Autorität liegt bei einer zur supplementären Rechtsetzung berufenen, aus allgemeinen Wahlen hervorgegangenen, die Weltgemeinde repräsentierenden höchsten Körperschaft. Diese Rechtsgestaltung eröffnet die Möglichkeit ständiger Anpassung des für die Gesamtgemeinde geltenden Rechts an veränderte gesellschaftliche Bedingungen, weil dieses Gesetzgebungsorgan sein supplementäres Recht jederzeit wieder aufheben und dem Wandel der Verhältnisse Rechnung tragen kann.[257]

Der *Kitāb-i-Aqdas* war also *a priori* auf diese supplementäre Gesetzgebung angelegt. Viele seiner Vorschriften (wie beispielsweise die Strafbestimmungen) sind so allgemein und lassen so viel ungeregelt, daß sie ohne Ausführungsbestimmungen überhaupt nicht praktizierbar sind. Indem das unwandelbare göttliche Recht nur einen Rahmen absteckt, sozusagen fixe Orientierungs-

---

250 Sie reklamiert für das von ihr selbst gesetzte Recht keine eigene Kategorie: es ist *ius humanum*. Als *ius divinum* wird hingegen nur das Offenbarungsrecht, das in Schrift und Tradition niedergelegt ist, und das durch die menschliche Vernunft erkennbare Naturrecht angesehen (vgl. K. Mörsdorf, in: *LThK* 6:246).

251 Der Islam kennt nur ein göttliches Recht und dessen Konkretisierung im Wege der Interpretation durch anerkannte Experten.

252 Sie gilt kraft göttlichen Rechts (can. 207 CIC) als hierarchisch verfaßte *societas inaequale*.

253 vgl. Moojan Momen, *Shi'i Islam*, S. 224; *SEI*, Stichwort »*Taḳlīd*« Nr. 3, S. 563 ff.

254 vgl. hierzu Adib Taherzadeh, *The Revelation of Bahā'u'llāh*, Bd. 4, S. 191 ff.

255 vgl. *Kitāb-i-Aqdas* 173; *Botschaften* 9:5; 15:7

256 vgl. S. 138, Fußnote 173.

257 *Testament* 2:9

punkte setzt und nur »Gegenstände von zentraler Bedeutung[258]« regelt, während weite Bereiche ungeregelt der supplementären Gesetzgebung überlassen bleiben, bewahrt es seine Flexibilität im Wandel der Zeiten.[259] Dabei decken beide Kategorien (göttliches und mittelbar göttliches Recht) nur die höchste Normebene in der Hierarchie des Rechts ab, an der sich alle nachgeordnete Rechtsetzung der Bahā'ī-Gemeinde zu orientieren hat. Auch Gollmer hebt hervor, daß das offenbarte Recht »kein lückenloses, konsistentes Rechtsgebäude« darstellt, sondern »lediglich die Tragpfeiler des künftigen — im übrigen durchaus wandelbaren — Bahā'ī-Rechts markiert«[260].

Ganz zu Recht wurde deshalb das göttliche Recht als ein »Rahmenwerk« bezeichnet. Wenn Ficicchia mich wieder als Gewährsmann für seine abwegigen Deduktionen über die angebliche »Verdrängung« des *Kitāb-i-Aqdas* erscheinen läßt und schreibt: »Für Schaefer ist das Buch *Aqdas* hinsichtlich der Sozialnormen nicht mehr als ein ›Rahmenwerk‹«[261], so verbiegt er mit seinem »nicht mehr als« den Sachverhalt. Aus meiner Dissertation ist klar zu erkennen, in welchem Sinne der Begriff »Rahmenwerk« gemeint ist: als ein Normengefüge, das Raum gelassen hat für eine einer irdischen Institution anvertraute supplementäre Rechtsetzung.

In diesem Sinne ist auch ʻAbdu'l-Bahās *Testament* supplementär zum *Kitāb-i-Aqdas*[262], weil es dort ungeregelte Details regelt. Wenn Shoghi Effendi schreibt: »Indem Bahā'u'llāh gewisse Bereiche in Seinem Buch der Gesetze unbestimmt und ungeregelt ließ, hat er offenbar mit Bedacht eine Lücke im allgemeinen System Seiner Verfügungen gelassen, die die unzweideutigen Vorkehrungen des Meisters in seinem *Testament* ausgefüllt haben«[263],

---

258 ʻAbdu'l-Bahā, zitiert nach *Kitāb-i-Aqdas*, Einleitung, S. 4; vgl. U. Gollmer, *Gottesreich*, Kap. 12.2.

259 Ficicchias Ausführungen (*Bahā'ismus*, S. 253) lassen deutlich erkennen, daß er das ganze System nicht begriffen hat, wenn er Bahā'u'llāhs »Tragik« darin sieht, daß dieser sein Bemühen, Religion, Vernunft und Wissenschaft in Harmonie zu bringen, durch ein unverrückbares Gesetz zum Scheitern bringe. Zum Ganzen vgl. die Ausführungen ʻAbdu'l-Bahās (zitiert in *Kitāb-i-Aqdas*, Einleitung, S. 4), sowie U. Gollmer, *Gottesreich*, Kap. 12.2.

260 *Gottesreich*, Kap. 12.2

261 *Bahā'ismus*, S. 331, Fußnote 46

262 *Weltordnung*, S. 16

263 *Weltordnung*, S. 17

so bringt er damit den komplementären Charakter der beiden Offenbarungswerke zum Ausdruck. Mit der ihm eigenen Impertinenz liest Ficicchia aus dem Text heraus, Shoghi Effendi habe selbst den *Kitāb-i-Aqdas* als »lückenhaft« und »unvollständig«, der Substitution »durch den ›vollkommenen‹ Willen ʻAbdu'l-Bahās« geradezu bedürftig erklärt.[264]

3. Der heilige Text — verfälscht, interpoliert?

Schlimmer noch als die Verheimlichung eines heiligen Textes ist seine Verfälschung, und diese behauptet Ficicchia immer wieder: Die »Bahā'īführung« hat nicht nur die unattraktiven Bestimmungen des *Kitāb-i-Aqdas* »ausgemerzt«, sie hat diese »durch solche ersetzt, die der Missionspropaganda ... zweckdienlich erscheinen«[265], so daß Offenbarung und Gesetz sich »in einem völlig neuen, *opportunistischen* Gewand präsentieren, das mit dem ursprünglich Gesagten wenig mehr gemein hat«[266]. Lehrelemente, so erfahren wir, wurden »ausgemerzt oder in ihr Gegenteil umgemünzt«[267]. Ficicchia behauptet Textfälschungen nicht nur für den *Kitāb-i-Aqdas*, er spricht auch beim *Kitāb-i-Īqān* von »*Textänderungen und Auslassungen*«[268], von »*späteren Einfügungen*«, die »kräftig nachgeholfen haben«, Bahā'u'llāhs prophetischen Anspruch zu untermauern[269]. Er erklärt die gesamte, den Offenbarungscharakter dieses Werkes zum Ausdruck bringende Schlußformel des *Kitāb-i-Īqān* für einen »späteren *Einschub*« seitens der Bahā'ī, da Bahā'u'llāh vor seiner Proklamation 1863 ein solches Werk nicht als Offenbarung hätte ausgeben können.[270]

Um mit dieser angeblichen Interpolation im *Kitāb-i-Īqān* zu beginnen: Ficicchia hat das bei Römer[271] abgeschrieben, der einen

264 *Bahā'ismus*, S. 283
265 *Bahā'ismus*, S. 258
266 *Bahā'ismus*, S. 259
267 *Bahā'ismus*, S. 325
268 *Bahā'ismus*, S. 122 (Hervorhebung durch F.)
269 *Bahā'ismus*, S. 121 (Hervorhebung durch F.)
270 *Bahā'ismus*, S. 121, Fußnote 22 (Hervorhebung durch F.)
271 *Die Bābī-Behā'ī*, S. 84

»späteren dogmatischen Einschub« als »naheliegend« ansieht[272], um seine »Vermutung« (!) zu unterstützen, »daß die Manifestation des Beha zu Baghdad ›im Jahre 9‹ und ›19‹ nachträgliche dogmatische Konstruktionen seien«[273]. Aus vagen Mutmaßungen Römers wird bei Ficicchia die Gewißheit *»späterer Einfügungen«*[274]. In Wirklichkeit enthält der vor dem *Riḍvān*-Geschehen offenbarte *Kitāb-i-Īqān* eine Fülle von Anspielungen auf Bahā'u'llāhs Stufe[275], auf sein »Messiasgeheimnis«, das damals noch nicht enthüllt, aber außer ʿAbdu'l-Bahā auch anderen Gefährten bekannt war.[276]

Aber welche Stellen im *Kitāb-i-Aqdas* meint Ficicchia, wenn er »*Auslassungen* und *Textänderungen*« oder »*abgeänderte* Übersetzungen«[277] behauptet? Diese mehrfache pauschale Verdächtigung wird nirgends näher spezifiziert. Warum hat er nicht bei der Darstellung des *Kitāb-i-Aqdas*[278] die Passagen enumeriert, die nach seiner Meinung »verfälscht«, »ausgemerzt«, »ausgelassen« oder »falsch übersetzt« worden sind? So blieb nichts anderes übrig, als die verstreuten Bemerkungen in Ficicchias Werk aufzuspüren und zusammenzutragen, die mit diesen pauschalen Vorwürfen zusammenhängen könnten:

a) Im Zusammenhang mit seiner (auch wieder auf Römer[279] fußenden) Behauptung, die Ehe sei allen Gläubigen zur Pflicht gemacht, obligatorisch[280], schreibt Ficicchia unter Bezug auf eine Feststellung in der *Inhaltsübersicht*[281]: »Auf die im *Kitāb-i-Aqdas*

272 »legt sich desto mehr nahe« (*a. a. O.*, S. 84).

273 *Die Bābī-Behā'ī*, S. 84; vgl. dazu meine Ausführungen S. 51 ff.

274 *Bahā'ismus*, S. 121 (Hervorhebung durch F.)

275 Vgl. die Abschnitte 17; 38, 65-66; 79; 102; 191; 289. Im Abschnitt 23 ist das Riḍvān-Geschehen zu Baghdād deutlich antizipiert, wenn es dort heißt, daß »von Baghdād, der ›Stätte ewigen Friedens‹, sich ›die Wasser ewigen Lebens über die Menschheit ergießen werden‹«.

276 So u. a. Mīrzā Āqā Jān, Ḥājī Mīrzā Kamālu'd-Dīn, Mullā Muḥammad-Riḍā, Nabīl-i-Aqbar, Ḥājī Muḥammad Jaʿfar-i-Tabrīzī, Shams-i-Jihān, Ḥājī Mīrzā Muḥammad-Taqi' (vgl. A. Taherzadeh, *Die Offenbarung Bahā'u'llāhs*, Bd. 1, S. 44, 80, 113, 122, 128, 163, 239), Muḥammad-Muṣṭafā Baghdādi (vgl. ʿAbdu'l-Bahā, *Vorbilder der Treue* 49:4). Siehe auch U. Gollmer, Kap. 10.I.5, Fußnote 84.

277 *Bahā'ismus*, S. 180 (Hervorhebung durch F.) und S. 180 Fußnote 118 (Hervorhebung durch F.)

278 *Bahā'ismus*, S. 148 ff.

279 *Die Bābī-Behā'ī*, S. 121

280 *Bahā'ismus*, S. 156, 257

281 »Die Ehe wird sehr empfohlen, sie ist indes nicht obligatorisch«, S. 61 (C1a).

erlassene Ehepflicht wird heute im Interesse der Glaubensverbreitung im Westen verzichtet und gesagt, daß der Ehestand lediglich ›eindringlich empfohlen, doch nicht obligatorisch‹ sei«[282]. Doch er irrt, wenn er meint, der *Aqdas*-Vers: »Tretet in den Ehestand, o Volk«[283], mache die Verehelichung zu einer Rechtspflicht, denn im Anhang »*Fragen und Antworten*« sagt Bahā'u'llāh explizit, daß die Ehe nicht obligatorisch ist.[284] Ficicchias böser Vorwurf, die westlichen Gläubigen würden »im Interesse der Glaubensverbreitung« falsch informiert, ist unzutreffend. Der Anhang »*Fragen und Antworten*«, der bislang nur in der nicht authentischen und nicht im Druck erschienenen Übertragung von Māzinderānī/Gail vorlag, war Ficicchia wohl nicht bekannt. So kommt es, wenn einer auszieht, eine Religion zu erforschen, und als einziges Rüstzeug seine dreijährige Gemeindezugehörigkeit mitbringt.

b) Das gleiche gilt für die angebliche Verschweigung der Bigamie[285], »als hätte diese nie existiert«. Wie eingehend dargestellt[286], wurde die Bigamie von den frühen orientalischen Gläubigen nur so lange praktiziert, bis ʿAbdu'l-Bahā klarstellte, daß der Sinn des Gesetzes[287] die von Bahā'u'llāh intendierte Monogamie ist[288].

c) Das im *Bayān* enthaltene Eheverbot mit Andersgläubigen, das niemals in Kraft war[289], hat Bahā'u'llāh nicht, wie Ficicchia behauptet, im *Kitāb-i-Aqdas* bekräftigt, sondern aufgehoben[290]. Da dieses Verbot nie Gültigkeit hatte, wurde es weder »geflissentlich verschwiegen«[291] noch wurde die religiöse Mischehe *contra legem* erlaubt.

---

282 *Bahā'ismus*, S. 257
283 Vers 63
284 *Kitāb-i-Aqdas*, Frage 46 (S. 121), Erläuterung 91 (S. 207).
285 *Bahā'ismus*, S. 257
286 siehe S.262 ff.
287 *Kitāb-i-Aqdas* 63
288 Ficicchias Angabe, Bahā'u'llāh sei mit vier Frauen verheiratet gewesen, ist nicht zutreffend. Er hatte drei Frauen, die er alle vor Antritt seines prophetischen Amtes ehelichte: Āsīyih Khānum, genannt Navvāb 1835, Faṭimih Khānum, genannt Mahd-i-ʿUliyā 1849 und Gawhar Khānum, die er vor 1863 heiratete (vgl. A. Taherzadeh, *The Covenant*, S. 114, 117 ff.; Juan R. Cole, Stichwort »Bahā'-Allāh«, in: *EIR*, Bd. 3, S. 426).
289 Vers 139, Anmerkungen Nr. 158 (S. 232)
290 *Kitāb-i-Aqdas*, »Fragen und Antworten« 84
291 S. 258

d) Die »Mitgift« — richtigerweise die »Morgengabe« (weil sie vom Bräutigam an die Braut zu zahlen ist und nicht umgekehrt) — gehört weder zu den »zahlreichen Verordnungen«, auf deren Anwendung »verzichtet« wird, noch wurde sie den Bahā'ī im Westen verheimlicht. In der *Inhaltsübersicht* ist sie auf Seite 62 aufgeführt. Die »Morgengabe« ist eine uralte, in den meisten Rechtskulturen bekannte Rechtsinstitution, die zur Ausstattung der Frau bei Vorversterben des Mannes dient. Auch im alten deutschen Recht war sie bekannt (*pretium virginitatis*). Die meisten Zivilgesetze der westlichen Staaten haben diese Institution, die heute antiquiert anmutet, beseitigt. Doch in vielen Ländern der Dritten Welt ist die Morgengabe oder der »Brautpreis« ein festes Rechtsinstitut mit höchst nachteiligen Folgen, weil die horrenden Summen, die oftmals für die Braut gefordert werden, viele Familien veranlassen, sich hoch zu verschulden. Bahā'u'llāh hat mit seinem Gesetz, das nicht nur für die westliche Welt, sondern für die ganze Menschheit gilt und an das nicht der Maßstab eurozentrischen Denkens angelegt werden sollte, dieses Institut nicht beseitigt, aber durch Fixierung der zu zahlenden, mäßigen Summe zu einem mehr oder weniger symbolischen, die Ehe konstituierenden Akt gemacht.[292]

e) Es stimmt auch nicht, wenn Ficicchia behauptet, das Scheidungsrecht sei »*allein dem Mann* vorbehalten«[293], doch werde es heute aus Gründen der Opportunität beiden Ehepartnern zugestanden, worüber »die Bahā'ī gleichfalls in Unkenntnis gehalten werden«[294].

Der die Scheidung regelnde Vers[295] spricht nur vom Scheidungsbegehren des Mannes und schweigt darüber, ob auch der Frau dieses Recht zusteht. Miller hat aus dem Schweigen des Gesetzes den Schluß gezogen, daß die Frau ein solches Recht nicht habe.[296] Dieser logisch an sich zulässige Schluß ist jedoch vorei-

---

292 vgl. hierzu *The Kitāb-i-Aqdas*, Erläuterungen 93-95 (S. 207 ff.)

293 *Bahā'ismus*, S. 258 (Hervorhebung durch F.); *Materialdienst*, S. 231

294 *Bahā'ismus*, S. 258

295 68

296 »As in Islam, Bahā'u'llāh confines the right to give the divorce to the husband. The wife cannot divorce her husband« (*Al-Kitāb al-Aqdas*, S. 42, Fußnote 2). Millers Behauptung, nach islamischem Recht stehe nur dem Ehemann das Recht zur Scheidung zu, trifft in dieser Allgemeinheit nicht zu. Unter bestimmten Voraussetzungen

lig. Es ist der Wille des Gesetzes zu ermitteln. Dabei muß man sehen, daß jedes Gesetz in einem logisch-systematischen Zusammenhang steht mit anderen Rechtssätzen und im Lichte dieses Zusammenhangs zu interpretieren ist.

Ein Umstand, der zunächst einmal gegen den voreiligen Schluß Millers spricht, ist Bahā'u'llāhs klare Aussage, daß nach Ablauf des der Scheidung vorgeschalteten Wartejahres[297] die Ehe nur fortgesetzt werden kann, wenn *beide* Partner damit einverstanden sind. Der Wille der Frau ist hier von gleicher rechtlicher Relevanz wie der des Mannes.[298] Dies spricht dafür, daß der Wille der Frau auch bei deren Scheidungsbegehren dem des Mannes gleichgeordnet ist.

Ein gewichtiges Argument für diese Rechtsauffassung ergibt sich überdies aus einer vergleichbaren Rechtslage im Erbrecht.[299] Auch hier ist nur vom Mann als dem Erblasser die Rede, über die Erbfolge der Frau schweigt der *Kitāb-i-Aqdas*. Auf die Frage des Rechtsgelehrten Zaynu'l Muqarrabīn[300] hat Bahā'u'llāh erklärt, daß die gesetzliche Erbfolge für die Frau analog gelte[301]. Schon diese Aussagen Bahā'u'llāhs[302] legen die Rechtsanalogie nahe, daß da, wo der explizite Wortlaut des *Kitāb-i-Aqdas* nur den Mann erwähnt, die Frau grundsätzlich dieselben Rechte hat wie der Mann.

Diese Rechtsanalogie ist umso zwingender, als die rechtliche Gleichstellung der Geschlechter, die Gleichheit von Mann und Frau, ein die gesamte Schrift beherrschender, fundamentaler Rechtsgrundsatz ist, den Bahā'u'llāh formuliert hat: »Die Feder des Höchsten hob Unterschiede zwischen Seinen Dienern und Dienerinnen auf und verlieh allen durch Seine vollendete Gunst und allumfassende Barmherzigkeit Rang und Stand auf gleicher Stufe... An diesem Tag hat die Hand göttlicher Gnade alle Unter-

---

gewährt die <u>sh</u>arī'a auch der Frau ein Scheidungsrecht (vgl. D. F. Mulla, *Principles of Muhammadan Law*, S. 418-467; Joseph Schacht, *An Introduction to Islamic Law*, S. 164 ff.).

297 vgl. *Kitāb-i-Aqdas* 68

298 vgl. »Fragen und Antworten«, Nr. 38 und 73

299 *Kitāb-i-Aqdas* 20-29

300 vgl. S. 258

301 »Fragen und Antworten« 55

302 »Fragen und Antworten« 38, 78 und 55

schiede getilgt. Gottes Diener und Dienerinnen stehen auf derselben Stufe.«[303] Bei dieser Rechtslage würde es geradezu an Willkür grenzen, deutete man das Schweigen des Gesetzes als eine Ausnahmeregelung zu diesem fundamentalen Prinzip.

So bestand von Anfang an, seit den Tagen Bahā'u'llāhs, niemals der geringste Zweifel daran, daß beiden Ehepartnern das Recht auf Scheidung zusteht. Diese Rechtslage spiegelt sich auch in Verlautbarungen 'Abdu'l-Bahās und Shoghi Effendis. 'Abdu'l-Bahā hat in einem Brief[304] erklärt, das eingehaltene Wartejahr habe, wenn die Einheit der Partner wiederhergestellt ist, keine Bedeutung mehr, es sei denn, *»einer von beiden* begehrt zu einem späteren Zeitpunkt die Scheidung...«[305] Shoghi Effendi führte aus: »Das Gesetz über das Wartejahr gilt unabhängig davon, welche der Parteien sich entfremdet hat. In dieser Hinsicht haben beide Parteien gleiche Rechte ohne Unterschied und Vorrang.«[306] Auf Anfrage erklärte er, daß der Ehemann während des Wartejahres für den Unterhalt der Ehefrau aufzukommen habe, auch wenn die Scheidung auf Antrag der Frau erfolgen sollte.[307] Das zur Rechtsetzung berufene Universale Haus der Gerechtigkeit hat hierzu ausgeführt:

> »'Abdu'l-Bahā und der Hüter lassen keinen Zweifel daran, daß der von Bahā'u'llāh im *Kitāb-i-Aqdas* verankerte Grundsatz gleichermaßen für Mann und Frau gilt und daß das Recht zu allen Zeiten so gehandhabt wurde[308]... Die Gleichheit von Mann und Frau ist, wie von 'Abdu'l-Bahā oft dargelegt, ein Grundprinzip Bahā'u'llāhs; darum sollten die Gesetze des ›Aqdas‹ in diesem Lichte betrachtet werden. Gleichheit zwischen Mann und Frau ist — nicht nur

---

303 Bahā'u'llāh, zitiert nach der Kompilation *Frauen*, S. 7, 9

304 an Mullā Yūsūf 'Alī Rashti, ohne Datum, Katalog Nr. 39

305 zitiert nach dem *Memorandum* des Research Department vom 11. Juli 1993 (Hervorhebung durch den Verfasser).

306 Brief vom 25. September 1929 an den Zentralrat der Bahā'ī von Persien

307 Brief vom 6. November 1935 an den Nationalen Geistigen Rat von Iran (zitiert nach *Memorandum* des Research Departments vom 11. Juli 1993).

308 Verlautbarung vom 27. Mai 1980, zitiert nach dem *Memorandum* des Research Departments vom 11. Juli 1993.

> physiologisch — nicht gleichbedeutend mit Identität in der Funktion.... Es wird aus den Schriften Shoghi Effendis deutlich, daß überall da, wo Bahā'u'llāh dem Mann gegenüber der Frau ein Recht gibt, dies auch *mutatis mutandis* für die Frau dem Mann gegenüber gilt, sofern der Kontext dies nicht ausschließt.«[309]

Der kardinale Rechtsgrundsatz von der Gleichberechtigung der Geschlechter ist so zu einem fundamentalen hermeneutischen Prinzip erklärt, das immer dann zum Durchbruch kommt, wenn der Kontext dem nicht explizit entgegensteht. Darum sind alle Schriftstellen, die sich auf das Verhältnis von Mann und Frau beziehen, nach dem Gleichheitsgrundsatz zu interpretieren.[310] Diese Rechtslage bestand von Anbeginn und ist keine opportunistische Anpassung an westliche Wertvorstellungen.

f) Es trifft durchaus zu, daß das gesetzliche Erbrecht des *Kitāb-i-Aqdas* Andersgläubige von der Erbfolge ausschließt.[311] Doch muß man dazu wissen, daß die gesetzliche Erbfolge nur subsidiär ist und nur im Intestatsfalle gilt.[312] Darüber hinaus macht das Gesetz dem Gläubigen ausdrücklich zur Pflicht, ein Testament zu errichten.[313] Da im Unterschied zum islamischen Erbrecht völlige Testierfreiheit besteht[314], kann der Verfügende seinen Nachlaß nach Gutdünken regeln, ohne an die gesetzliche

309 Brief vom 28. April 1974, zitiert nach dem *Memorandum* des Research Departments vom 11. Juli 1993

310 Das hat weitreichende Folgen: Wie schon erwähnt, gilt die gesetzliche Erbfolge, die explizit nur den Fall regelt, daß der Mann verstorben ist, analog auch für die Ehefrau (*The Kitāb-i-Aqdas,* »Anmerkungen« 38). Das für den Mann geltende Verbot, seine Stiefmutter zu heiraten (*Kitāb-i-Aqdas* 107) gilt analog für die Frau, der es verwehrt ist, ihren Stiefvater zu heiraten. Sofern beim Eheschluß die Jungfräulichkeit der Braut zur Bedingung gemacht war, kann der Ehemann die Auflösung der Ehe verlangen, wenn die Frau nicht *virgo intacta* war (vgl. *The Kitāb-i-Aqdas,* »Anmerkungen« 47 und S. 150). Das gleiche Recht hat die Frau bei zugesicherter Unberührtheit des Mannes, wenn diese sich als vorgetäuscht herausstellt (Universales Haus der Gerechtigkeit, Brief vom 28. April 1974).

311 »Fragen und Antworten« Nr. 34

312 *The Kitāb-i-Aqdas* (vgl. »Anmerkungen« 38 Nr. 9 [S. 184])

313 *Kitāb-i-Aqdas* 109

314 »Der Erblasser hat die volle Verfügungsgewalt über sein Eigentum.« Nach der Zahlung des *ḥuqūqu'llāh* und der Tilgung der Schulden »ist alles in seinem Letzten Willen Verfügte annehmbar...« (*Kitāb-i-Aqdas,* »Fragen und Antworten« 69).

Erbfolge gebunden zu sein. Shoghi Effendi betont, daß es dem Bahā'ī durchaus freistehe, »seinen Nachlaß jedermann ohne Rücksicht auf dessen Religionszugehörigkeit zu vermachen, vorausgesetzt, daß er ein Testament hinterläßt, in welchem er seinen Willen verfügt«, so daß es »für einen Bahā'ī stets möglich ist, seine Ehefrau, Kinder und Verwandte testamentarisch zu bedenken, auch wenn sie nicht Bahā'ī sind«. So zu verfahren, sagt er, sei »nur recht und billig«[315]. Ficicchia, der auch hier wieder eine aus »missionsstrategischen Überlegungen« erfolgte Liberalisierung am Werke sieht[316], hätte diese Rechtslage durchaus bekannt sein können, denn sie ist in der ihm vorgelegenen »*Synopsis and Codification*« dargestellt[317]. Seine Formulierung, »Nicht-Bahā'ī entgehen der Erbberechtigung«[318], ist jedenfalls nur die halbe Wahrheit.

g) Wenn Ficicchia etwas nicht versteht, so ist es für ihn ausgemacht, daß eine Manipulation dahintersteckt. Bei der Darstellung der gesetzlichen Erbfolge[319] gibt er den Quotenanteil der Kinder unzutreffend mit 9/42 von 2520 Anteilen an. Zu der in der »*Inhaltsübersicht*« vermerkten Verdoppelung des Anteils der Kinder[320] gegenüber der Erbfolge des *Bayān*, die zu einem Anteil von 18/42 führt, bemerkt er, in der ihm vorliegenden Übersetzung von Elder/Miller stehe davon nichts, woraus er schließt: »Die Wahrscheinlichkeit, daß es sich auch hierbei um einen späteren, im Originaltext nicht enthaltenen Nachtrag handelt, ist somit nicht auszuschließen.«[321] Auch hier zeigt sich wieder, wie forsch unser Forscher dabei ist, Interpolationsvorwürfe in die Welt zu setzen, und wie oberflächlich er arbeitet: Bahā'u'llāh folgt bei der gesetzlichen Erbfolge dem Gesetz des *Bayān*, jedoch mit der Abweichung, daß er den Anteil der Kinder verdoppelt. Es heißt im selben Vers des *Kitāb-i-Aqdas*: »Als Wir die Klage der noch un-

---

315 *Inhaltsübersicht*, S. 88, Nr. 25. Mit Fragen, die aus der gesetzlichen Testierpflicht und dem subsidiären Erbgesetz resultieren, befaßt sich Seena Fazel, »Inheritance«, in: *Bahā'ī Studies Review*, Bd. 4 Nr. 1/1994, S. 71 ff.

316 *Bahā'ismus*, S. 160

317 S. 60, Nr. 25

318 *Bahā'ismus*, S. 159

319 *Kitāb-i-Aqdas* 20-28

320 vgl. S. 66 3b

321 *Bahā'ismus*, S. 159, Fußnote 69

geborenen Kinder hörten, verdoppelten Wir ihr Teil und verminderten die Teile der übrigen.«[322] In der Elder/Miller-Übersetzung, auf die Ficicchia sich beruft, ist der Vers keineswegs unterschlagen. Es heißt dort: »Indeed, We heard the clamour of the offsprings in the loins, We doubled their wealth and took it away from others.«[323] Die Übersetzer haben diese Bestimmung sogar in einer Fußnote erläutert.[324] Ficicchia hat das entweder übersehen oder nicht verstanden. Die von ihm angegebene Quotelung[325] ist jedenfalls falsch, sein Interpolationsvorwurf haltlos.

h) Mit dem »Recht Gottes« (*ḥuqūqu'llāh*[326]) hat Bahā'u'llāh im *Kitāb-i-Aqdas*[327] eine Geldabgabe von 19 % aller Einkünfte nach Abzug der Betriebs- und Lebenshaltungskosten festgesetzt, wobei bestimmte Vermögensteile davon ausgenommen sind[328]. Diese Abgabe soll »für die Verbreitung der Düfte Gottes und die Verherrlichung Seines Wortes, für mildtätige Zwecke und für das Allgemeinwohl ausgegeben werden«[329]. Ficicchia schreibt hierzu, es sei schwierig festzustellen, ob die im *Kitāb-i-Aqdas* festgesetzte jährliche Kapitalsteuer von 19 Prozent des Vermögensbesitzes die »*ḥuqūqu'llāh*« seien, denn dieser Name sei ebenso eine Neuerung wie die Zahlung dieser Summe an den »Hüter der Sache Gottes«[330], die als »illegale Abzweigung zu betrachten« sei[331].

Nun kommt der von Ficicchia im *Kitāb-i-Aqdas* vermißte Begriff »*ḥuqūqu'llāh*« dort gleich zweimal vor, wobei in dem die Abgabe definierenden Vers 97 freilich die Singularform steht[332], während der im Kontext des Erbrechts stehende Vers 28 be-

322 Vers 20
323 S. 30
324 Diese lautet: »Bahā'u'llāh says that when he heard the protest of unborn children that they would not get enough of the inheritance, he doubled the amount for children and decreased the amounts for others. He does not state here what the proportion will be, but it is given in a Persian book called *Question and Answer*« (S. 30, Fußnote 1).
325 *Bahā'ismus*, S. 159
326 »*ḥuqūqu'llāh*« ist der Plural von »*ḥaqqu'llāh*« (Recht Gottes) und bedeutet wörtlich: »die Rechte Gottes«.
327 Vers 97
328 vgl. hierzu *The Kitāb-i-Aqdas*, Erläuterung Nr. 125, S. 218; »Fragen und Antworten«, Nr. 8, 42, 89, 90, 95
329 *Testament* 1:27
330 vgl. *Testament* 1:27
331 *Bahā'ismus*, S. 312
332 *ḥaqqu'llāh*

stimmt: »Das Vermögen ist erst dann aufzuteilen, wenn die *ḥuqūqu'llāh* bezahlt, die Schulden getilgt... sind«. Überdies spricht Bahā'u'llāh in dem Anhang »*Fragen und Antworten*« an zehn verschiedenen Stellen von den »*ḥuqūqu'llāh*«[333]. Darüber hinaus hat er sich zu der relativ komplizierten Materie in einer Fülle von Sendbriefen geäußert, die 1986 in einer besonderen Kompilation erschienen sind[334] (und Ficicchia bei der Abfassung seines Buches nicht bekannt waren). Auch in diesen Sendschreiben verwendet Bahā'u'llāh stets den Begriff »*ḥuqūqu'llāh*«.

Nun konnte sich Ficicchia mangels Kenntnis der arabischen Sprache nur an die ihm vorliegende englische Ausgabe dieses Werkes halten. Darin gibt Miller zwar verdienstvollerweise recht häufig die arabischen Termini in Klammern an, *ḥaqqu'llāh* oder *ḥuqūqu'llāh* finden sich unter diesen angegebenen Begriffen jedoch nicht. Während Miller den Begriff *ḥaqqu'llāh* in Vers 79 wenig präzise mit »the duties owed to God«[335] überträgt, hat er — was Ficicchia offenbar entgangen ist — den Begriff *ḥuqūqu'llāh* in Vers 28 durchaus zutreffend übersetzt[336]. Diese Sachlage reicht für Ficicchia aus für den Vorwurf, der Begriff stehe nicht im *Kitāb-i-Aqdas* und sei folglich eine »Neuerung«, eine nachträgliche Interpolation. Auch hier zeigt sich wieder einmal, wie unzulänglich sein Sachverstand ist, wie oberflächlich er arbeitet und wie leichtfertig er bei der Hand ist, angebliche Manipulationen anzuprangern.

Dafür aber weiß er ganz genau, daß diese Abgabe keine »freiwillige« sei, da sie »im Buch *Aqdas* ausdrücklich verlangt wird und auch sie eine periodische Staatssteuer ist«[337]. Obwohl ihm die »*Synopsis and Codification*«[338] vorlag, wo diese Steuerpflicht eine

---

333 Nr. 8, 9, 42, 44, 45, 69, 80, 90, 95, 102

334 *Ḥuqūqu'llāh. The Right of God.* Compiled by the Research Department of the Universal House of Justice, Bahā'ī World Centre, published by the Bahā'ī Publishing Trust Oakham/England, 1986

335 *Al-Kitāb al-Aqdas*, London 1961, S. 51

336 »All this is to be paid after God receives His rights and the debts be paid« (*a. a. O.*, S. 21).

337 *Bahā'ismus*, S. 163

338 deutsche Ausgabe: *Inhaltsübersicht und systematische Darstellung der Gesetze und Gebote des Kitāb-i-Aqdas. Das Heiligste Buch Bahā'u'llāhs*, hrsg. vom Bahā'ī-Weltzentrum, Haifa. Aus dem Englischen übersetzt, Bahā'ī-Verlag, Hofheim 1987

»geistige Pflicht« genannt wird[339], gefällt er sich auch hier, aus Gründen, die wohl nur er triftig findet, das Gegenteil zu behaupten. In Wirklichkeit hat Bahā'u'llāh eindeutig klargestellt, daß das Gesetz mit dieser Besteuerung dem Gläubigen nur eine reine Gewissenspflicht (wie Gebet und Fasten) auferlegt und keine einklagbare Rechtspflicht. Der Gläubige ist dafür nur vor Gott verantwortlich. Folgerichtig ist es auch niemandem »erlaubt, die *ḥuqūqu'llāh* zu verlangen«[340] oder andere »um die Zahlung der *ḥuqūqu'llāh*« anzugehen[341]. Die Abgabe ist eine freiwillige Leistung.

i) Ficicchia erklärt das »Hütertum« für eine Usurpation Shoghi Effendis, da das *Testament* 'Abdu'l-Bahās, in welchem diese Institution eingesetzt wurde, eine Fälschung sei[342] und im *Kitāb-i-Aqdas* davon nichts stehe. Im Hinblick auf den Hinweis in der »*Inhaltsübersicht*«[343], wonach der *Kitāb-i-Aqdas* das Hütertum »vorweggenommen« habe, erklärt er, diese Institution sei im *Kitāb-i-Aqdas* nirgends nachweisbar, »mithin ein *nachträglicher Einschub*«[344].

Richtig ist, daß der Begriff »*Valī-Amru'llāh*« im *Kitāb-i-Aqdas* nicht vorkommt und diese Institution auch in ihren Funktionen dort nicht definiert wird. Das hat auch noch niemand behauptet. Der *Kitāb-i-Aqdas* enthält die Bestimmung, daß karitative Stiftungen nach dem Ableben Bahā'u'llāhs an die *Aghṣān* und nach diesen an das »Haus der Gerechtigkeit« fallen sollen, sofern dieses bis dahin errichtet sein wird.[345] Mit dem Begriff *Aghṣān*[346] bezeichnet Bahā'u'llāh die Linie seiner Nachkommen. Auf diese geht auch die die Lehrgewalt implizierende Nachfolge über, nämlich auf 'Abdu'l-Bahā[347] und nach diesem auf Shoghi Effendi[348]. Überdies enthält der *Kitāb-i-Aqdas* keine Bestimmung darüber, an wen die *ḥuqūqu'llāh* zu entrichten sind. Shoghi Effendi sah darin

339 *Synopsis,* S. 88 Nr. 24
340 *Ḥuqūqu'llāh. The Right of God*, Nr. 9
341 *a. a. O.*, Nr. 32
342 *Bahā'ismus*, S. 293 ff.
343 S. 53 und 55
344 *Bahā'ismus*, S. 312, Fußnote 83 (Hervorhebung durch F.)
345 Vers 42
346 wörtlich: Zweige
347 *Kitāb-i-Aqdas* 121, 174 in Verbindung mit dem *Kitāb-i-'Ahd* (= *Botschaften* 15:9)
348 *Testament* 1:2; 1:16 ff.; 3:13

eine Antizipation des Hütertums.[349] Darum wurde in der »*Inhaltsübersicht*« die »Vorausschau des Hütertums« aufgenommen[350]. Ein »nachträglicher Einschub« in den *Kitāb-i-Aqdas* kann es deshalb nicht sein, weil es sich hierbei gar nicht um eine explizite Aussage des Textes, sondern erkennbar um eine Schlußfolgerung daraus handelt.[351] Darauf, ob Ficicchia diesen Schluß für plausibel hält, kann es nicht ankommen. Im übrigen hängt die Legitimation des Hütertums keineswegs an dieser Schriftstelle. Das Hütertum wurde von 'Abdu'l-Bahā in seinem *Testament*[352] errichtet, dessen Authentizität über jeden Zweifel erhaben ist[353].

k) So bleibt noch die 1973 vom Bahā'ī-Weltzentrum veröffentlichte »*Inhaltübersicht und systematische Darstellung der Gesetze und Gebote des Kitāb-i-Aqdas*«[354], die Ficicchia offensichtlich im Auge hat, wenn er von »*fragmentarischer* und teilweise *abgeänderter* Übersetzung« spricht[355], behauptet er doch, bei diesem Werk werde lediglich »eine dürftige Auswahl gewisser Gesetzestexte (meist nur stichwortartig)«[356] veröffentlicht, während der Rest »rundweg *unterschlagen* oder dann *modifiziert* und in ›gereinigtem‹ Wortlaut wiedergegeben« werde[357].

Das ist völlig abwegig. Dieses Werk ist sozusagen eine Inventarisierung des *Kitāb-i-Aqdas*: Es enthält über die von Shoghi Effendi längst veröffentlichten Teile hinaus überhaupt keinen »Wortlaut« dieses Werkes, sondern, wie Ficicchia selbst bemerkt, stichwortartig ein Verzeichnis der Gegenstände, von denen in dem Buch die Rede ist. Auch der normative Teil des *Kitāb-i-Aqdas* wird nicht inhaltlich im Wortlaut wiedergegeben, sondern nur mit

---

349 *Weltordnung*, S. 210

350 S. 53/55. Im englischen Text steht »anticipation«.

351 Dies ergibt sich eindeutig aus dem Originaltext: »In the verses of the *Kitāb-i-Aqdas* the implications of which clearly anticipate the institution of the Guardianship... « (Shoghi Effendi, *The World Order of Bahā'u'llāh*, S. 147); »In it [*Kitāb-i-Aqdas*] He [Bahā'u'llāh]... anticipates by implication the institution of Guardianship« (Shoghi Effendi, *God Passes by*, S. 214).

352 1:2; 1:16 ff.; 3:13

353 vgl. hierzu U. Gollmer, Kapitel 11

354 deutsche Ausgabe 1987

355 *Bahā'ismus*, S. 180, Fußnote 118 (Hervorhebung durch F.)

356 *Bahā'ismus*, S. 149

357 *Bahā'ismus*, S. 149

Stichworten.[358] Das Werk sollte die komplette Veröffentlichung des *Kitāb-i-Aqdas* ja nicht ersetzen, sondern nur vorbereiten. Wie ein Vergleich mit der nunmehr veröffentlichten authentischen englischen Ausgabe des *Kitāb-i-Aqdas* zeigt, wurde dieses Verzeichnis mit großer Akribie angelegt. Es ist wirklich alles aufgelistet, worüber der *Kitāb-i-Aqdas* Aussagen enthält. Daß diese Übersicht nur eine dürftige Auswahl der Gesetze enthalte und den Rest unterschlage, ist absolut unwahr und durch einen Vergleich mit dem Original oder der englischen Ausgabe leicht zu widerlegen.

Gerne wüßte man, was Ficicchia unter einem »gereinigten« Gesetzeswortlaut versteht. Wenn diese Publikation den Wortlaut des normativen Inhalts des *Kitāb-i-Aqdas* gar nicht enthält, weil er erst noch der Übersetzung bedurfte, dann kann er auch nicht »gereinigt« oder »modifiziert« worden sein. Der Leser, dem dieses Werk nicht vorliegt und der sich selbst kein Urteil machen kann und auf die Aussagen des Autors vertrauen muß, wird hier bewußt falsch informiert, um ihm ein weiteres Beispiel für den angeblich manipulativen Umgang der Bahā'ī mit der Schrift ihres Stifters präsentieren zu können: Eine als vorläufige Information bis zur Veröffentlichung der kompletten Übersetzung gedachte Schrift wird, inhaltlich verkürzt, als Ersatz für die angeblich »*ad calendas graecas*«[359] verschobene Veröffentlichung einer authentischen englischsprachigen Ausgabe hingestellt. Wer sich die nunmehr vorliegende englische Ausgabe des *Kitāb-i-Aqdas* beschafft, mag selbst urteilen, was er von Ficicchias Information zu halten hat, die »*Inhaltsübersicht*« ist nämlich in dieser Publikation mit abgedruckt[360].

Nun verdanken wir der *Evangelischen Zentralstelle für Weltanschauungsfragen*, die Ficicchias Verheimlichungs- und Fälschungsthesen promulgiert hat, eine Besprechung der vorliegenden authentischen englischen Ausgabe durch den an der Universität Graz lehrenden Religionswissenschaftler Manfred Hutter. Die *Zentralstelle* hat diese Rezension in Auftrag gegeben und in dem

358 Beispiele: »Tötung mit Vorsatz«, »Tötung ohne Vorsatz«, »Brandstiftung«, »Aufhebung von Gesetzen früherer Offenbarungen« usw.

359 *Bahā'ismus*, S. 188

360 *The Kitāb-i-Aqdas*, S. 141 ff.

von ihr herausgegebenen *Materialdienst*[361] dankenswerterweise veröffentlicht. Hutter hat darin die »unbegründeten Spekulationen« des »ehemaligen Bahā'ī Ficicchia« über angebliche »Unterschlagungen und Modifizierungen des Textes« und die angebliche Ausmerzung »im Westen unattraktiver Gesetze« glasklar zurückgewiesen: »Vergleicht man die offizielle Übersetzung mit der Übersetzung durch E. E. Elder und W. McE. Miller sowie — stichprobenartig — mit dem von A. H. Tumanski herausgegebenen arabischen Text, so wird nicht nur deutlich, daß diese Spekulationen aus der Luft gegriffen sind, sondern man darf auch insgesamt sicher ein positives Urteil über die offizielle Übersetzung fällen ... Das Übersetzungsgremium gibt den arabischen Text sinngetreu und vollständig wieder.«[362] Das kompetente Urteil eines Fachgelehrten wird für die Bahā'ī, die mit Ficicchias diffamatorischen Vorwürfen ständig konfrontiert werden, eine große Stütze sein; doch wird es lange währen, bis dieses Urteil von all denen vernommen wird, die Ficicchia aufgesessen sind und seine Desinformationen für bare Münze genommen und weiterverbreitet haben.

V. Korrekturen zum Inhalt einzelner Gesetze

1. Zur Haartracht

Ein Verbot des »Tragens von Backenbärten«[363] enthält der *Kitāb-i-Aqdas* nicht. Ficicchia hat dies von Römer[364] abgeschrieben. Während Römer der *Kitāb-i-Aqdas* nicht vorlag, hätte Ficicchia aus der ihm vorliegenden englischen Übersetzung erkennen können, daß von »Backenbärten« nirgends die Rede ist.

Der *Kitāb-i-Aqdas* enthält freilich zum Äußeren des Menschen — zu seinem Bart und seiner Haartracht — einige Weisungen. Offenbar gehört zum Menschenbild — der Mensch als *imago Dei* — auch das äußere Erscheinungsbild. So heißt es im *Kitāb-i-Aqdas*

---

361 »Der Kitāb-i-Aqdas — Das Heilige Buch der Bahā'ī«, 58. Jg., Heft 6/1995, S. 172 ff.
362 *a. a. O.*, S. 174
363 *Bahā'ismus*, S. 156
364 *Die Bābī-Behā'ī*, S. 122

über die Barttracht: »Als Gnadengabe aus Seiner Gegenwart hat euch der Herr von den Beschränkungen befreit, die vormals für Kleidung und Bartform galten... Verhaltet euch so, daß an eurem Gebaren nichts sei, was der rechte Verstand (*'uqūl mustaqīmah*) mißbilligt, und macht euch nicht zum Spielzeug der Unwissenden.«[365]

Auch zur Haartracht des Mannes enthält das Gesetz Gottes Vorschriften: Verboten ist die in einigen religiösen Traditionen vorgeschriebene Totalschur des Haupthaares[366] oder die Rasur des Schädels[367] (wie sie neuerdings auch bei den Skinheads üblich ist), verboten ist dem Mann aber auch eine Haartracht, die über das Ohrläppchen hinausreicht[368]. Möglicherweise zielt dieses Verbot auf religiöse Bräuche, das Haupthaar lang oder unbeschnitten zu tragen[369], vielleicht auch auf bizarre Haartrachten, wie sie heute in Mode sind. Der Mensch soll eben nicht brutal und auch nicht wild aussehen, als sei er gerade vom Baum gestiegen. Auch der Apostel Paulus fand, daß es einem Manne »zur Unehre« gereicht, »so er das Haar lang wachsen läßt«[370].

Nicht, wie Ficicchia behauptet[371], der Gebrauch von Messer und Gabel ist im *Kitāb-i-Aqdas* geboten, sondern das Verbot ausgesprochen, beim Essen mit der Hand in die Speise einzutauchen[372], wie dies in vielen Teilen der Welt üblich ist.

---

365 *Kitāb-i-Aqdas* 159. Ganz ähnlich auch *Botschaften* 3:12. Der Qur'ān enthält über die Bartform keine Regelung. In den Traditionen (*Ḥadīth*) gibt es jedoch Empfehlungen über Kleidung und Bart (vgl. Maulana Muḥammad 'Alī, *A Manual of Ḥadīth*, Kap. XXIX, Nr. 6, 11-15).

366 Im Buddhismus bei der Aufnahme in den Mönchsstand, im Katholizismus die früher mit der Aufnahme in den geistlichen Stand verbundene Tonsur (»*ordo ad faciendum clericum*«, can. 108 § 1 CIC alter Fassung).

367 *Kitāb-i-Aqdas* 44

368 *Kitāb-i-Aqdas* 44; vgl. Erläuterung Nr. 69

369 Zu denken ist an das lange Haar der Derwische, die Haare der Sikhs, die nie geschnitten werden dürfen, oder die Schläfenlocken orthodoxer Juden.

370 1. Kor. 11:14

371 *Bahā'ismus*, S. 156

372 *Kitāb-i-Aqdas* 46; Erläuterung 73 (S. 198)

2. Zum rituellen täglichen Gebet[373]

Die Bahā'ī kennen zwei Arten von Gebeten: *ṣalāt*[374] und *munājāt*. Beide sind offenbarte Gebete, die *ṣalāt* ausschließlich von Bahā'u'llāh, die *munājāt* aus der Feder des Bāb, Bahā'u'llāhs, 'Abdu'l-Bahās und Shoghi Effendis. Die *ṣalāt*[375] sind rituelle Gebete, für die bestimmte Formen vorgeschrieben und die täglich zu verrichten sind, weshalb sie auch »Pflichtgebete« genannt werden. Sie sind kein öffentliches liturgisches Gruppengebet wie im Islam, das schon der Bāb aufgehoben hatte. Nach dem *Kitāb-i-Aqdas* soll der Gläubige das Pflichtgebet allein sprechen.[376] Das rituelle tägliche Gebet und die Fasten haben »im Angesicht Gottes einen erhabenen Rang«[377]; sie sind »die beiden Pflichten, auf denen das Gesetz Gottes ruht«[378]. Die *munājāt* umfassen eine große Zahl offenbarter Gebete für die verschiedensten Gelegenheiten und Bedürfnisse.

Wenn Ficicchia schreibt, das Bahā'ītum verwerfe »das freie Rezitieren aus eigenen Stücken«[379], so trifft dies zu für Gebete, die in Gemeinschaft gesprochen werden. In den Gemeindeversammlungen, den Neunzehntagefesten, bei den Andachten im *Mashriqu'l-Adhkār* (Haus der Andacht) werden nur die offenbarten Gebete gelesen. Hier gibt es keine *ex-tempore*-Gebete durch den, der sich gerade vom Heiligen Geist berührt fühlt, wie dies in manchen kirchlichen Gemeinschaften geübt wird. Doch im Privaten bleibt es dem Gläubigen unbenommen, sich nicht nur mit offenbarten, sondern auch mit freien Gebeten Gott zuzuwenden.

Ficicchia gibt an, im *Kitāb-i-Aqdas* sei die islamische Gebetsübung von fünf auf drei Gebetszeiten am Tag reduziert, am Morgen, Mittag und Abend.[380] So ist dies nicht richtig. Bahā'u'llāh hatte zwar ursprünglich ein täglich dreimal zu sprechendes

---

373 Zum Thema Gebet und Meditation vgl. Jack McLean, *Dimensions in Spirituality*, S. 101-125
374 pers.: *namāz*
375 *Kitāb-i-Aqdas* 6, 8-13
376 *Kitāb-i-Aqdas* 12
377 *Kitāb-i-Aqdas*, »Fragen und Antworten« Nr. 93
378 Shoghi Effendi, zitiert nach *Principles of Bahā'ī Administration*, S. 8
379 *Bahā'ismus*, S. 428
380 *Bahā'ismus*, S. 152, 237

Pflichtgebet außerhalb des *Kitāb-i-Aqdas* offenbart, auf das sich Vers 6 bezieht.[381] Anstelle dieses Gebets hat Bahā'u'llāh später die drei obligatorischen Gebete offenbart[382], die heute im Gebrauch sind[383], und dadurch die Gebetspflicht substantiell geändert: Der Gläubige hat nunmehr ein Wahlrecht[384]. Er entscheidet sich alltäglich für eines dieser Gebete, muß dann aber die für das jeweilige Gebet vorgeschriebenen Zeiten und Modalitäten einhalten. Das kurze Pflichtgebet wird einmal am Tag zwischen Mittag und Abend gesprochen, das lange Pflichtgebet einmal binnen vierundzwanzig Stunden, nur das (der Länge nach) mittlere ist dreimal am Tag, morgens, mittags und abends, zu sprechen. Diese Gebetspflicht ist flexibel, den Bedingungen der heutigen technischen Gesellschaft angemessen und für die Gläubigen weitaus weniger belastend als die täglichen fünf Gebetszeiten im Islam, wie auch das Gesetz des Fastens gemildert wurde: Die Fastenzeit ist gegenüber dem islamischen Fasten im Monat Ramaḍan durch den neunzehntägigen Monat reduziert. Durch das Sonnenjahr des Badīʿ-Kalenders fällt das Fasten stets auf die gemäßigte Jahreszeit.[385]

Die hier dargestellte Regelung der Pflichtgebete ist allen Bahā'ī bekannt, sie gehört zu den Grundkenntnissen, mit denen jeder Gläubige spätestens vertraut gemacht wird, wenn er sich der Gemeinde Bahā'u'llāhs anschließt. In einer über die Pflichten des Gläubigen und das Gemeindeleben orientierenden Schrift, die — zumindest in der deutschen Gemeinde — jeder neu gewonnene Gläubige erhält, wird das Gesetz über das tägliche rituelle Gebet genau dargestellt.[386] Ficicchia war, wie sein Literaturverzeichnis[387] verrät, diese Schrift durchaus bekannt. Zudem sind in den im Gebrauch befindlichen Gebetsbüchern die Pflichtgebete mit den dazugehörigen Anweisungen aufgeführt. Es ist kaum vorstellbar, daß dieser »vorzügliche Kenner des Baha'ismus«[388] solches

381 vgl. *The Kitāb-i-Aqdas*, Erläuterung Nr. 3, 4 und 9 (S. 166, 167, 169)
382 *Lawḥ-i-Ṣalāt*
383 vgl. »Fragen und Antworten« Nr. 63
384 vgl. *Kitāb-i-Aqdas*, »Fragen und Antworten« Nr. 65
385 Im Monat ʿAlā' 2. — 20. März
386 Hermann Grossmann, *Der Bahā'ī und die Bahā'ī-Gemeinschaft*, S. 45 ff.
387 *Bahā'ismus*, S. 444
388 Kurt Hutten, *Seher, Grübler, Enthusiasten* (12. Aufl.), S. 827

Basiswissen nicht gehabt haben sollte. Wahrscheinlich hat er in seinem »bösen Argwohn«[389] gegenüber allen aus der Gemeinde stammenden Informationen das alles ignoriert und sich ausschließlich an der Elder/Miller-Übertragung orientiert, die nur die ursprüngliche Regelung des *Kitāb-i-Aqdas* enthält und von der späteren Entwicklung nichts weiß[390].

Die mokante Bemerkung, die Gebete würden »weniger nach ihrer Tiefe als nach ihrer Zahl bewertet«, weil das Bahā'ītum »ja Text und Anzahl der täglichen Gebete genau« vorschreibe, »womit selbst der innerste Bezug zur Gottheit einer minutiösen Reglementierung unterworfen wird«[391], entlarvt vollends die Ignoranz dieses »Fachgelehrten«[392], der damit auch das Urteil über alle Gesetzesreligionen gesprochen hat, in denen es neben dem Gebet nach individuellen Bedürfnissen Pflichtgebete gibt.[393] Diese sind streng formelhaft; keine freie Herzenssprache, sondern die Rezitation religiöser Texte, deren Wortlaut festgelegt ist. Das »gesetzliche« Gebet resultiert unmittelbar aus dem Gottesbund. In dem von Bahā'u'llāh vorgeschriebenen kurzen täglichen Pflichtgebet bezeugt der Gläubige den Erschaffungszweck des Menschen: »Ich bezeuge, daß Du mich erschaffen hast, Dich zu erkennen und anzubeten.«[394] Es ist Ausdruck der Demut und Unterwerfung unter

---

389 1. Tim. 6:4

390 So auch Manfred Hutter (*Die Bahā'ī*, S. 39 ff.), wenn er schreibt: »Jeder Bahā'ī muß dreimal am Tag ein Gebet sprechen«, und dann den Leser informiert, die Gebetstexte, die doch alternativ zu gebrauchen sind, seien allesamt an einem Tag zu sprechen. Drei Gebetszeiten sind nur für eines dieser Gebete vorgeschrieben. Wer sich für das kurze oder für das lange Gebet entscheidet, betet nur einmal am Tag.

391 *Bahā'ismus*, S. 428

392 *Lexikon der Religionen*, S. VII

393 Nach der *Mischna* (Ber III, 3) hat jeder männliche Gläubige zweimal täglich, morgens und abends, das *Schma* (»Höre, Israel, Jahve ist Gott, Jahve allein«) zu beten. Die zarathustrische Religion besitzt wie das Judentum mehrere Gebetsformeln, welche der Gläubige zu bestimmten Zeiten zu verrichten hat (vgl. Heiler, *Das Gebet*, S. 482). Schon das alte Christentum kannte das dreimalige Rezitieren des Vaterunsers. Das Gebot Morgen-, Abend- und Tischgebet (Vaterunser und Ave) hat die katholische Kirche durch alle Jahrhunderte aufrechterhalten (vgl. *Katechismus der katholischen Kirche*, Nr. 2698; *Lexikon für Theologie und Kirche*, Bd. 4, Sp. 538 ff.). Im Islam besteht das Pflichtgebet (*ṣalāt*) aus der Rezitation der Eingangssure (*al-Fātiḥa*) und der beiden Schlußsuren sowie dem *dhikr*, das »Gedenken Gottes« im Ausrufen des Namens Allāh und kurzer, lobpreisender Formeln. Das rituelle Gebet ist hier noch mehr formalisiert als im Judentum: Gebetszeiten, Gebetsrichtung, Gebetshaltungen sind bis ins Detail festgelegt.

394 *Gebete und Meditationen* 181

den Gotteswillen: »Ich bezeuge in diesem Augenblick meine Ohnmacht und Deine Macht, meine Armut und Deinen Reichtum. Es ist kein Gott außer Dir, dem Helfer in Gefahr, dem Selbstbestehenden.«[395] Das »gesetzliche« Gebet ist »das Bekenntnis des Glaubens, das den Frommen vom Gottlosen, den Gläubigen vom Ungläubigen unterscheidet[396], und hat einen höheren Rang als die Bittgebete[397]. Zwar haben die Reformatoren schärfsten Protest gegen das gesetzlich vorgeschriebene Gebet erhoben, in welchem sie nur einen Ausdruck selbstsüchtiger Werkgerechtigkeit, eine Profanisierung des Heiligen sahen.[398] Doch der protestantische Theologe Friedrich Heiler kommt zu einem anderen Urteil: »Die Masse der Durchschnittsfrommen bedarf fester religiöser Formen, an die sie sich in ihrer geistigen Unselbständigkeit klammern kann; sie bedarf des harten Zwanges, der sie aus dem Alltagsleben herausreißt und in eine höhere Welt emportreibt; sie bedarf des Lohn- und Strafmotivs, das sie zur Frömmigkeit und zur sittlichen Pflichterfüllung anspornt.« Er sieht die Gefahr der Veräußerlichung, die mit ritualisierten Gebeten verbunden ist, doch sieht er auch, daß »das gesetzliche und verdienstliche Gebet in den universellen nomistischen Religionen allzeit ein mächtiger Hebel des religiösen Lebens gewesen« ist[399].

Nach ʿAbdu'l-Bahā fördert das Pflichtgebet beim Gläubigen »Demut und Ergebenheit in den Willen Gottes«. Der Gläubige, der solchermaßen »mit Gott Gemeinschaft pflegt, ihm nahe zu kommen sucht, mit dem wahren Geliebten seines Herzens Zwiesprache hält«, erreicht »geistige Stufen«[400]. Friedrich Heiler hat in seinem hier zitierten monumentalen Werk über das Gebet dieser Gebetsweise ein ganzes Kapitel gewidmet[401], dessen Lektüre unserem Autor dringend anzuraten ist.

---

395 *a. a. O.*
396 Friedrich Heiler, *Das Gebet*, S. 482
397 *Lexikon für Theologie und Kirche*, Bd. 4, Spalte 545
398 vgl. Heiler, *Das Gebet*, S. 406
399 *a. a. O.*, S. 485
400 *The Kitāb-i-Aqdas*, Anmerkung 3
401 *Das Gebet*, S. 478 ff.

3. Bahā'ī Feiertage und *Mashriqu'l-Adhkār*

Zu Ficicchias Informationen über die Bahā'ī-Feiertage sei angemerkt, daß es durchaus zutrifft, daß die Bahā'ī, die in ihrem Kalender neun Feiertage haben, an denen sie Arbeitsruhe einzuhalten haben, nicht auch noch die jüdischen, christlichen und islamischen Feiertage begehen, wie es auch keinem Christen in den Sinn kommt, Jom Kippur oder das Laubhüttenfest zu feiern. Da der eigene Kalender und die Einhaltung der Feiertage, die den Ablauf des Jahres markieren, einen Teil der Bahā'ī-Identität bedeuten, hat Shoghi Effendi den westlichen Gläubigen nahegelegt, die christlichen Festtage nicht mehr zu feiern. Daß diese Festtage den Bahā'ī als »Aberglauben« gelten, wie Ficicchia behauptet[402], trifft nicht zu.[403] Die christlichen Feiertage werden, auch wenn sie von den Bahā'ī nicht begangen werden, als Tage religiöser Verehrung geachtet. So wie ihnen bei Andachten anläßlich ihrer eigenen Feiertage Gäste anderer Gemeinschaften willkommen sind, haben sie auch keine Vorbehalte, etwa an einer Christmette oder an einem anderen Gottesdienst teilzunehmen. Es sei betont, daß die Bahā'ī-Feiertage keineswegs *»exklusiv gemeinschaftsinterne Anlässe«* sind, »zu denen ein Nichtgläubiger keinen Zutritt hat«, wie Ficicchia behauptet.[404] Zu allen Gemeindeveranstaltungen an Bahā'ī-Feiertagen haben Nicht-Bahā'ī Zutritt. Alle Gemeindefeste sind prinzipiell offen. Diese Anlässe sind den Bahā'ī geradezu willkommene Gelegenheiten, den Glauben und die Gemeinde zu präsentieren. Nur die Neunzehntagefeste sind gemeindeinterne Veranstaltungen, weil sie auch der Beratung der Gemeindeangelegenheiten dienen.[405]

---

402 *Bahā'ismus*, S. 246

403 Das von ihm (*Bahā'ismus*, S. 246) wiedergegebene Zitat 'Abdu'l-Bahās ist aus dem Kontext gerissen. 'Abdu'l-Bahā sprach nicht im Hinblick auf das Fest zu Christi Geburt von »Aberglaube«, sondern auf den »geschmückten Baum«.

404 *Bahā'ismus*, S. 246 (Hervorhebung durch F.)

405 Selbst hier gilt die Regelung, daß erschienene Nicht-Bahā'ī nicht gebeten werden sollen, die Veranstaltung zu verlassen: »Vielmehr sollte die Gemeinde den beratenden Teil entfallen lassen und den Nicht-Bahā'ī willkommen heißen« (Das Universale Haus der Gerechtigkeit, Brief vom 24. März 1970, zitiert nach *The Nineteen-Day-Feast*, S. 98).

Auch was Ficicchia zum *Mashriqu'l-Adhkār*, dem »Haus der Andacht«, sagt, ist aufschlußreich für seine Methodik[406]: Er zitiert 'Abdu'l-Bahā, der die Ergänzungsgebäude zum *Mashriqu'l-Adhkār*[407] beschreibt und dazu ausführt: »Nach Erstellung dieser Einrichtungen werden ihre Pforten allen Nationen und Religionen ohne Einschränkungen offenstehen. Ihre Wohltaten werden ohne Ansehen der Farbe und der Rasse fließen, ihre Tore weit dem Menschengeschlecht geöffnet sein«.[408] Daran knüpft Ficicchia sein Urteil: »Dieses von religiöser Toleranz geprägte Postulat 'Abdu'l-Bahās wurde vom späteren ›Hüter‹ der Bahā'ī, Šawqī Efendī ... jedoch wieder zunichte gemacht und in sein Gegenteil umgekehrt.«[409] Zum Beweis dafür zitiert Ficicchia Shoghi Effendi, der aber von der Aussage 'Abdu'l-Bahās kein Wort zurücknimmt, sondern eine völlig andere Frage thematisiert, nämlich ob der *Mashriqu'l-Adhkār* für »gemischte religiöse Gottesdienste«, also für die Liturgien der verschiedenen Religionen, offensteht, was er eindeutig verneint. Zu den Andachten im *Mashriqu'l-Adhkār* und den sozialen Nebeneinrichtungen haben alle Zutritt. Jedermann, also durchaus nicht nur Bahā'ī, ist als Vorleser willkommen. Gemischte Andachten mit Vertretern anderer Religionen, sofern sie sich auf Lesungen aus den Heiligen Schriften beschränken, sind selbstverständlich möglich. Die Andachten, die nach den Weisungen 'Abdu'l-Bahās ohne Liturgie vollzogen werden und reine Wortgottesdienste sind, lassen jedoch für liturgische Zeremonien anderer Religionen keinen Raum. Shoghi Effendi hat somit weder 'Abdu'l-Bahās Postulat »zunichte gemacht« noch gar ins »Gegenteil umgekehrt«[410].

Unwahr ist auch die Behauptung, die von 'Abdu'l-Bahā vorgesehenen Nebeneinrichtungen seien in den *Mashriqu'l-Adhkār*[411] nicht vorhanden und »auch nicht vorgesehen«[412]. Abgesehen davon, daß allein schon die Errichtung dieser Gebäude (wie bei-

406 *Bahā'ismus*, S. 248/249
407 Schule für Waisenkinder, Armen-Krankenhaus, Heim für Arbeitsunfähige, Bildungsanstalten etc.
408 *Bahā'ī World* Bd. IX, S. 490
409 *Bahā'ismus*, S. 248/249
410 *Bahā'ismus*, S. 249
411 1980 gab es deren fünf, 1994 sieben
412 *Bahā'ismus*, S. 250

spielsweise das »Europäische Haus der Andacht« in Langenhain im Taunus) die relativ kleinen nationalen Gemeinden stark belasteten[413], so daß die Errichtung von Nebengebäuden noch nicht überall in Angriff genommen werden konnte, besteht beim *Mashriqu'l-Adhkār* in Wilmette[414]/USA ein Altenheim. Woher will Ficicchia überhaupt wissen, daß solche Einrichtungen »nicht vorgesehen« seien? Es ist eine Behauptung »ins Blaue«, um mit seinen an anderer Stelle vorgebrachten Vorwürfen, die Bahā'ī seien »bei aller Beschwörung der sozialen Gerechtigkeit« an sozialen Werken uninteressiert, sie hätten, »abgesehen von wenigen ABC-Schulen in ländlichen Gegenden der ›Dritten Welt‹«, keine »Sozialwerke« hervorgebracht[415], nicht in Konflikt zu geraten.

VI. Korrekturen an weiteren Verzeichnungen

1. Zur dogmatischen Verankerung des Gesetzes

Auch Ficicchias Auffassung, im *Kitāb-i-Aqdas* träten »theologische Aussagen und Erklärungen in den Hintergrund« und machten »einer praktisch orientierten Gesetzgebung Platz«[416], bedarf der Korrektur. In Wirklichkeit enthält das Werk auf Schritt und Tritt »Lehre«. Mit dem *Kitāb-i-Īqān*, dem herausragenden Werk Bahā'-u'llāhs aus der Frühzeit[417], ist der *Kitāb-i-Aqdas* das Depositorium zentraler Lehren, der Angelpunkt jeglicher Bahā'ī-Dogmatik. Ist im *Kitāb-i-Īqān* die Lehre von der fortschreitenden Gottesoffenbarung und der mystischen Einheit der Manifestationen das zentrale Thema, so ist es im *Kitāb-i-Aqdas* die Lehre von Gottes

---

413 Die großen Bahā'ī-Gemeinden befinden sich vor allem in der Dritten Welt, wo die finanziellen Ressourcen ohnedies beschränkt sind.

414 Ficicchias Behauptung, der Sitz des Nationalen Geistigen Rates der Bahā'ī in den USA in Wilmette bei Chicago sei »nach ʻAkkā und Haifa der wichtigste Brennpunkt des weltweiten Bahā'ismus«, ist völlig abwegig. Die Bahā'ī-Gemeinde der Vereinigten Staaten ist zwar die größte nationale Bahā'ī-Gemeinde der westlichen Welt, jedoch hat Wilmette für die übrige Bahā'ī-Welt nur insofern besondere Bedeutung, als sich dort der Muttertempel des Westens befindet, der *Mashriqu'l-Adhkār*, dessen Grundstein ʻAbdu'l-Bahā selbst gelegt hat.

415 *Bahā'ismus*, S. 392

416 *Bahā'ismus*, S. 150

417 deutsche Ausgabe: *Das Buch der Gewißheit*, Frankfurt ²1969 (revidierte Neuauflage in Vorbereitung)

Souveränität[418], vom Wesen der Manifestationen[419], vom Gottesbund[420], von Gesetz und Gnade[421], die Legitimation weltlicher Macht[422] und die Lehre zur Freiheit des Menschen[423]. Die Gesetzgebung Bahā'u'llāhs ist in der Lehre von der schlechthinnigen Souveränität Gottes und der »Größten Unfehlbarkeit«[424] der Manifestation verankert, die gesamte Bahā'ī-Ethik im souveränen, arbiträren Willen Gottes[425], von dem gesagt ist: »Er tut, was Ihm gefällt. Er wählt, und niemand darf Seine Wahl in Frage stellen.«[426] In kategorischer, geradezu provozierender Sprache wird diese absolute Souveränität des göttlichen Willens nochmals herausgekehrt: »Würde Er für rechtmäßig erklären, was seit unvordenklichen Zeiten verboten war, und verbieten, was zu allen Zeiten als rechtmäßig galt, so hätte niemand das Recht, Seine Allgewalt in Frage zu stellen. Wer zögert, und wäre es weniger als einen Augenblick lang, soll als Übertreter gelten.«[427] Diese »hehre und grundlegende Wahrheit«[428] ist zum Eckstein, geradezu zum Prüfstein des Glaubens gemacht: Wer sie nicht anerkennt, »den werden die Stürme des Zweifels schütteln und die Reden der Ungläubigen werden seine Seele verwirren«[429], wer sie anerkennt, »wird mit vollkommener Standhaftigkeit begabt sein« und »im Diesseits wie im Jenseits Erlösung finden«[430].

Diese kardinalen Lehraussagen im *Kitāb-i-Aqdas* sollten Ficicchia bekannt gewesen sein, denn sie waren in der von Shoghi Effendi zusammengestellten und herausgegebenen Anthologie *Äh-*

418 *Kitāb-i-Aqdas* 161-163
419 *Kitāb-i-Aqdas* 47, 143
420 *Kitāb-i-Aqdas* 1, 2
421 *Kitāb-i-Aqdas* 3, 4
422 *Kitāb-i-Aqdas* 81, 82
423 *Kitāb-i-Aqdas* 122-125; vgl. hierzu meine Ausführungen S. 226 ff.
424 *al-'iṣmatu 'l-kubrā, Kitāb-i-Aqdas* 47, 148, 183; *Botschaften* 8:17 ff.; *Beantwortete Fragen* 45; vgl. hierzu meine Ausführungen S. 131 ff. und 202.
425 Die Lehre vom ethischen Voluntarismus steht in der Tradition herausragender Denker im Christentum (Paulus, Augustinus, Duns Scotus, Wilhelm von Ockham, Calvin, Luther) und der orthodox-sunnitischen Lehre (vgl. G. F. Hourani, *Reason and Tradition in Islamic Ethics*, S. 24). Näheres hierzu in *The Bahā'ī Encyclopedia*, Stichwort »Ethics« II.
426 *Kitāb-i-Aqdas* 7
427 *Kitāb-i-Aqdas* 162 (= *Ährenlese* 37:2)
428 *Kitāb-i-Aqdas* 163 (= *Ährenlese* 37:3)
429 *Kitāb-i-Aqdas* 163 (= *Ährenlese* 37:3)
430 *Kitāb-i-Aqdas* 163 (= *Ährenlese* 37:3)

renlese aus den Schriften Bahā'u'llāhs[431] seit langem in deutscher Sprache veröffentlicht. Daß er gleichwohl behauptet, das Theologische trete in diesem Werk in den Hintergrund, und so dem Leser eine falsche Vorstellung vom Inhalt des Werkes vermittelt, zeigt einmal mehr, wie es um die Sachkenntnis dieses »ausgewiesenen Fachmannes« bestellt ist.

2. Zum Verhältnis von Gerechtigkeit und verzeihender Liebe

Im Kapitel über die Soziallehre und die Ethik im Bahā'ītum schreibt Ficicchia zutreffend, daß die Gerechtigkeit[432] in der Ethik Bahā'u'llāhs einen einzigartigen Rang hat. Doch fügt er auch hier ein Urteil an, das die gesamte Bahā'ī-Ethik in ein schiefes, rigoristisches[433] Licht geraten läßt: »Die Bezeugung individueller Nachsicht und spontaner Vergebung begangenen Unrechts ist im streng normativen System der Bahā'ī ethisch weniger verdienstvoll als die buchstäbliche Erfüllung des Gesetzes.«[434]

Um dies richtigzustellen, müßte man das Verhältnis von Gerechtigkeit und verzeihender Liebe eingehend darstellen, was den Rahmen dieser Abhandlung sprengen würde. Hier zeigt sich wieder, wie leicht es ist, mit einer hingeworfenen, nicht mit Gründen versehenen Bemerkung falsche Akzente zu setzen und so eine Sache zu verfälschen, und wie schwierig, auf knappstem Raum dies zu entkräften. Der Leser sei hier auf meine Beiträge in *The Bahā'ī Encyclopedia*[435] verwiesen. Hier sei nur so viel gesagt, daß die Gerechtigkeit im Tugendsystem Bahā'u'llāhs die höchste der weltlichen Tugenden ist[436], daß sie mit Liebe, Barmherzigkeit,

---

431 Hofheim ^{2}1961, ^{3}1980

432 *al-'adlu wa'l-inṣāf* (*inṣāf*, nicht »*iḥsān*« [Güte], wie Ficicchia S. 254 irrtümlich angibt). Auch die von ihm zitierte Quelle für sein Zitat, wonach Gerechtigkeit die grundlegendste menschliche Tugend ist, ist falsch: Der Text ist nicht aus dem *Lawḥ-i-Aḥmad*, sondern aus dem *Lawḥ-i-'Alī* (*Ährenlese* 100:6) genommen.

433 Näheres zum Vorwurf des Rigorismus siehe S. 310 ff.

434 *Bahā'ismus*, S. 255

435 Stichworte: »Justice«, »Ethics«, »Social Teachings«, »Crime and Punishment«

436 vgl. *Die Verborgenen Worte*, arab. 2; *Botschaften* 10:23; *Ährenlese* 100:6. Das entspricht ganz der philosophischen Tradition (vgl. Platon, *Der Staat*, 336e; Aristoteles, *Nikomachische Ethik* V, 3 [1129b] und auch Thomas von Aquin: »*In ipsa iustitia simul comprehenditur omnis virtus, et ipsa etiam est virtus maxime perfecta*« [*in Eth.* L. V, 1.II, Nr. 907]).

Verzeihung, Mitleid zweifellos in einem Spannungsverhältnis steht, nicht aber in einem Wesensgegensatz, wie dies teilweise in der protestantischen Lehre angenommen wird[437]. Der Gott, den Bahā'u'llāh verkündet, ist nicht nur der Gott der Liebe, der Barmherzigkeit und Gnade, sondern auch ein »Gott der Gerechtigkeit«[438], ein Gott des »grimmigen Zornes«[439], der züchtigt, straft und rächt[440]. In Gott ist das Spannungsverhältnis von Liebe und Gerechtigkeit in einer paradoxen Einheit aufgehoben, wie dies Hermann Cohen für das Judentum formuliert hat: »Und Gott ist, als Gott der Gerechtigkeit, zugleich der Gott der Liebe. Gerechtigkeit und Liebe sind Wechselbegriffe im Wesen Gottes.«[441]

In dem Kapitel der *Beantwortete Fragen*, aus dem Ficicchia eine kurze, aus dem Kontext gerissene Passage zitiert[442], hat 'Abdu'l-Bahā das Spannungsverhältnis von Liebe und Gerechtigkeit eingehend dargestellt und deutlich gemacht, daß im Reich der Ethik die verzeihende Liebe in die Personenwelt gehört — sie soll das Verhältnis von Mensch zu Mensch bestimmen —, die Gerechtigkeit in die Ordnungswelt. Im Hinblick auf eine einseitige Ausrichtung auf die verzeihende Liebe sagt 'Abdu'l-Bahā: »Ebenso wie das Verzeihen eines der Attribute des Allmächtigen ist, so ist auch die Gerechtigkeit eine der Eigenschaften Gottes, des Herrn.«[443] Demgemäß ist in der Ordnungswelt die höchste Norm die Gerechtigkeit, an der sich vor allem das Strafrecht[444] zu orientieren hat. Die Gesellschaft hat das unbestreitbare Recht »auf Verteidigung und Selbstschutz«[445], der einzelne hingegen ist sittlich verpflichtet, dem, der ihm Unrecht getan hat, zu verzeihen und »Böses mit Gutem zu vergelten«[446].

437 siehe S. 114 ff. und die dort angegebene Literatur.
438 *Ansprachen* 34:7
439 *Ährenlese* 66:13; *Gebete und Meditationen* 81:4; 131:1
440 *Ährenlese* 66:2; 103:5; *Botschaften* 8:8
441 *Religion der Vernunft aus den Quellen des Judentums*, S. 502
442 *Bahā'ismus*, S. 255
443 *Beantwortete Fragen* 77:8
444 Zu den strafrechtlichen Implikationen der Offenbarung Bahā'u'llāhs siehe meinen Beitrag »Crime and Punishment«, in: *The Bahā'ī Encyclopedia*.
445 *Beantwortete Fragen* 77:6
446 *Beantwortete Fragen* 77:5

Die Bergpredigt ist prinzipiell keine politische Handlungsanweisung, sondern eine radikalisierte Individualethik.[447] Ihre radikalen Forderungen wollen »keinen neuen Gesetzeskodex aufstellen, das jüdische Gesetz (die Thora) nicht in der Weise überbieten, daß sie seine Vorschriften verschärfen. Sie appellieren vielmehr an das Herz des Menschen und wollen es zu sittlichen Höchstleistungen bewegen«[448]. Daß nicht die verzeihende Liebe, sondern die Gerechtigkeit die Ordnungswelt regiert, entspricht christlicher Tradition: »*Iustitia fundamentum regnorum.*«[449] Die Ausrichtung auf die Gerechtigkeit unterscheidet nach Augustinus den Staat von der organisierten Räuberbande.[450]

Vielleicht gefährdet nichts so sehr den Bestand unserer Ordnung als eine einseitige Orientierung an dem diffus gewordenen säkularen Wert der »Humanität«, in den die genuin christlichen Werte von Liebe, Barmherzigkeit und Mitleid eingeschmolzen sind und hier, am falschen Ort, in der Ordnungswelt, ihre Wirkung entfalten. Liebe, die nicht zugleich in der Ordnungswelt »gerecht ist«, wird, wie Emil Brunner so trefflich formuliert, »zur Sentimentalität und Schwärmerei«, zum »Gift, das alle Ordnungen der Gerechtigkeit zerstört und auflöst«[451] — ein Gedanke, der schon bei Thomas von Aquin zu finden ist, wenn er sagt, daß Gerechtigkeit ohne Liebe »Grausamkeit«, Liebe ohne Gerechtigkeit »die Mutter der Auflösung« sei[452].

---

447 Politische Implikationen einzelner Gebote wie die Seligpreisung der Friedensstifter (Matth. 5:9) oder der Sanftmütigen, die das Land besitzen werden (Matth. 5:5), sind unverkennbar. Zum Ganzen siehe auch U. Gollmer, »Der lange Weg zum Größten Frieden«, in: *Bahā'ī-Briefe* Nr. 50, S. 140-147.

448 Rudolf Schnackenburg, *Die Bergpredigt*, S. 33/34. Die Reformatoren sind dem Schwärmertum, das die irdische Rechtsordnung durch Jesu Sühnesterben für außer Kraft gesetzt hielt und das sich auch in der Ordnungswelt ausschließlich an den Regeln der Bergpredigt orientieren wollte, entschieden entgegengetreten (vgl. Paul Althaus, *Die Todesstrafe als Problem der christlichen Ethik*, S. 26 ff., 31 ff.).

449 Devise des Kaisers Franz I. (1708-1765).

450 »*Remota itaque iustitia quid sunt regna nisi magna latrocinia*?« (*De Civitate Dei*, lib. IV, cap. IV).

451 *Gerechtigkeit*, S. 152. Zum Ganzen eingehend *Der Bahā'ī in der modernen Welt*, S. 276 ff., 281 ff., 336 ff.

452 *In Matthaeum* 5,2

Ficicchia hat von all dem nichts begriffen, wenn er aus dem erhabenen Rang, den die Gerechtigkeit[453] in der Werthierarchie Bahā'u'llāhs einnimmt, ableitet, individuelle Nachsicht[454] und die Vergebung begangenen Unrechts werde in der Bahā'ī-Ethik gering geachtet. In Wirklichkeit sind Nachsicht[455], Duldsamkeit[456], Sanftmut[457], Langmut[458] und Güte[459] der Kardinaltugend des rechten Maßes, aber auch der Menschenliebe zugeordnete Tugenden[460], die vielfach eingeschärft werden: »Habt Nachsicht miteinander[461]... Einer übersehe des anderen Mängel um Meines Namens willen«[462]. Bahā'u'llāh mahnt zu einem »Geist der Liebe und der Duldsamkeit«, in dem man »die Menschen zum Meere wahren Verstehens führen« soll[463]. Alle Menschen sind aufgerufen, sich »mit dem Gewand der Verzeihung und der Großmut zu schmücken«[464]. Das Gebot der Liebe wird nicht von der Kardinaltugend der Gerechtigkeit außer Kraft gesetzt, doch soll auch die Ordnung der Gerechtigkeit nicht durch Liebe, Barmherzigkeit und Mitleid aus den Angeln gehoben werden. Im *Kitāb-i-Aqdas* warnt Bahā'u'llāh ausdrücklich davor, »aus Mitleid« zu versäumen, »die Satzungen Gottes auszuführen: Tut was euch geboten ist von Ihm, der mitleidig und barmherzig ist«[465]. Der Hinweis, daß auch die Strafgesetze von dem allgütigen, allbarmherzigen Gott stammen, ist eine deutliche Mahnung vor menschlicher Hybris, die wähnt, barmherziger als der allbarmherzige Gott selbst zu sein, von dem

453 »Von allem das Meistgeliebte«, »das Zeichen Meiner Gnade« (*Die Verborgenen Worte*, arab. 2), »das Wesen all dessen, was Wir für dich offenbarten« (*Botschaften* 10:23).

454 *Die Verborgenen Worte*, pers. 48; *Botschaften* 17:28; *Ährenlese* 115:4; 137:4; 154:1

455 *Die Verborgenen Worte*, pers. 48, *Ährenlese* 115:4

456 *Botschaften* 4:12; 11:21

457 *Brief an den Sohn des Wolfes* 149

458 *Ährenlese* 134:2

459 *Ährenlese* 5:1,3; 109:2; 137:4; 146; *Botschaften* 7:4

460 Zum Ganzen verweise ich auf meinen Beitrag »Ethics«, X, 4, 6, in: *The Bahā'ī Encyclopedia*.

461 *Die Verborgenen Worte*, pers. 48

462 *Ährenlese* 146

463 zitiert nach *Inhaltsübersicht*, Vorwort, S. 16

464 *Botschaften* 6:36

465 Vers 45, der die Strafe für den Diebstahl festsetzt. Eine ganz ähnliche Mahnung findet sich auch im *Qur'ān* (24:2) im Zusammenhang mit der Bestrafung der Ehebrecher: »Und laßt euch nicht bei der Anwendung der Gesetze Gottes von Mitleid mit den beiden übermannen.«

es heißt »Von allen, die Barmherzigkeit bezeugen, bist Du in Wahrheit der Barmherzigste.«[466]

Die Gerechtigkeit ist nach der jüdischen Tradition das Attribut des Messias[467], das Kennzeichen des messianischen Zeitalters[468]. Schon der Bāb hat die Offenbarung Bahā'u'llāhs mit der »Ankunft göttlicher Gerechtigkeit«[469] identifiziert. Bahā'u'llāh verheißt für die Fülle der Zeit eine »Herrschaft der Gerechtigkeit unter den Menschenkindern«, deren »Lichtglanz den ganzen Erdkreis erleuchten« wird[470].

3. Eine kasuistische Ethik?

Den von Bahā'u'llāh eröffneten Heilsweg nennt Ficicchia einen »betont *kasuistischen*«[471], und über die Bahā'ī-Ethik verrät Ficicchia: »Das Bahā'ītum setzt strenge Maßstäbe; seine Ethik ist eine betont ***kasuistische*** und lehnt jeden Antinomismus ab.«[472] Doch dieses Etikett ist — ***sit venia verbo***! — der bare Unsinn. Entweder kennt er die Bahā'ī-Ethik nicht, oder weiß er nicht, was der Begriff »kasuistisch« bedeutet. Wahrscheinlich trifft beides zu. Vielleicht hat aber auch theologischer Rat Pate gestanden, denn die Kasuistik ist reformatorischem Denken suspekt.

Um den letzten Punkt vorwegzunehmen: Die Aussage, das Bahā'ītum lehne »jeden Antinomismus ab«, ist schon recht eigenartig. Eine Gesetzesreligion ist doch *per se* das Gegenteil eines Antinomismus. Antinomistische Strömungen gab es in der Bahā'ī-Gemeinde allenfalls unter den westlichen Bundesbrechern[473], die das Wesen der Offenbarung Bahā'u'llāhs nie begriffen hatten. Zu ihnen gehört auch Ficicchia.

---

466 *Botschaften* 3:15

467 Jes. 11:5; Micha 4:3; 5. Mos. 10:20; Spr. 10:25

468 Jes. 26:9; hierzu Hermann Cohen, *Religion der Vernunft aus den Quellen des Judentums*, S. 497 ff. Die Juden erwarten vom messianischen Zeitalter, »daß die Einheit Gottes anerkannt wird und Recht und Gerechtigkeit überall blühen werden« (Michael Friedländer, *Die jüdische Religion*, S. 128).

469 *Auswahl* 6:11:5

470 *Botschaften* 11:6

471 *Bahā'ismus*, S. 226 (Hervorhebung durch F.)

472 *Bahā'ismus*, S. 251 (Hervorhebung durch F.)

473 Ficicchia berichtet über solche Tendenzen (vgl. *Bahā'ismus*, S. 377 ff.).

Unter »Kasuistik«[474] versteht man im Recht eine Ordnung, die die Lebensverhältnisse nicht durch generalisierende Grundsätze systematisch zu gestalten versucht, sondern durch individualisierende, dem Einzelfall angepaßte Regeln. Unter Kasuistik in der Ethik oder in der Moraltheologie versteht man »die methodische Anleitung, die allgemeinen Normen des Sittengesetzes auf Einzelfälle (*Casus conscientae*) mit ihren besonderen Umständen anzuwenden«[475]. Religiöse Kasuistik entsteht, »wenn moralische Konflikte religiös durch die Klärung des jeweiligen Einzelfalls zu lösen versucht werden«[476]. Voraussetzung einer Kasuistik ist das Vorhandensein genereller, verpflichtender Normen, einer Sittenlehre mit grundsätzlich fest umrissenen Forderungen, die dann am Modell des Einzelfalles erörtert und eingegrenzt werden, um so die persönliche Findung der sittlichen Imperative oder die sittliche Beurteilung einer Handlung zu erleichtern. Kasuistik als »situationsbezogene Ethik«, ein »Spätstadium religiöser Moral«[477], gibt es im Konfuzianismus und Buddhismus, in *halacha*[478] und *sharī'a*[479], in der abendländischen Welt seit der Stoa[480].

Eine Kasuistik kennt insbesondere die katholische Moraltheologie seit dem frühen Mittelalter. Sie entstand als Hilfe für die Beichtpraxis, doch finden sich Ansätze schon in der Patristik, bei Tertullian, Clemens von Alexandrien, Origenes, Cyprian und Ambrosius. Im 17. und 18. Jahrhundert hat die Kasuistik die mehr an der Tugendlehre orientierte, systematische Moraltheologie zurückgedrängt und eine immer genauere Festlegung der Gesetzes-

474 abgeleitet von *casus*: der Fall
475 *LThK* 6, Spalte 18 ff.
476 *RGG* Bd. III, Sp. 1166
477 *RGG* Bd. III, Sp. 1166
478 Wo »der skrupulöse Eifer um die Anwendung der göttlichen Gebote auf den Einzelfall die Neigung zu immer subtilerer Zuspitzung in sich selbst trägt« (*RGG*, Bd. III, Sp. 1167).
479 Wo »geisttötende Kleinigkeitskrämerei der Gesetzesgelehrten«, die Gottes Wort deuten, sich dabei verliert in »törichte Spitzfindigkeiten und öde Deuteleien, in der Ersinnung von Möglichkeiten, die niemals eintreten, und in der Ergründung von kniffligen Fragen, bei denen sich die spitzfindigste Haarspalterei mit der Betätigung der kühnsten, rücksichtslosesten Phantasie verschwistert« (Ignaz Goldziher, *Vorlesungen über den Islam*, S. 67). Zur Kasuistik im Islam vgl. auch Joseph Schacht, *An Introduction to Islamic Law*, S. 205.
480 So etwa die Erörterung des Verhaltens zweier Schiffbrüchiger, denen zur Rettung ein nur den einen tragendes Brett (»das Brett des Karneades«) zur Verfügung steht (vgl. Cicero, *De officiis*, II, 90).

übertretungen gebracht. Einer der prominentesten, aber auch umstrittensten Kasuisten war Alfonso di Liguori[481]; Blaise Pascal[482] war einer ihrer schärfsten Kritiker.

Allein schon daraus wird deutlich, daß eine Ethik, die in die Offenbarung eingegossen ist, niemals eine genuin kasuistische sein kann. Die Gesetze der Thora oder des Qur'ān sind nicht kasuistisch. Auch da, wo sie konkrete Handlungsanweisungen geben, sind diese immer generell, für alle Zeiten und alle Menschen gültig. Die Applikation auf den einzelnen Fall setzt die Existenz genereller, abstrakter Normen voraus. Kasuistik ist ein Mittel des Umgangs, die Art der Verarbeitung einer von ihr vorausgesetzten Ethik; sie ist ihrem Wesen nach Methode, nicht Inhalt. Das offenbarte Religionsgesetz wurde in der Vergangenheit erst in der Anwendung, etwa bei der Güterabwägung im Falle der Pflichtenkollision, zu einer Kasuistik entwickelt.

Wenn Ficicchia ein Urteil über die »Bahā'ī-Ethik« abgibt, sollte man wissen, daß er auf einschlägige philosophisch-moraltheologische Sekundärliteratur nicht zurückgreifen kann. Ethik ist eine Disziplin der Philosophie, sie ist die systematische, analytisch-methodische Erkenntnis und Darstellung der sittlichen Ordnung, sie ist nicht die Ordnung selbst. Diese Ausarbeitung der Grundlagen, die Klärung der Grundbegriffe, die Suche nach den Prinzipien, die hinter den einzelnen sittlichen Weisungen stehen, die Klärung der Rolle der Vernunft bei der Erkenntnis sittlicher Normen und Prinzipien, ist letztlich unerläßlich für die Umsetzung und Anwendung dieser Sittlichkeit. Zu einer solchen Darstellung der Bahā'ī-Ethik ist es in dieser frühen religionsgeschichtlichen Zeit — die Bahā'ī leben in der Mitte des zweiten Jahrhunderts — noch nicht gekommen. Da die ethischen Imperative der Offenbarung über das gesamte offenbarte Schrifttum verstreut sind — von den frühesten Werken Bahā'u'llāhs bis zu seinem letzten größeren Werk, dem *Brief an den Sohn des Wolfes*[483] —, ist es ein schwieriges Unterfangen, das zugrundeliegende

481 1696-1787, 1839 von Papst Gregor XVI. heiliggesprochen, 1870 von Papst Pius IX. in den Rang der (insgesamt dreißig) »Kirchenlehrer« (*doctores*) erhoben. Er ist der Patron der Beichtväter und Moraltheologen.

482 *Lettres à un provincial*, 1656/57

483 *Lawḥ-i-Ibn-i-Dhi'b*

ethische System zu erkennen, die allgemeinen Umrisse der Bahā'ī-Ethik und ihre Wesensmerkmale darzustellen.[484]

Bei der Vielgestaltigkeit normativer Äußerungen in der Schrift, die letztlich jeden Versuch, sie in ein geschlossenes System zu bringen, scheitern läßt, fallen zwei unterschiedliche Arten ins Auge, in denen die sittlichen Weisungen erfolgen: Einmal unabdingbare Gebote und Verbote, die Gesetzescharakter haben; zum anderen sittliche Ziele, Handlungsanweisungen, die auf das Gute und Richtige, auf ein Sein ausgerichtet sind: auf die Tugenden, die die göttlichen Attribute reflektieren. Die erste Kategorie kann man als *deontologisch* bezeichnen, während die zweite *teleologisch* ist: eine religiöse Seinsethik. Beide Weisen sind nicht kontradiktorisch, sondern eindeutig komplementär, nur verschiedene, einander ergänzende Möglichkeiten ethischer Weisung, beide sind auf die selben letzten Ziele gerichtet: auf das Wohlgefallen Gottes, die Vollendung des Menschen und seine himmlische Glückseligkeit. Dabei ist die Bahā'ī-Ethik, wie in meinem Beitrag ausgeführt, »keine trockene, blutleere Pflichtenethik«[485], sondern »methodische Gesamtlebensführung unter dem Wort und dem Gesetz«[486].

Daß es jemals zu einer »Kasuistik« kommen wird, ist wenig wahrscheinlich und selbst da, wo die normative Ethik die Anwendung auf den *Casus* verlangt, wird es mit Sicherheit nicht zu »verbindlichen Regelungen auch des kleinsten Details«[487] kommen, oder gar zu einer öden, »der religiösen Innerlichkeit schädlichen Deutung des religiösen Lebens«[488] wie in der islamischen Gesetzesinterpretation, denn der Offenbarung Bahā'u'llāhs war von Anfang an die Haltung immanent, »die Grundprinzipien klarzulegen, verbindliche Detailregelungen da zu treffen, wo dies un-

---

484 Eine erste ethische Studie habe ich in einer Kleinschrift (*Ethische Aspekte des Rauchens. Ein Beitrag zur Bahā'ī-Ethik*, Hofheim ²1993) vorgelegt. Der Versuch einer umfangreicheren Darstellung ist mein noch unveröffentlichter Beitrag in *The Bahā'ī Encyclopedia*, Stichwort »Bahā'ī Ethics«. Aufschlußreichen Einblick in die Bahā'ī-Ethik vermittelt der kenntnisreiche Beitrag von Iḥsan Ḥalabī, »Ethische Aspekte des Aqdas«, in: Gesellschaft für Bahā'ī Studien, (Hrsg.) *Aspekte des Kitāb-i-Aqdas*, S. 276-302.

485 *Ethics*, Kap. XI

486 U. Gollmer, *Gottesreich*, Kap. 7.4

487 Brief des Universalen Hauses der Gerechtigkeit vom 3. Januar 1982

488 I. Goldziher, *Vorlesungen über den Islam*, S. 67

erläßlich war, und einen weiten Bereich der Gewissensentscheidung dem einzelnen zu überlassen«[489]. Auch das Verbot der Beichte[490] ist der Entwicklung einer Kasuistik nicht förderlich.

Von dem unübersehbaren Reichtum dieser Ethik und ihrer unauslotbaren Tiefe vermittelt Ficicchias Werk nicht einen Schimmer. Möglicherweise hat er mit seinem Verdikt »betont kasuistisch« die deontologischen Strukturen[491] gemeint, doch selbst dann stimmt dieses Urteil nicht, weil die teleologischen Strukturen, die Seinsethik, bei weitem überwiegen. So hat er sich mit seinem nonchalanten Urteil über die Bahā'ī-Ethik, das er weder auf fremde noch auf eigene Forschungsergebnisse stützen konnte und für das er — wie auch sonst — keine Gründe angibt, ein weiteres Mal in seiner fachlichen Inkompetenz entlarvt. Erstaunlich bleibt nur, daß auch der Theologe Rainer Flasche zu dem Urteil gelangt, im *Kitāb-i-Aqdas* seien »Verhaltens- und Handlungsweisen ... bis ins kleinste geregelt«[492]. Er hat sich wohl allzu sehr auf seinen Gewährsmann Ficicchia verlassen, denn der Text des *Kitāb-i-Aqdas*, der ihn eines anderen belehrt hätte, stand ihm ganz offensichtlich nicht zur Verfügung, hält er dieses Werk doch für »unübersetzbar« und »in anderen Sprachen nicht zugänglich«[493].

4. Ein rigoroses Religionsgesetz?

»Ein rigoroses *Religionsgesetz*«[494] nennt Ficicchia die Gesetzgebung Bahā'u'llāhs, und spricht von »rigorosen Sittenmaßstäben

---

489 Brief des Universalen Hauses der Gerechtigkeit vom 3. Januar 1982; vgl. ferner *Die Freiheit und ihre Schranken*, S. 59-62; U. Gollmer, *Gottesreich*, Kap. 12.4

490 *Kitāb-i-Aqdas* 34; *Botschaften* 3:14

491 Ein Beispiel: Das Verbot übler Rede und übler Nachrede (*Kitāb-i-Aqdas* 19; *Botschaften* 3:26; 8:62; 15:2; *Die Verborgenen Worte*, pers. 44, 66, arab. 27) ist eine generelle abstrakte Norm, völlig losgelöst vom Einzelfall und darum nicht »kasuistisch«. Kasuistisch wäre die Erörterung, ob ein Vorgesetzter, der ein schlechtes Dienstzeugnis erteilt, gegen das Verbot übler Nachrede verstößt.

492 *Lexikon für Theologie und Kirche*, ³1993, Bd. 1, Stichwort »Bahā'ī-Religion«, Sp. 40

493 *a. a. O.*

494 *Bahā'ismus*, S. 251 (Hervorhebung durch F.). Wenn er zugleich anmerkt, in der Praxis sei dieses Gesetz allerdings ein »*de facto unverbindliches*«, zumal es den

im Bahā'ismus«, die Konvertiten »*vorenthalten*« werden, »dieweil die Missionspropaganda gerade den christlichen Kirchen ihre ... Moraltheologie zum Vorwurf macht«[495].

Was letzteren Vorwurf anbelangt, so gibt Ficicchia, wie bei den meisten seiner Vorwürfe, keine Quelle an. Der Leser erfährt nicht, wann und wo die Bahā'ī die kirchliche Moraltheologie zum Gegenstand der Kritik gemacht hätten. In Publikationen ist dies, soweit ich sehe, nirgends geschehen. Soweit ich mich mit der katholischen Moraltheologie befaßte, habe ich gerade nicht die traditionellen, strikten Maßstäbe der Kirche kritisiert, sondern den Auffassungswandel unter dem Einfluß säkularen, humanwissenschaftlichen Denkens beleuchtet.[496]

Ist Bahā'u'llāhs Normenkatalog rigoros zu nennen? »Rigoros« heißt unerbittlich, streng, hart, rücksichtslos. Der Bahā'ī vermag dies nicht so zu sehen. Das Gesetz Bahā'u'llāhs ist, wie die Gebote in allen Religionen, strikt. Der Mensch steht unter dem kategorischen Anruf »Du sollst!«. Wie schon erörtert[497], wird in unserer heutigen Gesellschaft alles Strikte, nicht zur Disposition des Menschen Stehende als streng, rigoros empfunden. Ficicchia ist ein typischer Repräsentant dieser Geisteshaltung. Doch erscheint es nicht als ausgeschlossen, daß er, dem doch theologischer Rat zur Seite stand, hier Assoziationen mit einer schlimmen Verformung der Gesetzesethik provozieren möchte: dem Rigorismus, jener starren, engherzigen Geisteshaltung unerleuchteter Eiferer für ein rein statisch verstandenes Gesetz, bei dem, wie im Mythos vom Prokrustes, jede individuelle Verschiedenheit in eine einzige Einheitsnorm gezwungen wird. Diese Haltung, die in der Religionsgeschichte immer wieder aufgetreten ist — Montanismus und Inquisition sind Beispiele — ist absolut nicht der Geist, den die Offenbarung Bahā'u'llāhs vermittelt.

Den Fanatismus und die Bigotterie, in die der Rigorismus leicht umschlägt, hat Bahā'u'llāh hart gebrandmarkt als »ein welt-

---

Bahā'ī »*unbekannt*« sei (S. 251 [Hervorhebung durch F.]), bedarf dies nach den bisherigen Ausführungen keiner Erörterung mehr.

495 *Bahā'ismus*, S. 411, 412 (Hervorhebung durch F.)

496 *Der Bahā'ī in der modernen Welt*, S. 342-347; *Die Freiheit und ihre Schranken*, S. 48, Fußnote 198.

497 siehe S. 239 ff.

verzehrendes Feuer«, »eine verheerende Plage«[498]; vor zelotischer Gesetzesstrenge und *ḥanbalitischem*[499] Gesetzeseifer hat er ausdrücklich gewarnt: Die Gläubigen sollen sich, »da die meisten Menschen schwach sind und weit entfernt von der göttlichen Absicht«, bei der Anwendung des Gesetzes vom Gebot der Klugheit leiten lassen[500].

Hinzu kommt, daß die Betonung eindeutig auf den Zielgeboten liegt: auf dem rechten Sein, aus dem das rechte Tun, die Werke, »die Früchte am Baume des Menschen«[501] resultieren, auf dem »guten Charakter«, dessen Licht »die Sonne in ihrem Glanz überstrahlt«[502], auf einem »Leben der Tugend«, »reinen und heiligen Taten«, »edlem Tun« und einer »geheiligten Wesensart«[503]. Nicht so sehr auf den einzelnen Akten der Gesetzeserfüllung, auf dem einzelnen »Werk« liegt der Akzent, vielmehr auf einer »methodischen Gesamtlebensführung unter Wort und Gesetz«[504], die ihr Ethos auf den Glauben an Gottes Heilswirken in Bahā'u'llāh und auf die Teilhabe an dem neuen Gottesbund, dem tragenden Grund des Bahā'ī-Lebens, bezieht. Diese Haltung impliziert das Bewußtsein, daß der Mensch — »schwach erschaffen«[505], doch zur Vollkommenheit berufen[506] — bestenfalls auf der Pilgerschaft auf »dem Pfade der Heiligkeit«[507] ist, zu seinem Ziel, der »himmlischen Stadt«[508]. Der Blick ist deshalb nicht einseitig auf die Grenzziehung der Gebote gerichtet, sondern zugleich auch auf

498 *Brief an den Sohn des Wolfes* 19; *Botschaften* 6:28. 'Abdu'l-Bahā nennt den Fanatismus einen »der Hauptgründe, warum die Menschen anderer Religionen sich von dem Glauben Gottes [nach dem Kontext ist der Islam gemeint] fernhielten« (*Das Geheimnis göttlicher Kultur*, S. 53).

499 Aḥmad Ibn Ḥanbal (780-855) war der Begründer derjenigen der vier sunnitischen Rechtsschulen (*madhhab*), die sich durch ihre besondere Strenge und Enge auszeichnete (vgl. *SEI*, S. 20 ff.). Den Begriff »ḥanbalitischer Gesetzeseifer« habe ich aus Gründen der historischen Reminiszenz geprägt. Er findet sich nicht in der Schrift Bahā'u'llāhs (wie mir auch keine Schriftstelle bekannt ist, in der die ḥanbalitische Rechtsschule kritisiert wird).

500 Bahā'u'llāh, zitiert nach *The Kitāb-i-Aqdas*, Introduction, S. 6

501 *Brief an den Sohn des Wolfes* 46

502 *Botschaften* 4:13; 6:27; 8:56; 11:28; 15:11

503 *Botschaften* 7:11

504 U. Gollmer, *Gottesreich*, Kap. 9

505 *Qur'ān* 4:28

506 vgl. Matth. 5:48

507 *Die Verborgenen Worte*, pers. 8

508 *Die Verborgenen Worte*, pers. 17

das Wachstum zu diesem Ziel, wie es die »frohe Botschaft«[509] weist.

VII. Zum Wesen des Gottesgesetzes

Es ist Ficicchia unbenommen, Bahā'u'llāhs Gesetz unattraktiv, absonderlich, altorientalisch oder gar abstrus zu nennen. Er wird mit diesem Urteil sicher nicht allein stehen. Das bestätigt nur die Erfahrung, daß auf dem Gebiet des Normativen, im Reich der Werte, die urteilende Vernunft des Menschen allemal zu sehr verschiedenen, oft höchst antagonistischen Ergebnissen gelangt: »Die Welt ist von Vernünftigen erfüllt, die sich gegenseitig ihre Unvernunft vorwerfen.«[510] Wer das westliche Zivilisationsniveau zum Idealtyp und Maßstab aller Dinge erhebt, wer die eurozentrische Hierarchisierung der Welt und die Wertvorstellungen unserer postmodernen Gesellschaft für untrügliche Parameter hält, wird Bahā'u'llāhs Gesetzgebung sicher mit anderen Augen sehen als der, dem die geschichtliche Bedingtheit unserer heutigen Anschauungen bewußt ist und, um der um sich greifenden moralischen Orientierungslosigkeit zu entrinnen, unvoreingenommen nach neuen Ufern Ausschau hält. Ein solches Gesetz könnte sein wie es wollte, es würde nie die allgemeine Zustimmung finden.

Ficicchias Urteil, daß das im *Kitāb-i-Aqdas* sich manifestierende Gottesgesetz der Mission der Bahā'ī-Lehre in der westlichen Welt nicht gerade förderlich sein werde, ist so falsch nicht. Verbote, die auch in anderen Religionen verankert sind, wie das der Unzucht[511], des Glücksspiels[512], des Genusses berauschender Getränke[513] und aller Rauschdrogen[514], insbesondere des Opiums

---

509 *Bis͟hārāt*

510 Ernst Jünger, *An der Zeitmauer*, S. 169

511 *Kitāb-i-Aqdas* 19, 49; vgl. ferner 5. Mos. 23:3; 23:18; Matth. 15:19; Mark. 7:21-22; Gal. 5:19; 1. Kor. 5-9; Eph. 5:5; Hebr. 12:16; 1. Petr. 4; Off. 21:8; 22:15; *Qur'ān* 17:32; 24:2; 25:68; 60:12. Das dritte der fünf Gebote (*Pañica Sīla*) Buddhas lautet: »Das Gebot der Enthaltsamkeit von aller Unzucht nehme ich auf mich« (vgl. H. Saddhatissa, *Buddhist Ethics*, S. 87 ff., 102 ff.).

512 *Kitāb-i-Aqdas* 155; *Qur'ān* 2:219; 5:90-92

513 *Kitāb-i-Aqdas* 119; vgl. *Qur'ān* 2:219; 4:43; 5:91, 92; das fünfte der fünf Gebote Buddhas lautet: »Das Gebot der Enthaltung von Getränken, die Rausch und Gleichgültigkeit verursachen, nehme ich auf mich« (vgl. Saddhatissa, *Buddhist Ethics*, S.87, 108 ff.). Die Bibel enthält kein Verbot des Weins, wohl aber Beschränkungen in Zusammenhang mit religiösen Diensten (3. Mos. 10:9; 4. Mos. 6:1-4; Richt. 13:4, 14; Hes. 44:21) und zahlreiche Warnungen vor dem Übermaß

und all seiner Derivate[515], stoßen in einer hedonistischen Gesellschaft, in der nahezu alle Tabus gefallen sind, in der das Genußleben absolut gesetzt und neuerdings sogar ein verfassungsrechtlich garantiertes »Recht auf Rausch« proklamiert wird[516], unzweifelhaft auf erheblichen Widerstand. Und die Legitimation der Todesstrafe bei Mord und schwerer Brandstiftung[517] sowie die Stigmatisierung des Diebs beim zweiten Rückfall[518] stehen in schroffem Widerspruch zu heute (zumindest in der westlichen Welt) geltenden Rechtsanschauungen[519], selbst wenn man von den weitreichenden Forderungen der modernen Kriminologie auf »Entkriminalisierung« und »Entpönalisierung« des Strafrechts und auf »Entetikettierung« und »Entstigmatisierung« des Rechtsbrechers[520]

(Spr. 20:1; 29:30; Jes. 5:11; 28:7; Joel 1:5; 1. Kor. 5:11; 6:10; Gal. 5:21; Eph. 5:18).

514 *Kitāb-i-Aqdas* 155; vgl. hierzu die Kompilation »*Drogen und Suchtstoffe. Textzusammenstellung aus den Schriften Bahā'u'llāhs und 'Abdu'l-Bahās sowie aus den Briefen Shoghi Effendis und des Universalen Hauses der Gerechtigkeit*«, Hofheim 1991. Zu diesem Thema auch A. M. Ghadirian, *In Search of Nirwana. A New Perspective on Alcohol and Drug Dependency*, Oxford 1985. Der Genuß des Tabaks, den der Bāb im *Persischen Bayān* (9:7) ausdrücklich verboten hatte, fällt nicht unter das Drogenverbot des *Kitāb-i-Aqdas*, wie R. Flasche (*LThK*, 3. Aufl., Bd. 1 Sp. 40) irrtümlich vermerkt, wohl aber wird das Rauchen scharf mißbilligt (vgl. *Briefe und Botschaften* 129. Zum Ganzen auch mein Beitrag *Ethische Aspekte des Rauchens*).

515 *Kitāb-i-Aqdas* 155, 190

516 So am 19.12.1991 das Landgericht Lübeck in einem Vorlagebeschluß an das Bundesverfassungsgericht (2Ns/KI 167/90), in dem ausgeführt ist, ein »Recht auf Rausch« ergebe sich aus dem das Grundrecht auf freie Entfaltung der Persönlichkeit garantierenden Art. 2 des Grundgesetzes (veröffentlicht in *NJW* 1992, 1571-1577. Vgl. hierzu meine Ausführungen in *Die Freiheit und ihre Schranken*, S. 39).

517 *Kitāb-i-Aqdas* 62

518 *Kitāb-i-Aqdas* 45. Übrigens nicht, wie Ficicchia mehrfach wissen läßt (S. 155, Fußnote 62, S. 163, 261), »durch ein *Brandmal*« nach Art der Kennzeichnung des Viehs, sondern durch ein auf der Stirn anzubringendes »Zeichen«. Von »Brand« ist keine Rede.

519 Näheres hierzu in *The Bahā'ī Encyclopedia*, Stichwort »Crime and Punishment«. Selbst die Kirchen, die bis um die Mitte der sechziger Jahre dieses Jahrhunderts den Strafzweck primär in der Vergeltung und Sühne für die Missetat sahen (vgl. *LThK* Bd. 10, Sp 229 ff. unter Berufung auf den Satz »*Punitur quia peccatum est*«) und die Todesstrafe legitimierten (vgl. Paul Althaus, »Die Todesstrafe als Problem der christlichen Ethik«, S. 21; Wolfgang Trillhaas, *Zur Theologie der Todesstrafe*, S. 48), haben »die Front begradigt«, sich der allgemeinen Entwicklung angeschlossen und treten heute für »Versöhnungsmaßnahmen« ein, was immer man darunter verstehen mag.

520 So dezidiert die Arbeitspapiere, die den Teilnehmern des Siebten Kongresses der Vereinten Nationen über »Crime and Crime Prevention« in Mailand im August 1985 zur Verfügung gestellt wurden (vgl. A/CONF. 121/5 vom 31.5.1985, Nr. 49-58).

oder gar von dem Ruf nach Abschaffung des gesamten Strafrechts[521] absieht. Es bedarf keiner großen Phantasie, um sich vorzustellen, daß diese modernen Plausibilitäten widersprechenden Bestimmungen auf harsche Kritik stoßen werden. Der Konflikt zwischen den unterschiedlichen Werttafeln, den Wertanschauungen der westlich-säkularen Zivilisation und dem Buch Gottes, ist vorprogrammiert. Darum die Mahnung Bahā'u'llāhs: »Wägt Gottes Buch nicht mit solchen Gewichten und Wissenschaften, wie sie bei euch im Schwange sind, denn das Buch selbst ist die untrügliche Waage, die unter den Menschen aufgestellt ist. Auf dieser vollkommenen Waage muß alles gewogen werden, was die Völker und Geschlechter der Erde besitzen, während ihre Gewichte nach ihrem eigenen Richtmaß geprüft werden sollten — könntet ihr es doch erkennen.«[522] Nicht also »der Mensch ist das Maß aller Dinge«[523], sondern Gottes unerforschlicher Wille ist das »unfehlbare Richtmaß«[524] aller Sittlichkeit.[525]

Man sollte sehen, daß auch in der Vergangenheit das Gottesgesetz nicht wegen der ihm inhärenten Überzeugungskraft Akzeptanz fand, sondern ganz einfach auf die Autorität des Überbringers hin. Die Gesetze der Thora wurden als Gotteswillen angenommen auf die Autorität des Mose, die des Qur'ān auf die des Propheten Muḥammad. Die sittlichen Weisungen der Evangelien wurden für das Volk Gottes verbindlich auf die Autorität Jesu

---

Ich hatte die Ehre, die *Bahā'ī International Community* auf diesem Kongreß zu repräsentieren und vor dem Plenum ein »Statement« zu den anstehenden Sachfragen zu präsentieren, was im Hinblick auf Ficicchias These erwähnt sei, die Akkreditierung der *Bahā'ī International Community* bei den Vereinten Nationen diene nur »emsiger Propagandatätigkeit« (S. 409).

521 Vgl. Arno Plack, *Plädoyer für die Abschaffung des Strafrechts*, München 1974; Helmut Ostermeyer, *Die bestrafte Gesellschaft*, München-Wien 1976; Gerhard Mauz, *Das Spiel von Schuld und Sühne. Die Zukunft der Strafjustiz*, Köln 1975; Hans Schneider, »Behandlung in Freiheit«, in: *psychologie heute* vom 9. September 1978; Uwe Wesel, »Schafft die Gefängnisse ab!«, in: *Süddeutsche Zeitung*, Magazin vom 13. September 1991 und in *Frankfurter Allgemeine Zeitung*, Magazin vom 26. November 1993. Zum Ganzen siehe auch Hans-Joachim Rauch, »Brauchen wir noch eine forensische Psychiatrie?«, in: *Festschrift für Heinz Leferenz*, S. 387 ff., sowie sein Beitrag »Situation und Tendenzen der forensischen Psychiatrie« im Jahrbuch *FORENSIA*, Bd. 1, 1990, S. 74 ff.

522 *Kitāb-i-Aqdas*; 99 siehe auch *Ährenlese* 88

523 Protagoras (480-410 v. Chr.)

524 *Ährenlese* 88

525 Zum Ganzen Kapitel II meines Beitrags »Ethics«, in: *The Bahā'ī Encyclopedia*

Christi und die der Kirche[526]. Die Normen religiöser Sittlichkeit werden nicht rational andemonstriert, sie stehen auch nicht unter einem rationalen Begründungszwang[527], sondern sie gelten, weil sie Bestandteil des Glaubens sind, weil der Träger der Offenbarung ihre Wahrheit verbürgt. Das heißt nicht, daß diese apodiktischen Normen keinen vernünftigen Grund haben, sondern daß sie, als Gottes Wille, für die Vernunft unauslotbar sind, weil sie, wie ʻAbdu'l-Bahā sagt, »die reine Weisheit, in Übereinstimmung mit der Wirklichkeit«, sind[528]. Moses Maimonides bezichtigt diejenigen, die keinen Sinn in den Vorschriften der Thora sehen, sie wähnten, vollkommener zu sein als ihr Schöpfer[529], und der Apostel Paulus hat dem Menschen das Recht abgesprochen, mit Gott zu rechten[530]. Nach islamischer Lehre ist der sich im Gesetz manifestierende Gotteswille jenseits menschlichen Begreifens. Er ist *ta 'abbudī*: So wie er ist, muß er hingenommen werden.[531] Das ist der Sinn der Verse: »Er tut, was er will, und verordnet, was ihm beliebt«[532], »Er soll nicht befragt werden über sein Tun«[533].

---

526 Augustinus sagte sogar: »*Ego vero evangelio non crederem, nisi me catholicae ecclesiae conmoveret auctoritas*« (zitiert nach Mirbt, *Quellen zur Geschichte des Papsttums*, Bd. 1, Nr. 369, S. 170).

527 wie dies moderne Moraltheologen (vgl. Alfons Auer, *Autonome Moral und christlicher Glaube*, S. 12, 21, 28-30, 46, 47; Franz Böckle, *Fundamentalmoral*, München 1977; ders., »Werte und Normbegründung«, in: Hans Böckle (Hrsg.), *Christlicher Glaube in moderner Gesellschaft*, S. 37 ff.; Dietmar Mieth, *Gewissen, a. a. O.*, S. 137 ff.) heute vertreten. Josef Pieper sieht darin eine Abkehr von der traditionellen Lehre und eine Angleichung an das »sittliche Gemeinbewußtsein unserer Zeit«, den Ausdruck »eines tiefgreifenden, geistigen Umwertungsvorgangs« (*Das Viergespann*, S. 18). Papst Johannes Paul II. hat sich in seiner 1993 verkündeten Enzyklika *Veritatis Splendor* mit dieser Trennung des Glaubens von der Moral im heutigen Säkularisierungsprozeß kritisch auseinandergesetzt und, unter Berufung auf Röm. 12:2, den Prozeß der Anpassung an säkulare Moraltheorien eine Absage erteilt (*Veritatis Splendor* Nr. 75 ff.). Er sieht darin eine Abkehr von der »gesunden Lehre« (2. Tim. 2:3), eine Anpassung »an die Denkweise dieser Welt (Röm. 12:2)« (Nr. 85), die Hybris des modernen Menschen, der »in vollkommener Unabhängigkeit selber darüber entscheiden möchte, was gut und böse ist«, die Versuchung des Sündenfalls: »Ihr werdet wie Gott und erkennt Gut und Böse« (1. Mos. 3:5; *Veritatis Splendor* Nr. 102).

528 *Beantwortete Fragen* 45:6

529 *Dalālat al-Ḥā'irīn* (*Führer der Unschlüssigen*), 31. Kapitel, S. 196.

530 Röm. 9:20

531 vgl. *SEI*, S. 525

532 *Qur'ān* 2:254; 14:28

533 *Qur'ān* 21:24

Wer glaubt, weiß, daß der Zweck der Gesetze Gottes, wie schon die Thora sagt[534], das Glück des Menschen ist: »Wer die Gebote Gottes befolgt, wird ewige Glückseligkeit gewinnen.«[535] Wer auf dem »Geraden Pfad« geht, gewinnt zunehmend Einsicht in die hinter dem Gesetz stehende Weisheit und vertraut auf Bahā'u'llāhs Verheißung: »Grämt euch nicht, o Meine Diener, wenn Gott in diesen Tagen und auf diesem Erdenrund Dinge verordnet und verkündet, die euren Wünschen zuwiderlaufen, denn Tage seliger Freude und himmlischen Entzückens stehen euch sicherlich bevor.«[536] Wer nicht glaubt, gleicht dem, »dem der Schnupfen den Geruch nimmt« und den deshalb »der Duft nicht berührt«[537]. Er sieht im Buch Gottes nichts »als eine Reihe toter Buchstaben, erlebt doch der Blinde die Sonne auch nur als lästige Hitze«[538]. Ficicchia hat den »Geruch« verloren, was Wunder, daß er den »Duft«, der ihn ehemals berührte, nicht mehr wahrnimmt, ja, daß ihm »die Wohlgerüche übelriechend erscheinen«[539].

Seine ausgeklügelte, methodische Desinformation wird sicher noch lange den ihr zugedachten Zweck erfüllen und das Ansehen des Bahā'ī-Glaubens im deutschen Sprachraum beschädigen: »*Semper aliquid haeret*!« Doch letztlich wird sich zeigen, daß ein solches Machwerk der Religion Bahā'u'llāhs nichts anzuhaben vermag, weil Gott »seine Offenbarung auf einen unverletzlichen, dauerhaften Grund gestellt« hat, so daß »die wunderlichen Ideen der Menschen« nichts auszurichten vermögen[540].

---

534 5. Mos. 4:40
535 *Ährenlese* 133:1
536 *Ährenlese* 153:9
537 *Die Sieben Täler* 38
538 *Kitāb-i-Īqān* 231
539 *Die Sieben Täler* 38
540 Bahā'u'llāh, zitiert nach *Weltordnung*, S. 165

6. KAPITEL

ZUM POLITIKVERSTÄNDNIS DER BAHĀ'Ī

Wo im Namen Gottes oder einer Religion politische Herrschaftsansprüche erhoben werden, da wird der aufgeklärte Zeitgenosse zu Recht hellhörig: Allzu nahe ist uns die historische Erinnerung an all das Unrecht, Leid und Blutvergießen, das im Namen Gottes oder der Religion von totalitären Regimen und Ideologien über die Menschheit gebracht wurde — und wird: Religiöse Fundamentalismen und damit verbundene Herrschaftsansprüche gewinnen nicht nur in der islamischen Welt wieder Raum, gerade auch in den Ländern der westlichen Welt macht derzeit immer wieder das Treiben fanatisch-militanter Geheimsekten Schlagzeilen.

Ficicchia weiß auch diese Ängste geschickt gegen die Bahā'ī zu mobilisieren. Nicht nur, so suggeriert er dem Leser, daß die Bahā'ī einen Weltherrschaftsanspruch erheben und eine theokratische Ordnung errichten wollten; nein, dieses Ziel bleibe auch noch im Verborgenen, werde versteckt hinter einem äußeren Erscheinungsbild der Toleranz, der Friedfertigkeit und des loyalen Staatsbürgers. Die tatsächlichen politischen Zielsetzungen der Bahā'ī seien autoritär, dezidiert freiheitsfeindlich und antidemokratisch. Er nennt die Bahā'ī »radikal«[1], »extremistisch«[2], ja bescheinigt ihnen sogar »radikale politische Vorstellungen mit faschistoiden Tendenzen«[3]. Wer Zweifel hegt an diesen Aussagen — etwa weil er die Bahā'ī-Gemeinde aus eigener Anschauung kennt —, dem hält er entgegen, daß das absichtsvolle Verschweigen eigener Überzeugungen (die *taqīya*) gängige Praxis sei,[4] ja daß die Masse der Gläubigen noch nicht einmal selber die eigentlichen Ziele kenne.[5] Ein listiger Schachzug: damit wird jeder Versuch einer

---

1 *Bahā'ismus*, S. 396
2 *Bahā'ismus*, S. 396
3 »Der Baha'ismus«, in: *Materialdienst*, S. 238
4 »Die Verheimlichung des religiösen Systems und der politischen Ziele des Bahā'ismus... sind unter Berufung auf die taqīya durchaus legitim« (*Bahā'ismus*, S. 408, Anm. 55). Zur *taqīya* siehe die Ausführungen von U. Schaefer, S. 265 ff.
5 *Bahā'ismus*, S. 151, 156, 181, 240, 399, 405, 407 f.; dazu bereits eingehend U. Schaefer, *a. a. O.*

Richtigstellung von vornherein abgeschnitten, wird zum Ausdruck der Unkenntnis oder zur bewußten Irreführung gestempelt.

Da genügt es nicht, darauf hinzuweisen, daß die Religion Bahā'u'llāhs eine Religion der Liebe, der Barmherzigkeit, des Vergebens und der Gerechtigkeit ist, daß Friede — tatsächlicher, gelebter Friede — zu ihren primären Zielen gehört, daß Unrecht und Unterdrückung offen benannt und friedlich dagegen eingestanden wird. Da reicht nicht aus zu sagen, daß die Bahā'ī-Gemeinde nicht auf Repression, sondern auf die Überzeugungskraft des Vorbilds und des gelebten Beispiels setzt, Gewaltfreiheit nicht nur predigt, sondern selbst angesichts blutiger Verfolgungen praktiziert,[6] daß sie in ihrem politischen Credo, wie in den eigenen Gemeindestrukturen dezidiert demokratisch ist, daß Vielfalt und Pluralität ebenso zu den selbstverständlichen Prämissen des Bahā'ī-Menschenbildes gehören wie Selbstverantwortung und Freiheit.

Gegen Ficicchias perfide Desinformations- und Immunisierungsstrategie hilft allenfalls eines: Punkt für Punkt auf seine Entstellungen und Verdrehungen einzugehen, die tatsächlichen Sachverhalte und Zusammenhänge[7] zu schildern und es dann dem Leser zu überlassen, selber seine Schlüsse zu ziehen.

I. Die Bahā'ī-Gemeinde: autoritär und demokratiefeindlich?

Ficicchias Aussagen über die politischen Grundhaltungen und Ziele der Bahā'ī-Gemeinde schließen sich unmittelbar an seine Behauptungen zur Gemeindestruktur an, extrapolieren diese in den politischen Bereich, in die Zukunft. Aus der »ideologischen Schulung« der Gläubigen mit dem Ziel der »Selbstaufgabe und kritiklosen Unterordnung«[8] wird ein »Herrschaftsanspruch totaler

6 Zur Verfolgung und Unterdrückung der Bahā'ī-Gemeinde im Iran siehe unten, Anm. 120 und Abschnitt II.5 dieses Kapitels, sowie U. Schaefer, S. 269, Fußnote 210.

7 Den Hintergrund zu dieser notgedrungen knappen Zusammenfassung bildet eine monographische Untersuchung zum Thema: U. Gollmer, *Gottesreich und Weltgestaltung. Grundlegung einer politischen Theologie im Bahā'ītum* (Diss. in Vorbereitung).

8 *Bahā'ismus*, S. 413

Art — geistig und politisch«[9]; der »*uniforme Gleichschritt gemäß den von oben verordneten Richtlinien*«[10] wird zur »vollkommenen Machtergreifung«[11]; der zentralistisch strukturierten Gemeinde entspricht der zentralistische Weltstaat;[12] der »*imperialistischen Tendenz*« der Mission der imperialistische Herrschaftsanspruch.[13] Was von den Behauptungen Ficicchias über die Gemeinde zu halten ist, haben wir bereits gesehen:[14] Sie sind durchweg Verdrehungen, Entstellungen, Erfindungen, Lügen. Wo aber bereits der Ausgangspunkt nicht stimmt, da sind Zweifel an den Folgerungen angebracht.

1. Das Bahā'ītum — ein »politischer Mahdīsmus«?

Ficicchia weiß, wie die politischen Haltungen und Vorstellungen des Bahā'ītums auf den Punkt zu bringen sind: »Sein Herrschaftsideal ist getragen vom politischen Mahdismus...«[15] Er spielt dabei subtil mit einem antiislamischen Reflex seiner Leser.[16] Der politische Islam weckt Ängste.[17] Die Figur des Mahdī verkörpert den politischen Islam wie keine andere. Daran anknüpfend unterstellt Ficicchia, die Bahā'ī sähen in Bahā'u'llāh den Mahdī des Islam. Er weiß, daß sich die diversen Mahdī-Aufstände[18] tief ins kollektive Bewußtsein des westlichen Lesers eingegraben haben und daß die Figur des Mahdī im populären Denken mit brutaler Ge-

---

9 *Bahā'ismus*, S. 429

10 *Bahā'ismus*, S. 418 (Hervorhebung durch F.)

11 *Bahā'ismus*, S. 399

12 *Bahā'ismus*, S. 389, 398, 400, 425

13 *Bahā'ismus*, S. 425 (Hervorhebung durch F.)

14 U. Schaefer, Kap. 3 »Das Bild der Gemeinde und ihrer Ordnung«

15 *Bahā'ismus*, S. 390

16 In dem — trotz erfreulicher Korrekturen gegenüber der vorangegangenen Auflage in weiten Teilen immer noch auf Ficicchia gründenden — Stichwort »Baha'i« der 4. Auflage 1993 des im Auftrag des Lutherischen Kirchenamts herausgegebenen *Handbuch Religiöse Gemeinschaften* (S. 817) liest sich das so: »Der Baha'ismus zeigt seinen islamischen Geist jedoch ungebrochen in der Absicht, die absolute Weltherrschaft durch die Verwirklichung einer mittelbaren Theokratie zu erringen.«

17 Man denke an Publikationen wie John Laffin, *Islam. Weltbedrohung durch Fanatismus*, München 1980 oder Gerhard Konzelmann, *Die islamische Herausforderung*, Hamburg 1980.

18 Insbesondere der Mahdī-Aufstand in Ägypten 1881-1885, ein Stoff, der vielfach literarisch und im Film behandelt wurde.

walt, politischem Mord, Obskurantismus, Fanatismus und Despotie gleichgesetzt wird. Mit dem Mahdī assoziiert man den »heiligen Krieg« (*jihād*), Abrechnung mit den Feinden des Islam, Welteroberung, den »Anspruch auf die politische Weltherrschaft«,[19] Feuer und Schwert.[20]

Da macht es herzlich wenig, daß sich Bahā'u'llāh weder selbst als Mahdī bezeichnet,[21] noch von den Bahā'ī je als solcher verstanden wurde;[22] ja nicht einmal, daß dieser Begriff im Bahā'ī-Schrifttum einer anderen religionsgeschichtlichen Gestalt vorbehalten ist, nämlich dem Bāb.[23] Da ist es auch völlig nebensächlich, daß schon der von Ficicchia sonst so geschätzte Römer darauf hinweist, daß das Mahdī-Ideal des Bāb nichts mit einem äußeren Herrschaftsanspruch, umso mehr aber mit einer soteriologisch-spirituellen Führerschaft zu tun hat.[24] Ebensowenig schert es Ficicchia, daß gerade Bahā'u'llāh das Konzept des *jihād* auch

---

19 *Bahā'ismus*, S. 36

20 Zwar kann auch Ficicchia nicht ganz umhin einzuräumen, daß die Bahā'ī-Gemeinde ihre Ziele ausschließlich auf friedlichem Wege, durch Vorbild und Überzeugungsarbeit erreichen will, »grundsätzlich jeder Form von Gewaltanwendung... ablehnend gegenüberstanden und -stehen« (*Bahā'ismus*, S. 275; »Angestrebt wird nicht die gewaltsame Vernichtung der bestehenden Religionen und politischen Systeme« *Bahā'ismus*, S. 266), aber diese wenigen, betont beiläufig formulierten Stellen gehen nicht nur unter gegenüber dem ständig wiederholten »Weltherrschaftsanspruch«, Ficicchia präsentiert den auf Versöhnung gerichteten Grundzug der Bahā'ī-Lehre auch in der für ihn typischen Weise: »Trotz dieses aggressiven Elements« — gemeint ist die Bereitschaft der Bahā'ī, auch unter gesellschaftlichem und politischem Druck für ihre Überzeugungen argumentativ einzustehen — »ist der Glaubenskampf, d. h. der Streit mit der Waffe, verboten« (*Bahā'ismus*, S. 264).

21 Auch sonst scheint der Hinweis auf diese Tatsache wenig Eindruck zu machen. In zwei Briefen (vom 10. März 1989 und 30. November 1992) an Mitarbeiter des *Handbuch Religiöse Gemeinschaften* habe ich diesen Fehler in der dritten Auflage 1985 moniert und dabei auf meine diesbezüglichen Bemerkungen zu Reinhart Hummel (Stichwort »Baha'i«, *Taschenlexikon Religion und Theologie*, Bd. 1) in *Bahā'ī-Briefe* 47, April 1984, S. 29 verwiesen. Gleichwohl liest man auch in der 4. Auflage 1993 des *Handbuchs* (S. 806) wieder, Bahā'u'llāh sei »mit dem Anspruch hervorgetreten, daß er der verheißene Mahdi sei... Sein zielstrebig vertretener Anspruch, der wiedergekommene Mahdi zu sein, hat ihm zum Sieg verholfen.«

22 Gleichwohl tut Ficicchia so, als bezöge er sich auf Schriftaussagen, etwa auf das Kap. 45 der *Beantworteten Fragen* (*Bahā'ismus*, S. 134). In Wirklichkeit handelt dieses Kapitel von der Stufe der »Manifestation«, der Prophetologie des Bahā'ītums. Das einzige in diesem Zusammenhang genannte konkrete Beispiel ist Jesus Christus. Vom Mahdī ist weder dem Begriff noch der Sache nach die Rede.

23 vgl. unten U. Gollmer, Kap. 10.I.1 »Ficicchias Quellen«. Aus gutem Grund bevorzugt der Bāb selbst den Titel des *Qā'im*.

24 *Bābī-Bahā'ī*, S. 19 f., siehe auch S. 182

formal abrogierte[25] und das Gebot des Friedens und der Verständigung bei ihm oberste Maxime im Umgang zwischen Religionen und Staaten ist.[26] Ficicchia negiert bewußt Lehren und Lebenswerk Bahā'u'llāhs[27] und verlautbart statt dessen: »Bahā'u'llāh, der bei seinem Auftritt nun seinerseits erklärte, der verheißene Mahdī zu sein, machte den Weltherrschaftsanspruch alsdann für sich geltend.«[28] Unverfroren leitet er dann von der Bahā'u'llāh unterstellten, »dem Imām Mahdī zustehenden absoluten Weltherrschaft« seine Behauptung ab, die Bahā'ī intendierten die »Schaffung eines *theokratischen Welteinheitsstaates*«.[29]

Damit steht die Grundlage für alle weiteren Behauptungen über die politischen Ziele des Bahā'ītums. Daß diese Grundlage fiktiv ist, fällt für Ficicchia anscheinend nicht ins Gewicht. Der Mahdī ist unfehlbar; folglich ist kein Raum für unabhängiges, selbstverantwortliches Denken; das ganze System kann nur nach Befehl und Gehorsam funktionieren.[30] Gegenüber einer unfehlbaren Instanz mit Weltherrschaftsanspruch ist auch kein Platz für demokratische Entscheidungen.[31] Jede Art säkularer Ordnung ist unvereinbar mit dem theokratischen Anspruch.[32] Auch für die unterstellte »Ablehnung... des republikanischen Gedankens« muß

---

25 Bahā'u'llāh, *Botschaften* 3:4; vgl. auch 3:29; *Brief an den Sohn des Wolfes* 41-44, 61, 92-94, 122, 127 f. (S. 36 f., 44, 60, 75, 77 f.)

26 »Verkehret mit den Anhängern aller Religionen im Geiste des Wohlwollens und der Brüderlichkeit. Was immer die Menschenkinder einander meiden ließ, was Zwietracht und Spaltung unter ihnen hervorrief, ist nun durch die Offenbarung dieser Worte ungültig und abgeschafft« (*Botschaften* 7:13; vgl. auch U. Gollmer, Stichwort »Peace«, in: *Bahā'ī Encyclopedia*, Bd. 2, in Vorbereitung; siehe bes. auch *Gottesreich*, Kap. 9.2).

27 Eine Aussage wie folgende: »Wir haben nicht den Wunsch, Hand an euere Königreiche zu legen. Unsere Aufgabe ist, die Herzen der Menschen zu ergreifen und zu besitzen. Auf ihnen ruhen die Augen Bahās« (*Ährenlese* 105:6) wischt Ficicchia mit der Bemerkung vom Tisch, tatsächlich habe Bahā'u'llāh seinen »Anspruch auch auf die politische Führung... nie aufgegeben. Er war jedoch Realist genug, um einzusehen, daß er zu Lebzeiten dieses Ziel nie würde erreichen können.« Bahā'u'llāh habe darum in opportunistischer Manier eine neue Taktik der Kooperation mit der Staatsgewalt »an Stelle einer offenen Konfrontation« eingeschlagen, dabei jedoch »das Endziel, nämlich die Verwirklichung der *theokratischen Weltherrschaft*« uneingeschränkt beibehalten, als dessen Exekutor aber das »Haus der Gerechtigkeit« eingesetzt (*Bahā'ismus*, S. 270 f. [Hervorhebung durch F.]).

28 *Bahā'ismus*, S. 270

29 *Bahā'ismus*, S. 22 (Hervorhebung durch F.)

30 *Bahā'ismus*, S. 28, 166 f., 426-429

31 *Bahā'ismus*, S. 269-271, 390

32 *Bahā'ismus*, S. 269, 387, 390 f., 393

dieses Konstrukt herhalten, denn eine Republik sei nun mal »dem Mahdīideal... diametral entgegengesetzt«.[33] Daß Bahā'u'llāh bereits 1892 verstorben ist und es heute auch keine charismatische Führerpersönlichkeit mehr an der Spitze der Bahā'ī-Gemeinde gibt, interessiert Ficicchia nicht. Er überträgt einfach den behaupteten Herrschaftsanspruch des »politischen Mahdismus« auf die Gemeindeinstitutionen,[34] auf »das System«[35], oder besser auf dessen »Zentrale«,[36] wie er das demokratisch bestellte Führungsgremium der Gemeinde zu nennen beliebt.

2. »Totaler Herrschaftsanspruch« oder eschatologische Verheißung?

Die Aussagen der Schrift über ein künftiges Gottesreich stellt Ficicchia — ganz im Sinne des von ihm behaupteten »politischen Mahdismus« — als Weltherrschaftsanspruch dar. Dieser hat nach Ficicchia zwei Stoßrichtungen, die zusammen eine totale Beherrschung signalisieren sollen:

Einmal die Gleichschaltung der Individuen in ihrem Denken und Handeln, die »totale Inbesitznahme des Menschen«, der danach nur noch »denkt und tut, was die Organisation will«;[37] wir werden auf diese Unterstellungen noch zurückkommen.[38]

Zum anderen behauptet er einen weltumspannenden machtpolitischen Herrschaftsanspruch.[39] Wo die Schrift vom »Größten Frieden«[40], vom »goldenen Zeitalter«[41], vom »Reich Gottes auf Er-

33 *Bahā'ismus*, S. 271
34 vgl. *Bahā'ismus*, S. 270
35 *Bahā'ismus*, S. 28
36 *Materialdienst*, S. 237
37 *Bahā'ismus*, S. 428 f.
38 siehe unten Abschnitt 6 (»Machtanspruch oder Dienst an der Menschheit?«)
39 Den damit auch noch erhobenen Faschismusvorwurf (»Der Baha'ismus«, in: *Materialdienst*, S. 238) zu kommentieren, ersparen wir dem Leser: Ficicchia hat sich damit zu offensichtlich selbst diskreditiert.
40 etwa *Ährenlese* 119:3; Worte, gerichtet an E. G. Browne, *Frieden* 17 (S. 16); 'Abdu'l-Bahā, *Ansprachen in Paris* 34:6; *Promulgation*, S. 11, 12, 19, 28, 29, 39, 55, 57; Shoghi Effendi, *Gott geht vorüber*, S. 466; *Der verheißene Tag*, S. 25
41 Das »letzte Zeitalter der Bahā'ī-Offenbarung« (Shoghi Effendi, *Citadel of Faith*, S. 114), deren »letzte Frucht« und »Erfüllung« in »der Fülle der Zeit« (Shoghi Effendi, *Gott geht vorüber*, S. 370 f., 29).

den«[42] und einem »irdischen Paradies«[43] spricht, da wird bei Ficicchia daraus »die Forderung nach einem eigenen, zentralistisch regierten Weltstaat«[44].

In Wirklichkeit ist dies eine üble Verdrehung des Charakters dieser Aussagen.[45] Ficicchia scheint dabei zu vergessen, daß analoge Aussagen auch in den heiligen Schriften anderer Religionen zu finden sind.[46] Der Aufruf Gottes an die Menschen, deren Zurückweisung seiner Mahnungen und Warnungen, Gericht und Neubeginn, sodann: die Verheißung des Heils in einem endzeitlichen Friedensreich unter Gottes Herrschaft, sind religiöse Grundmotive.[47] Sie finden sich häufig im Alten wie im Neuen Testament.[48] Wie sind etwa die drastischen Aussagen zu bewerten, die von einer Herrschaft Israels über alle Völker künden: »Du sollst Milch von den Völkern saugen, und der Könige Brust soll dich säugen, auf daß du erfahrest, daß ich, der Herr, dein Heiland bin... Und ich will zu deiner Obrigkeit den Frieden machen und zu deinen Vögten die Gerechtigkeit... Und dein Volk sollen lauter Gerechte sein. Sie werden das Land ewiglich besitzen...«[49]? Wie steht es im Neuen Testament mit der Erwartung des »Königs aller Könige und Herrn aller Herrn«, aus dessen »Mund... ein scharfes Schwert« hervorgeht, »daß er damit die Völker schlüge; und er

---

42 'Abdu'l-Bahā, *Sendschreiben zum göttlichen Plan* 11:12; *Promulgation*, S. 39, 55, 399; Shoghi Effendi, *Gott geht vorüber*, S. 29, 370 f., 466; *Citadel of Faith*, S. 40, *Die Weltordnung Bahā'u'llāhs*, S. 226, 240, 294

43 'Abdu'l-Bahā, *Briefe und Botschaften* 200:9; *Sendschreiben zum göttlichen Plan* 14:11; *Promulgation*, S. 39, 369, 399, 441, 461, 470

44 *Bahā'ismus*, S. 398

45 Es ist wohl kein Zufall, daß Ficicchia auf entsprechende Textbelege weder verweist, noch sie zitiert: Die gewollte Fiktion läßt sich so leichter aufrechterhalten.

46 Es ist bezeichnend, daß er in dem Kapitel über die Eschatologie (*Bahā'ismus*, S. 227-236) im Bahā'ītum — mit Ausnahme einiger ebenso beiläufiger wie falscher Bemerkungen auf S. 233 — lediglich die Individualeschatologie behandelt und sich über die in der Schrift sehr viel breiter und intensiver behandelte Universaleschatologie völlig ausschweigt. Damit negiert er ein zentrales Motiv des politischen Denkens der Bahā'ī-Gemeinde. Siehe dazu U. Gollmer, *Gottesreich*, Kap. 9.

47 vgl. etwa Mircea Eliade, *Kosmos und Geschichte. Der Mythos der ewigen Wiederkehr*, bes. S. 126 ff.

48 siehe etwa Günter Klein, Stichwort »Eschatologie: Neues Testament«, *TRE*, Bd. 10, 1982, S. 270-299; H. D. Preuß (Hrsg.), *Eschatologie im AT*, Darmstadt 1978; Rudolf Smend, Stichwort »Eschatologie: Altes Testament«, *TRE*, Bd. 10, 1982, S. 256-264; Benjamin Uffenheimer, Stichwort »Eschatologie: Judentum«, *TRE*, Bd. 10, 1982, 264-270

49 Jes. 60:16,21

wird sie regieren mit eisernem Stabe«[50]? Was ist mit der theokratischen Vision in Offenbarung 22: »Und der Thron Gottes und des Lammes wird darinnen sein, und seine Knechte werden ihm dienen... denn Gott der Herr wird sie erleuchten, und sie werden regieren von Ewigkeit zu Ewigkeit.«[51] Wirft man deshalb etwa dem Christentum oder dem Judentum pauschal einen Weltherrschaftsanspruch vor? Wäre ein solcher Vorwurf rechtens angesichts des eschatologischen Charakters dieser Texte?[52]

Die Schriftaussagen über das »Reich Gottes« im Bahā'ītum[53] sind im Kern nichts anderes als eine Wiederaufnahme dieser Verheißungen der biblischen (und außerbiblischen)[54] Religionen. Wie die Christen im Vaterunser um das Kommen des Gottesreiches bitten, so beten auch die Bahā'ī: »O Gott, errichte den Größten Frieden.«[55] Auch im Bahā'ītum ist die Hoffnung auf das künftige Gottesreich eschatologisch zu verstehen. Ein Herrschaftsanspruch ist konkret. Eschatologische Visionen sind dies nicht. Indirekt bestätigt Ficicchia diesen eschatologischen Charakter, indem er den Bahā'ī vorwirft: »Eine konkrete Vorstellung, wie ihr theokratischer Weltstaat aussehen soll, haben die Baha'i nicht.«[56] Wie sollten sie auch, geht es doch nicht um Machtergreifung, sondern um die prophetische Verheißung einer Welt ohne Krieg, Haß und Gewalt.

---

50 Off. 19:15 f.

51 Off. 22:3,5

52 Die Autoren des *Handbuch Religiöse Gemeinschaften* ([4]1993) übernehmen den von Ficicchia erhobenen Vorwurf eines Anspruchs auf »absolute Weltherrschaft durch die Verwirklichung einer mittelbaren Theokratie« (S. 817) und schlagen für das »praktische Verhalten« gegenüber den Bahā'ī »in Predigt und Unterricht« pikanterweise vor: »Die Predigt kann dies als Gegenüber zu eschatologischen und Reich-Gottes-bezogenen Texten des Neuen Testaments hervorheben« (S. 817 f.).

53 dazu eingehend U. Gollmer, *Gottesreich*, Kap. 9

54 siehe etwa zusammenfassend R. J. Zwi Weblowsky, Stichwort »Eschatology: An Overview«, *ER*, Bd. 5, 1987, S. 148-151

55 'Abdu'l-Bahā, in: *Gebete* 196:5

56 »Der Baha'ismus«, in: *Materialdienst*, S. 236

3. Das Erfordernis des Friedens[57]

Nun läßt sich allerdings nicht leugnen, daß im Bahā'ī-Schrifttum Bedingungen und Weg in diese eschatologische Zukunft weit konkreter geschildert werden, als dies etwa im Alten und Neuen Testament der Fall ist. Wo wäre dort auch von einem Weltparlament, einem Weltschiedsgerichtshof und einer Weltexekutive die Rede!

Der Grund dafür liegt in der heilsgeschichtlichen Annahme, daß sich diese — teilweise jahrtausendealten — Friedensverheißungen aller Religionen im Äon Bahā'u'llāhs erfüllen werden:[58] Frieden ist »eine Forderung der Zeit«,[59] eine existentielle Notwendigkeit, die vordringliche globale und gesellschaftliche Aufgabe in diesem Jahrhundert, unerläßlich für das Überleben und die Zukunft der Menschheit.[60]

Es sind zwei aufeinanderfolgende heilsgeschichtliche Epochen, die sich in der Schrift an diese Erwartung des Friedens knüpfen: Zunächst eine Zeit der allgemeinen Ächtung des Kriegs und der allmählichen Herausbildung einer neuen weltumspannenden Friedensordnung, in der der Krieg als Mittel der Politik endgültig überwunden sein wird. Diese der »geringere Frieden« genannte Epoche liegt nach der Verheißung der Schrift in ihren Anfängen unmittelbar vor uns. Ihr folgt in unbestimmter Zukunft der »Größte Frieden«, eine Zeit, in der dieser zunächst äußerliche, rechtlich und institutionell garantierte Frieden beseelt und zu einem Frieden der Herzen umgestaltet wird; diese Epoche wird gleichgesetzt mit dem seit alters verheißenen »Reich Gottes auf Erden«. Einige Erwartungen, die die Schrift mit diesem eschatologischen Friedensreich verbindet, werden wir noch skizzieren.[61] Zunächst jedoch zu den Bedingungen und Voraussetzungen des »geringeren Friedens«:

---

57 Zum Friedenskonzept der Bahā'ī siehe U. Gollmer, »Und Friede auf Erden«, in: *Bahā'ī-Briefe* 50 (14. Jg. 1985, S. 128 ff.) und 52 (15. Jg. 1986, S. 207 ff.); *Gottesreich*, Kap. 9.2.

58 Zur Struktur des heilsgeschichtlichen Denkens im Bahā'ītum siehe eingehend U. Gollmer, *Gottesreich*, Kap. 8 und 9.

59 'Abdu'l-Bahā, *Star of the West*, Bd. 7, 1916, Nr. 6, S. 41

60 'Abdu'l-Bahā, *Star of the West*, Bd. 7, 1916, Nr. 6, S. 4; *a. a. O.*, Nr. 15, S. 136; *Promulgation*, S. 125 f., 153; Shoghi Effendi, *Gott geht vorüber*, S. 320; *Weltordnung*, S. 60

61 siehe unten Abschnitt 5, »Das eschatologische Friedensreich«

Begründet wird die Notwendigkeit des »geringeren Friedens« einmal mit der Entwicklung der Waffentechnologie, die in sich das Überleben der Menschen gefährdet,[62] aber auch mit einer Globalisierung von Problemen, die mit nationalstaatlichen Methoden nicht mehr zu bewältigen sind.[63] Der geforderte und verheißene Frieden ist darum mehr als Nicht-Krieg: Es geht um eine umfassende, weltumspannende Friedensordnung.[64] Eine solche Friedensordnung ist von Anfang an Gegenstand der Verkündigung, der Mahnungen und Warnungen der Schrift. Im Gegensatz zu den Behauptungen Ficicchias verbindet sich damit jedoch kein theokratischer Anspruch, sondern Weltverantwortung. Es sind Ratschläge an die Welt, gegeben vor weit über hundert Jahren, in prophetischer Voraussicht einer existenzbedrohenden Entwicklung. Diese Empfehlungen und Mahnungen Bahā'u'llāhs richten sich ausdrücklich an eine Welt, die seinen Offenbarungsanspruch — und damit das Heilsangebot des »Größten Friedens« — verworfen hat: »Nun, da ihr den Größten Frieden zurückgewiesen habt, haltet euch fest an diesen, den geringeren Frieden, damit ihr euere eigene Lage und die euerer Untertanen einigermaßen bessert.«[65]

Dieser von Bahā'u'llāh vorgeschlagene und angemahnte »geringere Frieden« ist eine säkulare Friedensordnung, ein Appell an die Vernunft und das wohlverstandene Eigeninteresse sämtlicher Menschen und Staaten. Die Bahā'ī haben in diesem Prozeß keine andere Rolle als die, mitzuhelfen, daß der Stimme der Vernunft

62 »Die Zukunft kann nicht mit der Vergangenheit verglichen werden, denn die Waffen der Vergangenheit waren primitiv, aber moderne Waffensysteme können binnen kurzem die ganze Welt vernichten. Sie sind darum für die Menschheit nicht tragbar« ('Abdu'l-Bahā, in: *Star of the West*, Bd. 11, 1921, Nr. 17, S. 288. Vgl. auch *Promulgation*, S. 123 f.).

63 »Die Wohlfahrt der Menschheit, ihr Friede und ihre Sicherheit sind unerreichbar, wenn und ehe nicht ihre Einheit fest begründet ist« (*Ährenlese* 131:2). »Ebenso sind alle Glieder der menschlichen Familie, ob Völker oder Regierungen, Städte oder Dörfer, in steigendem Maße voneinander abhängig geworden. Keiner kann mehr in Selbstgenügsamkeit leben, weil politische Bindungen alle Völker und Nationen vereinen, die Bande des Handels und der Industrie, der Landwirtschaft und des Bildungswesens Tag für Tag stärker werden« (*Briefe und Botschaften* 15:6).

64 »... für sich allein ist der Weltfrieden in der Menschenwelt nur schwer zu verwirklichen... Bleibt... die Frage allein auf den Weltfrieden beschränkt, so sind die herausragenden Erfolge, die man erwartet und erhofft, nicht zu erzielen. Die Perspektive des Weltfriedens muß so sein, daß alle Gemeinschaften und Religionen ihre höchste Sehnsucht darin verwirklicht finden« (*Briefe und Botschaften* 227:25).

65 *Ährenlese* 119:3

zunehmend Gehör geschenkt wird. Sie sehen sich weder als die Initiatoren noch als die geheimen Drahtzieher dieses Prozesses. Ausdrücklich spricht Shoghi Effendi davon, daß die »Nationen der Welt« diesen Schritt zu einer globalen Friedensordnung »von sich aus« tun müssen.[66] Die Bahā'ī haben lediglich Anteil daran als Teil der Schicksalsgemeinschaft aller Menschen.[67] Was sie von ihren Mitmenschen wesentlich unterscheidet, ist, daß sie eine derartige Friedensordnung nicht nur als unausweichliche Konsequenz vernünftigen Denkens und Handelns sehen, sondern auch als Gnadengeschenk Gottes an eine Menschheit, die sich auf ihre Verantwortung besinnt.

Grundvoraussetzung des Friedensmodells der Bahā'ī ist ein zunehmendes Bewußtsein der Schicksalsgemeinschaft aller Menschen und der daraus resultierende Wille zu gemeinsamem, solidarischem Handeln — zunächst wenigstens in allen überlebenswichtigen Fragen.[68] Die Schrift entwickelt dazu nicht etwa ein festes, statisches Modell. Es geht nicht um die Vorhersage künftiger Geschehnisse, sondern um die handlungsorientierte Vision einer friedlicheren Zukunft und um einen globalen Gestaltungsauftrag an alle Menschen.

---

66 *Der verheißene Tag ist gekommen*, S. 186

67 In dieser Funktion sind die Bahā'ī allerdings bereit, eine aktive Rolle zu übernehmen. Diese ist vor allem darauf gerichtet, bei Entscheidungsträgern und Bürgern ein Bewußtsein des Not-Wendigen zu schaffen. Zu diesem Zweck leisten die Bahā'ī überall auf der Welt Basisarbeit, arbeiten als Nichtstaatliche Organisation in den Gremien der Vereinten Nationen mit und versuchen gezielt, die Aufmerksamkeit auf besonders dringliche Themen zu lenken, so neuerdings der Vorschlag der Bahā'ī International Community (BIC) zur Entwicklung eines Weltbürger-Ethos (*Weltbürger-Ethos. Eine globale Ethik für nachhaltige Entwicklung*, herausgegeben vom Nationalen Geistigen Rat der Bahā'ī in Deutschland, Hofheim 1995), vorgelegt bei der ersten Sitzung des UN-Ausschusses für nachhaltige Entwicklung; oder das Statement des Office of Public Information der BIC, *The Prosperity of Humankind* (New Delhi 1995, eine deutsche Ausgabe ist in Vorbereitung), das Vorschläge und Konzepte der Bahā'ī angesichts der UN-Konferenzen von Rio (1992), Wien (1993), Kairo (1994), Kopenhagen (1995), Berlin (1995) und Peking (1995) enthält. Der Grundtenor dieser Beiträge läßt sich mit einem Zitat aus einer Denkschrift des Universalen Hauses der Gerechtigkeit zusammenfassen: »Ob der Friede erst nach unvorstellbaren Schrecken erreichbar ist, heraufbeschworen durch stures Beharren der Menschheit auf veralteten Verhaltensmustern, oder ob er heute durch einen konsultativen Willensakt herbeigeführt wird, das ist die Wahl, vor die alle Erdenbewohner gestellt sind« (*Die Verheißung des Weltfriedens. Eine Botschaft des Universalen Hauses der Gerechtigkeit an die Völker der Welt*, Oktober 1985, veröffentlicht anläßlich des UN-»Jahres für den Frieden«).

68 *Botschaften* 11:8

Zu den dafür in der Schrift benannten Grundwerten gehören das Recht aller Menschen auf Erziehung und Bildung, auf wirtschaftliche und soziale Entwicklung, das Ausschließen aller Benachteiligungen aus Gründen der Rasse, Nation, Klasse, Religion oder des Geschlechts und nicht zuletzt die Konfliktlösung mit friedlichen Mitteln. Dafür erforderliche Maßnahmen sind vor allem die Einigung aller Staaten und Völker auf ein Vertragswerk, in dem die Grundsätze der internationalen Beziehungen, das internationale Recht und alle daraus resultierenden Vereinbarungen und Verpflichtungen verbindlich festgeschrieben werden; aber auch weltweite Abrüstung, die Festlegung und Garantie der nationalen Grenzen und ein System kollektiver Sicherheit, das über die Unverletzlichkeit der internationalen Verträge wacht.

Eine derartige Friedenssicherung kann nicht dauerhaft ohne institutionelle Struktur auskommen. Auch wenn die künftige Friedensordnung nicht als statischer Entwurf, sondern als dynamischer Prozeß gesehen wird, dessen Bedingungen und Strukturen sich erst allmählich entwickeln und festigen,[69] so lassen sich der Schrift doch einige charakteristische Strukturmerkmale entnehmen:[70] Offensichtlich geht die Schrift von einem Modell der Gewaltenteilung auch auf internationaler Ebene aus: Exekutive, Legislative und Jurisdiktion sollen von einer Weltexekutive, einem Weltparlament und einem internationalen Schiedsgerichtshof wahrgenommen werden. Universalität der Repräsentanz und demokratische Bestellung sind weitere Forderungen.

4. Ein zentralistischer Welteinheitsstaat?

Wie stellen sich die Bahā'ī nun das Verhältnis zwischen internationalen Institutionen und Einzelstaaten in dieser Weltfriedens-

---

69 'Abdu'l-Bahā, in: *'Abdu'l-Bahā in London*, S. 106; Shoghi Effendi, *Der verheißene Tag ist gekommen*, S. 176, 185 f.; Das Universale Haus der Gerechtigkeit, Briefe vom 19. Januar 1983 und vom 31. Januar 1985, veröffentlicht in: *Frieden* 74:2, 76:3. Vgl. auch 'Abdu'l-Bahā, *Das Geheimnis göttlicher Kultur*, S. 97

70 Zum Ganzen siehe eingehend U. Gollmer, *Gottesreich*, Kap. 9.2.1 (»Überlebenssicherung: Der geringere Frieden«); Loni Bramson-Lerche, »An Analysis of the Bahā'ī World Order Model«, in: Charles Lerche (Hrsg.), *Emergence. Dimensions of a New World Order*, S. 1 ff.

ordnung vor? Wie stehen sie konkret zur politischen und kulturellen Vielfalt? Unter Berufung auf den »politischen Mahdismus« — wo nur ein Herrscher ist, kann auch nur ein Machtzentrum sein — erfährt man von Ficicchia, daß die Bahā'ī einen zentralistischen Einheitsstaat anstrebten, daß in ihrer politischen Zielvorstellung ein »föderatives Gemeinwesen keinen Platz« habe.[71] Dabei kennt Ficicchia offenbar zumindest einige der Aussagen in der Schrift über die Vorzüge einer föderalen Struktur, da er den Leser darüber informiert, die »Missionspropaganda« der Bahā'ī verkünde »nach außen ein derartig föderatives System als ihrem Ziel entsprechend«.[72] Ohne auf diese Texte einzugehen, hält er dem jedoch pauschal entgegen: »Eine solche Annahme ist jedoch völlig abwegig... Tatsächlich wird... nicht ein föderativer Staatenbund, sondern ein *zentralistischer Einheitsstaat* angestrebt.«[73] Ficicchias Behauptung über den angestrebten zentralistischen Welteinheitsstaat und die Ablehnung föderativer Strukturen soll lediglich alte — und für sich genommen berechtigte —[74] Ängste mobilisieren. Und da die Schriftbasis eindeutig gegen seine Behauptung spricht, unterstellt er eben, die Bahā'ī sagten wissentlich die Unwahrheit; so einfach ist das. Auch hier sucht Ficicchia seine Behauptungen durch eine suggestive Sprachwahl gegen Einwände zu immunisieren. Den Beweis bleibt er gleichwohl schuldig.

Das genaue Gegenteil des von Ficicchia Behaupteten ist richtig.[75] Die reiche Vielfalt der Kulturen gehört zum unverzichtbaren

71 *Bahā'ismus*, S. 390
72 *Bahā'ismus*, S. 389
73 *Bahā'ismus*, S. 389 (Hervorhebung durch F.)
74 Zu Recht sieht Karl Jaspers (*Die Atombombe und die Zukunft des Menschen*, S. 65) die Gefahr des Weltdespotismus im Gewaltmonopol eines Welteinheitsstaates: »Denn jede Macht, die alle Gewalt in einer Hand konzentriert, vernichtet alsbald die Freiheit.« Auch für Carl Friedrich von Weizsäcker (*Der bedrohte Friede*, S. 127) ist die Gefahr sehr real: »Nicht die Elimination der Konflikte, sondern die Elimination einer bestimmten Art ihres Austrags ist der unvermeidliche Friede der technischen Welt. Dieser Weltfriede könnte sehr wohl eine der düstersten Epochen der Menschheitsgeschichte werden. Der Weg zu ihm könnte ein letzter Weltkrieg oder blutiger Umsturz, seine Gestalt könnte die einer unentrinnbaren Diktatur sein. Gleichwohl ist er notwendig.« Beide sehen die Lösung in einer föderalen Struktur. Vgl. auch U. Gollmer, »Und Friede auf Erden«, *Bahā'ī-Briefe* 52, Dezember 1986, S. 221 ff.
75 Zum Ganzen siehe U. Gollmer, *Gottesreich*, Kap. 9.2.1.

Erbe aller Menschen.[76] Wir haben bereits gesehen, daß die von Bahā'u'llāh angeratene säkulare Friedensordnung föderativen Charakter hat. Alle konkreten Vorschläge der Schrift für eine politische Neuordnung der Welt legen eine föderale Struktur zugrunde. Ausdrücklich erfordern die Prinzipien der Gerechtigkeit[77] und der »Einheit in Mannigfaltigkeit«[78], daß die einzelnen Nationen und Völker nicht unterdrückt werden dürfen.[79] Eine möglichst weitreichende Unabhängigkeit seiner Einzelglieder sollte ein Grundsatz des Weltgemeinwesens sein, da »nationale Eigenständigkeit unabdingbar ist, wenn die negativen Folgen übertriebener Zentralisation vermieden werden sollen«.[80] Der Zentralismus wird strikt abgelehnt, da er die »Despotie fördert«.[81] Die Lösung wird in einer föderalen Ordnung gesehen: Das anempfohlene politische System ist der Weltbundesstaat.[82] Dabei sollte auf jeder Ebene der Weltgesellschaft das Subsidiaritätsprinzip Anwendung finden; jede Entscheidung sollte so nahe wie möglich an den unmittelbar Betroffenen fallen.[83]

---

76 Daß nicht nur die Bahā'ī bereits heute in der Bahā'ī-Gemeinde einen hoffnungsvollen Ansatz für die Bewahrung und Integration der vielfältigen Kulturen sehen, zeigt Ervin Laszlo in der Einleitung (»Die Praxis der Einheit in der Vielfalt«) zu ders. (Hrsg.), *Rettet die Weltkulturen*, S. 17 f.), der die Bahā'ī als Beispiel für eine funktionierende »Einheit in der Vielfalt« angeführt: »Die Praxis dieser Religionsgemeinschaft ist ein überprüfbarer Beleg dafür, daß eine solche praktizierte Gleichwertigkeit aller Menschen an allen Orten der Welt zu keiner kulturellen Verarmung oder Nivellierung führt, sondern ganz im Gegenteil zu einem weit überdurchschnittlichen alltäglichen ›Kulturaustausch‹. Interessanterweise hat sich die Bahā'ī-Weltgemeinschaft gerade die Pflege und Förderung aller Kulturen in besonderer Weise auf ihre Fahnen geschrieben.« Als ein konkretes Beispiel sei auf einen Bericht über das Indiovolk der Guaymis in den Zentralkordilleren Westpanamas verwiesen: »Die Guyamis in Panama entdecken neue Wege zur Wahrung ihrer Identität« (*One Country*, deutsche Ausgabe, 1/1995, S. 23).

77 Shoghi Effendi, Brief vom 12. April 1942, veröffentlicht in: *Frieden* 65:1

78 Shoghi Effendi, *Weltordnung*, S. 67 ff., 70

79 Dies schließt auch einen unterschiedlichen Grad an Souveränität der einzelnen Gliedstaaten aus.

80 Shoghi Effendi, *Weltordnung*, S. 68; vgl. 'Abdu'l-Bahā, *Star of the West*, Bd. 7, Nr. 6, 1916, S. 48

81 'Abdu'l-Bahā, *Promulgation*, S. 167

82 *Promulgation, a. a. O.*; Shoghi Effendi, *Das Kommen göttlicher Gerechtigkeit*, S. 137, 141; *Weltordnung*, S. 61, 68, 70, 73, 96, 299; *Gott geht vorüber*, S. 320; Brief vom 16. Februar 1932, veröffentlicht in: *Frieden* 56:1; Brief des Universalen Hauses der Gerechtigkeit vom 11. September 1984, veröffentlicht in: *Frieden* 75:1

83 vgl. 'Abdu'l-Bahā, *Star of the West*, Bd. 7, Nr. 9, 1916, S. 82; Bd. 13, Nr. 9, 1922, S. 228 f.; Shoghi Effendi, *Bahā'ī Administration*, S. 40

Eine Konsequenz daraus ist, daß die Macht der internationalen Institutionen föderal begrenzt sein soll. Proportionale Gerechtigkeit und Minderheitenschutz sollten nach Vorstellung der Bahā'ī auch die nationale Repräsentanz in diesen internationalen Einrichtungen bestimmen: So soll in allen internationalen Gremien die Zahl der nationalen Vertreter der jeweiligen Bevölkerungszahl entsprechen;[84] gleichzeitig muß ausgeschlossen werden, daß ein Land oder eine Rasse die übrigen durch ihr Votum beherrschen kann.[85] Das erklärte Ziel der angestrebten Ordnung ist, daß »die Rechte aller Menschen gewahrt und gesichert seien, daß die kleinen Nationen wie die größeren in Frieden und Wohlfahrt unter dem Schutz von Recht und Gerechtigkeit leben«.[86] Hier wird nichts weniger gefordert, als eine neue internationale Ordnung, die nicht mehr von einseitigen Abhängigkeiten und der Dominanz der großen militärischen und wirtschaftlichen Mächte bestimmt wird. Kooperation statt Konfrontation, Rechtssicherheit statt »der Anarchie, die der nationalstaatlichen Souveränität anhaftet«[87]. Offenbar geht es darum, die erforderliche internationale Steuerungsfähigkeit in einer Welt zunehmender globaler Interdependenz zu gewährleisten, gleichzeitig aber die Gefahr eines autokratisch-zentralistischen oder imperialen Welteinheitsstaats zu vermeiden.

5. Das eschatologische Friedensreich

Unverkennbar ist die eben skizzierte Friedensordnung noch nicht das in der Bibel verkündete Friedensreich. Dieses, so die Verheißung Bahā'u'llāhs, wird jedoch noch während der Dauer seiner Sendung Wirklichkeit werden; es ist gleichbedeutend mit dem »Goldenen Zeitalter Seines Glaubens«, da »das Antlitz der Erde von Pol zu Pol den unbeschreiblichen Strahlenglanz des Paradieses Abhā widerspiegeln wird«[88]. Der »Größte Frieden«, die »Größ-

84 *Briefe und Botschaften* 227:31
85 Shoghi Effendi, Brief vom 12. April 1942, veröffentlicht in: *Frieden* 65:1. Zum Begriff der Gerechtigkeit siehe U. Schaefer, S. 302 ff.
86 *Briefe und Botschaften* 71:2
87 Shoghi Effendi, *Weltordnung*, S. 295
88 *Weltordnung*, S. 301

te Gerechtigkeit« sind weitere Äquivalente der Schrift für das verheißene »Reich Gottes auf Erden«.

Auch wenn die Verwirklichung dieser Verheißung für das Äon Bahā'u'llāhs versprochen ist, so ist die Vermutung chiliastischer Ungeduld dabei völlig unangebracht, zeitlich wie inhaltlich. Ausdrücklich charakterisiert Shoghi Effendi den zugrundeliegenden Plan Gottes als »langsam« in seinem Verlauf;[89] 'Abdu'l-Bahā mahnt die Gläubigen zur Geduld, da das »Reich Gottes« nicht in einer »kurzen Spanne Zeit wachsen, blühen und reifen kann; nein, es braucht einen langen Zeitraum, um sich zu entwickeln«.[90] Inhaltlich setzt es den Wandel der Menschenherzen und die Reife der Menschheit insgesamt voraus — Bedingungen, die man schwerlich als ein von Bahā'u'llāh »erdachtes«[91] »Weltvereinigungsprogramm«[92] angemessen beschreiben kann. Der eschatologische Charakter dieser Verheißungen ist unverkennbar.

Dem widerspricht auch nicht, daß einzelne Stationen auf dem Weg des »Größten Friedens« in der Schrift benannt werden. Rekurrierend auf die Endzeitverheißungen der großen Religionen, gestützt auf die Aussagen Bahā'u'llāhs und 'Abdu'l-Bahās und sie weiter interpretierend,[93] entwirft Shoghi Effendi die Vision einer innerweltlichen Eschatologie. Diese ist nicht etwa statisch, sondern muß evolutiv verstanden werden, als eine allmähliche Umsetzung und Ent-Wicklung des verwandelnden Potentials der Offenbarung Bahā'u'llāhs. Die Marksteine dieser Entwicklung werden, ohne nähere inhaltliche und zeitliche Bestimmung, bei Shoghi Effendi skizziert: Der Übergang vom »geringeren« zum »Größten Frieden« vollzieht sich allmählich. Der Prozeß führt über die Vergeistigung der Welt und ihrer Massen, der Verschmelzung aller Rassen, Glaubenssysteme, Klassen und Nationen zur Entfaltung der Neuen Weltordnung Bahā'u'llāhs, dem Entstehen einer Weltkultur als Beginn der Entfaltung des »Goldenen Zeitalters« der Sache Bahā'u'llāhs.[94] Diese Entwicklung wird beschrie-

89 *Der verheißene Tag ist gekommen*, S. 176
90 *Tablets*, Bd. 2, S. 312
91 *Handbuch Religiöse Gemeinschaften*, ⁴1993, S. 810
92 Ficicchia, *Bahā'ismus*, S. 265
93 vgl. zusammenfassend Shoghi Effendi, *Gott geht vorüber*, S. 104 ff.
94 *Weltordnung*, S. 232 f.; *Der verheißene Tag ist gekommen*, S. 186; *Messages to the Bahā'ī World*, S. 155 f.

ben als das Mündigwerden der Menschheit,[95] die Voraussetzung des »Größten Friedens«.[96] Es geht um einen Prozeß heilsgeschichtlicher Dimension. Im Verlauf dieser Entwicklung wird — so die Erwartung der Schrift — die Religion Bahā'u'llāhs allmählich breite Anerkennung finden, bis hin zu ihrer Annahme als Staatsreligion und der schließlichen Etablierung des Universalen Hauses der Gerechtigkeit als oberstes Legislativorgan der Menschheit in einem »Bahā'ī-Weltgemeinwesen«.[97] Die heutige Gemeindeordnung ist allenfalls Vorschein, Keimzelle dieser künftigen »Weltordnung Bahā'u'llāhs«.[98] Das »Goldene Zeitalter«, das den »Größten Frieden« in sich schließt, ist sodann der gemeinsame (vorläufige) End- und Berührungspunkt der sozialen Evolution der Menschheit und der Entfaltung der Gemeinde Bahā'u'llāhs.[99] Damit verbindet sich auch die Erwartung einer erneuten Synthese von Religion und Politik, deren Trennung gegenwärtig von der Schrift als unabdingbar gesehen wird.[100] Voraussetzung einer solchen Synthese ist allerdings, daß Religion nicht länger

95 Shoghi Effendi, *Gott geht vorüber*, S. 466; *Der verheißene Tag ist gekommen*, S. 178, 186; *Weltordnung*, S. 233

96 *Gott geht vorüber, a. a. O.*; *Der verheißene Tag ist gekommen*, S. 186. An anderer Stelle wird die Weltkultur die »Frucht und der Hauptzweck« des Größten Friedens genannt (*Citadel of Faith*, S. 7, 6).

97 vgl. Shoghi Effendi, *Messages to the Bahā'ī World*, S. 155; *Weltordnung*, S. 21, 27 f., 37 f. Es ist zu vermuten, daß sich die Legislativfunktion des Universalen Hauses der Gerechtigkeit auf oberste Normen des (mittelbar) göttlichen Rechts beschränkt (vgl. 'Abdu'l-Bahā, *Testament* 1:25, 2:8 f.). Ganz sicher tritt das Haus nicht an die Stelle eines künftigen Weltparlaments, von dem die Schrift ebenfalls spricht.

98 »Die Administrative Ordnung ist gewiß die Keimzelle und das Muster der Weltordnung Bahā'u'llāhs, aber in embryonaler Form. Sie hat im Laufe der Zeiten noch weitreichende evolutive Entwicklungen vor sich« (Brief des Universalen Hauses der Gerechtigkeit vom 27. April 1995, S. 5).

99 vgl. Shoghi Effendi, *Der verheißene Tag ist gekommen*, S. 176 ff.

100 »Religiöse Führer dagegen haben nichts mit der Politik zu schaffen. Angelegenheiten der Religion sollten *bei den heutigen Weltverhältnissen* nicht mit Politik vermengt werden, denn ihre Interessen sind nicht dieselben. Religion ist eine Sache des Herzens, des Geistes und der sittlichen Werte. Politik befaßt sich mit der materiellen Seite des Lebens. Lehrer der Religion sollten sich darum nicht auf das Feld der Politik begeben, sondern sich der geistigen Erziehung der Menschen widmen. Sie sollten stets guten Rat erteilen und versuchen, Gott und der Menschheit zu dienen. Sie sollten sich bemühen, den Hunger nach Geistigem zu wecken, die Erkenntnis der Menschen zu fördern, ihre Sitten zu verbessern und die Liebe zur Gerechtigkeit zu stärken. Dies ist die Lehre Bahā'u'llāhs. Auch im Evangelium heißt es: ›Gebt dem Kaiser, was des Kaisers, und Gott, was Gottes ist‹« (*Ansprachen* 49:9-12. [Hervorhebung durch U. G.]).

einen ideologisch-politischen Charakter annimmt und auch Politik nicht mehr in Freund-Feind-Kategorien vonstatten geht.[101]

Parallel zum weltgeschichtlichen Geschehen, das dem »großen Plan Gottes« folgt[102] und über den »geringeren Frieden« in fernerer Zukunft zum »Größten Frieden« führt, durchläuft die Gemeinde Bahā'u'llāhs selbst verschiedene Stadien ihrer Entwicklung: vom »heroischen Zeitalter« ihrer ersten Jahre, über die verschiedenen Stufen des »gestaltenden Zeitalters« hin zum »Goldenen Zeitalter« der Sendung Bahā'u'llāhs.[103] Im »gestaltenden Zeitalter« wird die Entfaltung und Reifung der Institutionen des Glaubens[104] begleitet von deren zunehmender Einflußnahme auf die Welt.[105] Wohlgemerkt: Nach dieser Erwartung drängen nicht etwa die Bahā'ī der Welt ihren Einfluß auf, sondern die Gesellschaften der Welt suchen zunehmend den Rat und die Hilfe der Gemeinde Bahā'u'llāhs und ihrer Institutionen. Die Zeitspanne des »gestaltenden Zeitalters« bleibt unbestimmt, ist aber jedenfalls von langer Dauer.[106] In den Erwartungen des »Goldenen Zeitalters« verschmelzen dann Bahā'ī-Gemeinde und Menschheit vollends zu einer Einheit: Der innergemeindliche und der weltgeschichtliche Prozeß fließen ineinander.[107] Religion und Politik finden zu einem versöhnten Miteinander.[108]

Ein Vorbehalt allerdings ist angebracht: Gott ist und bleibt der Herr der Geschichte, der »tut, was immer Er will«. Jeder Blick,

---

101 dazu siehe unten Teil II.1 dieses Kapitels

102 vgl. Shoghi Effendi, *Citadel of Faith*, S. 32 f.; Das Universale Haus der Gerechtigkeit, *Wellspring of Guidance*, S. 133 f.

103 Shoghi Effendi, *Citadel of Faith*, S. 4 ff.; *Gott geht vorüber*, Vorwort, S. XXIV ff., 370 f.; *Weltordnung*, S. 148 f., 204 f. Für eine zusammenfassende Darstellung dieser gemeindeinternen Entwicklungsphasen siehe »The Epochs of the Formative Age«, eine Erläuterung der Forschungsabteilung des Universalen Hauses der Gerechtigkeit, datiert 5. Februar 1986, veröffentlicht in: Der Nationale Geistige Rat der Bahā'ī in Deutschland (Hrsg.), *Der Sechsjahresplan 1986-1992. Weltweite Hauptziele, internationale und nationale Ziele der deutschen Bahā'ī-Gemeinde*, S. 57 ff.

104 vgl. Shoghi Effendi, *Gott geht vorüber*, S. 370, 371; *Weltordnung*, S. 225

105 vgl. Brief vom 31. 1. 1985, geschrieben im Auftrag des Universalen Hauses der Gerechtigkeit, veröffentlicht in: *Frieden* 76:3

106 vgl. *'Abdu'l-Bahā in London*, S. 106; Shoghi Effendi, *Der verheißene Tag ist gekommen*, S. 187; Shoghi Effendi, zitiert in einem Brief des Universalen Hauses vom 29. Juli 1974, veröffentlicht in: *Frieden* 71:2

107 Shoghi Effendi, *Citadel of Faith*, S. 32, 33

108 Zu dem zugrundeliegenden Politikbegriff siehe unten Abschnitt III.1 und III.3.

den er den Menschen in die Zukunft tun läßt, ist Gnade, Tröstung und Wegweisung. Eine Beschränkung seines souveränen Handelns ist sie nie. Je fester, konkreter das Bild wird, das sich der Mensch vom künftigen Heilsplan Gottes macht, desto wahrscheinlicher wird es die künftige Realität verfehlen. Das im Bunde Gottes gegebene Versprechen der Führung impliziert Vertrauen — gerade auch dort, wo noch nicht alles festgelegt und vorgefertigt ist.

Gleichgültig wie man zu dieser Vision innerweltlicher Eschatologie steht, eines ist sie gewiß nicht: ein Aktionsplan zur Herrschaftsübernahme, wie Ficicchia uns suggerieren will. Unabhängig davon, wie man die Realisierungsaussichten dieser Vision sieht, für die Bahā'ī jedenfalls ist der Reich-Gottes-Gedanke und dessen Bedingungen für Frieden, Gerechtigkeit, Barmherzigkeit und Liebe eine ständige Wegweisung und ein dauerndes Korrektiv allen Handelns in der Welt — für den einzelnen wie für die Gemeinde insgesamt. Die materialen Aspekte des »Reiches Gottes« sind essentieller Teil sämtlicher Elemente der »anderen Politik«[109]. Bahā'ī-Wahl und Beratung etwa sind — richtig verstanden und praktiziert — Vorgriff und Einübung der Verhaltensformen des künftigen »Gottesreiches«.

6. Machtanspruch oder Dienst an der Menschheit?

Ficicchias Rede vom Weltherrschaftsanspruch der Bahā'ī unterstellt, daß die Bahā'ī oder deren Institutionen es darauf anlegten, über andere Macht auszuüben. In Wahrheit ist die Aufgabe der Bahā'ī eine völlig andere. Ihr Auftrag, ihre einzige Absicht[110] ist, »allen Völkern zu dienen«,[111] sich dem »Dienst an allen Geschlechtern auf Erden« zu »weihen«[112] und »hinzugeben«[113]. Indem sie unbedingte Vertrauenswürdigkeit,[114] Liebe[115] und Dienstbar-

109 siehe unten Abschnitt III, »Auf dem Weg zu einer anderen Politik«
110 so 'Abdu'l-Bahā, *Gebete* 183:1
111 *Botschaften* 15:13
112 *Botschaften* 11:24
113 'Abdu'l-Bahā, *Gebete* 183:2
114 *Ährenlese* 130:1

keit[116] verkörpern, sollen sie in aller Welt als »Sauerteig«[117] wirken für die allmähliche Transformation der »widerstreitenden Völker und Geschlechter der Erde«[118] in eine Welt der Menschlichkeit, Barmherzigkeit und Zuneigung. Der konkrete Dienst an den Mitmenschen wird — völlig unabhängig vom religiösen Bekenntnis — zum Kriterium wahren Menschseins erhoben: »Der ist wirklich ein Mensch, der sich heute dem Dienst am ganzen Menschengeschlecht hingibt.«[119] Dies entspricht dem Auftrag Jesu Christi an seine Jünger. Von einem Herrschaftsanspruch kann dabei nicht die Rede sein.

Ausdrücklich ist die Bahā'ī-Gemeinde nicht triumphierende, sondern duldende,[120] vor allem aber: dienende Gemeinde. Wie nach der Bahā'ī-Lehre der einzelne seine ethische Reife und Vollendung nur im Dienst an Gott und seinen Nächsten erlangt, zum Dienen erschaffen ist,[121] so ist Dienstbarkeit auch der zentrale Auftrag der Gemeinde. Die auf den einzelnen gemünzten ethischen Maximen sind *ceteris paribus* auf die Gemeinde übertragbar:

---

115 »O Herr! Laß uns Brüder in Deiner Liebe werden und alle Deine Kinder lieben. Bestätige uns im Dienst an der Menschenwelt, so daß wir die Diener Deiner Diener werden, alle Deine Geschöpfe lieben und Mitleid empfinden für Dein ganzes Volk« ('Abdu'l-Bahā, *Gebete* 182; siehe auch *Ährenlese* 43:7).

116 Der Dienst an der Menschheit wird auch als ausdrückliches Erziehungsziel für die Kinder formuliert ('Abdu'l-Bahā, *Gebete* 168:1, 171:2, 227:9).

117 Matth. 13:33

118 *Ährenlese* 43:7

119 *Ährenlese* 117

120 »Das wirkliche Leben zu leben heißt,... nie die Ursache des Kummers für irgend jemanden werden... Widerstände und Beleidigungen geduldig ertragen...« ('Abdu'l-Bahā, Sonderdruck). »Seid... gütig zu allen Menschen, behandelt selbst eure Feinde wie Freunde. Seht in denen, die euch übelwollen, eure Wohltäter. Wer abweisend gegen euch ist, in dem seht einen liebenswürdigen, sympathischen Menschen. So kann dieses Dunkel des Zwistes und Streits unter den Menschen verschwinden und das göttliche Licht hervorbrechen...« (*Promulgation*, S. 470). »Er soll... Böses mit Gutem vergelten und nicht nur verzeihen, sondern, wenn möglich, dem Unterdrükker zu Diensten sein. Solches Verhalten ist eines Menschen würdig; denn welchen Nutzen brächte ihm Rache?« (*Beantwortete Fragen* 77:5). Zur konkreten Umsetzung dieser Ziele angesichts blutiger Verfolgungen siehe die Berichte und Studien von Christine Hakim, *Die Bahā'ī oder der Sieg über die Gewalt*, Altstätten 1984 und Olya Roohizadegan, *Olya's Geschichte*, Bergisch Gladbach 1995.

121 »Der ist wirklich ein Mensch, der sich heute dem Dienst am ganzen Menschengeschlecht hingibt« (*Botschaften* 11:13). »Ruhm und Größe des Menschen hängen ab von seiner Dienstbarkeit gegenüber seinen Mitgeschöpfen...« ('Abdu'l-Bahā, *Promulgation*, S. 107).

»Sei des Vertrauens deines Nächsten wert und schaue hellen und freundlichen Auges auf ihn. Sei ein Schatz dem Armen, ein Mahner dem Reichen, eine Antwort auf den Schrei des Bedürftigen, und halte dein Versprechen heilig... Sei zu keinem Menschen ungerecht und erweise allen Sanftmut. Sei wie eine Lampe für die, so im Dunkeln gehen, eine Freude den Betrübten, ein Meer für die Dürstenden, ein schützender Port für die Bedrängten, Stütze und Verteidiger für das Opfer der Unterdrückung. Laß Lauterkeit und Redlichkeit all dein Handeln auszeichnen. Sei ein Heim dem Fremdling, ein Balsam dem Leidenden, dem Flüchtling ein starker Turm... Sei... eine Krone für die Stirn der Treue, ein Pfeiler im Tempel der Rechtschaffenheit, Lebenshauch dem Körper der Menschheit... «[122] »Seid der Waise ein liebevoller Vater, eine Zuflucht dem Hilflosen, ein Schatz dem Armen, dem Kranken Heilung. Seid dem Opfer der Unterdrückung ein Helfer, ein Beschützer dem Beladenen. Denkt zu allen Zeiten daran, wie ihr allen Gliedern der Menschheit einen Dienst erweisen könnt. Schenkt Abneigung und Zurückweisung, Geringschätzung, Feindseligkeit und Ungerechtigkeit keine Beachtung: Tut das Gegenteil. Seid aufrichtig freundlich, nicht nur dem Anschein nach. Die Geliebten Gottes sollen ihre Aufmerksamkeit auf das Folgende richten: jeder soll des Herrn Segen für die Menschen, des Herrn Gnade sein. Er sollte jedem, dem er begegnet, einen guten Dienst erweisen und ihm von Nutzen sein... So wird das Licht der göttlichen Führung leuchten und der Segen Gottes die ganze Menschheit umfangen, denn Liebe ist Licht, wo immer sie wohnt, und Haß ist Finsternis, wo immer er nistet.«[123]

---

122 *Ährenlese* 130:1
123 *Briefe und Botschaften* 1:7

Gegenstand dieses Dienstes ist nicht in erster Linie die Gemeinde selbst, auch nicht allein der einzelne in seinem Heilsbedürfnis[124] oder als Gegenstand der *caritas*[125]; im Zentrum dieses Dienens steht unübersehbar die Verantwortung für die Welt als Ganzes.[126] Die damit verbundene Zuwendung erfährt keine parteiische Gewichtung: Das Bahā'ītum kennt kein dualistisches Weltbild mit seiner Unterscheidung in gläubig und ungläubig, gut und böse, erlöst und unerlöst. Sein Signum ist Einheit: metaphysisch als die Einheit Gottes, dem Schöpfer aller Menschen und dessen universeller Gnade; praktisch als ethische Richtgröße im Umgang mit allen Menschen und Völkern der Welt und als Verantwortung für die Bewahrung der Schöpfung. Dem Begriff der Einheit entspringt also gerade nicht — wie Ficicchia glauben machen will —[127] der Anspruch auf einen einheitlichen, gleichgeschalteten Herrschaftsraum unter Bahā'ī-Führung, sondern er ist Ausdruck der Zuwendung, der nicht-parteiischen, uneingeschränkten persönlichen Verantwortung im Dienst für alle Mitgeschöpfe: »Selig und glücklich ist, wer sich erhebt, dem Wohle aller Völker und Geschlechter der Erde zu dienen... Die Erde ist nur ein Land, und alle Menschen sind seine Bürger.«[128]

124 Wiewohl der Lehrauftrag der Gläubigen aus dem Recht aller Menschen herrührt, den Anspruch Bahā'u'llāhs zu kennen und sich für oder gegen ihn entscheiden zu können.

125 Zu sozialen Aufgaben und Entwicklungsprojekten der Bahā'ī siehe etwa Uta von Both, »Entwicklungsprojekte in der Bahā'ī-Weltgemeinde«, in: *Bahā'ī-Briefe* 53/54 (Dezember 1987), S. 18 ff.; »Frauenförderung in Kamerun«, *One Country*, deutsche Ausgabe, 1/1994, S. 1 ff.; »Angepaßte Technologie in Swaziland«, *a. a. O.*, S. 18 f.; »Ein neues Leben für die Straßenkinder in Brasilien«, *One Country*, deutsche Ausgabe, 2/1994, S. 1 ff.; »Vorschulerziehung in Swaziland«, *a. a. O.*, S. 14 f.; »Promoting cross-cultural harmony«, *One Country*, internationale Ausgabe, Bd. 6, Nr. 4, 1995, S. 12 ff.

126 Etwa: »Befaßt euch gründlich mit den Nöten der Zeit, in der ihr lebt, und legt den Schwerpunkt eurer Überlegungen auf ihre Bedürfnisse und Forderungen« (*Ährenlese* 106:1).

127 *Bahā'ismus*, S. 267 f.

128 *Botschaften* 11:13

7. Die »totale Inbesitznahme des Menschen«[129]?

Auch der behauptete totalitäre Zugriff auf den einzelnen ist eine bewußte Diffamierung. Das genaue Gegenteil ist wahr: Die Schrift wird ausdrücklich verstanden als Garant der Menschenrechte.[130] Der einzig wirklich totale Anspruch ist der Gottes gegenüber seinem Geschöpf.[131] Es ist ein Anspruch aus grenzenloser Liebe. Der Mensch verdankt seinem Schöpfer alles, die leibliche Existenz, seine Gesellschaftsfähigkeit, seine Zukunft, sein Heil. Diesen aus der totalen Abhängigkeit kommenden Anspruch hat Gott jedoch auf keine irdische Instanz uneingeschränkt übertragen, auf keine gesellschaftlich-staatliche, auch nicht auf irgendeine religiöse Institution.[132] Es ist gerade dieser umfassende Anspruch des Schöpfers auf sein Geschöpf, an dem sich jeder andere totale Anspruch bricht. Totalitäre Ideologien und Systeme gleich welchen Ursprungs sind inkompatibel mit der Souveränität Gottes und seiner besonderen Beziehung zu jedem menschlichen Individuum. Jedes Verfügenwollen, jede Herabstufung des Menschen zum Mittel fremder Zwecke ist eine Anmaßung der allein Gott vorbehaltenen Vollmacht, eine Verletzung der göttlichen Souveränität. Die Beziehung Schöpfer—Geschöpf ist unmittelbar und einzigartig, verträgt nicht die Interzession einer heilsvermittelnden Institution, eines »Meisters«[133], »Vorbilds«[134], eines Heils-

---

129 *Bahā'ismus*, S. 428 f.

130 Zu diesem Themenkreis siehe U. Gollmer, *Gottesreich*, Kap. 7.3 »Zwischenbilanz« zu Kap. 7.

131 Zur Entwicklung der Lehre von der Souveränität Gottes siehe U. Gollmer, *Gottesreich*, Kap. 5.1, 5.2, 6.2 und 7.1.

132 Zur eingeschränkten Souveränitätsübertragung und Gewaltenteilung im Bahā'ī-System siehe unten Kap. 11.III. Eingehend dazu auch U. Gollmer, *Gottesreich*, Kap. 12.1.

133 Wie etwa der *shaykh* im Sufismus, dem »fast unbegrenzte Autorität« gegenüber seinem Schüler zukommt: Ihm zu dienen ist die höchste Ehre, »selbst wenn man nur ›dreißig Jahre lang Junaids Latrinen gereinigt hatte‹«. Ohne die Führung des Meisters ist kein Fortschritt möglich, der *shaykh* hilft dem Schüler, »ein echtes ›Herz‹ zu gebären und nährt ihn gleich einer Mutter mit geistiger Milch«. Ihm ist selbst im Irrtum bedingungslos zu vertrauen, denn »wer keinen Shaikh hat, dessen Shaikh ist Satan« (Annemarie Schimmel, *Mystische Dimensionen des Islam. Die Geschichte des Sufismus*, S. 154 f.) Die »geistige Ahnenreihe« (*isnād*) des *shaykh*, des »Meisters«, »Ältesten« oder »Führers« macht dabei einen wesentlichen Teil seiner Autorität aus (L. Massignon, Stichwort »Taṣawwuf«, *SEI*, S. 582; Roy Mottahedeh, *Der Mantel des Propheten*, S. 131 ff.).

verbandes oder einer Heilshierarchie[135]. Eine Konsequenz daraus ist die Garantie der Freiheit und Unantastbarkeit persönlicher Überzeugung. ʿAbdu'l-Bahā nennt Gewissen und Überzeugung »den Privatbesitz von Herz und Seele«, der nicht dem Zugriff irgendeiner — geistlichen oder weltlichen — Institution preisgegeben werden darf.[136] Besonders hart stößt sich die besondere Beziehung zwischen Schöpfer und Geschöpf mit jeglichem Versuch einer totalitären Inanspruchnahme des Menschen durch eine wie auch immer geartete Ideologie.[137]

Komplementär zur göttlichen Souveränität steht die Gottesebenbildlichkeit des Menschen, jeder ein einmaliges, unverwechselbares Geschöpf. Die absolute Heilssouveränität Gottes läßt auch nicht zu, daß Menschen über andere Wert-, vor allem aber Unwerturteile fällen. Da sich niemand selbst im Besitz des Heils wissen kann, da man ebensowenig über den Heilsstand des anderen zu urteilen vermag, muß jedes menschliche Gegenüber als gleichwertig gelten; ein kreatürliches Faktum, das man weder überwinden kann noch soll.[138] Gesellschaftliche Konsequenzen dieser Gleichheit des Menschen vor Gott[139] sind Rechtsgleichheit[140] und ein gleiches Recht aller auf »Wohlfahrt«[141]. Man kann

---

134 Wie insbesondere der *Marja' at-Taqlīd*, das »erhabene Vorbild«, die »erhabenste Quelle der Nachahmung« im schiitischen Islam.

135 wie etwa die katholische Kirche

136 »Dem König der Könige [Gott] ist das Verstehen von Überzeugungen und Gedanken vorbehalten, nicht den Königen. Seele und Gewissen sind der Kontrolle des Herrn aller Herzen unterworfen, nicht der Seiner Diener« (*A Traveller's Narrative*, S. 165).

137 vgl. Shoghi Effendi, *Der verheißene Tag ist gekommen*, S. 172; *Weltordnung*, S. 51, 69; Universales Haus der Gerechtigkeit, *Die Verheißung des Weltfriedens* 1:12 f.

138 Den Gedanken der Gleichwertigkeit führt Bahā'u'llāh sogar als Begründung für die Entstehung des Menschen aus demselben Stoff an: »Wißt ihr, warum Wir euch alle aus dem gleichen Staub erschufen? Damit sich keiner über den anderen erhebe. Bedenket allezeit in eurem Herzen, wie ihr erschaffen seid« (*Die Verborgenen Worte*, arab. 68). 'Abdu'l-Bahā mahnt ausdrücklich, »nie danach zu trachten, sich von den anderen abzusondern« (*Das Geheimnis göttlicher Kultur*, S. 43).

139 Bahā'u'llāh, *Die Verborgenen Worte*, arab. 68; auch *Kitāb-i-Aqdas* 72; *Ährenlese* 5:4; 'Abdu'l-Bahā, *Promulgation*, S. 182. Daß es sich hierbei nicht um eine Gleichwertigkeit von Schuld und Unschuld handelt, zeigt *Ährenlese* 93:7. Zur Gleichheit verschiedener Rassen vor Gott: Bahā'u'llāh, zitiert in: Shoghi Effendi, *Das Kommen göttlicher Gerechtigkeit*, S. 61 ff.

140 *Ansprachen* 47:2,4,6; *Promulgation*, S. 182, 318

141 Die Wohlfahrt »jedes einzelnen Menschen« wird als Voraussetzung für »das Wohlgefallen Gottes« benannt ('Abdu'l-Bahā, zitiert nach *Bahā'ī-Briefe* 39, 1969,

die Bahā'ī-Lehre von der göttlichen Souveränität geradezu als eine Begründung des religiösen Individualismus verstehen. In jedem Fall beruht auf ihr die Einzigartigkeit, Würde und Unverletzlichkeit jedes konkreten Menschen und damit auch dessen unveräußerliche Rechte.

II. Bahā'u'llāh — royalistisch und freiheitsfeindlich?

Ficicchia sucht nicht nur ein Zerrbild der politischen Zukunftsvorstellungen der Bahā'ī zu zeichnen, er will auch zeigen, daß antidemokratische Haltungen von Anfang an Lehre und Praxis im Bahā'ītum geprägt haben. Auch hierfür nimmt er wieder den »politischen Mahdismus« in Anspruch.[142]

Zum Beleg seiner These unternimmt Ficicchia einen Ausflug in die Frühgeschichte des Bahā'ī-Glaubens. Aus der Haltung der Bahā'ī während der konstitutionellen Revolution in Persien 1907-1909 und einiger Aussagen Bahā'u'llāhs zum Königtum und zum Begriff der Freiheit konstruiert Ficicchia eine grundsätzliche Ablehnung der Republik, der bürgerlichen Freiheit, der Demokratie und aller repräsentativen Einrichtungen. Die Bahā'ī-Gemeinde wird bei Ficicchia zur royalistischen Partei, zum Befürworter einer absolutistischen Monarchie.

Zum »Beweis« dieser Behauptung konstatiert Ficicchia zunächst eine Wesensverwandtschaft zwischen dem Mahdīideal und dem »monarchischen Prinzip«[143]. Was von dem den Bahā'ī unterstellten »politischen Mahdismus« zu halten ist, haben wir bereits gesehen.[144] Zudem: Wer die schiitische Geschichte kennt, wird dieses Argument auch in sich wenig überzeugend finden: In Wahrheit hat die Überzeugung, daß Herrschaft eigentlich nur dem Mahdī zusteht, immer zu einer reservierten Haltung gegenüber monarchischen Ansprüchen geführt.

S. 1049; siehe auch S. 1046 f., 1047, 1048, 1050). Zur Bedeutung der »Wohlfahrt« siehe auch Bahā'u'llāh, *Botschaften* 4:17, 4:19, 6:9, 6:27, 6:41, 7:5, 7:29, 7:41, 8:44, 8:52-54, 11:11 f., 11:37, 15:4

142 *Bahā'ismus*, S. 270 ff.

143 *Bahā'ismus*, S. 271

144 siehe oben, Abschnitt I.1

Ficicchia bessert denn auch sofort nach. Eigentlich handle es sich ja um ein Zweckbündnis: Den Regierungen, insbesondere den herrschenden Monarchen, werde »*Loyalität* zugesichert, sofern sie dem Bahā'ismus Freiheit gewähren und bereit sind, seiner Theokratie den Weg zu ebnen«.[145] Der Anspruch auf Weltherrschaft bleibe, nur die Taktik habe sich geändert: Bahā'u'llāh versuche nun, »die Regenten in dieses Vorhaben direkt einzuspannen«.[146] Dieser opportunistischen Taktik trage auch die Entwicklung der Lehre Rechnung: »Die Könige werden deshalb als ›Repräsentanten Gottes auf Erden‹ und die Monarchie als die ideale Regierungsform bezeichnet...«[147] Gleichzeitig habe Bahā'u'llāh den »Grundsatz« aufgestellt, daß »die Gewährung bürgerlicher Freiheiten (und also auch der Republik) nur zu Aufruhr und Verwirrung führe«[148].

Was ist davon zu halten? Beide Aussagen sind in dieser Form unwahr. Auf die grobe, vorsätzliche Entstellung von Bahā'u'llāhs Freiheitsbegriff ist bereits Schaefer ausführlich eingegangen.[149] Es handelt sich bei allen diesen Behauptungen um das für Ficicchia typische Spiel mit Versatzstücken der Wahrheit, um Beispiele für Ficicchias Strategie der Desinformation.

Richtig ist, daß die Bahā'ī durch die Schrift auf Loyalität gegenüber ihrer Obrigkeit verpflichtet werden. Falsch ist, daß diese Loyalität an Bedingungen geknüpft sei. Falsch ist ebenso, daß diese Loyalität eine taktische, keine prinzipielle Frage sei. Wir werden darauf noch gesondert eingehen.[150]

---

145 *Bahā'ismus*, S. 271 (Hervorhebung durch F.)
146 *Bahā'ismus*, S. 271
147 *Bahā'ismus*, S. 271
148 *Bahā'ismus*, S. 275
149 siehe oben, S. 225 ff. Die von Ficicchia als »Beleg« für seine Behauptung angeführte Textstelle (*Kitāb-i-Aqdas* 125) bezieht sich nicht — wie Ficicchia glauben machen will — auf »bürgerliche Freiheiten«, sondern auf eine nihilistisch-libertinäre Grundhaltung, die keine Normen außer den eigenen Wünschen und Trieben anzuerkennen bereit ist.
150 siehe unten, Abschnitt II.2 dieses Kapitels, »Loyalität gegenüber der Obrigkeit«

1. Bahā'u'llāh über das Königtum

Was die Aussagen Bahā'u'llāhs zum Königtum angeht,[151] so ist es richtig, daß Bahā'u'llāh das Königtum als »*Sinnbild* der Herrschaft Gottes«[152] schätzte, das er um der Menschen willen in dieser Funktion als »Zeichen Gottes« zu erhalten wünschte.[153] Von einer Repräsentanz Gottes durch den Monarchen, geschweige denn durch »die Höfe«, wie Ficicchia behauptet,[154] von einer Stellvertreterschaft mit Machtbefugnissen, ist allerdings nirgends die Rede. Noch weniger davon, daß »die Monarchie... die ideale *Regierungsform*«[155] sei. Es ist nicht zufällig, daß er für diese Behauptung keine Belegstelle gibt.

Was Ficicchia verschweigt, sind die Verpflichtungen, die Bahā'u'llāh den Königen und Herrschern gegenüber ihren Untertanen auferlegt, im Kern ein durchaus allgemeingültiger Katalog von Herrschaftsanforderungen, eine universelle Herrschaftsethik.[156] Ebenso verschweigt Ficicchia Bahā'u'llāhs prinzipielle Kritik an der absoluten Monarchie. Unzweideutig stellt Bahā'u'llāh fest: »Zwei Gruppen von Menschen wurde die Macht entzogen: Königen und Geistlichen.«[157] Monokratische Systeme passen nicht mehr in die Zeit. Er nennt es »eines der Reifezeichen der Welt«, wenn niemand länger gewillt sein wird, »die Last der Königswürde zu tragen«.[158] Dies zielt auf alle Arten von monokratischen Strukturen, egal ob sich der Amtsinhaber nun »König«, »Führer« oder wie immer nennen mag. Eine mögliche Zukunft des Königtums sieht Bahā'u'llāh in seiner Verbindung mit einem parlamentarischen Herrschaftssystem.[159] Ausdrücklich stellt er fest, daß »die republikanische Staatsform (*al-jumhūriyya*) allen Völkern der

151 Für eine eingehende Bewertung siehe U. Gollmer, *Gottesreich*, Kap. 7.4.

152 *Ährenlese* 105:5 (Hervorhebung U. G.), 112, 139:5

153 *Botschaften* 3:28

154 *Bahā'ismus*, S. 134 f., Anm. 27

155 *Bahā'ismus*, S. 271 (Hervorhebung U. G.)

156 dazu U. Gollmer, *Gottesreich*, Kap. 7.4

157 zitiert bei Shoghi Effendi, *Der verheißene Tag ist gekommen*, S. 113

158 *Lawḥ-i-Shaykh Salmān*, zit. *a. a. O.*

159 »Wenn die Weisen beide Formen miteinander verbinden, erwartet sie in der Gegenwart Gottes großer Lohn« (*Botschaften* 3:28). An anderer Stelle wird diesbezüglich das britische Modell von ihm ausdrücklich gelobt (*Botschaften* 7:31; *Die Verkündigung Bahā'u'llāhs* 4:3 [Sendschreiben an Königin Viktoria]; vgl. auch *Brief an den Sohn des Wolfes*, S. 65).

Welt nützt«[160] — von einem Unwerturteil über die republikanische Herrschaftsform kann also keine Rede sein. ʻAbdu'l-Bahā spricht sich in einem auf die Reform der persischen Gesellschaft abzielenden politischen Traktat von 1875 dafür aus, daß die Bestellung der Abgeordneten nationaler Parlamente »vom Willen und der Wahl des Volkes abhängen«[161] und nicht länger durch die Krone berufen werden. In der selben Schrift stellt er die Einrichtung parlamentarischer, beratender Körperschaften als die eigentliche »Grundlage der Staatsführung« heraus.[162] Er führt damit das bereits von Bahā'u'llāh konsequent betriebene Eintreten für parlamentarische und demokratische Gremien und Verfahrensweisen fort.[163]

Das von Bahā'u'llāh befürwortete Königtum ist *nicht* die autokratische oder absolutistische Monarchie, sondern ein konstitutionelles Königtum — etwa nach britischem oder skandinavischem Vorbild.[164] Zudem sollte man beachten, daß der ideengeschichtliche Kontext des Begriffs »König« (*sulṭān*) vieldeutig ist, nicht unbedingt mit einer Herrscherdynastie gleichgesetzt werden darf.[165] Nirgendwo ist den Schriften Bahā'u'llāhs zu entnehmen, daß er am Königtum das dynastische Prinzip für bewahrenswert hält. Genausogut ist darunter ein Wahlkönigtum zu verstehen, der Kontext von *Bis̲h̲ārāt*[166] spricht sogar eher für diese Möglichkeit. Keinem einzigen Text ist zu entnehmen, daß Bahā'u'llāh ein Königtum auf Lebenszeit meint. Vorstellen ließe sich sogar ein Wahlkönigtum auf Zeit. Auch auf die Gefahr, mit dieser Interpretation zu überziehen: Ein konstitutionelles, durch Verfassung, Gesetze und Parlament gebundenes Wahlkönigtum auf Zeit — da ist kein großer Unterschied mehr zu einem Repräsentativamt an der Spitze einer Demokratie, etwa zum Amt des Bundespräsidenten.

---

160 *Botschaften* 3:28

161 *Das Geheimnis göttlicher Kultur*, S. 31

162 *Das Geheimnis göttlicher Kultur*, S. 25 f.

163 siehe Juan R. Cole, »Iranian Millenarianism and Democratic Thought in the 19th Century«, in: *International Journal of Middle East Studies* 24, 1992, S. 1-26

164 etwa *Botschaften* 7:31

165 Im Arabischen ist *sulṭān* ein Abstraktum und bedeutet »Autorität«, »Regierung«, »Gewalt«, »Herrschaft«, vgl. Bernard Lewis, *Die politische Sprache des Islam*, Berlin 1991, S. 91; Stichwort »Sultan«, *Lexikon der Islamischen Welt*, hrsg. von Klaus Kreiser/Werner Diem/Hans-Georg Majer, Bd. 3, Stuttgart 1974, S. 130.

166 *Botschaften* 3:28

Wie auch immer: wichtig scheint an Bahā'u'llāhs Begriff des »Königs«[167] vor allem eines zu sein: seine Symbolkraft als überparteiliches, einheitsverkörperndes und einheitsstiftendes Amt.[168]

2. Ein machtpolitisches Bündnis zwischen »Thron und Altar«?

Wie sieht es nun mit dem Vorwurf[169] der historischen Parteinahme für die royalistische Partei, der »Konspiration mit dem Hof« durch die Bahā'ī aus?

Juan R. Cole, Orientalist und Inhaber des Lehrstuhls für Geschichte des Mittleren Ostens an der Universität Michigan, hat mehrere Untersuchungen zu den Wurzeln der konstitutionellen und demokratischen Bewegung im vorderen und mittleren Orient des 19. und frühen 20. Jahrhunderts vorgelegt.[170] Dabei ergab sich ein beträchtlicher Anteil der Bahā'ī-Gemeinde an dieser Bewegung. Im krassen Gegensatz zu den Behauptungen Ficicchias kommt Cole zu dem Ergebnis, daß die Bahā'ī-Gemeinde nicht nur in engem Kontakt zu den demokratischen und reformorientierten

167 Daß — bei aller politischen Machtlosigkeit — die Herausgehobenheit dieses Amtes den Träger auch unter den von Bahā'u'llāh begrüßten Bedingungen ethisch gefährdet und ihm eine hohe Verantwortung auferlegt, geht aus folgendem Ausspruch hervor: »Wohl dem, der aus Liebe zu Gott und Seiner Sache und um Gottes willen und in der Absicht, Seinen Glauben zu verkünden, sich dieser großen Gefahr aussetzen und diese Mühen und Beschwerden auf sich nehmen will« (Bahā'u'llāh, *Lawḥ-i-Shaykh Salmān*, zit. in: Shoghi Effendi, *Der verheißene Tag*, S. 113).

168 Yehezkil Dror, Professor für Politikwissenschaft an der Universität Jerusalem, hebt jüngst in seinem Bericht an den Club of Rome (*Ist die Erde noch regierbar?* S. 221, 220) die Bedeutung derartiger Symbolträger hervor: »Der potentielle Beitrag von Monarchien zur Stabilisierung der Politik, während sie zugleich wichtige symbolische und psychologische Funktionen übernehmen, sollte anerkannt werden. In Ländern mit republikanischer Tradition kann ein gewähltes Staatsoberhaupt mit symbolischen Funktionen und gewissen Vollmachten, das lange Zeit im Amt bleibt, aber auch abgesetzt werden kann, eine ähnliche Rolle übernehmen... Deshalb könnte es hilfreich sein, wenn Staatsoberhäupter, die über keine reale Macht verfügen oder konstitutionelle Monarchen die meisten dieser ritualistischen und symbolischen Funktionen übernehmen würden.«

169 *Bahā'ismus*, S. 271 ff.

170 »Iranian Millenarianism and Democratic Thought in the 19th Century«, in: *International Journal of Middle East Studies* 24, 1992, S. 1-26; »Autobiography and Silence: The Early Career of Shaykhu'r-Ra'is Qajar«, in: Christoph Bürgel (Hrsg.) *Der Iran im 19. Jahrhundert und die Entstehung der Bahā'ī-Religion* (in Vorbereitung); »Muḥammad 'Abduh and Rashid Riḍā: A Dialogue on the Bahā'ī Faith«, in: *World Order*, Bd. 15, Nr. 3/4, 1981, S. 7-16

Kräften der Region stand, mehr noch, daß die religiöse Propaganda der Bahā'ī dort das früheste, verbreitetste und über lange Zeit auch entschiedenste Eintreten für parlamentarische und demokratische Reformen darstellt. Cole kommt auch zu dem Ergebnis, daß Lehre und Verhalten der Bahā'ī — in der für eine Gemeinde dieser Größe[171] unvermeidlichen Bandbreite —[172] übereinstimmen: Für die von Ficicchia immer wieder unterstellte Diskrepanz zwischen Rhetorik und Praxis gibt es auch historisch keine Anhaltspunkte.

Der differenzierten Analyse Coles läßt sich entnehmen: Die Bahā'ī-Gemeinde war entschieden kritisch gegenüber dem königlichen Absolutismus und unterstützte konstitutionelle, parlamentarische und demokratische Reformen. Im deutlichen Gegensatz zur schiitischen Geistlichkeit — die zeitgenössische iranische Propaganda und mit ihr auch Ficicchia verdrängt nur zu gern, daß die konservative Mehrheit der Geistlichen auf Seiten der royalistischen Partei stand — forderten die Bahā'ī die rechtliche und politische Gleichstellung der Massen. Deren Anspruch auf Erziehung und Bildung gehört zum Bahā'ī-Reformprogramm. Zu den weiteren Forderungen der Bahā'ī gehören Rechtssicherheit, der Schutz des Eigentums, das Recht auf körperliche Unversehrtheit, die rechtliche Gleichstellung der Geschlechter und Gewissensfreiheit. Ebenfalls im Sinne der liberalen Reformer seiner Zeit setzt Bahā'u'llāh auf Beratung, Diskussion und parlamentarische Entscheidung. Von diesen unterscheidet ihn allerdings sein entschiedenes Eintreten für die Unterpriviligierten. Die sozialen wie moralischen Implikationen des *laissez-faire* Liberalismus werden zurückgewiesen.

Dagegen anerkennt Bahā'u'llāh ausdrücklich die Legitimität des säkularen Staates. Cole steht auch mit dieser Erkenntnis nicht allein. Bereits die Iranistin Mangol Bayat sah hierin einen epochalen Einschnitt, eine revolutionäre Neuerung im Kontext islamischer Gesellschaften: »Bahaism embraced what no Muslim sect,

---

171 Zur persischen Bahā'ī-Gemeinde zählten um 1900 zwischen fünfzig- und hunderttausend Menschen, gegenüber einer Gesamtpopulation Persiens von etwa 9 Millionen (vgl. Peter Smith, »A Note on Babi and Baha'i Numbers in Iran«, *Iranian Studies* 15, 1984, S. 295-301).

172 Für Beispiele liberalkonservativer bis radikaldemokratischer Haltungen siehe »Iranian Millenarianism«, S. 3, 18-20 und »Autobiography and Silence«.

no Muslim school of thought ever succeeded in or dared to try: the doctrinal acceptance of the de facto secularization of politics...«[173]

3. Gewaltfreiheit oder Parteinahme?

In zwei Punkten unterscheiden sich die Bahā'ī allerdings von den anderen Reformern dieser Zeit. Erstens: Sie suchten die Reformen ausschließlich auf gewaltfreie Art zu erreichen. Die Bahā'ī gehörten fraglos zur Opposition gegen den royalistischen Absolutismus, aber sie waren — in den Worten Coles —[174] eine »gewaltfreie, loyale Opposition«[175]. Dieser Grundzug war und ist für alle jene inakzeptabel, für die sich das politische Spektrum nur nach den Kategorien »Freund« und »Feind« einteilt und die Gewalt als legitimes, ja bisweilen unausweichliches Mittel im politischen Kampf sehen.

Diese prinzipielle Gewaltfreiheit ist der Hauptgrund für die politische Zurückhaltung der Bahā'ī in der zweiten Phase der konstitutionellen Revolution. Auch 'Abdu'l-Bahā, der Sohn und Nachfolger Bahā'u'llāhs, unterstützte noch in den Jahren zwischen 1905 und 1907 die konstitutionelle Bewegung. In den restlichen Jahren verhielten sich die Bahā'ī jedoch neutral, da ein drohender Bürgerkrieg abzusehen war. Für die Bahā'ī war dies kein akzeptabler Weg. Getreu der Losung »wer nicht für mich ist, ist gegen mich« gehörten die Bahā'ī nun für die militanten Vertreter beider Konfliktparteien der jeweils anderen Seite an.[176] Ficic-

---

173 *Mysticism and Dissent*, S. 130

174 Streng genommen ist der Begriff »Opposition« für die Bahā'ī selbst unangemessen: Der Begriff steht für Gegnerschaft und sei diese noch so formalisiert und friedfertig. Eine solche Parteinahme ist aber nicht das Ziel der Bahā'ī, auch dann nicht, wenn sie ihre Grundsätze und Vorschläge zu Gehör bringen und diese im Konflikt zu bestehenden Auffassungen und Haltungen stehen.

175 Cole, »Iranian Millenarianism«, S. 20

176 Diese Rolle eines gesellschaftlichen Opferlamms beschreiben selbst schiitische Historiker, die den Bahā'ī nicht gerade gewogen sind. So stellt Hamid Algar (*Religion and State in Iran: 1785-1906*, S. 151) fest: »[The Bahā'ī] came to occupy something of a position between the State and ulama, not one enabling them to balance the two sides, but rather exposing them to blows which each side aimed at the other. The government, interested in maintainig order, would resist the persecution

chia schließt sich hier dem Urteil der militanten Konstitutionalisten an. Ausdrücklich verurteilt er die Gewaltfreiheit der Bahā'ī als gegen die Revolution gerichtet.[177] Da es offensichtlich ist, daß die Bahā'ī nicht auf Seiten der Royalisten standen, unterstellt er ihnen wenigstens, dies heimlich getan zu haben: Die Bahā'ī hätten nicht nur die »korrupte Politik der Regierung geschehen« lassen, sie hätten diese »im stillen« noch gestützt und »insgeheim mit dem Hof« konspiriert.[178] Was Wunder, daß Ficicchia auch für diese schwerwiegenden Beschuldigungen keinerlei Belege anführt.

4. Universalismus *versus* Nationalismus

Der zweite Bereich, in dem sich die Bahā'ī von den übrigen Reformgruppen unterschieden, war ihre universalistische Grundhaltung. Bei aller Liebe zum eigenen Land waren die Bahā'ī immer auch Weltbürger.[179] Bahā'u'llāh sah klar voraus, daß Frieden und Fortschritt zunehmend an globale Rahmenbedingungen gebunden sind: »Die Wohlfahrt der Menschheit, ihr Friede und ihre Sicherheit sind unerreichbar, wenn und ehe nicht ihre Einheit fest begründet ist.«[180]

Dieser zukunftsgerichtete Universalismus trug den Bahā'ī von Seiten ihrer nationalistisch gesinnten Gegner prompt den Vorwurf ein, sie stünden auf Seiten der imperialistischen Mächte, unterstützten eine »kolonialähnliche Abhängigkeit« Persiens, ein Vorwurf, den Ficicchia allzugern aufnimmt.[181] Auch hier liegt wieder die einfache politische Logik zugrunde: Wer nicht nationalistisch gesinnt ist, der muß es mit den Feinden der Nation halten.

Ficicchia teilt offensichtlich diese Sichtweise. Ausdrücklich spricht er von einer »progessiv nationalistischen Revolution«.[182]

---

of the Bahā'īs by the ulama, but would equally, when occasion demanded, permit action against the Bahā'īs.«

177 *Bahā'ismus*, S. 275

178 *Bahā'ismus*, S. 275

179 »Es rühme sich nicht, wer sein Vaterland liebt, sondern wer die ganze Welt liebt« (*Botschaften* 7:13).

180 *Ährenlese* 131:2

181 *Bahā'ismus*, S. 272

182 *Bahā'ismus*, S. 275

Als Kronzeugen seiner Behauptung verweist er auf Browne[183] und Römer[184], die ebenfalls bezweifelten, daß »ein Sieg der Bahā'ī Persien zum Guten gereiche«[185].

Die Zweifel Brownes und Römers an der Wünschbarkeit eines stärkeren Einflusses der Bahā'ī auf die iranische Politik resultieren aus ihren politischen Prämissen. Sie sind insoweit bedeutsam, als sie den Blick nochmals auf einen fundamentalen Unterschied des politischen Denkens richten: Für die Bahā'ī ist die Notwendigkeit einer globalen Friedensordnung unausweichlich, in der sämtliche Staaten ihren Platz finden und Streitigkeiten ausschließlich auf friedlichem Wege beigelegt werden:[186] »Ohne diese Einheit sind Ruhe und Wohlbefinden, Frieden und weltweite Aussöhnung unerreichbar.«[187]

Römer und Browne sind dagegen noch völlig befangen im nationalstaatlichen Denken des neunzehnten Jahrhunderts. Beide, Römer wie vor allem Browne, konnten sich eine Wiedergeburt Persiens nur unter dezidiert nationalen, wenn nicht nationalistischen Vorzeichen vorstellen.[188] Der in der Bahā'ī-Lehre vertretene Universalismus war ihnen nicht nur utopisch und weltfremd, sondern geradezu »Hochverrat«[189] an den nationalen Interessen des Volkes.[190]

---

183 siehe unten, Kap. 9.I

184 siehe unten, Kap. 9.II

185 *Bahā'ismus*, S. 277

186 Es ist nicht uninteressant, daß Bahā'u'llāh bei der Unterredung, die er Browne in 'Akkā gewährte, gerade über diese Friedensordnung sprach (siehe Edward G. Browne, Einleitung zu *A Traveller's Narrative written to Illustrate the Episode of The Bāb*, Bd. 1, S. xl. Siehe auch N. Towfigh, Kap. 10.V.2 e).

187 *Briefe und Botschaften* 77:1

188 Brownes Parteinahme für die Azalī gründet sich nicht zuletzt in dieser Überzeugung (siehe N. Towfigh, Kap. 9.I.3).

189 H. Römer, *Bābī-Behā'ī*, S. 157 f.

190 Dies wurde auch von den Machthabern des NS-Regimes so gesehen: Das Verbot der Bahā'ī-Gemeinde durch den »Reichsführer-SS und Chef der deutschen Polizei im Reichsministerium des Inneren«, Heinrich Himmler, vom 21. Mai 1937 wird in einem Brief der Geheimen Staatspolizei vom 3. August 1937 an das Auswärtige Amt vor allem mit der »pazifistischen und internationalen Einstellung« der Bahā'ī begründet.

Wie sehr schon vorher die nationale und völkische Karte gegen die Bahā'ī ausgespielt wurde, zeigt das Beispiel von Paul Scheurlen (*Die Sekten der Gegenwart*, ²1921, erschienen im Quell-Verlag der Evangelischen Gesellschaft), der sich in seiner Darstellung auf Römer beruft: »Natürlich pflegt das siegreiche Herrenvolk der Engländer, vornehmlich in seiner Damenwelt, den Bahaismus nur als religiösen

Man sollte die von Browne und Römer vertretene Haltung als Zeichen ihrer Zeit nicht zu scharf verurteilen. Inzwischen aber hat der nationalistische Wahn die Welt in zwei verheerende Kriege gestürzt und zeigt ganz aktuell auf dem Balkan und in Ostafrika wieder sein blutiges Gesicht: Ficicchia müßte es besser wissen als ehedem Römer und Browne. Daß er trotzdem ihr Urteil aufnimmt, ohne dessen Prämissen zu schildern und sich diesen zu stellen, zeigt seine diffamatorische Absicht.

5. Berechtigter »Widerstand« oder Verfolgung einer gewaltfreien religiösen Minderheit?

Besonders perfide ist, wie Ficicchia den Bahā'ī eine Mitschuld — vielleicht sogar die Hauptverantwortung — für die Verfolgung ihrer Glaubensbrüder im Iran Khomeinis unterschiebt: Nicht etwa die dogmatische Ausschließung *jeglicher* Offenbarung nach Muḥammad[191] führt dazu, daß man in jedem Bahā'ī einen Abtrünnigen sieht,[192] dem nach islamischem Gesetz die Todesstrafe[193]

Sport. Aber bemerkenswert ist, daß gerade in der Zeit, da das deutsche Volk mehr denn je das Evangelium von Jesus Christus und den männlichen Entschluß zur Kraft und nationalen Selbstbesinnung braucht, der müde orientalische Greis Abdul Baha ihm durch seine Sendboten einen weichlichen Kosmopolitismus und eine verschwommene Allerweltsreligion anbietet. Wir können zunächst nicht glauben, daß ein nennenswerter Teil unseres Volkes der religiösen und nationalen Knochenerweichung verfällt, die ihm vom Bahaismus her droht« (S. 175). Selbst antisemitische Ressentiments werden nicht gescheut: »In Frankreich sind es besonders die aufgeklärten Juden, die unter dem Einfluß ihres Rassegenossen Hyppolyte [sic] Dreyfus den Bahaismus salonfähig gemacht haben« (S. 171). »Daß in der abendländischen Propaganda des Bahaismus vorwiegend das Judentum beteiligt ist, werden wir nach dem Vorgetragenen verstehen« (S. 174).

191 die sich auf die gängige theologische Auslegung der qur'ānischen Aussage über Muḥammad als dem »Siegel der Propheten« (*Qur'ān* 33:40) bezieht. In seiner Untersuchung »Human Rights in the Muslim World: Socio-Political Conditions and Scriptural Imperatives« (*Harvard Human Rights Journal* 13, Frühjahr 1990, S. 25, Anm. 50) stellt Abdullahi Ahmed An-Na'im dazu fest: »The Baha'is claim to be adherents of an independent religion and specifically state that they are not a sect of Islam. Iranian authorities reject that claim, because Islam does not accept the possibility of revelation after the Qur'an. The Baha'i faith cannot therefore quality as an independent religion according to Shari'a. The Baha'is of Iran have been subjected to severe persecution since the founding of their faith during the nineteenth century.«

192 Der Jahresbericht 1984 (Frankfurt 1984, S. 449 f.) von *amnesty international* hält fest: »Die Baha'is sind die einzige namhafte religiöse Minderheit, die von der Ver-

droht — nein, nach Ficicchia liegt der eigentliche Grund für Verfolgung und Terror, von ihm beschönigend »der Konflikt zwischen staatlicher Ordnung und Baha'ismus« genannt, »im Wesen dieser Religion begründet«.[194] Für Ficicchia gibt es nicht Verfolger und Verfolgte, nicht eine von der Staatsmacht geplante und inszenierte Verfolgungswelle, sondern »einen Konflikt«, an dem nun mal beide Seiten Schuld tragen. Eigentlich aber doch mehr die Bahā'ī, denn »der Konflikt« ist doch »im Wesen« ihrer Religion begründet.

Ausdrücklich übernimmt Ficicchia das Rechtfertigungsrepertoir der iranischen Verfolger.[195] Die Bahā'ī werden von ihm bezichtigt, »*Befürworter und Stützen der imperialen Staatsdoktrin*« zu sein und werden erneut der »*Konspiration* mit dem Thron« verdächtigt.[196] Da muß es nicht erstaunen, so suggeriert Ficicchia, wenn sich »die Volkswut auch gegen die Bahā'ī« richtet,[197] wenn, wie es die Autoren des *Handbuch Religiöse Gemeinschaften* etwas zurückhaltender formulieren, »die Baha'i als loyale Stützen des alten Regimes zunehmend ins Schußfeld der öffentlichen Kritik«[198] gerieten. In den Worten einer Dokumentation des Erzbischöflichen Ordinariats Wien, die sich ebenfalls auf Ficicchias Behauptungen stützt: »Da die Baha'i schon zur Zeit Bahau'llahs gegen eine Demokratisierung und Neuerung in der Herrschaftsstruktur des Landes eintraten und sie — wenn auch mehr insgeheim — mit dem Hof konspirierten, bekommen sie heute auch die

---

fassung nicht anerkannt wird... Nach Ansicht von amnesty international war der einzige Grund für ihre Inhaftierung ihre Glaubenszugehörigkeit, die von den iranischen Behörden als ketzerisch angesehen wird.«

193 Die diesbezüglichen Bestimmungen der *sharī'a* können sich *nicht* auf den *Qur'ān* berufen: Dort ist ausdrücklich eine Strafe für den Abfall vom Glauben dem Gericht der künftigen Welt vorbehalten, wo der »Zorn Gottes« und »gewaltige Strafe« (*Qur'ān* 16:106) den Abtrünnigen erwarten (siehe auch 2:217; 3:86 ff.; 4:137; 5:54; 9:67 f.). Erst die spätere Tradition überträgt die Strafbefugnis auf die Gemeinde und setzt als Strafmaß die Todesstrafe fest (vgl. W. Heffening, Stichwort »Murtadd«, *SEI*, S. 413 f.).

194 Anhang »Zur neueren Entwicklung des Baha'ismus«, in: K. Hutten, *Seher, Grübler, Enthusiasten*, [12]1982, S. 827

195 Zu weiteren Beschuldigungen und deren Hintergründe siehe Amin Banani, »Die Bahā'ī im Iran — Religion oder Komplott der Kolonialmächte?«, in: *Bahā'ī-Briefe* 48, 13. Jg. 1984, S. 48 ff. Banani ist Professor für Islamwissenschaften an der Universität von Kalifornien, Los Angeles.

196 *Bahā'ismus*, S. 395 (Hervorhebung durch F.)

197 *Bahā'ismus*, S. 395

198 herausgegeben von Horst Reller, Manfred Kießig und Helmut Tschoerner im Auftrag des Lutherischen Kirchenamtes, Gütersloh [4]1993, S. 807

geballte Wut der Volksmassen zu spüren.«[199] Der Staatsterrorismus der »Islamischen Republik Iran«, dem bislang über 200 Bahā'ī zum Opfer fielen, der Hunderten Gefängnis und Folter brachte, durch den Zehntausende ihr Hab und Gut verloren, durch ein rigoroses Arbeitsverbot dem Hunger preisgegeben wurden, der Kindern aus Bahā'ī-Familien jegliche Ausbildung und Zukunft verweigert und nicht einmal vor einer systematischen Schändung der Toten zurückschreckte, dieser Staatsterrorismus wird unversehens zur »geballten Wut der Volksmassen«,[200] zu verständlichen »Übergriffen der aufgebrachten Bevölkerung«[201]. Hier drängen sich Parallelen zu den Euphemismen der menschenverachtenden Terminologie totalitärer Regime der jüngeren deutschen Geschichte geradezu zwingend auf. Es ist ein Skandal, daß solches in offiziellen Publikationen christlicher Kirchen verbreitet wird.[202]

Bundestag,[203] Europaparlament[204] und die Vereinten Nationen[205] sehen dies dezidiert anders als die Repräsentanten der »Islamischen Republik Iran« — und Ficicchia. Dem Engagement dieser Institutionen und weiterer Regierungen und Parlamente[206] ist zu

---

199 Claudia Pfleger/Friederike Valentin, *Baha'i. Geschichte—Lehre—Praxis* (Dokumentation 1/81), Referat für Weltanschauungsfragen, Sekten und religiöse Gemeinschaften beim Erzbischöflichen Ordinariat Wien, S. 11. Diese Passage ist nahezu wörtlich Ficicchias Artikel »Verfolgungen von Baha'i im Iran« (*Materialdienst* 3/1979, S. 75) entnommen.

200 Ficicchia, »Verfolgungen von Baha'i im Iran«, in: *Materialdienst* 3/1979, S. 75

201 *Materialdienst* 3/1979, S. 74

202 Anzumerken ist, daß Reinhart Hummel, der damalige Leiter der Evangelischen Zentralstelle für Weltanschauungsfragen, im *Materialdienst* 11, November 1983 einen sachlichen Beitag über die Verfolgungen der Bahā'ī im Iran veröffentlichte, der sich völlig der von Ficicchia geübten Polemik und Unterstellungen enthält. Im *Materialdienst* 8/1985 (48. Jg., S. 230 ff.) gab Hummel auch Udo Schaefer die Gelegenheit, über die Verfolgungen zu berichten.

203 Entschließungen vom 25. Juni 1981 (Drucksache 9/614) und vom 4. Dezember 1991 (Drucksache 12/1706)

204 Entschließungen des Europäischen Parlaments vom 19. September 1980 (Amtsblatt der Europäischen Gemeinschaften, Nr. C 265/101), vom 10. April 1981 (C 101/112) und vom 15. Juli 1993 (C 255/156-157)

205 Etwa: Comission on Human Rights, United Nations Economic and Social Council, 10. Oktober 1980 (E/cn. 4/1413); Abschlußbericht des Sonderbotschafters der Commission on Human Rights, Reynaldo Galindo Pohl, über die Menschenrechtsverletzungen im Iran, 28. Januar 1993 (E/CN.4/1993/41)); Generalversammlung der Vereinten Nationen, 48. Sitzungsperiode, 30. November 1993 (A/C.3/48/L.58). Eine Reihe weiterer Dokumente ist abgedruckt in: Der Nationale Geistige Rat der Bahā'ī in Deutschland (Hrsg.), *Die Bahā'ī im Iran*, S. 72 ff.

206 Etwa die Resolutionen des Kongresses der Vereinigten Staaten von Amerika vom 30. Juni 1982 (S. Con. Res. 73), 30. September 1982 (H. Con. Res. 378), vom 15.

verdanken, daß sich die Vehemenz der Verfolgungen in den letzten Jahren abgeschwächt hat. Vorüber ist sie nicht.[207]

Auch sonst hat Ficicchia ein offenes Ohr für die Propaganda der Verfolger der Bahā'ī im Iran.[208] So berichtet er, die Bahā'ī hätten aus ihrer Stellung als »direkte Stützen des Hofes... viel Eigenprofit zu schlagen« vermocht.[209] Sie seien dem Schah »willkommene Bundesgenossen in seinem ständigen Kampf gegen den Einfluß der schiitischen Geistlichen« gewesen; hätten sich 1953 am Sturz Mosaddeqs »maßgeblich beteiligt«; und hätten mit dem 1979 unter der Anklage »korrupter Machenschaften und der Mißwirtschaft« von einem »islamischen Revolutionsgericht« zum Tode verurteilten Amir Abbas Hoveyda »sogar den Ministerpräsidenten des Landes« gestellt.[210]

Nichts davon ist wahr.[211] Ganz im Sinne der offiziellen Propaganda der »Islamischen Republik« negiert Ficicchia schlicht die

---

Juni 1984 (H. Con. Res. 226) und vom 8. August 1988 (S. Con. Res. 120). Zu weiteren Resolutionen und Stellungnahmen siehe: *Die Bahā'ī im Iran*, S. 100 ff.

207 So schreibt Udo Steinbach in einem Bericht über den vierten deutsch-iranischen Gesprächskreis über Menschenrechte in Teheran, Oktober 1994 (»Der schöne Schein ist längst verblaßt. Vom Sinn eines Menschenrechtsdialogs mit Teheran«, *Frankfurter Allgemeine Zeitung* vom 28. März 1995): »Das ganze Dilemma der Diskussion tat sich noch einmal bei dem Thema Toleranz auf. Gewiß hat der Islam eine Tradition der Toleranz... Aber ist diese Form der Toleranz gleichzusetzen mit dem Recht auf Freiheit der Religionsausübung und der Gleichheit der Menschen ohne Ansehen von Religion, Rasse und dergleichen, wie sie von der europäischen Aufklärung begründet worden ist? Daß dies im konkreten Falle nicht so ist, machte ein Vertreter der Bahai-Gemeinde in Deutschland, Mitglied der deutschen Delegation, deutlich. Solidarisch mit den Mitgliedern der Bahai-Glaubensgemeinschaft auch in Iran, trug er konkrete Fälle vor, in denen Bahai-Gläubige in Iran schikaniert, ja exekutiert worden sind. Immerhin ließ man sich auf eine ausführliche Diskussion zu diesem Thema ein — das war in Hamburg noch verweigert worden. Unverblümt freilich stand am Ende die Aussage, der Islam verweigere den Bahais die Anerkennung als Religionsgemeinschaft.« Am Rande vermerkt: der erwähnte Vertreter der Bahā'ī-Gemeinde war Udo Schaefer.

208 Eine gewisse Sympathie für das Khomeini-Regime ist unverkennbar. So spricht er von einer »antimonarchistischen Volkserhebung« (Anhang »Zur neueren Entwicklung des Baha'ismus«, in: K. Hutten, *Seher, Grübler, Enthusiasten*, [12]1982, S. 827), die »im Grunde genommen nichts anderes« sei, als »eine Neuauflage jener bald siebzig Jahre alten Forderung« nach einer »demokratischen Verfassung« (*Materialdienst* 3/1979, S. 75; siehe auch *Bahā'ismus*, S. 394 f.).

209 *Materialdienst* 3/1979, S. 76

210 Anhang »Zur neueren Entwicklung des Baha'ismus«, in: K. Hutten, *Seher, Grübler, Enthusiasten*, [12]1982, S. 827; *Bahā'ismus*, S. 395; *Materialdienst* der Evangelischen Zentralstelle für Weltanschauungsfragen, 3/1979, S. 75

211 Ausdrücklich stellt die Minority Rights Group in ihrem Report No. 51, *The Baha'is of Iran* (London [3]1985, S. 8) fest: »Since Qajar times the accusation of being a Ba-

Repressionen gegen die Bahā'ī während des Schah-Regimes.[212] Neben der tagtäglichen Diskriminierung gab es auch in dieser Zeit Akte von Staatsterrorismus und blutige Verfolgungswellen[213] — nur blieben sie im Umfang weit hinter den Ereignissen seit 1979 zurück. Die übelste Verfolgungswelle dieser Jahre geschah 1955, also kurz nach dem Sturz Mosaddeqs, den die Bahā'ī laut Ficicchia mitbetrieben hatten und von dem sie angeblich profitierten. Bereits damals intervenierten die Vereinten Nationen für die verfolgten Bahā'ī — mit Erfolg. Als Hoveyda 1965 Premierminister wurde, bezichtigten ihn einige seiner politischen Gegner, Bahā'ī zu sein. Um diesen Angriffen den Boden zu entziehen, initiierte er ein ganzes Bündel von Bahā'ī-feindlichen Gesetzen und Maßnahmen, unter anderem wurden Sondersteuern auf Bahā'ī-Besitz eingeführt, zahlreiche Bahā'ī wurden aus dem öffentlichen Dienst entlassen. Tatsächlich stammt der Vater Hoveydas aus einer Bahā'ī-Familie, war aber wegen seiner politischen Betätigung aus der Gemeinde ausgeschlossen worden. Hoveyda selbst war nie Bahā'ī.[214] Als der Schah 1975 die Einheitspartei Rastakhiz

ha'i has been a way of discrediting an enemy. Even if the charge is false some mud is likely to stick. What matters in Iran today is not so much whether Baha'is as a group actually cooperated with the former regime, but that most Iranians believe they did, while they have no chance to prove the charge false.« Seit der zweiten Hälfte des neunzehnten Jahrhunderts sind die Bahā'ī der kollektive Sündenbock der iranischen Gesellschaft, eine Funktion, nicht unähnlich der der Juden in der europäischen Geschichte. Der Genozid-Forscher Leo Kuper (*The Prevention of Genocide*, S. 152) beschreibt die derzeitige Rolle der Bahā'ī so: »Its members are ranked with the American Satan and with the imperialists generally as scapegoats for the woes of the present régime. But the Bahā'īs have always been traditional scapegoats in Iranian society from the earliest origins of the Bahā'ī faith in the midnineteenth century.«

212 Dazu eingehend: *Die Bahā'ī im Iran. Dokumentation der Verfolgung einer religiösen Minderheit*, S. 43-49 (»Die Unterdrückung der Bahā'ī unter dem Pahlavi-Regime 1921-1979«) und S. 118-121 (»Einige Dokumente zur Verfolgung der Bahā'ī unter dem Pahlavi-Regime«)

213 vgl. etwa Muhammad Labib, *The seven martyrs of Hurmuzak*, Oxford 1981; Douglas Martin, »The Bahā'īs of Iran under the Pahlavi Regime 1921-1979«, *Middle East Focus* 4.6, 1982, S. 7 ff.; Geoffrey Nash, *Iran's Secret Pogrom*, Suffolk 1982, Kap. 2, S. 44 ff.

214 Gleichwohl »enthüllt« Ficicchia die Zugehörigkeit Hoveydas zur Gemeinde und wirft der »Bahā'īführung« vor, dies vor der Gemeinde zu verheimlichen (*Bahā'ismus*, S. 385 f., 408). Immerhin stellen die Autoren des *Handbuch Religiöse Gemeinschaften* fest: »Zu Unrecht wird Abbas Horveida [sic], der von 1965 bis 1977 das Amt des Ministerpräsidenten innehatte, als Baha'i bezeichnet« (S. 807 der 4. Aufl. 1993).

gründete und alle Iraner zum Beitritt aufforderte, hatten die Bahā'ī als einzige gesellschaftliche Gruppe den Mut, geschlossen ihren Beitritt zu verweigern.

Offenbar ist es Ficicchia geradezu ein Bedürfnis, mit seinem Zerrbild der politischen Haltungen und Ziele der Bahā'ī-Gemeinde, bestehenden und potentiellen Verfolgern neue Munition zu liefern: »Es scheint, daß die extreme Haltung in politischen Fragen und die Forderung nach einem eigenen, zentralistisch regierten Weltstaat gerade in den jungen Nationalstaaten der ›Dritten Welt‹, die noch das Stadium der eigenen Identitätsfindung durchlaufen, Mißtrauen erwecken und dort als eine Art Neokolonialismus verstanden werden.«[215] Daß die Bahā'ī auf der »Schwarzen Liste« eines »Arabischen Boykottbüros« in Kairo stehen, in verschiedenen islamischen Staaten immer wieder Repressalien ausgesetzt sind und verfolgt werden, daß sie in den meisten kommunistischen Staaten unter das generelle ideologische Verdikt gegen die Religion fielen und verboten waren, nimmt Ficicchia nicht etwa als Beleg für totalitäre Tendenzen dieser Gesellschaften oder Regierungen — nein, er sieht dies darin begründet, daß »in Ländern, wo der Bahā'ismus besser bekannt ist«, ihm das »anrüchige Merkmal einer ›fanatischen‹ und ›staatsgefährlichen Sekte‹« anhafte.[216] In völliger Verkehrung der tatsächlichen Sachverhalte und Machtverhältnisse schreibt er vom »Widerstand« gegen die Bahā'ī »auch außerhalb Persiens«[217] und spricht die Erwartung aus, dieser werde sich »eher noch vergrößern«.[218] Unterschwellig schwingt hier die kaum verhohlene Hoffnung mit, dies könnte auch in den »westlichen Staaten, in denen sich der Bahā'ismus seit jeher großer Freizügigkeit erfreuen konnte« geschehen, würde man doch nur auch dort — dank seiner Hilfe — die *»radikalen politischen Vorstellungen«*[219] der Bahā'ī-Gemeinde erkennen, deren Ziele doch »ausgesprochen extrem, intolerant und ganz und gar nicht apolitisch«[220] seien, so sehr die Bahā'ī sie auch hinter »opportunistischen Erwägungen« versteckten, »die wohl so lange vertreten

215 *Bahā'ismus*, S. 398
216 *Bahā'ismus*, S. 396
217 *Bahā'ismus*, S. 396
218 *Bahā'ismus*, S. 398
219 *Bahā'ismus*, S. 396 (Hervorhebung durch F.)
220 *Bahā'ismus*, S. 399

werden, wie die im Wachstum befindliche Gemeinschaft ihre erklärten Ziele noch nicht zu verwirklichen imstande ist«[221]. Fatal ist, daß Ficicchia erste Erfolge seiner Kampagne bereits für sich verbuchen kann.[222]

III. Auf dem Weg zu einer anderen Politik

Der Kontrast zwischen dem von Ficicchia suggerierten machtpolitischen Zynismus und den tatsächlichen politischen Zielvorstellungen der Bahā'ī könnte größer nicht sein. Hier macht sich Ficicchia in extremer Übersteigerung genau dessen schuldig, was der Ökumenische Rat der Kirchen[223] als eine der Gefahren einer synkretistischen Betrachtungsweise benennt, die im Dialog mit anderen Religionen vermieden werden sollte: »Die zweite Gefahr besteht darin, daß eine Religion unserer Zeit nicht aus sich selbst gedeutet, sondern in den Rahmen einer anderen Religion oder Ideologie gestellt wird. Dies verstößt sowohl gegen die Grundregeln der Wissenschaft wie des Dialogs.«[224] Das heißt, will man Wissenschaft betreiben, will man einen Dialog nicht von vornherein hintertreiben, so sollte man das Selbstverständnis einer Gemeinde tunlichst ernst nehmen. Ficicchia baut einen Popanz auf, der mit der Gemeindewirklichkeit, mit den Zielen und Idealen der Bahā'ī nichts mehr zu tun hat. Die Bahā'ī-Gemeinde versteht sich als dienende Gemeinde, die versöhnend in der Welt wirken will. Ficicchia dagegen stellt sie dar als herrschsüchtige Gruppe, die einem »politischen Mahdismus« frönt. Da beides ganz offensichtlich nicht zusammenpaßt, schiebt Ficicchia ein weiteres Bündel von Annahmen nach: Die ideologische Basis aller Behauptungen Ficicchias ist die bewußte Täuschung seitens der Bahā'ī, das Auseinanderklaffen von Zielsetzung und Propaganda, der machtpolitische Zynismus. Daß dies im krassen Gegensatz zur bisherigen Gemeindegeschichte wie zu den ethischen

221 *Bahā'ismus*, S. 399
222 vgl. dazu U. Schaefer, S. 6, Anm. 23
223 in den *Leitlinien zum Dialog mit Menschen verschiedener Religionen und Ideologien*, herausgegeben von der Evangelischen Zentralstelle für Weltanschauungsfragen, Arbeitstexte Nr. 19, VI/79. Hierzu auch U. Schaefer, S. 20 ff.
224 Teil 2, Ziffer 27, S. 15

Grundsätzen steht, auf die sich die Bahā'ī verpflichtet sehen,[225] zeigt, daß es ihm um nichts weniger geht als um einen Dialog — vom Anspruch auf Wissenschaftlichkeit ganz zu schweigen.

1. Der Politikbegriff der Schrift[226]

Das Bahā'ītum ist eine dezidierte Schriftreligion.[227] Die Schrift[228] ist für jeden Bahā'ī verpflichtende Glaubensbasis. Will man die eigentliche Basis — die Richtschnur und das ständige Korrektiv — für das politische Denken und Handeln der Bahā'ī erfassen, so kommt man nicht umhin, sich auf die Schrift einzulassen.

Schon eine oberflächliche Auseinandersetzung mit dem Schrifttum zeigt, daß sich die Haltung der Bahā'ī zur Politik nicht auf eine simple Formel reduzieren läßt. Aussagen, die auf eine apolitische und quietistische Haltung schließen lassen,[229] stehen neben solchen, die — wie wir gesehen haben —[230] dezidiert politische Präferenzen und Ziele erkennen lassen. Wie lassen sich solche scheinbar widersprüchlichen Texte aufeinander beziehen?

Für Ficicchia ist die Frage ganz einfach zu lösen: Ohne weiteren Rückgriff auf die Schrift weiß er, daß alle Aussagen zur politischen Enthaltsamkeit der Bahā'ī opportunistischen Charakter haben, lediglich die derzeitige reale Ohnmacht der Gemeinde widerspiegeln;[231] gleichzeitig sieht er in ihnen eine Verschleierung der tatsächlichen Machtansprüche des Bahā'ītums. Dies klingt für den ideologiekritisch und machtpolitisch geschulten Leser zunächst einleuchtend.

---

225 siehe etwa die Textzusammenstellung *Vertrauenswürdigkeit — Eine Kardinaltugend der Bahā'ī*, zusammengestellt von der Forschungsabteilung des Universalen Hauses der Gerechtigkeit, Hofheim 1990

226 dazu eingehend: U. Gollmer, *Gottesreich*, Kap. 10.2.2 und Kap. 14

227 vgl. U. Schaefer, *Die mißverstandene Religion*, S. 32 ff.

228 Sie umfaßt das von Bahā'u'llāh offenbarte »Wort Gottes« wie die authoritativen Interpretationen durch 'Abdu'l-Bahā und Shoghi Effendi.

229 »Meidet Politik wie die Pest« (Shoghi Effendi, *Bahā'ī News*, Nr. 241, 1951, S. 14) »Er [Bahā'u'llāh] hat... die Einmischung in politische Fragen kategorisch verboten« ('Abdu'l-Bahā, *Tablets*, S. 498).

230 oben, Teil II, Abschnitte 1-4 dieses Kapitels

231 *Bahā'ismus*, S. 399

Gibt man sich aber nicht damit zufrieden, sondern ist man bereit, sich auf ein Studium der Quellentexte einzulassen, dann wird bald deutlich, daß es um etwas völlig anderes geht. Offenbar wird der Begriff »Politik« (oder »politisch«) in der Schrift in unterschiedlicher Bedeutung verwendet: Der Begriff wird sowohl deskriptiv wie normativ gebraucht.

Im deskriptiven Sinne bezeichnet »Politik« das in der menschlichen Geschichte vorherrschende politische Verhalten. 'Abdu'l-Bahā sagt von dieser Art Politik: »Ihre Grundlage ist der Kampf«[232]. Dieses in der Schrift bisweilen auch als »alte«[233], »althergebrachte«[234] oder »menschliche« Politik[235] bezeichnete Verhalten ist charakterisiert durch Abgrenzung, Abwehr, Aggressivität und dem Willen zur Durchsetzung der jeweiligen Interessen. Solche Politik ist an Machterhalt oder Machterwerb interessiert, klassifiziert alle Mitbewerber im politischen Kampf als Bundesgenossen oder Gegner, als Freund oder Feind. Wenn in der Schrift davon die Rede ist, die Bahā'ī sollten sich nicht in Politik einlassen, dann ist genau diese Art politischen Umgangs gemeint. Die Bahā'ī sollen nicht selbst Partei gegen andere werden. Ebenso sollten sie sich davor hüten, »zu Werkzeugen gewissenloser Politiker«[236] und damit unversehens in politische Auseinandersetzungen hineingezogen zu werden. Der Auftrag der Bahā'ī ist, Barrieren zu überwinden, nicht neue aufzurichten; sie sollen Wunden heilen, nicht neue schlagen. Es ist darum von zentralem Interesse, daß die Bahā'ī, weder als einzelne noch als Gemeinde, sich nicht in eine parteiische, antagonistische Form des Politischen verstricken.[237] Selbst der beste Zweck heiligt nicht die Mittel: Machtpolitik und Parteigängertum stehen in unauflöslichem Widerspruch zum Auftrag der Bahā'ī: Der unbedingte Universalismus, die existentielle Ausrichtung auf Befriedung und Versöhnung, die Verpflichtung auf den Dienst an der gesamten Menschheit läßt solches nicht zu.

---

232 *Tablets*, S. 39
233 'Abdu'l-Bahā, *Promulgation*, S. 278
234 'Abdu'l-Bahā, *Tablets*, S. 39
235 'Abdu'l-Bahā, *Briefe und Botschaften* 227:16
236 Shoghi Effendi, *Weltordnung*, S. 101
237 Ein Bahā'ī, der dies ernst nimmt, kann deshalb auch nicht Mitglied einer politischen Partei sein: Parteigängertum und universelle Versöhnung sind unvereinbar.

Das heißt nun beileibe nicht, daß das Bahā'ītum unpolitisch sei. Allein schon die Zielsetzungen Weltfriede, Gerechtigkeit, Einheit der Menschheit, machen deutlich, daß eine solche Aussage unsinnig wäre. Aber es ist eine qualitativ andere Art politischen Umgangs, der die Bahā'ī auszeichnen soll. Diesem andersgearteten politischen Verhalten entspricht die normative Bestimmung des Politischen in der Schrift: Die den Bahā'ī angemessene Form des Politischen ist, was die Schrift die »göttliche Politik« nennt.[238] Ihre Charakteristika sind Konsens, Integration, Gerechtigkeit, Barmherzigkeit, Mitleid und Liebe.[239] Diese neue Art politischen Umgangs soll von der Gemeinde aus in die Welt eindringen und sie verändern. Das aktuelle Instrument der »göttlichen Politik«, auf das wir noch zurückkommen werden, ist die Bahā'ī-Beratung.

Dies deutet auf eine qualitative Veränderung im Charakter des Politischen. Politik erfährt eine neue normative Ausrichtung. Sie muß sich von einem strategisch orientierten Handeln, gerichtet auf kluge Bündnis- und Machtpolitik mit dem Ziel der Durchsetzung partikularer (individueller, gruppenspezifischer, nationaler usw.) Interessen, wandeln zu einem Handeln, das auf universelle Verständigung gerichtet ist — eine Transformation, wie sie dramatischer nicht zu denken ist: »Was den menschlichen Bedürfnissen in der Frühgeschichte unseres Geschlechts angemessen war, ist weder passend noch genügend für die Erfordernisse des heutigen Tages, dieser Zeit des Neuen und der Vollendung.«[240] Dem Glauben an die Möglichkeit einer solchen Transformation liegt die Überzeugung zugrunde, daß menschliche Interessen prinzipiell einen nichtantagonistischen Charakter haben, daß längerfristig *alle* von einem verständnis- und konsensorientierten Handeln profitieren. Die Bahā'ī wollen in einer zerrissenen, haßerfüllten Welt versöhnend wirken.[241] Es ist wenig verwunderlich, daß

---

238 'Abdu'l-Bahā, *Briefe und Botschaften* 227:16,28; *Star of the West*, Bd. 2, Nr. 19, 1912, S. 7; *a. a. O.*, Bd. 5, Nr. 9, 1914, S. 134; *a. a. O.*, Nr. 10, S. 154; siehe auch Shoghi Effendi, *Weltordnung*, S. 102; *Gott geht vorüber*, S. 320

239 Zum Verhältnis von Gerechtigkeit und verzeihender Liebe siehe U. Schaefer, S. 302 ff.

240 'Abdu'l-Bahā, zitiert in: Shoghi Effendi, *Weltordnung*, S. 235

241 Etwa: »Ich mache euch allen zur Pflicht, alles Trachten eures Herzens auf Liebe und Einheit zu richten. Wenn ein Kriegsgedanke kommt, so widersteht ihm mit einem

eine solche Überzeugung auf dem Boden eines nicht auf das Materielle beschränkten Menschenbildes wurzelt.[242]

2. Loyalität gegenüber der Obrigkeit

In dieser auf Versöhnung und Verständigung gerichteten Haltung gründet auch die Pflicht der Bahā'ī zur aufrichtigen Loyalität gegenüber der jeweiligen Obrigkeit.[243] 'Abdu'l-Bahā begründet dies aus der inneren Zerrissenheit der allermeisten zeitgenössischen Gesellschaften: »Im Volk sind Sicherheit und Vertrauen verschwunden. Regierte und Regierende sind gleichermaßen in Gefahr.«[244] Da genügt es nicht, daß man sich den Gesetzen »nur in der Hoffnung auf einen Vorteil oder aus Angst vor Strafe« unterwirft. Statt dessen bedarf es solcher Menschen, die »friedlich und loyal«, »ehrlich und offen« sind. Genau dies ist den Bahā'ī aufgetragen.[245] Diese Loyalität gilt auch dort, wo sich eine Regierung gegen die Gemeinde wendet.[246] Selbst angesichts Verfolgung und Todesdrohung gilt eine Friedenspflicht, da es »besser ist, getötet zu werden, als selbst zu töten«[247]. Daß dies nicht ein blindes quietistisches Hinnehmen der gegebenen Verhältnisse bedeutet, zeigt die Gemeindegeschichte. Doch notwendige Veränderungen sollen friedlich, durch Überzeugungsarbeit und einen breiten Konsens erreicht werden. Revolutionäre Ungeduld ist nicht die Sache der

---

stärkeren Gedanken des Friedens. Ein Haßgedanke muß durch einen mächtigeren Gedanken der Liebe erstickt werden... Wenn Soldaten der Welt den Säbel ziehen, um zu töten, so reichen die Soldaten Gottes einander die Hände. So kann durch Gottes Gnade alle menschliche Wildheit schwinden...« (*Ansprachen* 6:7,9).

242 vgl. dazu *Die Verheißung des Weltfriedens. Eine Botschaft des Universalen Hauses der Gerechtigkeit an die Völker der Welt*, anläßlich des von den Vereinten Nationen 1985 proklamierten »Jahr des Friedens«, S. 11

243 etwa *Botschaften* 3:8; 15:5,7; *Brief an den Sohn des Wolfes* 142 (S.86); 'Abdu'l-Bahā, *Briefe und Botschaften* 225:30; *Testament* 1:8,28; Shoghi Effendi, *Gott geht vorüber*, S. 150; *Weltordnung*, S. 100 f., 102

244 *Briefe und Botschaften* 225:28

245 *Briefe und Botschaften* 225:28

246 Shoghi Effendi, *Bahā'ī Administration*, S. 161 f.; *The Light of Divine Guidance*, S. 91; *Gott geht vorüber*, S. 421 f.; *Weltordnung*, S. 103

247 *Brief an den Sohn des Wolfes* 122, 128 (S. 75, 77 f.)

Bahā'ī:[248] »Um bessere soziale und wirtschaftliche Verhältnisse zu erreichen, bedarf es des treuen Gehorsams gegenüber dem staatlichen Gesetz.«[249] Die angestrebte Transformation des Politischen erweist sich nicht in Worten, sondern in Taten. Vom Glauben getragen vertrauen die Bahā'ī langfristig auf die Macht des Vorbilds und der Vernunft.

Doch die Bahā'ī haben der Welt politisch noch mehr anzubieten, als ihre universalistisch-irenischen Ziele und ihr versöhnendes Handeln. Die Gemeinde ist beides, Übungsfeld und Modell der von der Schrift geforderten neuen Politik. Die dort praktizierten Methoden politischen Handelns können Modellcharakter haben, auch über die Gemeinde hinaus.

3. Die Bahā'ī-Wahl:[250] eine nichtparteiische Form demokratischer Herrschaftsbestellung

Wo immer Menschen zusammenleben, stehen auch gemeinschaftliche Fragen zur Entscheidung an. Solche Entscheidungen gilt es herbeizuführen, zu koordinieren und durchzusetzen. Dieser Prozeß läßt sich wertneutral und unabhängig von seinen Trägern und seiner konkreten Ausformung als Herrschaft bezeichnen. Die Alternative ist ein Verlust der Gemeinschaft, im schlimmsten Fall der unablässige Kampf aller gegen alle.

Es gehört zu den Kulturleistungen der Menschheit, allmählich zu Formen der Herrschaft zu finden, die von den Betroffenen als nicht unterdrückend, als gerecht und vernünftig empfunden werden. Ein besonderes Problem dabei ist, hohe soziale Komplexität, Partizipation, Entscheidungsrationalität und Effizienz zu verbinden. In der politischen Praxis haben sich als Antwort auf diese Herausforderung verschiedene Systeme demokratischer Wahlen entwickelt. In der politischen Philosophie versuchen die Theorien kommunikativer Entscheidung noch einen Schritt weiter zu ge-

248 Das Wissen um ein Weiterleben der Seele nach dem Tod des Körpers erleichtert es dabei ebenso, Geduld aufzubringen, wie der Glaube an das verheißene Gottesreich auf Erden.
249 'Abdu'l-Bahā, *Promulgation*, S. 238
250 dazu eingehend: U. Gollmer, *Gottesreich*, Kap. 13.1

hen.[251] Bahā'ī-Wahl und Bahā'ī-Beratung stehen in dieser demokratischen Tradition, sind gleichwohl Problemlösungsmodelle mit einem eigenen Ansatz, der in dem beschriebenen normativen Politikverständnis gründet. Wahl und Beratung sind wesentliche Elemente der politischen Praxis der Bahā'ī-Gemeinde, wenngleich beileibe nicht die einzigen.[252] Sie sollen hier als Beispiel dienen.

Wenn Ficicchia den Bahā'ī theokratische Strukturen unterstellt, so knüpft er dabei an einem Kampfbegriff der Aufklärung an, für die »Theokratie« das pauschale Gegenbild zu aufgeklärter Politik- und Gesellschaftsgestaltung, gleichbedeutend mit Obskurantismus und Priestertrug war.[253] »Theokratisch« und »demokratisch« sind dabei Gegensätze.

Dies muß nicht notwendig so sein. Tatsächlich kann man die Ordnung der Gemeinde Bahā'u'llāhs »theokratisch« nennen. Sie ist theokratisch insofern, als diese Ordnung in ihren Grundzügen vom Religionsstifter selbst — und damit für die Bahā'ī von Gott — gegeben ist: Gerade die allein entscheidungsbefugten Institutionen, die »Häuser der Gerechtigkeit«, sind von Bahā'u'llāh eingesetzt.[254]

»Theokratisch« ist hier aber kein Gegensatz zu »demokratisch«, wie Ficicchia glauben machen will. Die Gemeindeordnung der Bahā'ī verbindet den theokratischen Ursprung ihrer Institutionen mit einer dezidiert demokratischen Auswahl der darin dienenden Funktionsträger.[255] Es gibt in der Gemeinde kein einziges entscheidungsbefugtes Amt, das nicht auf demokratischem Wege, also durch Wahl, bestellt würde.

In diese Wahl einbezogen ist die Gesamtgemeinde. Die neun Funktionsträger der lokalen »Geistigen Räte« werden von der je-

---

251 Zu den bekanntesten Vertretern dieser Richtung zählen Jürgen Habermas und Karl-Otto Apel.

252 vgl. U. Gollmer, *Gottesreich*, bes. Kap. 11 (»Die Gemeindeordnung als Übungsfeld und Modell 1: Die Institutionen«). Dezidiert basisdemokratisch ist etwa die Gemeindeversammlung, das sogenannte »Neunzehntagefest«, vgl. *a. a. O.*, Kap. 11.2.4.

253 Für einen begriffsgeschichtlichen Überblick siehe Bernhard Lang, »Theokratie: Geschichte und Bedeutung eines Begriffs in Soziologie und Ethnologie«, in: Jacob Taubes (Hrsg.), *Theokratie*, München 1967, S. 11-28; Wolfgang Hübener, »Texte zur Theokratie«, *a. a. O.*, S. 78-126.

254 siehe *Kitāb-i-Aqdas* 30

255 vgl. auch U. Schaefer, S. 180 ff.

weiligen Ortsgemeinde jährlich in allgemeiner, freier und geheimer Wahl bestellt. Die nationalen Entscheidungsgremien, die »Nationalen Geistigen Räte«, werden ebenfalls jährlich von Delegierten gewählt, die ihrerseits aus der Wahl der gesamten Gemeinde hervorgehen. Das höchste Führungsgremium der Bahā'ī-Welt, das »Universale Haus der Gerechtigkeit«, wird alle fünf Jahre von den Mitgliedern sämtlicher nationaler Geistigen Räte gewählt, geht also in dreistufiger Wahl aus der Gesamtgemeinde der Bahā'ī-Welt hervor.

Weit wichtiger als dieser formale Rahmen der Bahā'ī-Wahl sind deren Grundsätze. Hier zeigt sich das neue politische Konzept der Bahā'ī. Die Wahl im Bahā'ī-System ist kein formal gebändigter Kampf um politische Macht. Ziel der Bahā'ī-Wahl ist nicht die Unterstützung verschiedener konkurrierender Programme oder die Repräsentation unterschiedlicher Interessengruppen im politischen Widerstreit. Es gibt im Selbstverständnis der Bahā'ī-Wahl keine Nominierung von Kandidaten, keine Wahlwerbung, keinen Wahlkampf. Parteibildung und Parteigängertum sind untersagt. Es geht nicht um die Wahl von Interessenvertretern, nicht um Programme und politische Zielvorstellungen, sondern um die Auswahl der geeignetsten Persönlichkeiten. Die Bahā'ī-Wahl ist eine reine Persönlichkeitswahl. Sie hat die Aufgabe, solche Menschen in Entscheidungspositionen zu wählen, die ohne Fixierung auf die eigenen Interessen in gemeinsamer Anstrengung das Gemeinwohl zu fördern geeignet sind. Gewählt zu werden, ist weder ein Recht, das einem Individuum aufgrund seiner besonderen Leistungen, seiner materiellen Position, seiner Bildung oder sonstiger Eignungen zukommt; noch ist es eine Ehre, die anzustreben wäre;[256] noch weniger ein Mittel zur Befriedigung des Machtinstinkts: »In einer Bahā'ī-Wahl versucht niemand, gewählt zu werden«.[257] Die von der Schrift benannten Eignungskriterien für ein Wahlamt stellen deshalb die charakterlichen Anforderungen an die erste Stelle. Nur wer »aufrichtig«, »getreu«, »ehrlich«[258]

256 Das Universale Haus der Gerechtigkeit, Memorandum vom 16. November 1988, in: *Bahā'ī-Wahlen* 18
257 Brief des Universalen Hauses der Gerechtigkeit vom 20. März 1991
258 Shoghi Effendi, Brief vom 1. Juli 1943, in: *Bahā'ī Wahlen* 13

und frei von »Vorurteilen, Leidenschaft oder Parteilichkeit«[259] ist, kann hoffen, den Anforderungen der Bahā'ī-Beratung zu genügen.

4. Ein neues Modell politischer Entscheidungsfindung

Wo Politik nicht der Interessendurchsetzung und der Vorteilnahme dienen soll, müssen auch politische Entscheidungen einen anderen Charakter haben. Das Instrument für diese neue Qualität politischer Entscheidungen ist die Bahā'ī-Beratung. Die Bahā'ī-Beratung ist eine Form kommunikativer Entscheidung. Sie präsentiert sich aber nicht als philosophische Theorie, sondern als gelebte Praxis. Beratung ist ein rationales Instrument zur gemeinschaftlichen Bestimmung von Zielen und deren gemeinschaftlicher Umsetzung. Beratung ist gleichzeitig eine Methode zur allmählichen Aufdeckung und Ausschaltung bewußter oder unbewußter Fixierungen, Vorentscheidungen, Interessenlagen und Blockaden bei den Teilnehmern am Beratungsprozeß. Beratung hilft, individuelle Interessen in gemeinschaftliche umzuschmelzen und damit Ziele und Mittel gemeinschaftlich zu optimieren. Beratung ist ein Instrument gesellschaftlicher Selbststeuerung, einer mündig werdenden Gesellschaft. Beratung ist gleichzeitig eine ethische Grundhaltung, eine Lebensform. Der Prozeß der Beratung steht für die Ablösung des konfliktorientierten Freund-Feind-Schemas durch eine an Frieden und gemeinschaftlicher Interessenoptimierung ausgerichtete vernünftige Vereinbarung. Unterschiedliche gesellschaftliche Interessen, aber auch Individuum und Gesellschaft sollen in diesem Prozeß miteinander ausgesöhnt werden. Der mündige Mensch und die mündige Gesellschaft stützen einander. Das Signum der Mündigkeit ist Verantwortung. Es gilt in herrschaftsfreier Beratung gemeinsam die Kriterien dieser Verantwortung zu finden, von dort zu angemessenen Entscheidungen zu gelangen und diese gemeinsam zu tragen.

Für eine eingehende Vorstellung und Analyse der Bahā'ī-Beratung ist hier nicht der Platz.[260] Folgende Schriftzitate können

---

259 Brief vom 11. August 1933, in: *Bahā'ī-Wahlen* 11

260 dazu siehe U. Gollmer, *Gottesreich*, Kap. 13.2 (13.2.1 Beratung als gesellschaftliches Grundprinzip; 13.2.2 Vorüberlegungen zu einer Theorie der Beratung;

aber einen ersten Eindruck der Voraussetzungen, der Mittel und der Ethik der Beratung geben:

> »Die Haupterfordernisse für jene, die miteinander beraten, sind Reinheit des Beweggrundes, strahlender Geist, Loslösung von allem außer Gott, ... Bescheidenheit und Demut vor Seinen Geliebten, Geduld und Langmut in Schwierigkeiten...«[261] Alle »sollen so miteinander beraten, daß sich kein Anlaß für Unmut oder Zwietracht ergibt. Dies ist erreichbar, wenn jedes Mitglied in vollkommener Freiheit seine Meinung äußert und seine Argumente vorbringt. Es darf sich, sollte jemand widersprechen, auf keinen Fall verletzt fühlen; denn erst wenn eine Angelegenheit vollständig erörtert ist, kann sich der richtige Weg zeigen.«[262] »Die erste Bedingung ist vollkommene Liebe und Harmonie unter den Mitgliedern des Rates. Sie sollen völlig frei sein von Entfremdung... Dann sollen sie mit höchster Hingabe, Höflichkeit, Würde, Sorgfalt und Mäßigung ihre Ansichten vortragen. Sie sollen in jeder Angelegenheit die Wahrheit erforschen und dürfen nicht auf ihrer eigenen Meinung bestehen; denn Starrsinn und Beharren auf der eigenen Ansicht führen schließlich zu Zank und Streit; die Wahrheit aber bleibt verborgen... es ist auf keinen Fall erlaubt, daß einer die Gedanken des anderen herabsetzt... Wenn sie sich bemühen, diese Bedingungen zu erfüllen, wird ihnen die Gnade des Heiligen Geistes gewährt, und jener Rat wird zum Mittelpunkt göttlichen Segens.«[263]

Beratung ist derzeit vor allem ein Instrument der Gemeindepraxis: Ohne sie wären die Institutionen der Bahā'ī-Gemeinde nicht

---

13.2.2.1 Das Primat der Ethik; 13.2.2.2 Koordinaten des methodischen Einsatzes der Vernunft im Beratungsprozeß; 13.2.3 Systematische Verzerrungen der Beratung; 13.2.3 Zur Pragmatik institutioneller Beratung)

261 *Briefe und Botschaften* 43
262 *Briefe und Botschaften* 44
263 *Briefe und Botschaften* 45

sie selbst, wären lediglich eine weitere demokratisch bestellte religiöse Einrichtung. Beratung als Lebensform ist für den Bahā'ī aber auch ein bestimmendes Element in der Ehe, der Familie und in allen Bereichen, wo Menschen gemeinsam entscheiden und handeln müssen. Daß sich derart radikale Änderungen in Haltung und Verhalten nicht über Nacht einstellen können, versteht sich von selbst; die Bahā'ī-Gemeinde ist hier auf dem Weg,[264] ebensosehr Übungsterrain wie Modell dieser neuen gesellschaftlichen Lebensform. Über die Gemeinde hinaus ist die Bahā'ī-Beratung ein gelebtes Modell nicht-partikularistischer kommunikativer Entscheidung, ein Angebot für eine neue politische Praxis.

5. Weltgestaltung aus Verantwortung

Ein sich offenbarender Gott ist offenkundig am Menschen interessiert; wo diese Offenbarung mit ethischen Normen, Gesetzen und Strukturen verbunden ist, die nicht nur auf die individuelle Erlösung des Menschen, sondern unmittelbar auf dessen Lebensverhältnisse zielen, da wird ein göttliches Interesse auch an der Ordnung der Welt erkennbar. Die Welt selbst ist Gegenstand des göttlichen Heilswillens, der göttlichen Gnade. Auch wenn die Welt — wie im Falle des Bahā'ītums — als naturhaftes und soziales Faktum positiv bewertet und angenommen wird, so soll sie doch nicht sich selbst überlassen bleiben: Es gilt, sie zu hegen und zu entwickeln. Die Welt soll gestaltet werden als ein Ort, wo Menschen sich nicht länger feindselig gegenüberstehen, wo nicht

264 Auch nach seinen ersten Angriffen gegen die Bahā'ī hat Ficicchia dies noch anerkannt: »Daß überall dort, wo Menschen in sozialem Verband leben, Fehler geschehen, wird auch von Ihnen nicht in Abrede gestellt. Ich sehe jedoch ein, daß diese im Alltag zwangsläufig sich ergebenden Unstimmigkeiten noch so lange kein Grund sind, die Gemeinschaft als Ganzes zu verlassen oder abzulehnen. Vielmehr sind die menschlichen Fehlerquellen ein Ansporn, tatkräftig an der Verfestigung der Gemeinschaft mitzuwirken, auch wenn immer wieder Rückschläge zu verzeichnen sind. Das Gemeinschaftsleben gestaltet und konsolidiert sich in der Weise, wie seine Glieder die Bereitschaft aufzeigen, Toleranz und Nachsicht zu üben. Ich glaube, daß die Verwaltungsordnung einen soliden Unterbau darstellt, auf dem die Gemeinschaft sich entfalten und vervollkommnen kann. Ich darf mit Genugtuung festhalten, daß mir keine andere religiöse Institution bekannt ist, die hierfür geeignetere Voraussetzungen böte, als die Verwaltungsordnung der Bahā'ī« (Brief vom 29. März 1977, gerichtet an das Universale Haus der Gerechtigkeit).

Habgier, Gefühlskälte und Grausamkeit vorherrschen, sondern Verständnis, Zuneigung und Mitgefühl. Der Mensch sei nicht länger »dem Menschen ein Wolf«[265], sondern dessen Diener und Freund. Es gilt ein soziales und geistiges Klima zu schaffen, in dem sich die Anlagen und Fähigkeiten jedes einzelnen zum Wohle seiner selbst und aller anderen frei entfalten können. Die jüdisch-christliche Tradition hat einen Begriff für eine solche Welt: das »Reich Gottes auf Erden«, das irdische Paradies. Es ist die Überzeugung der Bahā'ī, daß eine solche Welt weder ein phantastisches Utopia im imaginativen Nirgendwo ist — noch daß ein derartiger Wandel allein durch menschliches Wollen und menschliche Vernunft zu erzielen ist. Ein dauerhafter Frieden, ein Frieden der Herzen zumal, ist letztlich nur möglich als Geschenk göttlicher Gnade: »Andere Kräfte sind zu schwach; sie sind unfähig, dies zu vollbringen.«[266] Doch dieser Friede fällt nicht vom Himmel; die göttliche Gnade will umgesetzt sein in menschliches Handeln: »Eifer, unermüdlicher Eifer ist nötig.«[267]

Ficicchia sucht einen derartigen Gestaltungswillen als illegitim zu stempeln. Daß er negiert, daß Religion einen gestaltenden Impuls in die Welt bringen kann, Neues schafft, die Bedingungen des Möglichen für die Menschen verändert, sei ihm zugestanden[268] — damit steht er gewiß nicht allein. Daß er versucht, die

---

265 »*Homo homini lupus.*« Diese von dem römischen Komödiendichter Plautus (250-184 v. Chr.) stammende Sentenz ist Kernsatz in der Staatslehre des Thomas Hobbes.

266 *Promulgation*, S. 12

267 *Das Geheimnis göttlicher Kultur*, S. 64

268 Anzumerken ist, daß er dies nicht immer so sah: »Ist diese Weltordnung aber nicht eine Utopie? — Wir sehen die Verwirklichung des Weltfriedens nicht in der Form eines plötzlich eintretenden paradiesischen Zustands, in dem sich alle Probleme und Konflikte geradezu von alleine lösen... Gleichermaßen wie die Menschen das Faustrecht als Mittel individueller Streitigkeiten überwunden haben, ist die Überwindung des Krieges als Mittel der Macht möglich, ohne daß die Menschen dabei zu Engeln werden. Dieser Weltfriede wird die Frucht eines sich entwickelnden Wandlungsprozesses sein, dessen Kern die neue Offenbarung ist« (»Kurzreferat über die Bahā'ī-Religion« vom 3. Februar 1972, S. 14). »Die Bahā'ī sehen eine Besserung der Weltlage nicht in der Revolution, sondern in der Evolution, der Entwicklung von unten nach oben. Politische Revolutionen und blutige Umstürze führen nicht zu wahrem Fortschritt und Frieden; die Geschichte hat dies zur Genüge bewiesen. Die Entwicklung vollzieht sich vielmehr in der Wandlung des Geistes, der Einstellung und des Glaubens. Geändert werden muß also der Mensch und seine ethischen und moralischen Werte in Richtung auf ein Erfassen der Menschheit als eine Familie und

damit verbundene Vision lächerlich zu machen, damit kann man als Bahā'ī leben. Daß er das ehrliche Anliegen, für eine friedvollere, gerechtere und humanere Welt gewaltfrei, dienend einzutreten, in diffamatorischer Absicht verbiegt, das allerdings muß zurechtgerückt werden. Daß andere ihm in dieser entstellenden Sicht bedenkenlos folgen, unbeeindruckt vom Zeugnis der Schrift und der Gemeinde, ist ein Ärgernis.

---

eine Lebensgemeinschaft. Das ist das Ziel der Bahā'ī...« (undatiertes Vortragsmanuskript, S. 4).

TEIL III

HISTORISCHE FRAGEN

7. KAPITEL

ZUR PROBLEMATIK RELIGIONSHISTORISCHER FORSCHUNG

Darstellungen der Frühgeschichte einer Religion genügen oft nicht den strengen Anforderungen historischer Forschung. Der kleinen Schar von Anhängern des neuen Glaubens steht der Sinn begreiflicherweise nach anderem, als nach minutiös-buchhalterischen Chroniken aller historischer Details. Dies umso mehr, wenn neben die Erschütterung über das neu gefundene Heil, neben das Verlangen, auch andere daran teilhaben zu lassen, die unmittelbare Gefährdung durch Verfolgungen tritt. In ruhigeren Zeiten mischen sich dann leicht eigene Erinnerungen, Berichte aus zweiter und dritter Hand, die persönliche Reflexion der religiösen Inhalte des neuen Glaubens und die Aufnahme und Reinterpretation religiöser Traditionselemente: Die Evangelien sind gute Beispiele solcher nicht eben einheitlicher Produkte narrativer Theologie.

Zudem sind Religionen — zumal wo sie neue religiöse Ansprüche verkünden — nur in Ausnahmefällen Gegenstand leidenschaftsloser Betrachtung: Sie fordern heraus zu inniger Verehrung oder aber zu Ablehnung, Spott[1] oder Haß. Die Geschichtsschreibung bleibt davon nicht unberührt. So setzt bald eine hagiographische Ausgestaltung und Stilisierung ein. Diese betrifft die Stiftergestalt, die frühen Jünger, die Frühgeschichte insgesamt. Das Gegenstück zu dieser gläubigen Verklärung ist das Bestreben der Gegner des neuen Glaubens, den Religionsstifter und dessen An-

1 So entzündet sich der Spott der Römer gern an der in ihren Augen demütigenden Form der Exekution Christi am Kreuz: »Überall in ihren Schriften sprechen sie [die Christen] von dem ›Baum des Lebens‹ und von der ›Auferstehung des Fleisches‹ durch den Baum — weil ihr Herr, so denke ich mir, an ein Kreuz geschlagen wurde und von Beruf ein Schreiner war. Also wäre er zufällig von einem Felsen heruntergeworfen oder in einen Graben hineingestoßen oder durch Erwürgung erstickt worden, oder wäre er ein Schuster oder ein Steinmetz oder ein Schmied gewesen, dann wäre es ein Fels des Lebens über dem Himmelszelt oder ein Graben der Auferstehung oder ein Strick der Unsterblichkeit oder ein heiliger Stein oder ein Eisen der Liebe oder ein heiliges Lederfell gewesen. Hätte sich nicht eine alte Frau, die eine Geschichte singt, um ein kleines Kind in den Schlaf zu lullen, geschämt, derartige Geschichten zu flüstern?« (Kelsos, bei Origenes, *Contra Celsum* 6.34, zitiert nach Robert Wilken, *Die frühen Christen*, S. 108).

hänger moralisch zu diskreditieren[2], die neu entstandene Gemeinde durch ihre Geschichte als allzu menschlich oder gar als monströsen Betrug zu entlarven[3]. Selbst relativ neutrale frühe Berichte von außerhalb der Gemeinde sind häufig schlecht orientiert und enthalten zahlreiche Irrtümer und Halbwahrheiten.[4]

Auch im Fall der Bābī- und Bahā'ī-Religion sind viele Quellen und Darstellungen von außen in Irrtümern befangen, grob entstellend oder schlicht böswillig.[5] Die Bahā'ī-Literatur ist ebenfalls

2 So die zahlreichen, gegen Ende des zweiten Jahrhunderts weit verbreiteten Beschuldigungen gegen die Christengemeinden, im Abendmahl geheime Riten zu feiern, sexuelle Orgien abzuhalten, Blutschande zu begehen und rituelle Festmähler mit Menschenfleisch zu veranstalten (siehe etwa Robert Wilken, *a. a. O.*, S. 31 ff.).

3 Als Beispiel sei auf die Behandlung der Person Muḥammads und das Zerrbild des Islam in frühen westlichen Darstellungen und literarischen Zeugnissen verwiesen: Von Johannes Damascenus' (gest. um 750) *De Haeresibus* bis zu Voltaires *Le Fanatisme ou Mahomète le Prophète* (1741) erschien Muḥammad als Antichrist, als machtbesessener Betrüger voller sexueller Gier; der Islam als Irrlehre und absichtliche Verdrehung der Wahrheit, als Religion der Gewalt und des Schwerts, als Religion der Genußsucht und der Lasterhaftigkeit. Vielleicht der erste, der sich im christlichen Westen bemühte, dem Islam Gerechtigkeit widerfahren zu lassen, war Adrian Reland (*De religione mohammedica*, Utrecht 1705): »Wenn je eine Religion in der Welt von ihren Widersachern verachtet und verlästert worden ist, so ist es die mohammedanische gewesen... Wer die löbliche Absicht hat, die mohammedanische Religion kennenzulernen, dem gibt man nichts als gehässige Kontroversschriften in die Hand, die vor Irrtümern strotzen. Statt dessen sollte man die arabische Sprache lernen, Mohammed selbst in seiner Sprache reden hören, sich arabische Bücher anschaffen und mit seinen eigenen, nicht aber mit andrer Augen sehen« (zitiert nach Montgomery Watt, in: Watt, M./Alford T. Welch, *Der Islam* I, S. 27. Zum Ganzen *a. a. O.*, S. 17 ff; ders., *Islam and Christianity today. A Contribution to Dialogue*, London 1983, S. 3 f.).

4 Beispiele für das frühe Christentum sind etwa die Bemerkungen und Darstellungen Galenos aus Pergamon (129-199 n. Chr.) oder des Kelsos von Alexandrien (um 178 n. Chr.); vgl. Carl Andresen, *Die Polemik des Kelsos wider das Christentum*, Berlin 1955; Richard Walzer, *Galen on Jews and Christians*, London 1949.

5 So schreibt etwa Gobineau (*Les Religions et les Philosopies dans l'Asie Centrale*, S. 313): »Les musulmans, cependant, accusent les bâbys d'avoir des agapes secrètes où l'on éteint les lumières et où toutes les promiscuités sont permises. C'est un genre d'accusation respectable par son antiquité, et peut-être doit-on le considerer comme le monument de la haine confessionelle le plus ancien qui soit au monde. Les juifs et les païens adressaient ce même reproche aux chrétiens primitifs, et il est plus que douteux qu'ils en fussent les inventeurs. Depuis ce temps, les différentes sectes n'ont pas cessé de se le prêter comme arme de guerre... Ainsi généralisé, cet argument perd un peu de sa valeur, et d'après ce qu'on vient de lire des prescriptions de l'Altesse Sublime [der Bāb], il paraît qu'il faut ici le considérer comme une simple injure.« Gegen subtilere Entstellungen von Geschichte und Lehre war Gobineau aber selbst nicht gefeit. So macht ihm Nicolas (*Seyyèd Ali Mohammed*, S. 199 f.) seine Abhängigkeit von dem Bābī-feindlichen Werk *Nāsikhu'l-Tavārīkh* des persischen Hofchronisten Mīrzā Taqīy-i-Mustawfī (sein offizieller Titel lautet:

nicht frei von hagiographisch-pauschalisierenden Tendenzen.[6] Im Vergleich zu den Religionen der Vergangenheit stehen jedoch die Chancen für eine historische Erforschung (die diesen Namen verdient) der Frühgeschichte dieser Religion(en) gar nicht schlecht. Der Bābismus hat früh das Interesse der Öffentlichkeit, auch außerhalb seines Entstehungslandes[7], geweckt; innerhalb der Gemeinde war die Literalität von Anfang an hoch und es existieren zahlreiche individuelle Berichte und Berichtsfragmente. Da das historisch-wissenschaftliche Interesse relativ früh einsetzt[8], ist die Zahl der verfügbaren und in privaten und öffentlichen Archiven noch zu hebenden Quellen erfreulich groß, so daß ein quellenkritisches, vergleichendes Vorgehen gute Resultate verspricht.

Ein hartnäckig wiederholtes Mißverständnis muß in diesem Zusammenhang korrigiert werden: Eine »offizielle«, gleichsam doktrinär verfügte, sakrosankte Bahā'ī-Geschichtsschreibung gibt es nicht. Auch dort, wo historische Berichte die ausdrückliche Zustimmung der Autoritätsträger der Bahā'ī-Gemeinde erfuhren,[9] bleiben sie dennoch das Werk eines einzelnen. Sicher sind 'Abdu'l-Bahās *A Traveller's Narrative* und Shoghi Effendis *God passes by* Quellen ersten Ranges: hatten doch beide wie niemand sonst Zugang zu den — auch mündlichen — Berichten der Zeit-

---

Lisānu'l-Mulk; sein *nom de plume*: Sipihr) ausdrücklich zum Vorwurf. Browne nennt die Chroniken Lisānu'l-Mulks und Riḍā Quli Khāns (Lālih-Bāshī) »the inaccurate and garbled accounts of the court-historians« (Einleitung zum *Tārikh-i-Jadīd*, S. xiv; zur Beschreibung dieser Autoren und ihren Werken durch Browne siehe auch *A Traveller's Narrative*, Note A, S. 173 f., 186 ff., 192). Zur ebenfalls parteiischen Geschichtsschreibung christlicher Missionare in Persien siehe etwa Douglas Martin, »The Missionary as Historian«, in: *World Order* 10:3, 1976.

6 Zur Kritik daran siehe etwa Seena Fazel, Besprechung zu »Taherzadeh, The Covenant«, in: *Journal of Bahā'ī Studies* 5:4, S. 83 f. Zur Bewertung hagiographischer Berichte siehe auch Stephen Lambden, »An Episode in the Childhood of the Bāb«, in: *SBR* 3, S. 1 ff., bes. S. 19 ff.

7 Einen ersten Überblick über westliche Berichte nebst einer nützlichen Materialsammlung dazu bietet Moojan Momen (Hrsg.) *The Bābī and Bahā'ī Religions, 1844–1944. Some Contemporary Western Accounts*, Oxford 1981.

8 Dies unterscheidet die Erforschung der Bābī- und Bahā'ī-Geschichte grundsätzlich von der historischen Erforschung anderer Offenbarungsreligionen wie Christentum, Judentum und Islam. Hier setzte ein genuin historisches Interesse erst mit der Aufklärung allmählich ein, eine wirklich ernstzunehmende historische Forschung begann noch später, gegen Ende des neunzehnten Jahrhunderts.

9 So schreibt Muḥammad-i-Zarandī, Nabīl-i-A'ẓam, im Vorwort zu seinem *Nabīls Bericht. Aus den frühen Tagen der Bahā'ī-Offenbarung*, daß die einleitenden Seiten dieses Werks die »Zustimmung Bahā'u'llāhs« erfahren hätten (Bd. 1, S. 33).

zeugen; beide waren selbst maßgebliche Akteure und mit den übrigen Akteuren aufs engste vertraut. Darf man als Bahā'ī auch darauf vertrauen, daß die große Linie der Geschehnisse historisch korrekt wiedergegeben ist,[10] so hat doch 'Abdu'l-Bahā an keiner Stelle Unfehlbarkeit in historischen Detailfragen für sich reklamiert. In bezug auf Shoghi Effendi schreibt das Universale Haus der Gerechtigkeit ausdrücklich, daß er bezüglich historischer Tatsachen »auf die ihm zugängliche Information vertrauen mußte«[11]. Shoghi Effendi selbst sieht die Erforschung der Anfangszeit des Bahā'ītums als Aufgabe »kompetenter Historiker«, deren Arbeiten Resultate zeitigen werden, »wie sie meine eigenen Bemühungen nie vollbringen können«[12]. Wiederholt verweist er zu Einzelfragen der Geschichte darauf, daß sie erst von künftigen Historikern zu beantworten sein werden.[13] Das Bekenntnis zu einer wissenschaftlichen Vorgehensweise ist ausdrücklich in der Schrift verankert.[14]

Wer in den benannten Werken 'Abdu'l-Bahās und Shoghi Effendis jedoch in erster Linie historische Berichte sieht, der verkennt gründlich ihre Funktion und Bedeutung: Beide sind ein Stück Meta-Historie, narrativ vermittelte Geschichtstheologie, die ganz wesentlich zur Identitätsfindung der Bahā'ī-Gemeinde bei-

---

10 Dafür bürgen die Leben dieser beiden Chronisten, die Zeugnis ablegen für die ethischen Grundsätze ihres Glaubens.

11 Brief vom 25. Juli 1974, veröffentlicht in: *Bahā'ī Studies Bulletin*, Bd. 1, Nr. 3, Dezember 1982, S. 80. Beispiele für einige historische Irrtümer in Shoghi Effendis *God passes by* finden sich bei Loni Bramson-Lerche, »Some Aspects of the Establishment of the Guardianship«, in: Moojan Momen (Hrsg.), *Studies in the Bābī and Bahā'ī Histories*, Bd. 5, S. 258 und Anm. 20. Zum Problem der dogmatischen Festlegung historischer Wahrheit siehe auch U. Gollmer, *Gottesreich und Weltgestaltung*, Kap. 11.2.2.

12 Der gesamte Satz lautet: »The authentic record of the lives of the first believers of the primitive period of our Faith, together with the assiduous research which competent Bahā'ī historians will in the future undertake, will combine to transmit to posterity such masterly exposition of the history of that age as my own efforts can never hope to accomplish« (*The World Order of Bahā'u'llāh*, S. 98 [dt. S. 149]).

13 »... such matters, as no reference occurs to them in the Teachings, are left to students of history and religion to resolve and clarify« (Brief vom 14. April 1941, H. Hornby, *Lights of Guidance*² 1696. Vgl. auch *The Advent of Divine Justice*, S. 10 [dt. S. 21]; *The Promised Day is come*, S. 20, 28 f. [dt. S. 44, 55 f.]).

14 vgl. Shoghi Effendi, Vorwort zu *The World Order of Bahā'u'llāh*, 2. revidierte Aufl. 1955, S. XI

trägt.[15] Wer daraus einen Vorwurf konstruiert,[16] hat entweder die Intention dieser Werke nicht verstanden — oder aber schlicht nicht verstehen wollen.

Festzuhalten ist, daß, trotz einiger bedeutender Vorarbeiten,[17] die historische Erforschung der Geschichte der Bābī- und Bahā'ī-Religion eben erst begonnen hat. Seit den siebziger Jahren ist — vor allem im angelsächsischen Raum — eine Generation von Historikern, Orientalisten und historisch arbeitenden Soziologen herangewachsen, die sich diesem Forschungsgegenstand verschrieben hat und zugleich den kritischen Prinzipien historischer Forschung verpflichtet ist.[18] Im selben Zeitraum begann auch eine intensivere Untersuchung des ideengeschichtlichen Hintergrunds und historisch-gesellschaftlichen Umfelds, was nicht zuletzt

15 Auch aus dieser Zielsetzung macht Shoghi Effendi kein Geheimnis: »It is not my purpose, as I look back upon these crowded years of heroic deeds, to attempt even a cursory review of the mighty events that have transpired since 1844 until the present day. Nor have I any intention to undertake an analysis of the forces that have precipitated them... My chief concern at this challenging period of Bahā'ī history is rather to call the attention of those who are destined to be the champion-builders of the Administrative Order of Bahā'u'llāh to certain fundamental verities the elucidation of which must tremendously assist them in the effective prosecution of their mighty enterprise« (*The World Order of Bahā'u'llāh*, S. 98 f. [dt. S. 149 f.]). Auf die eigentliche Intention seines historischen Überblicks weist Shoghi Effendi auch unmißverständlich in der Einleitung zu *God passes by* (S. xiii) hin. Der geschichtstheologische Charakter des Werks kommt auch in der nachfolgenden Periodisierung und dem sich daran anschließenden visionären Ausblick in die ferne Zukunft zum Ausdruck (S. xiii ff.).

16 wie Ficicchia (S. 27 f., 306) mit Bezug auf Shoghi Effendis *Gott geht vorüber* in besonders polemischer Zuspitzung

17 Hier sind vor allem die Orientalisten Edward Granville Browne und Louis Alphonse Daniel (A.-L.-M.) Nicolas zu nennen. Eine Bibliographie ihrer Werke findet sich bei M. Momen (Hrsg.), *The Bābī and Bahā'ī Religions, a. a. O.*, S. 29-32 und 38-40; Momen ist auch der Herausgeber einer Auswahl schwer zugänglicher Schriften von Browne zur Geschichte der Bābī und Bahā'ī: *Selections from the Writings of E. G. Browne on the Bābī and Bahā'ī Religions*, Oxford 1987. Zu weiteren frühen Arbeiten zur Geschichte und Dogmatik der Bābī und Bahā'ī, etwa von Comte de Gobineau, Dorn, Huart, Baron Rosen und Tumanski siehe M. Momen, *The Bābī and Bahā'ī Religions, a. a. O.*, S. 15 ff.

18 Siehe etwa die Arbeiten von Abbas Amanat, Alessandro Bausani, Christopher Buck, Juan Ricardo Cole, Stephen Lambden, Todd Lawson, Denis MacEoin, Moojan Momen, Vahid Rafati, Peter Smith und Steven Scholl im Literaturverzeichnis. Ein erheblicher Teil kleinerer Forschungsarbeiten ist in den Bänden der *Studies in the Bābī and Bahā'ī Religions*, Los Angeles (Bd. 1 [1982], 2 [1984], 3 [1986], 4 [1987], 5 [1988], 6 [1992]), in dem von Stephen Lambden herausgegebenen *Bahā'ī Studies Bulletin* (Newcastle upon Tyne) und in *The Journal of Bahā'ī Studies* (Ottawa) veröffentlicht.

durch ein verstärktes öffentliches Interesse in der Folge der »islamischen Revolution« im Iran begünstigt wurde. Auch an diesen Forschungen hatten Bahā'ī-Historiker einen nicht unbedeutenden Anteil.[19] In einer Fülle von Detailstudien haben sie bereits jetzt unsere Kenntnis über die Geschichte der Bābī- und Bahā'ī-Religion beträchtlich vermehrt. Die folgende Auseinandersetzung mit den historischen Thesen Ficicchias ist diesen Arbeiten zutiefst verpflichtet.

Ein Gutteil dieser neueren Untersuchungen zur Bābī- und Bahā'ī-Geschichte erfolgte erst nach der Publikation von Ficicchias Bahā'ismus-Monographie — daß er sie nicht kannte, ist ihm also nicht vorzuwerfen. Doch bereits durch die schon vorliegenden Arbeiten[20] war allerdings sehr wohl abzusehen, daß hier noch erheblicher Forschungsbedarf bestand. Schon unter diesen Voraussetzungen war die emphatische Feststellung Michael Mildenbergers, Ficicchias Buch sei »zu einem religionswissenschaftlichen Standardwerk geworden, das sein Thema vollständig behandelt und auf lange Zeit kaum überholt werden kann«[21], reichlich voreilig und dreist.[22] Analysiert man dazuhin die Auswahl, Verwendung und Interpretation der Quellen bei Ficicchia, so läßt sich unschwer erkennen, daß es ihm nicht um historische Wahrheit zu tun ist: wissenschaftlichen Arbeiten, die von Bahā'ī verfaßt wurden, bescheinigt er pauschal eine »opportunistische Diktion«[23].

---

19 So bewertet der Orientalist Heinz Halm (*Die Schia*, S. 5) eine der Arbeiten des Bahā'ī-Historikers Moojan Momen: »Unter den wissenschaftlichen Darstellungen der Schia behauptete bis vor kurzem Dwight M. Donaldson, The Shi'ite Religion, London 1933, den ersten Platz; es ist jüngst ersetzt worden durch Moojan Momen, An Introduction to Shi'i Islam. The History and Doctrines of Twelver Shi'ism, Oxford 1985, ein namen- und datenreiches Handbuch mit umfangreicher Bibliographie.«

20 Nicht zuletzt durch H. Balyuzis *Edward Granville Browne and the Bahā'ī Faith*, London 1970, ein Werk, das Ficicchia geflissentlich übergeht, auch wenn er es in seiner Literaturliste anführt.

21 im Vorwort zu Ficicchias Monographie *Der Bahā'ismus*, S. 12

22 Was allerdings noch mehr verwundert, ist, daß dieser Anspruch, ein Standardwerk vorzulegen, von den meisten Rezensenten offenbar ungeprüft übernommen und bekräftigt wird; siehe etwa Joseph Henninger, *Anthropos* 78. Jg., 1983, S. 939 und Hans-Joachim Klimkeit, *Zeitschrift für Religions- und Geistesgeschichte*, 36. Jg., 1984, S. 94 (beide mit direktem Bezug auf Mildenberger); Günter Lanczkowski, *Theologische Rundschau*, 48. Jg., 1983, S. 210; Olaf Schumann, *Der Islam*, 62. Jg., 1985, S. 185 f.; Hans Waldenfels, *Zeitschrift für Missionswissenschaft und Religionswissenschaft*, 66. Jg., 1982, S. 237 (abermals mit Bezug auf Mildenberger).

23 *Bahā'ismus*, S. 323, Fußnote 20

Wo er Widersprüche zwischen Bahā'ī- und Bahā'ī-feindlichen Quellen sieht, sind ihm die Bahā'ī-Quellen von vornherein, ohne weitere Prüfung, unglaubwürdig.[24] Wo sich ihm historische Abläufe zu bruchlos fügen, da sieht er »eine nachträgliche künstliche Konstruktion seitens der Bahā'ī«,[25] eine »die Tatsachen *verfäl-*

24 Ein typisches Beispiel für seine Haltung und Methode sei in ganzer Länge angeführt (*a. a. O.*, S. 333, Fußnote 51): »An gleicher Stelle [*Grundlagen*, S. 89] zitiert Schaefer eine Aussage des Ḥaẓrat-i Bāb, wonach dieser im 3. Kapitel des *Pers. Bayān* gesagt haben soll: ›Wohl dem, der seinen Blick auf die Ordnung Bahā'u'llāhs lenkt!‹« (vgl. Shoghi Effendi, *Die Weltordnung Bahā'u'llāhs*, S. 60). Wie ist diese Voraussage mit Bābs Nachfolgeregelung in Übereinstimmung zu bringen, die Ṣubḥ-i Azal und nicht Bahā'u'llāh die Sukzession zuerkennt? Dabei ist zu beachten, daß in allen Schriften des Ḥaẓrat-i Bāb — mit wenigen Ausnahmen, wo Ṣubḥ-i Azal namentlich genannt wird — der ›Kommende‹ immer nur mit der Bezeichnung *Man yuẓhiruhu'llāh* (›Der, den Gott offenbaren wird‹) umschrieben wird. Es ist deshalb anzunehmen, daß das Originalzitat im *Pers. Bayān* nicht den Namen Bahā'u'llāhs, sondern lediglich den vagen Hinweis auf den *Man yuẓhiruhu'llāh* enthält, und auch eine Bezugnahme auf die spätere, noch völlig unbekannte ›Ordnung‹ Bahā'u'llāhs kaum vorhanden sein dürfte. Eine Klärung des tatsächlichen Sachverhalts ist nicht möglich, da die entsprechenden Quellen in den Archiven der Bahā'īführung in Ḥaifā unter Verschluß gehalten werden.«

Nun existieren von dem fraglichen Werk eine ganze Reihe von Abschriften in einschlägigen europäischen Bibliotheken (Denis MacEoin, *Revised Survey*, S. 110 ff., listet insgesamt nahezu fünfzig Exemplare auf. Allein zwei Exemplare befinden sich in den Browne Manuscripts der Cambridge University Library [F.11 (9) und F.12 (5)], ein weiteres [Or. 34 (8)] im Hauptkatalog derselben Bibliothek; vgl. M. Momen [Hrsg.], *Selections from the Writings of E. G. Browne*, S. 483, 490); auch wenn diese Ficicchia aus sprachlichen Gründen nicht zugänglich waren, hätte er doch immerhin die Übersetzung von Nicolas (*Le Béyan Persan*) konsultieren können (3:16, *a. a. O.*, Bd. 2, S. 66): »Heureux celui qui regarde sur l'ordonnance de la splendeur de Dieu [Bahā'u'llāh, dt. »Herrlichkeit Gottes« U. G.], et remercie son Dieu parce que cette splendeur de Dieu se manifestera certainement, et il n'y a pas d'autre route que cela dans le Béyân tant que Dieu élèvera les ordres qu'il veut et abaissera ceux qu'il veut.« Offenbar ist es Ficicchia aber viel wichtiger, dem Leser einen Verdacht nahezulegen, als sich der Mühe zu unterziehen, einen Sachverhalt wirklich zu klären. Statt dessen wirft er lieber den Bahā'ī vor, ihrerseits die Werke von Browne und Nicolas zu unterschlagen (*Bahā'ismus*, S. 24, 26 f.). Zur Frage der Nachfolge des Bāb siehe die Ausführungen von N. Towfigh, Kapitel 10. II, III und IV. Auch das Bahā'ī-Archiv im Weltzentrum ist keineswegs so unzugänglich, wie Ficicchia glauben machen will. Tatsächlich ist es für Zwecke seriöser Forschung durchaus möglich, Informationen über die in Haifa archivierten Schriften oder auch einzelne Kopien zu erhalten, sofern dies vom Arbeitsaufwand her vertretbar ist. Forschungen vor Ort sind bislang allerdings nur in seltenen Ausnahmefällen möglich (für eine solche siehe etwa das Vorwort zu Denis MacEoin, *Revised Survey*), da die archivierten Materialien noch nicht ausreichend erschlossen sind. Fehlende personelle und materielle Ressourcen machen derzeit noch Beschränkungen nötig. Das Archiv befindet sich im Aufbau. In diesem Zusammenhang ist für die (leider wohl nicht allzu nahe) Zukunft auch eine Faksimileausgabe der Originaltexte geplant.

25 *Bahā'ismus*, S. 125

schende Geschichtsschreibung«[26] und »*Geschichtsklitterung*«[27] am Werk. Jede noch so abwegige Hypothese darf dagegen »als sicher angenommen werden«[28], sofern sie sich nur polemisch gegen die Bahā'ī-Geschichtsschreibung verwenden läßt. Wo sich Bahā'ī in ihren historischen Berichten gegen die Bahā'ī gerichtete Tatsachenbehauptungen nicht zu eigen machen, da wirft er ihnen »*grobe Auslassungen, Retuschen und Fälschungen*«[29] vor. Wo Bahā'ī-Darstellungen selbst auf eine ungeklärte Quellenlage hinweisen,[30] da ist ihm das Indiz genug, daß die historische Wahrheit unterdrückt wurde, ja er wertet dies unverfroren als »Geständnis«[31]. Offenbar hat Ficicchia den eigentlichen Sinn kritischer Forschung mißverstanden: Kritik ist ihm nicht methodisches Mittel historischer Wahrheitsfindung, das es gerade auch auf die eigenen Thesen anzuwenden gilt; Ficicchias Kritik ist nur auf eines gerichtet: auf die Diskreditierung des Gegenstands seiner Untersuchung.[32] Dafür scheint ihm der Fälschungsvorwurf das geeignetste Instrument: Er richtet ihn einmal ganz pauschal gegen die Bahā'ī-Geschichtsüberlieferung insgesamt,[33] dann nochmals gezielt gegen ein für die Gemeindeentwicklung und Gemeindeidentität zentrales Dokument[34]. Dabei verschweigt er wissentlich alle gegenläufigen Tatbestände und Argumente. Ficicchias Darstellung der Geschichte der Bābī- und Bahā'ī-Religion ist ein Stück konfessioneller Polemik. In weiten Bereichen ist sie geradezu ein Kompendium aller je gegen die Bahā'ī-Gemeinde gerichteten Vorwürfe und Angriffe.[35]

---

26 *a. a. O.*, S. 101, Fußnote 33 (Hervorhebung durch F.)

27 *a. a. O.*, S. 27, 109, 180, Fußnote 118 (Hervorhebung durch F.)

28 *a. a. O.*, S. 125

29 *a. a. O.*, S. 180 (Hervorhebung durch F.)

30 Etwa Shoghi Effendi, *God passes by*, S. 153

31 *Der Bahā'ismus*, S. 124, 349

32 Ficicchias »Untersuchungsergebnisse« werden nun wieder als gesicherte Fakten in Lexika- und Handbuchartikeln weiterverbreitet, so etwa bei R. Flasche (Stichwort »Baha'i-Religion«, *LThK*, Bd. 1, ^{3}1993, S. 40), der (anonyme) Autor des Stichworts »Baha'i« im *Handbuch Religiöse Gemeinschaften* (H. Reller [Hrsg.], ^{4}1993, etwa S. 807, 814) und Kurt Hutten (*Seher, Grübler, Enthusiasten*, ^{12}1982, S. 796 ff.); letzterer attestiert Ficicchia dazuhin noch »sorgfältige Quellenforschung« (*a. a. O.*, S. 800, Anm. 4).

33 dazu vor allem die Ausführungen von N. Towfigh, Kap. 8

34 dazu U. Gollmer, Kap. 11, »Das Testament 'Abdu'l-Bahās«

35 U. Schaefer, S. 32 ff., spricht deshalb zu Recht von einem *déjà-vu*-Erlebnis beim Lesen des Buches.

Der gesamte historische Teil des Buches ist so durchsetzt von Fehlern, Entstellungen und Verdrehungen, daß es weder möglich noch lohnend wäre, dies insgesamt richtigzustellen. Im folgenden sollen deshalb lediglich einige Punkte beispielhaft aufgegriffen werden. Die Verfasser hoffen, damit auch einige bescheidene Hinweise für die künftige Forschung geben zu können.

8. KAPITEL

FICICCHIAS QUELLEN

Religionen treten jeweils in einem bestimmten gesellschaftlichen Umfeld mit festgefügten Traditionen, Anschauungen und Lebensformen auf, zu denen ihre Lehre meist in krassem Widerspruch steht. Alle Religionen waren in ihrem Ursprung auf Erneuerung und Veränderung ausgerichtet: ihr Ruf zur Umkehr und Wandlung des einzelnen wie der Gemeinschaft war nachdrücklich und unüberhörbar und stellte jeweils eine offene Herausforderung an die etablierte Gesellschaft dar. Religion ist, wie der Soziologe Daniel Bell schreibt, »in entscheidenden historischen Wendepunkten bisweilen die revolutionärste aller Kräfte... Prophetie zerbricht ritualistischen Konservatismus, sobald er jede Bedeutung verloren hat, und bietet eine neue Gestalt an...«[1] Da die Religionen meist in dekadenten Gesellschaften erscheinen, die einer neuen Ethik und eines frischen Impulses in besonderem Maße bedürfen, ist die Diskrepanz zwischen den vorgefundenen und den geforderten Denkweisen und Verhaltensmustern beträchtlich. So fühlen sich zunächst nur wenige zu der neuen Lehre hingezogen, während die Masse des Volkes mit Ablehnung reagiert. Die *Evangelien*[2] und der *Qur'ān*[3] sind voll der Klage über diese Ablehnung und Verstocktheit der Menschen, die sich damit selbst der göttlichen Führung berauben. Auch Bahā'u'llāh geht wiederholt auf das Verhalten dieser Menschen ein.[4]

Die Religionsgeschichte zeigt anschaulich, wie die anfängliche Ablehnung jeweils zu offener Feindschaft, Unterdrückung und schließlich blutiger Verfolgung führte. In jedem Zeitalter haben Märtyrer mit ihrem Blut für ihren Glauben und ihre Religion gezeugt.

Doch das vermeintliche Übel, das in dem neuen Glauben gesehen wird, wird nicht nur mit dem Schwert, sondern auch durch Wort und Schrift bekämpft. Die Propheten werden bezichtigt, das

1 *Die Zukunft der westlichen Welt*, S. 202/203
2 vgl. Joh. 12:7; Matth. 13:15
3 vgl. z. B. 7:179; 2:18-19, 87; 34:34; 43:22
4 vgl. *Botschaften* 4:28; »Qad-Iḥtaraqa'l-Mukhliṣūn«, in: *Gebete* 238:25

Volk aufzurühren, es vom Bewährten abzubringen und die Grundlagen der etablierten Religionen zu zerstören. Ihre Anhänger werden verachtet, verspottet, des Irrglaubens und der Menschenverachtung bezichtigt. Die Glaubenslehren werden mißverstanden, entstellt wiedergegeben und umgedeutet, die Geschichte verfälscht.

Die Christen wurden wegen ihrer Weigerung, den Göttern zu huldigen, der Gottlosigkeit beschuldigt, wegen ihrer Liebe zwischen »Brüdern« und »Schwestern« der Unzucht, wegen ihrer Nichtteilnahme an heidnischen Festen des Menschenhasses. Cäcilius warf den Christen in einer Rede vor: »Diese Leute sammeln aus der untersten Schicht des Volkes Ungebildete und leichtgläubige Weiber... und bilden eine gemeine Verschwörerbande. Sie treffen sich in nächtlichen Zusammenkünften, feierlichem Fasten und bei menschenunwürdiger Speise nicht zum Kult, sondern zum Verbrechen, ein duckmäusiges, lichtscheues Gesindel, stumm in der Öffentlichkeit, aber geschwätzig in den Winkeln...«[5] Bis zum Ende der Herrschaftszeit des Galerius im Jahre 310 war die Christenheit schwerer Unterdrückung und Verfolgung ausgesetzt, doch bereits 313 erließ Kaiser Konstantin ein Edikt zur Religionsfreiheit. Im Jahre 324 bekannte er sich zum Christentum. War das Christentum noch wenige Jahre zuvor verlacht und seine Anhängerschaft geächtet worden, so war es nun zum kaiserlichen Hof avanciert und bildete eine Richtschnur der Politik. Denkt man heute an die Vorwürfe gegen die christliche Urgemeinde zurück, so kann man diesen nur mit Erstaunen und tiefer Verwunderung begegnen, hat der Lauf der Zeit doch ihre Absurdität offen zu Tage gebracht.[6]

Der Bahā'ī-Glaube befindet sich im zweiten Jahrhundert seiner Zeitrechnung. Wie die blutigen Verfolgungen und die immer noch andauernde Unterdrückung der Bahā'ī im Iran[7] und andernorts bis zum heutigen Tag zeigen, ist für sie die Zeit der Drangsal

---

5 Gutschera, Herbert/Jörg Thierfelder, *Brennpunkte der Kirchengeschichte*, S. 21

6 vgl. hierzu auch Khan, Peter J., »Wie einst die Verfolgung der Christen«, in: *Bahā'ī-Briefe* Nr. 51, April 1986, S. 188

7 vgl. hierzu Douglas Martin, *The Persecution of the Bahā'īs in Iran 1844-1984*; Der Nationale Geistige Rat der Bahā'ī in Deutschland (Hrsg.), *Die Bahā'ī im Iran. Dokumentation der Verfolgung einer religiösen Minderheit*; siehe auch Schaefer, S. 269, Fußnote 210

noch nicht abgeschlossen. Wie die anderen Religionen haben sie jedoch nicht nur unter physischer Verfolgung, sondern auch unter verzerrter Darstellung ihrer Lehre, Geschichte und Organisation zu leiden. Die Denunziationen und tendenziösen Chroniken gegen die Bābī und Bahā'ī sollten die blutigen Pogrome rechtfertigen.[8]

Auch westliche Autoren haben sich in ihren Veröffentlichungen, teils aus mangelnder Kenntnis, teils aber auch aus missionarisch-apologetischen Gründen, auf diese verfälschenden Darstellungen gestützt und den Inhalt mehr oder weniger unkritisch übernommen, gelegentlich auch mit der offen geäußerten Absicht, der Christenheit die Nichtigkeit der neuen Religion darzutun. So schreibt Römer, dessen »exakte wissenschaftliche Darstellung« und »besonders wertvollen Aussagen und Überlegungen« Ficicchia lobt[9]: »Meine Arbeit ist dem praktischen Bedürfnis entsprungen, der Propaganda der Behā'ī in Deutschland zu begegnen, nachdem ich im Jahre 1907 als Stadtvikar in Stuttgart die dortige Behā'īvereinigung hatte entstehen sehen. Zugleich soll die Arbeit

---

8 so z. B. die offiziellen Hofchroniken: Sipihr, Mīrzā Muḥammad Taqī, *Nāsikh al-Tavārīkh* (*Tārīkh-i Qājāriyyih*), hrsg. M. B. Bihbūdī, 4 Bd., Teheran 1385/1965; Hidāyat, Riḍā-Qūlī Khān, *Rawḍat al-Ṣafā'-yi Nāṣirī*, X. Teheran ³1338-39 Sh. (1959/60). Browne äußert sich über diese Quellen wie folgt: »The Muḥammadans are in the habit of alleging against the Bābīs (of whose tenets they are, with very rare exceptions, perfectly ignorant) sundry false and malicious charges calculated to discredit them in the eyes of the world, as, for instance, that they are communists; that they allow nine husbands to one woman; that they drink wine and are guilty of unlawful practices. These statements have been repeated by many European writers deriving their information either directly or indirectly from Muḥammadan sources, and especially from the Persian state chronicles called *Nāsikhu't-Tawārīkh* and *Rawẓatu'ṣ-Ṣafā*. Of these somewhat partial and one-sided records the former has the following passage: ›In every house where they (i. e. the Bābīs) assembled they used to drink wine and commit other actions forbidden by the Law; and they used to order their women to come unveiled into the company of strangers, engage in quaffing goblets of wine, and give to drink to the men in the company.‹ Anyone knowing what reliance can be placed on the statements of the work in question, when any motive for misrepresentation exists, will learn without astonishment that the Bāb absolutely forbade the use of wine, opium, and even tobacco, and that the Bābīs observe the obligations laid upon them at least as well as the Muḥammadans. The prohibition of tobacco has, however, been withdrawn by Behā« (E. G. Browne, *A Traveller's Narrative,* S. 133). »The non-Bahā'ī secondary sources, for the greater part, consist of a wide range of refutations or polemics designed to discredit Babi history rather than add anything to our knowledge. The authors, often from the clergy or associated groups, are hostile, their use of the sources is biased, and their facts are often distorted« (Abbas Amanat, *Resurrection and Renewal,* S. 438; insgesamt zur Quellenlage siehe auch *a. a. O.*, S. 422-440).

9 *Bahā'ismus*, S. 25

der christlichen Mission an der muhammedanischen Welt dienen.... Die Missionen müssen sich über die Behā'ī klarwerden und wissen, ob sie in ihnen Bundesgenossen oder Konkurrenten zu erblicken haben.«[10]

Ein weiteres Problem bezüglich der Quellenlage ergibt sich aus dem Verhalten von Gläubigen, die im moralischen Widerspruch zur Lehre des Religionsstifters lebten[11], und die Darstellung ehemaliger Anhänger der Religion, die aus Machthunger, Bedürfnis nach Abrechnung oder welchen Erwägungen auch immer Schriften oder geschichtliche Fakten verfälscht haben. Eine weitere Kategorie bildet diejenige Literatur, die mangels besseren Wissens und ohne Absicht ein falsches Bild der Ereignisse oder der Lehren zeichnen. Die Grenzen sind gelegentlich fließend, die Beweggründe der Autoren nicht immer erkennbar.

Viel größere Bedeutung sollte man dagegen derjenigen Kategorie von Schriften beimessen, die alle Strömungen der Zeit überdauert und letztlich Maß und Richtschnur einer Religion und ihrer Anhänger bildet: der Primärliteratur eines Glaubens, d. h. der Schrift seines Stifters und dessen bevollmächtigter Ausleger. Im Falle der Bahā'ī-Religion ist also ein Studium des Schrifttums Bahā'u'llāhs und seiner autoritativen Interpreten, 'Abdu'l-Bahā und Shoghi Effendi, unerläßlich. Ihre Schriften sind eine unerschöpfliche Quelle für die gründliche Analyse der Geschichte und Lehre dieser Religion und ihr Studium eine Pflichtlektüre für jeden um innere Einsicht in diesen Glauben bemühten Religionswissenschaftler und Historiker. Auch ein Studium der aus der Gemeinde hervorgegangenen Sekundärliteratur, die ihr religiöses Selbstverständnis widerspiegelt, ist unerläßlich. Diese Quellen sollten für den Religionswissenschaftler der Ausgangspunkt seiner Untersuchungen sein. Vernachlässigt er diese Schriften und orientiert sich allein an sogenannter »kritischer« Literatur[12], so gelangt er leicht zu einem Zerrbild seines Forschungsgegenstandes.

---

10 Römer, Hermann, *Die Bābī-Behā'ī, die jüngste mohammedanische Sekte*, Vorwort und S. 1

11 so berichtet E. G. Browne über die Bābī in Kirmān, die entgegen den ausdrücklichen Glaubenslehren dem Alkohol und Rauschgift zusprachen.

12 hierzu Schaefer, S. 15 ff.

I. *Kitāb-i-Nuqṭatu'l-Kāf*[13] und *Tārīkh-i-Jadīd*[14]

Im Abendland hat kaum ein anderer die frühe Geschichte der Bābī- und Bahā'ī-Religion, ihre Lehren und die grausamen Verfolgungen ihrer Anhänger so bekannt gemacht wie der britische Orientalist aus Cambridge, Edward Granville Browne (1862-1926)[15]. Viele seiner Äußerungen belegen, daß er lebhaftes Interesse an der jungen religiösen Bewegung zeigte, ihr große Bedeutung beimaß und große Hoffnung in eine von ihr ausgehende Umgestaltung des despotischen Systems im damaligen persischen Reich setzte. Neben selbst verfaßten Darstellungen über die junge Religion hat Browne auch Werke herausgegeben oder übersetzt, die er für authentisches Material über Geschichte und Lehren der Bābī- und Bahā'ī-Religion hielt, insbesondere *The Tārīkh-i-Jadīd or New History* und *Kitāb-i-Nuqṭatu'l-Kāf*. *The Tārīkh-i-Jadīd or New History* ist die englische Übersetzung eines Geschichtswerkes und erschien 1893, während es sich bei *Kitāb-i-Nuqṭatu'l-Kāf* um einen in persischer Sprache gedruckten Text handelt, den Browne 1910 veröffentlichte. Im Anhang zu *Tārīkh-i-Jadīd* findet sich ein ausführlicher Appendix, in dem Browne zentrale Textstellen aus dem *Kitāb-i-Nuqṭatu'l-Kāf* ins Englische übertragen und somit vorab auszugsweise veröffentlicht hat.

Beide Werke sind, um es vorwegzunehmen, umstritten und nicht als objektive und verläßliche Quellen zur Bābī-Geschichte anzusehen.

Ficicchia macht in seinem Buch jedoch sehr reichen Gebrauch von diesen beiden Quellen und stützt seine historischen Ausführungen in wesentlichen Teilen auf sie, insbesondere auf den *Kitāb-i-Nuqṭatu'l-Kāf*, ohne dabei zu erwähnen, daß deren Authen-

13 E. G. Browne (Hrsg.), *Kitāb-i Nuqṭatu'l-Kāf, being the earliest History of the Bābīs compiled by Ḥājji Mīrzā Jānī of Kāshān between the years 1850 and 1852, edited from the unique Paris Ms. Suppl. Persan 1071*, E. J. W. Gibb Memorial, Bd. XV. Leyden: E. J. Brill; and London: Luzac & Co. 1910

14 E. G. Browne (Hrsg.), *The Tārīkh-i-Jadīd or New History of Mīrzā 'Alī Muḥammad the Bāb, by Mīrzā Ḥuseyn of Hamadān,* translated from the Persian, with an Introduction, Illustrations, and Appendices, Cambridge University Press, 1893, repr. 1975

15 Zu seinem Leben und Wirken siehe meine Ausführungen S. 417 ff.

tizität keineswegs erwiesen, sondern von Forschern, Bahā'ī wie Nicht-Bahā'ī, verschiedentlich kritisch untersucht und widerlegt worden ist.[16] Durch diese unkritische Wiedergabe historischer Aussagen aus unzuverlässigen Quellen entsteht ein ganz eigenes, verzerrtes Geschichtsbild. Ficicchia macht sich jedoch ganz die Überzeugung Brownes zu eigen, daß es sich beim *Kitāb-i-Nuqṭatu'l-Kāf* um eine ursprüngliche Quelle handle, deren »Rettung und Wiederveröffentlichung«[17] Browne gelungen sei, während er den *Tārīkh-i-Jadīd* als eine tendenziöse Bahā'ī-Quelle betrachtet, da Browne »*Vertuschungen geschichtlicher Tatbestände durch die Bahā'ī*« nachgewiesen habe[18]. Mit dieser Begründung lehnt er ein ernsthaftes Studium der Bahā'ī-Historiographie ab, die ihm von vornherein verdächtig ist, und zitiert diese nur gelegentlich unter Vorbehalt oder aber mit dem Hinweis, daß in ihr — da sie ja den von ihm als zuverlässig erachteten Quellen widerspricht — »*grobe historische und dogmatische Manipulationen*« vorherrschend seien[19]. Daß die Browne'sche Theorie, der sich Ficicchia so vertrauensvoll anschließt, seit Jahrzehnten widerlegt ist, wird unten dargestellt werden. Während Ficicchia den Bahā'ī Geschichtsverfälschung und unkritischen Umgang mit Quellen anlastet, geht er selbst völlig sorglos mit jeder Art von Quellen um und hinterfragt sie nicht, solange sie seinem Gesamtkonzept dienlich sind.

Gänzlich unverständlich ist seine Aussage, die »von den Bahā'ī absichtlich eliminierte Schrift *Nukṭatu'l-Kāf* (London 1910) des 1852 martyrisierten Bābī Mīrzā Ǧānī von Kāšān« habe Browne »als Vorlage für die Übersetzung des *Ta'rīẖ-i Ǧadīd*«[20]

---

16 siehe die Untersuchungen von Muḥīṭ-i Ṭabāṭabā'ī, »Kitābī bī nām bā nāmī tāzih«, in: Edward G. Browne, *Tārīkh-i-Adabiyāt-i Īrān*; MacEoin, *A Revised Survey of the Sources for Early Bābī Doctrine and History,* und H. M. Balyuzi, *Edward Granville Browne and the Bahā'ī-Faith*, S. 62-88. Da letztgenannter Titel in Ficicchias Bibliographie gleich zweimal erscheint (Seite 438 und 444), muß er die Problematik gekannt haben. Dem Leser enthält er sie jedoch vor.

17 *Bahā'ismus*, S. 24

18 *Bahā'ismus*, S. 24 (Hervorhebung durch F.)

19 z. B. *Bahā'ismus*, S. 27 (Hervorhebung durch F.)

20 Die Umschrift *Ta'rīẖ* ist — auch innerhalb Ficicchias eigenem Transkriptionssystem — falsch, da sich *Tārīkh* mit *alif* und nicht mit *hamza* schreibt.

gedient[21]. Es ist einfach undenkbar, wie das eine Werk als Vorlage für die Übersetzung des anderen Werkes gedient haben soll.

Ficicchia zitiert übrigens nie direkt aus dem *Kitāb-i-Nuqṭatu'l-Kāf*, das ihm aus sprachlichen Gründen nicht zugänglich war, sondern immer wieder indirekt daraus, indem er sich der auszugsweisen Übersetzung Brownes in Appendix II zu *Tārīkh-i-Jadīd* bedient. Dabei versäumt Ficicchia grundsätzlich darauf hinzuweisen, daß es sich um Auszüge aus dem Appendix und somit aus dem *Kitāb-i-Nuqṭatu'l-Kāf* handelt. Er begnügt sich jeweils mit einem Hinweis auf *Tārīkh-i-Jadīd*[22], und läßt den Leser dadurch in dem Glauben, es mit einem Zitat oder Hinweis aus diesem Werk zu tun zu haben.

Wir werden uns im folgenden mit beiden Quellen zu befassen haben, um aufzuzeigen, aus welcher Art von Quellen Ficicchia seine Informationen bezieht und worauf seine geschichtliche Darstellung basiert.

Edward G. Browne erhielt während seiner Persienreise 1888 in Shīrāz von dortigen Bābī ein Manuskript namens *Tārīkh-i-Jadīd* (Neue Geschichte), das sich mit der Geschichte der Bābī-Religion befaßt. Aus dem Titel schloß Browne, daß es auch eine »Alte Geschichte« geben müsse. Darüber hinaus wird im Text immer wieder ein gewisser Ḥājī Mīrzā Jānī Kāshānī, offenbar der Verfasser dieser alten Geschichte, zitiert. Nachdem Browne nun also im Besitz der »Neuen Geschichte« war, suchte er, wie er selbst berichtet, mit großem Eifer nach dem alten Geschichtswerk: »I made many efforts to procure a copy, or to discover whether any still existed.« Doch niemand kannte diese Geschichte oder konnte ihm bei deren Auffindung behilflich sein, so daß er seine Suche schließlich aufgab: »After repeated disappointments, I finally came to the conclusion that the work was probably lost.«[23] Umso größer muß seine Freude gewesen sein, als er 1892 in der Nationalbibliothek in Paris auf ein Manuskript stieß, in dem Ḥājī Mīrzā Jānī Kāshānī wiederholt erwähnt wird und dessen Inhalte

21 *Bahā'ismus*, S. 24

22 z. B. S. 64, Fußnote 22; S. 68, Fußnote 29; S. 89, Fußnote 24; S. 92, Fußnote 1, 2; S. 93, Fußnote 3; S. 97, Fußnote 15; S. 98, Fußnote 19-21; S. 100, Fußnote 32; S. 101, Fußnote 33

23 *Tārīkh-i-Jadīd*, Introd., S. XXX

Browne an *Tārīkh-i-Jadīd* erinnerten. Er gelangte nach und nach zu der Auffassung, das alte Geschichtswerk doch noch gefunden zu haben, und war von der überragenden Bedeutung seines Fundes überzeugt. Den Text des Manuskriptes sollte er 18 Jahre später unter dem Titel *Kitāb-i-Nuqṭatu'l-Kāf* veröffentlichen. Er beschreibt das Werk als »interesting, profoundly and intensely interesting; the most interesting book, perhaps, in the whole range of Bābī literature«[24].

1. *Kitāb-i-Nuqṭatu'l-Kāf*

Das von Browne 1892 in der Nationalbibliothek von Paris aufgefundene Manuskript war ursprünglich im Besitz des französischen Diplomaten Comte de Gobineau gewesen, der sich eingehend mit der Religion des Bāb befaßt und durch sein Werk *Les Religions et les Philosophies dans l'Asie Centrale*[25] auch entscheidend zu ihrer Bekanntheit in Europa beigetragen hat. Die Nationalbibliothek erwarb 1884, etwa zwei Jahre nach dem Tode Gobineaus, einunddreißig Bücher aus dessen Besitz, fünf davon befassen sich mit der Religion des Bāb.[26] Zwei dieser Manuskripte sind für unsere Fragestellung von besonderer Bedeutung, nämlich das Manuskript (Suppl. Persan 1071), das Browne später unter dem Namen *Kitāb-i-Nuqṭatu'l-Kāf* veröffentlichte, und ein *Persischer Bayān,* an den der erste Teil des *Kitāb-i-Nuqṭatu'l-Kāf* angeheftet war (Suppl. Persan 1070). Browne fand also den ersten Teil des Werkes, das er als *Kitāb-i-Nuqṭatu'l-Kāf* veröffentlichte, einmal als erstes Drittel des Manuskripts Suppl. Persan 1071 vor, und einmal als eigenständigen Teil in Suppl. Persan 1070. Beide Manuskripte befinden sich nach wie vor in der Nationalbibliothek von Paris.

24 *Tārīkh-i-Jadīd*, Introd., S. XXVIII

25 Paris 1865

26 Es handelt sich dabei im einzelnen um einen *Arabischen Bayān* (Suppl. Arabe 2511), um zwei Schriften Mīrzā Yaḥyās, *Kitāb al-Nūr* (Suppl. Arabe 2509) und *Kitāb-i-Aḥmadiyyih* (Suppl. Arabe 2510), um einen *Persischen Bayān,* an den der erste Teil des *Kitāb-i-Nuqṭatu'l-Kāf* angeheftet war (Suppl. Persan 1070), und schließlich um das Manuskript (Suppl. Persan 1071), das Browne später unter dem Namen *Kitāb-i-Nuqṭatu'l-Kāf* veröffentlichte (siehe MacEoin, *The Sources for Early Bābī Doctrine and History,* S. 141).

Sie sind in gutem Zustand. Eine Bleistifteintragung in Manuskript Suppl. Pers. 1071 auf Seite 67 (rechts, 3. Zeile von unten) markiert das Ende des Manuskripts Suppl. Pers. 1070: »fin du No 1070«.

Browne gab dem von ihm veröffentlichten Werk den mysteriösen Namen *Kitāb-i-Nuqṭatu'l-Kāf*.[27] Diesen Titel entnahm er — wenngleich er selbst den Hinweis darauf unterließ — nicht etwa dem Manuskript 1071, das ihm als Druckvorlage diente, sondern vielmehr dem Manuskript 1070,[28] das im Textverlauf den Titel des Werkes mit *Nuqṭatu'l-Kāf* angibt.[29]

Der Name des Autors wird in keinem der beiden Manuskripte genannt. Browne gelangte jedoch zu der Überzeugung, daß es sich hierbei um die verschollene Chronik des Ḥājī Mīrzā Jānī Kāshānī handeln müsse und gab den *Kitāb-i-Nuqṭatu'l-Kāf* aus diesem Grund als dessen Werk heraus, ohne den geringsten Zweifel an der Autorschaft anzudeuten. Neben dem persischen Titel findet sich auch eine englische Übersetzung des Titels im Werk. Sie lautet: »Kitāb-i Nuqṭatu'l-Kāf, being the earliest history of the Bābīs compiled by Ḥājji Mīrzā Jānī of Kāshān between the years A. D. 1850 and 1852, edited from the unique Paris MS. Suppl. Persan 1071 by Edward G. Browne.«

Doch war Ḥājī Mīrzā Jānī Kāshānī tatsächlich der Autor des Werkes, wie steht es um die Bedeutung des *Kitāb-i-Nuqṭatu'l-Kāf* und was haben Forschungen seit der Veröffentlichung durch Browne im Jahre 1910 ergeben?

Das Manuskript selbst enthält wie bereits erwähnt keinerlei Hinweis auf Ḥājī Mīrzā Jānī Kāshānī als Verfasser. Um sich dessen zu vergewissern, daß Ḥājī Mīrzā Jānī Kāshānī, wie Browne vermutete, der Autor des Werkes sei, suchte Browne bei Mīrzā Yaḥyā um eine Bestätigung seiner Vermutung nach. Er beschrieb hierzu die vorgefundenen Manuskripte und erhielt von Mīrzā Yaḥyā Azal folgende Antwort: »The history to which you allude must, by certain indications, be by the uplifted and martyred Ḥājjī

---

27 Buch vom Punkt des (Buchstabens) *Kāf*

28 siehe Ṭabāṭabā'ī, »Kitābī bī nām bā nāmī tāzih«, in: Edward G. Browne, *Tārīkh-i-Adabiyāt-i Īrān*, S. 437

29 E. G. Browne zitiert den entsprechenden Passus, in dem es u. a. heißt (*Tārīkh-i-Jadīd*, Introd., S. XVI): نام این کتابرا نقطه الکاف نمودم

[Mīrzā Jānī], for none but he wrote [such] a history.«[30] Die »certain indications« sind nicht erläutert, das Argument, nur Mīrzā Jānī habe eine Geschichte verfaßt, ist als Bestätigung der Autorschaft etwas dürftig, mag es doch weitere Chroniken gegeben haben, die sich der Kenntnis Mīrzā Yaḥyās entzogen. In seiner Anfrage bei Mīrzā Yaḥyā hatte Browne offensichtlich bereits erwähnt, daß jener im *Kitāb-i-Nuqṭatu'l-Kāf* eine zentrale Stellung einnimmt, dies kann man zumindest aus der Antwort Mīrzā Yaḥyās schließen.[31] Eine Anfrage Brownes bezüglich der Autorschaft des *Kitāb-i-Nuqṭatu'l-Kāf* bei ʻAbdu'l-Bahā, mit dem Browne früher bereits korrespondiert hatte[32], oder bei den Bahā'ī in Palästina, unterblieb bedauerlicherweise.

Gewichtige Gründe sprechen gegen Ḥājī Mīrzā Jānī Kāshānī als Autor des von Browne entdeckten Manuskripts, das er als *Kitāb-i-Nuqṭatu'l-Kāf* veröffentlichte:

1. Mīrzā Jānī wird zweimal im Text mit den einleitenden Worten zitiert: »Ḥājī Kāshānī berichtet, daß...«[33]. Wäre Mīrzā Jānī der Verfasser des Werkes, so hätte er sich nicht selbst zitiert. Autoren persischer Literatur nehmen gewöhnlich mit Worten wie »dieser ergebene Diener« oder »meine Wenigkeit« auf sich Bezug, wie dies auch an mehreren Stellen des *Kitāb-i-Nuqṭatu'l-Kāf* der Fall ist.[34] Hieraus wird ersichtlich, daß der Autor, der sich hinter den Worten »meine Wenigkeit« verbirgt und dessen Identität bisher nicht geklärt ist, Mīrzā Jānī als Quelle nützt und ihn entsprechend zitiert. Ebenso berichtet der Autor unter Angabe der Namen, daß Ḥājī Kāshānī und Jināb-i-Azal (Mīrzā Yaḥyā) in Amūl nicht geschlagen worden seien.[35] Auch hier hätte Ḥājī Mīrzā Jānī, wäre er der Autor gewesen, mit anderen Worten auf sich selbst Bezug genommen.

2. Höchst aufschlußreich ist darüber hinaus auch die Tatsache, daß der Aufenthalt des Bāb in Ḥājī Mīrzā Jānīs Haus in Kāshān

---

30 *Nuqṭatu'l-Kāf*, Introd., S. XVI, Originalbrief in *Browne Collection 13*, F. 66

31 Er schreibt: »Another in Baghdād had thought of writing one, and the name of this humble one [i. e. Ṣubḥ-i-Azal himself] would necessarily have appeared in it, but certain persons prevented him« (zitiert in *Kitāb-i-Nuqṭatu'l-Kāf*, Introd., S. XVI).

32 siehe H. M. Balyuzi, *Edward Granville Browne and the Bahā'ī Faith*, S. 98 ff.

33 *Kitāb-i-Nuqṭatu'l-Kāf*, S. 242, Zeile 4 und Zeile 23

34 es heißt z. B. auf S. 239 des *Kitāb-i-Nuqṭatu'l-Kāf*: حقیر مصنف کتاب

35 *Kitāb-i-Nuqṭatu'l-Kāf*, S. 242

nur ganz knappe Erwähnung findet. Wäre der Ḥājī tatsächlich selbst der Verfasser gewesen, so hätte er sicherlich ausführlich über seine Begegnung mit dem Bāb, dem Stifter seines Glaubens, berichtet.[36] Tatsächlich ist dem *Tārīkh-i-Jadīd* der Hinweis zu entnehmen, Ḥājī Mīrzā Jānī Kāshānī habe ausführlich über den Besuch des Bāb berichtet.[37] Dieser Bericht fehlt aber völlig im *Kitāb-i-Nuqṭatu'l-Kāf*, derjenigen Geschichte, die Browne als die »Alte Geschichte« des Ḥājī Mīrzā Jānī Kāshānī betrachtet hat. Browne zeigt zwar seine Verwunderung über die fehlende Beschreibung des Besuches, hinterfragt die Problematik aber nicht weiter.[38]

3. Im veröffentlichten Text des *Kitāb-i-Nuqṭatu'l-Kāf* finden sich zwei unterschiedliche Entstehungsdaten. Neben dem Datum 1267 (1850/51) wird als zweites Datum das Jahr 1270 (1853/54) genannt[39], Mīrzā Jānī war jedoch bereits am 15.9.1852 A. D. (1268 d. H.) in Teheran als Märtyrer für seinen Glauben gestorben[40]. Da das Datum nicht in Ziffern, sondern in Worten geschrieben ist, ist ein Irrtum bei der Abschrift auszuschließen.

4. Darüber hinaus wird gegen Ende des Werkes erwähnt, daß es zahlreiche Bābī in Istanbul gebe[41], was jedoch bis zum Tode Ḥājī Mīrzā Jānī Kāshānīs nicht der Fall gewesen sein kann, sondern frühestens gegen 1866[42]. Vielleicht handelt es sich lediglich

---

36 Auf Seite 123 des *Kitāb-i-Nuqṭatu'l-Kāf* wird erwähnt, daß der Bāb zwei Tage und zwei Nächte in Kāshān weilte und dort wundervolle Zeichen durch die Sonne der Wahrheit offenbar wurden. Auf Seite 125 wird über das Zustandekommen dieses Besuches berichtet: die Wachen, die den Bāb zu seinem nächsten Ort der Gefangenschaft zu führen hatten, vermieden es tunlichst, ihn durch größere Städte zu führen. So betraten sie z. B. Qum und Qazvīn nicht, die auf ihrem Weg lagen. Der Besuch in Kāshān dagegen sei aufgrund der Ergebenheit eines Anhängers erfolgt, der den Bāb in Kāshān ehren wollte. Die Wachen hätten eingewilligt. Mehr wird über den Besuch des Bāb in Kāshān nicht berichtet. Nabīl berichtet ausführlicher über den Aufenthalt des Bāb in Kāshān, der sich nach seiner Aussage über drei Tage erstreckte (*Nabīls Bericht*, Bd. II, S. 251-256). Auch Mīrzā Abū'l-Faḍl berichtet über einen dreitägigen Aufenthalt (*The Bahā'ī Proofs*, S. 41).

37 »Ḥājjī Mīrzā Jānī gives in his book a full description of all the wonderful things which they witnessed in those [two/three] days and nights...« (S. 214).

38 *Tārīkh-i-Jadīd*, Appendix I, S. 349

39 *Kitāb-i-Nuqṭatu'l-Kāf*, S. 92

40 E. G. Browne, in: *Tārīkh-i-Jadīd*, Introd., S. XV

41 *Kitāb-i-Nuqṭatu'l-Kāf*, S. 266: در استانبول جمعی کثیر هستند

42 Moojan Momen, *The Bābī and Bahā'ī Religions*, S. 34. Gobineau weiß 1865 noch nichts über Bābī in Istanbul zu berichten, sondern spricht lediglich von der Verbrei-

um eine Übertreibung des Autors. Doch wahrscheinlich ist diese Aussage als ein entscheidender Hinweis zur Ermittlung des tatsächlichen Entstehungsdatums des Werkes zu werten, das somit offenbar von beiden im *Kitāb-i-Nuqṭatu'l-Kāf* genannten Daten abweicht und möglicherweise über 14 Jahre später anzusetzen ist. Es besteht natürlich auch die Möglichkeit, daß das ursprüngliche Werk zu einem späteren Zeitpunkt ergänzt oder verändert worden ist.

5. Schließlich wird im *Kitāb-i-Nuqṭatu'l-Kāf* die Auffassung dargelegt, Mīrzā Yaḥyā Azal sei der vom Bāb verheißene *Man yuẓhiruhu'llāh.*[43] Hätte Ḥājī Mīrzā Jānī Kāshānī diese Überzeugung tatsächlich vor seinem Märtyrertod 1852 geäußert, so wäre sie mit Sicherheit nicht ungehört verhallt, sondern hätte erhebliches Aufsehen unter den damals orientierungslosen und haltsuchenden Bābī erregt. Hiervon ist jedoch in den Geschichtswerken nichts verzeichnet, was als eindeutiges Indiz für ein späteres Verfassungsdatum oder aber eine spätere Interpolation dieser Passage zu werten ist.

Diese Punkte zeigen, daß Ḥājī Mīrzā Jānī Kāshānī entgegen der Annahme Brownes nicht der Autor des von Browne veröffentlichten *Kitāb-i-Nuqṭatu'l-Kāf* gewesen sein kann. Im zweiten Teil des *Kitāb-i-Nuqṭatu'l-Kāf* finden sich Fragmente aus der Geschichte des Ḥājī Mīrzā Jānī Kāshānī. Diese Fragmente müssen Browne dazu verleitet haben, Mīrzā Jānī als Autor des Gesamtwerkes auszugeben. Da dessen ursprüngliches Geschichtswerk jedoch bisher nicht aufgefunden werden konnte, bleibt fraglich, wie umfangreich die aus seiner Geschichte entnommenen Passagen sind[44] und wie textnah er im *Kitāb-i-Nuqṭatu'l-Kāf* zitiert wird.

Wenn Mīrzā Jānī also nicht der Verfasser des *Kitāb-i-Nuqṭatu'l-Kāf* ist, sondern nur gelegentlich zitiert wird, wer ist dann

---

tung in Persien, Baghdād und Indien (*Les Religions et les Philosophies dans l'Asie Centrale,* S. 309). Außerdem berichtet er, daß sich bis 1852 (also bis zum Todesjahr Mīrzā Jānīs) die Religion des Bāb über fast ganz Persien verbreitet hatte (S. 308).

43 *Kitāb-i-Nuqṭatu'l-Kāf,* S. 244

44 Die Geschichte des Ḥājī Mīrzā Jānī Kāshānī muß einen wesentlich geringeren Umfang gehabt haben als der *Kitāb-i-Nuqṭatu'l-Kāf,* da 'Abdu'l-Bahā von nur wenigen Teilen spricht (Brief an die Hände der Sache Gottes, in: *Mā'idiyi-Āsmānī,* Bd. II, S. 209): چند جزوه تاریخی نوشته بود نا تمام

der eigentliche Verfasser? Eine definitive Antwort auf diese Frage zu geben, wäre nach dem jetzigen Forschungsstand verfrüht. Es gibt verschiedene Hypothesen über den tatsächlichen Autor, die allerdings noch so wenig erhärtet werden konnten, daß sie im Bereich der Spekulationen bleiben. Balyuzi hält eine Beteiligung von Ḥājī Mīrzā Aḥmad, einem Bruder des verstorbenen Ḥājī Mīrzā Jānī und Anhänger Mīrzā Yaḥyā Azals, für denkbar[45]. MacEoin vermutet eine Gemeinschaftsarbeit zweier Brüder und eines Neffen des verstorbenen Ḥājī Mīrzā Jānī, nämlich Ḥājī Mīrzā Ismā'īl Kāshānī (Dhabīḥ) Ḥājī Mīrzā Aḥmad und Āqā Riḍā'[46].

Als Browne den *Kitāb-i-Nuqṭatu'l-Kāf* veröffentlichte, war er von der Seltenheit seines Fundes überzeugt und scheint keine weiteren Manuskripte gekannt zu haben. Zumindest erwähnt er sie nicht. Heute sind namentlich rund ein Dutzend Manuskripte bekannt[47], die jedoch in den meisten Fällen nicht zugänglich sind.

MacEoin[48] hat einen Vergleich zwischen dem Browne'schen *Nuqṭatu'l-Kāf* und zwei Manuskripten, die er in Haifa und Teheran gesichtet hat, vorgenommen. Bei seinem Vergleich des Pariser Textes, der der Browne'schen Edition zugrunde liegt, mit den in Haifa und Teheran archivierten Exemplaren fällt auf, daß das Haifa Manuskript erst auf Seite 87, Zeile 16 und das Teheraner Exemplar auf S. 88, Zeile 14 des Pariser Textes beginnt. Des weiteren finden sich manche Passagen im Pariser Textverlauf, die in den Manuskripten aus Haifa und Teheran nicht enthalten sind. Abgesehen davon scheinen die Texte auf eine gemeinsame Vorlage zurückzugehen.

Browne hat, wie bereits erwähnt, in der Nationalbibliothek in Paris neben dem Manuskript (Suppl. Persan 1071), das er später als *Kitāb-i-Nuqṭatu'l-Kāf* veröffentlichte, noch ein weiteres Manuskript vorgefunden (Suppl. Persan 1070). In diesem findet sich

---

45 Hasan M. Balyuzi, *Edward Granville Browne and the Bahā'ī Faith*, S. 64/65: »Did this Ḥājī Mīrzā Aḥmad, involved as he was with the supporters of Ṣubḥ-i-Azal, have a hand in tampering with the text of the fragmentary history written by his martyred brother? One can pose this question, but to find an answer is well-nigh impossible. No documentary evidence exists.«

46 D. MacEoin, *The Sources for Early Bābī Doctrine and History*, S. 151

47 D. MacEoin, *A Revised Survey of the Sources for Early Bābī Doctrine and History*, S. 187

48 *A Revised Survey of the Sources for Early Bābī Doctrine and History*, S. 184-186

zunächst der *Persische Bayān*, und dann folgt — nach einem kurzen Hinweis darauf, daß der angeschlossene Text nicht vom Verfasser des *Bayān* stamme — ein Manuskript, das in etwa mit dem ersten Drittel des anderen Manuskriptes (Suppl. Persan 1071) übereinstimmt. Dieses erste Drittel endet auf Seite 85, Zeile 7 des gedruckten *Kitāb-i-Nuqṭatu'l-Kāf*.[49]

Das Fehlen der ersten 87 bzw. 88 Seiten des Pariser Textes in denjenigen aus Haifa und Teheran, sowie die Existenz eines Manuskripts (Suppl. Persan 1070), das lediglich das erste Drittel des von Browne veröffentlichten *Kitāb-i-Nuqṭatu'l-Kāf* bis zu Seite 85 abdeckt, geben Rätsel auf. Zugleich mag man hieraus den Hinweis entnehmen, daß es sich möglicherweise um zwei separate Teile eines Werkes, wenn nicht gar um zwei völlig unabhängige Werke handelt, wobei die Schnittstelle irgendwo zwischen den Seiten 85 und 88 des gedruckten Textes liegen müßte. Ṭabāṭabā'ī vertritt die These, es handle sich bei dem Pariser Manuskript in Wirklichkeit um zwei Werke, die zu irgendeinem Zeitpunkt zu einem einzigen Manuskript zusammengefügt wurden und möglicherweise nur vom selben Autor stammen.[50] Die These wird auch durch einen inhaltlichen Vergleich der beiden Teile des als *Kitāb-i-Nuqṭatu'l-Kāf* veröffentlichten Textes erhärtet: Der erste Teil ist eine Abhandlung über die Glaubensdoktrin der Bābī-Religion. Erst im zweiten Teil befaßt sich der Autor mit der Geschichte des Glaubens.

Setzt sich der Text des *Kitāb-i-Nuqṭatu'l-Kāf* tatsächlich aus zwei unterschiedlichen Werken zusammen, so läßt sich damit auch die Abweichung zwischen den zwei angeführten Entstehungsdaten erklären: auf Seite 61 ist vom Jahr 1277 nach der Berufung Muḥammads die Rede, d. h. umgerechnet 1267 d. H. (1850/51 A. D.), wenn man einen Zeitraum von 10 Jahren zwischen Berufung und Hijra zugrunde legt[51]; und auf Seite 92 wird das Jahr 1270 nach der Hijra genannt, also 1853/54. Browne geht

49 *Kitāb-i-Nuqṭatu'l-Kāf*, Introd., S. XIV-XV

50 siehe Ṭabāṭabā'ī, »Kitābī bī nām bā nāmī tāzih«, in: E. G. Browne, *Tārīkh-i-Adabiyāt-i Īrān*, S. 437

51 Der Bāb legt in seiner Zeitrechnung meist die Berufung Muḥammads zum Propheten, und nicht die Hijra, zugrunde. Siehe z. B. im *Persischen Bayān* II:7, wo er den Beginn seiner eigenen Offenbarung auf das Jahr 1260 d. H./1270 nach der Berufung Muḥammads datiert.

in seiner Einleitung zum *Tārīkh-i-Jadīd* [52] lediglich auf das Entstehungsdatum 1267 d. H. (1850/51 A. D.) ein. Das zweite im *Kitāb-i-Nuqṭatu'l-Kāf* angegebene Entstehungsdatum findet bei Browne keine Erwähnung.

All diese Feststellungen zeigen, wie wenig man bis heute über den eigentlichen Ursprung des *Kitāb-i-Nuqṭatu'l-Kāf*, seine(n) Autoren und den Zeitpunkt seines Entstehens sagen kann. Sicher ist, daß Ḥājī Mīrzā Jānī Kāshānī nicht der Autor des gesamten Werkes war und daß es sich bei dem Werk nicht um eine zuverlässige Quelle über die Bābī-Religion handeln kann, wenngleich einzelne Passagen zutreffend sein mögen.

Der *Nuqṭatu'l-Kāf* mag ein interessanter Spiegel des desolaten Zustandes der Bābī-Gemeinde nach dem Märtyrertod des Bāb sein. Die grausame Verfolgung der Bābī hat nicht nur dazu geführt, daß die Gemeinde in kürzester Zeit ihrer wichtigsten Häupter beraubt war — so starben fast alle achtzehn *Buchstaben des Lebendigen* [53], unter denen so wichtige Persönlichkeiten wie Mullā Ḥusayn, Ṭāhirih und Quddūs waren, den Märtyrertod —, sondern auch dazu, daß in ihrem Verlauf viele Werke des Bāb vernichtet wurden oder verlorengingen. So fehlte den Gläubigen die Möglichkeit, sich an führenden Persönlichkeiten ihres Glaubens zu orientieren und die Schrift des Religionsstifters zu studieren. Browne schreibt, daß in den Jahren 1850-1853 Spekulationen jede Ordnung und Disziplin unter den Bābī zu zerstören drohten, da fast jeder Bābī sein eigenes Gesetz schuf und es ebenso viele »Manifestationen«[54] wie Anhänger des Bāb gab[55]. Der *Kitāb-i-Nuqṭatu'l-Kāf* spiegelt diese Situation wider, da in ihm eine Vielzahl von Bābī Erwähnung finden, die sich selbst als »Manifestation Gottes« betrachteten und miteinander rivalisierten. Zu Recht nennt Browne die Jahre 1850-52 »the two years' period of transition — I had almost said of chaos —«[56], und dieses Chaos ist

52 S. XIX
53 *Ḥurūf al-Ḥayy.* Dies ist der Titel, den der Bāb seinen achtzehn Jüngern und zugleich ersten Gläubigen verlieh. Ihre Namen führt Nabīl in seinem Bericht an (Bd. I, S. 113).
54 *maẓhar*, Pl. *maẓāhir*. Der Ort bzw. Träger göttlicher Offenbarung, Offenbarer.
55 M. Phelps, *Abbas Effendi*, Introd. by E. G. Browne, S. XXVI
56 E. G. Browne, in *Tārīkh-i-Jadīd*, S. 384

vielleicht in keinem anderen Werk so anschaulich festgehalten wie im *Kitāb-i-Nuqṭatu'l-Kāf*.

Ein Spiegel der Lehre des Bāb ist er mit Sicherheit nicht, dies ergibt bereits ein einfacher Vergleich zwischen den hier dargelegten Lehren und den Schriften des Bāb selbst. So findet sich im Schrifttum des Bāb keinerlei Hinweis auf eine Lehre der Reinkarnation. Im *Kitāb-i-Nuqṭatu'l-Kāf* dagegen wird von einem Menschen berichtet, der zur Strafe für frühere Vergehen als Hund wiedergeboren wurde.[57] Browne befaßt sich mit der Frage der Seelenwanderung und stellt aufgrund der Aussagen im *Persischen Bayān* fest: »A corporeal resurrection, a material heaven and hell, and the like, are mere figments of the imagination.«[58] Insofern weiß Browne den Bericht vom wiedergeborenen Hund auch nicht recht zu deuten: »I must leave the matter for the present.«[59] Offenbar sind ihm auch trotz dieses Widerspruches keine Zweifel daran gekommen, ob der Text des *Nuqṭatu'l-Kāf* tatsächlich eine getreue, authentische Wiedergabe der Bābī-Doktrin war, für die er sie hielt.[60]

Browne war offenbar der Auffassung, daß der *Kitāb-i-Nuqṭatu'l-Kāf* die Position Mīrzā Yaḥyās stärke, was wiederum die Bahā'ī dazu veranlaßt haben soll, eine Überlagerung oder Verdrängung des Werkes durch *Tārīkh-i-Jadīd* anzustreben. Mīrzā Yaḥyā Azal wird im *Kitāb-i-Nuqṭatu'l-Kāf* überwiegend positiv dargestellt und unter dem Ehrentitel *Ḥaḍrat-i-Azal* (Seine Erhabenheit/Hoheit Azal) genannt.[61] Insbesondere eine Textstelle[62] befaßt sich mit der Stellung Mīrzā Yaḥyās, den — so die Übersetzung Brownes — der Bāb in einem Testament explizit zu seinem Nachfolger (*valī*) berufen habe, doch findet sich in der von Mīrzā Yaḥyā vorgelegten Ernennungsurkunde weder eine derartige Aussage

---

57 *Kitāb-i-Nuqṭatu'l-Kāf*, S. 258

58 *Tārīkh-i-Jadīd*, App. II, S. 335

59 *Tārīkh-i-Jadīd*, App. II, S. 339

60 »The doctrines set forth in it, though undoubtedly those held by the early Bābīs, were eminently calculated to encourage mysticism and metaphysical speculation of the boldest kind...« (*Tārīkh-i-Jadīd*, Introd., S. XXVIII).

61 so z. B. *Kitāb-i-Nuqṭatu'l-Kāf*, S. 258, wo von *Ḥaḍrat-i-Azal* und *Jināb-i-Bahā* die Rede ist. *Ḥaḍrat* steht im Rang eindeutig über *Jināb*. An der Wahl der Titel wird deutlich, wem der Autor den Vorrang gibt.

62 *Kitāb-i-Nuqṭatu'l-Kāf*, S. 244; englische Übersetzung im Appendix II zu *Tārīkh-i-Jadīd*, S. 381

noch der Begriff *valī* oder *vilāyat*.[63] Browne wählt jedoch in seiner Übersetzung der entsprechenden Passage eine Formulierung, die dem Original nicht zu entnehmen ist, indem er Mīrzā Yaḥyā Azal als Nachfolger einführt und hierfür sogar den Begriff *valī* in Klammern angibt, als werde dieser im Original gebraucht. Browne übersetzt: »He also wrote a testamentary deposition, explicitly nominating him [*i. e. Ezel*] as his successor [*Walī*], and added, ›Write the eight [*unwritten*] *Vāḥids* of the Beyān‹, and, if ›He whom God shall manifest‹ should appear in His power in thy time, abrogate the Beyān...«[64] Im Original heißt es jedoch lediglich, der Bāb habe unter Bezugnahme auf sein Testament und seine Nachfolge angeordnet, er (Azal) solle die acht Kapitel des *Bayān* schreiben und den *Bayān* als ungültig erklären, wann immer bzw. sobald der Verheißene in Mīrzā Yaḥyā Azals Zeit erscheinen werde[65]. Wenngleich die Übersetzung Brownes auf den ersten Blick vom Sinn des Originals nur in Nuancen abweicht, so erzeugt sie doch beim Leser einen völlig anderen Eindruck: Das Original läßt offen, wen der Bāb mit seiner Nachfolge (*vilāyat-i-īshān*) betraut hat; in der Übersetzung dagegen ist von der expliziten Ernennung Mīrzā Yaḥyā Azals zum Nachfolger des Bāb die Rede. Bezüglich des Kommens des Verheißenen übersetzt Browne außerdem den Begriff *hargāh* nicht korrekt mit »wann immer oder sobald«, sondern er wählt die vage Formulierung »wenn er erscheinen sollte«, die dem Original nicht entspricht. Hierdurch schwächt Browne einen offensichtlichen Widerspruch zwischen dieser Stelle im *Kitāb-i-Nuqṭatu'l-Kāf* und der Doktrin der Azalī-Apologie *Hasht Bihisht* ab, wonach der Verheißene erst nach über 1500 Jahren erscheinen werde.

Weiter unten im Text leitet der Autor des *Nuqṭatu'l-Kāf* aus der oben zitierten Passage die Schlußfolgerung ab, mit dem ver-

63 Siehe die von Browne in *Tārīkh-i-Jadīd* abgedruckte Urkunde (S. 426) und meine Ausführungen hierzu S. 503 ff.

64 Übersetzung in Appendix II zu *Tārīkh-i-Jadīd*, S. 381

65 Der Originaltext lautet (Kitāb-i-Nuqṭatu'l-Kāf, S. 244):

وصیت نامه نیز فرموده بودند و نص بوصایت وولایت ایشان فرموده و فرمایش کرده
بودند که هشت واحد بیانرا بنوسید و هرگاه من یظهره الله در زمان تو باقتدار ظاهر
گردید بیانرا نسخ نما...

heißenen *Man yuẓhiruhu'llāh* sei Mīrzā Yaḥyā Azal und kein anderer gemeint. Dies ist seine persönliche Interpretation der oben angeführten Textstelle. Dabei ist besagter Stelle keinerlei Begründung oder Andeutung zu entnehmen, daß Mīrzā Yaḥyā Azal der verheißene *Man yuẓhiruhu'llāh* sein könne, eher im Gegenteil. Im Text heißt es, Azal solle, wann immer der Verheißene in seiner Zeit mit Macht erscheinen werde, den *Bayān* für ungültig erklären.[66] Demnach konnte Mīrzā Yaḥyā Azal nicht der verheißene *Man yuẓhiruhu'llāh* sein. Doch dieser Widerspruch scheint weder Browne noch den Azalī aufgefallen zu sein. Den Autor des *Kitāb-i-Nuqṭatu'l-Kāf* scheint es lediglich verwundert zu haben, daß der Bāb Mīrzā Yaḥyā Azal Weisungen gab, wenngleich dieser doch der Verheißene gewesen sein soll. Er sucht dies dann zu rechtfertigen, indem er ausführt, der Bāb sei zu jenem Zeitpunkt der Himmel des Willens gewesen, während Mīrzā Yaḥyā die Erde der Ergebenheit darstellte. Der Autor geht so weit zu sagen, der Bāb habe seine eigene Zerstörung gewünscht, nachdem Mīrzā Yaḥyā zur Reife gelangt war.[67]

Es spricht viel dafür, daß Mīrzā Yaḥyā Azal sich von der Veröffentlichung des *Kitāb-i-Nuqṭatu'l-Kāf* eine Stärkung seiner eigenen Position erhoffte. Sicher kam ihm die Veröffentlichung durch Browne recht gelegen, was auch durch die Tatsache bestätigt wird, daß die Azalī ihrerseits später eine Neuauflage des *Kitāb-i-Nuqṭatu'l-Kāf* herausbrachten.[68] Browne jedenfalls war der Auffassung, daß der *Nuqṭatu'l-Kāf* die Azalī mit einer machtvollen Waffe, nicht nur der Verteidigung, sondern auch des Angriffes, versehe.[69] Es ist bezeichnend für Browne und seine positive Einstellung gegenüber Mīrzā Yaḥyā Azal, daß er die Bedeutung des *Kitāb-i-Nuqṭatu'l-Kāf* in Bezug auf dessen angebliche Nachfolgeschaft derart hervorhebt.

Man muß auch die Möglichkeit in Betracht ziehen, daß das Manuskript, das Browne Jahre später als *Kitāb-i-Nuqṭatu'l-Kāf* veröffentlichte, in der vorliegenden Form von Azalī angefertigt und Gobineau gesandt worden war, möglicherweise in der Hoff-

66 *Kitāb-i-Nuqṭatu'l-Kāf*, S. 244
67 *Kitāb-i-Nuqṭatu'l-Kāf*, S. 244
68 siehe MacEoin, *The Sources for Early Bābī Doctrine and History*, S. 5
69 *Tārīkh-i-Jadīd*, Introd., S. XXVIII; siehe auch Appendix II, S. 374

nung, er werde es veröffentlichen, übersetzen oder die Inhalte in ein weiteres Werk über die Religion des Bāb einfließen lassen. Immerhin pflegte Gobineau auch nach seiner Rückkehr nach Paris weiterhin Kontakt zu Azalī und befanden sich in seinem Besitz mindestens zwei weitere Azalī-Schriften.[70] Sein Werk *Les Religions et les Philosophies dans l'Asie Centrale*, das das Primat Mīrzā Yaḥyās wiederholt betont und an dessen Genese die Azalī nicht unbeteiligt waren, hatte ihnen so zugesagt, daß sie es ins Persische übertragen und veröffentlicht haben.[71] Wie wir heute wissen, hat Gobineau sich nicht näher mit dem Manuskript befaßt. Erst durch das Wirken Brownes hat das Werk die von den Azalī erhoffte Verbreitung gefunden.

Schließlich noch eine Bemerkung zu der persischen und englischen Einleitung zum *Kitāb-i-Nuqṭatu'l-Kāf*, die beide angeblich von Browne verfaßt sein sollen. In beiden berichtet Browne u. a. über seine Forschungsreisen, persönliche Korrespondenz usw. Allem Anschein nach stammen die beiden Einleitungen jedoch nicht aus der Feder ein und desselben Autors. So stellt Balyuzi anhand von Beispielen fest, daß die persische Einleitung zuweilen sehr scharf Stellung bezieht, während die englische Einleitung in Tonfall und Inhalt gemäßigter ist.[72] Ein weiteres Indiz für zwei verschiedene Verfasser ist die Tatsache, daß in der englischen Einleitung von Mullā Ḥusayn aus Bushrawayh die Rede ist[73], während in der persischen Einleitung erklärt wird, wie es zu der falschen Schreibweise bzw. Aussprache »Bushrawayh« komme.[74]

Man kann mit einiger Gewißheit davon ausgehen, daß Browne der Verfasser der englischen Einleitung ist, wohingegen die persische Einleitung aus der Feder eines shī'itischen Gelehrten namens Mīrzā Muḥammad Qazvīnī stammt.[75] Letzterer nimmt dies

70 siehe D. MacEoin, *The Sources for Early Bābī Doctrine and History*, S. 141, 143

71 siehe D. MacEoin, *The Sources for Early Bābī Doctrine and History*, S. 5. Zu Gobineaus Werk siehe auch meine Ausführungen S. 424 ff.

72 H. M. Balyuzi, *Edward Granville Browne and the Bahā'ī Faith*, S. 74-75

73 *Kitāb-i-Nuqṭatu'l-Kāf*, Introd., S. XLII

74 *Kitāb-i-Nuqṭatu'l-Kāf*, persische Einleitung, Fußnote auf den Seiten kaf und kā. H. Balyuzi weist zu Recht darauf hin, daß Browne auch in späteren Veröffentlichungen immer »Bushrawayh« oder »Bushraweyh« schreibt (*Edward Granville Browne and the Bahā'ī Faith*, S. 76).

75 Nach Aussage von Juan Cole veröffentlichte Browne den *Kitāb-i-Nuqṭatu'l-Kāf* 1910 auf Drängen und unter Mitarbeit Mīrzā Khān-i Qazvīnīs (*EIR*, Bd. IV,

nicht nur selbst für sich in Anspruch, sondern es liegt auch ein entsprechender Briefwechsel mit Browne vor.[76] Dennoch gab Browne sich — aus welchen Gründen auch immer — als Verfasser beider Einleitungen aus. Ṭabāṭabā'ī geht davon aus, daß die persische Einleitung zum *Kitāb-i-Nuqṭatu'l-Kāf* mit Unterstützung Mīrzā Yaḥyās entstanden sei.[77] Diese Hypothese ist nicht von der Hand zu weisen, wenn man beispielsweise die Ausführungen innerhalb der persischen (und auch englischen) Einleitung bezüglich des Zeitpunkts, zu dem der vom Bāb Verheißene erscheinen werde, näher betrachtet und sie mit der in der Azalī-Apologie *Hasht Bihisht* dargelegten Azalī-Lehre vergleicht. Der Autor der Einleitung macht sich den Azalī-Standpunkt zu eigen, wenn er sich ihrer Argumentation über ein Erscheinen des Verheißenen in ferner Zukunft, d. h. in 1511 oder 2001 Jahren, zur Zeit von *Ghiyāth* und *Mustaghāth*[78], anschließt.

2. *Tārīkh-i-Jadīd*

Tārīkh-i-Jadīd ist ein Geschichtswerk, das wie der *Kitāb-i-Nuqṭatu'l-Kāf* aus der Geschichte des Ḥājī Mīrzā Jānī Kāshānī zitiert, jenes Kaufmanns aus Kāshān, der die Religion des Bāb angenommen hatte. Der *Tārīkh-i-Jadīd* muß zwischen 1874 und 1879/80 entstanden sein.[79]

Ḥājī Mīrzā Jānī Kāshānī hat in seiner Chronik offenbar einen einfachen Bericht dessen gegeben, was er selbst erlebt oder aus

---

S. 486). Dieser lebte als Mitarbeiter Brownes in Europa und war Mitbegründer der Zeitschrift *Kaveh* in Berlin (siehe Nirumand, B./Yonan, G., *Iraner in Berlin*, S. 65).

76 siehe M. Momen, *The Bābī and Bahā'ī Religions*, S. 30

77 siehe Ṭabāṭabā'ī, »Kitābī bī nām bā nāmī tāzih«, in: Edward G. Browne, *Tārīkh-i-Adabiyāt-i Īrān*, S. 434

78 Persische Einleitung, S. kd und kj; englische Einleitung S. XXV, XXVI; zu diesem Fragenkomplex siehe auch meine Ausführungen S. 479 ff.

79 Im *Tārīkh-i-Jadīd* ist von einer 35-jährigen (bzw. im Browne'schen Manuskript von einer 30-jährigen) Verfolgung der Bābī die Rede. Da der Bāb 1844 erschien, ergibt sich somit das Jahr 1874 bzw. 1879/80 als Verfassungsdatum des *Tārīkh-i-Jadīd* (siehe *Tārīkh-i-Jadīd*, Appendix I, S. 321). Browne entschied sich offenbar für das frühere Datum, 1874, ohne seine Annahme näher zu begründen (*Kitāb-i-Nuqṭatu'l-Kāf*, Introd., S. XXXV). H. M. Balyuzi nennt 1877-80 als den Zeitraum, innerhalb dessen *Tārīkh-i-Jadīd* entstanden ist (H. M. Balyuzi, *Edward Granville Browne and the Bahā'ī-Faith*, S. 72).

zuverlässiger Quelle erfahren hat, ohne jedoch Jahreszahlen zu nennen. Dennoch muß es sich bei diesem Werk um eine interessante und authentische Darstellung zur Frühgeschichte der Religion des Bāb gehandelt haben. Umso bedauerlicher ist es, daß das Originalwerk bisher nicht aufgefunden werden konnte.

Fragmente der Chronik finden sich wie gesagt in *Tārīkh-i-Jadīd*, einem von Mīrzā Ḥusayn-i Hamadānī im Auftrag von Mānakjī verfaßten Geschichtswerk. Mīrzā Ḥusayn-i Hamadānī, ein ergebener Bābī und namhafter Kalligraph, war in der Schreibstube des bekannten Zoroastriers Mānakjī Ṣāḥib beschäftigt, der als Repräsentant der Zoroastrier von Bombay nach Teheran gekommen war, um über die Interessen seiner in Persien stark benachteiligten Glaubensbrüder zu wachen.[80] Mānakjī war für seine Vorliebe zu Büchern bekannt und bemühte sich laufend, Autoren zu finden und zum Verfassen von Schriften zu ermuntern. So forderte er Mīrzā Ḥusayn-i Hamadānī auf, eine Geschichte der Bābī zu schreiben. Mīrzā Ḥusayn-i Hamadānī bat seinen Mitgläubigen Mīrzā Abū'l-Faḍl Gulpāygānī, einen herausragenden und anerkannten Gelehrten seiner Zeit[81], um Rat und erfuhr über ihn von der Existenz der Chronik des Ḥājī Mīrzā Jānī Kāshānī. Wie Mīrzā Abū'l-Faḍl 1892 in seinem Alexandrinischen Traktat an den

80 Er war 1854 nach Persien gekommen (*Tārīkh-i-Jadīd*, Introd., S. XXXVIII) und verstarb ca. 1891.

81 Mīrzā Abū'l-Faḍl (1844-1914) durchlief die klassische islāmische Theologenausbildung, lehrte an der berühmten Azhar-Universität in Kairo und ist Verfasser mehrerer Werke, die sich durch klare Gedankenführung, Logik und fortschrittliches Denken auszeichnen. Entgegen Ficicchias Behauptung, Mīrzā Abū'l-Faḍl sei ein »Bahā'ī-Protagonist jüdischer Herkunft« (*Bahā'ismus*, S. 183), ist festzuhalten, daß seine Abstammung mütterlicherseits auf Muhammad zurückzuführen ist, während der Vater ein shī'itischer Rechtsgelehrter war (siehe Mehrābkhānī, Rūḥu'llāh, *Zindigānī-i-Mīrzā Abū'l-Faḍl-i-Gulpāygānī*, S. 20-22). Die Existenz einer Abhandlung über die Erfüllung jüdischer Prophezeiungen durch die Bahā'ī-Religion läßt keinen Rückschluß auf eine jüdische Abstammung zu. Auch hier kommt es zu einer Fehlinformation durch mangelnde Recherche. Mīrzā Abū'l-Faḍl hat das lange Zeit verschollene, 982 A. D. in persischer Sprache verfaßte Geographiewerk *Ḥudūdu'l-'Ālam* (Die Gebiete der Welt) 1892 in Bukhārā entdeckt, das später von dem sowjetischen Orientalisten V. V. Barthold herausgegeben wurde. Die posthume Veröffentlichung erschien 1930 in Leningrad. Bereits 1937 erschien in Oxford eine von V. Minorsky besorgte englische Übersetzung unter dem Titel *Ḥudūd al-'Ālam* ›The Regions of the World‹. Im Vorwort zur englischen Übersetzung wird erwähnt, Tumansky habe das Werk von »the learned Bahā'ī of Samarqand Mīrzā Abul-Faḍl Gulpāyagānī« erhalten (S. IX); siehe auch Mehrābkhānī, Rūḥu'llāh, *Zindigānī-i-Mīrzā Abu'l-Faḍl-i-Gulpāygānī*, S. 208-212.

Orientalisten Alexander Tumansky[82] schildert, verfaßte Mīrzā Ḥusayn-i Hamadānī auf der Grundlage dieses Werkes seine Geschichte der Bābī mit dem Titel *Tārīkh-i-Jadīd*, die dann jedoch gründlich von Mānakjī redigiert und später von Kopisten weiter entstellt wurde. Mīrzā Abū'l-Faḍl schreibt: »But since Mānakjī wholly lacked knowledge and ability when it came to written and spoken Persian, in this way most of the books and treatises ascribed to him are full of disconnected sentences, with beautiful phrases mixed with ugly ones. In addition to this fault, ignorant transcribers and poor calligraphers copying *The New History* have often written according to their own imaginations.«[83] Diese Beschreibung Mīrzā Abū'l-Faḍls wird durch Brownes Beobachtungen bestätigt, der feststellt, daß das Werk in Stil und Aufbau erhebliche Mängel aufweist und daß einige der angegebenen Daten falsch sind.[84] Er erwähnt außerdem, daß seine Abschrift des *Tārīkh-i-Jadīd* voller orthographischer Fehler sei.[85] Darüber hinaus ist im Text selbst nachweisbar, daß die Ereignisse offenbar nicht aus der Perspektive eines einzigen Autors gesehen werden, sondern daß verschiedene Autoren ihre Sichtweise einbringen. An einer Stelle gibt der Autor sich als Christ aus, dann als Europäer, nicht aber als Perser, gelegentlich kann man ihn für einen Bābī halten, dann wieder für einen Freidenker oder aber einen Zoroastrier.[86] So werden vermutlich einige zutreffende historische Fakten in diesem Werk zu finden sein, andererseits muß man aber mit gravierenden Veränderungen gegenüber dem Original rechnen. Es handelt sich somit nicht um eine zuverlässige Quelle zur Frühgeschichte des Bābī-Glaubens.

An der Darstellung Mīrzā Abū'l-Faḍls hat Browne nicht gezweifelt, er lobt sie im Gegenteil als klar, kurzgefaßt und sachdienlich[87] und bedauert, daß Mīrzā Abū'l-Faḍl »had not a larger

82 in: Mehrābkhānī, Rūḥu'llāh, *Zindigānī-i-Mīrzā Abu'l-Faḍl-i-Gulpāygānī*, S. 62-64, in englischer Übersetzung: Mīrzā Abū'l-Faḍl, *Letters and Essays, 1886-1913*, translated from the Arabic and Persian and annotated by Juan R. I. Cole, Los Angeles 1985, S. 43-83; siehe auch *Tārīkh-i-Jadīd*, Introd., S. XXXVII-XLII

83 *Letters and Essays*, S. 79; siehe auch *Tārīkh-i-Jadīd*, Introd., S. XL

84 *J.R.A.S.* 1889, S. 496

85 *J.R.A.S.* 1892, S. 440

86 vgl. *Tārīkh-i-Jadīd*, Introd., S. XXXIII

87 *Tārīkh-i-Jadīd*, Introd., S. XLII

share in the compilation of the Tārīkh-i-Jadīd, which would undoubtedly have gained much more from the co-operation of Mīrzā Abū'l-Fazl than it has from that of Mānakjī.«[88] So stellt denn auch Browne Brüche im Stil des *Tārīkh-i-Jadīd* fest, die er jedoch weniger als Fälschungen, denn als historisch interessante Ergänzungen betrachtet.[89] Außerdem spricht er von »passages which seemed corrupt«.[90]

Browne erhebt in der Einleitung zu *Tārīkh-i-Jadīd*[91] 1893 einen sehr schwerwiegenden Vorwurf, wenn er seine Auffassung darlegt, daß der *Tārīkh-i-Jadīd* von den Bahā'ī in Umlauf gebracht worden sei, um die Chronik des Ḥājī Mīrzā Jānī Kāshānī mit diesem Werk zu ersetzen bzw. zu überlagern. Den Grund hierfür sah Browne darin, daß die Chronik des Ḥājī Mīrzā Jānī den Interessen der Bahā'ī widerspreche: »To suppress it (the *Nuqṭatu'l-Kāf*) and withdraw it from circulation, at any rate while those on whom had been thrown the glamour of the young Shīrāzī Seer and of the beautiful Ḳurratu'l-'Ayn, the martyred heroine and poetess of Ḳazvīn, constituted the majority of the faithful, was almost impossible; to let it continue to circulate in its present form would be disastrous. Only one plan offered any chance of success. Often in the literary history of the East has the disappearance and extinction of works both valuable and of general interest been brought about, either accidentally or intentionally, by the compilation from them of a more concise and popular abridgement which has gradually superseded them. As the Biography of the Prophet Muḥammad composed by Ibn Isḥāḳ was superseded by the recension of Ibn Hishām, so should Mīrzā Jānī's old history of the Bāb and his Apostles be superseded by a revised, expurgated, and emended ›New History‹ (*Tārīkh-i-Jadīd*), which, while carefully omitting every fact, doctrine, and expression calculated to injure the policy of Behā, or to give offence to his followers, should preserve, and even supplement with new material derived from fresh sources, the substance of the earlier chronicle.«[92]

---

88 *Tārīkh-i-Jadīd,* Introd., S. XLII
89 *Tārīkh-i-Jadīd,* Introd., S. XLVIII
90 *Tārīkh-i-Jadīd,* Introd., S. XLV
91 *Tārīkh-i-Jadīd,* Introd., S. XXIX
92 *Tārīkh-i-Jadīd,* Introd., S. XXIX

Für Browne ist der *Kitāb-i-Nuqṭatu'l-Kāf* also das Original[93], der *Tārīkh-i-Jadīd* eine überarbeitete, bereinigte Fassung. Daher hatte der *Kitāb-i-Nuqṭatu'l-Kāf* in den Augen Brownes auch weit höheren Anspruch auf Veröffentlichung als *Tārīkh-i-Jadīd.*[94] Wann immer Browne Abweichungen zwischen dem *Kitāb-i-Nuqṭatu'l-Kāf* und dem *Tārīkh-i-Jadīd* feststellt, gibt er der Version des *Nuqṭatu'l-Kāf* den Vorrang und hält den Text des *Tārīkh-i-Jadīd* für verändert.[95] So spricht er z. B. von einer völligen Unterdrückung der ursprünglichen Einleitung des *Kitāb-i-Nuqṭatu'l-Kāf* durch den Verfasser des *Tārīkh-i-Jadīd*, der angeblich die ersten 99 Seiten unterschlagen und durch eine 30-seitige eigene Einleitung ersetzt haben soll.[96] Wenn wir jedoch davon ausgehen, daß sich der gedruckte Text des *Kitāb-i-Nuqṭatu'l-Kāf*, wie oben ausgeführt, aus ursprünglich zwei Manuskripten zusammensetzt, so ist völlig einleuchtend, warum die ersten 99 Seiten des *Nuqṭatu'l-Kāf* sich nicht im *Tārīkh-i-Jadīd* finden: sie konstituieren keinen Teil des Textes. Auch die Schlußfolgerung, die sich am Ende des *Kitāb-i-Nuqṭatu'l-Kāf* findet, nicht aber im *Tārīkh-i-Jadīd*, und die sich mit Mīrzā Yaḥyā und den Ereignissen nach dem Märtyrertod des Bāb befaßt, hält Browne für unterschlagen und im *Tārīkh-i-Jadīd* durch eine andere ersetzt. Er zieht nicht in Betracht, daß die Schlußfolgerung ebensogut eine Interpolation im *Nuqṭatu'l-Kāf* sein könnte.

Gewichtige Gründe sprechen gegen die Überlagerungstheorie Brownes:

1. Gegen seine Theorie spricht zunächst und in erster Linie die Tatsache, daß *Tārīkh-i-Jadīd* von den Bahā'ī nicht als authentische Quelle betrachtet und somit von ihnen nicht verbreitet wird. Hätten die Bahā'ī tatsächlich eine Überlagerung des *Kitāb-i-Nuqṭatu'l-Kāf* durch *Tārīkh-i-Jadīd* beabsichtigt, so wären sie an einer massiven Verbreitung des *Tārīkh-i-Jadīd* interessiert gewesen. Browne selbst erwähnt, daß er bereits im Frühjahr 1888 in

93 *Tārīkh-i-Jadīd*, Appendix I, S. 362

94 *Tārīkh-i-Jadīd*, Introd., S. XLVII

95 u. a. *Kitāb-i-Nuqṭatu'l-Kāf*, Introd., S. XXXIX: Hier spricht Browne von »alterations and expansions introduced by the editor of the later work«; oder *a. a. O.*, S. XLIII: Der Bericht über Sayyid Baṣīr sei im *Tārīkh-i-Jadīd* »much abbreviated and altered; often in a most wilful manner«.

96 *Kitāb-i-Nuqṭatu'l-Kāf*, Introd., S. XXXVI

Shīrāz erfahren habe, der *Tārīkh-i-Jadīd* finde bei den Bahā'ī in 'Akkā (er nennt sie »Bābī chiefs at Acre«) keine Zustimmung. Daher habe man die Zusammenstellung einer neuen Geschichte angeordnet, »in accordance with the views entertained by those chiefs«. Daraufhin sei *A Traveller's Narrative* verfaßt worden.[97] Mit anderen Worten: Nach Brownes Theorie beabsichtigten die Bahā'ī, die neue Geschichte (*Tārīkh-i-Jadīd*), die sie zur Überlagerung der alten Geschichte (*Kitāb-i-Nuqṭatu'l-Kāf*) verfaßt hatten, nun wiederum durch eine dritte Geschichte (*A Traveller's Narrative*) zu verdrängen, weil ihnen weder der *Nuqṭatu'l-Kāf* noch *Tārīkh-i-Jadīd* genehm war: Browne läßt es also nicht bei einer Überlagerungstheorie bewenden, sondern geht von einer Wiederholung der Geschichtsfälschung aus. Er übersieht dabei unter anderem völlig, daß der wesentliche Teil von *A Traveller's Narrative* sich mit späteren Ereignissen und schwerpunktmäßig mit der Offenbarung Bahā'u'llāhs befaßt, also nicht die selben Gegenstände zum Inhalt hat wie die beiden anderen Geschichtswerke, die einen früheren Zeitabschnitt behandeln.

2. Im Gegensatz zu *Kitāb-i-Nuqṭatu'l-Kāf* wird die historisch bedeutsame Konferenz von Badasht in *Tārīkh-i-Jadīd* nicht erwähnt. Browne schreibt, der Autor von *Tārīkh-i-Jadīd* habe es offensichtlich als erstrebenswert erachtet, das Badasht-Ereignis gänzlich zu verschweigen.[98] Wäre der Autor des Werkes Bahā'ī gewesen, so hätte für ihn keinerlei Veranlassung für ein Verschweigen der Konferenz von Badasht bestanden, die nicht nur in allen Bahā'ī-Geschichtswerken als bedeutendes Ereignis geschildert wird, sondern bei der Bahā'u'llāh auch eine entscheidende Rolle spielte.

3. Auch die oben beschriebene Genese des Buches, die von Mīrzā Abū'l-Faḍl ausführlich dargelegt wurde, spricht gegen die Überlagerungstheorie Brownes. Der Auftraggeber des *Tārīkh-i-Jadīd* war Mānakjī, ein bibliophiler Zoroastrier, also kein Anhänger Bahā'u'llāhs. Träfe die Überlagerungstheorie Brownes zu, die von einem geplanten Vorgehen seitens der Bahā'ī ausgeht, so hätte ein Bahā'ī den Auftrag zur Verfassung der »Neuen Geschichte« geben müssen, nicht aber ein Zoroastrier. In diesem Fall wäre

97 *A Traveller's Narrative*, S. 195 (Note A)
98 *Tārīkh-i-Jadīd*, Appendix II, S. 356

auch davon auszugehen, daß die Bahā'ī ohne fremde Einwirkung den Text einer solchen Geschichte verfaßt hätten. Im Werk selbst wird jedoch wiederholt betont, daß der Autor kein Anhänger einer Glaubensrichtung — also auch kein Bābī — sei.[99]

Die Einflußnahme Mānakjīs auf die Redaktion des Buches geht so weit, daß Browne verschiedentlich Mānakjī zu meinen scheint, wenn er vom Verfasser spricht.[100] Baron Rosen bemerkt, daß das Werk nach Aussage der Bābī in 'Ishqābād von Mānakjī verfaßt sei.[101] Browne bestätigt diese Feststellung, da auch er von vielen Bābī gehört habe, Mānakjī sei der Autor gewesen, wenngleich einige meinten, Mīrzā Ḥusayn-i-Hamadānī habe entscheidend zum Entstehen des Buches beigetragen.[102]

4. Weitere Gründe, die gegen die Theorie Brownes sprechen, nennt Balyuzi, der anschaulich darlegt, warum der *Kitāb-i-Nuqṭatu'l-Kāf* keine derart zentrale Rolle im Bābī-Schrifttum gespielt haben kann.[103] Während der Verfasser kein Historiker oder gelehrter Mann war, gab es viele Schriften aus der Feder von Bābī-Gelehrten wie Ṭāhirih, Quddūs und Vaḥīd[104], die den Gläubigen zur Verfügung standen. Es ist höchst unwahrscheinlich, daß ein Buch wie der *Kitāb-i-Nuqṭatu'l-Kāf* ein authentisches Kompendium aller Glaubenssätze der Bābī-Religion gewesen sein soll. Eine Überlagerung des *Nuqṭatu'l-Kāf* wäre aber, wenn wir Brownes Faden einmal weiterspinnen, nur dann naheliegend gewesen, wenn es innerhalb der Bābī- und Bahā'ī-Literatur eine bedeutende Stellung eingenommen hätte — ansonsten wäre ein derartiges Unterfangen nicht der Mühe wert gewesen.

5. Darüber hinaus entstand *Tārīkh-i-Jadīd* um 1874-1880, also ca. 25 Jahre nach den im *Kitāb-i-Nuqṭatu'l-Kāf* genannten Verfassungsdaten, zu einem Zeitpunkt, da sich die Mehrheit der Bābī längst Bahā'u'llāh zugewandt hatte. Die Bahā'ī-Religion war bereits geboren, Bahā'u'llāh hatte eine Vielzahl Heiliger Schriften offenbart (selbst den *Kitāb al-Aqdas*, das Buch der Gesetze), die

99 z. B. *Tārīkh-i-Jadīd*, S. 27
100 siehe *Tārīkh-i-Jadīd*, S. 21, Fußnote 1
101 *Coll. Sc. VI*, S. 244, zitiert nach E. G. Browne, *J.R.A.S.* 1892, S. 318
102 *J.R.A.S.* 1892, S. 319
103 H. M. Balyuzi, *Edward Granville Browne and the Bahā'ī Faith*, S. 71 ff.
104 D. MacEoin befaßt sich in *The Sources for Early Bābī Doctrine and History* (S. 104-117) mit ihren Werken.

Bahā'ī-Gemeinde war gefestigt — welchen Einfluß sollte da der *Kitāb-i-Nuqṭatu'l-Kāf* haben, welche Bedrohung von ihm ausgehen, daß man eine Überlagerung des Werkes durch den *Tārīkh-i-Jadīd* angestrebt hätte?

6. Als Browne 1887/88 Persien durchreiste, konnte er, wie er berichtet, keine Spur der Geschichte des Ḥājī Mīrzā Jānī Kāshānī finden, obwohl er Gläubige in unterschiedlichen Landesteilen befragte.[105] Sollte es also innerhalb eines Zeitraumes von nur etwa zehn Jahren zwischen der Entstehung des *Tārīkh-i-Jadīd* und der Persienreise Brownes gelungen sein, jede Erinnerung an ein Geschichtswerk zu bannen, dem Browne eine so zentrale Stellung beimaß? Bei einem Vergleich des *Kitāb-i-Nuqṭatu'l-Kāf* mit dem *Tārīkh-i-Jadīd* ergeben sich zahlreiche Abweichungen und einander widersprechende Darstellungen der geschichtlichen Ereignisse, Personen usw., insbesondere auch dann, wenn Ḥājī Mīrzā Jānī Kāshānī angeblich wörtlich zitiert wird. Amanat[106] und Mac Eoin[107] vermuten daher, daß den beiden Werken bereits unterschiedliche Versionen der ursprünglichen Chronik Ḥājī Mīrzā Jānī Kāshānīs zugrunde liegen.

Die Theorie Brownes, wonach der *Tārīkh-i-Jadīd* auf der älteren Arbeit Ḥājī Mīrzā Jānīs (womit Browne den *Nuqṭatu'l-Kāf* meint) basiere, der Autor des *Tārīkh-i-Jadīd* tendenziöse Veränderungen eingebracht habe[108] und die Bahā'ī somit der Geschichtsverfälschung zu beschuldigen seien, ist nach heutigem Erkenntnisstand unhaltbar. Damit entbehren auch die von »kritischen« Autoren[109] gegen die Bahā'ī vorgebrachten Anschuldigungen der Geschichtsklitterung, die sich allesamt auf Brownes These stützen und die Ficicchia so freudig aufgreift, jeder wissenschaftlich gesicherten Grundlage.

105 *Kitāb-i-Nuqṭatu'l-Kāf*, Introd., S. XXXIV
106 *Resurrection and Renewal*, S. 424
107 *The Sources for Early Bābī Doctrine and History*, S. 156
108 *Kitāb-i-Nuqṭatu'l-Kāf*, Introd., S. XLVII
109 siehe hierzu oben S. 383 ff. und Schaefer, S. 15 ff.

II. *Hasht Bihisht*

Die Azalī-Apologie *Hasht Bihisht* wurde um 1891/92 in Konstantinopel verfaßt und als Manuskript verbreitet, aber erst 1958 in Teheran gedruckt.[110]

Im Westen wurden die Existenz des *Hasht Bihisht* und einige seiner Inhalte bereits 1891 und 1892 durch die Veröffentlichungen E. G. Brownes bekannt.[111] Browne hatte 1891 von Shaykh Aḥmad Rūḥī, einem Schwiegersohn Mīrzā Yaḥyā Azals, eine Abschrift des Werkes erhalten.[112] Er beschreibt, wie dieser Shaykh ihm, ohne vorher mit ihm bekannt gewesen zu sein, aus Konstantinopel geschrieben, auf die Existenz des *Hasht Bihisht* aufmerksam gemacht und ihm eine Kopie angeboten hatte.[113] Browne willigte freudig ein und hielt das Werk für ein wichtiges historisches Zeugnis, insbesondere weil er glaubte, es stamme aus der Feder eines frühen Gläubigen namens Sayyid Javād-i-Karbilā'ī, da Shaykh Aḥmad Rūḥī ihm als Antwort auf seine Anfrage über die Autorschaft geschrieben hatte: »The ideas contained in these two books [*i. e. the two volumes of the Hasht Bihisht*] represent the teachings and sayings of the illustrious Ḥājī Seyyid Jawād of Kerbelā, who was one of the ›First Letters of the Living‹, the earliest believers, and the ›Letters of the Bismi'llāh‹. That illustrious personage, now departed, was a pilgrim after truth in these degrees from the time of the late Shaykh Aḥmad of Ahsā until seven years ago.... But inasmuch as during his latter days the strength of that illustrious personage was much impaired and his hands trembled, he was unable to write, wherefore he dictated these words, and one of his disciples wrote them down, but in an illegible hand and on scattered leaves. In these days, having some leisure time in Constantinople, I and this person exerted ourselves to set in order these disordered leaves. In short the original spirit of the contents is his [*i. e. Seyyid Jawād's*], though perhaps the

---

110 M. Bayat-Philipp, »Mīrzā Aqā Khān Kirmānī: A Nineteenth Century Persian Nationalist«, in: *Middle Eastern Studies* 10 (1974), S. 57

111 *A Traveller's Narrative* (Note W), S. 351-365; *J.R.A.S.* 1892, S. 296 ff., 444, 680 ff.

112 *J.R.A.S.* 1892, S. 682

113 *J.R.A.S.* 1892, S. 680/681

form of words may be ours. Should you desire to mention the name of the author of these two books it is Ḥājī Seyyid Jawād.«[114]

Aus diesen Worten Shaykh Aḥmad Rūḥīs geht hervor, daß das Werk in vorliegender Form allenfalls auf Mitschriften der Worte Sayyid Javāds zurückgehen mag, die wiederum in Konstantinopel von Shaykh Aḥmad Rūḥī selbst und einer weiteren Person redigiert wurden. Dennoch bezeichnet Browne — ganz dem Ratschlag des Shaykh folgend — Sayyid Javād-i-Karbilā'ī als Autor des *Hasht Bihisht*.[115] Da Browne erste Teile des *Hasht Bihisht* 1891 erhalten hat und das verspätete Eintreffen weiterer Teile ihm mit einem angeblichen Diebstahl der Kopien erklärt wurde[116], könnte man schließen, das Werk sei bereits zu diesem Zeitpunkt abgeschlossen gewesen. Dem ist jedoch nicht so, da in ihm das Hinscheiden Bahā'u'llāhs erwähnt wird[117], das Werk also erst nach dem 29. Mai 1892 beendet worden sein kann.

Sayyid Javād-i-Karbilā'ī war entgegen der Behauptung Shaykh Aḥmad Rūḥīs kein »Buchstabe des Lebendigen«.[118] Er war auch nicht der Autor des *Hasht Bihisht*, noch war es sein Geist, der in den Inhalten des Werkes Ausdruck findet, wie Shaykh Aḥmad Rūḥī glauben machen möchte. Daß E. G. Browne Sayyid Javād-i-Karbilā'ī als Azalī, d. h. als Parteigänger Mīrzā Yahyā Azals, betrachtete[119], ist kaum verwunderlich, da er ihn als den Autor von *Hasht Bihisht* ansah, welches ganz eindeutig Position für die Azalī und gegen die Bahā'ī bezieht. Wie Browne berichtet, verwahrte sich Mīrzā Abū'l-Faḍl jedoch dagegen, daß Sayyid Javād-i-Karbilā'ī Azalī und damit je etwas anderes als ein ergebener Bahā'ī gewesen sein soll.[120] Auch in *Nabīls Bericht* findet sich die Aussage, Sayyid Javād-i-Karbilā'ī sei bis zu seinem Lebensende »eine zuverlässige Stütze für den [*Bahā'ī*-]Glauben« gewesen und in seiner Überzeugung nie wankend geworden.[121] Dar-

114 *J.R.A.S.* 1892, S. 684
115 *J.R.A.S.* 1892, S. 444
116 *J.R.A.S.* 1892, S. 682
117 *Hasht Bihisht*, S. 309
118 Nabīl nennt alle achtzehn Namen der Buchstaben des Lebendigen, Sayyid Javād-i-Karbilā'ī ist nicht darunter (*Nabīls Bericht*, Bd. I, S. 113).
119 *J.R.A.S.* 1892, S. 443
120 *Tārīkh-i-Jadīd*, Introd., S. XLIII
121 *Nabīls Bericht*, Bd. I, S. 221

über hinaus war Sayyid Javād nach Aussage Sh̲aykh̲ Aḥmad Rūḥīs bereits 1884 verstorben[122], so daß einige Teile des Werkes, die
sich mit späteren Ereignissen befassen, nicht auf ihn zurückgehen
können. Browne weist selbst auf diesen Sachverhalt hin, da *Hash̲t*
Bihish̲t sich gelegentlich auf den verstorbenen Sayyid Javād-i-
Karbilā'ī bezieht.[123] Einige Seiten des *Hash̲t Bihish̲t* befassen sich
mit den Aussagen eines Azalī, der 'Akkā besucht hatte und mit
üblen Schmähreden über die dortigen Bahā'ī herzieht.[124] Browne
vermutet, daß es sich um Sh̲aykh̲ Aḥmad Rūḥī selbst handeln
könne, der — wie er in einem seiner Briefe an Browne einmal
erwähnt — nach 'Akkā gereist war.[125] Dennoch hat Browne es bedauerlicherweise versäumt, sich näher mit der Herkunft des *Hash̲t*
Bihish̲t auseinanderzusetzen und die Aussagen des Sh̲aykh̲ Aḥmad Rūḥī zu überprüfen, die er nur allzu gutgläubig annahm.

Heute weiß man, daß Mīrzā Āqā Kh̲ān-i-Kirmānī, ein weiterer
Schwiegersohn Mīrzā Yaḥyā Azals, und Sh̲aykh̲ Aḥmad Rūḥī
selbst das Werk gemeinsam verfaßt haben.[126] In ihrer Dissertation
kommt Mangol Bayat-Philipp zu dem Schluß, »that not only the
words were Rūḥī's and Kirmānī's, but the spirit as well«[127]. Man
hatte Sayyid Javād-i-Karbilā'ī offenbar nur als Autor ausgegeben,
um dadurch eine größere Bedeutung, Originalität und Authentizität des Werkes vorzutäuschen. Dieses Ziel hat man bei Browne offensichtlich erreicht, der im Hinblick auf die angebliche Autorschaft des Sayyid Javād-i-Karbilā'ī betont, wie bedeutsam ein
derartiges Werk aus einer derartigen Quelle sei: »It is unnecessary
to point out the importance of such a work from such a source.«[128]

Browne war sich natürlich dessen bewußt, daß es sich um ein
apologetisches Werk der Azalī handelte, was er auch wiederholt

---

122 In oben angeführtem Zitat schreibt er im Jahr 1891, Sayyid Javād sei bis vor sieben
   Jahren ein Pilger der Wahrheit gewesen (*J.R.A.S.* 1892, S. 684). Adib Taherzadeh
   nennt 1882 als sein Todesjahr (*Die Offenbarung Bahā'u'llāhs*, Bd. I, S. 269).
123 vgl. *J.R.A.S.* 1892, S. 691. Hier schreibt Browne: »Since the alleged author of this
   book, Āḳā Seyyid Jawād of Kerbelā, is here spoken of as ›departed‹, it is evident
   that this portion, at least, of the work was not composed by him.«
124 *Hash̲t Bihish̲t*, auszugsweise englische Übersetzung in *J.R.A.S.* 1892, S. 693/694
125 *J.R.A.S.* 1892, S. 693
126 M. Bayat-Philipp, »Mīrzā Aqā Kh̲ān Kirmānī: A Nineteenth Century Persian Nationalist«, in: *Middle Eastern Studies* 10 (1974), S. 56/57
127 »Mirza Aqa Khan Kirmani. Nineteenth Century Persian Revolutionary Thinker«,
   a. a. O., S. 199.
128 *J.R.A.S.* 1892, S. 685

anmerkt. So beschreibt er es als eine Streitschrift mit starker Azalī-Neigung[129], die äußerst leidenschaftliche und scharfe Anschuldigungen gegen Bahā'u'llāh und seine Anhänger vorbringt[130] und stellenweise heftig polemisiert: »These sections occupy many pages, are of a violently polemical character, and contain grave charges against the Behā'īs and vehement attacks on their position and doctrines.«[131]

Die Autoren des *Hasht Bihisht* beschränken sich jedoch nicht auf eine inhaltliche Auseinandersetzung und bloße Polemik, sondern führen darüber hinaus falsche Anschuldigungen und Verleumdungen ins Feld. Interessanterweise fordern die Autoren des Werkes an anderer Stelle, man solle die Religion des Bāb vorurteilsfrei prüfen und Zunge und Feder nicht durch Beschimpfung und Verleumdung beschmutzen.[132] Wie die folgenden Beispiele, die exemplarisch für viele weitere Aussagen im *Hasht Bihisht* stehen, zeigen, haben sich die Autoren in ihrer Beurteilung Bahā'u'llāhs und seiner Anhänger nicht an diese Maxime gehalten.

An vielen Stellen des Werkes ziehen sie in unflätiger Sprache über die Bahā'ī her, verschmähen und verleumden sie in üblem Gassenjargon.[133] So ereifert sich der Azalī, der 'Akkā besuchte, über die Bahā'ī: »Their sayings and arguments consist of a farrago of names, baseless stories, calumnies, falsehoods, and lies, and not one of them has any knowledge of even the first principles of the religion of the Beyān or of any other religion. They are all devoid of knowledge, ignorant, short-sighted, of common capacity, hoodwinked, people of darkness, spurned of nature, hypocrites, corrupters of texts, blind imitators; God hath taken away from them his light and hath left them in the darkness of the Wicked One, and hath destroyed them in the abysses of vain imaginings, and hath put chains around their necks...«[134] Wie anders nimmt sich da Brownes Reisebericht aus, der über das allgemeine Har-

129 *Tārīkh-i-Jadīd,* Introd., S. XLII
130 *J.R.A.S.* 1892, S. 693
131 *A Traveller's Narrative*, S. 356 (Note W)
132 *Hasht Bihisht,* S. 260
133 so u. a. *Hasht Bihisht*, S. 222-224, 307-309, 324-327
134 *Hasht Bihisht*, englische Übersetzung bei E. G. Browne, *J.R.A.S.* 1892, S. 694

monie-Empfinden unter den Bahā'ī in Bahjī (bei 'Akkā) und die geistige Atmosphäre, von der er dort umgeben war, berichtet.[135]

Weiter bezeichnet der 'Akkā-Reisende des *Hasht Bihisht* 'Abdu'l-Bahā als *»al-Waswās«*, den Teufel, der den Menschen Böses zuflüstert oder eingibt, und äußert sich verächtlich über seine angebliche Unwissenheit.[136] Es ist merkwürdig, daß Browne nicht auf seine eigene, ganz andere Einschätzung 'Abdu'l-Bahās hinweist. 'Abdu'l-Bahā hatte ihn nicht nur durch seine äußere Erscheinung, sondern insbesondere durch seine Eloquenz, klare Argumentation und genaue Kenntnis der Heiligen Schriften der Juden, Christen und Muslime tief beeindruckt. Browne beschreibt, wie das Gespräch mit 'Abdu'l-Bahā den Respekt, den ihm seine Erscheinung von Anfang an eingeflößt hatte, nur noch erhöhte. Er schließt seine Beschreibung der Person 'Abdu'l-Bahās mit folgenden Worten: »About the greatness of this man and his power no one who had seen him could entertain a doubt.«[137] Diese Einschätzung Brownes wurde von vielen Zeitgenossen im Orient wie Okzident geteilt, die 'Abdu'l-Bahā kennengelernt hatten, wie z. B. Muḥammad 'Abdūh, Professor Vámbéry oder Professor Auguste Forel. 'Abdu'l-Bahā wurde jedoch nicht nur von Intellektuellen geschätzt, die seinen scharfen Verstand und seine Argumentationsweise bewunderten, sondern auch von unzähligen einfachen Menschen, wie z. B. den Armen in 'Akkā und Haifa, denen er immer mit größter Liebe und Fürsorge begegnet war. So verhinderte er durch seine weise Voraussicht und kluge Bevorratung im ersten Weltkrieg eine Hungersnot in Palästina, wofür er zum Ritter des Britischen Empire geschlagen wurde.

Doch die Autoren des *Hasht Bihisht* wissen nicht nur von den furchterregenden Charakteren der Bahā'ī zu berichten, sondern gehen auch auf ihren Glauben ein, der für sie keine unabhängige Religion darstellt. Sie halten fest, die Bahā'ī hätten keine Heilige Schrift (*bī kitāb hastand*)[138] und Bahā'u'llāh habe das Gesetz des

---

135 *A Traveller's Narrative*, Introd., S. XXXVIII

136 *Hasht Bihisht*, S. 314

137 *A Traveller's Narrative*, Introd., S. XXXVI

138 *Hasht Bihisht*, S. 313. Der Vorwurf, eine Religion sei ohne Buch, wiegt in der islāmischen Welt besonders schwer, da nur die Anhänger der Buchreligionen *(ahl al-kitāb)* als schutzwürdige Minderheiten innerhalb des islāmischen Staates betrachtet werden.

Bayān aufgehoben, ohne ein neues Gesetz zu bringen[139]. Sie fragen nach, wo das Gesetz dieser Offenbarung sei: »*īn ẓuhūr-i-'aẓam kū sharī'at-i-ān, kū qānūn-i-ān, kujāst aḥkām-i-'adl-i-ān*?«[140] Daß es sich hier nicht um Unwissenheit, sondern um eine bewußte Falschaussage handelt, beweisen die Autoren an anderer Stelle, indem sie den *Kitāb al-Aqdas* (das Heiligste Buch der Bahā'ī-Offenbarung) und seine Gesetze erwähnen.[141] Auch an anderen Stellen des *Hasht Bihisht* finden sich derartige Falschaussagen, die ohne jede Begründung oder Angabe von Quellen in die Welt gesetzt werden. So wird Bahā'u'llāh zur Last gelegt, er habe sich abfällig über den Imām Ḥasan und über Fāṭima geäußert[142]; darüber hinaus sei er des Mordes an Dayyān[143] zu bezichtigen. All diese Aussagen entbehren jeglicher Grundlage.

Diese Beispiele werden genügen, um dem Leser einen Eindruck davon zu vermitteln, wie die Autoren des *Hasht Bihisht* vorgehen und was die Botschaft ist, die sie zu vermitteln trachten. *Hasht Bihisht* ist keinesfalls eine zuverlässige Quelle der Bābī- und Bahā'ī-Geschichte; es dient der Azalī-Apologetik, und nur unter diesem Blickwinkel betrachtet ist es von gewissem Interesse für den Religionswissenschaftler: wirft es doch immerhin ein Licht darauf, wie die zwei führenden Azalī geschichtliche Ereignisse wiedergeben und wie sie im Umgang mit ihren Gegnern verfahren.

Für Ficicchia ist *Hasht Bihisht* jedoch eine ergiebige Quelle, aus der er gern und reichlich schöpft, um Bahā'u'llāh und seine Anhänger zu denunzieren. Die von Ficicchia gegen Bahā'u'llāh erhobenen Mordanschuldigungen basieren ausnahmslos auf Aussagen des *Hasht Bihisht*.[144]

---

139 *Hasht Bihisht*, S. 319

140 *Hasht Bihisht*, S. 324

141 *Hasht Bihisht*, S. 321

142 *Hasht Bihisht*, S. 321

143 *Hasht Bihisht*, S. 303; vgl. meine Ausführungen auf S. 521 ff.

144 so Ficicchia, *Bahā'ismus*, S. 111/112. Die in Fußnote 3 angeführte Belegstelle bei Römer bezieht sich auf die Darstellung des *Hasht Bihisht*, S. 141-143. Zu Ficicchias Ausführungen, *a. a. O.*, S. 185-186 siehe meine Ausführungen S. 527 ff.

9. KAPITEL

FICICCHIAS EUROPÄISCHE GEWÄHRSLEUTE

I. Der Orientalist Edward Granville Browne

E. G. Browne wurde am 7.2.1862 in Uley/Gloucestershire geboren. Wenngleich er zunächst Ingenieurwesen und später Medizin studierte, war es schließlich seine Liebe zum Orient und zu den orientalischen Sprachen, die seinen beruflichen Werdegang bestimmen und ihn als einen der namhaftesten Orientalisten berühmt machen sollte. Sein Interesse an der Türkei wurde schon sehr früh durch den russisch-türkischen Krieg 1877/78 geweckt. Noch während seines Medizinstudiums lernte er zunächst Türkisch, später auch Persisch und Arabisch. Ein zweimonatiger Besuch in Istanbul 1882 verstärkte sein Interesse am Orient weiter.

Etwa um das Jahr 1884 lernte er, wie er selbst später berichtet hat[1], durch die Lektüre von Gobineaus *Les Religions et les Philosophies dans l'Asie Centrale* die Religion des Bāb kennen. Gobineaus Werk, oder besser gesagt, diejenigen Teile des Werkes, die sich auf die Bābī-Religion beziehen, beeindruckten Browne so sehr, daß er es später als »masterpiece of historical composition« beschrieb. Weiter führt er in diesem Zusammenhang aus: »I had long ardently desired to visit Persia and above all Shīrāz, and this desire was now greatly intensified. But whereas I had previously wished to see Shīrāz because it was the home of Ḥāfiẓ and of Sa'dī, I now wished to see it because it was the birthplace of Mīrzā 'Alī Muḥammad the Bāb.«[2]

Doch erst 1887, kurz nach Abschluß seines Medizinstudiums und seiner unerwarteten Berufung zum Fellow des Pembroke-Colleges in Cambridge, die einer Dozentenstelle für Persisch gleichkam[3], konnte er seine Reisepläne endlich verwirklichen. Browne betrat im Oktober 1887 erstmalig persischen Boden und

1 *A Traveller's Narrative*, Introd., S. IX-X
2 *A Traveller's Narrative*, Introd., S. X-XI
3 Er war zunächst Dozent für Persisch und ab 1902 bis zu seinem Tode Professor für Arabistik.

verließ Persien im September 1888 nach ausgedehnten Reisen und Forschungen im Lande. Sein Werk *A Year Amongst the Persians* (1893) ist ein lebhafter und anschaulicher Bericht dieser Reise. Ein erheblicher Teil des Berichtes ist der Religion des Bāb gewidmet.

Da die Bābī bzw. Bahā'ī in Persien nach wie vor starker Verfolgung ausgesetzt waren, ist es nicht verwunderlich, daß Browne, wenngleich er darauf erpicht war, mit Anhängern der jungen Religion zusammenzutreffen, erst vier Monate nach seiner Ankunft in Persien Erfolg hatte, als er nämlich in Iṣfāhān auf einen Bahā'ī stieß und in Bahā'ī-Kreise eingeführt wurde.[4] In der Folgezeit hatte er Kontakt zu Bahā'ī in verschiedenen Städten und erhielt eine Vielzahl von Schriften und Manuskripten, die er nach seiner Rückkehr in England bearbeitete und deren Inhalt er einer größeren Hörer- und Leserschaft zugänglich machte.[5] Browne traf also in Persien mit einer Vielzahl von Bahā'ī zusammen, in Kirmān traf er außerdem eine kleine Gruppe von Azalī, den Anhängern Mīrzā Yaḥyā Azals. Bezeichnenderweise spricht Browne in seinen Veröffentlichungen bis zuletzt höchst selten von den *Bahā'ī*, sondern meist von den *Bābī*, die er ja aus Gobineaus Werk kannte und die er in Persien anzutreffen gehofft hatte. Daß seit der Verfassung von Gobineaus Werk im Jahre 1865 bis zu Brownes Persienreise nicht nur über zwanzig Jahre vergangen waren und seit der öffentlichen Hinrichtung des Bāb über 37 Jahre, sondern in der Zwischenzeit auch grundlegende Veränderungen stattgefunden hatten, ist ein Gedanke, mit dem Browne sich offensichtlich nie so recht anfreunden konnte.[6] Er suchte die ursprüngliche Lehre des Bāb und die heroischen Bābī der ersten Tage. Offenbar fiel es ihm schwer zu erkennen, daß die Bābī-Religion in der Bahā'ī-Religion aufgegangen war und ihre Erfüllung im Kommen des vom Bāb so unermüdlich angekündigten Verheißenen *Man yuẓhiruhu'llāh* (der, den Gott offenbaren wird) gefunden hatte. Das

4 E. G. Browne, *A Year Amongst the Persians*, S. 223/224

5 Er referierte vor der *Royal Asiatic Society*, die Manuskripte wurden im *J.R.A.S.* von Juli und Oktober 1889 und Juli und Oktober 1892 veröffentlicht (siehe H. M. Balyuzi, *Edward Granville Browne and the Bahā'ī Faith*, S. 14).

6 Er selbst beschreibt sein Erstaunen darüber, wie verändert er die Verhältnisse vorfand und wie wenig sie seinen Erwartungen entsprachen (*A Traveller's Narrative*, Introd., S. XV-XVI).

geistige Zentrum der jungen Religion war durch die Verbannung Bahā'u'llāhs bereits zwei Jahrzehnte vor Brownes Persienreise ins Heilige Land verlegt worden. Dennoch war es Browne möglich, während seiner Persienreise von dort lebenden Bahā'ī viele Informationen und Schriften zu erhalten, die er nach seiner Rückkehr nach Cambridge sichtete und bearbeitete.

In seinem Eifer, Material über den Bāb und dessen Lehre zu sammeln, nahm Browne nach seiner Rückkehr aus Persien auch Kontakt zu Mīrzā Yaḥyā Azal auf, der in Zypern lebte.[7] Ein reger Briefkontakt mit Mīrzā Yaḥyā und später mit seinem in Konstantinopel lebenden Schwiegersohn Shaykh Aḥmad-i-Rūḥī folgte. Letzterer hatte die Korrespondenz mit Browne durch einen Brief vom 7.10.1890 eröffnet, um ihn vor den Bahā'ī zu warnen. Browne berichtet über dieses erste Schreiben: »After apologizing for writing to me without previous introduction or acquaintance, the writer explained how he had heard of me from Persia and Cyprus, and how he had learned that I interested myself especially in the Bābī religion. In consequence of this, he said, he had written to me to warn me against certain pretenders to spiritual truth (by whom he meant the Behā'īs) who had brought discord and dissensions into the bosom of the new faith....«[8]

Shaykh Aḥmad-i-Rūḥī versah Browne in der Folge mit einer Kopie des *Hasht Bihisht* (Acht Paradiese)[9], das Browne zum Verständnis der Worte des Bāb, der Mīrzā Yaḥyās und der Worte und Zeichen der Bābī-Sendung verhelfen sollte. Shaykh Aḥmad-i-Rūḥī erwähnt, daß nur eine Kopie des Werkes existiere und »it has to be jealously kept from the eyes of all save a few«[10]. Warum das Werk nur einigen wenigen zugänglich gemacht werden dürfe, wird nicht erklärt. Browne scheint nicht der Gedanke gekommen zu sein, daß die Bahā'ī die Darstellung hätten widerlegen können und man daher nicht wollte, daß das Werk in die Hände von Bahā'ī fiel. Rūḥī gab Ḥājī Sayyid Javād-i-Karbilā'ī als Autor des

7 Zypern stand seit 1878 nicht mehr unter türkischer, sondern unter britischer Herrschaft. Mīrzā Yaḥyā war ab 1881 frei, das Land zu verlassen. Er zog es jedoch vor, in Zypern zu bleiben und von der Pension (offenbar 1193 pias. im Monat; siehe *A Traveller's Narrative* [Note W], S. 378) zu leben.

8 *J.R.A.S.* 1892, S. 680

9 *J.R.A.S.* 1892, S. 680/681

10 *J.R.A.S.* 1892, S. 681

Werkes an, wie jedoch dargelegt, kann dieser nicht der Verfasser gewesen sein.[11] Browne scheint eine sehr hohe Meinung von Shaykh Aḥmad-i-Rūḥī gehabt zu haben[12], so daß er die Aussagen in *Hasht Bihisht* ohne weitere Überprüfung in seinem Anhang zu *A Traveller's Narrative* wiedergibt[13], nicht ohne jedoch zu erwähnen, daß er diese weder bestätigen noch widerlegen könne.[14]

Sicher ist Browne durch die vehementen Anschuldigungen seitens Shaykh Aḥmad-i-Rūḥīs und durch seine regen Kontakte mit Azalī stark beeinflußt worden. So scheinen auch die in *Hasht Bihisht* gegen Bahā'u'llāh und seine Anhänger erhobenen Vorwürfe — wenngleich unhaltbar — dennoch nicht spurlos an ihm vorübergegangen zu sein und zu seiner späteren negativen Haltung gegenüber den Bahā'ī beigetragen zu haben.

Als Browne 1890 eine Reise nach Zypern und ins Heilige Land unternahm, um dort von Mīrzā Yaḥyā Azal und von Bahā'-u'llāh empfangen zu werden, gab er bereits Mīrzā Yaḥyā den Vorrang, indem er zwei Wochen in Zypern, aber nur eine Woche im Heiligen Land verbrachte. Eine weitere Reise führte ihn im März 1896 nach Zypern[15], nicht aber zu den Bahā'ī ins Heilige Land. Hatte Browne in seinen frühen Veröffentlichungen[16] noch der Überzeugung Ausdruck verliehen, daß Bahā'u'llāh — sollte er tatsächlich der vom Bāb Verheißene sein — Mīrzā Yaḥyā Azal ablösen werde, kam er zwei Jahre später zu dem Schluß, daß Mīrzā Yaḥyā der vom Bāb eingesetzte Nachfolger war, »who represented the spirit and tradition of the old Bābīism«, und der die herausragenden Bābī gekannt hatte.[17] Merkwürdigerweise hebt Browne letzteren Sachverhalt in Bezug auf Mīrzā Yaḥyā Azal hervor, ohne jedoch zu erwähnen, daß natürlich auch Bahā'u'llāh diese Bābī

11 siehe meine Ausführungen auf S. 411 ff.
12 H. M. Balyuzi, *Edward Granville Browne and the Bahā'ī Faith*, S. 21
13 S. 356-373
14 S. 364-365
15 siehe *J.R.A.S.* 1897, S. 761
16 *J.R.A.S.* Juli und Oktober 1889
17 *A Traveller's Narrative* (1891) Introd., S. XXI; siehe auch *EIR*, Bd. IV, S. 485, wo Juan R. Cole in seinem Artikel »Browne on Babism and Bahaism« festhält: »In true nineteenth-century style, Browne was after the pristine origins of the movement, considering later developments to be departures. He thus considered the Azalīs more reliable than the Bahais in putting him in touch with the Babi past...« (siehe auch *a. a. O.*, S. 486).

gekannt und mit vielen von ihnen in enger Beziehung gestanden hatte, u. a. durch seine federführende Teilnahme an der Konferenz von Badasht.

In Bezug auf den Bahā'ī-Glauben fürchtete Browne offenbar, daß dieser sich von den ursprünglichen Wurzeln, der Religion des Bāb, entfernte. Dennoch erkannte er, daß die Zukunft des Bābismus Bahā'u'llāh gehörte[18] und daß von seiner Religion »results yet more wonderful might be expected in future«[19]. Auch zeigte sich Browne in seiner Beschreibung der Begegnungen mit Mīrzā Yaḥyā in Zypern und Bahā'u'llāh im Heiligen Land von Bahā'u'-llāh viel tiefer beeindruckt als von dessen Halbbruder.[20] In der Einleitung zu dem zwei Jahre später erschienenen *Tārīkh-i-Jadīd* wird deutlich, wie sehr Browne nun geneigt war, Mīrzā Yaḥyā Azal den Vorzug zu geben und auf Seiten Bahā'u'llāhs eine Usurpation anzunehmen. Die zwischenzeitlichen Kontakte zu Azalī spielten bei diesem Gesinnungswechsel Brownes sicher eine entscheidende Rolle:

> »Concerning the schism itself, however, a few words are necessary. A community like that which had existed at Adrianople... requires a firm hand to control and direct its energies. Such firmness Ṣubḥ-i-Ezel, a peace-loving, contemplative, gentle soul, wholly devoted to the memory of his beloved Master, caring little for authority, and incapable of self-assertion, seems to have altogether lacked. Even while at Baghdad he lived a life of almost complete seclusion, leaving the direction of affairs in the hands of his half-brother Behā'u'llāh, a man of much more resolute and ambitious character, who thus gradually became the most prominent figure and the moving spirit of the sect. For a considerable time Behā'u'llāh continued to do all that he did in the name, and ostensibly by the instructions, of

18 *A Traveller's Narrative*, Introd., S. XVIII

19 *A Traveller's Narrative*, Introd., S. XXI

20 Siehe seine Beschreibung der Begegnung mit Mīrzā Yaḥyā Azal oben, S. 498 und mit Bahā'u'llāh, oben S. 531.

> Ṣubḥ-i-Ezel; but after a while, though at what precise date is still uncertain, the idea seems to have entered his mind that he might as well become actually, as he already was virtually, the Pontiff of the Church whose destinies he controlled.«[21]

Doch warum erwägt Browne nicht die Richtigkeit der Darstellung ʿAbdu'l-Bahās in dem bereits von ihm veröffentlichten Werk *A Traveller's Narrative*[22], wonach Mīrzā Yaḥyā Azal zwar zum nominellen Oberhaupt der Bābī-Gemeinde ernannt wurde, diese Ernennung jedoch nur erfolgte, um Bahā'u'llāh zu ermöglichen, die Geschicke der jungen Religion weiterhin zu lenken, ohne dabei durch zu große Prominenz gefährdet zu sein?[23] Diese Darstellung könnte vieles erklären: Die zögerliche Haltung Mīrzā Yaḥyās, das sichere Auftreten Bahā'u'llāhs, das Verfassen wichtiger Werke durch Bahā'u'llāh, die die junge Gemeinde wiederbelebten und mit neuem Geist erfüllten. Wenn dagegen Mīrzā Yaḥyā Azal tatsächlich der uneingeschränkte Nachfolger des Bāb gewesen sein sollte, warum kümmerte er sich dann nicht um die Belange der Gemeinde, sondern führte ein Leben in Abgeschiedenheit? Warum unternahm er nach dem Märtyrertod des Bāb nichts, um die desolaten Verhältnisse innerhalb der Gemeinde anzugehen und die Bābī geistig wiederzubeleben? Warum ließ er die Schriften des Bāb zurück, als er Baghdād verließ, und kümmerte sich nicht um ihre Verbreitung? All dies hätte einem Gemeindeoberhaupt wohl angestanden. Er hat jedoch diese Aufgabe nicht wahrgenommen, sondern die Bābī-Gemeinde sich selbst überlassen, ohne gegen die Uneinigkeit und mangelnde Moral unter den Gläubigen anzukämpfen. Mīrzā Yaḥyā war, wie Browne richtig schreibt, hierzu offenbar nicht in der Lage. Erst durch das Eingreifen Bahā'u'llāhs nach dessen Rückkehr aus Kurdistān wurde die Gemeinde geeint, neu belebt und zur Tugendlehre des Bāb zurückgeführt. Browne hat in seiner Einschätzung der persönlichen Integrität Mīrzā Yaḥyā Azals weit gefehlt. Wie konnte Mīrzā Yaḥyā friedliebend, kontemplativ, sanftmütig und frei von Machtstre-

21 *Tārīkh-i-Jadīd*, Introd., S. XXI
22 *A Traveller's Narrative*, S. 62/63
23 siehe meine Ausführungen S. 506 ff.

ben sein, wenn er in unflätiger Sprache zum Mord an einzelnen Bābī aufrief[24] und selbst nicht davor zurückschreckte, einen Mordanschlag auf seinen Bruder zu verüben?[25]

Zu diesem Zeitpunkt hatte Browne sich bereits entschieden, und wenngleich er nach wie vor bemüht war, wissenschaftlich zu argumentieren, so wurde seine Parteinahme zugunsten der Azalī doch immer deutlicher. Browne hat eine ganze Reihe von Anschuldigungen der Azalī gegen die Bahā'ī aufgegriffen und viele ihrer Sichtweisen propagiert. So übernahm er nicht nur die Azalī-Sichtweise, der Verheißene des Bāb werde erst in ferner Zukunft erscheinen[26], womit Bahā'u'llāhs Anspruch zurückzuweisen wäre, er wurde auch nicht müde, auf diesen Sachverhalt einzugehen[27], sondern unterstellte den Bahā'ī auch verschiedene Mordanschläge[28]. *A Traveller's Narrative* betrachtete er als gefärbte und verfälschende Geschichtsdarstellung, die den vermeintlich völlig tadellosen Charakter Mīrzā Yaḥyās in Mißkredit bringen sollte.[29] Um den angeblichen Vorrang Mīrzā Yaḥyā Azals zu belegen, setzte Browne verschiedene Theorien in die Welt, so beschrieb er z. B. den angeblichen Gehorsam Bahā'u'llāhs gegenüber seinem Halbbruder bei seiner Rückkehr aus Kurdistān[30] oder behauptete, Bahā'u'llāh sei Mīrzā Yaḥyā nach Ba<u>gh</u>dād gefolgt.[31] Dies sind nur einige Beispiele, die aufzeigen, in welch hohem Maße

---

24 So in seinem Werk *Mustayqiẓ*. Browne kannte dieses Werk Mīrzā Yaḥyās und zitiert sogar eine zentrale Textstelle daraus, die zum Mord an Dayyān aufruft (siehe auch meine Ausführungen S. 524).

25 siehe meine Ausführungen S. 534 ff.

26 so z. B. *J.R.A.S.* 1892, S. 478. Hier zitiert Browne einen Brief des Bāb an Mīrzā Yaḥyā und interpretiert ihn dahingehend, daß der Bāb Mīrzā Yaḥyā Azal als seinen einzigen Nachfolger betrachte und der Verheißene nicht zu Mīrzā Yaḥyās Lebzeiten erscheinen werde. Interessant ist dagegen, daß das angeführte Zitat beide Möglichkeiten offenläßt, das Kommen des Verheißenen zu Mīrzā Yaḥyās Lebzeiten oder ein späteres Erscheinen. Darüber hinaus heißt es eindeutig, daß im Falle seines Erscheinens die Autorität auf den Verheißenen übergehe.

27 u. a. in *Kitāb-i-Nuqṭatu'l-Kāf,* Introd., S. XXV-XXVI; *J.R.A.S.* 1889, S. 505, 514/515; *J.R.A.S.* 1892, S. 299-302

28 Anfangs habe Mīrzā Yaḥyā noch viele Anhänger gehabt. »One by one these disappeared, most of them, as I fear cannot be doubted, by foul play on the part of too zealous Bahā'īs« (*Tārī<u>kh</u>-i-Jadīd,* Introd., S. XXIII). Browne übernimmt nunmehr die Beschuldigungen aus *Ha<u>sh</u>t Bihi<u>sh</u>t* unbesehen, ohne sie verifiziert zu haben (*Tārī<u>kh</u>-i-Jadīd,* Introd., S. XXIV).

29 siehe *Tārī<u>kh</u>-i-Jadīd,* Introd., S. XIV

30 siehe meine Ausführungen S. 483-485

31 siehe meine Ausführungen S. 481 ff.

Browne die Sichtweise der Azalī übernahm. Außerdem wird deutlich, daß sich spätere Kritiker des Bahā'ī-Glaubens wie Römer und Ficicchia der Browne'schen Thesen gerne und reichlich bedienten.

Doch was hat Browne zur Parteinahme zugunsten Mīrzā Yaḥyā Azals, die verschiedentlich bestätigt wird[32], bewogen? Wie kam es zu seiner Sichtweise? Es gibt mehrere Gründe, die wir hier kurz beleuchten möchten.[33]

1. Brownes erste Informationsquelle über die Religion des Bāb war das Werk von Comte de Gobineau *Les Religions et les Philosophies dans l'Asie Centrale*, das ihn, wie wir bereits gesehen haben, ausgesprochen beeindruckte. Wenngleich er die in diesem Werk enthaltenen Kapitel über den Sufismus wenig befriedigend fand, war er von den Ausführungen Gobineaus über den Bābismus begeistert.[34] Sicher hinterließ diese erste Lektüre einen bleibenden Eindruck bei Browne und prägte in ihm eine bestimmte Sichtweise. Gobineaus Werk war in einer Zeit entstanden, da Mīrzā Yaḥyā Azal noch als nominelles Oberhaupt des Bābismus bekannt war. Gobineau war in den Jahren 1855 bis 1858 als erster Sekretär bzw. Geschäftsträger der französischen Gesandtschaft in Persien und vom 3.3.1862 bis zum 16.9.1863 als ihr Gesandter dort tätig.[35] Das Material für sein Buch wird er wohl in dieser Zeit zusammengetragen haben. Gobineau scheint zwei Informanten gehabt zu haben, die in der französischen Gesandtschaft in Teheran tätig waren. Es handelte sich um Mīrzā Riḍā-Qulīy-i-Tafrishī

32 Ṭabāṭabā'ī, »Kitābī bī nām bā nāmī tāzih«, in: Edward G. Browne, *Tārīkh-i-Adabiyāt-i Īrān*, S. 196; Juan R. Cole, »Browne on Babism and Bahaism«, in: *EIR*, Bd. IV, S. 485

33 siehe auch die Ausführungen M. Momens, *The Bābī and Bahā'ī Religions*, S. 33/34

34 Browne schreibt: »When, however, I turned from this mournful chapter to that portion of the book which treated of the Bābī movement, the case was altogether different. To anyone who has already read this masterpiece of historical composition, this most perfect presentation of accurate and critical research in the form of a narrative of thrilling and sustained interest, such as one may, indeed, hope to find in the drama or the romance, but can scarcely expect from the historian, it is needless to describe the effect which it produced on me« (*A Traveller's Narrative*, Introd., S. X).

35 siehe M. Momen, *The Bābī and Bahā'ī Religions*, S. 502

und seinen Bruder Mīrzā Naṣru'llāh[36], zwei eifrige Parteigänger Mīrzā Yaḥyās, deren Schwester Badrī-Jān mit Mīrzā Yaḥyā verheiratet war. Insofern ist es naheliegend, daß sie die Bedeutung ihres Schwagers Mīrzā Yaḥyā Azal in ihren Berichten überhöht dargestellt haben und Gobineau ihre Sichtweise übernahm. Dieser Gedanke drängt sich bei kritischer Lektüre des Gobineau'schen Werkes auf, da Mīrzā Yaḥyā hierin als Führungspersönlichkeit hoch gelobt wird, wohingegen aus der Geschichte bekannt ist, wie wenig er sich als Oberhaupt der Bābī-Gemeinde hervortat.[37] Jedenfalls hat den Azalī das Werk Gobineaus so zugesagt, daß sie es ins Persische übersetzt und veröffentlicht haben.[38]

Browne hatte aufgrund der Aussagen in Gobineaus Werk bei seiner Reise nach Persien erwartet, Mīrzā Yaḥyā Azal als anerkannten Nachfolger des Bāb vorzufinden: »I had expected to find Mīrzā Yaḥyā *Ṣubḥ-i-Ezel (»Ḥaẓrat-i-Ezel«* as Gobineau calls him) universally acknowledged by them as the Bāb's successor and the sole head to whom they confessed allegiance. My surprise was great when I discovered that, so far from this being the case, the majority of the Bābīs spoke only of *Behā* as their chief and prophet...«[39]

2. Browne hegte eine tiefe Bewunderung für den Bāb und seine Leiden. Als er 1887 nach Persien kam und die Verehrung erkannte, die Bahā'u'llāh entgegengebracht wurde, da die Bahā'ī in ihm den vom Bāb Verheißenen sahen, muß er ihre Liebe zu Bahā'u'llāh als Verrat an der Religion und Person des Bāb mißdeutet haben. In Brownes Augen hatten die Bahā'ī die Stufe des Bāb auf die eines bloßen Vorläufers herabgesetzt. Er verkannte dabei, daß die Bahā'ī die Stufe des Bāb nie geschmälert wissen wollten, daß Bahā'u'llāh dessen Stufe als eigenständiger Gottesoffenbarer bestätigt und seiner tiefen Liebe zum Bāb in vielen seiner Schriften Ausdruck verleiht. Doch allein schon die Tatsache, daß es nun ne-

---

36 siehe M. Momen, *The Bābī and Bahā'ī Religions*, S. 19; H. M. Balyuzi, *Edward Granville Browne and the Bahā'ī Faith*, S. 36

37 siehe hierzu meine Ausführungen S. 508-513

38 Es erschien unter dem Titel: *Ma<u>dh</u>āhib va falsafih dar Āsiyā-yi vusṭā.* Gobineau, translated by »M. F.« [Teheran?], [ca. 1968], siehe auch MacEoin, *The Sources for Early Bābī Doctrine and History*, S. 5

39 *A Traveller's Narrative*, Introd., S. XV; siehe auch E. G. Browne, *A Year Amongst the Persians*, S. 328/329

ben der Religion des Bāb auch die Religion Bahā'u'llāhs gab, muß Browne als Schmälerung der Sendung des Bāb empfunden haben.

3. Browne liebte Persien und bewunderte die Perser[40], er unterstützte persische Liberalisierungsbemühungen und die konstitutionelle Bewegung[41]. Er trat massiv für diese Bewegung ein und befand sich häufig im Widerspruch zur offiziellen britischen Politik, so daß er im Britischen Außenministerium einige Jahre lang als unliebsame Person galt.[42] Er veröffentlichte auch verschiedene politische Streitschriften, u. a. *The Reign of Terror at Tabriz – England's Responsibility* (Manchester, Oktober 1912).[43] Da er hoffte, daß der Bābismus als Reformbewegung in Persien eine entscheidende Rolle würde spielen können, war er enttäuscht, daß die Bahā'ī eine gewaltsame Veränderung politischer Strukturen ablehnten und nicht zur direkten Parteinahme in der Tagespolitik zu bewegen waren. Die Azalī hingegen waren politisch aktiv und schreckten auch vor gewaltsamen Mitteln nicht zurück.[44] Aufgrund seines politischen Interesses war Browne naturgemäß mehr an dem Kontakt mit den ebenfalls politisch Aktiven, also mit den Azalī, gelegen, in denen er politische Mitstreiter sah. Einige Azalī waren führende Köpfe der Reformbewegung, insbesondere Shaykh Aḥmad Rūḥī und Mīrzā Āqā Khān-i-Kirmānī, Mitherausgeber von *Akhtar*[45], die in Istanbul mit Sayyid Jamālu'd-Dīn al-

40 Er nannte sie eine »eloquent, ready, and subtle race« (*A Traveller's Narrative*, Introd., S. XXXVI).

41 siehe Kamran Ekbals Artikel »Browne and the Persian Constitutional Movement«, in: *EIR,* Bd. IV, S. 487/488; Kent Beveridge, »Professor Edward Granville Browne«, in: *Bahā'ī-Briefe* Nr. 51, April 1986, S. 179

42 siehe M. Momen, *Selections from the Writings of E. G. Browne*, Introd., S. 9; siehe auch Kamran Ekbal, »Browne and the Persian Constitutional Movement«, in: *EIR*, Bd. IV, S. 487: »Independent in forming his views and fearless in expressing them, he generally found himself in opposition to the official policy of his government.«

43 siehe die Ausführungen von Gabriele Yonan, in: B. Nirumand/G. Yonan, *Iraner in Berlin*, S. 63

44 G. E. von Grunebaum, *Der Islam II*, S. 184; Nikki R. Keddie, *Religion und Rebellion in Iran. The Tobacco Protest of 1891-2*, S. 107/108. Auch Bahā'u'llāh und 'Abdu'l-Bahā traten in ihren Schriften für politische Reformen ein, schlossen Gewalt aber grundsätzlich als Mittel der Veränderung aus. Juan R. Cole hat die politische Haltung Bahā'u'llāhs und 'Abdu'l-Bahā untersucht (»Iranian Millenarianism and Democratic Thought in the 19th Century«, in: *International Journal of Middle East Studies* 24 (1992), 1-26.

45 Diese Zeitschrift spielte eine bedeutende Rolle in Bezug auf die Bekanntmachung und Bekämpfung der Tabak-Konzession, die der Shāh England eingeräumt hatte.

Afghānī zusammenarbeiteten. Al-Afghānī vertrat den panislāmischen Gedanken und richtete in Istanbul einen iranischen panislāmischen Zirkel ein[46], wandelte nach den Worten Kedouris den Islām zur politischen Ideologie und instrumentalisierte ihn für politische Zwecke[47]. Er war für die Ermordung Nāṣiri'd-Dīn Shāhs 1896 verantwortlich, was seinen beiden Azalī-Freunden den Kopf kostete.[48]

Browne fühlte sich den politischen Aktivitäten der Azalī stark verbunden, während er den Bahā'ī-Glauben als zu kosmopolitisch empfand. Er schreibt: »Here we have clear evidence of a growing spirit of tolerance amongst the leaders of the Shī'ite Muslims which has gone hand in hand with the awakening of a true patriotic sentiment in Persia, and which is one of the most hopeful signs of the present national revival. Bahā'ism, in my opinion, is too cosmopolitan in its aims to render much direct service to that revival. ›Pride is not for him who loves his country‹, says Bahā'-u'llāh, ›but for him who loves the world‹. This is a fine sentiment, but just now it is men who love their country above all else that Persia needs.«[49]

Zum Ganzen: Nikki R. Keddie, *Religion und Rebellion in Iran. The Tobacco Protest of 1891-2*; siehe auch G. E. v. Grunebaum, *Der Islam II*, S. 192.

46 G. E. v. Grunebaum: *Der Islam II*, S. 194

47 Elie Kedouri, *Afghani and 'Abduh*, S. 63. Auch Āqā Khān-i-Kirmānī war entgegen seinen Beteuerungen nicht wirklich religiös, sondern sah die Religion als politisches Mittel an: »More than that, he sees religion as a pragmatic, useful national tool« (M. Bayat-Philipp, »The Concept of Religion and Government in the Thought of Mīrzā Āqā Khān Kirmānī, a Nineteenth-Century Persian Revolutionary«, in: *International Journal of Middle East Studies* 5 [1974], S. 389).

48 G. E. v. Grunebaum, *Der Islam II*, S. 194/195. Al-Afghānī entging der Auslieferung durch die osmanische Regierung an den Iran, weil er als angeblicher Afghane (in Wirklichkeit war er im Iran geboren) nicht der iranischen Gerichtsbarkeit unterstand.

49 *Kitāb-i-Nuqṭatu'l-Kāf*, Introd., S. LII. 'Abdu'l-Bahā scheint die Vorbehalte Brownes gekannt zu haben, wenn er ihm schreibt, er solle sich hohe Ziele setzen und sich von engem Nationalismus befreien, »for whatever is of limited, local consequence is human-bound, and whatever benefits the world of man is celestial« (zitiert nach H. M. Balyuzi, *Edward Granville Browne and the Bahā'ī Faith*, S. 98). Immerhin beschreibt Browne in seinem Nachruf auf 'Abdu'l-Bahā (*J.R.A.S.* Januar 1922) die bemerkenswerten praktischen Auswirkungen der Bahā'ī-Lehre in den Vereinigten Staaten von Amerika, wo in Bahā'ī-Kreisen eine wahre Bruderschaft zwischen Schwarz und Weiß erreicht worden sei (siehe H. M. Balyuzi, *Edward Granville Browne and the Bahā'ī Faith*, S. 120).

4. Ein weiterer, wichtiger Faktor war sicher, daß Browne sich in seiner Parteinahme für Mīrzā Yaḥyā Azal durch den *Kitāb-i-Nuqṭatu'l-Kāf* bestätigt sah. Dieses Manuskript hatte er 1892 in der Nationalbibliothek in Paris entdeckt. Er hielt es für ein authentisches Frühwerk der Bābī-Geschichte, war daher von der großen Bedeutung seines Fundes überzeugt und veröffentlichte das Werk im Jahre 1910. Das andere Geschichtswerk, das Browne bereits 1893 in englischer Übersetzung veröffentlichte, *Tārīkh-i-Jadīd*, hielt er nunmehr für ein Werk, das der Überlagerung und Abrogation des (den Bahā'ī unliebsamen) *Kitāb-i-Nuqṭatu'l-Kāf* dienen sollte. Angeblich hätten die Bahā'ī den *Tārīkh-i-Jadīd* aus diesem Grund in Umlauf bringen wollen, da nur eine Überlagerung und dadurch allmähliche Verdrängung — nicht aber Vernichtung — des älteren Werkes erfolgversprechend zu sein schien. Als Vergleich für seine Überlagerungstheorie zieht Browne die Prophetenbiographie des Ibn Isḥāq heran, die durch die Verbreitung der überarbeiteten Fassung des Ibn Hishām verdrängt wurde.[50] Im Hinblick auf die bereits ausführlich behandelte Problematik[51] ist Browne durch die ihm vorschwebende, jedoch gar nicht vorhandene Analogie einem schwerwiegenden Irrtum erlegen.

5. Browne war der festen Überzeugung, daß es in jeder Religion ein Schisma geben müsse. Er führte aus, daß die Gemeinde aufgrund verschiedener Faktoren zumindest zu Lebzeiten des Propheten in Eintracht, Harmonie und brüderlicher Liebe verweile, »... but, sooner or later, dissensions, schisms, and internecine strifes are sure to arise«[52]. Auch hier mag seine vorgefaßte Meinung ihn getäuscht und schließlich dazu verleitet haben, ein Schisma in der Bābī/Bahā'ī-Religion zu sehen und dieses entsprechend hervorzuheben. Wie Momen zutreffend feststellt, griff Browne einen Disput wieder auf, der längst ausgestanden war.[53]

---

50 *Tārīkh-i-Jadīd*, Introd., S. XXIX

51 siehe meine Ausführungen S. 406 ff.

52 *Tārīkh-i-Jadīd*, Introd., S. IX

53 »Indeed the usefulness of his later works is marred by his preoccupation with reviving a dispute which was long since over. Almost twenty years before Browne's interest in this subject was aroused, Bahā'u'llāh had put forward the claim to be ›He Whom God shall make manifest‹, foretold by the Bāb. The vast majority of Bābīs, including the survivors amongst the Bāb's Letters of the Living, those of the Bāb's own family who were believers, and the majority of the most eminent belie-

Tatsächlich kann von einem Schisma nicht die Rede sein.[54] Mīrzā Yaḥyā Azal blieb Bābī und hat die Religion Bahā'u'llāhs nicht anerkannt. Er fand vereinzelt Unterstützung, doch bereits bei seinem Tode 1912 hatte er kaum noch Parteigänger.[55] Bahā'u'llāh ist der Stifter einer neuen Religion, für die Bahā'ī ist er der vom Bāb verheißene *Man yuẓhiruhu'llāh*. Die Bahā'ī-Gemeinde ist bis zum heutigen Tage eins und ungespalten.

6. Schließlich mag auch die Neigung Brownes, sich der jeweils unterlegenen Seite anzunehmen und diese zu unterstützen, dazu beigetragen haben, daß er für Mīrzā Yaḥyā Azal Partei ergriff. Schon in Bezug auf den russisch-türkischen Krieg 1877/78, der seinerzeit zum Interesse Brownes am Orient geführt hatte, sprach er von seiner Parteinahme für die Türkei, da diese als verlierende Seite Sympathie verdiene: »At first my proclivities were by no means for the Turks; but the losing side, more especially when it continues to struggle gallantly against defeat, always has a claim to our sympathy, and moreover the cant of the anti-Turkish party in England, and the wretched attempts to confound questions of abstract justice with party politics, disgusted me beyond measure. Ere the close of the war I would have died to save Turkey, and I mourned the fall of Plevna as though it had been a disaster inflicted on my own country.«[56] Auch in Mīrzā Yaḥyā Azal mag er die Minderheit, die Sympathie verdient, gesehen haben. Immer wieder erwähnte er, daß Mīrzā Yaḥyā nur einige wenige Anhänger habe, ja daß er bisweilen sogar selbst auf den Markt gehen müsse, um das Notwendigste einzukaufen.[57] In den ab 1891 erschienenen Schriften Brownes und in seinen Einleitungen oder Anmerkungen zu herausgegebenen Werken, wie z. B. *A Traveller's Narrative*

vers surviving, accepted this claim and rejected the feeble, uninspiring leadership of Mīrzā Yaḥyā, Ṣubḥ-i-Azal« (M. Momen, *The Bābī and Bahā'ī Religions*, S. 32).

54 siehe meine Ausführungen S. 538 ff.

55 siehe meine Ausführungen S. 500 f.

56 *A Year Amongst the Persians*, S. 8

57 »Mīrzā Yaḥyā appears to have been almost without supporters at Adrianople, so that, according to his own account, he and his little boy were compelled to go themselves to the market to buy their daily food« (*A Traveller's Narrative*, S. 99 [Fußnote 1]). Auch an anderer Stelle kommt Brownes Mitleid zum Ausdruck, wenn er sagt: »Ṣubḥ-i-Ezel was so completely deserted that, as he himself informed me, he and his little boy had to go themselves to the bazaar to buy their food« (*Tārīkh-i-Jadīd*, Introd., S. XXII).

(1891), *Tārīkh-i-Jadīd* (1893), *Kitāb-i-Nuqṭatu'l-Kāf* (1910) oder *Materials for the Study of the Bābī Religion* (1918) wird seine Sympathie für die Minderheit, also für Mīrzā Yaḥyā, und späterhin für Personen wie Khayru'llāh, der um die Jahrhundertwende die Führung der Bahā'ī im Westen vergeblich für sich beanspruchte[58], deutlich.

Insgesamt ebbte Brownes Interesse an der Bābī- und Bahā'ī-Religion in späteren Jahren sichtlich ab, nicht zuletzt wohl aufgrund einer sehr vehementen Anfeindung seitens eines Rezensenten zu *A Traveller's Narrative*[59], der Browne zu viel innere Beteiligung am Gegenstand seiner Untersuchung vorwarf und den Bābismus als völlig unbedeutendes, der wissenschaftlichen Bearbeitung unwürdiges Phänomen abtat. Wenngleich Browne auch viele positive Stellungnahmen und Rezensionen zu seiner Veröffentlichung erhielt[60], scheint ihn diese ausgesprochen negative Rezension tief getroffen zu haben. Über zehn Jahre später schrieb er im Vorwort zu Phelps *Life and Teachings of Abbas Effendi* eine Erwiderung, zeigte darin mangelnde Fachkenntnis des Rezensenten auf und bemerkte: »Increasing age and experience, (more's the pity!) are apt enough, even without the assistance of the *Oxford Magazine*, to modify our enthusiasms...«[61] So widmete er sich denn mehr und mehr anderen Orientstudien und veröffentlichte verschiedene Werke, u. a. *A Literary History of Persia From Firdawsī to Sa'dī* (1906), *The Persian Revolution of 1905-1909* (1910) und *The Persian Constitutional Movement* (1918), Werke, die auch heute noch gelesen und geschätzt werden.

Edward Granville Browne verstarb im Alter von 64 Jahren am 5.1.1926, nur wenige Monate nach dem Tod seiner Frau im Juni 1925. Sein Ruf als herausragender Orientalist, Förderer der Persien-Forschung im Abendland und besonderer Kenner der Bābī- und Bahā'ī-Religion ist ungebrochen. Das von ihm so unermüdlich zusammengetragene Material bietet auch heute noch eine rei-

---

58 siehe Richard Hollinger, »Ibrahim George Kheiralla and the Bahā'ī Faith in America«, in: Juan R. Cole/Moojan Momen (Hrsg.), *From Iran East and West, Studies in Bābī and Bahā'ī History*, S. 95-133; und H. M. Balyuzi, *Edward Granville Browne and the Bahā'ī Faith*, S. 114-155

59 *Oxford Magazine*, 25.5.1892, S. 394

60 siehe M. Momen, *The Bābī and Bahā'ī Religions*, S. 36

61 M. Phelps, *Life and Teachings of Abbas Effendi*, Introd., S. XIV

che Fundgrube für jeden, der sich mit den Religionen des Bāb und Bahā'u'llāhs auseinandersetzt. Da Browne jedoch nicht unparteiischer Wissenschaftler geblieben und ihm so manch gravierender Irrtum unterlaufen ist, muß der Leser sich immer um eine kritische Auseinandersetzung und sorgsame Gegenüberstellung mit anderen Quellen bemühen. Nur unter dieser Voraussetzung kann er aus den Schriften Brownes Nutzen ziehen. Eine unkritische Lektüre seiner Schriften hingegen vermittelt dem Leser eine völlig einseitige, falsche Sicht.

II. DER PFARRER HERMANN RÖMER

In der Einleitung zu seiner Monographie führt Ficicchia unter seinen Quellen auch die Arbeit des evangelischen Theologen Hermann Römer[1] auf.[2] Tatsächlich verdankt Ficicchia dieser Vorlage sehr viel, gerade im historischen Teil des Buches. Von Römer[3] stammt die erste umfängliche Darstellung der Bābī- und Bahā'ī-Religionen in deutscher Sprache. Es handelt sich dabei um seine am 11. Mai 1911 von der philosophischen Fakultät der Universität Tübingen angenommene Dissertation »Die Bābī-Behā'ī«[4]. Eine text- und seitenidentische Ausgabe[5] erschien 1912 im Verlag der deutschen Orient-Mission, Potsdam und im Quell-Verlag, Stuttgart[6], demselben Verlag, der später auch die Monographie Ficicchias verlegen sollte.

Seine Dissertation ist nicht die erste Beschäftigung Römers mit den Bābī und Bahā'ī. Bereits 1908[7] und 1910 — unter der Überschrift »Die behaistische Propaganda im Abendland«[8] — hatte er sich in Aufsätzen mit diesen Religionen auseinandergesetzt. Dabei ordnet er die Bahā'ī ein als Teil einer großen Gegenbewegung asiatischer Religionen gegen die christlichen Missionsbemühungen.[9]

---

1 In der Literatur erscheint sein Name zumeist als »Roemer«. Tatsächlich findet sich diese Schreibweise aber nur im Titel seines Buches, wo der Name in Versalien geschrieben ist, sonst ist die Schreibweise durchweg »Römer«.

2 *Bahā'ismus*, S. 25

3 Seiner Vita (S. 193 der Diss.) ist zu entnehmen, daß er am 8. Juli 1880 in Pfrondorf nahe Tübingen als Sohn eines evangelischen Pfarrers geboren wurde. Er studierte an den theologischen und philosophischen Fakultäten in Tübingen und Halle. Nach Abschluß seines Theologiestudiums trat er 1902 in den württembergischen Kirchendienst.

4 der Untertitel lautet: ›Eine Studie zur Religionsgeschichte des Islams‹, erschienen im Jahre 1911 im Verlag der Deutschen Orient-Mission, Potsdam

5 Verändert wurde allerdings der Untertitel, der jetzt lautet: »Die jüngste mohammedanische Sekte«.

6 Auf dem in der Württembergischen Landesbibliothek Stuttgart befindlichen Exemplar ist die ursprüngliche Verlagsangabe (Verlag der Deutschen Orient-Mission, Potsdam) getilgt und durch Quell-Verlag, Stuttgart, ersetzt.

7 »Der Behaismus«, in: *Evangelisches Missions-Magazin*, NF, 52. Jg., S. 321-331

8 »Die Propaganda für asiatische Religionen im Abendland«, in: *Basler Missionsstudien*, Heft 10, S. 45-55

9 In den Vorbemerkungen seines Aufsatzes »Der Behaismus« (S. 321) charakterisiert er dies so: »Neu ist, daß der Osten sich heutzutage selbst an der Herausbildung einer natürlichen Weltreligion der Zukunft beteiligt... Dieser synkretistische Prozeß,

Römer war nicht Orientalist, sondern evangelischer Theologe. Des Arabischen und Persischen nicht mächtig, bediente er sich des in europäischen Sprachen vorliegenden Materials, das er mit großer Akribie systematisch auflistet.[10] Es ist durchaus beeindruckend, wie Römer die im Vergleich zu heute noch sehr spärlichen Quellen zu aggregieren und zu deuten wußte; daß er dabei bisweilen von falschen sachlichen Voraussetzungen ausging, ist ihm kaum anzulasten. Das Material entnimmt er im wesentlichen den Arbeiten von Browne — wobei er nicht nur dessen Fehler[11] reproduziert, sondern bisweilen durch pointierte Heraushebung noch verschärft. Die philosophisch-theologischen Leitgedanken zum Verständnis der Bābī- und Bahā'ī-Religion verdankt er Ignaz Goldziher;[12] auch dies nicht ohne gravierende Folgen für die Interpretation der Quellen. Trotz dieser inhaltlichen Abhängigkeit und den daraus entstehenden Mißdeutungen ist die Arbeit fraglos eine eigenständige Leistung, eine Zusammenschau, wie sie bis zum damaligen Zeitpunkt noch von keiner Seite vorgelegt wurde.

Dabei darf jedoch nicht übersehen werden, daß Römers Untersuchung eine eindeutige Tendenz zugrundeliegt, eine Tendenz, die er selbst fairerweise an mehreren Stellen offen darlegt: »Meine Arbeit ist dem praktischen Bedürfnis entsprungen, der Propaganda der Behā'ī in Deutschland zu begegnen, nachdem ich im Jahre 1907 als Stadtvikar in Stuttgart die dortige Behā'īvereinigung habe entstehen sehen. Zugleich soll die Arbeit der christlichen Mission an der muhammedanischen Welt dienen.«[13] »Die Missionen müssen sich über die Behā'ī klarwerden und wissen, ob sie in ihnen Bundesgenossen oder Konkurrenten zu erblicken haben. Endlich macht die Propaganda, die die Behā'ī seit einiger Zeit im

---

von dem eine moderne Aufklärung im Osten und im Westen das Heil erwartet, macht seit Jahren von sich reden (besonders seit dem Religionskongreß in Chicago 1893) und macht sich in der Mission als gewaltige Gegenströmung von Jahr zu Jahr empfindlicher geltend.«

10 *Bābī-Behā'ī*, S. 2-8

11 siehe N. Towfigh, Kap. 8 und 9.I

12 So Römer im Vorwort, *Bābī-Behā'ī*, S. III. Es handelt sich dabei vor allem um folgende Texte Goldzihers: *Die Religion des Islams. Kultur der Gegenwart* I, Abt. 3,1, 1906, S. 127-130; *Vorlesungen über den Islam*, Heidelberg 1910, S. 295-305. Zu den weiteren Römer vorliegenden Arbeiten Goldzihers siehe *Bābī-Behā'ī*, S. V.

13 *Bābī-Behā'ī*, Vorwort, S. III

Abendland treiben, eine Untersuchung wie die vorliegende zum unmittelbaren Bedürfnis.«[14]

Römers Arbeit muß also zum einen im Kontext der christlichen Orientmission gesehen werden. Wie neuere Untersuchungen zeigen,[15] tat sich diese anfangs schwer mit einer einheitlichen Bewertung von Bābismus und Bahā'ītum: Sah man in ihnen zunächst ein Mittel, die starre Glaubensfront des Islam aufzubrechen[16] und der christlichen Mission in die Hände zu arbeiten,[17] so

---

14 *Bābī-Behā'ī*, Einleitung, S. 1

15 Moojan Momen, »Early Relations between Christian Missionaries and the Bābī and Bahā'ī Communities«, in: ders. (Hrsg.), *SBB* 1, S. 49-82; Douglas Martin, »The Missionary as Historian«, in: *World Order* 10:3, 1976, S. 43-63

16 Die Beziehungen zu den Bahā'ī waren anfangs durchaus freundlich bis herzlich. So berichtet der Pastor W. Faber (im Anhang II zu: Friedrich Carl Andreas, *Die Babi's in Persien*, S. 68): »Die Verbindung, welche ich im Jahre 1892 mit einflußreichen Babi's anknüpfte und welche Dr. Zerweck und Pastor Közle weiterzupflegen beabsichtigten, war der Hauptgrund, welchen die persische Regierung beim Auswärtigen Amt des deutschen Reiches für die im Februar 1895 erfolgte Ausweisung der deutschen Missionare angab. In den Augen der persischen Regierung waren und sind die Babi's gefährliche Umstürzler, die sie mit Feuer und Schwert auszurotten sucht, in Wahrheit aber sind sie Bahnbrecher für Wahrheit, Freiheit und Recht in dem dunklen Lande Persien, wie sie die Weltgeschichte von gleichem Opfermut und von gleicher Sterbensfreudigkeit selten gesehen hat.« Daß Fabers Hoffnung auf den »Babismus« als einer »Vorstufe für das Christentum« gleichwohl nicht von allen geteilt wurde, zeigt die Erwiderung A. Socins (*Die christliche Welt*, Evangelisch-Lutherisches Gemeindeblatt für Gebildete aller Stände, 10. Jg., Leipzig 1896): »Im Grunde hat man es doch mit einer Art Muslimen zu thun; ihr Dogma, daß auch das Christentum nur eine untergeordnete Stufe in der Entwicklung ihrer Religion und der Religionen überhaupt sei, wird sie stets hindern, dem Christentum näher zu treten.« Zu den anfangs ebenfalls freundschaftlichen Kontakten zu den Missionaren der britischen Church Missionary Society siehe M. Momen, »Early Relations«, *a. a. O.*, S. 63 ff. Auch der wohl erste in deutscher Sprache publizierte Hinweis auf den Bāb stammt aus der Feder eines (amerikanischen) Missionars, Austin Henry Wright, »Bâb und seine Secte in Persien«, in: *Zeitschrift der Deutschen Morgenländischen Gesellschaft*, Bd. 5, S. 384 f.

17 Dies klingt noch in folgenden Beiträgen nach: »Ist nun die Thatsache, daß die Anhänger derselben [d. i. die Bābī] der Botschaft des Evangelii ein offenes Ohr leihen, und wenn die Hoffnung auf schnelle und große Missionserfolge unter ihnen auch sanguinisch ist, so ist es doch möglich, daß der Babismus ein Thürlein wird, durch welches das Evangelium einen Zugang in die mohammedanische Welt findet« (Gustav Warneck, in: *Allgemeine Missions-Zeitschrift*, 21. Bd, S. 136). »Aus dem Schoße des Islam hervorgegangen, macht der Babismus seit seiner Entstehung dem orthodoxen Mohammedanismus durch seine stetige Zunahme viel zu schaffen und von manchem wird ihm sogar eine große Zukunft im Orient prophezeit. Die in Persien arbeitenden Missionare kommen vielfach mit ihm in Berührung, und aus der freundlichen Stellung, die er zur christlichen Religion einnimmt, hat man schon gemeint [sic] die Hoffnung schöpfen zu dürfen, diese religiöse Bewegung möchte vielleicht die Schwelle bilden, über die hinweg das Evangelium zu den Herzen der

setzte sich nach und nach die Überzeugung durch, daß man es bei den Bahā'ī mit einem gefährlichen Konkurrenten bei der Mission der Muslime zu tun habe.[18] Römers Arbeit gehört zeitlich und inhaltlich in die zweite Phase.[19]

Moslemin gelangen dürfte... Was... uns Christen mit einiger Hoffnung auf die Babis blicken läßt, ist der Umstand, daß sie bei ihrer freieren religiösen Denkweise dem Christentum weniger feindselig gegenüberstehen als die Mohammedaner, ja sich zum Teil sehr freundlich verhalten und mit großer Bereitwilligkeit auf das Evangelium merken. Von den bigotten Mohammedanern als Häretiker betrachtet, gehaßt und bedrückt, ist es wohl natürlich, daß sie einen gewissen Zug zum Christentum verspüren. Von vielen wird auch die heil. Schrift eifrig gelesen, und so könnte es wohl sein, daß ihnen nach und nach durch das Wort der Wahrheit die Augen aufgehen und sie erkennen, daß sie erst auf halbem Wege sich befinden. Allerdings hat diese Hoffnung, die man schon vor Jahrzehnten hegte, bis jetzt noch meistens getäuscht« (redaktioneller Beitrag in: *Evangelisches Missions-Magazin*, NF, 38. Jg., S. 13, 25). Für den allmählichen Umschwung in der Beurteilung der Bahā'ī (die noch immer als Bābī bezeichnet werden) zeugt der neun Jahre später erschienene Beitrag von Julius Richter (in: *Allgemeine Missions-Zeitschrift*, 30. Bd. S. 242): »Den Babis, auf welche man früher große Hoffnungen setzte, scheint man nirgends nähergekommen zu sein; ihre Anerkennung der heiligen Schrift und mancher christlicher Lehren wird wettgemacht durch ihre willkürliche Schriftauslegung; man glaubt sie mit einem Schriftbeweis fest gefaßt zu haben, so gleiten sie mit ihrem ›Nun wollen wir aber diese Schriftstelle aufbrechen und den Kern herausholen‹ geschickt wieder durch die Finger.« Von diesen Aussagen her lassen sich die Aussagen Ficicchias, die Bahā'ī seien nicht dialogbereit (*Bahā'ismus*, S. 23, 29), in einem anderen Lichte verstehen.

18 Dies gipfelt darin, daß J. R. Richards, ein in Schiras stationierter Missionar der Church Missionary Society, öffentlich fordert, von jedem taufwilligen Iraner die förmliche Erklärung zu verlangen, Bahā'u'llāh sei »ein falscher Prophet«: »The writer would suggest that all seekers after Baptism should be asked to declare publicly before the whole Church that they consider Bahā'u'llāh a false prophet. Some such formula as the following would probably meet the case: ›I believe that Jesus Christ is the Son of God; that He really died on the Cross for our salvation; that He really and truly rose from the dead, leaving behind Him an empty tomb; that He was really and truly seen by the disciples as the Gospels bear witness. I believe that He alone is the Saviour of the world. I deny the doctrine of *rij'at*, by which I am to believe that Jesus was Moses returned, and that Mohammad, the Bāb and Bahā'u'llāh were 'returns' of Jesus, and I declare it to be false teaching. Accepting Jesus as my Lord and Saviour I declare Mohammad, the Bāb, and Bahā'u'llāh to have been false prophets and false guides, leading men away from the truth.‹« (*The Religion of the Bahā'īs*, S. 236 f.).

19 Römer faßt dies selbst wie folgt zusammen: »Die prinzipiell freundschaftliche Stellung zum Christentum hat die Bābī unter Behā Allāh [Bahā'u'llāh] auch mit den christlichen Missionen in Persien zusammengeführt,... welche Jahrzehnte lang [sic] die Hoffnung gehegt haben, in der Sekte bahne sich ein Übergang des Islams zum Christentum an... Inzwischen haben die christlichen Missionen in Persien erkannt, daß der Bābismus keine Vorarbeit, sondern eine Konkurrenz für sie bedeutet und sich mit seiner allegorischen Erklärung der Bibel jeder christlichen Überführung entwindet...« (*Bābī-Behā'ī*, S. 140). Selbst soziale Einrichtungen der iranischen Bahā'ī-Gemeinde, insbesondere die Unterhaltung einer Schule in Teheran, sieht

Zum anderen will Römers Arbeit auch Argumentationshilfe gegen die Missionsanstrengungen der Bahā'ī vor Ort geben.[20] Es ist unvermeidlich, daß beide Zielsetzungen den Blick für solche Aspekte schärften, die kritisch gegen die Bahā'ī eingewandt werden konnten. Römer war aus diesem Grund offen und recht unkritisch gegenüber den durch Browne übermittelten Azalī-Positionen[21] wie auch gegenüber den durch Gobineau übermittelten Entstellungen durch muslimische Kritiker.[22] Dies hat deutliche Auswirkungen auf Römers Darstellung der Geschichte wie der Lehre von Bābismus und Bahā'ītum.

1. Römers Darstellung: Aufbau und Wirkungsgeschichte

Römer gliedert seine Dissertation in vier Teile, die chronologisch die wesentlichen Einschnitte in der Entwicklungsgeschichte von Bābismus und Bahā'ītum bis zur Zeit Römers nachzeichnen: Der umfangreiche erste Teil umfaßt die Zeit von der Entstehung der Bābī-Gemeinde bis zur Nachfolgeproblematik im Anschluß an die Hinrichtung des Bāb.[23] Der zweite Teil behandelt die Führungsrolle Bahā'u'llāhs in der Zeit von Baghdād und Adrianopel und die allmähliche Transformation der Gemeinde.[24] Der dritte Teil beschreibt die Ausgestaltung des Bahā'ītums durch Bahā'u'llāh während seiner Verbannung in Palästina.[25] Der vierte Teil ist der Amtszeit 'Abdu'l-Bahās bis etwa 1908 gewidmet, notwendigerweise unter Ausschluß der Reisen[26] in Ägypten, Europa und Nordamerika.[27]

Römer lediglich als »wichtiges Propagandamittel«, das »unter philantropischer Flagge segelt« und konstatiert: »Sie ist aus der Konkurrenz mit den amerikanischen Missionsschulen in Persien erwachsen« (*a. a. O.*, S. 149).

20 Er spricht in diesem Zusammenhang etwa von einem »Herd behaistischer Propaganda« (*Die Propaganda*, S. 49).

21 siehe N. Towfigh, Kap. 8.I und II, Kap. 9.I

22 siehe etwa U. Gollmer, Kap. 7, Fußnote 5

23 *Bābī-Behā'ī*, S. 9-72

24 *Bābī-Behā'ī*, S. 72-108

25 *Bābī-Behā'ī*, S. 108-144

26 Mit der Jungtürkischen Revolution im Juli 1908 endete 'Abdu'l-Bahās Gefangenschaft, so daß er, nach einer gewissen Konsolidierung seiner Gesundheit, zwischen August 1910 und Dezember 1913 verschiedene Lehrreisen antreten konnte. Die große Zahl seiner auf diesen Reisen gehaltenen Ansprachen sind eine wichtige

Trotz der chronologischen Gliederung liegt Römers eigentliches Interesse aber nicht in der Darstellung der Geschichte der Bābī- und Bahā'ī-Gemeinden. Die Historie liefert ihm lediglich das Gerüst für die inhaltliche Auseinandersetzung. Breiten Raum gibt er der Beschreibung einzelner Schriften und Texte Bahā'u'llāhs, die ihm teils in Beschreibungen, teils in frühen Übersetzungen vorliegen.[28] Sein Hauptinteresse aber gilt den theologischen Grundzügen der Lehre, insbesondere Gottesbegriff, Prophetologie, Anthropologie und Heilslehre.[29] Gleichwohl ist auch in der Geschichtsdarstellung unterschwellig die oben benannte Tendenz unverkennbar.

Vor ihrer Wiederentdeckung durch Ficicchia[30] war Römers Arbeit weitgehend in Vergessenheit geraten. Die Gründe dafür liegen auf der Hand: Sein Material spiegelt den Wissensstand kurz nach der Jahrhundertwende wider, die von ihm benutzten Quellen[31] liegen sämtlich in europäischen Sprachen vor,[32] sind damit auch dem Nicht-Orientalisten direkt zugänglich, zudem verzeichnet seine theologische Interpretation die Lehren des Bahā'ītums grob. Insbesondere orientalistische Veröffentlichungen bedienten sich darum lieber unmittelbar der Quellen oder der originären Forschungsarbeiten von Browne, Nicolas usw., als auf Römers

---

Quelle für das Verhältnis des Bahā'ītums zu den zentralen Themen der westlichen Welt in dieser Zeit, unmittelbar vor Ausbruch des Ersten Weltkriegs (vgl. 'Abdu'l-Bahā, *Promulgation*; *Ansprachen in Paris*; *'Abdu'l-Bahā in London. Addresses and Notes of Conversations*, London ²1982; Werner Gollmer, *Mein Herz ist bei euch. 'Abdu'l-Bahā in Deutschland*, Hofheim 1988). Römer waren sie für seine Arbeit noch nicht zugänglich.

27 *Bābī-Behā'ī*, S. 144-177

28 *Bābī-Behā'ī*, S. 97-134

29 Die entsprechenden Abschnitte verteilen sich über das gesamte Buch, allerdings mit den Schwerpunkten auf die Teile 1 und 4. In zwei Anhängen (S. 178-192) versucht Römer zudem, »verwandte Erscheinungen« aus Geschichte und Gegenwart des Islam zu benennen.

30 »Es war mir... ein Anliegen, die besonders wertvollen Aussagen und Überlegungen Römers hier wieder zu Worte kommen zu lassen« (*Bahā'ismus*, S. 25).

31 Römer gliedert seine Quellen in folgende fünf Gruppen: 1. Die frühen Arbeiten von Gobineau und Kazem Beg, sowie die daran anschließenden Arbeiten von Ethé, v. Kremer, Vámbéry, Dorn, Baron Rosen und Huart; 2. die Arbeiten von E. G. Browne; 3. Arbeiten von Seiten der Bahā'ī (zu denen er fälschlicherweise Nicolas zählt); 4. Berichte christlicher Missionare; 5. deutsche Arbeiten der letzten Jahre (darunter I. Goldziher).

32 Und, soweit dies Bahā'ī-Texte betrifft, inzwischen zumeist in ungleich besseren Übersetzungen.

Analyse aus zweiter und dritter Hand zurückzugreifen. Außerhalb des deutschen Sprachraums blieb Römers Arbeit deshalb — trotz seiner unbestreitbaren Leistung einer eigenständigen monographischen Zusammenschau des seinerzeit verfügbaren Wissens — zu Recht unbeachtet. Nur in einigen deutschsprachigen theologischen und religionswissenschaftlichen Artikeln und Abhandlungen tauchen *Die Bābī-Behā'ī* als Referenzwerk auf.[33] Eine Rezension von Römers Dissertation erschien etwa zwei Jahre nach ihrer Publikation.[34] Fast ausschließlich auf Römer fußt die Polemik Richard Schäfers, *Die neue Religion des falschen Christus. Wider den Behā'ismus!*[35] In größerem Umfang hat sonst lediglich Gerhard Rosenkranz[36] aus Römers Darstellung geschöpft.[37] Daß es bislang keine[38] Auseinandersetzung von Seiten der Bahā'ī mit Römers Arbeit gab, ist darum nicht verwunderlich. Es wäre auch allzu billig, ihm heute, nach über achtzig Jahren, seine Fehldeutungen und seinen (notgedrungen) mangelnden Wissensstand vor-

33 Etwa Ernst Dammann, *Grundriß der Religionsgeschichte*, Stuttgart 1972, S. 104-107; Rainer Flasche, »Die Religion der Einheit und Selbstverwirklichung der Menschheit — Geschichte und Mission der Baha'i in Deutschland«, in: *Zeitschrift für Missionswissenschaft und Religionswissenschaft*, 61. Jg. 1977, S. 188-213; Hans-Jürgen Kornrumpf, Stichwort »Baha'i«, in: *Lexikon der islamischen Welt*, Bd. 1, Stuttgart 1974, S. 83 f.; Günter Lanczkowski, Rezension von F. Ficicchias *Bahā'ismus*, in: *Theologische Rundschau*, 48. Jg. 1983, S. 209; R. Mielck, »Vom Bahaismus in Deutschland«, in: *Der Islam*, Bd. 13, 1923, S. 138-144; Gerhard Rosenkranz, Stichwort »Bahā'ī«, *Evangelisches Kirchenlexikon*, Bd. 1, Göttingen 1956, Sp. 291 f.; Paul Scheurlen, *Die Sekten der Gegenwart*, Stuttgart ²1921, Quell-Verlag der Evangelischen Gesellschaft, S. 169-175, 4. stark erw. Aufl. 1930, S. 408-417.

34 Arthur Christensen, in: *Der Islam*, Bd. 5, S. 389 f.

35 Cassel 1912. Die Schrift schließt mit einer Mitgliederwerbung für die »Deutsche Orient Mission, Potsdam«, in deren Verlag Römers *Die Bābī-Behā'ī* zunächst erschien.

36 *Die Bahā'ī*. Rosenkranz greift insbesondere Römers Bestimmung des Bahā'ītums als neuplatonisch auf, legt dabei aber einen gewissen Wert auf die Eigenständigkeit der Bahā'ī-Lehre in zentralen Lehraussagen wie der Prophetologie (S. 52 ff.).

37 In dieser Tradition steht auch Rainer Flasche, »Gnostische Tendenzen innerhalb neuer Religionen«, in: *Una Sancta*, 41. Jg., S. 339 ff., bes. S. 341-343; dazu unten Fußnote 80.

38 Mit einer Ausnahme, die sich allerdings nur auf einen Aspekt bezieht und eher beiläufig bleibt: Claudia Gollmer, *Die metaphysischen und theologischen Grundlagen der Erziehungslehre der Bahā'ī-Religion*, MA-Arbeit, Universität Stuttgart 1982/83, unveröffentlicht. In dieser Arbeit wurde bereits die einseitige Interpretation der Bahā'ī-Lehre als neuplatonisch der Kritik unterzogen (siehe *a. a. O.*, S. 11, 64, 79, 86, 99).

zuwerfen. Festzuhalten ist allerdings, warum Römer als Quelle nicht — wie bei Ficicchia — ungeprüft verwendet werden kann.

2. Die Bābī- und Bahā'ī-Geschichte bei Römer

Entsprechend seiner Zielsetzung, »der Propaganda der Behā'ī in Deutschland zu begegnen«[39], konzentriert sich Römer in seiner Darstellung der Bahā'ī-Geschichte mit Vorliebe auf jene Aussagen seiner Quellen, die sich nach landläufigem christlichem Verständnis gegen die Bahā'ī ins Feld führen lassen. Was dem Idealbild einer spannungsfrei-harmonischen Gemeinde der Heiligen widerspricht, erscheint wie in einem Brennglas, überdimensioniert, vergröbert und verzerrt. Wo sich Gobineau[40] und Browne, um Verstehen bemüht, auch emotional auf ihren Untersuchungsgegenstand einlassen, ist Römers Untersuchung von einer abwehrenden Distanz und Skepsis geprägt.[41] Schon die durch-

39 Vorwort, *Bābī-Behā'ī*, S. III

40 Die Grundhaltung gegenüber dem Fremden könnte unterschiedlicher kaum sein: Für Gobineau und (in Grenzen) auch für Browne gilt, was Eberhard Straub (»Die Götterdämmerung des Abendlandes. Der mißverstandene Arthur de Gobineau«, *Frankfurter Allgemeine Zeitung* vom 18. Dezember 1982) zusammenfassend zu Gobineaus Haltung gegenüber fremden Kulturen schreibt: »Gobineaus Ansehen in der Dritten Welt beruht nicht zuletzt darauf, daß er die Originalität, Selbständigkeit, auch die Würde afrikanisch-asiatischer Poesie, Kunst und Gesellschaftsverfassungen immer wieder in polemischem Gegensatz zu dem immer minderwertiger werdenden Europa stellte.« Römer dagegen ist nur zu offensichtlich und gänzlich ungebrochen von der Überlegenheit der eigenen kulturellen und religiösen Tradition überzeugt.

41 Ein kleines aber bezeichnendes Indiz für diese abwehrende und abwertende Haltung Römers ist die Verarbeitung, die er den zahlreichen Märtyrerberichten angedeihen läßt: Gobineau, Browne und westlichen Augenzeugen hatten die Bābī- und Bahā'ī-Märtyrer hohe Bewunderung abverlangt (der früheste Augenzeugenbericht in deutscher Sprache ist ein Brief des österreichischen k.k. Hauptmanns von Goumoens vom 29. August 1852, abgedruckt in: *Oesterreichischer Soldatenfreund*, 5. Jg., Nr. 123 vom 12. Oktober 1852 sowie *Die Presse*, Wien, Nr. 242 vom 13. Oktober 1852. Für eine Auswahl weiterer Berichte siehe M. Momen, *The Bābī and Bahā'ī Religions*, S. 83-90, 100-105, 132-146). Bei Römer werden die Bābī- und Bahā'ī-Märtyrer dagegen zu Typen pseudoreligiöser Hysterie, ja ihre Hingabe wird zur bewußten Inszenierung, zur »kunstgerechten ṣūfischen Exstase« (*Bābī-Behā'ī*, S. 35). Insbesondere Quddūs, dem gegenüber die Azalī-Quellen ausgesprochen feindlich sind, unterstellt er, den Bābī die »Todesfreudigkeit« geradezu »beizubringen« (S. 36). Lediglich dem Bāb selbst gesteht er zu, daß er in seinem Martyrium »an Jesus von Nazareth« erinnere, nicht ohne sofort einzuschränken: »so grundverschieden die religiöse Orientierung bei beiden ist« (S. 36). Man hat den

gehende Bezeichnung von Bābismus und Bahā'ītum als »Sekte«[42] weist darauf hin. Berichte über die Missionserfolge des Bāb sind ihm Beleg von »Massenextasen«, ja für eine veritable »religiöse Epidemie«[43]. Kritische Aussagen Bahā'u'llāhs über einige Herrscher und die Repräsentanten der shī'itischen Geistlichkeit seiner Zeit werden bei Römer zu »persönlichen Ausfällen«[44], die an sie gerichteten Mahnungen und Warnungen Bahā'u'llāhs apostrophiert er als »Fluch«[45]. Besonders angetan ist Römer von allen Berichten über Nachfolgestreitigkeiten,[46] sogenannten Schismen[47] und tatsächlichen wie angeblichen Gewaltakten[48].

Ein ungünstiges Licht auf die Art, wie Römer historische Quellen nutzt, wirft vor allem die Verarbeitung, die er den gegen Bahā'u'llāh und die Bahā'ī erhobenen Mordvorwürfen angedeihen läßt. Diese Beschuldigungen gehen sämtlich auf eine einzige Quelle zurück: Die Azalī-Apologie *Hasht Bihisht*. Römer kennt diese Schrift durch die auszugsweise Veröffentlichung durch Browne.[49] Während Browne jedoch den polemischen Charakter dieser Streitschrift hervorhebt[50] und klar vermerkt, daß er die

---

Eindruck, daß er sich geradezu krampfhaft bemüht, nur ja keinen Vergleich mit den frühchristlichen Märtyrerakten aufkommen zu lassen.

42 etwa *Bābī-Behā'ī*, S. 69, 134, 144, 145, 148, 154, 160, 173, 175, 178

43 *Bābī-Behā'ī*, S. 37

44 *Bābī-Behā'ī*, S. 126

45 *Bābī-Behā'ī*, S. 106, 108

46 etwa *Bābī-Behā'ī*, S. 64 ff., 69 ff.

47 etwa *Bābī-Behā'ī*, S. 38, 39, 149. Denselben Geist atmen auch die Zwischenüberschriften »Nachfolgestreitigkeiten und Schisma« (*Materialdienst*, herausgegeben von der Evangelischen Zentralstelle für Weltanschauungsfragen, 15/16, 38. Jg, August 1975, S. 229) und »So jung und schon ein Schisma« in einem am 3. Mai 1958 in der *Frankfurter Allgemeinen Zeitung* erschienenen Artikel über »Die Bahā'ī« des Marburger Theologen Gerhard Rosenkranz. Rosenkranz hat sich später von diesem redaktionellen Einschub distanziert und erklärt, daß er den Begriff des Schismas »in diesem Zusammenhang für unangebracht« hält (in: Udo Schaefer, *Die Bahā'ī-Religion im Spiegel christlicher Betrachtung. Ein Briefwechsel*, S. 38, 39 f.). Zur Sache auch U. Schaefer, oben S. 40, 122, Fußnote 70, S. 167, 172 und N. Towfigh, Kap. 10.VI.

48 So vor allem der gegen Bahā'u'llāh und seine Anhänger erhobene Mordvorwurf (*Bābī-Behā'ī*, S. 80, 94, 137 f.; siehe dazu N. Towfigh, Kap. 10.V), aber auch andere Gewaltvorwürfe und -vermutungen, insbesondere von Seiten der Bundesbrecher (etwa *Bābī-Behā'ī*, S. 148, 158).

49 *A Traveller's Narrative*, Note W, S. 352 ff.

50 So gleich in der Einführung zu seiner Zusammenfassung des *Hasht Bihisht*, *a. a. O.*, S. 356: »These sections occupy many pages, are of a violently polemical character, and contain grave charges against the Behā'īs and vehement attacks on their position and doctrines.«

darin erhobenen Vorwürfe nicht bestätigen kann[51], präsentiert Römer die Mordvorwürfe dieses »Geschichtswerks«[52] als Tatsache — und dies ohne jeden weiteren Beleg. Allenfalls aus der damals vorherrschenden christlich-eurozentrischen Überheblichkeit und dem damit einhergehenden antiislamischen Vorurteil seiner Zeit heraus ist die auf die Stützung dieser Vorwürfe gerichtete Behauptung Römers verstehbar, daß »der religiöse Mord im Orient nicht ungewöhnlich und durch das Beispiel Muhammeds selbst sanktioniert« sei.[53] Um die Glaubwürdigkeit der Beschuldigungen zu erhöhen, schreckt Römer nicht einmal vor einer entstellenden Wiedergabe seiner Quellen zurück.[54]

Hutten[55] und Ficicchia[56] sind ihm in dieser Darstellung gefolgt, wobei vor allem der letztere diese Aspekte noch weit stärker in den Vordergrund rückt. Auch der bei Ficicchia so zentrale Vorwurf der Geschichtsfälschung[57] findet sich, wenngleich vereinzelt und sehr viel zurückhaltender, bereits bei Römer.[58] In der Quel-

---

51 *a. a. O.*, S. 364

52 so Römer, *Bābī-Behā'ī*, S. 4

53 *Bābī-Behā'ī*, S. 137. Zwar ist unbestreitbar, daß es gerade heute wieder religiös-politisch motivierte Gewaltakte im Islam gibt, auf Muḥammad und den *Qur'ān* können sie sich aber ebensowenig berufen (vgl. etwa Bassam Tibi, »Ist der islamische Terrorismus ein Dschihad?« in: *Frankfurter Allgemeine Zeitung* vom 6. März 1995, S. 8 f.) wie entsprechende Erscheinungen im abendländisch-christlichen Bereich auf den historischen Jesus.

54 So liest man bei Römer (*Bābī-Behā'ī*, S. 80), Bahā'u'llāh habe »nach erregter Auseinandersetzung« mit Dayyān den Auftrag gegeben, diesen zu ermorden. In Wahrheit schreibt Browne in seiner Zusammenfassung des *Hasht Bihisht* (*A Traveller's Narrative*, Note W, S. 357) jedoch »after a protracted discussion with him«. Aus der »ausgedehnten Diskussion« wurde so bei Römer die »erregte Auseinandersetzung« — die verfälschte Wiedergabe unterschiebt der Anschuldigung rasch noch ein Motiv. Dazu eingehend N. Towfigh, Kap. 10.V.1.

55 *Seher, Grübler, Enthusiasten*, [12]1982, S. 800-804, 822-826

56 Geradezu leitmotivisch ist folgende Aussage: »Die Geschichte des Bābismus/Bahā'ismus ist eine solche des ständigen Kampfes um die religiöse Vormachtstellung, der persönlichen Machtstreitigkeiten, Intrigen und Gewalttaten« (*Bahā'ismus*, S. 288). Siehe dazu U. Schaefer, S. 33, 80; N. Towfigh, Kap. 9.II.2.

57 Dazu bereits U. Schaefer, S. 34, 41 ff., 51; U. Gollmer, Kap. 7; N. Towfigh, Kap. 8.I.1 und Kap. 8.II.

58 Siehe etwa *Bābī-Behā'ī*, S. 68, 75, 76, 84, 136. Dies wird zumeist damit begründet, daß die Bahā'ī-Berichte der Darstellung des *Nuqṭatu'l-Kāf* widersprechen, den Römer in diesen Teilen nicht als Azalī-Fabrikation erkennt und als unabhängige, urbābistische Quelle mißversteht (*Bābī-Behā'ī*, S. 4, 61 f.). Aufgrund dieser falschen Grundannahme mißdeutet Römer auch die — tatsächlich wenig verwunderliche — Übereinstimmung zwischen dem *Nuqṭatu'l-Kāf* mit dem *Hasht Bihisht*, einer

lenauswahl und -gewichtung ist Römer ebenfalls parteiisch:[59] Wie Ficicchia nach ihm, gibt er bei seiner Darstellung des Konflikts zwischen Bahā'u'llāh und Mīrzā Yaḥyā Azal den Azalī-Darstellungen ungeprüft den Vorrang[60] — wobei man Römer immerhin zugute halten muß, daß sich erst nach seiner Untersuchung die Quellenlage dramatisch zugunsten der Bahā'ī-Berichte verschoben hat. Dies gilt auch für Römers Wertschätzung des *Kitāb-i-Nuqṭatu'l-Kāf* als einer unabhängigen, urbābistischen Quelle,[61] eine Annahme Brownes, die sich inzwischen als fataler Irrtum erwiesen hat.[62]

---

weiteren Azalī-Darstellung, als Beleg für die Glaubwürdigkeit des letzteren (*Bābī-Behā'ī*, S. 68, 69; zum Ganzen N. Towfigh, Kap. 8.I.1 und 8.II).

59 Dabei spielen ideologische Gründe eine zentrale Rolle: Römer hat sich für seine Interpretation von Bābismus und Bahā'ītum dafür entschieden, in beiden eine theosophische Sekte zu sehen (zu den Gründen dafür siehe unten Abschnitt 3). Er bevorzugt darum nicht nur die Azalī-Quellen, mit denen sich diese Interpretation leichter stützen läßt; er postuliert seine Interpretation auch als historisches Wahrheitskriterium: Was seine Interpretation der Lehre stützt, ist glaubwürdig, was ihr widerspricht, ist dagegen zweifelhaft. So hält er beispielsweise Mīrzā Yaḥyā Azal auch darum für den legitimen Nachfolger des Bāb, weil der oft unentschlossene, zurückgezogen lebende Mīrzā Yaḥyā für Römer — im Gegensatz zur Führerpersönlichkeit Bahā'u'llāhs — die Verkörperung eines theosophischen Mahdīideals ist, eine »verwandte Natur« zu dem Bāb, wie ihn sich Römer nun mal als Künder eines theosophischen Mahdīsmus vorstellt (*Bābī-Behā'ī*, S. 67 f.). Damit hat bei Römer eine interpretative Vorentscheidung Priorität vor der historischen Quellenkritik.

60 Der Grund dafür dürfte nicht zuletzt darin liegen, daß die Azalī schon zur Zeit Römers weder im Orient noch gar im christlichen Westen eine nennenswerte Attraktivität für potentielle Konvertiten hatten, während die zahlenmäßig viel stärkeren Bahā'ī mit ihren intensiven Missionsanstrengungen als störend empfunden wurden. Bezeichnend dafür ist etwa folgende Aussage: »Kaum beginnt es zu tagen in der mohammedanischen Welt, so fallen ihr schon aus den entchristlichten Kreisen des Abendlands die Wortführer zu, die von hier aus eine religiöse Weltbeglückung heraufzaubern, an der die christliche Mission durch die ganze Welt hin in harter, langer Arbeit mit dem Evangelium von Sünde und Gnade sich abmüht« (H. Römer, »Der Behaismus«, in: *Evangelisches Missions-Magazin*, NF, 52. Jg., S. 330). Dennoch muß man anerkennen, daß Römer — anders als Ficicchia — nicht schlicht jede Behauptung der Azalī-Seite übernimmt: Wo sich Zweifel aufdrängen, vermerkt er dies (etwa *Bābī-Behā'ī*, S. 128); desgleichen, wo er sich erkennbar ausschließlich auf Azalī-Quellen stützt (*a. a. O.*, S. 79).

61 siehe oben, Fußnote 58

62 siehe N. Towfigh, Kap. 8.I.1

3. Die Interpretation der Lehren

Römers Vorliebe für den *Kitāb-i-Nuqṭatu'l-Kāf* hat noch einen weiteren Grund: Der hochspekulative übersteigerte Charakter dieses Buches ist ihm ein willkommener Beleg für die von ihm gewählte und vertretene Interpretation der Bābī- und Bahā'ī-Lehren.[63] Nicht zu Unrecht sieht Römer die Bābī- und Bahā'ī-Religion als Einheit.[64] Dies heißt für ihn jedoch vor allem, die Bahā'ī-Lehre auf der Folie eines eigentümlich esoterisch-spekulativ verstandenen Bābismus zu zeichnen. Für Römer ist die Lehre des Bāb einschließlich des Bahā'ītums lediglich ein weiteres unter unzähligen theosophischen Systemen. Dieses Bild des Bābismus hat vor allem zwei Quellen: Die Vorliebe mancher Orientalisten für besonders exotisch oder dunkel anmutende Passagen im Schrifttum des Bāb[65] und die esoterisch-spekulative Azalī-Literatur, die ihm damit zugleich Ausdruck des wahren Bābismus ist.[66]

Römer interpretiert die Schriften Bahā'u'llāhs und 'Abdu'l-Bahās vor diesem Hintergrund. Die lebenspraktischen Lehren des Bahā'ītums sind ihm deshalb eher äußerlich, bestenfalls der (mehr oder weniger bewußte) Einfluß der vom europäischen Westen inspirierten Kulturbewegung,[67] im Zweifel aber oberflächli-

---

63 siehe etwa *Bābī-Behā'ī*, S. 38 f.

64 »Der Bābismus ist eine einheitliche Erscheinung und der Neubābismus der Behā'ī ist keine originale Schöpfung« (*Bābī-Behā'ī*, S. 172). Zum Verhältnis der Sendungen des Bāb und Bahā'u'llāhs schreibt Shoghi Effendi (*Unfolding Destiny*, S. 426): »...the Unity of the Bahā'ī revelation as one complete whole embracing the Faith of the Bāb should be emphasised... The Faith of the Bāb should not be divorced from that of Bahā'u'llāh.« Allerdings war auch der Bāb nach Bahā'ī-Verständnis eine eigenständige Theophanie, hatte jede der beiden Sendungen ihr eigenes Gesetz (vgl. auch *Gott geht vorüber*, S. XXI, XXXIV f.; *Weltordnung*, S. 96 ff., 181 ff.).

65 E. G. Browne, Stichwort »Bāb, Bābīs«, in: Hastings, *Encyclopædia of Religions and Ethics*, Bd. 2, S. 306; Gobineau, *Les Religions et les Philosophies dans l'Asie Centrale*, S. 285 ff.; I. Goldziher, *Vorlesungen über den Islam*, S. 274. Weiter auch ders., *Die Richtungen der islamischen Koranauslegung*, Leiden [3]1970, S. 258 f.; ders., »Verhältnis des Bāb zu früheren Ṣūfī-Lehrern«, in: *Der Islam*, Bd. 11, S. 252 ff. Siehe auch Römer, *Bābī-Behā'ī*, S. 25-29.

66 Neben dem *Kitāb-i-Nuqṭatu'l-Kāf* ist hier vor allem der *Hasht Bihisht* zu nennen, vgl. N. Towfigh, Kap. 8.II.

67 Nicht nur zentrale Lehren im Bahā'ītum sind Römer »ein Reflex jener Kulturbewegung« (*Bābī-Behā'ī*, S. 172). Bābismus und Bahā'ītum sind ihm insgesamt »durch die Kulturbewegung unserer Tage ausgelöst...« und Teil der »in Anlehnung an sie aufsteigende[n] Welle der hellenistisch bedingten Theosophie im schī'itischen Islām« (*a. a. O.*). »Hier macht sich nun im einzelnen der Einfluß des Westens segens-

che Kosmetik, um das Bahā'ītum für die Mission im europäischen und nordamerikanischen Westen attraktiver zu machen.[68] In dieser Intention steht das Bahā'ītum dann nicht allein: »Als internationale Theosophensekte darf der Behaismus mit dem modernen okkulten Pseudo-Buddhismus und Pseudo-Vedantismus zusammengestellt werden.«[69]

Unverkennbar haftet dem Etikett »Theosophie« im Sprachgebrauch Römers etwas Anrüchiges, Unseriöses an. Der »Behaismus« ist für Römer »ein Wasserschößling, der auf dem internationalen Sumpfboden einer humanitaristisch interessierten Theosophie gedeiht...«[70]. Er ist, wie die Theosophie insgesamt, lediglich eine Modeerscheinung, »ein Zeichen der Zeit«[71]. In 'Abdu'l-Bahā haben »die Theosophen einen Modeheiligen mehr«[72].

Diese Bewertung gewinnt weiter Kontur, wenn man sie im Kontext zeitgenössischer theologischer Beurteilungen der Theosophie sieht: Legitime Formen der Erkenntnis sind Philosophie[73] und Theologie. Beide sind in ihrer Erkenntnismethode rational. Während Philosophie im menschlichen Denkvermögen seinen Ausgang nimmt, steht am Anfang der Theologie das offenbarte Wort Gottes, dieses wird aber ebenfalls von rationalem Denken

---

reich geltend, wenn nur der Irrtum nicht wäre, es sei eigenes Gut, mit dem es nun erst gelte, die ganze übrige Welt zu beglücken« (Römer, »Der Behaismus«, S. 329; siehe auch *Bābī-Behā'ī*, S. 114, 117, 119, 121, 124, 127, 129, 132, 140, 143, 153 f., 158, 168, 174, 175).

68 Die praktische Theologie und Ethik des Bahā'ītums, insbesondere unter 'Abdu'l-Bahā, erscheint bei Römer als »Prozeß der Modernisierung«, als ein Abstreifen der »Gematiren und Obskuritäten« der Religion des Bāb »unter noch weitergehender Anpassung an die westliche Kultur« (*Bābī-Behā'ī*, S. 172). Dieser Außensicht einer »öffentliche[n] Verkündigung ohne Geheimlehre« stünde aber ein gewisser Esoterismus gegenüber, ein Glaubenskern, der »von den Bābī-Behā'ī oft, wenn sie kein Verständnis dafür finden oder gar Feindschaft wittern, als Geheimnis für die Reifen zurückgehalten wird« (*Bābī-Behā'ī*, S. 143). Ficicchia knüpft daran seine Behauptung, die Bahā'ī nutzten die Möglichkeit der *taqīya*, der absichtsvollen Verschleierung der eigentlichen Überzeugung (siehe hierzu Schaefer, S. 265 ff. und U. Gollmer, Kap. 6.

69 So Arthur Christensen in seiner Rezension von Römers *Die Bābī-Behā'ī*, in: *Der Islam*, Bd. 5, S. 390.

70 Römer, *Der Behaismus*, S. 331

71 *a. a. O.*

72 *a. a. O.*

73 Einer der Vorwürfe Römers gegenüber Bahā'u'llāh ist, daß dieser in seinem *Lawḥ-i-Ḥikmat* aus den großen griechischen Philosophen Theosophen mache (*Bābī-Behā'ī*, S. 132).

entgegengenommen. Auch die Theosophie geht zwar von Gott aus zur Welt hin, gibt aber vor, seine Offenbarung durch natürliche — angeborene oder angeschulte — Schau zu erkennen. Diese Schau begnügt sich nicht mit den beschränkten (rationalen) Erkenntnismöglichkeiten von Theologie oder Philosophie, sondern will zu einer umfassenderen, höheren, intuitiven Wahrheitsschau aufsteigen. Theosophie spricht das Erkenntnisverlangen des Menschen unmittelbar an und verspricht es zu erfüllen. Theosophie ist damit eine Übersteigerung des menschlichen Erkenntnisverlangens,[74] geradezu das Gegenteil zur gläubigen Annahme der unverdienten und unbegreiflichen Gnade des Kreuzes.[75]

Mit der Etikettierung von Bābismus und Bahā'ītum als theosophisches System erreicht Römer zweierlei: Zunächst verfügt er so über ein umfassendes Interpretationsraster, das ihm eine rasche Deutung aller verfügbaren Quellen ermöglicht, ohne sich zu sehr auf deren tatsächlichen Aussagegehalt einlassen zu müssen. Dies hilft ihm auch, die sprachliche Schwäche und mangelnde Präzision der meisten ihm vorliegenden Übersetzungen zu kompensieren.

Gleichzeitig — und auch dies kommt Römers Tendenz sehr entgegen — sind Bābismus und Bahā'ītum, wenn sie als nur eine weitere theosophische Richtung verstanden werden, keine Her-

74 Daß das Bahā'ītum gerade hier eine dezidiert andere Haltung vertritt, zeigen etwa die erkenntnistheoretisch ausgerichteten Untersuchungen von M. Momen (»Relativism: A Basis for Bahā'ī Metaphysics«, *SBB* 5, S. 185 ff.) und Claudia Gollmer (*Grundlagen*, III.2, S. 67-75).

75 Bei Kurt Hutten findet sich dann auch, gleichsam als Gipfel und Summe seiner theologischen Einwände gegen das Bahā'ītum, die Aussage, die Bahā'ī stünden »der Botschaft vom Kreuz hilflos gegenüber« (*Deutsches Allgemeines Sonntagsblatt* vom 27. Oktober 1968). Für Hutten sind Sündenfall und Erlösung, »die Geschichte des Handelns Gottes mit den Menschen« durch Jesus, »der Kern des christlichen Glaubens«, der sich »mit der Baha'i-Lehre... nicht vereinbaren« läßt (*Seher, Grübler, Enthusiasten*, [12]1982, S. 821). Sieht man von dem Anspruch auf Singularität des christlichen Heilsereignisses ab, so ergeben sich hier weit größere Berührungspunkte, als die bisherige Polemik erahnen läßt: Auch die Bahā'ī-Lehre anerkennt — wenngleich in anderen Begriffen — die Gebrochenheit des Menschen, auch die Bahā'ī-Lehre sieht sie allein durch das unverdiente Geschenk der göttlichen Gnade prinzipiell überwunden. Alle mögliche Zukunft ist immer nur in dieser Gnade begründet. Die besondere Betonung der aktiven Annahme der göttlichen Gnade durch den Menschen, die sich daraus ergebende Handlungsorientiertheit in individueller und gesellschaftlicher Verantwortung (statt einer lähmenden moralisierenden Selbstbespiegelung) in der Lehre Bahā'u'llāhs könnten durchaus Ansatzpunkte für einen fruchtbaren Dialog sein.

ausforderung mehr für die christliche Theologie. Versehen mit dem Etikett »theosophisch« sind beide lediglich alter Wein in neuen Schläuchen, ist die Auseinandersetzung mit dem »Kern« ihrer Lehre von der christlichen Theologie längst geführt, sind diese Lehren in der Substanz bereits »erledigt«[76].

Dabei gerät Römer das dargestellte Glaubenssystem eigenartig blaß und konturlos, verschwimmt in unzähligen Analogien und Differenzen zu möglichen geistesgeschichtlichen Vorläufern.[77] Sicher ist diese mangelnde Geschlossenheit der Darstellung einerseits eine Folge der Quellenlage: Lagen doch Römer vor allem die Schriften des Bāb nur in Bruchstücken und Darstellungen aus zweiter Hand vor. Für eine tatsächliche Würdigung der Lehren des Bābismus ist dies nicht ausreichend.

Andererseits nimmt Römer dieses diffuse Bild seines Untersuchungsgegenstandes offensichtlich auch gern in Kauf,[78] spiegelt sich darin doch seine Vorentscheidung zum Bābismus und Bahā'ītum wider: Er kann und will beide nicht als eigenständigen religiösen Impuls verstehen,[79] sondern lediglich als eine temporäre Ausprägung in der wuchernden Fülle theosophischer Häresien. Die auffällige Unbestimmtheit und mangelnde Originalität von

76 Bei G. Rosenkranz (*Die Bahā'ī*, S. 59) liest sich das so: »Seine Lehre ist nicht neu; es ist die uralte Lehre östlicher Theosophie. Auch die Beunruhigung, die dieser Flügelschlag des östlichen Geistes der christlichen Theologie schafft, ist nicht neu. Möge sie dem Christenglauben abermals zur Besinnung auf seine Einzigartigkeit dienen!«

77 So merkt etwa C. Gollmer an, daß Römer das Spezifikum des Schöpfungsgedankens bei 'Abdu'l-Bahā übersieht, da er versucht, diesen auf Avicenna zurückzuführen (*Grundlagen*, S. 79, Anm. 65, S. 86, Anm. 85).

78 Bei Paul Scheurlen (*Die Sekten der Gegenwart*, ²1921, ebenfalls erschienen im Quell-Verlag der Evangelischen Gesellschaft, Stuttgart), der sich auf Römer beruft, liest sich das dann so: »Wir haben es im Bahaismus zu tun mit einem Mischmasch von religions-philosophischen Bestandteilen aus dem Neuplatonismus, dem Islam und dem Parsismus. Dazu mischt sich vom Abendland Darwinismus, Rationalismus, Kosmopolitismus, Szientismus, und ins Ganze ist eine starke Beigabe von Theosophie gerührt. Der Bahaismus ist eine pantheistische Gefühlsreligion. Das Religiöse an der Bahailehre muß dem Christen wie Gotteslästerung erscheinen...« (S. 175).

79 Einwände von Hippolyte Dreyfus gegen ähnliche Tendenzen in der älteren Literatur tut Römer ab mit der Bemerkung: »Als Behā'ī hat Dreyfus ein Interesse daran, die Singularität des Bābismus bzw. des Behāismus zu behaupten« (*Bābī-Behā'ī*, S. 180).

Bābismus und Bahā'ītum bei Römer sind dem von ihm gewählten Ansatz immanent.[80]

Römer weiß diesen Eindruck methodisch geschickt zu vermitteln. Er konzentriert sich auf jene Aspekte der Lehre, die er — mit erstaunlicher Belesenheit — auf frühere Strömungen und Richtungen zurückführen kann.[81] Dabei kommt es ihm nicht unbedingt auf begriffliche Schärfe an. Neben der hauptsächlichen Qualifizierung als »theosophisch«[82] finden sich auch Prädikate wie neuplatonisch[83], plotinisch[84], gnostisch[85], ḥurūfisch[86], po-

---

80 Ähnliches gilt auch für manche anderen historisierenden oder typologisierenden Zugänge, so etwa bei Rainer Flasche (»Gnostische Tendenzen innerhalb neuer Religionen«, *Una Sancta*, 41. Jg., S. 339 ff., bes. S. 341-343). Verblüffend ist, daß Flasche gerade dem Bahā'ītum »gnostisierende Tendenzen« bescheinigt. Die zentralen Kriterien gnostischen Denkens — dualistisches Weltbild, Abwertung, ja Verteufelung des Irdischen, rein spirituelle Erlösung *aus* der Welt und ein darauf bezogener Heilsegoismus — fehlen dabei in seiner Typologie der Gnosis völlig oder werden (wie der Dualismus) als »sekundäre Erscheinung« heruntergestuft. Als gnostisch am Bahā'ītum gelten ihm dagegen die Vorstellung von Offenbarung als einem schrittweisen göttlich induzierten, innerweltlichen Erziehungsprozeß, der Gedanke fortschreitender Offenbarung überhaupt mit ihrer heilsgeschichtlichen Relativierung jeder konkret-historischen Offenbarung, die Vorstellung einer zunehmenden Selbstverwirklichung des Menschen im Verlauf seiner historisch-heilsgeschichtlichen Entwicklung, die Aufnahme und Verarbeitung der shī'itisch-islamischen Endzeiteschatologie (siehe dazu oben, Kap. 10.I »Mahdīanspruch und Messiasgeheimnis«), die Vorstellung des Propheten als Mittler zwischen Gott und Mensch; als »gnostifizierende Grundstruktur« gilt ihm auch der Universalismus der Lehre Bahā'-u'llāhs, »nämlich aus der Einheit auf die Einheit hin zu denken«; ebenso die im Namen Bahā'u'llāhs (»Herrlichkeit Gottes«) selbst sich ausdrückende »Lichtsymbolik«. Sein Fazit ist: »Wenn man das hier nur skizzenhaft Zusammengetragene überblickt, so kann man meines Erachtens davon reden, daß sich im Baha'i-tum eine Neognosis als Heilmittel und Heilsweg für unsere Welt anbietet« (S. 343). Da seine Kriterien indes so unscharf sind, daß sich »gnostische Tendenzen« so ziemlich in jeder religiösen, politischen oder gesellschaftlichen Strömung finden lassen, da er überdies keine Kriterien benennt, bei deren Vorhandensein oder Nichtvorhandensein eine Gruppe *nicht* gnostischen Charakter hat, scheint mir der Erkenntniswert dieser Aussage allerdings nicht sehr groß. Auf diese Weise ließe sich unschwer nachweisen, daß die Kirchenväter, die den Kampf mit der frühchristlichen Gnosis führten, selbst einer Gnosis anhingen.

81 Seinem Rezensenten Arthur Christensen geht er damit gleichwohl nicht weit genug: »Die diesbezüglichen Anmerkungen ROEMER'S könnten hier und da ergänzt werden« (*Der Islam*, Bd. 5, S. 389).

82 *Bābī-Behā'ī*, S. 10, 20, 22, 31, 38, 48, 49, 57, 74, 88, 103, 112, 114, 131, 133, 149, 150, 152, 160, 161, 174, 175, 176

83 *Bābī-Behā'ī*, S. 13, 22, 32, 33, 44, 49, 113, 160, 161, 164, 166, 168, 172, 176; *Die Propaganda*, S. 47

84 *Bābī-Behā'ī*, S. 25, 33, 40, 51

85 *Bābī-Behā'ī*, S. 9, 21, 45, 118, 131; *Die Propaganda*, S. 47

86 *Bābī-Behā'ī*, S. 21, 111, 176

lytheistisch[87], pantheistisch[88], kabbalistisch[89], okkultistisch[90], ekstatisch[91], esoterisch[92], ismaelitisch[93] und ṣūfisch[94] — was wohl für Römer alles irgendwie unter den Oberbegriff »theosophisch« fällt.[95] Als »modernistisch verkappte Schule muhammedanischer Theosophie«[96] sind die Bahā'ī im Grunde »ein Derwischorden«[97], eine »Geheimsekte«[98] mit einer gewissen Abneigung gegen »diskursives Denken«,[99] was ja auch der »magisch gedachten Inspiration«[100] und dem dabei vermittelten »Geheimwissen«[101] und »Liebeszauber«[102] wenig entspräche. Theosophie ist für Römer offenbar ein wenig präziser Sammelbegriff amorpher, vorwiegend neuplatonischer Vorstellungen und Geheimlehren.

Die fehlende Bestimmtheit des Begriffs »Theosophie« ist nicht zufällig. Sieht man von den bei Römer zusätzlich genannten islamischen Strömungen ab, so findet sich dieselbe Subsumption bereits im Stichwort »Theosophie« der *Real-Enzyklopädie für protestantische Theologie und Kirche* aus dem Jahre 1862.[103] »Theosophie« ist kein präziser religionswissenschaftlicher Terminus, sondern »bezeichnet nach seinen verschiedenen kursirenden [sic] Geltungen eine schwankende, unbestimmte und dunkle Vorstellung von einer schwankenden, unbestimmten und dunklen Art der

---

87 *Bābī-Behā'ī*, S. 71
88 *Bābī-Behā'ī*, S. 11, 33; *Die Propaganda*, S. 47
89 *Bābī-Behā'ī*, S. 24 f., 109, 111, 178
90 *Bābī-Behā'ī*, S. 29, 167
91 *Bābī-Behā'ī*, S. 37, 38, 71
92 *Bābī-Behā'ī*, S. 143
93 *Bābī-Behā'ī*, S. 43 ff., 49, 51, 172
94 *Bābī-Behā'ī*, S. 35 f., 37, 38, 42, 42 f., 53, 81, 83, 89, 102, 142, 143, 152, 161, 164, 167, 168, 169, 173, 176
95 Zu welch absonderlichen Blüten eine solche Etikettierung führen kann, zeigt das Beispiel von Horst E. Miers, der im Stichwort »Bahai« (*Lexikon des Geheimwissens*, S. 60 ff.) forsch behauptet: »Der größte Teil der Lehren ist der Geheimlehre von H. P. Blavatsky entnommen.« Helena Petrovna Blavatsky (1831-1891) gründete 1875 zusammen mit Henry Steel Olcott die Theosophische Gesellschaft.
96 *Bābī-Behā'ī*, S. 175
97 *Bābī-Behā'ī*, S. 175
98 *Bābī-Behā'ī*, S. 139
99 *Bābī-Behā'ī*, S. 169
100 *Bābī-Behā'ī*, S. 29, 97
101 *Bābī-Behā'ī*, S. 31, 146; auch »geheime Wissenschaft«, S. 167
102 *Bābī-Behā'ī*, S. 167
103 von J. P. Lange, Bd. 16, Gotha ^{1}1862, S. 27-31

Gotteserkenntniß [sic].«[104] Wo Römer die gewollte Unschärfe dieses theologischen Kampfbegriffs verläßt, da werden seine Fehldeutungen offensichtlich.

Gottesbegriff,[105] Prophetologie[106] und Schöpfungslehre (Emanation)[107] der Bahā'ī etwa sind für Römer sämtlich neuplatonischen Ursprungs.[108] Nun sind neuplatonische Elemente in den Bābī- und Bahā'ī-Lehren unbestreitbar. Problematisch bei Römers Ansatz ist jedoch zweierlei: Daß er den historisch-argumentativdidaktischen Zusammenhang dieser Elemente nicht würdigt und daß er — in verheerender Überziehung dieser Elemente — *sämtliche* Schriftaussagen unter diese interpretative Vorentscheidung stellt.

Keine Religion entsteht in einem historisch-geistesgeschichtlichen Niemandsland. Jede Religion wendet sich an konkrete Menschen. Diese aber sind geprägt durch bestimmte Denktraditionen. Religiöse Kommunikation aber bedarf des Verstehens. Sollen also neue religiöse Inhalte vermittelt werden, so kann dies zunächst nur unter Verwendung bereits vorhandener Modelle und Denkgewohnheiten geschehen. Jede neue Religion entsteht im Bannkreis einer bereits vorliegenden religiösen Tradition, übernimmt oder verwirft deren Bilder, Begriffe, Haltungen, Motive, Institutionen, bildet sie teilweise weiter, fügt randständige oder traditionsfremde Elemente hinzu, formt so schließlich ihre spezifische Eigentradition und ihre eigene religiöse Sprache. In diesem Sinne ist Religion — jede Religion — synkretistisch.[109] Auch das Christentum ist davon nicht ausgenommen.[110] Aber jede Religion ist auch weit mehr als die Summe solcher Traditionsübernahmen:

---

104 *a. a. O.*, S. 27

105 *Bābī-Behā'ī*, S. 22 ff.

106 *Bābī-Behā'ī*, S. 31 f., 38

107 *Bābī-Behā'ī*, S. 161 ff.

108 Für eine eingehende Diskussion dieser Lehren siehe Juan Ricardo Cole, »The Concept of Manifestation in The Bahā'ī Writings«, in: *Bahā'ī Studies* 9, Ottawa 1982; Claudia Gollmer, *Grundlagen*; Ulrich Gollmer, *Gottesreich*, Kap. 5.1-5.3; Moojan Momen, »Relativism: A Basis for Bahā'ī Metaphysics«, in: *SBB* 5, S. 185 ff.; Nicola Towfigh, *Schöpfung und Offenbarung*.

109 vgl. dazu auch U. Schaefer, *Heilsgeschichte*, S. 118-120

110 Dies konzidiert Rosenkranz ausdrücklich in seiner Diskussion mit Schaefer: »Synkretismus ist doch ein religionsgeschichtliches Phänomen. Welche Religion ist nicht synkretistisch?« (U. Schaefer, *Die Bahā'ī-Religion im Spiegel christlicher Betrachtung*, S. 41).

Ihr Spezifisches, ihr Eigenes ist damit noch gar nicht behandelt.[111] Wo sich eine Untersuchung nur auf die Traditonsübernahmen fixiert, gar einzelne Traditionselemente für die Interpretation des Ganzen verabsolutiert, da kann das Ergebnis nicht adäquat sein.

Genau dies bezeichnet den methodischen Mangel Römers. Einige wenige Beispiele sollen zur Veranschaulichung genügen: Von einer neuplatonischen Emanationslehre ausgehend, sieht Römer etwa die Schöpfungslehre unter »streng spiritualistischen« Vorzeichen: »Der Akosmismus dieses Emanationsgedankens wird zunächst in der Entwertung der Materie deutlich.«[112] Die Bahā'ī-Schriften betonen dagegen durchaus den Eigenwert der Welt, die »gut«,[113] »gesund und vollkommen« geschaffen[114] ist, dem Menschen zu Nutzen und Freude,[115] aber auch zur verantwortlichen Gestaltung[116] übertragen.[117] Weltverantwortung ist ein Grundzug der Lehre.[118] Römer stellt dagegen fest: »Die Ethik ist aus demselben pantheistischen Holz«[119], ein Ausfluß der weltflüchtigen »neuplatonischen Gnosis«.[120] Auch das Menschenbild der Schrift interpretiert Römer neuplatonisch. Gefangen in diesem Denkschema stellt Römer fest, daß nach der Bahā'ī-Lehre die spirituelle Natur des Menschen »reiner Geist ohne individuelle Wirklichkeit«

---

111 Genau hierauf bezieht sich der Einwand der Bahā'ī, wenn sie ihren Glauben in manchen religionswissenschaftlichen Publikationen nicht wiedererkennen können. Dies dann als Empfindlichkeit oder mangelnde Dialogbereitschaft (Ficicchia, *Bahā'-ismus*, S. 23, 29; *Materialdienst*, S. 238; Horst Reller/M. Kießig [Hrsg.], *Handbuch Religiöse Gemeinschaften*, ³1985, S. 633 f.; S. 811 der 4. Aufl. 1993) zurückzuweisen, ist nicht eben dialogförderlich.

112 *Bābī-Behā'ī*, S. 162

113 *Beantwortete Fragen* 74:6

114 *Ährenlese* 120:1

115 Weltflucht, Puritanismus und Askese werden in der Schrift abgelehnt, da Gott »alle... auf Erden erschaffenen guten Dinge« für den Menschen bestimmt hat: »O Menschen, kostet von den guten Dingen, die Gott euch erlaubt hat, und beraubt euch nicht selbst Seiner wunderbaren Gaben« (*Ährenlese* 128:4; siehe auch *Kitāb-i-Aqdas* 36; *Qur'ān* 5:87; J. E. Esslemont, *Bahā'u'llāh und das neue Zeitalter*, S. 123).

116 *Botschaften* 15:13

117 Siehe dazu eingehend U. Gollmer, *Gottesreich*, Kap. 5.3 (»Die Welt als wohlgeordnete Schöpfung«) und 9.3 (»Reich Gottes und Welt«).

118 Dazu eingehend U. Gollmer, *Gottesreich*, Stichwort »Weltverantwortung«.

119 *Die Propaganda*, S. 47

120 *a. a. O.*

sei.[121] Und weiter: »Es gibt daher keine individuelle Unsterblichkeit der Seele, sondern nur eine allgemeine«[122], wie denn die Seele überhaupt »nicht einmal als Individuelles, sondern als der allgemeine Geist«[123] gedacht sei. Tatsächlich schreibt ʻAbdu'l-Bahā jedoch von der »Individualität der mit Vernunft begabten Seele«[124], die »unsterblich ist und ewig lebt«[125]. Mit dem ausdrücklichen Hinweis auf die Individualität von Seele und Leib wird auch der Gedanke der Seelenwanderung abgelehnt,[126] denn jede Seele hat »gleich dem Körper ihre besondere Eigenart«[127].[128] Als Hinweis auf die Problematik mögen diese Beispiele genügen.

Das Bestreben ʻAbdu'l-Bahās, auf den Verständnishorizont seiner Hörer einzugehen, läßt ihn häufig in solchen Begriffen und Modellen sprechen, die dem jeweiligen Hörerkreis geläufig sind. Die jeweilige Form dient dabei aber lediglich als Medium der Vermittlung. ʻAbdu'l-Bahā denkt hochabstrakt, spielt mit verschiedensten Modellen. Dabei versteht er es meisterhaft, an Bekanntem anzuknüpfen und dieses aufzubrechen. Es ist unverkennbar, daß in den *Beantworteten Fragen*, einer Mitschrift von Tischgesprächen, neuplatonische Denkfiguren zu finden sind. Doch die Form ist nicht die Botschaft. Römer mißversteht dies gründlich. Was Wunder, daß er auch für das große politisch-praktische Ziel des Bahā'ītums, die Einheit der Menschheit, keinen Blick hat: So etwas paßt schlecht ins neuplatonisch-theosophische Schema.

Fazit: Römers Arbeit war für seine Zeit eine beachtliche Leistung. In Quellenlage, Quellenauswahl und Quellenbewertung entspricht sie aber bei weitem nicht mehr dem derzeitigen Forschungsstand. Noch deutlicher als bei der Darstellung der Bābī- und Bahā'ī-Geschichte schlägt Römers primär theologisch-seelsorgerisches Interesse bei seiner Interpretation der Lehrinhalte

121 *Bābī-Behāʼī*, S. 164, mit Bezug auf ʻAbdu'l-Bahās *Beantwortete Fragen*.
122 *a. a. O.*
123 *Bābī-Behāʼī*, S. 49
124 *Beantwortete Fragen* 66:5. Zur Unsterblichkeit der individuellen Seele siehe auch Bahā'u'llāh, *Ährenlese* 81.
125 *Beantwortete Fragen* 67:7
126 *Beantwortete Fragen* 81
127 *Ansprachen in Paris* 20:10
128 Zum Menschenbild siehe eingehend U. Gollmer, *Gottesreich*, Kap. 6.

durch: Alle Schriftaussagen werden in das Prokrustesbett einer theosophisch-neuplatonischen Interpretation des Bābismus gezwängt und damit — teilweise bis zur Unkenntlichkeit — deformiert.

Trotzdem ist Römers Monographie in ihrer Zeit einzigartig im deutschen Sprachraum und von unzweifelhaft historischem Interesse. Als unmittelbare Quelle über den Bābismus und das Bahā'ītum ist sie jedoch nur mit größter Vorsicht zu gebrauchen. Ficicchia ist es nicht um eine historische Würdigung der Leistung Römers zu tun. Auch an einer Korrektur der Fehler und Mißdeutungen Römers ist ihm nicht gelegen. Er liest ihn weder mit den Augen des Historikers noch des geistesgeschichtlichen Forschers. Ficicchia benutzt Römer vor allem dort, wo dieser sich polemisch gegen die Bahā'ī verwenden läßt — völlig unabhängig vom interpretatorischen Zusammenhang[129] und Wahrheitsgehalt der jeweiligen Aussage.

129 Da sich Ficicchia aus der Monographie Römers bedient wie aus einem Steinbruch, häufig ohne Beachtung des bei Römer gegebenen Argumentationszusammenhangs, handelt er sich damit auch Brüche und Unstimmigkeiten in seiner Darstellung ein.

10. KAPITEL

EINIGE ASPEKTE DER BĀBĪ- UND BAHĀ'Ī-GESCHICHTE

I. Mahdī-Anspruch und Messiasgeheimnis

»Daß nicht ein neues Buch und eine neue Offenbarung die Menschen verwirre.«[1]

Liest man Ficicchias Darstellung der Geschichte des Bāb, so drängt sich der Eindruck auf, dieser habe selbst nicht so recht gewußt, welchen religiösen Führungsanspruch er nun denn eigentlich für sich reklamieren wolle — oder auch, daß er seine Ansprüche in recht opportunistischer Manier je nach momentaner Lage variierte. So habe er »den zu Beginn seines Wirkens gestellten Anspruch«, der »Mahdī zu sein, 1846 bereits wieder« zurückgezogen.[2] Zu diesem Anspruch sei er, der zunächst lediglich »die bevorstehende Wiederkunft des verborgenen Imām Mahdī zu verkünden begann, von seinen fanatisierten Anhängern getrieben« worden[3] — der Stifter der Bābī-Religion erscheint nicht als Akteur eines göttlichen Auftrags, sondern als Spielball einer fanatisierten Menge. Daß dies nicht dem Bild des Bāb in den Bahā'ī-Darstellungen[4] entspricht, ist deutlich. Es entspricht ebensowenig dem derzeitigen Forschungsstand.[5] Wie aber kommt Ficicchia zu seinen Aussagen?

---

1 Der Bāb, *Dalā'il-i-Sab'ih*, in: *Eine Auswahl aus Seinen Schriften* 4:4

2 *Der Bahā'ismus*, S. 21

3 *a. a. O.*, S. 36

4 etwa: 'Abdu'l-Bahā, *A Traveller's Narrative*; Shoghi Effendi, *Gott geht vorüber*, Kap. 1-4; Muḥammad-i-Zarandī, *Nabils Bericht*; Hasan M. Balyuzi, *The Bāb. The Herald of the Day of Days*, Oxford 1973

5 So besteht inzwischen Übereinstimmung darüber, daß der öffentlich proklamierte Anspruch des Bāb über die Jahre gesteigert wurde, bis hin zur uneingeschränkten Verkündigung einer neuen Religion mit einem eigenen Buch und einem eigenen religiösen Gesetz. Diskutiert wird, ob dieser schließliche Anspruch bereits in den frühen Selbstzeugnissen des Bāb — wenngleich in vorsichtiger Andeutung und allegorischer Umschreibung — enthalten ist (so A. Amanat, E. G. Browne und M. Momen), oder ob sich dies nicht zweifelsfrei feststellen läßt (so D. MacEoin). Siehe dazu zusammenfassend Todd Lawson, »The Terms ›Remembrance‹ (*dhikr*) and

1. Ficicchias Quellen

Die entscheidende Quelle für Ficicchias Behauptung von der Rücknahme des Mahdī-Anspruchs durch den Bāb[6] — zumindest nennt er an keiner Stelle einen weiteren Beleg — scheint der *Tārīkh-i-Jadīd* zu sein.[7] Schlägt man an den angegebenen Stellen[8] nach, so stellt man zunächst verblüfft fest, daß es sich dabei nicht, wie angegeben, um den *Tārīkh-i-Jadīd* handelt, sondern um den von Browne bei seiner Edition dieses Werkes mit angefügten Appendix 2. Dieser Appendix 2 ist aber nichts anderes als eine Zusammenfassung des *Kitāb-i-Nuqtatu'l-Kāf*, einer Quelle zweifelhaften Charakters[9] — Ficicchia hält es offenbar nicht für nötig, dies kenntlich zu machen. Die zweite Überraschung folgt, sobald man die angegebenen Seiten liest: Ein eindeutiger historischer Nachweis der Behauptung Ficicchias ist an keiner Stelle zu finden.

Die erste Stelle (S. 330) betrifft die Interpretation einer islamischen Tradition,[10] die der Verfasser des *Nuqtatu'l-Kāf* auf die Geschichte der Bābī-Offenbarung bezieht und mit von ihm berichteten Ereignissen[11] in Verbindung bringt.[12] Von einer Widerru-

›Gate‹ (*bāb*) in the Bāb's Commentary on the Sura of Joseph«, in: *Studies in Bābī & Bahā'ī History, SSB* 5, S. 1 ff.

6 Kurt Hutten schließt sich in der (von der *Evangelischen Zentralstelle für Weltanschauungsfragen* redaktionell bearbeiteten) 12. Auflage seines Buches (*Seher, Grübler, Enthusiasten*, S. 797) der Darstellung Ficicchias an. Noch in der 11. Auflage (1968, S. 290) lesen wir dagegen: »Ali Mohammed Schirazi bezeichnete sich aber nicht nur als Bab = Tor, sondern zeitweilig als Nukta (d. h. Urpunkt, nämlich des Koran) und deutete sich damit selbst als den Imām Mahdi, wobei er dem ›Mahdi‹ eine rein religiöse, keine politische Sendung zuerkannte.«

7 *Der Bahā'ismus*, S. 68, 92 f.

8 *Tārīkh-i-Jadīd*, S. 330, 336, 374-382

9 siehe dazu N. Towfigh, Kap. 8.I.1

10 Gegenstand dieser Tradition ist ein Gespräch zwischen dem Imām 'Alī und Kumayl ibn Ziyād, einem seiner Schüler. Es handelt sich um die — allerdings recht dunkle— Antwort 'Alīs auf die Frage: »Was ist Wahrheit?«. Browne zitiert den Wortlaut dieser Tradition in englischer Übersetzung auf S. 329.

11 Die ersten fünf Jahre der Bābī-Offenbarung. Dabei steht das theologisch-spekulative Interesse des Autors offensichtlich im Vordergrund: Gut ein Drittel des Textes ist ausschließlich damit befaßt (so Browne, *Tārīkh-i-Jadīd*, Appendix 2, S. 327 f.).

12 Trifft die Feststellung E. G. Brownes zu (*Tārīkh-i-Jadīd*, Appendix 2, S. 329), daß die Bābī diese reichlich kryptische Tradition auf die Offenbarung des Bāb bezogen und ihr große Bedeutung zumaßen, so ist dies ein interessanter Hinweis auf die sich allmählich vollziehende Offenlegung des Offenbarungsanspruchs (siehe unten die

fung oder Übertragung der Mahdī-Würde ist hier explizit nicht die Rede.

Die zweite Stelle (S. 336) berichtet nun tatsächlich davon, daß der Bāb seinen Anspruch als *nuqṭa* (Punkt) an Quddūs abgetreten habe. Browne nennt dies selbst eine »extraordinary and novel doctrine« und zitiert dazu ausführlich die metaphysischen Spekulationen des *Nuqṭatu'l-Kāf*[13], die als einzige Begründung dienen. Browne macht damit deutlich, wie sehr diese Behauptung allen sonstigen Quellen widerspricht. Bei Ficicchia wird aus der Behauptung flugs eine historische Tatsache, ohne Vorbehalt oder Einschränkung. Der Begriff des Mahdī erscheint übrigens auch an dieser Stelle nicht in seiner Quelle.

Die letzte angegebene Stelle (S. 374-382) bezeichnet das Kapitel 11 des Appendix 2, das ganz der Lebensgeschichte Mīrzā Yaḥyā Azals[14] bis zum Märtyrertode des Bāb gewidmet ist.[15] Bis auf eine kurze Einleitung handelt es sich um die Übersetzung der Teile des *Nuqṭatu'l-Kāf*, welche aus einer dezidierten Azalī-Position die Übertragung der Führung der Bābī-Gemeinde an Azal vorträgt.[16] Der hagiographische Gestus dieser Seiten ist bei der Tendenz dieser Quelle nicht verwunderlich, ebensowenig ihr Hauptziel, die Legitimation des Führungsanspruchs Azals. Auch daß von einer Übertragung der *nuqṭa*-Würde (der Begriff Mahdī

Abschnitte »Das Messiasgeheimnis« [S. 459 ff.] und »Der vom Bāb vertreteneAnspruch« [S. 466 ff.]). Die im *Nuqṭatu'l-Kāf* gegebene Interpretation ist jedoch ausschließlich die des Autors dieses Teils der Schrift — wer immer dieser gewesen sein mag. Es mag vorläufig offen bleiben, ob die an dieser Stelle im *Nuqṭatu'l-Kāf* berichteten Ereignisse der Interpretation und der ihr zugrundeliegenden Tendenz angepaßt wurden. Jedenfalls ist der *Nuqṭatu'l-Kāf* in diesem Teil weit eher ein Spiegel des desolaten Gemütszustands und der wilden Spekulationen in weiten Teilen der Bābī-Gemeinde nach der Hinrichtung des Bāb, als eine verläßliche historische Quelle. Eines läßt sich jedenfalls schon jetzt festhalten: »Ein Spiegel der Lehre des Bāb ist er mit Sicherheit nicht...« (siehe N. Towfigh, Kap. 8.I.1).

13 *Tārikh-i-Jadīd*, Appendix 2, S. 336 f.

14 Zu Azal siehe N. Towfigh, oben Kap. 10.II.2, 10.III, 10.IV und U. Schaefer, S. 39 ff.

15 Die von Browne gewählte Kapitelüberschrift »Ṣubḥ-i-Ezel and Behā« ist einigermaßen irreführend, da von Bahā'u'llāh nur am Rande, in seiner Beziehung zu Azal als dessen Halbbruder, die Rede ist. Zur Darstellung des Verhältnisses zwischen Azal und Bahā'u'llāh im *Nuqṭatu'l-Kāf* siehe N. Towfigh Kap. 8.I.1.

16 Browne hatte dieser Passage großen Wert beigemessen, weil er ihre Entstehung fälschlich ins Jahr 1850 datierte. Tatsächlich ist sie deutlich später, sehr wahrscheinlich erst nach dem Tod ihres angeblichen Autors, entstanden; vgl. N. Towfigh, Kap. 8.I.1.

findet sich auch an dieser Stelle nicht) von Bāb auf Azal berichtet wird, liegt noch im Bereich des zu Erwartenden. Quellenkritisch interessant ist dagegen, daß davon in den als Zitat kenntlich gemachten, dem Bāb zugeschriebenen Worten selbst nicht die Rede ist: Schon formal handelt sich dabei lediglich um eine Schlußfolgerung des Autors dieser Passagen.[17] Dies trifft sich mit der Tatsache, daß entsprechende Schriftaussagen des Bāb nicht bekannt sind.[18]

Folgt man Ficicchia, so hat Bahā'u'llāh später die Mahdī-Würde für sich usurpiert und den Bāb zu einem bloßen Vorläufer herabgestuft.[19] Tatsächlich hat sich Bahā'u'llāh — im Gegensatz zu den Behauptungen Ficicchias[20] — an keiner Stelle als Mahdī oder Qā'im bezeichnet.[21] Ausdrücklich wird die Stufe des Qā'im dem Bāb vorbehalten,[22] ebenso die Bezeichnung als Mahdī, ein Be-

---

17 »And what he meant by ›Him whom God should manifest‹ after himself was Hazrat-i-Ezel and none other than him, for there may not be two ›Points‹ at one time. And the secret of the Bāb's saying, ›Do thus and thus,‹ while Ezel was himself also a ›Proof,‹ was that at this time His Holiness ›the Reminder‹ [Bāb] was the Heaven of Volition, and Ezel was accounted the Earth of Devotion and the product of purified gifts, wherefore was he thus addressed« (*Tārikh-i-Jadīd*, Appendix 2 [*Nuqṭatu'l-Kāf*], S. 381 f.).

18 Zu der von Azalī-Seite vorgelegten »Ernennungsurkunde« Azals siehe N. Towfigh, Kap. 8.I.1, 10.IV. Festzuhalten ist, daß weder der Wortlaut dieses Briefs noch die darin gebrauchten Termini die These einer formalen Übertragung der Führerschaft oder der Mahdī-Würde stützen.

19 Interessanterweise folgt Ficicchia damit der Interpretation Huttens, der bereits in der ersten Auflage (1950, S. 97) von *Seher, Grübler, Enthusiasten* schreibt: »Nach der rückschauenden Lehre der Bahai gilt der Bab als der Herold, der die Zukunftsverheißung verkündigte: Der Imam Mahdi wird kommen... Baha'u'llah war dann die Erfüllung dieser Verheißung.«

20 etwa S. 21, 75, 94, 95, 105, 117, 123, 132, 172, 177, 270. Andere Autoren, die sich auf dieses »Standardwerk« berufen, sind ihm inzwischen hierin gefolgt, etwa Rainer Flasche, Stichwort »Baha'i-Religion«, *LThK*, Bd. 1, S. 39; Joseph Henninger, Besprechung zu Ficicchias *Der Bahā'ismus*, in: *Anthropos* 78, S. 937; Reinhart Hummel, Stichwort »Baha'i«, *Taschenlexikon Religion und Theologie*, Bd. 1, S. 136; Olaf Schumann, Besprechung zu Ficicchias *Der Bahā'ismus*, in: *Der Islam*, Jg. 62, S. 185; Udo Tworuschka, *Die vielen Namen Gottes*, S. 50; Horst Reller (Hrsg.), *Handbuch Religiöse Gemeinschaften*, ³1985, S. 629; ⁴1993, S. 806. Siehe dazu auch oben Kap. 6.I.1.

21 Dieser Fehler findet sich in der deutschsprachigen Literatur allerdings auch schon früher, so bei Hermann Römer (*Die Bābī-Behā'ī*, S. 58) und Richard Hartmann (*Die Religion des Islam* [Berlin 1944], S. 197 der Neuausgabe, Darmstadt 1992).

22 So Bahā'u'llāh ausdrücklich in seinem *Kitāb-i-Īqān* (114 ff.); siehe auch *Ährenlese* 9:1 (wo Bahā'u'llāh seine eigene Offenbarung von der des *Qa'īm* abhebt); Shoghi Effendi, *God passes by*, S. 4, 5, 12, usw.; *The World Order of Bahā'u'llāh*, S. 62, 100, 125 (dt. S. 97, 152, 185).

griff, der im Bahā'ī-Schrifttum allerdings äußerst selten ist.[23] Es gehört zu den dogmatischen Grundpositionen des Bahā'ītums, daß der Bāb nicht nur Herold und Wegbereiter der Sendung Bahā'u'llāhs war,[24] sondern der Stifter einer eigenständigen Religion, mit eigenem »Buch« und einem eigenen Gesetz. Dem Bāb kommt in der Bahā'ī-Prophetologie die Stufe einer selbständigen Manifestation zu,[25] auf prinzipiell gleicher Ebene wie Muḥammad, Christus und Bahā'u'llāh.[26]

---

23 Etwa 'Abdu'l-Bahā, *A Traveller's Narrative*, S. 14. Zur Identität von *Mahdī* und *Qa'īm*: Shoghi Effendi, *God passes by*, S. 57 f. Zum Erscheinen zweier aufeinanderfolgender Manifestationen, deren erste mit dem *Mahdī* identisch ist: 'Abdu'l-Bahā, *Beantwortete Fragen* 10:14 f.

24 Zur Zeit von Nicolas und Browne scheint dieses Mißverständnis weit verbreitet gewesen zu sein (beide haben dagegen entschiedenen Widerspruch eingelegt, etwa: A.-L.-M. Nicolas, »Le Béhais et le Bâb«, in: *Journal Asiatique*, Paris 1933, Bd. 222, S. 257 ff.; *Qui est le successeur du Bab?*, S. 15; E. G. Browne, Einleitung zu *A Traveller's Narrative*, S. xiv; Einleitung zu *Tārikh-i-Jadīd*, S. xxiii, xxxi f.; Einleitung zu *Kitāb-i Nuqṭatu'l-Kāf*, S. XXIV f.), was dafür spricht, daß damals auch viele Bahā'ī sich nicht über die dem Bāb in der Schrift zugemessene Stufe im klaren waren. Dies ist spätestens seit der eindringlichen Richtigstellung durch Shoghi Effendi erledigt: »That the Bāb, the inaugurator of the Bābī Dispensation, is fully entitled to rank as one of the self-sufficient Manifestations of God, that He has been invested with sovereign power and authority, and exercises all the rights and prerogatives of independent Prophethood, is yet another fundamental verity which the Message of Bahā'u'llāh insistently proclaims and which its followers must uncompromisingly uphold. That He is not to be regarded merely as an inspired Precursor of the Bahā'ī Revelation... is a truth which I feel it my duty to demonstrate and emphasize« (»The Dispensation of Bahā'u'llāh«, in: *The World Order of Bahā'u'llāh*, S. 123 [dt. S. 181 f.]). Diese Sätze finden sich nicht etwa an entlegener Stelle, sondern in Shoghi Effendis Zusammenfassung der dogmatischen Kernstücke des Bahā'ītums, der *Dispensation of Bahā'u'llāh* (die bereits seit 1948 auch in deutscher Übersetzung vorliegt: *Die Sendung Bahā'u'llāhs*, Oxford; die zitierte Passage befindet sich auf S. 34). Erstaunlich, daß der Autor eines »Standardwerks«, der zudem noch einige Jahre Mitglied der Bahā'ī-Gemeinde war, ausgerechnet diese Quelle übersehen hat (ganz abgesehen von der großen Zahl gleichlautender Aussagen, etwa: 'Abdu'l-Bahā, *Testament* 2:8; *Beantwortete Fragen* 43:5; Shoghi Effendi, *God passes by*, S. 27 [dt. S. 30]). Nicolas zumindest hat nach der Lektüre der *Dispensation of Bahā'u'llāh* seine Haltung gegenüber den Bahā'ī deutlich revidiert: »Je ne sais comment vous remercier ni comment vous exprimer la joie qui inonde mon coeur. Ainsi donc, il faut non seulement admettre mais aimer et admirer le Bāb.... Que Bahā'u'llāh lui ait, par la suite, succédé, soit, mais je veux qu'on admire la sublimité du Bāb.... Gloire à Shoghi Effendi qui a calmé mon tourment et mes inquiétudes, gloire à lui qui reconnait la valeur du Siyyid 'Alī- Muḥammad dit le Bāb« (Brief an Edith Sanderson, von der Nicolas die Schrift erhalten hatte; abgedruckt in *Bahā'ī World* VIII, S. 625; dazu auch M. Momen, *The Bābī and Bahā'ī Religions*, S. 37 f.).

25 Ficicchia leugnet dies (»... Bāb galt ihnen [den Bahā'ī] fortan nur noch als *bāb* (in des Wortes eigentlichem Sinn: ›Türe‹ oder ›Tor‹ zum Imām Mahdī) und als ›Vorläu-

Zwar hat der Bāb *nicht* die Mahdī-Erwartung, die ja in seiner Person erfüllt war, in die Zukunft transponiert,[27] er hat allerdings an zahllosen Stellen[28] in seinen Schriften auf das Kommen einer *weiteren* eschatologischen Heilsgestalt, einer nach ihm kommenden[29] Theophanie hingewiesen, die er zumeist als *Man yuẓhiru-hu'llāh*, »Er, den Gott offenbaren wird«, bezeichnete.[30] Diese Ver-

fer‹ des nunmehr in Bahā'u'llāh erschienenen Mahdī«, *Bahā'ismus*, S. 21) — ob aus Unkenntnis oder weil es seiner These von der Übernahme der Mahdī-Würde durch Bahā'u'llāh, vor allem aber seinem Vorwurf der Lehr- und Geschichtsfälschung widerspräche, sei dahingestellt. Es steht zu befürchten, daß auch das Mißverständnis der Herabstufung des Bāb weiter tradiert werden wird: Bereits aufgegriffen hat es der (anonyme) Autor des Beitrags über die Bahā'ī im *Handbuch Religiöse Gemeinschaften*, ³1985, S. 629, ebenso in der 4. Aufl. 1993, S. 806.

26 siehe etwa Shoghi Effendi, *The World Order of Bahā'u'llāh*, S. 61 ff., 123 ff. (dt. S. 96 ff., 181 ff.).

27 Die sachliche Trennung zwischen eigenem Mahdī-Anspruch und der Verheißung des kommenden *Man yuẓhiruhu'llāh* scheint manchem Interpreten Schwierigkeiten zu bereiten (etwa H. Römer, *Die Bābī-Behā'ī*, S. 58 und natürlich Ficicchia, *Bahā'ismus*, S. 95). Dabei benennt Römer auf derselben Seite den konzeptionellen Schlüssel zu dieser Frage, »die christliche Parusieerwartung in der Form, wie sie der Islam für sich verwertet hat«; in anderen Worten: »es gibt kein Aufhören dieser Manifestationen«, »jede Manifestation des Urwillens kündigt die nächste bereits an« (58 f.). Insgesamt muß Römer das Paradigma der fortschreitenden Offenbarung aber als so fremd empfunden haben, daß er die Intensität der Hinweise auf den *Man yuẓhiruhu'llāh* nur so deuten konnte, der Bāb sei »damit der Sache nach zu seiner ursprünglichen Funktion als bāb des verborgenen, aber bevorstehenden Imām Mahdī zurückgekehrt« (59 f.). Interessanterweise findet sich diese Konfusion weder bei Browne noch bei Nicolas. Zu dem für die Lehre des Bāb zentralen Dogma der »fortschreitenden Offenbarung« siehe: Bāb, *Persischer Bayān* 2:7, 4:12, 5:4, 7:13, (*Le Béyan Persan*, Bd. 1, S. 68 ff., Bd. 2, S. 141, Bd. 3, S. 10, Bd. 4, S. 36; Der Bāb, *Eine Auswahl aus Seinen Schriften* 3:35, 3:34:1, 3:15:2 f., 3:17); *Kitāb-i-Asmā'* 17:4 (*Auswahl* 5:15:4); Vorrede zum *Dalā'il-i-Sab'ih* (*Le Livre de Sept Preuves*, S. 3 ff.; Der Bāb, *Auswahl* 4:10:4-6). Für eine knappe Darstellung dieser Lehre siehe E. G. Browne, Vorwort zum *Nuqṭatu'l-Kāf*, S. xxvi ff.; M. Bayat, *Mysticism*, S. 101 f.

28 Die von Browne zusammengetragenen Stichwortverweise auf den *Man yuẓhiru-hu'llāh* allein im *Persischen Bayān* füllen in seiner Einleitung zum *Kitāb-i-Nuqṭatu'l-Kāf* und dem daran angeschlossenen Index etwa vier Seiten (S. XXIX-XXXI, LXIX-LXXI).

29 Zur Frage des Zeitraums bis zu dieser Offenbarung siehe N. Towfigh, Kap. 10.II.3.

30 Auf S. 94 seines Buches kommt Ficicchia den tatsächlichen Gegebenheiten recht nahe, wenn er feststellt: »Daß Ḥaẓrat-i Bāb die recht vage Bezeichnung ›Man yuẓhiruhu'llāh‹ gebrauchte und er nicht einfacher und eindeutiger vom erwarteten *Mahdī* sprach, läßt darauf schließen, daß er im *Man yuẓhiruhu'llāh* mehr erblickte als nur den Mahdī der Muslime, er in ihm vielmehr einen neuen Gottesgesandten und Religionsstifter erkannte....« Im folgenden schwächt er diese Einsicht jedoch sofort wieder ab. Auf den naheliegenden Schluß, daß es sich — durchaus im Einklang mit der muslimischen Tradition (vgl. C. G. Anawati, Stichwort »'Īsā«, *EI²*, Bd. 4, S. 84 f.; M. Momen, *Shi'i Islam*, S. 166, 170); A. Sachedina, *Islamic Mes-*

heißung griff Bahā'u'llāh auf und proklamierte sich als der vom Bāb verheißene Religionsstifter.

2. Das Messiasgeheimnis

Damit könnte man Ficicchias Behauptungen über wechselnde Ansprüche des Bāb eigentlich *ad acta* legen. Doch entkleidet man diese These ihrer polemischen Absicht und ihrer unglaubwürdigen Ausschmückungen, dann kommt dahinter ein religionsgeschichtliches Phänomen zum Vorschein, das nähere Untersuchung verdient: Offensichtlich waren die vom Bāb erhobenen Ansprüche mehrschichtig deutbar, proklamierten seine Anhänger ihn als Verkörperung unterschiedlicher eschatologischer Heilsbringer. Gegenüber der breiten Öffentlichkeit scheint der Bāb über längere Zeit seine eigentliche spirituelle Identität verschleiert zu haben. Wie der Jesus des Markusevangeliums suchte der Bāb zunächst sein Messiasgeheimnis der Öffentlichkeit gegenüber zu wahren, doch wie im Falle von Jesus gelang dies durch den Eifer seiner Anhänger und Bewunderer nur unvollkommen, ähnlich Jesus traf sein Anspruch auf eine brisante Gemengenlage von eschatologischen Erwartungen religiös-politischen Charakters, wie bei Jesus mischten sich deshalb auch im Falle des Bāb tatsächlicher Anspruch und öffentliche Zuschreibungen zu einem für den zeitgenössischen Beobachter zunächst schwer aufzuhellenden Konvolut. Dieser reale Hintergrund dürfte auch der Grund dafür sein, daß Browne den Aussagen des *Nuqṭatu'l-Kāf* in dieser Frage überhaupt Bedeutung zumaß. Zur Erhellung ist es erforderlich, kurz auf den eschatologischen Erwartungshorizont der Shī'a, die religionspolitischen Zeitumstände, die vom Bāb erhobenen Ansprüche und ihre zeitliche Abfolge einzugehen.[31]

sianism, S. 165 f.) — um eine *zweite*, vom *Mahdī* unterschiedene Heilsgestalt handelt, kommt er jedoch nicht.

31 Ich folge dabei im wesentlichen der Darstellung in Kapitel 3 meiner Diss. *Gottesreich und Weltgestaltung* und der dort nachgewiesenen Literatur.

3. Der religionspolitische Hintergrund

Es muß dabei in Rechnung gestellt werden, daß der Anspruch des Bāb auf ein gesellschaftliches Umfeld stieß, in dem es höchst gefährlich war, nichtorthodoxe religiöse Gedanken zu äußern.[32] Nicht von ungefähr haben Tausende von Bābī und Bahā'ī ihren Glauben mit dem Tode bezahlt.[33] Persien war ein autoritärer Staat totalitären Zuschnitts, dessen Machtmittel in allen die Religion berührenden Fragen den führenden Geistlichen fast uneingeschränkt zu Gebote standen. Der Machtkampf zwischen zwei rivalisierenden Gruppen der s̲h̲ī'itischen Geistlichkeit, den Ak̲h̲bārī und den Uṣūlī, war noch in frischer Erinnerung. Dieser Streit wurde beileibe nicht nur argumentativ ausgetragen.[34] Mit dem Sieg der Uṣūlī-Schule war das zuvor eher liberale geistige Klima Persiens einer eifernden orthodoxen Enge gewichen, die jeden abweichenden oder unkonventionellen Gedanken als ketzerisch verfolgte.[35] Trotz beträchtlichem Rückhalt bei Hofe und in der

---

32 Vielleicht kann man sich die öffentliche Stimmungslage etwas besser vorstellen, wenn man liest, was vor nicht einmal zehn Jahren in Ägypten, einem der liberalsten Länder der islamischen Welt, in der renommierten Zeitung *Al-Ahrām* (vom 21. Januar 1986, S. 6) veröffentlicht wurde. Es handelt sich bei folgendem Zitat um das Fazit einer umfangreichen Stellungnahme des Rektors der Al-Aẓhar Universität — dem anerkannten Zentrum islamischer Gelehrsamkeit — zu den Bahā'ī: »Jene, die gegen den Islam und den Staat sündigten, sollten aus dem Leben verschwinden und nicht offen ihre Mißachtung des Islam erklären können. Die Angelegenheit ist ernst, und es bedarf der Eile und des Eifers von Seiten der legislativen, judikativen und exekutiven Gewalten der Regierung, um angemessene Maßnahmen zu ergreifen.... Diese Abspaltung hat noch nicht die Aufmerksamkeit erhalten, die sie verdient, obwohl es sich um das Verbrechen der Verbrechen handelt und um eine Sünde der gräßlichsten Art.«

33 Noch in jüngster Zeit, nach der »islamischen Revolution« 1979, haben wieder mehr als 200 Bahā'ī aufgrund ihres Glaubens ihr Leben verloren (siehe dazu: Der Nationale Geistige Rat der Bahā'ī in Deutschland [Hrsg.], *Die Bahā'ī im Iran. Dokumentation der Verfolgung einer religiösen Minderheit*, Hofheim [4]1985).

34 Zu den verwendeten Zwangsmitteln gehört das Für-Ungläubig-Erklären (*takfīr*), das in seiner Wirkung der katholischen Exkommunikation vergleichbar war, aber auch die Inanspruchnahme staatlicher Gewalt wie der Terror eigens rekrutierter Banden (*lūṭī*). Vgl. Hamid Algar, *Religion and State in Iran*, S. 110; M. Bayat, *Mysticism*, S. 22 f., 24; H. Halm, *Die Schia*, S. 131, 139; M. Momen, *Shi'i Islam*, S. 115 f., 127 f., 199.

35 M. Bayat (*Mysticism*, S. 35) stellt fest: ».... when theological differences of opinion also implied political differences, especially if the mujtahid's function in society was challenged,.... the latter's hostility turned into active belligerence.... Persecution of thought occured when its practical consequences and its political implications

Bevölkerung war bereits gegen die Führer der Shaykhī-Schule[36] — beide anerkannte *mujtahids*[37] — der Bannstrahl des *takfīr*[38] geschleudert worden.[39] Angesichts des zentralen Dogmas der End-

---

clashed with the influential organized religious authority....« (siehe auch *a. a. O.*, S. xiii ff.; H. Halm, *Die Schia*, S. 139).

36 Shaykh Aḥmad al-Aḥsai, der Begründer der Shaykhī (1166-1241 d. H./1753-1826 A. D.), und sein Nachfolger Sayyid Kāẓim (gest. 1259/1843). Zu Lehren und Geschichte der Shaykhī unter ihren beiden ersten Führern siehe M. Bayat, *Mysticism*, S. 37-56; E. G. Browne, *A Traveller's Narrative*, Note E, S. 234-244; Cl. Huart, Stichwort »Shaikhī«, *EI*[1], Bd. 4, 1934, S. 279 f.; D. MacEoin, *From Shaykhism*, S. 50-124; M. Momen, *Shi'i Islam*, S. 225 ff.; A.-L.-M. Nicolas, *Essai sur le Chéikhisme*, 4 Bde., Paris 1910, 1911 und 1914; V. Rafati, *The Development of Shaykhī Thought in Shī'ī Islam*, 1979 (zitiert als: Development); ders., »The Development of Shaykhī Thought in Shī'ī Islam«, in: Heshmat Moayyad (Hrsg.), *The Bahā'ī Faith and Islam*, S. 93-109 (zitiert als: *Shaykhī Thought*); S. Scholl, Stichwort »Shaykhīyah«, *ER*, Bd. 13, S. 230-233. Aus dem Blickwinkel der späteren Kirmānī-Richtung erfolgt die Darstellung bei H. Corbin: *L'École Shaykhie en Théologie Shi'ite*, Teheran 1967; *En Islam iranien. Aspects spirituels et philosophiques*, 4 Bde., Bd. 4, 6. Buch, S. 205-300; »Pour une morphologie de la spiritualité shī'ite«, in: *Eranos-Jahrbuch*, Bd. 29, S. 71-81. Zur Einordnung der Kirmānī-Richtung und der Arbeiten H. Corbins siehe A. Amanat, *Resurrection and Renewal*, S. 68 f.; D. MacEoin, »Early Shaykhī Reactions to the Bāb and His Claims«, in: *Studies in Bābī and Bahā'ī History* (*SBB*) 1, S. 1-48. Soweit die Shaykhī nicht in den Bābī aufgingen, spalteten sie sich nach dem Tode Sayyid Kāẓims in drei Hauptrichtungen, die sich wieder zunehmend auf die uṣūlische Orthodoxie zuentwickelten. Ihre jeweiligen Schwerpunkte waren in Karbalā, Tabrīz und Kirmān. Die bedeutendste davon ist die Kirmānī-Richtung. Heute gibt es im Iran, im Irak und der Golfregion etwa 500 000 Shaykhī (M. Bayat, *Mysticism*, S. 59; M. Momen, *Shi'i Islam*, S. 229 ff.; V. Rafati, *The Development of Shaykhī Thought*, S. 138 ff.).

37 In der formalen Hierarchie der uṣūlischen Geistlichkeit berechtigt erst dieser Rang zum *ijtihād*, zur innovativen Auslegung durch unabhängiges Urteil. Das Partizip Aktiv *mujtahid* (»der sich anstrengt/abmüht«) bezeichnet in der juristischen Terminologie den Rang eines Gelehrten, der dazu berechtigt und befähigt ist, aufgrund seiner Kenntnisse der Prinzipien der Rechtsgelehrsamkeit (*uṣūl al-fiqh*) *ijtihād* auszuüben. Laien wie niedrige Geistlichkeit sind verpflichtet, sich dessen Autorität in allen Fragen religiösen Rechts zu unterwerfen. Rituelle Akte — einschließlich des Gebets — sind nur dann »gültig«, wenn sie in Übereinstimmung mit dem Vorbild eines lebenden *mujtahid* vollzogen werden. Mit der Doktrin des *taqlīd*, der »Bevollmächtigung«, beanspruchten die uṣūlischen *mujtahids* de facto das Heilsvermittlungsmonopol.

38 vgl. H. Halm, *Die Schia*, S. 140; D. MacEoin, *From Shaykhism*, S. 75 ff.; V. Rafati, *Development*, S. 192 ff. Zum Begriff selbst siehe Fußnote 34.

39 Im Gegensatz zur shī'itischen Orthodoxie wurden etwa die Himmelfahrt Muḥammads (*mi'rāj*) oder die Auferstehung der Toten (*qiyāma*) allegorisch, nicht wörtlich interpretiert. Die Gegenwärtigkeit des verborgenen Imām wurde ebenfalls als geistige Präsenz, nicht als physisches Leben auf Erden an geheimem Ort verstanden (M. Bayat, *Mysticism*, S. 43 ff.; H. Corbin, *Terre Céleste et Corps de Résurrection*, S. 146-64 [dazu Texte Shaykh Aḥmads, *a. a. O.* Kap. 9, S. 281 ff.]; Cl. Huart, Stichwort »Shaikhī«, *EI*[1]; D. MacEoin, *From Shaykhism*, S. 77 f.; M. Momen, *Shi'i*

gültigkeit der Religion Muḥammads[40] und der im islamischen Recht festgelegten Todesstrafe für den Abfall vom Islam und für alle Bestrebungen, einen Muslimen zu einem anderen Glauben zu bekehren,[41] gehört wenig Phantasie dazu, sich die Konsequenzen einer offenen Verkündigung einer neuen, nachislamischen Religion vorzustellen — Konsequenzen, die von der späteren Geschichte blutig bestätigt wurden. Um seine Anhänger und seinen göttlichen Auftrag wenigstens anfangs einigermaßen zu schützen, entwickelte der Bāb offenbar die öffentliche Bekanntgabe seines Anspruchs nur schrittweise und bediente sich dabei des eschatologischen Erwartungshorizonts seines shī'itischen Umfelds.

4. Der eschatologische Erwartungshorizont in der heterodoxen Shī'a

Als oft verfolgtes Minderheitsbekenntnis in der islamischen Welt ist den meisten shī'itischen Gruppierungen die Erwartung eines endzeitlichen Heilsbringers nicht fremd. Wo religiöse oder politische Bewegungen shī'itischen Charakters scheiterten, da lag die Hoffnung auf eine spätere Wiederaufnahme des zunächst verlorenen Kampfes, auf die Wiederkunft des jeweiligen Hoffnungsträgers nahe.[42] Nicht nur im heterodoxen shī'itischen Milieu, auch in der imamitischen (oder Zwölfer)Shī'a setzte sich dieses Kon-

Islam, S. 227 f.; A.-L.-M. Nicolas, *Essai*, Bd. 3, S. 23-45; V. Rafati, *Development*, S. 106-122; ders., *Shaykhī Thought*, S. 104).

40 Es ist in diesem Zusammenhang nicht uninteressant, daß auch nach den Erkenntnissen der westlichen Islamwissenschaft die Berufung auf *Qur'ān* 33:40 zur Begründung dieses Dogmas zweifelhaft ist: In dem entsprechenden Vers reiht sich Muḥammad lediglich für eine bestimmte Vorgehensweise in die Reihe der Propheten ein und bestätigt deren bisherige Praxis. Ein mögliches Vorbild ist 1. Kor. 9:2, wo der Begriff des »Siegels« eine analoge Funktion der Bestätigung hat. Erst das spätere *ḥadīth* interpretiert den Begriff »Siegel der Propheten« (*khātam an-nabīyīn*) als endgültigen Abschluß des Offenbarungsgeschehens (vgl. T. Nagel, *Rechtleitung und Kalifat*, S. 24; Joseph Horowitz, *Koranische Untersuchungen*, S. 53).

41 siehe W. Heffening, Stichwort »Murtadd«, *SEI*, S. 413 f.

42 Der Glaube an eine Entrückung (*ghayba*) und die Erwartung der siegreichen Wiederkunft (*raj'a*) begannen mit dem Tode Muḥammad-al-Hanafīas, eines Sohnes des Imām 'Alī (allerdings kein direkter Nachkomme Muḥammads), um das Jahr 700 A. D. Mit ihm endet für die Vierer-Shī'a (*Kaysāniyya*) die Linie der Imāme.

zept nach dem Abbrechen der Linie der Imāme durch.[43] Nach späterer imamitischer Tradition war 869 das Geburtsjahr des zwölften Imām; aus Furcht vor der anhaltenden Verfolgung durch die Abbasidenherrscher wurde seine Existenz zuerst verheimlicht. Nach dem Tode seines Vaters trat er ausschließlich durch vier »Vermittler« (*nā'ib*, pl. *nuwwāb*), »Botschafter« (*safīr*, pl. *sufarā*) oder »Tore« (*bāb*, pl. *abwāb*) mit seinen Anhängern in Kontakt; diese Zeit wird als »kleine Verborgenheit« (*al-ghayba al-ṣughrā'*) bezeichnet. 941 riß auch diese Verbindung ab. Seitdem lebt der Imām nach imamitischem Dogma bis zu seiner Wiederkehr in der »großen Verborgenheit« (*al-ghayba al-kubrā'*).

Diese Wiederkehr des Zwölften Imām wird als eschatologisches Ereignis beschrieben: Die wahre Gemeinde wird wiederhergestellt, dem göttlichen Recht Geltung verschafft. Der zwölfte Imām »wird die Erde mit Gerechtigkeit und Billigkeit füllen, wie sie zuvor voll Bedrückung und Tyrannei war«[44]. Der Volksglaube verknüpfte mit diesem Versprechen eine durchaus irdische Machtentfaltung und die gewaltsame Abrechnung mit allen Feinden des Glaubens: Nicht umsonst ist ein Epitheton des zwölften Imām *ṣāḥib al-sayf*, »der Herr des Schwertes«. Seine wichtigsten Titel sind die des Mahdī (»der Rechtgeleitete«)[45] und des Qā'im (»Er, der sich erheben wird«)[46]. Der mit diesem Heilsereignis verbundene Traditionsfundus — der neben qur'ānischen Belegen und Muḥammad oder den Imāmen zugeschriebenen Aussagen auch

43 Bereits 'Alī al-Hādī (der zehnte Imām) und dessen Sohn Ḥasan al-'Askarī (der elfte Imām) lebten unter strenger Aufsicht des Abbasidenhofs, praktisch als Gefangene. Durchaus kontrovers war in der zeitgenössischen Shī'a die Frage, ob al-'Askarī bei seinem Tode (um die Jahreswende 873/74 A. D.) einen männlichen Nachkommen hinterließ (zur Konfusion dieser Zeit innerhalb der Shī'a siehe etwa A. Sachedina, *Islamic Messianism*, S. 40 ff., der insgesamt zwölf von der heutigen Linie abweichende Richtungen aufzählt).

44 imamitische Tradition, zitiert nach H. Halm, *Die Schia*, S. 45

45 Partizip Passiv zum arabischen Verbum *hadā*, »leiten«, »führen«. Der Begriff selbst kommt im *Qur'ān* nicht vor. Der Titel *al-mahdī* wurde wohl zunächst — ohne jeden eschatologischen Beiklang — als Ehrenbezeichnung etwa der Propheten Muḥammad und Abraham oder der Imāme 'Alī und Ḥusayn verwendet (vgl. H. Halm, *Die Schia*, S. 22; W. Madelung, Stichwort »al-Mahdī«, *EI*², Bd. 5, S. 1230 ff.).

46 Imamitischer Tradition nach war es Ja'far aṣ-Ṣadīq, der sechste Imām, der ausdrücklich die Identität beider Heilsfiguren, des Mahdī und des Qa'īm, postulierte (A. Sachedina, *Islamic Messianism*, S. 61). Siehe auch W. Madelung, Stichwort »Ḳā'im āl Muḥammad«, *EI*², Bd. 4, S. 456 f.

jüdische, christliche und zoroastrische Endzeittraditionen assimiliert[47] — ist durchaus uneinheitlich: apokalyptische und endzeitliche Erwartungen[48] treten neben Vorstellungen innerweltlicher Eschatologie oder solchen einer bloßen Erneuerung des Islam. Im heterodoxen Milieu findet sich auch die Erwartung, daß der Mahdī ein neues »Buch«, d. h. eine neue Religion bringe.[49]

Die etablierte Geistlichkeit stand chiliastischen Erwartungen in aller Regel reserviert gegenüber.[50] Jede Spekulation über den Zeitpunkt der Wiederkehr des Mahdī war verpönt, wer dies dennoch versuchte, setzte sich Verfolgungen aus.[51] Sofern sie über-

47 siehe A. Abel, Stichwort »al-Dajjāl«, *EI²*, S. 77; A. Amanat, *Resurrection*, S. 2, Anm. 5; C. G. Anawati, Stichwort »ʿĪsā«, *EI²*, Bd. 4, S. 81, 84 f.; Mary Boyce, *Zoroastrians*, S. 148, 152; Heinz Halm, Stichwort »Dawr«, *EI²*, Supplement, Fasc. 3/4, S. 207. Zur parsischen Eschatologie und Apokalyptik siehe Geo Widengren, *Die Religionen Irans*, S. 102 f.

48 So erwartet die Mehrzahl der shīʿitischen Autoren unmittelbar nach der Herrschaft des Mahdī die Auferstehung der Toten und das Jüngste Gericht. Über die Dauer seiner Herrschaft herrscht in den imamitischen Quellen kein Konsens (vgl. A. Sachedina, *Islamic Messianism*, S. 176 ff.).

49 M. Momen, *Shiʿi Islam*, S. 169. Sunnitische Kritiker verwerfen dies, weil es *de facto* einer neuen Offenbarung nach Muḥammad gleichkäme; siehe etwa die Häresiographie des Abū Manṣūr ʿAbd al-Qādir b. Ṭāhir al-Baghdādī (gest. 429/1037), *Al-Farq Bayn al-Firaq*, wo der Gedanke einer Ablösung des Islam in den »letzten Tagen« zu den häretischen Lehren gerechnet wird (vgl. V. Rafati, *The Development of Shaykhī Thought in Shīʿī Islam*, S. 5). Zu dieser Diskussion siehe A. Sachedina, *Islamic Messianism*, S. 175 f. Während die orthodoxe Imāmīya bemüht ist, diese Traditionen als umfassende Wiederherstellung der ursprünglich intendierten islamischen Ordnung zu interpretieren, schrecken heterodoxe Gruppierungen (wie die Qarmaṭī, vgl. Madelung *EI²*, Stichwort »al-Mahdī«, *EI²*, Bd. 5, S. 1236) nicht vor dieser Konsequenz zurück. Auch in der Ismāʿīlīya ist diese Frage umstritten (vgl. H. Halm, *Kosmologie und Heilslehre der frühen Ismāʿīlīya*, S. 19 f.; Wilfred Madelung, »Aspects of Ismāʿīlī Theology: The Prophetic Chain and the God Beyond Being«, in: Seyyed Hossein Nasr (Hrsg.), *Ismāʿīlī Contributions to Islamic Culture*, S. 55); als Beleg einer entsprechenden Erwartung siehe van Ess (*Chiliastische Erwartungen und die Versuchung der Göttlichkeit*, S. 56). Daneben gibt es die Auffassung einer ersatzlosen Abschaffung (*rafʿ*) der *sharīʿa*, verbunden mit einer Erneuerung des ursprünglichen Monotheismus durch den Mahdī (H. Halm, Stichwort »Bāṭenīya«, *EIR*, Bd. 3, S. 862). Daß die Bahāʾī-Quellen (etwa Shoghi Effendi, *Unfolding Destiny*, S. 426) jene Traditionen aufgreifen, die mit dem Qāʾim sowohl eine neue heilige Schrift wie ein neues Gesetz verbinden, ist nicht weiter verwunderlich.

50 Aqā Muḥammad Bāqir Bihbahānī, der allgemein anerkannte Führer der uṣūlischen Geistlichkeit im 18. Jahrhundert, ging in einer seiner Predigten sogar so weit, das Harren auf die Wiederkunft des Imām implizit als vergeblich zu bezeichnen, indem er argumentierte, die Zeitumstände erlaubten es nicht, die mit seiner Wiederkehr verbundenen Schwierigkeiten und Härten zu ertragen (A. Amanat, *Resurrection*, S. 42).

51 A. Amanat, *Resurrection*, S. 55 f.

haupt Berücksichtigung fanden, wurden Traditionen eschatologischen Gehalts entweder außerhalb der Weltzeit angesiedelt oder aber dem Dogma der Endgültigkeit des *Qur'ān* und der *sharī'a* untergeordnet. In jedem Fall hatte sich die Geistlichkeit — ähnlich den christlichen Kirchen — mit der Parusieverzögerung eingerichtet.

Im Gegensatz dazu halten die beiden Begründer der Shaykhī-Schule die Erinnerung an die eschatologischen Traditionen der Shī'a wach, revitalisieren die fromme Verehrung der Imāme und den Glauben an die durch sie erfolgende Rechtleitung. Damit stärken sie den Bereich charismatischer und individuell verantworteter Religiosität gegen die formale Hierarchie der Religionsgelehrten. Ausdrücklich wird auch der Anspruch der *mujtahids* auf die unbedingte Gefolgschaft (*taqlīd*) der Laien und der niederen Geistlichkeit abgelehnt.[52] Vor allem im inneren Kreis der engsten Schüler berufen sie sich auf direkte Inspiration durch den verborgenen Imām und verbinden damit vorsichtige Hinweise auf die nahe Zeit des Endes und der Erneuerung.[53] Damit legen sie bei einem nicht geringen Teil der Shaykhī den Grund für einen starken messianischen Attentismus, der sie empfänglich machte für den Anspruch und die Lehren Sayyid 'Alī-Muḥammads, der sich 1260/1844 als der »Bāb« proklamierte.[54]

---

52 M. Bayat, *Mysticism*, S. 49; S. Scholl, Stichwort »Shaykhīyah«, *ER*, Bd. 13, S. 231

53 vgl. A. Amanat, *Resurrection*, S. 56 ff.; V. Rafati, *Development*, S. 136, 177-186; Muḥammad-i-Zarandī, *Nabīls Bericht*, S. 66 f. Die ständig drohenden Konsequenzen des *takfīr* zwangen zu einer Grundhaltung der *taqīya*, der vorsichtigen Verschleierung des tatsächlich Gemeinten. Berichte lassen Sayyid Kāẓim im engsten Kreise seiner Schüler sehr viel deutlicher werden, vgl. Muḥammad-i-Zarandī, *a. a. O.*, S. 73 ff.; A. Amanat, *Resurrection*, S. 60 f. Zum Gesamtkorpus der Shaykhī-Lehren, die dem Bāb den Weg ebneten, siehe V. Rafati, *Development*, S. 168-85.

54 Die beiden detailliertesten Darstellungen des Übergangs von der Shaykhī-Schule zur Bābī-Religion und deren weiteren Entwicklung finden sich bei A. Amanat (*Resurrection and Renewal. The Making of the Babi Movement in Iran, 1844-1850*, Ithaka/London 1989) und D. MacEoin (*From Shaykhism to Babism*, unveröffentlichte Diss. Cambridge 1979). Für einen Überblick siehe P. Smith, *The Babi and Baha'i Religions*, Teil I.

5. Der vom Bāb vertretene Anspruch

Der Bāb entstammte einer Kaufmannsfamilie der südpersischen Stadt Schiras. Obwohl er ein Sayyid, ein Prophetennachkomme war, hatte er keinerlei besondere religiös-theologische Schulung erfahren; vor allem fehlte ihm jedoch die formale Bildung der s͟hī'itischen Geistlichkeit.[55] Seine religiöse Autorität konnte sich deshalb nur auf völlig außeralltägliche Quellen stützen. Neben anderen Elementen nichtinstitutioneller religiöser Autorität wie Heiligkeit[56] und persönliches Charisma[57], konnte er dazu auf in seinem s͟hī'itischen Umfeld latent vorhandene Erwartungshorizonte zurückgreifen. Abgestuft nach dem Grad der damit verbundenen Außeralltäglichkeit waren dies: der Anspruch auf ein esoterisches Wissen durch Inspiration seitens der Imāme; die besondere Verbindung zum verborgenen zwölften Imām; die endzeitlich-chiliastische Funktion des Mahdī oder Qā'im. Bereits außerhalb des traditionellen s͟hī'itischen Erwartungshorizonts liegt der Anspruch auf eine direkte Offenbarung von Gott, auf eine neue, den *Qur'ān* ablösende religiöse Sendung.

Auf dieser Erwartungslinie bewegten sich denn auch die Ansprüche, die vom Bāb selbst oder von seinen Anhängern öffentlich für ihn reklamiert wurden. Der Titel »Bāb«, unter dem er am weitesten bekannt wurde, knüpfte bewußt an der Bezeichnung für die vier »Pforten« oder »Tore« zum verborgenen Imām in der Zeit der »kleinen Verborgenheit« an. Zu diesem, in der s͟hī'itischen

---

55 Seine Schulbildung war durchaus standesüblich: etwa sechs Jahre in der örtlichen *maktab*, auf die eine praktische Ausbildung im Geschäft seines Onkels und einige Jahre als selbständiger Kaufmann folgten. Zutiefst religiös, nahm der Bāb Kontakt zu den S͟hayk͟hī auf und besuchte 1839/40 wohl auch einige Seminare Sayyid Kāẓims, doch ohne ein formales Religionsstudium aufzunehmen (vgl. A. Amanat, *Resurrection*, S. 113-146).

56 Zu verschiedenen Berichten über seine außergewöhnliche Frömmigkeit siehe etwa A. Amanat, *Resurrection*, S. 147 f.

57 Zur Wirkung seiner Persönlichkeit siehe etwa Shoghi Effendi, *God passes by*, S. 11 f., 14 f., 19, 20 (dt. S. 12 f., 15 f., 21 f.); A. Amanat, *Resurrection*, S. 109, 132, 171; M. Bayat, *Mysticism*, S. 97, 99; Muḥammad-i-Zarandī, *Nabils Bericht*, S. 91, 102 f., 206 ff., 278 f., 280 f., 332. Zur Wirkung seines (gesprochenen oder geschriebenen) Worts, wie auch dem seiner Emissäre siehe A. Amanat, *a. a. O.*, S. 172 f.; M. Bayat, *a. a. O.*, S. 109 f.; Shoghi Effendi, *a. a. O.*, S. 12 (dt. S. 13 f.); Muḥammad-i-Zarandī, *a. a. O.*, S. 212. Zur Bewertung hagiographischer Berichte siehe auch Stephen Lambden, »An Episode in the Childhood of the Bāb«, in: P. Smith (Hrsg.), *In Iran. SBB* 3, S. 1 ff., bes. S. 19 ff.

Bevölkerung allgemein verständlichen Konzept des *bābu'l-imām*, der Pforte zum verborgenen Imām[58], traten weitere, speziell auf die Shaykhī gemünzte Konzepte, so vor allem die Identifikation des Bāb mit dem »vierten Pfeiler«[59]. Erst im Juli 1848, bei dem vom Großwesir Ḥājī Mīrzā Aqāsi in Tabriz angesetzten Verhör, proklamiert der Bāb selbst öffentlich, der Qā'im zu sein.[60]

Die Schriften des Bāb zeugten jedoch von Anfang an für seinen eigentlichen Anspruch.[61] Zwar legt er wohl erst in einer *Qā'imīya* genannten Schrift, die 1847 während seiner Haft in

58 vgl. D. MacEoin, *From Shaykhism*, S. 172 f.; ders., »Hierarchy, Authority, and Eschatology in early Bābī Thought«, in: P. Smith (Hrsg.), *In Iran*, *SBB* 3, S. 98 f. Dieses landläufige Verständnis seiner Titelwahl widerruft der Bāb 1845 in der Vakil Moschee in Schiras unter Zwang — nach außen verstanden als ein Abschwören seines Anspruchs, tatsächlich aber nur die Absage an ein naheliegendes und wohl auch gewolltes Mißverständnis. Seinen tatsächlichen, viel weitergehenden Anspruch nahm der Bāb nicht zurück (A. Amanat, *Resurrection*, S. 255; *Nabil*, S. 154 ff.; *Tārīkh*, S. 50-54).

59 *rukn-i-rābi'*; vgl. D. MacEoin, *From Shaykhism*, S. 170 ff.; ders., *Hierarchy*, *a. a. O.*, S. 116. Die Shaykhī reduzierten die imamitischen Grundsätze der Religion (*uṣūl ad-dīn*; dies sind: die Einheit Gottes [*tawḥīd*], die Prophetologie [*nubuwwa*], Auferstehung und Gericht [*ma'ād*], das Imāmat und die Gerechtigkeit Gottes [*'adl*]) logisch auf drei: die Einheit Gottes, das Prophetentum und das Imāmat, fügten aber als weiteren Grundsatz an, daß es zu jeder Zeit einen »wahren Schiiten« (*shī'ī-i-kāmil*) geben müsse, der als Mittler zwischen dem verborgenen Imām und den Gläubigen fungiere (A. Amanat, *Resurrection*, S. 54 f.; M. Bayat, *Mysticism*, S. 49 ff.; Stephen Scholl, Stichwort »Shaykhīyah«, *ER*, Bd. 13, S. 231). Zur abweichenden Kirmānī-Interpretation des »vierten Pfeilers« siehe M. Bayat, *a. a. O.*, S. 66 ff., 75 ff.; D. MacEoin, *From Shaykhism*, S. 168 f.

60 A. Amanat, *Resurrection*, S. 199, 201, 385 ff.; E. G. Browne, *A Traveller's Narrative*, Note N, S. 291 ff.

61 In den Schriften des Bāb finden sich eine ganze Reihe von Selbstbeschreibungen seiner Funktion und Stufe, so bereits im *Qayyūmu'l-Asmā'* die Begriffe *dhikr* (»Gedenken [Gottes]«, »Mahner«) und *nuqṭa* (»Punkt«; siehe A. Amanat, *Resurrection*, S. 201 ff.). *Dhikr* ist ein qur'ānischer Begriff (7:63; Paret übersetzt ihn mit »Mahnung«). Shaykh Aḥmad hatte diesen Begriff auf den Propheten Muḥammad bezogen (A. Amanat, *a. a. O.*, S. 202, Anm. 273). Der Begriff *nuqṭa* wurde bereits von Gobineau (»qu'il était le *Point*, c'est-à-dire le générateur même de la vérité, une apparition divine, une manifestation toute-puissante«, *Les Religions et les Philosophies dans l'Asie Centrale*, S. 144) und Browne als identisch mit dem göttlichen Urwillen, der Manifestation des Göttlichen beschrieben (Einleitung zum *Nuqṭatu'l-Kāf*, S. XXVII). Zu einer eingehenden Diskussion der Begriffe *dhikr* und *bāb* siehe Todd Lawson, »The Terms ›Remembrance‹ (*dhikr*) and ›Gate‹ (*bāb*) in the Bāb's Commentary on the Sura of Joseph«, in: *SBB* 5, S. 1-63, bes. S. 11 ff. Lawson zeigt, daß auch der Begriff *bāb* in seiner Bedeutung schillert: Neben der traditionellen Bedeutung des Tors zum verborgenen Imām ist mit *bābiyya* an anderer Stelle die Stufe der Imāme selbst, ja sogar die Stufe der Prophetenschaft zu verstehen. Zu weiteren Selbstzeugnissen des Bāb siehe etwa Shoghi Effendi, *The World Order of Bahā'u'llāh*, S. 126 (dt. S. 186 f.).

Māh-Kū entstand, in klaren, unmißverständlichen Worten seinen Anspruch auf eine neue, den Islam ablösende Offenbarung nieder.[62] Für den, der gelernt hatte, zwischen den Zeilen zu lesen und Andeutungen und Metaphern zu entschlüsseln,[63] konnte dies aber schwerlich eine Überraschung sein: Bereits seiner ersten prophetischen Schrift, dem *Qayyūmu'l-Asmā'*,[64] ließ sich dieser Anspruch unschwer entnehmen.[65] Daß dies nicht nur für den Führungszirkel der Bābī selbst, sondern auch für die dem Bāb feindlich gesinnten *mujtahids* galt, zeigt bereits Anfang 1845 das Ur-

62 A. Amanat, *Resurrection*, S. 375 ff.

63 In allen Gesellschaften totalitären Zuschnitts ist die Technik impliziter Andeutung hoch entwickelt. Gerade in den Ländern des ehemaligen Ostblocks war es oft sogar möglich, abweichende Gedanken im Druck zu veröffentlichen, wenn sie nur in einer bewußten Unbestimmtheit gehalten waren, die der Eingeweihte aber unschwer zu deuten wußte.

64 Diese Schrift ist unter verschiedenen Titeln bekannt: als »Kommentar zur Sure Joseph« (*Tafsīr sūrat Yūsuf*), *Qayyūmu'l-Asmā'* und als *Aḥsan al qaṣaṣ* (T. Lawson, »Terms«, *a. a. O.*, S. 1). Datierung: Der erste Teil dieser Schrift entstand in der Nacht zum 23. Mai 1844, als der Bāb seinen Anspruch und seine Sendung erstmals (gegenüber Mullā Ḥusayn) verkündete. Während einige Quellen darauf schließen lassen, daß die Schrift in einer Zeitspanne von vierzig Tagen entstand und spätestens im Herbst des Jahres 1844 bereits verbreitet wurde, schließt D. MacEoin (*From Shaykhism*, S. 157 f.) aus der wörtlich-faktischen Interpretation einiger Hinweise auf den Besuch der Ka'ba, daß die Schrift erst während der Pilgerfahrt des Bāb nach Mekka (von der er im Mai 1845 zurückkehrte) vollendet wurde. Da der Wortlaut — in Analogie zur Himmelfahrt Muḥammads — eine allegorisch-mystische Bedeutung ebenso zuläßt, ist diese spätere Datierung nicht zwingend (D. MacEoin selbst scheint auch von ihr abgerückt zu sein, *Sources*, S. 56). Eindeutig gegen die spätere Datierung sprechen die Dokumente und Berichte vom Verfahren gegen Mullā 'Alī Basṭāmī (dem zweiten, der sich zum Bāb bekannte), bei dem der *Qayyūmu'l-Asmā'* eine zentrale Rolle spielt. Basṭāmī hatte seine Missionstätigkeit in Baghdād im August 1844 aufgenommen und war im Oktober inhaftiert worden (M. Momen, »The Trial of Mullā 'Alī Basṭāmī: A combined Sunnī-Shī'ī Fatwā against the Bāb«, in: *Iran. Journal of Persian Studies* 22, S. 113-143; A. Amanat *Resurrection*, S. 220 ff.).

65 Dazu eingehend T. Lawson, »Terms«, *a. a. O.*, S. 1 ff. Dies gilt bereits für die äußere Form des *Qayyūmu'l-Asmā'* (T. Lawson, »Terms«, *a. a. O.*, S. 6; D. Mac Eoin, *Shaykhism*, S. 158. Zur spezifischen, alle traditionellen Formen des *tafsīr* [Kommentar, Auslegung] sprengenden Eigenart solcher Schriften des Bāb siehe auch T. Lawson, »Qur'ān Commentary as Sacred Performance: The Bāb's tafsīrs of Qur'ān 103 and 108«, in: J. Chr. Bürgel [Hrsg.], *Der Iran im 19. Jahrhundert und die Entstehung der Bahā'ī-Religion*, in Vorbereitung). Eine der im Urteil gegen 'Alī Basṭāmī vorgebrachten Anschuldigungen gegen den Autor des *Qayyūmu'l-Asmā'* lautet deshalb auch: »That he had produced a book that ressembled the Qur'ān in its format, with sūras, verses, disconnected letters, etc.« (M. Momen, »Trial«, *a. a. O.*, S. 119 und weitere).

teil gegen Mullā 'Alī Basṭāmī,[66] einen der führenden Jünger des Bāb, und die von Muḥammad Karīm Khān Kirmānī im Juli desselben Jahres abgeschlossene Schrift *Izhāq al-bāṭil*,[67] die sich beide auf den *Qayyūmu'l-Asmā'* beziehen.

Auch infolge der missionarischen oder chiliastischen Ungeduld mancher Bābī ließ sich die eher vorsichtige Politik des Bāb nicht bruchlos durchhalten. Schon früh wurden mit seiner Person und Sendung chiliastische Hoffnungen verbunden.[68] Die äußeren Umstände waren durchaus für die Propagierung eines politisch-revolutionären Mahdī-Anspruchs geeignet. Politisch instabil, wirtschaftlich desolat, bedrängt von europäischen Mächten, war der Wunsch nach grundlegender Erneuerung in Persien weit verbreitet. Es liegt auf der Hand, daß ein Teil derer, die sich anfänglich zum Bāb bekannten, auf eine solche revolutionäre Umgestaltung hoffte, zumal 1260 d. H. genau eintausend Jahre islamischer Zeitrechnung seit der »Entrückung« des zwölften Imām vergangen und messianische Erwartungen damit durchaus virulent waren. Ähnlich wie in einer vergleichbaren Situation Jesus die auf ihn gerichtete Erwartung eines politischen Messias, mußte auch der Bāb solche falschen Erwartungen dämpfen und — wo es ging — allmählich in ein vertieftes Verständnis seiner Mission umwandeln.[69] Auch dieses Anliegen dürfte mit hinter der Zurückhaltung

66 M. Momen, »Trial«, S. 113-143. Einer der gegen 'Alī Basṭāmī angeführten Straftatbestände war denn auch, daß der Autor des *Qayyūmu'l-Asmā'* den Anspruch auf göttliche Offenbarung erhoben hätte (S. 119 und weitere).

67 D. MacEoin, »Early Shaykhī Reactions to the Bāb and His Claims«, in: M. Momen (Hrsg.), *SBB* 1, S. 1-47, bes. S. 34

68 Der auch in westlichen Darstellungen (zuerst über Gobineau, *Les Religions et les Philosophies dans l'Asie Centrale*, S. 144) verbreitete polemische Einwand, daß der Bāb in zunehmender Selbstüberhebung oder aber gedrängt von seinen radikalsten Anhängern immer neue, nicht zu vereinbarende Ansprüche gestellt hätte, hat ihren Ursprung im Werk des (ihm feindlich gesonnenen) persischen Hofchronisten Mīrzā-Taqī-Mustawfī (1801-1880, bekannter als Lisānu'l-Mulk bzw. Sipihr). Zur Kritik daran siehe M. Bayat, *Mysticism*, S. 88. Vgl. auch A. Amanat, *Resurrection*, S. 199 ff.; Mīrzā Abū'l-Faḍl, *Letters and Essays 1886-1913*, S. 107, 108 f. Zur Beschreibung und Einschätzung der Hofchroniken als Quelle siehe auch E. G. Browne *A Traveller's Narrative*, Note A, S. 173-192; *Tārikh-i-Jadīd*, Einleitung, S. xiv, xxxix.

69 Es gibt eine deutliche Parallele zwischen der anfänglichen chiliastischen Begeisterung für den Bāb, der Enttäuschung der politischen Hoffnungen einer nicht geringen Zahl seiner Anhänger, die dazu führte, daß sie sich von ihm wieder abwandten, und den biblischen Berichten über den begeisterten Empfang, den die Massen in Je-

stehen, seinen Anspruch nur allmählich, fast zögerlich publik zu machen: Von einer *politischen* Heilsgestalt erwartet man ein anderes, ein rasches und entschiedenes Vorgehen.

Bahā'u'llāhs *Kitāb-i-Īqān*[70] ist ein interessantes Dokument für die Auseinandersetzung mit derartigen chiliastischen Erwartungen und der Neukonzeptionalisierung der traditionellen Vorstellungen über die Funktion des Qā'im. Daß diese Darstellung dem Selbstverständnis des Bāb entsprach, läßt sich aus seinen Schriften[71] wie aus seiner Biographie[72] folgern. Äußerer Anlaß zur Abfassung dieses Buches waren Fragen Ḥājī Mīrzā Sayyid Muḥammads, eines Onkels des Bāb. Dieser stieß sich nicht zuletzt an der Diskrepanz zwischen dem Anspruch des Bāb, der verheißene Qā'im zu sein, und dessen offensichtlicher Machtlosigkeit, die den traditionellen Erwartungen einer irdischen Herrschaft des Qā'im überhaupt nicht entsprach.[73] In seiner Antwort unterscheidet Bahā'u'llāh die grundsätzliche transzendente Souveränität der Manifestationen Gottes (*maẓhar-i-ilāhī*, *maẓhar-i-ẓuhūr*;[74] zu diesen zählt er ausdrücklich auch den Bāb als Qā'im) von deren äußerlicher Erscheinung in der physischen Welt.[75] Daß der Qā'im

rusalem dem »König der Juden« bereiteten, ihm aber dann offensichtlich die Nachfolge versagten.

70 Dieses Werk entstand um 1862, noch vor der Proklamation von Bahā'u'llāhs eigener religiöser Sendung.

71 Zu diesem Schluß kommt immerhin auch Römer (*Die Bābī-Behā'ī*, S. 20): »Schon im Kommentar zur Josephsūre.... wird deutlich, daß der Bāb kein politisches, sondern ein theosophisches Mahdīideal hat.«

72 So vor allem seine Weigerung, das Angebot Manūchihr Khāns, des Gouverneurs von Iṣfāhān, auf politische und militärische Unterstützung anzunehmen (H. Balyuzi, *Bāb*, S. 115 f.).

73 Nach demselben Muster konfrontiert 'Abdu'l-Bahā die irdisch-politische Messiaserwartung der Juden mit der geistig-historischen Realität Christi (*Briefe und Botschaften* 20:1-3).

74 Neben diesen zentralen Begriffen kennen die Bahā'ī-Schriften noch eine ganze Reihe weiterer Bezeichnungen für diese Heilsgestalten: *nabī* (Prophet), *rasūl* (Gesandter, Prophet), *mursal* (Gesandter, Prophet), *safīr* (Gesandter, Vermittler), *safīy* (der Freund, der Erwählte). Vgl. dazu eingehend Nicola Towfigh, *Schöpfung*, S. 170 ff. Eine grundlegende Zusammenfassung der Bahā'ī-Lehren über die Manifestation findet sich bei Shoghi Effendi, *The World Order of Bahā'u'llāh*, S. 112 ff. (dt. S. 170 ff.). Vgl. auch die Darstellungen des Prophetenverständnisses der Bahā'ī-Religion bei: Juan Ricardo Cole, *Concept*, bes. S. 1 f., 8 f., 11 ff.; U. Gollmer, *Gottesreich*, Kap. 5.2 und 7.1; N. Towfigh, *Schöpfung*, Kap. 4.

75 »Wahrlich, Er.... hat für alle Zeiten die unbestrittene Souveränität (*sulṭan*) über alles im Himmel und auf Erden, selbst wenn kein Mensch auf Erden zu finden wäre, der Ihm gehorcht. Er, wahrlich, ist unabhängig von aller irdischen Herrschaft (*mulk*)....«

— und fast alle Manifestationen vor ihm — mindestens zu Beginn ihrer öffentlichen Sendung über keinerlei irdische Macht verfügen,[76] wird als Zeichen der Prüfung für den Menschen verstanden.[77] Der aufrichtige Sucher wird zu Gott finden, auch ohne äußere Machtentfaltung des von ihm Gesandten.[78] Die verwandelnde Kraft des Gotteswortes, der soteriologische Auftrag der Manifestation,[79] hat Vorrang vor jeder unmittelbaren irdischen Herrschaft.

Die graduelle Entfaltung seines Anspruchs haben der Bāb selbst und einige seiner führenden Jünger kommentiert. So beschreibt der Bāb in seinem 1847/48 entstandenen *Dalā'il-i-Sab'ih* die schrittweise Enthüllung seiner Religion und des damit verbundenen Anspruchs als einen pädagogischen Akt, als eine göttliche Gnade, die es den Menschen erleichtern soll, sich allmählich auf die ungeheure Herausforderung einer neuen Gottesoffenbarung einzustellen.[80] Ähnlich argumentiert Mīrzā Muḥammad 'Alī

---

(103). Die Manifestationen »sind.... allesamt mit allen Eigenschaften Gottes, wie Souveränität (*salṭanat*), Herrschaft (*'aẓamat*) und dergleichen, ausgestattet, mögen sie auch, äußerlich gesehen, aller irdischer Majestät (*salṭanat-i ẓāhirih*) ledig erscheinen« (111). »Unter Souveränität (*salṭanat*) ist die alles umfassende, alles durchdringende Macht (*qudrat*) gemeint, die dem Qa'īm innewohnt und von Ihm ausgeübt wird, ob Er nun in der Welt mit der Majestät irdischer Herrschaft (*istīlā-yih-ẓāhirī*) bekleidet erscheint oder nicht« (115). Dies hat seine Parallele in der Souveränität Gottes, »die den Augen der Menschen verborgen ist« (*Gebete und Meditationen* 47:1).

76 Dies wird zu Beginn des *Kitāb-i-Īqān* eindringlich dargestellt.

77 »Würde das ewige Wesen alles offenbaren, was in Ihm verborgen ist, würde Er in der Fülle Seiner Herrlichkeit leuchten, dann gäbe es niemanden, der Seine Macht bezweifelte oder Seine Wahrheit verwürfe.... Wie könnten so die Gottesfürchtigen von den Eigensinnigen unterschieden werden?« (*Ährenlese* 29:3; vgl. auch *Ährenlese* 38; U. Gollmer, *Gottesreich*, Kap. 6.4).

78 Zur Charakterisierung dieses »wahren Suchers« siehe *Kitāb-i-Īqān* 2 f., besonders aber *Kitāb-i-Īqān* 214-220. Zur Bedeutung dieser Konzeption für das Menschenbild der Bahā'ī siehe U. Gollmer, *Gottesreich*, Kap. 6.4.

79 Dieser bezieht sich auf den einzelnen wie auch auf die Gesellschaft, die langfristig ethisch durchdrungen und gewandelt werden soll (vgl. U. Gollmer, *Gottesreich*, Kap. 7.2).

80 »Denke nach über die mannigfaltigen Gnadengaben, die der Verheißene gewährt, über den Strom Seiner Großmut, der die Schar der Anhänger des Islam durchdrungen hat, um sie das Heil erlangen zu lassen. Sieh dann, wie Er, der den Ursprung der Schöpfung verkörpert, Er, der Repräsentant des Verses ›Ich bin in Wahrheit Gott‹, sich selbst als das Tor [Bāb] für das Kommen des verheißenen Qa'īm, eines Nachkommen Muḥammads, zu erkennen gab und in Seinem ersten Buche gebot, die Gesetze des Qur'ān zu befolgen, daß nicht ein neues Buch und eine neue Offenbarung die Menschen verwirre und sie Seinen Glauben als dem ihren ähnlich fänden,

Zunūzī, genannt Anīs, bei seinem Verhör 1850 in Tabriz: Der Grund für die schrittweise sich steigernde Enthüllung des Anspruches des Bāb sei »die allmähliche Förderung der geistigen Stufe der Menschen«[81].

Geht man davon aus, daß es sich dabei nicht um eine nachträgliche Rechtfertigung handelt, so darf man daraus und aus den vorliegenden Quellen folgendes Muster ableiten: Der Bāb enthüllt seinen vollen Anspruch zunächst nur gegenüber der kleinen Zahl seiner engsten Jünger. Nach außen wird er anfangs in Begriffen und Wendungen verkündet, die es erlauben, in ihm lediglich einen besonders inspirierten Menschen zu sehen. Die Begriffswahl entspricht dabei dem spirituellen und/oder eschatologischen Erwartungshorizont seiner Hörer. Dabei sind diese Aussagen jedoch auf recht unterschiedlichen Ebenen zu deuten, je nach dem Interpretationsmuster, das an sie angelegt wird. Durch diese Mehrdeutigkeit wird auch ein radikaler Bruch mit dem religiösen Umfeld und Mutterboden vermieden. Sorgfältige Analyse läßt jedoch von Anfang an erkennen, daß traditionelle Begriffe und Ansprüche implizit mit neuen, sehr viel weitergehenden Inhalten belegt werden. Diese werden erst in einer späteren Phase der Gemeindeentwick-

---

damit sie sich nicht von der Wahrheit wenden und das verwerfen, um dessentwillen sie ins Leben gerufen wurden« (*Dalā'il-i-Sab'ih*, zitiert nach: Der Bāb, *Eine Auswahl aus Seinen Schriften* 4:4). Stephen Lambden machte die Rohübersetzung einer Passage aus Bahā'u'llāhs *Sūrat al Fatḥ* zugänglich (»Some Notes on Bahā'u'llāh's gradually evolving Claims of the Adrianople/Edirne Period«, in: *Bahā'ī Studies Bulletin*, Bd. 5.3-6.1, Juni 1991, S. 79 f.), wo Bahā'u'llāh eine ähnliche Aussage mit Bezug auf seine eigene Sendung trifft, um dann die Parallele zu Bāb zu ziehen: »He [Bāb] .... said, ›I am the Gate of Knowledge (*bāb al-'ilm*) and whosoever is convinced of the truth of My Claim (*ḥaqqī*) in addition to that (*fūq dhalika*: surpassing that station), hath assuredly invented lies about Me and acquireth great sin within himself‹. Then [later] He said, ›I am the Qa'īm, the True One (*al qā'im al-ḥaqq*).... This, verily, is assuredly [the Reality of] Muḥammad, the Messenger of God (*rasūl allāh*)....‹ He [subsequently] said, ›I am the Primordial Point (*nuqṭat al-awwaliyya*)‹. And when the beings of a number of predisposed souls were refined, thereupon the veils were torn asunder and there rose up from the Dawning-Place of Holiness [the Bāb's claim], ›I verily am God, no God is there except Me, thy Lord and the Lord of all the worlds‹.... « Ähnlich im *Lawḥ-i Khalīl* (*a. a. O.*, S. 80): ».... in the beginning of the year 60 [1260 d. H./1844 A. D.], He [the Bāb] was manifested, at the beginning of His appearance, in the garment of Gatehood (*bi-qamīṣ al-bābiyya*).... then He replaced it with the garment of Sanctity (*bi-qamīṣ al-wilāya*).... [later] He revealed himself unto them with the name of Lordship (*bi-ism al-rubūbiyya*) and cried out, ›I verily, I am God, no God is there except Him....‹.«

81 zitiert nach A. Amanat, *Resurrection*, S. 199 f.

lung auch explizit gemacht. Parallel dazu konstituiert sich die Bābī-Gemeinde als eigenständige Religion.

Eine ähnliche Entwicklung — *ceteris paribus* — läßt sich auch für Bahā'u'llāh feststellen.[82] Es handelt sich um ein Muster, das sich in der Religionsgeschichte wiederholt findet: Die anfängliche Zurückhaltung Muḥammads, sein schließlicher Bruch der Andachtsgemeinschaft mit der jüdischen Gemeinde Medinas[83] und die (in der Literatur sehr kontrovers gedeuteten)[84] Zeugnisse des Messiasgeheimnisses Jesu in den Evangelien lassen sich ebenfalls nach diesem Muster interpretieren.

Dasselbe behutsame Vorgehen zeigt sich im Verhältnis zum islamischen Gesetz. Zunächst werden die Bābī zur strikten Befolgung der islamischen *sharī'a* aufgefordert,[85] ja der Bāb auferlegt durch sein Vorbild und durch seine Kommentare eine besonders strenge Auslegung des Gesetzes.[86] Zugleich sucht er aber den Blick auf dessen innere Bedeutung zu richten.[87] Erst im Sommer 1848, mit dem Überschreiten des shī'itischen Erwartungshorizonts, erfolgte dann der Bruch mit dem islamischen Gesetz.[88] An

82 siehe Stephen Lambden, »Some Notes«, *a. a. O.*, S. 75 ff.; Juan R. Cole, »Bahā'u'llāh's ›Sūrah of the Companions‹: An early Edirne Tablet of Declaration«, *a. a. O.*, bes. S. 8, 22. Wohl der erste, der den Begriff des »Messiasgeheimnisses« auf Bahā'u'llāh anwandte, war Juan R. Cole, »Bahā'u'llāh and the Naqshbandī Sufis in Iraq, 1854-1856«, in: *SBB* 2, S. 15; siehe auch S. 19; ders., Stichwort »Bahā-Allāh«, *EIR*, Bd. 3, S. 424.

83 exemplifiziert durch den Wechsel der Gebetsrichtung von Jerusalem nach Mekka

84 Der Begriff »Messiasgeheimnis« stammt von dem Neutestamentler William Wrede, der mit seinem gleichlautenden Werk (*Das Messiasgeheimnis in den Evangelien. Zugleich ein Beitrag zum Verständnis des Markusevangeliums*, [1]1901, Göttingen [3]1965) einen ersten Meilenstein in der neutestamentlichen Forschung zu dieser Frage setzte. Für die jüngere Diskussion siehe Heikki Räisänen, *The ›Messianic Secret‹ in Mark* (Studies of the New Testament and its World), Edinburgh 1990; C. M. Tuckett (Hrsg.), *The Messianic Secret*, London 1983.

85 Für einige Belege siehe D. MacEoin, »Early Shaykhī Reactions«, *a. a. O.*, S. 19; M. Momen, »Trial«, *a. a. O.*, S. 142.

86 So wurden zusätzliche Gebete als verbindlich eingeführt, es erging ein Rauchverbot, die außerordentliche Verehrung der Imāme wurde durch ein besonderes Ritual am Grab des Imām Ḥusayn sichtbar gemacht, der »geistige Sucher« hatte ein besonderes Progamm von Fasten und Beten zu absolvieren (vgl. P. Smith, *The Babi and Baha'i Religions*, S. 33).

87 P. Smith, *a. a. O.*

88 vgl. A. Amanat, *Resurrection*, S. 324 ff.; Muḥammad-i-Zarandī, *Nabīls Bericht*, S. 323 ff. Gegen die erklärte Absicht des Bāb begünstigte dieser Bruch mit dem islamischen Gesetz wohl auch antinomistische Tendenzen in den Reihen der Bābī, vgl. etwa E. G. Browne, Appendix II zu: ders. (Hrsg.), *The Tārīkh-i-Jadīd*, S. 357.

seine Stelle treten die Gesetze des *Persischen Bayān*, die s͟harīʿa der Religion des Bāb.[89] In Verhaltenspraxis und Lehre wuchs so die neue Gemeinde zunächst im Rahmen der vorhandenen Bezugssysteme heran; erst allmählich wurde unübersehbar und öffentlich, daß der neue Glaube in seiner Konsequenz die tradierten Formen und Loyalitäten s͟hīʿitischer Existenz sprengen mußte — erst jetzt wurde der Bruch unvermeidlich: Obwohl von Anfang an als die Verkündigung einer neuen Theophanie intendiert, wurde dieser in einer islamischen Gesellschaft notwendigerweise als unüberbietbares Skandalon empfundene Anspruch erst langsam anhand im allgemeinen s͟hīʿitischen Umfeld vorhandener Erwartungslinien vorbereitet.

89 Zum Paradigma des Prophetischen gehört (im islamischen Kontext allemal) die Funktion des Gesetzgebers. Allerdings wurden die meisten der nicht im engeren Sinne religiösen Gesetze des Bāb nie in Kraft gesetzt (so ausdrücklich Shoghi Effendi in einem Brief vom 17. Februar 1939, *Dawn of a New Day*, S. 77; H. Hornby, *Lights of Guidance*² 1545). Aus Bahāʾī-Sicht ist der eigentliche Grund für die teilweise drastische Gesetzgebung des Bāb der Bruch mit der Ordnungswelt des Islam und damit die Vorbereitung der Offenbarung Bahāʾuʾllāhs (*a. a. O*; siehe auch *Kitāb-i-Aqdas*, Anmerkung 109). Für einen Überblick der Gesetze der Bābī-Religion siehe P. Smith, *The Babi and Baha'i Religions*, S. 34 f.; siehe auch H. Afnan, Stichwort »Le Bab«, Explications en arabe/en persan (Bayān-i-arabi/ Bayān-i-fārsi), *Encyclopédie Philosophique Universelle*, Bd. III.1, S. 1917-1919; E. G. Browne, in: M. Momen (Hrsg.), *Selections from the Writings of E. G. Browne on the Bābī and Bahāʾī Religions*, S. 323 ff. Für eine kritische Bewertung siehe A. Amanat, *Resurrection*, S. 409 f.

II. Der Anspruch Bahā'u'llāhs

Wie bereits an anderer Stelle ausführlich behandelt[1], geht aus Ficicchias Ausführungen über Bahā'u'llāh und Mīrzā Yaḥyā Azal eindeutig hervor, für wen er Partei ergreift. Mīrzā Yaḥyā Azal wird als »ein zu mystischer Verzückung neigender, introvertierter Jüngling«[2] geschildert, Bahā'u'llāh dagegen gilt als »ambitiös«[3], »opportunistisch«[4] und »zynisch«[5]. Ficicchia geht vom Supremat Mīrzā Yaḥyā Azals aus[6] und sieht im Verhalten Bahā'u'llāhs dessen »allmähliche Verdrängung«[7]. So steht für ihn denn auch fest, daß »die Spaltung nachweislich auf seiten des Bahā'ullāh gelegen« habe[8]. Daß Bahā'u'llāh der Anstiftung zum Mord[9] und des Mordversuches[10] zu bezichtigen sei und es sich schließlich bei der Datierung der Verkündigung Bahā'u'llāhs seitens der Bahā'ī »um eine *nachträgliche künstliche Konstruktion*« handle[11]. Um Ficicchias Darstellung zu untersuchen, werden wir uns in einem geschichtlichen Abriß mit Bahā'u'llāhs Anspruch, mit der Person Mīrzā Yaḥyā Azals und seiner Stellung innerhalb der Bābī-Gemeinde zu befassen haben.

Trotz des hohen Ansehens, das Bahā'u'llāh unter den Bābī genoß, war es nie sein Bestreben, die Macht an sich zu reißen oder vor anderen bevorzugt zu werden. Im *Buch der Gewißheit* bezeugt er selbst: »... Ihre Speere drohen von allen Seiten und in alle Richtungen sehen Wir ihre Pfeile fliegen, obwohl Wir weder stolz auf etwas waren noch bevorzugt werden wollten. Jedem waren Wir ein gütiger Gefährte, ein verzeihender, liebevoller Freund. Bei den Armen suchten Wir Gemeinschaft, bei den Gelehrten und

---

1 vgl. hierzu U. Schaefer, S. 46 ff.
2 *Bahā'ismus*, S. 20. Diese Beschreibung geht offensichtlich auf Browne zurück (siehe *Tārīkh-i-Jadīd*, Introd., S. XXI).
3 *Bahā'ismus*, S. 96
4 *Bahā'ismus*, S. 129
5 *Bahā'ismus*, S. 129
6 *Bahā'ismus*, S. 101
7 *Bahā'ismus*, S. 105
8 *Bahā'ismus*, S. 290
9 *Bahā'ismus*, S. 111/112
10 *Bahā'ismus*, S. 141
11 *Bahā'ismus*, S. 125 (Hervorhebung durch F.)

Hochgestellten waren Wir zurückhaltend und ergeben.«[12] So war es auch nicht die Absicht Bahā'u'llāhs, die Stufe Mīrzā Yaḥyā Azals herabzusetzen oder dessen Ansehen zu schmälern, welches allerdings durch dessen eigenes Verhalten stark gesunken war. Wie Louis Henuzet zutreffend feststellt[13], war Bahā'u'llāh kein Rivale Mīrzā Yaḥyā Azals um die Führung der Gemeinde; Mīrzā Yaḥyās Rivalen waren diejenigen, die Führerschaft über die Bābī oder über einzelne Teile der Gemeinde anstrebten.

Wohl um eindeutig darzulegen, daß er Mīrzā Yaḥyā Azal den Rang als Gemeindeoberhaupt nicht streitig machen wollte und in der Hoffnung, daß die Wogen sich glätten würden, begab sich Bahā'u'llāh im April 1854 in die Berge Kurdistāns und verbrachte dort zwei Jahre der Abgeschiedenheit. Er selbst schreibt über diese Zeit und über seine Rückkehr nach Baghdād: »Nur darum haben Wir Uns zurückgezogen, daß Unserethalben unter den Gläubigen keine Zwietracht aufkomme und keiner der Gefährten sich an Uns störe, daß keine Seele gekränkt und kein Herz bekümmert werde.«[14]

Der Anspruch Bahā'u'llāhs, den er 1863 in Baghdād im Garten Riḍvān verkündete, war viel tiefgreifender und weitreichender als der einer Führerschaft über die Bābī-Gemeinde. Mit der Verkündigung seiner Sendung eröffnete Bahā'u'llāh ein neues Kapitel der Religionsgeschichte: das der Bahā'ī-Religion. Der Bāb hatte in seinen Schriften immer wieder auf das Kommen dessen, »den Gott offenbaren wird« (*Man yuẓhiruhu'llāh*), hingewiesen. Bahā'u'llāh erhob den Anspruch, eben dieser Verheißene zu sein.

Der Bāb legte in seinen Schriften den Gedanken einer fortschreitenden Gottesoffenbarung dar, der auch im Schrifttum Bahā'u'llāhs Bestätigung findet. Diese Lehre geht davon aus, daß es nur einen Gott gibt, der die Menschheit mittels der Religion führt und belehrt. Somit entspringen alle großen Religionen ein und derselben Quelle und haben die Aufgabe, die Menschheit zu gottgefälligem Leben zu führen und die menschliche Entwicklung

---

12 *Das Buch der Gewißheit* 278 (S. 164 der alten Ausgabe, zitiert nach der in Vorbereitung befindlichen Neuübersetzung)

13 *Les Bahā'īs par Christian Cannuyer. Le Point de vue d'un bahā'ī*, S. 21

14 *Das Buch der Gewißheit* 279 (S. 185 der alten Ausgabe, zitiert nach der in Vorbereitung befindlichen Neuübersetzung)

voranzutreiben. Der Bāb spricht in *Dalā'il-i-Sab'ih* folgendermaßen über die Offenbarer: »In der Zeit der ersten Manifestation erschien der Urwille in Adam; am Tage Noahs wurde Er in Noah offenbar; am Tage Abrahams in Ihm; und so am Tage Moses, am Tage Jesu, am Tage Muḥammads, des Gesandten Gottes, am Tage des ›Punktes des Bayān‹; am Tage Dessen, den Gott offenbaren wird. Folglich ist dies die innere Bedeutung der Worte des Gesandten Gottes ›Ich bin alle Propheten‹, denn, was in einem jeden aufstrahlt, ist und war immer ein und dieselbe Sonne.«[15] So kündigt auch jeder Religionsstifter das Kommen des nächsten Offenbarers an: »Niemals erweckte der Herr des Alls einen Propheten oder sandte ein Buch, ehe Er nicht Seinen Bund mit allen Menschen errichtet und sie aufgerufen hatte, die nächste Offenbarung und das nächste Buch anzunehmen; denn Seine Freigebigkeit strömt unablässig und grenzenlos.«[16] Aufgabe der Gläubigen ist es also, das Wort Gottes in seiner neuen Form zu erkennen und anzunehmen, um der Führung auch weiterhin teilhaftig zu werden. Insofern beansprucht der Bāb für sich selbst die Anerkennung durch die Muslime.[17] Analog hierzu sollen sich die Bābī zu gegebener Zeit dem zuwenden, »den Gott offenbaren wird«[18]. In dem Augenblick, da die neue Offenbarung erfolgt, erfüllt sie die Prophezeiung der früheren Religion und löst diese ab. Der Bāb preist den von ihm Verheißenen und erwähnt ihn, wie Browne zutreffend festhält[19], auf jeder Seite des *Persischen Bayān*. Immer wieder ermahnt der Bāb seine Anhänger, den Verheißenen anzunehmen und ihm nicht das gleiche Leid zuzufügen, das der Bāb von der Hand Ungläubiger hatte erdulden müssen. Er ordnet an, daß ein Bayānvers, in dem es um die Annahme des Verheißenen geht, alle 19 Tage von den Bābī gelesen werden müsse.[20] Und schließlich betont er den Rang des Verheißenen, indem er sagt,

---

15 Bāb, *Auswahl* 4:10:6 (*Dalā'il-i-Sab'ih*); vgl. auch 3:39:1 (*Persischer Bayān* II:8)
16 Bāb, *Auswahl* 3:12:1 (*Persischer Bayān* VI:16)
17 Bāb, *Auswahl* 3:20:2; 4:3:1; 4:5:2
18 Bāb, *Auswahl* 3:21:1; 3:24:1; 3:26:1; 3:32:1; 3:37:1; 5:4:1; 5:5:2; 5:6:1; 5:7:1; 5:8:1; 5:9:2; 6:4:1; 6:13:2 u. a.
19 *J.R.A.S.* 1889, S. 927
20 *Persischer Bayān* VI:8

alle Herrlichkeit (*Bahā'*) des *Bayān* sei der *Man yuẓhiruhu'-llāh.*[21]

1. Die Verheißung des *Man yuẓhiruhu'llāh*

Der Bāb hat das baldige Kommen des von ihm Verheißenen, den er mit so glühenden Worten beschrieb, offensichtlich vorausgesehen. Dies geht aus verschiedenen seiner Äußerungen gegenüber Zeitgenossen hervor, die er aufforderte, ihn selbst und — bei dessen Erscheinen — den Verheißenen *Man yuẓhiruhu'llāh* anzuerkennen. So forderte er einen muslimischen Geistlichen namens Sulāyman schriftlich auf, sich ihm (dem Bāb) zuzuwenden, da er sonst verworfen sei. Sollte er sich dem Bāb nicht zuwenden, so vergäbe Gott ihm lediglich dann, wenn er sich brieflich an den, den Gott offenbaren wird, wendete[22] — also in naher Zukunft, zu Sulāymans Lebzeiten. Auch aus einem Sendbrief, in dem der Bāb u. a. den Sharīfen von Mekka anspricht, geht hervor, daß der Bāb mit dem Kommen des Verheißenen zu dessen Lebzeiten rechnete. Hier ermahnt der Bāb den Sharīfen von Mekka, »... die Sache Gottes anzunehmen und zu flehen, daß deine Ergebenheit die Aufmerksamkeit Dessen finde, den Gott offenbaren wird, damit Er dich gnädiglich gedeihen lasse und dein Feuer in Licht verwandle«[23].

Darüber hinaus wird im *Persischen Bayān* auf einen Zeitraum von 19 Jahren ab der Verkündigung des Bāb (1844) angespielt, in dessen Verlauf der *Man yuẓhiruhu'llāh* erscheinen kann (also bis zum Jahre 1863), wenngleich nur Gott allein den Zeitpunkt seines Erscheinens kennt.[24] Auch die frühen Bābī erwarteten offenbar

21 *Persischer Bayān* III:14: كلّ بهاء بيان من يظهره الله است. Der Vers hebt nicht nur die erhabene Stellung des Verheißenen hervor, sondern kann auch als Anspielung auf die Person Bahā'u'llāhs verstanden werden.

22 Bāb, *Auswahl* 1:9:7

23 Bāb, *Auswahl* 1:7:3

24 *Persischer Bayān* VI:3. Der persische Text lautet:

ein baldiges Kommen des Verheißenen.[25] Nur so ist die große Anzahl derjenigen zu erklären, die innerhalb der ersten Jahre nach dem Märtyrertod des Bāb den Anspruch erhoben, selbst der Verheißene zu sein.

Dagegen knüpft die Azalī-Doktrin, wonach der Verheißene erst nach Ablauf von 1511 oder 2001 Jahren erscheinen werde, an Aussagen des Bāb im *Persischen Bayān* über Ghiyāth (Hilfe) und *Mustaghāth* (der um Hilfe angerufen wird) an[26], die nach dem Abjad-System die Zahlenwerte 1511 und 2001 ergeben. Dies wird als ein Anzeichen gedeutet, daß der Verheißene *Man yuẓhiru-hu'llāh* erst nach diesem Zeitraum erscheinen werde.[27] Vermutlich haben die Azalī diese Argumentation erst entwickelt, um den Anspruch Bahā'u'llāhs zurückzuweisen. Jedenfalls haben sie sich, wie Browne bestätigt, in ihrer Ablehnung Bahā'u'llāhs darauf bezogen: »To these texts[28] the Ezelīs specially appeal in justification of their rejection of Behā'u'llāh's claim to be the Promised Deliverer....«[29] Aus den Worten des Bāb im *Persischen Bayān* wird je-

---

در ظهور من يظهره الله خداوند عالم است كه در چه حد از سن ظاهر فرمايد اورا ولي از مبدأ ظهور تا عدد واحد مراقب بوده كه در هرسنه اظهار ايمان بحرفى ظاهر گردد.

d. h. »Was das Erscheinen dessen, den Gott offenbaren wird, betrifft, so weiß Gott, in welchem Abstand von Jahren er ihn offenbar werden läßt, aber vom Beginn der Offenbarung bis zur Anzahl von Vāḥid (19) ist sein Kommen zu erwarten, da in jedem Jahr die Verkündigung des Glaubens innerhalb eines Augenblickes offenbar werden kann.« Die Übersetzung Brownes gibt den Inhalt dieser Worte nicht genau wieder, wenn er schreibt: »And concerning the manifestation of Him whom God shall manifest, God knows in what limit of years He will manifest him; but watch from the beginning of the Manifestation until the number of the Wāḥid (19) for in each year Faith in one of the letters will appear« (E. G. Browne, »A Summary of the Persian Bayān«, in: M. Momen [Hrsg.], *Selections from the Writings of E. G. Browne*, S. 376). Im persischen Original heißt die entscheidende Passage *bi-ḥarfī ẓāhir gardad*, wobei der Begriff *bi-ḥarfī* ausdrückt, daß die Offenbarung durch *einen* Buchstaben des Verheißenen hervortritt, d. h. ganz plötzlich. Dieses *plötzliche* Erscheinen wird auch an anderer Stelle im *Persischen Bayān* angekündigt (Kap. VII:9); siehe auch Edward G. Browne, *J.R.A.S.* 1889, S. 515.

25 Mīrzā Ḥaydar-'Alī bestätigt in seinen Memoiren: »In those days many were convinced that the advent of ›Him Whom God shall make manifest‹ could not be far off« (*Stories from the Delight of Hearts,* S. 8).

26 *Persischer Bayān* II:17, III:15

27 vgl. *Kitāb-i-Nuqṭatu'l-Kāf*, Introd., S. XXV, XXVI

28 über *Mustaghāth*

29 *J.R.A.S.* 1892, S. 299

doch deutlich, daß sich die Azalī-Sichtweise keineswegs mit der des Bāb deckt, wenn dieser der Hoffnung Ausdruck verleiht, der Verheißene möge vor Ablauf des *Mustaghā<u>th</u>* erscheinen: »Keiner kennt die [Zeit der] Manifestation außer Gott: Wann immer sie erfolgt, müssen alle sie annehmen und Gott danken. Nichtsdestoweniger wird von Seiner Gnade erhofft, daß Er vor dem *Mustaghā<u>th</u>* komme und durch Ihn das Wort Gottes erhöht werde.«[30] Aus diesen Worten geht klar und deutlich hervor, daß der Bāb den *Mustaghā<u>th</u>* als Zeitraum verstanden wissen will, in dessen Verlauf die Manifestation auftritt. Offenbar teilt Bahā'u'llāh dieses zyklische Verständnis des Bāb, da auch er *<u>Gh</u>iyā<u>th</u>* und *Mustaghā<u>th</u>* als Zyklen sieht, in deren Verlauf der Verheißene erscheint. Er spricht vom Jahre neun innerhalb des *Mustaghā<u>th</u>*, in dem der *Man yuẓhiruhu'llāh* erschienen ist.[31] Auf den Vorwurf der Azalī, bereits zu diesem Zeitpunkt sein Kommen zu verkünden, entgegnet Bahā'u'llāh: »Schüttelt den Schlummer der Nachlässigkeit ab, o ihr Achtlosen, damit ihr den Glanz sehet, den Seine Herrlichkeit über die Welt verbreitet. Wie töricht sind jene, die über die zu frühe Geburt Seines Lichtes murren. O ihr innerlich Blinden! Ob zu früh oder zu spät — die Beweise Seiner strahlenden Herrlichkeit sind jetzt wirklich offenbar. Euch ziemt es festzustellen, ob ein solches Licht erschienen ist oder nicht. Es liegt weder in eurer noch in meiner Macht, die Zeit festzusetzen, zu der es offenbar werden soll. Gottes unergründliche Weisheit hat seine Stunde im voraus festgesetzt....«[32]. Auch der Bāb war, wie Browne zutreffend festhält, der Überzeugung, daß der Verheißene jederzeit erscheinen könne: »He might appear at any time.«[33]

---

30 *Persischer Bayān* III:15:

عالم بظهور نیست غیر الله هر وقت شود باید کل تصدیق بنقطهء حقیقت نمایند و شکر الهی بجا آورند اگر چه امید از فضل اوست که تا مستغاث نرسد از قبل کلمه الله مرتفع گردد.

31 *Raḥīq-i-Makhtūm*, S. 514. Das Jahr neun bezieht sich auf Bahā'u'llāhs Berufung in Teheran im Jahre 1852/53, neun Jahre nach der Verkündigung des Bāb. Zum *Mustaghā<u>th</u>* vgl. auch *Das Buch der Gewißheit* 277 (S. 163 der alten Ausgabe, zitiert nach der in Vorbereitung befindlichen Neuübersetzung).

32 Bahā'u'llāh, *Ährenlese* 50

33 *A Traveller's Narrative*, Introd., S. XVII

2. Zwei angebliche Belege für das Supremat Mīrzā Yaḥyās in Baghdād

Nach dem Attentat eines Bābī auf Nāṣiri'd-Dīn Shāh 1852 kam es zu einer beispiellosen Verfolgungswelle und zu grausamen Massakern an den Bābī. Auch Bahā'u'llāh wurde inhaftiert[34] und vier Monate im *Sīyāh-Chāl* in Teheran, einem unterirdischen, von Ungeziefer verseuchten, stinkenden Verlies gefangen gehalten, bis er aufgrund der Intervention des russischen Gesandten, Fürst Dolgorouki, der Eingaben seiner Verwandten und der Stellungnahmen zuständiger Gerichte freigelassen wurde[35]. Trotz seiner Unschuld mußte Bahā'u'llāh kurz danach das Land verlassen. Er machte sich auf den Weg ins Baghdāder Exil[36] und traf mit einigen Familienangehörigen nach einer dreimonatigen, sehr beschwerlichen Reise, die in einem außergewöhnlich strengen Winter unternommen wurde und die Verbannten über die schneebedeckten Gipfel Westpersiens führte, am 8. April 1853 in Baghdād ein, das damals im Osmanischen Reich lag. Mīrzā Yaḥyā Azal hatte sich nach dem Attentat auf den Shāh in Māzindarān, Gīlān und Kirmānshāh

34 Die offizielle Teheraner Gazette *Vaqāyi-yi-Ittifāqīyih* berichtet, daß Mīrzā Ḥusayn-'Alī-Nūrī (Bahā'u'llāhs bürgerlicher Name) und einige andere Bābī, die *nicht* der Konspiration für schuldig befunden worden waren, von Seiner Majestät zu lebenslanger Haft verurteilt wurden (Ausgabe Nr. 82 vom 10. Ḍīq'adih 1268 d. H./ 26.8.1852 A. D.). Siehe die englische Übersetzung des Zeitungsberichtes, der die Verfolgungen ungeschminkt wiedergibt, in: *World Order. A Bahā'ī Magazine*, Bd. 13, Nr. 2 (Winter 1978/9), S. 12/13.

35 Shoghi Effendi, *Gott geht vorüber*, S. 117/118

36 Bahā'u'llāh hatte aufgrund eines Erlasses von Nāṣiri'd-Dīn Shāh das Gebiet Persiens bereits einen Monat nach seiner Entlassung aus dem Gefängnis zu verlassen, wobei ihm bewilligt wurde, das Land seiner Verbannung selbst zu wählen, wie Ficicchia zutreffend festhält (*Bahā'ismus*, S. 103; siehe auch Shoghi Effendi, *Gott geht vorüber*, S. 119). Der diplomatische Vertreter Rußlands, Fürst Dolgorouki, bot Bahā'u'llāh Zuflucht in seinem Staatsgebiet an. Bahā'u'llāh nahm jedoch diese Einladung nicht an, sondern wählte, »einer unbeirrbaren inneren Führung folgend« (*a. a. O.*, S. 119) und vielleicht auch, um nicht der politischen Parteinahme beschuldigt zu werden (siehe International Bahā'ī Community [Hrsg.], *Bahā'u'llāh*, S. 15), als Verbannungsort Baghdād. Daß Bahā'u'llāh »nach eigenen Angaben unter Ehrengeleit an die Grenze eskortiert« worden sei, wie Ficicchia (*Bahā'ismus*, S. 103) glauben machen möchte, ist hingegen unzutreffend. Die diesbezügliche Aussage Bahā'u'llāhs, auf die Ficicchia sich hier bezieht, besagt lediglich, daß sie auf der Reise nach Baghdād »von Beamten im Dienst der geschätzten und geehrten Regierung von Persien und Rußland geleitet wurden« (*Brief an den Sohn des Wolfes*, S. 35) — von einem »Ehrengeleit« der Verbannten ist hier nicht die Rede.

versteckt gehalten und kam anschließend ebenfalls nach Baghdād, ohne jedoch selbst verbannt worden zu sein.

Ficicchia ist stets bemüht, seine These zu untermauern, wonach der legitime Nachfolger des Bāb Mīrzā Yaḥyā Azal gewesen sein soll, und Bahā'u'llāh ihm diesen Rang mit der Zeit habe streitig machen wollen. Auf diesem Hintergrund mag die Frage, ob Bahā'u'llāh oder Mīrzā Yaḥyā Azal zuerst nach Baghdād kam und welcher Bruder dem anderen dorthin folgte, Gewicht erhalten. Ganz abgesehen davon, daß die Reihenfolge der Ankunft keine definitiven Schlüsse über die damalige Vorherrschaft zuläßt, ist Ficicchias Behauptung, Mīrzā Yaḥyā Azal sei vor Bahā'u'llāh nach Baghdād gekommen[37], unzutreffend. Er setzt sich hier nicht nur über das Selbstzeugnis Bahā'u'llāhs hinweg[38], sondern auch über einen Bericht Brownes in den sonst gern und häufig von ihm zitierten Anmerkungen zu *A Traveller's Narrative*. Hiernach hat Mīrzā Yaḥyā Azal gegenüber Browne geäußert, er sei erst nach Bahā'u'llāh in Baghdād eingetroffen, in der Verkleidung eines Darvīsh, wie Browne berichtet.[39]

Ungeachtet dieser Quellen, ohne sie in diesem Zusammenhang zu nennen oder sich kritisch mit ihnen auseinanderzusetzen[40], stützt Ficicchia sich auf eine andere Aussage Brownes, in der es heißt: »Both ultimately escaped to Baghdad, where they arrived about the end of 1852, Bahā'u'llāh, who was imprisoned in Tihrān for four months, arriving soon after his half-brother.«[41] Gegen diese Darstellung gibt es folgenden Vorbehalt: Abgesehen davon, daß man nicht sagen kann, beide Brüder seien nach Baghdād entkommen, da Bahā'u'llāh im Unterschied zu Mīrzā Yaḥyā Azal verbannt wurde, ist die Reihenfolge der Ankunft unzutreffend wiedergegeben. Browne widerspricht hier nicht nur den Selbstzeugnissen der beiden direkt Betroffenen, Bahā'u'llāh und Mīrzā

37 *Bahā'ismus*, S. 104

38 *Brief an den Sohn des Wolfes*, S. 143

39 *A Traveller's Narrative*, S. 375. Zwar hegt Browne hier Zweifel an dem von Mīrzā Yaḥyā genannten Ankunftsdatum (1852), das ja tatsächlich unzutreffend ist, nicht aber an der Reihenfolge der Ankunft der beiden Brüder. Die Azalī-Apologie *Hasht Bihisht* läßt die Frage offen, wer zuerst nach Baghdād kam (S. 301).

40 In anderem Zusammenhang zitiert er die Aussage Bahā'u'llāhs, Mīrzā Yaḥyā sei zwei Monate nach ihm in Baghdād eingetroffen, bekannt war sie ihm somit (*Bahā'ismus*, S. 179).

41 Hastings, *Encyclopaedia of Religions and Ethics*, S. 302

Yaḥyā Azal, die natürlich größere historische Aussagekraft und Authentizität besitzen, sondern setzt sich auch in Widerspruch zu seiner eigenen Aussage in *A Traveller's Narrative*[42]. Eine zweite angebliche Quelle über die Reihenfolge des Eintreffens, die Ficicchia als Fußnote anführt[43], enthält zu vorliegender Frage übrigens keinerlei Stellungnahme. Die Anführung dieser weiteren Quelle mag jedoch beim Leser den Eindruck erwecken, es handele sich um eine wissenschaftlich fundierte und gesicherte Aussage.

Ficicchia führt noch einen zweiten angeblichen Beleg für das Supremat Mīrzā Yaḥyā Azals an. Er ist wie stets sichtlich bemüht, dessen Vorherrschaft zu untermauern, um hinterher zu dem Schluß kommen zu können, daß die Führung »aber immer mehr an den konsequenteren Bahā« überging, »was zur allmählichen Verdrängung Ṣubḥ-i Azals und schließlich zum Supremat seines älteren Halbbruders und noch später zum völligen Bruch zwischen den beiden führte«[44], oder mit anderen Worten: Bahā'u'llāh habe die Macht usurpiert. Im Hinblick auf die für Mīrzā Yaḥyā Azal postulierte »Oberherrschaft« behauptet Ficicchia denn auch, Bahā'u'llāh sei auf Veranlassung Mīrzā Yaḥyā Azals nach Bag͟hdād zurückgekehrt: »Ǧanāb-i Bahā folgte also dem Ruf seines Bruders, wieder nach Bagdād zurückzukehren, woraus sich abermals ergibt, daß er zu jener Zeit (zumindest äußerlich) dessen Oberherrschaft noch voll anerkannte.«[45] Zu diesem Schluß kommt Ficicchia, indem er die »mystische Quelle«, die Bahā'u'llāh zur Rückkehr veranlaßte[46], als die Stimme Mirzā Yaḥyās deutet[47]. Er entnimmt diesen Gedanken offenbar den Ausführungen Brownes[48], wenngleich entgegen allen Regeln wissenschaftlicher Arbeitsweise ein Hinweis hierauf völlig unterbleibt.

Es ist zwar zutreffend, daß Mīrzā Yaḥyā Azal, ebenso wie viele andere Mitglieder der Familie und der Bābī-Gemeinde, Ba-

42 Seite 375

43 nämlich E. G. Browne, *J.R.A.S.* 1889, S. 945-948 (bei Ficicchia, *Bahā'ismus*, S. 104 angeführt)

44 *Bahā'ismus*, S. 105

45 *Bahā'ismus*, S. 113

46 *Das Buch der Gewißheit* 279 (S. 165 der derzeitigen Ausgabe; zitiert nach der in Vorbereitung befindlichen Neuübersetzung).

47 *Bahā'ismus*, S. 112

48 Englische Einleitung zum *Kitāb-i-Nuqṭatu'l-Kāf*, S. XXXII, vgl. auch persische Einleitung, S. lz; *J.R.A.S.* 1889, S. 946

hā'u'llāh um dessen Rückkehr gebeten hat.[49] Offenbar war Mīrzā Yaḥyā, dem inzwischen jegliche Kontrolle über die zerrüttete Bābī-Gemeinschaft in Baghdād entglitten war, an der zu erwartenden Neuordnung der Gemeinde durch die Bahā'u'llāh innewohnende Autorität gelegen. Dennoch war es nicht Mīrzā Yaḥyā Azal, sondern die Stimme Gottes, die Bahā'u'llāh zur Rückkehr bewog. Dies ergibt sich eindeutig aus Wortwahl und Kontext.[50]

Die mystische Quelle, die Quelle des göttlichen Befehls oder die Quelle der Offenbarung (*maṣdar-i-amr*) ist ein Begriff, der im Schrifttum Bahā'u'llāhs häufiger zu finden ist. Er findet immer in bezug auf Gott Anwendung, nicht jedoch auf ein menschliches Wesen. So wird z. B. in einer Schrift Bahā'u'llāhs die Standhaftigkeit in der Sache Gottes gepriesen, die solcherart sein soll, daß niemand den Gläubigen von der mystischen Quelle (*maṣdar-i-amr*), d. h. von Gott, fernzuhalten vermag.[51] Auch aus dem Kontext geht eindeutig hervor, daß Bahā'u'llāh Gott meint, wenn er von der mystischen Quelle spricht: er stellt den menschlichen und den göttlichen Willen einander gegenüber. Es heißt einige Zeilen weiter oben im Text: »Wir wußten jedoch nicht, daß die Maschen der göttlichen Vorsehung unendlich feiner geknüpft sind als die Vorstellungen der Sterblichen und der Pfeil Seines Ratschlusses die kühnsten Pläne der Menschen ereilt. Niemand kann seinen Schlingen entrinnen, keine Seele Erlösung finden außer in der Unterwerfung unter Seinen Willen.«[52]

Darüber hinaus war es die Sorge um die Sache des Bāb, »die nahe daran war, völlig zu erlöschen«, die Bahā'u'llāh zur Rückkehr veranlaßte.[53] Insofern ist die Interpretation Ficicchias, Bahā'u'llāh sei dem Rufe Mīrzā Yaḥyā Azals gefolgt und habe zu

---

49 vgl. Shoghi Effendi, *Gott geht vorüber*, S. 143; H. M. Balyuzi, *Bahā'u'llāh*, S. 152

50 Der persische Text lautet (*Kitāb-i-Īqān*, S. 135):

باری تا انکه مصدر امر حکم رجوع صادر شد

51 siehe: Bahā'u'llāh, *Ayāt-i-ilāhī*, S. 38. Es gibt eine Vielzahl anderer Stellen in den Schriften Bahā'u'llāhs, aus denen eindeutig hervorgeht, daß *maṣdar-i-amr* sich auf Gott bezieht (z. B. *Kitāb-i-Badī'*, S. 343 und 351; *Lawḥ-i-Ibn-i-Dhi'b*, S. 80 und 104; *Āyāt-i-ilāhī*, S. 366)

52 *Das Buch der Gewißheit* 279 (S. 165 der derzeitigen Ausgabe; zitiert nach der in Vorbereitung befindlichen Neuübersetzung).

53 Shoghi Effendi, *Gott geht vorüber*, S. 142

diesem Zeitpunkt dessen »Oberherrschaft« noch voll anerkannt[54], völlig abwegig.

3. Zur Datierung der Verkündigung Bahā'u'llāhs

Bevor Bahā'u'llāh Baghdād im Jahre 1863 verließ und nach Konstantinopel aufbrach, hielt er sich vom 22. April bis zum 3. Mai im Garten von Najīb Pāshā, dem Garten Riḍvān auf. Najīb Pāshā, eine Standesperson der Stadt, hatte von der großen Zahl von Besuchern gehört, die Bahā'u'llāh zum Abschied aufsuchten, und ihm daher seine Gartenanlagen jenseits des Tigris zur Verfügung gestellt. Dort erhob Bahā'u'llāh, nachdem er zehn Jahre lang über sein Berufungserlebnis im *Sīyāh-Chāl* in Teheran geschwiegen hatte, gegenüber einer kleinen Gruppe von Bābī seinen Anspruch, der Verheißene zu sein. Die genauen Umstände seiner Verkündigung und die Worte, die an die Anwesenden gerichtet wurden, sind nicht bekannt.

Wie ein roter Faden zieht sich durch Ficicchias Publikationen eine ganz eigene Art von Anmerkungen und Darlegungen, die darauf abzielen, Bahā'u'llāh als prophetische Gestalt unglaubwürdig zu machen und ihm Unaufrichtigkeit und Zweckdenken zu unterstellen. In diese Kategorie fällt Ficicchias Vorwurf, bei der Verkündigung Bahā'u'llāhs als Gottesoffenbarer 1863 handele es sich um »*eine nachträgliche künstliche Konstruktion* seitens der Bahā'ī«, um »an gewisse Voraussagen des Ḥaẓrat-i Bāb« anzuschließen, »die das Hervortreten des Mahdī mit den mystischen Zahlen *Neun* und *Neunzehn* in Verbindung bringen«[55]. Ficicchia urteilt, daß Bahā'u'llāh »sich die Zahlenspekulation der Bābī in *opportunistischer Manier* zu eigen machte und das Kommen des Mahdī auf neun bzw. neunzehn Jahre nach Bābs Auftritt festlegte.«[56]

Ficicchias Wertung, es handele sich um eine opportunistische Manier, ergibt sich einzig und allein aus seiner Prämisse, daß die Berufung und Offenbarung Bahā'u'llāhs nicht auf göttliches Ge-

54 *Bahā'ismus*, S. 113
55 *Bahā'ismus*, S. 125 (Hervorhebung durch F.)
56 *Bahā'ismus*, S. 129 (Hervorhebung durch F.)

heiß hin erfolgt sein könne, sondern daß Bahā'u'llāhs Handeln unaufrichtige und selbstsüchtige Motive zugrundelägen, ja daß Bahā'u'llāh selbst nicht einmal von seiner göttlichen Berufung im *Sīyāh-Chāl* und der Verkündigung im Garten Riḍvān überzeugt gewesen sei. Im übrigen werden in diesem Zitat Ficicchias zwei Aspekte deutlich: Erstens gesteht Ficicchia hier indirekt ein, daß im Bābī-Glauben die Zeiträume neun und neunzehn in bezug auf das Erscheinen der neuen Offenbarung eine zentrale Rolle gespielt haben; zweitens wird erneut deutlich, daß er das Kommen des *Mahdī* nicht von dem des Verheißenen *Man yuẓhiruhu'llāh* zu unterscheiden weiß.[57]

Ficicchia schließt die Verkündigung Bahā'u'llāhs im Garten Riḍvān 1863 aus, da »andernfalls Ṣubḥ-i Azal, der sich ja ebenfalls in Bagdād aufhielt, zweifelsohne davon erfahren hätte, womit der Bruch zwischen den beiden schon zu jener Zeit ein Unvermeidbares geworden wäre.«[58] Ob Mīrzā Yaḥyā Azal zu diesem Zeitpunkt bereits genaue Kenntnis von der Bedeutung der Verkündigung Bahā'u'llāhs hatte oder diese vielleicht nur erahnte, bleibt ungewiß. Vermutlich war er bei der Verkündigung gegenüber einem kleinen Kreis von Vertrauten im Garten Riḍvān nicht anwesend. Doch auch wenn er davon gehört haben mag, so verzichtete er jedenfalls auf eine öffentliche Stellungnahme, vielleicht aufgrund seiner Unentschlossenheit, die auch Ficicchia — wenngleich in anderem Zusammenhang — ihm attestiert[59]; vielleicht aber auch, weil ihm der Anspruch Bahā'u'llāhs noch nicht klar war. Außerdem erhob Bahā'u'llāh seinen Anspruch kurz vor der Abreise nach Konstantinopel, in einer Zeit des allgemeinen Aufbruchs.

Mīrzā Yaḥyā Azal äußerte sich erst in Adrianopel, nachdem Bahā'u'llāh ihn als den ernannten Sachwalter des Bāb mittels eines Sendschreibens, der *Sūriy-i-Amr*[60], offiziell zur Stellungnahme aufgefordert hatte[61]. Aus dieser in Arabisch verfaßten und von Bahā'u'llāh selbst niedergeschriebenen Schrift geht der Anspruch

57 siehe meine Ausführungen S. 517 ff.
58 *Bahā'ismus*, S. 124
59 *Bahā'ismus*, S. 127
60 veröffentlicht in: *Majmū'ih Baron Rosen*, St. Petersburg 1908, S. 33-40
61 siehe meine Ausführungen S.496 ff.

Bahā'u'llāhs eindeutig hervor, der vom Bāb verheißene *Man yuẓhiruhu'llāh* zu sein, den Gott mit einer eigenen Sendung betraut hat. Dieser Anspruch implizierte, daß eine neue Sendung angebrochen, eine neue Religion gestiftet und die Sachwalterschaft Mīrzā Yaḥyā Azals damit zeitlich überholt war.

Browne führt in seiner Einleitung zum *Kitāb-i-Nuqṭatu'l-Kāf*[62] aus, daß einige Bahā'ī-Quellen, die er leider nicht näher bezeichnet, die Verkündigung Bahā'u'llāhs als »Der, den Gott offenbaren wird,« auf das Jahr 1280 d. H./1863 A. D. datieren.[63] Unter Hinweis auf ein Gedicht Nabīls, das Browne ediert und übersetzt hat[64], errechnet er selbst jedoch als Verkündigungsdatum 1283 d. H. (1866/67 A. D.). In Strophe zehn dieses Gedichtes heißt es, Bahā'u'llāh habe im Alter von 50 Jahren den Schleier von seinem Gesicht entfernt, und die Sonne Bahā's sei »aus den Wolken hervorgetreten«[65]. Browne deutet dies als Manifestation Bahā'u'llāhs. An anderer Stelle nennt Browne allerdings 1863 als Verkündigungsdatum, indem er von der »Manifestation Behā'u'llāhs um 1863« spricht[66], obwohl er zu diesem Zeitpunkt das Gedicht Nabīls bereits veröffentlicht hatte. Auch in *A Traveller's Narrative* legt er sich nicht auf ein einziges Datum fest, sondern nennt in der Einleitung unter Hinweis auf Nabīls Gedicht 1866/67[67], in den Anmerkungen aber das Jahr 1864[68].

---

62 S. XXXII f.

63 Es trifft zu, daß dieses Datum vielen Bahā'ī-Quellen zu entnehmen ist, u. a. 'Abdu'l-Bahās Ansprache in Bahjī am 29.4.1916 (*Risāliy-i-Ayyām-i-Tis'ih*, S. 330; Ustād Muḥammad-'Alīy-i-Salmānī, *My Memories of Bahā'u'llāh*, S. 22; Mīrzā Abū'l-Faḍl, *Letters and Essays,* S. 68; Shoghi Effendi, *Gott geht vorüber*, S. 172-177. Auch Bahā'u'llāh selbst bezieht sich auf seine Verkündigung am ersten Riḍvān-Tag, ohne jedoch das Jahr zu nennen *(Kitāb-i-Aqdas* 75).

64 *J.R.A.S.* 1889, S. 983-990

65 *J.R.A.S.* 1889, S. 984, 988:

پنچاه چه شد عمر آن میر عجاب
فرمود زوجه خود خرق حجاب
افتاب شرر بجان جنّت و طاغوت
خورشید بهاء عیان شد از خلف سحاب

66 Vorwort zu M. Phelps, *Life and Teachings of Abbas Effendi*, S. XXV

67 *A Traveller's Narrative*, S. XVII

68 *A Traveller's Narrative*, (Note W), S. 350

Browne scheint sich also in dieser Frage nicht sicher gewesen zu sein. Diese Unsicherheit ergibt sich vermutlich daraus, daß im Zusammenhang mit der Berufung und Manifestation Bahā'u'llāhs drei Daten zu nennen sind: die Berufung im *Sīyāh-Chāl* in Teheran 1853, die Verkündigung als Gottesoffenbarer gegenüber einer Personengruppe im Garten Riḍvān in Baghdād 1863 und schließlich die weitreichende öffentliche Verkündigung des neuen Glaubens in Adrianopel (dem heutigen Edirne) im Jahr 1867 mit Sendschreiben an die Herrscher und Könige der damaligen Zeit.[69]

Das von Nabīl in Strophe 10 angeführte Datum bezieht sich eindeutig auf den dritten Schritt, nämlich auf die öffentliche Verkündigung, die von Adrianopel aus erfolgte. Nabīl gibt damit zu verstehen, daß Bahā'u'llāh seine Sendung in Adrianopel öffentlich proklamierte, insbesondere durch seine Sendschreiben an die Herrscher und Könige der damaligen Welt. Dadurch »trat er aus den Wolken hervor« und enthüllte — in Nabīls bildhafter Sprache — den Strahlenglanz der Sonne, die bis dahin verborgen gewesen war. Browne sieht die drei Schritte in der Offenbarung Bahā'u'llāhs nicht, sondern geht von einem einzigen Datum aus. Bei der Fixierung eines einzigen Datums hält Browne das spätere Verkündigungsdatum für wahrscheinlicher.[70] Brownes Irrtum liegt jedoch nicht darin, dieses spätere Datum zu ermitteln, sondern darin, daß er sich auf ein einziges Datum festlegt, ohne die beiden anderen Daten im Blick zu haben.[71] Das von ihm errechnete Jahr ist

---

69 siehe auch William S. Hatcher/J. Douglas Martin, *The Bahā'ī Faith — The Emerging Global Religion*, S. 37/38

70 »more probable« (siehe *Kitāb-i-Nuqṭatu'l-Kāf*, Introd., S. XXXIII).

71 Durch seine Fixierung auf ein einziges Datum stößt Browne auf Scheinwidersprüche, die sich jedoch leicht aufklären lassen. So war er bei einem Vergleich verschiedener Bahā'ī-Quellen auf eine Differenz von bis zu vierzehn Jahren in bezug auf die Sendung Bahā'u'llāhs gestoßen (*J.R.A.S.* 1892, S. 304). Tatsächlich liegen zwischen der Berufung im *Sīyāh-Chāl* und der öffentlichen Verkündigung in Adrianopel vierzehn Jahre. Des weiteren ist Browne darüber irritiert, daß in *A Traveller's Narrative* das frühere Datum genannt wird, während Mīrzā Abū'l-Faḍl ein späteres Datum erwähnt (*J.R.A.S.* 1892, S. 703). Besagtes Zitat von Mīrzā Abū'l-Faḍl zeigt aber besonders deutlich, daß die Bahā'ī von einer schrittweisen Enthüllung der Stufe Bahā'u'llāhs ausgehen, da hier von der Größe Bahā'u'llāhs die Rede ist, die in 'Akkā offenkundig wurde. Das Zitat sagt jedoch nichts über das Datum der Verkündigung aus, wie Browne dies verstanden hat. Mīrzā Abū'l-Faḍl nennt in seinem Brief an Alexander Tumansky, der Browne sehr wohl bekannt war, in Übereinstimmung mit *A Traveller's Narrative* ebenfalls 1863 als Jahr der Verkündigung Bahā'u'llāhs (siehe Mīrzā Abū'l-Faḍl, *Letters and Essays*, S. 68).

durchaus zutreffend, bezieht sich aber nicht auf die interne Verkündigung der Stufe Bahā'u'llāhs, sondern auf die Verkündigung gegenüber der breiten Öffentlichkeit. Die öffentliche Verkündigung ist naturgemäß spektakulärer als die zuvor erfolgte interne Verkündigung, so daß es nicht verwundert, daß Browne ihr Datum ermittelt.

In Nabīls Gedicht findet sich jedoch nicht nur ein deutlicher Hinweis auf die öffentliche Verkündigung der Sendung Bahā'u'llāhs in Adrianopel, sondern ebenso auf seine Verkündigung gegenüber einigen wenigen Gläubigen in Baghdād. In Strophe 7 heißt es in Anspielung auf Bahā'u'llāhs Anwesenheit in Baghdād nach seiner Rückkehr aus den Bergen Kurdistāns: »Zawrā' (d. h. Baghdād)[72] in Ehren wurde Yathrib und auch Baṭḥā' (die alten Namen der Städte Medīna und Mekka); Seine Geliebten kamen aus allen vier Himmelsrichtungen zusammen, das Banner der Wahrheit [das Banner Gottes] wurde durch Seine Herrschaft errichtet.«[73] Die beiden Städte Mekka und Medīna waren Brennpunkte islāmischen Glaubens, in denen Muḥammad lebte und wirkte. Ebenso war Baghdād durch die Anwesenheit der neuen Manifestation, Bahā'u'llāh, gesegnet. Durch seine Herrschaft (*salṭanatasch*) wurde das göttliche Banner gehißt. Das Hissen des göttlichen Banners ist ein eindeutiger Hinweis auf die Stufe Bahā'u'llāhs als Manifestation Gottes bereits in der Zeit in Baghdād. So beschreibt Nabīl an anderer Stelle denn auch Baghdād als den Ort, wo Bahā'u'llāhs »Sache reifen und sich vor aller Welt entfalten sollte«[74].

Daß Bahā'u'llāh bereits 1863 den Anspruch auf eigenständiges Prophetentum erhob und nicht erst um das Jahr 1866/67, geht darüber hinaus aus der am 22.4.1863 — also am ersten

---

72 *al-Zawrā'* = Bagdad (Adolf Wahrmund, *Handwörterbuch der neu-arabischen und deutschen Sprache*, Bd. I, erste Abt., S. 59)

73 *J.R.A.S.* 1889, S. 984-987:

در سال چهل ز دشت بر زورا شد
زورا ز شرف یثرب و هم بطحا شد
عشاق وی از چهار سوی جمع شدند
از سلطنتش لوای حق برپا شد

74 *Nabīls Bericht*, Bd. III, S. 600

Riḍvān-Tag — offenbarten *Sūratu'ṣ-Ṣabr*[75], dem auf dem Weg nach Konstantinopel verfaßten *Lawḥ-i-Hawdaj*[76] und der am 19.10.1863 in Konstantinopel entstandenen Schrift *Lawḥ-i-Nāqūs* (*Sendschreiben von der Glocke*)[77] hervor. Sie alle enthalten die Aussage, daß er sich offenbart habe und der Tag Gottes gekommen sei. Eine zentrale Passage der *Sūratu'ṣ-Ṣabr* lautet: »O Bahā' of Spirit! Do not conceal thyself in these veils. Manifest thyself through the power of God, then break the seal of ›I am the Spirit‹ which hath, for an eternity of eternities, been sealed with the seal of preservation. This to the end that the perfumed breezes of this primordial ›I am‹ might blow upon all created things, perchance contingent reality might be enlivened through the Breath of the All-Merciful and rise up for the sake of the Cause (*amr*, command) on the Day in which the Spirit appeareth from the direction of the Dawn.«[78]

Auch im *Lawḥ-i-Naṣīr*[79], das in der ersten Zeit in Adrianopel offenbart wurde, verkündet Bahā'u'llāh offen seinen Anspruch, der Verheißene zu sein. Browne stellt in einer Beschreibung dieser Schrift zutreffend fest: »....appears to be the earliest of his writings wherein he distinctly and uncompromisingly puts forward his claims«[80]. Bahā'u'llāh sagt im *Lawḥ-i-Naṣīr*: »Würdest du den dichten Schleier zerreißen, der deinen Blick verdunkelt,

---

75 Die *Sūratu'ṣ-Ṣabr* ist auch bekannt unter dem Namen *Lawḥ-i-Ayyūb*. Originaltext in *Ayyām-i-Tis'ih*, S. 262-304.

76 in: *La'ālī'u'l-Ḥikma*, Bd. I, S. 12-16

77 Der *Lawḥ-i-Nāqūs* ist auch unter dem Namen *Subḥānaka-Yā-Hū* bekannt. Originaltext in *Ayyām-i-Tis'ih*, S. 100-106; Beschreibung der Inhalte bei Taherzadeh, *Die Offenbarung Bahā'u'llāhs*, Bd. II, S. 38-48.

78 Übersetzung von Stephen Lambden, in: *Bahā'ī Studies Bulletin*, Bd. 5:3-6:1, June 1991, S. 82-83.

79 Originaltext in: *Majmū'ih-yi Alwāḥ*, S. 166 ff; auszugsweise deutsche Übersetzung in *Ährenlese* 53 und 75.

80 *J.R.A.S.* 1889, S. 949. Vgl. auch *A Traveller's Narrative*, S. 96/97 (Fußnote 1). Als Entstehungsdatum errechnet Browne jedoch fälschlicherweise das Jahr 1866/67 (*J.R.A.S.*, S. 951), da im Text von einem Zeitraum von 20 Jahren die Rede ist, in dem Bahā'u'llāh den Gegnern ausgesetzt war, d. h. 20 Jahre der Verfolgung, seitdem er sich zur Religion des Bāb bekannt hatte. Obwohl Browne richtig feststellt, Bahā'u'llāh sei einer der ersten Bābī gewesen, setzt er das Datum seines Bekenntnisses erst auf das Jahr 1847 an, tatsächlich wurde Bahā'u'llāh jedoch bereits im Jahre 1844 ein Anhänger des Bāb (vgl. *Nabīls Bericht*, Bd. I, S. 140; Esslemont, *Bahā'u'llāh und das neue Zeitalter*, S. 40; *A Basic Dictionary*, S. 39). Somit ergibt sich das Jahr 1863/64 (je nachdem, ob man von 20 Sonnen- oder Mondjahren ausgeht) als Entstehungsdatum des *Lawḥ-i-Naṣīr*.

du würdest eine Großmut schauen, der vom Anfang, der keinen Anfang hat, bis zum Ende, das kein Ende hat, nichts ähnelt oder gleichkommt. Welche Sprache sollte Er, das Sprachrohr Gottes, wohl wählen, damit jene, die wie durch einen Schleier von Ihm getrennt sind, Seine Herrlichkeit erkennen können? Die Rechtschaffenen, die Bewohner des Reiches der Höhe, sollen in Meinem Namen, der Allherrliche, vom Weine der Heiligkeit die Fülle trinken. Außer ihnen wird niemand solche Wohltaten genießen.«[81]

Bahā'u'llāh beschreibt selbst in einem späteren Sendschreiben[82] drei wesentliche Inhalte, die während der Riḍvān-Tage geäußert wurden: Erstens, die Abschaffung des *jihād*, zweitens, daß vor Ablauf eines Jahrtausends kein neuer Gottesbote erscheinen werde, und drittens, daß durch seine Äußerung die Schöpfung erneuert wurde. Auch diese Aussagen setzen Bahā'u'llāhs Verkündigung als unabhängige Manifestation Gottes voraus.

Selbst dem *Hasht Bihisht*, der Azalī-Polemik wider die Bahā'ī, ist zu entnehmen, daß Bahā'u'llāh bereits in der Baghdāder Zeit seinen Anspruch vorbrachte: »Now when Mīrzā Ḥusayn 'Alī [Bahā'u'llāh] beheld matters in this disordered state, he bethought himself of advancing the same claim himself...«[83] Dieser Umstand wird sogar als Grund dafür angegeben, daß der persische Botschafter die Entfernung Bahā'u'llāhs aus Baghdād durch die osmanische Regierung forderte.

---

81 *Ährenlese* 53:2. Interessant ist auch ein Hinweis im Bericht des Āqā Muḥammad-Riḍāy-i-Qannād-i-Shīrāzī auf die Enthüllung der Geheimnisse im Jahre 80 (1280 d. H./1863 A. D.) im Haus Bahā'u'llāhs im Stadtteil Murādīyyih in Edirne (siehe H. M. Balyuzi, *Bahā'u'llāh*, S. 263). Dies war das erste Haus, das Bahā'u'llāh nach seiner Ankunft in Adrianopel bezog und nur kurze Zeit bewohnte. Mit der »Enthüllung der Geheimnisse im Jahre 80« bezieht Āqā Muḥammad Riḍā sich auf die nunmehr erfolgte Bekanntgabe der Berufung Bahā'u'llāhs zum Gottesoffenbarer, die er ja bereits zehn Jahre zuvor (1853) empfangen hatte.

82 Das Sendschreiben stammt vom 14. Muḥarram 1304 d. H. (1886/67). Stephen Lambden hat den persischen Text des Sendschreibens Bahā'u'llāhs, der unter INBA Xerox Coll. Bd. 44:225 im Bahā'ī-Weltzentrum registriert ist, zusammengefaßt (*Bahā'ī Studies Bulletin*, Bd. 5:3-6:1, June 1991, S. 82); siehe auch Taherzadeh, *Die Offenbarung Bahā'u'llāhs*, Bd I, S. 329-330.

83 zitiert in *A Traveller's Narrative*, S. 358; Der Originaltext lautet (*Hasht Bihisht*, S. 303): میرزا حسینعلی ... خود این دعوی را ساز کند

III. Mīrzā Yaḥyā Azal

Mīrzā Yaḥyā Nūrī wurde um 1831/32 als Sohn von Mīrzā Buzurg, einem Minister aus Nūr, und dessen Konkubine Kūchik Khānum aus Kirmānshāh in Teheran geboren.[84] Nach dem Tod des gemeinsamen Vaters 1839 nahm Bahā'u'llāh seinen damals etwa achtjährigen Halbbruder bei sich auf und sorgte für seine weitere Erziehung.

Nachdem Bahā'u'llāh sich bereits 1844 der Religion des Bāb angeschlossen hatte, wurde auch Mīrzā Yaḥyā Azal 1846 — etwa 14-jährig — Bābī. Um das Jahr 1849 ernannte der Bāb Mīrzā Yaḥyā Azal zum Oberhaupt der Bābī-Gemeinde[85], wenngleich der jugendliche Mīrzā Yaḥyā Verfolgung aufgrund seiner Religionszugehörigkeit fürchtete und sich deshalb vorwiegend versteckt hielt. So berichtet E. G. Browne über ihn, er sei den Augen der Menschen meist verborgen geblieben.[86] Auch andere Quellen berichten übereinstimmend über das zurückgezogene Leben Mīrzā Yaḥyā Azals, seine Verkleidungen als Jude, Araber und Darvīsh und seine große Furcht, als Bābī erkannt zu werden; selbst die Azalī-Apologie *Hasht Bihisht* macht keinen Hehl aus seinen Verkleidungen.[87] Im Gegenteil, die *taqīya*, die Verheimlichung des religiösen Bekenntnisses bei Zwang oder drohendem Schaden, wird in *Hasht Bihisht* als Tugend und religiöse Pflicht gepriesen.[88]

---

84 *A Traveller's Narrative* (Note W), S. 373

85 siehe meine Ausführungen, S. 503 ff.

86 »The latter (Ezel) remained for the most part secluded from the eyes of men....« (*J.R.A.S.* 1889, S. 943, und *Encyclopedia of Religions and Ethics,* Bd. II, S. 302).

87 *Hasht Bihisht*, S. 301, zitiert in den Anmerkungen zu *A Traveller's Narrative*, (Note W), S. 354. Auch der Autor des persischen Vorworts zu *Kitāb-i-Nuqṭatu'l-Kāf* berichtet über die Verkleidung von Mīrzā Yaḥyā Azal (S. lh/ltā). Bahā'ī-Quellen bestätigen die Aussagen über Ṣubḥ-i-Azals zurückgezogenes Leben: 'Abdu'l-Bahā, *A Traveller's Narrative*, S. 89; Mīrzā Abu'l-Faḍl, *The Bahā'ī Proofs,* S.†57; Shoghi Effendi berichtet: »Er lebte in einer solchen Angst, daß er einmal gesagt haben soll: ›Einen Ungläubigen heiße ich den, der da behauptet, er habe mich gesehen oder meine Stimme gehört‹« (*Gott geht vorüber,* S. 186).

88 siehe M. Bayat-Philipp, *Mirza Aqa Khan Kirmani, Nineteenth Century Revolutionary Thinker*, S. 221: »Hence, *taqīya* became the *ordre du jour* for the Azali Babis. Though it does not appear in Mīrzā 'Alī Muḥammad's Bayan, it is no surprise to us to see it figuring in *Hasht Bihisht* as a primary virtue, in fact as a religious duty.« Zum Thema *taqīya* siehe U. Schaefer, S. 265 ff.

Er versteckte sich auch nach dem Anschlag auf das Leben Nāṣiri'd-Dīn Shāhs, um möglicher Verfolgung zu entgehen.[89] Sodann folgte er Bahā'u'llāh 1853 in dessen Verbannungsort Baghdād, ohne selbst verbannt zu sein, wo er zwei Monate nach Bahā'u'llāh eintraf.[90] Mīrzā Yaḥyā Azal war Bahā'u'llāh aus freien Stücken ins Exil nach Baghdād gefolgt. Sein Name fand in dem Erlaß des Shāh, der Bahā'u'llāhs Verbannung anordnete, keine Erwähnung. Da er sich also frei bewegen konnte, riet ihm Bahā'u'llāh nach seinem Eintreffen in Baghdād, nach Persien zurückzukehren.[91] Dort hätte er die durch den Märtyrertod des Bāb und durch die blutigen Pogrome demoralisierten Bābī sammeln und mit neuem Mut erfüllen können. Mīrzā Yaḥyā Azal kam diesem Wunsch Bahā'u'llāhs jedoch nicht nach, sondern blieb in Baghdād, wo er sich unter einem anderen Namen als Stoffhändler niedergelassen hatte.[92]

Während der Zeit in Baghdād schloß Sayyid Muḥammad Iṣfahānī sich Mīrzā Yaḥyā Azal an. Er übte entscheidenden Einfluß auf ihn aus und kann als eigentlicher Motor für die spätere Auflehnung Mīrzā Yaḥyā Azals gegen Bahā'u'llāh betrachtet werden. Es wird berichtet, daß Sayyid Muḥammad Iṣfahānī sich aufgrund seiner intellektuellen Überlegenheit immer wieder über Mīrzā Yaḥyā Azal lustig machte und ihn bloßstellte. Nach Aussage Bahā'u'llāhs wurde dieser von Sayyid Muḥammad Iṣfahānī »zum Irrtum verführt«[93] und von ihm getäuscht[94].

Da Mīrzā Yaḥyā Azal in Abgeschiedenheit lebte, während Bahā'u'llāh sich für die Bābī-Gemeinde in Baghdād einsetzte, wuchs Bahā'u'llāhs Ansehen unter den Bābī im Gegensatz zu dem Mīrzā Yaḥyā Azals immer mehr. Dieser Umstand erregte den

89 *Hasht Bihisht*, S. 301; 'Abdu'l-Bahā, *A Traveller's Narrative*, S. 51
90 siehe hierzu meine Ausführungen S. 481 ff.
91 Bahā'u'llāh, *Brief an den Sohn des Wolfes*, S. 143. Hier heißt es: »Etwa zwei Monate, nachdem Wir — getreu dem Befehl Seiner Majestät des Shāhs von Persien, möge Gott ihm beistehen — im 'Irāq eintrafen, stieß Mīrzā Yaḥyā zu Uns. Wir sprachen zu ihm: ›Dem königlichen Gebot zufolge sind Wir hierher geschickt worden. Für dich ist es ratsam, in Persien zu bleiben. Wir werden auch Unseren Bruder Mīrzā Mūsā an einen anderen Ort senden. Da eure Namen in dem königlichen Erlaß nicht erwähnt sind, könnt ihr euch aufmachen und anderswo Dienst tun.‹«
92 siehe Shoghi Effendi, *Gott geht vorüber*, S. 129
93 *Brief an den Sohn des Wolfes*, S. 72; siehe auch *Kitāb-i-Aqdas* 184
94 *Brief an den Sohn des Wolfes*, S. 144

Neid Mīrzā Yaḥyās, der nun — immer unterstützt und angestachelt von Sayyid Muḥammad Iṣfahānī — heimlich gegen Bahā'u'llāh intrigierte und viel Unfrieden innerhalb der Gemeinde stiftete, was schließlich zu Bahā'u'llāhs Weggang in die Berge von Kurdistān führte.[95] Während der zwei Jahre, die Bahā'u'llāh in Kurdistān weilte, verschlimmerten sich die Verhältnisse in der Bābī-Gemeinde von Baghdād. Mīrzā Yaḥyā Azal stand weder den in Baghdād ansässigen, noch den von weit her angereisten Bābī, die ihn als das nominelle Oberhaupt der Gemeinde zu sehen wünschten, zu Gesprächen zur Verfügung, sondern verkehrte nach Aussage des *Hasht Bihisht*[96] lediglich mit seinen Verwandten und besonderen Vertrauten. Auch schien er kaum willens oder in der Lage, die hohen ethischen Werte, die der Bāb verkündet hatte, selbst vorzuleben oder ihnen in der Bābī-Gemeinde Geltung zu verschaffen. Die Folge war, daß die orientierungslose Gemeinde immer mehr auseinanderfiel, der moralische Standard erheblich sank und sich allmählich immer chaotischere Verhältnisse einstellten. Verschiedene Bābī versuchten in dieser desolaten Situation, die Führerschaft an sich zu reißen oder traten mit dem Anspruch auf, der vom Bāb Verheißene zu sein. Teilweise scheint Mīrzā Yaḥyā Azal diese Prätendenten geduldet zu haben, teilweise sorgte er für ihre Liquidierung.[97] Einer geistigen Auseinandersetzung war er offenbar nicht gewachsen. Sein in dieser Zeit verfaßtes Werk *Mustayqiẓ*, das sich gegen seinen vermeintlichen Widersacher, Dayyān, wandte, geriet zu einer Schmähschrift, in der zur Ermordung Dayyāns aufgerufen wird.[98]

Als Bahā'u'llāh nach zweijährigem Aufenthalt in den Bergen Kurdistāns wieder nach Baghdād zurückkehrte, gelang es ihm binnen kurzem, die Gemeinde wieder zu einen, mit Zuversicht und neuem Geist zu erfüllen und das Ansehen des Glaubens, das

---

95 Im *Lawḥ-i-Maryām* schreibt Bahā'u'llāh, er habe Baghdād verlassen, »damit sich vielleicht das Feuer des Hasses lege....« (*Raḥīq-i-Makhtūm*, Bd. II, S. 431). Auch im *Buch der Gewißheit* geht er auf den Grund seines Weggangs ein (siehe hierzu meine Ausführungen S. 476).

96 *Hasht Bihisht,* S. 301

97 Folgt man den Ausführungen im *Kitāb-i-Nuqṭatu'l-Kāf,* so lehnte Mīrzā Yaḥyā die verschiedenen »Manifestationen« zwar nach außen hin ab, begrüßte sie aber in Wirklichkeit, »regarding them as enhancing the glory of the Theophany centred in himself« (zitiert nach E. G. Browne, *Tārīkh-i-Jadīd,* Appendix II, S. 387).

98 siehe meine Ausführungen S. 524

aufgrund der Wirrnisse der vergangenen Jahre sehr gelitten hatte, erstaunlich zu heben. Viele Bābī begegneten ihm deshalb mit Ehrfurcht, was aber Mīrzā Yaḥyās Neid nur noch steigerte.

In dem Farmān, mit dem die osmanischen Behörden Bahā'u'llāh nach Konstantinopel beorderten, war Mīrzā Yaḥyā Azal nicht erwähnt.[99] Dieser war daher lange unschlüssig, wohin er sich begeben sollte, und entschied sich endlich, ebenfalls nach Konstantinopel zu reisen. Er schloß sich daher Bahā'u'llāh und seinen Begleitern ab Mosul an und gelangte so — wieder in Verkleidung — in die Hauptstadt des Osmanischen Reiches.[100] In Konstantinopel kam es erneut zu Intrigen Mīrzā Yaḥyā Azals gegen Bahā'u'llāh und seine Anhänger. Wie Mīrzā Abū'l-Faḍl berichtet, taten sich Parteigänger Mīrzā Yaḥyā Azals und shī'itische Geistliche in ihrem gemeinsamen Bemühen zusammen, Bahā'u'llāh zu schaden.[101] Es kam auch zu Verhaftungen von Bahā'ī, die von Mīrzā Yaḥyā Azal selbst[102] und von seinen Anhängern[103] denunziert worden waren.

---

99 siehe meine Ausführungen S. 510

100 Ficicchia führt hierzu aus: »Ṣubḥ-i Azal, der sich dem Zug nicht sogleich anschloß und bis zuletzt daran dachte, nach Indien auszuwandern, folgte schließlich unentschlossen und in Verkleidung, wurde aber überall als Bābīführer erkannt und ehrenvoll aufgenommen« (*Bahā'ismus*, S. 127). Interessant sind hingegen die Augenzeugenberichte Āqā Riḍās und 'Abdu'l-Bahās, aus denen hervorgeht, daß Mīrzā Yaḥyā den Mitreisenden mit Ausnahme von Mīrzā Āqā Jān, Sayyid Muḥammad-i-Iṣfahānī und natürlich den Familienmitgliedern unbekannt war. Āqā Riḍā berichtet, daß Mīrzā Yaḥyā, der verkleidet in Mosul eintraf und ihm bis dahin unbekannt war, sich ihm zu erkennen gab, während den meisten der Mitreisenden Mīrzā Yaḥyās Identität verhüllt blieb und manche ihn für einen reisenden Juden hielten, der sich aus Sicherheitsgründen der Karawane angeschlossen hatte. Von einem ehrenvollen Empfang Mīrzā Yaḥyās als Bābīführer kann also nicht die Rede sein. Er berichtet weiter, warum sich Mīrzā Yaḥyā nach seiner eigenen Aussage den Reisenden erst ab Mosul angeschlossen hatte: »Ich bin von Baghdād aus nicht mit euch gekommen, denn ich hatte Angst, man würde euch den persischen Behörden ausliefern. Um einem solchen Fall auszuweichen, habe ich mich verkleidet und bin weggegangen« (zitiert bei Hasan M. Balyuzi, *Bahā'u'llāh*, S. 222).

101 »The leading followers of Ezel agreed with the chief Shi'ites to antagonize the Bahais, and prejudiced the high officials of Turkey against this community by all kinds of plots and intrigues« (Mīrzā Abu'l-Faḍl, *The Bahā'ī Proofs*, S. 62).

102 So scheint die Inhaftierung und Verbannung Mishkīn Qalams, eines Anhängers Bahā'u'llāhs, auf Mīrzā Yaḥyās Konto zu gehen. Jedenfalls geht aus den Staatspapieren in Zypern hervor, daß der zusammen mit den Azalī nach Zypern Verbannte von Mīrzā Yaḥyā Azal der Häresie beschuldigt wurde (zitiert bei E. G. Browne, *A Traveller's Narrative* [Note W], S. 382).

103 E. G. Browne, *A Traveller's Narrative*, S. 99

Diese Intrigen und Bahā'u'llāhs Weigerung, um die Gunst der hohen Beamten in Konstantinopel zu buhlen, führten schließlich zur Verbannung nach Adrianopel. Dort kam es zum endgültigen Bruch, nachdem Mīrzā Yaḥyā Azal wiederholt versucht hatte, seinen Halbbruder zu ermorden[104], und Bahā'u'llāh Mīrzā Yaḥyā Azal schließlich schriftlich mit seiner Sendung vertraut gemacht und dadurch eine Entscheidung gefordert hatte. Als Antwort auf Bahā'u'llāhs Schreiben erwiderte Mīrzā Yaḥyā Azal, wie Shoghi Effendi berichtet, selbst Empfänger einer eigenständigen Offenbarung zu sein und forderte die bedingungslose Unterwerfung der Völker der Erde in Ost und West unter seine Person.[105] Die Azalī-Schriften schweigen zu diesem Ereignis. So findet es z. B. in *Hasht Bihisht* keine Erwähnung. Die Folge war eine endgültige Trennung. Wenngleich sich die meisten der Verbannten Bahā'u'llāh anschlossen, so verblieb doch eine Gruppierung um Mīrzā Yaḥyā Azal und Sayyid Muḥammad Iṣfahānī, die weiter gegen Bahā'u'llāh und seine Anhänger intrigierte und sie bei den Behörden verleumdete. Aus einem Schreiben des Statthalters von Adrianopel an die Hohe Pforte geht hervor, daß Sayyid Muḥammad ein Parteigänger Mīrzā Yaḥyā Azals sei, und daß Bahā'u'llāh durchaus Anlaß habe, sich über die Aktivitäten dieser beiden zu beklagen.[106] Wie Āqā Riḍā[107] und Ustād Muḥammad-'Alīy-i-Salmānī[108] berichten, gingen auch Schreiben voller Verleumdungen und Lügen nach Persien und in den Irak, einige davon hatten sie selbst zu Gesicht bekommen. Des weiteren ist bekannt, daß Mīrzā Yahyā Azal eine seiner Frauen ins Regierungsgebäude schickte, wo sie vorzubringen hatte, daß Bahā'u'llāh seinen Bruder um dessen Anteil betrogen habe und die Familie am Verhungern sei.[109] Āqā Riḍā bestätigt dagegen, daß Mīrzā Yaḥyā Azals Bedürfnisse und die seiner Familie und Anhänger nie vernach-

104 siehe meine Ausführungen S. 534 ff.

105 Shoghi Effendi, *Gott geht vorüber*, S. 189

106 Ordnungsnummer 1475, Nr. 9, der Osmanischen Staatsarchive (siehe M. Momen, *The Bābī and Bahā'ī Religions*, S. 199).

107 zitiert bei H. M. Balyuzi, *Bahā'u'llāh*, S. 276

108 *My Memories of Bahā'u'llāh*, S. 103

109 Siehe hierzu die Anschuldigung seitens Mīrzā Mihdīy-i-Gilānī, eines Azalī, in einem Schreiben, das Bahā'u'llāh im *Kitāb-i-Badī'* (S. 326) zitiert; siehe auch *Kitāb-i-Badī'*, S. 323-333.

lässigt worden waren.[110] Sayyid Muḥammad-i-Iṣfahānī reiste in die Hauptstadt Konstantinopel, um Bahā'u'llāh bei der dortigen persischen Vertretung zu Unrecht zu beschuldigen, er wolle einen Agenten nach Persien schicken, der den Shāh töten solle.[111]

Im September 1867 kam es zu einem bedeutenden Ereignis. Auf Veranlassung eines Bābī vereinbarte man eine öffentliche Disputation (*mubāhila*) zwischen Bahā'u'llāh und Mīrzā Yaḥyā Azal, wodurch »es zu einer klaren Entscheidung zwischen dem Wahren und dem Falschen kommen« sollte[112]. Mīrzā Yaḥyā willigte ein und legte als Ort der Begegnung die Sulṭān-Salīm-Moschee in Adrianopel fest. Bahā'u'llāh begab sich zu diesem Treffpunkt, doch Mīrzā Yaḥyā Azal erschien — was übrigens auch Ficicchia[113] einräumt — nicht und entzog sich so der Gegenüberstellung, was seine völlige Niederlage bedeutete.

Die fortgesetzten Intrigen der Azalī führten schließlich 1868 zur Verbannung Bahā'u'llāhs in die Gefängnisstadt 'Akkā im Heiligen Land und Mīrzā Yaḥyā Azals nach Famagusta in Zypern. Dort verbrachte Mīrzā Yaḥyā die zweite Hälfte seines Lebens, und zwar bis 1881 als Verbannter des Sulṭāns, dann als Pensionär der britischen Regierung.[114] Offenbar war er in Famagusta nicht

---

110 vgl. H. M. Balyuzi, *Bahā'u'llāh*, S. 277

111 vgl. Shoghi Effendi, *Gott geht vorüber*, S. 191

112 Shoghi Effendi, *Gott geht vorüber*, S. 191. Diese Art der Gegenüberstellung geht auf eine alte religionsgeschichtliche Tradition zurück und hat den Charakter eines Gottesgerichtes, in dessen Verlauf sich die Wahrheit erweisen muß. Schon Mose begab sich in die *mubāhila*, als er vor dem Pharao erschien, um die Entlassung der Israeliten bat und sein Stab sich zum Zeichen göttlicher Macht in eine Schlange verwandelte (siehe 2. Mose 4:1-8 und 7:8-13; vgl. auch *Qur'ān* 3:6; 7:104-119). Bahā'u'llāh spielt auf diese alttestamentarische Begebenheit an, wenn er im Hinblick auf das geplante Zusammentreffen mit Mīrzā Yaḥyā Azal in Adrianopel spricht: »Hier ist Meine Hand, die Gott weiß gemacht hat, daß alle Welt sie schaue. Hier ist Mein Stab; würfen Wir ihn von uns, er würde wahrlich alles Erschaffene verschlingen« (zitiert nach Shoghi Effendi, *Gott geht vorüber*, S. 192).

113 *Bahā'ismus*, S. 130

114 Infolge des Russisch-Türkischen Krieges ging die Verwaltung von Zypern, das bis dahin Teil des Osmanischen Reiches gewesen war, bei formeller Anerkennung der türkischen Oberhoheit 1878 an Großbritannien über. In einem Brief vom 27.4.1881 an den Regierungskommissar in Famagusta bedankt Mīrzā Yaḥyā sich für seine Freilassung — offenbar war ihm mit Schreiben vom 24. März 1881 mitgeteilt worden, »that he might consider himself free to go where he pleased«. Seinem gleichzeitig vorgebrachten Wunsch, die englische Staatsbürgerschaft zu erwerben oder unter englischen Schutz gestellt zu werden, kam man jedoch nicht nach (*A Traveller's Narrative* [Note W], S. 382).

als Bābī, sondern als islāmischer Heiliger bekannt.[115] Zumindest nach außen hin hielt er die islāmischen Bräuche und Gepflogenheiten aufrecht. So erwähnt Bahā'u'llāh, Mīrzā Yaḥyā Azal habe am Brauch des *Rawḍih-Khānī* (der traditionellen Wehklage um den Imām Ḥusayn) festgehalten.[116] Auch hat er offenbar nicht versucht, der einheimischen Bevölkerung die Lehre des Bāb zu vermitteln.[117]

Im Jahr 1890 reiste Professor E. G. Browne nach Zypern, verbrachte zwei Wochen dort und sprach täglich mehrere Stunden mit Mīrzā Yaḥyā Azal. Sein erstes Zusammentreffen mit ihm hat er wie folgt beschrieben: »....we ascended to an upper room, where a venerable and benevolent-looking old man of about sixty years of age, somewhat below the middle height, with ample forehead on which the traces of care and anxiety were apparent, clear searching blue eyes, and long grey beard, rose and advanced to meet us. Before the mild and dignified countenance I involuntarily bowed myself with unfeigned respect; for at length my long-cherished desire was fulfilled, and I stood face to face with Mīrzā Yaḥyā Ṣubḥ-i-Ezel (›the Morning of Eternity‹), the appointed successor of the Bāb, the fourth ›Letter‹ of the ›First Unity‹.«[118]

Nach Brownes Besuch in Zypern stand Mīrzā Yaḥyā Azal mit ihm in Briefkontakt. Aus den Aufzeichnungen Brownes über diese Korrespondenz läßt sich entnehmen, daß Mīrzā Yaḥyā Azal nur sehr wenige Schriften des Bāb in Zypern zur Verfügung hatte. Teilweise versorgte Browne ihn von England aus mit Bābī-Literatur. Sehr aufschlußreich ist der Bericht Brownes, wonach Mīrzā Yaḥyā eine Schrift des Bāb, die er von Browne erhalten hatte und von der ihm selbst kein Exemplar vorlag, durch eigene Einschübe ergänzte oder korrigierte.[119] Im Hinblick darauf, daß die Schriften des Bāb von den Gläubigen natürlich als Heilige Schriften betrachtet wurden, nimmt es wunder, daß Mīrzā Yaḥyā Azal offenbar nicht zögerte, diese durch eigene Zusätze zu ergänzen. Dennoch hegte er den frommen Wunsch, daß er selbst nichts durch

115 M. Momen, »The Cyprus Exiles«, S. 97
116 *Brief an den Sohn des Wolfes*, S. 110
117 *Hasht Bihisht* hält fest, daß er niemanden zum Lehren (*tablīgh*) aussandte (S. 316).
118 *A Traveller's Narrative*, Introd., S. XXIV
119 *J.R.A.S.* 1892, S. 447

Interpolation verändert haben möge.[120] Gleichzeitig beschuldigt er die Bahā'ī immer wieder der Interpolation und Schriftverfälschung[121] und schließlich gar der Vernichtung einiger Schriften des Bāb[122]. Allerdings wird auch in anderem Zusammenhang wiederholt deutlich, daß Ehrlichkeit und Wahrhaftigkeit nicht unbedingt zu Mīrzā Yaḥyā Azals vorrangigen Tugenden gehörten. Es ist jedoch nicht verwunderlich, daß Mīrzā Yaḥyā Azal, der zur Durchsetzung seiner Interessen selbst vor Mordanschlägen nicht zurückgeschreckt war, zu vergleichsweise harmlosen Mitteln — wie dem der Verleumdung — zu greifen bereit war. So erhebt er den ebenso schwerwiegenden wie unhaltbaren Vorwurf, etwa zwanzig seiner Anhänger seien von den Bahā'ī in 'Akkā ermordet worden.[123] Des weiteren weiß er zu berichten, daß den Bahā'ī der Genuß von Wein nicht verboten sei.[124] Als Mīrzā Yaḥyā Azal im Jahr 1889 diese Aussage traf, war der *Kitāb al-Aqdas* — und damit das ausdrückliche Verbot von Alkohol und Drogen — schon seit 16 Jahren von Bahā'u'llāh offenbart. Doch auch vor diesem Zeitpunkt war den Bahā'ī der Alkohol aufgrund der Gebote des Bāb, die bis zum Erscheinen des neuen Gesetzbuches volle Gültigkeit hatten, verboten.[125]

Mīrzā Yaḥyā Azal hatte viele Frauen und eine große Nachkommenschaft. Quellen sprechen von 11, 12 oder 17 Ehefrauen.[126] Nach Zypern hatten ihn allerdings nur zwei seiner Frauen

120 *J.R.A.S.* 1892, S. 463

121 *J.R.A.S.* 1892, S. 447 (Fußnote); *A Traveller's Narrative*, S. 341

122 *A Traveller's Narrative* (Note U), S. 343

123 Er kann sich allerdings nur an die Namen von fünf der angeblich Ermordeten erinnern. Drei davon wurden tatsächlich in 'Akkā ermordet, nämlich Āqā Khān Kaj-Kulāh, Sayyid Muḥammad Iṣfahānī und Mīrzā Riḍā Qūlī (siehe meine Ausführungen S.525 ff.). Die Namen der übrigen waren Mīrzā Yaḥyā entfallen: »I forget at present the names of the others, but about twenty of my followers were killed by Behā'īs at Acre« (*J.R.A.S.* 1889, S. 995/996).

124 *J.R.A.S.* 1889, S. 995

125 Bahā'u'llāh ermahnt seine Anhänger im arabischen *Lawḥ-i-Aḥmad*, einem in Adrianopel offenbarten Sendschreiben, den Geboten Gottes zu gehorchen, »die euch im Bayān von dem Herrlichen, dem Weisen, auferlegt worden sind« (*Gebete* 237:4). Hier wird deutlich, daß Bahā'u'llāh die Gebote des Bāb bis zur Offenbarung eines eigenen Bahā'ī-Gesetzbuches als verbindlich erklärte.

126 Mīrzā Yaḥyās Sohn Riḍvān-'Alī weiß von elf oder zwölf Frauen zu berichten (E. G. Browne, *J.R.A.S.* 1897, S. 767). Moojan Momen hat in seinen Nachforschungen eine Anzahl von 17 Frauen ermittelt (»The Cyprus Exiles«, S. 88 ff). Bahā'u'llāh erwähnt im *Brief an den Sohn des Wolfes* (S. 148) im Hinblick auf Mīrzā Yaḥyā, er sei immer von fünf Mägden Gottes umgeben gewesen. Er spricht hier

und sieben seiner Kinder begleitet.[127] Seinen Anhängern hat Mīrzā Yaḥyā Azal nach Aussage des *Hasht Bihisht* erlaubt, bis zu 19 Frauen zu ehelichen.[128] Des weiteren sollten die Kinder nicht bei ihren Eltern aufwachsen, sondern grundsätzlich von Ziehmüttern erzogen und belehrt werden.[129]

Während der ihm verbleibenden vierzig Jahre seines Lebens, die er in Zypern verbrachte, mußte er miterleben, wie die Bahā'ī-Gemeinde ständig wuchs, während seine eigene Anhängerschaft dahinschwand. Hatte bereits Browne wiederholt bemerkt, daß die große Mehrheit der Bābī sich Bahā'u'llāh zugewandt hatte und Mīrzā Yaḥyā Azal kaum Unterstützung fand[130], so verstärkte sich diese Entwicklung derart, daß Mīrzā Yaḥyā Azal schließlich völlig auf sich gestellt war[131]. Elf der achtzehn von Mīrzā Yaḥyā Azal ernannten »Zeugen des Bayān«, die den engeren Kreis seiner Vertrauten bilden sollten, wandten sich wieder von ihm ab und wurden Bahā'ī.[132] Seine beiden Schwiegersöhne und Mitstreiter Shaykh Aḥmad Rūḥī und Mīrzā Āqā Khān Kirmānī, die politisch aktiv waren und in Istanbul mit Sayyid Jamālu'd-Dīn al-Afghānī zusammenarbeiteten, verlor er 1896, als sie in Tabrīz hingerichtet

---

wohl von nur fünf Frauen, weil Mīrzā Yaḥyā nie mit allen seinen Frauen gleichzeitig zusammen lebte. So ließ er seine ersten beiden Frauen in Persien zurück, als er sich nach Baghdād begab, und auch in Baghdād blieben mindestens zwei seiner Frauen zurück, als er sich nach Konstantinopel aufmachte.

127 E. G. Browne, *A Traveller's Narrative* (Note W), S. 376-383

128 *Hasht Bihisht*, S. 144. Bāb hatte die Zahl der Ehefrauen auf maximal zwei beschränkt.

129 *Hasht Bihisht*, S. 144

130 E. G. Browne, Vorwort zum *Kitāb-i-Nuqṭatu'l-Kāf,* S. XXXI; XXXIII; XLVIII; Vorwort zu *A Traveller's Narrative*, S. XVII. Im Vorwort zum *Nuqṭatu'l-Kāf* (S. XXXIII) erklärt Browne, warum diese Hinwendung zu Bahā'u'llāh in seinen Augen nicht erstaunlich sei: »That, in spite of violent dissentions, Bahā'u'llāh's claim should have been ultimately accepted by the great majority of the Bābīs will astonish no one who has attentively considered what is said by the Bāb as to ›Him whom God shall manifest‹, for if the Bāb produced ›Verses‹ in the style of the Qur'ān, so did Bahā'u'llāh; if the Bāb's personality proved the truth of his claim by the all-compelling influence which it exerted over his followers, so did Bahā'u'llāh's; and, as we have seen, God alone knew when ›He whom God shall manifest‹ would appear, and none could falsely lay claim to that high station« (Browne bezieht sich hier auf den *Persischen Bayān* VI:8; siehe auch *J.R.A.S.* 1889, S. 515).

131 Er erwähnt schon 1892 »the fewness of [my] friends« (*J.R.A.S.* 1892, S. 452).

132 Shoghi Effendi, *Gott geht vorüber*, S. 266

wurden, nachdem Nāṣiri'd-Dīn Shāh von Anhängern al-Afghānīs ermordet worden war.[133]

Mīrzā Yaḥyā Azal verstarb im Jahre 1912 in Famagusta und wurde nach islāmischem, nicht nach Bābī-Ritus, beigesetzt, da kein Bābī zugegen war, der eine Bābī-Beerdigung hätte durchführen können.[134]

Er hatte zunächst seinen Sohn Aḥmad Bahhāj, den ältesten Sohn aus seiner Verbindung mit Fāṭima, seiner vierten Frau, als Nachfolger vorgesehen. Es kam jedoch zu einem Zerwürfnis zwischen Vater und Sohn mit zivilrechtlicher Auseinandersetzung.[135] Aḥmad Bahhāj kam viele Jahre später (1921) nach Haifa, schloß sich der Bahā'ī-Gemeinde an, verstarb 1933 und wurde auf dem Bahā'ī-Friedhof beigesetzt.[136] Der zweite von Mīrzā Yaḥyā Azal vorgesehene Nachfolger und zugleich Azalī-Führer in Persien war Mīrzā Hādī Dawlatābādī aus Iṣfahān. Aufgrund der neu aufflakkernden Verfolgungen in den achtziger Jahren des 19. Jahrhunderts schwor er dem Bābī-Glauben ab und hielt von der Kanzel einer Moschee herab wüste Schmähreden wider den Bāb und Bahā'u'llāh.[137] Dennoch blieb er weiterhin der Azalī-Führer in Persien. Er starb einige Jahre vor Mīrzā Yaḥyā Azal, der daraufhin dessen Sohn Mīrzā Yaḥyā Dawlatābādī als Nachfolger einsetzte. Letzterer lebte in Teheran, wurde Parlamentsmitglied und

---

133 G. E. von Grunebaum, *Der Islam II*, S. 194/195. Zu Shaykh Aḥmad Rūḥī und Mīrzā Āqā Khān Kirmānī siehe auch meine Ausführungen S. 410-412, 420 f., 426.

134 siehe E. G. Browne, *Materials for the Study of the Bābī Religion*, S. 312. Mīrzā Yaḥyās Sohn Riḍvān-'Alī (Konstantin der Perser) berichtet: »But none were to be found there of witnesses to the Bayān (i. e. Bābīs), therefore the Imām-Jum'a of Famagusta and some others of the doctors of Islām, having uttered [the customary] invocations, placed the body in the coffin and buried it.«

135 Momen, Moojan, »The Cyprus Exiles«, S. 95

136 vgl. Lady Blomfield, *The Chosen Highway*, S. 237/238; Shoghi Effendi, *Gott geht vorüber*, S. 266; Momen, Moojan, »The Cyprus Exiles«, S. 90. Shoghi Effendi wies die Pilger an, sich, um den alten Mann nicht zu verletzen, jeder Anspielung auf die Verirrungen seines Vaters zu enthalten (H. M. Balyuzi, *Bahā'u'llāh*, S. 277).

137 Bahā'u'llāh erwähnt, daß Hādī seinen Glauben verleugnet hat (*Brief an den Sohn des Wolfes*, S. 149) und sagt in *Kalimāt-i-Firdawsiyyih* über sein Verhalten: »Er stieg auf die Kanzel und äußerte, was Gottes Tafel vor Qual aufschreien und Seine Feder klagen ließ« (*Botschaften* 6:59). An anderer Stelle rügt er dessen Doppelzüngigkeit und Heuchelei, ruft ihn zur Wahrheit und legt ihm nahe, seine Führerschaft aufzugeben (»Ṭarāzāt«, *Botschaften* 4:33-34). Hier wird auch deutlich, daß Hādī den Azalī offenbar verboten hatte, mit Bahā'ī zu verkehren (*a. a. O.* 4:35); siehe auch Taherzadeh, *The Revelation of Bahā'u'llāh*, Bd. 4, S. 174-176.

eine bekannte Person des öffentlichen Lebens[138], um das Bābītum kümmerte er sich offenbar kaum.[139]

Heute scheint es kein Oberhaupt der Azalī mehr zu geben. Ebenso existiert allem Anschein nach keine Azalī-Gemeinde. Bis auf vereinzelte Bemühungen seitens eines 1971 verstorbenen zypriotischen Enkels Mīrzā Yaḥyā Azals namens Jalal Azal, und seitens eines Azalī im Iran namens Qāsimī, die in den vierziger bis sechziger Jahren eine kleine Anzahl von Azalī-Schriften veröffentlichten, hat es keine Versuche mehr gegeben, Mīrzā Yaḥyā Azal Geltung zu verschaffen oder Azalī-Bücher zu verbreiten. Es gibt offenbar keine Schriftensammlungen und kein Azalī-Archiv, wie MacEoin bei seinen Nachforschungen feststellte.[140] Die heute noch in Zypern lebenden Nachfahren Azals sind Muslime und wissen wenig über die Familiengeschichte oder die religiöse Vergangenheit. Riza Ezel, der Enkel Mīrzā Yaḥyā Azals, der das Grab seines Großvaters pflegt, hält Mīrzā Yaḥyā Azal für einen islāmischen Heiligen.[141] Eine soziologische Untersuchung ergibt[142], daß die Azalī keine lebendige Gruppe bilden, sondern daß es zu einer Art Erstarrung gekommen ist. Ein Wachstum bleibt aus. Die Azalī treten nicht als solche in Erscheinung, sondern gehen in der islāmischen Gemeinschaft auf, deren Dienste sie in Anspruch nehmen. Azalī-Literatur besteht im wesentlichen aus der Polemik gegen Bahā'u'llāh, so daß sich die Azalī letztlich eher durch ihre Gegnerschaft gegen die Bahā'ī als durch eine eigene Identität definieren lassen.

---

138 Jalal Azal, ein Enkel Mīrzā Yaḥyā Azals, leugnete die allgemein bekannte Tatsache, daß Mīrzā Hādī Dawlatābādī als Nachfolger eingesetzt wurde, was als Hinweis auf eine mögliche Auseinandersetzung um die Nachfolgefrage unter den Azalī gesehen werden könnte (Momen, Moojan, »The Cyprus Exiles«, S. 106). Auch die Anwürfe der Azalī-Apologie *Hasht Bihisht* gegen die Kinder Azals, die als niederträchtige Schurken bezeichnet werden, könnten ein Hinweis hierauf sein (S. 316).

139 D. MacEoin, *The Sources for Early Bābī Doctrine and History*, S. 38

140 D. MacEoin, *a. a. O.*, S. 2 und 38

141 M. Momen, »The Cyprus Exiles«, S. 97

142 M. Momen, »The Cyprus Exiles«, S. 103-106

IV. Mīrzā Yaḥyā als Oberhaupt der Bābī und Widersacher Bahā'u'llāhs

Verschiedenen Azalī- und Bahā'ī-Quellen ist zu entnehmen, daß Mīrzā Yaḥyā Azal eine besondere Stellung innerhalb der Bābī-Gemeinde innehatte, die ihm vom Bāb verliehen worden war.[143] Der Bāb war von Anfang seiner Sendung (1844) an auf erbitterten Widerstand der shī'itischen Geistlichkeit und der Obrigkeit gestoßen, so daß er die ihm verbleibenden Lebensjahre bis zu seinem Märtyrertod 1850 überwiegend in Gefangenschaft verbrachte. Wohl aus diesem Grunde wählte er ein Oberhaupt für die junge Gemeinde: Er setzte Mīrzā Yaḥyā Azal vermutlich im Jahr 1849[144] vom Gefängnis aus ein, die Bābī-Gemeinde zu führen. Dieser genoß aufgrund seiner Ernennung innerhalb der Bābī-Gemeinde bis in die sechziger Jahre des letzten Jahrhunderts hinein großes Ansehen. Leider gibt es kein schriftliches Dokument aus der Hand des Bāb, das den Rang Mīrzā Yaḥyā Azals eindeutig dargelegt hätte. Mīrzā Yaḥyā sah seine Legitimität offenbar in einem arabischen Brief des Bāb begründet, der hier in deutscher Übersetzung wiedergegeben wird[145]:

143 Mīrzā Yaḥyā Azal war offenbar auch unter dem Beinamen *Ṣubḥ-i-Azal* bekannt. Zumindest verwendet Browne in seinen Schriften diese Bezeichnung und hat sie dadurch vermutlich erst publik gemacht. In Azalī-Werken (wie z. B. *Hasht Bihisht*) oder unter Azalī-Einfluß verfaßten Werken (wie *Kitāb-i-Nuqṭatu'l-Kāf* oder Gobineaus *Les Religions et les Philosophies dans l'Asie Centrale*) taucht als Titel Mīrzā Yaḥyās *Ḥaḍrat-i-Azal,* nicht aber *Ṣubḥ-i-Azal* auf. Wo der Titel *Ṣubḥ-i-Azal* herrührt oder erstmalig auftaucht, ist bislang nicht nachgewiesen. Vom Bāb wurde Mīrzā Yaḥyā dieser Ehrentitel offenbar nicht verliehen, er nannte ihn lediglich *Thamaratu'l-Azaliyya* und *Ismu'l-Azal* (siehe *Mustayqiẓ*, S. 391/392). Andererseits hat der Bāb den Namen *Ṣubḥ-i-Azal* auf verschiedene führende Bābī bezogen (siehe Kommentar zum *Ḥadīth von Kumayl,* Teheraner Bahā'ī Archiv MS 6006C, S. 74 ff.), so daß es durchaus möglich ist, daß auch Mīrzā Yaḥyā gelegentlich so bezeichnet wurde. Für den Hinweis auf den Kommentar zum *Ḥadīth von Kumayl* bin ich Herrn Stephen Lambden zu Dank verpflichtet.

144 'Abdu'l-Bahā nennt den genauen Zeitpunkt nicht, sondern erwähnt lediglich, daß die Ernennung nach dem Tod Muḥammad-Shāhs — er verstarb 1848 — erfolgte (*A Traveller's Narrative*, S. 62/63). Browne nennt als Ernennungsdatum Mīrzā Yaḥyās Juli/August 1849 (*Tārīkh-i-Jadīd*, Introd., S. XVIII). Momen spricht in einem bisher unveröffentlichten Artikel von dessen Ernennung gegen Ende des Jahres 1849.

145 Browne hat dieses Dokument über Captain Young, einen Mittelsmann in Zypern, von Mīrzā Yaḥyā Azal erhalten und es erstmals 1889 zusammen mit einer englischen Übersetzung (*J.R.A.S.* 1889, S. 996/997) und 1893 auch als Facsimile-Druck in *Tārīkh-i-Jadīd,* gegenüber der Seite 426, veröffentlicht.

»Gott ist der Erhabenste mit höchster Erhabenheit. Dies ist ein Brief aus der Gegenwart Gottes, des Mächtigen Beschützers, des Selbstbestehenden; an Gott, den Mächtigen Beschützer, den Selbstbestehenden[146]. Sprich: ›Alles hat seinen Ursprung in Gott‹. Sprich: ›Alles kehrt zu Gott zurück‹. Dies ist ein Brief von ʿAlī vor Nabīl[147], des Gedenkens Gottes in den Welten, an den, dessen Namen den gleichen Wert hat wie der Name des Einzigen[148], des Gedenkens Gottes in den Welten. Sprich: ›Wahrlich, alle haben ihren Ursprung im Punkt des Bayān. O Name des Einzigen, bewahre, was im Bayān offenbart und was verordnet wurde; denn du bist wahrlich ein erhabener Weg der Wahrheit.‹«[149]

Browne maß diesem Dokument besondere Bedeutung bei und nannte es »a document of great historical interest, viz. the appointment of Ṣubḥ-i-Ezel [Mīrzā Yaḥyā Azal] by the Bāb as his successor.«[150] Weiter urteilt Browne, ohne genau zwischen dem Rang eines Nachfolgers und eines Statthalters zu differenzieren: »This document furnishes us with the grounds whereon Ṣubḥ-i-Ezel's claims to be the Bāb's vicegerent are based.«[151] An anderer Stelle spricht Browne davon, daß die Ernennung explizit erfolgt

146 Die Schriften des Bāb haben einen sehr mystischen Charakter. Wenn seine Sendbriefe gelegentlich mit dem Hinweis beginnen, daß es sich um einen Brief Gottes an Gott handele, so mag dieser Formulierung der Gedanke zugrunde liegen, daß Gott ewige Weisheiten verkündet, deren Bedeutung er allein erfassen kann. Sowohl der Bāb, der als Sprachrohr Gottes auftritt, als auch der Mensch, der die göttliche Botschaft empfängt, treten vor der Größe und Erhabenheit Gottes in den Hintergrund.

147 Nach dem Abjad-System (in der persisch/arabischen Welt gebräuchliches System zur Ermittlung der Zahlenwerte von Wörtern) entspricht Nabīl von seinem Zahlenwert her »Muḥammad« (92). Daher bedeutet ʿAlī vor Nabīl soviel wie »ʿAlī-Muḥammad«. Dies ist der bürgerliche Name des Bāb.

148 Vaḥīd (der Einzige) ergibt nach dem Abjad-System die Zahl 28, ebenso wie Yaḥyā. Daher tragen Männer des Namens Yaḥyā häufig den Beinamen Vaḥīd, wie z. B. der große Bābī-Gelehrte Vaḥīd (Sayyid Yaḥyā-i-Dārābī). Nach Browne wurde letzterem der Titel »der erste Vaḥīd« verliehen, während Mīrzā Yaḥyā »der zweite Vaḥīd« genannt wurde (*Tārīkh-i-Jadīd*, Appendix II, S. 380).

149 Übersetzung in Anlehnung an die englischen Übersetzungen von E. G. Browne (*Tārīkh-i-Jadīd*, S. 426) bzw. *J.R.A.S.* S. 996/997 und H. M. Balyuzi, *Edward Granville Browne and the Bahā'ī Faith*, S. 38/39).

150 *J.R.A.S.* 1889, S. 996

151 *J.R.A.S.* 1889, S. 997

sei.[152] Browne versteht unter Nachfolger oder Statthalter offenbar eine Art *valī*, der der Gemeinde bis zum Kommen der neuen Manifestation vorsteht.[153] Jedenfalls führt er den Begriff *valī* in einer seiner Übersetzungen ins Englische ein, obgleich dieser im persischen Original völlig fehlt.[154] Er knüpft damit an der shī'itischen Tradition und dem shī'itischen Verständnis an, wonach der Imām 'Alī, Muḥammads Cousin und Schwiegersohn, auf göttliches Geheiß hin von Muḥammad als *valī* oder auch *vaṣī* eingesetzt wurde. Nach shī'itischer Überzeugung ist 'Alī mit dem Recht ausgestattet, die Offenbarung Muḥammads nach dessen Hinscheiden auszulegen, er steht unter göttlicher Führung, ist unfehlbar und frei von Irrtum und Sünde (*ma'ṣūm*). 'Alīs Rang ist so erhaben, daß jeglicher Ungehorsam ihm gegenüber als Ungehorsam gegen Muḥammad und somit gegen Gott selbst zu betrachten ist. Der shī'itische Gebetsruf (*adhān*) enthält neben dem Glaubenssatz *lā ilāha illa'llāh, Muḥammadun rasūlu'llāh* (Es ist kein Gott außer Gott und Muḥammad ist sein Gesandter) noch die Aussage: *'Alīun valīu'llāh* ('Alī ist Gottes Freund/Helfer/Verteidiger/Statthalter).[155] Führt Browne also den Begriff *valī* in Bezug auf Mīrzā Yaḥyā ein, so signalisiert er damit eine Parallele zwischen der Stufe 'Alīs im shī'itischen Glauben und der Stufe Mīrzā Yaḥyās im Bābī-Glauben. Diese hat es jedoch nie gegeben:

Es ist ausgesprochen interessant, daß das Dokument, das Browne als Ernennungsurkunde Mīrzā Yaḥyā Azals zum Nachfolger und Statthalter des Bāb betrachtete, eine derartige Nachfolgeregelung überhaupt nicht erwähnt. Dem Wortlaut des Textes ist keine Ernennung Mīrzā Yaḥyā Azals zum Nachfolger oder Statthalter, ja noch nicht einmal eine Bestimmung zum Gemeindeoberhaupt zu entnehmen.[156] Die Pflicht, das zu bewahren, was im *Bayān* offenbart und verordnet wurde, obliegt jedem Anhänger dieser Religion, und Mīrzā Yaḥyā Azal als nominellem Führer der

---

152 *Tārīkh-i-Jadīd*, Introd., S. XVIII

153 siehe *J.R.A.S.* 1889, S. 997-998

154 siehe meine Ausführungen S. 398 ff.

155 siehe *EI*, Stichworte »'Alī«, »Imām«, »Ithnā«, »'Asharīya«; und *EIR*, Stichwort »'Alī b. Abī Ṭāleb«

156 Ficicchia geht in seiner Interpretation des Schreibens des Bāb an Mīrzā Yaḥyā noch weiter, wenn er Mīrzā Yaḥyā zugleich als Punkt (*nuqṭa*) und als den Verheißenen *Man yuẓhiruhu'llāh* verstanden wissen will (*Bahā'ismus*, S. 100/101).

Gemeinde in besonderem Maße. »Ein erhabener Weg zur Wahrheit« genannt zu werden, ist sicher eine sehr hohe Auszeichnung und mag auf die Funktion Mīrzā Yaḥyās als Gemeindeoberhaupt hindeuten. Ausschließlichkeitscharakter hat dies jedoch nicht, zumal nur der unbestimmte Artikel vorangestellt ist.

Man kann dieser Urkunde also nicht entnehmen, zu welchem Rang genau Mīrzā Yaḥyā Azal erhoben wurde. Es gibt auch allem Anschein nach keine anderen Textstellen in den Schriften des Bāb, die sich mit der Stellung Mīrzā Yaḥyā Azals befaßt hätten. Browne hat zwar einige weitere Briefe des Bāb zusammengetragen, die offenbar an Mīrzā Yaḥyā Azal gerichtet waren, in denen aber nur allgemeine Anweisungen enthalten sind, die keine Schlüsse auf dessen Rang zulassen.[157] Man kann daher davon ausgehen, daß keine explizite Ernennungsurkunde existiert. Dies wird zusätzlich dadurch untermauert, daß die in der Grabstätte Mīrzā Yaḥyā Azals vorhandene Schrift mit dem oben zitierten arabischen Brief des Bāb identisch ist.[158] In einem in englischer Sprache beschrifteten Hinweisschild heißt es dort: »The text on the wall has been written by the Bāb, ›The Primal Point‹ — Great and Glorious is His Dignity — nominating Ṣubḥ-i-Azal as His Successor in the Bābī Religion.«[159] Hätte es eine explizite schriftliche Ernennung gegeben, so wäre diese vermutlich hier ausgestellt oder von den Azalī in ihren Schriften veröffentlicht worden, was aber nicht der Fall ist.

Daß Mīrzā Yaḥyā Azal jedoch zumindest zum Gemeindeoberhaupt ernannt wurde, steht außer Frage, selbst wenn die Ernennung nicht schriftlich erfolgt ist. So sprechen nicht nur Azalī- und Bahā'ī-Quellen dafür, die eine Ernennung erwähnen, sondern auch die Berichte über einzelne Bābī, die nach Teheran und später nach Baghdād reisten, um dort das Gemeindeoberhaupt aufzusuchen.[160]

---

157 *J.R.A.S.* 1892, S. 476-479

158 Für diese Auskunft bin ich Herrn Dr. Moojan Momen, der das Grab Mīrzā Yaḥyā Azals in Zypern besucht hat, zu Dank verpflichtet.

159 M. Momen, »The Cyprus Exiles«, S. 99

160 So berichtet z. B. Sayyid 'Abdu'l-Raḥīm, einer der Teilnehmer der Konferenz von Badasht, daß er nach Teheran reiste, um Mīrzā Yaḥyā Azal zu besuchen (zitiert von Ḥājī Mīrzā Haydar-'Alī, *The Delight of Hearts*, S. 10-11).

Natürlich erhebt sich die Frage, warum der Bāb gerade Mīrzā Yaḥyā Azal, damals erst 18-jährig, zum Oberhaupt der Gemeinde ernannt hat, einen Gefolgsmann, der sich bislang nie besonders hervorgetan hatte, der als ängstlicher Mensch galt und sich häufig verborgen hielt, der Gemeinde also *de facto* nur sehr bedingt als Oberhaupt dienen konnte, wo es doch andere Bābī von Rang und Namen gab, die ihm an Wissen, Gelehrsamkeit und Mut weit überlegen waren.

'Abdu'l-Bahā gibt eine einleuchtende Antwort auf diese Frage, die Ficicchia in anderem Zusammenhang sogar kurz wiedergibt[161]. Eine kritische Auseinandersetzung mit 'Abdu'l-Bahās Darstellung vermeidet Ficicchia allerdings tunlichst, da diese seine eigene Argumentation in Frage gestellt hätte. 'Abdu'l-Bahā beschreibt zunächst, daß sowohl der Bāb als auch Bahā'u'llāh in großer Gefahr schwebten und schwere Bestrafung ihrer harrte. Bahā'u'llāh war insbesondere in Teheran als Bābī sehr bekannt geworden, so daß es ratsam schien, die Aufmerksamkeit von ihm abzulenken: »...some measure should be adopted to direct the thoughts of men towards some absent person, by which means Bahā'u'llāh would remain protected from the interference of all men.«[162] So habe man Mīrzā Yaḥyā Azal zum nominellen Gemeindeoberhaupt gewählt, um Bahā'u'llāh die Möglichkeit zu geben, die Gemeindeangelegenheiten wie bisher zu führen, ohne jedoch noch mehr ins Licht der Öffentlichkeit zu treten und damit noch stärkeren Repressalien ausgesetzt zu sein. Mīrzā Yaḥyā Azal war dagegen kaum gefährdet, da er ein zurückgezogenes Leben führte.[163]

Eine derartige Vorgehensweise war naheliegend und wird durch folgende Tatsachen gestützt: Zum einen war Mīrzā Yaḥyā Azal der um dreizehn Jahre jüngere Halbbruder Bahā'u'llāhs, den dieser erzogen und unterrichtet hatte. Es war also davon auszugehen, daß Bahā'u'llāh im Einvernehmen mit seinem Halbbruder weiterhin ungehindert würde wirken können, ohne daß dies nach außen hin bekannt geworden wäre. Zum anderen zeigt die Ge-

161 *Bahā'ismus*, S. 125

162 *A Traveller's Narrative*, S. 62/63

163 'Abdu'l-Bahā, *A Traveller's Narrative*, S. 62/63; Shoghi Effendi, *Gott geht vorüber*, S. 32; Hatcher, William S./J. Douglas Martin, *The Bahā'ī Faith*, S. 35

schichte der Bābī-Religion eindeutig, daß Bahā'u'llāh ihre Geschicke von Anfang an entscheidend mitbestimmte. So trug seine umfangreiche Lehrtätigkeit in Māzindarān wesentlich zur Verbreitung des jungen Glaubens bei. Auch bei der Konferenz von Badasht 1848, bei der das Religionsgesetz des Bāb in Kraft gesetzt und damit die Trennung vom Islām vollzogen wurde, spielte er eine zentrale Rolle.[164]

Hinzu kommt, daß der Bāb und Bahā'u'llāh von Anfang an durch eine besondere geistige Beziehung miteinander verbunden waren, so daß der Bāb, als er sein Ende kommen fühlte, alle in seinem Besitz befindlichen Schriften, seinen Federkasten, seine Siegel und Ringe kurz vor seinem Märtyrertod Bahā'u'llāh zukommen ließ, wie Nabīl als Augenzeuge berichtet.[165]

Schließlich wird 'Abdu'l-Bahās Darstellung durch Zeugnisse bestätigt, die über die Zeit in Baghdād vor der Rückkehr Bahā'u'llāhs aus Kurdistān berichten und ein Licht auf Mīrzā Yaḥyā Azals Verhalten während dieser Zeit werfen. Etwa 25 Bābī erhoben den Anspruch, der vom Bāb Verheißene zu sein.[166] Mīrzā Yaḥyā Azal hat diesen Prätendenten nichts entgegengesetzt, er wußte sich, wie Ficicchia selbst einräumt, »in dieser Situation nur schwer zu helfen und duldete sogar solch usurpatorische Tendenzen...«[167]. Selbst gegen die Verbrechen, vor denen einige der Anhänger des Bāb nicht zurückschreckten, unternahm Mīrzā Yaḥyā

---

164 siehe *Nabīls Bericht*, Bd. II, S. 323-328

165 Nabīl berichtet, daß der Bāb alle Dokumente und offenbarten Schriften, die Er besaß, zusammen mit seinem Federkasten, seinen Siegeln und Achatringen in einen Koffer legte und Mullā Bāqir, einem Buchstaben des Lebendigen, anvertraute. Der Bāb übergab ihm auch einen an seinen Sekretär Mīrzā Aḥmad adressierten Brief und beauftragte ihn, Mīrzā Aḥmad den Koffer zu überbringen. Nabīl war bei der Übergabe des Koffers in Qum zugegen und schildert die Begebenheit sehr detailliert. Nach Durchsicht des Schreibens des Bāb habe Mīrzā Aḥmad, der mit bürgerlichem Namen Mullā 'Abdu'l-Karīm-Qazvīnī hieß, sich noch am selben Tag auf den Weg nach Teheran gemacht, um dort auftragsgemäß Jināb-i-Bahā, wie Bahā'u'llāh damals genannt wurde, den Koffer zu übergeben (*Nabīls Bericht*, Bd. III, S. 521/522). Vgl. auch 'Abdu'l-Bahā, *A Traveller's Narrative*, S. 25/26 und Shoghi Effendi, *Gott geht vorüber*, S. 56 u. 76. Die Behauptung des *Hasht Bihisht*, der Bāb habe Mīrzā Yaḥyā Azal seine Gegenstände zukommen lassen, ist dagegen unglaubwürdig.

166 siehe H. M. Balyuzi, *Bahā'u'llāh*, S. 151

167 *Bahā'ismus*, S. 105

nichts, wenn er sie nicht gar selbst veranlaßte.[168] Die Unfähigkeit Mīrzā Yaḥyā Azals, die Gemeinde zu führen und wiederzubeleben, hat sich eindeutig erwiesen.[169]

Browne ist jedoch der Auffassung, Mīrzā Yaḥyā sei der vom Bāb erwählte Nachfolger gewesen und als solcher von den Bābī einhellig anerkannt worden: »During the period which elapsed from the Bāb's death till the advancement of Behā'u'llāh's claim to be ›He whom God shall manifest‹ (i. e. from 1850 to 1864 at any rate) he was recognized by all the Bābīs as their spiritual chief.«[170] An anderer Stelle widerspricht er jedoch selbst dieser Aussage, wenn er feststellt, daß spekulative Metaphysik jede Ordnung und Disziplin unter den Bābī in den Jahren 1850 bis 1853 zu zerstören drohte, indem sie zuließ, daß jedes Mitglied ein Gesetz in sich selbst wurde und indem sie so viele »Manifestationen« wie Bābī hervorbrachte.[171] Wenn also Mīrzā Yaḥyā Azal so übereinstimmend als Oberhaupt der Gemeinde und Nachfolger des Bāb anerkannt gewesen sein soll, warum war dann ein Machtvakuum entstanden, das viele Bābī dazu trieb, eigene, mit Mīrzā Yaḥyā Azal konkurrierende Ansprüche zu erheben?

Bahā'u'llāh vermochte dagegen nach seiner Rückkehr aus Kurdistān die Gemeinde innerhalb kurzer Zeit neu zu beleben und zu ihren ethischen Grundsätzen zurückzuführen, obwohl er nicht das nominelle Gemeindeoberhaupt war. Er festigte die Bābī in Baghdād in ihrem Glauben und beauftragte einzelne Gläubige, das Schrifttum des Bāb sammeln, kopieren und verbreiten zu lassen. Bahā'u'llāh hatte, wie Nabīl berichtet, schon in Persien um 1267 d. H./1851 A. D. dem Sekretär des Bāb, Mīrzā Aḥmad, den Auftrag erteilt, »alle heiligen Schriften, von denen er größtenteils

168 siehe meine Ausführungen S. 521-536. Von Sayyid Muḥammad aus Iṣfāhān, der Mīrzā Yaḥyā zur Usurpation anstiftete, wird berichtet, daß er Räuberbanden organisierte, die Pilger überfielen (Shoghi Effendi, *Gott geht vorüber,* S. 141).

169 Hatcher, William S./J. Douglas Martin, *The Bahā'ī Faith,* S. 36: ».... Mīrzā Yaḥyā withdrew into seclusion, leaving Sayyid Muḥammad to settle the theological questions that arose as best he could. The would-be leader had demonstrated his incapacity for the position he had sought so vigorously. The lesson was not lost on the majority of his fellow Bābīs.«

170 *A Traveller's Narrative* (Note W), S. 350

171 M. Phelps, *Life and Teachings of Abbas Effendi,* Introd. von E. G. Browne, S. XXXVI

die Originale besaß, zu sammeln und abzuschreiben«[172]. Mīrzā Aḥmad kam dieser Aufgabe mit Begeisterung nach.[173] Auch in Ba<u>gh</u>dād verfolgte Bahā'u'llāh sein Vorhaben weiter und beauftragte Mīrzā Yaḥyā Azal und einen anderen Bābī, zwei Abschriften der Werke des Bāb zu fertigen und nach Persien zu bringen.[174] Mīrzā Yaḥyā Azal untergrub dieses Vorhaben Bahā'u'llāhs, indem er die Schriften zwar abschrieb, nicht aber — wie vorgesehen — nach Persien brachte, sondern sie in Ba<u>gh</u>dād zurückließ und sich nach Konstantinopel aufmachte. Ficicchia, der nicht müde wird, Anzeichen zu sammeln, die auf eine Dominanz Mīrzā Yaḥyā Azals schließen lassen, übersieht diesen Auftrag, den Bahā'u'llāh seinem Halbbruder erteilte, im Hinblick auf die Suprematsfrage geflissentlich: hätte er doch daraus schließen können, daß Bahā'u'llāh bereits zu diesem Zeitpunkt die Angelegenheiten der Bābī-Religion leitete und Mīrzā Yaḥyā Azal entsprechende Anweisungen erteilte, und nicht Mīrzā Yaḥyā als tatsächliches und allgemein anerkanntes Oberhaupt der Bābī wirkte, wie er das gerne glauben machen möchte. Allerdings bemüht er diesen Sachverhalt, um Bahā'u'llāhs Lauterkeit in Frage zu stellen. Ficicchia erhebt den Vorwurf, es sei ein »zynisches Ansinnen« Bahā'u'llāhs gewesen, Mīrzā Yaḥyā nach Persien zu schicken, damit er dort die Schriften des Bāb verbreite, »denn als anerkanntes Haupt der Bābī hätte er sich dort der sicheren Vernichtung preisgegeben«[175].

Daß dem nicht so gewesen sein kann, ist der Tatsache zu entnehmen, daß Mīrzā Yaḥyā Azal im Unterschied zu Bahā'u'llāh weder aus Persien verbannt noch nach Konstantinopel vorgeladen war, die Behörden also allem Anschein nach nicht an seiner Person interessiert waren. Dies geht insbesondere aus einem Dokument hervor, das Browne von dem französischen Orientalisten und Kenner der Bābī-Religion, A.-L.-M. Nicolas, erhalten hat. Es handelt sich hierbei um ein Schreiben des Ex-Außenministers von Persien, Mīrzā Sa'īd <u>Kh</u>ān, an den persischen Gesandten in Konstantinopel, Ḥājī Mīrzā Ḥusayn <u>Kh</u>ān, vom 10. Mai 1862, in dem Bahā'u'llāhs Verbannung gefordert wird. Offenbar lastete man

172 *Nabīls Bericht*, Bd. III, S. 595
173 *Nabīls Bericht*, Bd. III, S. 599
174 siehe Bahā'u'llāh, *Brief an den Sohn des Wolfes*, S. 143/144
175 Ficicchia, *Bahā'ismus*, S. 129

ihm die Wiederbelebung des Bābī-Glaubens an, den man nach dem Massaker 1852 für entwurzelt gehalten hatte.[176] Von Mīrzā Yaḥyā Azal ist nicht die Rede, wie Nicolas in seinem Brief an Browne noch besonders betont.[177] Browne hat das besagte Dokument später selbst veröffentlicht.[178] Daß die persischen Behörden von der osmanischen Regierung nur Bahā'u'llāhs Verbannung forderten und sich folgerichtig die Vorladung nach Konstantinopel ausschließlich auf Bahā'u'llāh bezog, während Mīrzā Yaḥyā Azal nicht erwähnt wird, zeigt, daß Mīrzā Yaḥyā Azals verstecktes Leben und seine Weigerung, Bābī zu empfangen, ihm insofern zugute kam, als die Behörden ihn offenbar nicht als führenden Kopf der Bābī-Gemeinde betrachteten und ihm somit keine weitere Beachtung schenkten. Da Ficicchia ständig bemüht ist, die Stellung Mīrzā Yaḥyā Azals überhöht darzustellen, vermeidet er es tunlichst, diesen Sachverhalt zu beschreiben. Er spricht ganz lapidar von einer »Einladung an die Bābī, Baġdād zu verlassen und nach Istanbul überzusiedeln. Die Bābīführer sagten zu...«[179] Er bleibt allerdings die Erklärung schuldig, warum dann Mīrzā Yaḥyā Azal, »der sich dem Zug nicht sogleich anschloß und bis zuletzt daran dachte, nach Indien auszuwandern«, ... »schließlich unentschlossen und in Verkleidung« folgte[180]. Der Begriff »Einladung« ist hier irreführend, selbst wenn es sich der äußeren Form nach um eine solche gehandelt haben mag, wie auch Bahā'ī-Literatur festhält.[181] Die vielfältigen Bemühungen und ständigen Eingaben des persischen Konsuls in Baghdād, Mīrzā Buzurg Khān-i-Qazvīnī, hatten die osmanischen Behörden schließlich bewogen, Bahā'u'llāh — dem Wunsche Mīrzā Buzurgs entsprechend — nach Konstantinopel zu beordern. Die Weiterverbannung nach Adrianopel nach nur vier Monaten verdeutlicht, daß es sich auch bei dem Aufenthalt in Konstantinopel um eine Etappe der 40-jährigen Gefangenschaft und Verbannung Bahā'u'llāhs handelte.

176 Über die Bābī heißt es hier: »their roots were torn up« (zitiert nach der englischen Übersetzung Brownes in *Materials for the Study of the Bābī Religion,* S. 283).
177 zitiert in: *Materials for the Study of the Bābī Religion*, S. 276
178 *Materials for the Study of the Bābī Religion*, S. 277-287
179 *Bahā'ismus*, S. 123
180 *Bahā'ismus*, S. 127
181 Shoghi Effendi, *Gott geht vorüber*, S. 168; H. M. Balyuzi, *Bahā'u'llāh*, S. 191

Browne stellt zutreffend fest, daß Bahā'u'llāh bereits in der Baghdāder Zeit von den Feinden der Bābī als Oberhaupt der Gemeinde betrachtet wurde, »and that consequently it was against him that their proceedings were chiefly directed«[182]. An anderer Stelle berichtet Browne, daß Mīrzā Yaḥyā Azal in Baghdād ein Leben in fast völliger Abgeschiedenheit führte und die Führung Bahā'u'llāh überließ, »who thus gradually became the most prominent figure and the moving spirit of the sect«[183]. Auch die Azalī-Apologie *Hasht Bihisht* bestätigt die Abgeschiedenheit Mīrzā Yaḥyā Azals, who »passed his nights and days behind the curtains of seclusion apart from believers and others«[184]. Darüber hinaus ist dem *Hasht Bihisht* zu entnehmen, daß Bahā'u'llāh in Baghdād eine prominente Stellung als praktischer Leiter der Angelegenheiten innehatte.[185] Auch Browne bestätigt, daß Mīrzā Yaḥyā Azal in den Jahren zwischen dem Märtyrertod des Bāb und dem Ende der Baghdāder Zeit das nominelle Oberhaupt der Gemeinde war, wohingegen Bahā'u'llāh bereits damals »actually took the most prominent part in the organization of affairs«[186]. Im selben Sinne äußert sich der Verfasser des persischen Vorworts zum *Kitāb-i-Nuqṭatu'l-Kāf*, wenn er berichtet, Bahā'u'llāh habe Mīrzā Yaḥyā Azal bereits früher in allen Angelegenheiten unterstützt und sei das eigentliche Haupt der Bābī-Gemeinde, obwohl die Führerschaft nach außen hin bei Azal liege.[187]

Doch Bahā'u'llāh ging es nicht in erster Linie um eine organisatorische Verwaltung der Gemeinde, sondern vielmehr um deren geistig-ethische Erneuerung und Rechtleitung. Diese erfolgte durch Gespräche mit Gläubigen und insbesondere durch die in dieser Zeit entstandenen Werke Bahā'u'llāhs, wie das *Buch der Gewißheit*, die *Verborgenen Worte* oder die *Sieben Täler*. Browne berichtet 1889, daß Bahā'u'llāhs *Buch der Gewißheit* (*Kitāb-i-Īqān*), das in seinen Augen einen umfassenden Einblick in die

182 *J.R.A.S.* 1889, S. 944

183 *Tārīkh-i-Jadīd*, Introd., S. XXI

184 zitiert nach E. G. Browne, *A Traveller's Narrative*, S. 355

185 Die Formulierung in *Hasht Bihisht* (S. 301) lautet:

در آن هنگام پیشکاری امور بعهده میرزا حسینعلی برادر بزرگتر بود...

siehe auch *A Traveller's Narrative*, S. 358.

186 *J.R.A.S.* 1889, S. 887

187 *Kitāb-i-Nuqṭatu'l-Kāf*, persische Einleitung, S. mīm

Lehre des Bāb gebe[188], von allen Bābī eifrig gelesen und hoch geschätzt werde[189]. Er beschreibt es weiter als »a work of great merit, vigorous in style, clear in argument, cogent in proof, and displaying no slight knowledge of the Bible, Ḳur'ān, and Traditions on the part of the writer. It fully deserves the high estimation in which it is held by the Bābīs«[190]. Über Bahā'u'llāhs Schriften urteilt er insgesamt, sie seien einleuchtend, kraftvoll und eloquent.[191] An anderer Stelle erwähnt Browne, auch Mīrzā Yaḥyā Azal habe einige Bücher verfaßt, deren Bedeutung jedoch selbst von seinen eigenen Anhängern als zweitrangig betrachtet werde.[192]

Dagegen wandten sich auch bedeutende Bābī mit ihren Fragen an Bahā'u'llāh und baten um geistige Führung. Dies geht nicht nur aus einer Anfrage von einem der *Buchstaben des Lebendigen* hervor, die Bahā'u'llāh beantwortete[193], sondern auch aus der Existenz einiger Schriften Bahā'u'llāhs, die durch Fragen ausgelöst wurden, wie z. B. *Die Sieben Täler*, *Lawḥ-i-Kullu'ṭ-Ṭa'ām* oder das *Buch der Gewißheit*.

Alle diese Aspekte sprechen eindeutig dafür, daß Mīrzā Yaḥyā Azal sich unter den Bābī keineswegs als Gemeindeoberhaupt hervortat, auch wenn er es nominell war. Bereits von Anfang an scheinen sich die geistige Führung und die Regelung der Gemeindeangelegenheiten auf die Person Bahā'u'llāhs konzentriert zu haben, wenngleich Mīrzā Yaḥyā der Gemeinde offiziell vorstand. Offenbar war Mīrzā Yaḥyā auch nicht gewillt, die ihm vom Bāb zugedachte Rolle als Sprachrohr Bahā'u'llāhs zu spielen und die Gemeinde nach Bahā'u'llāhs Anweisungen zu führen. Er selbst scheint seine eigene, unabhängige Führerschaft angestrebt und dabei die ihm vom Bāb verliehene eigentliche Bestimmung mißachtet zu haben.[194] Da er es jedoch zugleich versäumte, die

---

188 *J.R.A.S.* 1889, S. 913
189 *J.R.A.S.* 1889, S. 944
190 *J.R.A.S.* 1889, S. 948
191 *Tārīkh-i-Jadīd*, Introd., S. XXVII
192 *J.R.A.S.* 1889, S. 518
193 *J.R.A.S.* 1892, S. 272, 316
194 An Mīrza Yaḥyā Azal gewandt, offenbarte Bahā'u'llāh über ein Jahrzehnt später im *Kitāb-i-Aqdas* (Vers 184) folgende aufschlußreiche Worte: »Say: O source of perversion! Abandon thy wilful blindness, and speak forth the truth amidst the people... Granted that the people were confused about thy station, is it conceivable that thou

Gemeinde tatsächlich geistig und administrativ zu führen, kam es zu dem bereits geschilderten sittlichen Niedergang und desolaten Zustand unter den Bābī.[195] Wollte Bahā'u'llāh die Gemeinde nicht völlig dem Untergang preisgeben, so mußte er früher oder später die Gemeindeangelegenheiten ohne das vorgesehene Sprachrohr in die Hand nehmen, was wiederum zur Folge hatte, daß sich die Aufmerksamkeit nicht — wie beabsichtigt — auf Mīrzā Yaḥyā Azal lenkte, sondern allein Bahā'u'llāh zukam.

Die Tatsache, daß Mīrzā Yaḥyā Azal vom Bāb als Oberhaupt der Bābī-Gemeinde eingesetzt worden war, wurde indessen von den Anhängern Bahā'u'llāhs, wie auch Browne erwähnt[196], nie bestritten. Shoghi Effendi, der Hüter des Bahā'ī-Glaubens, spricht von dem »Ernannten des Bāb (nominee of the Bāb) und anerkannten Führer der Bābī-Gemeinde (recognized chief of the Bābī community)«[197]. Er hält jedoch auch fest, daß der Bāb »nie einen Nachfolger (successor) oder Stellvertreter (viceregent) benannt und es auch abgelehnt« hat, »einen Ausleger für Seine Lehren (interpreter of His teachings) zu bestimmen. So kristallklar waren Seine Hinweise auf den Verheißenen, so kurz bemessen die Dauer Seiner eigenen Sendung, daß weder das eine noch das andere notwendig erschien«[198].

Da Ficicchia offenbar nicht zwischen den Begriffen Nachfolger des Bāb und Führer der Bābī-Gemeinde zu unterscheiden weiß, streicht er einen angeblichen Widerspruch in den diesbezüglichen Aussagen Shoghi Effendis heraus, der einerseits bestätigt, der Bāb habe keinen Nachfolger ernannt, andererseits von dem »anerkannten Führer der Bābī-Gemeinde« spricht.[199] Tatsächlich besteht jedoch ein großer Unterschied zwischen beiden Funktionen.

---

thyself art similarly confused? Tremble before thy Lord and recall the days when thou didst stand before Our throne, and didst write down the verses that We dictated unto thee — verses sent down by God, the Omnipotent Protector, the Lord of might and power. Beware lest the fire of thy presumptuousness debar thee from attaining to God's Holy Court. Turn unto Him, and fear not because of thy deeds. He, in truth, forgiveth whomsoever He desireth as a bounty on His part; no God is there but Him, the Ever-Forgiving, the All-Bounteous.«

195 siehe meine Ausführungen S. 494 f.

196 *J.R.A.S.* 1889, S. 997

197 Shoghi Effendi, *Gott geht vorüber,* S. 185/*God passes by*, S. 163

198 Shoghi Effendi, *Gott geht vorüber*, S. 32/*God passes by,* S. 28/29

199 Ficicchia, *Bahā'ismus*, S. 184 (Fußnote 135) unter Hinweis auf *Gott geht vorüber,* S. 32 und 185

Der Begriff »Nachfolger« kann im Sinne eines *valī*-Amtes (*vilāyat*) verstanden werden, das eine uneingeschränkte organisatorische wie auch geistige Führerschaft impliziert. Die Begriffe »Führer« bzw. »Oberhaupt der Bābī-Gemeinde« deuten zunächst eher auf die administrative Führung hin und beinhalten keineswegs eine unfehlbare geistige Führung oder das Recht, die Offenbarung verbindlich auszulegen. Allein die Tatsache, daß der Bāb Mīrzā Yaḥyā Azal bereits zu seinen Lebzeiten die Funktion des Gemeindeoberhauptes übertrug, während er selbst das geistige Oberhaupt blieb und weiterhin Schriften offenbarte, zeigt, daß es sich nicht um die Nachfolge gehandelt haben kann, sondern um den administrativen Mittelpunkt.

Im übrigen wäre es zu begrüßen, wenn Ficicchia eigene Formulierungen als solche belassen und sie nicht als Zitat ausgeben würde, indem er sie in Anführungszeichen setzt. So sucht man den als Zitat gekennzeichneten Begriff »provisorischer Sachwalter« unter der angegebenen Quelle vergeblich.[200]

Was Mīrzā Yaḥyā also von den Bahā'ī nicht zugebilligt wird, ist die Rolle eines Nachfolgers des Bāb und die nach der Verkündigung Bahā'u'llāhs als Manifestation Gottes im Jahre 1863 weiterhin willkürlich von ihm beanspruchte Führerrolle. Für sie ist Mīrzā Yaḥyā Azal der »provisorisch für die Zeit bis zur Manifestation des einen Verheißenen bestimmte Mittelpunkt«[201] — nicht mehr und nicht weniger. Diese Sichtweise wird durch eine Aussage des Bāb selbst bestätigt. Der Bāb legt in einem Schreiben an Mīrzā Yaḥyā Azal ausdrücklich nieder, daß Mīrzā Yaḥyā seine Autorität mit dem Kommen des Verheißenen verliere: »...And if God cause one like unto thee to appear in thy days, then he it is to whom shall be bequeathed the authority on the part of God the Single, the One.«[202]

Mīrzā Yaḥyā Azal selbst beanspruchte unter dem Einfluß Sayyid Muḥammad Iṣfahānīs über die Funktion als Führer der Gemeinde hinaus, die ihm vom Bāb verliehen worden war, offen-

200 Ficicchia, *Bahā'ismus*, S. 184
201 Shoghi Effendi, *Gott geht vorüber*, S. 144. »The center provisionally appointed pending the manifestation of the Promised One« (*God passes by*, S. 127).
202 zitiert in *J.R.A.S.* 1892, S. 478

bar auch die Nachfolge des Bāb.[203] Er hat also den ihm zustehenden Anspruch auf Führerschaft der Gemeinde dahingehend überhöht, auch der Nachfolger des Bāb sein zu wollen, und beanspruchte damit eine Autorität, die ihm nicht zustand und die er gegenüber den Anhängern des Bāb nicht durchsetzen konnte. Die Usurpation lag also auf seiten Mīrzā Yaḥyā Azals und nicht, wie Ficicchia glauben machen möchte, auf Seiten Bahā'u'llāhs. Der Bāb hatte Mīrzā Yaḥyā vor einer derartigen Verirrung gewarnt: »Hüte dich, hüte dich, daß dich die neunzehn Buchstaben des Lebendigen und die Offenbarungen des Bayān nicht in Schleier hüllen!«[204] Interessanterweise zitiert Mīrzā Yaḥyā Azal in seinem Buch *Mustayqiẓ* die Warnungen des Bāb, die sich auf seine Person beziehen: Der Bāb hatte Mīrzā Yaḥyā offenbar der Obhut anderer Bābī anempfohlen, indem er ihn — wohl in Anbetracht seiner Jugend und Unerfahrenheit — mit einem frisch geschlüpften Küken vergleicht, um das die Bābī sich bemühen sollten. Nachdem er dessen Eigenschaften gepriesen hat, sagt der Bāb in prophetischen Worten, des kommenden Unheils sichtlich gewahr: »Unterstützt ihn durch Eure aufmerksame Liebe und steht ihm mit den Winden Eures Willens bei. Beschützt ihn vor allem, was das Wasser seiner Liebe in seinem Selbst trüben, den Odem seiner Güte in seinem Wesen ersticken, das Feuer seiner Nähe in seinem Sein verlöschen und seine Verstrickung in Neid vermehren könnte.«[205]

Browne hat die unterschiedlichen Positionen anschaulich dargestellt, wenn er schreibt: »They [the Bahā'īs] admit that Mīrzā Yaḥyā *was* the vicegerent of the Bāb, but declare that his right to exercise authority ceased on the appearance of ›He whom God

203 So scheint er sich zumindest gegenüber Captain Young in Zypern geäußert zu haben, da dieser das oben erwähnte Dokument mit dem Vermerk versehen hat »Copy of appointment of Ṣubḥ-i-Ezel as Bāb's successor, original written by the Bāb« (*J.R.A.S.* 1889, S. 997). Auch Shoghi Effendi bestätigt, daß er diesen Anspruch erhoben hat: siehe *Gott geht vorüber*, S. 129 (»claimed to be the successor of the Bāb« [*God passes by*, S. 114]).

204 zitiert bei 'Abdu'l-Bahā, »Testament« 1:4, in: *Dokumente des Bündnisses*, S. 24

205 *Mustayqiẓ*, zitiert nach Samandarī, in: 'Andalīb Editorial Board (Hrsg.), *Maḥbūb-i-'Ālam*, S. 332. Der arabische Text lautet:

حبكم و التو يدّوه بارياح ودكم و لتحفظوه عن كلّ ما يركد ماء حبّه فى نفسه و
يحبس هواء ودّه فى ذاته و تطفى نار قربه فى كينونته و ييّث تراب خذبه فى انيّته

shall manifest‹ and the commencement of the new dispensation which he ushered in. That ›He whom God shall manifest‹ has the right to assume the fullest authority — this authority extending to the abrogation of old and the addition of new ordinances — is conclusively proved by the Beyān itself. The whole question on which the Bābī schism[206] hinges is therefore this: „Is Behā ›He whom God shall manifest‹, or not? If he is, then Ṣubḥ-i-Ezel's appointment ceases to be valid. If not, then Ṣubḥ-i-Ezel is undoubtedly the Bāb's chosen successor".«[207] Mīrzā Yaḥyā Azals Anspruch auf eine wie immer geartete Führerschaft war also mit dem Kommen des Verheißenen des Bāb, *Man yuẓhiruhu'llāh*, erloschen.

Möglicherweise um dieser unentrinnbaren Folgerung auszuweichen, geht Ficicchia noch weiter, indem er Mīrzā Yaḥyā Azal nicht nur die Nachfolge zuspricht, sondern ihn darüber hinaus als die vom Bāb verheißene neue Manifestation Gottes, *Man yuẓhiruhu'llāh*, und als den *Mahdī* verstanden wissen will[208] — ein Anspruch, den Azal offenbar nicht erhoben hat und von dem auch Browne in seinen Schriften nie berichtet. Diese Aussage entbehrt jeglicher Grundlage. Allein die folgenden drei Gründe zeigen, wie haltlos Ficicchias Argumentation und wie abwegig seine Theorie ist:

1. Ficicchias Gewährsmann ist Römer[209], der sich einzig und allein auf einen Absatz im *Kitāb-i-Nuqṭatu'l-Kāf* stützt[210]. Wie es um die Zuverlässigkeit des *Kitāb-i-Nuqṭatu'l-Kāf* als Quelle steht, wurde bereits ausgeführt[211], ebenso die entsprechende Stelle im *Kitāb-i-Nuqṭatu'l-Kāf*, auf die Römer sich bezieht[212]. Dort wird deutlich, daß man den *Kitāb-i-Nuqṭatu'l-Kāf* zwar als interessantes Kuriosum studieren mag, es aber keinesfalls als zuverlässige Quelle zur Bābī-Geschichte betrachten kann. Insofern ist eine

206 Zur Frage des Schismas siehe meine Ausführungen S. 538 f.
207 *J.R.A.S.* 1889, S. 997/998. Allerdings sind auch hier die Begriffe »Statthalter« und »Nachfolger« fehl am Platz; es geht vielmehr um die Gemeindeführung.
208 Ficicchia, *Bahā'ismus*, S. 100/101
209 *Die Bābī-Behā'ī*, S. 68 ff.
210 Römer verweist zwar auf *Tārīkh-i-Jadīd*, tatsächlich handelt es sich jedoch um einen Auszug aus dem *Kitāb-i-Nuqṭatu'l-Kāf*, den Browne in einem Anhang zu *Tārīkh-i-Jadīd* in Übersetzung wiedergibt.
211 siehe meine Ausführungen S. 397 f.
212 siehe meine Ausführungen S. 398 ff.

Aussage, die sich ausschließlich auf den *Kitāb-i-Nuqṭatu'l-Kāf* stützt, grundsätzlich mit Vorsicht zu genießen.

2. Ficicchia setzt — wie an vielen anderen Stellen seines Buches[213] — *Man yuẓhiruhu'llāh* mit dem *Mahdī* gleich. Diese Gleichsetzung von zwei völlig unterschiedlichen Wirklichkeiten beweist einen bedauerlichen Mangel an Kenntnis der grundlegenden Glaubenslehren der Bābī-Religion. Der Bāb trat mit dem Anspruch auf, der verheißene *Mahdī*[214] bzw. *Qā'im* zu sein, wenngleich er nach eigener Aussage diesen Anspruch nicht sofort enthüllte[215]. Der vom Bāb Verheißene wiederum ist *Man yuẓhiruhu'llāh*, der, den Gott offenbaren wird. Es besteht eine völlig klare und eindeutige Unterscheidung zwischen dem Kommen des im Islām erwarteten *Mahdī* oder *Qā'im*, das durch die Offenbarung des Bāb erfolgt ist, und dem Kommen des verheißenen *Man yuẓhiruhu'llāh*, das der Bāb in seinen Schriften an unzähligen Stellen angekündigt hat. Weder *Mahdī* noch *Man yuẓhiruhu'llāh* ist ein beliebig übertragbarer Titel.

---

213 z. B. *Bahā'ismus*, S. 94/95, 101, 129, 132, 265, 270

214 E. G. Browne, *A Traveller's Narrative*, S. 20

215 Bāb, *Auswahl* 4:4; siehe hierzu U. Gollmer, S. 453 ff. Der französische Orientalist A.-L.-M. Nicolas schreibt in seiner Einführung zu Band 1 des *Le Béyan Persan* (S. 3-5): »Tout le monde s'accorde à reconnaître qu'il lui était de toute impossibilité de proclamer hautement sa doctrine et de la répandre parmi les hommes. Il devait agir comme le médecin des enfants, qui enrobe une drogue amère sous une couche de sucre pour amadouer ses jeunes malades. Et le peuple au milieu duquel il a surgi était et est encore hélas! plus fanatique que ne l'étaient les Juifs à l'époque de Jésus, et la majesté de la paix Romaine n'était plus là pour arrêter les excès furieux de la folie religieuse d'un peuple surexcité. Donc, si le Christ, malgré la douceur toute relative d'ailleurs, du milieu dans lequel il prêcha, crut devoir employer la parabole, Siyyid 'Alī Muḥammed, *a fortiori*, dût déguiser sa pensée sous de nombreux détours et ne verser que goutte à goutte le philtre de ses vérités divines.« In einer Fußnote in *Nabīls Bericht* findet sich die deutsche Übersetzung dieser Passage: »Alle Welt ist sich darüber einig, daß es ihm absolut unmöglich war, seine Lehre laut zu verkünden, und sie unter den Menschen zu verbreiten. Er mußte wie ein Kinderarzt vorgehen, der seine bittere Arznei mit Zucker überzieht, um sie seinen kleinen Kranken schmackhafter zu machen. Und das Volk, aus dessen Mitte er hervorgegangen war, war und ist leider auch heute noch fanatischer als es die Juden zur Zeit Jesu waren; und die Autorität der *Pax Romana* gab es nicht mehr, sie hätte den wütenden Ausschreitungen des von religiösen Wahnvorstellungen übererregten Volkes Einhalt gebieten können. Wenn Christus, trotz der verhältnismäßig ruhigen Umgebung, in der er predigte, glaubte, Gleichnisse verwenden zu müssen, so mußte Siyyid 'Alī Muḥammad erst recht seine Gedanken in zahlreiche Vergleiche kleiden und das Wasser seiner göttlichen Wahrheiten nur tropfenweise verabreichen« (zitiert in *Nabīls Bericht*, Bd. 1, Seite 128, Fußnote 97).

Aus der irrtümlichen Gleichsetzung beider Kategorien ergibt sich weiter die falsche Schlußfolgerung, die Bahā'ī betrachteten den Bāb nicht länger als »die Verkörperung des (nunmehr in Bahā erschienenen) Mahdī... »[216]. Dies trifft nicht zu, da die Bahā'ī den Bāb nach wie vor als *Mahdī* und *Qā'im* und zugleich als Stifter einer eigenständigen Religion, als Manifestation Gottes, verstehen, während Bahā'u'llāh für sie der vom Bāb verheißene *Man yuẓhiruhu'llāh*, der Stifter des Bahā'ī-Glaubens, nicht aber der *Mahdī* oder *Qā'im* ist.[217] Es trifft nicht zu, daß Bahā'u'llāh, wie Ficicchia behauptet, »seinerseits erklärte, der verheißene Mahdī zu sein«[218]. Einen solchen Anspruch hat Bahā'u'llāh nie erhoben. Ficicchia bleibt denn auch den Beweis schuldig und verzichtet auf eine Quellenangabe. Er liest jedoch gelegentlich dort den »Imām Mahdī« heraus, wo dieser weder erwähnt noch gemeint ist.[219]

3. Wie Ficicchia selbst wiederholt betont[220] und auch Browne es schildert[221], vertraten Mīrzā Yaḥyā Azal und seine Anhänger die Auffassung, daß der verheißene *Man yuẓhiruhu'llāh* keinesfalls vor Ablauf von 1000 Jahren erscheinen werde, da sich die Religion des Bāb erst weiter verbreiten und ihr Gesetz erst angenommen werden müsse, zumindest in einigen Ländern der Erde. Auch würden zwei Manifestationen nicht in solch kurzem Abstand aufeinanderfolgen. Die Anhänger Mīrzā Yaḥyā Azals waren — wie Browne 1889 berichtet — jedenfalls der Überzeugung, daß der Verheißene noch nicht erschienen sei.[222] Somit kam Mīrzā Yaḥyā Azal für diesen Rang — wollte er seiner eigenen Auffassung treu bleiben — nicht in Betracht.[223]

---

216 *Bahā'ismus*, S. 110
217 Zum Ganzen siehe U. Gollmer, S. 459 ff.
218 *Bahā'ismus*, S. 270
219 z. B. *Bahā'ismus*, S. 172. Hier faßt er die Inhalte der *Tajallīyāt* von Bahā'u'llāh zusammen und führt dabei u. a. »die Gewißheit in Bahā'ullāh als dem erschienenen Imām Mahdī« an. Hiervon ist in *Tajallīyāt* überhaupt nicht die Rede (siehe *Botschaften* 5:13-14).
220 *Bahā'ismus*, S. 95, 129
221 *J.R.A.S.* 1889, S. 514/515
222 *J.R.A.S.* 1889, S. 505
223 Dennoch erklärte Mīrzā Yaḥyā später (in Adrianopel) als Reaktion auf den Anspruch Bahā'u'llāhs, der Verheißene zu sein, daß er selbst »zum Empfänger einer unabhängigen Offenbarung gemacht worden sei« (Shoghi Effendi, *Gott geht vorüber*, S. 189). Einige Aussagen Mīrzā Yaḥyās in seinem Werk *Mustayqiẓ* (S. 390-

V. Die Mordanschläge

Wenden wir uns nun dem düsteren Kapitel der Mordanschläge und der gegen Bahā'u'llāh in diesem Zusammenhang erhobenen Anschuldigungen zu. Sie fußen alle ausschließlich auf der Azalī-Apologie *Hasht Bihisht*[224], der Browne durch seine auszugsweise Übersetzung und Inhaltsangabe im Anhang zu *A Traveller's Narrative*[225] zu Prominenz verholfen hat. Doch während Browne den ausgesprochen polemischen Charakter der Azalī-Apologie wiederholt hervorhebt[226] und klar erkennen läßt, daß er die Berechtigung der erhobenen Vorwürfe nicht zu beurteilen vermag[227], werden diese Anschuldigungen bei Römer und Ficicchia im Handumdrehen zu bewiesenen Tatsachen und die Azalī-Chronik *Hasht Bihisht* zu einer verläßlichen Quelle, deren Aussagen bedenkenlos zitiert und als wahr dargestellt werden. Schließlich bietet sich hier eine treffliche Gelegenheit, vermittels düsterer Mordverdächtigungen Zweifel zu streuen und Bahā'u'llāh und seine Anhänger moralisch zu diskreditieren. Wer sich in Verfolgung seiner Ziele krimineller Mittel bedient, ist als »Manifestation Gottes« unglaubwürdig. Ein Prophet, der Widersacher durch Mord aus dem Weg räumen läßt, verdient keinen Glauben. Es kann daher nur zwei Möglichkeiten geben: entweder es handelt sich nicht um einen Offenbarer — dies ist die Alternative, auf die Römer und Ficicchia hinauswollen —, oder die Mordanschuldigungen sind aus der Luft gegriffen, um den Namen des Offenbarers zu besudeln und ihn als unglaubwürdig darzustellen. Daß letzteres der Fall ist, werden wir im folgenden nachweisen.

---

393) lassen bereits auf einen derartigen Anspruch schließen. Ob er mit diesem Anspruch jedoch zugleich die Erfüllung der Prophezeiungen des Bāb bezüglich des verheißenen *Man yuẓhiruhu'llāh* zu sein beanspruchte, bleibt offen. In seinen Schriften geht Mīrzā Yaḥyā m. W. nicht auf diese Frage ein.

224 *Hasht Bihisht* ist keineswegs eine zuverlässige Quelle. Siehe meine Ausführungen S. 410 ff.

225 *A Traveller's Narrative*, S. 352-364 (Note W)

226 so z. B. *A Traveller's Narrative*, S. 362 (Note W): »The author of the Hasht Bihisht, after indulging in a good deal of strong invective, garnished with many allusions to Pharaoh, the Golden calf, and Sāmirī, brings forward further charges against the Behā'is«; siehe auch S. 356: »These sections occupy many pages, are of a violently polemical character, and contain grave charges against the Behā'īs and vehement attacks on their position and doctrines.«

227 *A Traveller's Narrative*, S. 364 (Note W)

Um das Ergebnis der Untersuchung vorwegzunehmen sei hier angemerkt: Die vorhandenen Zeugnisse und Indizien enthüllen den tendenziösen Charakter des *Hasht Bihisht* und machen deutlich, daß die darin erhobenen Anschuldigungen nicht nur frei erfunden sind, sondern oft einen detaillierten Bericht der Schandtaten liefern, die Mīrzā Yaḥyā Azal und seine Gefolgsleute selbst begangen haben und nunmehr ihren Widersachern anlasten.

1. Die Ermordung Dayyāns

Sayyid Asadu'llāh aus Khuy war ein einflußreicher und ergebener Anhänger des Bāb, der ihm den Namen »Dayyān« (Richter) verliehen hatte. Mīrzā Yaḥyā Azals Führerschaft in Baghdād war so schwach und der Zustand der Gemeinde so desperat, daß, wie bereits dargelegt, eine ganze Reihe Bābī eigene Führungsansprüche geltend machten, unter ihnen auch Dayyān, der zeitweise einen derartigen Anspruch erhoben und Mīrzā Yaḥyās Autorität als nominelles Gemeindeoberhaupt in Frage gestellt hat. Mīrzā Yaḥyā sah in ihm eine Gefahr für seine Autorität. Da er den einflußreichen und klugen Dayyān nicht zur Anerkennung seiner eigenen Führungsansprüche bewegen konnte, verfaßte er eine Schrift, der er den Titel *Mustayqiẓ* gab, um, wie das Vorwort besagt[228], Dayyān zurechtzuweisen und seine Ansprüche zu widerlegen. Schließlich gab Mīrzā Yaḥyā seinem Diener Mīrzā Muḥammad-i-Māzindarānī den Befehl, Dayyān in Adharbāyjān aufzuspüren und zu ermorden.[229] Dieser Befehl konnte zunächst nicht ausgeführt werden, weil Dayyān sich in der Zwischenzeit auf den Weg nach Baghdād begeben hatte, wo er mit Bahā'u'llāh zusammentraf, der kurz zuvor aus den Bergen Kurdistāns zurückgekehrt war. Bei dieser Begegnung erkannte Dayyān in Bahā'u'llāh den vom Bāb verheißenen *Man yuẓhiruhu'llāh*, noch bevor Bahā'u'llāh seinen Anspruch erhoben hatte. Wie ihm vom Bāb verheißen, war Dayyān der dritte Gläubige, der an Bahā'u'llāh glaubte. Wenige Tage darauf fiel Dayyān dem Mordanschlag zum Opfer.[230] Auch ein

---

228 *Mustayqiẓ*, S. 1-2
229 vgl. Shoghi Effendi, *Gott geht vorüber*, S. 141; H. M. Balyuzi, *Bahā'u'llāh*, S. 155
230 *a. a. O.*

weiterer Bābī namens Mīrzā 'Alī-Akbar wurde im Auftrag Mīrzā Yaḥyās durch die Hand seines Dieners Mīrzā Muḥammad-i-Māzindarānī ermordet.[231] Bahā'u'llāh hat in seinem Werk *Brief an den Sohn des Wolfes* den Tod dieses Gläubigen, den der Bāb ausgezeichnet hatte, beklagt und erklärt, daß Mīrzā Yaḥyā der Anstifter der Tat war.[232]

Demgegenüber behauptet Ficicchia unter Berufung auf Römer und Gobineau, Bahā'u'llāh sei es gewesen, der den Mordbefehl erteilt habe. Die Passage hat folgenden Wortlaut: »In den Jahren 1853/54 trat Mīrzā Asad'ullāh Tabrīzī, genannt *Dayyān* (Richter), mit dem Anspruch hervor, der Mahdī zu sein. Graf Gobineau berichtet, daß er in 'Arabistān (H̱ūsistān), wo er eine Partei bilden wollte, von den Bābī ergriffen und im Šaṭṭ al-'Arab ertränkt wurde. Es soll Ǧanāb-i Bahā selbst gewesen sein, der nach erregter Auseinandersetzung mit Dayyān seinem Diener Mīrzā Muḥammad von Māzindarān befahl, ihn zu erschlagen.«[233]

Was ist davon zu halten? Zunächst sollte man sehen, daß die Quellenlage eine andere ist, als Ficicchia angibt. Sein hier zitierter Absatz entspricht fast wörtlich den Ausführungen Römers.[234] Doch die von Römer angeführten Quellen hatte Ficicchia offenbar nicht in der Hand, jedenfalls hat er sie nicht überprüft, sonst hätte er bemerkt, daß Gobineau auf der angegebenen Seite keinerlei Ausführungen über das Verbrechen macht. An anderer Stelle[235] findet sich lediglich die Aussage, Dayyān habe sich, nachdem man sich bereits auf Mīrzā Yaḥyā als Nachfolger des Bāb geeinigt hatte, als den neuen Bāb (*le nouveau Bâb*) bekannt gemacht, woraufhin die Bābī (Gobineau nennt sie *religionnaires*) Dayyān im *Shaṭṭ-al-'Arab* ertränkt hätten.[236] Wenngleich diese Aussage nicht zutreffend ist, da man sich weder auf Mīrzā Yaḥyā als Nachfolger des Bāb geeinigt hatte[237] noch Dayyān zum Zeitpunkt seiner Er-

---

231 siehe Bahā'u'llāh, *Kitāb-i-Badī'*, S. 293
232 Bahā'u'llāh, *Brief an den Sohn des Wolfes*, S. 150
233 *Bahā'ismus*, S. 111/112 (Hervorhebung durch F.)
234 *Die Bābī-Behā'ī*, S. 80
235 *Les Religions et les Philosopies dans l'Asie Centrale*, S. 277/278
236 *ibid.* S. 277/278
237 siehe meine Ausführungen S. 503 ff.

mordung einen derartigen Anspruch aufrecht erhielt[238], so weist sie doch auf das Mordmotiv hin: Dayyān wurde liquidiert, weil er die Führerschaft Mīrzā Yaḥyā Azals nicht anerkannte. Im gesamten Werk Gobineaus findet sich dagegen keine Aussage, die man auch nur im geringsten als Belastung Bahā'u'llāhs deuten könnte. Bahā'u'llāh erscheint in diesem Werk nur ein einziges Mal, in völlig anderem Zusammenhang.[239]

Darüber hinaus gibt Römer für seine Behauptung, es sei Bahā'u'llāh gewesen, der »nach erregter Auseinandersetzung«[240] mit Dayyān den Mordbefehl erteilt hat, gar nicht Gobineau an, sondern die Browne'schen Auszüge aus *Hasht Bihisht*[241]. Hätte Ficicchia sich der Mühe unterzogen, Brownes Formulierung (»after a protracted discussion«) mit Römers Übersetzung (»nach erregter Auseinandersetzung«) zu vergleichen, so hätte er erkennen können, daß Römer mit dieser Formulierung gleich noch ein mögliches Mordmotiv mitliefert, das ansonsten völlig fehlt, wenn bei ihm aus einer »langen Diskussion« eine »erregte Auseinandersetzung« geworden ist. Im persischen Original ist lediglich von einem Zusammentreffen mit vielen Fragen und Antworten (*su'āl va javāb-i-besiār kardih*) die Rede.[242]

So bleibt als einzige Quelle für den gegen Bahā'u'llāh erhobenen Mordvorwurf die Azalī-Schrift *Hasht Bihisht*. Aufgrund folgender Indizien kann kein Zweifel daran bestehen, daß für die in dieser Quelle Bahā'u'llāh zur Last gelegten Verbrechen Mīrzā Yaḥyā Azal selbst verantwortlich war, wie dies in den Bahā'ī-Quellen dargestellt ist:

a) Dayyān war Bahā'u'llāh in Liebe zugetan. Er hatte ihn in Baghdād aufgesucht und in ihm den Verheißenen erblickt.[243] Ba-

---

238 Bahā'u'llāh spricht Dayyān im *Kitāb-i-Badī'* von diesem Vorwurf frei (S. 253). Auch Samandarī berichtet, daß er ein Schreiben gesichtet hat, in dem Dayyān die zeitweise erhobenen Ansprüche zurücknimmt ('Andalīb Editorial Board [Hrsg.], *Maḥbūb-i-'Ālam*, S. 326).

239 Gobineau, *Les Religions et les Philosophies dans l'Asie Centrale*, S. 277. Hier erwähnt Gobineau lediglich, die Frau von Jināb-i-Bahā habe Mīrzā Yaḥyā (Ḥaḍrat-i-Azal) aufgezogen.

240 *Die Bābī-Behā'ī*, S. 80

241 *A Traveller's Narrative* (Note W), S. 357

242 *Hasht Bihisht*, S. 302/303

243 Bahā'u'llāh erwähnt, daß Dayyān in seine Gegenwart gelangt war (*Brief an den Sohn des Wolfes*, S. 151). Siehe auch H. M. Balyuzi, *Bahā'u'llāh*, S. 155.

hā'u'llāh seinerseits preist Dayyān mehrfach in seinen Werken[244] und verurteilt seine Ermordung mit folgenden Worten: »Dieser unterdrückte Dayyān, der die Schatzkammer der Erkenntnis Gottes war, erlitt zusammen mit Mīrzā ʿAlī-Akbar, einem Verwandten des Ersten Punktes[245] — die Herrlichkeit Gottes und Seine Barmherzigkeit seien mit Ihm — Abū'l-Qāsim-i-Kā<u>sh</u>ī und mehreren anderen den Märtyrertod auf Anstiften Mīrzā Yaḥyās.... Ich schwöre bei Gott: Die Taten, die jener beging, waren dergestalt, daß Unsere Feder sich schämt, sie aufzuzählen.«[246] Was sollte da das Mordmotiv gewesen sein?

b) Mīrzā Yaḥyā Azal dagegen stand mit dem Ermordeten in heftigem Konflikt. Er hatte eigens eine Schrift (*Mustayqiẓ*) gegen ihn verfaßt, in der er ihn wegen seines erhobenen Anspruchs angriff. Wenn es einen gab, der an seiner Beseitigung interessiert war, so war dies Mīrzā Yaḥyā.

c) Darüber hinaus hat diese Schrift den Charakter einer Schmähschrift. Mīrzā Yaḥyā beläßt es nicht bei einer inhaltlichen, argumentativen Auseinandersetzung, sondern beschimpft Dayyān in wüsten Worten und belegt ihn mit Titeln wie *Abū'<u>sh</u>-<u>Sh</u>urūr* (Vater der Schlechtigkeiten)[247], *Abū'd-Dawāhī* (Vater des Unglücks)[248] oder *<u>Sh</u>ayṭān* (Satan)[249].

d) Das Werk *Mustayqiẓ* gipfelt in einem regelrechten öffentlichen Mordaufruf Mīrzā Yaḥyā Azals wider Dayyān, den Browne in englischer Übersetzung wiedergibt: »Ṣubḥ-i-Ezel ... not only reviles him in the coarsest language, but expresses surprise that his adherents ›sit silent in their places and do not transfix him with their spears,‹ or ›rend his bowels with their hands‹.«[250]

e) Abgesehen von der unverhohlenen Mordaufforderung Mīrzā Yaḥyā Azals in *Mustayqiẓ* gibt es noch ein weiteres interessantes Zeugnis, das ein Licht auf die Ereignisse wirft. Eine Schwester Mīrzā Yaḥyās, die sich auf dessen Seite geschlagen hatte, hatte von ʿAbdu'l-Bahā einen Brief erhalten, in dem er seiner Tante vor

244 *Brief an den Sohn des Wolfes*, S. 149-151; *Kitāb-i-Badīʿ*, S. 253
245 des Bāb
246 *Brief an den Sohn des Wolfes*, S. 150
247 *Mustayqiẓ*, S. 88, 111, 113, 121, 141, 142, 143, 145, 146, 147, 151 u. a.
248 *Mustayqiẓ*, S. 179, 198, 215, 227
249 *Mustayqiẓ*, S. 203, 204
250 E. G. Browne, *Materials for the Study of the Bābī Religion*, S. 218

Augen führt, wie unhaltbar die Forderungen Mīrzā Yaḥyā Azals waren. Ihre Antwort — bekannt als *Risāliy-i-'Ammih* (Die Abhandlung der Tante) — ist höchst aufschlußreich. Sie unternimmt in dieser Apologie Mīrzā Yaḥyās nicht den geringsten Versuch, Yaḥyās Verantwortung für den Mord an Dayyān zu leugnen. Im Gegenteil, sie scheut sich nicht, Mīrzā Yaḥyā Azal mit dem Hinweis zu rechtfertigen, Dayyān sei ›der Vater der Schlechtigkeit‹ gewesen[251] und Mīrzā Yaḥyās Ratschluß (*ḥukm*) sei der Ratschluß Gottes[252].

f) Auch die Autoren des *Hasht Bihisht* sind von der negativen Beurteilung Dayyāns, wie wir sie in Mīrzā Yaḥyās *Mustayqiẓ* und in *Risāliy-i-'Ammih* finden, nicht im geringsten abgerückt. Sie brandmarken ihn vielmehr als den »Judas Ischariot der Bābī-Offenbarung«[253].

Angesichts der oben dargelegten schriftlichen Zeugnisse Mīrzā Yaḥyā Azals in seinem Buch *Mustayqiẓ* und seiner Anhänger in *Risāliy-i-'Ammih* und *Hasht Bihisht*, sowie der Darstellung Bahā'u'llāhs in *Brief an den Sohn des Wolfes* möge der Leser sich selbst ein Bild davon machen, ob die Anschuldigungen des *Hasht Bihisht* gegen Bahā'u'llāh gerechtfertigt sind oder ob sie nicht vielmehr dem Zweck dienen, von der Schuld Mīrzā Yaḥyā Azals abzulenken und Bahā'u'llāh zu diffamieren.

2. Die Ermordung dreier Azalī in 'Akkā

Bahā'u'llāh war 1868 zusammen mit einer größeren Zahl seiner Anhänger in die Gefängnisstadt 'Akkā verbannt worden. Die osmanischen Behörden hatten darüber hinaus auch mindestens zwei Azalī nach 'Akkā ins Exil geschickt, wohl in der Hoffnung, daß diese ihnen über jede Aktivität der Bahā'ī Meldung machen würden. Tatsächlich bespitzelten sie die Bahā'ī mit großem Eifer und Erfolg. So achteten sie mit größter Sorgfalt darauf, daß die in 'Akkā eintreffenden Bahā'ī-Pilger sofort wieder aus der Stadt gewiesen wurden, indem sie den Behörden ihr Eintreffen melde-

251 *Risāliy-i-'Ammih*, in: *Tanbīh al-nā'imīn*, Teheran o. J., S. 89
252 *Risāliy-i-'Ammih*, in: *Tanbīh al-nā'imīn*, Teheran o. J., S. 90
253 *Hasht Bihisht*, S. 283

ten.[254] Die beiden Azalī, Sayyid Muḥammad Iṣfahānī und Āqā-Jān Big, die mit nach ʻAkkā verbannt worden waren, waren nach Aussage von Āqā Riḍā[255] die ersten zwei oder drei Tage in der Zitadelle untergebracht, wurden dann aber auf ihre Bitte hin verlegt und erhielten ein Zimmer über dem Stadttor, von wo aus sie alle Neuankömmlinge beobachten konnten. Viele der Pilger, die Bahā'u'llāh zu sehen wünschten, hatten den ganzen Weg von Persien bis nach ʻAkkā zu Fuß zurückgelegt — entsprechend groß war ihre Enttäuschung, wenn sie die Stadt sofort wieder verlassen mußten. Die Azalī verfälschten auch das Schrifttum Bahā'u'llāhs durch Abänderungen und Einschübe, um ihnen »einen ketzerischen, gesellschaftsfeindlichen und provozierenden Anstrich zu geben«[256].

Diese Intrigen der Azalī bilden den Hintergrund einer ebenso verabscheuenswerten wie folgenschweren Tat: Sieben verzweifelte Anhänger Bahā'u'llāhs ermordeten in der Nacht des 22.1.1872[257] drei Azalī, namentlich Sayyid Muḥammad-i-Iṣfahānī, Āqā Jān-i-Kaj-Kulāh und Mīrzā Riḍā-Qulīy-i-Tafri<u>sh</u>ī, »obgleich Er (Bahā'u'llāh) Seinen Anhängern mehrfach, sowohl schriftlich wie mündlich, ganz streng jegliche Vergeltungsmaßnahmen gegenüber ihren Peinigern untersagt hatte...«[258] Bahā'u'llāh war entsetzt, als er von der Mordtat erfuhr. Die sieben Anhänger Bahā'u'llāhs hatten bewußt gegen seinen Willen gehandelt, indem sie sich der Intrigen und Unterdrückung seitens der Anhänger Mīrzā Yaḥyā Azals durch Mord zu entledigen suchten. Bahā'u'llāh spielt in seinen Schriften auf ihr Verhalten an: »Meine Gefangenschaft kann Mir keine Schande bringen. Nein, bei Meinem Leben, sie verleiht Mir Ruhm! Was Mich beschämen kann, ist das Verhalten jener Meiner Anhänger, die vorgeben, Mich zu lieben, doch in Wirklichkeit dem Bösen folgen. Sie gehören für-

254 H. M. Balyuzi, *Bahā'u'llāh*, S. 340
255 zitiert bei H. M. Balyuzi, *Bahā'u'llāh*, S. 325
256 H. M. Balyuzi, *Bahā'u'llāh*, S. 376
257 siehe M. Momen, *The Bābī and Bahā'ī Religions, 1844-1944*, S. 212. Die Mordtat ereignete sich während der Amtszeit des Generalgouverneurs für Syrien, Ṣubḥī Pā<u>sh</u>ā, der nach britischen Konsularunterlagen am 27.10.1871 in Damaskus eintraf, um seine Amtsgeschäfte aufzunehmen, die er bis Januar 1873 ausübte (FO 195.976 und 1027, siehe H. M. Balyuzi, *Bahā'u'llāh*, S. 383).
258 Shoghi Effendi, *Gott geht vorüber*, S. 215

wahr zu den Verlorenen.«[259] Für Bahā'u'llāh war dies das Schlimmste, was er während seiner Amtszeit erlebte, eine Heimsuchung, die ihn weit mehr belastete, als jegliche Anfeindung und Verfolgung seitens seiner Gegner, das düsterste Kapitel der Bahā'ī-Geschichte.[260] Der Chronist Āqā Riḍā beschreibt den Aufruhr, in den diese schrecklichen Mordtaten die Bevölkerung und Behörden ʿAkkās versetzte.[261] Bahā'u'llāh wurde zum Verhör aus seinem Haus geholt. Im Gouvernement wurde ihm, wie Muḥammad-Javād-i-Qazvīnī berichtet, die Frage gestellt, ob es sich gehöre, daß seine Männer eine so abscheuliche Tat begingen. Die Antwort Bahā'u'llāhs war: »Wenn ein Soldat, der Ihnen untersteht, eine Regel verletzt, werden dann Sie dafür zur Verantwortung gezogen und bestraft?«[262] Bahā'u'llāh blieb insgesamt siebzig Stunden in Gewahrsam und durfte dann in seine Wohnung zurückkehren. Die sieben Mörder wurden verurteilt, inhaftiert und sieben Jahre lang gefangen gehalten.

Auch in diesem Zusammenhang versucht Ficicchia erneut, Bahā'u'llāh zu diffamieren und ins moralische Abseits zu stellen, indem er ihn mit der Ermordung der drei Azalī in Verbindung bringt und seine stillschweigende Duldung der Bluttat behauptet. Ficicchia geht auf die »Meuchelmorde an den drei nach 'Akkā verschickten Azalī« ein, die in der »Historiographie der Bahā'ī hingegen nicht oder nur am Rande erwähnt« seien. Er schreibt weiter: »Nach Aussagen von Bahā'u'llāhs Tochter Bahīya H̲ānum geschahen diese Morde ohne dessen Vorwissen. Trotzdem wurde Bahā'u'llāh unter Anklage gestellt und mitsamt seiner Gefolgschaft für einige Tage wieder in Haft genommen. Unter den beseitigten Azalī befand sich auch der Hintermann Ṣubḥ-i-Azals, *Ḥāǧǧī Sayyid Muḥammad Iṣfahānī*, der ›Antichrist der Bahā'ī-Offenbarung‹, dessen Ermordung Bahā'u'llāh im *Kitāb al-Aqdas* ein ›Gottesgericht‹ nennt. Der Bericht des *Hašt bihišt*, der Bahā'u'llāh bezichtigt, diese Morde selbst angeordnet zu haben, ist allerdings wenig haltbar. Immerhin ließ er aber die Bluttaten

259 Bahā'u'llāh, *Ährenlese* 60:1
260 siehe auch U. Schaefer, S. 39 ff.
261 zitiert bei H. M. Balyuzi, *Bahā'u'llāh*, S. 380
262 zitiert bei H. M. Balyuzi, *Bahā'u'llāh*, S. 381; siehe auch: Shoghi Effendi, *Gott geht vorüber*, S. 216

seiner Anhänger so lange geschehen, wie seine eigene Position noch nicht vollends gefestigt war, und die Tatsache, daß der religiöse Mord im Orient nicht ungewöhnlich ist, ist hierbei ebenfalls zu berücksichtigen. Professor Browne selbst wurde von den Bahā'ī in Šīrāz dahingehend belehrt, daß ein Prophet einen Feind der Religion und der Gemeinschaft beseitigen muß, genauso wie ein Arzt ein brandiges Glied entfernt. Im Anklang an diese Aussage finden wir im bahā'istischen Schrifttum denn auch den Hinweis, daß ein Prophet selbst dann noch, wenn er eine Mordtat verübt hat, vor Gott wohlgefällig ist.«[263]

Es schien mir ratsam, diesen Abschnitt in voller Länge zu zitieren, da er sich geradezu anbietet, Ficicchias Vorgehensweise exemplarisch zu untersuchen. Wir werden daher im folgenden auf die einzelnen Vorwürfe und Behauptungen Ficicchias eingehen.

a) Zunächst einmal trifft es nicht zu, daß die Bahā'ī-Historiographie diese Mordtaten verschweigt oder nur am Rande erwähnt. So befaßt sich beispielsweise Shoghi Effendi eingehend mit dem Vorfall und seinen Folgen.[264]

b) Es ist zutreffend, daß einer der Ermordeten, Sayyid Muḥammad-i-Iṣfahānī, als »Antichrist der Bahā'ī-Offenbarung« bezeichnet wird.[265] Daß seine Ermordung indessen im *Kitāb-i-Aqdas* als »Gottesgericht« bezeichnet wird, trifft nicht zu. Sayyid Muḥammad-i-Iṣfahānī wird im *Kitāb-i-Aqdas* namentlich nicht genannt. Allerdings heißt es in einem Absatz, der sich auf ihn beziehen dürfte, Gott habe ihn hinweggenommen.[266] Bei dieser Formulierung handelt es sich um eine im Arabischen gebräuchliche Redewendung, um den Tod eines Menschen zu beschreiben, ausgehend von dem Gedanken, daß Gott allein Herr über Leben und Tod ist. Aus dem Text geht weder hervor, daß Sayyid Muḥam-

---

263 Ficicchia, *Bahā'ismus*, S. 185/186 (Hervorhebung durch F.)

264 Shoghi Effendi, *Gott geht vorüber*, S. 215-217

265 Shoghi Effendi, *Gott geht vorüber*, S. 187. Das Kommen des Antichrists wird nicht nur im Christentum, sondern auch im Islām prophezeit: er werde versuchen, das Kommen des Verheißenen am Tage des Gerichtes zu verderben.

266 *Kitāb-i-Aqdas* 184: »God hath laid hold on him who led thee astray« (siehe auch die auszugsweise Übersetzung von E.G. Browne, *J.R.A.S.* 1889, S. 980). Das arabische Original (S. 64) lautet:

قد اخذ الله من اغواك

mad-i-Iṣfahānī ermordet wurde, noch, daß seine Ermordung ein Gottesgericht sei, wie Ficicchia es glauben machen möchte.

c) Wenngleich die Unterstellung der Autoren des *Hasht Bihisht*, Bahā'u'llāh habe die Morde selbst veranlaßt, derart unbegründet ist, daß selbst Römer[267] und Ficicchia[268] an ihr zweifeln, schenken sie dem *Hasht Bihisht* in bezug auf einen anderen angeblichen Mordbefehl Bahā'u'llāhs Glauben. Warum sie den einen Vorwurf bezweifeln, den anderen aber annehmen, bleibt völlig im dunkeln.

d) Ficicchias Behauptung, Bahā'u'llāh habe die Morde so lange geschehen lassen, »wie seine eigene Position noch nicht vollends gefestigt war«[269], entbehrt jeglicher Grundlage. Sie stützt sich wieder auf eine Aussage Römers[270], der sich lediglich auf das in *A Traveller's Narrative* (Note W) von Browne gesammelte Material, also die Anschuldigungen der Azalī-Apologie *Hasht Bihisht,* beruft. Einen Mord geschehen lassen heißt, davon zu wissen und ihn stillschweigend zu dulden. Diese angebliche Duldung der Mordanschläge durch Bahā'u'llāh soll durch die Bemerkung, der religiöse Mord sei im Orient nichts Ungewöhnliches, plausibler gemacht werden. Da das Bahā'ī-Schrifttum sich jedoch so unzweideutig und entschieden gegen jede Art von Gewaltausübung — gerade auch im religiösen Bereich — ausspricht, ist Ficicchia mit dieser Art von Argumentation völlig unglaubwürdig. Führt man sich außerdem vor Augen, daß Bahā'u'llāh ohnehin ein Verbannter war, so ist kaum davon auszugehen, daß man ihn nach der angesetzten Untersuchung in sein Haus hätte zurückkehren lassen, wenn noch der geringste Verdacht auf Mittäter- oder Mitwisserschaft bestanden hätte.

e) Das Schrifttum Bahā'u'llāhs verbietet das Töten eines Menschen aus Glaubensgründen kategorisch. Der *jihād* wurde von Bahā'u'llāh abgeschafft.[271] Die Religion darf einzig und allein mithilfe der Sprache verbreitet werden, jede Ausübung von Gewalt oder Zwang ist untersagt: »Wisse, daß Wir die Herrschaft des

267 *Die Bābī-Behā'ī*, S. 137
268 *Bahā'ismus*, S. 186
269 *Bahā'ismus*, S. 186
270 *Die Bābī-Behā'ī*, S. 137
271 *Botschaften* 3:4, 3:29

Schwertes als Hilfe für Unsere Sache abgeschafft und an seiner Stelle die Macht eingesetzt haben, die aus der Rede der Menschen geboren ist. So haben Wir es kraft Unserer Gnade unwiderruflich bestimmt. Sprich: O Volk! Säe nicht die Saat der Zwietracht unter den Menschen, und stehe ab vom Streit mit deinem Nächsten...«[272] Und an anderer Stelle heißt es: »Er hat überdies bestimmt, daß Seine Sache durch die Kraft des menschlichen Wortes gelehrt werde, nicht durch die Anwendung von Gewalt. So wurde Sein Gebot aus dem Reiche Dessen herabgesandt, der der Erhabenste, der Allweise ist.«[273] Und schließlich: »Dieses Volk braucht keine Vernichtungswaffen, denn es rüstet sich, die Welt neu zu gestalten. Seine Heerscharen sind gute Werke, seine Waffe ist die Aufrichtigkeit und sein Befehlshaber die Gottesfurcht. Gesegnet ist, wer gerecht urteilt. Bei der Gerechtigkeit Gottes! Geduld, Friedfertigkeit, Ergebenheit und Zufriedenheit dieser Menschen[274] waren so groß, daß sie zu Vorbildern der Gerechtigkeit wurden, und ihre Nachsicht war so umfassend, daß sie sich lieber töten ließen als selbst zu töten .... Was kann sie dazu geführt haben, sich in so schwere Prüfungen zu finden und es abzulehnen, eine Hand zur Abwehr zu erheben? Was kann solche Ergebenheit und Gelassenheit bewirkt haben? Die wahre Ursache liegt in dem Verbot, das die Feder der Herrlichkeit Tag und Nacht aussprach...«[275] Und in seinem Testament legt Bahā'u'llāh das Ziel seiner Sendung ausdrücklich dar: »Das Ziel dieses Unterdrückten bei allen Leiden und Trübsalen, die Er ertragen, bei allen Versen, die Er offenbart, und bei den Beweisen, die Er dargebracht hat, war einzig und allein, die Flamme des Hasses und der Feindschaft zu löschen, damit der Horizont der Menschenherzen vom Lichte der Eintracht erleuchtet werde, daß er wahren Frieden und wirkliche Ruhe finde.«[276]

Edward Granville Browne, der 1890 von Bahā'u'llāh in Bahjī empfangen wurde, berichtete später über den Eindruck, den Ba-

272 *Ährenlese* 139:5

273 *Ährenlese* 128:10

274 Dieser Text bezieht sich auf Gläubige in Māzindarān.

275 Bahā'u'llāh, *Brief an den Sohn des Wolfes*, S. 75. Das »Verbot, das die Feder der Herrlichkeit Tag und Nacht aussprach«, bezieht sich auf die Gewaltanwendung, die Bahā'u'llāh seinen Anhängern strikt untersagt hatte.

276 »Kitāb-i-'Ahd«, in: *Botschaften* 15:2

hā'u'llāh bei ihm hinterließ und die Worte, die an ihn gerichtet wurden:

> »Das Antlitz dessen, den ich erblickte, kann ich nie vergessen, und doch vermag ich es nicht zu beschreiben. Diese durchdringenden Augen schienen auf dem Grund der Seele zu lesen; Macht und Autorität lagen auf dieser hohen Stirn... Hier bedurfte es keiner Frage mehr, vor wem ich stand, als ich mich vor einem Manne neigte, der Gegenstand einer Verehrung und Liebe ist, um die ihn Könige beneiden und nach der Kaiser sich vergeblich sehnen! Eine milde, würdige Stimme bat mich, Platz zu nehmen, und fuhr dann fort: ›Preis sei Gott, daß du angelangt bist!... Du bist gekommen, einen Gefangenen und Verbannten zu sehen... Wir wünschen nur das Gute dieser Welt und das Glück ihrer Völker; und doch betrachten sie Uns als Aufrührer und Unheilstifter, der Gefängnis und Verbannung verdient... Daß alle Völker eins im Glauben und alle Menschen wie Brüder werden sollten; daß die Bande der Zuneigung und Einheit zwischen den Menschenkindern verstärkt werden sollen; daß der Religionsstreit aufhören und die Rassenunterschiede beseitigt werden sollen — was könnte das schaden?... Und es wird so kommen. Diese nutzlosen Kämpfe, diese zerstörerischen Kriege werden vergehen, und der „Größte Friede" wird kommen‹...«[277]

Angesichts dieser Lehren mag man sich das Entsetzen Bahā'u'llāhs vorstellen, als er von den Mordtaten Kenntnis erhielt. Bahā'u'llāh hat sich stets an seine Lehren gehalten, für ihn gab es keine Ausnahmen oder Kompromisse.

f) Getreu seiner Lehre hatte Bahā'u'llāh seinen Anhängern jede Vergeltung untersagt und sogar einen verantwortungslosen arabischen Gläubigen nach Beirut zurückgeschickt, weil dieser »die

277 Browne in seiner Einleitung zu *A Traveller's Narrative*, S. XXXIX ff., zitiert nach der Übersetzung in: Internationale Bahā'ī Gemeinde (Hrsg.), *Bahā'u'llāh*, S. 67/68

Absicht hegte, das Unrecht, das sein geliebter Führer leiden mußte, zu rächen...«[278] Das Schreiben Bahā'u'llāhs an besagten arabischen Gläubigen wurde von Browne übersetzt. Es heißt darin: »Go hence and do not perpetrate that wherefrom mischief will result!«[279]

g) Die oben zitierte Darstellung Ficicchias zeigt erneut, wie tendenziös und unwissenschaftlich er mit Quellen umgeht. Der Inhalt der Quelle wurde erheblich verändert: Während Browne ein Gespräch mit einem einzigen Bābī-Sayyid von Shīrāz beschreibt[280], sind es bei Römer »die Bābī in Shīrāz«, von denen Browne Auskunft bekommen habe[281], und bei Ficicchia werden hieraus schließlich »die Bahā'ī in Shīrāz«, die Browne belehrt haben[282]. Aus einem Bābī wird also zunächst eine ganze Bābī-Gemeinde, wobei durch die Einführung des Plurals signalisiert werden soll, es handle sich um eine allgemein verbreitete Auffassung. Dagegen geht aus dem Bericht Brownes eindeutig hervor, daß hier ein einzelner Bābī seine Meinung äußerte. Diese ist zum einen nicht zu verallgemeinern, zum anderen bezieht sie sich offenbar auf konkrete Ereignisse in der islāmischen Geschichte, ist also in einem völlig anderen Kontext zu sehen.

Die weitergehende Manipulation der Quelle durch Ficicchia, bei dem aus Bābī unversehens Bahā'ī geworden sind, ist folgenschwer: Der Begriff Bābī läßt, da Browne ihn undifferenziert in einer Zeit benützte, da eine einheitliche Bābī-Urgemeinde schon lange nicht mehr bestand, drei Möglichkeiten zu: Bābī, Azalī oder Bahā'ī. Die frühen Bābī verteidigten sich mit Waffengewalt, da der Bāb den Gebrauch von Waffen im Falle von Notwendigkeit und der *mujāhada* (Kampf für den Glauben) erlaubt hatte.[283] Bahā'u'llāh hat in seinen Schriften den *jihād* und jede Art von Gewaltanwendung verboten.[284] Die Anhänger Mīrzā Yaḥyās teilten

278 Shoghi Effendi, *Gott geht vorüber*, S. 215
279 *Materials for the Study of the Bābī Religion*, S. 54; vgl. auch H. M. Balyuzi, *Bahā'u'llāh*, S. 377
280 *A Traveller's Narrative* (Note W), S. 372
281 *Die Bābī-Behā'ī*, S. 137
282 *Bahā'ismus*, S. 186
283 *Persischer Bayān* VII:6 (siehe auch Moojan Momen, *Selections from the Writings of E. G. Browne*, S. 388)
284 siehe *Botschaften* 7:7

dagegen den von Bahā'u'llāh gelehrten Gewaltverzicht nicht. Sie erachteten das Töten von Ungläubigen als rechtens. So heißt es in *Hasht Bihisht*: »Jeder, der nicht in die Opferstätte des Herzens und der Einheit (Gottes) eintritt[285], unterliegt dem Urteilsspruch, hingerichtet und getötet zu werden.«[286] Somit liegt die Vermutung nahe, daß es sich um einen Bābī oder Azalī, nicht aber um einen Bahā'ī handelte, wie Ficicchia gerne glauben machen möchte.

h) Schließlich ist Ficicchia bestrebt, seine oben getroffenen Aussagen durch den Hinweis auf ein Zitat 'Abdu'l-Bahās, das den Mord Mose erwähnt, zu erhärten und den Eindruck zu vermitteln, 'Abdu'l-Bahā billige die Mordtat eines Propheten. Tatsächlich sucht man jedoch in angegebener Textstelle und in allen anderen Bahā'ī-Schriften vergeblich nach einer derartigen Aussage. In dem angeführten Kapitel preist 'Abdu'l-Bahā die Manifestation Moses und stellt fest: »Moses hatte, um eine Grausamkeit zu verhindern, einen Ägypter erschlagen und war unter dem Volk als Mörder verrufen, um so mehr, als der Getötete dem Herrschervolk angehörte. Dennoch wurde Er nach Seiner Flucht zum Offenbarer auserwählt.«[287] Es geht also keineswegs — wie Ficicchia dies anklingen läßt — darum, »daß ein Prophet selbst dann noch, wenn er eine Mordtat verübt hat, vor Gott wohlgefällig ist«[288]. Darüber hinaus erfolgte die Tat vor der Berufung Mose zum Propheten und nicht während seines Prophetentums.[289]

Doch Ficicchia geht noch weiter: Er bezichtigt Bahā'u'llāh des eigenhändigen Mordes, indem er eine Aussage aus *Hasht Bihisht* als Tatsache wiedergibt, wonach ein gewisser Āqā Mīrzā Naṣru'-llāh, ein Bruder des in 'Akkā ermordeten Riḍā Qulīy-i-Tafrishī, »noch in Edirne von Bahā'u'llāh vergiftet«[290] worden sei. Hier stellt Ficicchia die infame Verleumdung des *Hasht Bihisht* als Tatsache dar, obwohl er an anderer Stelle selbst an den Aussagen des

285 d. h. jeder, der nicht glaubt

286 هر کس وارد به مشعر فؤاد و توحید نیست حکم بقتل و کشتن او شده
Hasht Bihisht, S. 172

287 *Beantwortete Fragen* 5:7

288 Ficicchia, *Bahā'ismus*, S. 186

289 zu dieser Thematik vgl. U. Schaefer, S. 47, Fußnote 172

290 *Bahā'ismus*, S. 143, nach *Hasht Bihisht* (S. 306); zitiert in *A Traveller's Narrative* (Note W), S. 361

Hasht Bihisht zweifelt.[291] Nach welchen Kriterien Ficicchia die Glaubwürdigkeit der Aussagen in *Hasht Bihisht* beurteilt, bleibt unklar. Die Autoren des *Hasht Bihisht* jedenfalls belassen es wie immer bei der bloßen Anschuldigung und führen keinerlei Indizien oder Beweise an. Tatsache ist, daß besagter Mīrzā Naṣru'llāh in Adrianopel eines natürlichen Todes starb.[292]

Wie schnell Azalī bei der Hand waren, Bahā'ī des Mordes oder Mordversuches zu bezichtigen, zeigt nicht nur das Werk *Hasht Bihisht*, sondern auch eine Äußerung Riḍvān-'Alīs, eines Sohnes Mīrzā Yaḥyā Azals, der von Zypern aus nach 'Akkā gereist war und den Bahā'ī unterstellte, sie hätten ihn vergiften wollen. Browne betrachtet diese Beschuldigung als unbegründet. Er schreibt: »He also believed (but, as it appears to me, without any grounds) that an attempt had been made to poison him; and he congratulated himself on his safe return to Cyprus.«[293]

3. Die Mordanschläge Mīrzā Yaḥyās in Adrianopel

Während Ficicchia in den oben erwähnten Abschnitten seines Buches darauf abzielt, Bahā'u'llāh des Mordes zu bezichtigen, vermeidet er es peinlichst, Mīrzā Yaḥyā Azal in diesem Licht erscheinen zu lassen. Die Mordanschläge durch die Hand Mīrzā Yaḥyās verschweigt er tunlichst, wenngleich es zahlreiche Quellen gibt, die davon Zeugnis ablegen. Mīrzā Yaḥyā Azal wird, wie bereits erwähnt, von Ficicchia als ein »zu mystischer Verzückung neigender, introvertierter Jüngling«[294] beschrieben, seine Mordanschläge würden einfach nicht ins Bild passen. Daß es jedoch einer Korrektur des Bildes vom mystischen Jüngling bedarf, zeigt allein schon die durchaus weltliche, derbe Sprache dieses Jünglings. Seine zahlreichen Frauen und der Mordaufruf in seiner Schrift *Mustayqiẓ* zeigen, daß es mit der »mystischen Verzückung«, die Ficicchia so herausstellt, nicht weit her gewesen sein kann.

---

291 *Bahā'ismus*, S. 186
292 H. M. Balyuzi, *Edward Granville Browne and the Bahā'ī Faith*, S. 36
293 *J.R.A.S.* 1897, S. 768
294 *Bahā'ismus*, S. 20

Ficicchia nennt Mīrzā Yaḥyā nicht als Urheber des Mordanschlags auf Bahā'u'llāh, sondern läßt den Eindruck entstehen, Ḥājī Sayyid Muḥammad-i-Iṣfahānī sei dafür verantwortlich gewesen: »Trotz der äußeren Treue, die die Gläubigen Ṣubḥ-i Azal [Mīrzā Yaḥyā Azal] leisteten, verfügte er dennoch nur mehr über wenige wirkliche Anhänger. Unter ihnen befand sich *Ḥāǧǧī Sayyid Muḥammad Iṣfahānī*, ein konsequenter Vertreter des orthodoxen Bābismus. Er stand Ṣubḥ-i-Azal treu zur Seite und versuchte zu retten, was noch zu retten war. Dabei soll auch vor handfesten Methoden nicht zurückgeschreckt worden sein. Es wird berichtet, daß man Ǧanāb-i Bahā nach dem Leben trachtete, indem man ihn durch Gift zu beseitigen versuchte. Das Attentat mißlang, doch Ǧanāb-i Bahā erkrankte und behielt als bleibenden Schaden ein Zittern der Hand.«[295] Indem Ficicchia die Nennung des Urhebers geschickt umgeht, läßt er im dunkeln, wer tatsächlich für die Vergiftung Bahā'u'llāhs verantwortlich ist. Die beiden anderen Anschläge Mīrzā Yaḥyā Azals auf das Leben Bahā'u'llāhs erwähnt er überhaupt nicht, wenngleich in der Literatur mehrfach davon berichtet wird. Die drei Mordanschläge Mīrzā Yaḥyās auf das Leben Bahā'u'llāhs sollen im folgenden kurz geschildert werden.

Etwa ein Jahr nach der Ankunft in Adrianopel war der Wunsch Mīrzā Yaḥyā Azals, seine frühere Führerschaft zurückzuerlangen, so groß geworden, daß er Bahā'u'llāh, der über großes Ansehen verfügte, nach dem Leben trachtete. Nun wurde deutlich, daß Mīrzā Yaḥyā vor keinem Mittel — auch nicht vor Mord am eigenen Bruder — zurückschreckte, um seinem Streben nach Anerkennung und Führerschaft unter den Bābī Geltung zu verschaffen und sich des Objekts seines Neids zu entledigen.

Zunächst versuchte Mīrzā Yaḥyā Azal, seinen Halbbruder zu vergiften, indem er dessen Teetasse mit einer giftigen Substanz bestrich.[296] Dies führte zu einer schweren Erkrankung Bahā'u'llāhs, die vier Wochen andauerte und mit heftigen Schmerzen und hohem Fieber einherging. Bahā'u'llāh behielt als Folge der Vergiftung zeit seines Lebens ein Zittern der Hand zurück, das seine Handschrift sichtbar veränderte. Es gibt Schriftstücke in der Handschrift Bahā'u'llāhs, die vor und nach dem Anschlag auf

295 *Bahā'ismus*, S. 130 (Hervorhebung durch F.)
296 Shoghi Effendi, *Gott geht vorüber*, S. 188

sein Leben verfaßt wurden und deren Vergleich die Folgen der Vergiftung eindeutig belegt.[297]

Der zweite Mordanschlag auf Bahā'u'llāh erfolgte einige Zeit darauf, als Mīrzā Yaḥyā das Wasser des Brunnens vergiftete, der Bahā'u'llāhs Familie und Gefährten mit Wasser versorgte. Die Folge war eine Erkrankung der Verbannten. Der Chronist Āqā Riḍā berichtet, daß Badrī-Jān aus Tafrish, eine der Frauen Mīrzā Yaḥyās, die diesen für einige Zeit verlassen hatte, die Vergiftung des Brunnens durch Mīrzā Yaḥyā enthüllte.[298]

Der dritte Mordanschlag auf das Leben Bahā'u'llāhs fällt etwa in das Jahr 1866 und wird von Ustād Muḥammad-'Alīy-i-Salmānī, dem Barbier, berichtet. Mīrzā Yaḥyā Azal hatte diesen dafür zu gewinnen versucht, den Mord auszuführen. Anläßlich eines Besuches im Bad legte Mīrzā Yaḥyā dem Barbier durch verschiedene Andeutungen nahe, Bahā'u'llāh zu töten. Dieser war über dessen Ansinnen so erbost, daß er Mīrzā Yaḥyā nach eigener Aussage am liebsten auf der Stelle getötet hätte, was er jedoch aus Furcht davor unterließ, Bahā'u'llāhs Mißfallen zu erregen.[299] Der Barbier sprach zunächst mit Mīrzā Mūsā, einem anderen Bruder Bahā'u'llāhs, über den Vorfall. Dieser war nicht verwundert, sondern antwortete, Mīrzā Yaḥyā Azal hege seit Jahren die Absicht, Bahā'u'llāh zu töten.[300] Auch »Āqā Riḍā bezeugt, daß Mīrzā Yaḥyā seit langem eine Feindschaft gegen Bahā'u'llāh gehegt und Pläne für Dessen Tod geschmiedet hatte... Mīrzā Yaḥyās Versuch, den Barbier auf seine Seite zu ziehen und zur Tat anzustacheln,

---

297 z. B. ein Facsimile-Druck der ersten Seite der *Sūriy-i-Amr*, die nach dem Anschlag auf sein Leben geschrieben wurde, in: Taherzadeh, *Die Offenbarung Bahā'u'llāhs,* Bd. II, S. 2. Zum Mordanschlag Mīrzā Yaḥyās auf Bahā'u'llāh und zu der darauf folgenden Erkrankung Bahā'u'llāhs, über die Āqā Riḍā berichte, siehe auch Hasan M. Balyuzi, *Bahā'u'llāh,* S. 270.

298 vgl. H. M. Balyuzi, *Bahā'u'llāh,* S. 269.

299 Der Bericht Ustād Muḥammad-'Alīy-i Salmānīs findet sich in dessen Memoiren, die auch in englischer Übersetzung erschienen sind: Ustād Muḥammad-'Alīy-i Salmānī, the Barber, *My Memories of Bahā'u'llāh,* transl. by Marzieh Gail, Los Angeles 1982 (transl. of Zindigī-yi Ustād Muḥammad-'Alī Salmānī), S. 50-52; siehe auch eine auszugsweise deutsche Übersetzung bei Taherzadeh, *Die Offenbarung Bahā'u'llāhs,* Bd. II, S. 199 (eine Übersetzung des persischen Originals, das von Ishrāq Khāvarī, *Raḥīq-i-Makhtūm,* Bd. II, S. 675, zitiert wird) und in H. M. Balyuzi, *Bahā'u'llāh,* S. 271-274.

300 Ustād Muḥammad-'Alīy-i Salmānī, the Barber, *My Memories of Bahā'u'llāh,* S. 52

lag nach Aussage Āqā Riḍās schon eine Weile zurück und erstreckte sich über mindestens drei Monate, bis er den Mut fand, so offen mit dem Barbier zu sprechen«[301]. Auch hier beschuldigen die Autoren des *Hasht Bihisht* Bahā'u'llāh des versuchten Mordes: er habe den Barbier zum Mord an Mīrzā Yaḥyā Azal angestachelt.[302] Hier zeigt sich einmal mehr das Bestreben, die Verbrechen Mīrzā Yaḥyās Bahā'u'llāh anzulasten.

Browne sagt über die in *Hasht Bihisht* gegen die Bahā'ī erhobenen Mordanschuldigungen: »It is with great reluctance that I have set down the grave accusations brought by the author of the Hasht Bihisht against the Behā'īs. It seemed to me a kind of ingratitude even to repeat such charges against those from whom I myself have experienced nothing but kindness, and in most of whom the outward signs of virtue and disinterested benevolence were apparent in a high degree. Yet no feeling of personal gratitude or friendship can justify the historian (whose sole desire should be to sift and assort all statements with a view to eliciting the truth) in the suppression of any important document which may throw light on the object of his study. Such an action would be worse than ingratitude; it would be treason to Truth. These charges are either true or false. If they be true (which I ardently hope is not the case) our whole view of the tendencies and probable influences of Behā's teaching must necessarily be greatly modified, for of what use are the noblest and most humane utterances if they be associated with deeds such as are here alleged? If, on the other hand, they be false, further investigations will without doubt conclusively prove their falsity, and make it impossible that their shadow should hereafter darken the pages of Bābī history.«[303]

Browne hat mit dieser Auffassung recht behalten. Die Anschuldigungen, die im *Hasht Bihisht* gegen Bahā'u'llāh erhoben werden, sind unhaltbar, ihr Schatten vermag die Seiten der Bābī- und Bahā'ī-Geschichte nicht zu verdunkeln. Umso bedauerlicher ist es, wenn diese alten Vorwürfe von Ficicchia wieder hervorgeholt, die zahlreichen Zeugnisse jedoch, die diese in den Jahren

---

301 H. M. Balyuzi, *Bahā'u'llāh,* S. 271 und 274
302 *Hasht Bihisht*, S. 305
303 E. G. Browne, *A Traveller's Narrative*, S. 364/365 (Note W)

seit ihrer Veröffentlichung widerlegt haben, verschwiegen werden.

VI. Zur Frage des Schismas

Da wir uns oben ausführlich mit dem Anspruch Bahā'u'llāhs sowie der Stellung Mīrzā Yaḥyā Azals befaßt haben, mag die Frage naheliegen, ob es innerhalb der Religion des Bāb zu einem Schisma gekommen ist. Dieser Begriff taucht leider in der Sekundärliteratur immer wieder auf.

Ficicchia spricht von einer Spaltung, die »nachweislich auf seiten des Bahā'ullāh gelegen« habe[304]. Browne bleibt bei einer etwas vageren Formulierung, bringt jedoch das Schisma, wie er es nennt, mit Bahā'u'llāhs öffentlicher Verkündigung in Adrianopel in Zusammenhang[305] und referiert Mīrzā Yaḥyā Azal, der Bahā'u'llāhs Anspruch als Usurpation und Rebellion sehe[306]. Des weiteren spricht Browne davon, daß die Bābī durch die Rivalität zwischen Bahā'u'llāh und Mīrzā Yaḥyā Azal in zwei Sekten gespalten seien, in die zahlenmäßig geringen Azalī und in die große Mehrheit der Bahā'ī.[307]

Indem sie Begriffe wie Spaltung oder Schisma einführen, verkennen sowohl Browne als auch Ficicchia, daß man nur dann von einem Schisma sprechen kann, wenn es innerhalb einer Religionsgemeinschaft zu einer Spaltung kommt. Im vorliegenden Fall liegt der Sachverhalt jedoch völlig anders: Bahā'u'llāh stiftete einen neuen Glauben, der alle religionswissenschaftlichen Merkmale einer eigenständigen Religion aufweist. Der Bahā'ī-Glaube ist eine unabhängige Religion, keine Sekte des Bābismus oder irgendeiner anderen Religion.[308] Er hat einen eigenen Religionsstifter, Heilige Schriften und ein Gesetzbuch, das das religiöse Ge-

---

304 *Bahā'ismus*, S. 290

305 *J.R.A.S.* 1889, S. 948

306 *A Traveller's Narrative*, Introd., S. XVII

307 *Kitāb-i-Nuqṭatu'l-Kāf*, Introd., S. XXXI; siehe auch *A Year Amongst the Persians*, S. 329

308 siehe *Theologische Realenzyklopädie* Bd. V, S. 131; Udo Schaefer, *Sekte oder Offenbarungsreligion?* S. 18-32; Helmuth v. Glasenapp, *Die nichtchristlichen Religionen,* S. 60-62; Rudolf Jockel, *Die Lehren der Bahā'ī-Religion,* S. 23

setz der Vorläuferreligion aufhebt. Bahā'u'llāh erklärte, der verheißene *Man yuẓhiruhu'llāh* zu sein, der vom Bāb mit glühenden Worten beschrieben worden war und dessen Anerkennung er seinen Anhängern unmißverständlich auferlegt hatte.[309] Mīrzā Yaḥyā Azal dagegen blieb Bābī und sah sich als Nachfolger des Bāb. Er lehnte es ab, Bahā'u'llāh als den Verheißenen des Bāb anzuerkennen und bekämpfte ihn mit allen Mitteln. Diese Verhaltensweise Mīrzā Yaḥyās widerspricht den Anordnungen des Bāb. Der Bāb rief seine Anhänger nicht nur zur Anerkennung des Verheißenen auf, sondern verfügte auch ausdrücklich im *Persischen Bayān*, daß selbst dann, wenn jemand diesen Anspruch *fälschlicherweise* erhöbe, dieser sich selbst und Gott überlassen werden solle[310]. Geht man davon aus, daß Bahā'u'llāh der vom Bāb Verheißene war, so hat Mīrzā Yaḥyā Azal es versäumt, ihn anzunehmen und war damit dem Bāb nicht treu. Als vom Bāb ernanntes Gemeindeoberhaupt wäre es seine Aufgabe gewesen, nicht nur selbst den Verheißenen anzunehmen und ihm die eigene Autorität abzutreten, sondern auch die Gemeinde zu dessen Annahme zu veranlassen. Er hielt jedoch an seinem eigenen Anspruch, der Nachfolger des Bāb zu sein, fest und drängte die Bābī-Gemeinde zur Unterwerfung unter seine Person.

Man kann also im Hinblick auf die Auseinandersetzung zwischen Mīrzā Yaḥyā Azal und Bahā'u'llāh nicht von einem Schisma sprechen, da keine Spaltung innerhalb einer Religion erfolgte. Abgesehen davon kann kaum von einer Azalī-Sekte gesprochen werden, da es weder eine Gemeinde noch eine offensichtliche Abgrenzung gegenüber der muslimischen Umgebung gibt.[311] Fraglich wäre darüber hinaus, ob es sich um eine Abspaltung von der Religion des Bāb handelt oder ob die Azalī zum Islām zurückgekehrt sind. So legt das Azalī-Werk *Hasht Bihisht* dar, daß die Bābī bzw. Azalī nicht Angehörige einer neuen Religion seien, sondern daß für sie der *Qur'ān* volle Gültigkeit besitze und der *Bayān* nur eine kommentatorische und ergänzend gesetzgeberische Funktion habe, die zudem zeitlich begrenzt sei.[312]

309 siehe meine Ausführungen S. 477
310 *Persischer Bayān* VI:8
311 siehe meine Ausführungen S. 502
312 *Hasht Bihisht*, S. 264/265, S. 297/298

Die Gruppierung um Mīrzā Yaḥyā Azal bleibt ein religionsgeschichtliches Kuriosum, eine kurze Episode, die längst der Vergangenheit angehört.

11. KAPITEL

DAS TESTAMENT 'ABDU'L-BAHĀS

Wo kirchliche Institutionen der Fälschung oder Unterdrückung historischer Dokumente bezichtigt werden, trifft dies auf breite Resonanz in einer skandalverliebten und zugleich antireligiös oder zumindest antiklerikal eingestimmten Öffentlichkeit. Kirchenkritische Publikationen der jüngeren Zeit, wie der Rundumschlag Karlheinz Deschners[1] oder einige Veröffentlichungen zu den Qumran-Funden[2] machen sich diese Tendenz zunutze. Der seriöse Journalismus dagegen nimmt Derartiges allenfalls distanzierend zur Kenntnis, für Fachwissenschaftler ist es kaum ein Thema.

Umso mehr muß es erstaunen, wenn im Falle des Bahā'ītums gerade kirchliche Stellen und ausgewiesene Religionswissenschaftler ganz unbedenklich einen Fälschungsvorwurf kolportieren, der lediglich von einer Handvoll[3] fachlich unqualifizierter Außenseiter[4] erhoben wird und gegen den zudem noch jede historische und sachliche Evidenz spricht. Die Rede ist vom Testament 'Abdu'l-Bahās, einem für die Gemeindeentwicklung und das Selbstverständnis der Bahā'ī zentralen Dokument. Diese Urkunde und die darin verfügte Nachfolgeregelung wird mit Berufung auf Ficicchia zunehmend in Radio- und Fernsehessays, in Fachartikeln, Rezensionen und lexikalischen Beiträgen als »umstritten« qualifiziert. Noch weiter geht der 1992 in einem Fernsehfeature[5] als »Kenner« der Bahā'ī-Religion ausgewiesene Marburger Theologe Rainer Flasche, wenn er in einem lexikalischen

---

1 *Kriminalgeschichte des Christentums*, drei Bände, Reinbek 1986, 1988 und 1990

2 etwa Michael Baigent/Richard Leigh: *Verschlußsache Jesus. Die Qumranrollen und die Wahrheit über das frühe Christentum*, München 1991

3 Ficicchia selbst konstatiert, daß zumindest der sogenannte deutsche »Zweig«, die »Weltunion für Universale Religion und Universalen Frieden«, praktisch »nur auf dem Papier« besteht (*Bahā'ismus*, S. 378). Tatsächlich beschränkte sich die (bescheidene) Resonanz der Aktivitäten von White und Zimmer (siehe unten, Abschnitt V) von Anfang an auf den deutschen Sprachraum. Die Rede vom »deutschen Zweig« der »Weltunion« spiegelt eine Internationalität vor, die es in Wahrheit nie gab.

4 tatsächlich sogar von nur zweien, auf die sich Ficicchia beruft: Ruth White und Hermann Zimmer, siehe unten, Abschnitt V dieses Kapitels.

5 *Die unbekannte Religion. Was will der Bahā'ī-Glaube?* 30. Juni 1992 im ZDF

Beitrag des renommierten *Lexikons für Theologie und Kirche* (*LThK*) apodiktisch konstatiert: »'Abdul Bahā hinterläßt kein Testament...«[6] Flasche geht sogar noch über Ficicchia hinaus, indem er fortfährt: »Dennoch taucht 1922 in New York ein ›Wille und Testament‹ 'Abdul Bahās auf, das Sawqi Effendī [Shoghi Effendi], seinen Enkel, als Nachfolger einsetzt, was zu einem neuen Schisma führt.«[7] Höchst ungewöhnlich ist, daß er für diese brisante Behauptung keinerlei Beleg anführt: Nicht eine der im Literaturverzeichnis angeführten Quellen stützt sie auch nur im entferntesten — sieht man einmal von der deutlich schwächeren Formulierung bei Ficicchia ab.

Zugestanden: Auch wenn es für einen Gläubigen schmerzlich sein mag, wenn eine von ihm verehrte Gestalt der Fälschung bezichtigt wird, zumal, wenn damit dem religiösen System, dem er sich zugehörig fühlt, die Legitimation und somit gleichsam die Existenzberechtigung abgesprochen wird — derartige gläubige Gefühle und Empfindlichkeiten sollten und dürfen die wissenschaftliche Erforschung einer Religion nicht behindern.

Nun spricht es aber nicht gerade für die Sorgfalt der wissenschaftlichen Recherche, wenn ein derart gravierender Vorwurf offensichtlich ungeprüft übernommen wird. Daß es sich dabei um ein religionsgeschichtliches Dokument handelt, das gemeindeintern unumstritten ist, rechtlich nie angezweifelt wurde und mehrfach als Grundlage für Entscheidungen ordentlicher Gerichte diente,[8] interessiert anscheinend wenig. Allein die Tatsache, daß irgend jemand — egal wer, aus welcher Motivation und mit welcher Kompetenz — einen solchen Vorwurf erhebt, scheint zu genügen, ihn als hinreichend begründet zu sehen. Einmal erhoben, zeugt sich der Fälschungsvorwurf weiter fort, scheinbar bestätigt durch die eigene Zitiergemeinschaft: Er wird selbstreferenziell, begründet sich durch sich selbst, ja verschärft sich von Tradent zu Tradent.[9] Vielleicht ist es gerade die eher langmütige, freundlich-zuvorkommende Art der Bahā'ī, die einen bislang eher laxen

6 *LTHK*, Bd. 1, ^{3}1993, S. 40

7 Zur Frage des »Schismas« siehe auch U. Schaefer, S. 41 ff., S. 122, Fußnote 70 und 71, S. 169, Fußnote 373; sowie N. Towfigh, Kap. 10.VI.

8 siehe unten Abschnitt IV dieses Kapitels

9 Die oben angeführte Aussage Flasches im *LThK* ist der bisherige Gipfel dieser Entwicklung.

Umgang mit den Fakten ihrer Lehre und Geschichte begünstigt hat. Gerade unter dem Vorzeichen des interreligiösen Dialogs, zu dem sich einige der beteiligten Institutionen und Personen sehr ausdrücklich bekennen,[10] hätte man sich hier einen verantwortlicheren Umgang gewünscht, der wenigstens den Minimalstandards wissenschaftlicher Forschung[11] entspricht.

Die Fälschungsthese verdankt ihre relative Popularität im deutschen Sprachraum vor allem dem Einsatz einer Institution: der Evangelischen *Zentralstelle für Weltanschauungsfragen* (EZW). Als Fachorgan der Evangelischen Kirche Deutschlands (EKD) prägt diese zu einem guten Teil den Stil der Auseinandersetzung oder des Gesprächs mit nichtkirchlichen oder nichtchristlichen religiösen Gruppierungen und Weltanschauungen. Während der absurde Fälschungsvorwurf anderswo so gut wie keine Resonanz fand,[12] gab ihm bereits Kurt Hutten breiten Raum in seinem Sek-

10 So schreibt Hans Waldenfels im Vorwort des von ihm herausgegebenen *Lexikon der Religionen* (S. VI) ausdrücklich: »Zwischen den Religionen auf Frieden und Verständigung hinzuarbeiten und sie dabei zugleich immer neu in Gottes Sendung an diese Welt hineinzurufen, dürfte ein entscheidender Beitrag zum Wohle aller Menschen dieser Erde und ihrer Zukunft sein.« Noch prononcierter liest man in den von der *Evangelischen Zentralstelle für Weltanschauungsfragen* (als Arbeitstexte 19, VI,79) herausgegebenen *Leitlinien zum Dialog mit Menschen verschiedener Religionen und Ideologien* des Ökumenischen Rats der Kirchen: »Christen... versuchen..., Gemeinschaften... zwar im Lichte eines grundlegend christlichen Bekenntnisses zu beschreiben, jedoch in einer Form, die auch von Anhängern anderer Religionen und Ideologien verstanden und sogar akzeptiert werden kann« (Teil I, A.1, S. 5). »...Beschreibungen des Glaubens anderer im Selbstbedienungsverfahren sind eine der Wurzeln für Vorurteile, Klischees und Herablassung« (Teil III,4, S. 18). »Der Dialog kann als ein geeigneter Weg der gehorsamen Erfüllung des Gebotes gesehen werden: ›Du sollst kein falsch Zeugnis reden wider deinen Nächsten.‹ Der Dialog hilft uns, das Bild unseres Nächsten, der einer anderen Religion oder Ideologie angehört, nicht zu entstellen« (Teil II, C.17, S.11).

11 Dies sollte man gerade von Rainer Flasche erwarten, der herbe Kritik an der traditionellen Religionswissenschaft übt (»Religionswissenschaft als integrale Wissenschaft von den Religionen«, in: ders./Erich Geldbach (Hrsg.), *Religionen, Geschichte, Oekumene*), indem er ihr vorwirft, »in weiten Bereichen zu einer Credo-Wissenschaft geworden« zu sein, geradezu »einen Inzest zwischen Wissenschaft und Glauben« zu begehen (S. 225). Wenn er von der Religionsforschung fordert, daß sie »ihre Systeme aus dem konkreten historischen Material zu gewinnen« habe (S. 226), so wendet er sich damit in erster Linie gegen die Beeinflussung der religionswissenschaftlichen Methode durch eine wie immer geartete Religionstheorie; der Grundgedanke, daß alle Ergebnisse »am Material wiederum verifiziert oder falsifiziert werden müssen« (S. 232), sollte aber auch in einem ganz handwerklich-elementaren Sinne gelten.

12 Und dies, obwohl Zimmer nach eigenem Zeugnis sein Buch, gerade auch in englischer Übersetzung (*A Fraudulent Testament Devalues the Bahai Religion into*

tenbuch,[13] bevor er dann in der ebenfalls von dieser Institution herausgegebenen Monographie Ficicchias, dem »Standardwerk« über das Bahā'ītum,[14] vollends zur »Tatsache« stilisiert wurde.

I. Die Fälschungsthese

Für Ficicchia ist es erwiesen, daß das Testament 'Abdu'l-Bahās gefälscht ist. Er trägt diese Behauptung mit zwei Thesen vor: Erstens konstatiert er einen inneren Widerspruch zwischen den liberalen, menschenfreundlichen Lehren 'Abdu'l-Bahās und den »rigoristischen« Aussagen des Testaments; zweitens übermittelt er als den Befund eines graphologischen Gutachtens, »*daß keine Zeile des Dokuments mit der Handschrift 'Abdu'l-Bahās identisch sei*«[15]. Was von beidem zu halten ist, werden wir noch sehen.

Ficicchia schöpft diese »Erkenntnisse« nicht aus eigener Forschung. Er beruft sich auf zwei Gewährsleute, Ruth White und Hermann Zimmer. Beide sind — wie Ficicchia, aber unmittelbarer als solche erkennbar — ausgewiesene Gegner jeglicher religiösen »Organisation« und sehen in der Ausbildung religiöser In-

---

Political Shoghism, Waiblingen 1973), »an die Institute für Vergleichende Religionswissenschaft und... für Geschichte aller Hochschulen der Welt..., an die Redaktionen aller Zeitungen und Zeitschriften unseres Erdballs sowie an die Bibliotheken der großen Städte aller Kontinente« versandte (*Shoghismus*, S. 46 f.).

13 *Seher, Grübler, Enthusiasten*, ebenfalls erschienen im Quell-Verlag, Stuttgart. In der ersten Auflage 1950 ist davon noch nicht die Rede, statt dessen bekundet Hutten dort Verständnis für die Vorkehrungen des Testaments: »Auch ihm [Shoghi Effendi] wurde die Führung streitig gemacht... Die scharfen Testamentsbestimmungen betr. Shoghi Effendi sind deshalb begreiflich...« (S. 95 f.). Später (bis zur 11. Aufl. 1968, S. 295) wurde der Fälschungsvorwurf immerhin noch mit der eigentlich dahinterstehenden prinzipiellen Frage der Institutionalisierung verbunden: »Soll die Baha'i-Gemeinschaft eine frei fließende Bewegung bleiben oder eine autoritär regierte Organisation werden?« Huttens Wortwahl läßt dabei unschwer seine Präferenz erkennen. In der 12. Auflage 1982 (S. 802 f.) fehlt dieser Hinweis, statt dessen lesen wir: »*Die Echtheit dieses Testaments wurde bestritten*, und es kam darüber zu schweren Auseinandersetzungen, die noch heute fortwähren.« Als Beleg für diese Aussage wird Ficicchias *Bahā'ismus* (S. 293-302) angeführt — Kronzeuge und zugleich der einzige, in dem die »schweren Auseinandersetzungen... noch heute fortwähren«. Bleibt anzumerken, daß — wie aus dem Impressum ersichtlich — die 12. Auflage redaktionell von der *Evangelischen Zentralstelle für Weltanschauungsfragen* der EKD bearbeitet wurde.

14 So im Vorwort und in der Verlagswerbung zu diesem Buch. Zu diesem Anspruch siehe bereits U. Gollmer, Kapitel 7.

15 Ficicchia, *Bahā'ismus*, S. 299 (Hervorhebung durch F.)

stitutionen den Sündenfall der Bahā’ī-Gemeinde.[16] Auf ihr Wirken und ihre Vorstellungen werden wir noch zurückkommen. Da sämtliche von Ficicchia aufgegriffenen Thesen bereits in den Streitschriften von White und Zimmer zu finden sind, werden wir uns vor allem auf sie beziehen müssen, wo wir uns mit den konkret erhobenen Vorwürfen befassen.

Jeder, der auch nur einigermaßen mit Lehre und Geschichte des Bahā’ītums vertraut ist, wird sehr schnell merken, was er von den Auslassungen von White und Zimmer zu halten hat — nähme er sie nur zur Hand. Tatsächlich wirken ihre Thesen aber losgelöst von den Argumenten, mit denen sie vertreten wurden: Am Anfang einer Zitiergemeinschaft stehend, haben sich ihre Vorwürfe inzwischen verselbständigt. Ficicchia weiß sehr gut, warum er ihre Thesen präsentiert, ohne sich auf Argumente und Gegenargumente einzulassen. Insbesondere schweigt er sich völlig aus über die zahlreichen Gespräche und Briefe, in denen sich Mitgläubige und Vertreter der Gemeinde bemühten, die anfänglichen Fragen derer, die gegen das Testament opponierten, zu klären;[17] vor allem übergeht er auch die ihm gegenüber vorgebrachten Argumente völlig.[18] Will man dies aufbrechen, so bleibt gar nichts anderes übrig, als wenigstens punktuell auf White und Zimmer einzugehen, auch wenn von der Sache her die Auseinandersetzung mit ihnen eigentlich nicht lohnt.[19] Zunächst geht es aber vor allem darum, einige Hintergrundinformationen zu vermitteln und die Frage des Testaments in einen größeren religionsgeschichtlichen Kontext einzubetten.

---

16 siehe insbesondere unten, Abschnitt VIII dieses Kapitels; vgl. auch U. Schaefer, S. 113 ff.

17 White druckt immerhin noch einige der Briefe, die sie erhalten hat, ab (etwa *Enemy*, S. 89 ff.), Zimmer zitiert aus einem Brief Rūḥī Afnāns, einem Zeugen der Geschehnisse (*Shoghismus*, S. 141).

18 So fanden nicht nur eine ganze Reihe persönlicher Gespräche mit Ficicchia statt, selbst noch nach seinem Bruch mit der Gemeinde, auch in schriftlicher Form lagen ihm wesentliche Argumente und Hintergrundinformationen vor, so ein Brief des Universalen Hauses der Gerechtigkeit vom 2. Oktober 1974; eine Abhandlung von ‘Alī-Akbar Furūtan vom Dezember 1974; ein Brief Udo Schaefers vom 16. September 1974.

19 Insbesondere die Lektüre des Zimmer-Buchs ist eine herbe Zumutung: durch und durch polemisch, ja geradezu gehässig, hoch spekulativ, voll inhaltlicher Mißverständnisse und Fehler, wirr in der Argumentation und dazu noch voller ermüdender Wiederholungen, fällt es schwer, darauf sachlich einzugehen.

II. Der religionsgeschichtliche Hintergrund

In jeder Religion ist die Zeit unmittelbar nach dem Tod der charismatischen Stifterpersönlichkeit besonders kritisch: Die Loyalität und Liebe der meisten Jünger des neuen Glaubens heftet sich eng und ausschließlich an die von ihnen verehrte Heilsgestalt. Eine vertiefte Kenntnis der Lehren und Inhalte des neuen Glaubens ist bei der Masse der Gläubigen infolge mangelnder Schulung und der Kürze der Zeit nicht zu erwarten. Verständnis- und Interpretationsunterschiede, persönliche Unverträglichkeiten und Rivalitäten werden zu Lebzeiten des Religionsstifters durch dessen überragende, unbezweifelte Autorität überbrückt. Der Tod des Religionsstifters läßt hier ein Vakuum entstehen, das alle diese Gegensätze aufbrechen läßt. Nur mühsam finden die verwaisten Gläubigen zu einer neuen, nicht von der physischen Präsenz ihrer Heilsgestalt dominierten Identität, läßt sich ihre Loyalität erneut bündeln. Zwar erkennt die Mehrheit zumeist rasch, daß es einer gewissen Institutionalisierung bedarf, um das Heilsanliegen des Stifters für die Zukunft zu sichern, was und wie sind darum aber nicht weniger strittig.[20]

Dies war der Fall im frühen Christentum, wo im Neuen Testament noch deutliche Spuren dieser Auseinandersetzung zu finden sind,[21] derselbe Streit um das rechte Verständnis des Gotteswortes und die Legitimität institutioneller wie personaler Prophetennachfolge bestimmt bis heute die Geschichte des Islam: Neben einer fast unüberschaubar großen Zahl kleiner und kleinster Sekten[22]

20 Zu den verschiedenen Formen institutioneller Heilsverbürgung siehe U. Gollmer, *Gottesreich*, Kap. 11.1.2. Zur Reaktion der Außenwelt siehe U. Gollmer, Kap. 7; N. Towfigh, Kap. 8.

21 Etwa die Rede von den Leuten »die euch verwirren und die das Evangelium Christi verfälschen wollen. Wer euch aber ein anderes Evangelium verkündigt, als wir euch verkündigt haben, der sei verflucht...« (Gal. 1:7 f.) oder von den »falschen Brüdern«, den »Eindringlingen, die sich eingeschlichen hatten...« (Gal. 2:4). Siehe auch Apg. 15:24,39; Gal. 2:11 ff.; 3:1 ff.; 5:7-12; 1. Kor. 1:10 ff.; 14:26-33,37. Zu den verschiedenen Strömungen, insbesondere zum Spannungsverhältnis zwischen Judenchristentum und Heidenchristentum, siehe etwa Wilhelm Schneemelcher, *Das Urchristentum*, Stuttgart 1981.

22 Ash-Shahrastānī (gest. 1153) führt in seinem *Buch der Sekten und Parteien*, dem herausragenden Werk der häresographischen Tradition im Islam, zweiundsiebzig verschiedene häretische Sekten an. Manches davon beruht allerdings auf recht willkürlichen Feinunterscheidungen, deren Motivation in der Muḥammad zugeschriebe-

hat auch das große Schisma zwischen den Sunniten und den Shīʻiten hierin seine Wurzel.

Bahā'u'llāh verschließt sich dieser Problematik nicht. Gerade angesichts des heilsgeschichtlichen Auftrags der von ihm gestifteten Religion, der Realisierung der Einheit der Menschheit,[23] galt es, Vorkehrungen dagegen zu treffen, daß aus der *einen* Gemeinde ein Pluriversum konkurrierender Sekten wird. Dies heißt nun keinesfalls, daß die Bahā'ī-Gemeinde ein monolithischer Block gleichgeschalteter Auffassungen und Vorstellungen werden sollte:[24] Die von Bahā'u'llāh erstrebte Einheit erweist sich gerade in der Mannigfaltigkeit unterschiedlichster Individuen und Kulturen. Damit ist auch nicht gemeint, daß nicht bisweilen einzelne oder kurzlebige Kleingruppen von der Gemeinde abfallen und einen eigenen Weg einschlagen könnten — derartige Abspaltungen gab es auch in der bisherigen Geschichte des Bahā'ītums zur Genüge.[25] Zu verhindern war jedoch, daß — wie in den vorangegangenen Religionen — der *mainstream* der Gemeinde durch ein tiefgreifendes, dauerhaftes Schisma gespalten würde.[26]

---

nen Tradition liegen dürfte: »Die Juden sind in einundsiebzig Sekten geteilt und die Christen in zweiundsiebzig, aber meine Gemeinde wird in dreiundsiebzig Sekten geteilt sein« (zitiert nach Montgomery Watt/Michael Marmura, *Der Islam II*, S. XVI).

23 Etwa: »Der Hauptzweck, der den Glauben Gottes und Seine Religion beseelt, ist, das Wohl des Menschengeschlechts zu sichern und seine Einheit zu fördern und den Geist der Liebe und Verbundenheit unter den Menschen zu pflegen« (*Botschaften* 11:15) »...richtet euren Blick auf die Einheit. Haltet euch beharrlich an das, was der ganzen Menschheit Wohlfahrt und Ruhe bringt. Diese Handbreit Erde ist nur *eine* Heimat und *eine* Wohnstatt« (*Botschaften* 6:27). »Die Wohlfahrt der Menschheit, ihr Friede und ihre Sicherheit sind unerreichbar, wenn und ehe nicht ihre Einheit fest begründet ist« (*Ährenlese* 131:2). »Er, der euer Herr ist, der Allerbarmer, hegt in Seinem Herzen die Sehnsucht, die ganze Menschheit als *eine* Seele und *einen* Körper zu sehen« (*Ährenlese* 107. Siehe auch Shoghi Effendi, *Weltordnung*, S. 69 ff., 295 ff.).

24 Ausdrücklich warnt Bahā'u'llāh vor einer sogenannten »Einheit«, »die zu Uneinigkeit führt« (*Botschaften* 11:14).

25 Für einen Überblick siehe Adib Taherzadeh, *Covenant*.

26 Shoghi Effendi stellt dazu fest: »Were anyone to imagine or expect that a Cause, comprising within its orbit so vast a portion of the globe, so turbulent in its history, so challenging in its claims, so diversified in the elements it has assimilated into its administrative structure, should, at all times, be immune to any divergence of opinion, or any defection on the part of its multitudinous followers, it would be sheer delusion, wholly unreasonable and unwarranted, even in the face of the unprecedented evidence of the miraculous power which its rise and progress have so powerfully exhibited.« Allerdings fährt er fort: »That such a secession, however, whether effected by those who apostatize their faith or preach heretical doctrines,

Diesem Ziel der Bewahrung der Einheit der Gemeinde sollten vor allem drei Maßnahmen dienen: Die Sicherung der Glaubensbasis, die Schaffung eines institutionellen Rechtsrahmens und die Festlegung der unmittelbaren Nachfolge. Zunächst durfte keine Unsicherheit über die inhaltliche Basis des neuen Glaubens entstehen. Was Geltung haben sollte als Offenbarung des göttlichen Willens, mußte schriftlich festgehalten, von Bahā'u'llāh selbst autorisiert und in seinem Namen vervielfältigt werden. Mündlich tradierte Aussagen und Handlungen selbst des Religionsstifters haben deshalb im Bahā'ītum keinen normierenden Charakter.[27]

Diese unbedingte Ausrichtung auf schriftliche Fixierung und Bekanntmachung betraf ausdrücklich auch die weiteren Maßnahmen der Nachfolgeregelung und Festlegung der Gemeindestrukturen. Die Gemeinde Bahā'u'llāhs durfte nicht dem Widerstreit unterschiedlicher Interpretationen und Ansprüche und damit letztlich dem historischen Zufall überlassen werden, sondern sollte sich im Rahmen des von Bahā'u'llāh artikulierten göttlichen Willens entfalten. Es sind vor allem zwei Dokumente, welche diese Fürsorge gegenüber der Gemeinde enthalten: Der *Kitāb-i-Aqdas*, das »Buch der Gesetze« und der *Kitāb-i-'Ahd*, das »Buch des Bundes«. Beide Schriftstücke enthalten grundlegende Bestimmungen über die wesentlichen Institutionen, deren Aufgaben sowie über die unmittelbare Nachfolge in der Führung und Ausgestaltung der Gemeinde. Vor allem die Übertragung der Führung der Gemeinde an 'Abdu'l-Bahā in der unmittelbaren Nachfolge Bahā'u'llāhs erfolgt eindringlich und unmißverständlich.[28] Die

---

should have failed, after the lapse of a century, to split in twain the entire body of the adherents of the Faith, or to create a grave, a permanent and irremediable breach in its organic structure, is a fact too eloquent for even a casual observer of the internal processes of its administrative order to either deny or ignore« (*Messages to America*, S. 50).

27 Zum *sola scriptura* Prinzip vgl. U. Schaefer, *Grundlagen*, S. 66-70; zur antitraditionalistischen Grundhaltung im Bahā'ītum siehe auch U. Gollmer, *Gottesreich*, Kap. 4.2.4.2 und 11.1.1

28 *Kitāb-i-'Ahd* 9; *Kitāb-i-Aqdas* 121. Johnson kommt in seiner Studie über die Transformationen, die das Bahā'ītum in seiner bisherigen Geschichte durchlaufen hat, am Schluß der Diskussion über die Stufe und Rechtstellung 'Abdu'l-Bahās zu folgendem Ergebnis: »The point of the matter is that Bahā'u'llāh appointed 'Abdu'l-Bahā as his sucessor to whom the believers were to turn for guidance after his passing, and 'Abdu'l-Bahā, therefore, was in a position to make whatever decisions

Bestellung 'Abdu'l-Bahās zum Ausleger der Lehren und zum »Mittelpunkt des Bundes« schließt die Bevollmächtigung zur Gesetzgebung mit ein.[29]

Erwartungsgemäß stieß 'Abdu'l-Bahā auf einigen Widerstand gegen seine Person wie gegen die von ihm vorangetriebene Ausgestaltung der Gemeinde. Das Zentrum dieser Opposition lag — wie schon bei Bahā'u'llāh[30] — in der engeren Familie: Der Hauptwidersacher 'Abdu'l-Bahās war sein jüngerer Halbbruder Mīrzā Muḥammad-'Alī.[31] Dieser Widerstand führte zwar zu manchen Rückschlägen und Verzögerungen, dank der Vorsorge des Testaments war ihm aber kein anhaltender Erfolg beschieden. In der Gemeinde war 'Abdu'l-Bahā als »Mittelpunkt des Bundes« ohne Einschränkung anerkannt, was gleichwohl vereinzelte Angriffe gegen seine Person und Stellung nicht ausschloß.[32] Vor allem aber schwelte beständig die Feindschaft Mīrzā Muḥammad-

---

or modifications in the religion he considered necessary or expedient« (*Analysis*, S. 236).

29 Shoghi Effendi spricht in diesem Zusammenhang geradezu von einer Willensidentität, einem »mystischen Austausch« zwischen dem Stifter des Bahā'ī-Glaubens und dem von ihm ernannten »Mittelpunkt des Bundes«. In der Folge sei »'Abdu'l-Bahās Sinn von der Absicht Bahā'u'llāhs so durchdrungen« worden, daß »beider Ziele und Beweggründe... verschmolzen« (*Gott geht vorüber*, S. 371 f., zitiert nach *Dokumente des Bündnisses*, S. 72 f.). An anderer Stelle (Brief vom 19. März 1930) schreibt Shoghi Effendi: »Bahā'u'llāh und der Meister ['Abdu'l-Bahā] offenbarten beide Gesetze und Verwaltungsgrundsätze... die der Führung, Ausbreitung, Konsolidierung und dem Schutz des Glaubens nach Ihnen dienen sollten.« Es ist deshalb wohl eine Frage des terminologischen Geschmacks, vor allem aber der prinzipiellen Entscheidung für eine eher mystische oder institutionell-rechtliche Sichtweise, ob man 'Abdu'l-Bahā als von Bahā'u'llāh bevollmächtigten Gesetzgeber versteht, oder ob man in mystischer Zusammenschau beider Gestalten die Gesetzgebung 'Abdu'l-Bahās als Auslegung und damit als Teil des unmittelbar von Bahā'u'llāh verkündeten Gesetzes sehen will. Egal, welche Sichtweise man wählt, Tatsache ist jedenfalls, daß 'Abdu'l-Bahā durch eine ganze Reihe seiner Erklärungen und Verfügungen (etwa zur Verbindlichkeit der Einehe, zur prinzipiellen Stellung der Frau, zu den Institutionen Hütertum, Hände der Sache Gottes, nationales Haus der Gerechtigkeit) eine neue, für die Gläubigen verbindliche Rechtswirklichkeit geschaffen hat. Institutionell-rechtlich läßt sich dies nur als Gesetzgebung verstehen. Vgl. dazu auch U. Gollmer, *Gottesreich*, Kap. 11.2.2. Siehe auch U. Schaefer, S. 263.

30 siehe N. Towfigh, Kap. 10.III und IV

31 vgl. Hasan M. Balyuzi, *'Abdu'l-Bahā*, Bd. 1, S. 93 ff., 99 ff.; A. Taherzadeh, *Covenant*, Kap. 8, 11, 13-16, 18

32 Im Westen ist hier vor allem Ibrahim Kheiralla (Ibrāhīm K͟hayru'llāh) zu nennen, anfangs einer der profiliertesten Protagonisten des Bahā'ī-Glaubens in den Vereinigten Staaten (siehe Richard Hollinger, »Ibrahim George Kheiralla and the Bahā'ī Faith in America«, *SBB* 2, S. 94-133; A. Taherzadeh, *Covenant*, Kap. 21).

'Alīs, der mit seinen Parteigängern nichts unversucht ließ, um 'Abdu'l-Bahā bei der örtlichen Bevölkerung und den osmanischen Behörden zu diskreditieren. Es war abzusehen, daß diese Feindschaft und die daraus folgende Gefährdung der Gemeinde den Tod 'Abdu'l-Bahās überdauern würde. Was also lag näher, als daß 'Abdu'l-Bahā, dem Beispiel Bahā'u'llāhs folgend, selbst eine testamentarische Nachfolgeregelung treffen würde, um dieser und ähnlichen künftigen Bedrohungen der Einheit der Gemeinde vorzubeugen.

Tatsächlich entstand das Testament 'Abdu'l-Bahās wohl in den Jahren zwischen 1901 und 1908,[33] zu einer Zeit wiederauflebender

33 So wenigstens H. M. Balyuzi (*'Abdu'l-Bahā*, Bd. 1, S. 693). Diese Zeitangabe ist zumindest für die ersten beiden Teile des Testaments weitgehend gesichert. Das Testament besteht aus drei Teilen, die zu verschiedenen Zeiten geschrieben wurden; keiner der Teile ist mit einem Datum versehen. Eine genauere Datierung der Entstehungszeit der drei Teile bedarf weiterer Forschung. Festzuhalten ist, daß der erste und zweite Teil des Testaments nach dem Februar 1903 geschrieben wurde, da 'Abdu'l-Bahā darin auf einen Brief Mīrzā Badī'u'llāhs Bezug nimmt (1:6, 2:4,10,12), der von dieser Zeit datiert. Abschnitt 1:7 des *Testaments* berichtet von einer Untersuchungskommission gegen 'Abdu'l-Bahā. Der Wortlaut und der Umstand, daß 'Abdu'l-Bahā nicht über ein Ergebnis dieser Untersuchung berichtet, läßt vermuten, daß diese Zeilen noch während oder kurz nach dem Aufenthalt der Kommission in 'Akkā verfaßt wurden. Shoghi Effendi berichtet in Übereinstimmung mit anderen Bahā'ī-Quellen von zwei Untersuchungskommissionen gegen 'Abdu'l-Bahā (*Gott geht vorüber*, S. 303, 307 ff.). H. M. Balyuzi (*'Abdu'l-Bahā*, Bd. 1, S. 170, 178) datiert die erste auf 1904, die zweite auf den Winter des Jahres 1907 (so auch Shoghi Effendi, *a. a. O.*, S. 307). Die von 'Abdu'l-Bahā (*Testament* 1:7) geschilderten Begleitumstände stimmen mit den Schilderungen der ersten Kommission überein. Ahmad Sohrab (*Analysis*, S. 13) datiert den ersten Teil des Testaments aufgrund nicht näher bezeichneter »immanenter Hinweise« auf 1905 bis 1907. Festzuhalten ist, daß der erste Teil nach dem Februar 1903, wahrscheinlich zwischen 1904 und 1907 geschrieben wurde. 'Abdu'l-Bahās Nachschrift zum ersten Teil des Testaments bekundet, daß dieser Teil »lange Zeit« im verborgenen aufbewahrt wurde, daß also zwischen der Verfassung des ersten und des zweiten Teils geraume Zeit vergangen sein muß. Der Hinweis 'Abdu'l-Bahās in Abschnitt 2:8 auf eine ihm unmittelbar drohende Gefahr (»Ich bin nunmehr in großer Gefahr, und die Hoffnung, auch nur eine Stunde länger zu leben, ist für mich verloren«) könnte sich sehr wohl auf die bei Shoghi Effendi geschilderten Ereignisse (*Gott geht vorüber*, S. 307 ff.) bei der zweiten Untersuchungskommission beziehen. Als Hypothese läßt sich damit festhalten, daß der erste Teil des Testaments etwa 1904, der zweite im Winter 1907 entstanden ist. Allerdings ist die Datierung der Untersuchungskommissionen noch mit einigen Unsicherheiten behaftet, die weitere Forschungen nötig machen (siehe Fußnote 34). Nach A. Sohrab (*Analysis*, S. 13) wurde der zweite Teil des Testaments nach der Jungtürkischen Revolution 1908 und vor der Amerikareise 'Abdu'l-Bahās im Jahre 1912 geschrieben. Während er für das zweite Datum den Umstand anführen kann, daß das Siegel, mit dem 'Abdu'l-Bahā den ersten und zweiten Teil des Testaments versah, während der Amerikareise verloren

der Schwierigkeiten seitens der osmanischen Regierung, als ‘Abdu’l-Bahā infolge der Intrigen der Gruppe um Muḥammad-‘Alī unmittelbar um sein Leben fürchten mußte.[34] Es ging darum, der Gemeinde in Weiterführung der Bestimmungen des *Kitāb-i-Aqdas* die wesentlichen Bausteine für ihre künftige Einheit und Entwicklungsfähigkeit zu hinterlassen, und die Gläubigen auf sie zu verpflichten: die zentralen Gemeindeinstitutionen, deren Funktionszuschreibungen, die Modi ihrer Bestellung sowie allgemeine Verhaltensregeln für die Funktionsträger wie für die Gläubigen insgesamt.

III. Zum Inhalt des Testaments ‘Abdu’l-Bahās

Für Ficicchia ist das Testament ‘Abdu’l-Bahās der Einstieg in einen neuen Abschnitt der Gemeindeentwicklung, den er das

---

ging, bleibt er für das erste Datum den Nachweis schuldig. Der dritte Teil des Testaments bietet keine immanenten Anhaltspunkte für eine genauere Datierung. Allerdings kann A. Sohrab (*Analysis*, S. 13 ff.) darauf verweisen, daß dieser dritte Teil nicht gesiegelt ist, sondern die Unterschrift ‘Abdu’l-Bahās in der Form trägt, wie er sie nach dem Verlust des Siegels der Überprüfung zu tätigen pflegte. Sollte Sohrabs scharfe zeitliche Unterscheidung zweier Arten von Unterschriften ‘Abdu’l-Bahās vor und nach dem Verlust des Siegels der Überprüfung standhalten, dann kann der dritte Teil des Testaments auf die Jahre zwischen 1912 und 1921 datiert werden.

34 vgl. H. M. Balyuzi, *‘Abdu’l-Bahā*, Bd. 1, S. 146 ff., 164 ff., 170 ff. Die exakte Datierung der beiden osmanischen Untersuchungskommissionen gegen ‘Abdu’l-Bahā ist noch ungelöst. Moojan Momen (*The Bābī and Bahā’ī Religions*, S. 322 f.). stellt dazu fest: »Die Datierung dieser Kommission stellt uns vor ein Problem. Die Berichte von Bahā’ī-Seite stimmen darin überein, daß es zwei Untersuchungskommissionen gab, eine gegen 1904 und eine im Jahre 1907. Die Details in den Berichten der britischen Konsularbehörden stimmen mit den Einzelheiten der zweiten Untersuchungskommission überein: Der Name des Vorsitzenden, die Entlassung des Gouverneurs von ‘Akkā und anderer Beamter und die Entsendung eines Vertreters der persischen Gesandtschaft in Istanbul. Aus diesen britischen Konsularberichten geht jedoch eindeutig hervor, daß diese Kommission 1905 und nicht im Jahre 1907 ankam. Es ist natürlich denkbar, daß die Kommission zweimal kam.« Auch Dokumente im osmanischen Staatsarchiv bestätigen das Jahr 1905 (*a. a. O.*). Noch einmal, in den letzten Monaten des Ersten Weltkriegs (November 1917 bis Sommer 1918), war ‘Abdu’l-Bahā in Lebensgefahr, da seine Feinde bei den türkischen Militärbefehlshabern gegen ihn intrigierten (siehe H. M. Balyuzi, *‘Abdu’l-Bahā*, Bd. 2, S. 589 ff.; einige Quellen dazu sind abgedruckt bei M. Momen, *The Bābī and Bahā’ī Religions*, S. 332 ff.).

»Eiserne Zeitalter«[35] Shoghi Effendis nennt, nach Ficicchias Darstellung eine Epoche rigoristischer, autoritärer und illiberaler Umgestaltung.[36] Um diese Behauptung zu stützen, sucht Ficicchia das Testament 'Abdu'l-Bahās als Fremdkörper in der bisherigen Gemeindegeschichte hinzustellen, ihm einen polemischen Charakter und entmündigende, demokratiefeindliche Bestimmungen zu unterschieben. An einer religionswissenschaftlichen oder wirkungsgeschichtlichen Analyse ist ihm nicht gelegen. Folgt man Ficicchia, so enthält das Testament 'Abdu'l-Bahās »nichts, was irgendwie weltbezogen wäre«, außer — wie er es formuliert — der Bestellung Shoghi Effendis »zum omnipotenten und unfehlbaren Haupt der Gemeinschaft«,[37] für Ficicchia eine Abkehr von der »bereits festgelegten Nachfolgeregelung« Bahā'u'llāhs.[38] Den »weitaus größten Teil« des Inhalts beanspruchten indes die »ätzenden« Warnungen vor den Bundesbrechern.[39]

Ficicchia wendet sich damit gegen die Vorkehrungen 'Abdu'l-Bahās zur Wahrung der Einheit der Gemeinde — angesichts der Erfahrungen aus der bisherigen Bahā'ī- und Religionsgeschichte begreiflicherweise das Hauptanliegen 'Abdu'l-Bahās in seinem

---

35 So die Überschrift zu Kapitel 8, *Bahā'ismus*, S. 278. Die Umwertung dieses Begriffs ist typisch für das Vorgehen Ficicchias. Ficicchia nimmt einen Begriff der Schrift auf, belegt ihn unter der Hand mit neuem Inhalt und suggeriert dem Leser, diese Umwertung entspräche dem tatsächlichen Sinngehalt des Begriffs in der Schrift. Tatsächlich gebraucht Shoghi Effendi den Begriff des »Ehernen Zeitalters« (wie es in allen neueren Übersetzungen zutreffender genannt wird) in einer groben Periodisierung dreier Entwicklungsabschnitte des Glaubens Bahā'u'llāhs: Der Anfangsphase, dem »Apostolischen« oder »Heroischen Zeitalter«, folgt die Periode der Grundlegung, Entwicklung und Stabilisierung »der örtlichen, nationalen und internationalen Einrichtungen des Glaubens« (*Gott geht vorüber*, S. 370). Diese Zeitepoche mit ihrer Betonung des strukturellen Aufbaus, dieses institutionellen Gerüsts, nennt Shoghi Effendi das »Gestaltende«, »Formgebende« oder auch »Eherne Zeitalter« (*Citadel of Faith*, S. 5; *Gott geht vorüber*, S. XXIV, 370). Ficicchia kennt zumindest die letzte Textstelle (*Bahā'ismus*, S. 206 f., 302), münzt aber den Begriff um als Qualifizierung eines ausgesprochen harten, kalten, eben »eisernen« Führungsstils, eine Umdeutung in diffamierender Absicht, die er an anderer Stelle sogar noch Shoghi Effendi selbst unterschiebt: »Die strenge Führung des Hüters, von diesem selbst als das ›*Eiserne Zeitalter*‹ bezeichnet...« (*Bahā'ismus*, S. 302 [Hervorhebung durch F.]). Zum Ganzen siehe bereits U. Schaefer, S. 76.

36 Dazu eingehend U. Schaefer, S. 71 f., 119 f., 131 f., 165 f., 189 f.

37 *Bahā'ismus*, S. 284

38 *Bahā'ismus*, S. 279 f.

39 *Bahā'ismus*, S. 284. Zu den Begriffen »Bundesbruch«, »Bundesbrecher« siehe U. Schaefer, 39 f., 165 f., 171, Fußnote 380. Zu Ficicchias Qualifizierung der Sprache des Testaments siehe U. Schaefer, S. 38, Fußnote 87.

Testament. Dies kann nur dem ein Skandalon sein, dem dieses Ziel selbst anstößig ist. Auch das übrige Urteil Ficicchias zeichnet ein Zerrbild dieses Dokuments: So unterschlägt er an dieser Stelle die Bedeutung des Testaments für die Weiterentwicklung und Ausgestaltung der Gemeindeinstitutionen.[40] Nicht nur selektiv, einseitig oder parteiisch, sondern gerade im wesentlichen Punkt der Darstellung der Institutionenlehre 'Abdu'l-Bahās völlig falsch ist die Beschreibung der Funktion und Machtstellung des Hüteramtes.[41] Auch wenn für eine ausführliche Analyse des Dokuments insgesamt hier nicht der Ort ist:[42] Die Bedeutung des Testaments für die Entfaltung der Gemeinde- und Weltordnung Bahā'u'llāhs — wogegen sich die Angriffe im Kern richten — soll hier kurz skizziert werden.[43] Wir werden dabei das Schwer-

---

40 Diese offenbar bewußte Herunterstufung der Bedeutung des Testaments steht im Widerspruch zu Ficicchias eigener Darstellung der Gemeindeinstitutionen (*Bahā'-ismus*, S. 340 ff.) — trotz aller Fehler, die ihm dabei unterlaufen sind, wird in seiner systematischen Darstellung der Institutionen immerhin deutlich, daß das *Testament* großen Anteil an ihrer derzeitigen Form und Ausgestaltung hat.

41 Zu dieser Institution siehe auch U. Schaefer, S. 122 f.

42 Zumal es solche Analysen im Ansatz bereits gibt: Hermann Grossmann, *Das Bündnis Gottes in der Offenbarungsreligion*, Hofheim ³1981, S. 64 ff. und vor allem David Hofman, *A Commentary on the Will and Testament of 'Abdu'l-Bahā*, Oxford ⁴1982 (dt. *'Abdu'l-Bahās ›Wille und Testament‹. Eine Betrachtung*, Hofheim 1985). Letztere Schrift kennt Ficicchia, zitiert sogar daraus (S. 283), nimmt ihren eigentlichen Inhalt aber nicht zur Kenntnis. Im jeweiligen sachlichen Kontext werden die einschlägigen Bestimmungen des Testaments ausführlich gewürdigt bei U. Schaefer, *Grundlagen* und U. Gollmer, *Gottesreich*. Zu einigen Sachfragen siehe auch U. Schaefer, S. 131 f., 165 f.

43 Natürlich nur, soweit sie bislang absehbar ist. Nach Bahā'ī-Verständnis ist das Testament 'Abdu'l-Bahās »die Charta«, welche die »Gemeindeordnung ins Leben rief, ihren Aufbau umriß und in Gang setzte« (Shoghi Effendi, *Gott geht vorüber*, S. 371). Es ist nur konsequent, daß Shoghi Effendi im selben Text deutlich macht, daß die Konsequenzen dieses Dokuments in seiner Generation noch nicht annähernd abzuschätzen waren — und es auch heute noch nicht sind. J. E. Esslemont etwa sah, wohl aus diesem Empfinden der Unzulänglichkeit heraus, im Anhang seiner Einführung in die Bahā'ī-Religion (*Bahā'u'llāh and the New Era*, Erstpublikation 1923) von einer Besprechung des Inhalts ausdrücklich ab und druckte statt dessen nur einige Auszüge des Dokuments ab (S. 409-414 bzw. S. 319-322 der 1. [übersetzt von Wilhelm Herrigel und Herrmann Küstner] und der 4. deutschen Auflage *Bahā'u'llāh und das neue Zeitalter* von 1927/1963). Bezeichnend ist, wie Ficicchia diese Selbstbescheidung kommentiert. Für ihn ist dies der Beleg einer umfassenden Zensur und des Verbots jeder eigenständigen Interpretation: »Jede Kommentierung oder Kritisierung des Testaments — wie überhaupt der gesamten Lehrinhalte des Bahā'ismus — wurde den Gläubigen untersagt und jede auch nur geringste Übertretung sogleich mit dem Bann belegt« (*Bahā'ismus*, S. 300). Dabei beruft sich Ficicchia auf eine Passage des *Testaments* (3:13), die jeden individuellen

gewicht auf die Institutionen der »Häuser der Gerechtigkeit« und des Hütertums legen, sowie auf die im Testament hervorgehobene Gewaltenteilung zwischen den Institutionen.

Das Testament 'Abdu'l-Bahās enthält eine ganze Reihe wesentlicher Ergänzungen und Präzisierungen der zentralen Gemeindeinstitutionen, nicht zuletzt bei den Funktionszuschreibungen. Es ist damit ein wichtiger Meilenstein in der Entfaltung der Ordnung Bahā'u'llāhs. Wenden wir uns zunächst jenen Institutionen zu, die als Wahlinstitutionen mit der Leitung der Gemeinde, sowie mit legislativen und judikativen Aufgaben betraut sind. Diese Institutionen gehen auf Bahā'u'llāh zurück, der in seinem *Kitāb-i-Aqdas* die Einrichtung des *Baytu'l-'adl*, des »Hauses der Gerechtigkeit«, verfügt.[44] Die vertikale Differenzierung dieser Institution und die Art ihrer Bestellung stammt jedoch von 'Abdu'l-Bahā. Das Gebot Bahā'u'llāhs zur Errichtung eines »Hauses der Gerechtigkeit« »in jeder Stadt«[45] bezieht sich offensichtlich auf

Anspruch auf *allgemeinverbindliche* Interpretation zurückweist, und münzt dies wahrheitswidrig um in ein generelles Interpretationsverbot (siehe dazu U. Schaefer, S. 144 ff., 157 f.).

44 »Der Herr hat befohlen, daß in jeder Stadt ein Haus der Gerechtigkeit errichtet werde, in dem sich Beratende nach der Zahl Bahā [= neun] versammeln sollen. Sollte diese Zahl überschritten werden, so schadet dies nichts. Sie sollten sich fühlen, als beträten sie den Hof der Gegenwart Gottes, des Erhabenen, des Höchsten, und als schauten sie Ihn, den Unsichtbaren. Es geziemt ihnen, die Treuhänder des Barmherzigen unter den Menschen zu sein und sich für alle Erdenbewohner als die von Gott bestimmten Hüter zu betrachten. Es ist ihre Pflicht, miteinander zu beraten, Gott zuliebe auf die Belange Seiner Diener zu achten, wie sie auf ihre eigenen Belange achten, und zu wählen, was gut und ziemlich ist. So hat es euch der Herr, euer Gott, befohlen. Hütet euch zu verwerfen, was klar offenbart ist auf Seiner Tafel. Fürchtet Gott, o ihr, die ihr versteht!« (*Kitāb-i-Aqdas* 30).

45 *a. a. O.* Ficicchia zitiert diesen Abschnitt des *Kitāb-i-Aqdas*, folgert daraus, »daß Bahā'u'llāh kein oberstes Haus der Gerechtigkeit vorgesehen, sondern die Errichtung zahlreicher lokaler Häuser der Gerechtigkeit angeordnet hat« (*Bahā'ismus*, S. 356) und stellt apodiktisch fest, den eigentlich lokalen Körperschaften wäre »entgegen den Bestimmungen Bahā'u'llāhs... eine *oberste Weltinstanz*... vorgesetzt« worden (S. 280 f. [Hervorhebung durch F.]). Nun schließt die Errichtung lokaler Institutionen eine übergeordnete, internationale ja nicht unbedingt aus. Bahā'u'llāh sagt an keiner Stelle, daß die »Häuser der Gerechtigkeit« auf die örtliche Ebene begrenzt bleiben sollten. Im Gegenteil: Ficicchia übersieht geflissentlich all jene Funktionszuweisungen für diese Institutionen in den Schriften Bahā'u'llāhs, die offensichtlich den örtlichen Rahmen bei weitem sprengen und nicht durch eine Vielzahl lokaler Institutionen wahrgenommen werden können. Er übersieht auch, daß dabei immer wieder von *dem* »Haus der Gerechtigkeit« als einer singulären Institution die Rede ist (etwa *Botschaften* 7:30; 8:61). Vgl. hierzu auch U. Schaefer, S. 119 f.

eine *örtliche* Institution.[46] Die Funktionszuweisungen des *Bayt-u’l-‘adl* an anderen Stellen transzendieren jedoch unverkennbar die örtliche Ebene.[47] Shoghi Effendi zieht daraus die naheliegende Folgerung, daß das örtliche wie das internationale »Haus der Gerechtigkeit« im *Kitāb-i-Aqdas* ihre Begründung finden.[48] Explizit scheint Bahā’u’llāh aber an keiner Stelle verschiedene hierarchische Ebenen der »Häuser der Gerechtigkeit« begrifflich unterschieden zu haben. Dies blieb ‘Abdu’l-Bahā vorbehalten, der ausdrücklich zwischen dem örtlichen (*Baytu’l-‘adl* oder *Baytu’l-‘adl-i-maḥallī*)[49] und dem Universalen Haus der Gerechtigkeit (*Baytu’l-‘adl-i-a‘ẓam* bzw. *Baytu’l-‘adl-i-‘umūmī* [»allgemeines«, »allumfassendes Haus der Gerechtigkeit«])[50] unterschied, und der in seinem *Testament* die zwischen den beiden angesiedelte nationale Institution (*Baytu’l-‘adl-i-khuṣūṣī*, »nachgeordnetes [wörtlich: »besonderes«] Haus der Gerechtigkeit«)[51] erst formal einführte.[52]

Auch zur Bestellung der auf den verschiedenen Ebenen angesiedelten »Häusern der Gerechtigkeit« findet sich in den Schriften Bahā’u’llāhs nichts. Lediglich die Mindestzahl der Mitglieder dieser Gremien ist im *Kitāb-i-Aqdas* festgelegt.[53] Erst ‘Abdu’l-Bahā legt fest, daß die Bestellung dieser Gremien durch Wahl erfolgen muß. Er verweist dazu ziemlich allgemein auf die Spielregeln demokratischer Wahlen in den westlichen Ländern.[54] Normgebend ist seine Entscheidung, daß die Wahl der obersten Institution der Gemeinde, des Universalen Hauses der Gerechtigkeit, mittelbar, über drei Stufen erfolgen soll.[55] In seinem Testament präzisiert er dann, daß die Wahl des Universalen Hauses der Ge-

---

46 siehe auch *Kitāb-i-Aqdas* 48, 49

47 etwa *Kitāb-i-Aqdas* 42; *Botschaften* 7:19, 7:30, 8:52, 8:61, 8:78

48 *Weltordnung*, S. 19, 210

49 etwa *Tablets*, S. 6; *Promulgation*, S. 455; implizit auch *Testament* 1:25

50 *Testament* 1:17, 1:25, 2:8, 2:9; *Briefe und Botschaften* 187:2; *Beantwortete Fragen* 45:4 (S. 171); *Promulgation*, S. 455

51 *Testament* 1:25; später auch *Baytu’l-‘adl-i-millī* [»nationales Haus der Gerechtigkeit«] oder (selten) *Baytu’l-‘adl-i-markazī* [»zentrales Haus der Gerechtigkeit«] genannt.

52 siehe auch Shoghi Effendi, *Weltordnung*, S. 19

53 Vers 30 und Anmerkung Nr. 50

54 *Tablets*, Bd. 1, S. 7; *Testament* 1:25, 2:8; sowie ein weiterer Text, zitiert in: The Universal House of Justice, *Wellspring of Guidance*, S. 48.

55 *Promulgation*, S. 455; ders., zitiert in Shoghi Effendi, *Bahā’ī Administration*, S. 84 und *Wellspring of Guidance*, S. 48

rechtigkeit durch die Mitglieder der nationalen Institutionen erfolgen soll.[56] Eine Ausarbeitung und Vereinheitlichung des Wahlrechts der lokalen und nationalen Institutionen erfolgte schließlich unter Shoghi Effendi.[57] Seine Entscheidungen und Empfehlungen zum Wahlrecht stellte Shoghi Effendi aber unter den grundsätzlichen Vorbehalt, daß, in Ermangelung detaillierter Vorgaben durch Bahā'u'llāh und 'Abdu'l-Bahā, die Wahlgesetzgebung dem Universalen Haus der Gerechtigkeit übertragen ist.[58]

Die wesentlichen Funktionszuschreibungen des »Hauses der Gerechtigkeit« lassen sich bereits den Schriften Bahā'u'llāhs entnehmen: Es finden sich Belege für exekutive,[59] legislative[60] und judikative[61] Aufgaben. Die entscheidende Präzisierung der legislativen Funktion des Hauses enthält jedoch das Testament 'Abdu'l-Bahās: Dem Universalen Haus der Gerechtigkeit ist die Gesetzgebung in allen Fragen übertragen, die nicht bereits eindeutig durch die Schrift geregelt sind.[62] Die Gesetze des Hauses haben »dieselbe Geltung wie der heilige Text«.[63] Während die von Bahā'u'llāh gegebenen Gesetze jedoch für die gesamte Dauer der Sendung Bahā'u'llāhs Gültigkeit besitzen und nicht verändert werden können,[64] hat das Universale Haus der Gerechtigkeit die Kompetenz, die von ihm selbst verabschiedeten Gesetze abzuändern oder aufzuheben.[65] Dies ermöglicht ein flexibles Eingehen

56 1:25

57 Dies erfolgte im wesentlichen bereits gegen Anfang seiner Amtszeit (siehe vor allem seine Briefe vom 12. März 1923 und vom 12. Mai 1925, *Bahā'ī Administration*, S. 37-41, 84 f. Zu Einzelheiten siehe U. Gollmer, *Gottesreich*, Kap. 13.1, bes. 13.1.2).

58 *Bahā'ī Administration*, S. 41, 135

59 etwa *Kitāb-i-Aqdas* 21, 42, 48, »Fragen und Antworten« 98; *Botschaften* 3:25, 7:22, 8:59

60 *Botschaften* 6:29, 8:58, 8:78

61 *Kitāb-i-Aqdas,* »Fragen und Antworten« 49 und 50 kann sich sowohl auf legislative wie judikative Aufgaben beziehen.

62 1:25, 2:8,9

63 2:9

64 »Diese Körperschaft [das Universale Haus der Gerechtigkeit] kann das von Bahā'u'llāh bereits Formulierte ergänzen, es aber nicht für ungültig erklären oder auch nur im geringsten modifizieren« (Shoghi Effendi, Brief vom 11. August 1935, in: Helen Hornby, *Lights of Guidance*^{2} 1145).

65 2:9. U. Schaefer (*Grundlagen*, S. 61 ff.) hat dies begrifflich in seiner Unterscheidung zwischen göttlichem Recht (im engeren Sinne) und mittelbar göttlichem Recht aufgegriffen. Zum Ganzen eingehend U. Schaefer, S. 274 ff. Zu Eigenart und Ent-

auf veränderte Zeitumstände und findet hierin auch seine ausdrückliche Begründung.[66] Die judikative Funktion des Universalen Hauses der Gerechtigkeit spiegelt sich ebenfalls im Testament wider: Dieser Institution kommt die Entscheidung in allen Fragen zu, die strittig sind, »alles ist dieser Körperschaft vorzulegen«.[67] Auch die Funktion des Universalen Hauses als unangefochtene Führungsinstitution der Gemeinde ist in ʻAbdu'l-Bahās Testament formuliert: »Was diese Körperschaft einstimmig oder mit Stimmenmehrheit beschließt, ist die Wahrheit und Gottes eigener Wille.«[68]

Damit sind die wesentlichen Neuerungen und Präzisierungen des *Testaments* noch nicht erschöpft. Rechtliche Begründung[69] und eine neue Funktionszuweisung[70] findet im Testament ʻAbdu'l-Bahās auch die Institution der »Hände«.[71] Die bereits von Bahā'u'llāh angemahnte Beziehung der Bahā'ī zur weltlichen Gewalt[72] erfährt eine Bekräftigung,[73] aber auch wichtige Ergänzungen.[74] Eine Konsequenz der Einführung des Hüteramts ist auch die Präzisierung der Funktionen und Kompetenzen des Universalen Hauses der Gerechtigkeit[75] und die Etablierung einer klaren Gewaltenteilung zwischen beiden Institutionen. Auf diese Gewaltenteilung werden wir noch zurückkommen.

---

wicklungsmöglichkeiten des Bahā'ī-Rechts siehe auch U. Gollmer, *Gottesreich*, Kap. 12.2-4.

66 2:9

67 1:25

68 2:8

69 1:20, 1:22, 1:16, 1:17, 3:13

70 1:2, 1:13, 1:17, 1:19, 1:21, 1:22. In der *Sūratu'l-Haykal* gibt Bahā'u'llāh eine prophetische Vision der Stufe und Aufgabe der »Hände« (zitiert in: Shoghi Effendi, *Weltordnung*, S. 166 f.). Ob damit eine bestimmte Institution oder die Beschreibung einer herausragenden aber informellen Haltung des Dienstes am göttlichen Wort gemeint ist, ist nicht zu entscheiden.

71 Bereits Bahā'u'llāh hatte einigen besonders verdienten Gläubigen den Titel »Hand der Sache Gottes« (sing. und pl. *ayādī-i-amru'llāh*) verliehen. Zu dieser Institution, ihren Funktionen und ihrem Werdegang siehe *The Ministry of the Custodians 1957-1963. An Account of the Stewardship of the Hands of the Cause*, Haifa 1992; Paul E. Haney, »The Institution of the Hands of the Cause of God«, in: *Bahā'ī World*, Bd. 13, 1970, S. 333; U. Gollmer, *Gottesreich*, Kap. 11.2.3.

72 Zur Begründung der Loyalitätspflicht gegenüber dem Gemeinwesen, dem staatlichen Gesetz und der Obrigkeit siehe bereits Kap. 6.III.2.

73 1:8

74 1:22, 1:25

75 1:17, 1:25, 2:8, 2:9, 3:13

Die wohl wesentlichste und auf den ersten Blick spektakulärste Neuerung[76] des *Testaments* ist das Hüteramt. Zwar hatte Bahā'u'llāh selbst in seinem Testament[77] eine solche personale Nachfolge an der Spitze der Gemeinde nach 'Abdu'l-Bahās Tod vorgesehen, aber der Abfall des dafür ausersehenen Mīrzā Muḥammad-'Alī vom Glauben[78] brachte eine neue Situation. Das Hüteramt wurde von 'Abdu'l-Bahā geschaffen, um angesichts der veränderten Lage die Kontinuität in der Führung und Entwicklung der Gemeinde zu sichern. 'Abdu'l-Bahā führt diese Institution formal in seinem Testament ein,[79] benennt gleichzeitig den ersten Träger[80] und die wesentlichen Funktionen[81] des Hütertums sowie Voraussetzungen und Bedingungen der künftigen Sukzession.[82] Der Hüter (*Valī-Amru'llāh*) ist der Nachfolger 'Abdu'l-Bahās als Träger des Lehramtes,[83] sowie als Führer der Gemeinde und deren Oberhaupt — mit allerdings deutlich reduzierten[84] Funktionen

---

76 Zu gewissen Hinweisen auf dieses Amt bei Bahā'u'llāh siehe Abschnitt IV dieses Kapitels, besonders Fußnote 134.

77 *Dokumente des Bündnisses* I:9

78 siehe oben Abschnitt II dieses Kapitels, und weiter Shoghi Effendi, *Gott geht vorüber*, Kap. 15; H. M. Balyuzi, *'Abdu'l-Bahā*, Bd. 1, S. 93-104; A. Taherzadeh, *Covenant*, bes. Kap. 8 und 11; zu einigen Details siehe auch unten Abschnitt IV dieses Kapitels.

79 1:2, 1:16, 1:17

80 D. i. sein Enkel Shoghi Effendi, der »Erste Ast des Göttlichen... Lotosbaumes,... den heiligen Zwillingsbäumen entsprossen«. Diese Aussage bezieht sich darauf, daß Shoghi Effendi über seine Mutter der Familie Bahā'u'llāhs, über seinen Vater der Familie des Bāb entstammt (*Testament* 1:2, 1:16, 3:12 f.). Die ebenfalls verwendete Metapher der »Perle«, die den »Zwillingsmeeren« entstammt (1:2), nimmt das Bild eines Qur'ānverses (55:19-22) auf, den die Imāmīya auf das Imāmat, speziell auf 'Alī, Fāṭima und Ḥasan bzw. Ḥusayn, deutet (vgl. M. Momen, *Shi'i Islam*, S. 153).

81 Der Hüter ist der bevollmächtigte Ausleger der Schrift (1:16); das Oberhaupt des Glaubens (1:16, 1:17); der »Mittelpunkt der heiligen Sache« (3:13); er ist als der »Hüter« des Glaubens für dessen Schutz verantwortlich, was eine diesbezügliche Gehorsamspflicht der Gläubigen einschließt (1:17, 3:13); er ist das ständige Oberhaupt des Universalen Hauses der Gerechtigkeit (1:25); er hat das Recht, ein Mitglied dieses Gremiums, das »eine Sünde begeht, die dem Allgemeinwohl schadet«, von seinem Amt zu entbinden und die damit vakant gewordene Stelle dieser Institution durch Wahl neu bestellen zu lassen (1:25); er ernennt die Hände der Sache Gottes (*ayādī-i-amru'llāh*) und leitet ihre Tätigkeit (1:20, 1:22); er ist der Empfänger des Ḥuqūqu'llāh (1:27).

82 1:16, 1:18, 1:19. Shoghi Effendi, der erste Hüter, benannte jedoch keinen Nachfolger.

83 Dazu eingehend U. Schaefer, S. 144 ff. Siehe auch U. Gollmer, *Gottesreich*, Kap. 11.2.2 und 12.1

84 siehe die Ausführungen zur Gewaltenteilung S. 563 ff.

gegenüber dem Amt ‘Abdu’l-Bahās.[85] Die eigentliche Neuerung betrifft also lediglich Person und institutionelle Ausgestaltung des Amtes.

Trotzdem setzt hier der wesentliche von Ficicchia aufgegriffene Einwand gegen das Testament ‘Abdu’l-Bahās an. White wie Zimmer schließen Neuerungen aus. Zu Unrecht, wie wir sehen werden. Dieser Einwand gegen das Testament geht nicht nur von völlig falschen Voraussetzungen aus, bei näherem Hinsehen zeigen sich sogar eklatante Widersprüche zwischen den Argumentationen von White und Zimmer. Widersprüche, denen sich Ficicchia gleichwohl nicht stellt.

White spricht ‘Abdu’l-Bahā nicht etwa das prinzipielle Recht ab, neue Gesetze oder Institutionen zu erlassen. Statt dessen argumentiert sie punktuell und spielt dabei ihr privates Verständnis dessen, was sie selbst von ‘Abdu’l-Bahā gehört und gelesen hat, gegen die Bestimmungen des Testaments aus: Was dort »ein- oder zweimal wiederholt wird«,[86] steht für sie gegen hunderte von Aussagen ‘Abdu’l-Bahās zu seinen Lebzeiten, »was die Anweisungen, die nach seinem Tode gefunden wurden, bei weitem aufwiegt«[87]. Daß die von ihr in Anspruch genommene Lehrbasis extrem selektiv und unvollständig ist, ficht sie dabei nicht an.[88]

Zimmer dagegen vertritt ein finalistisches und exklusivistisches Offenbarungskonzept: Für ihn ist das Wort des Religionsstifters in seiner Zeit vollständig und abgeschlossen, enthält alles, was zu sagen ist, ist allen verständlich, bedarf nicht der Erklärung oder Ergänzung und läßt auch keine Ergänzung zu. Eine schrittweise Entfaltung der Offenbarung in der Zeit ist damit ausgeschlossen. Bahā’u’llāh habe »alles gesagt«, eine weitere Ausgestaltung und Differenzierung des Bahā’ītums nach ihm sei des-

85 In dieser Sonderstellung zählt ‘Abdu’l-Bahā mit Bahā’u’llāh und dem Bāb zu den drei Zentralgestalten der Bahā’ī-Offenbarung (dazu die klassische dogmatische Ausarbeitung durch Shoghi Effendi, »The Dispensation of Bahā’u’llāh« (1934) in: *Weltordnung*, S. 147-203), ohne allerdings wie diese den Rang einer Manifestation innezuhaben (Shoghi Effendi, *Weltordnung*, S. 192 ff., 199 ff.).

86 Damit meint sie vor allem die Bestimmungen über das Hütertum, die Hände der Sache Gottes und den dreistufigen Aufbau der Häuser der Gerechtigkeit.

87 *Enemy*, S. 94 f.

88 siehe bes. Abschnitt XIII dieses Kapitels

halb undenkbar.[89] Nur die Manifestation[90] selbst könne Gesetzgeber sein, selbst 'Abdu'l-Bahā komme diese Funktion nicht zu.[91]

Es entbehrt nicht einer gewissen Ironie, daß Zimmer sich damit eine Haltung zu eigen macht, die bereits von Muḥammad-'Alī[92] und dessen Anhängern gegen 'Abdu'l-Bahā vertreten wurde,[93] also von exakt jener Gruppe, die für Ruth White hinter der von ihr vehement bekämpften »Bahai-Organisation« steht.[94] Abgesehen davon, daß dieser fundamentalistische Schriftrigorismus inhaltlich einen ganz wesentlichen Teil der Schriften Bahā'u'llāhs schlicht negiert,[95] eine solche Grundhaltung stößt sich auch an der ausdrücklichen Intention der von Bahā'u'llāh geschaffenen Ordnung: Sie ist bewußt darauf angelegt, im permanenten Wandel ihre Identität zu bewahren. Die von Bahā'u'llāh geschaffenen Strukturen, Institutionen und Gesetze sind Fundament und Rahmenwerk, der Nukleus eines auf Wachstum und Entwicklung angelegten Organismus. Sein Gesetz ist nicht statisch, ein für allemal gegeben: Die Fähigkeit zur Anpassung an veränderte Zeitumstände gehört zu den Funktionen, mit denen — in unterschiedlichem Ausmaß und in verschiedenen Bereichen[96] — die Nachfolgeinstitutionen des Religionsstifters betraut sind; sie sind ausdrücklicher Teil der prophetischen Legitimitätsübertragung.

Schon den religiösen Eliten der Vergangenheit wird in der Schrift vorgehalten, die eigentliche Zielsetzung des göttlichen Gesetzgebers verkannt und durch ein Einfrieren äußerlicher

89 *Shoghismus*, S. 70-78

90 Zum Terminus »Manifestation« (*al-maẓharu'l-ilāhī*, *maẓhar-i-ẓuhūr*) als Bezeichnung einer Theophanie, siehe U. Schaefer, S. 133 und 197; vgl. weiter N. Towfigh, *Schöpfung*, S. 21 ff., 170 ff.; U. Gollmer, *Gottesreich*, Kap. 5.2 und 7.1.

91 *Shoghismus*, S. 57 f. Für White steht dagegen – im eklatanten Widerspruch zum Zeugnis der Schrift (vgl. zusammenfassend Shoghi Effendi, *Weltordnung*, S. 190 ff.) — 'Abdu'l-Bahā auf einer höheren Stufe als Bahā'u'llāh (*Enemy*, S. 119 f.).

92 zu diesem siehe S. 549 und S. 574 f.

93 So lautet eine der gegen 'Abdu'l-Bahā erhobenen Anklagen, daß er »die Stufe des Ursprungs«, d. h. die Stufe einer göttlichen Theophanie beansprucht habe (vgl. Mīrzā Muḥammad-Javād-Qazvīnī, in: Edward Granville Browne, *Materials*, S. 77).

94 siehe etwa *Enemy*, S. 36, 88, 124 f., 210 f. Zu Einzelheiten über die von White verbreitete Fiktion vom Ursprung der Bahā'ī-Gemeinschaftsordnung in einer Verschwörung Mīrzā Muḥammad-'Alīs und dessen Parteigängern siehe unten Abschnitte VIII und IX.

95 nämlich die Aspekte der Gemeinde- und Weltordnung (siehe S. 605 ff.)

96 dazu die Ausführungen über die Gewaltenteilung S. 563 ff.

Aspekte von Gesetz und Ordnung ein frühzeitiges Vergreisen des jeweiligen Religionssystems bewirkt zu haben,[97] weil sie die Tatsache mißachteten, daß »die materielle Welt dem Wechsel und Wandel unterworfen ist«.[98] Um diesem Wandel Rechnung zu tragen, muß auch die Religion »lebendig, kraftvoll, beweglich sein und sich entwickeln. Ermangelt ihr Bewegung und Fortschritt, so ist sie ohne das göttliche Leben; sie ist tot.«[99]

Damit nicht genug: Bahā’u’llāh war sich offenkundig sehr wohl dessen bewußt, daß die Welt, in der seine Sendung heranreifen sollte, von erheblichem, beschleunigtem Wandel gekennzeichnet sein wird.[100] Die Ära Bahā’u’llāhs wird charakterisiert als die »Zeit des Neuen und der Vollendung«,[101] in der »alles erneuert wird«.[102] Gerade in einer solchen Zeit ist es unumgänglich, daß entscheidende Weichenstellungen »zur rechten Zeit am rechten Ort«[103] erfolgen, gibt es doch »für jeden Tag ein neues Problem und für jedes Problem eine zweckmäßige Lösung«[104]. Dabei muß die Substanz des göttlichen Impulses im Wandel lebendig bleiben, um den vom Gotteswort induzierten evolutionären Prozeß immer weiter voranzutreiben. Es gilt ein Instrument zu schaffen, das in der Lage ist, »nach den Erfordernissen der Zeit und

---

97 vgl. ‘Abdu’l-Bahā, *Beantwortete Fragen* 11:10 f., 25-30; 14:7

98 ‘Abdu’l-Bahā, *Promulgation*, S. 161; vgl. auch *a. a. O.*, S. 97 f., 339, 365

99 *Promulgation*, S. 140

100 vgl. *Botschaften* 3:25; 8:61; 8:78. Von diesem Bewußtsein zeugt etwa auch der folgende Text ‘Abdu’l-Bahās: »Welch wundervolles Jahrhundert! Es ist ein Zeitalter umfassender Erneuerung. Staatsverfassungen und Bürgerrechte sind in einem Prozeß der Wandlung und Umformung begriffen. Wissenschaften und Künste werden in neue Formen gegossen. Die Gedankenwelt wird umgestaltet. Die Grundlagen der menschlichen Gesellschaft ändern sich und gewinnen an Kraft... Ethische Grundsätze vergangener Tage sind den Bedürfnissen der modernen Welt nicht mehr gewachsen. Die Gedanken und Theorien vergangener Jahrhunderte sind heute unfruchtbar... Alle Zustände und Erfordernisse der Vergangenheit, die für die Gegenwart nicht passen oder ausreichen, machen eine radikale Reform durch... Die sittlichen Vorstellungen der Menschenwelt müssen sich ändern. Neue Heilmittel, neue Lösungen für die Probleme der Menschen müssen ergriffen werden. Selbst der menschliche Geist muß sich wandeln und der umfassenden Erneuerung unterwerfen« (*Promulgation*, S. 144).

101 »Was den menschlichen Bedürfnissen in der Frühgeschichte unseres Geschlechts angemessen war, ist weder passend noch genügend für die Erfordernisse des heutigen Tages, dieser Zeit des Neuen und der Vollendung« (*Promulgation*, S. 438.).

102 *Promulgation*, S. 278

103 Bahā’u’llāh, *Botschaften* 11:31

104 *Botschaften* 3:25, 8:61

den Eingebungen der Weisheit«[105] zu handeln. Es ist eine der wesentlichen Aufgaben des Bundes Bahā'u'llāhs, diese Identität im Wandel zu garantieren. Die zahlreichen Schriftzeugnisse über die Einzigartigkeit dieses Bundes beziehen sich im Kern auf dieses Spezifikum: Der Bund Bahā'u'llāhs enthält das Versprechen, die Einheit der Gemeinde zu wahren — nicht etwa statisch, abgesondert von der Welt und ihren Wechselfällen, konservierend und starr, sondern als Fähigkeit, weltoffen im steten Wandel *eine* Gemeinde unter dem Wort und Willen Bahā'u'llāhs zu bleiben.

Die Berufung 'Abdu'l-Bahās zum »Mittelpunkt der Sache Gottes« und die ihm übertragenen Vollmachten, wie die auch dem Universalen Haus der Gerechtigkeit übertragene supplementäre Gesetzgebungskompetenz in allen Fragen, die nicht im »Buche Gottes« eindeutig geregelt sind,[106] haben den Zweck, diese Lebendigkeit und Anpassungsfähigkeit der Ordnung Bahā'u'llāhs zu wahren. Es war offenbar ein zentrales Anliegen Bahā'u'llāhs, die von ihm geschaffenen Nachfolgeinstitutionen mit solchen Vollmachten und Sicherungen auszustatten, die sie befähigen, »nach den Nöten und Erfordernissen der Zeit [zu] handeln«[107].

Neben dem ebenso grundsätzlichen wie falschen Einwand gegen die Zulässigkeit einer neuen Institution wenden sich White und Zimmer — und in deren Fußstapfen natürlich Ficicchia — auch gegen die konkrete Ausgestaltung, die das Hüteramt im *Testament* erfährt. Laut Zimmer etabliere das Testament 'Abdu'l-Bahās den Hüter zugleich als »Weltpapst und Weltkaiser«.[108] Diese griffige Formel geht an der tatsächlichen Rechtsstellung des Hüteramtes weit vorbei. Weltliche Macht kommt dem Hüteramt im Bahā'ītum nun gerade *nicht* zu.[109] Auch mit dem Papsttum verbindet das Hüteramt nicht viel mehr, als daß beide Institutionen als Oberhaupt des jeweiligen Glaubens fungieren und Träger des Lehramtes sind — aber bereits in letzterem Punkt sind die Unterschiede größer als die Gemeinsamkeiten.[110]

---

105 *Botschaften* 8:78
106 *Testament* 1:25, 2:9
107 *Botschaften* 3:25, 8:61
108 *Shoghismus*, S. 68
109 dazu U. Schaefer, S. 122 f; sowie eingehend U. Gollmer, *Gottesreich*, Kap. 11.2.2
110 Zum Vergleich Hütertum und Papst siehe U. Schaefer, S. 134 ff., insbesondere Fußnote 158; ders., *Grundlagen*, S. 151 ff.; U. Gollmer, *Gottesreich*, Kap. 11.2.2

Zudem unterschlägt Zimmers Dictum und Ficicchias eingangs zitierte Behauptung die gerade in diesem Dokument festgeschriebene Gewaltenteilung innerhalb der Ordnung Bahā’u’llāhs.[111] Eine Besonderheit im Bahā’ītum ist die bewußte und geplante Institutionalisierung des ursprünglichen prophetischen Impulses. Mit dieser planvollen Übertragung prophetischer Souveränität — zuerst von Bahā’u’llāh vor allem in seinem *Kitāb-i-‘Ahd* und seinem *Kitāb-i-Aqdas*, dann von ‘Abdu’l-Bahā in seinem *Testament* — verbindet sich eine Bestimmung der den Nachfolgeinstitutionen übertragenen Funktionen, Pflichten und Souveränitätsrechte. Auffällig ist dabei eine schrittweise Aufteilung und Begrenzung der Gewalten.

Unumschränkte Gewalt kommt allein Gott und seiner Manifestation zu: »Er tut, was Er will«.[112] Es ist der Manifestation überlassen, wie sie in souveräner Entscheidung die ihr von Gott übertragenen weltlichen und geistlichen Gewalten wahrnehmen und an die jeweilige(n) Nachfolgeinstitution(en) weitergeben will. Bahā’u’llāh ist die souveräne Manifestation seines Zeitalters. Er bestimmte ‘Abdu’l-Bahā zum »Mittelpunkt des Bundes«. Dieses — wohlgemerkt: singuläre[113] — Amt ist die Nachfolgeinstitution *par excellence* im Bahā’ītum. Ihm kommt die göttliche Souveränität in einem von allen übrigen und späteren Nachfolgeinstitutionen nicht geteilten Maße zu.[114] Nach der Amtszeit ‘Abdu’l-Bahās ist die Übertragung institutioneller Legitimität im Bahā’ītum zugleich aufgeteilt und reduziert. In seinem Testament setzte ‘Abdu’l-Bahā zwei Institutionen als die nunmehr zentralen Nachfolgeinstitutionen fest: Die »Zwillingsinstitutionen« des Hütertums[115] und des (bereits von Bahā’u’llāh vorgesehenen) Universa-

111 Angesichts der Bestimmungen der Schrift wie deren konkreter Umsetzung in der bisherigen Gemeindegeschichte ist die Behauptung Whites geradezu lächerlich, der Hüter sei ein über dem »Haus der Gerechtigkeit stehender, allgewaltiger Diktator« (*Enemy*, S. 54).

112 siehe etwa *Kitāb-i-Aqdas* 7; *Ährenlese* 101, 102, 103:6, 113:11

113 Shoghi Effendi, *Weltordnung*, S. 190 ff.

114 Zu den Einschränkungen der ihm übertragenen Gewalten im Verhältnis zur Manifestation siehe Shoghi Effendi, *Weltordnung*, S. 190 ff.; siehe auch U. Gollmer, *Gottesreich*, Kap. 11.2.2.

115 Zu indirekten Hinweisen Bahā’u’llāhs auf dieses Amt siehe Abschnitt IV, Fußnote 134.

len Hauses der Gerechtigkeit.[116] Keine dieser beiden Nachfolgeinstitutionen tritt die Nachfolge der prophetischen Heilsgestalt in Hinblick auf die individuelle Erlösung an; dies bleibt im Bahā'ītum ausschließlich der unmittelbaren Beziehung jedes Gläubigen zu Gott (bzw. zur Manifestation Gottes) vorbehalten. Keine der beiden Zwillingsinstitutionen (bzw. deren Amtsträger) hat Vorbildfunktion für den Gläubigen als Muster der Frömmigkeit oder als Modell eines gottgefälligen Lebens; eine Vorbildfunktion — verstanden allerdings als selbstverantwortliche, reflektierende Nachfolge — bleibt auf die Person 'Abdu'l-Bahās beschränkt. Den beiden Nachfolgeinstitutionen übertragen sind dagegen Aufgaben gemeinschaftlicher und gesellschaftlicher Art: Die verbindliche Auslegung der Schrift, die Gesetzgebung in allen Fragen, die nicht unmittelbar und eindeutig »im Buche Gottes« geregelt sind, und die praktische Führung der Gemeinde. Während sich beide Institutionen in die letztgenannte dieser Aufgaben teilen, herrscht in Bezug auf die beiden anderen eine strikte Gewaltentrennung: autoritative Auslegung kommt allein dem Hüter,[117] komplementäre Gesetzgebung allein dem Universalen Haus der Gerechtigkeit zu.[118]

Diese Gewaltenteilung besteht auch nach der Sedisvakanz des Hütertums fort:[119] Die Bahā'ī-Gemeinde kennt derzeit keine zur autoritativen Auslegung berechtigte Instanz.[120] Das ausschließli-

116 *Testament* 1:17,25, 2:8,9, 3:13; siehe dazu auch Shoghi Effendi, *Weltordnung*, S. 211 ff.

117 Zu Funktion und Aufgabe des Hütertums siehe 'Abdu'l-Bahā, *Testament* 1:2,16-18,20,22,25,27; 3:13; vgl. auch U. Gollmer, *Gottesreich*, Kap. 11.2.2. Zum Lehramt siehe auch U. Schaefer, S. 144 ff.

118 Der für die Gewaltenteilung zwischen beiden Institutionen zentrale Text ist Shoghi Effendi, *Weltordnung*, S. 211 ff. Zur Gewaltenteilung in der Gemeindeordnung siehe auch U. Schaefer, S. 122, 183; U. Gollmer, Kap. 6.I.4, sowie U. Schaefer, *Grundlagen*, S. 110 f.; U. Gollmer, *Gottesreich*, Kap. 12.1. Zur legislativen Gewalt im besonderen: U. Schaefer, *Grundlagen*, S. 104, 171; U. Gollmer, *Gottesreich*, Kap. 12.2-4.

119 Shoghi Effendi verstarb im Jahre 1957, ohne einen Nachfolger bestimmt zu haben. Das 1963 erstmals gewählte Universale Haus der Gerechtigkeit, dem — nach den Worten 'Abdu'l-Bahās — die Entscheidung in allen (Rechts)Fragen zukommt, die »kontrovers, unklar oder nicht ausdrücklich im Buche [Gottes] behandelt sind« (*Testament* 2:9), entschied daraufhin, daß es ihm nicht möglich ist, eine Nachfolgeregelung für das Hüteramt zu verabschieden (der Text der Entscheidung ist zitiert in Anmerkung 125).

120 Zur Lehrfreiheit der Gläubigen bei gleichzeitiger Lehrbindung an die Schrift siehe U. Schaefer, S. 144 ff.; U. Gollmer, *Gottesreich*, Kap. 11.2.2

che Recht zur verbindlichen Auslegung im Bahā'ītum lag bei Bahā'u'llāh, 'Abdu'l-Bahā und Shoghi Effendi.[121] Das Universale Haus der Gerechtigkeit nimmt lediglich seine angestammten Aufgaben wahr[122] und hält ausdrücklich an dieser Gewaltenteilung fest.[123] Zur Legislativkompetenz des Universalen Hauses gehört auch die Schaffung neuer Institutionen innerhalb des ihm übertragenen Kompetenzbereichs.[124] Dagegen hat es das Universale Haus der Gerechtigkeit bereits im Falle des Hüteramtes exemplarisch ausgeschlossen, Institutionen zu schaffen, die außerhalb dieses Kompetenzbereichs liegen.[125]

Das Testament 'Abdu'l-Bahās ist damit weder in seiner Form noch in seiner Tendenz eine unerwartete Neuerung im Bahā'ītum. Es führt konsequent fort, was Bahā'u'llāh mit seinem *Kitāb-i-*

---

121 Dies heißt nicht, daß es im Bahā'ītum künftig keine Auslegung gebe: Ohne individuelles Ringen um die Bedeutung der Schrift ist weder ein vertieftes Verständnis noch die praktische Umsetzung des Glaubens möglich. Nur: solche Auslegung bleibt individuell, immer vorläufig, kann keine Verbindlichkeit für andere beanspruchen. Siehe hierzu U. Schaefer, S. 145 ff.

122 Irrig ist die Annahme, daß mit der Sedisvakanz des Hüteramtes die »einst... getroffene Scheidung der Funktionen von Lehre und Verwaltung bzw. Rechtsprechung endgültig aufgehoben« sei (Peter Meinhold, *Religionen*, S. 335). Meinhold hatte die Gewaltenteilung zwischen Hütertum und Universalem Haus geradezu als »das Charakteristikum der Bahai-Religion« bezeichnet, in dem »die Bedeutung dieser Organisation« liege (S. 338, 334). Auch Ficicchias Behauptung, »daß die Befugnisse, Rechte und Pflichten nun *allesamt* auf das Universale Hause der Gerechtigkeit übergingen« (*Bahā'ismus*, S. 363, Hervorhebung U. G.), daß folglich auch die Lehrgewalt vom Universalen Haus der Gerechtigkeit wahrgenommen würde (*a. a. O.*, S. 363 ff.) trifft nicht zu: »... das Universale Haus der Gerechtigkeit wird sich nicht auf die Interpretation der heiligen Schriften einlassen« (Brief vom 25. Oktober 1984; siehe auch *Constitution of the Universal House of Justice*, Declaration of Trust, S. 4; Briefe des Universalen Hauses der Gerechtigkeit vom 9. März 1965 und vom 27. Mai 1966, *Wellspring*, S. 52, 53, 88. Vgl. dazu eingehend U. Schaefer, S. 125 f.).

123 *Constitution a. a. O*; Briefe des Universalen Hauses der Gerechtigkeit vom 9. März 1965, in: *Wellspring*, S. 50 f., 52 f.; vom 7. Dezember 1969, in: *Messages*, S. 38, 42

124 So das Internationale Lehrzentrum und die kontinentalen Beraterämter, welchen allmählich ein Gutteil der bisherigen Funktionen der Hände übertragen wurden. Zu den Gründen dieser Funktionsübertragung siehe U. Gollmer, *Gottesreich*, Kap. 11.2.3

125 »Nach sorgfältigem Studium der heiligen Texte... stellt das Universale Haus der Gerechtigkeit fest, daß es keinen Weg gibt, einen zweiten Hüter oder Nachfolger von Shoghi Effendi zu ernennen, oder ein Gesetz zu erlassen, das eine solche Ernennung ermöglicht« (Telegramm des Universalen Hauses der Gerechtigkeit vom 6. Oktober 1963, *Wellspring*, S. 11).

Aqdas und seinem *Kitāb-i-'Ahd* begonnen hat:[126] Die Bewahrung und gleichzeitige Entfaltung des göttlichen Impulses in einer Welt rapiden gesellschaftlichen Wandels.

IV. Die Einsetzung Shoghi Effendis als »Hüter des Glaubens« — eine Skizze der historischen Ereignisse[127]

White und Zimmer behaupten, die Bahā'ī-Gemeinden seien von der Berufung Shoghi Effendis zum »Hüter der Sache Gottes« völlig überrascht worden. Weder habe es zuvor irgendwelche Hinweise auf eine herausgehobene Stellung Shoghi Effendis gegeben noch habe 'Abdu'l-Bahā je die Herausbildung einer hereditären Institution angedeutet.[128] Dies mag für den durchschnittlichen

---

126 Völlig absurd ist die Behauptung Ficicchias, dem Testament 'Abdu'l-Bahās werde »unter allen Schriften der Bahā'ī oberste Priorität zuteil«. Es sei »im heutigen Bahā'ītum die wichtigste Schrift überhaupt« und stehe »in seiner Signifikanz eindeutig vor dem *Kitāb-i-Aqdas*... und allen anderen Schriften des Propheten« (*Bahā'ismus*, S. 282). Ficicchia verkennt, daß es sich bei der Schrift um einen Gesamtkorpus handelt, dessen Teile nicht gegeneinander ausgespielt werden können. Die Basis ist das von Bahā'u'llāh offenbarte Gotteswort, die Erläuterungen 'Abdu'l-Bahās und Shoghi Effendis sind dazu wichtige Ergänzungen. Siehe auch U. Schaefer, S. 121, Fußnote 61, S. 243, 273.

127 Mein besonderer Dank gilt dem Universalen Haus der Gerechtigkeit sowie dem Research Department und dem Archives Office in Haifa, die mir Kopien der dort archivierten Dokumente und Briefe zugänglich machten, auf die sich diese historische Skizze im wesentlichen stützt.

128 Unzutreffend ist die Behauptung, das Testament Bahā'u'llāhs, der *Kitāb-i-'Ahd*, sei im Gegensatz zum Testament 'Abdu'l-Bahās bereits *vor* dem Tode Bahā'u'llāhs in der Gemeinde bekannt gewesen (Zimmer, *Shoghismus*, S. 80, 140). Zwar enthält der *Kitāb-i-Aqdas* (121) eine Nachfolgeregelung, aber ohne jede Namensnennung. Auch wenn in der Gemeinde allgemein angenommen wurde, daß sich diese Passagen auf 'Abdu'l-Bahā bezogen: Die formale Einsetzung 'Abdu'l-Bahās erfolgte ausschließlich im Testament Bahā'u'llāhs, dem *Kitāb-i-'Ahd*. Obwohl Bahā'u'llāh das Testament wohl schon etwa ein Jahr vor seinem Tode geschrieben hatte, behielt er dessen Inhalt für sich (A. Taherzadeh, *Covenant*, S. 142). Wohl nur in einem persönlichen Brief an 'Alī-Muḥammad Varqā enthüllte Bahā'u'llāh selbst vorab die Identität seines Nachfolgers, ohne daß dies jedoch der Gemeinde bekannt gemacht wurde (*a. a. O.*, S. 141; der Brief ist in der unveröffentlichten Kompilation von Fāḍil-i-Yazdī [*Mināhiju'l-Aḥkām*, Bd. 1, S. 657] enthalten). Erst während der Tage seiner letzten Krankheit übergab Bahā'u'llāh dann sein Testament an 'Abdu'l-Bahā. Öffentlich bekannt gemacht wurde der *Kitāb-i-'Ahd* und damit die Nachfolgeregelung Bahā'u'llāhs erst mit der öffentlichen Verlesung des Testaments. Dies erfolgte am neunten Tage nach dem Hinscheiden Bahā'u'llāhs durch Āqā Riḍāy-i-Qannād vor neun Zeugen und am Nachmittag desselben Tages durch Maju'd-Dīn im Schrein Bahā'u'llāhs vor einer großen Gruppe von Bahā'ī (Shoghi Effendi, *Gott*

westlichen Bahā’ī in der Zeit Ruth Whites tatsächlich zutreffen.[129] Ganz anders für die iranischen Bahā’ī: Im shī‘itischen Kontext — dem die frühe iranische Gemeinde mehrheitlich entstammt —[130] liegt der Gedanke einer besonderen Funktion der Prophetenfamilie nahe. In der Zwölferschia[131] haben die Imāme eine besondere Heils- und Führungsfunktion für die Gemeinde. Sie alle sind direkte Nachkommen Muḥammads und wurden durch besondere Designation von ihrem jeweiligen Vorgänger in ihr Amt eingesetzt. Bereits in der Berufung ‘Abdu’l-Bahās durch Bahā’u’llāh klingt dieses Vorbild an.[132] Zudem finden sich in den Texten Bahā’u’llāhs weitere Hinweise für eine besondere Funktion seiner Nachkommen.[133] Daß ‘Abdu’l-Bahā die Gemeinde nach seinem Tode nicht ohne besonderen geistigen Beistand lassen würde, lag deshalb nahe, ebenso, daß dieser Beistand aus dem Kreise seiner Nachkommen stammen würde.[134]

Weniger allgemein erwartet wurde dagegen wohl die Berufung Shoghi Effendis. Das heißt nicht, daß es keine Hinweise auf ihn

---

geht vorüber, S. 270; H. M. Balyuzi, ‘Abdu’l-Bahā, Bd. 1, S. 93; A. Taherzadeh, *a. a. O.*, S. 141 f., 144 ff., 150).

129 Doch selbst in Amerika gab es solche Erwartungen. So erhielt eine amerikanische Gläubige, die sich in ihrer Anfrage auf Jesaja 11:6 bezog und zu wissen wünschte, ob sich dieser Text auf ein wirkliches, existierendes Kind bezöge, im Jahre 1902 folgende Antwort ‘Abdu’l-Bahās: »O Dienerin Gottes! Wahrlich, das Kind ist geboren und lebt, und von ihm werden wundersame Geschehnisse ausgehen, von denen du in der Zukunft hören wirst... vergiß dies nicht, solange du lebst, denn viele Jahrhunderte werden Spuren von ihm tragen« (der Text ist veröffentlicht in Rūḥīyyih Rabbani, *Perle*, S. 14).

130 siehe dazu Peter Smith, *Babi and Baha’i Religions*, Teile I und II

131 dazu grundlegend M. Momen, *Shi’i Islam*, bes. S. 11 ff., 147 ff.; Halm, *Die Schia*, bes. S. 34 ff.; siehe auch U. Gollmer, *Gottesreich*, Kap. 3

132 siehe auch U. Gollmer, *Gottesreich*, Kap. 11.2.2 »Die Erbinstitutionen«

133 etwa *Kitāb-i-Aqdas* 42, 61, 121, 174; *Botschaften* 15:10,11,13

134 So belegt ein Brief ‘Abdu’l-Bahās (dem persischen Manuskript zufolge wurde er gegen 1903 geschrieben; eine Übersetzung findet sich bei Shoghi Effendi, *Weltordnung*, S. 216), daß es direkte Anfragen von persischen Bahā’ī in diese Richtung gab. Auch Dr. Yūnis Khān, der ‘Abdu’l-Bahā als Sekretär und Übersetzer gedient hatte, berichtet in seinen Erinnerungen an die Jahre in ‘Akkā, daß ‘Abdu’l-Bahā auf die mündliche Frage, ob sein Nachfolger bereits geboren sei, geantwortet habe: »Ja, dies ist wahr«, und daß er auf eine weitere Frage ergänzte: »Der Sieg der Sache Gottes liegt in seinen Händen« (*Khāṭirāt-i-Nuh-Sālih ‘Akkā* [»Erinnerungen an neun Jahre in ‘Akkā«], Teheran, 1953/53 [109 B. Ä], S. 344 ff.; eine revidierte Ausgabe erschien in Los Angeles, 1983; siehe auch R. Rabbani, *Perle*, S. 14 ff.). Dr. Yūnis Khān war zuerst 1897 für drei Monate in ‘Akkā, dann ab 1900 über mehrere Jahre.

gegeben hätte.[135] Hätte nicht eine Schikane der Einwanderungsbehörden[136] die Absicht 'Abdu'l-Bahās vereitelt,[137] Shoghi Ef-

---

135 Der vielleicht interessanteste Hinweis stammt von einer Schweizer Ärztin, Dr. Josephine Fallscheer-Zürcher, einer Christin, die vom Dezember 1905 bis zum Dezember 1912 in Haifa lebte und praktizierte. Frau Dr. Fallscheer war die Hausärztin der Bahā'ī-Gemeinde in Haifa, »besonders ihrer weiblichen Mitglieder« (Gerda Sdun-Fallscheer, *Jahre des Lebens*, S. 376). Sie kam so häufig in gesellschaftlichen Kontakt mit 'Abdu'l-Bahā. Ihre Tochter, Gerda Sdun-Fallscheer, berichtet darüber: »Gern ging sie [Dr. Fallscheer] in das Haus Abbas-Effendis ['Abdu'l-Bahā] mit seiner seltsamen geistigen Atmosphäre... Damals hielt sich in Haifa eine englische Schriftstellerin auf, Miss Stefany Stevens, nachmals Lady Drower..., die sich mit meiner Mutter anfreundete. Beide sammelten die geistvollen Reden und Aussprüche des ›Persischen Gottes‹, wie die Haifaner Abbas-Effendi nannten. Viele Jahre später stellte meine Mutter diese Aussprüche der Bahai-Gemeinde in Stuttgart zur Verfügung« (*a. a. O.*). Auszüge aus diesen Aufzeichnungen wurden danach in der Zeitschrift *Sonne der Wahrheit* veröffentlicht, darunter auch folgender Bericht über eine Begegnung mit dem jungen Shoghi Effendi: »Zuerst hatte ich nicht bemerkt, daß hinter dem großen, stattlichen Mann dessen ältester Sohn, Shoghi Effendi, das Zimmer betrat... Ich hatte das Kind schon einige Male flüchtig gesehen. Es war mir kürzlich von Behia Chanum [Bahīyyih Khānum] mitgeteilt worden, daß dieser junge Knabe von vielleicht zwölf Jahren, der älteste direkte männliche Nachkomme dieser Prophetenfamilie, zum einstigen Nachfolger und Sachwalter (Wesir) des Meisters bestimmt sei... Behia Chanum und ich hatten uns auf den abseitsgelegenen Fensterplatz rechts zurückgezogen und setzten in gedämpfter Sprache unsere türkische Unterhaltung fort. Dabei verwandte ich keinen Blick von dem noch sehr jugendlichen Enkel des Abbas Effendis ['Abdu'l-Bahā].« Dr. Fallscheer notierte folgende Worte 'Abdu'l-Bahās zu ihr und Bahīyyih Khānum, nachdem Shoghi Effendi gegangen war: »Mein Enkel hat nicht die Augen eines Wegbereiters, eines Kämpfers, eines Siegers, aber in seinen Blicken liegt ein Abgrund (= Tiefe) von Treue, Ausdauer und Gewissenhaftigkeit. Und weißt du, meine Tochter, warum gerade er zu dem schweren Erbe meines Wesirs (Minister, Träger der Amtsgeschäfte) bestimmt wurde?... Bahā'u'llāh, die Große Vollkommenheit... hatte meine Wenigkeit ['Abdu'l-Bahā] zum Nachfolger bestimmt, nicht etwa weil ich der Erstgeborene war, sondern weil Sein innerer Blick schon früher auf meiner Stirn das Siegel Gottes erschaute. Vor Seiner Heimfahrt ins ewige Licht ermahnte mich die Gesegnete Manifestation, daß auch ich einst, ohne Rücksicht auf das Erstgeburtsrecht, auf das Alter — unter meinen Söhnen und Enkeln Ausschau halten soll, wen Gott für Sein Amt zeichnen würde. Meine Söhne versanken in die Ewigkeit im zartesten Alter, unter meiner Sippe und Blutsverwandtschaft trägt nur der kleine Shoghi den Schatten einer großen Berufung im Grunde seiner Augen« (Notizen vom 6. August 1910, veröffentlicht in: *Sonne der Wahrheit*, 10. Jg. 1930, S. 139 f. [Anmerkung: Der bei R. Rabbani, *Perle*, S. 32 ff. abgedruckte Wortlaut ist eine Rückübersetzung aus dem Englischen.]).

136 Vielleicht als Folge einer Intrige von Dr. Amin Fareed, einem der Begleiter 'Abdu'l-Bahās (R. Rabbani, *Perle*, S. 48).

137 'Abdu'l-Bahā hatte sich mit seiner Begleitung am 25. März 1912 in Alexandria auf der Cedric eingeschifft. In Neapel kamen italienische Ärzte an Bord, die bei Shoghi Effendi und zwei weiteren Mitgliedern der Gruppe eine Augenentzündung diagnostizierten, die eine Einreise in die Vereinigten Staaten unmöglich mache. Mit diesem — zweifelhaften — Befund wurden alle drei nach Ägypten zurückgeschickt. Italien und die Türkei befanden sich noch im Kriegszustand, 'Abdu'l-Bahā und seine

fendi hätte ihn auf seinen Reisen nach Amerika und Europa als einziger der unmittelbaren Nachkommen Bahā'u'llāhs begleitet und wäre so den Bahā'ī des Westens bereits vertraut gewesen. Bis zu seiner Abreise nach England[138] war Shoghi Effendi zwei Jahre lang der ständige Begleiter ʻAbdu'l-Bahās, war zugegen, wenn ʻAbdu'l-Bahā Pilger empfing, ebenso bei allen Repräsentationspflichten und Verhandlungen mit religiösen oder staatlichen Stellen und Repräsentanten.[139] Für die besser unterrichteten orientalischen Bahā'ī war die Berufung Shoghi Effendis jedenfalls schwerlich eine Überraschung, hatte doch ʻAbdu'l-Bahā einige Monate vor seinem Tode verfügt, die Liegenschaften der persischen Bahā'ī-Gemeinde auf dessen Namen einzutragen.[140]

Die unmittelbaren Ereignisse der Nachfolge ʻAbdu'l-Bahās und der ersten Jahre des Hüteramtes Shoghi Effendis wurden verschiedentlich berichtet.[141] Wir können uns deshalb an dieser Stelle auf eine knappe Zusammenfassung beschränken. Künftige Detailstudien werden höchst wahrscheinlich weitere Erkenntnisse zutage fördern.

ʻAbdu'l-Bahā verstarb in der Nacht zum 28. November des Jahres 1921.[142] Die Nachricht von seinem Tode wurde am folgen-

---

Begleiter wurden für Türken gehalten (H. M. Balyuzi, *ʻAbdu'l-Bahā*, Bd. 1, S. 243 f.).

138 Schon in dem erwähnten Gespräch mit Dr. Fallscheer (Gesprächsnotiz vom 6. August 1910, veröffentlicht in: *Sonne der Wahrheit*, 10. Jg. 1930, S. 140) läßt ʻAbdu'l-Bahā erkennen, daß es für seinen Nachfolger nötig sein wird, umfassende englische Sprachkenntnisse zu erwerben und daß er deshalb plant, Shoghi Effendi eine Ausbildung in England angedeihen zu lassen.

139 R. Rabbani, *Perle*, S. 60 ff.; A. Taherzadeh, *Covenant*, S. 284

140 Eine Kopie dieses Briefs befindet sich im Archiv des Bahā'ī-Weltzentrums in Haifa. Diese Kopie ist leider undatiert, aber da der Text als gegenwärtigen Aufenthaltsort Shoghi Effendis »London« angibt, muß der Brief zwischen Frühjahr 1920 und November 1921 geschrieben worden sein. Schlicht unwahr ist die Behauptung Ficicchias, die Ernennung Shoghi Effendis hätte »besonders in persischen Kreisen, die ʻAbdul Bahā nahestanden, befremdend« gewirkt (*Bahā'ismus*, S. 294).

141 Loni Bramson-Lerche, »Some Aspects of the Establishment of the Guardianship«, in: *SBB* 5, S. 253-293; R. Rabbani, *Perle*, Kap. 2; Adib Taherzadeh, *Covenant*, Kap. 24, 25

142 Ein ausführlicher Bericht der Ereignisse, einschließlich der Trauerfeierlichkeiten, findet sich in H. M. Balyuzi, *ʻAbdu'l-Bahā*, Bd. 2, S. 641 ff.; siehe auch Lady Blomfield/Shoghi Effendi, *Das Hinscheiden Abdul-Bahas*, Stuttgart o. D. (etwa 1922/23).

den Tag telegraphisch in alle Welt verbreitet.[143] Bereits am 29. November fand die Beisetzung statt.[144] Um zu sehen, ob 'Abdu'l-Bahā für diesen Anlaß irgendwelche Anweisungen hinterlassen habe, fand sich der Kreis seiner engsten Familie zusammen,[145] sein Testament daraufhin durchzusehen. Dieses fand sich in einem Safe, dessen Schlüssel 'Abdu'l-Bahā immer bei sich getragen hatte. Da das Testament an Shoghi Effendi gerichtet war, beschloß man, es wieder zu verschließen und über seinen Inhalt bis zu dessen Ankunft in Haifa Stillschweigen zu bewahren.[146]

Shoghi Effendi befand sich seit etwa zwei Jahren zum Studium in Oxford. Die Nachricht vom Tode 'Abdu'l-Bahās erreichte am 29. November um 9.30 Uhr telegraphisch das Büro von Major Tudor Pole in London. Dieser bat Shoghi Effendi zu sich, um ihm die Nachricht persönlich zu übermitteln. Trotzdem war der Schock so groß, daß Shoghi Effendi einige Tage bei Freunden in London gepflegt werden mußte, ehe er in der Lage war, nach Oxford zurückzukehren und seine Abreise nach Palästina vorzubereiten.[147] Aufgrund von Paßschwierigkeiten verzögerte sich diese Reise weiter, so daß Shoghi Effendi schließlich erst am Nachmit-

---

143 Das Telegramm an die deutsche Bahā'ī-Gemeinde ist abgedruckt in *Sonne der Wahrheit*, 1. Jg., Heft 10, Dezember 1921, S. 153.

144 Der Trauerzug formierte sich am Dienstag, den 29. November 1921, um neun Uhr morgens am Hause 'Abdu'l-Bahās in Haifa (H. M. Balyuzi, *'Abdu'l-Bahā*, Bd. 2, S. 642).

145 Nach einem von Alfred Diebold übermittelten Bericht von Rūḥī Afnān, einem Enkel 'Abdu'l-Bahās, vom 12. März 1930 (das Original dieses Briefs liegt leider nicht vor) handelte es sich dabei um die Ehefrau 'Abdu'l-Bahās, seine vier Töchter (Ḍīyā'i'yyih K͟hānum Rabbānī, Tubā K͟hānum Afnān, Rūḥā K͟hānum S͟hahīd und Munavvar K͟hānum) und Schwiegersöhne (Mīrzā Hadī Rabbānī, Mīrzā Muḥsin Afnān, Mīrzā Jalāl S͟hahīd und Aḥmad Yazdī) sowie Rūḥī Afnān (ein Sohn Tubā K͟hānums) selbst, der als einziger Enkel 'Abdu'l-Bahās zu dieser Zeit in Haifa weilte. Bahīyyih K͟hānum, die Schwester 'Abdu'l-Bahās, war nicht anwesend, da sie erkrankt war und das Bett nicht verlassen konnte.

146 So auch R. Rabbani, *Perle*, S. 93 f., mit Bezug auf Telegramme Bahīyyih K͟hānums vom 22. Dezember 1921 an die persische und amerikanische Gemeinde (abgedruckt in *Star*, Bd. 12, Nr. 19, vom 2. März 1922, S. 303). In diesen Telegrammen werden die Gläubigen unterrichtet, daß »der Meister umfassende Anweisungen in Seinem Testament« hinterlassen hat, ohne daß diese jedoch bereits inhaltlich näher bezeichnet wurden.

147 R. Rabbani, *Perle*, S. 84 f. In einem persönlichen Brief (abgedruckt bei A. Taherzadeh, *Covenant*, S. 278 f.) berichtet Shoghi Effendi einige Tage später darüber: »Die schreckliche Nachricht überwältigte mich physisch, geistig und seelisch derart, daß ich für einige Tage fast besinnungslos, geistesabwesend und zutiefst aufgewühlt aufs Bett niedergestreckt wurde.«

tag des 29. Dezember in Begleitung seiner Schwester Rouhangeze[148] und von Lady Blomfield in Haifa ankam.[149]

Einige Tage nach seiner Ankunft — das genaue Datum ist nicht bekannt — wurde Shoghi Effendi das Testament 'Abdu'l-Bahās verlesen. Nach seinem eigenen Zeugnis wußte er bis zu diesem Zeitpunkt weder etwas von der Existenz des Hütertums noch, daß er gar selbst zum »Hüter« ernannt war.[150] Er erwartete eher, daß ihm 'Abdu'l-Bahā vielleicht eine besondere Funktion bei der Einberufung des Universalen Hauses der Gerechtigkeit übertragen habe.[151]

Die offizielle Testamentseröffnung fand am 3. Januar 1922 statt. Am selben Tag wurde ein persischer Gläubiger mit der Ausfertigung offizieller Abschriften beauftragt. Am 7. Januar wurde das Testament vor Vertretern der Bahā'ī-Gemeinden Persiens, Indiens, Ägyptens, Englands, Deutschlands, Amerikas, Italiens und Japans öffentlich verlesen. Bei beiden Anlässen war Shoghi Effendi selbst nicht zugegen. Ebenfalls am 7. Januar wurde der

148 Sie hatte in London studiert.

149 Die von Ficicchia genüßlich kolportierte Verdächtigung Zimmers, Shoghi Effendis verzögerte Rückkehr nach Haifa habe ihren Grund darin gehabt, daß Shoghi Effendi diese Zeit, wie seinen Rückzug in die Bergeinsamkeit der Schweiz von April bis Mitte Dezember 1922, genutzt habe, das Testament 'Abdu'l-Bahās zu fälschen, ist eine üble Verleumdung. Nicht nur, daß Ficicchia die Ankunft Shoghi Effendis in Haifa willkürlich vier Wochen später datiert (auf »acht Wochen« nach dem Hinscheiden 'Abdu'l-Bahās, »obwohl die Bahn- und Schiffsreise über Triest und Iskandarīya keine zwei Wochen in Anspruch genommen hätte« *Bahā'ismus*, S. 295), die Unwahrheit dieser Behauptung erweist sich schon darin, daß Kopien des Originals bereits im Januar 1922 an Geistige Räte gingen und selbst die offizielle englische Übersetzung am 25. Februar 1922 in New York vorlag. Zimmer behauptet dagegen: »Für die Verfertigung des fingierten Testaments Abdul Bahas dürften [sic]... die Spanne zwischen Dezember 1921 und Sommer 1922 angesetzt werden« (*Shoghismus*, S. 104).

150 etwa Ugo Giachery, *Shoghi Effendi*, S. 15

151 Dem Bericht Ḍīyā'i'yyih Khānums, der Mutter Shoghi Effendis, zufolge hatte 'Abdu'l-Bahā einige Wochen vor seinem Tode Weisung gegeben, Shoghi Effendi telegraphisch zur Rückkehr nach Haifa aufzufordern. Da 'Abdu'l-Bahā zu dieser Zeit noch bei bester Gesundheit war, schickte die Familie, um Shoghi Effendi nicht unnötig zu beunruhigen, statt dessen einen Brief. Dieser erreichte London erst nach dem Hinscheiden 'Abdu'l-Bahās (R. Rabbani, *Perle*, S. 94 f.; dies wird bestätigt durch den Bericht von Mrs. Krug, *Star*, Bd. 13, Nr. 4, vom 17. Mai 1922, S. 69). Damit war eine persönliche Vorbereitung und Einstimmung Shoghi Effendis auf sein Amt durch 'Abdu'l-Bahā nicht mehr möglich; Shoghi Effendi mußte selbst in die ihm übertragene Funktion hineinfinden und eine Vision seiner Aufgabe entwikkeln — wohl einer der Gründe für seinen ausgedehnten Rückzug in die Einsamkeit der Schweizer Berge vom April bis Dezember 1922.

persischen Gemeinde telegraphisch mitgeteilt, daß Shoghi Effendi im Testament ‘Abdu’l-Bahās als »Mittelpunkt der Sache« eingesetzt war. Die deutsche wie die amerikanische Gemeinde wurden jeweils mit Telegramm vom 16. Januar von der Nachfolgeregelung ‘Abdu’l-Bahās unterrichtet.[152]

Abschriften und Kopien des Testaments waren in der iranischen Gemeinde sehr bald verfügbar.[153] Eine erste Abschrift wurde unmittelbar nach der Verlesung des Testaments am 3. Januar begonnen, am 7. Januar konnte Bahīyyih Khānum die Übersendung telegraphisch in Persien ankündigen.[154] Etwa Mitte Januar wählte Shoghi Effendi acht Passagen aus dem Testament aus und sandte sie in einem Rundschreiben an die Bahā’ī.[155] Ebenfalls noch im Januar 1922 wurden Kopien des Testaments an Geistige Räte übersandt.[156] Kopien, Abschriften und Teilauszüge erreichten auf verschiedenen Wegen die unterschiedlichsten Adressaten. Offenbar hat Shoghi Effendi auch selbst Kopien des Testaments an einzelne Gläubige übersandt, darunter auch solchen, von denen er wußte, daß sie seiner Berufung ablehnend gegenüberstanden.[157] In der persischen Gemeinde war das gesamte Testament spätestens im Frühjahr 1922 allgemein zugänglich.[158]

---

152 Die gleichlautenden Telegramme hatten folgenden Wortlaut: »In will Shoghi Effendi appointed guardian of cause and head of house of justice inform friends« (*Sonne der Wahrheit*, 1. Jg., Heft 12, Februar 1922, S. 186; *Star*, 12. Jg., Nr. 15, 12. Dezember 1921, S. 245).

153 Ficicchia weiß dies natürlich besser: »Das in persischer Sprache abgefaßte Testament wurde erst gar nicht veröffentlicht« (*Materialdienst*, Nr. 15/16, 38. Jahrgang 1975, S. 231).

154 R. Rabbani, *Perle*, S. 98

155 R. Rabbani, *Perle*, S. 99

156 In Persien selbst wurden davon wiederum offizielle Abschriften zur weiteren Verteilung gefertigt. Eine solche (transkribierte, also mit Vokalisierungszeichen versehene) Abschrift von der Hand Mīrzā ‘Alī Akbar-i-Milānīs, dem Muḥibbu’s-Sulṭān, mit Verfertigungsdatum vom 1. Riḍvān 1301 Sh. (nach dem persischen Sonnenkalender = April 1922) ist erhalten (unter der Manuskriptnummer MC3/3/104 im Archiv in Haifa).

157 So im Februar 1922 mit einem Brief an Nayir Afnān, einen Neffen ‘Abdu’l-Bahās, auszugsweise abgedruckt in R. Rabbani, *Perle*, S. 99.

158 Dies läßt sich aus der erhaltenen Korrespondenz Bahīyyih Khānums schließen, so etwa aus einem Brief an Siyyid Asadu’llāh Qumī, einem Bahā’ī aus Tabrīz, mit Datum Ramaḍān 1340 d. H. (28. April bis 27. Mai 1922; der Brief ist abgedruckt in *Bahīyyih Khānum. The Greatest Holy Leaf.* A compilation from Bahā’ī sacred texts and writings of the Guardian of the Faith and Bahīyyih Khānum’s own letters, Haifa 1982, S. 122), oder aus einem Brief, gerichtet an die Bahā’ī im Iran mit glei-

Die Übersetzung in westliche Sprachen ließ naturgemäß etwas auf sich warten. Immerhin wurde eine englische Rohübersetzung des Testaments bereits Mitte Februar in New York verlesen.[159] Die offizielle englische Übersetzung, die Shoghi Effendi in seinem Begleitbrief an »Die Geliebten Gottes und die Dienerinnen des Barmherzigen in den Vereinigten Staaten von Amerika und Kanada« adressiert hatte, erreichte New York am 25. Februar 1922. Ein erster Auszug in deutscher Übersetzung wurde im August 1922 veröffentlicht.[160] Die vollständige deutsche Übersetzung wurde am 16. September 1922 auf einem eigens einberufenen Kongreß in Stuttgart[161] verlesen.[162] Eine deutsche Übersetzung erschien 1936 im Druck.[163]

Erwartungsgemäß erfolgte auch die testamentarische Einsetzung Shoghi Effendis als Gemeindeoberhaupt nicht ohne Widerspruch. Sofort nach dem Tode 'Abdu'l-Bahās hatte dessen Halbbruder Mīrzā Muḥammad-'Alī den Anspruch erhoben, der rechtmäßige Nachfolger 'Abdu'l-Bahās zu sein. Dabei wandte er sich nicht nur direkt an die Bahā'ī-Gemeinden, sondern bediente sich

---

chem Datum (*a. a. O.*, S. 119). Die erste gedruckte Ausgabe des Originaltextes erschien im Jahre 81 B. Ä. (1924/25) in Kairo.

159 Nach der Auskunft Ruth Whites sogar noch früher, vier Wochen nach dem Tode 'Abdu'l-Bahās, also Ende Januar 1922 (*Questioned Will*, S. 27).

160 *Sonne der Wahrheit*, 2. Jg, Heft 6, S. 82 f. Die ersten Auszüge in englischer Übersetzung wurden in der von Shoghi Effendi und Lady Blomfield herausgegebenen Schrift *The Passing of 'Abdu'l-Bahā* bereits im Januar 1922 in Haifa veröffentlicht (die deutsche Übersetzung *Das Hinscheiden Abdul-Bahas* trägt ebenfalls als einziges Datum »Januar 1922«, dürfte aber etwas später erschienen sein). Eine weitere, umfangreichere Teilveröffentlichung in englischer Sprache erfolgte 1928, zusammen mit Briefen Shoghi Effendis, unter dem Titel *Bahā'ī Administration*.

161 im Bürgermuseum, Langestr. 4

162 Bericht über den Stuttgarter Bahā'ī-Kongreß, *Sonne der Wahrheit*, 2. Jg., Heft 9, November 1922, S. 141 ff. Dem Bericht zufolge fanden ähnliche Veranstaltungen weltweit in allen Bahā'ī-Gemeinden statt. Am Nachmittag des folgenden Tags (17. September 1922) wurde der erste Nationale Geistige Rat der deutschen Bahā'ī-Gemeinde gewählt.

163 Unter dem Titel *Wille und Testament*. Ebenfalls 1936 in Stuttgart erschien auch eine Ausgabe, in der zusätzlich Bahā'u'llāhs *Buch des Bundes* abgedruckt war. In der frühen deutschen Gemeinde zirkulierten die meisten Texte vor ihrer Drucklegung über Jahre in maschinenschriftlicher Abschrift und deren Durchschlägen. Die Veröffentlichung des Gesamttextes in englischer Übersetzung erfolgte erst 1944, nachdem den englischsprachigen Bahā'ī der Text spätestens nach der expliziten Aufforderung durch Shoghi Effendi an den Nationalen Geistigen Rat der Bahā'ī der Vereinigten Staaten vom 27. November 1924 in Manuskriptform vorgelegen hatte.

auch verschiedener ägyptischer Zeitungen.[164] In den Vereinigten Staaten war Shu'ā'u'llāh[165] der Propagandist Muḥammad-'Alīs.[166] Offenbar versuchten Mīrzā Muḥammad-'Alī und seine Anhänger auch in anderen Ländern, die Massenmedien für ihre Ziele einzusetzen.[167] Er berief sich dabei auf die Nachfolgeregelung im *Kitāb-i-'Ahd*, dem Testament Bahā'u'llāhs. In diesem Dokument war Muḥammad-'Alī als Nachfolger 'Abdu'l-Bahās benannt.[168] Da Bahā'u'llāh diese Bestimmung ausdrücklich von der Bundestreue Mīrzā Muḥammad-'Alīs abhängig gemacht hatte,[169] dieser aber dem vor ihm eingesetzten 'Abdu'l-Bahā die Gefolgschaft verweigert,[170] gegen ihn opponiert hatte[171] und zum Bundesbrecher[172] geworden war,[173] erkannten die Bahā'ī-Gemeinden diesen

---

164 A. Taherzadeh, *Covenant*, S. 276 f.

165 der älteste Sohn Mīrzā Muḥammad-'Alīs

166 A. Taherzadeh, *Covenant*, S. 277. Noch im Frühjahr 1934 gründete er in Kenosha, Wisconsin, eine wenngleich nur sehr kurzlebige Zeitschrift, *Behai Quarterly* (H. M. Balyuzi, *'Abdu'l-Bahā*, Bd. 1, S. 140, Anm. 49).

167 Dafür zeugt etwa ein Telegramm Bahīyyih Khānums an die amerikanische Gemeinde vom 14. Dezember (noch vor der Ankunft Shoghi Effendis in Haifa), in dem sie Vorschläge zu Gegenmaßnahmen unterbreitet. Der Wortlaut ist abgedruckt bei R. Rabbani, *Perle*, S. 100 f.

168 Der *Kitāb-i-'Ahd* überträgt die Führung der Gemeinde auf 'Abdu'l-Bahā, den »Größten Ast« (*Ghuṣn-i-A'ẓam*). Der Text des *Kitāb-i-'Ahd* läßt sich so verstehen, daß Mīrzā Muḥammad-'Alī 'Abdu'l-Bahā in dieser Funktion folgen wird: »Wir haben ›den Größeren‹ [Mīrzā Muḥammad-'Alī] nach ›dem Größten‹ ['Abdu'l-Bahā] erwählt, wie es der Allwissende, der Allkennende befiehlt« (*Dokumente des Bündnisses* I:9).

169 Bahā'u'llāh war hier unmißverständlich gewesen: »Er wahrlich«, so schrieb er mit Bezug auf Muḥammad-'Alī, »ist nur einer Meiner Diener... Sollte er auch nur für einen Augenblick den Schatten Meiner Sache verlassen, so wird er sicherlich zunichte werden.« Und: »Würden wir ihm auch nur für einen Augenblick den Segensstrom Unserer Sache vorenthalten, er würde welken und zu Staub zerfallen« (zitiert in: Shoghi Effendi, *Gott geht vorüber*, S. 285).

170 Ausdrücklich bestimmt der *Kitāb-i-'Ahd* die Superiorität 'Abdu'l-Bahās über Mīrzā Muḥammad-'Alī: »Wahrlich, Gott hat bestimmt, daß die Stufe des Größeren Astes [*Ghuṣn-i-Akbar* = Mīrzā Muḥammad-'Alī] unter der des Größten Astes [*Ghuṣn-i-A'ẓam* = 'Abdu'l-Bahā] ist« (*Dokumente des Bündnisses* I:9).

171 In seinem Testament (etwa 1:1; 1:17; 2:8; 2:10; 2:11; 2:13; 2:14; 3:10) und in einer großen Zahl von Briefen (einige davon sind abgedruckt in *Star*, Bd. 12, Nr. 14 vom 23. November 1921, S. 231-235) warnt 'Abdu'l-Bahā ausdrücklich vor Mīrzā Muḥammad-'Alī und seinem Anhang.

172 Zu diesem Begriff siehe eingehend U. Schaefer, S. 171, Fußnote 380.

173 Nach Bahā'u'llāhs Tod versuchte 'Abdu'l-Bahā während vier Jahren, trotz der andauernden Intrigen Muḥammad-'Alīs, den drohenden Bruch abzuwenden, bis schließlich Muḥammad-'Alī selbst in aller Öffentlichkeit seine Abkehr von 'Abdu'l-Bahā als dem »Mittelpunkt des Bundes« verkündete; siehe Shoghi Effendi, *Gott*

Anspruch nicht an. Die Kampagnen Mīrzā Muḥammad-‘Alīs sorgten zwar für einigen Aufruhr, verliefen letztlich jedoch ergebnislos: Muḥammad-‘Alī fand keine Gefolgschaft in der Gemeinde, seine wenigen Anhänger reintegrierten sich schließlich wieder in die muslimische Gemeinde.[174]

Auch rechtlich versuchte Muḥammad-‘Alī seinen Anspruch durchzusetzen. Dabei verfuhr er mehrgleisig. Zum einen erhob er aufgrund des islamischen Rechts,[175] der *sharī‘a*, als Bruder ‘Abdu’l-Bahās Anspruch auf einen Teil des Nachlasses. Gleichzeitig verlangte er von den staatlichen Behörden, daß ihm als rechtmäßigem Nachfolger ‘Abdu’l-Bahās die Aufsicht über den Schrein Bahā’u’llāhs übertragen werde. Die britischen Behörden erklärten sich als nicht zuständig, da es sich um eine religiöse Angelegenheit handele. Daraufhin wandte er sich an den Muftī von ‘Akkā als zuständige muslimische Behörde und forderte ihn auf, den Schrein Bahā’u’llāhs formell zu übernehmen. Auch dieser erklärte sich jedoch für unzuständig, da die Bahā’ī-Gemeinde nicht unter der islamischen *sharī‘a* stehe. Um sich ein Faustpfand zu sichern, bemächtigten sich Anhänger Muḥammad-‘Alīs am 30. Januar gewaltsam des Schlüssels vom Schrein Bahā’u’llāhs und zwangen so die Behörden zum Eingreifen. Der Schrein wurde unter Polizeiaufsicht gestellt, das innere Grab versiegelt, der Schlüssel dazu in Gewahrsam genommen. Offenbar nahm die britische Militärverwaltung die Frage so ernst, daß der Hochkommissar für Palästina[176] darüber am 13. Juni 1922, persönlich dem britischen Kolonialminister[177] berichtete.[178] Die Haltung der britischen Behör-

---

geht vorüber, Kap. 15; H. M. Balyuzi, *‘Abdu’l-Bahā*, Bd. 1, S. 93-104; A. Taherzadeh, *Covenant*, bes. Kap. 8 und 11; siehe auch ‘Abdu’l-Bahā, *Testament* 1:17.

174 A. Taherzadeh, *Covenant*, S. 363

175 Daß Muḥammad-‘Alī – trotz seines fortdauernden äußeren Bekenntnisses zu Bahā’u’llāh – bereit war, sich aus freien Stücken islamischer Gerichtsbarkeit zu unterstellen und damit faktisch die islamische Oberhoheit anerkannte, war nicht überraschend. Bereits einige Jahre nach dem Amtsantritt ‘Abdu’l-Bahās hatte er gegen diesen Klage eingereicht und im Zuge des Verfahrens erklärt, Bahā’u’llāh sei lediglich ein heiliger Mann gewesen, der zurückgezogen dem Gebet und der Meditation gelebt hätte; niemals habe Bahā’u’llāh selbst den Anspruch erhoben, ein Prophet zu sein, erst ‘Abdu’l-Bahā habe ihm dies unterschoben (vgl. A. Taherzadeh, *Covenant*, S. 198 ff.).

176 Sir Wyndham Deedes

177 Winston Churchill

den wurde in deren offiziellem Sprachrohr, der *Palestine Weekly* vom 23. Juni 1922, veröffentlicht.[179] Darin wurde die Erwartung ausgesprochen, daß ein Kongreß von Repräsentanten der Bahā'ī-Gemeinden weltweit über diese Frage entscheiden werde.[180] Nach weiteren Bemühungen erhielt Shoghi Effendi jedoch am 8. Februar 1923 die telegraphische Nachricht aus Jerusalem, daß der Hochkommissar endgültig zu seinen Gunsten entschieden hatte.[181] Mit Schreiben des Gouverneurs von Haifa vom 14. März 1923 wurden dann die Schlüssel wieder dem von Shoghi Effendi eingesetzten Wächter des Schreins übergeben. Auch wenn hierfür bislang keine Dokumente vorliegen,[182] so darf als sicher angenommen werden, daß die britische Mandatsregierung aufgrund der Bestimmungen des Testaments von ihrer vorherigen Haltung abrückte.

Dies ist beileibe nicht der einzige Fall, daß im Konflikt zwischen Shoghi Effendi und seinen Opponenten das Testament 'Abdu'l-Bahās den rechtlichen Ausschlag zugunsten des Hüters gab. Eine ganze Reihe dieser Streitfälle liegt zeitlich nach den Anschuldigungen Whites; deren Fälschungsthese war auch den Gegnern Shoghi Effendis in Palästina bekannt. Hätten sie auch nur den Hauch einer Chance gesehen, den Fälschungsverdacht erhärten oder doch wenigstens für einen zeitweiligen taktischen

---

178 Der Bericht nennt drei Personen, die Anspruch auf die Aufsicht über den Schrein Bahā'u'llāhs erheben: Muḥammad-'Alī, Shoghi Effendi und »Hussein Afnan, den Sohn der jüngsten Tochter Bahā'u'llāhs«. Aus dem Bericht geht auch hervor, daß die Bahā'ī-Gemeinden weltweit Shoghi Effendi unterstützen. Deedes to Churchill No. 425, 13. Juni 1922. Der Bericht ist abgedruckt bei M. Momen, *The Bābī and Bahā'ī Religions*, S. 457.

179 abgedruckt bei M. Momen, *a. a. O.*, S. 457

180 Diese Haltung kam auch in einem Brief des Gouverneurs von Haifa vom 30. Oktober 1922 an Bahīyyih Khānum zum Ausdruck — sie leitete in Abwesenheit Shoghi Effendis kommissarisch die Geschicke der Bahā'ī-Gemeinde —: »As has been stated publicly the Government feel [sic] that the custody of the Shrine at Acre as well as other important questions affecting the Bahai-ist organization should if possible be settled by a Congress of representatives of Bahai opinion throughout the World.«

181 siehe R. Rabbani, *Perle*, S. 132 f.

182 Moojan Momen berichtete, daß er bei seinen Nachforschungen im israelischen Staatsarchiv im Jahre 1974 auf Aktenverzeichnisse stieß, die einen Vorgang zu 'Abdu'l-Bahās Testament aufführten. Erst kürzlich erfolgte Nachfragen im Staatsarchiv ergaben, daß alle weiteren Bemühungen, diese Akten zu finden, warten müssen, bis die Forschungsbedingungen in dieser Einrichtung entscheidend verbessert werden.

Vorteil nutzen zu können, so kann man als sicher annehmen, daß sie diese Gelegenheit ergriffen hätten: Gerade sie konnten nur gewinnen, wenn das einzige Dokument, das die Rechtsstellung Shoghi Effendi stützt, in Frage gestellt würde. Daß sie es nicht taten, zeigt, wie absurd die Anschuldigungen Whites waren und sind. Statt dessen legt gerade Ahmad Sohrab, einer der Hauptpropagandisten der Gegner Shoghi Effendis während der letzten Jahre seiner Amtszeit, ein ausdrückliches Bekenntnis zur Echtheit des Testaments ab,[183] offensichtlich in der Sorge, durch White vereinnahmt und damit unglaubwürdig zu werden.[184]

Einige Beispiele: Mīrzā Muḥammad-'Alī und dessen Familie hatten seit 1892 das Landhaus in Bahjī — das Bahā'u'llāh in den letzten Jahren seines Lebens bewohnt hatte und in dem er verstorben war — in ihren Besitz gebracht. Ebenso waren weitere Häuser und Ländereien im Umfeld des Schreins Bahā'u'llāhs im Besitz Muḥammad-'Alīs und anderer Gegner Shoghi Effendis. Im Januar 1923 erhob Shoghi Effendi im Namen der Bahā'ī-Gemeinde Anspruch auf diesen Besitz, der den Bahā'ī in aller Welt heilig ist. Nach vielen zähen Verhandlungen und Verfahren konnte Shoghi Effendi schließlich am 3. Juni 1957 der Bahā'ī-Welt den Erfolg seiner Bemühungen mitteilen.[185] Nach einer Zahl von Teilerfolgen und Rückschlägen[186] hatte schließlich ein Urteil des israelischen Obersten Gerichtshofs die Entscheidung zugunsten Shoghi Effendis gebracht.

---

183 »Nie habe ich in Gedanken, oder mündlich oder schriftlich die Authentizität des Testaments in Frage gestellt, noch die Rechtsgültigkeit der Ernennung Shoghi Effendis geleugnet« (*Broken Silence*, S. 49).

184 *Analysis*, S. 11. Der Name Ruth Whites kommt in der ganzen Schrift, die sich ausführlich mit 'Abdu'l-Bahās *Testament* auseinandersetzt, nicht ein einziges Mal vor; der einzige indirekte Hinweis findet sich auf S. 11 f: »Behauptungen, daß dieses Dokument eine Fälschung sei, wurden mündlich und schriftlich erhoben, aber derartige Behauptungen entsprechen nicht der Wahrheit.«

185 *Messages*, S. 120 f.

186 Im November 1929 verließ die Familie Muḥammad-'Alīs das Landhaus. Nach der erforderlichen umfangreichen Restauration beschied der britische Hochkommissar für Palästina, der bei der Einweihung zugegen war, das Gebäude als »Bahā'ī-Heiligtum« Shoghi Effendi zu übertragen. 1952 erreichte Shoghi Effendi die Aufhebung eines Urteils, das vom »Civil Court« in Haifa zu seinen Ungunsten gefällt worden war. 1957 erging schließlich ein Räumungsbefehl für den gesamten Bereich des *Ḥaram-i-Aqdas*, den heiligen Bezirk um den Schrein Bahā'u'llāhs. Dieser wurde schließlich noch im selben Jahr vom Obersten Gerichtshof bestätigt.

Ein weiterer Rechtsstreit entzündete sich am Vorhaben Shoghi Effendis, die sterblichen Überreste Mīrzā Mihdīs[187] und Āsīyih Khānums[188] von ihrem damaligen Ruheplatz auf einem Friedhof in ʻAkkā in die Bahā'ī-Gärten am Berg Karmel zu überführen.[189] Gegen dieses Vorhaben legte Mīrzā Badīʻu'llāh, ein Sohn Bahā'-u'llāhs, wohl im Dezember 1939 Beschwerde ein.[190] Er berief sich dabei auf sein Verwandtschaftsverhältnis zu Mīrzā Mihdī, das enger sei als das Shoghi Effendis und ihm »nach muslimischem Recht die Entscheidung über den Verbleib der sterblichen Überreste« zubillige.[191] Auch in diesem Fall wurde zu Gunsten Shoghi Effendis entschieden. Einer der Gründe für die Abweisung Badīʻ-u'llāhs war, daß das Gesuch für die Umbettung von Shoghi Effendi, dem »anerkannten Haupt der Bahai-Gemeinde« kam.[192]

Der Widerstand gegen Shoghi Effendi kam jedoch nicht nur von der Gruppe um Muḥammad-ʻAlī. Tatsächlich traf Shoghi Effendi in den ersten Jahren seines Amtes auf einen fühlbaren Widerstand aus der Gemeinde, der zwar nur von einer kleinen, aber durchaus einflußreichen Minderheit ausging[193] und Teile der

---

187 Der »Reinste Ast« (*Ghuṣn-i-Aṭhar*), der jüngere Bruder ʻAbdu'l-Bahās. Er verstarb am 23. Juni 1870 im Alter von zweiundzwanzig Jahren während der Kerkerhaft in der Zitadelle von ʻAkkā (vgl. Shoghi Effendi, *Gott geht vorüber*, S. 214).

188 Āsīyyih Khānum, bekannter unter dem Titel Navvāb, war die Ehefrau Bahā'u'llāhs (siehe Baharieh Rouhani, *Āsīyih Khānum. The Most Exalted Leaf entitled Navvāb*, Oxford 1993).

189 Dieses Vorhaben kündigte Shoghi Effendi mit Brief vom 2. Dezember 1938 Morris Bailey, dem District Commissioner von Haifa, an und ersuchte gleichzeitig um die behördliche Genehmigung. Unter dem Aktenzeichen 374/1/G. wird diese Genehmigung am 29. Dezember 1938 erteilt.

190 Ein zweiter Brief Mīrzā Badīʻu'llāhs, gerichtet an den Britischen Hochkommissar für Palästina, trägt das Datum 17. Dezember 1939. In diesem Brief beruft sich Badīʻu'llāh darauf, daß ihm »als einzigem überlebenden Sohn und Erben Baha Ullahs« das alleinige Recht auf Entscheidung in solchen Fragen zukomme (Mīrzā Muḥammad-ʻAlī war 1937 verstorben).

191 So im vierzehntägigen Bericht des District Commissioner von Haifa, Berichtsperiode bis 15. Dezember 1939, Ziffer 14. Der Bericht hält auch fest, daß dem Gesuch Shoghi Effendis und der »anerkannten Führer der Bahai-Gemeinde« stattgegeben wurde und die Umbettung »ohne weitere Vorkommnisse« erfolgt sei. Ausdrücklich wird in diesem Bericht festgestellt, daß »Badia'u'llah [sic] und seine Gruppe... sich mit der moslemischen Religion identifiziert haben«.

192 Bericht des District Comissioner, *a. a. O.*

193 Falah und Dr. Amin Fareed hatten sich bereits gegen ʻAbdu'l-Bahā gewandt. Zu ihnen gesellten sich neu: Avārih, Ḥasan-i-Nīkū, Fayḍu'llāh Subḥī (er war einige Jahre Sekretär ʻAbdu'l-Bahās gewesen) und Fā'iq (siehe A. Taherzadeh, *Covenant*, Kap. 30).

Familie 'Abdu'l-Bahās[194] einschloß. Dieser Widerstand richtete sich gegen die Person Shoghi Effendis, gegen sein jugendliches Alter,[195] gegen seinen Führungsstil, der so deutlich von dem 'Abdu'l-Bahās abwich,[196] gegen den von ihm vertretenen Universalismus und, damit verbunden, gegen das, was seine Kritiker als »Verwestlichung« anprangerten: die weitere Ablösung des Bahā'ītums von den anfangs dominierenden islamischen Formen und Strukturen der frühen Gemeinde.[197] Allgemein war erwartet worden, daß nach dem Tode 'Abdu'l-Bahās umgehend das Universale Haus der Gerechtigkeit einberufen würde.[198] Man vermutete in seinem Testament zu Recht genaue Anweisungen zur Wahl dieser Institution.[199] Diese Anweisungen waren jedoch grundsätzlich gehalten und enthielten keine zeitlichen Vorgaben. Die Entscheidung über den richtigen Zeitpunkt für die Berufung des Universalen Hauses der Gerechtigkeit lag damit in den Händen des Hüters.

Shoghi Effendi sah zwei wesentliche Voraussetzungen, die vor der erstmaligen Wahl des Universalen Hauses der Gerechtigkeit möglichst[200] erfüllt werden sollten. Die eine war eine gewisse Internationalität der Gemeinde, bzw. der Nationalen Geistigen Räte

194 siehe dazu A. Taherzadeh, *Covenant*, Kap. 32

195 In den örtlichen Behörden sprach man zu dieser Zeit von Shoghi Effendi allgemein als »dem Knaben« (vgl. R. Rabbani, *Perle*, S. 109).

196 Offensichtlich wollte Shoghi Effendi nicht 'Abdu'l-Bahās Nachfolge als dezidiert charismatischer Religionsführer antreten und bevorzugte einen eher nüchternen Amtsstil. Auch hatte 'Abdu'l-Bahā etwa durch seine regelmäßige Teilnahme am Freitagsgebet in der Moschee die Verbundenheit mit der islamischen Gemeinde augenfällig demonstriert. Shoghi Effendi dagegen brach mit dieser Sitte und betonte statt dessen die unabhängige Stellung der Offenbarung Bahā'u'llāhs. Zu den grundverschiedenen äußeren Bedingungen zur Zeit 'Abdu'l-Bahās und Shoghi Effendis siehe etwa A. Taherzadeh, *Covenant*, S. 290.

197 Nicht nur, daß Shoghi Effendi nicht mehr das muslimische Freitagsgebet besuchte, er kleidete sich auch vom Antritt seines Amtes als Hüter bewußt westlich (er trug lediglich gelegentlich einen Fez).

198 Selbst der Gouverneur von Haifa sprach diese Erwartung aus (R. Rabbani, *Perle*, S. 110).

199 siehe oben, Abschnitt III

200 Dies heißt nicht, daß diese Voraussetzungen den Status einer *conditio sine qua non* gehabt hätten. Bereits 'Abdu'l-Bahā erwog zu einer Zeit, als Shoghi Effendi noch ein Kind war, die vorzeitige Einberufung des Universalen Hauses der Gerechtigkeit für den Fall, daß er, 'Abdu'l-Bahā, durch Tod oder Isolationshaft von der Gemeinde getrennt würde. Entsprechende Anweisungen für die Wahl des Universalen Hauses der Gerechtigkeit gab er vorsorglich an Ḥājī Mīrzā Taqī Afnān, den Erbauer des Hauses der Andacht von 'Is̱hqābād (Brief des Universalen Hauses der Gerechtigkeit vom 9. März 1965, *Wellspring*, S. 48 f.).

als Wahlbasis des Universalen Hauses;[201] die zweite war eine Konsolidierung der örtlichen und nationalen Institutionen, die effektive Übernahme der ihnen übertragenen Funktionen. Die Entwicklung und Förderung dieses Fundaments bildete einen wesentlichen Schwerpunkt in der Arbeit Shoghi Effendis.[202]

Einige einflußreiche iranische Gläubige drängten dennoch auf die sofortige Wahl des Universalen Hauses der Gerechtigkeit[203] und wandten sich gegen Shoghi Effendi, als er dieser Forderung nicht nachkam. Die Echtheit des Testaments blieb bei alledem völlig unangefochten.[204] Die persönliche Integrität derer, die als Zeugen für seine erstmalige Verlesung dienten, war bekannt und fraglos, Schrift und Stil 'Abdu'l-Bahās aus einer großen Zahl von Briefen vertraut. Eine Opposition gegen Shoghi Effendi formierte sich, trotz der und entgegen den Bestimmungen des Testaments. Nicht etwa die Echtheit des Testaments wurde bestritten, die von einer kleinen Zahl von Opponenten aufgeworfene Frage war vielmehr, ob 'Abdu'l-Bahā zu dieser Regelung befugt war,[205] zumindest aber, ob er denn mit seiner Wahl weise gehandelt habe.

---

201 Wiederholt schien diese Voraussetzung in greifbare Nähe zu rücken. Shoghi Effendi verweist darauf, daß bereits 'Abdu'l-Bahā lediglich durch die ungünstigen Bedingungen im osmanischen Reich von ersten Schritten für die Wahl des Universalen Hauses zurückgehalten wurde (*Weltordnung*, S. 21). Shoghi Effendi selbst sieht Anfang 1929 eine ausreichende Basis als gegeben, sofern nur die (politischen) Bedingungen für eine den Bahā'ī-Grundsätzen entsprechende Wahl in Persien und »den benachbarten Ländern unter sowjetischer Herrschaft« gegeben wären (*a. a. O.*) – diese Hoffnung sollte sich bald als verfrüht herausstellen. Vgl. hierzu auch U. Schaefer, S. 129 f.

202 vgl. dazu etwa P. Smith, *The Babi and Baha' i Religions*, S. 120 ff.

203 Dank ihrer Popularität wären sie höchstwahrscheinlich Mitglieder dieser Institution geworden.

204 Der einzige, der vorübergehend die Authentizität des Testaments in Frage stellte, war Avārih, ein ehemaliger hochrangiger shī'itischer *'ulāma* und herausragender Lehrer des Bahā'ī-Glaubens in Persien. Er reiste nach Haifa und dort wurde ihm gestattet, das Originaldokument zu prüfen. Er überzeugte sich von der Echtheit des Dokuments (vgl. A. Taherzadeh, *Covenant*, S. 335). Trotzdem wandte er sich später gegen Shoghi Effendi.

205 Dies verneinten die Anhänger Muḥammad-'Alīs mit dem Hinweis auf den *Kitāb-i-'Ahd*, in dem Bahā'u'llāh Mīrzā Muḥammad-'Alī (den »Größeren Zweig«) zum Nachfolger 'Abdu'l-Bahās (dem »Größten Zweig«) bestimmt (*Dokumente des Bündnisses* I:9). Durch die offene Ablehnung des *Kitāb-i-'Ahd*, die erbitterte Feindschaft gegenüber 'Abdu'l-Bahā und den damit erfolgten Bruch des Bundes Bahā'u'llāhs hatte Mīrzā Muḥammad-'Alī dieses Amt jedoch bereits verwirkt; siehe auch S. 574.

Diese persönliche Gegnerschaft, die teilweise aus den Reihen der eigenen Familie kam,[206] überschattete die ersten Amtsjahre Shoghi Effendis. Ungeachtet der Widerstände ging der Auf- und Ausbau der Gemeindestruktur jedoch voran. Trotz der Prominenz einiger der Opponenten wurde die Loyalität der Gemeinde nicht berührt: Die von den Gegnern Shoghi Effendis erwartete Resonanz unter den Gläubigen blieb aus. Die Angriffe von White waren bei alledem eine winzige Episode am Rande. Daß Shoghi Effendi darauf nicht ausführlich einging, sondern sich statt dessen bemühte, die Basis der Gemeindeordnung zu erklären und zu stärken, ist kaum verwunderlich.[207]

Die letzte Attacke dieser Art gegen Shoghi Effendi kam in den vierziger Jahren von Seiten Ahmad Sohrabs, eines ehemaligen Sekretärs 'Abdu'l-Bahās.[208] Wie bereits geschildert, hütete sich Sohrab jedoch, seine Position durch eine Übernahme des absurden Fälschungsvorwurfs zu schwächen und beugt einer Vereinnahmung in dieser Frage durch ein ausdrückliches Bekenntnis zur Echtheit des Testaments vor.[209] Die später erfolgenden Versuche Zimmers und Ficicchias, die alten Angriffe wiederaufleben zu lassen, blieben in der Gemeinde ohne jeden Widerhall.

---

206 Dazu eingehend A. Taherzadeh, *Covenant*, Kap. 32.

207 Eine Reihe von Briefen, zwischen 1929 und 1936 an die Bahā'ī der Vereinigten Staaten und Kanadas gerichtet und zusammen unter dem Titel *Die Weltordnung Bahā'u'llāhs* veröffentlicht, gehören mit zu den wichtigsten Texten für den Aufbau und die Weiterentwicklung der Bahā'ī-Gemeindeordnung. Im ersten dieser Briefe vom 27. Februar 1929 schreibt Shoghi Effendi: »Ich will keineswegs versuchen, die Glaubwürdigkeit des Testaments 'Abdu'l-Bahās zu verteidigen oder zu beweisen... Vielmehr will ich meine Betrachtungen auf diejenigen Punkte beschränken, die den Gläubigen helfen könnten, die Wesenseinheit der geistigen, humanitären und administrativen Grundsätze, die vom Urheber und vom Ausleger des Bahā'ī-Glaubens dargelegt wurden, zu würdigen« (*Weltordnung*, S. 17).

208 White, die danach die Zusammenarbeit mit ihm suchte, hatte noch 1929 Sohrab wie folgt charakterisiert: »Obgleich sich der Redner als offen und liberal darzustellen suchte, zeigte er sich doch, soweit es die Bahai Schriften anbelangt, lediglich als konfus... Er zitierte auch ganze Abschnitte Abdul Bahas als sein geistiges Eigentum, ohne den kleinsten Hinweis darauf, daß es sich dabei um die Worte Abdul Bahas handelt« (*Enemy*, S. 78).

209 Mirza Ahmad Sohrab, *Analysis*, S. 11; *Broken Silence*, S. 49, 52

V. Die Erfinderin der Fälschungsthese und ihre Epigonen

Die Legende von der Fälschung des Testaments ʻAbdu'l-Bahās stammt von der Amerikanerin Ruth White. Wirkungsgeschichtlich blieb ihr Einfluß auf den deutschen Sprachraum begrenzt. Innerhalb der Gemeinde ist dies im wesentlichen weiter eingeschränkt auf die Jahre von 1928 bis 1932; lediglich Hermann Zimmer war auf Jahre hinaus ein letztes Überbleibsel ihrer Gruppe. Außerhalb der Gemeinde erfuhren ihre Thesen eine späte Renaissance in den achtziger und neunziger Jahren, die sie vor allem der *Evangelischen Zentralstelle* und dem *Herder-Verlag* verdanken.

White schrieb ihre Bücher und Pamphlete gegen die »Baha'i-Organisation« zwischen 1927 und 1946; Zimmer seine Anklageschrift gegen den »Shoghismus« eine Generation später, im Jahre 1971. Ruth White lernte die Bahā'ī-Religion im Mai 1912 in Boston kennen, als sie ʻAbdu'l-Bahā für ein Zeitungsinterview aufsuchte.[210] Sie schlug sich in diesen Jahren als Schauspielerin, Journalistin und Modezeichnerin durch,[211] bis sie den Bahā'ī Lawrence White kennenlernte und wenig später heiratete.[212] Lawrence White war Jurist und Geschäftsmann aus wohlhabendem Hause,[213] sein eigentliches Interesse galt jedoch eher esoterischen Themen, so dem »kosmischen Bewußtsein« oder der Psychologie außergewöhnlicher religiöser Erfahrungen.[214] In dieser Ehe war Ruth White offenbar die Dominierende.[215] Als sie zu den Bahā'ī stieß, hatte Ruth White bereits eine beachtliche religiös-ideologische Wanderschaft hinter sich: In einem römisch-katholischen

210 White, *Questioned Will*, S. 15. Sie war auf ʻAbdu'l-Bahā durch eine Photographie in einer Zeitung aufmerksam geworden, und es erschien ihr, als schaue ihr ʻAbdu'l-Bahā direkt in die Augen »with benign serenity and the wisdom of the ages written on his face« (*Labyrinth*, S. 7).

211 White, *Labyrinth*, S. 15, 23, 110 f.

212 Es war seine erste und ihre zweite Ehe. Aus ihrer ersten Ehe hatte sie eine Tochter (*Labyrinth*, S. 34 f.).

213 *Labyrinth*, S. 35

214 *Labyrinth*, S. 34

215 Etwa *Labyrinth*, S. 42. Lawrence White äußerte 1941 den Wunsch, in die Bahā'ī-Gemeinde zurückzukehren (dies geht aus einem am 11. Oktober 1941 in Shoghi Effendis Auftrag an Carrie Kinney geschriebenen Brief hervor), konnte sich jedoch offenbar nicht von dem beherrschenden Einfluß seiner Ehefrau befreien (siehe Bramson-Lerche, »Some Aspects of the Establishment of the Guardianship«, in: *SBB* 5, S. 279).

Elternhaus aufgewachsen wurde sie zuerst protestantisch, dann Agnostikerin, entwickelte starke sozialistische Neigungen und stand nahe davor, Mitglied der kommunistischen Partei zu werden.[216] Ihre Identität als Bahā'ī war ganz und ausschließlich auf ʻAbdu'l-Bahā bezogen, wobei sie dessen Lehren sehr selektiv rezipierte.[217] Ihm allein schrieb sie zu, sie von ihrem — wie sie sich ausdrückt — »atheistischen Komplex« befreit zu haben.[218] Ruth White legt großes Gewicht auf ihre Träume und Eingebungen, fühlt sich als Werkzeug höherer Mächte[219] und nimmt immer wieder für sich in Anspruch, ʻAbdu'l-Bahā als einzige wirklich verstanden zu haben.[220] Zur Gemeinde hatte sie indes von Anfang an eine deutliche Distanz.[221] Mit einigem Stolz berichtet sie, niemals Mitglied in irgendeinem Gemeindegremium gewesen zu sein[222] und das Angebot einer Mitgläubigen, ihr eine Reise zum Propagieren der Bahā'ī-Lehren zu finanzieren, ausgeschlagen zu haben.[223] Gegenüber Shoghi Effendi hegte sie von Anfang an großen Argwohn; verdächtigte sie ihn doch, ein von ihr übersandtes Manuskript nicht an ʻAbdu'l-Bahā weitergeleitet zu haben.[224]

Nach ihrem eigenen Zeugnis lehnte White das Testament ʻAbdu'l-Bahās spontan ab, als sie zum erstenmal, etwa vier Wochen nach ʻAbdu'l-Bahās Tod, von seiner Existenz erfuhr.[225] Gleichwohl beginnt ihre öffentliche Polemik erst mit einem Brief an den Nationalen Geistigen Rat der Vereinigten Staaten im Dezember 1927,[226] nachdem die von Shoghi Effendi eingeschlagene

---

216 White, *Questioned Will*, S. 101; *Labyrinth*, S. 11 f.

217 siehe dazu unten, Abschnitt VIII

218 *Labyrinth*, S. 12, 114. Ihr Zugang zur Bahā'ī-Religion hat den Charakter einer Bekehrung, soziologisch gesprochen des Überspringens in eine neue Existenz und Weltsicht.

219 *Questioned Will*, S. 51 f.; *Enemy*, S. 113 f.; *Labyrinth*, S. 39 ff., 55 f., 106-109

220 »I sensed from the very first that the group who were known as Bahais represented something very different from that which Abdul Baha was trying to present to the world« (*Enemy*, S. 24. Siehe auch *Questioned Will*, S. 37 f.).

221 Etwa *Enemy*, S. 24. Dies geht so weit, daß selbst ihre Berichte über zwei Pilgerfahrten nach Haifa gespickt sind mit Klagen über ihre Mitpilger (*Labyrinth*, S. 59, 61, 65-68, 75, 136 ff.).

222 *Questioned Will*, S. 37; *Appendix*, S. 4,5

223 *Labyrinth*, S. 38; *Enemy*, S. 17

224 *Enemy*, S. 206

225 *Questioned Will*, S. 27; *Enemy*, S. 15

226 *Enemy*, S. 83 f.

institutionelle Entwicklung der Gemeinde unübersehbar geworden war.[227]

Schon 1926 hatte White auf einer Reise quer durch Amerika in allen Bahā'ī-Gemeinden der größeren Städte für ihre Vorstellungen geworben.[228] Im April/Mai 1928 reist sie nach Europa und trifft »praktisch alle Bahais in London«[229] — ebenfalls ohne jeden Erfolg. Lediglich in Deutschland findet sie Sympathien.[230] Etwa vierzehn Tage ist sie in Stuttgart Gast von Wilhelm Herrigel,[231] einem der Pioniere der deutschen Bahā'ī-Gemeinde.[232] Danach schlägt er sich auf ihre Seite.

Die Gründe dafür sind komplex. Sie lagen bei Herrigel nicht in einer prinzipiellen Ablehnung des Hüteramtes oder des Testaments 'Abdu'l-Bahās.[233] Offenbar hatten sich über die Jahre Spannungen zwischen einigen der profiliertesten Vertreter der deutschen Gemeinde aufgebaut. Den äußeren Anlaß dafür gab der Aufbau der Gemeindeinstitutionen. Shoghi Effendi hatte für Ende Februar 1922 Vertreter aller Gemeinden nach Haifa eingeladen. In Deutschland erging diese Einladung an Konsul Albert Schwarz,[234] dessen Ehefrau Alice[235] und an Wilhelm Herrigel.[236] Auch wenn

227 Dazu gehört die Entwicklung der örtlichen und Nationalen Geistigen Räte, die Entwicklung und Eintragung einer Satzung für diese Gremien (1926), sowie die Eintragung des Namens »Bahā'ī« als Trademark (1928) – Entwicklungen, die Ruth White zutiefst zuwider sind.

228 *Enemy*, S. 27

229 *Enemy*, S. 98

230 *Enemy*, S. 100 ff.

231 Herrigel wurde 1865 geboren. Er wurde noch vor 1909 Bahā'ī, traf mit 'Abdu'l-Bahā im Frühjahr 1913 in Stuttgart zusammen und reiste mit ihm über Wien nach Budapest.

232 Einem Brief Herrigels an die deutschen Bahā'ī vom 17. März 1930 läßt sich entnehmen, daß er schon länger mit Ruth White in Kontakt stand.

233 So stützte Herrigel die Nachfolgeregelung 'Abdu'l-Bahās, stand in reger Korrespondenz mit Shoghi Effendi und suchte offenbar dessen Rückhalt bei seinen Problemen mit den deutschen Bahā'ī-Institutionen. Dies ging so weit, daß er in einer öffentlichen Veranstaltung, wahrscheinlich anläßlich des »Bahā'ī-Kongresses« 1926 oder 1927, aus den an ihn persönlich gerichteten Briefen Shoghi Effendis zitierte, um seine Verbundenheit mit dem Oberhaupt des Glaubens herauszustellen und damit auch seine Position gegen den Nationalen Geistigen Rat zu stärken.

234 (1871-1931). Er war Bankier und hatte großen Anteil an der Energieversorgung Württembergs. Er führte die Titel eines Kommerzienrats und Kgl. Norwegischen Konsuls. Albert Schwarz wirkte auch als Kunstmäzen und engagierte sich im sozialen Bereich, etwa bei der Wiedererrichtung des Heilbades in Bad Mergentheim.

235 (1875-1965) geb. Solivo, Tochter eines bayrischen Industriellen. Sie wurde noch vor ihrem Ehemann im Jahre 1911 Bahā'ī.

über dieses Treffen, zu dem als deutsche Vertreter lediglich das Ehepaar Schwarz kommen konnte, keine Einzelheiten bekannt sind,[237] so standen offensichtlich zwei Fragen im Mittelpunkt: die Nachfolge ʻAbdu'l-Bahās durch den Hüter und die organisatorische Strukturierung der Gemeinde.[238] Einzelne Hinweise auf eine verstärkte organisatorische Aufbauarbeit finden sich bald.[239] Am 16. September 1922 wird dann auf einem »Bahai-Kongreß«[240] der erste »Nationale Rat« der deutschen Bahā'ī-Gemeinde gewählt.[241]

Dieser organisatorische Aufbau ging aber nicht ganz ohne bürokratische Überreaktionen[242] in Teilen der deutschen Gemeinde

---

236 Das Telegramm ist abgedruckt in *Sonne der Wahrheit*, 2. Jg., Heft 1, März 1922, S. 15. In ihren unveröffentlichten Memoiren (*Lausche den Worten des Erleuchteten. Meine Erinnerungen an 'Abdu'l-Bahā*, S. 138) datiert Alice Schwarz dieses Telegramm auf Anfang 1922.

237 Die Berichte des Ehepaares Schwarz in der *Sonne der Wahrheit* (2. Jg., Heft 3, Mai 1922, S. 47 f.; Heft 4, Juni 1922, S. 58 ff; Heft 5, Juli 1922, S. 75 ff.) und in *Lausche den Worten* (S. 139 ff.) sind sehr persönlich oder allgemein gehalten und lassen wenig über die eigentlichen Inhalte dieser Tagung erkennen. Auch ein Bericht von der vierzehnten Jahrestagung in Chicago, wo ebenfalls über das Treffen in Haifa berichtet wurde, bringt vor allem die Stimmungslage der Gläubigen zum Ausdruck (*Star*, Bd. 13, Nr. 4, vom 17. Mai 1922, S. 67 ff. Einige vage Hinweise finden sich auf S. 92).

238 Letzteres spiegelt vor allem ein Brief Shoghi Effendis vom 5. März 1922 wider (abgedruckt in *Bahā'ī Administration*, S. 17 ff.; Erstpublikation in *Star*, Bd. 13, Nr. 4, vom 17. Mai 1922. Eine frühe — nicht in allen Teilen textgetreue — deutsche Übersetzung findet sich in *Sonne der Wahrheit*, 2. Jg. 1922, Heft 5, Juli 1922, S. 66 ff.).

239 So über die Wahl eines »Rates der Neun« (später Geistiger Rat genannt) am 4. Mai 1922 in Stuttgart (*Sonne der Wahrheit*, Heft 4, Juni 1922, S. 63 f.). Im Zusammenhang mit diesem Bericht findet sich auch die Aussage: »... mit Shoghi Effendi ist die Bahaisache in eine neue Periode eingetreten: in die der organisatorischen Gliederung und geordneten Verwaltung. Während Baha 'Ullah der Stifter, Abdul Baha der Lehrer der Bahai-Religion ist, wird Shoghi Effendi als Organisator anzusehen sein.«

240 Später »Nationaltagung« genannt. Der Einladung zum »Bahai-Kongreß« (*Sonne der Wahrheit*, Heft 7, September 1922, S. 110) läßt sich eine gewisse Ahnung für die historische Bedeutung entnehmen, die dieser Kongreß mit der erstmaligen Wahl des »Nationalrats« (später: Nationaler Geistiger Rat) für die deutsche Gemeinde haben würde.

241 *Sonne der Wahrheit*, 2. Jg. 1922, Heft 8, Oktober 1922, S. 124 f. und Heft 9, November 1922, S. 141 ff.

242 Einzelne Aussagen lassen darauf schließen, daß traditionelle Autoritätsvorstellungen bis zu einem gewissen Grad in die neuen Gremien eingebracht wurden, etwa *Sonne der Wahrheit*, 2. Jg., Heft 8, Oktober 1922 (»In welchem Geist die Bahai-Versammlungen gehalten werden sollen«).

und ihrer neuen Institutionen ab.[243] Die Gemeinde hatte offenbar Schwierigkeiten, sich in die neue Struktur hineinzufinden: Die Berichte vom »Bahai-Kongreß« lassen erkennen, daß Shoghi Effendi nicht in allen Punkten richtig verstanden worden war.[244] Auffällig ist, daß Shoghi Effendi wiederholt — offenbar mit mäßigem Erfolg — regelmäßige Berichte des Nationalen Geistigen Rats anmahnte.[245] Andererseits fiel auch solchen Gläubigen, die bislang nach eigenem Gutdünken ohne jede feste Gemeindestruktur tätig waren, die Einordnung in ein System demokratischer Wahlen, der Beratung und der Mehrheitsentscheidungen nicht leicht. Gerade Wilhelm Herrigel, der über die Jahre eine rege Lehr-, Vortrags- und Übersetzungstätigkeit entfaltet hatte und der Ziehvater eines nicht unerheblichen Teils gerade der Stuttgarter Gemeinde war, tat sich hier schwer.[246] Persönliche Spannungen mit Konsul Albert Schwarz, dem Vorsitzenden des Nationalen Geistigen Rats, verschärften diese strukturellen Probleme weiter.[247] Trotz wiederholter, intensiver Bemühungen um eine Ver-

243 So schreibt am 4. April 1930 der Sekretär Shoghi Effendis in dessen Auftrag an die deutsche Gemeinde: »Shoghi Effendi hopes that as a result of Mrs. White's activities the friends will become more united and feel to a greater extent the importance of their task. Perhaps, if we had endeavoured more, if we had sacrificed to a greater extent, if, following the explicit wish of the Master ['Abdu'l-Bahā], we had sought to spread the Cause even more than we have done, Mrs. White and her like could not criticise us to such an extent and say that the administration has killed the spirit. Let us therefore take a lesson from what has passed...« (Shoghi Effendi, *The Light of Divine Guidance*, Bd. 1, S. 36).

244 Dies zeigt sich vor allem im direkten Vergleich mit Shoghi Effendis Briefen vom 5. März 1922 und 12. März 1923 (*Bahā'ī Administration*, S. 17 ff., 34 ff.) über Aufbau, Wahl und Funktion der Institutionen.

245 Erst mit Schreiben vom 27. Januar 1927 kündigte der Nationale Geistige Rat an, daß beschlossen wurde, künftig die Protokolle an Shoghi Effendi zu senden und eine regelmäßige Korrespondenz aufzunehmen.

246 Dazu kam, daß in den gewählten Gremien zunehmend jüngere Leute mit teilweise erheblich besserer Schulbildung saßen. Herrigel war weitgehend Autodidakt. Er hatte einen starken schwäbischen Akzent, was bei Vorträgen außerhalb des Schwabenlandes von manchen als störend empfunden wurde. Gerade im Verhältnis zu Konsul Schwarz waren seine finanziellen Mittel bescheiden: für seine ausgedehnte Vortragstätigkeit war er auf finanzielle Unterstützung angewiesen. Gegen den ausdrücklichen Wunsch des deutschen Nationalen Geistigen Rats suchte er seine Einkünfte auch dadurch aufzubessern, daß er amerikanische Gläubige unmittelbar um finanzielle Hilfe bat.

247 Dies geht aus verschiedenen Briefen Herrigels an Shoghi Effendi seit 1923 hervor. In einem Anfang November 1923 geschriebenen Brief deutet Herrigel an, daß es seit etwa vier Jahren Probleme gebe und bittet Shoghi Effendi um dessen Gebete. Möglicherweise war dieses Ressentiment einseitig, da Albert Schwarz noch in ei-

ständigung[248] war die Lage im Sommer 1928 so angespannt, daß Herrigel offen war für eine radikale Lösung: Wenn es ihm schon nicht gelang, mit den Institutionen zurechtzukommen, dann könnte man es ja ohne sie versuchen. Die antiinstitutionelle Polemik Whites fiel auf fruchtbaren Boden.[249]

Mit Brief vom 17. März 1930 wendet sich Wilhelm Herrigel an die deutschen Bahā'ī und kündigt seinen Austritt aus der »Organisation (nicht aus der heiligen Sache)« an.[250] Gleichzeitig gründet er mit einer kleinen Gruppe Gleichgesinnter die »Welt-Union Bahai«.[251] Deren einzig nennenswerte Aktivität war die Publikation einer deutschen Übersetzung von Whites *Abdul Baha and The Promised Age*.[252] Die Gruppe vermochte nicht, sich zu etablieren: Schon nach Herrigels Tod[253] im Jahre 1932 findet ein Teil seiner

---

nem Brief vom Dezember 1925 schreibt, »besonders die Beziehungen zu Herrn Herrigel und vice versa sind sehr gut...«

248 Diese gingen aus von einzelnen Mitgliedern des Nationalen Geistigen Rats und verschiedenen deutschen Gläubigen, aber auch Shoghi Effendi schickte wiederholt Personen seines Vertrauens nach Stuttgart, um dort für Verständigung zu wirken. In einem von seinem Sekretär geschriebenen Brief vom 6. Juni 1939 (*The Light of Divine Guidance*, Bd. 1, S. 97 f.) nimmt Shoghi Effendi darauf Bezug: »... because it is almost impossible for him [Shoghi Effendi] to intervene from such a distance and without hearing both sides, he has written over and over again asking that the friends should gather, should talk frankly and fully without ill-feeling and should solve their difficulty. This to Shoghi Effendi's deep disappointment has not been possible, Mr. Herrigel has been uncompromising...«

249 Dies wird auch deutlich im wohl letzten Brief Herrigels an Shoghi Effendi vom 3. März 1930.

250 Dem Brief lagen einige Auszüge aus Ruth Whites *The Baha'i Religion and its Enemy – the Baha'i Organization*, Rutland 1929, in deutscher Übersetzung bei.

251 Genaue Zahlen über die Größe dieser Gruppe können nicht ermittelt werden, da die Unterlagen nach dem Verbot der Gemeinde durch den Reichsführer SS, Heinrich Himmler, vom 21. Mai 1937 von der Gestapo beschlagnahmt wurden (Werner Gollmer, »Die Jahre des Verbots«, in: *Bahā'ī-Nachrichten* 2 145 [April], S. 21). Zimmer (*Wiederkunft*, 2. Aufl., 1984, S. 52) schreibt von »ungefähr 40 Anhängern«. Nach mündlichen Berichten dürfte die Zahl jedoch ein bis zwei Dutzend nicht überschritten haben. Namentlich bekannt sind acht Personen.

252 *Abdul Baha und das Verheißene Zeitalter*, Stuttgart 1930. Im folgenden Jahr veröffentlichte die Gruppe noch als Nachdruck einer Publikation der Bahā'ī-Vereinigung von 1913 (damals unter dem Titel: *Eine Botschaft an die Juden*) die deutsche Übersetzung eines Vortrags von 'Abdu'l-Bahā: *Die wesentliche Einheit der religiösen Gedanken*, Stuttgart 1931.

253 Aus einem Briefwechsel Thilde Diestelhorsts, die die deutsche Gemeinde 1931 besucht hatte, mit Shoghi Effendi geht hervor, daß sich auch Herrigel selbst anscheinend kurz vor seinem Tod wieder um eine Annäherung an die Gemeinde bemüht hat.

Anhänger wieder zur Bahā'ī-Gemeinde zurück.[254] Mit dem Verbot der Bahā'ī-Religion durch das nationalsozialistische Regime 1937 hört die »Welt-Union Bahai« praktisch auf zu existieren.[255] Nach der Neukonstituierung der deutschen Bahā'ī Gemeinde 1945[256] reintegrieren sich die meisten der noch verbliebenen früheren Anhänger Herrigels.[257]

Zimmer gehört von Anfang an zur Gruppe um Herrigel. Beide waren verwandtschaftlich verbunden.[258] Auch wenn Zimmer später betonte, nie der Bahā'ī-Gemeinde angehört zu haben,[259] besteht doch kein Zweifel, daß seine Eltern[260] und er — wie eine Reihe weiterer Mitglieder der Großfamilie[261] — sich seit vielen Jahren als Bahā'ī verstanden. Wie Herrigel war auch Zimmer anfangs wohl durchaus offen gegenüber Shoghi Effendi.[262] Dies sollte sich schlagartig ändern, als er »als junger Mann« anläßlich eines Verwandtenbesuchs in Ägypten[263] unangemeldet in Haifa erschien[264] und dort zu seinem großen Verdruß[265] Shoghi Effendi nicht vorfand.[266] Nach dem Krieg stand Zimmer praktisch allein,

---

254 Zimmer, *Shoghismus*, S. 156

255 *Shoghismus*, S. 161

256 siehe Werner Gollmer, »Die Jahre des Verbots«, in: *Bahā'ī Nachrichten* 2/3 145 (April/Mai 1968), S. 19 ff., 9 ff.

257 »That also many members of the former ›Bahā'ī World Union‹ should now be seeking enrollment as believers greatly pleases him [Shoghi Effendi], and he feels you should by all means accept them as registered Bahā'īs, unless you yourselves have any reason to question some individuals' sincerity« (Brief vom 22. November 1946 im Auftrag Shoghi Effendis an den deutschen Nationalen Geistigen Rat in: *The Light of Divine Guidance*, Bd. 1, S. 111).

258 Der Großvater mütterlicherseits von Hermann Zimmer und die Ehefrau Herrigels waren Geschwister. Luise Zimmer (geb. Pfund), die Mutter Hermann Zimmers, war zunächst unter den Gläubigen, die sich um eine Vermittlung zwischen Herrigel und dem Nationalen Geistigen Rat bemühten. Nach dem Bruch stellte sie sich zusammen mit ihrem Sohn auf die Seite Herrigels.

259 *Shoghismus*, S. 183

260 Sein Vater war im Ersten Weltkrieg gefallen. 'Abdu'l-Bahā hatte der Familie dazu in einem Brief vom 13. Juli 1917 seinen Trost ausgesprochen.

261 Außer dem Ehepaar Herrigel, Hermann Zimmer und seiner Mutter blieben die übrigen Mitglieder der Großfamilie (Pfund, Bopp, Köstlin) in der Gemeinde.

262 So wandte er sich noch am 6. Juni 1927 brieflich an Shoghi Effendi.

263 Der genaue Zeitpunkt läßt sich nicht bestimmen, der Besuch lag aber jedenfalls nach Herrigels Bruch mit der Gemeinde und vor Ausbruch des Zweiten Weltkriegs.

264 *Shoghismus*, S. 131

265 Noch Anfang der sechziger Jahre erzählte er meinem Großvater mit großem emotionalen Engagement von dieser Enttäuschung.

266 So polemisiert er denn auch seitenweise gegen die Abwesenheit Shoghi Effendis von Haifa, etwa *Shoghismus*, S. 128, 129, 131 ff., 134, 138.

betätigte sich aber weiter unter verschiedenen Bezeichnungen wie »Bahai Weltunion«, »Weltunion für universale Religion und universalen Frieden« oder »Freie Bahai«.[267] Aktivitäten vor 1960 waren spärlich.[268] In den sechziger Jahren veröffentlichte er eine Reihe von Broschüren.[269] 1964 machte Zimmer eine Vortragsreise durch Deutschland.[270] 1969 wandte er sich erstmals mit einem »offenen Brief« an die Bahā'ī-Gemeinde, in dem er bereits einige der Thesen seines Buches[271] vertrat. 1971 erfolgt dann dessen deutsche Publikation in einer Auflage von 5.000 Exemplaren, die er nach eigenen Angaben an Bibliotheken und Institute im deutschsprachigen Raum verschickte.[272] 1973 legte er eine englische Übersetzung mit 35.000 Exemplaren auf, die er diesmal weltweit verschickte.[273] Es muß offenbleiben, aus welchen Quellen die Finanzierung dafür kam — über eine eigene Organisation verfügte Zimmer nicht. Zwischen 1977 und 1983 folgen fünf weitere Rundschreiben an Bahā'ī in den Vereinigten Staaten, Deutschland, Österreich und der Schweiz. Diese Briefe blieben zu seinem großen Ärger ebenso ohne die gewünschte Resonanz[274] wie Zeitungsannoncen[275] oder persönliche Briefe an einige Personen, die erst kürzlich Mitglied der Bahā'ī-Gemeinde geworden

267 Alle diese Gruppen firmierten unter Zimmers Privatadresse

268 Greifbar ist eine einzige Veröffentlichung: Hermann Zimmer, *Die Wiederkunft Christi — von der die Prophezeiungen sprechen*, Waiblingen 1950. Zwei Neuauflagen dieser Schrift erfolgten 1984 und 1986. Sie enthalten einen Anhang (»Quo Vadis, Bahai-Religion? Die Bahai-Religion ist zum ›Shoghismus‹ geworden«), in dem Zimmer in massiver Form seine Beschuldigungen gegen die Bahā'ī-Gemeinde vorträgt.

269 Zumeist Nachdrucke älterer Publikationen der Bahā'ī-Gemeinde: Thornton Chase, *Ehe Abraham ward, bin Ich!* Waiblingen/Stuttgart 1960 (Nachdruck einer Ausgabe von etwa 1913); ders., *Zweck und Ziel der Bahai-Offenbarung*, Waiblingen-Stuttgart 1962; Myron H. Phelps, *Die wirkliche Natur der Bahai-Religion*, Waiblingen-Stuttgart 1961 (auszugsweiser Nachdruck einer Veröffentlichung von 1922 unter dem Titel *Abdul Baha Abbas'- Leben und Lehren*).

270 Zimmer, *Shoghismus*, S. 183

271 *Eine Testamentsfälschung wertet die Bahai-Religion ab in den politischen Shoghismus*, Waiblingen/Stuttgart 1971

272 Bis auf dreihundert Exemplare, die er direkt an Mitglieder der Bahā'ī-Gemeinde sandte (laut Brief Zimmers vom 10. Februar 1978 und Offenem Brief vom Januar 1979).

273 Offener Brief Zimmers, Januar 1979. Eine weitere Auflage erschien 1980.

274 *Shoghismus*, S. 167; hierüber klagt er auch ausführlich im *Materialdienst* Nr. 12, 33. Jg. 1970, S. 139

275 etwa in der *Stuttgarter Zeitung* vom 12. August 1977

waren. Die zahlreichen Berichte über die Verfolgungen der iranischen Bahā'ī unter dem Khomeini-Regime veranlaßten Zimmer zu einem Leserbrief in der *Stuttgarter Zeitung*,[276] in dem er die Bahā'ī-Gemeinde — ganz im Sinne der iranischen Schergen — als politische Gruppe denunzierte.[277] Der einzig greifbare Erfolg einer offenbar breit angelegten Briefkampagne[278] an zahlreiche Zeitungsredaktionen war eine Glosse in den *Jülicher Nachrichten*[279].

VI. Das stilistisch-inhaltliche Argument

Ruth White hatte verlangt, daß das Testament 'Abdu'l-Bahās nach drei Gesichtspunkten untersucht werden sollte:[280] 1. zunächst vom »geistigen Gesichtspunkt«: entspricht das Testament den Lehren und Absichten 'Abdu'l-Bahās, wie er sie zu Lebzeiten geäußert hat? 2. vom »literarischen Gesichtspunkt« aus: Entspricht der Stil des Testaments demjenigen 'Abdu'l-Bahās? 3. vom graphologischen Gesichtspunkt: eine Schriftanalyse sollte die angebliche Fälschung erweisen.

Ficicchia greift diese Forderungen auf und übermittelt die dazu von White und Zimmer aufgestellten Thesen. Seine Darstellungsform, insbesondere das Fehlen jeglicher Gegenargumente und aller Kritik, muß beim Leser den Eindruck erwecken, es handle sich dabei um gesicherte Tatsachenbehauptungen.[281] Die erste These,

---

276 vom 5. September 1981

277 In diesem Zusammenhang ist von Interesse, daß Zimmer nach dem Verbot der Bahā'ī-Gemeinde unter dem Hitler-Regime im Jahre 1937 (wegen »pazifistischer Umtriebe«) ein Gesuch an den Reichsführer SS und Chef der Geheimen Staatspolizei, Heinrich Himmler, richtete, die »freien Bahai« von diesem Verbot auszunehmen, da sie — im Gegensatz zu dem »politischen Shoghismus« — keine politischen Ziele verfolgten (*Shoghismus*, S. 184 f.). Mit gleicher Tendenz richtete er 1967 eine Anfrage an die Botschaft der UdSSR (*Shoghismus*, S. 93).

278 »Quo vadis, Bahai-Religion?« vom 5. April 1983

279 vom 23. April 1983

280 Ihrem Zeugnis nach verdankt sie diese Kriterien dem Handschriftexperten Albert S. Osborne, der allerdings nicht bereit war, den ihm zugedachten Part zu übernehmen (*Enemy*, S. 110).

281 Nur bei näherem Hinsehen erkennt man, daß Ficicchia gerade bei den problematischsten Behauptungen vorsichtig genug ist, doch bloß zu referieren: »*Zimmer*..., der die These von einem ›gefälschten‹ Testament anhand früherer Untersuchungen der Amerikanerin *Ruth White* wissenschaftlich zu untermauern versuchte, ist der

die Ficicchia übernimmt, beruht auf einem vorgeblichen Textvergleich: Der Rigorismus in Wortwahl und Aussagen des Testaments entspreche nicht der Sprache und dem Vokabular ‘Abdu’l-Bahās. Gemeint sind damit die Mahnungen ‘Abdu’l-Bahās zur Einheit der Gemeinde, zur Annahme und Unterstützung der von ihm verfügten Nachfolgeinstitutionen in der Leitung der Gemeinde und seine Warnungen vor den Bundesbrechern.[282] ‘Abdu’l-Bahā, das ist für Zimmer und White die personifizierte Bescheidenheit, Demut und Milde, die unbedingte, nie versagende Liebe. Die Deutlichkeit und Strenge mancher Passagen des Testaments habe deshalb mit dem »historischen Abdul Baha nichts zu tun«[283]. Inhalt und Stil dieser Passagen erinnere hingegen an Shoghi Effendis *Gott geht vorüber*[284].

Es fällt auf, daß weder White, noch Zimmer, noch Ficicchia die vorher aufgestellten Gesichtspunkte 1 (Inhaltsanalyse) und 2 (Stilanalyse) je sauber trennten. Aus gutem Grunde. Wer einen Stilvergleich anstellen will, muß über exzellente Kenntnisse der jeweiligen Sprache, ihrer grammatikalischen und stilistischen Eigenarten und Möglichkeiten verfügen; nur so ist er in der Lage, über Subtilitäten zu urteilen. Das Testament ‘Abdu’l-Bahās ist im Original persisch. White und Zimmer sind ebensowenig des Persischen[285] mächtig[286] wie Ficicchia und damit nicht in der Lage,

---

Überzeugung, daß...« »Hermann Zimmer ist der Überzeugung« (S. 295 [Hervorhebung durch F.]); »weshalb er nach dem Urteil Zimmers« (S. 297); »Für Ruth White und Hermann Zimmer ist es ausgeschlossen...«, »Zimmer bringt... einen recht interessanten Stilvergleich« (S. 298 [Hervorhebung durch F.]) usw.

282 Zum Problem des Bundesbruchs siehe U. Schaefer, S. 165 f.

283 *Shoghismus*, S. 46

284 Zu einer kurzen Charakterisierung dieses Werks siehe U. Gollmer, S. 376 f.

285 Auch die Englischkenntnisse von Zimmer und Ficicchia waren allenfalls mäßig, vgl. U. Schaefer, S. 28 f. Wie wenig Zimmer vom Geschäft des Übersetzens und dessen Anforderungen versteht, zeigt sich auf S. 97 seines Buches. Dort weist er die Aussage, Shoghi Effendi habe sein Studium in Oxford aufgenommen, um die Primärschriften des Bahā’ītums angemessen ins Englische übersetzen zu können, zurück mit der Begründung, Shoghi Effendi habe ja bereits an der Amerikanischen Universität Beirut studiert und auch an der Übersetzung des Briefs ‘Abdu’l-Bahās an die Zentralorganisation für einen dauernden Frieden (Neuausgabe unter dem Titel *Der Weltfriedensvertrag*, Hofheim 1988) mitgewirkt, habe also offensichtlich schon Englisch gekonnt.

286 Welch seltsame Blüten dieses sprachliche Manko im Verein mit einem geradezu paranoiden Mißtrauen treibt, soll dieses Beispiel zeigen: Zimmer stößt in der deutschen Übersetzung von Bahā’u’llāhs *Sieben Täler* (S. 38 der 1. Auflage, Stuttgart 1950; S. 56 der 3. Auflage, Oberkalbach 1971) auf den Begriff »Hüter der Sache«.

das von ihnen angegriffene Dokument im Original auch nur zu lesen. Ihnen fehlt damit jede Kompetenz für einen Stilvergleich. Gleichwohl legt gerade Zimmer umfängliche »Stiluntersuchungen« dazu vor. Dazu bezieht er sich auf 'Abdu'l-Bahās *Testament* und Shoghi Effendis *Gott geht vorüber*.

Zu diesem »Stilvergleich«, auf den sich Ficicchia beruft,[287] nur so viel: 'Abdu'l-Bahās *Testament* ist in persischer, Shoghi Effendis *God passes by* in englischer Sprache verfaßt. Der vorgebliche Stilvergleich[288] legt aber für beide Schriften die deutsche Übersetzung zugrunde. Die deutschen Bahā'ī-Übersetzer — durchweg Laien — schulten sich stets an den bereits vorliegenden Überset-

---

Er stutzt, besorgt sich ältere englische (Ali-Kuli-Khan ['Alī Qulī Khān], *Seven Valleys*, Chicago 1906) und französische (Hippolyte Dreyfus, *L'Oeuvre de Baha'u'llah*, Bd. 1, Paris 1923) Übersetzungen dieses Textes und entdeckt, daß die fragliche Wendung hier mit »*Guardian of the Command*« bzw. »*la Manifestation*« übersetzt wurde (*Shoghismus*, S. 153 ff.). Für ihn kann das nur eines heißen: der Text wurde gefälscht! Er versteigt sich zu folgender Aussage: »In den amerikanischen, englischen und deutschen Ausgaben der ›Sieben Täler‹ ab 1936 wird aus dem ›Hüter des Befehls‹ (d. h. der Manifestation) der ›Hüter der Sache‹, also Shoghi Effendi Rabbani!... Für den deutschen Übersetzer hat sich dessen Haltung gelohnt: Ein Jahr später, 1951, wurde Dr. Hermann Grossmann für seine *falsche* Übersetzung... zur ›Hand der Sache‹ erklärt« (Offener Brief vom 4. April 1983, *Quo vadis, Baha'i-Religion*?, S. 4; siehe auch *Shoghismus*, S. 155). Ficicchia greift dies in einem *Offenen Brief an die Bahā'ī der Schweiz* (August 1974, S. 4 f.) genüßlich auf. Wäre beiden das Original sprachlich zugänglich gewesen, so hätten sie feststellen können, daß Bahā'u'llāh den Begriff *Valī-Amru'llāh* gebrauchte. Dieser Begriff nun hat verschiedene Bedeutungen: *valī*, vor allem in der Zusammensetzung als *Valī-Amru'llāh* (»Hüter der Sache [Gottes]«), ist tatsächlich die Bezeichnung für den Träger des Hüteramts im Bahā'ītum (dazu eingehend U. Gollmer, *Gottesreich*, Kap. 4.2.4.2 und 11.2.2). *Valī* deckt jedoch ein ganzes Bedeutungsspektrum ab: so ist es eine der Designationen für die shī'itischen Imāme; er wird auch als Name Gottes oder als Titel des Propheten verwendet; der Begriff kann mit »Beschützer«, »Hüter«, »Helfer«, »Wohltäter«, »Gefährte«, »Freund«, »Herr und Meister« übersetzt werden (Carra de Vaux, Stichwort »Walī«, in: *SEI*, S. 629; Ryāḍ Qadīmī/ Iḥsān'u'llāh Himmat, *Shishhizār lughat* [Sechstausend Worte, Arabisch-Persisches Wörterbuch], Hofheim ^{2}1982). Auch *amr* ist ein vieldeutiger Begriff: Er läßt sich im Bahā'ī-Kontext zumeist mit »Angelegenheit«, »Sache«, »Befehl« oder »Offenbarung« übersetzen (dazu eingehend N. Towfigh, *Schöpfung*, S. 180 f.). Dreyfus versuchte demnach mit seiner Übersetzung eher interpretierend den Sinn der Wendung zu erfassen, die Übersetzungen von 'Alī Qulī Khān und Grossmann halten sich jeweils an eine der möglichen Wortbedeutungen. Es hätte allerdings auch schon genügt, die Schriften Shoghi Effendis zu konsultieren, um Zimmers und Ficicchias Verdacht auszuräumen. Auf eine Anfrage zu dieser Passage schreibt Shoghi Effendi am 8. Januar 1949: »The word ›Guardian‹ in the Seven Valleys has no connection with the Bahā'ī Guardianship« (*Unfolding Destiny*, S. 453).

287 *Bahā'ismus*, S. 298

288 *Shoghismus*, S. 40 ff., 60 f.

zungen und suchten durch einen gewissen Grundkonsens an Begriffen und Wendungen eine Einheitlichkeit des Stils und der Textqualität zu erreichen; schon dies erklärt die Ähnlichkeit mancher Formulierungen zur Genüge. Zudem stammt die zugrundegelegte englische Übersetzung des Testaments von Shoghi Effendi; daß sich bereits daraus stilistische Anklänge zu seinen eigenen Schriften ergeben können, ist nicht weiter verwunderlich.[289]

Wie steht es nun mit der Feststellung Zimmers, im Testament 'Abdu'l-Bahās fänden sich »Ausdrücke über die Vergehen und das Verhalten seiner Feinde mit Attributen..., die in seinem übrigen Schrifttum fehlen und die gleichzeitig seinen Lehren entgegengesetzt« seien?[290] Der Sache nach ist diese Behauptung schon bei Ficicchia widerlegt: Dieser zitiert auf den Seiten 291 f. seiner Monographie einige Texte 'Abdu'l-Bahās, die genau den Mahnungen und Warnungen des Testaments entsprechen.[291] Trotzdem gibt Ficicchia Zimmers Argument weiter und bekräftigt es;[292] der innere Widerspruch zu seiner eigenen Darstellung scheint ihm entgangen zu sein.

Bereits Zimmer kann seine Behauptung nur durch einen Kunstgriff aufrechterhalten: auch ihm lag ein weiteres Schriftstück 'Abdu'l-Bahās[293] vor, das in Inhalt und Formulierung den fraglichen Passagen des Testaments entsprach.[294] Diese Parallelen lassen Zimmer nun nicht etwa an seiner These zweifeln.[295] Er

---

289 Aber Zimmers sogenannter Stilvergleich trägt nicht einmal so weit. Alles, was er auf den Seiten 40 bis 44 vorführen kann, ist, daß einzelne Begriffe wie »übelgesinnt«, »schändlich« oder »niederträchtig« in beiden Werken bei der Schilderung von Aktivitäten der Bundesbrecher Verwendung finden. Diese Parallelität ist aber vom sachlichen Zusammenhang her kaum verwunderlich.

290 *Shoghismus*, S. 39

291 Auch sonst gibt es eindringliche, bisweilen drastisch formulierte Warnungen 'Abdu'l-Bahās vor den Bundesbrechern, etwa *Bahā'ī World Faith*, S. 323, 357; *Sendschreiben zum göttlichen Plan* 8:8; *Promulgation*, S. 381 ff., 386, 456 f.; *Briefe und Botschaften* 185:1-5; 186:1-7; 187:1,3 f.; 188:1-11; 189:3,6; 192:1. Ein weiteres derartiges Schreiben 'Abdu'l-Bahās ist abgedruckt in White, *Enemy*, S. 158.

292 *Bahā'ismus*, S. 298

293 Abgedruckt in *Bahā'ī World Faith*, S. 429 ff. Die Erstveröffentlichung in englischer Übersetzung erfolgte in *Star of the West*, Bd. 13, Nr. 1, vom 21. März 1922, S. 19-25; eine deutsche Übersetzung erschien in *Sonne der Wahrheit*, 2. Jg., Heft 4, Juni 1922, S. 50 ff.

294 *Shoghismus*, S. 108-113

295 Auch das zusammen mit der englischen Übersetzung abgedruckte Schreiben von Emogene Hoagg, in dem sie die Begleitumstände schildert und kommentiert,

unternimmt auch nicht den Versuch, durch eine systematische Sichtung der Reden und Schriften 'Abdu'l-Bahās mögliche weitere Parallelstellen zu finden.[296] Ähnlichkeiten zu den von ihm abgelehnten Aussagen des Testaments können für ihn prinzipiell nur eines bedeuten: Auch dieser Brief 'Abdu'l-Bahās muß eine Fälschung sein![297]

Selbst wenn man diese Immunisierungsstrategie außer Acht läßt, so zeugt die Behauptung der Unvereinbarkeit in Sprache und Geist nicht nur von einer recht mangelhaften Kenntnis des Schrifttums,[298] sie zeigt auch, wie wenig Zimmer die mahnenden

---

scheint ihn nicht im geringsten zu beeindrucken (sofern er es überhaupt kannte). Hoagg hatte zusammen mit Alī-Muḥammad Bāqir und Rūḥī Afnān diesen Brief 'Abdu'l-Bahās ins Englische übersetzt. *Star of the West*, Bd. 13, Nr. 1, vom 21. März 1922, S. 25 f.

296 Am 13. Juli 1914 schreibt 'Abdu'l-Bahā an Wilhelm Herrigel (zitiert nach der recht holprigen damaligen deutschen Übersetzung): »Diese Menschen sind gewalttätige Schänder des Bundes. Lasset die Freunde ein Zusammentreffen mit ihnen gänzlich vermeiden. Verbindung mit diesen Seelen ist ungesetzlich... sie werden das Mittel zum Auslöschen des Feuers der Liebe Gottes sein. Unterhaltung mit ihnen, sogar durch Mittelspersonen, sind nicht erlaubt.« In einem späteren Brief (vom 8. April 1920, gerichtet an eine größere Gruppe deutscher Gläubiger, ebenfalls zitiert nach der damaligen Übersetzung) schreibt er: »Niemand von euch ist es erlaubt, mit ihnen zu verkehren, da die Krankheiten des Geistes gleich den Krankheiten des Körpers wie Cholera und Krebsplagen ansteckend sind.« Auch in der letzten, dem Ableben 'Abdu'l-Bahās vorausgehenden Ausgabe des *Star of the West* (Bd. 12, Nr. 14 vom 23. November 1921) hätte Zimmer eine reiche Quelle finden können. Vielleicht in Vorahnung seines Todes hatte 'Abdu'l-Bahā offenbar in zahlreichen Briefen an verschiedenste Adressaten — ganz analog zu seinen Aussagen im Testament — vor den Bundesbrechern gewarnt. Einige dieser Briefe und Telegramme sind in diesem Heft abgedruckt. Entsprechende Warnungen an die Adresse der deutschen Gläubigen ergingen auch früher, so mit Datum vom 4. Juli 1913 und vom 30. Juli 1914 (beide gerichtet an Alice Schwarz), vom 6. Februar 1920 (an Wilhelm Herrigel und Frau).

297 *Shoghismus*, S. 108

298 Ein Beispiel sei näher ausgeführt: Zimmer weiß einfach, »daß der ›Zorn Gottes‹ in Abdul Bahas Sprachschatz überhaupt nicht existiert« (*Shoghismus*, S. 46). Er widmet deshalb zwei Seiten (44 f.) dem Nachweis, wo dieser Begriff im Testament 'Abdu'l-Bahās und in Shoghi Effendis *Gott geht vorüber* zu finden ist — für ihn ein weiterer eindeutiger Beleg für die Fälschungsthese und ein Hinweis auf den Urheber der Fälschung. Freilich hat er dabei übersehen, daß die Formulierung »Zorn Gottes« sowohl bei Bahā'u'llāh (etwa *Ährenlese* 121:5, 127:4; *Kitāb-i-Īqān* 99, 126 [S. 65, 84] — in der letzten Belegstelle wird die Wendung sogar erklärt) wie in den Schriften und Ansprachen 'Abdu'l-Bahās (etwa *Beantwortete Fragen* 11:16; *Promulgation*, S. 352, 353, 363; *Briefe und Botschaften* 225:29) auch sonst zu finden ist, oft gerade in Verbindung mit dem Bundesbruch: »Die Verletzer des Bundes werden erniedrigt und zerstreut, und die Getreuen werden geliebt und erhöht, denn sie halten sich an das Buch des Testaments und stehen fest und aufrecht im Bunde... Nach dem Erscheinen des Buches des Bundes erhebt sich ein großer Sturm, die

und warnenden Aussagen ‘Abdu’l-Bahās verstanden hat. Tatsächlich, hier ist Zimmer beizupflichten, ist Liebe ein Hauptcharakteristikum der Persönlichkeit ‘Abdu’l-Bahās, ein ständiges Motiv auch in seinen Schriften und Ansprachen. Dies geht so weit, daß ‘Abdu’l-Bahā die uralte dualistische Scheidung der Menschen in Gläubige und Ungläubige aufhob: »alle empfangen Gottes Gnadengaben«.[299] Für ihn sind die Kategorien Freund und Feind nicht mehr gültig. Mit einer Ausnahme: einer drohenden inneren Zersetzung der Gemeinde muß Einhalt geboten werden. Wer die prinzipielle Gemeinschaft der Gläubigen zerstören und damit das heilsgeschichtliche Ziel der Religion Bahā’u’llāhs — die Einheit der Menschheit — vereiteln will, dem muß entschiedener Widerstand entgegengebracht werden. Das letzte Mittel dazu ist die Exkommunikation, die Erklärung zum »Bundesbrecher«.[300] Die Liebe ‘Abdu’l-Bahās ist nicht akosmisch, sondern schließt Weltverantwortung mit ein.[301]

Mit dieser Bereitschaft, das innerste Anliegen der Sendung Bahā’u’llāhs zu schützen, ist jedoch kein persönlicher Haß, keine persönliche Verdammung des »Bundesbrechers« durch ‘Abdu’l-Bahā verbunden.[302] Seiner »höchsten Pflicht« nachkommend, be-

---

Blitze des göttlichen Zornes zucken, die Donnerschläge der Bundesverletzung werden vernehmbar, das Erdbeben des Zweifels zeigt sich, der Hagel der Vergeltung fällt auf die Verletzer des Bundes, und sogar jene, die sich als gläubig bekennen, werden von Prüfungen und Versuchungen heimgesucht« (*Beantwortete Fragen* 11:55 f.).

299 *Promulgation*, S. 454. Der Kontext lautet: »Addressing mankind, He [Bahā’u’llāh] says, ›Ye are all leaves of one tree and the fruits of one branch.‹ By this it is meant that the world of humanity is like a tree, the nations or peoples are the different limbs or branches of that tree, and the individual human creatures are as the fruits and blossoms thereof. In this way Bahā’u’llāh expressed the oneness of humankind, whereas in all religious teachings of the past the human world has been represented as divided into two parts: one known as the people of the Book of God, or the pure tree, and the other the people of infidelity and error, or the evil tree. The former were considered as belonging to the faithful, and the others to the hosts of the irreligious and infidel — one part of humanity the recipients of divine mercy, and the other the object of the wrath of their Creator. Bahā’u’llāh... has submerged all mankind in the sea of divine generosity. Some are asleep; they need to be awakened. Some are ailing; they need to be healed. Some are immature as children; they need to be trained. But all are recipients of the bounty and bestowals of God.«

300 vgl. dazu U. Schaefer, S. 165 f.

301 Zum philosophischen Konzept des »Akosmismus« siehe etwa H.-W. Schütte, *HWPh* 1, Sp. 128.

302 »Dieser Unterdrückte hegte früher keinerlei Groll gegen irgend jemanden noch hegt er ihn heute; gegen niemanden empfindet er Abneigung; er äußert sich nur zum

schreibt 'Abdu'l-Bahā nur mit »größtem Bedauern« die von den Bundesbrechern ausgehenden Gefahren und erteilt Ratschläge zum Schutz der Gemeinde und zur Vermeidung von Zwietracht,[303] »damit sich nicht all diese Nöte, Leiden und Heimsuchungen, all das in Strömen auf dem Pfade Gottes vergossene reine, geheiligte Blut als vergebens erweisen«[304]. Ein von 'Abdu'l-Bahā in sein Testament aufgenommenes Gebet ist der beste Beleg für eine Haltung, die sich der Realität dieser Welt stellt, der daraus erwachsenden sachlichen Pflicht nicht ausweicht, in der persönlichen Beziehung aber zugleich Liebe und Vergebung über alles stellt.[305]

Besten dieser Welt... « (*Testament* 2:8). Bezeichnend ist 'Abdu'l-Bahās Intervention, als einige Gläubige versuchten, die Anstellung von Ḥubbu'llāh, einem Bundesbrecher, als Lehrer zu verhindern: »Heißt das, ihr habt euch beraten und beschlossen, einen Bundesbrecher davon abzuhalten, seinen Lebensunterhalt zu verdienen? So kann man der Sache Gottes nicht dienen. Wo es um den Lebensunterhalt geht, darf kein Unterschied sein zwischen einem Gläubigen und einem Bundesbrecher« (Yūnis Khān, *Khāṭirāt-i-Nuh-Sālih*, S. 357 f., zitiert nach A. Taherzadeh, *Covenant*, S. 258). In einem Brief vom Juli 1925 an die Bahā'ī im Iran erklärt Shoghi Effendi im Hinblick auf einen Bundesbrecher: »In keinem Fall darf die bloße Tatsache der Feindseligkeit, der Entfremdung oder des Abfalls vom Glauben dazu führen, daß in die in einer freien Gesellschaft anerkannten Bürgerrechte widerrechtlich eingegriffen wird oder daß diese auch nur um ein Jota geschmälert werden. Sollten die Gläubigen in diesem Zeitalter der Aufklärung und des Lichtes diesen Grundsatz verlassen, so wäre dies ein Rückfall in die Vorstellungen und Haltungen vergangener Zeiten: Sie entfachten so das Feuer der Bigotterie und des blinden Fanatismus in den Herzen der Menschen, verschlössen sich selbst den Gnadengaben dieses verheißenen Tages Gottes und hinderten den ungehemmten Fluß der göttlichen Hilfe in dieser wundersamen Zeit.«

303 *Testament* 2:8

304 *Testament* 2:10

305 »Ich flehe Dich an, o Herr mein Gott, mit meiner Zunge und meinem ganzen Herzen: Vergilt ihnen nicht ihre Grausamkeit und ihre Übeltaten, ihre Verschlagenheit und ihre Bosheit; denn sie sind töricht, niedrig gesinnt und wissen nicht, was sie tun. Sie können Gut und Böse, Wahr und Falsch, Recht und Unrecht nicht unterscheiden. Sie jagen ihren Begierden nach und wandeln in den Fußstapfen der Dümmsten und Unvollkommensten aus ihrer Mitte. O mein Herr! Habe Mitleid mit ihnen, bewahre sie vor aller Not in dieser unruhigen Zeit und gib, daß alle Prüfungen und Drangsale Deinem Diener zufallen, der in diesen finsteren Abgrund gestürzt ist. Erwähle mich für jedes Leid und mache mich zum Opfer für alle Deine Geliebten. O Herr, Du Höchster! Laß mein Herz, mein Leben, mein Sein, meinen Geist, mein ein und alles für sie aufgeopfert sein. O Gott, mein Gott! Demütig bittend, mein Angesicht im Staube, flehe ich zu Dir mit der ganzen Inbrunst meines Gebets: Vergib jedem, der mich verletzte, verzeihe dem, der sich gegen mich verschwor und mich beleidigte, lösche die Untaten derer, die mir Unrecht zufügten. Gib ihnen Deine guten Gaben, schenke ihnen Freude, befreie sie von Leiden, gewähre ihnen Frieden und Wohlstand, verleihe ihnen Deine Glückseligkeit und über-

Der Widerspruch zwischen dem Wortlaut des Gebets und dem von Zimmer behaupteten »eisigen Wind«[306] im Text und Geist des Testaments ist unübersehbar. Dies wird umso deutlicher, wenn man sich folgenden von Ficicchia zitierten »Beleg« für die vorgeblich haßerfüllte Sprache des Testaments gegen die Bundesbrecher vor Augen führt: »abscheuliche, verruchte und widerwärtige Verleumder von abgefeimter Falschheit, Frevler, dumme Leute, Zweifler, mit Hinterlist Durchtriebene, wilde Löwen, reißende Wölfe und blutdürstige Tiere«.[307] Starke Worte in der Tat. Leider gibt Ficicchia als Quelle dieses Zitats nur allgemein das Testament ‘Abdu’l-Bahās an, nicht die genaue Fundstelle. Der eigentliche Grund für diese bedauerliche Flüchtigkeit erschließt sich allerdings nur dem, der sich die Mühe macht, das Testament ‘Abdu’l-Bahās vom Anfang bis zum Ende durchzulesen: Das von Ficicchia zitierte Beispiel für die »schwülstige und rüde Sprache des Testaments«,[308] für diese, wie er sagt, »vulgären Auslassungen«,[309] ist so an keiner Stelle zu finden.[310] Es ist eine Fälschung.[311]

---

schütte sie mit Deiner Großmut. Du bist der Machtvolle, der Gnädige, der Helfer in Gefahr, der Selbstbestehende!« (*Testament* 2:6 f.).

306 *Shoghismus*, S. 85

307 *Bahā'ismus*, S. 284. Ein ähnliches »Zitat« findet sich bei Kurt Hutten: »abscheuliche, verruchte und widerwärtige Verleumder, wilde Löwen, reißende Wölfe, blutrünstige Tiere« (*Seher, Grübler, Enthusiasten*, 12. Aufl., S. 814). Hutten bezieht sich dabei auf ‘Abdu’l-Bahās *Testament*, 4. Aufl. Frankfurt 1964, S. 20 — daß sich die »zitierte« Passage weder auf dieser noch auf anderen Seiten des Testaments finden läßt, verwundert kaum noch.

308 *a. a. O.*

309 *a. a. O.*

310 Die einzige Stelle im Testament, in der einige Wendungen aus dem »Zitat« Ficicchias auftauchen, ist *Testament* 1:10. Der Kontext ist folgender: »O Gott, mein Gott! Du siehst diesen unterdrückten Diener in den Krallen wilder Löwen, reißender Wölfe, blutrünstiger Bestien. Steh mir gnädig bei durch meine Liebe zu Dir, tief aus dem Kelch zu trinken, der von der Treue zu Dir überquillt, gefüllt mit Deiner Großmut und Gnade, so daß ich in den Staub stürze, hingestreckt und besinnungslos, mein Gewand von meinem Blut gerötet. Das ist mein Wunsch, meine Herzenssehnsucht, meine Hoffnung, mein Stolz, meine Herrlichkeit. Gib, o Herr mein Gott, meine Zuflucht, daß in meiner letzten Stunde mein Ende wie Moschus seinen Ruhmesduft verströme. Gibt es eine größere Gnadengabe als diese?«

311 Ficicchia ist beizupflichten, wenn er sich weigert, diesem Konstrukt »künstlerische und ästhetische Eigenschaften« zuzuschreiben (*Bahā'ismus*, S. 284).

VII. Das graphologische Gutachten

Ficicchia weiß sehr wohl, daß kaum etwas die Reputation eines religiösen Führers so erschüttern kann wie der Verdacht, er habe sich seine Stellung durch Urkundenfälschung erschlichen. Da Ficicchia sich gleichzeitig dessen bewußt ist, auf welch tönernen Füßen die Behauptung der Testamentsfälschung steht,[312] bedient er sich eines Kunstgriffs: Er referiert lediglich, scheinbar um Objektivität bemüht, was White und Zimmer zur Stützung ihres Verdachts vorbringen. Dies gibt ihm die Möglichkeit, die Fälschungsthese vorzutragen, ohne sie ernsthaft diskutieren und prüfen zu müssen. Das wirksamste Argument ist dabei ein von einem Handschriftexperten vorgelegtes Gutachten, das laut Ficicchia zu dem Ergebnis kommt, *»daß keine Zeile des Dokuments mit der Handschrift 'Abdul Bahās identisch sei«.*[313]

Nun ist ein privat bestelltes graphologisches Gutachten eine feine Sache, vor allem dann, wenn es nicht vor einem Gericht standhalten muß. Wer ein Gutachten bezahlt, der ist an einem ihm genehmen Ergebnis interessiert — die Wahl des Gutachters wird dementsprechend erfolgen. Der bestellte Experte wird — wenn er den Auftrag einmal angenommen hat — die Erwartungen seines Klienten nur schwer gänzlich mißachten können. Fällt das Ergebnis trotzdem wider Erwarten negativ aus, so ist noch nichts verloren: Die Expertise wandert in die Schublade. Ist das Ergebnis brauchbar, dann läßt sich damit trefflich Propaganda machen. Sollte sich die Gegenseite auf das Spiel einlassen und ein Gegengutachten vorlegen, dann beginnt die ganze Prozedur eben nochmals von vorne, ein prinzipiell endloser Prozeß mit immer neuer Publizität. Der gewünschte Negativeffekt wird dabei allemal er-

312 Immerhin räumt er selbst in einem seiner Briefe an das Universale Haus der Gerechtigkeit, der obersten Institution der Bahā'ī-Gemeinde, mit Datum vom 10. Februar 1977, ein, daß die von Zimmer vorgelegten »Beweise« durchaus »unbefriedigend« seien, ja, er anerkennt sogar, »daß es streng genommen nicht Ihre Pflicht ist, Gegenbeweise vorzubringen, da die Anschuldigung ja nicht auf Ihrer Seite liegt. Vielmehr ist es die Aufgabe des Anklägers selbst (in diesem Fall Hermann Zimmer), den Beweis für seine Behauptung zu erbringen.« Trotzdem fordert auch er im weiteren Verlauf des Briefes »eine neutrale Untersuchung durch einen qualifizierten Handschriftensachverständigen«.

313 *Bahā'ismus*, S. 299 (Hervorhebung durch F.)

zielt: Wo viel Rauch ist, so schließt der unbedarfte Beobachter, da muß auch viel Feuer sein.

Auch das von Ficicchia angeführte Gutachten mußte sich nie in einem Gerichtsverfahren beweisen, sondern war eine bestellte Argumentationshilfe, Teil einer Destabilisierungskampagne Ruth Whites gegen Shoghi Effendi und die »Bahai-Organisation«. Ruth White ging dabei nicht ungeschickt vor:

Durch eingeschriebenen Brief vom 19. März 1930 forderte sie Shoghi Effendi auf, das Original des Testaments für eine graphologische Untersuchung auf seine Echtheit zur Verfügung zu stellen.[314] Man stelle sich vor: Das Testament ist für die Bahā’ī originaler Heiliger Text. Es handelt sich bei dieser Urkunde um ein einzigartiges, unersetzbares Dokument von religionsgeschichtlichem Rang. Es wäre gegenüber der Gesamtgemeinde und den folgenden Generationen von Gläubigen nicht zu verantworten gewesen, ein solches Dokument aus der sicheren Obhut der Gemeinde einer Person auszuliefern, die in ihrem irrationalen Haß auf das Hütertum keinerlei Gewähr für dessen unversehrte Rückgabe bot.

Auch sachlich gab es keinen Grund, auf Whites Ansinnen einzugehen: Shoghi Effendi hatte die Nachfolge ‘Abdu’l-Bahās in der Führung der Gemeinde aufgrund des Testaments angetreten; die Haltung der Gemeinde dazu war völlig einhellig: Für alle, die das Testament kannten und mit ‘Abdu’l-Bahās Schriften, seinem Schreibstil und seiner Schrift vertraut waren — das waren vor allem ‘Abdu’l-Bahās Sekretäre und die Angehörigen seiner Familie —, bestand nicht der geringste Zweifel, daß Whites Verdacht völlig haltlos war, sich auf keinerlei die Urkunde selbst betreffende Fakten stützen konnte. Weder graphologisch noch stilistisch noch inhaltlich gab es irgendeinen Zweifel an der Echtheit des Testaments. Auch die palästinensischen und israelischen Behörden und Gerichte haben dies so gesehen[315] und Shoghi Effendi als legitimes Oberhaupt der Bahā’ī-Weltgemeinde und Rechtsnachfolger ‘Abdu’l-Bahās anerkannt.

Daß es Ruth White letztlich gar nicht um das Testament ging, sondern um den Kampf gegen die ihr verhaßte Entwicklung der Bahā’ī-Gemeinde von einem pneumatisch-amorphen Verband zu

314 *Alleged Will*, S. 8
315 siehe oben, Abschnitt IV

einer Rechtsgemeinde, zur Herausbildung von Institutionen und Rechtsstrukturen,[316] zeigt nichts deutlicher als ihr offenes Bekenntnis: »Ich würde die Ernennung Shoghi Effendis nicht akzeptieren und ihm selbst dann nicht gehorchen, wenn Handschriftexperten sagten, das Testament sei echt.«[317] Mit ihrem Ansinnen suchte Ruth White Shoghi Effendi vor ein unauflösliches Dilemma zu stellen: Ließe er sich darauf ein, so legte er damit die Entscheidung über die ihm von 'Abdu'l-Bahā übertragene geistige Autorität in die Hände eines privaten Experten. Verweigerte er sich erwartungsgemäß dieser Forderung, so ließe sich dies im Westen gegenüber all denen, die dieses Manöver nicht durchschauten, vortrefflich ins Feld führen: Die Verweigerung der Herausgabe des inkriminierten Dokuments könnte dann als gewichtiges Indiz für seine Falschheit ausgeschlachtet werden.

Da White die Weigerung einkalkulierte, hatte sie sich bereits etwa zwei Jahre zuvor in London über eine ihr finanziell verpflichtete Bahā'ī eine (unvollständige) Photokopie des Testaments verschafft.[318] Eine weitere (vollständige) Kopie hatte sie auf ihre Bitte hin kurze Zeit später über den Nationalen Geistigen Rat der Bahā'ī der Vereinigten Staaten erhalten.[319] Diese Kopien wollte sie, zusammen mit den Photokopien einiger kurzer Schriftproben[320] und drei undatierten Signaturen 'Abdu'l-Bahās aus Briefen an amerikanische Bahā'ī,[321] einem Handschriftexperten vorlegen. Ihre Wahl fiel schließlich auf Albert S. Osborne[322] in Montclair, New Jersey, der jedoch den Auftrag nicht annahm.[323] Osborne riet ihr, für den Fall einer graphologischen Untersuchung einen Experten aus dem damaligen Palästina heranzuziehen,[324] wohl in der

316 siehe dazu weiter unten, Abschnitt VIII.; siehe auch U. Schaefer, S. 117
317 *Enemy*, S. 94
318 *Questioned Will*, S. 51
319 *Enemy*, S. 106
320 Laut White handelt es sich dabei um die Kopien der Eintragungen 'Abdu'l-Bahās in die Bibel der Unitarischen Kirche, Montclair, und der Gästebibel des City Temple, London, beide aus dem Jahre 1912 (*Questioned Will*, S. 56).
321 Die Details dazu finden sich bei White, *Questioned Will*, S. 56-62.
322 Von ihm stammt der Rat, das Testament zunächst nach stilistischen und inhaltlichen Aspekten zu untersuchen, und erst dann, sollte sich ein begründeter Verdacht ergeben, das Dokument graphologisch zu untersuchen.
323 *Questioned Will*, S. 54
324 *Questioned Will*, S. 54

Annahme, daß dieser mit der arabischen und persischen Schrift vertraut sein müsse.

Um Druck in diese Richtung auszuüben, schrieb White am 31. Dezember 1928 einen Brief an den damaligen britischen Hochkommissar in Palästina, Sir John Chancellor, in dem sie ihre Anklagen detailliert vorbrachte und ihn aufforderte, eine offizielle Untersuchung einzuleiten.[325] Zu ihrer großen Enttäuschung ließ dieser ihr Ansinnen mit einem sehr kurz gehaltenen Schreiben vom 6. Februar 1929[326] zurückweisen. Ansonsten wird ihr freigestellt, einen Anwalt in Palästina zu beauftragen und den Rechtsweg einzuschlagen.[327]

Darauf läßt sich Ruth White aber nicht ein. Wahrscheinlich war sie sich darüber im klaren, daß ihre Chancen in einem Rechtsstreit gleich Null waren. Damit wäre aber zugleich jeder künftigen Agitation der Boden entzogen. So veröffentlicht sie statt dessen im Herbst 1929 ihren Generalangriff gegen die »Bahai Organisation«: *The Bahai Religion and its Enemy, the Bahai Organization*.

Gleichzeitig sucht sie weiter nach einem Graphologen, der bereit ist, aufgrund ihrer Kopien des Testaments und der Vergleichstexte ein Gutachten zu erstellen. In der ersten Hälfte des Jahres 1930 wird sie in London fündig. Dr. C. Ainsworth Mitchell, laut White für das Britische Museum tätig und Herausgeber der Zeitschrift *The Analyst*, findet sich bereit, ihren Auftrag zu übernehmen. Eine zu diesem Zweck unternommene Englandreise hat sich für Ruth White gelohnt.

Das Ergebnis der Untersuchung[328] ist auf den ersten Blick ganz im Sinne der Auftraggeberin: Im seinem Gutachten stellt Mitchell fest, daß nicht das gesamte Dokument dieselbe Handschrift auf-

---

325 Der Wortlaut dieses Briefs ist abgedruckt bei White, *Appendix*, S. 20 ff. Aus dieser Schrift, die White vor Erhalt der Antwort aus Palästina veröffentlichte, wird deutlich, welch große Erwartungen sie in diesen Brief legte: Noch unabhängig vom Ausgang einer möglichen Untersuchung erhoffte sie sich davon eine destablilisierende Wirkung auf die gesamte »Bahai-Organisation«.

326 Der Wortlaut wird von White abgedruckt in *Questioned Will*, S. 55.

327 *Questioned Will*, S. 55

328 Die mir vorliegende Kopie des Gutachtens von Dr. Mitchell verdanke ich Hermann Zimmer. Auf der ersten Seite des vierseitigen Berichts findet sich rechts oben die handschriftliche Notiz: »Photostat copy of the Report of Dr. Mitchell, sent to Mr. Herrigel by Ruth White, September 2, 1930.«

weise und daß die Handschrift des Dokuments wie die Unterschrift 'Abdu'l-Bahās auf dem Umschlag des Testaments nicht mit den übrigen Schriftproben übereinstimme. Allerdings schränkt Mitchell selbst diese Ergebnisse durch die Eingangsbemerkungen seines Berichts bereits deutlich ein: »In the absence of an opportunity to examine the original document, any conclusions to be drawn from an examination of the photographic enlargements must necessarily be of a provisional character contingent upon the accuracy of the photographic records. Moreover, some of the facts which are to be taken into consideration in the scientific examination of an original document cannot be perfectly studied in a photographic reproduction, such as, for example, the ink, paper, penstrokes, and so on.« Mitchell selbst stellt seine Ergebnisse also unter einen gravierenden Vorbehalt.

Damit nicht genug: Eine der Grundannahmen Mitchells ist, daß die verschiedenen ihm vorliegenden Schriftproben ungefähr der selben Zeit angehören.[329] Dies trifft nachweislich nicht zu: Die beiden zum Vergleich herangezogenen Schriftproben stammen beide aus dem Jahre 1912. Das Testament wurde von 'Abdu'l-Bahā jedoch zu drei verschiedenen Zeiten geschrieben.[330]

Es sei dahingestellt, wie qualifiziert Mitchell als Schriftsachverständiger war. Im vorliegenden Fall jedenfalls fehlte ihm jegliche Kompetenz. Das Testament ist in persischer Sprache verfaßt, eine Sprache und vor allem eine Schrift, die Mitchell nicht kannte. Wie soll ein Gutachter in der Lage sein, die subtilen Schriftunterschiede, die Form der Buchstaben, die Verhältnisse einzelner Buchstaben zueinander und dergleichen zu beurteilen, wenn er nichts von den Besonderheiten der verschiedenen, teilweise hoch formalisierten kalligraphischen Schreibstile dieser Schrift weiß, ja wenn er diese Schrift überhaupt nicht lesen kann.

Wer trotz alledem weiterhin Mitchells Gutachten als »Beleg« der Fälschungsthese heranzieht, muß sich fragen lassen, ob denn Tausende orientalischer Bahā'ī, die über viele Jahre mit 'Abdu'l-

---

329 »Assuming that the authenticated speciments of writing are of approximately the same period... « (*Report*, S. 1).

330 Der erste Teil des Testaments ist voraussichtlich zwischen 1904 und 1907, der dritte Teil zwischen 1912 und 1921 geschrieben worden. Zu den Problemen der exakten Datierung jedes der drei Teile siehe S. 550, Fußnote 33.

Bahās Schrift und Stil vertraut waren, sich ausnahmslos hätten täuschen lassen, obwohl ihnen — wie Mitchell — Fotokopien des Testaments vorlagen? Welchen vernünftigen Grund hätten Mīrzā Muḥammad-'Alī und die übrigen Gegner Shoghi Effendis haben können, im Rechtsstreit[331] mit ihm auf den Fälschungsvorwurf zu verzichten, wäre er nicht absurd gewesen? Nicht zuletzt: Waren denn sämtliche Sekretäre 'Abdu'l-Bahās, die täglichen Umgang mit seinen Handschriften und Briefen hatten, so verblendet oder korrupt, daß sie die von Mitchell behaupteten deutlichen Abweichungen im Schriftbild nicht registriert hätten?

Das Zeugnis eines der ehemaligen Sekretäre 'Abdu'l-Bahās ist hier von besonderem Interesse — nicht etwa weil es besonders eindringlich oder für Shoghi Effendi günstig wäre, sondern weil es sich bei seinem Autor um einen eingeschworenen Gegner Shoghi Effendis handelt: Ahmad Sohrab wandte sich wie White, Herrigel und Zimmer gegen die Institutionen der Bahā'ī-Gemeinde, er versuchte, eine eigene Organisation aufzubauen, lag im Rechtsstreit mit dem amerikanischen Nationalen Geistigen Rat und publizierte eine Reihe von Anklageschriften gegen Shoghi Effendi.[332] Sohrab war acht Jahre lang der Sekretär 'Abdu'l-Bahās gewesen. Er ist für den vorliegenden Fall gewiß nicht weniger Experte als Mitchell. Sohrabs Zeugnis war keine Auftragsarbeit, es ist eingebettet in eine kritische Auseinandersetzung mit dem Testament 'Abdu'l-Bahās und der Institution des Hütertums.[333] Sohrabs Zeugnis ist glaubwürdig, weil es seinem Selbstinteresse widerspricht:

»I have seen countless examples of his ['Abdu'l-Bahā] handwriting and have watched him as he wrote letter after letter. Through those years of close association I became fully familiar with the turns, strokes and trims of the art of calligraphy as used by him, which in Persian is called *Shekasteh*. I have read and copied volumes of his works and am thoroughly conversant with his choice of words, his mode of expression and his manner of phraseology. I have listened to his talks, translated his Tablets by the

331 siehe oben Abschnitt IV

332 siehe Vernon Elvin Johnson, *Analysis*, 311 ff.; Peter Smith, *The Babi and Baha'i Religions*, S. 124 f.; A. Taherzadeh, *Covenant*, S. 343 ff.

333 *The Will and Testament of Abdul Baha. An Analysis*, New York 1944

hundreds and interpreted his lectures before all manner of audiences, both in the East and in the West. Besides these experiences, I have in my possession numerous examples of his handwriting, more than a hundred of which are in the form of Tablets addressed to me, some of the latter wholly in the Master's handwriting; the majority simply signed by him. Now, I have compared the photostat copies of the Will with the handwriting of Abdul Baha which is in my possession, and I find that both are written by the same person. Therefore, I can assert, without any hesitation and with no mental reservations, that the Will and Testament was written, signed and sealed by Abdul Baha, every word being his own handwriting.«[334]

Interessanterweise wünschte Mitchell nicht, daß sein Name im Fall einer Veröffentlichung der Expertise genannt würde; die Erstveröffentlichung seines Gutachtens durch Ruth White im Jahre 1930 erfolgte deshalb anonym.[335] Sechzehn Jahre später scheint sie sich an diesen Wunsch ihres Schriftsachverständigen nicht mehr gebunden zu fühlen: Jetzt publiziert sie das Gutachten mit vollem Namen[336] und legt großen Wert auf Mitchells Stellung am Britischen Museum.[337]

Gestärkt durch das ihr vorliegende Gutachten Mitchells unternahm White einen weiteren Versuch, die »Bahai Organisation« in ihrem Heimatland zu destabilisieren. Zu diesem Zweck richtete sie am 29. August 1930 ein umfängliches Schreiben an den Postminister der Vereinigten Staaten, in dem sie nochmals sämtliche Vorwürfe gegen die Bahā'ī-Institutionen wiederholt, ihn auffordert, eine Untersuchung einzuleiten, und ihm einen Katalog von sechs Forderungen unterbreitet, darunter die, die Bahā'ī-Gemeinde vom Postverkehr der Vereinigten Staaten auszuschließen.[338]

334 *Analysis*, S. 11
335 White, *Alleged Will*, S. 14-16
336 *Questioned Will*, S. 63 ff.
337 *Questioned Will*, S. 56
338 *Alleged Will*, S. 12. Der gesamte Brief ist abgedruckt auf den Seiten 4 bis 13. Ihre weiteren Forderungen sind: Die Auflösung des Nationalen Geistigen Rates, der örtlichen Geistigen Räte und des Bahā'ī-Tempelfonds der Vereinigten Staaten und Kanadas; die Auflösung der Zeitschriften *The Bahā'ī News Letter* und *The Bahā'ī Magazine*; den Bahā'ī-Institutionen solle verboten werden, den Namen »Bahā'ī« zu führen; die Auflösung der Green-Acre-Gesellschaft [die Studienkurse zu den Bahā'ī-Lehren anbot] und die gerichtliche Überprüfung deren Eigentumsrechte; die

Auf diese absurden Ansinnen scheint Ruth White verständlicherweise nicht einmal eine Antwort erhalten zu haben. Danach hat White offenbar resigniert; erst Jahre später, als sich Ahmad Sohrab gegen die Bahā'ī-Institutionen wendet, scheint ihr die Gelegenheit günstig und sie greift die Kontroverse nochmals öffentlich auf.[339] Sohrab allerdings hütet sich, seine Position durch eine Übernahme des absurden Fälschungsvorwurfs zu schwächen. Obwohl er mit Ruth White in vielen Bereichen zusammenarbeitet, beugt er einer Vereinnahmung in dieser Frage durch sein ausdrückliches Bekenntnis zur Echtheit des Testaments vor.[340]

VIII. Die ideologischen Gründe der Ablehnung des Testaments

Wie sehr alles Insistieren auf eine graphologische Untersuchung des Testaments im Grunde ein Scheingefecht ist, dafür zeugt das wiederholte Bekenntnis Ruth Whites: »Egal, ob das Abdul Baha zugeschriebene Testament authentisch oder eine Fälschung ist, die Resultate der Administration Shoghi Effendis und des nationalen Geistigen Rats der Baha'i sprechen als Urteil der Geschichte gegen sie.«[341] Deutlicher kann man es nicht sagen, daß die Frage der Authentizität des Testaments nur vorgeschoben ist: Die eigentlichen Gründe ihrer Ablehnung sind theologischer und ideologischer Art. Es geht im Kern um eine abweichende Konzeption der Gemeinde, um ein mit der Schrift kollidierendes Religionsverständnis. Das von ihr beschworene »Urteil der Geschichte« bezieht sich auf die Entwicklung, die die Gemeinde Bahā'u'llāhs unter der Leitung Shoghi Effendis genommen hat. Whites Verdikt ist nur nachvollziehbar, wenn man ihre Prämissen teilt: Religion und religiöse Institutionen sind unvereinbar, Geist und Ordnung, Glaube und religiöse Rechtsstrukturen schließen einander aus. Dieser schriftwidrige, charismatisch-pneumatisch mißverstande-

Einleitung von Untersuchungen gegen Einrichtungen im Umfeld der Bahā'ī-Gemeinde wie die »World Unity Conferences«, die »World Unity Foundation« und das »World Unity Magazine«.

339 *Abdul Baha's Questioned Will and Testament*, 1946

340 siehe auch Mirza Ahmad Sohrab, *Broken Silence*, S. 49, 52; *New History*, Bd. 12, Nr. 4, Januar 1943, S. 9 f.

341 *Questioned Will*, S. 100

ne, diffuse Gemeindebegriff war die Induktionsbasis für alle ihre grobschlächtigen Attacken gegen die sich in den zwanziger Jahren unter Shoghi Effendis Führung formierende Rechtsgemeinde.

Es ist die historische Leistung Shoghi Effendis, die von Bahā'u'llāh vorgesehenen und von 'Abdu'l-Bahā weiter differenzierten und in ihrer Funktion näher bestimmten Institutionen der Gemeinde in breitem Umfang in den Gemeindealltag eingeführt zu haben. Vor allem aus seinen ersten Amtsjahren liegen zahllose Briefe vor, in denen er Aufgabe, Zielsetzung und Funktionsweise, vor allem aber den Geist der Bahā'ī-Institutionen erklärt.[342] Die behutsame Führung dieser neuentstandenen Institutionen und die geduldige Erziehung der Gläubigen im Verständnis für deren Aufgaben begleitete seine gesamte Amtszeit.[343] Eine große Zahl von Briefen betrifft auch die persönlichen und gesellschaftsbezogenen Eigenschaften und Qualitäten, die als menschliche Grundausstattung in die Arbeit dieser Gremien eingebracht werden muß.[344]

Zimmer wie White haben für diese neue Qualität gesellschaftlicher Problemlösung und Entscheidungsfindung[345] kein Sensorium. Der heilsgeschichtliche Kern des Bahā'ītums, die Realisierung der »Einheit der Menschheit« als einer neuen gesellschaftlichen Qualität,[346] liegt ihnen fern. Zwar bekennt sich Zimmer

---

342 Viele dieser Briefe sind enthalten in *Bahā'ī Administration* (Briefe 1922-1932), Wilmette [6]1968.

343 Für Sammlungen entsprechender Briefe und Textpassagen siehe etwa *Geistige Räte — Häuser der Gerechtigkeit*, Langenhain 1975; *Bahā'ī-Versammlungen und Neunzehntagefest*, Hofheim 1978; *Beratung*, Hofheim 1979; *Bahā'ī-Wahlen*, Hofheim 1990. Ein für das Verständnis der Gemeindeordnung sehr bedeutsamer Text ist ein als *Die Sendung Bahā'u'llāhs* betitelter Brief Shoghi Effendis vom 21. März 1934, abgedruckt in *Weltordnung*, S. 147 ff., bes. S. 204 ff.

344 etwa *Zum wirklichen Leben, Auszüge aus Briefen und Schriften 1923-1957*, Oberkalbach 1974

345 dazu bereits Kap. 6.III, besonders III.4; siehe auch U. Schaefer, S. 139/140, 159 f.

346 Zum Grundsatz der »Einheit der Nationen« stellt 'Abdu'l-Bahā fest: »Ohne diese Einheit sind Ruhe und Behagen, Frieden und weltweite Aussöhnung unerreichbar. Unser erleuchtetes Jahrhundert braucht diese Erfüllung und verlangt danach. In jedem Jahrhundert wird nach den Bedürfnissen der Zeit ein besonderes, zentrales Thema von Gott bestätigt« (*Briefe und Botschaften* 77:1). »In jeder Sendung war das Licht göttlicher Führung brennpunktartig auf ein zentrales Thema gerichtet... In dieser wundersamen Offenbarung, diesem herrlichen Jahrhundert, ist die Grundlage des Glaubens Gottes und das hervorstechende Merkmal Seines Gesetzes das Bewußtsein der Einheit der Menschheit« ('Abdu'l-Bahā, zitiert in Shoghi Effendi, *Weltordnung*, S. 60). In *Das Geheimnis göttlicher Kultur* benennt 'Abdu'l-Bahā

durchaus zur Vision des »Königreiches Gottes«, aber dieses muß seinem Verständnis nach »in den Herzen der Einzelmenschen aufgerichtet« werden und wächst dann — gleichsam automatisch — »im selben Maß... auf Erden langsam heran«.[347] Der Gedanke der »Einheit der Menschheit« wird unversehens zu einem schwärmerischen Ideal, zu einer frommen Hoffnung ohne jeden Bezug zu den historisch-gesellschaftlichen Realitäten. Die Gesellschaft als eigene, von der individuellen Gläubigkeit unterschiedene Wirklichkeit mit einem eigenen unmittelbaren Konnex zum göttlichen Gestaltungsw,illen kommt bei Zimmer und White nicht vor. Daß nicht nur der einzelne sondern auch die Gesellschaft der Erlösung bedürftig ist, daß Religion unmittelbar Einfluß auf die Gestaltung der Welt nehmen und deren eigene Bedingungen verändern könnte,[348] ist ihnen fremd: Wo Religion auch auf Ordnungs- und Rechtsstrukturen zielt, da verkehrt sie sich in ihren Augen in ihr völliges Gegenteil; auf diese Weise wird »die unpolitischste Religion der Welt«, als die Zimmer das Bahā’ītum mißversteht, zu einer »politischen Religion«, zu einem »Staat im Staate«[349]. Religion ist für Zimmer ausschließlich individuelle Gläubigkeit, »fromme Verehrung«,[350] ein beispielhaftes Leben religiöser Tugenden,[351] »eine Vertiefung der Gottesliebe und eine Steigerung der Menschenliebe«.[352] Für White hat Religion neben Gebet und Meditation sehr viel mit Traumgesichten und der Empfindung des Geführtwerdens durch höhere Mächte zu tun.[353] Daß aber Religion auch eine gesellschaftliche Komponente hat, will ihnen — trotz der Fülle entsprechender Schriftzeugnisse und entgegen zahlreicher Erklärungen ‘Abdu’l-Bahās[354] — nicht einleuchten. Die

---

einige politische, nicht zuletzt institutionelle Voraussetzungen dieser Einheit (S. 62-65).

347 *Shoghismus*, S. 87 f.

348 Zu diesem Konzept eingehend U. Gollmer, *Gottesreich*.

349 *Shoghismus*, S. 15 f.

350 Zimmer, *Shoghismus*, S. 89

351 *Shoghismus*, S. 87 f.

352 *Shoghismus*, S. 88

353 Etwa *Labyrinth*, S. 39 ff., 106, 109

354 Etwa *Beantwortete Fragen* 11:9-13; hier und an zahlreichen anderen Stellen erläutert ‘Abdu’l-Bahā das Konzept der zwei Dimensionen der Religion, deren eine sich auf geistige Aspekte bezieht und im Kern unverändert bleibt, während die zweite die materielle (d. h. auch gesellschaftliche) Existenz des Menschen in der Zeit be-

Doppelstrategie des Bahā'ītums, den Menschen und *zugleich* die Gesellschaft durch eine neue Kultur der Entscheidungsfindung und Konfliktlösung zu veredeln,[355] bleibt ihnen verschlossen.[356] Gut protestantisch[357] ist ihnen das Gesetz der Tod des ewigen Lebens, mit einem deutlichen Hang zum religiösen Anarchismus sind ihnen Ordnung und Institutionen das Ende aller Religion.[358]

---

trifft und deshalb von Religion zu Religion erheblichen Veränderungen unterworfen ist.

355 'Abdu'l-Bahā benennt als »das höchste Ziel der Verkündigung des göttlichen Gesetzes«: zunächst »Glück im kommenden Leben« und sodann ganz diesseitig »eine hochentwickelte Kultur und edle Charaktereigenschaften auf dieser Welt zu schaffen« (*Geheimnis*, S. 48 f.; siehe auch S. 59).

356 Die vielleicht beste Zusammenfassung des mit dem heilsgeschichtlichen Ziel der Einheit der Menschheit verbundenen Paradigmenwechsels findet sich bei Shoghi Effendi (*Weltordnung*, S. 69 ff.): »Hier darf sich kein Denkfehler einschleichen! Der Grundsatz der Einheit der Menschheit — der Angelpunkt, um den alle Lehren Bahā'u'llāhs kreisen — ist kein bloßer Ausdruck unkundiger Gefühlsseligkeit oder unklarer frommer Hoffnung. Sein Ruf ist nicht gleichbedeutend mit einer bloßen Wiedererweckung des Geistes der Brüderlichkeit und des guten Willens unter den Menschen, noch geht es nur um die Förderung harmonischer Zusammenarbeit zwischen einzelnen Völkern und Ländern... Die Botschaft gilt nicht nur dem einzelnen, sondern befaßt sich in erster Linie mit der Natur jener notwendigen Beziehungen, die alle Staaten und Nationen als Glieder einer menschlichen Familie verbinden müssen. Der Grundsatz der Einheit stellt nicht nur die Verkündigung eines Ideals dar, sondern ist unzertrennlich mit einer Institution verbunden, die seine Wahrheit verkörpert... und seinen Einfluß dauernd zur Geltung bringt. Er verlangt eine organische, strukturelle Veränderung der heutigen Gesellschaft, eine Veränderung, wie sie die Welt noch nicht erlebt hat... Er stellt die Vollendung der menschlichen Entwicklung dar, einer Entwicklung, die ihren Uranfang in der Geburt des Familienlebens hat, deren weitere Entfaltung zur Stammeseinheit und zur Bildung des Stadtstaates führte, und die sich später zur Bildung unabhängiger, souveräner Nationen erweiterte. Das Prinzip der Einheit der Menschheit, wie Bahā'u'llāh es verkündet, bringt nicht mehr und nicht weniger als die heilige Versicherung mit sich, daß der Durchbruch zu dieser letzten Stufe einer unendlich langen Entwicklung nicht nur notwendig, sondern unumgänglich ist...«

357 dazu eingehend U. Schaefer, S. 113 ff.

358 Verschärfend kommt dazu die Eigenart, in absoluten Gegensätzen zu denken. Insbesondere Ruth Whites Weltbild ist — trotz aller verbalen Bekenntnis zum Universalismus (etwa *Appendix*, S. 4) — stark dualistisch geprägt. Ideologisch, wie auch im Verhältnis zu ihren Mitmenschen, gibt es für sie offenbar nur gut oder böse. Dabei sind die Objekte ihrer Vorliebe und Ablehnung austauschbar, die dualistische Grundposition aber konstant. Sind vor 1912 die »Reichen«, die »Ausbeuter« ihr ideologisches Feindbild (vgl. *Labyrinth*, S. 110 ff.; *Questioned Will*, S. 15, 19), sind gleichzeitig die materiellen Bedürfnisse das Wesentliche, so sind in den zwanziger bis vierziger Jahren der »Bolschewismus« und das »Sektierertum organisierter Religiosität« der Feind (*Enemy*, S. 15 ff., 27 ff.; *Labyrinth*, S. 18 f.).

Alles Heil liegt hingegen in freier Spiritualität und der spontanen, intuitiven Führung durch übernatürliche Mächte.[359]

Nun kommen allerdings selbst White und Zimmer nicht daran vorbei, daß Bahā'u'llāh die Einrichtung von »Häusern der Gerechtigkeit« anordnete[360] und unter 'Abdu'l-Bahās Anleitung auch in den Vereinigten Staaten bereits die ersten institutionellen Gehversuche Gestalt annahmen.[361] Wie kann man angesichts dieser Sachlage die ungeliebten Institutionen weiterhin als Irrweg bekämpfen? White und Zimmer versuchen es mit einem konzeptionellen Trick: Natürlich haben Bahā'u'llāh und 'Abdu'l-Bahā vom »Haus der Gerechtigkeit« gesprochen; aber diese Aussagen bezögen sich auf eine ferne Zukunft.[362] Solche Einrichtungen sollte es erst geben, wenn einmal alle Menschen Bahā'ī geworden sind. Entgegen dem Wortlaut der Schrift und dem klaren Auftrag Bahā'u'llāhs[363] wird so versucht, den politisch-organisatorischen Aspekt des Bahā'ītums wegzudefinieren und in eine unbestimmte Zukunft zu verdrängen.

Kommt man wohl nicht umhin, irgendwann in ferner Zukunft Ordnungsstrukturen für eine dereinst geeinte Welt zu benötigen

359 *Questioned Will*, S. 51 f.; *Enemy*, S. 113 f.; *Labyrinth*, S. 39 ff., 106-109

360 siehe etwa *Kitāb-i-Aqdas* 21, 22, 30, 42, 48, 49; *Botschaften aus 'Akkā* 3:24,25,27; 6:29,34; 7:19,22,30; 8:52,58-61,63,78

361 Zur Frühgeschichte der Bahā'ī-Gemeinden in den Vereinigten Staaten siehe eingehend Peggy Caton, »A History of the Sacramento Bahā'ī Community, 1912-1991«, in: *SBB* 6, S. 241 ff.; Deb Clark, »The Bahā'īs of Baltimore, 1898-1990«, *SBB* 6, 111 ff.; S. Roger Dahl, »A History of the Kenosha Bahā'ī Community, 1897-1980«, *SBB* 6, S. 1 ff.; Duane L. Herrmann, »The Bahā'ī Faith in Kansas, 1897-1947«, *SBB* 6, S. 67 ff.; Richard Hollinger, »Ibrahim George Kheiralla and the Bahā'ī Faith in America«, *SBB* 2, S. 94-133; ders., »Bahā'ī Communities in the West, 1897-1992«, *SBB* 6, S. VII ff.; William C. van den Hoonaard, »The Development and Decline of an Early Bahā'ī Community: Saint John, New Brunswick, Canada, 1910-1925«, *SBB* 6, S. 217 ff.; Peter Smith, *The Babi and Baha'i Religions. From messianic Shi'ism to a world religion*, Teil 3, Kap. 7; Robert H. Stockman, *The Bahā'ī Faith in America. Origins 1892-1900*«, Bd. 1, Wilmette 1985; ders., *The Bahā'ī Faith in America. Early Expansion, 1900-1912*, Bd. 2, Oxford 1995.

362 »Wenn die Mehrheit aller Menschen auf Erden in ihren Taten zu Bahai geworden sind, dann werden sie natürlich für die Gesetze stimmen wollen, die Baha'o'llah und Abdul Baha für die wirtschaftliche Wiederherstellung der Weltangelegenheiten umrissen haben. Das heißt: In jedem Land der Erde werden durch allgemeine Wahlen Institutionen errichtet, die als Häuser der Gerechtigkeit bekannt werden. Diese werden an die Stelle unserer Senate und Parlamente ... treten« (*Appendix*, S. 9).

363 »Der Herr hat befohlen, daß in jeder Stadt ein Haus der Gerechtigkeit errichtet werde, in dem sich Beratende nach der Zahl Bahā versammeln sollen« (*Kitāb-i-Aqdas* 30).

— so viel hat man dem Ziel der »Einheit der Menschheit« immerhin entnommen —, so bedarf doch nach der festen Überzeugung von White und Zimmer die Gemeinde Bahā'u'llāhs selbst keinesfalls solcher Institutionen. Jede religiöse Organisation ist ihnen *per se* »sektiererisch«,[364] »eng«, partikularistisch,[365] Ausdruck eines »tribalen« Bewußtseins[366]. Die Freiheit des Gewissens, so ihr Credo, vertrage sich nicht mit dem einer Organisation geschuldeten Gehorsam.[367] Eine Gehorsams*pflicht* bestünde sowieso prinzipiell nur gegenüber der Manifestation.[368] Allenfalls könne man bisweilen auf gänzlich freiwilliger Basis »Geistige Räte« bilden, um die Lehrarbeit zu koordinieren und mit anderen Bahā'ī zu korrespondieren, aber dies sei weder erforderlich[369] noch hätten diese »Geistigen Räte« etwas mit den »Häusern der Gerechtigkeit« zu tun.[370] Bahā'u'llāh, so weiß es Zimmer besser, »spricht nichts von den ›Einrichtungen einer welterlösenden Ordnung‹«,[371] ebensowenig 'Abdu'l-Bahā.[372] Ist nicht die Bahā'ī-Religion »der Geist des Zeitalters«?[373] Wie aber, so fragen sie polemisch, kann man den Geist organisieren? Bahā'ī zu sein, das ist gleichbedeutend mit dem Bewußtsein der Einheit der Menschheit — wie aber »kann ein Bewußtseinszustand organisiert werden?«[374]

---

364 *Enemy*, S. 211
365 *Appendix*, S. 5
366 *Appendix*, S. 4, 7; *Enemy*, S. 80
367 *Appendix*, S. 7; *Enemy*, S. 80
368 *Shoghismus*, S. 57
369 *Appendix*, S. 8
370 *Appendix*, S. 10
371 Zimmer negiert dabei souverän Aussagen wie diese: »Wen Gott mit Einsicht begabt hat, der wird bereitwillig anerkennen, daß die Gebote Gottes das höchste Mittel für den Bestand der Ordnung in der Welt und für die Sicherheit ihrer Völker sind« (*Kitāb-i-Aqdas* 2). »Die Welt ist aus dem Gleichgewicht geraten durch die Schwungkraft dieser größten, dieser neuen Weltordnung. Das geregelte Leben der Menschheit ist aufgewühlt durch das Wirken dieses einzigartigen, dieses wundersamen Systems, desgleichen kein sterbliches Auge je gesehen hat« (*Kitāb-i-Aqdas* 181). »Religion ist wahrlich das vortrefflichste Mittel zur Errichtung der Ordnung in der Welt und für die Ruhe ihrer Völker« (*Botschaften* 6:19). »Alles, was vom Himmel des göttlichen Willens herniederkommt, ist Mittel für Errichtung von Ordnung in der Welt und fördert Einheit und Freundschaft zwischen ihren Völkern« (*Botschaften* 6:26).
372 *Shoghismus*, S. 159
373 *Labyrinth*, S. 249
374 *Enemy*, S. 24

In ihrem Bemühen, die Gemeindeinstitutionen zu diffamieren, geht Ruth White noch weiter. In völliger Verkehrung der tatsächlichen Entwicklung[375] behauptet sie, daß die ersten »Geistigen Räte« in den Vereinigten Staaten von Gegnern ʻAbdu'l-Bahās ins Leben gerufen wurden.[376] Sie versteigt sich bis zu der absurden Behauptung, die »Bahai-Organisation« führe in Wahrheit die Politik eines Kheirallah und Muḥammad-ʻAlī weiter.[377] Sie übersieht dabei, daß ʻAbdu'l-Bahā selbst die Anordnung zur Wahl der ersten Geistigen Räte gab.[378] Zimmer sieht so in der entstehenden Gemeindeordnung »eine völlige Umkehrung der Bahai-Religion«[379] und einen direkten »Widerspruch zu den Erläuterungen und Erklärungen... durch Abdul Baha«[380].

Wer die Schrift und die Geschichte des Bahā'ītums auch nur einigermaßen kennt, der merkt sehr schnell, wie abenteuerlich und substanzlos diese Behauptungen sind. Daß sie in der Gemeinde keine Resonanz fanden, ist darum kaum erstaunlich. Ursprung und Struktur der Gemeindeordnung sind eindeutig und differenziert in der Schrift dargelegt.[381] Neben den zahlreichen Texten Bahā'u'llāhs, in welchen die Institution der »Häuser der Gerechtigkeit« (sing. *Baytu'l-ʻadl*) eingesetzt und in ihren wesentlichen Funktionen bestimmt wird,[382] gibt es auch gerade von ʻAbdu'l-Bahā eine Fülle von Belegen. So widerlegt ein bereits 1909 veröffentlichter Text die Behauptung Whites, die »Geistigen Räte« hätten nichts mit den von Bahā'u'llāh vorgesehenen »Häusern der Gerechtigkeit« zu tun, und benennt einige der Grün-

375 Sie kann sich dabei allenfalls darauf beziehen, daß die erste örtliche Bahā'ī-Institution der Vereinigten Staaten, ein siebenköpfiges Gremium, 1899 in Kenosha entstand, dem Wirkungsort Ibrahim Kheirallas (Shoghi Effendi, *God passes by*, S. 260). Zur Entstehungsgeschichte der Bahā'ī-Institutionen in den Vereinigten Staaten siehe oben, Fußnote 361.

376 *Enemy*, S. 35, 208

377 siehe dazu Richard Hollinger, »Ibrahim George Kheiralla and the Bahā'ī Faith in America«, in: *SBB* 2, S. 94-133

378 Ein Bericht über die Wahl des ersten Rats überhaupt (in Teheran) im Jahre 1899 gibt A. Taherzadeh, *Die Offenbarung Bahā'u'llāhs*, Bd. 4, S. 321 ff., 537.

379 *Shoghismus*, S. 16

380 *Shoghismus*, S. 17

381 Für eine eingehende Würdigung siehe U. Gollmer, *Gottesreich*, Kap. 11

382 siehe S. 554 ff.

de für die (vorläufig) andere Benennung dieser Gremien.[383] 'Abdu'l-Bahā ruft die Gläubigen ausdrücklich dazu auf, Geistige Räte zu gründen.[384] Er korrespondiert ausführlich mit den neuentstandenen Gremien.[385] Er offenbart spezielle Gebete für die Sitzungen eines Geistigen Rats.[386] Er bekundet, daß er »in gedanklicher Verbindung mit jedem Geistigen Rat« stehe, ihnen allen »durch unvergängliche Bande« verbunden sei;[387] er versichert den Geistigen Räten, daß sie »vom Geiste Gottes unterstützt« würden, daß er selbst »ihr Verteidiger ist«, daß Gott »Seine Flügel über sie... breitet«[388] und ihr »Beschützer, Erhalter, Helfer und Beleber«[389] sei. Ausführlich geht er auf die Bedingungen ihrer Arbeit ein. Die Räte sollen sich dem Göttlichen öffnen und »den Glanz des Himmelreiches widerspiegeln«.[390] Ihr Fortschritt hängt ab von »Einheit und Übereinstimmung«[391] wie von »Liebe und Harmonie«[392]. Eine ganze Reihe von Briefen befassen sich mit den geistigen, funktionellen und organisatorischen Bedingungen der Arbeit eines Geistigen Rates,[393] vor allem mit dem Instrument der Beratung, einem »der mächtigsten Werkzeuge, um Ruhe und Glück der Menschen zu fördern«[394]. Funktionierende Geistige Räte sind »das wirksamste Werkzeug, um Einheit und Harmonie zu bewirken«, Instrumente, die Welt »zum Paradies des Allherrlichen« umzugestalten.[395] 'Abdu'l-Bahā preist sie als »die mächtigen Quellen des Fortschritts für den Menschen«[396] und weist die Gläubigen an, den Rat und die Entscheidung des Geistigen Rates einzuholen und ihm zu gehorchen, damit nicht jeder »nach seinem

---

383 *Tablets*, S. 6. Die hauptsächliche Begründung findet diese vorläufige Benennung als »Geistiger Rat« in dem noch nicht ausgereiften Entwicklungsstand dieser Gremien (vgl. Shoghi Effendi, *Gott geht vorüber*, S. 377; *Weltordnung*, S. 20 f.; *Bahā'ī Administration*, S. 20, 37, 39).
384 *Briefe und Botschaften* 38:5
385 etwa *Briefe und Botschaften* 37, 39, 40, 41
386 etwa *Gebete* 184; 187; 188; *Briefe und Botschaften* 37:5; 42:5
387 *Briefe und Botschaften* 46:1
388 zitiert in *Gott geht vorüber*, S. 378 f.
389 *Briefe und Botschaften* 40:2
390 *Promulgation*, S. 183
391 *Promulgation*, S. 183
392 *Briefe und Botschaften* 45
393 Etwa *Briefe und Botschaften* 43-45; *Beratung* [Kompilation], S. 10 f., 14, 18 f.
394 'Abdu'l-Bahā, zitiert nach *Beratung*, S. 11
395 *Briefe und Botschaften* 41:2
396 zitiert in *Gott geht vorüber*, S. 379

eigenen Gutdünken handelt, seinem persönlichen Wunsche folgt und der Sache Gottes Schaden zufügt«[397].

White wie Zimmer negieren derartige Aussagen und halten starrsinnig und unbelehrbar an ihrer Privatkonzeption des Bahā’ītums als einer nichtorganisierbaren spirituellen Bewegung fest — gegen das ausdrückliche Wort ‘Abdu’l-Bahās, auf den sie sich gleichwohl dabei berufen. Die institutionellen und rechtlichen Aspekte des Testaments sind alles andere als eine unerwartete Neuerung; in ‘Abdu’l-Bahās Testament und der sich daran anschließenden Entwicklung der Gemeinde wird lediglich unübersehbar, was White wie Zimmer von den Lehren ‘Abdu’l-Bahās bewußt verdrängt und unterschlagen haben. Dies wird noch deutlicher, wenn man ‘Abdu’l-Bahās Testament in seinem religionsgeschichtlichen Zusammenhang sieht.[398] Das Testament ‘Abdu’l-Bahās steht für ein evolutives Konzept der Gemeinde, das weder White noch Zimmer mitzutragen bereit sind. Dabei ist es für sie ohne Relevanz, daß dieses Gemeindekonzept von Anfang an durch die Schrift vorbereitet und von der Gemeinde getragen wird. So wenig deshalb ihr Kampf für ein abweichendes religiöses Konzept begreiflicherweise in der Gemeinde selbst Resonanz findet, außerhalb trifft diese antiinstitutionelle Haltung auf große Sympathie — seltsamerweise ausgerechnet bei Vertretern religiöser Institutionen.[399]

IX. Zur logischen Struktur und Stringenz der Argumente

Was White und Zimmer zur Stützung ihrer abweichenden Konzeption gegen die »Bahai-Organisation« ins Feld führen, ist im Grunde eine Verschwörungstheorie. Politische Verschwörungstheorien tauchen immer dort auf, wo ein aggressives Feindbild aufgebaut und eigenes Versagen oder das Nichteintreten verbindlicher Voraussagen begründet werden soll. Dabei greift man be-

397 zitiert nach *Beratung*, S. 7
398 dazu oben Abschnitt II dieses Kapitels
399 Kurt Hutten etwa widmet dem »Protest gegen die Konfessionalisierung der Baha’i-Religion« ein eigenes Unterkapitel (etwa *Seher, Grübler, Enthusiasten*, 11. Aufl. 1968, S. 317-323), das er in der 12. Auflage 1982 umbenennt in: »Protest der Freien Baha’i« (S. 822 ff.).

vorzugt auf dualistische Erklärungsmodelle zurück: Alle relevanten Beziehungen werden einzig unter den Relationen Freund oder Feind, Gut oder Böse, Licht und Dunkel gesehen — uralte manichäisch-gnostische Denkstrukturen kehren in immer neuem Gewande wieder. Solche Denkhaltungen lassen keine Differenzierungen und schon gar keine Selbstrelativierung zu: Zwischentöne werden durch eine solche Brille nicht wahrgenommen, sondern nur Schwarz oder Weiß, Für oder Gegen.

Ganz analog wollen White und Zimmer mit ihren jeweiligen Verschwörungstheorien erklären, warum die Entwicklung der Bahā'ī-Religion in eine Richtung ging, die sie als Irrweg verabscheuen. Zugleich wollen sie damit für sich und andere das Scheitern ihrer eigenen Bemühungen begründen. Warum setzte sich ihr persönliches Konzept der »Wahrheit« nicht durch? Warum nimmt die Bahā'ī-Religion, die sie selbst ja für den Willen Gottes, für »den Geist dieser Zeit« halten, eine andere Gestalt an als die, welche sie als die einzig angemessene sehen? Hier stehen sie unter Erklärungszwang. Sie entziehen sich dem mittels einer dualistischen Projektion: Der Grund dieses Scheiterns kann nur in einer ungeheuerlichen Verschwörung liegen! Sie interpretieren ihr eigenes Tun dabei — wiederum typisch dualistisch-gnostisch — als Teil eines ewigen Kampfes des Guten gegen das Böse. Geschildert wird nicht die Wirklichkeit, sondern eine gnostische Projektion. Die »Bahai-Organisation« wird so zum Gegenbild all dessen, was man selbst für wünschbar und gut hält. Zimmer beklagt »eine völlige Umkehrung der Bahai-Religion«[400]; die »Bahai-Organisation« sei »zu einem Instrument der Machtpolitik geworden«,[401] ihre Vertreter seien »geldgierig« und »machtbesessen«,[402] korrupt,[403] die Masse der Bahā'ī »leichtgläubig«[404] und »mit Blindheit geschlagen«,[405] ja sogar »stockblind«,[406] ihr Leben sei

---

400 Zimmer, *Shoghismus*, S. 16
401 *Shoghismus*, S. 16
402 *Shoghismus*, S. 13, 78, 126 f., 127 f., 134, 163
403 »Sie alle singen das Lied dessen, der sie bezahlt!« (*Shoghismus*, S. 185). Zimmer übersieht dabei geflissentlich, daß die Gemeindeämter, mit wenigen besonders arbeitsintensiven Ausnahmen, ehrenamtlich sind.
404 *Shoghismus*, S. 170
405 *Shoghismus*, S. 180
406 *Shoghismus*, S. 162

»kompliziert und unfrei«,[407] »freie Meinungsäußerung« sei ihnen verboten,[408] das individuelle Gewissen dem Gruppenzwang unterworfen,[409] »Sturheit und Kompromißlosigkeit feiern bei den Administrations-Bahais wahre Triumphe«[410] — ein wahres Horrorbild, »dunkelstes Mittelalter«,[411] »Rückfall in die Zeit der Inquisition«,[412] ja ein »geistiges Konzentrationslager«[413]. Ähnliches findet sich auch bei White[414] und wird von Ficicchia genüßlich aufgegriffen.[415] Daß jene, für die *jegliche* religiöse Organisation eine Todsünde ist, selbst in der Ordnung der Gemeinde Bahā'u'llāhs ein »streng reglementiertes... System«[416] sehen, ist wenig verwunderlich.

Zu diesem Muster projektiver Wahrnehmung gehört auch, daß tatsächliche Erfolge der Gemeinde minimiert, oder aber als temporärer Sieg des Bösen herausgestellt werden. Um sich selbst Mut zu machen, glaubt man unbeirrt an eine große Zahl »unbekannter Mitstreiter«,[417] man ist davon überzeugt, daß es deren »besonders viele... in Persien« gebe[418] — ein Glaube, der durch keine Tatsachen zu erschüttern ist, und den Ficicchia[419] wiederum gern als Tatsache präsentiert.[420] Letztlich wird das Scheitern der »Bahai-

---

407 *Shoghismus*, S. 174
408 *Shoghismus*, S. 173
409 *Shoghismus*, S. 173
410 *Shoghismus*, S. 175
411 *Shoghismus*, S. 165
412 *Shoghismus*, S. 66
413 *Shoghismus*, S. 123
414 Etwa wenn sie fälschlich behauptet, das individuelle Gewissen müsse den Entscheidungen des Geistigen Rates geopfert werden (*Enemy*, S. 47), der einzelne Gläubige werde ganz dem religiösen Kollektiv unterworfen (S. 49), müsse uneingeschränkt dem »Diktat« der Institutionen gehorchen (S. 80).
415 vgl. dazu bes. U. Schaefer, S. 154-164
416 *Bahā'ismus*, S. 28; siehe auch *Enemy*, S. 80
417 *Shoghismus*, S. 3
418 *Shoghismus*, S. 166
419 *Bahā'ismus*, S. 301; *Materialdienst* 15/16, 38. Jg. 1975, S. 232
420 Dies dient nun seinerseits als Begründung dafür, daß man den Behauptungen von White, Zimmer und Ficicchia in manchen — vor allem kirchlichen — Publikationen so viel mehr Raum gibt, als es ihrer tatsächlichen Bedeutung zukommt (vgl. K. Hutten *Seher, Grübler, Enthusiasten*, [11]1968, S. 317-323 unter der Überschrift: »Protest gegen die Konfessionalisierung der Baha'i-Religion«, in der 12. Auflage 1982 übertitelt »Protest der Freien Baha'i«, S. 822-826). Auch bei Oswald Eggenberger (*Die Kirchen, Sondergruppen und religiösen Vereinigungen. Ein Handbuch*, Zürich [4]1986, S. 212) ist den »Freien Bahā'ī« ein Artikel mit annähernd dem gleichen Umfang gewidmet wie den »Bahā'ī«.

Organisation« vorhergesagt,[421] sie ist »auf der Fahrt in den Abgrund«[422]. Überall findet man Belege für ihre Stagnation, ja für ihr allmähliches Ersterben.[423]

Verwunderlich ist nur, daß vor allem Religionswissenschaftler und kirchliche Institutionen diesen Projektionen erliegen, sollten doch gerade sie aus den Erfahrungen der Frühgeschichte der Christenheit ein gutes Gespür für derartige gnostische Denkstrukturen und Angriffe haben.[424]

Auch wenn White wie Zimmer eine Verschwörungstheorie auftischen, die konkrete Form differiert zwischen beiden: Für White steht Mīrzā Muḥammad-ʻAlī hinter der ganzen Tendenz zur organisierten Religiosität und ebenso hinter dem Testament. Shoghi Effendi ist für sie mehr oder weniger dessen Werkzeug, nur deswegen gebraucht, weil sich Muḥammad-ʻAlī nicht mehr selbst an die Spitze der Bahā'ī-Religion stellen kann — seine Feindschaft gegenüber ʻAbdu'l-Bahā hat ihn in der Gemeinde gründlich diskreditiert.[425] Wie kann er unter diesen Bedingungen wieder Einfluß gewinnen, hinter den Kulissen die Fäden ziehen?

---

buch, Zürich [4]1986, S. 212) ist den »Freien Bahā'ī« ein Artikel mit annähernd dem gleichen Umfang gewidmet wie den »Bahā'ī«.

421 *Enemy*, S. 211

422 *Shoghismus*, S. 13

423 etwa *Enemy*, S. 66. Ficicchia spricht von einer »anlagemäßig vorgeprägten Stagnation« (*Bahā'ismus*, S. 432). Derartige Aussagen sind nicht eben neu. So schreibt der damals in Mashhad stationierte Missionar der amerikanischen Presbyterian Church, William McElwee Miller, im Vorwort seines 1931 erschienenen Buches *Bahā'ism. Its Origins, History, and Teachings* (New York/London): »All impartial observers of Bahā'ism in Persia are agreed that here in the land of its birth this religion... is now steadily losing ground... It is only a matter of time until this strange movement, like Manichaeism and Mazdakism before it, shall be known only to students of history« (S. 9). Immerhin, dreiundvierzig Jahre später, in der Schlußzusammenfassung seines 1974 erschienenen Buches *The Baha'i Faith: Its History and Teachings* (South Pasadena), nimmt er diese Prognose implizit zurück: »Whoever peruses the thousands of pages of the thirteen large volumes of *The Baha'i World* will be impressed by the fact that the Baha'i Faith is indeed a world faith« (S. 349).

424 Der Kampf gegen die Gnosis durchzieht über Jahrhunderte die frühe Kirche. Vor allem im zweiten Jahrhundert sieht Kurt Ahland (*Geschichte der Christenheit*, Bd. 1, S. 97) »die wirkliche Gefahr einer Auflösung des Christentums durch die Gnosis von innen her« als gegeben. Es darf auch nicht übersehen werden, daß die christlichen Dogmen ihre klassische Gestalt in nicht geringem Maße »in der Auseinandersetzung mit der Gnosis« erhielten, was es begreiflich macht, »daß sich die Kirche für ihren ehemaligen Gegner ständig interessiert« (zum Ganzen: Petr Pokorny, »Die gnostische Soteriologie in theologischer und soziologischer Sicht«, in: Jacob Taubes (Hrsg.), *Religionstheorie und Politische Theologie*, Bd. 2, S. 154 ff.).

425 *Enemy*, S. 86 f., 124 ff.

Dies, so White, ginge nur, wenn sich eine unverdächtige Person fände, die stellvertretend für ihn die Führung der Gemeinde übernehmen könnte, ihm und seiner Politik gegenüber aber unbedingt loyal wäre. Aus solchen Überlegungen heraus sei Muḥammad-ʻAlī damit einverstanden gewesen, »indirekt durch Shoghi Effendi zu herrschen«.[426] White sieht es höchst konspirativ: Insgeheim habe die Gruppe um Muḥammad-ʻAlī schon zu ʻAbdu'l-Bahās Lebzeiten der »Bahai-Organisation« den Weg bereitet, zunächst durch »Geheimagenten Mohammed Alis«.[427] Ihr eigentliches Ziel war »Reichtum und Macht«, das alleinige Mittel dazu die Institutionalisierung des Bahā'ī-Glaubens.[428] ʻAbdu'l-Bahā wird White dabei unversehens zur tragischen Figur: wohl ahnend, wohin die Entwicklung geht, aber unfähig, sich ihr entgegenzustellen.[429] Daß dies nicht mit dem sonstigen Bild von der Persönlichkeit ʻAbdu'l-Bahās zusammenpaßt, scheint sie nicht zu stören.

Wo es Verschwörer gibt, dürfen natürlich auch die nicht fehlen, welche auf die Verschwörung hereinfallen: Andere, welche die Gemeindeinstitutionen unterstützten, sind ihr damit »blinde Werkzeuge, die nicht erkannten, daß sie nur der Politik Mohammed Alis folgten«.[430] Mit dem Tode ʻAbdu'l-Bahās sei für die Verschwörer dann der Zeitpunkt gekommen, die Früchte der jahrelangen Untergrundarbeit einzuheimsen und offen die Bahā'ī-Gemeinde auf neuen, nämlich Muḥammad-ʻAlīs Kurs zu setzen.[431]

Daß dieses aberwitzige Konstrukt weder mit der historischen Wahrheit noch mit dem eindeutigen Auftrag der Schrift harmoniert, ist offenkundig. Eine der Schlüsselannahmen Whites ist die

426 *Enemy*, S. 124
427 *Enemy*, S. 36, 210
428 *Enemy*, S. 36
429 Sie spricht in diesem Zusammenhang ausdrücklich von »dem Martyrium Abdul Bahas« (*Enemy*, S. 16 f.; vgl. auch *Questioned Will*, S. 30, 37 f.).
430 *Enemy*, S. 36. Bei Ficicchia sind dann schließlich die Institutionen selbst die Verschwörer geworden, die Masse der Gläubigen sind die Genasführten, die in gutem Glauben etwas unterstützen und vertreten, über dessen eigentlichen Charakter sie systematisch getäuscht werden (etwa *Bahā'ismus*, S. 26, 149, 188, 251, 253, 258 f., 282 f., 288, 404 f. in ständiger Wiederholung derselben Behauptungen; siehe dazu U. Schaefer, S. 247).
431 *Enemy*, S. 36, 124 f., 210

Verschwörung zwischen der Familie ‘Abdu’l-Bahās[432] und Muḥammad-‘Alī.[433] Da sie nicht völlig an den gegen Shoghi Effendi gerichteten Attacken Muḥammad-‘Alīs vorbei kann, muß sie diese herunterspielen und entgegen aller historischen Evidenz[434] als reine Augenwischerei, als inszeniertes Spiegelgefecht abtun.[435] Mehr noch: White ist überzeugt, daß das schiere Faktum der Organisation der Bahā’ī-Religion in sich Bundesbruch[436] ist, völlig unabhängig von allen konkreten Personen.[437] Wer immer sich an der Institutionalisierung und Verrechtlichung der Gemeinde beteiligt, oder diesen Tendenzen keinen Widerstand leistet, gehört damit für sie zu den Verworfenen. An der Verdammung aller organisatorischen Bestrebungen gibt es für sie nichts zu rütteln, selbst wenn mit gegenteiliger Botschaft »ein Engel vom Himmel käme«[438]. Implizit wendet sie diesen antiinstitutionellen Rigorismus sogar gegen ‘Abdu’l-Bahā: Selbst für den Fall, daß »die Anweisungen des Testaments authentisch sind«, hat ihr privates Verständnis dessen, was er zu Lebzeiten gesagt hat, unbedingten Vorrang.[439] Bei aller Sympathie für ‘Abdu’l-Bahā: Letztlich treu bleibt sie allein ihrer selbstgestellten ideologischen Prämisse.

Whites immer neue Attacken und Erklärungsversuche variieren im Grunde nur ihre Ausgangsthese: Die »Bahai-Organisation« ist der schlimmste Feind, der Totengräber der Bahā’ī-Religion. Es geht ihr nicht darum, diese These anhand der Schrift oder der hi-

---

432 Von der sie lediglich die Schwester und die Frau ‘Abdu’l-Bahās ausnimmt, *Enemy*, S. 125 f.

433 *Enemy*, S. 125 f.

434 siehe oben Abschnitt IV dieses Kapitels

435 *Enemy*, S. 126. Noch krauser ist allenfalls, was White als den »überzeugendsten Beweis« für eine angebliche Komplizenschaft zwischen Shoghi Effendi und Muhammad-‘Alī ins Feld führt (*Enemy*, S. 126 f., 163): In dem unter Shoghi Effendis Leitung herausgegebenen Jahrbuch *The Bahā’ī World* (Bd. 2: 1926-1928, Wilmette 1928, ²1980, S. 207) wird unter den Veröffentlichungen über das Bahā’ītum (Teil vier: »References to the Bahā’ī Movement in non-Bahā’ī works«) auch Samuel Graham Wilsons *Bahaism and Its Claims* (New York 1915) angeführt, ein Buch, in dem ‘Abdu’l-Bahā heftig angegriffen wird. Solches ist für White Beweis genug: ‘Abdu’l-Bahā soll diffamiert werden! Daß Wilsons Buch bei allen Fehlern und aller ungerechtfertigten Kritik zur Literatur über das Bahā’ītum zählt und nicht verschwiegen werden darf, kommt ihr nicht in den Sinn.

436 siehe dazu U. Schaefer, S. 165 ff.

437 *Enemy*, S. 211 f.

438 *Enemy*, S. 95

439 *Enemy*, S. 94 f.

storischen Fakten zu überprüfen. Sie will nur eines: Bundesgenossen werben für ihren Kampf gegen organisierte Religiosität, für ein rechtsfreies Bahā’ītum ohne Institutionen.

Die Grundintention Hermann Zimmers ist identisch. Für ihn ist allerdings Shoghi Effendi selbst der Feind. Auch er geht zwar von einer Komplizenschaft mit Muḥammad-‘Alī aus,[440] die treibende Kraft sieht er indes in Shoghi Effendi. Ihn beschuldigt er unmittelbar, der Fälscher des Testaments zu sein. Die Logik, mit der Zimmer dabei argumentiert, sei kurz geschildert:

Zimmer hatte sich vorzeitig pensionieren lassen, um sein Buch schreiben zu können.[441] Er betrachtete es geradezu als Fügung, daß ihm zu dieser Zeit ein populärwissenschaftliches Buch in die Hände kam, das die großen Fälschungen der Weltgeschichte beschrieb.[442] Fasziniert begann er sich darin zu vertiefen. Besonders die sogenannte »Konstantinische Schenkung« hatte es ihm angetan, handelte es sich doch um eine Fälschung zum Vorteil einer organisierten Religion. Rasch war er überzeugt: Die Konstantinische Schenkung ist das unmittelbare Vorbild für die Verfertigung des Testaments! Hatte nicht Shoghi Effendi in Oxford Geschichte studiert? War nicht die britische Bibliothek in London berühmt für ihre umfangreichen Bestände? Dort mußten sich auch alle Unterlagen und Analysen zur Konstantinischen Schenkung befinden! Ganz sicher hatte Shoghi Effendi diese sämtlich eingehend studiert und zum Muster für das Testament genommen.[443] Der Verdacht wird ihm zur Gewißheit. Jetzt galt es nur noch, ihn zu belegen. Er fand fünfundzwanzig Gründe,[444] die seiner Überzeugung nach die Parallelität der Konstruktionen eindeutig beweisen — ob irgend jemand außer dem Autor selbst zum gleichen Ergebnis käme, sei dahingestellt.[445] Besonders kurios ist die Ziffer

440 Auf Whites Spuren bemüht auch er sich, die Angriffe Muḥammad-‘Alīs gegen Shoghi Effendi in bloße »Scheingefechte« umzuinterpretieren, vermeidet aber peinlich, auf diese Fragen allzu sehr einzugehen (*Shoghismus*, S. 63).

441 *Shoghismus*, S. 183

442 *Shoghismus*, S. 184

443 *Shoghismus*, S. 96 f.

444 *Shoghismus*, S. 23-38

445 Einige Beispiele mögen für den Charakter dieser »Beweisführung« genügen: 1. Beide Dokumente sind umfangreich; 2. das Testament ‘Abdu’l-Bahās hat drei Teile (den dritten interpretiert Zimmer flugs als bloße Wiederholung), die Konstantinische Schenkung hat zwei Teile; 3. beide Urkunden sind unterzeichnet; 4. Zimmer

neunzehn der von Zimmer angeführten »Belege«: Die Ketzer des 13. Jahrhunderts, so fand er heraus, bezweifelten nicht die Echtheit des *Constitutium Constantini*. Dies hat für Zimmer seine unmittelbare Entsprechung darin, daß Ahmad Sohrab das Testament 'Abdu'l-Bahās nicht anzweifelt — obgleich auch er ein eingeschworener Gegner der von Shoghi Effendi eingeschlagenen Entwicklung ist und heftige Kritik an dessen Interpretation und Umsetzung der Bahā'ī-Lehren übt.[446] Die ausdrückliche Anerkennung des Testaments durch einen entschiedenen Gegner Shoghi Effendis — in Kenntnis des Fälschungsvorwurfs — wird so bei Zimmer zu einem »Beleg« für die Fälschungsthese.

Sieht man von der unterschiedlichen Rolle Shoghi Effendis bei Zimmer und White ab, so läßt sich eine gemeinsame Grundhypothese bei beiden festhalten: Folgt man den Darstellungen bei Zimmer und White, so müßte es eine großangelegte Verschwörung sämtlicher Familienmitglieder und sämtlicher einflußreicher Gläubigen vor Ort gegeben haben.[447] Ein von langer Hand vorbereiteter Putsch der »Institutionalisten« mit dem Ziel, das Bahā'ītum in sein Gegenteil zu verkehren.

Abgesehen davon, daß White und Zimmer dabei eindeutig die Schrift und alle historischen Fakten gegen sich haben:[448] Eine derartige Geschlossenheit wäre allein schon infolge der rasch zutage tretenden Unterschiedlichkeit der Interessen und Ziele höchst unwahrscheinlich. Zudem unterstellt die Verschwörungsthese durchgängig den Willen und die verbrecherische Energie der bewußten Fälschung eines religionsgeschichtlichen Dokuments. Wohlgemerkt: der Fälschung dessen, was dem Selbstverständnis der Gemeinde entsprechend als Ausdruck des göttlichen Willens, als der Heiligen Schrift zugehörig galt:[449] Ist es vorstellbar, daß

Hinscheiden 'Abdu'l-Bahās und einen Monat nach der offiziellen Testamentseröffnung — die angebliche Schenkungsurkunde Konstantins wurde anfangs nicht verbreitet; usw.

446 *Shoghismus*, S. 32 f.

447 Gerade Zimmer legt großen Wert auf eine »Rekonstruktion« der Ereignisse.

448 siehe oben Abschnitt IV dieses Kapitels

449 In Auslegung von *Qur'ān* 4:46 (»Sie [die Juden] verfälschten den Text des Wortes Gottes«) schreibt Bahā'u'llāh: »Wahrlich, mit ›Verfälschen‹ des Textes ist nicht das gemeint, was diese törichten, erbärmlichen Seelen wähnen. So behaupten manche, jüdische und christliche Geistliche hätten aus dem Buche die Verse entfernt, die die Gestalt Muhammads erhöhen und verherrlichen, und hätten dafür das Gegenteil

nicht einer der beteiligten Gläubigen sich aus Gewissensnot gegen diese Verschwörung gewandt, oder zumindest später sein Schweigen gebrochen hätte?[450] Ausdrücklich müßten auch diejenigen Teil dieser Verschwörung gewesen sein, die zuvor ‘Abdu’l-Bahā und später Shoghi Effendi erbittert bekämpften. Sie alle müßten auf Dauer das Geheimnis dieser Verschwörung bewahrt haben — und dies auch dann noch, als sie mit einer Enthüllung den entscheidenden Schlag gegen den sich langsam durchsetzenden Shoghi Effendi hätten führen und die ihnen drohende Niederlage noch hätten abwenden können: Insgesamt eine abenteuerliche, aberwitzige These. Daß die Bahā’ī-Institutionen die Attacken von White und Zimmer bislang[451] mit barmherzigem Schweigen übergingen, ist kaum verwunderlich: Wer so argumentiert, ist schwerlich satisfaktionsfähig.[452]

X. Schluß

Während White und selbst Zimmer vielleicht noch in Unkenntnis der tatsächlichen Offenbarungstexte gegen etwas rebellierten, was

---

eingefügt. Wie eitel und falsch sind doch diese Worte! *Wird jemand ein Buch verstümmeln, an das er glaubt und das er für von Gott inspiriert hält?* ... Nein, mit Verfälschung des Textes ist das gemeint, womit sich alle muslimischen Geistlichen heutzutage befassen, nämlich die Auslegung des Heiligen Buches Gottes in Übereinstimmung mit ihrem eitlen Wahn und ihren törichten Wünschen« (*Kitāb-i-Īqān* 94 [Hervorhebungen U. G.]).

450 Für die Zeit ‘Abdu’l-Bahās gibt es hier ein prominentes Beispiel: Den Brief Mīrzā Badī‘u’llāhs »an die Bahā’ī Welt« vom 4. Februar 1903, in dem er die Machenschaften seines Bruders Mīrzā Muḥammad-‘Alī gegen ‘Abdu’l-Bahā offenlegt. Die englische Übersetzung durch Ameen Ullah Fareed (Amīnu’llāh Farīd) erschien unter dem Titel *An Epistle to the Bahai World*, Chicago 1907; wiederabgedruckt in: *Enemy*, S. 129-163.

451 Mit Ausnahme einiger Briefe, in denen auf konkrete Fragen dazu eingegangen wird, etwa Briefe des Universalen Hauses der Gerechtigkeit vom 2. Oktober 1974, 23. Dezember 1974 und 23. März 1975, auszugsweise abgedruckt in: *The Power of the Covenant*, Teil 2, herausgegeben vom Nationalen Geistigen Rat der Bahā’ī in Kanada, S. 18 ff.

452 Kurt Hutten beklagt gleichwohl in der von der Evangelischen Zentralstelle betreuten 12. Auflage 1982 seines Handbuches *Seher, Grübler, Enthusiasten* (S. 823), daß Zimmer »eine Antwort... nicht zuteil« wurde und unterstellt den Bahā’ī, Zimmers Machwerk totzuschweigen, ja er geht so weit, wahrheitswidrig zu behaupten: »Ein *Baha’i-Index* wurde aufgestellt, die Lektüre kritischer Schriften verboten« (*a. a. O.*, S. 822).

ihnen als »Verrechtlichung« des ursprünglichen religiösen Impulses zutiefst suspekt (und zudem ihrem religiösen Temperament zuwider) war,[453] weiß Ficicchia sehr wohl von der zentralen Bedeutung des Bundesgedankens und damit des Testaments 'Abdu'l-Bahās für das Selbstverständnis der Bahā'ī, für ihre Vision der Menschheitsgeschichte auf dem Weg zu Frieden und Gerechtigkeit. Der von ihm listig kolportierte Fälschungsvorwurf ist ein bewußter, kalkulierter Angriff auf Grundfesten des Bahā'ī-Glaubens. Er ist Teil seiner Drohung an die Führungsinstitutionen der Gemeinde, »daß Sie mich fortan zum erbitterten Feind haben werden, der Sie, wo immer sich mir die Möglichkeit bietet, mit allen Mitteln bekämpfen wird«[454]. Die in den letzten Jahren erzielte publizistische Wirkung zeigt, wie erfolgreich diese Strategie — dank einflußreicher Bundesgenossen[455] — in der Öffentlichkeit bislang war. Ob sie es bleibt, hängt nicht zuletzt davon ab, welchen Werten sich diese letztlich verpflichtet sehen.[456]

Von dieser öffentlichen Resonanz abgesehen: was blieb tatsächlich von dem sogenannten »Schisma«,[457] den »schweren« und wie es bei Hutten heißt »heute noch fortwährenden... Auseinandersetzungen«[458] um 'Abdu'l-Bahās Testament? Ruth White, die Erfinderin der Fälschungsthese, verlor allmählich das Interesse an der Bahā'ī-Religion und wandte sich anderen religiösen Strömungen zu, die ihrem schwärmerisch-antinomistischen Religionsverständnis besser entsprachen.[459] Die von Zimmer immer wieder

---

453 Zu dieser in der protestantischen Rechtsfeindlichkeit gründenden Haltung siehe U. Schaefer, S. 113 f.

454 So in seinem Brief vom 5. April 1978, gerichtet an das Bahā'ī-Weltzentrum in Haifa.

455 Sofern man Zimmer hier Glauben schenken darf, kam es »Kurt Hutten«, dem ehemaligen »Leiter der Ev. Zentralstelle für Weltanschauungsfragen... sehr gelegen, daß ein junger Schweizer, F. Ficicchia, der einige Jahre der Bahai-Gruppe in Zürich angehört hatte..., ihm ein kritisches Manuskript über den ›Baha'ismus, Weltreligion der Zukunft?‹ vorlegte, das er ohne jeden Abstrich dem Quell-Verlag Stuttgart zur Veröffentlichung übergab« (*Wiederkunft*, S. 61 f.).

456 Hoffnungsvoll stimmt der Beitrag des Religionswissenschaftlers Manfred Hutter im *Materialdienst* 6, 58. Jg., 1. Juni 1995, S. 172-178, »Der Kitāb-i-Aqdas. Kernstück der Lehren der Bahā'ī-Religion«, der von Sachkenntnis und Fairneß geprägt und auch für den gut informierten Bahā'ī lehrreich ist.

457 so etwa R. Flasche, *LTHK*, Bd. 1, S. 40

458 K. Hutten, *Seher, Grübler, Enthusiasten*, 12. Aufl. S. 803

459 William McElwee Miller (*The Baha'i Faith*, S. 262) zufolge wurde White eine Anhängerin des indischen Gurus Mehr Baba.

beschworenen »freien Bahā'ī« sind — wie selbst Ficicchia einräumt[460] — eine Fiktion, existieren nur auf dem Papier; Zimmer war ein einsamer Streiter für seine Obsession.[461] Auch Ficicchia ist Einzelkämpfer, ohne Resonanz in der Gemeinde,[462] allerdings mit beträchtlicher Unterstützung von Seiten der *Evangelischen Zentralstelle*.[463] In deren Veröffentlichungen findet das sogenannte »Schisma« heute seine eigentliche, allerdings virtuelle Existenz.

---

460 *Bahā'ismus*, S. 378

461 Deutlicher noch als sein schriftliches Bekenntnis, daß die »Welt-Union Bahai« nach 1937 »praktisch nicht mehr existierte« (*Shoghismus*, S. 161), ist die mündliche Auskunft Zimmers anläßlich eines Besuchs des Bahā'ī-Stands auf der Frankfurter Buchmesse im Oktober 1979, wo er ausführte, wer von den ehemaligen Mitgliedern der früheren »Welt-Union Bahai« noch lebe, sei in die Bahā'ī-Gemeinde zurückgekehrt, er selbst sei der einzige und letzte dieser Gruppe.

462 Wenn er etwa schreibt, daß »die Trennung zwischen den ›Institutionalisten‹ und liberalen Strömungen immer augenfälliger« würde (S. 290), so ist dies eine reine Zweckbehauptung. Natürlich gibt es auch in der Bahā'ī-Gemeinde — wie in jeder pluralistischen Gemeinde — Menschen mit unterschiedlichem politischen Temperament. Die Bahā'ī-Gemeinde zeichnet aber gerade aus, daß daraus keine organisierten Strömungen oder Fraktionen entstehen. Das wesentliche Integrationsinstrument zur gemeinschaftlichen Entscheidungsfindung bei pluralistischen Interessenlagen ist die Beratung (siehe Kapitel 6.III.4).

463 So ist er auch im *Materialdienst* 3/1995 wieder der »Fachmann«, dem die *Evangelische Zentralstelle* die Rezension der Schrift des Orientalisten Manfred Hutter zum Bahā'ītum (*Die Baha'i. Geschichte und Lehre einer nachislamischen Weltreligion*, Marburg 1994) anvertraut. Allerdings deutet sich mit dem Artikel Manfred Hutters im *Materialdienst* 6/1995 (siehe oben Fußnote 456) die Möglichkeit einer Trendwende in der Behandlung der Bahā'ī durch die *Evangelische Zentralstelle für Weltanschauungsfragen* an. Dr. Reinhard Hempelmann, der verantwortliche Redakteur des *Materialdienstes*, sandte dieses Heft dankenswerterweise an das Bahā'ī-Zentrum in Hofheim. In seinem Begleitbrief vom 22. Juni 1995 stellt er die Veröffentlichung von Hutters Beitrag in folgenden Zusammenhang: »Es geht dabei vor allem um eine Überprüfung des Baha'i-Bildes der EZW, das stark von F. Ficicchia geprägt ist. Wir wollten dabei die neue Übersetzung des Kitab sowie eine in Aussicht gestellte Auseinandersetzung mit dem Ficicchia-Buch von Ihrer Seite berücksichtigen. Auf letztere warten wir noch.« Mit dem vorliegenden Buch ist diese Erwartung eingelöst.

BIBLIOGRAPHIE

Abkürzungen

BSB	*Bahā'ī Studies Bulletin*
EI[1]	*Encyclopedia of Islam*
EI[2]	*Encyclopedia of Islam*
EIR	*Encyclopaedia Iranica*
ER	*Encyclopaedia of Religion*
HRG	*Handbuch Relgiöse Gemeinschaften*
HWPh	*Historisches Wörterbuch der Philosophie*
LThK	*Lexikon für Theologie und Kirche*
J.R.A.S.	*Journal of the Royal Asiatic Society*
RGG	*Die Religion in Geschichte und Gegenwart*
SBB	*Studies in Bābī and Bahā'ī History,*
	ab Bd. 5 (1988) unbenannt in:
	Studies in the Bābī and Bahā'ī Religions
SEI	*Shorter Encyclopaedia of Islam*
TRE	*Theologische Realencyclopädie*
TRT	*Taschenlexikon Religion und Theologie*

'Abdu'l-Bahā, *'Abdu'l-Bahā in London. Adresses and Notes of Conversations*, London ²1982

— *Ansprachen in Paris*, Oberkalbach ⁶1973, ⁷1995, 8. rev. Aufl., Hofheim 1995

— *Beantwortete Fragen*, Frankfurt ³1977

— *Briefe und Botschaften*, Hofheim 1992

— *Das Geheimnis göttlicher Kultur*, Oberkalbach 1973

— *The Promulgation of Universal Peace. Talks delivered by 'Abdu'l-Bahā during his Visit to the United States and Canada in 1912*, compiled by Howard MacNutt, Wilmette/Ill., Bahā'ī Publishing Trust 1982

— *Sendschreiben zum göttlichen Plan*, Hofheim ²1989

— *Tablets of 'Abdu'l-Bahā Abbas*, Bd. 1 New York ²1930; 3 Bde. Chicago 1909/1915/1916

— »Testament«, in: *Dokumente des Bündnisses*, Hofheim 1989

— *A Traveller's Narrative, Written to Illustrate the Episode of the Bāb*, 2 Bde. Cambridge 1891 (Reprint in einem Band Amsterdam 1975); Neuausgabe ohne Einleitung und Anmerkungen, Wilmette/Ill. 1980

— *Vorbilder der Treue. Erinnerungen an frühe Gläubige*, Hofheim 1987

Abū'l-Faḍl, Mīrzā, *The Bahā'ī Proofs and a Short Sketch of the History and Lives of the Leaders of this Religion*, transl. from the Arabic by Ali-Kuli Khan, Facs. of the 1929 ed. Wilmette 1983

— *Kashf al-Ghiṭā'*, 'Ishqabād o. J.

— *Letters and Essays, 1886-1913*, translated from the Arabic and Persian and annotated by Juan R. Cole, Los Angeles 1985

Adam, Karl, *Das Wesen des Katholizismus*, Augsburg [4]1927

Ahland, Kurt, *Geschichte der Christenheit*, Bd. 1: Von den Anfängen bis an die Schwelle der Reformation, Gütersloh 1980

Akhavan, Payam, »Implications of Twelver Shi'ih Mihdīsm on Religious Tolerance: The Case of the Bahā'ī Minority in the Islamic Republic of Iran«, in: Vogt, Kari/Tore Lindholm (Hrsg.), *Islamic Law Reform and Human Rights. Challenges and Rejoinders*, Kopenhagen 1993

Algar, Hamid, *Religion and State in Iran 1785-1906. The Role of the Ulama in Qajar Period*, Berkeley/Los Angeles 1969

Althaus, Paul, »Die Todesstrafe als Problem der christlichen Ethik«, in: *Sitzungsberichte der Bayerischen Akademie der Wissenschaften, Phil.-hist. Klasse*, München 1955

Amanat, Abbas: *The Early Years of the Babi Movement: Background and Development*, Diss. Oxford 1981

— *Resurrection and Renewal. The Making of the Babi Movement in Iran, 1844-1850*, Ithaca and London 1989

amnesty international, *Der Jahresbericht 1984*, Frankfurt/M. 1984

'Andalīb Editorial Board of the National Spiritual Assembly of the Bahā'īs of Canada (Hrsg.): *Maḥbūb-i-'ālam. Bi-munāsibat-i buzurgdāsht-i-ṣadumīn sāl-i ṣu'ūd-i ḥaḍrat-i-Bahā'-u'llāh*, Kanada, sāl-i muqaddas 1992/93

Andrae, Tor, *Mohamed — Sein Leben, sein Glaube*, Göttingen, 1932

Andreas, Friedrich Carl, *Die Babi's in Persien. Ihre Geschichte und Lehre quellenmäßig und nach eigener Anschauung dargestellt*, Leipzig 1896

Angūttara Nikayo. Die Reden des Buddhas aus der »Angereihten Sammlung« – Angūttara Nikayo — des Pāli-Kanons. Aus dem Pāli zum ersten Mal übersetzt und erläutert von Bhikkhu Nyanatiloka, Leipzig, o. J.

Angūttara-Nikaya, »Die Reden des Buddha aus dem »Angūttara-Nikaya«, Inhalt: Einer- bis Dreierbuch. Aus dem Pāli zum ersten Male übersetzt und erläutert von Nyanatiloka, München-Neubiberg ²1923

Aristoteles, *Die Nikomachische Ethik*, Auf der Grundlage der Übersetzung von Eugen Rolfes hrsg. v. Günther Bien, Hamburg, ⁴1985

Asimov, Isaac, *Foundation's Edge*, London ²1983

Auer, Alfons, *Autonome Moral und christlicher Glaube*, Tübingen 1977

Augustinus, Aurelius, *De Civitate Dei*, ed. Dombart, 2 vols, Turnholti, Typographi Brepols ⁴1955

— »Enarrationes in Psalmos«, in: *Corpus Christianorum, Series Latina, Sancti Aurelii Augustini Opera*, Turnholti, Typographi Brepols Editores Pontificii 1956

Aymans, Winfried/Klaus Mörsdorf, *Kanonisches Recht: Lehrbuch aufgrund des Codex Iuris Canonici*, begr. von Eduard Eichmann, fortgeführt von Klaus Mörsdorf; neu bearbeitet von W. Aymans, Paderborn, 13. völlig neu bearb. Aufl. 1991

Bāb, *Eine Auswahl aus Seinen Schriften*, Hofheim 1991

— *Le Livre des Sept Preuves de la Mission du Bab* (*Dalā'il-i-Sab'ih*), übers. A.-L.-M. Nicolas, Paris 1902

— *Seyyèd Ali Mohammed dit le Bâb, Le Béyân Arabe, le livre sacré du bâbysme*, übersetzt von A.-L.-M. Nicolas, Paris 1905

— *Seyyèd Ali Mohammed, dit le Bab, Le Béyan Persan*, 4 Bände, Paris 1911-1914

Bāb, Siyyid ʿAlī Muḥammad, *Bayān-i-Fārsī* [Teheran], o. J.

Bahā'ī-Gebete. Gebete offenbart von Bahā'u'llāh, Bāb und ʿAbdu'l-Bahā, Hofheim 1984

Bahā'ī International Community (Office of Public Information), *The Prosperity of Humankind*, New Delhi 1995

— *Weltbürger-Ethos. Eine globale Ethik für nachhaltige Entwicklung*, Hofheim 1995
Bahā'ī World Faith. Selected Writings of Bahā'u'llāh and 'Abdu'l-Bahā, Wilmette/Ill. 1943
Bahā'u'llāh, *Ährenlese. Eine Auswahl aus den Schriften Bahā'u'llāhs*, zusammengestellt und ins Englische übertragen von Shoghi Effendi, 3. rev. Aufl., Hofheim 1980
— *Al-Kitāb al-Aqdas*, o. O., 1308/1890
— *Alwāḥ-i mubārak-i ḥaḍrat-i Bahā'u'llāh*, Wilmette 1978 (fotomechanischer Nachdruck)
— *Botschaften aus 'Akkā, offenbart nach dem Kitāb-i-Aqdas*, Hofheim 1982
— *Brief an den Sohn des Wolfes* (*Lawḥ-i-Ibn-i-Dhi'b*), Frankfurt 1966
— *Das Buch der Gewißheit. Kitāb-i-Īqān* (Frankfurt/M. ²1969), 4. revidierte Aufl. in Vorbereitung
— *Gebete und Meditationen*, Bahā'ī-Verlag, 3. Aufl. in neuer Übersetzung, Hofheim 1992
— »Kitāb-i-'Ahd. Das Buch des Bundes«, in: *Dokumente des Bündnisses*, Hofheim 1989
— *Kitāb-i-Aqdas. Inhaltsübersicht und systematische Darstellung der Gesetze und Gebote des Kitāb-i-Aqdas. Das Heiligste Buch Bahā'u'llāhs*, hrsg. vom Bahā'ī-Weltzentrum, Haifa. Aus dem Englischen übersetzt, Hofheim 1987
— *The Kitāb-i-Aqdas. The Most Holy Book*, Haifa, The Universal House of Justice 1992
— *Kitāb-i-Badī'*, Prag 1992/148. Reprinted from facsimile edition (Teheran o. J.) of a manuscript in the handwriting of Zayn al-Muqarribīn in 26 B. E. (= 1870 A. D.)
— *Kitāb-i-Īqān*, o. O. 1310 shamsī
— *La'ālī'u'l-Ḥikma*, Bd. I-III, Rio de Janeiro 1986, 1990, 1991
— *Majmū'ih-yi alwāḥ-i-mubārakih-yi ḥaḍrat-i Bahā'u'llāh*, Wilmette 1978 (reprint)
— *Die Sieben Täler und die Vier Täler*, Oberkalbach ³1971
— *Tablets of Bahā'u'llāh revealed after the Kitāb-i-Aqdas*. Compiled by the Research Department of the Universal House of Justice and translated by Habib Taherzadeh with the assi-

stance of a Committee at the Bahā'ī World Centre, Haifa, Bahā'ī World Centre 1978
— *Die Verborgenen Worte. Kalimāt-i-Maknūnih.* Im Urtext mit deutscher Übersetzung. Erste zweisprachige Aufl. mit rev. Übersetzung, Hofheim 1983
— *Die Verkündigung Bahā'u'llāhs. An die Könige und Herrscher der Welt*, Frankfurt/M. 1967
Balyuzi, Hasan M., *'Abdu'l-Bahā. Der Mittelpunkt des Bündnisses Bahā'u'llāhs*, Bd. 1, Hofheim 1983, Bd. 2 Hofheim 1984
— *The Bāb. The Herald of the Day of Days*, Oxford 1973
— *Bahā'u'llāh. Der Herr der Herrlichkeit*, Hofheim 1991
— *Bahā'u'llāh. The King of Glory*, Oxford 1980
— *Edward Granville Browne and the Bahā'ī Faith*, Oxford 1970
Banani, Amin, Die Bahā'ī im Iran — Religion oder Komplott der Kolonilmächte?, in: *Bahā'ī-Briefe* 48, 13. Jg. 1984, S. 48 ff.
Barion, Hans, *Rudolf Sohm und die Grundlegung des Kirchenrechts*, Tübingen 1931
Barney, Gerald O., *Global 2000 Revisited. What shall we do?*, Arlington/Virginia 1993
Barth, Karl, *Die Ordnung der Gemeinde. Zur dogmatischen Grundlegung des Kirchenrechts*, München 1955
Barz, Heiner, *Postmoderne Religion am Beispiel der jungen Generation in den Alten Bundesländern*, mit einem Vorwort von Thomas Luckmann, Teil 2 des Forschungsberichts »Jugend und Religion« im Auftrag der Arbeitsgemeinschaft der Evangelischen Jugend in der Bundesrepublik Deutschland (aej), Opladen 1992
Bausani, Alessandro: »The Bahā'ī Perspective on the History of Religion«, in: Heshmat Moayyad (Hrsg.), *The Bahā'ī Faith and Islam. Proceedings of a Symposium*, McGill University, March 23-25, 1984, Ottawa 1990, S. 1-11
Bayat, Mangol, *Mysticism and Dissent. Socioreligious Thought in Qajar Iran*. Syracuse 1982
Bayat-Philipp, Mangol, *Mirza Aqa Khan Kirmani. Nineteenth Century Persian Revolutionary Thinker*, Diss., Los Angeles 1971
Becker, Carl-Heinrich, *Islamstudien*, 1. Bd. Leipzig 1924, 2. Bd. Leipzig 1932

Bell, Daniel, *Die Zukunft der westlichen Welt*, Frankfurt 1976

Ben-Chorin, Schalom, *Paulus. Der Völkerapostel in jüdischer Sicht*, München 1970

Bergsträsser, Gotthold, *Grundzüge des islamischen Rechts*, Berlin-Leipzig 1935

Bethel, Fereshteh Taheri, *A Psychological Theory of Martyrdom. A Content Analysis of Personal Documents of Baha'i Martyrs of Iran Written Between 1979 and 1982*, Diss., San Diego 1984

Bielefeldt, Heiner, »Menschenrechte und Menschenrechtsverständnis im Islam«, in: *Europäische Grundrechte-Zeitschrift* (EUGRZ), Grundrechte: die Rechtsprechung in Europa, hrsg. von Norbert P. Engel, 17. Jg., Heft 21/22, Kehl/Rhein 1990, S. 489 ff.

Blomfield, Lady, *The Chosen Highway*, Wilmette/Ill., 1970, reprint 1975

Böckle, Franz, *Fundamentalmoral*, München 1977

Böckle, Franz, »Werte und Normbegründung«, in: Franz Böckle, *Christlicher Glaube in moderner Gesellschaft*, Teilband 12, Freiburg 1981

Böckle, Franz (Hrsg.), *Christlicher Glaube in moderner Gesellschaft*, Teilband 12, Freiburg 1981

Böhme, Wolfgang, *Gehorsam — eine Tugend?* Herrenalber Texte 45, Karlsruhe 1982

Boyce, Mary, *Zoroastrians. Their Religious Beliefs and Practices*, London 1979

Bramson-Lerche, Loni, »Some Aspects of the Establishment of the Guardianship«, in: Momen, Moojan (Hrsg.), *Studies in the Bābī and Bahā'ī Religions,* Bd. 5, Los Angeles 1988, S. 253-293

Browne, Edward Granville, »The Bābīs of Persia. I. Sketch of their History, and Personal Experiences amongst them. II. Their Literature and Doctrines«, in: *The Journal of the Royal Asiatic Society* (*J.R.A.S.*), Bd. XXI (July 1889), S. 485-526 and October 1889 (S. 881-1009)

— »Catalogue and Description of 27 Bābī Manuscripts«, in: *The Journal of the Royal Asiatic Society* (*J.R.A.S.*), Bd. XXIV, July 1892 (433-499) and October 1892 (637-710)

— *Materials for the Study of the Bābī Religion*, Cambridge 1961 (reprint)

— *Tārīkh-i Adabiyāt-i Īrān az ṣafawiyyih tā 'aṣr-i ḥāḍir,* übers. von Bahrām Miqdādī, Teheran 1369 (mit einem Beitrag von Muḥīṭ Ṭabāṭabā'ī, »Kitābī bī nām bā nāmī tāzih«)

— *A Year Amongst the Persians: Impresssions as to the Life, Character and Thought of the People of Persia, received during twelve month's residence in that country in the years 1887-88,* London 1893, reprint 1926 und 1959

Browne, Edward Granville (Hrsg.), *Kitāb-i-Nuqṭatu'l-Kāf, being the earliest History of the Bābīs compiled by Ḥājji Mīrzā Jānī of Kāshān between the years A. D. 1850 and 1852,* edited from the unique Paris Ms. suppl. Persan 1071, Leyden/London 1910

— *Materials for the Study of the Bābī Religion*, Cambridge 1918, reprint 1961

— *The Tārīkh-i-Jadīd or New History of Mīrzā 'Alī Muḥammad the Bāb, by Mīrzā Huseyn of Hamadān,* translated from the Persian, with an Introduction, Illustrations and Appendices, Cambridge, 1893

— *A Traveller's Narrative, Written to Illustrate the Episode of the Bāb,* 2 Bde. Cambridge 1891, reprint Amsterdam 1975

Brunner, Emil, *Gerechtigkeit. Eine Lehre von den Grundgesetzen der Gesellschaftsordnung*, Zürich 1943

— *Das Mißverständnis der Kirche*, Stuttgart 1951

Buber, Martin, *Die Stunde und die Erkenntnis,* Berlin 1936

Buck, Christopher: »Bahā'u'llāh as ›World Reformer‹« in: *The Journal of Bahā'ī Studies*, Bd. 3, Nr. 4, 1990/91, S. 23-70

— »A Unique Eschatological Interface: Bahā'u'llāh and Cross-Cultural Messianism«, in: Peter Smith (Hrsg.), *In Iran. Studies in Bābī and Bahā'ī History* 3, Los Angeles 1986, S. 157-179

Buddha, *Die Lehre des Erhabenen*, aus dem Pālikanon ausgewählt und übertragen von Paul Dahlke, München 1966

Bürgel, J. C. (Hrsg.), *Der Iran im 19. Jahrhundert und die Entstehung der Bahā'ī-Religion* (in Vorbereitung)

Buhl, Frants, *Das Leben Muhammeds,* dt. von Hans-Heinrich Schaeder, Heidelberg ³1961

Bushrui, Suheil B., *The Style of the Kitāb-i-Aqdas. Aspects of the Sublime*, Bethesda: University Press of Maryland 1995

Busse, Heribert, *Die theologischen Beziehungen des Islams zu Judentum und Christentum. Grundlagen des Dialogs im Koran und die gegenwärtige Situation*, Darmstadt 1988

Cannuyer, Christian, *Les Bahā'īes — Peuple de la Triple Unité*, Éditions Brepols, o. O., 1987

Charfi, Mohamed, *Introduction à l'Étude du Droit*, Tunis 1983

Christensen, Arthur, Rezension zu Römers *Die Bābī-Behā'ī*, in: *Der Islam*, Bd. 5, 1914, S. 390

Codex Iuris Canonici. Auctoritate Ioannis Pauli PP. II Promulgatus, Libreria Editrice Vaticana 1983

Cohen, Hermann, *Die Religion der Vernunft aus den Quellen des Judentums*. Nach dem Manuskript des Verfassers neu durchgearbeitet und mit einem Nachwort versehen von Bruno Strauß, Wiesbaden 1978

Cole, Juan Ricardo, »Autobiography and Silence: The Early Career of Shaykhu'r-Ra'is Qajar« in: Christoph Bürgel (Hrsg.) *Der Iran im 19. Jahrhundert und die Entstehung der Bahā'ī - Religion* (in Vorbereitung)

— »Bahā'u'llāh and the Naqshbandī Sufis in Iraq, 1854-1856«, in: Cole, Juan R./Moojan Momen (Hrsg.), *From Iran East & West*, Studies in Bābī & Bahā'ī-Religions Bd. 2, Los Angeles: Kalimat Press 1984

— The Concept of Manifestation in the Bahā'ī Writings, in: *Bahā'ī Studies. A Publication of the Association for Bahā'ī Studies* 9, Ottawa 1982

— »Iranian Millenarianism and Democratic Thought in the 19th Century«, in: *International Journal Middle East Studies*, 24 (1992) S. 1-26

— »Muḥammad 'Abduh and Rashid Riḍā: A Dialogue on the Bahā'ī Faith« in: *World Order*, Bd. 15, Nr. 3/4, 1981, S. 7-16

— »Rashīd Riḍā on the Bahā'ī Faith in Egypt: 1897-1921«, in: *Arab Studies Quarterly* Bd. 5, 1983, S. 276-91

Cole, Juan Ricardo/Moojan Momen (Hrsg.), *From Iran East & West*, Studies in Bābī & Bahā'ī History Bd. 2, Los Angeles 1984

Corbin, Henry: *L'École Shaykhie en Théologie Shi'ite*, Teheran 1967
— *En Islam iranien. Aspects spirituels et philosophiques*, 4 Bde. Paris 1972
— »Pour une morphologie de la spiritualité shî'ite«, in: *Eranos-Jahrbuch*, Bd. 29, Leiden 1960, S. 57-107
— *Terre Céleste et Corps de Résurrection*, Paris 1961
Digha Nikaya, Die Reden Gotamo Buddhos aus der längeren Sammlung Dighanikāyo des Pāli-Kanons, übersetzt von Karl Eugen Neumann, Zürich-Wien, ^{3}1957
Dreyfus, Hippolyte, *Essai sur le Bahā'īsme. Son Histoire, sa Portée Sociale*, Paris ^{1}1909, ^{4}1973
Dror, Yehezkil, *Ist die Erde noch regierbar?* München 1995
Durant, William James, *Caesar und Christus. Eine Kulturgeschichte Roms und des Christentums von den Anfängen bis zum Jahre 325 n. Chr.*, Bern ^{3}1959
Eichmann, Eduard/Mörsdorf, Klaus, *Lehrbuch des Kirchenrechts*, Bd. 2, Paderborn, ^{6}1950
Ekbal, Kamran, »Das Messianische Chronogramm Muḥammad Shahs aus dem Jahr 1250/1834,« in: *Proceedings of the 2nd European Conference of Iranian Studies, held in Bamberg 1991* (in Vorbereitung)
Elder, Earl E./William McElwee Miller (Hrsg.), *Al-Kitāb al-Aqdas or the Most Holy Book by Mīrzā Ḥusayn 'Alī Bahā'u'llāh*, translated from the original Arabic, veröffentlicht von der Royal Asiatic Society, London 1961
Eliade, Mircea, *Kosmos und Geschichte. Der Mythos der ewigen Wiederkehr*, Frankfurt/M. 1986
Engisch, Karl, *Einführung in das juristische Denken*, Stuttgart 1956
Ess, van, Josef, *Chiliastische Erwartungen und die Versuchung der Göttlichkeit*, Heidelberg 1977
Esslemont, J. E., *Bahā'u'llāh und das neue Zeitalter*, dt. nach der 3. rev. engl. Ausgabe von 1970 überarbeitet, Hofheim ^{6}1976
Evangelische Akademie Baden (Hrsg.), *Wende zum Mythos. Wieviel Mythos braucht der Mensch?* Herrenalber Protokoll 48, Karlsruhe 1988
Fāḍil-i-Māzinderānī, *Amr va Khalq*, Bd. 1-4, Teheran 1965-1974

Fazel, Seena, »Inheritance«, in: *Bahā'ī Studies Review*, Bd. 4, Nr. 1, 1994, S. 171 ff.

— *Inter-Religious Dialogue and the Bahā'ī Faith — Some Preliminary Observations* (in Vorbereitung)

— »Understanding Exclusivist Texts«, in: *Bahā'ī Scriptural Studies*, Bd. 1, Los Angeles 1995

Fazel, Seena/Fananapazir, Khazeh, »A Bahā'ī Approach to the Claim of Exclusivity and Uniqueness in Christianity«, in: *The Journal of Bahā'ī Studies*, Bd. 3, Nr. 2, 1990-1991, S. 15 ff.

— »A Bahā'ī Approach to the Claim of Finality in Islam«, in: *The Journal of Bahā'ī Studies*, Bd. 5 Nr. 3 1994

Ficicchia, Francesco, *Der Bahā'ismus. Weltreligion der Zukunft? Geschichte, Lehre und Organisation in kritischer Anfrage*, Eine Publikation der Evangelischen Zentralstelle für Weltanschauungsfragen, Stuttgart 1981

— »Der Bahā'ismus«, in: *Materialdienst*, hrsg. von der Evangelischen Zentralstelle für Weltanschauungsfragen, Stuttgart, 8/1975

— »Der Bahā'ismus — ungewisse Zukunft der ›Zukunftsreligion‹«, in: *Materialdienst*, 38. Jg. 15/16, 1975, S. 226-239

— Besprechung zu: Manfred Hutter, Die Baha'i. Geschichte und Lehre einer nachislamischen Weltreligion, in: *Materialdienst* 3/1995, S. 89-92

— »Verfolgungen von Baha'i im Iran«, in: *Materialdienst* 3/1979, S. 74-76

Fischer, Michael M. J., *Iran. From Religious Dispute to Revolution*, Cambridge/Mass.-London/England 1980

Flasche, Rainer, »Die Bahā'ī-Religion zwischen Mystik und Pragmatismus«, in: *Religion in fremder Kultur: Religion als Minderheit in Europa und Asien* (Tagungsbeiträge der Deutschen Vereinigung für Religionsgeschichte, gehalten in Marburg 1986), Saarbrücken 1987

— »Gnostische Tendenzen innerhalb neuer Religionen«, in: *Una Sancta. Zeitschrift für ökumenische Begegnung*, 41. Jg., Freising 1986, S. 339 ff.

— »Die Religion der Einheit und Selbstverwirklichung der Menschheit — Geschichte und Mission der Baha'i in Deutsch-

land«, in: *Zeitschrift für Missionswissenschaft und Religionswissenschaft*, 61. Jg., Münster 1977, S. 188-213
— Stichwort »Baha'i-Religion«, *LThK* 1, ³1993
Flasche, Rainer/Erich Geldbach (Hrsg.), *Religionen, Geschichte, Oekumene. In Memoriam Ernst Benz*, Leiden 1981
Friedländer, Michael, *Die jüdische Religion*. Unveränderter Nachdruck der Ausgabe von 1936, Basel 1971
Furūtan, ʿAlī-Akbar, *The Story of my Heart*, Oxford 1984
Gabrieli, Francesco, »Muhammad und der Islam als weltgeschichtliche Erscheinungen«, in: Fritz Valjavec (Hrsg.), *Historia Mundi. Handbuch der Weltgeschichte in zehn Bänden*, begründet von Fritz Kern. Unter Mitwirkung des Instituts für Europäische Geschichte in Mainz, München, Bd. 5 1956
Gadamer, Hans-Georg, *Hermeneutik I. Wahrheit und Methode. Grundzüge einer philosophischen Hermeneutik*, in: Gesammelte Werke, Tübingen 1990
— *Hermeneutik II. Wahrheit und Methode. Ergänzungen*, in: Gesammelte Werke, Bd. 2, 2. Aufl. (durchgesehen) Tübingen 1993
Gesellschaft für Bahāʾī-Studien (Hrsg.), *Aspekte des Kitāb-i-Aqdas* (GBS-Studien, Bd. 2), Hofheim 1995
Giachery, Ugo, *Shoghi Effendi*, Oxford 1972
Glasenapp v., Helmuth, *Die nichtchristlichen Religionen*, Frankfurt a. M. (Das Fischer Lexikon) 1957
Gobineau, M. le Comte de, *Les Religions et les Philosophies dans l'Asie Centrale*, Paris 1896
Goethe, Johann Wolfgang von, »Divan: Noten und Abhandlungen«, in: *Gedenkausgabe der Werke, Briefe und Gespräche*, Bd. 3: Epen, *West-Östlicher Divan, Theatergedichte*, hrsg. von Ernst Beutler, Zürich 1949
— *Faust. Eine Tragödie von Goethe*, Berlin 1920
— *Gedichte in zeitlicher Folge* (siehe Nicolai)
Gogarten, Friedrich, *Die Verkündigung Jesu Christi*, Heidelberg 1948
Goldziher, Ignaz, *Die Religion des Islams. Kultur der Gegenwart* I, Abt. 3,1, 1906
— *Vorlesungen über den Islam*, Heidelberg 1910, ³1963

Gollmer, Claudia, *Die metaphysischen und theologischen Grundlagen der Erziehungslehre der Bahā'ī-Religion*, MA-Arbeit, Universität Stuttgart 1982/83 (unveröffentlicht)

Gollmer, Ulrich, »Der lange Weg zum Größten Frieden«, in: *Bahā'ī-Briefe*, Hofheim, 14. Jg. Nr. 50 (Oktober 1985) und 15. Jg. Nr. 52 (Dezember 1986), S. 128-160, 207-233

— *Gottesreich und Weltgestaltung. Grundlegung einer politischen Theologie im Bahā'ītum* (Diss., in Vorbereitung)

Gollmer, Werner, *Mein Herz ist bei euch. 'Abdu'l-Bahā in Deutschland*, Hofheim 1988

Grossmann, Hermann, *Der Bahā'ī und die Bahā'ī-Gemeinschaft*, Hofheim ³1994

— *Das Bündnis Gottes in der Offenbarungsreligion*, Hofheim 1981

Grunebaum, G. E. von (Hrsg.), *Der Islam II: Die islamischen Reiche nach dem Fall von Konstantinopel*, Frankfurt (Fischer Weltgeschichte Bd. 15) 1971

Gundert, Wilhelm, »Der Buddhismus«, in: *Die großen nichtchristlichen Religionen unserer Zeit in Einzeldarstellungen*, Stuttgart 1954

Hagen, August, *Prinzipien des katholischen Kirchenrechts*, Würzburg 1949

Hainsworth, Philip, *Bahā'ī Focus on Human Rights*, London 1985

Ḥalabī, Iḥsān, »Ethische Aspekte des Aqdas«, in: Gesellschaft für Bahā'ī-Studien (Hrsg.), *Aspekte des Kitāb-i-Aqdas*. GBS-Studien, Bd. 2, Hofheim 1995

Halm, Heinz, *Die Schia*, Darmstadt 1988

— *Der schiitische Islam. Von der Religion zur Revolution*, München 1994

— *Kosmologie und Heilslehre der frühen Ismā'īlīya. Eine Studie zur islamischen Gnosis*, Abhandlungen zur Kunde des Morgenlandes 44,1, Wiesbaden 1978

Hampson, Arthur, *The Growth and Spread of the Bahā'ī Faith*, Diss. Hawaii 1980

Hartmann, Richard, *Die Religion des Islam*, Berlin 1944, Darmstadt 1992

Hartmann, Richard (Hrsg.), *Preußisches Jahrbuch,* Bd. CXLIII, Berlin 1911
Hatcher, William S./Martin, J. Douglas, *The Bahā'ī Faith — The Emerging Global Religion*, New York 1985
Ḥaydar-'Alī, Ḥājī Mīrzā, *Stories from the Delight of Hearts. The Memoirs of Ḥājī Mīrzā Ḥaydar-'Alī*, translated from the original Persian and abridged by A. Q. Faizi, Los Angeles 1980
Heiler, Friedrich, *Das Gebet. Eine religionsgeschichtliche und religionspsychologische Untersuchung*, München ²1920
Henuzet, Louis, *Les Bahā'īs par Christian Cannuyer. Le Point de Vue d'un Bahā'ī*, Bruxelles o. J.
— »Formation du dogme de la Trinité«, in: *La Pensée Bahá'íe*, Nr. 120, Automne, Bern 1993
Hinz, Walther, *Zarathustra*, Stuttgart 1961
Hofman, David, *A Commentary on the Will and Testament of 'Abdu'l-Bahā*, London 1943 (dt.: 'Abdu'l-Bahās »Wille und Testament«. Eine Betrachtung, Hofheim 1985
Holstein, Günther, *Die Grundlagen des evangelischen Kirchenrechts*, Tübingen, 1928
Hollinger, Richard, »Ibrahim George Kheiralla and the Bahā'ī Faith in America«, in: Juan R. Cole/Moojan Momen (Hrsg.), *Studies in Bābī and Bahā'ī History*, Bd. 2, Los Angeles 1984
Hornby, Helen, *Lights of Guidance. A Reference File*, New Delhi/India 1983, ²1988
Horowitz, Joseph, *Koranische Untersuchungen*, Berlin/Leipzig 1926
Horstmann, Ulrich, *Das Untier. Konturen einer Philosophie der Menschenflucht*, Wien-Berlin 1983
Hourani, George F., *Reason and Tradition in Islamic Ethics*, Cambridge-London-New York u. a. 1985
Hovannisian, Richard G. (Hrsg.), *Ethics in Islam*. Ninth Giorgio Levi Della Vida Biennial Conference, Malibu/Cal. 1983
Huber, Ferdinand: »Die ›administrative Ordnung‹ der Bahā'ī-Religion in der Bundesrepublik«, in: *Materialdienst*, Nr. 2 (1.2.) 1978, S. 40 ff.
Hübener, Wolfgang, »Texte zur Theokratie«, in: Jacob Taubes (Hrsg.), *Theokratie,* München 1967, S. 78-126

Hummel, Reinhart, »Apologetische Modelle«, in: *Begegnung und Auseinandersetzung. Apologetik in der Arbeit der EZW*; *Impulse* Nr. 39, Stuttgart (IX/1994)

— »Der ›Geistige Rat der Bahā'ī‹ ruft zum Schutz der Baha'i im Iran auf«, in: *Materialdienst* 11, November 1983, S. 321 f.

Hutten, Kurt, *Seher, Grübler, Enthusiasten. Sekten und religiöse Sondergemeinschaften der Gegenwart*, Stuttgart [1]1950, [10]1966

— *Seher, Grübler, Enthusiasten. Das Buch der traditionellen Sekten und religiösen Sonderbewegungen*, Stuttgart [12]1982

Hutter, Manfred, *Die Bahā'ī. Geschichte und Lehre einer nachislamischen Weltreligion*, Marburg 1994

— »Der Kitāb-i-Aqdas — das Heilige Buch der Bahā'ī«, in: *Materialdienst* 6/1995

International Bahā'ī Community (Hrsg.), *Bahā'u'llāh. Eine Einführung in Leben und Werk des Stifters der Bahā'ī-Religion*, Hofheim 1992

Ishrāq-Khāvarī, 'Abdu'l-Ḥamīd (Hrsg.), *Ayyām-i-Tis'ih*, 6. Aufl. o. O. (USA) 1981/139

— *Ganjīniy-i-Ḥudūd-va-Aḥkām*, New Delhi, Bahā'ī Publishing Trust 1980

— *Mā'idiy-i Āsmānī*, Band II. Compiled from the Writings of 'Abdu'l-Bahā. Reproduced from and consists of the original *Mā'idiy-i-Asmānī*, volumes II, V and IX which were previously published by the Bahā'ī Publishing Trust of Īrān, New Delhi 1984

— *Raḥīq-i-Makhtūm*, Bd. II, Teheran 131 b =1974/75

Ittivutaka. Das Buch der Herrenworte, eine kanonische Schrift des Pāli-Buddhismus. In erstmaliger Übertragung aus dem Urtext von Dr. Karl Seidensticker, Leipzig 1922

Jäggi, Christian, *Zum interreligiösen Dialog zwischen Christentum, Islam und Bahā'ītum*, Frankfurt/M. 1987

Jaspers, Carl, *Die Atombombe und die Zukunft des Menschen*, München [2]1961

Jerusalemer Talmud, Der, in dt. Übersetzung, übers. von Charles Horowitz, Bd. 1 Berakhoth, Tübingen 1975

Jockel, Rudolf, *Die Glaubenslehren der Bahā'ī-Religion*, Darmstadt 1951 (Diss.)

Johnson, Vernon Elvin: *A Historical Analysis of Critical Transformations in the Evolution of the Bahā'ī World Faith*, Baylor University, 1974 (Diss.)
Jünger, Ernst, *An der Zeitmauer*, Stuttgart 1959
Kasper, Walter, »Religionsfreiheit als theologisches Problem«, in: Schwartländer, Johannes (Hrsg.), *Freiheit der Religion. Christentum und Islam unter dem Anspruch der Menschenrechte*, Mainz 1993
Katechismus der katholischen Kirche, München 1993
Keddie, Nikki R., *Religion and Rebellion in Iran. The Tobacco Protest of 1891-2*, London 1966
Kedouri, Elie, *Afghani and 'Abduh*, London 1966
Khan, Peter J., »Wie einst die Verfolgung der Christen«, in: *Bahā'ī-Briefe* Nr. 51, April 1986, S. 188
Khoury, Adel Th., *Was sagt der Koran zum Heiligen Krieg?*, Gütersloh 1991
Kirmānī, Mīrzā Aqā Khān/Aḥmad Rūḥī Kirmānī, *Hasht Bihisht*, (Teheran ca. 1958)
Krämer, Peter, *Kirchenrecht* Bd. II, Ortskirche — Gesamtkirche, Stuttgart-Berlin-Köln 1993
Küenzlen, Gottfried, »Kirche und die geistigen Strömungen der Zeit. Grundaufgaben heutiger Apologetik«, in: *Begegnung und Auseinandersetzung. Apologetik in der Arbeit der EZW. Impulse* Nr. 39, Stuttgart (IX/1994)
Küng, Hans, *Projekt Weltethos*, München ²1990
— *Unfehlbar? Eine unerledigte Anfrage*. Mit einem aktuellen Vorwort von Herbert Haag, erw. Neuausgabe, München-Zürich 1989
Küng, Hans/Josef van Ess/Heinrich Stietencron/Heinz Bechert, *Christentum und Weltreligionen. Hinführung zum Dialog mit Islam, Hinduismus und Buddhismus*, München-Zürich 1984
Küng, Hans/Karl-Josef Kuschel (Hrsg.), *Erklärung zum Weltethos. Die Deklaration des Parlaments der Weltreligionen*, München-Zürich 1993
Kuper, Leo, *The Prevention of Genocide*, New Haven 1985
Lähnemann, Johannes, »Die Frage nach Gott in einer säkularen Welt und der Dialog der Weltreligionen«, in: Der Nationale Geistige Rat (Hrsg.), *Gedenkfeier zum hundertsten Jahrestag*

des Hinscheidens Bahā'u'llāhs in der Paulskirche zu Frankfurt am Main am 26. Mai 1992 — Eine Dokumentation, Hofheim 1992

Lähnemann, Johannes (Hrsg.), *›Das Projekt Weltethos‹ in der Erziehung. Nürnberger Forum 1994* (Pädagogische Beiträge zur Kulturbegegnung Bd. 14), Hamburg 1995

— *Das Wiedererwachen der Religionen als pädagogische Herausforderung. Interreligiöse Erziehung im Spannungsfeld von Fundamentalismus und Säkularismus* (Pädagogische Beiträge zur Kulturbegegnung, Bd. 10), Hamburg 1992

Lambden, Stephen: »Antichrist-Dajjāl: Some notes on the Christian and Islāmic Antichrist traditions and their Bahā'ī interpretation«, in: *Bahā'ī Studies Bulletin*, Bd. 1, Nr. 2, 1982, S. 14-49, Nr. 3, S. 3-43

— »An Episode in the Childhood of the Bāb«, in: Peter Smith (Hrsg.), *In Iran*, Studies in Bābī & Bahā'ī History Bd. 3, Los Angeles 1986

— »Some Notes on Bahā'u'llāh's gradually evolving Claims of the Adrianople/Edirne Period«, in: *Bahā'ī Studies Bulletin*, Bd. 5:3-6:1, Juni 1991, S. 75 ff.

Lang, Bernhard, »Theokratie: Geschichte und Bedeutung eines Begriffs in Soziologie und Ethnologie«, in: Jacob Taubes (Hrsg.), *Theokratie*, München 1967, S. 11-28

Laszlo, Ervin (Hrsg.), *Rettet die Weltkulturen. Report einer unabhängigen internationalen Expertengruppe an die UNESCO*, Stuttgart 1993

Lawson, Todd, »L'Éternel de Noms«, in: *Encyclopédie Philosophique Universelle*, Bd. III.1, Paris 1992

— »Qur'ān Commentary as Sacred Performance: The Bāb's tafsīrs of Qur'ān 103 and 108«, in: J. Christoph Bürgel [Hrsg.], *Der Iran im 19. Jahrhundert und die Entstehung der Bahā'ī-Religion* (in Vorbereitung)

— »The Terms ›Remembrance‹ (dhikr) and ›Gate‹ (bāb) in the Bāb's Commentary on the Sura of Joseph«, in: Moojan Momen (Hrsg.), *Studies in the Bābī and Bahā'ī Religions*, Bd. 5, Los Angeles 1988, S. 1 ff.

Lerche, Charles (Hrsg.), *Emergence, Dimensions of a New World Order*, London 1991

Lewis, Bernard, *Die politische Sprache des Islam*, Berlin 1991
Lichtenberg, Georg Christoph, *Werke in einem Band. Aphorismen — Briefe — Aufsätze — Essays*, hrsg. von Peter Plett, Hamburg o. J.
Liebs, Detlef, *Lateinische Rechtsregeln und Rechtssprichwörter*, zusammengestellt, übersetzt und erläutert von Detlef Liebs, Darmstadt 1982
Lobkowicz, Nikolaus/Anselm Hertz, *Am Ende der Religion? Ein Streitgespräch*, Zürich 1976
Loeppert, Theodor A., *Die Fortentwicklung der Bābī-Bahā'ī im Westen*, Leipzig 1932 (Diss.)
Luckmann, Thomas, *Die unsichtbare Religion*, Frankfurt 1991
Luther, Martin, *Dr. Martin Luthers Werke*. Kritische Gesamtausgabe, Weimar, Hermann Böhlaus Nachfolger, Weimar, Bd. 11: 1900; Bd. 18:1908; Bd. 42: 1911; Bd. 54:1928
— *Tischreden* Bd. 3, Weimar 1914
MacEoin, Denis, »Early Shaykhī Reactions to the Bāb and His Claims«, in: Moojan Momen (Hrsg.), *Studies in Bābī and Bahā'ī History*, Bd. 1, Los Angeles 1982
— »Hierarchy, Authority, and Eschatology in early Bābī Thought«, in: Peter Smith (Hrsg.), *In Iran. Sudies in Bābī & Bahā'ī History*, Bd. 3, Los Angeles 1986, S. 95-155
— *A Revised Survey of the Sources for Early Bābī Doctrine and History*, Diss. Cambridge 1977
— *From Shaykhism to Babism*, unveröffentlichte Diss., Cambridge 1979
— »The Shi'i Establishment in Modern Iran«, in: Denis MacEoin/Ahmed Al-Shahi (Hrsg.), *Islam in the Modern World*, London/Canberra 1983, S. 88-108
— *The Sources for Early Bābī Doctrine and History. A Survey*, Leiden-New York-Köln 1992
Madelung, Wilfred, »Aspects of Ismā'īlī Theology: The Prophetic Chain and the God Beyond Being«, in: Seyyed Hossein Nasr (Hrsg.), *Ismā'īlī Contributions to Islamic Culture*, Teheran 1977
Maier, Hans, *Kritik der politischen Theologie*, Einsiedeln 1970

Maimonides, Moses, *Führer der Unschlüssigen* (*Dalālat al-Ḥā'i-rīn*), Übersetzung und Kommentar von Adolf Weiss, mit einer Einleitung von Johann Maier, 2. und 3. Buch, Hamburg 1972

Martin, Douglas, »The Bahā'ī's of Iran under the Pahlavi Regime 1921-1979«, in: *Middle East Focus* 4.6, 1982, S. 7 ff.

— »The Missionary as Historian«, in: *Bahā'ī Studies. A Publication of the Association for Bahā'ī Studies*, Bd. 4, Ottawa/Ontario 1977

— »The Persecution of the Bahā'īs of Iran 1844-1984«, in: *Bahā'ī Studies. A Publication of the Canadian Association for Bahā'ī Studies*, Nr. 12/13), Ottawa 1984

Maunz, Theodor/Günter Dürig, *Grundgesetz. Kommentar*, München 1991

May, Dann J., »A Preliminary Survey of Hermeneutical Principles within the Bahā'ī Writings«, in: *The Journal of Bahā'ī Studies*, Bd. 1 Nr. 3, Ottawa 1989

McLean, Jack, *Dimensions in Spirituality. Reflections on the Meaning of Spiritual Life and Transformation in the Light of the Bahā'ī Faith*, Oxford 1994

— »Prolegomena to a Bahā'ī Theology«, in: *The Journal of Bahā'ī Studies*, Bd. 5 Nr. 1, March-June 1992

Meinhold, Peter, *Die Religionen der Gegenwart. Herkunft und Besonderheiten. Begegnung und Zusammenarbeit heute. Ihr Beitrag zur Bewältigung der Weltprobleme*. Mit einem vergleichenden Themenregister, Freiburg i. Br. 1978

Mensching, Gustav, *Soziologie der Religion*, 2. neubearb. und erw. Aufl. Bonn 1968

Miers, Horst E., Stichwort »Bahai«, in: *Lexikon des Geheimwissens*, Freiburg 1970, S. 60 f.

Mieth, Dietmar, »Gewissen«, in: Böckle, Franz (Hrsg.), *Christlicher Glaube in moderner Gesellschaft*, Freiburg 1981

Mihrābkhānī, Rūḥu'llāh, *Zindigānīy-i-Abū'l-Faḍl-i-Gulpāygānī*, Hofheim 1988

Mildenberger, Michael, »Die Baha'i-Religion«, in: *Evangelisches Gemeindeblatt für Württemberg*, Nr. 36 vom 9. Sept. 1979

— »Die religiöse Szene. Kirchliche Apologetik als Sündenbock«, in: *Evangelische Kommentare*, 1982, S. 190 ff.

Miller, William McElwee, *The Bahā'ī Faith. Its History and Teachings*, South Pasadena 1974
Minority Rights Group, *The Baha'is of Iran*. Report No. 51, London ³1985
Mirbt, Carl, *Quellen zur Geschichte des Papsttums und des römischen Katholizismus*, 6. völlig neu bearbeitete Auflage von Kurt Aland, Bd. 1: Von den Anfängen bis zum Tridentinum, Tübingen 1967
Mirza Ḥuseyn Hamadānī, *The Tārikh-i-Jadīd or New History*, übersetzt von Edward G. Browne, Cambridge 1893
Moayyad, Heshmat (Hrsg.), *The Bahā'ī Faith and Islam. Proceedings of a Symposium*, McGill University, March 23-25 1984, Ottawa 1990
Mörsdorf, Klaus, *Lehrbuch des Kirchenrechts auf Grund des Codex Iuris Canonici*, begründet von Eduard Eichmann, fortgeführt von Klaus Mörsdorf, Paderborn ¹¹1967
Momen, Moojan, *Bahā'ī Focus on Development*, London 1988
— »The Bahā'ī Influence on the Reform Movements of the Islamic World in the 1860's and 1870's«, in: Stephen Lambden (Hrsg.), *Bahā'ī Studies Bulletin*, Bd. 2.2, Newcastel-upon-Thyne,1983, S. 47-65
— »The Cyprus Exiles«, in: *Bahā'ī Studies Bulletin*, Bd. 5:3-6:1, June 1992, S. 84 ff.
— »Early Relations between Christian Missionaries and the Bābī and Bahā'ī Communities«, in: ders., (Hrsg.), *Studies in Bābī & Bahā'ī History*, Bd. 1, Los Angeles 1982
— *An Introduction to Shi'i Islam. The History and Doctrines of Twelver Shi'ism*, Oxford 1985
— »Relativism: A Basis for Bahā'ī Metaphysics«, in: *Studies in Bahā'ī & Bahā'ī-Religions*, Bd. 5, Los Angeles 1988, S. 185 ff.
— »The Trial of Mullā 'Alī Basṭāmī: A combined Sunnī-Shī'ī Fatwā against the Bāb«, in: *Iran. Journal of Persian Studies* 22, London 1982
Momen, Moojan (Hrsg.), *The Bābī and Bahā'ī Religions, 1844-1944. Some Contemporary Western Accounts*, Oxford 1981
— *Selections from the Writings of E. G. Browne on the Bābī and Bahā'ī Religions*, Oxford 1987

— *Studies in Bābī and Bahā'ī History*, Los Angeles, Bd. 1, 1982, Bd. 2, 1984
— *Studies in the Bābī and Bahā'ī Religions*, Bd. 5, Los Angeles 1988
Momen, Wendy (Hrsg.), *A Basic Bahā'ī Dictionary*, Oxford 1989
Mottahedeh, Roy, *Der Mantel des Propheten*, München 1987
Muḥammad-i-Zarandī, *Nabils Bericht. Aus den frühen Tagen der Bahā'ī-Offenbarung*, 3 Bde. Hofheim 1975, 1982 und 1991
Muir, William, *The Life of Mahomet*. With introductory chapters on the original sources for the biography of Mahomet, and on the pre-islamite history of Arabia, Bd. I, London 1861
Mulla, D. F., *Principles of Muhammadan Law*, Lahore, o. J.
Nagel, Tilman, *Rechtleitung und Kalifat. Versuch über eine Grundfrage der islamischen Geschichte* (Bonner orientalistische Studien 27,2), Bonn 1975
National Spiritual Assembly of the Bahā'īs of Canada, The (Hrsg.), *The Power of the Covenant*, Teil 2, Ottawa 1976
National Spiritual Assembly of the Bahā'īs of the United Kingdom, The (Hrsg.), *Principles of Bahā'ī Administration*. A Compilation, London [3]1973
Nationaler Geistiger Rat der Bahā'ī (Hrsg.), *Die Bahā'ī im Iran. Dokumentation der Verfolgung einer religiösen Minderheit*, Hofheim 1985
— *Drogen und Suchtstoffe*. Textzusammenstellung aus den Schriften Bahā'u'llāhs und 'Abdu'l-Bahās sowie aus den Briefen Shoghi Effendis und des Universalen Hauses der Gerechtigkeit, Hofheim 1991
— *Gedenkfeier zum hundertsten Jahrestag des Hinscheidens Bahā'u'llāhs. Eine Dokumentation*, Hofheim 1992
— *Die Nationaltagung*. Erklärung und Textzusammenstellung der Forschungsabteilung des Universalen Hauses der Gerechtigkeit, Hofheim 1993
— *Der Sechsjahresplan 1986-1992. Weltweite Hauptziele, internationale und nationale Ziele der deutschen Bahā'ī-Gemeinde*, Hofheim 1987
— *Umwelt und Wertordnung*, Hofheim 1975
Neumann, Karl Eugen, *Übertragungen aus dem Pāli Kanon*. Gesamtausgabe in drei Bänden, Bd. III, Zürich-Wien 1957

Nicolai, Heinz (Hrsg.), *Goethes Gedichte in zeitlicher Folge*, Frankfurt 1982

Nicolas, Louis Alphonse Daniel (A.-L.-M.), »Le Béhais et le Bâb«, in: *Journal Asiatique ou recueil de mémoires d'extraits et de notices relatifs à l'histoire*, par la Société Asiatique, Bd. 222, Paris 1933, S. 257 ff.

— *Essai sur le Chéikhisme*, 4 Bde., Paris 1910, 1911, 1914, o. J.

— *Qui est le successeur du Bab?*, Paris 1933

Nirumand, Bahman/Gabriele Yonan, *Iraner in Berlin*, Berlin 1994

Nyanatiloka, *Das Wort des Buddha*. Eine systematische Übersicht der Lehre des Buddha in seinen eigenen Worten, ausgewählt, übersetzt und erläutert von Nyanatiloka, 4., revidiert. Aufl., Konstanz 1978

Ökumenischer Rat der Kirchen, *Leitlinien zum Dialog mit Menschen verschiedener Religionen und Ideologien*, hrsg. von der Evangelischen Zentralstelle für Weltanschauungsfragen (Arbeitstexte Nr. 19/VI), Stuttgart 1979

Papst Johannes Paul II, *Enzyklika Veritatis Splendor. Glanz der Wahrheit*, Stein am Rhein 1993

Paret, Rudi, *Zur Frauenfrage in der arabisch-islamischen Welt*, Stuttgart-Berlin 1934

Perlitt, Lothar, »Gebot und Gehorsam im Alten Testament«, in: Wolfgang Böhme (Hrsg.), *Gehorsam — eine Tugend?* Herrenalber Texte 45, Karlsruhe 1982

Pfleger, Claudia/Friederike Valentin, *Baha'i. Geschichte—Lehre —Praxis* (Dokumentation 1/1981), Referat für Weltanschauungsfragen, Sekten und religiöse Gemeinschaften beim Erzbischöflichen Ordinariat Wien

Phelps, Myron H., *Life and Teachings of Abbas Effendi*, New York-London ²1912; Neuauflage unter dem Titel *The Master in 'Akkā,* revised and annotated with a new foreword by Marzieh Gail, Los Angeles 1985

Pieper, Josef, *Das Viergespann. Klugheit, Gerechtigkeit, Tapferkeit, Maß*, München 1964

Plato, *Der Staat. Über das Gerechte*. Eingeführt von Gerhard Krüger, übertragen von Rudolf Rufener, Zürich 1950

Popper, Karl R., *Logik der Forschung*, Tübingen, 2. erw. Aufl. 1966

— *Objektive Erkenntnis. Ein evolutionärer Entwurf*, Hamburg 1972
Rabbani, Rūḥīyyih, *Die unschätzbare Perle. Leben und Werk Shoghi Effendis*, Hofheim 1982
— *Twenty-five Years of the Guardianship*, Wilmette/Ill. 1948
Radbruch, Gustav, *Rechtsphilosophie*, hrsg. von Erik Wolf und Hans-Peter Schneider, Stuttgart [8]1973
Rafati, Vahid: *The Development of Shaykhī Thought in Shī'ī Islam*, 1979
— »The Development of Shaykhī Thought in Shī'ī Islam«, in: Heshmat Moayyad (Hrsg.), *The Bahā'ī Faith and Islam*, Ottawa 1990, S. 93-109
Rahman, Fazlur, »Law and Ethics in Islam«, in: Hovannisian, Richard G. (Hrsg.), *Ethics in Islam*. Ninth Giorgio Levi Della Vida Biennial Conference, Malibu/Cal. 1983
Rasmussen, Emil, »Der Bahā'īsmus«, in: *Zeitschrift für Religionspsychologie. Grenzfragen der Theologie und Medizin*, Bd. I, Halle 1908, S. 382-389
Rauch, Hans-Joachim, »Brauchen wir noch eine forensische Psychiatrie?«, in: *Festschrift für Heinz Leferenz zum 70. Geburtstag*, hrsg. von Hans-Jürgen Kerner, Hans Göppinger und Franz Streng, Bd. XV, Heidelberg 1983
— »Situation und Tendenzen der forensischen Psychiatrie« im Jahrbuch *FORENSIA*, Bd. 1, Berlin-Heidelberg u. a. 1990
Reat, N. Ross/Edmund F. Perry, *A World Theology. The Central Spiritual Reality of Humankind*, Cambridge, N. Y.-New York-Port Chester-Melbourne-Sydney 1991
Reicke, Siegfried, *Kirchenrecht*. Teilabdruck aus der Einführung in die Rechtswissenschaft, hrsg. von R. Reinhard, Marburg 1950
Richards, J. R., *The Religion of the Bahā'īs*, London 1932
Römer, Hermann, *Die Bābī-Behā'ī. Eine Studie zur Religionsgeschichte des Islams*, Potsdam 1911 (Diss.)
— *Die Bābī-Behā'ī. Die jüngste muhamedanische Sekte*, Potsdam 1912
— *Die Bābī-Behā'ī*, in: *Der Islam*, Bd. 5, Zürich 1914
— »Der Behaismus«, in: *Evangelisches Missions-Magazin*, NF, 52. Jg, Basel 1908, S. 321-331

— Die behaistische Propaganda im Abendland, in: ders., *Die Propaganda für asiatische Religionen im Abendland*, Basler Missionsstudien, Heft 10, Basel 1910, S. 45-55

Rosenkranz, Gerhard, *Die Bahā'ī. Ein Kapitel neuzeitlicher Religionsgeschichte*, Stuttgart 1949

Rotter, Gernot, *Allahs Plagiator. Die publizistischen Raubzüge des »Nahostexperten« Gerhard Konzelmann*, Heidelberg 1992

Sachedina, Abulaziz Abulhussein, *Islamic Messianism. The Idea of the Mahdi in Twelver Shi'ism*, Albany 1981

Saddhatissa, H., *Buddhist Ethics. Essence of Buddhism*, London 1970

Salmānī, Ustād Muḥammad-'Alīy-i Salmānī, the Barber, *My Memories of Bahā'u'llāh*, Los Angeles 1982

Savi, Julio, *The Eternal Quest for God: an Introduction to the Divine Philosophy of 'Abdu'l-Bahā*, Oxford 1989

Schacht, Joseph, *An Introduction to Islamic Law*, Oxford 1964, reprinted 1982

Schaefer, Udo, Antwort an einen Theologen, in: »*Religion nach Maß? Urteile evangelischer Theologen — Entgegnungen*«, Stuttgart 1970

— *Der Bahā'ī in der modernen Welt*, Hofheim ²1981

— *Die Bahā'ī-Religion im Spiegel christlicher Betrachtung. Ein Briefwechsel*, Frankfurt 1960

— »Bahā'u'llāhs Einheitsparadigma — Grundlage eines Ethos ohne falsche Vereinnahmungen?«, in: J. Lähnemann (Hrsg.), *›Das Projekt Weltethos‹ in der Erziehung*, Hamburg 1995

— »›The Balance Hath Been Appointed‹: Some Thoughts on the Publication of the Kitāb-i-Aqdas«, in: *Bahā'ī Studies Review*, Bd. 3 Nr. 1, London 1993

— *Ethische Aspekte des Rauchens. Ein Beitrag zur Bahā'ī-Ethik*, Hofheim ²1993

— *Die Freiheit und ihre Schranken. Zum Begriff der Freiheit in Bahā'u'llāhs Kitāb-i-Aqdas*, Hofheim 1994

— *Die Grundlagen der 'Verwaltungsordnung' der Bahā'ī*, Heidelberg 1957 (Diss).

— *Heilsgeschichte und Paradigmenwechsel. Zwei Beiträge zur Bahā'ī-Theologie*, Prag 1992. (Rev. und erw. engl. Ausgabe:

Beyond the Clash of Religions. The Emergence of a New Paradigm, Prag 1995)
— *The Light Shineth in Darkness. Fives Studies in Revelation after Christ*, Oxford/England 1977
— *Die mißverstandene Religion. Das Abendland und die nachbiblischen Religionen*, Frankfurt am Main 1968
— *Sekte oder Offenbarungsreligion? Zur religionswissenschaftlichen Einordnung des Bahā'ī-Glaubens*, Hofheim 1982
Schäfer, Richard, *Die neue Religion des falschen Christus. Wider den Behā'ismus*, Cassel 1912
Schelsky, Helmut, *Die Arbeit tun die anderen. Klassenkampf und Priesterherrschaft der Intellektuellen*, Opladen ²1977
Scheurlen, Paul G., *Die Sekten der Gegenwart und neuere Weltanschauungsgebilde*, Stuttgart, Quell-Verlag der Evangelischen Gesellschaft, ²1921, ⁴1930
Schimmel, Annemarie, *Mystische Dimensionen des Islam. Die Geschichte des Sufismus*, Köln 1985
Schmithals, Walter, »›Seid gehorsam.‹ Neutestamentliche Überlegungen zum Gehorsam Christi und der Christen«, in: W. Böhme (Hrsg.), *Gehorsam — eine Tugend?* Herrenalber Texte 45, Karlsruhe 1982
Schmitt, Carl/Eberhard Jüngel/Sepp Schelz (Hrsg.), *Die Tyrannei der Werte*, Hamburg 1979
Schnackenburg, Rudolf, *Die Bergpredigt. Utopische Vision oder Handlungsanweisung?* Mit Beiträgen von Johannes Gründel, Hans-Richard Reuter und Rudolf Schnackenburg (Schriften der Katholischen Akademie in Bayern Bd. 107), Düsseldorf 1982
Schoeps, Hans-Joachim, *Jüdisch-christliches Religionsgespräch in neunzehn Jahrhunderten*, Frankfurt 1949
Schopenhauer, Arthur, *Die beiden Grundprobleme der Ethik*, Leipzig 1860
Schumann, Olaf: »Besprechung zu Ficicchias ›Der Bahā'ismus‹«, in: *Der Islam*, Jg. 62, 1985
Schwartländer, Johannes, *Freiheit der Religion. Christentum und Islam unter dem Anspruch der Menschenrechte*, Mainz 1993
Sdun-Fallscheer, Gerda, *Jahre des Lebens*, Stuttgart 1985
Shoghi Effendi, *The Advent of Divine Justice*, Wilmette/Ill. 1971

— *Bahā'ī Administration*, Wilmette/Ill. [6]1953, erw. Aufl. [6]1968
— *Citadel of Faith* (Briefe 1947-1957, Erstveröffentlichung unter diesem Titel 1965), Wilmette/Ill. [2]1970
— *The Dawn of a New Day. Messages to India 1923-1957*, New Delhi 1970
— *God passes by*, 1944, Wilmette [3]1974, [7]1970
— *Gott geht vorüber*, mit einer Einführung von George Townshend, Oxford 1954, Hofheim [2]1974
— *Guidance for Today and for Tomorrow. A Selection of the Letters of the Late Guardian of the Bahā'ī Faith*, London [2]1973
— *Das Kommen göttlicher Gerechtigkeit*, Frankfurt 1969
— *The Light of Divine Guidance. The Messages from the Guardian of the Bahā'ī Faith to the Bahā'īs of Germany and Austria*, 2 Bde. Hofheim 1982/1985
— *Messages to America. Selected Letters and Cablegrams Addressed to the Bahā'īs of North America 1932-1946*, Wilmette/Ill., 1947
— *Messages to the Bahā'ī World 1950-1957*, Wilmette/Ill., [2]1971
— *The Promised Day is Come* (1941), Wilmette/Ill. [3]1980
— *Tawqī'āt-i-Mubārakih 1922-1948. Briefe an die persische Bahā'ī-Gemeinde in der Zeit von 1922 bis 1949*, Bd. 3, Teheran 1973
— *Unfolding Destiny. The Messages from the Guardian of the Bahā'ī Faith to the Bahā'ī Community of the British Isles*, London 1981
— *Der verheißene Tag ist gekommen*, Frankfurt/M. 1967
— *Die Weltordnung Bahā'u'llāhs. Briefe von Shoghi Effendi*, Hofheim 1977
— *The World Order of Bahā'u'llāh*, Wilmette/Ill., 3nd rev. edn 1974
— *Zum wirklichen Leben. Auszüge aus Briefen und Schriften 1923-1957*, hrsg. vom Universalen Haus der Gerechtigkeit, Oberkalbach 1974
Shoghi Effendi (Hrsg.), *Nabīls Bericht aus den frühen Tagen der Bahā'ī-Offenbarung*, aus dem Persischen übersetzt und herausgegeben von Shoghi Effendi, 3 Bände, Hofheim 1975, 1982, 1991
Simrock, Karl, *Deutsche Sprichwörter*, Eltville am Rhein 1988

Smith, Peter, »Additional doctoral and master's theses relating to Babi and Baha'i subjects«, in: *Bulletin of the British Society for Middle Eastern Studies*, Bd. 9, Heft 1, 1982, S. 89 ff.
— »The American Bahā'ī Community, 1894-1917: A Preliminary Survey«, in: Moojan Momen (Hrsg.), *Studies in Bābī and Bahā'ī History*, Bd. 1, Los Angeles 1982
— *The Babi and Baha'i Religions. From Messianic Shi'ism to a World Religion*, Cambridge 1987
— *The Bahā'ī Religion. A Short Introduction to its History and Teaching*, Oxford 1988
— »Millennialism in the Babi and Baha'i Religions«, in: Roy Wallis (Hrsg.): *Millennialism and Charisma*, Belfast, 1982, S. 231-283
— »Motif Research: Peter Berger and the Bahā'ī Faith«, in: *Religion* 8, 1978, S. 210-234
— »A Note on the Babi and Baha'i Numbers in Iran«, in: *Iranien Studies*, 15, 1984, S. 295-301
— *A sociological Study of the Bābī and Bahā'ī Religions*, Diss. Lancaster 1982
Smith, Peter (Hrsg.), *In Iran*, Studies in Bābī & Bahā'ī History Bd. 3, Los Angeles 1986
Smith, Peter/Moojan Momen, »The Bābī Movement: A Resource Mobilization Perspective«, in: Peter Smith (Hrsg.), *In Iran*, Studies in Bābī & Bahā'ī History Bd. 3, Los Angeles 1986, S. 33-93
Smith, Phillip. R., »What was a Bahā'ī? Concerns of British Bahā'īs 1900-1920«, in: Moojan Momen (Hrsg.), *Studies in the Bābī and Bahā'ī Religions*, Bd. 5, Los Angeles 1988
Smith, Wilfred Cantwell, *On Understanding Islam. Selected Studies*, Den Haag-Paris-New York 1981
Sohm, Rudolf, *Kirchenrecht*, Bd. 1: »Die geschichtlichen Grundlagen«, Leipzig 1892; Bd. 2: »Katholisches Kirchenrecht«, Leipzig 1923
Sohrab, Mirza Ahmad: *The Will and Testament of Abdul Baha: An Analysis*, New York 1944
— *Broken Silence*, New York 1942
Sölle, Dorothee, *Atheistisch an Gott glauben*, Olten 1968

Sprung, Christopher, »Die Bahā'ī. Geächtet und verfolgt in islamischen Ländern«, in: *pogrom* 137, 18. Jahrgang 1987

Stileman, Charles H., »The Followers of Behā in Persia«, in: *Church Missionary Intelligencer*, Bd. XLIX, Bd. XXIII. New Series, London 1898, S. 645-648

Stockman, Robert H., *The Bahā'ī Faith in America. Origins 1892-1900*, Bd. 1, Wilmette/Ill. 1985

Swidler, Leonard, »Interreligious and Interideological Dialogue: The Matrix for all Systematic Reflection«, in: *Toward a Universal Theology of Religion*, hrsg. von Leonard Swidler, New York: Maryknoll, 1987

Swidler, Leonard et al. (Hrsg.), »A Dialogue on Dialogue«, in: *Death or Dialogue? From the Age of Monologue to the Age of Dialogue*, London 1990

Ṭabāṭabā'ī, 'Allāmah Sayyid Muḥammad Ḥusayn, *Shi'ite Islam*, translated from the Persian and edited with an Introduction and Notes by Seyyed Hossein Nasr, New York 1975

Ṭabāṭabā'ī, Muḥīt: »Kitābī bī nām bā nāmī tāzih«, in: *Gawhar*, Nr. 11 und 12, 2. Jahrgang, 1353/1975

— »Tārīkh-i qadīm wa jadīd«, in: *Gawhar*, Nr. 5 und 6, 3. Jahrgang, 1354/1976

Taherzadeh, Adib, *The Covenant of Bahā'u'llāh*, Oxford 1992

— *Die Offenbarung Bahā'u'llāhs*, Bd. 1, Baghdād 1853-1863, Hofheim 1981, Bd. 2, Adrianopel 1863-68, Hofheim 1987, Bd. 3, 'Akkā. Die ersten Jahre 1868-77, Hofheim 1992; Bd. 4: Mazra'ih und Bahjī: 1877-92, Hofheim 1995

— *The Revelation of Bahā'u'llāh*, Bd. 4, Oxford 1992

Taubes, Jakob, *Theokratie*, München 1967

Tenbruck, Friedrich, *Zur Kritik der planenden Vernunft*, Freiburg 1972

Thomas von Aquin, »Catena Aurea in Matthaeum«, in: *S. Thomae Aquinatis Opera Omnia*, Bd. 5, Commentaria in Scripturas, Stuttgart-Bad Cannstatt 1980

— *In Decem Libros Ethicorum Aristotelis ad Nicomachum*, Taurino-Romae: Marietti 1949

— *Summa Theologica*. Vollständige ungekürzte dt.-lat. Ausgabe. Übersetzt von Dominikanern und Benediktinern Deutschlands und Österreichs, Graz 1955-1982

Tibi, Bassam, *Der Islam und das Problem der kulturellen Bewältigung sozialen Wandels*, Frankfurt [2]1991
Towfigh, Nicola, *Schöpfung und Offenbarung aus der Sicht der Bahā'ī-Religion anhand ausgewählter Texte*, Hildesheim 1989 (Diss.)
— »Schöpfung und Offenbarung in der Bahā'ī-Religion«, in: *Zeitschrift der Deutschen Morgenländischen Gesellschaft*, Supplement VII: XXIII. Deutscher Orientalistentag vom 16.-20. September 1985 in Würzburg. Ausgewählte Vorträge, hrsg. von Einar v. Schuler, Stuttgart 1989, S. 187-192
Trillhaas, Wolfgang, *Zur Theologie der Todesstrafe*, Heidelberger Jahrbücher 1951/V (Sonderdruck)
Troeltsch, Ernst, *Die Soziallehren der christlichen Kirchen und Gruppen*, Tübingen [3]1923
Tworuschka, Udo: *Die vielen Namen Gottes*, Gütersloh 1985
Universale Haus der Gerechtigkeit, Das (Hrsg.), *Bahā'ī-Versammlungen und Neunzehntagefest*. Aus den Schriften 'Abdu'l-Bahās und Shoghi Effendis zusammengestellt vom Universalen Haus der Gerechtigkeit, Hofheim 1978
— *Bahā'ī-Wahlen*. Eine Textzusammenstellung der Forschungsabteilung des Universalen Hauses der Gerechtigkeit, Hofheim 1990
— *Bahīyyih Khānum. The Greatest Holy Leaf. A compilation from Bahā'ī sacred texts and writings of the Guardian of the Faith and Bahīyyih Khanum's own letters*, Haifa 1982
— *The Constitution of the Universal House of Justice. Declaration of Trust*, Haifa 1972
— *Frauen*. Aus Bahā'ī-Schriften zusammengestellt von der Forschungsabteilung des Universalen Hauses der Gerechtigkeit. Aus dem Englischen ins Deutsche übersetzt, Hofheim 1986
— *Freiheit und Ordnung. Eine Botschaft des Universalen Hauses der Gerechtigkeit an die Bahā'ī der Vereinigten Staaten von Amerika*, Hofheim 1989
— *Frieden*. Aus den Schriften Bahā'u'llāhs, 'Abdu'l-Bahās und Shoghi Effendis, sowie Briefen des Universalen Hauses der Gerechtigkeit, zusammengestellt von der Forschungsabteilung des Universalen Hauses der Gerechtigkeit, Hofheim 1986

— *Geistige Räte — Häuser der Gerechtigkeit*. Aus den Schriften Bahā'u'llāhs, 'Abdu'l-Bahās und Shoghi Effendis, Hofheim 1975
— *Ḥuqūqu'llāh. The Right of God*, compiled by the Research Department of the Universal House of Justice, Bahā'ī World Centre, published by The Bahā'ī Publishing Trust of the United Kingdom, Oakham 1986
— *Messages from the Universal House of Justice 1968-1973*, Wilmette/Ill. 1976
— *The Six-Year-Plan 1986-1992. Summary of its Achievements*, Haifa 1993
— *Die Verheißung des Weltfriedens. Eine Botschaft des Universalen Hauses der Gerechtigkeit*, Hofheim 1985
— *Vertrauenswürdigkeit — Eine Kardinaltugend der Bahā'ī*. Aus den Bahā'ī-Schriften zusammengestellt von der Forschungsabteilung des Universalen Hauses der Gerechtigkeit, Hofheim 1990
— *Wellspring of Guidance. Messages from the Universal House of Justice. 1963-1968*, Wilmette/Ill. 1969
Wach, Joachim, *Religionssoziologie*, Tübingen 1951
Walther, Christian, »Freiheit und Gehorsam — Wie lassen sie sich vereinbaren?«, in: W. Böhme (Hrsg.), *Gehorsam — eine Tugend?* Herrenalber Texte 45, Karlsruhe 1982
Watt, W. Montgomery/Alford T. Welch, *Der Islam I*, Stuttgart 1980
Watt W. Montgomery/Michael Marmura, *Der Islam II*, Stuttgart 1985
Weizsäcker, Carl Friedrich von, *Der bedrohte Friede*, München ^{2}1983
White, Ruth Berkeley: *Abdul Bahā's Alleged Will is Fraudulent*, Rutland/Vermont 1930
— *Abdul Baha and The Promised Age*, New York 1927
— *Abdul Bahas Questioned Will and Testament*, Beverly Hills 1946
— *Abdul Baha und das Verheißene Zeitalter*, Stuttgart 1930
— *Bahai leads out of the Labyrinth*, New York 1944
— *The Baha'i Religion and its Enemy: the Baha'i Organization*, Rutland/Vermont 1929

— *Is The Bahai Organization the Enemy of the Bahai Religion? An Appendix to Abdul Baha and the Promised Age*, New York, January 1929

Widengren, Geo, *Die Religionen Irans*, Stuttgart 1965

Wilken, Robert, *Die frühen Christen*, Graz 1986

Wrede, Wilhelm, *Das Messiasgeheimnis in den Evangelien*, Göttingen 1901, ³1965

Wright, Austin Henry, »Bâb und seine Secte in Persien«, in: *Zeitschrift der Deutschen morgenländischen Gesellschaft*, Bd. 5, Leipzig 1851, S. 384 f.

Yaḥyā, Mīrzā (Ṣubḥ-i-Azal), *Mustayqiẓ*, o. O. (Teheran), o. J.

Yonan, Gabriele, *Weltreligionen in Berlin*, Berlin 1993

— »Zentrum persischer Kultur zwischen den Weltkriegen«, in: Nirumand, Bahman/ Gabriele Yonan (Hrsg.), *Iraner in Berlin*, hrsg. von der Ausländerbeauftragten des Senats, Berlin 1994

Zahrnt, Heinz, *Gotteswende. Christsein zwischen Atheismus und neuer Religiosität*, München-Zürich, ³1992

Zeeden, Ernst Walter, *Die Entstehung der Konfessionen. Grundlagen und Formen der Konfessionsbildung im Zeitalter der Glaubenskämpfe*, München-Wien 1965

— *Konfessionsbildung: Studien zur Reformation, Gegenreformation und katholischer Reform*, Stuttgart 1985

Zimmer, Hermann: *A Fraudulent Testament devalues the Bahai Religion into Political Shoghism*, Waiblingen/Stuttgart 1973

— *Eine Testamentsfälschung wertet die Bahai-Religion ab in den politischen Shoghismus*, Waiblingen/Stuttgart 1971

— *Die Wiederkunft Christi*, Waiblingen ²1984

Zirker, Hans, *Christentum und Islam. Theologische Verwandtschaft und Konkurrenz*, Düssedorf ²1992

ZEITSCHRIFTEN

Allgemeine Missions-Zeitschrift, Monatshefte für geschichtliche und theoretische Missionskunde, 21. Bd, Gütersloh 1894; 30. Bd. Berlin 1903

Anthropos. Internationale Zeitschrift für Völker- und Sprachenkunde, hrsg. vom Anthropos-Institut, 78. Jg., Freiburg/Schweiz 1983

Arab Studies Quarterly, Publication of the Association of Arab-American University Graduates and the Institute of Arab Studies, Belmont/Mass., [1]1979

Archiv für Religionswissenschaft, Bd. XII, Leipzig 1909

Bahā'ī-Briefe, hrsg. vom Nationalen Geistigen Rat der Bahā'ī in Deutschland e. V., Hofheim, Nr. 38, Oktober 1969; Neue Folge: Nr. 47/April 1984; Nr. 48/November 1984; Nr. 50/Okt. 1985, Nr. 52 /Dezember 1986; Nr. 53/54/Dezember 1987

Bahā'ī News, published monthly by the National Spiritual Assembly of the Bahā'īs of the United States, Wilmette/Ill.

The Bahā'ī Newsletter. The Bulletin of the National Spiritual Assembly of the Bahā'īs of the United States and Canada, Wilmette/Ill.

Bahā'ī Studies Review. A Publication of the Association for Bahā'ī Studies (English-speaking Europe), London

Bahā'ī Studies Bulletin, edited by Stephen Lambden, Newcastle-upon-Thyne/England, Bd. 1, Heft 1 Juni 1982, Bd. 1 Heft 2 September 1982

Bahā'ī World, The. An International Record, prepared under the supervision of The Universal House of Justice, Haifa; Wilmette/Ill. Bd. VIII 1942, Bd. IX 1945, Bd. XIV 1974, Bd. XVIII 1986

Basler Missionsstudien, Heft 10, Basel 1910

Church Missionary Intelligencer, The. A Monthly Journal of Missionary Information, London, Bd. XLIX (Bd. XXIII new series), 1898

Eranos. Jahrbuch, Leiden, Jg. 29, 1960

Europäische Grundrechte-Zeitschrift. Grundrechte: die Rechtsprechung in Europa, hrsg. von Norbert Paul Engel, Kehl/Rh.

Evangelische Kommentare. Monatszeitschrift zum Zeitgeschehen in Kirche und Gegenwart, Heft 4, Basel 1982

Evangelisches Missionsmagazin, hrsg. im Auftrag der Evangelischen Missionsgesellschaft in Basel; Basel, NF, 38. Jg., 1894, NF, 52. Jg. 1908

FORENSIA. Interdisziplinäre Zeitschrift für Recht, Neurologie, Psychiatrie, Psychologie, Bd. 1, Berlin-Heidelberg u.a. 1990

Impulse, hrsg. von der *Evangelischen Zentralstelle für Weltanschauungsfragen*, Nr. 39,IX, Stuttgart 1994

International Journal of Middle East Studies, publ. under the auspices of the Middle East Studies Association of North America, ed. by Stanford J. Shaw, Cambridge u. a.: Cambridge University Press , Bd. 5 1974, Bd. 24 1992

Iranian Studies. Columbia Lectures on Iranian Studies, New York, 1 1982; 15 1984

Islam. Der, Zeitschrift für Geschichte und Kultur des islamischen Orients, begründet von C. H. Becker, Straßburg, Bd. 5 1914; Bd. 13 1923; Bd. 11 1921

Journal Asiatique ou Recueil de Mémoires d'Extraits et de Notices relativs à l'Histoire et à la Philosophie, aux Langues et à la Littérature des Peuples Orientaux, publié par la Société Asiatique, Bd. 222, Paris 1933

The Journal of Bahā'ī Studies. A Publication of the Association for Bahā'ī Studies, Ottawa/Canada

The Journal of the Royal Asiatic Society of Great Britain and Ireland, London, April 1892; Bd. XXI, July 1889; Bd. XXI, 1900

Materialdienst, hrsg. von der Evangelischen Zentralstelle für Weltanschauungsfragen, Stuttgart

Middle East Focus, 4.6, 1982

Middle Eastern Studies, ed. Advisory Board J. N. D. Anderson u. a., London, Bd. 10, 1974

*Neue Juristische Wochenschrift (*NJW), Frankfurt 1992

La Pensée Bahā'ie. Bulletin trimestriel, publié sous les auspices de l'Assemblée Spirituelle Nationale des Bahā'īs de Suisse, Bern

Religion: A Journal of Religion and Religions, London 1971

Sonne der Wahrheit. Zeitschrift für Weltreligion und Welteinheit, hrsg. von Der Nationale Geistige Rat der Bahā'ī in Deutschland und Österreich e. V., Stuttgart, 1. Jg. 1921, 18. Jg., Heft 1, 1947

Star of the West. A Bahā'ī Magazine, Bd. 7, 1916, Nr. 6; Bd. 11, 1921 Nr.- 17; Oxford 1978 (reprint)

Theologische Rundschau, 48. Jg., Tübingen 1983
Una Sancta. Zeitschrift für ökumenische Begegnung, 41. Jg., Freising 1986
Vorgänge. Zeitschrift für Gesellschaftspolitik, 12. Jg. Heft 3, Weinheim 1973
World Order. A Bahā'ī Magazine, Bd. 13, Nr. 2 (Winter 1978/9), Bd. 15, Nr. 3/4 1981, Wilmette/Ill.
Zeitschrift der Deutschen Morgenländischen Gesellschaft, Bd. 5, Leipzig 1851
Zeitschrift für Missionswissenschaft und Religionswissenschaft, Münster, 61. Jg. 1977; 66. Jg. 1982
Zeitschrift für Religions- und Geistesgeschichte, 36. Jg., hrsg. von Joachim Klimkeit, Köln-Leiden-Heidelberg u. a. 1984
Zeitschrift für Religionspsychologie. Grenzfragen der Theologie und Medizin, Halle, Bd. I, 1908
zur debatte. Themen der Katholischen Akademie in Bayern, Katholische Akademie in Bayern (Hrsg.), München

LEXIKA, NACHSCHLAGEWERKE

Bahā'ī Encyclopedia, The, Wilmette/Ill. (in Vorbereitung)
Bahā'ī World, The, An International Record, Haifa, Bd. 2, 1928; 8,1942; IX 1945; XIII, 1970; XVIII, 1986
Christliche Religion. Das Fischer Lexikon, hrsg. von P. Oskar Simmel SJ und Rudolf Stählin, Frankfurt 1957
Eggenberger, Oswald, *Die Kirchen, Sondergruppen und religiösen Vereinigungen*, Ein Handbuch, Zürich [4]1986
Eichler Peter (Hrsg.), *Neues Handbuch theologischer Grundbegriffe*, Bd.2, erw. Neuausgabe, München 1991
Encyclopaedia Britannica, London [15]1974
Encyclopaedia Britannica. Book of the Year 1991, London 1991
Encyclopaedia Iranica, hrsg. von Ehsan Yarshafer, Bd. I-IV London-New York 1985, 1987, 1989, 1990
Encyclopaedia of Islam, The, (*EI*[1]) Leyden-New York 1927 ff., Nachdruck 1987
Encyclopaedia of Islam, The, (*EI*[2]) New Edition, Leiden-New York 1960 ff.

Encyclopédie Philosophique Universelle, Bd. III.1 und III.2, Les Oeuvres philosophiques, Paris: Presses Universitaires de France 1992

Encyclopedia of Religions, hrsg. von Mircea Eliade, New York 1987

Encyclopaedia of Religion and Ethics, hrsg. von James Hastings, Bd. 2, Edinburgh 1909, S. 299-308 (Stichwort Bāb, Bābīs, von E. G. Browne)

Evangelisches Kirchenlexikon. Internationale theologische Enzyklopädie, hrsg. von Erwin Fahlbusch, Jan Milic Lochman, John Mbiti, Jaroslav Pelikan und Lukas Vischer, Göttingen 1. Bd. 1956, ³1986; 2. Bd 1989; 3. Bd 1992

Ghadimi, Riaz K., *An Arabic Persian Dictionary of Selected Words*, Toronto, Toronto University Press ²1988

Glasenapp, Helmuth von, *Die nichtchristlichen Religionen. Das Fischer Lexikon*, Frankfurt am Main 1957

Grimm, Jacob und Wilhelm, *Deutsches Wörterbuch*, 33 Bde. München 1984 ff.

Handbuch Religiöse Gemeinschaften, Freikirchen, Sondergemeinschaften, Sekten, Weltanschauungen; missionierende Religionen des Ostens, Neureligionen, Psycho-Organisationen, für den VELKD-Arbeitskreis Religiöse Gemeinschaften im Auftrage des Lutherischen Kirchenamtes herausgegeben von Horst Reller und Manfred Kießig, 3. Aufl. Gütersloh 1985; 4., völlig überarbeitete und erw. Aufl. Gütersloh 1993

Lexikon des Geheimwissens, hrsg. von Horst E. Miers, Freiburg 1970

Lexikon der Islamischen Welt, hrsg. von Klaus Kreiser, Werner Diem, Hans-Georg Majer, Stuttgart, Bd. 3 1974

Lexikon der Religionen. Phänomene — Geschichte — Ideen, hrsg. von Hans Waldenfels SJ, Freiburg-Basel-Wien 1987, ²1993

Lexikon der Sekten, Sondergemeinschaften und Weltanschauungen: Fakten, Hintergründe, Klärungen, hrsg. von Hans Gasper, Joachim Müller, Friederike Valentin, Freiburg ³1991; ⁴1994

Lexikon für Theologie und Kirche (*LThK*) hrsg. von Josef Höfer und Karl Rahner, begründet von Dr. Michael Buchberger, Frei-

burg (Sonderausgabe), Bd. 1: [3]1993; Bd. 3: [2]1957, Bd. 16 Gotha [1]1962
Realencyclopädie für protestantische Theologie und Kirche, hrsg. von Johann Jakob Herzog, Bd. 16, Gotha [1]1862
Religion in Geschichte und Gegenwart, Die (*RGG*), hrsg. von Kurt Galling, Tübingen, 3. Aufl. Nachdruck 1986
Ritter, Joachim (Hrsg.), *Historisches Wörterbuch der Philosophie*, Basel-Stutgart, Bd. 1 ff. 1971 ff.
Shorter Encyclopaedia of Islam (*SEI*), ed. on behalf of the Royal Netherlands Academy by H. A. R. Gibb and J. H. Kramers, Leiden, photomechanic reprint 1961
Taschenlexikon Religion und Theologie, hrsg. von Erwin Fahlbusch, Bd. 1, 4., neu bearb. und stark erw. Aufl., Göttingen 1983
Theologische Realenzyklopädie (*TRE*), Berlin-New York 1977 ff., Bd. V, 1980
Wehr, Hans, *Arabisches Wörterbuch für die Schriftsprache der Gegenwart*, Arabisch-Deutsch, Wiesbaden [5]1985

PERSONENINDEX

—A—

—B—

—C—

—D—

—E—

—F—

—G—

—H—

— Y —

—Z—

SACHINDEX

—A—

'abd 202
Aberglauben 218
Abfall vom Glauben 110; 167; 172; 353; 462; 596
Abjad-System 504
Abkapselung, angebliche 101
Abrechnung 23
Abrogation des Konzepts der »Unreinheit« 212
Absolutheitsanspruch 69; 91; 154; 207; 208
Absolutismus 229; 348
Abspaltungen 38; 94; 122; 547
adhān 505
'adl 193; 467
al-'adlu wa'l-inṣāf 228; 302
Administration, »omnipräsente« 91
Adrianopel 519
  Statthalter von 496
Aghṣān 289
'ahd 171
Akhbārī-Schule 460
al-'alam al-ḥaqq 197
Alchemie 220
al-jumhūriyya 345
Alkoholverbot im Bahā'ītum 313 f.
Allwissenheit 143; 144
amru'llāh 173
Amtscharisma Shoghi Effendis 134
Amtsstil Shoghi Effendis 579
Amtszeit Shoghi Effendis 76
Anarchie, revolutionäre 229
Anarchismus, religiöser 608
Anpassung an die westliche Kultur 444; s. auch Inkulturation
Anspruch des Bāb 453
Anthropologie 437
Antichrist 374; 528
Antinomismus 226; 238; 306; 473; 622
antinomistische Tendenzen 473
Apologetik 4; 14; 17; 22
Apostasie 110; 167; 172; 353; 462; 596
apostolische Sukzession 134
»Apparat«, organisatorischer 114; 117
'aql 162; 210; 230
al-'aqlu'l-awwal 210
Ärgernis 34; 35; 38; 166; 173; 240
Arzt, allwissender 231
ashāra 213
Askese 450
Atheismus 227
A Traveller's Narrative 407; 420; 422; 423; 430; 520
Attentismus, messianischer 465
Attribute, göttliche 309
Auferstehung 464; 467
Aufklärung, abendländische 4; 14; 217; 224; 239; 255
Aufruhr 172; 181; 229
»Auserwählte« 221
»Auslassungen, vulgäre« 38; 597
Auslegung 60; 125; 134; 145; 147; 172; 564; 565
  autoritative 122; 146; 147; 564 ff.
Auslegungsverbot, angebliches 146; 554
Ausschließlichkeitsansprüche 69; 207; 209; 211
Ausschluß aus der Gemeinde 88; 91; 162; 163; 166; 167; 174; 175
Aussöhnung der Religionen 214
Autonomie, sittliche 240
Autoren, »kritische« 21
Autoritätsansprüche, falsche 166
ayādī-i-amru'llāh 557; 558
āyāt-i-ilāhī 484
Azalī 32; 34; 43; 47; 53; 63; 80; 122; 251; 253
  -Apologie 399
  -Gemeinde 502
  Intrigen der 526
  Schriften der 401

—B—

Bābī
  Führer der 514
  -Gemeinde 397; 422
  Niedergang der Gemeinde 514
  Wiederbelebung des Glaubens 511
Badasht 78
Badī'-Kalender 256; 295
Baghdād 51; 423; 476; 481; 483; 484; 488; 493; 508
Bahā'ī
  -Chroniken 41; 51
  -Ethik 302; 305; 306; 308; 309
  -Feiertage 298
  »freie« 113; 589; 623

—G—

—H—

—L—

—Q—

—R—

—S—

—W—

—Z—